ADVOCACIA PÚBLICA EM QUESTÕES DISCURSIVAS

COORDENAÇÃO:

FELIPE DUQUE

ADVOCACIA PÚBLICA EM QUESTÕES DISCURSIVAS

AUTORES:

- BIANCA CABRAL VENTURA
- DANIELLA DUQUE
- EDUARDO MACHADO ARAGÃO PEREIRA
- FELIPE DUQUE
- HELTON KRAMMER
- IGOR COELHO ANTUNES RIBEIRO
- JOÃO DUQUE
- LAURA MACEDO DINIZ MARQUES PEREIRA
- LEONARDO LEÃO LAMB
- RENATO BORELLI
- RODRIGO DUARTE

3ª edição
Revista e Atualizada

INCLUI:

→ Questões e jurisprudência selecionadas
→ Referências doutrinárias
→ Critérios de correções das bancas examinadoras
→ Linhas pautadas para o leitor treinar as respostas

EDITORA JusPODIVM
www.editorajuspodivm.com.br
2025

EDITORA *Jus*PODIVM
www.editorajuspodivm.com.br

Rua Canuto Saraiva, 131 – Mooca – CEP: 03113-010 – São Paulo – São Paulo
Tel: (11) 3582.5757
• Contato: https://www.editorajuspodivm.com.br/sac

Diagramação: SBNigri Artes e Textos Ltda. *(sbnigri@centroin.com.br)*

Capa: Maitê Coelho *(maitescoelho@yahoo.com.br)*

A923a Augusto Jr., Antônio
Advocacia Pública em Questões Discursivas / Felipe Duque – 3. ed. rev. e atual. – São Paulo: Editora JusPodivm, 2025.
880 p.

Inclui bibliografia
ISBN 978-85-442-6194-1

1. Advocacia Pública. I. Duque, Felipe. II. Título.

CDD 341.413

Bibliotecária responsável:
Ana Carolina Ribeiro Mois – CRB7 – RJ 007348/0

3.ª ed., *2.ª tir.:* out./2025.

Sobre os autores

Coordenador e Autor:

Bianca Cabral Ventura
Direito Ambiental

Advogada da União. Pós-graduanda em Advocacia Pública pela Escola Superior da AGU - ESAGU. Possui pós-graduação em Direito Administrativo pela Faculdade Única de Ipatinga. Graduação em Direito pela Universidade Católica de Pernambuco - UNICAP.

Daniella Duque
Direito Constitucional

Procuradora do Município de Olinda/PE
Advogada
Diplomada pela Universidade Católica de Pernambuco – UNICAP
Pós-graduada com especialização em Direito Público pela Universidade Maurício de Nassau
Pós-graduada com especialização em Direito Tributário pela Universidade Cândido Mendes- UCAM
Pós-graduada com especialização em Direito Constitucional pela Universidade Cândido Mendes UCAM
Professora do Raio-X do Edital. Autor de obras jurídicas.

Eduardo Machado Aragão Pereira
Direito do Trabalho e Processo do Trabalho

Procurador do Município de Porto Alegre. Graduado em Direito pela Universidade Católica de Pernambuco.

Felipe Duque
Direito Tributário

Mestre em Direito Político e Econômico na Mackenzie-SP. Bacharel em Direito pela UNICAP-PE, com conclusão pelo regime de Aproveitamento Extraordinário nos Estudos (art. 47, § 2º, da Lei nº 9.394/96). Tornou-se Procurador da Fazenda Nacional aos 24 anos e foi Assessor de Desembargador no TJPE aos 19 anos. Integra voluntariamente a Coordenação de Assuntos Estratégicos Judiciais da PGFN. Professor do Estratégia Carreira Jurídica, Estratégia OAB, Raio-X do Edital e Buscador Dizer o Direito. Autor do livro "Reforma Tributária Comentada e Esquematizada", "Manual de Processo Tributário: Administrativo e Judicial" e "Cabeça no céu, pés no chão", pela editora Juspodivm. Parecerista na Revista de Estudos Jurídicos do Superior Tribunal de Justiça (REJuriSTJ).

Helton Krammer
Direito Tributário

Procurador do Estado do Paraná. Doutor em Direito pela Universidade de Marília – UNIMAR. Mestre em Direito Constitucional pela UNIBRASIL, com estudos na UFPR. Especialista em Direito Tributário. Especialista em Processo Civil. Graduado em Direito pela Universidade Positivo. Graduado em Ciências Contábeis pela UNIPAR. Professor do curso de Direito e Coordenador de cursos de Especialização da Universidade Paranaense – UNIPAR. Professor-instrutor da Escola de Gestão Pública-EGP do Tribunal de Contas do Estado do Paraná. Procurador do Município de São José dos Pinhais-PR (2009/2016). Conselheiro e Vice-Presidente do Conselho de Contribuintes Municipal (2010-2014). Autor dos livros "Eficiência Administrativa e Ativismo Judicial" (Editora Ithála) e "Os impactos da LGPD na Administração Tributária" (Editora Dialética). Pela Editora Juspodivm, é autor dos livros "Curso de Direito Tributário", "Advocacia Pública em Ação", "Impostos Municipais" e Coautor da obra "Tributos em espécie".

Igor Coelho Antunes Ribeiro
Direito Processual Civil

Procurador do Estado de São Paulo. Foi Procurador do Município de Porto Alegre/RS, com experiência na área jurídica, especialmente em Direito Público. Mestre em Desenvolvimento Social pela Universidade Estadual de Montes Claros (UNIMONTES). Pós-graduado em Direito Público e em Direito Processual Civil. Bacharel em Direito. Atuou como Tabelião nos Estados de Minas Gerais e da Bahia e também exerceu a advocacia.

João Duque
Direito Constitucional

Defensor Público de Pernambuco. Professor de Inteligência artificial para operadores do Direito e Chefe de gabinete da Defensoria Pública do Estado de Pernambuco (DPPE). Professor do Raio-X do Edital. Autor de obras jurídicas.

Laura Macedo Diniz Marques Pereira
Direito Civil

Advogada
Bacharel em Direito pela Universidade Católica de Petrópolis
Pós-graduada *lato sensu* em Direito Público pela Faculdade Legale
Pós-graduada *lato sensu* em Direito Tributário pela Faculdade Legale

Leonardo Leão Lamb
Direito Financeiro

Procurador da Fazenda Nacional. Pós-graduando em Advocacia Pública pela Escola Superior da AGU - ESAGU. Possui pós-graduação em Direito Empresarial pelo Instituto Brasileiro de Mercado de Capitais - IBMEC. Bacharel em Direito pelo Centro Universitário de Brasília - CEUB.

Renato Borelli
Direito Administrativo

Juiz Federal do TRF 1. Foi Juiz Federal do TRF 5. Exerceu a advocacia privada e pública. Foi servidor público e assessorou Desembargador Federal (TRF1) e Ministro (STJ). Atuou no CARF/Ministério da Fazenda como Conselheiro (antigo Conselho de Contribuintes). É formado em Direito e Economia, com especialização em Direito Público, Direito Tributário e Sociologia Jurídica.

Rodrigo Duarte
Direito Administrativo

Advogado da União. Ex-Oficial de Justiça Federal do TRF da 2° Região. Ex-técnico do MPU. Ex-técnico do TJRJ. Professor em cursos para concursos e autor de livros.

Apresentação

O propósito deste livro é identificar as bases sobre as quais deve se firmar a preparação do candidato para provas discursivas.

As provas selecionadas são de concursos de Advocacia Pública Federal, Estadual e Municipal.

Buscou-se abordar o máximo de assuntos da matéria por meio das provas. Além de questões, também há a resolução de peças processuais e pareceres, o que dá um panorama completo das provas discursivas.

A obra se distingue por fornecer, após a resposta do autor para cada questão, um farto panorama doutrinário e jurisprudencial sobre o tema abordado no enunciado, o que acaba tornando o livro um poderoso instrumento de revisão. Como se não bastasse, ao final de algumas respostas são trazidas questões de primeira etapa, de forma a demonstrar ao leitor a predileção das bancas pelo assunto.

No intuito de ser um material de estudos completo, há ainda um espaço, logo após o enunciado das questões, destinado para o leitor tentar responder a questão discursiva. Desse modo, o concurseiro pode, antes de ir direto para a resposta da questão, ter a oportunidade de simular a resolução das provas discursivas, e logo em seguida conferir sua resposta com a do autor e com a doutrina e a jurisprudência temática.

Com isso, o livro serve não só para o estudo, mas também para o treinamento do candidato.

Este livro é indispensável para todos aqueles que desejam preparar-se para concursos públicos de forma dinâmica e otimizada, estudando a matéria ao mesmo tempo em que constata a aplicação do conteúdo nas provas. Assim, além do aprendizado dos temas mais exigidos nos concursos, o leitor também se torna um conhecedor das provas de segunda fase.

Sumário

CAPÍTULO 3

DIREITO TRIBUTÁRIO

Felipe Duque

Helton Krammer

CAPÍTULO 4

DIREITO DO TRABALHO E PROCESSO DO TRABALHO

Eduardo Machado Aragão Pereira

CAPÍTULO 5
DIREITO CIVIL

Laura Macedo Diniz Marques Pereira

CAPÍTULO 6
DIREITO FINANCEIRO

Leonardo Leão Lamb

CAPÍTULO 7
DIREITO AMBIENTAL

Bianca Cabral Ventura

CAPÍTULO 8
DIREITO PROCESSUAL CIVIL

Igor Coelho Antunes Ribeiro

CAPÍTULO 1

DIREITO ADMINISTRATIVO

Rodrigo Duarte
Renato Borelli

1. BENS PÚBLICOS

QUESTÃO 1

Cespe/Cebraspe – PGE/CE – 2022

Determinado estado identificou um imóvel, localizado na sua capital, reputado como passível de ser reconhecido como patrimônio cultural da referida unidade federativa. Para que essa proteção fosse realizada, o órgão estadual competente verificou a titularidade da propriedade e realizou o tombamento do imóvel, mesmo tendo constatado que o imóvel era pertencente à União. Considerando a situação hipotética precedente, redija um texto respondendo, de forma justificada, aos seguintes questionamentos.

1. **Qual seria a correta modalidade de tombamento para o bem em questão? [valor: 5,00 pontos]**
2. **Segundo a doutrina e a jurisprudência dos tribunais superiores, é permitido ao estado o tombamento de bem imóvel de propriedade da União? [valor: 5,00 pontos]**
3. **O tombamento gera efeitos para terceiros vizinhos ao bem tombado? [valor: 4,25 pontos]**

QUESTÃO 1

(MÁXIMO 30 LINHAS)

▶ RESPOSTA DO AUTOR

Há corrente doutrinária que sustenta que o tombamento é um procedimento administrativo, ao passo que uma outra corrente defende que seria um ato administrativo discricionário. No caso em análise, ocorreu o chamado tombamento de ofício.

É totalmente viável que o ente estadual tombe bem da União, conforme entendimento do STJ e STF. Com base no entendimento jurisprudencial, a legislação federal veda a desapropriação dos bens da União por entes "menores", mas não há referência a tal restrição quanto ao tombamento, disciplinado no Decreto-Lei nº 25/37. A lei de tombamento apenas indica ser aplicável a bens pertencentes a pessoas físicas e pessoas jurídicas de direito privado e de direito público interno.

A Constituição Federal assegura a todas as pessoas jurídicas de Direito Público a capacidade para o tombamento de bens de valor histórico e artístico nacional. Tombar quer dizer preservar, acautelar, preservar, sem que importe o ato em transferência da propriedade, como ocorre na desapropriação. O Município, por competência constitucional comum, ante a previsão do art. 23, III, deve proteger os documentos, as obras e outros bens de valor histórico, artístico e cultural, os monumentos, as paisagens naturais notáveis e os sítios arqueológicos. Como o tombamento não significa a transferência da propriedade, não há a limitação constante no art. 2º, § 2º, do Decreto-Lei nº 3.365/41, que proíbe o Estado de desapropriar bem da União.

Por fim, o art. 18 do Decreto-Lei nº 25/37 demonstra que o tombamento produz efeitos em relação aos proprietários vizinhos. A referida disposição normativa aduz que sem prévia autorização do Serviço do Patrimônio Histórico e Artístico Nacional, não se poderá, na vizinhança da coisa tombada, fazer construção que lhe impeça ou reduza a visibilidade, nem nela colocar anúncios ou cartazes, sob pena de ser mandada destruir a obra ou retirar o objeto, impondo-se neste caso a multa de cinquenta por cento do valor do mesmo objeto. Logo, verifica-se uma servidão administrativa decorrente do tombamento imposta a terceiros.

▶ JURISPRUDÊNCIA TEMÁTICA

> Agravo em ação cível originária. 2. Administrativo e Constitucional. 3. Tombamento de bem público da União por Estado. Conflito Federativo. Competência desta Corte. 4. Hierarquia verticalizada, prevista na Lei de Desapropriação (Decreto-Lei 3.365/41). Inaplicabilidade no tombamento. Regramento específico. Decreto-Lei 25/1937 (arts. 2º, 5º e 11). Interpretação histórica, teleológica, sistemática e/ou literal. Possibilidade de o Estado tombar bem da União. Doutrina. 5. Lei do Estado de Mato Grosso do Sul 1.526/1994. Devido processo legal observado. 6. Competências concorrentes material (art. 23, III e IV, c/c art. 216, § 1º, da CF) e legislativa (art. 24, VII, da CF). Ausência de previsão expressa na Constituição Estadual quanto à competência legislativa. Desnecessidade. Rol exemplificativo do art. 62 da CE. Proteção do patrimônio histórico, cultural, artístico, turístico e paisagístico regional. Interesse estadual. 7. Ilegalidade. Vício de procedimento por ser implementado apenas por ato administrativo. Rejeição. Possibilidade de lei realizar tombamento de bem. Fase provisória. Efeito meramente declaratório. Necessidade de implementação de procedimentos ulteriores pelo Poder Executivo. 8. Notificação prévia. Tombamento de ofício (art. 5º do Decreto-Lei 25/1937). Cientificação do proprietário postergada para a fase definitiva. Condição de eficácia e não de validade. Doutrina. 9. Ausência de argumentos capazes de infirmar a decisão agravada. 10. Agravo desprovido. 11. Honorários advocatícios majorados para 20% do valor atualizado da causa à época de decisão recorrida (§ 11 do art. 85 do CPC). (ACO 1208 AgR, Relator (a): Min. GILMAR MENDES, Tribunal Pleno, julgado em 24/11/2017, ACÓRDÃO ELETRÔNICO DJe-278 DIVULG 01-12-2017 PUBLIC 04-12-2017) (STF - AgR ACO: 1208 MS - MATO GROSSO DO SUL 0004074-33.2008.1.00.0000, Relator: Min. GILMAR MENDES, Data de Julgamento: 24/11/2017, Tribunal Pleno)

2. LICITAÇÕES E CONTRATOS ADMINISTRATIVOS

QUESTÃO 1

Cespe/Cebraspe – Procuradoria do Município de João Pessoa – Procurador Municipal – 2018

Determinado gestor municipal encaminhou à procuradoria do respectivo município uma minuta de edital e de contrato para análise, nos termos do art. 38, parágrafo único, da Lei n.º 8.666/1993, e posterior realização de licitação de uma nova obra pública, por meio da modalidade licitatória da concorrência. Na minuta de contrato encaminhada para exame, consta que o prazo de vigência do contrato será de vinte e quatro meses.

A partir dessa situação hipotética, redija um texto respondendo aos questionamentos a seguir. Fundamente sua resposta, considerando as disposições das Leis n.º 8.666/1993 e n.º 4.320/1964 e da Constituição Federal de 1988.

1. **Qual é a regra geral sobre a duração dos contratos administrativos? [valor: 2,00 pontos]**
2. **Qual princípio constitucional orçamentário consagra a regra da duração dos contratos? [valor: 1,25 ponto]**
3. **É possível que o referido contrato administrativo seja considerado válido, sob o ponto de vista das regras orçamentárias e licitatórias? [valor: 1,50 ponto]**

QUESTÃO 1

1	
2	
3	
4	
5	
6	
7	
8	
9	
10	

(MÁXIMO 10 LINHAS)

▸ RESPOSTA DO AUTOR

A questão foi elaborada ao tempo da Lei nº 8.666/93, mas, pelo seu teor, é possível analisá-la sob o prisma da nova lei de licitações (Lei nº 14.133/21).

No que toca à temática de duração temporal dos contratos administrativos, o art. 57 da Lei nº 8.666.93 dispunha que, de forma gera, eles possuiriam adstrita à vigência dos respectivos créditos orçamentários, exceto em determinadas situações excepcionais. Essa disposição normativa guarda correlação com o fato de que as obras e os serviços só poderiam ser contratados no caso de haver precisão de recursos suficientes para o pagamento das obrigações, nos termos do art. 7º, §2º, III, da Lei nº 8.666/93.

Acerca da nova legislação licitatória, o art. 105 da Lei nº 14.133/21 é a regra geral, dispondo que a duração dos contratos será a prevista em edital, e deverão ser observadas, no momento da contratação e a cada exercício financeiro, a disponibilidade de créditos orçamentários, bem como a previsão no plano plurianual, quando ultrapassar um exercício financeiro. Por sua vez, o art. 107 da mesma norma menciona que os contratos de serviços e fornecimentos contínuos poderão ser prorrogados sucessivamente, respeitada a vigência máxima decenal, desde que haja previsão em edital e que a autoridade competente ateste que as condições e os preços permanecem vantajosos para a Administração, permitida a negociação com o contratado ou a extinção contratual sem ônus para qualquer das partes.

Acerca da vigência dos créditos orçamentários, ela constitui-se em um exercício financeiro e, nos termos do art. 34 da Lei nº 4.320/64, coincide com o ano civil. Como consequência, incide o chamado princípio da anualidade orçamentária, que detém supedâneo no art. 165, §5, da CRFB.

Com isso, a validade contratual depende de ele se enquadrar na regra geral e, no caso do enunciado, em uma das exceções previstas na Lei nº 14.133/21, como os arts. 106, 107 ou 108. Ademais, o art. 167, §1º, da CRFB autoriza que a execução de investimentos possa ultrapassar um exercício financeiro, mas com a devida inclusão no Plano Plurianual – PPA

▸ CRITÉRIO DE CORREÇÃO DA BANCA

1. A regra geral é que a duração do contrato administrativo ficará adstrita à vigência dos respectivos créditos orçamentários (art. 57, *caput*, da Lei n.º 8.666/1993).

2. Conforme o princípio da anualidade orçamentária, previsto no art. 165, § 5º, da CF/1988, a lei que aprova o orçamento é anual. Por sua vez, o período de vigência do orçamento é denominado exercício financeiro, que, por força do art. 34 da Lei n.º 4.320/1964, coincide com o ano civil, ou seja, de 1º de janeiro a 31 de dezembro. Além da Lei n.º 4.320/1964, também pode ser citado o art. 167, § 1º, da CF, segundo o qual nenhum investimento cuja execução ultrapasse um exercício financeiro poderá ser iniciado sem prévia inclusão no plano plurianual, ou sem lei que autorize a inclusão, sob pena de crime de responsabilidade.

3. É possível considerar válido o ato, desde que o projeto (em que a obra esteja prevista) esteja contemplado nas metas estabelecidas no plano plurianual (PPA) — sendo essa uma exceção à regra geral. O fundamento está na previsão do art. 167, § 1º, da CF, o qual prevê que os investimentos cuja duração ultrapasse um exercício financeiro sejam incluídos no PPA. Nesse sentido, ainda, o art. 57, I, da Lei n.º 8.666/1993.

▸ DOUTRINA TEMÁTICA

> "Os contratos administrativos devem ser celebrados por prazo determinado" (art. 57, § 3º). Sua duração é adstrita à vigência dos respectivos créditos orçamentários (art. 57), forma encontrada pelo legislador para impedir que o dispêndio oriundo de contratos venha repercutir em orçamentos futuros, sem que tenham sido ordenadamente planejados os ajustes.
>
> Como os créditos orçamentários têm a duração de um ano, os contratos, como regra geral, deverão também ter sua duração em igual período. Tais créditos vigoram durante cada exercício financeiro, entre 1º de janeiro e 31 de dezembro.
>
> O Estatuto deixou claramente consignado que obras e serviços só podem ser contratados se *houver previsão de recursos orçamentários que assegurem o pagamento das obrigações* (art. 7º, § 2º, III). Por outro lado, constitui cláusula necessária dos contratos a indicação do crédito pelo qual correrá a despesa (art. 55, V). De todo esse quadro, a única conclusão viável, quanto ao prazo, é a de que, "como regra geral, a dura*ção* dos contratos tamb*é*m ser*á â*nua".
>
> Se a Administração pretender que a execução de determinada obra se prolongue por mais de um ano, deverá inserir o projeto em plano plurianual, instrumento que comporta a projeção temporal de investimentos de longa duração. Desse modo, a "Administração deve programar-se, como regra, para que os contratos de duração aproximada de 12 meses sejam firmados no início do ano, hipótese em que o contrato estará sempre adstrito à vigência do respectivo crédito orçamentário, como reza o art. 57 do Estatuto" (CARVALHO FILHO, 2018, p. 273).
>
> "Todavia, o próprio art. 57 da Lei 8.666/1993, que consagra a regra do prazo anual para os contratos, prevê as seguintes exceções:
>
> Projetos previstos no Plano Plurianual (ex.: construção de um grande hospital ou de uma rodovia). Essa primeira exceção é justificada pelo planejamento em relação ao objeto que será contratado, pois a Lei do Plano Plurianual ultrapassa o limite anual da lei orçamentária. Não obstante o prazo de quatro anos do Plano Plurianual, o art. 57, I, da Lei não estabeleceu, no caso, limite máximo para duração desses contratos, que pode ultrapassar o prazo de quatro anos. Ademais, se houver previsão no instrumento convocatório, a Administração poderá prorrogar o prazo inicial do contrato" (OLIVEIRA, 2015, p. 214).

"Embora a lei não diga expressamente, as limitações constantes do artigo 57 não atingem os contratos relativos a uso de bens públicos por particulares, com o a concessão de uso, a concessão de direito real de uso e a locação, pelo simples fato de que esses contratos não acarretam ônus aos cofres públicos; quando onerosos, o particular é que remunera a Administração. Além disso, o artigo 121, parágrafo único, exclui da abrangência da lei os contratos relativos a imóveis do patrimônio da União, remetendo-os à disciplina do Decreto-lei nº 9.760, de 5-9-46. Do mesmo modo, Estados e Municípios poderão reger-se, nessa matéria, por sua própria legislação.

A restrição do artigo 57 também não se aplica aos contratos de concessão de obra pública e de concessão de serviços públicos, que também não oneram, em regra, os cofres públicos, pois a remuneração fica a cargo do usuário da obra ou do serviço. Além disso, a restrição é incompatível com a própria natureza desses contratos. E não se aplica ainda aos contratos de direito privado celebrados pela Administração, porque o artigo 62, § 3º, ao determinar a aplicação, aos mesmos, das normas da Lei nº 8.666/93, fala expressamente nos artigos 55 e 58 a 61, pulando, portanto, o artigo 57, pertinente ao prazo" (DI PIETRO, 2017, p. 351-352).

QUESTÕES OBJETIVAS RELACIONADAS AO TEMA

1. (MPE/PR – Promotor – 2014) Em matéria de licitações de que trata a Lei nº 8.666/93, analise as assertivas abaixo e indique a alternativa:

II. A duração dos contratos regidos pela Lei nº 8.666/93 ficará adstrita à vigência dos respectivos créditos orçamentários, exceto quanto aos relativos, dentre outros, aos projetos cujos produtos estejam contemplados nas metas estabelecidas no Plano Plurianual, os quais poderão ser prorrogados se houver interesse da Administração e desde que isso tenha sido previsto no ato convocatório;

Assertiva correta.

QUESTÃO 2

FCC – Procuradoria Geral do Estado do Maranhão – Procurador do Estado – 2016

Considerando a regra geral contemplada na Constituição Federal (art. 37, inciso XXI), que exige a realização de licitação previamente à contratação de obras, serviços, compras e alienações, ressalvados os casos especificados na legislação, diferencie os conceitos de licitação deserta e fracassada, esclarecendo quais os efeitos jurídicos gerados por tais situações, no tocante ao procedimento licitatório.

QUESTÃO 2

31	
32	
33	
34	
35	
36	
37	
38	
39	
40	

(MÁXIMO 40 LINHAS)

▶ RESPOSTA DO AUTOR

Entende-se por licitação deserta a situação em que, realizada a abertura de regular processo licitatório, não aparecem interessados em participar do certame. Nesse caso, permite o art. 24, V, da Lei 8.666/93 que a licitação seja dispensável, a critério da autoridade competente, obedecidos os requisitos legais.

Contudo, antes de efetivar a contratação direta, deve a autoridade administrativa demonstrar que a licitação não pode ser repetida sem que haja prejuízo ao interesse público. Ademais, na contratação direta devem ser mantidas todas as condições previamente estabelecidas para a licitação outrora realizada e que não acudiram interessados.

A questão foi elaborada ao tempo da Lei nº 8.666/93, mas, pelo seu teor, é possível analisá-la sob o prisma da nova lei de licitações (Lei nº 14.133/21).

Licitação deserta pode ser entendida como sendo aquela na qual, após a adequada e regular abertura do processo licitatório, não surgem interessados no aludido certame. Ao tempo da Lei nº 8.666/93, o art. 24, V aduzia sobre a licitação dispensável, nos termos de critérios da autoridade administrativa competente e, evidentemente, obedecendo-se aos ditames legais.

Frise-se que antes de efetuar a contratação direta, a autoridade administrativa competente deveria demostrar que uma nova licitação não poderia ser repetida ante um possível prejuízo ao interesse público. E, com isso, poderia haver a contratação direta, mas devendo haver a manutenção de todas as condições anteriormente estatuídas na licitação deserta.

A licitação fracassada pode ser entendida como sendo aquela na qual os participantes não conseguem ser habilitados ou as propostas ofertadas sejam desclassificadas. Ao tempo da Lei nº 8.666/93, o art. 48, §3º permitia que a Administração concedesse um prazo adicional de oito dias úteis para que os participantes apresentassem a documentação adequada para a habilitação ou novas propostas.

Porém, as exigências editalícias deveriam ficar mantidas. Persistindo-se o fracasso, o art. 24, VII, da Lei nº 8.666/93 permitia a contratação direta no caso de inabilitação. A contratação direta com base na desclassificação das propostas enfrentava forte celeuma doutrinária.

Já na Lei nº 14.133/21, o art. 75, III, "a" aduz que é dispensável a licitação para a contratação que mantenha todas as condições definidas em edital de licitação realizadas há menos de um ano, quando se verificar que não surgiram licitantes interessados ou não foram apresentadas propostas válidas.

▸ CRITÉRIO DE CORREÇÃO DA BANCA

Na avaliação da Prova Escrita Subjetiva serão considerados o acerto das respostas dadas, o grau de conhecimento do tema demonstrado pelo candidato, a fluência e a coerência da exposição e a correção (gramatical e jurídica) da linguagem.

Valor: 15,00 pontos

Abordagem esperada	Pontuação máxima	Pontuação atribuída
a. Conceito de licitação deserta, abordando, pelo menos, três dos seguintes aspectos: - realização regular de procedimento licitatório. - ausência de interessados em participar do certame. - não apresentação dos documentos de habilitação e das propostas por licitantes. - obrigatoriedade, em princípio, de renovar a licitação. - providências que podem ser adotadas pela Administração, com indicação do fundamento legal.	6,00	
b. Conceito de licitação fracassada, abordando, pelo menos, três dos seguintes aspectos: - realização regular de procedimento licitatório. - presença de interessados em participar do certame. - apresentação dos documentos de habilitação e de propostas pelos licitantes. - exclusão de todos os licitantes em decorrência da inabilitação ou da desclassificação das propostas apresentadas. - providências que podem ser adotadas pela Administração, com indicação do fundamento legal.	6,00	
c. Efeitos jurídicos gerados pelas duas situações no tocante ao procedimento licitatório, abordando, pelo menos, dois dos seguintes aspectos: - licitação deserta e a providência prevista no artigo 24, inciso V, da LF n. 8.666/93, como hipótese de dispensa de licitação e contratação direta do mesmo objeto, observadas as mesmas condições constantes do edital do certame que resultou deserto. - requisitos legais da contratação direta quando ocorrer a licitação deserta. - licitação fracassada e as providências previstas no artigo 48, § 3º, da LF n. 8.666/93. - licitação fracassada e requisitos da dispensa de licitação com fundamento no artigo 24, inciso VII, da LF n. 8.666/93.	3,00	

▸ DOUTRINA TEMÁTICA

> "Quando não acudirem interessados à licitação anterior e esta, justificadamente, não puder ser repetida sem prejuízo para a Administração, mantidas, neste caso, todas as condições preestabelecidas (inciso V do art. 24); essa hipótese é denominada de licitação deserta; para que se aplique, são necessários três requisitos: a realização de licitação em

que nenhum interessado tenha apresentado a documentação exigida na proposta; que a realização de novo procedimento seja prejudicial à Administração; que sejam mantidas, na contratação direta, todas as condições constantes do instrumento convocatório. Esta última restrição se justifica porque, alteradas as condições, é possível que, aberta nova licitação, apareçam licitantes interessados. Note-se que o dispositivo, atendendo ao princípio da motivação, exige que seja justificada a impossibilidade de repetir a licitação sem prejuízo para a Administração.

A licitação deserta não se confunde com a licitação fracassada, em que aparecem interessados, mas nenhum é selecionado, em decorrência da inabilitação ou da desclassificação. Neste caso, a dispensa de licitação não é possível" (DI PIETRO, 2017, p. 486).

"Entendemos que o desinteresse configura-se quando nenhum particular assuma a postura de desejar a contratação, sequer atendendo à convocação. Ou então quando os que se tenham apresentado forem provadamente inidôneos.

Tais ocorrências é que têm constituído o que a doutrina denomina, respectivamente, de licitação deserta e licitação frustrada, nomenclaturas que, como se pode observar, indicam que não se consumou o objetivo do procedimento: a seleção da melhor proposta.

Não é o caso em que os candidatos tenham sido desclassificados por inobservância do edital. Sendo o fato contornável, deve a Administração realizar nova licitação.

Todavia, para haver dispensa, cumpre se mantenham as condições básicas preestabelecidas, que são as fixadas anteriormente no instrumento convocatório. Significa que não pode a Administração celebrar o contrato direto com profunda alteração das regras anteriores, pois que nesse caso haveria burla ao princípio da legalidade. Entretanto, se houver visível alteração econômica, como é o caso de elevação inflacionária, as condições anteriores poderão sujeitar-se ao devido reajustamento, pena de acentuar-se o desinteresse dos fornecedores; o dispositivo, portanto, deve ser interpretado *cum grano salis*" (CARVALHO FILHO, 2017, p. 191).

"Admite-se a dispensa de licitação quando os licitantes apresentarem propostas com preços manifestamente superiores aos praticados no mercado nacional ou incompatíveis com os fixados pelos órgãos oficiais competentes (art. 24, VII, da Lei 8.666/1993).

Conforme afirmamos anteriormente, esse é o caso de licitação frustrada, pois aparecem interessados, mas todos são desclassificados.

(...)

Deve ser feita, ainda, uma ressalva final. A providência prevista no art. 48, § 3º, da Lei 8.666/1993 deve ser adotada nos casos de desclassificação e de inabilitação de todos os licitantes. Enquanto a inabilitação relaciona-se com a apresentação dos documentos por parte dos licitantes em desconformidade com o art. 27 da Lei 8.666/1993, a desclassificação ocorre em dois casos:

a) as propostas dos licitantes não atendem às exigências do ato convocatório (art. 48, I); OU

b) as propostas são superfaturadas ou inexequíveis (art. 48, II).

A dispensa de licitação, prevista no art. 24, VII, da Lei 8.666/1993, refere-se exclusivamente aos casos de desclassificação em razão de preços superfaturados (art. 48, II), não englobando a desclassificação por descumprimento do ato convocatório (art. 48, I) nem a inabilitação de todos os licitantes. Entendemos, contudo, que nessas duas últimas hipóteses pode haver, em tese, dispensa de licitação com fundamento no art. 24, IV, da Lei 8.666/1993 (situação de emergência)" (OLIVEIRA, 2017, p. 542).

ATENÇÃO: Veja que o entendimento sobre licitação deserta e fracassada é bastante divergente. Assim, sugerimos que o candidato busque conhecer o entendimento da própria banca, cobrado em provas anteriores, antes de realizar a prova.

▶ JURISPRUDÊNCIA TEMÁTICA

STJ

CONCESSÃO DO PEDIDO SUSPENSIVO QUE MANTEVE DECISÃO DE PARALISAÇÃO DE PROCEDIMENTO LICITATÓRIO. EMBARGOS DE DECLARAÇÃO. OMISSÃO. INEXISTÊNCIA. I – A decisão suspensa determinou a habilitação de um único licitante no certame cujo objeto é a implantação dos Parques de Abastecimento de Aeronaves nos aeroportos regionais de treze cidades do Estado do Ceará. II – A empresa embargante alegou que, na decisão embargada, havia omissão em relação à petição aviada para informar que a segunda licitação, sobre o mesmo objeto da primeira, ficou deserta. III – O fato de ter havido nova licitação para o mesmo objeto a que não acorreram candidatos, inclusive a própria empresa ora embargante, não desnatura o fato de que as irregularidades apontadas na habilitação do primeiro certame permaneceram presentes e não foram definitivamente resolvidas no processo judicial correspondente. IV – É da administração pública o dever de rever o processo de seleção para a concessão de uso da área entelada, estando a seu critério a alteração do ato convocatório de forma a viabilizar o preenchimento de lacuna no serviço público sob enfoque. V – A alegada omissão não se apresenta como questão jurídica a influir na decisão proferida, podendo ser ignorada, como o foi na decisão embargada, sem que tal afastamento configure mácula ou altere o teor da decisão proferida. Embargos de declaração rejeitados. (STJ, EDcl no AgRg na SS 2.738/CE, Rel. Ministro Francisco Falcão, Corte Especial, julgado em 20/05/2015, DJe 12/06/2015)

MANDADO DE SEGURANÇA. LICITAÇÃO. DESCLASSIFICAÇÃO POR AUSÊNCIA DE COMPROVAÇÃO DA CAPACIDADE TÉCNICA NA FORMA PREVISTA NO EDITAL. INADEQUAÇÃO DO MANDAMUS PARA DISCUSSÃO DA MATÉRIA. 1. Hipótese em que a empresa impetrante foi desclassificada por não atender "às exigências previstas no subitem 19.1.1 PT1 – Experiência Técnico Operacional da Empresa c/c as estatuídas no subitem 3.2 Nota PT1A – Experiência em elaboração de estudos de planejamento de "empreendimentos portuários" e impetra Mandado de Segurança para permanecer no certame. 2. Ao Judiciário não cabe rever, em writ, decisão da Administração Pública referente a requisitos técnicos, notadamente a comprovação da experiência da empresa em elaboração de estudos de planejamento portuário. A inadequação da via eleita é patente. Precedentes do STJ. 3. Ademais, cumpre ressaltar que a licitação foi declarada fracassada pela Administração Pública.

4. Agravo Regimental não provido. (STJ, AgRg no MS 14133/DF, Primeira Seção, Rel. Ministro Herman Benjamin, julgado em 23/09/2009, DJe 01/10/2009)

QUESTÕES OBJETIVAS RELACIONADAS AO TEMA

1. (MPE/SC – Promotor de Justiça – 2013) A licitação fracassada ocorre quando não acudirem interessados à licitação anterior e esta, justificadamente, não possa ser repetida sem prejuízo para a Administração, mantidas, neste caso, todas as condições preestabelecidas, o que caracteriza hipótese de dispensa.

Assertiva errada.

2. (CESPE - TRF 1ª Região - Juiz Federal - 2011) No que concerne ao instituto da licitação, assinale a opção correta:

d) É admitida a contratação direta na denominada licitação fracassada, desde que mantidas todas as condições constantes do instrumento convocatório.

Assertiva considerada errada.

3. (CESPE - TCE/MG - Analista de Controle Externo - Direito - 2018) Caso não compareça interessado em certame licitatório na modalidade tomada de preços, a administração pública poderá firmar contratação direta, desde que motivadamente demonstre o potencial de prejuízo para a realização de nova licitação e desde que sejam mantidas as condições constantes do instrumento convocatório.

Essa situação retrata a licitação

a) fracassada.

b) dispensada.

c) dispensável.

d) inexigível.

e) proibida.

Gabarito: Letra c.

QUESTÃO 3

FCC – Procuradoria-Geral do Estado de Tocantins – Procurador do Estado – 2018

Esclareça, de modo a diferenciá-las, as figuras do "fato do príncipe" e do "fato da Administração", citando um exemplo de cada uma das situações e explicando as consequências que tais fatos podem gerar no âmbito dos contratos administrativos.

QUESTÃO 3

(MÁXIMO 30 LINHAS)

RESPOSTA DO AUTOR

O equilíbrio contratual é um pilar essencial aos contratos administrativos. O art. 65, II, "d", da Lei nº 8.666/93 dispunha acerca da viabilidade de modificação contratual por comum acordo entre as partes, tendo como norte o restabelecimento do equilíbrio econômico-financeiro outrora pactuado.

Por sua vez, o art. 124, II, "d", da Lei nº 14.133/21 possui disposição bem similar, que aduz que os contratos poderão ser alterados, com as devidas justificativas, por acordo entre as partes, para restabelecer o equilíbrio econômico-financeiro inicial do contrato em caso de força maior, caso fortuito ou fato do príncipe ou em decorrência de fatos imprevisíveis ou previsíveis de consequências incalculáveis, que inviabilizem a execução do contrato tal como pactuado, respeitada, em qualquer caso, a repartição objetiva de risco estabelecida no contrato.

Esse desequilíbrio contratual pode ocorrer por diversas formas e, dentre elas, temos o fato do príncipe e o fato da administração.

O primeiro, fato do príncipe,pode ser entendido como um comportamento do Estado, dotado de generalidade, que, ainda que incida de forma reflexa no, produz uma oneração excessiva ao contratado, sendo despicienda sua vontade. O exemplo clássico disso é o aumento de uma alíquota de um tributo, como o imposto, que incida diretamente sobre o objeto contratual em si.

Há setores na doutrina que defendem que apenas um fato extracontratual perpetrado pelo Estado poderia ser tido como fato de príncipe. Em contrapartida, há doutrina que sustenta que os fatos praticados pela Administração, ainda que não contratante, poderiam ser tidos como fato de príncipe. Como exemplo, uma contratação com um Estado ser afetada por um ato municipal.

No que tange ao fato da administração, este pode ser definido como um comportamento irregular do contratante que macula os direitos do contratado ou produz dificuldades para a avença contratual. Um exemplo clássico, com base na norma anterior, era a previsão contida no art. 78, XIV, XV e XVI, da Lei nº 8.666/93. Na atual norma, o art. 137, §2º, I, II, III, IV e V, da Lei nº 14.133/21. Um exemplo facilmente visualizável do fato da administração está no atraso dos pagamentos devidos pelo Poder Público.

Como consequência, o fato do príncipe e o fato da administração violam o equilíbrio contratual, de forma que deve haver a necessidade medidas adequadas de reequilíbrio e, não sendo viável, a extinção contratual.

CRITÉRIO DE CORREÇÃO DA BANCA

A Prova Escrita, composta pelas Provas Dissertativas 1 e 2, será avaliada em conformidade com os seguintes critérios, em estreita correlação: o domínio técnico do conteúdo, a correção gramatical e a adequação vocabular, tendo em vista os mecanismos básicos de constituição do vernáculo, os procedimentos de coesão e argumentação, e a precisão da linguagem jurídica

Abordagem esperada	Pontuação máxima	Pontuação atribuída
Definiu, de forma correta, completa e adequada, o fato do príncipe como o comportamento estatal que "tem cunho de generalidade, embora reflexamente incida sobre o contrato, ocasionando oneração excessiva ao particular, independentemente da vontade deste" (Carvalho Filho, 2014, p. 213).	2,00	

Definiu, de forma correta, completa e adequada o fato da Administração como "comportamento irregular do contratante governamental que, nesta mesma qualidade, viola os direitos do contratado e eventualmente lhe dificulta ou impede a execução do que estava entre eles avençado" (Celso Antonio Bandeira de Mello, 2008, p. 637).	2,00	
Citou exemplos corretos e adequados de fato do príncipe e de fato da Administração.	2,00	
Explicou, de forma correta, completa e adequada a eventual inexequibilidade do contrato e as hipóteses de rescisão em virtude de tais fatos.	2,00	
Explicou, de forma correta, completa e adequada o eventual desequilíbrio econômico-financeiro ocasionado por tais fatos e a necessidade de promover medidas adequadas de reequilíbrio, como a revisão contratual e/ou indenização do contratado.	2,00	
TOTAL	10,00	

▶ DOUTRINA TEMÁTICA

"O equilíbrio do contrato administrativo pode ser quebrado por força de ato ou medida instituída pelo próprio Estado. Foi por isso construída a teoria do fato do príncipe, aplicável quando o Estado contratante, mediante ato lícito, modifica as condições do contrato, provocando prejuízo ao contratado. O pressuposto do fato do príncipe é a álea administrativa.

Sobre o fato do príncipe, já tivemos a oportunidade de dizer em estudo a respeito que 'esse fato oriundo da Administração Pública não se preordena diretamente ao particular contratado. Ao contrário, tem cunho de generalidade, embora reflexamente incida sobre o contrato, ocasionando oneração excessiva ao particular independentemente da vontade deste'.

O fato do príncipe se caracteriza por ser imprevisível, extracontratual e extraordinário, provocando neste último caso funda alteração na equação econômico-financeira do contrato.

Parte da doutrina entende que o fato deve emanar da mesma pessoa jurídica que celebrou o ajuste. Com a devida vênia, entendemos que o 'príncipe' é o Estado ou qualquer de suas manifestações internas, de modo que nos parece aplicável a teoria se, por exemplo, um ato oriundo da União Federal atingir um particular que tenha contratado com um Estado-membro" (CARVALHO FILHO, 2017, p. 164).

"Divergem os autores na conceituação do fato do príncipe; para uns, abrange o poder de alteração unilateral e também as medidas de ordem geral, não relacionadas diretamente com o contrato, mas que nele repercutem, provocando desequilíbrio econômico-financeiro em detrimento do contratado. Para outros, o fato do príncipe corresponde apenas a essa segunda hipótese. Cite-se o exemplo de um tributo que incida sobre matérias-primas necessárias ao cumprimento do contrato; ou medida de ordem geral que dificulte a importação dessas matérias-primas.

É a corrente a que aderimos, por ser diverso o fundamento da responsabilidade do Estado; no caso de alteração unilateral de cláusulas contratuais, a responsabilidade decorre do próprio contrato, ou seja, da cláusula exorbitante que confere essa prerrogativa à Administração; trata-se de responsabilidade contratual.

No caso de medida geral, que atinja o contrato apenas reflexamente, a responsabilidade é extracontratual; o dever de recompor o equilíbrio econômico do contrato repousa na mesma ideia de equidade que serve de fundamento à teoria da responsabilidade objetiva do Estado.

(...)

O fato da Administração distingue-se do fato do príncipe, pois, enquanto o primeiro se relaciona diretamente com o contrato, o segundo é praticado pela autoridade, não como 'parte' no contrato, mas como autoridade pública que, como tal, acaba por praticar um ato que, reflexamente, repercute sobre o contrato.

O fato da Administração compreende qualquer conduta ou comportamento da Administração que, como parte contratual, pode tornar impossível a execução do contrato ou provocar seu desequilíbrio econômico. Celso Antônio Bandeira de Mello (2008:637) considera como fato da Administração 'o comportamento irregular do contratante governamental que, nesta mesma qualidade, viola os direitos do contratado e eventualmente lhe dificulta ou impede a execução do que estava entre eles avençado'. Para o autor, o que caracteriza efetivamente o fato da Administração (e se apresenta como mais um traço que o diferencia do fato do príncipe) é a irregularidade do comportamento do Poder Público. Além disso, o autor realça que o fato da Administração nem sempre retarda ou impede a execução do contrato" (DI PIETRO, 2018, p. 363-365).

▸ JURISPRUDÊNCIA TEMÁTICA

STF

AGRAVO REGIMENTAL EM RECURSO EXTRAORDINÁRIO. CONTRATO ADMINISTRATIVO. FATO DO PRÍNCIPE. DESEQUILÍBRIO DAS CONDIÇÕES ECONÔMICAS DO CONTRATO. RESPONSABILIDADE DA ADMINISTRAÇÃO. 1. Os fundamentos apontados no recurso não são aptos a alterar a conclusão da decisão agravada. 2. Conforme já reconhecido pelo Plenário do Supremo Tribunal Federal, a norma constitucional do equilíbrio econômico-financeiro do contrato administrativo, derivada do princípio da segurança jurídica, busca conferir estabilidade ao ajuste, garantindo à contratada viabilidade para a execução dos serviços, nos moldes que motivaram a celebração do contrato (RE 571.969/DF, Relª. Minª. Cármen Lúcia). 3. Caracterizado o desequilíbrio econômico-financeiro do contrato, decorrente de nova e imprevisível incidência tributária, é desnecessário perquirir acerca de sua onerosidade excessiva para justificar a reparação dos danos daí decorrentes. 4. Nos termos do art. 85, § 11, do CPC/2015, fica majorado em 10% o valor da verba honorária fixada anteriormente, observados os limites legais do art. 85, §§ 2º e 3º, do CPC/2015. 5. Agravo regimental a que se nega provimento. (STF, RE 902910 AgR, Relator(a): Min. Roberto Barroso, Primeira Turma, julgado em 06/11/2018, Processo Eletrônico DJe-244 Divulg 16-11-2018 Public 19-11-2018)

STJ

PROCESSUAL CIVIL E ADMINISTRATIVO. EQUILÍBRIO ECONÔMICO-FINANCEIRO DO CONTRATO ADMINISTRATIVO. QUESTÃO DECIDIDA À LUZ DO ART. 65, INCISO II, ALÍNEA "B", DA LEI 8.666/1993. FUNDAMENTO NÃO ATACADO. SÚMULA 283/STF. AUSÊNCIA DE PREQUESTIONAMENTO. SÚMULA 282/STF. MODIFICAÇÃO DE ENCARGOS TRIBUTÁRIOS. TEORIA DA IMPREVISÃO. 1. Cuida-se, na origem, de Ação de Cobrança proposta pela Companhia de Saneamento Ambiental do Distrito Federal (Caesb) visando à condenação da empresa recorrida ao pagamento de valor supostamente pago a maior em razão de desequilíbrio econômico-financeiro da avença. 2. Nos termos do art. 65, § 5º, da Lei 8.666/1993, é devido o reequilíbrio econômico-financeiro nas hipóteses de modificação da carga tributária. 3. O tributo foi alterado antes da apresentação da proposta dos aditivos, sem que a recorrente se insurgisse quanto à repercussão da desoneração tributária promovida pela Lei 12.701/2012. Portanto, descabe a pretendida retroação do reajuste à data da entrada em vigor da citada modificação legislativa. 4. A esse respeito, assim se manifestou a Corte local (fls. 298-299, e-STJ – grifou-se): "Prosseguindo, a matéria devolvida diz respeito à possibilidade de revisão de contrato ajustado à luz da Lei de Licitações, com o escopo de manter o equilíbrio econômico-financeiro entre as partes. De acordo com o art. 65, inc. II, d, § 5º, da Lei 8.666/93, a alteração, criação ou extinção de tributos ou encargos legais, após a apresentação da proposta, que repercuta nos preços contratados, implica a revisão destes para mais ou para menos, a fim de garantir a manutenção do equilíbrio econômico-financeiro inicial do contrato e a retribuição da remuneração da administração para ajusta remuneração do serviço. (...) No caso, a Caesb postulou a condenação da apelante ao pagamento de valores pagos a maior pela concessionária em contratos que não aplicaram a desoneração tributária da folha de pagamento instituída pela Lei 12.546/2011. Todavia, com base nos argumentos retro mencionados, não vislumbro evento extraordinário e imprevisto capaz de alterar a equação econômico-financeira dos negócios jurídicos em análise. De fato, a desoneração tributária instituída pelas Leis 12.546/2011 e 12.844/2013 implementou alterações no regime tributário, substituindo a contribuição patronal por outro tributo incidente sobre o faturamento da empresa, e não mais sobre a folha de pagamento. Sucede que a mencionada alteração tributária se deu antes do contrato celebrado entre as partes, não havendo falar em evento imprevisível apto a tornar a prestação de uma parte excessivamente onerosa. É dizer, a concessionária apelada ajustou os termos da avença formalizada com a apelante após a vigência da desoneração tributária reclamada, de modo que o novo regramento já poderia incidir no negócio jurídico, todavia não o foi por mera liberalidade da contratante. Destarte, o poder de autotutela administrativa não pode ser utilizado para alterar o contrato administrativo, por superveniência de ato, quando se basear em lei editada antes da celebração da avença". 5. Nas razões do Recurso Especial, verifica-se que não houve a impugnação particularizada de fundamento basilar que ampara o acórdão hostilizado, ou seja, de que a possibilidade de restabelecimento "da equação econômico-financeira do contrato é possível para atender a fatos imprevisíveis ou previsíveis de consequências incalculáveis, retardadoras ou impeditivas da execução do ajustado ou, ainda, força maior, caso fortuito ou fato do príncipe" (fl. 299, e-STJ), o qual é capaz de manter, por si só, o acórdão recorrido. Incide, por analogia, o óbice da Súmula 283/STF. 6. A recorrente impugna o acórdão recorrido utilizando-se de teses que não se encontram prequestionadas. Assim, a irresignação não merece prosperar contra a ofensa aos arts. 54 da Lei 8.666/1993; 2º da Lei 4.417/1965; 113, 421, 422, 884 e 885 do Código Civil; e 8º, 85, § 3º, do CPC/2015. Incidência, por analogia, da Súmula 282/STF. 7. Ainda que ultrapassada a barreira do conhecimento, esclareço que o STJ adota a Teoria da Imprevisão quando o assunto é a alteração do contrato administrativo para fins de restaurar o equilíbrio econômico-financeiro da avença. Conforme delineamento fático fornecido pelo Tribunal local, as leis que a recorrente utiliza como argumento possuem vigência anterior à fase de apresentação das propostas. Portanto, descabida a pretendida retroação. Precedentes: REsp 1.666.305/RJ, Rel. Ministro Herman Benjamin, Segunda Turma, DJe 21.6.2017; REsp 776.790/AC, Rel. Ministro Mauro Campbell Marques, Segunda Turma, DJe 28.10.2009; REsp 776.790/AC, Rel. Ministro Mauro Campbell Marques, Segunda Turma, DJe 28.10.2009. 8. No caso, levando em consideração o trabalho adicional realizado em grau recursal, impõe-se a majoração dos honorários advocatícios em 1% (um por cento) sobre o valor arbitrado na origem (10% sobre o valor da causa), razão pela qual o montante final corresponde a 11% (onze por cento) sobre o valor da causa, obedecendo-se aos limites impostos nos §§ 3º e 11, do art. 85 do NCPC. 9. Recurso Especial não conhecido. (STJ, REsp 1798728/DF, Rel. Ministro Herman Benjamin, Segunda Turma, julgado em 28/03/2019, DJe 16/04/2019)

QUESTÕES OBJETIVAS RELACIONADAS AO TEMA

1. (Fundatec – PGE/RS – Procurador do Estado – 2015) Nos contratos administrativos, o fato do príncipe

a) enseja reequilíbrio econômico-financeiro do contrato somente quando originário do mesmo ente federativo contratante.

b) enseja indenização ao contratado por meio de providência adotada ao final do contrato.

c) enseja reequilíbrio econômico-financeiro do contrato por meio de providência concomitante ou adotada logo em seguida a sua ocorrência.

d) não enseja direito à indenização em virtude da validade jurídica da medida adotada.

e) não enseja direito à indenização ou reequilíbrio econômico-financeiro do contrato, tendo em vista que não existe direito adquirido oponível a atos futuros do Poder Público.

Gabarito: Letra c.

2. (FMP Concursos – TJMT – Juiz – 2014) A empresa vencedora da licitação para a prestação de serviço de vigilância para um órgão da Administração Pública Direta do Estado do Mato Grosso, durante a execução do contrato, encaminha requerimento administrativo para majoração dos valores pagos mensalmente em razão da reposição salarial decorrente da convenção coletiva dos seus trabalhadores. Em face do regime jurídico dos contratos administrativos instituído pela Lei nº 8.666/1993, que institui normas para licitações e contratos da Administração Pública, o pedido em questão:

a) deverá ser acolhido, pois se enquadra na noção de fato do príncipe.

b) não deverá ser acolhido, pois o contrato administrativo não pode sofrer qualquer espécie de modificação.

c) não deverá ser acolhido, pois a imutabilidade inerente aos contratos em geral também se aplica aos contratos administrativos.

d) não deverá ser acolhido, pois o motivo do pedido não se enquadra em nenhuma das hipóteses previstas na referida lei.

e) deverá ser acolhido, pois a referida lei estabelece que as cláusulas econômico-financeiras dos contratos não poderão ser alteradas sem prévia concordância do contratado.

Gabarito: Letra d.

QUESTÃO 4

FCC – Procuradoria-Geral do Estado do Mato Grosso – Procurador do Estado – 2016

No tocante aos contratos administrativos, regulados pela Lei 8.666/93, explique e diferencie:

a. Reajuste;

b. Revisão.

Esclareça:

c. Como tais medidas são formalizadas;

d. Se há periodicidade que deva ser observada para a respectiva implementação.

QUESTÃO 4

(MÁXIMO 40 LINHAS)

RESPOSTA DO AUTOR

O art. 37, XXI, da CRFB aduz que nos processos de licitação pública sejam mantidas as condições efetivas da proposta. Com isso, o reajuste e a revisão são mecanismos que atuam como instrumentos de perfectibilização da aludida norma constitucional. Apesar de serem elementos concretizadores, eles apresentam distinções entre si.

Na seara dos contratos administrativos, entende-se por reajuste como sendo a atualização monetária do preço originariamente ajustado no contrato, por meio de índices de preços previstos que reflitam efetivamente a atualização dos materiais utilizados para sua execução. Assim, o reajuste é automático e deve ser realizado periodicamente, mediante a simples aplicação de um índice de preço, que deve, dentro do possível, refletir os custos setoriais.

O art. 6º, LVIII, da Lei nº 14.133/21 aduz que reajustamento em sentido estrito é a forma de manutenção do equilíbrio econômico-financeiro de contrato consistente na aplicação do índice de correção monetária previsto no contrato, que deve retratar a variação efetiva do custo de produção, admitida a adoção de índices específicos ou setoriais.

No que tange à revisão, ela não é uma mera atualização de preços. Na realidade, ela configura-se como uma alteração contratual que busca recompor o equilíbrio econômico-financeiro do originalmente avençado. Essa busca pela recomposição decorre de algum fato que gerou uma desestruturação por conta de algum acontecimento imprevisível ou de consequências imprevisíveis.

Logo, o reajuste não representa uma alteração contratual, mas sim cumprimento deste. Assim, não necessita ser formalizado por aditivo contratual, podendo constituir mero apostilamento. Por outro lado, a revisão é uma alteração nos termos originários, devendo ser formalizada por aditivo.

Enquanto o reajuste tem periodicidade prevista no contrato (anual, em regra), a revisão não é passível de previsão, dado seu caráter extraordinário.

▸ CRITÉRIO DE CORREÇÃO DA BANCA

A Prova de Conhecimentos Específicos II, composta pelas Provas Dissertativas 1 e 2, será avaliada em conformidade com os seguintes critérios, em estreita correlação: o domínio técnico do conteúdo, a correção gramatical e a adequação vocabular, tendo em vista os mecanismos básicos de constituição do vernáculo, os procedimentos de coesão e argumentação, e a precisão da linguagem jurídica.

Valor: 10,00 pontos

Abordagem esperada	Pontuação máxima	Pontuação atribuída
a. Definição adequada e correta de reajuste: reajuste é a atualização da expressão monetária do preço contratual, por meio de índices de preços gerais, setoriais ou que reflitam a variação dos custos de produção ou dos insumos utilizados. Esses índices devem estar previamente estabelecidos no edital e no contrato.	2,50	
b. Definição adequada e correta de revisão: revisão é a alteração bilateral do contrato, com vistas a promover a recomposição de seu equilíbrio econômico-financeiro, abalado por alguma circunstância imprevista ou previsível, porém de consequências incalculáveis, que configurem álea extraordinária, tais como: fato do príncipe, fato da administração, força maior, caso fortuito ou sujeições imprevistas. Também é utilizável quando alteração unilateral promovida pela Administração ocasionar impacto no equilíbrio contratual.	2,50	
c. Definição adequada e correta da forma pela qual tais medidas são adotadas: a revisão implica alteração bilateral do contrato administrativo e, portanto, deve ser formalizada por termo aditivo; no caso do reajuste, não há necessidade de formalizar alteração contratual, por se tratar de situação preestabelecida contratualmente, bastando a formalização por mera apostila.	2,50	
d. Definição adequada e correta do momento ou periodicidade em que tais medidas são adotadas: no caso da revisão, ela pode ocorrer em qualquer momento da execução contratual, visto se tratar de fato não previsto inicialmente pelas partes; o reajuste tem periodicidade prevista no contrato, sendo que a periodicidade mínima é anual, contando-se da data da apresentação da proposta ou da data do orçamento a que a proposta se referir, conforme previsto no edital e no contrato, ou ainda do último reajustamento.	2,50	
TOTAL	**10,00**	

▸ DOUTRINA TEMÁTICA

A primeira forma é o reajuste, que se caracteriza por ser uma fórmula preventiva normalmente usada pelas partes já ao momento do contrato, com vistas a preservar os contratados dos efeitos de regime inflacionário. Como esta reduz, pelo transcurso do tempo, o poder aquisitivo da moeda, as partes estabelecem no instrumento contratual um índice de atualização idôneo a tal objetivo. Assim, diminui, sem dúvida, a álea contratual que permitiria o desequilíbrio contratual.

(...) É bom que se diga, porém, que deve ser expressa a avença nesse sentido, razão por que, sem ela, entende-se que o preço ajustado é fixo e irreajustável.

Alguns contratos administrativos têm previsto outra forma de reequilíbrio além do reajuste: a repactuação. Ambos são espécies do gênero reajustamento. O reajuste ocorre quando há a fixação de índice geral ou específico que incide sobre o preço após determinado período (ex.: IPCA/IBGE). Na repactuação, a recomposição é efetivada com base na variação de custos de insumos previstos em planilha da qual se originou o preço (ex.: elevação salarial de categoria profissional por convenção coletiva de trabalho). Em virtude dessa distinção, alguns contratos preveem as duas formas de reajustamento, indicando as parcelas sobre as quais incidirá.

A revisão do preço, embora objetive também o reequilíbrio contratual, tem contorno diverso. Enquanto o reajuste já é prefixado pelas partes para neutralizar um fato certo, a inflação, a revisão deriva da ocorrência de um fato superveniente, apenas suposto (mas não conhecido) pelos contratantes quando firmam o ajuste.

(...)

O Estatuto previu, de um lado, a alteração bilateral nos contratos administrativos "para restabelecer a relação que as partes pactuaram inicialmente, entre os encargos do contratado e a retribuição da Administração para a justa remuneração da obra, serviço ou fornecimento, objetivando a manutenção do inicial equilíbrio econômico-financeiro do contrato, na hipótese de sobrevirem fatos imprevisíveis, ou previsíveis, porém de consequências incalculáveis, retardadores ou impeditivos da execução Do ajustado, ou ainda, em caso de força maior, caso fortuito ou fato do príncipe, configurando álea econômica extraordinária e extracontratual" (art. 65, II, "d"). A norma, é fácil verificar, abraça com perfeição a garantia da equação econômico-financeira do contrato.

Por outro lado, dispõe o art. 65, § 6º, do mesmo Estatuto: "Em havendo alteração unilateral do contrato, que aumente os encargos do contratado, a Administração deverá restabelecer, por aditamento, o equilíbrio econômico-financeiro inicial".

Emana da norma, em correspondência ao dever da Administração, o direito subjetivo à revisão do preço em favor do contratado sempre que houver aumento de encargos impostos pela Administração. Verificado, então, o suporte fático do direito – o aumento de encargos –, faz jus o particular à revisão do preço inicial.

(...)

Diferentemente do que ocorre com o reajuste, o direito à revisão independe de previsão expressa no instrumento contratual, bastando a comprovação da existência do fato superveniente que tenha causado o rompimento do equilíbrio econômico financeiro do ajuste. São dois os fundamentos para tal conclusão: primeiramente, cuida-se de direito oriundo diretamente do texto legal, que, obviamente, se situa acima do contrato; ademais, torna-se impossível qualquer previsão sobre fatos futuros que possam influir na relação contratual. Importante, pois, é a ocorrência do fato, e não sua formalização no contrato" (CARVALHO FILHO, 2017, p. 157).

▸ JURISPRUDÊNCIA TEMÁTICA

STJ

ADMINISTRATIVO. AGRAVO REGIMENTAL. CONTRATO ADMINISTRATIVO. DISSÍDIO COLETIVO QUE PROVOCA AUMENTO SALARIAL. REVISÃO CONTRATUAL. EQUILÍBRIO ECONÔMICO-FINANCEIRO. FATO PREVISÍVEL. NÃO-INCIDÊNCIA DO ART. 65, INC. II, ALÍNEA "D", DA LEI N. 8.666/93. ÁLEA ECONÔMICA QUE NÃO SE DESCARACTERIZA PELA RETROATIVIDADE. 1. **É pacífico o entendimento desta Corte Superior no sentido de que eventual aumento de salário proveniente de dissídio coletivo não autoriza a revisão o contrato administrativo para fins de reequilíbrio econômico-financeiro, uma vez que não se trata de fato imprevisível – o que afasta, portanto, a incidência do art. 65, inc. II, "d", da Lei n. 8.666/93. Precedentes.** 2. A retroatividade do dissídio coletivo em relação aos contratos administrativos não o descaracteriza como pura e simples álea econômica.

3. Agravo regimental não provido. (STJ, AgRg no REsp 957.999/PE, Rel. Ministro Mauro Campbell Marques, Segunda Turma, julgado em 22/06/2010, DJe 05/08/2010).

CONTRATO ADMINISTRATIVO. CONGELAMENTO DE PREÇOS. DECRETO N.º 2.284/86. PRAZO DE EXECUÇÃO DA AVENÇA INFERIOR A UM ANO. CLÁUSULA DE IRREAJUSTIBILIDADE. CORREÇÃO MONETÁRIA. IMPOSSIBILIDADE DE. DIFERENÇA ENTRE EQUILÍBRIO-ECONÔMICO FINANCEIRO E REAJUSTE MONETÁRIO. AUSÊNCIA DE COMPROVAÇÃO DO DESEQUILÍBRIO. 1. As obrigações contratuais ou extracontratuais regem-se pela lei vigente ao tempo em que se constituíram, regra que se aplica aos efeitos jurídicos dos contratos, aos quais seguem a lei do tempo em que se celebraram. 2. *Consoante entendimento consolidado na jurisprudência do Superior Tribunal de Justiça, se o prazo de duração da avença inferior a um ano, indevida a correção monetária.* Conforme determina o art. 7º, do Decreto-lei n. 2.284/86, é vedado, sob pena de nulidade, cláusula de reajuste monetário nos contratos cujos prazos sejam inferiores a doze meses. (...) (REsp nº Rel. Min. Waldemar Zveiter, DJ de 09.12.1991). 3. *In casu*, no momento da celebração do pacto, a expectativa de inflação era evidente, não havendo empresa que desprezasse esse dado, agindo as mesmas de forma a incorporar esse valor no preço do serviço prestado, principalmente, pelo conhecimento da proibição do reajustamento dos contratos. 4. Deveras, *não há que se confundir a vedação de inclusão de cláusula de reajuste com a preservação do equilíbrio econômico-financeiro dos contratos*. 5. De toda a sorte, o fato é que o art. 7º, do Dec.-lei 2.283, de 27.2.86 seja com a redação original, seja com a que lhe deu o 2.284, de 10.3.86 (Plano Cruzado), não veda reajustes contratuais estabelecidos em função de variação de custos e preços e insumos. O que o preceptivo em questão proíbe, a partir da edição dos decretos-leis em causa, como eles mesmos o dizem, é o reajuste monetário, ou seja, cláusula de atualização da moeda, e ainda assim nos contratos de prazo inferior a um ano (...) (Celso Antônio Bandeira de Melo. Contrato Administrativo: direito ao equilíbrio econômico-financeiro: reajustes contratuais e os Planos Cruzado e Bresser. in Revista de Direito Público, nº 90, 1989) 6. Em suma: a) os contratos sub examine, com prazos de duração inferiores a um ano, foram firmados sob a égide do Decreto-lei nº 2.284/86 que vedava a inclusão de cláusula de reajuste; b) muito embora a possibilidade de, nos termos do art. 55, II, "d", do Decreto-lei nº 2.300/86, realizar-se atualização dos preços inicialmente ajustados, os recorrentes não lograram comprovar o desequilíbrio, consoante ressaltado pelas instâncias ordinárias; c) o Decreto-lei nº 2.300/86 não revogou o Decreto-lei nº 2.284/86, porquanto o primeiro trata de preservação do preço ao passo que este versava a proibição de inclusão de cláusula de reajuste monetário; d) consectariamente, não há direito ao reajuste monetário. 7. Deveras, se instância local, com ampla cognição fático-probatória não verificou imprevisão capaz de alterar a força obrigatória do vínculo, vedado seria à esta Corte Superior, a teor do verbete sumular nº 07, acolher a pretensão da empresa recorrente. 8. Recurso especial improvido. (STJ, REsp 509986/DF, Recurso Especial 2003/0020044-7, Primeira Turma, Ministro Luiz Fux, julgado 20/11/2003, DJ 09/12/2003, p. 226)

QUESTÕES OBJETIVAS RELACIONADAS AO TEMA

1. (VUNESP – TJSP – Juiz – 2008) Em tema de contratos administrativos, considere as assertivas. III. O reajustamento contratual de preços e de tarifas é medida convencionada entre as partes contratantes para evitar que, em razão das elevações do mercado, da desvalorização da moeda ou do aumento geral de salários no período de execução do contrato administrativo, venha a romper-se o equilíbrio financeiro do ajuste.

Assertiva considerada correta.

2. (PGE/MS - Procurador do Estado - 2014) Dadas as assertivas abaixo, assinale a alternativa correta sobre os contratos regidos pela Lei Federal nº 8.666/93:

> II - A variação do valor contratual para fazer face ao reajuste de preços previsto no próprio contrato não caracteriza alteração do mesmo, podendo ser registrada por simples apostila, dispensando a celebração de aditamento.

Assertiva considerada correta.

> III - O direito à revisão contratual em decorrência de fatos supervenientes imprevisíveis, ou previsíveis, porém de consequências incalculáveis, que afetem o equilíbrio econômico-financeiro em prejuízo do contratado, somente pode ser exercido por este se houver expressa previsão no contrato.

Assertiva considerada incorreta.

QUESTÃO 5

FCC – Procuradoria-Geral do Estado do Rio Grande do Norte. Procurador do Estado – 2015

Determinado órgão da Administração Pública contratou, mediante prévio procedimento licitatório, a realização de obras de grande vulto, contemplando a construção de um túnel. No curso da execução do contrato, o projeto executivo realizado pela empresa contratada identificou diferença do perfil geológico da rocha em relação àquele indicado no projeto básico disponibilizado aos licitantes pela Administração. Referida divergência demandou a mudança do método construtivo, com abertura de novas frentes de ataque, ensejando assim, aumento dos custos incorridos com as obras contratadas em relação àqueles considerados para o oferecimento da proposta vencedora. Considerando a situação narrada e a correspondente aplicação das disposições da legislação federal que disciplina as licitações e contratos administrativos, responda, fundamentadamente, às seguintes indagações:

a) Afigura-se correta a conduta da Administração consistente na realização de projeto básico previamente à contratação da obra ou essa tarefa deveria ter sido alocada à empresa contratada para a realização da obra? A modalidade contratual ou licitatória adotada para a contratação da obra possui influência na determinação de tal alocação?

b) Quem deverá arcar com os encargos adicionais decorrentes da necessidade de mudança do método construtivo? Quais as condições previstas legalmente para a imputação desses custos adicionais?

QUESTÃO 5

1	
2	
3	
4	
5	
6	
7	
8	
9	
10	
11	
12	
13	
14	
15	
16	
17	
18	
19	
20	

(MÁXIMO 20 LINHAS)

▸ RESPOSTA DO AUTOR

A ação adotada pela Administração é idônea, ante a previsão do art. 46, §6º, da Lei nº 14.133/21, que aduz que a execução de cada etapa será obrigatoriamente precedida da conclusão e da aprovação, pela autoridade competente, dos trabalhos relativos às etapas anteriores.

O projeto básico é o conjunto de elementos necessários e suficientes, com nível de precisão adequado para definir e dimensionar a obra ou o serviço, ou o complexo de obras ou de serviços objeto da licitação, elaborado com base nas indicações dos estudos técnicos preliminares, que assegure a viabilidade técnica e o adequado tratamento do impacto ambiental do empreendimento e que possibilite a avaliação do custo da obra e a definição dos métodos e do prazo de execução, devendo conter os seguintes elementos, ante o art. 6º, XXV, da mesma norma.

Ele pode ser dispensado no caso do art. 46, §2º, da Lei nº 14.133/21, que é a hipótese de contratação integrada, na qual a Administração é dispensada da elaboração de projeto básico nos casos de contratação integrada, hipótese em que deverá ser elaborado anteprojeto de acordo com metodologia definida em ato do órgão competente, observados alguns requisitos.

Na situação em tela, a Administração é a responsável pelos encargos adicionais que tenham como origem a mudança do método construtivo, ante a previsão do art. 124, II, "d", da Lei nº 14.133/21. Ou seja, o poder público deverá custear os encargos novos para restabelecer o equilíbrio econômico-financeiro inicial do contrato em caso de força maior, caso fortuito ou fato do príncipe ou em decorrência de fatos imprevisíveis ou previsíveis de consequências incalculáveis, que inviabilizem a execução do contrato tal como pactuado, respeitada, em qualquer caso, a repartição objetiva de risco estabelecida no contrato.

▶ CRITÉRIO DE CORREÇÃO DA BANCA

Abordagem esperada	Pontuação máxima	Pontuação atribuída
Constará da avaliação da prova discursiva o domínio técnico do conteúdo aplicada, a precisão da linguagem jurídica, a correção gramatical e a adequação vocabular, considerados os mecanismos básicos de constituição do vernáculo e os procedimentos de coesão e argumentação.		
a. A conduta da Administração afigura-se correta, em se tratando de obras contratadas sob o regime da Lei 8.666/93, eis que o art. 7º, § 2º, I, determina que as obras somente poderão ser licitadas quando houver projeto básico aprovado pela autoridade competente e disponível para exame dos interessados em participar da licitação. A modalidade licitatória e contratual adotada interfere nessa alocação, eis que, caso as obras em questão tenham sido licitadas com base no Regime Diferenciado de Contratações Públicas – RDC, desde que enquadradas nas hipóteses autorizadas pela Lei Federal 12.462/2011, e contratadas na modalidade contratação integrada, o projeto básico fica a cargo do contratado, conforme art. 9º, § 1º.	0,5	
b. Esses encargos devem ser custeados pela Administração, desde que caracterizem fatos imprevisíveis, ou previsíveis porém de consequências incalculáveis, retardadores ou impeditivos da execução do ajustado, situação em que deverá ser restabelecida a relação que as partes pactuaram inicialmente entre os encargos do contratado e a retribuição da Administração para a justa remuneração da obra, conforme art. 65, II, d.	0,5	
Total	1,0	

▶ DOUTRINA TEMÁTICA

"O fato de algumas Administrações terem contratado obras aleatoriamente, muitas vezes sem qualquer necessidade, levou o legislador a estabelecer condições a serem observadas principalmente pelos órgãos públicos, tendo em vista a possibilidade de ser melhor aferido o interesse público gerador do ajuste.

Uma dessas condições específicas é o projeto básico, que é a definição prévia da obra a ser contratada. Deve a Administração, antes das providências necessárias à contratação, delinear o projeto da obra, indicando os motivos que levam à sua realização, a extensão, o tempo que deve durar, a previsão dos gastos, e outros elementos definidores. Por isso, a lei exige que antes mesmo da licitação o projeto básico esteja devidamente aprovado pela autoridade competente" (CARVALHO FILHO, 2017, p. 148).

"Regime de contratação integrada. Outra inovação da lei diz respeito à previsão, no artigo 8º, do regime de contratação integrada entre os regimes de execução indireta de obras e serviços de engenharia, ao lado da empreitada por preço unitário, empreitada por preço global, tarefa e empreitada integral, já previstas e definidas na Lei nº 8.666/93. No novo regime, não haverá o projeto básico aprovado pela autoridade competente, em anexo ao instrumento convocatório (ao contrário do previsto no artigo 40, § 2º, da Lei nº 8.666/93), tendo em vista que a contratação já abrange a elaboração e o desenvolvimento dos projetos básico e executivo, a execução de obras e serviços de engenharia, a montagem, a realização de testes, a pré-operação e todas as demais operações necessárias e suficientes para a entrega final do objeto (art. 9º, § 1º, da Lei nº 12.462/11).

Em vez do projeto básico, o instrumento convocatório deverá conter anteprojeto de engenharia que contemple os documentos técnicos destinados a possibilitar a caracterização da obra ou serviço (...)" (DI PIETRO, 2017, p. 445).

▸ JURISPRUDÊNCIA TEMÁTICA

STJ

ADMINISTRATIVO. RECURSO ESPECIAL. LICITAÇÃO. EDIFÍCIO ANEXO DO TJSP. VIOLAÇÃO DO ARTIGO 535 DO CPC INEXISTENTE. ARTIGO 9º, I, DA LEI 8.666/93. RESPONSÁVEIS PELO PROJETO BÁSICO. INEXISTÊNCIA DE VEDAÇÃO DE PARTICIPAÇÃO NO CERTAME RELATIVO AO PROJETO EXECUTIVO. 1. Não há violação ao artigo 535 do CPC quando o Tribunal de origem, mesmo sem ter examinado individualmente cada um dos argumentos da recorrente, adota fundamentação suficiente para decidir de modo integral a controvérsia, apenas não acolhendo a tese da recorrente. 2. Nos termos do artigo 9º, I, da Lei nº 8.666/93, é expressamente vedada a participação do autor do projeto básico ou executivo na licitação para a contratação da obra, serviço ou fornecimento deles decorrentes. Contudo, inexiste qualquer proibição no sentido de que o autor do projeto básico participe da licitação para a elaboração do projeto executivo e para a assessoria técnica de projeto durante a construção da obra, como é o caso dos autos. 3. Tratando-se de norma de vedação, há de ser aplicada restritivamente, não sendo possível utilização de critérios interpretativos mais abrangentes, sob pena de contrariar os princípios da hermenêutica jurídica. 4. Recurso especial provido, para reconhecer a possibilidade da empresa Botti Rubin Arquitetos Associados Ltda. participar do certame. (STJ, REsp 1298297/SP 2011/0206008-8, Rel. Ministro Benedito Gonçalves, T1 – Primeira Turma,. Data de julgamento 16/08/2012, DJe 24/08/2012)

QUESTÕES OBJETIVAS RELACIONADAS AO TEMA

1. (VUNESP – PGE/SP – Procurador do Estado – 2018) Após regular licitação, empresa foi contratada pelo Poder Público para execução de obra de engenharia sob o regime da contratação integrada. Iniciada a execução do ajuste, a empresa apresentou requerimento de aditamento contratual para repactuação dos termos ajustados ao argumento de que teria direito ao reequilíbrio econômico-financeiro e prorrogação do prazo de vigência do contrato em razão da necessidade de modificação do projeto básico para adequação técnica decorrente de fatos preexistentes, porém por ela constatados após a elaboração da proposta apresentada no certame. Nesse caso, o Poder Público deverá

a) deferir o requerimento, ainda que se verifique que o erro do anteprojeto decorreu de falha da empresa contratada, sob pena de enriquecimento sem causa, firmando-se o termo aditivo.

b) deferir o requerimento, desde que comprovado, pela área técnica que os fatos são supervenientes e, embora previsíveis, de consequências incalculáveis, firmando-se o termo aditivo.

c) deferir o requerimento se a área técnica competente do ente contratante atestar que a álea indicada pela contratada é extraordinária e extracontratual, quantificando adequadamente o valor a ser reequilibrado, realizando-se apostilamento.

d) indeferir o requerimento, eis que não se trata, na hipótese, de caso fortuito ou força maior.

e) indeferir o requerimento, porque o regime de contratação integrada não admite, em nenhuma hipótese, prorrogação do prazo de vigência do contrato, devendo o pleito resolver-se, se o caso, em procedimento de apuração e reparação de danos, efetuando-se apostilamento.

Gabarito: Letra d – Art. 9º, § 4º, I, Lei 12.462/11 – RDC.

QUESTÃO 6

Cespe/Cebraspe – Procuradoria do Município de Campo Grande. Procurador do Município – 2019

A prefeitura de um município lançou edital de licitação com vistas a adquirir vinte veículos adaptados e equipados para as necessidades da guarda municipal, optando por exigir garantia contratual. A empresa Alfa Veículos Ltda. venceu a licitação pelo valor de R$ 1.000.000, tendo o contrato sido celebrado em 1º de abril do mesmo ano, com as cláusulas necessárias previstas em lei. Com vigência determinada de cento e vinte dias, a contar da celebração, o contrato previu a entrega dos bens em até sessenta dias, igualmente após a celebração do contrato.

Com quinze dias de atraso, a Alfa Veículos Ltda. entregou os bens, que foram recebidos provisoriamente. Contudo, no prazo de três dias, a administração verificou que os veículos apresentavam quatro discrepâncias de qualidade com relação às especificações previstas no projeto básico e solicitou o devido ajuste. Passados cento e vinte e cinco dias da celebração do contrato, a Alfa Veículos Ltda. entregou o objeto da licitação, que foi recebido provisoriamente pela administração e, três dias depois, definitivamente. Após os trâmites necessários, a autoridade administrativa competente determinou a instauração de processo administrativo sancionatório contra a Alfa Veículos Ltda., para fins de aplicação de multa, haja vista o descumprimento contratual, bem como formulou consulta à assessoria jurídica do município, a fim de se informar sobre a viabilidade de permanecer com os veículos e prosseguir com o pagamento, em face do fim da vigência contratual.

Na qualidade de procurador desse município, redija um parecer conclusivo acerca da situação hipotética apresentada. Dispense o relatório e não acrescente fatos novos. Em seu parecer, além de formular a conclusão [valor: 1,00 ponto], aborde, fundamentadamente, os seguintes aspectos:

1. conceito de licitação pública; [valor: 2,00 pontos]

2. natureza do contrato e seu conceito; [valor: 3,00 pontos]

3. vigência contratual; [valor: 4,00 pontos]

4. necessidade ou não de celebração de termo aditivo; [valor: 4,00 pontos]

5. aplicação de sanção; [valor: 2,50 pontos]

6. forma de cobrança de eventual multa imposta pela administração. [valor: 2,50 pontos]

QUESTÃO 6

31	
32	
33	
34	
35	
36	
37	
38	
39	
40	
41	
42	
43	
44	
45	
46	
47	
48	
49	
50	
51	
52	
53	
54	
55	
56	
57	
58	
59	
60	

(MÁXIMO 60 LINHAS)

RESPOSTA DO AUTOR

Parecer nº

Processo nº

Interessado:

Ementa: Veículos adquiridos em processo licitatório. Permanência no ente municipal. Término contratual. Discrepâncias na qualidade em relação ao projeto básico.

Relatório dispensado

Fundamentação

1. A licitação tem por escopo efetivar a observância do princípio constitucional da isonomia e a seleção da proposta mais vantajosa para a administração, além do dever de garantir os princípios da legalidade, da impessoalidade, da moralidade, da publicidade, da eficiência, do interesse público, da probidade administrativa, da igualdade, do planejamento, da transparência, da eficácia, da segregação de funções, da motivação, da vinculação ao edital, do julgamento objetivo, da segurança jurídica, da razoabilidade, da competitividade, da proporcionalidade, da celeridade, da economicidade e do desenvolvimento nacional sustentável, assim como as disposições da LINDB, nos termos do art. 5º da Lei nº 14.133/21.
2. Depreende-se por natureza do contrato de escopo ou por objeto como sendo aquele no qual há uma previsão de objeto definido a ser entregue. A vigência dos contratos administrativos por escopo é tema bem estudado na doutrina e na jurisprudência, pois, por vezes, a execução não coincide com a vigência do contrato. Logo, considerando-se que o importante é a entrega do que foi contratado (execução do contrato), é de se pensar se a vigência contratual está subordinada ao efetivo adimplemento contratual ou ao limite temporal previsto no contrato.
3. Parte da doutrina entende que, nos casos de contrato de escopo, os pactos negociais se extinguem pela conclusão de seu objeto. Por sua vez, o prazo de execução previsto no instrumento contratual é apenas moratório, não representando a extinção do pacto negocial, mas apenas o prazo estipulado para sua execução.
4. No que tange à vigência do contrato de escopo, há divergência doutrinária quanto ao rigor do prazo de vigência nos contratos por escopo, isto é, se esses contratos se extinguem pela execução do objeto ou pelo fim do prazo de vigência. A doutrina entende que nos contratos por escopo o ajuste será cumprido, independentemente do prazo, com o cumprimento do objeto contratual. Assim, como exemplo, no contrato para construção de determinado prédio público, o ajuste considera-se adimplido com a finalização da construção, independentemente do tempo necessário).
5. Os contratos somente se encerram com a entrega do objeto contratado. Isto não quer dizer que o tempo não é importante nessas espécies de contratos. Em verdade, o prazo contratual será fundamental para constatação de eventual mora no cumprimento da obrigação contratual. Ultrapassado o prazo avençado, o contratado continua obrigado a cumprir suas obrigações contratuais, acrescentadas dos ônus do atraso.

6. Para o Tribunal de Contas da União – TCU, é possível identificar uma tendência de mudança no entendimento que vigia na esfera da aludida Corte de Contas. Anteriormente, o TCU entendia que os contratos de escopo não se extinguiriam pelo decurso da vigência contratual. Todavia, a tendência ainda não se consolidou. O TCU externou entendimento posterior no sentido de que a vigência contratual deve coincidir com a entrega do objeto contratado. Caso a vigência descrita no corpo do contrato finalize, somente de maneira excepcional pode-se promover um aditamento retroativo para permitir a entrega do objeto.

7. Acerca da necessidade ou não de termo aditivo, a prorrogação contratual é ato formal que deve ser observado pelo gestor, conforme o art. 91 da Lei nº 14.133/21. Aludida norma aduz que os contratos e seus aditamentos terão forma escrita e serão juntados ao processo que tiver dado origem à contratação, divulgados e mantidos à disposição do público em sítio eletrônico oficial. Ademais, os contratos relativos a direitos reais sobre imóveis serão formalizados por escritura pública lavrada em notas de tabelião, cujo teor deverá ser divulgado e mantido à disposição do público em sítio eletrônico oficial, nos termos do art. 91, §2º, da mesma norma.

8. Assim, caso se adote a tese de que o contrato chegou ao fim com o termo temporal nele previsto e, por isso, não será viável o pagamento, deve-se ter em mente que a Administração Pública precisa celebrar, antes do fim da vigência temporal, um termo aditivo, a fim de resguardar a regularidade formal do processo, necessariamente defendendo a inviabilidade de ser celebrado termo aditivo com efeitos pretéritos.

9. Caso se adote a tese de que o contrato ainda é válido e, por isso, pode-se proceder ao pagamento, então necessariamente deve ocorrer a celebração de termo aditivo com efeitos pretéritos.

10. Acerca da regência da aplicação de multa, ela é bem simples: processo formal com observância do contraditório. O art. 162 da Lei nº 14.133/21 aduz que o atraso injustificado na execução do contrato sujeitará o contratado a multa de mora, na forma prevista em edital ou em contrato. Por sua vez, o parágrafo único dessa disposição normativa menciona que a aplicação de multa de mora não impedirá que a Administração a converta em compensatória e promova a extinção unilateral do contrato com a aplicação cumulada de outras sanções previstas na lei de licitações.

11. Frise-se que se a multa aplicada e as indenizações cabíveis forem superiores ao valor de pagamento eventualmente devido pela Administração ao contratado, além da perda desse valor, a diferença será descontada da garantia prestada ou será cobrada judicialmente, conforme o art. 156, §8º, da Lei nº 14.133/21.

Conclusão

12. Resumo do que foi exposto na fundamentação, apontando-se a possibilidade de caminhos diversos de conclusão.

À conclusão superior.

Local, data.

Procurador(a) Municipal

OAB - Matrícula

▸ CRITÉRIO DE CORREÇÃO DA BANCA

Inicialmente, insta destacar que, diante das controvérsias doutrinárias e jurisprudências apresentadas a seguir, não será cobrada uma conclusão correta, mas, sim, fundamentações coerentes com a conclusão a ser dada. Em outras palavras, independentemente de concluir pela regularidade ou pela irregularidade do pagamento, espera-se que o candidato aborde os seguintes tópicos.

PARECER n.º ...., de 2019.

ASSUNTO: consulta sobre a viabilidade de os veículos adquiridos em processo licitatório permanecerem no município apesar do término do contrato e de existirem discrepâncias na qualidade dos produtos adquiridos com as especificações previstas no projeto básico.

EMENTA: (resumo da consulta, tema proposto, Questão controvertida e conclusão)

RELATÓRIO (dispensado)

FUNDAMENTAÇÃO JURÍDICA

Conceito de licitação: a licitação destina-se a garantir a observância do princípio constitucional da isonomia, a seleção da proposta mais vantajosa para a administração e a promoção do desenvolvimento nacional sustentável e será processada e julgada em estrita conformidade com os princípios básicos da legalidade, da impessoalidade, da moralidade, da igualdade, da publicidade, da probidade administrativa, da vinculação ao instrumento convocatório, do julgamento objetivo e dos que lhes são correlatos. (art. 3º da Lei 8.666/1993).

Natureza do contrato: contrato de escopo (ou por objeto) é aquele em que há uma previsão de objeto definido a ser entregue. A vigência dos contratos administrativos por escopo é tema adverso na doutrina e na jurisprudência, porquanto, por vezes, a execução não coincide com a vigência do contrato. Então, considerando-se que o importante é a entrega dos bens (execução do contrato), é de se pensar se a vigência contratual está subordinada ao efetivo adimplemento contratual ou ao limite temporal previsto no contrato.

Parte da doutrina entende que, nos casos de contrato de escopo, "os pactos negociais se extinguem pela conclusão de seu objeto. Nesse prumo, o prazo de execução previsto no instrumento contratual é apenas moratório, não representando a extinção do pacto negocial, mas tão somente o prazo estipulado para sua execução" (Ronny Charles Lopes de Torres. *Leis de licitações públicas*. 8.ª ed. Editora Juspodivm, 2017, p. 637-638).

Vigência do contrato de escopo: há divergência doutrinária quanto ao rigor do prazo de vigência nos contratos por escopo, isto é, questiona-se se esses contratos se extinguem pela execução do objeto ou pelo fim do prazo de vigência.

A doutrina tem o seguinte entendimento:

> Nos contratos por escopo, o ajuste será cumprido, independentemente do prazo, com o cumprimento do objeto contratual (ex.: no contrato para construção de determinado prédio público, o ajuste considera-se adimplido com a finalização da construção, independentemente do tempo necessário). Os contratos somente se encerram com a entrega do objeto contratado. Isto não quer dizer que o tempo não é importante nessas espécies de contratos. Em verdade, o prazo contratual será fundamental para constatação de eventual mora no cumprimento da obrigação contratual. Ultrapassado o prazo avençado, o contratado continua obrigado a cumprir suas obrigações contratuais, acrescentadas dos ônus do atraso. Rafael Rezende Oliveira. *Licitações e contratos administrativos*. 7.ª ed. p. 250.

Para o Tribunal de Contas da União (TCU):

> É possível identificar uma tendência de mudança no entendimento apresentado pelo egrégio TCU, que, anteriormente, externava entendimento contrário ao raciocínio de que os contratos de escopo não se extinguiriam pelo decurso da vigência contratual. Ronny Charles Lopes de Torres. *Leis de Licitações Públicas*. 8.ª ed. Editora Juspodivm, 2017, p. 637-638.

Nesse sentido, veja-se o Acórdão nº 3.131/2010-Plenário:

> Ao apreciar pedido de reexame interposto por dirigente da Empresa Brasileira de Infraestrutura Aeroportuária – Infraero contra o Acórdão nº 2.538/2007-Plenário, por meio do qual o recorrente fora multado em razão da "celebração de termos aditivos a contratos expirados e com vigência retroativa, sem previsão legal", a unidade técnica propôs a manutenção da penalidade, sob o argumento de que a prática era generalizada naquela entidade. Para o relator, no entanto, a irregularidade revestia-se de caráter formal e, além disso, a inferência de que a prática era comum na entidade poderia ser questionada, isso porque os dois aditivos assinados após o final do prazo contratual envolveram apenas um contrato, de baixíssimo valor, sem qualquer consequência mais grave para quaisquer das partes. A principal tese da defesa foi no sentido de que o aditamento de prazo não é necessário nos chamados contratos de escopo, em que o objeto é a aquisição de determinado bem ou benfeitoria, a exemplo de uma obra, como no caso concreto. Ainda que "chancelada pela doutrina", o relator não concordou com a tese, não só por contradizer a jurisprudência do TCU, mas também por ser contrária à Lei 8.666/93, cuja disciplina acerca do assunto, prevista no art. 57, veda a duração indeterminada do contrato administrativo, permitindo prorrogação apenas nos casos ali relacionados. Nesse sentido, "considera-se extinto o contrato que atingiu o termo final do prazo de duração nele fixado. Daí a necessidade de prorrogá-lo, por um dos motivos previstos em lei, ainda durante sua vigência". No entanto, consoante o relator, não se poderia deixar de admitir que, de fato, "para os contratos visando obra certa, essas exigências legais têm apenas o objetivo de evitar a prorrogação indefinida ou abusiva dos contratos, sem responsabilização de alguma das partes". Para ele, o episódio poderia ser atribuído à negligência administrativa na gestão de contratos se realmente ocorresse de forma generalizada em todos os ajustes, mas esse "não é o caso em pauta, sem dúvida". Acolhendo o voto do relator, o Plenário decidiu dar provimento ao recurso. Acórdão nº 3131/2010-Plenário, TC-008.318/2005-9, rel. min. Augusto Nardes, 24/11/2010 (Informativo de Licitações e Contratos 44/2010).

E esse entendimento (vigência do contrato vinculado à entrega efetiva do objeto contratado) parece ganhar força:

Nos contratos por *escopo*, inexistindo motivos para sua rescisão ou anulação, a extinção do ajuste somente se opera com a conclusão do objeto e o seu recebimento pela administração, diferentemente dos ajustes por tempo determinado, nos quais o prazo constitui elemento essencial e imprescindível para a consecução ou a eficácia do objeto avençado. (Acórdão 1674/2014-Plenário, Relator: José Múcio Monteiro)

Todavia, a tendência ainda não se consolidou. O TCU externou entendimento posterior no sentido de que a vigência contratual deve coincidir com a entrega do objeto contratado. Caso a vigência descrita no corpo do contrato finalize, somente de maneira excepcional pode-se promover um aditamento retroativo para permitir a entrega do objeto. Confira-se:

Em regra, a prorrogação do contrato administrativo deve ser efetuada antes do término do prazo de vigência, mediante termo aditivo, para que não se opere a extinção do ajuste. Entretanto, excepcionalmente e para evitar prejuízo ao interesse público, nos contratos de escopo, diante da inércia do agente em formalizar tempestivamente o devido aditamento, é possível considerar os períodos de paralisação das obras por iniciativa da administração contratante como períodos de suspensão da contagem do prazo de vigência do ajuste. Contrato Administrativo. Vigência. Extinção. Contrato de escopo. Prorrogação de contrato. Paralisação. Suspensão. Termo aditivo. Boletim de Jurisprudência 112/2016.

É de se ressaltar que se espera do candidato, tanto no subitem 2.1.2 quanto no 2.1.3 o conhecimento *doutrinário* das questões apresentadas, sendo que as menções aos acórdãos do TCU foram feitas somente com o intuito de demonstrar a relevância do tema cobrado na prova. Tanto é que o candidato é livre para se posicionar, *independentemente dos entendimentos citados do TCU*, desde que fundamente devidamente e coerentemente.

Necessidade ou não de termo aditivo: a prorrogação contratual é ato formal que deve ser observado pelo gestor, conforme o art. 60 da Lei 8.666/1993: "Os contratos e seus aditamentos serão lavrados nas repartições interessadas, as quais manterão arquivo cronológico dos seus autógrafos e registro sistemático do seu extrato, salvo os relativos a direitos reais sobre imóveis, que se formalizam por instrumento lavrado em cartório de notas, de tudo juntando-se cópia no processo que lhe deu origem".

Na esteira dos entendimentos da doutrina supracitados, se o candidato defender que o contrato chegou ao fim com o termo temporal nele previsto e, por isso, não será viável o pagamento, deverá lembrar que a administração pública deveria ter celebrado, antes do fim da vigência temporal, um termo aditivo, a fim de resguardar a regularidade formal do processo, necessariamente defendendo a inviabilidade de ser celebrado termo aditivo com efeitos pretéritos.

Se o candidato defender que o contrato ainda é válido e, por isso, pode-se proceder ao pagamento, então necessariamente deverá defender a possibilidade de celebração de termo aditivo com efeitos pretéritos. Na qualidade de advogado público, espera-se a adoção de posicionamentos que resguardem o administrador público, bem como a regularidade formal dos procedimentos.

Nesse sentido, por força do art. 60 supracitado, o termo aditivo com efeitos pretéritos é necessário para manter a regularidade formal do contrato, evitando-se pagamento em favor de contrato formalmente extinto.

Aplicação de sanção: considerando que o comando da prova solicitou "5. Aplicação de sanção", bem como considerando que o texto base expressamente mencionou a intenção do administrador público em aplicar a pena de multa, então aguarda-se do candidato que oriente o gestor no sentido da necessidade de observância do contraditório ou da ampla defesa no processo sancionatório, bem como, e nesse ponto acolhendo recursos interpostos pelos candidatos, a necessidade de previsão editalícia e contratual de imposição de sanção, na forma do art. 40, inc. III e art. 54, inc. VII, ambos da Lei 8.666/93.

Por fim, destaca-se o não acolhimento dos recursos quanto pedido de pontuação pela menção aos demais tipos de sanção (advertência, suspensão e impedimento de contrato, declaração de inidoneidade), porquanto o texto base foi expresso quanto à intenção de aplicar a multa, sendo silente quanto aos demais tipos de sanções. Por outro lado, conforme a doutrina, "fora dessas hipóteses [art. 57 da Lei n.º 8.666/1993], caso o atraso seja decorrente de culpa exclusiva do contratado, *poderá ser prorrogada a vigência*, mas aplicar-se-ão as sanções pertinentes, pelo atraso na execução contratual" (Ronny Charles Lopes de Torres. *Leis de licitações públicas*. 8.ª ed. Editora Juspodivm, 2017, p. 619).

Formas de cobrança da multa: desconta-se da garantia contratual ou, se esta for insuficiente, será descontada do pagamento devido pela administração pública, ou, ainda, cobrada judicialmente, conforme o art. 86 da Lei 8.666/1993.

CONCLUSÃO

Como existem controvérsias tanto doutrinárias como jurisprudenciais, serão consideradas para fins de pontuação as fundamentações coerentes com a conclusão dada.

Pelo exposto, o parecer é no sentido da regularidade ou da irregularidade do pagamento...

É o parecer

Local e data.

▶ DOUTRINA TEMÁTICA

"É tradicional a distinção entre contratos por prazo certo e contratos por escopo (ou objeto).

Nos contratos por prazo certo, o prazo contratual é fundamental para o cumprimento das obrigações contratadas. O contratado cumprirá as suas obrigações até o final do prazo estabelecido no ajuste (ex.: na contratação de serviços de limpeza, a contratada deverá limpar a repartição pública durante a vigência do prazo contratual). Considera-se extinto o contrato como advento do termo final.

Por outro lado, nos contratos por escopo, o ajuste será cumprido, independentemente do prazo, com o cumprimento do objeto contratual (ex.: no contrato para construção de determinado prédio público, o ajuste considera-se adimplido com a finalização da construção, independentemente do tempo necessário). Os contratos somente se encerram com a entrega do objeto contratado.

Isto não quer dizer que o tempo não é importante nessas espécies de contratos. Em verdade, o prazo contratual será fundamental para constatação de eventual mora no cumprimento da obrigação contratual. Ultrapassado o prazo avençado, o contratado continua obrigado a cumprir suas obrigações contratuais, acrescentadas dos ônus do atraso" (OLIVEIRA, 2017, p. 640).

QUESTÕES OBJETIVAS RELACIONADAS AO TEMA

1. (CESPE – TJBA – Juiz de Direito Substituto – 2019) Uma empresa contratada pela administração pública não entregou bens em conformidade com o projeto básico, razão pela qual, após o regular processo administrativo, a contratante rescindiu unilateralmente o contrato e aplicou uma multa à citada empresa.

Nessa situação hipotética

a) a multa deverá ser descontada, preferencialmente, dos pagamentos eventualmente ainda devidos pela administração pública.

b) a multa deverá ser descontada, primordialmente, da garantia do respectivo contrato.

c) a administração agiu equivocadamente, pois multa e rescisão unilateral são inacumuláveis quando motivadas pelo mesmo fato.

d) a administração pública, em regra, não estará autorizada a reter unilateralmente pagamentos devidos à empresa para compensar os prejuízos sofridos.

e) excepcionalmente, caso a multa aplicada seja superior ao saldo a pagar à contratada, a administração pública poderá reter o pagamento até a quitação da multa.

Gabarito: Letra b.

QUESTÃO 7

Cespe/Cebraspe – Procuradoria-Geral do Município de Manaus – Procurador Municipal – 2018

O município de Manaus celebrou contrato administrativo com a empresa XYZ para a prestação, de forma continuada, do serviço de limpeza da sede da prefeitura municipal. Após sessenta meses de execução contratual, surgiu a necessidade de promover prorrogação do prazo de vigência por um período de mais doze meses. Além disso, diante do aumento da demanda do serviço, passou a ser necessária a modificação unilateral para acréscimo do objeto contratual. A secretaria local de administração, gestão e planejamento realizou consulta jurídica à Procuradoria-Geral do Município para esclarecer a legalidade da pretensão administrativa, bem como a melhor forma de modificar o contrato e dar a ele publicidade.

Na qualidade de procurador municipal responsável pelo exame da situação hipotética relatada, redija parecer que examine a possibilidade de ocorrência:

1. **da prorrogação do prazo de vigência contratual e seus requisitos legais; [valor: 15,75 pontos]**
2. **do acréscimo unilateral do objeto contratual e seus requisitos legais; [valor: 15,75 pontos]**
3. **da realização das modificações pretendidas por meio de simples apostila e sem a publicação na imprensa oficial. [valor: 15,75 pontos]**

Em seu parecer, dispense a ementa e o relatório e não insira fatos novos, mas apresente pronunciamento conclusivo [valor: 5,00 pontos] sobre cada uma das possibilidades de ocorrência listadas anteriormente.

QUESTÃO 7

31	
32	
33	
34	
35	
36	
37	
38	
39	
40	
41	
42	
43	
44	
45	
46	
47	
48	
49	
50	
51	
52	
53	
54	
55	
56	
57	
58	
59	
60	
61	
62	

(MÁXIMO 120 LINHAS)

RESPOSTA DO AUTOR

Parecer nº

Processo nº

Interessado:

Ementa (dispensada)

1. Relatório dispensado.

FUNDAMENTAÇÃO

2. No que se refere à possibilidade jurídica de prorrogação do prazo de vigência contratual, a regra geral, prevista no art. 105 da Lei nº 14.133/21, é a de que a duração dos contratos será a prevista em edital, e deverão ser observadas, no momento da contratação e a cada exercício financeiro, a disponibilidade de créditos orçamentários, bem como a previsão no plano plurianual, quando ultrapassar 1 (um) exercício financeiro.
3. Por sua vez, o art. 106 da mesma norma menciona que a Administração poderá celebrar contratos com prazo de até 5 (cinco) anos nas hipóteses de serviços e fornecimentos contínuos, observadas as seguintes diretrizes: I – a autoridade competente do órgão ou entidade contratante deverá atestar a maior vantagem econômica vislumbrada em razão da contratação plurianual; II – a Administração deverá atestar, no início da contratação e de cada exercício, a existência de créditos orçamentários vinculados à contratação e a vantagem em sua manutenção; e III – a Administração terá a opção de extinguir o contrato, sem ônus, quando não dispuser de créditos orçamentários para sua continuidade ou quando entender que o contrato não mais lhe oferece vantagem.
4. Já o art. 107 da Lei nº 14.133/21 dispõe que os contratos de serviços e fornecimentos contínuos poderão ser prorrogados sucessivamente, respeitada a vigência máxima decenal, desde que haja previsão em edital e que a autoridade competente ateste que as condições e os preços permanecem vantajosos para a Administração, permitida a negociação com o contratado ou a extinção contratual sem ônus para qualquer das partes.
5. À vista do disposto na Lei nº 14.133/21, para que a prorrogação seja possível, devem ser comprovados os seguintes requisitos: I – a autoridade competente do órgão ou entidade contratante deverá atestar a maior vantagem econômica vislumbrada em razão da contratação plurianual; II – a Administração deverá atestar, no início da contratação e de cada exercício, a existência de créditos orçamentários vinculados à contratação e a vantagem em sua manutenção; e III – a Administração terá a opção de extinguir o contrato, sem ônus, quando não dispuser de créditos orçamentários para sua continuidade ou quando entender que o contrato não mais lhe oferece vantagem.
6. Quanto à possibilidade do acréscimo do objeto contratual, a Lei nº 14.133/21, no seu art. 124, I, "a" e "b", c/c o art. 125, prevê a possibilidade de a administração pública realizar, em seus contratos, modificações quantitativas, devendo o contratado aceitar, nas mesmas condições contratuais, acréscimos ou supressões de até 25% do valor inicial atualizado do contrato que se fizerem

nas obras, nos serviços ou nas compras, e, no caso de reforma de edifício ou de equipamento, o limite para os acréscimos será de 50%.

7. Desse modo, é possível concluir pela possibilidade do acréscimo do objeto contratual, pois a lei expressamente autoriza a modificação contratual unilateral quantitativa. À vista do disposto na Lei de Licitações e Contratos, para que o acréscimo seja possível, devem ser comprovados os seguintes requisitos: a) justificativa escrita; b) observância dos limites acima aduzidos e; c) disponibilidade orçamentária.
8. Quanto à possibilidade de realizar as modificações pretendidas por meio de simples apostila, a resposta é negativa. De acordo com a Lei nº 8.666/1993, no seu art. 136, aduz que registros que não caracterizam alteração do contrato podem ser realizados por simples apostila, dispensada a celebração de termo aditivo, como nas seguintes situações: I – variação do valor contratual para fazer face ao reajuste ou à repactuação de preços previstos no próprio contrato; II – atualizações, compensações ou penalizações financeiras decorrentes das condições de pagamento previstas no contrato; II – alterações na razão ou na denominação social do contratado; e IV – empenho de dotações orçamentárias.
9. Portanto, considerando que não se trata de (a) reajustes de preços; (b) de atualizações, compensações ou penalizações financeiras decorrentes das condições de pagamento; e de (c) empenho de dotações orçamentárias suplementares, não é possível a utilização de simples apostila, sendo obrigatória a celebração do competente termo aditivo.
10. Por fim, nos termos do art. 89, §1º, da Lei nº 14.133/21, que aduz que todo contrato deverá mencionar os nomes das partes e os de seus representantes, a finalidade, o ato que autorizou sua lavratura, o número do processo da licitação ou da contratação direta e a sujeição dos contratantes às normas da lei de licitação e às cláusulas contratuais.
11. Ademais, nos termos do art. 94 da Lei nº 14.133/21, a divulgação no Portal Nacional de Contratações Públicas (PNCP) é condição indispensável para a eficácia do contrato e seus aditamentos e deverá ocorrer nos seguintes prazos, contados da data de sua assinatura:

CONCLUSÃO

11. Resumo das conclusões acima expostas.

À consideração superior.

Local, data

Procurador(a) Municipal

OAB - Matrícula

CRITÉRIO DE CORREÇÃO DA BANCA

O candidato deve desenvolver os seguintes aspectos no parecer:

No que se refere à possibilidade jurídica de prorrogação do prazo de vigência contratual, a regra geral, prevista no *caput* do art. 57 da Lei 8.666/1993, é a de que a duração dos contratos administrativos está adstrita à vigência dos respectivos créditos orçamentários, exceção feita às hipóteses delineadas em seus incisos. O art. 57, II, parágrafo quarto, da Lei 8.666/93, dispõe o seguinte:

> Art. 57. A duração dos contratos regidos por esta Lei ficará adstrita à vigência dos respectivos créditos orçamentários, exceto quanto aos relativos:

> (...)
>
> II – à prestação de serviços a serem executados de forma contínua, que poderão ter a sua duração prorrogada por iguais e sucessivos períodos com vistas à obtenção de preços e condições mais vantajosas para a administração, limitada a sessenta meses;
>
> (...)
>
> § 4º Em caráter excepcional, devidamente justificado e mediante autorização da autoridade superior, o prazo de que trata o inciso II do *caput* deste artigo poderá ser prorrogado por até doze meses.

Verifica-se, a partir das informações prestadas pelo setor administrativo, que é possível a prorrogação excepcional do prazo de vigência por mais 12 meses, uma vez que se trata de serviço de execução continuada e que já foi utilizado o prazo limite de prorrogações de 60 meses. À vista do disposto na Lei de Licitações e Contratos, para que a prorrogação seja possível, devem ser comprovados os seguintes requisitos: a) justificativa escrita quanto ao caráter excepcional; b) autorização da autoridade superior; c) disponibilidade orçamentária; d) que o contrato ainda esteja vigente.

Quanto à possibilidade do acréscimo do objeto contratual, a Lei 8.666/1993, no seu art. 65, I, alínea b, c/c seu § 1º, prevê a possibilidade de a administração pública realizar, em seus contratos, modificações quantitativas, observados os percentuais máximos ali previstos, como segue:

> Art. 65. Os contratos regidos por esta Lei poderão ser alterados, com as devidas justificativas, nos seguintes casos:
>
> I – unilateralmente pela Administração:
>
> (...)
>
> b) quando necessária a modificação do valor contratual em decorrência de acréscimo ou diminuição quantitativa de seu objeto, nos limites permitidos por esta Lei.
>
> (...)
>
> § 1º O contratado fica obrigado a aceitar os acréscimos ou supressões que se fizerem nas obras, serviços ou compras, até 25% (vinte e cinco por cento) do valor inicial atualizado do contrato e, no caso particular de reforma de edifício ou equipamento, até o limite de 50% (cinquenta por cento) para os seus acréscimos.

Desse modo, é possível concluir pela possibilidade do acréscimo do objeto contratual, pois a lei expressamente autoriza a modificação contratual unilateral quantitativa. À vista do disposto na Lei de Licitações e Contratos, para que o acréscimo seja possível, devem ser comprovados os seguintes requisitos: a) justificativa escrita; b) observância do limite de 25% sobre o valor inicial atualizado do contrato; c) disponibilidade orçamentária.

Quanto à possibilidade de realizar as modificações pretendidas por meio de simples apostila, a resposta é negativa. De acordo com a Lei 8.666/1993, no seu art. 65, § 8º, a simples apostila somente pode ser aplicada nos seguintes casos:

> Art. 65. Os contratos regidos por esta Lei poderão ser alterados, com as devidas justificativas, nos seguintes casos:
>
> (...)
>
> § 8º A variação do valor contratual para fazer face ao reajuste de preços previsto no próprio contrato, as atualizações, compensações ou penalizações financeiras decorrentes das condições de pagamento nele previstas, bem como o empenho de dotações orçamentárias suplementares até o limite do seu valor corrigido não caracterizam alteração

do mesmo, podendo ser registrados por simples apostila, dispensando a celebração de aditamento.

Portanto, considerando que não se trata de (a) reajustes de preços, (b) de atualizações, compensações ou penalizações financeiras decorrentes das condições de pagamento e de (c) empenho de dotações orçamentárias suplementares, não é possível a utilização de simples apostila, sendo obrigatória a celebração do competente termo aditivo.

No que diz respeito à possibilidade de dispensa da publicação do termo aditivo na imprensa oficial, a resposta é negativa, uma vez que tal publicação é condição indispensável à eficácia do aditivo, nos termos da Lei 8.666/1993:

> Art. 61. Todo contrato deve mencionar os nomes das partes e os de seus representantes, a finalidade, o ato que autorizou a sua lavratura, o número do processo da licitação, da dispensa ou da inexigibilidade, a sujeição dos contratantes às normas desta Lei e às cláusulas contratuais.
>
> Parágrafo único. A publicação resumida do instrumento de contrato ou de seus aditamentos na imprensa oficial, que é condição indispensável para sua eficácia, será providenciada pela Administração até o quinto dia útil do mês seguinte ao de sua assinatura, para ocorrer no prazo de vinte dias daquela data, qualquer que seja o seu valor, ainda que sem ônus, ressalvado o disposto no art. 26 desta Lei.

O candidato deve elaborar, obrigatoriamente, uma conclusão para o parecer, no seguinte formato:

Ante o exposto, opina-se do seguinte modo:

1. possibilidade de prorrogação excepcional do prazo de vigência por mais um período de 12 meses, desde que o contrato ainda esteja vigente;

2. possibilidade de modificação quantitativa unilateral, até o limite de 25% do valor inicial atualizado do contrato;

3. impossibilidade da modificação contratual por simples apostila e sem a publicação na imprensa oficial, pois o caso requer a celebração de termo aditivo e a respectiva publicação na imprensa oficial.

▸ DOUTRINA TEMÁTICA

> "Para os contratos que tenham por objeto serviços a serem executados de forma contínua (por exemplo, serviços de limpeza e de assistência técnica), o artigo 57, II, estabelece exceção diversa: permite que tenham sua duração prorrogada por iguais e sucessivos períodos com vistas à obtenção de preços e condições mais vantajosos para a Administração, limitado a sessenta meses; vale dizer que a condição para que a prorrogação se faça é a demonstração de que a duração maior permite a obtenção de preços e condições mais vantajosos. A Lei 9.648/98 introduziu um § 4º no artigo 57, permitindo que, em caráter excepcional, devidamente justificado e mediante autorização da autoridade superior, o prazo de que trata o inciso II seja prorrogado em até doze meses.
>
> A justificativa para a exceção prevista no inciso II é diversa daquela do inciso I, em que a preocupação é com as obras não planejadas que possam com prometer sucessivos exercícios financeiros; daí a exigência de previsão nas metas do Plano Plurianual. No caso do inciso II, não há problema de previsão, porque os serviços contínuos atendem a necessidades constantes da Administração, necessariamente previstas nas leis orçamentárias anuais. A limitação ao tempo de duração dos contratos objetiva evitar que os mesmos se estendam por longos períodos com o mesmo contratado, quando o princípio da isonomia exige a repetição do procedimento licitatório para assegurar igualdade de oportunidade a outros possíveis interessados.

(...)

A prorrogação prevista no caput do artigo 57, incisos I a IV, só é possível se prevista no ato convocatório e no contrato; a do § 1º, precisamente por atender a circunstâncias excepcionais, independe de previsão" (DI PIETRO, 2017, p. 351).

"A alteração do contrato também pode ser bilateral (art. 65, II, Estatuto), mas o que representa a peculiaridade desse tipo de contrato é a alteração unilateral. Esta se dá em dois casos: quando há modificação do projeto ou das especificações, com vistas à melhor adequação técnica aos fins do contrato (alteração qualitativa); e quando é preciso modificar o valor em virtude do aumento ou diminuição quantitativa do objeto contratual (alteração quantitativa).

Advirta-se, porém, que a alteração primária atinge apenas as cláusulas de execução da obra ou serviço, ou dos quantitativos do objeto, no caso de compras. Entretanto, a modificação do preço sempre se configura como alteração derivada, vale dizer, não ocorre diretamente, mas sim como efeito da consumação de alguma daquelas situações. Por isso, o Estatuto consigna que as cláusulas econômico-financeiras e monetárias, sem as alterações primárias, não podem ser alteradas sem a prévia concordância do contratado (art. 58, § 1º). Processada a alteração, contudo, caberá a revisão dessas cláusulas para que se preserve o equilíbrio do contrato (art. 58, § 2º) (...)

Outra vantagem da Administração reside na possibilidade de obrigar o contratado a aceitar, nas mesmas condições, acréscimos ou supressões em obras, serviços ou compras até 25% do valor originário do contrato, ou até 50% no caso de reforma de edifício ou equipamento (art. 65, § 1º, Estatuto). Em outra vertente, nenhum acréscimo pode exceder os limites da lei, ao passo que a supressão admite essa possibilidade desde que haja acordo entre as partes (art. 65, § 2º).

A lei, portanto, confere à Administração o direito de exigir que o contratado se submeta às alterações impostas nesses limites, ao mesmo tempo em que comina ao contratado a obrigação de aceitá-las. Não se submetendo às alterações, o contratado é considerado como descumpridor do contrato, dando margem a que a Administração rescinda o ajuste, atribuindo-lhe culpa pela rescisão. Da mesma forma, não pode a Administração impor alterações além dos limites da lei; se o fizer, a ela caberá a culpa pela rescisão" (CARVALHO FILHO, 2017, p. 154).

"Existe relevante controvérsia no tocante ao alcance dos limites percentuais (25% e 50%) previstos no art. 65, § 1º, da Lei às alterações qualitativas.

Primeira posição: os limites devem ser aplicados às alterações unilaterais quantitativas, mas não às qualitativas, tendo em vista dois fundamentos: (I) o art. 65, § 1º, da Lei, que estabelece os mencionados limites, utiliza as expressões 'acréscimos ou supressões', o que denota a quantidade do contrato. Ademais, o art. 65, I, "b", da Lei, ao definir a alteração quantitativa, também adota expressões análogas ('acréscimo ou diminuição'); (II) nas definições das alterações unilaterais (qualitativa e quantitativa), apenas o inciso I, 'b', do art. 65 da Lei (alteração quantitativa) faz menção a limites ('nos limites permitidos por esta Lei'). Não há menção, na alteração qualitativa, a limites legais. Nesse sentido: Marçal Justen Filho e 65 da Lei (alteração quantitativa) faz menção a limites ('nos limites permitidos por esta Lei').

Segunda posição: os limites devem ser observados em toda e qualquer alteração unilateral, qualitativa ou quantitativa. O principal fundamento é a ausência de distinção entre as alterações nas normas que impõem os limites percentuais, admitindo-se a inobservância dos limites apenas para os casos de supressões por acordo das partes (art. 65, § 2º, II, da Lei). Nesse sentido: José dos Santos Carvalho Filho, Marcos Juruena Villela Souto, Flávio Amaral Garcia, Jessé Torres Pereira Junior, TCU e STJ" (OLIVEIRA, 2015, p. 461).

▸ JURISPRUDÊNCIA TEMÁTICA

STF

Recurso ordinário em mandado de segurança. Contrato de concessão de usina hidrelétrica. Prorrogação contratual. Cláusula de natureza discricionária. Ausência de direito líquido e certo. Denegação da segurança pelo STJ. Manutenção da decisão recorrida. Recurso ordinário não provido. 1. O contrato administrativo se encerra no prazo nele definido, salvo a realização de ajuste, ao final do termo, pela prorrogação contratual, se atendidas as exigências legais para tanto e se presente o interesse público na permanência do contrato. Nesse passo, é incongruente com a natureza da prorrogação contratual a ideia de sua formalização em momento antecedente ao término do contrato, como também é incongruente com sua natureza a garantia indissolúvel de sua realização já no instrumento contratual. 2. A discricionariedade da prorrogação é uma das marcas mais acentuadas do contrato administrativo e, assim, está, inclusive, prevista nas sucessivas legislações relativas às concessões de energia elétrica (Leis nº 9.074/95 e nº 12.783/13) e também no termo cujas cláusulas se questiona nos autos. 3. Recurso Ordinário não provido. (STF, RMS 34203, Relator(a): Min. Dias Toffoli, Segunda Turma, julgado em 21/11/2017, Processo Eletrônico DJe-053 Divulg 19-03-2018 Public 20-03-2018)

STJ

CONTRATO. LIMPEZA PÚBLICA. ADITAMENTOS. AÇÃO CIVIL. IMPROBIDADE. Após certame licitatório, firmou-se contrato referente aos serviços de limpeza pública do município. Contudo, foram feitos vários aditivos contratuais de elevado percentual, o que levou o Ministério Público estadual a propor ação civil pública. Diante disso, a Turma, entre outros temas, firmou ser legítimo o MP e perfeitamente cabível a referida ação, regida pela Lei n. 7.347/1985 (Lei da Ação Civil Pública), para buscar a reparação de danos causados ao erário pelos atos de improbidade administrativa tipificados na Lei n. 8.429/1992 (Lei de Improbidade Administrativa). Firmou, também, que pode o juízo, ao proferir a sentença, acolher argumentos das partes, de outros julgados e do parecer do MP, adotando-os como fundamentação. Que, no caso, não houve nulidade do julgamento por cerceamento de defesa em face do julgamento antecipado da lide, visto ser desnecessária a realização de nova perícia para verificar se os aditivos ultrapassaram o limite de 25% previsto na Lei n. 8.666/1993, pois a simples comparação do valor inicial do contrato e seu valor final determinado pelos aditivos expõe o aumento de 93,38% do valor do contrato, conforme apurado pelo TJ. Que o advento do Plano Real, na hipótese, não é circunstância superveniente, quanto mais se o contrato foi firmado após seu advento, constatado pelas instâncias ordinárias que os aditivos não se justificavam em supostos prejuízos dele advindos e que os vencedores do certame licitatório tinham a opção de não assinar o contrato (art. 64, § 2º, da Lei n. 8.666/1993). Que a interpretação do art. 65 da Lei n. 8.666/1993 revela que as limitações percentuais previstas nos parágrafos 1º e 2º daquele artigo (25% e 50%) aplicam-se tanto aos casos da alínea a, quanto aos da alínea b de seu inciso I, a se imporem, também, nas alterações dos contratos ditadas pelas mudanças qualitativas do serviço prestado. Que inútil essa discussão, dado que nenhum aumento é válido diante da falta de alteração das condições econômicas na execução do serviço, da ilegalidade da inclusão de serviços extras diante da falta de licitação e da ausência de fundamento a permitir o próprio incremento do serviço, tal como constante da sentença. Quanto ao ato de improbidade, a Turma reiterou que, para sua configuração, é necessária a presença do elemento subjetivo (dolo ou culpa), tal como identificado e explicitado pelas instâncias ordinárias, excepcionada apenas a hipótese do art. 11 da Lei de Improbidade Administrativa. Aduziu, também, que não houve qualquer ofensa ao art. 12 da lei acima citada enquanto o acórdão, ao aplicar as conseqüências da solidariedade (art. 1.518 do CC/1916), deixou para a execução a quantificação da pena pecuniária e do ressarcimento, determinando que será proporcional ao tamanho do dano causado por cada réu, daí a individualização das penas. Precedentes citados do TCU: Decisão 215,

DO 21/5/1999; do STJ: REsp 861.566-GO, DJ 23/4/2008; REsp 944.295-SP, DJ 18/9/2007; REsp 737.972-PR, DJ 3/8/2007; REsp 199.478-MG, DJ 8/5/2000; REsp 226.863-GO, DJ 4/9/2000, e REsp 154.128-SC, DJ 18/12/1998. (STJ, 2ª Turma, REsp 1.021.851/SP, Rel. Min. Eliana Calmon, DJe 28.11.2008, Informativo de Jurisprudência do STJ n. 363)

QUESTÕES OBJETIVAS RELACIONADAS AO TEMA

1. (FAURGS – TJRS – Juiz de Direito Substituto – 2016) Sobre os contratos administrativos, assinale a alternativa correta.

a) A Lei nº 8.666/93 proíbe o contrato por prazo indeterminado e também diz que toda a prorrogação de prazo deverá ser justificada por escrito e previamente autorizada pela autoridade competente para celebrar o contrato.

b) Os contratos administrativos podem ser rescindidos a qualquer tempo, discricionariamente, sem a necessidade de justificar a medida.

c) Nenhuma supressão de contrato administrativo pode ultrapassar 25% do valor inicial atualizado do contrato, ainda que haja o consenso entre as partes.

d) A aplicação das sanções administrativas, em contrato administrativo, tendo em vista o princípio da ampla defesa, somente poderá se dar após a viabilização da defesa no prazo de 15 (quinze) dias.

e) O recebimento definitivo da obra pelo Poder Público afasta a responsabilidade civil do contratado pela solidez e segurança da mesma.

Gabarito: Letra a.

2. (FCC – TCE/CE – Conselheiro Substituto (Auditor) – 2015) No curso da execução de contratos celebrados pelo Estado para prestação de serviços de natureza continuada, como vigilância e limpeza, sobreveio alteração da legislação tributária federal, com redução da carga tributária suportada pelas empresas contratadas, consistente na desoneração da folha de pagamentos. Diante de tal fato, com base nas disposições da Lei nº 8.666/1993,

a) descabe reequilíbrio econômico-financeiro a favor da Administração, que poderá, contudo, deixar de aplicar o reajuste anual dos referidos contratos.

b) na hipótese de comprovada repercussão da alteração nos preços contratados, estes deverão ser revistos, ainda que a revisão importe em redução dos mesmos.

c) deverá ser instaurada auditoria para verificar o impacto da medida na margem de lucro das empresas contratadas, de forma a mantê-la nos mesmos patamares da data de oferecimento das propostas.

d) o impacto da desoneração tributária beneficia as empresas contratadas, não podendo ser apropriado pela Administração contratante mediante revisão dos preços contratados.

e) resta caracterizada álea econômica extraordinária, que autoriza a Administração a rescindir os contratos celebrados e instaurar novas licitações para obter preços compatíveis com as novas condições econômicas.

Gabarito: Letra b.

3. (CESPE – TRF 5ª Região – Juiz Federal Substituto – 2015) Assinale a opção correta no que se refere aos contratos administrativos.

a) As cláusulas exorbitantes de que a administração pública pode lançar mão nos contratos administrativos não precisam constar dos instrumentos contratuais, mas deverão, necessariamente, estar previstas no edital da licitação.

b) Caso ocorra desequilíbrio do contrato devido a aumento da alíquota de tributo que incida sobre o objeto contratual, o particular contratado será beneficiado com a revisão contratual; entretanto, a administração não poderá reduzir o valor devido no ajuste na hipótese de haver diminuição da alíquota de tributo.

c) Os contratos e seus aditamentos serão lavrados nas repartições interessadas, as quais manterão arquivo cronológico dos seus autógrafos e registro sistemático do seu extrato, sendo integralmente vedados, sob pena de nulidade, contratos verbais com a administração.

d) O fato da administração é um fato genérico e extracontratual imputável à administração pública que acarreta o aumento dos custos do contrato administrativo.

e) O contrato administrativo tem como uma de suas características a alteração unilateral; entretanto, apenas as cláusulas regulamentares (ou de serviço) podem ser alteradas unilateralmente, possibilidade essa que não alcança as cláusulas econômico-financeiras e monetárias.

Gabarito: Letra e.

4. (UEPA – PGE/PA – Procurador do Estado – 2012) Uma empresa foi contratada para a prestação de serviços durante 12 meses, porém continuou executando o objeto do contrato por mais 4 meses além do prazo previsto, mediante ordem verbal da autoridade superior do órgão, que se comprometeu a efetuar o pagamento, porém sem qualquer formalização. Ocorre que o termo final do contrato coincidiu com a mudança de Governo e, via de consequência, a mudança da autoridade maior do órgão também. Ao ser cobrado pelo pagamento relativo aos 4 meses em que os serviços foram prestados sem cobertura contratual o titular do órgão negou-se a fazê-lo. Justificou que a Administração não está obrigada a pagar por serviços sem respaldo em contrato válido; que inexiste contrato verbal ou tácito com o Ente Público e que a previsão orçamentária destacada para aquela finalidade esgotou-se no exercício anterior. O contratado alegou que o servidor encarregado pelo setor requisitante do serviço havia autorizado informalmente a continuidade da prestação, haja vista a imprescindibilidade da mesma para o desempenho das atividades administrativas. O servidor solicitante, por sua vez, atestou a prestação do serviço e confirmou as informações prestadas pelo contratado.

Analisando a situação narrada, é CORRETO afirmar que o administrador:

a) Agiu certo. Há respaldo para todos os argumentos expendidos, quer na lei de licitações, que expressamente declara nulo o contrato verbal com a Administração Pública, quer na lei de finanças públicas, que diz pertencerem ao exercício financeiro as despesas nele legalmente empenhadas. Portanto, à vista da nulidade do contrato nenhum pagamento era devido ao interessado.

b) Agiu certo. Porém o fundamento relativo à falta de previsão orçamentária não se aplica ao caso, uma vez que a despesa poderia perfeitamente ser incluída em "restos a pagar".

c) Agiu errado. Deveria ter ratificado a ordem emanada do servidor, firmando termo aditivo ao contrato formalmente encerrado, uma vez que a primazia do interesse público reclamava tal providência.

d) Agiu errado. Findo o prazo contratual, o ajuste mantido de fato entre a Administração e o ex-contratado é nulo. Entretanto, uma vez atestada a prestação do serviço, é devido pagamento ao prestador a título de indenização, caso tenha agido de boa-fé, pois não é dado à Administração locupletar-se às custas do trabalho alheio sob pena de malferir a ordem jurídica, que veda o enriquecimento ilícito. Tudo isso deveria ter sido apurado em processo administrativo, respeitada a ampla defesa e o contraditório.

e) Agiu certo. A ordem para continuidade do serviço só poderia ser ratificada pela autoridade superior do órgão à vista da conveniência e oportunidade administrativas. Se o titular do órgão entendeu que não era necessário o serviço prestado, não estava obrigado a suportar os ônus de um ato ilegal praticado por agente incompetente. Caberia ao interessado acionar judicialmente o servidor que lhe autorizou o trabalho – único responsável pelo seu prejuízo.

Gabarito: Letra d.

QUESTÃO 8

Cebraspe – PGE/MS – 2021 – Renato Borelli

Em determinado certame licitatório, a administração pública constatou a existência de graves indícios de irregularidades, tendo identificado que duas empresas, entre as três participantes da licitação, estavam em nome de beneficiários de programas sociais do governo federal. Essas mesmas duas empresas também não foram localizadas nos endereços indicados no Cadastro Nacional de Pessoas Jurídicas. Identificou-se, ainda, que as três propostas apresentadas pelos licitantes continham a mesma diagramação e os mesmos erros ortográficos e gramaticais. Por fim, verificou-se que, nas três propostas, havia variação linear dos preços em todos os itens cotados, com diferenças mínimas, sempre na proporção de 0,5% entre os preços. Havia, ainda, indicativo de as três propostas terem sido elaboradas no mesmo computador.

Considerando essa situação hipotética e o disposto na Lei n.º 14.133/2021, indique, com a devida justificativa,

1. **A conduta a ser adotada pela administração pública diante dos fatos apresentados; [valor: 2,00 pontos]**
2. **As eventuais irregularidades atribuídas aos comportamentos dos licitantes e as respectivas penalidades eventualmente aplicáveis; [valor: 3,75 pontos]**
3. **O efeito de eventuais sanções sobre os contratos em curso em outros órgãos de esferas distintas, incluindo-se prorrogações contratuais, conforme a doutrina e a jurisprudência do STJ. [valor: 3,75 pontos]**

QUESTÃO 8

(MÁXIMO 30 LINHAS)

▶ RESPOSTA DO AUTOR

1) A administração pública, dado o princípio da autotutela, possui o poder-dever de agir diante de situação de irregularidade, nos termos do art. 155, caput, primeira parte, da Lei n.º 14.133/2021. Destarte, tendo em vista as condutas praticadas e a previsão do art. 158 do citado diploma legal, deverá ocorrer a instauração de processo de responsabilização administrativa, a ser conduzido por comissão composta de dois ou mais servidores estáveis, que avaliará fatos e circunstâncias conhecidos e intimará o licitante ou o contratado para, no prazo de quinze dias úteis, contado da data de intimação, apresentar defesa escrita e especificar as provas que pretenda produzir.

2) A atuação das empresas licitantes cotejada com as disposições da Lei Geral de Licitações evidencia a realização das infrações descritas nos incisos IX (fraude à licitação), X (comportamento inidôneo), XI (prática de atos ilícitos) e XII (prática de ato lesivo) do art. 155, podendo, segundo o art. 156, ser aplicadas as penalidades de multa, impedimento de licitar e contratar e, ainda, declaração de inidoneidade para licitar ou contratar. No caso em análise, a gravidade do comportamento, previsto inclusive no art. 5.º da Lei n.º 12.846/2013, justifica a imposição da pena de declaração de inidoneidade para licitar ou contratar, e poderá ser cumulada com multa, nos termos do § 7.º do art. 156.

3) Conforme a doutrina, entendimento da jurisprudência do STJ e da Advocacia-Geral da União (ON49/2014), os efeitos das sanções de impedimento de licitar e contratare de declaração de inidoneidade são de natureza "ex nunc". Significa dizer que para os outros órgãos e entidades,os efeitos só se darãoapós a publicação da sanção aplicada, o que permitirá ao particularmanter os contratos existentes, mas impedirá a prorrogaçãode contratos.

▶ DOUTRINA TEMÁTICA

> "[...] os efeitos das sanções de impedimento de licitar e contratar e de declaração de inidoneidade seriam *ex nunc* [daqui para frente]. (...) para os outros órgãos e entidades, os efeitos só se darão após a publicação da sanção aplicada, o que permitirá ao particular manter os contratos existentes, mas impedirá a prorrogação de contratos" (Sarai, Leandro (org.). Tratado da Nova Lei de Licitações e Contratos Administrativos: Lei 14.133/2021 comentada por Advogados Públicos. São Paulo: JusPodivm, p. 1375).
>
> "No tocante ao "impedimento de licitar e contratar", a sanção será aplicada ao responsável pelas infrações administrativas previstas nos incisos II a VII do art. 155, quando não se justificar a imposição de penalidade mais grave, impedindo-o de licitar ou contratar no âmbito da Administração Pública direta e indireta do ente federativo que aplicou a sanção, pelo prazo máximo de 3 (três) anos (art. 156, § 4.º, da nova Lei de Licitações).
>
> A declaração de inidoneidade, por sua vez, será aplicada ao responsável pelas infrações administrativas previstas nos incisos VIII a XII do art. 155, bem como pelas infrações administrativas previstas nos incisos II a VII referido artigo que justifiquem a imposição de penalidade mais grave, impedindo-o de licitar ou contratar no âmbito da Administração Pública direta e indireta de todos os entes federativos, pelo prazo mínimo de 3 anos (três) e máximo de 6 (seis) anos (art. 156, § 6.º, da nova Lei de Licitações).
>
> Nesse ponto, a nova Lei de Licitações pretende resolver a controvérsia em relação aos efeitos territoriais ou espaciais das sanções de impedimento (ou suspensão) para participar

de licitações e contratações e a declaração de inidoneidade. A opção foi pela atribuição de efeito restritivo para a sanção de "impedimento de licitar e contratar", que somente será observada perante o ente sancionador, e de efeito extensivo para a sanção de "declaração de inidoneidade", aplicável nacionalmente a todos os entes federados.

Lembre-se que, tradicionalmente, existiam três entendimentos sobre o tema. O primeiro entendimento sustentava o caráter restritivo para as duas sanções, com efeitos apenas perante o Ente sancionador, tendo em vista a autonomia federativa e o princípio da competitividade aplicável às licitações.

O segundo entendimento estabelecia uma distinção entre as duas sanções a partir do critério da amplitude dos seus efeitos territoriais. Enquanto a suspensão de participação em licitação e impedimento de contratar com a Administração incidiria apenas em relação ao Ente sancionador (efeitos restritivos), a declaração de inidoneidade produziria efeitos em todo o território nacional (efeitos extensivos). Essa distinção advém dos conceitos de "Administração Pública" e "Administração" que eram consagrados, respectivamente, nos incisos XI e XII do art. 6.º da Lei 8.666/1993. De acordo com a referida citada Lei, a "Administração Pública" abrange a Administração direta e indireta da União, dos Estados, do Distrito Federal e dos Municípios (XI) e a "Administração" é o "órgão, entidade ou unidade administrativa pela qual a Administração Pública opera e atua concretamente" (XI). Em consequência, ao utilizar a expressão "Administração Pública" para declaração de inidoneidade e "Administração" para suspensão para contratar com o Poder Público, o art. 87 da Lei 8.666/1993 teria instituído uma diferença de amplitude dos efeitos dessas sanções.

O terceiro entendimento, que foi adotado pelo STJ, apontava o caráter extensivo dos efeitos das duas sanções que impediriam a empresa punida de participar de licitações ou ser contratada por qualquer Ente federado.122

Com a nova Lei de Licitações, a polêmica mencionada acima é resolvida em favor da distinção entre os efeitos espaciais ou territoriais das duas sanções. De acordo com os §§ 4.º e 5.º do art. 156 da nova Lei de Licitações, enquanto a sanção de "impedimento de licitar e contratar" possui efeito restritivo e impede a participação em licitação ou a contratação da empresa punida no âmbito da Administração Pública direta e indireta do ente federativo sancionador, a sanção de declaração de inidoneidade possui efeito extensivo, com o afastamento da empresa sancionada das licitações e contratações promovidas pela Administração Pública direta e indireta de todos os entes federativos.

Ademais, a nova Lei de Licitações alterou os prazos das referidas sanções. O prazo do impedimento para participação de licitações e contratações, que era de 2 (dois) anos, passaria a ser de 3 (três) anos. Em relação à declaração de inidoneidade, o prazo mínimo de 2 (dois) anos é ampliado para 3 (três) anos, com a fixação, agora, de prazo máximo de 6 (seis) anos.

Andou bem o legislador ao fixar prazo máximo para declaração de inidoneidade, uma vez que a ausência de limite temporal no âmbito da Lei 8.666/1993 abria o perigoso caminho para perpetuação de uma sanção, em afronta ao art. 5.º, XLVII, b, que proíbe penas de caráter perpétuo." (Oliveira, Rafael Carvalho Rezende. Curso de direito administrativo. 9. ed. Rio de Janeiro: Forense; Método, 2021, p. 961-963).

▸ JURISPRUDÊNCIA TEMÁTICA

STJ

ADMINISTRATIVO. DECLARAÇÃO DE INIDONEIDADE PARA LICITAR E CONTRATAR COM A ADMINISTRAÇÃO PÚBLICA. VÍCIOS FORMAIS DO PROCESSO ADMINISTRATIVO. INEXISTÊNCIA. EFEITOS EX NUNC DA DECLARAÇÃO DE INIDONEIDADE: SIGNIFICADO.

[...]

2. Segundo precedentes da 1ª Seção, a declaração de inidoneidade "só produz efeito para o futuro (efeito ex nunc), sem interferir nos contratos já existentes e em andamento" (MS 13.101/DF, Min. Eliana Calmon, DJe de 09.12.2008). Afirma-se, com isso, que o efeito da sanção inibe a empresa de "licitar ou contratar com a Administração Pública" (Lei 8666/93, art. 87), sem, no entanto, acarretar, automaticamente, a rescisão de contratos administrativos já aperfeiçoados juridicamente e em curso de execução, notadamente os celebrados perante outros órgãos administrativos não vinculados à autoridade impetrada ou integrantes de outros entes da Federação (Estados, Distrito Federal e Municípios). Todavia, a ausência do efeito rescisório automático não compromete nem restringe a faculdade que têm as entidades da Administração Pública de, no âmbito da sua esfera autônoma de atuação, promover medidas administrativas específicas para rescindir os contratos, nos casos autorizados e observadas as formalidades estabelecidas nos artigos 77 a 80 da Lei 8.666/93.

3. No caso, está reconhecido que o ato atacado não operou automaticamente a rescisão dos contratos em curso, firmados pela impetrante.

4. Mandado de segurança denegado, prejudicado o agravo regimental.

(MS n. 13.964/DF, relator Ministro Teori Albino Zavascki, Primeira Seção, julgado em 13/5/2009, DJe de 25/5/2009.)

AGU

ORIENTAÇÃO NORMATIVA Nº 49, DE 25 DE ABRIL DE 2014.

"A aplicação das sanções de impedimento de licitar e contratar no âmbito da União (art. 7° da Lei n° 10.520, de 2002) e de declaração de inidoneidade (art. 87, inc. iv, da Lei n° 8.666, de 1993) possuem efeito ex nunc, competindo à Administração, diante de contratos existentes, avaliar a imediata rescisão no caso concreto."

QUESTÕES DE CONCURSO RELACIONADAS

01. (TRF 3ª Região – Juiz Federal Substituto – TRF 3ª Região /2018) O art. 87, inciso IV, da Lei nº 8.666, de 1993, prevê que a inexecução do contrato firmado com a Administração Pública pelo contratado pode ocasionar a aplicação de uma série de sanções, dentre as quais a declaração de inidoneidade do contratado para licitar ou contratar com a Administração Pública. Isso quer dizer que, se houver inexecução do contrato:

a) O contratado fica impedido de participar de novas licitações do Poder Público e os contratos em andamento devem ser imediatamente rescindidos.

b) O contratado fica impedido de participar de novas licitações do Poder Público, mas os contratos em andamento continuam a ser executados normalmente.

c) O contratado fica impedido de participar de novas licitações e os seus direitos e obrigações, relativos aos contratos em andamento, devem ser cedidos a terceiro por ele indicado.

d) O contratado não fica impedido de participar de novas licitações do Poder Público, mas os contratos em andamento devem ser imediatamente rescindidos.

Resposta: *alternativa "b"*

3. AGENTES PÚBLICOS

QUESTÃO 1

Cespe/Cebraspe – Procuradoria-Geral do Município de Fortaleza – Procurador Municipal – 2017

A Ouvidoria da Procuradoria-Geral do Município de Fortaleza (PGMF) recebeu denúncia anônima de que determinado gestor, mediante recebimento de propina, havia contratado, por inexigibilidade de licitação, uma empresa para a reparação de um edifício público que havia sido danificado em razão de fortes chuvas e estava prestes a ruir. De posse dessas informações, o setor disciplinar competente empreendeu diligências para a verificação do ocorrido e, ante os indícios de autoria e materialidade da conduta, instaurou procedimento administrativo disciplinar. O servidor acusado, por sua vez, dispensou o acompanhamento do caso por advogado constituído. A comissão processante, após o cumprimento de todas as fases legais, lavrou o relatório final e encaminhou o feito para a PGMF elaborar parecer opinativo de julgamento, a fim de subsidiar a decisão da autoridade competente. No entanto, logo após a distribuição do feito para o advogado público responsável pelo caso, informou-se que o acusado havia falecido.

Considerando a situação hipotética acima apresentada, redija, na condição de procurador municipal, o parecer solicitado pela comissão processante, fundamentando sua opinião nas exigências legais. Ao elaborar seu parecer, discorra sobre

1. **a possibilidade de instauração de processo administrativo disciplinar (PAD) em razão de denúncia anônima; [valor: 20,00 pontos]**
2. **a nulidade do PAD ante a falta de defesa técnica por advogado; [valor: 15,00 pontos]**
3. **as formas de contratação direta previstas na Lei n. 8.666/1993, informando, de forma justificada, se houve irregularidade na modalidade de contratação realizada pelo servidor acusado; [valor: 30,00 pontos]**
4. **os reflexos, para o PAD, do falecimento do acusado antes do julgamento pela autoridade competente, apontando se tal fato impediria a instauração de eventual ação de ressarcimento para reaver valores eventualmente desviados. [valor: 30,00 pontos]**

QUESTÃO 1

63	
64	
65	
66	
67	
68	
69	
70	
71	
72	
73	
74	
75	
76	
77	
78	
79	
80	
81	
82	
83	
84	
85	
86	
87	
88	
89	
90	

(MÁXIMO 90 LINHAS)

RESPOSTA DO AUTOR

Parecer nº

Processo nº

Ementa:

Relatório (dispensado)

1. Este o relatório. Passa-se a analisar.
2. No tocante à (im)possibilidade de instauração de processo administrativo disciplinar em razão de denúncia anônima, no caso em estudo a referida denúncia deve ser recebida como "denúncia anônima", ante a impossibilidade de identificação do autor da representação. No que tange à possibilidade de a denúncia anônima ser apurada, o art. 143 da Lei nº 8.112/1990 não faz restrição se o conhecimento da irregularidade pela autoridade foi ou não por denúncia anônima.
3. Quanto à denúncia ofertada por terceiros, o art. 144, parágrafo único, da Lei n.º 8.112/1990 estabelece que as denúncias sobre irregularidades serão objeto de apuração, desde que contenham a identificação e o endereço do denunciante e sejam formuladas por escrito, confirmada a autenticidade. O parágrafo único do mesmo artigo aduz que quando o fato narrado não configurar evidente infração disciplinar ou ilícito penal, a denúncia será arquivada por falta de objeto.
4. Ademais, atualmente já foi construído o entendimento no âmbito da administração pública e do Poder Judiciário de que é possível a apuração de denúncia anônima. Nesse sentido, poderá ser realizada uma apuração preliminar e informal. Se essa apuração revelar indícios da ocorrência do noticiado na denúncia, com suporte das evidências encontradas no trabalho preliminar investigativo, poderá ser instaurado o processo administrativo disciplinar.
5. Logo, o Poder Público, provocado por delação anônima pode adotar medidas sumárias de verificação, com prudência e discrição, sem formação de processo ou procedimento, destinadas a conferir a plausibilidade dos fatos nela denunciados. Caso encontrados elementos de verossimilhança, poderá formalizar a abertura do processo ou procedimento cabível, desde que mantendo completa desvinculação desse procedimento estatal em relação à peça apócrifa, ou seja, desde que baseado nos elementos verificados pela ação preliminar do próprio Estado. Em adição, a Súmula nº 611 do STJ aduz que desde que devidamente motivada e com amparo em investigação ou sindicância, é permitida a instauração de processo administrativo disciplinar com base em denúncia anônima, em face do poder-dever de autotutela imposto à administração.
6. O STF também entende nesse mesmo sentido, ou seja, nada impede, contudo, que o Poder Público, provocado por delação anônima adote medidas informais destinadas a apurar, previamente, em averiguação sumária, com prudência e discrição, a possível ocorrência de eventual situação de ilicitude penal, desde que o faça com o objetivo de conferir a verossimilhança dos fatos nela denunciados, em ordem a promover, então, em caso positivo, a formal instauração da persecutio criminis. Com isso, mantém-se a completa desvinculação desse procedimento estatal em relação às peças apócrifas.
7. O Ministério Público, de outro lado, independentemente da prévia instauração de inquérito policial, também pode formar a sua opinio delicti com apoio em outros elementos de convicção

que evidenciem a materialidade do fato delituoso e a existência de indícios suficientes de sua autoria, desde que os dados informativos que dão suporte à acusação penal não tenham, como único fundamento causal, documentos escritos anônimos.

8. Depreende-se que não há qualquer irregularidade, pois a denúncia por si só não originou a instauração do feito, mas diligências em que se constataram indícios de autoria e materialidade que resultaram, a posteriori, na instauração de processo administrativo disciplinar.

9. No que tange à nulidade do processo administrativo disciplinar ante a falta de defesa técnica por advogado, inexiste nulidade, já que a falta de defesa técnica por advogado não ofende a Constituição, nos termos do entendimento consolidado, pelo STF, na Súmula Vinculante nº 5.

10. Em relação à diferença entre inexigibilidade e dispensa de licitação, e se o caso em tela se amoldaria a uma das formas de contratação direta, a distinção entre os institutos está no fato de que, na dispensa, há possibilidade de competição que justifique a licitação; de modo que a lei faculta a dispensa, que fica inserida na competência discricionária da administração. Nos casos de inexigibilidade, não há possibilidade de competição, porque só existe um objeto ou uma pessoa que atenda às necessidades da administração; a licitação é, portanto, inviável.

11. No caso em tela, é cabível a dispensa de licitação, nos termos da lei e da doutrina sobre o tema, haja vista o art. 75, VIII, da Lei nº 14.133/21, aduzir que nos casos de emergência ou de calamidade pública, quando caracterizada urgência de atendimento de situação que possa ocasionar prejuízo ou comprometer a continuidade dos serviços públicos ou a segurança de pessoas, obras, serviços, equipamentos e outros bens, públicos ou particulares, e somente para aquisição dos bens necessários ao atendimento da situação emergencial ou calamitosa e para as parcelas de obras e serviços que possam ser concluídas no prazo máximo de um ano, contado da data de ocorrência da emergência ou da calamidade, vedadas a prorrogação dos respectivos contratos e a recontratação de empresa já contratada na situação em tela.

12. Acerca dos reflexos para o PAD do falecimento do acusado antes do julgamento e se tal fato impediria a instauração de uma ação de improbidade administrativa para reaver valores eventualmente desviados, a morte do servidor é causa de extinção de punibilidade, em decorrência da garantia constitucional de que a pena não passa da pessoa do acusado. O art. 5º, XLV, da CRFB aduz que nenhuma pena passará da pessoa do condenado, podendo a obrigação de reparar o dano e a decretação do perdimento de bens ser, nos termos da lei, estendidas aos sucessores e contra eles executadas, até o limite do valor do patrimônio transferido.

13. O art. 107, I, do Código Penal menciona que se extingue a punibilidade pela morte do agente. Entretanto, advirta-se que a morte não afasta a possível repercussão civil de reparar prejuízo, uma vez que esta não tem caráter punitivo. Em tal sentido, o art. 62 do CPP aduz que no caso de morte do acusado, o juiz somente à vista da certidão de óbito, e depois de ouvido o Ministério Público, declarará extinta a punibilidade.

14. Assim, é viável instaurar uma ação de ressarcimento, pois a obrigação de reparar o dano estende-se aos sucessores e contra eles será executada, até o limite do valor da herança recebida, nos termos do art. 122, § 3º, da Lei nº 8.112/90.

CONCLUSÃO

15. Diante do aduzido, é possível concluir: 1) pela possibilidade de instauração de PAD por meio de denúncia anônima; 2) pela inexistência de nulidade ante o fato de a falta de defesa técnica no PAD; 3) o cabimento de dispensa de licitação; e 4) pela possibilidade de ação de ressarcimento, pois a obrigação de reparar o dano estende-se aos sucessores e contra eles será executada, até o limite do valor da herança recebida.

À consideração superior.

Local, data.

Procurador(a) Municipal

OAB - Matrícula

▸ CRITÉRIO DE CORREÇÃO DA BANCA

1. Possibilidade de instauração de processo administrativo disciplinar em razão de denúncia anônima

No caso em estudo, a referida denúncia deve ser recebida como "denúncia anônima", ante a identificação do autor da representação. No que tange à possibilidade de a denúncia anônima ser apurada, o art. 143 da Lei 8.112/1990 não faz restrição se o conhecimento da irregularidade pela autoridade foi ou não por denúncia anônima.

Quanto à denúncia ofertada por terceiros, o parágrafo único do art. 144 da Lei 8.112/1990 assim estabelece:

> Art. 144. As denúncias sobre irregularidades serão objeto de apuração, desde que contenham a identificação e o endereço do denunciante e sejam formuladas por escrito, confirmada a autenticidade.
>
> Parágrafo único. Quando o fato narrado não configurar evidente infração disciplinar ou ilícito penal, a denúncia será arquivada por falta de objeto.

De igual forma, verifica-se no art. 187 da Lei 6.794, de 27/12/1990 (Estatuto dos Servidores Públicos do Município de Fortaleza):

> Art. 187. As denúncias sobre irregularidades serão objeto de apuração, desde que contenham a identificação e o endereço do denunciante e sejam formuladas por escrito, confirmada a autenticidade.

Ademais, atualmente já foi construído o entendimento no âmbito da administração pública e do Poder Judiciário de que é possível a apuração de denúncia anônima. Nesse sentido, poderá ser realizada uma apuração preliminar e informal; se essa apuração revelar indícios da ocorrência do noticiado na denúncia, com suporte das evidências encontradas no trabalho preliminar investigativo, poderá ser instaurado o processo administrativo disciplinar. É a tese defendida pela AGU, no Despacho do consultor-geral da União nº 396/2007: "O Poder Público, provocado por delação anônima (disque-denúncia, por exemplo), pode adotar medidas sumárias de verificação, com prudência e discrição, sem formação de processo ou procedimento, destinadas a conferir a plausibilidade dos fatos nela denunciados. Caso encontrados elementos de verossimilhança, poderá o poder público formalizar a abertura do processo ou procedimento cabível, desde que mantendo completa desvinculação desse procedimento estatal em relação à peça apócrifa, ou seja, desde que baseado nos elementos verificados pela ação preliminar do próprio Estado". No mesmo sentido, colhe-se na jurisprudência do Tribunal de Justiça do Estado do Ceará (Agravo de Instrumento 0004704- 05.2009.8.06.0000, Rel. Des. Teodoro Silva Santos, data de registro 06/09/2012).

O Pleno do STF se manifestou acerca da matéria no Inquérito 1.957-7/PR, DJ 11/11/2005, que foi um dos fundamentos a embasar o Despacho do consultor-geral da União 396/2007. Nos termos do voto do ministro Celso de Mello: "nada impede, contudo, que o Poder Público, provocado por delação anônima (disque-denúncia, p. ex.), adote medidas informais destinadas a apurar, previamente, em averiguação sumária, "com prudência e discrição", a possível ocorrência de eventual situação de ilicitude penal, desde que o faça com o objetivo de conferir a verossimilhança dos fatos nela denunciados, em ordem a promover, então, em caso positivo, a formal instauração da *persecutio criminis*, mantendo-se, assim, completa desvinculação desse procedimento estatal em relação às peças apócrifas; e o Ministério Público, de outro lado, independentemente da prévia instauração de inquérito policial, também pode formar a sua *opinio delicti* com apoio em outros elementos de convicção que evidenciem a materialidade do fato delituoso e a existência de indícios suficientes de sua autoria, desde que os dados informativos que dão suporte à acusação penal não tenham, como único fundamento causal, documentos escritos anônimos".

O STJ também acolhe a tese sustentada pelo STF:

> "O STJ vem decidindo que não há nulidade na instauração de Processo Administrativo Disciplinar instaurado após a realização de investigação preliminar para averiguar o conteúdo de denúncia anônima, na medida em que, na forma do art. 143 da Lei 8.112/1990, a autoridade que tiver ciência de irregularidade no serviço público é obrigada a promover a sua apuração imediata, como ocorreu o presente caso. Precedente: MS 18.664/DF, Rel. Ministro Mauro Campbell Marques, Primeira Seção do STJ, julgado em 23/04/2014, DJe 30/04/2014" (MS 21084/DF, Rel. Ministro Mauro Campbell Marques, S1, DJe 01/12/2016). No mesmo sentido: RMS 44.298/PR, Rel. Ministro Mauro Campbell Marques, Segunda Turma, julgado em 18/11/2014, DJe 24/11/2014.

Para a doutrina:

> "Por isso mesmo, a jurisprudência tem admitido a instauração de procedimento investigatório até mesmo em caso de denúncia anônima, quando esta oferecer indícios de veracidade e seriedade, argumentando-se com a circunstância de que, se o Poder Público pode fazê-lo *ex officio*, poderá aceitar a investigação provocada, ainda que o denunciante não tenha observado a formalização de maneira ortodoxa" (CARVALHO FILHO, José dos Santos. *Manual de direito administrativo*. 27. ed. rev., ampl. e atual. São Paulo: Atlas, 2014, p. 1.117).

Dessa forma, depreende-se que não há qualquer irregularidade, pois a denúncia por si só não originou a instauração do feito, mas diligências em que se constataram indícios de autoria e materialidade que resultaram, *a posteriori*, na instauração de processo administrativo disciplinar.

A instauração de processo administrativo por meio de denúncia anônima também é decorrência do princípio da autotutela administrativa.

Por fim, não se deve confundir a vedação constitucional ao anonimato (art. 5º, IV, da CF) com a possibilidade de denúncia anônima.

2. Nulidade do processo administrativo disciplinar ante a falta de defesa técnica por advogado

Não há qualquer nulidade, pois a falta de defesa técnica por advogado não ofende a Constituição, nos termos do entendimento consolidado, pelo STF, na Súmula Vinculante n. 5, *in verbis*: "A falta de defesa técnica por advogado no processo administrativo disciplinar não ofende a Constituição" (18 de maio de 2008).

Trata-se, portanto, de uma faculdade do servidor, não gerando nulidade a falta do advogado no processo disciplinar, a dispensa ou a renúncia do seu patrono.

Menções à não aplicação da Súmula 343 do STJ e à aplicação do princípio *pas de nullité sans grief* (não há nulidade sem prejuízo) serão levadas apenas para fins de demonstração de domínio sobre a matéria.

3. Diferença entre inexigibilidade e dispensa de licitação, e se o caso em tela se amoldaria a uma das formas de contratação direta

A contratação direta é medida excepcional. Nesse ponto, o administrador deve ser cauteloso, pois dispensar ou inexigir a licitação fora dos casos previstos em lei é tipo penal descrito no art. 89 da Lei 8.666/93.

A Lei 8.666/93 traz hipóteses de dispensa e de inexigibilidade de licitação.

No dizer autorizado de Maria Sylvia Zanella Di Pietro, a distinção entre os institutos "está no fato de que, na dispensa, há possibilidade de competição que justifique a licitação; de modo que a lei faculta a dispensa, que fica inserida na competência discricionária da administração. Nos casos de inexigibilidade, não há possibilidade de competição, porque só existe um objeto ou uma pessoa que atenda às necessidades da administração; a licitação é, portanto, inviável" (Maria Sylvia Zanella di Pietro. *Direito administrativo*. 10ª ed. São Paulo: Atlas, 1998, p. 265).

Segundo Lúcia Machado D'Avila, a dispensa "é figura que isenta a administração do regular procedimento licitatório, apesar de no campo fático ser viável a competição, pela existência de vários particulares que poderiam ofertar o bem ou serviço. Entretanto, optou o legislador por permitir que, nos casos por ele elencados, e tão-somente nesses casos, a administração contrate de forma direta com terceiros, sem abrir o campo de competição entre aqueles que, em tese, poderiam fornecer os mesmos bens ou prestar os mesmos serviços". Já a inexigibilidade "se define pela impossibilidade de licitar por inexistirem produtos ou bens que tenham características aproximadas e que, indistintamente, possam servir ao interesse público, ou por inexistir pluralidade de particulares que possam satisfazer o fornecimento de bens e serviços" (Maria Sylvia di Pietro; Dora Maria de Oliveira Ramos; Márcia Walquiria Batista dos Santos; Vera Lúcia Machado D'Avila. *Temas polêmicos sobre licitações e contratos*. 3.ª ed. rev. e ampl. São Paulo: Malheiros, 1998, p. 85-86).

A doutrina divide as hipóteses legais de dispensa em licitação dispensada e licitação dispensável.

A licitação dispensada ocorre quando, em que pese se vislumbrar a possibilidade de se realizar o procedimento competitivo, a própria lei determina o afastamento do procedimento, ou seja, não há margem de escolha do administrador público, pois a própria lei afasta a licitação, consoante art. 17 da Lei 8.666/93.

A licitação dispensável ocorre quando há autorização para se decidir acerca da utilização ou não do procedimento licitatório para contratar. Observa-se a possibilidade de deflagrar o certame, contudo, há a possibilidade de não utilizá-lo, cabendo ao administrador público, motivadamente, dentre as hipóteses legais, avaliar se é conveniente e oportuno realizar o procedimento licitatório, dispensando, se for o caso, em razão do interesse público, conforme as situações elencadas taxativamente no art. 24 da Lei 8.666/93.

No caso em tela, é cabível (em tese, ante dos dados oferecidos na questão) a dispensa de licitação (dispensável), nos termos da lei e da doutrina sobre o tema:

> Art. 24. É dispensável a licitação:
>
> (...)
>
> IV – nos casos de *emergência ou de calamidade pública*, quando caracterizada urgência de atendimento de situação que possa ocasionar prejuízo ou comprometer a segurança de pessoas, obras, serviços, equipamentos e outros bens, públicos ou particulares, e somente para os bens necessários ao atendimento da situação emergencial ou calamitosa e para as parcelas de obras e serviços que possam ser concluídas no prazo máximo de 180 (cento e oitenta) dias consecutivos e ininterruptos, contados da ocorrência da emergência ou calamidade, vedada a prorrogação dos respectivos contratos; (...)

Nesse sentido é também a doutrina sobre o tema: "Outro caso de dispensa é aquele em que ocorre a calamidade pública, situação, natural ou não, que destrói ou põe em risco a vida, a saúde ou os bens de certos agrupamentos sociais. Normalmente deriva de fatos naturais, como chuvas torrenciais, alagamentos, transbordamentos de rios e outros fenômenos naturais. Verificada tal situação fática, a licitação se torna dispensável, dada a necessidade de contratação rápida de obras, serviços e compras" (José Santos Carvalho Filho. *Manual de direito administrativo*. 25.ª ed., São Paulo: Atlas, p. 250).

Logo, a irregularidade consistiu, na esfera procedimental, em ter realizado uma inexigibilidade (art. 25 da Lei 8.666/93) no lugar de dispensa, pela modalidade dispensável (art. 24 da Lei 8.666/93), além do recebimento de propina, o que viola os princípios reitores da licitação.

4. Reflexos para o PAD do falecimento do acusado antes do julgamento e se tal fato impediria a instauração de uma ação de ressarcimento ou por meio de ação de improbidade administrativa para reaver valores eventualmente desviados

Destaco, por oportuno, que a morte do servidor é causa de extinção de punibilidade, em decorrência da garantia constitucional de que a pena não passa da pessoa do acusado.

> CF – Art. 5º:
>
> Art. 5º (...)
>
> XLV – nenhuma pena passará da pessoa do condenado, podendo a obrigação de reparar o dano e a decretação do perdimento de bens ser, nos termos da lei, estendidas aos sucessores e contra eles executadas, até o limite do valor do patrimônio transferido; (princípio da intranscendência da pena);
>
> CP – Extinção da punibilidade:
>
> Art. 107. Extingue-se a punibilidade: (Redação dada pela Lei 7.209, de 11/7/1984)
>
> I – pela morte do agente; (...)

Entretanto, advirta-se que a morte não afasta a possível repercussão civil de reparar prejuízo, uma vez que esta não tem caráter punitivo. Privilegia-se também o princípio da independência das instâncias.

> CPP – Art. 62:
>
> Art. 62. No caso de morte do acusado, o juiz somente à vista da certidão de óbito, e depois de ouvido o Ministério Público, declarará extinta a punibilidade.
>
> "(...) com a morte do agente, a comissão de inquérito fará juntar a certidão de óbito para fins de extinção da punibilidade no que concerne à pena disciplinar, tão somente. E aqui, ao tratar da responsabilidade civil do servidor (...), a obrigação de reparar o dano estende-se aos sucessores e contra eles será executada, no limite do valor da herança (...)" (Sebastião José Lessa. *Do processo administrativo disciplinar e da sindicância.* 4.ª ed. Editora Brasília Jurídica, 2006, p. 216).

Assim, poder-se-ia instaurar uma ação de ressarcimento, pois a obrigação de reparar o dano estende-se aos sucessores e contra eles será executada, até o limite do valor da herança recebida, nos termos do art. 122, § 3º, da Lei 8.112/1990:

> Art. 122. A responsabilidade civil decorre de ato omissivo ou comissivo, doloso ou culposo, que resulte em prejuízo ao erário ou a terceiros (equivalente ao art. 170 da Lei nº 6.794, de 27/12/1990 – Estatuto dos Servidores Públicos do Município de Fortaleza).
>
> (...)
>
> § 3º A obrigação de reparar o dano estende-se aos sucessores e contra eles será executada, até o limite do valor da herança recebida.

Este é o entendimento do STJ em caso análogo, *in verbis*:

> PROCESSO CIVIL – AÇÃO CIVIL PÚBLICA – *IMPROBIDADE ADMINISTRATIVA* – FALECIMENTO DO RÉU (EX-PREFEITO) NO DECORRER DA DEMANDA – HABILITAÇÃO DA VIÚVA MEEIRA E DEMAIS HERDEIROS REQUERIDA PELO MINISTÉRIO PÚBLICO – POSSIBILIDADE – ARTS. 1.055 E SEGUINTES DO CPC – ART. 535 DO CPC. 1. Não pode o jurisdicionado escolher quais fundamentos devem ser utilizados pelo magistrado, que pauta-se na persuasão racional para "dizer o direito". Não-violação dos arts. 535, 165 e 458, II, do CPC. 2. A Questão federal principal consiste em saber se é possível a habilitação dos herdeiros de réu, falecido no curso da ação civil pública, de improbidade movida pelo Ministério Público,

> exclusivamente para fins de se prosseguir na pretensão de ressarcimento ao erário. 3. Ao requerer a habilitação, não pretendeu o órgão ministerial imputar aos requerentes crimes de responsabilidade ou atos de improbidade administrativa, porquanto personalíssima é a ação intentada. 4. Estão os herdeiros legitimados a figurar no polo passivo da demanda, exclusivamente para o prosseguimento da pretensão de ressarcimento ao erário (art. 8.º, Lei n.º 8.429/1992). Recurso especial improvido. (STJ, REsp 732777/MG 2005/0040770-0, Rel. Ministro Humberto Martins, Data de julgamento: 06/11/2007, T2 – Segunda Turma, data de publicação: DJ 19/11/2007, p. 218)

Portanto, a morte do servidor processado administrativamente, como causa extintiva da punibilidade, promoverá a extinção/conclusão do PAD (por perda do objeto, sem julgamento de mérito) e consequente arquivamento, porém não é causa impeditiva para propositura de ação de ressarcimento ou ação de improbidade administrativa para rever o ressarcimento ao erário.

Observação: a utilização do CP e do CPP decorre apenas de uma lógica jurídica, sem extrapolar o conteúdo do edital.

Observação geral: não serão apenados os candidatos que não fizeram referência a dispositivos legais.

▶ DOUTRINA TEMÁTICA

> "(...) A Lei nº 8.666/93, no artigo 17, incisos I e II, e no artigo 24, prevê os casos de dispensa; no artigo 25, os de inexigibilidade. A diferença básica entre as duas hipóteses está no fato de que, na dispensa, há possibilidade de competição que justifique a licitação; de modo que a lei faculta a dispensa, que fica inserida na competência discricionária da Administração. Nos casos de inexigibilidade, não há possibilidade de competição, porque só existe um objeto ou uma pessoa que atenda às necessidades da Administração; a licitação é, portanto, inviável.
>
> Existem, contudo, casos de dispensa que escapam à discricionariedade administrativa, por estarem já determinados por lei; é o que decorre do artigo17, incisos I e II, da Lei nº 8.666/93 (...)
>
> Os casos de dispensa de licitação não podem ser ampliados, porque constituem uma exceção à regra geral que exige licitação, quando haja possibilidade de competição. Precisamente por constituírem exceção, sua interpretação deve ser feita em sentido estrito.
>
> Quanto à inexigibilidade, a própria redação do artigo 25 traz implícita a possibilidade de ampliação. Com efeito, a inexigibilidade é decorrência da inviabilidade de competição; o próprio dispositivo prevê algumas hipóteses, o que não impede que outras surjam na prática. Se a competição inexiste, não há que se falar em licitação. A inviabilidade deve ficar adequadamente demonstrada" (DI PIETRO, 2017, p. 481-484).
>
> "No tocante à emergência e à calamidade pública, as situações deverão ser analisadas concretamente. Exemplos: inundação causada por fortes chuvas pode acarretar a necessidade de contratações emergenciais (compra de medicamentos, contratação de serviços médicos, locação de imóveis para funcionarem como abrigos etc.); anulação de determinada licitação e a justificativa, no caso concreto, de que a repetição do certame será incompatível com a urgência da contratação etc.
>
> A contratação direta, quando houver emergência ou calamidade pública, limita-se aos bens e serviços necessários ao atendimento da situação emergencial ou calamitosa. Desta forma a Lei não autoriza a contratação de qualquer bem ou serviço.
>
> Ademais, as contratações, em casos de emergência e de calamidade pública, serão efetuadas por, no máximo, 180 dias consecutivos e ininterruptos (ou seja: seis meses). O

referido prazo será contado da ocorrência da emergência ou calamidade, vedada a sua prorrogação (art. 24, IV, da Lei 8.666/1993).

Quanto à impossibilidade de prorrogação do prazo de 180 dias, a regra deve ser interpretada de forma ponderada, pois, em determinadas hipóteses excepcionais, a situação emergencial exigirá a prorrogação do prazo, sob pena de prejuízo ao interesse público.

Por fim, a contratação emergencial é possível mesmo na hipótese em que a situação de emergência seja atribuída ao agente público (emergência 'fabricada' ou 'provocada'), sob pena de não se atender o interesse da coletividade. Nesse caso, todavia, a Administração, após a contratação, deverá apurar a responsabilidade do agente. Exemplo: agente público, por desídia, permite que a expiração do prazo de contrato em vigor, cujo objeto é o fornecimento de serviços contínuos a determinado hospital. No caso, o agente não adotou os procedimentos necessários à realização de nova licitação para evitar a descontinuidade do serviço, nem prorrogou o prazo do contrato. A contratação emergencial poderia ser formalizada, mas o agente deverá ser responsabilizado" (OLIVEIRA, 2015, p. 55-56).

▸ JURISPRUDÊNCIA TEMÁTICA

STF

Súmula Vinculante 5: A falta de defesa técnica por advogado no processo administrativo disciplinar não ofende a Constituição.

Súmula 473: A Administração pode anular seus próprios atos, quando eivados de vícios que os tornem ilegais, porque deles não se originam direitos; ou revogá-los, por motivo de conveniência ou oportunidade, respeitados os direitos adquiridos, e ressalvada, em todos os casos, a apreciação judicial.

Súmula 346: A Administração Pública pode declarar a nulidade dos seus próprios atos.

Contratação emergencial de advogados face ao caos administrativo herdado da administração municipal sucedida. (...) A hipótese dos autos não é de dispensa de licitação, eis que não caracterizado o requisito da emergência. Caracterização de situação na qual há inviabilidade de competição e, logo, inexigibilidade de licitação. "Serviços técnicos profissionais especializados" são serviços que a administração deve contratar sem licitação, escolhendo o contratado de acordo, em última instância, com o grau de confiança que ela própria, administração, deposite na especialização desse contratado. Nesses casos, o requisito da confiança da administração em quem deseje contratar é subjetivo. Daí que a realização de procedimento licitatório para a contratação de tais serviços - procedimento regido, entre outros, pelo princípio do julgamento objetivo - é incompatível com a atribuição de exercício de subjetividade que o direito positivo confere à administração para a escolha do "trabalho essencial e indiscutivelmente mais adequado à plena satisfação do objeto do contrato" (cf. o § 1º do art. 25 da Lei 8.666/1993). O que a norma extraída do texto legal exige é a notória especialização, associada ao elemento subjetivo confiança. Há, no caso concreto, requisitos suficientes para o seu enquadramento em situação na qual não incide o dever de licitar, ou seja, de inexigibilidade de licitação: os profissionais contratados possuem notória especialização, comprovada nos autos, além de desfrutarem da confiança da administração (STF, AP 348, rel. min. Eros Grau, j. 15-12-2006, P, *DJ* de 3-8-2007).

STJ

Súmula 611: Desde que devidamente motivada e com amparo em investigação ou sindicância, é permitida a instauração de processo administrativo disciplinar com base em denúncia anônima, em face do poder-dever de autotutela imposto à Administração.

> (...) É firme o entendimento no âmbito do STJ no sentido de que inexiste ilegalidade na instauração de sindicância investigativa e processo administrativo disciplinar com base em denúncia anônima, por conta do poder-dever de autotutela imposto à Administração (art. 143 da Lei 8.112/1990), ainda mais quando a denúncia decorre de Ofício do próprio Diretor do Foro e é acompanhada de outros elementos de prova que denotariam a conduta irregular praticada pelo investigado, como no presente casu. Precedentes. (...) (STJ, RMS 44298 PR, relator Ministro Mauro Campbell Marques, Segunda Turma, julgado em 18/11/2014, DJe 24/11/2014).

QUESTÕES OBJETIVAS RELACIONADAS AO TEMA

1. (FCC – PGE/RN – Procurador do Estado de Terceira Classe – 2014) Caio, funcionário público, mancomunado com Mévio, empresário, envolveram-se em esquema de desvio de verbas que resultou em prejuízos de um milhão de reais ao patrimônio público. Ao tomar conhecimento da fraude, a autoridade administrativa representou ao Ministério Público, que requereu, em ação por improbidade administrativa, a indisponibilidade de bens tanto de Caio como de Mévio, o que foi deferido. Cumprida a ordem em relação a Caio, constatou-se que este não possuía bens. Por sua vez, Mévio faleceu antes do cumprimento da ordem, deixando o herdeiro Tício, também empresário, e uma herança de quatrocentos mil reais. Com a sucessão, o Ministério Público requereu a indisponibilidade dos bens de Tício, até o montante de um milhão de reais, a fim de assegurar o integral ressarcimento do dano. Em havendo prova pré-constituída do fato, o pedido deverá ser

a) deferido, pois o sucessor daquele que causa lesão ao patrimônio público tem responsabilidade objetiva de assegurar o integral ressarcimento do dano.

b) indeferido, pois Mévio não era agente público, não se sujeitando, assim como Tício, às consequências previstas para os atos de improbidade administrativa.

c) deferido em parte, pois o sucessor daquele que causa lesão ao patrimônio público responde apenas até o limite do valor da herança.

d) deferido apenas se comprovado que Tício conhecia a fraude.

e) indeferido, pois a pena não pode passar da pessoa do infrator.

Gabarito: Letra c.

4. RESPONSABILIDADE CIVIL DO ESTADO

QUESTÃO 1

Cespe/Cebraspe – Procuradoria-Geral do Município de João Pessoa – Procurador do Município – 2018

Quando fazia seu trajeto pela rua Central, em determinado município brasileiro – uma via de trânsito de mão dupla sem asfalto e sem condições favoráveis para o tráfego –, um ônibus da empresa Conforto, pessoa jurídica de direito privado e concessionária de transporte coletivo, foi surpreendido por uma colisão lateral com um ciclista, que morreu na hora. O laudo da vistoria relatou que o acidente ocorreu por volta das 16h30min do dia 2/10/2016 e que o ônibus transitava 20 km/h abaixo do limite máximo permitido na via, que é de 40 km/h, além de ter confirmado o local do acidente e as condições da via.

A esposa da vítima demandou administrativamente a responsabilização direta da prefeitura, requerendo pensão alimentícia e indenização por danos morais, sob o argumento de que a prefeitura é parte no contrato de concessão com a empresa Conforto para atuar no transporte coletivo do município. Além de informar que a vítima não desenvolvia atividade remunerada à época do acidente, as provas juntadas ao processo administrativo atestam que a morte do ciclista decorreu do impacto com o veículo de transporte coletivo, afastando, assim, a existência de caso fortuito, força maior ou culpa exclusiva da vítima.

A prefeitura alegou, conjuntamente com a concessionária, que a teoria da responsabilidade objetiva não se aplica ao caso porque a vítima não era usuária do serviço de transporte coletivo. Além disso, a concessionária argumentou que a responsabilização, caso exista, deve ser feita diretamente ao causador do dano, ou seja, ao motorista do ônibus.O pedido administrativo da vítima foi encaminhado à procuradoria do município para análise e parecer.Na qualidade de procurador do município responsável pela análise dessa situação, redija parecer [opinativo e conclusivo] fundamentado na doutrina e na jurisprudência dos tribunais superiores, abordando os seguintes aspectos:

1. **teoria adotada para a responsabilização do Estado e pressupostos da responsabilização; [valor: 10,00 pontos]**
2. **responsabilidade direta da prefeitura ou possibilidade de extensão da responsabilidade pessoa jurídica de direito privado;[valor: 5,00 pontos]**
3. **entendimento do STF quanto à existência de responsabilidade, considerando-se a condição da vítima de não usuária do serviço público; [valor: 5,00 pontos]**
4. **possibilidade de o agente causador do dano ser acionado diretamente pela vítima; e posição do STF sobre esse aspecto;[valor: 5,00 pontos]**
5. **procedência, ou não, do pedido de indenização – pensão alimentícia e danos morais – da esposa da vítima. [valor: 3,50 pontos]**

QUESTÃO 1

31	
32	
33	
34	
35	
36	
37	
38	
39	
40	
41	
42	
43	
44	
45	
46	
47	
48	
49	
50	
51	
52	
53	
54	
55	
56	
57	
58	
59	
60	

(MÁXIMO 60 LINHAS)

RESPOSTA DO AUTOR

PARECER nº

Processo nº

Consulente: Prefeitura do Município

EMENTA: RESPONSABILIDADE CIVIL DO ESTADO. TEORIA DO RISCO ADMINISTRATIVO. CONCESSIONÁRIA DE SERVIÇO PÚBLICO. RESPONSABILIDADE SUBSIDIÁRIA DO ENTE PÚBLICO. TERCEIRO NÃO USUÁRIO. RESPONSABILIDADE DO AGENTE. DUPLA GARANTIA. INDENIZAÇÃO. POSSIBILIDADE.

1. Cuida-se de consulta feita para esta Procuradoria acerca da responsabilidade civil do Estado por danos causados por concessionária de transporte público coletivo a terceiro não usuário do serviço, por concessionária de transporte público coletivo.

2. A teoria adotada para a responsabilização civil do Estado no ordenamento jurídico pátrio é a teoria do risco administrativo, nos termos do art. 37, § 6º, da CRFB. Aludida norma aduz que as pessoas jurídicas de direito público e as de direito privado prestadoras de serviços públicos responderão pelos danos que seus agentes, nessa qualidade, causarem a terceiros, assegurado o direito de regresso contra o responsável nos casos de dolo ou culpa.

3. Por esse dispositivo normativo, compreende-se que a responsabilidade civil extracontratual do Estado é objetiva, ou seja, os pressupostos da responsabilização ficam adstritos à demonstração da conduta estatal por meio de seus agentes, do dano sofrido pela vítima e do nexo causal entre conduta e dano.

4. Logo, inexiste perquirição de dolo ou culpa na conduta do agente, como na hipótese em tela, em que houve uma conduta do motorista de ônibus, ainda que lícita, um dano ao ciclista, que veio a morrer, e o nexo causal, já que a morte decorreu da colisão. Ademais, não há notícias de alguma excludente de responsabilidade (cas fortuito, força maior ou culpa exclusiva da vítima).

5. Nos termos do art. 37, §6º, da CRFB, a responsabilidade abarca as pessoas jurídicas de direito privado prestadoras de serviço público. Com isso, o entendimento doutrinário dominante é no sentido de que a responsabilidade objetiva direta é da concessionária de serviço público, pois se a ela é delegada a prestação do serviço público e todos os ganhos econômicos pertinentes, ela também fica com os ônus do serviço. Frise-se que a pessoa jurídica de direito público pode ser acionada de forma subsidiária caso se mostre impossível a reparação do dano pela empresa privada.

6. A jurisprudência do STF é no sentido de ser irrelevante a condição da vítima de usuária ou não usuária do serviço público, para fins de responsabilização da pessoa jurídica causadora do dano. O art. 37, § 6º, da CRFB não faz distinção entre as vítimas do dano causado pela atuação do Estado. Como decorrência, a interpretação extraída é no sentido de que haja tratamento igual as vítimas do dano, sejam usuárias ou não do serviço público, de modo que, em ambos os casos permanece o dever de reparação.

7. No tocante à possibilidade de a vítima acionar diretamente o agente causador do dano, a jurisprudência do STF assentou entendimento na tese que se convencionou a chamar de "dupla garantia". Pela aludida teoria, é incabível a responsabilização *per saltum* do agente público sem demandar primariamente a pessoa jurídica.

8. Essa teoria, em síntese, gera uma garantia de a vítima em pleitear reparação contra o ente público ou privado que preste serviços públicos, o que traz maior segurança no ressarcimento do dano, bem como na garantia de o agente público de apenas ser demandado em ação regressiva pela entidade pública a qual se vincula, que arcou com o prejuízo sofrido pela vítima.
9. No caso analisado, a viúva da vítima pleiteia indenização, a título de danos morais, e pensão alimentícia pela morte do marido. O pagamento de indenização por danos morais em se tratando de morte de ente do núcleo familiar encontra suporte na doutrina e jurisprudência, sendo certo que o abalo sofrido pelos familiares, nesses casos, é in re ipsa, isto é, presumido.
10. Acerca da pensão alimentícia, o fato de a vítima não exercer atividade remunerada à época do fato não impede a concessão do pensionamento, sendo este o entendimento mais atual do STJ, pois não se pode presumir que a vítima, ao longo de sua vida, não viria a contribuir com o sustento da família.Também se deve levar em consideração o entendimento do STF no sentido de que é indenizável o acidente que cause morte de filho menor, ainda que não exerça atividade remunerada, entendimento cuja finalidade pode ser aplicada ao caso concreto.
11. Pelo analisado, opina-se pelo acolhimento do pedido de indenização pela esposa da vítima, abrangendo os danos morais e a pensão alimentícia. Tal responsabilidade deve ser arcada de forma objetiva e primária pela concessionária de serviço público, com base na teoria do risco administrativo e, apenas de forma subsidiária, pelo Município, caso demonstre inviável o pagamento pela empresa privada. O agente, por sua vez, apenas poderá ser demandado em ação de regresso por aquele que arcar com a reparação, conforme entendimento do STF.

É o parecer. À consideração superior.

Local, data.

Procurador(a) do Município

Matrícula - OAB

▶ CRITÉRIO DE CORREÇÃO DA BANCA

Parecer

Trata-se de requerimento administrativo de esposa de vítima de acidente de trânsito fatal, em que a requente pretende a responsabilização direta da prefeitura com o reconhecimento de indenização por danos materiais (pensão alimentícia) e morais, uma vez que o acidente envolveu ônibus pertencente a empresa concessionária de serviço público.

Responsabilidade civil do Estado na CF/88

1. Teoria adotada para a responsabilização do estado e pressupostos da responsabilização

O § 6º do art. 37 da Constituição Federal de 1988 dispõe sobre responsabilidade do Estado, nos termos a seguir: "§ 6º As pessoas jurídicas de direito público e as de direito privado prestadoras de serviços públicos responderão pelos danos que seus agentes, nessa qualidade, causarem a terceiros, assegurado o direito de regresso contra o responsável nos casos de dolo ou culpa". A par da redação constitucional, é pacífico na doutrina e na jurisprudência que a CF/88 adotou *a teoria do risco administrativo*, o que significa a ausência de necessidade de comprovação de dolo ou de culpa no tocante à conduta do agente – responsabilidade objetiva –, o que não afasta a necessidade de demonstração de outros pressupostos necessários à responsabilização: ato realizado por pessoas de direito público ou de direito privado prestadoras de serviços públicos (é irrelevante a licitude ou ilicitude do ato), dano e nexo causal (relação entre a conduta e o dano).

Nesse sentido, é a lição de José Carvalho dos Santos Filho:

> "No risco administrativo, não há responsabilidade civil genérica e indiscriminada: se houver participação total ou parcial do lesado para o dano, o Estado não será responsável no primeiro caso e, no segundo, terá atenuação no que concerne a sua obrigação de indenizar. Por conseguinte, a responsabilidade civil decorrente do risco administrativo encontra limites. (...)
>
> A marca característica da responsabilidade objetiva é a desnecessidade de o lesado pela conduta estatal provar a existência da culpa do agente ou do serviço. O fator culpa, então, fica desconsiderado como pressuposto da responsabilidade objetiva. Para configurar esse tipo de responsabilidade, bastam três pressupostos. O primeiro deles é a ocorrência do fato administrativo, assim considerado como qualquer forma de conduta, comissiva ou omissiva, legítima ou ilegítima, singular ou coletiva, atribuída ao poder público. Ainda que o agente estatal atue fora de suas funções, mas a pretexto de exercê-las, o fato é tido como administrativo, no mínimo pela má escolha do agente (*culpa in eligendo*) ou pela má fiscalização de sua conduta (*culpa in vigilando*). O segundo pressuposto é o dano. (...) não há que se falar em responsabilidade civil sem que a conduta haja provocado um dano. Não importa a natureza do dano: tanto é indenizável o dano patrimonial quanto o dano moral. Logicamente, se o dito lesado não provar que a conduta estatal lhe causou prejuízo, nenhuma reparação terá a postular. O último pressuposto é o nexo causal (ou relação de causalidade) entre o fato administrativo e o dano. Significa isso dizer que ao lesado cabe apenas demonstrar que o prejuízo sofrido se originou da conduta estatal, sem nenhuma consideração sobre o dolo ou a culpa. Se o dano decorre de fato que, de modo algum, pode ser imputado à administração, não se poderá imputar responsabilidade civil a esta; inexistindo o fato administrativo, não haverá, por consequência, o nexo causal. Essa é a razão por que não se pode responsabilizar o Estado por todos os danos sofridos pelos indivíduos, principalmente quando decorrem de fato de terceiro ou de ação da própria vítima" (José dos Santos Carvalho Filho. *Manual de direito administrativo*. 30. ed. rev., atual. e ampl. São Paulo: Atlas, 2017)

Corrobora o entendimento doutrinário, a posição do STF acerca da responsabilidade objetiva do Estado e adoção do risco administrativo:

> RECURSO EXTRAORDINÁRIO. REPERCUSSÃO GERAL RESPONSABILIDADE CIVIL DO ESTADO POR MORTE DE DETENTO. ARTIGOS 5º, XLIX, E 37, § 6º, DA CONSTITUIÇÃO FEDERAL. 1. A responsabilidade civil estatal, segundo a CF/1988, em seu art. 37, § 6º, subsume-se à teoria do risco administrativo, tanto para as condutas estatais comissivas quanto para as omissivas, posto rejeitada a teoria do risco integral. (...) 4. O dever constitucional de proteção ao detento somente se considera violado quando possível a atuação estatal no sentido de garantir os seus direitos fundamentais, pressuposto inafastável para a configuração da responsabilidade civil objetiva estatal, na forma do art. 37, § 6º, da CF/1988. 5. *Ad impossibilia nemo tenetur*, por isso que, nos casos em que não é possível ao estado agir para evitar a morte do detento (que ocorreria mesmo que o preso estivesse em liberdade), rompe-se o nexo de causalidade, afastando-se a responsabilidade do poder público, sob pena de adotar-se *contra legem* e a *opinio doctorum* a teoria do risco integral, ao arrepio do texto constitucional. (...) 8. Repercussão geral constitucional que assenta a tese de que: em caso de inobservância do seu dever específico de proteção previsto no art. 5.º, XLIX, da CF, o estado é responsável pela morte do detento (...) (RE 841.526, Relator min. Luiz Fux, j. 30/3/2016, P, *DJE* de 1.º/8/2016, Tema 592.)

Na hipótese fática apresentada, houve ato lesivo do motorista da concessionária – o dano independe do limite de velocidade permitido –, o dano, que é a colisão com o ciclista, e o nexo causal, pois a morte decorreu da colisão, o que possibilita a aplicação da teoria do risco administrativo e a responsabilização objetiva.

2. Responsabilidade direta da prefeitura ou possibilidade de extensão da responsabilidade à pessoa jurídica de direito privado

A pretensão de *responsabilidade objetiva direta da prefeitura não encontra respaldo constitucional*, visto que o art. 37, § 6º, dispõe sobre a responsabilização da pessoa jurídica de direito privado prestadora de serviços públicos – no caso, a concessionária de transporte coletivo municipal. Esse é o entendimento dominante na doutrina: "(...) A regra constitucional faz referência a duas categorias de pessoas sujeitas à responsabilidade objetiva: as pessoas jurídicas de direito público e as pessoas jurídicas de direito privado prestadoras de serviços públicos. (...) A segunda categoria constituiu inovação no mandamento constitucional. A intenção do constituinte foi a de igualar, para fins de sujeição à teoria da responsabilidade objetiva, as pessoas de direito público e aquelas que, embora com personalidade jurídica de direito privado, executassem funções que, em princípio, caberiam ao Estado. Com efeito, se tais serviços são delegados a terceiros pelo próprio poder público, não seria justo nem correto que a só delegação tivesse o efeito de alijar a responsabilidade objetiva estatal e dificultar a reparação de prejuízos pelos administrados. (...) Ao executar o serviço, o concessionário assume todos os riscos do empreendimento. Por esse motivo, cabe-lhe responsabilidade civil e administrativa pelos prejuízos que causar ao poder concedente, aos usuários ou a terceiros. (...) Não obstante, se, apesar disso, o concessionário não tiver meios efetivos para reparar os prejuízos causados, pode o lesado dirigir-se ao concedente, que sempre terá responsabilidade subsidiária pelo fato de ser o concessionário um agente seu. Insolvente o concessionário, passa a não mais existir aquele a quem o concedente atribuiu a responsabilidade primária. Sendo assim, a relação jurídica indenizatória se fixará diretamente entre o lesado e o poder público, de modo a ser a este atribuída a responsabilidade civil subsidiária. A razão está no fato de que os danos foram causados pelo concessionário, atuando em nome do Estado" (José dos Santos Carvalho Filho. *Manual de direito administrativo*. 30. ed. rev., atual. e ampl. São Paulo: Atlas, 2017).

Adotando idêntico posicionamento, Alexandre Mazza expõe: "(...) as pessoas jurídicas de direito privado respondem objetivamente enquanto prestam serviços públicos como decorrência do regime jurídico próprio do serviço público, e pela qualidade de pessoa. É que a responsabilidade objetiva é garantia do usuário independentemente de quem realize a prestação" (Alexandre Mazza. *Manual de direito administrativo*. 8.ª ed. São Paulo: Saraiva Educação, 2018, p. 474).

Também com a mesma posição, Matheus Carvalho: "Nesses casos, em que o particular prestador do serviço ou entidade da administração indireta causa o dano, por conduta de seus agentes, a responsabilidade da concessionária (ou entidade da administração indireta) é objetiva e o Estado tem responsabilidade subsidiária – e objetiva – por esta atuação. (...) Em suma, a responsabilidade subsidiária se dá quando o Estado responde pelos danos causados por outra pessoa jurídica. Nesse caso, a obrigação de reparar o dano é da pessoa jurídica prestadora do serviço e, caso seja inviável esse pagamento, o Estado é chamado à responsabilidade. É oportuno mencionar que a responsabilidade subsidiária não pode ser confundida com a responsabilidade solidária. Nesta, ambos responderiam, ao mesmo tempo, solidariamente, enquanto na subsidiária o Estado só é chamado se o prestador de serviços não tiver condições financeiras" (Matheus Carvalho. *Manual de direito administrativo*. 4.ª ed. rev. ampl. e atual. Salvador: Juspodivm, 2017, p. 341-342).

3. Entendimento do STF quanto à existência de responsabilidade, considerando-se a condição da vítima de não usuária do serviço público

A alegação da prefeitura e da concessionária de que seria indevida a responsabilização por ser a vítima não usuária do serviço público não encontra respaldo doutrinário, tampouco jurisprudencial. Para a doutrina dominante:

> "(...) A Constituição não fez a menor distinção entre pessoas de direito público e pessoas de direito privado prestadoras de serviços públicos quanto à incidência da responsabilidade objetiva; se tal distinção não foi feita, não cabe ao intérprete fazê-la. (...) Com efeito,

> se tais pessoas privadas prestam serviço público, é claro que atuam como se fossem o próprio estado, deste tendo recebido a devida delegação. Ora, se assim é, não caberia restringir-se sua responsabilidade civil objetiva apenas aos usuários, admitindo-se só para o Estado sua aplicação a todos, inclusive terceiros. Isso definitivamente não teria lógica. A responsabilidade objetiva prevista no art. 37, § 6º, da CF, tem carga de incidência idêntica para o Estado e para as pessoas privadas prestadoras de serviços públicos: aplica-se a todos, usuários e terceiros" (José dos Santos Carvalho Filho. *Manual de direito administrativo*. 30. ed. rev., atual. e ampl. São Paulo: Atlas, p. 201).
>
> Em nome do Princípio da Isonomia, o Supremo Tribunal Federal, por decisão do plenário, no RExt n.º 591.874/2009, já decidiu que, ainda que o dano seja causado a terceiro, não usuário do serviço público, a responsabilidade também será objetiva, pois, se a própria constituição não diferencia, não cabe ao intérprete diferenciar os danos causados a terceiros, em virtude de serem ou não usuários do serviço (Matheus Carvalho. *Manual de direito administrativo*. 4.ª ed. rev. ampl. e atual. Salvador: Juspodivm, 2017, p. 342).
>
> Por força do princípio da isonomia, a Constituição de 1988 não permite que se faça qualquer distinção entre usuários e terceiros não usuários, pois todos eles podem sofrer danos decorrentes da prestação de serviços públicos por meio de concessionários. Tal conclusão é coerente com a natureza geral dos serviços públicos, cuja prestação deve ser estendida a todos indistintamente (Alexandre Mazza. *Manual de direito administrativo*. 8.ª ed. São Paulo: Saraiva Educação, 2018, p. 493).

4. Possibilidade de o agente causador do dano ser acionado diretamente pela vítima; e posição do STF sobre esse aspecto

Para o STF, a vítima só poderá acionar a pessoa jurídica à qual o agente causador do dano se vincula, não se admitindo a ação indenizatória *per saltum* diretamente contra o causador do dano. "Agora, o Supremo Tribunal Federal considera que a ação regressiva do Estado contra o agente público constitui dupla garantia: uma, em favor do particular, possibilitando-lhe ação indenizatória contra a pessoa jurídica de direito público, ou de direito privado que preste serviço público, dado que bem maior, praticamente certa, a possibilidade de pagamento do dano objetivamente sofrido. Outra garantia, no entanto, em prol do servidor estatal, que somente responde administrativamente e civilmente perante a pessoa jurídica a cujo quadro funcional se vincular" (Alexandre Mazza. *Manual de direito administrativo*. 8.ª ed., São Paulo: Saraiva Educação, 2018, p. 487).

Eis o precedente do referido STF:

> RECURSO EXTRAORDINÁRIO. ADMINISTRATIVO. RESPONSABILIDADE OBJETIVA DO ESTADO: § 6º DO ART. 37 DA MAGNA CARTA. ILEGITIMIDADE PASSIVA *AD CAUSAM*. AGENTE PÚBLICO (EX-PREFEITO). PRÁTICA DE ATO PRÓPRIO DA FUNÇÃO. DECRETO DE INTERVENÇÃO. O § 6º do art. 37 da Magna Carta autoriza a proposição de que somente as pessoas jurídicas de direito público, ou as pessoas jurídicas de direito privado que prestem serviços públicos, é que poderão responder, objetivamente, pela reparação de danos a terceiros. Isso por ato ou omissão dos respectivos agentes, agindo estes na qualidade de agentes públicos, e não como pessoas comuns. Esse mesmo dispositivo constitucional consagra, ainda, dupla garantia: uma, em favor do particular, possibilitando-lhe ação indenizatória contra a pessoa jurídica de direito público, ou de direito privado que preste serviço público, dado que bem maior, praticamente certa, a possibilidade de pagamento do dano objetivamente sofrido. Outra garantia, no entanto, em prol do servidor estatal, que somente responde administrativa e civilmente perante a pessoa jurídica a cujo quadro funcional se vincular. Recurso extraordinário a que se nega provimento. (STF, RE 327.904-1-SP, Relator min. Ayres Britto, j. 15-8-2006, 1.ª T, *DJ* de 8-9-2006)

5. Procedência, ou não, do pedido de indenização – pensão alimentícia e danos morais – da esposa da vítima

O pedido de indenização da vítima de pensão alimentícia e danos morais merece acolhimento, cabendo indenização tanto referente ao pedido de pensão alimentícia como aos danos morais.

Quanto à pensão alimentícia, o STJ tem os entendimentos a seguir:

> PROCESSUAL CIVIL E ADMINISTRATIVO. AGRAVO REGIMENTAL NO AGRAVO EM RECURSO ESPECIAL. RESPONSABILIDADE CIVIL DO ESTADO. ACÓRDÃO QUE, À LUZ DA PROVA DOS AUTOS, CONCLUIU PELA RESPONSABILIDADE CIVIL DO ESTADO, POR NEGLIGÊNCIA NO ATENDIMENTO MÉDICO DA MULHER E DA GENITORA DOS AUTORES, DA QUAL RESULTOU A SUA MORTE E DO NASCITURO. REEXAME DO CONJUNTO FÁTICO-PROBATÓRIO. IMPOSSIBILIDADE. INCIDÊNCIA DA SÚMULA 7 DO STJ. REDUÇÃO DO *QUANTUM* FIXADO A TÍTULO DE INDENIZAÇÃO POR DANO MORAL. IMPOSSIBILIDADE. SÚMULA 7 DO STJ. PENSIONAMENTO. VÍTIMA QUE NÃO EXERCIA ATIVIDADE REMUNERADA. POSSIBILIDADE. PRECEDENTES DO STJ. AGRAVO REGIMENTAL IMPROVIDO. (...) III. **Esta Corte possui entendimento consolidado no sentido de que é devida condenação, a título de pensionamento, ainda que as vítimas não exerçam atividade remunerada** (STJ, REsp 1.258.756/RS, Rel. Ministro Mauro Campbell Marques, Segunda Turma, DJe de 29/05/2012). IV. Agravo Regimental não provido. (STJ, AgRg no AREsp 598.315/PE, Rel. Ministra Assusete Magalhães, Segunda Turma, julgado em 25/08/2015, DJe 04/09/2015)
>
> ADMINISTRATIVO. RESPONSABILIDADE CIVIL DO ESTADO. INDENIZAÇÃO POR DANO MORAL. FALECIMENTO EM SISTEMA PENITENCIÁRIO DO ESTADO. PENSIONAMENTO MENSAL. DESNECESSIDADE DE COMPROVAÇÃO DO EXERCÍCIO DE ATIVIDADE REMUNERADA PELA VÍTIMA. PRECEDENTES. RECURSO ESPECIAL PROVIDO. (...) II – Assim, a jurisprudência desta Corte consolidou-se no sentido de que em caso de responsabilidade civil por morte, é devida a condenação ao pagamento de pensão mensal a familiares do falecido, ainda que a vítima não exerça atividade remunerada. (...) (AgInt no REsp 1605821/RS, Rel. Ministro Francisco Falcão, Segunda Turma, julgado em 16/11/2017, DJe 22/11/2017) ADMINISTRATIVO. AGRAVO INTERNO NO RECURSO ESPECIAL. RESPONSABILIDADE CIVIL DO ESTADO. ALTERAÇÃO DOS VALORES FIXADOS A TÍTULO DE DANO MORAL E PENSÃO VITALÍCIA. EFEITOS DECORRENTES DE VACINA CONTRA SARAMPO. AGRAVO INTERNO DOS PARTICULARES A QUE SE NEGA PROVIMENTO. (...) 2. No que tange à majoração do valor fixado a título de pensão, esta indenização é estipulada de forma a corresponder a exata medida do dano suportado, equivalente ao salário percebido em momento anterior ao acidente laboral. Observa-se, contudo, que a vítima, por ser menor de idade e nunca ter trabalhado, que o valor fixado pelas instâncias de origem se dá em um salário-mínimo. (...) (STJ, AgInt no REsp 1538015/RS, Rel. Ministro Napoleão Nunes Maia Filho, Primeira Turma, julgado em 05/06/2018, DJe 19/06/2018).

O Supremo Tribunal Federal, também, tem a Súmula 491: é indenizável o acidente que cause a morte de filho menor, ainda que não exerça trabalho remunerado. Embora não se trate o presente caso de morte de menor, a *mens legis* da súmula se aplica à hipótese ora analisada.

Resta também devida a indenização por danos morais, pois a dor decorrente da perda do marido, em razão do acidente de trânsito, independe de provas, sendo devido ressarcimento pela concessionária de serviço público.

> "O dano moral teria o condão de atentar contra valores primordiais na vida humana, a exemplo da tranquilidade de espírito, da liberdade individual, da integridade física, da honra e da reputação" (Yussef Said Cahali. *Dano moral*. 3. ed. rev., ampl. e atual. São Paulo: Revista dos Tribunais, 2005, p. 22).

Acerca da possibilidade de reparação do dano na via administrativa, encontra-se a lição de Mazza: "Embora pouco comum no Brasil, o processo administrativo pode ser instaurado, de ofício ou mediante provocação do interessado, para viabilizar a reparação de danos causados por agentes públicos a particulares" (Alexandre Mazza. *Manual de direito administrativo*. 8.ª ed. São Paulo: Saraiva Educação, 2018, p. 500-501).

Conclusão

Ante o exposto, opina-se pela possibilidade jurídica de acolhimento do pedido da esposa da vítima, sendo devida a *responsabilização objetiva diretamente à concessionária do serviço público – teoria do risco administrativo* –, excluindo-se a prefeitura, que só deverá ser responsabilizada subsidiariamente, ou seja, na falta da concessionária. Deve-se, ainda, *abranger a indenização por danos morais* e pensão alimentícia.

É o parecer.

À Consideração Superior.

▶ DOUTRINA TEMÁTICA

"As pessoas jurídicas de direito público e as de direito privado prestadoras de serviços públicos possuem responsabilidade objetiva e primária pelos danos que seus agentes causarem a terceiros, na forma do art. 37, § 6º, da CRFB.

Outrossim, as empresas contratadas pelo Poder Público respondem primariamente pelos danos causados por seus prepostos. Nesse caso, a responsabilidade será, em regra, subjetiva, na forma do art. 70 da Lei 8.666/1993, salvo na hipótese das concessionárias e permissionárias de serviços públicos, que possuem responsabilidade objetiva, em razão do art. 37, § 6º, da CRFB, art. 25 da Lei 8.987/1995 e art. 14 do CDC.

Verifica-se, portanto, que as pessoas jurídicas respondem primariamente pelos danos causados por seus agentes e prepostos a terceiros. Em consequência, não há solidariedade entre o Poder Público e as entidades da Administração Indireta ou empresas por ele contratadas. A responsabilidade do Estado, nesses casos, é eventual e subsidiária" (OLIVEIRA, 2015, p. 717).

"Não há dúvida de que o Estado possui legitimidade para responder pelos danos causados por seus agentes. Todavia, há divergência doutrinária sobre a possibilidade de ser proposta ação indenizatória, diretamente, em face do agente público. Sobre o tema existem dois entendimentos:

Primeira posição: a ação somente pode ser proposta em face do Estado, não sendo lícito acionar diretamente o agente público. De acordo com a presente orientação, o art. 37, § 6º, da CRFB teria consagrado a 'teoria da dupla garantia':

a) primeira garantia: a vítima deve ser ressarcida pelos danos causados pelo Estado; e

b) segunda garantia: os agentes públicos somente podem ser responsabilizados perante o próprio Estado, não sendo lícito admitir que a vítima de *per saltum* acione diretamente o agente.

Vale dizer: o Estado indeniza a vítima; o agente público indeniza, regressivamente, o Estado. Nesse sentido: Hely Lopes Meirelles, Diogo de Figueiredo Moreira Neto. A Primeira Turma do STF possui precedentes no mesmo sentido.

Segunda posição: a ação pode ser proposta em face do Estado, do agente público ou de ambos, em litisconsórcio passivo. Nesse sentido: José dos Santos Carvalho Filho, Diógenes Gasparini, Celso Antônio Bandeira de Mello" (OLIVEIRA, 2015, p. 719).

▶ JURISPRUDÊNCIA TEMÁTICA

STF

RESPONSABILIDADE – SEARA PÚBLICA – ATO DE SERVIÇO – LEGITIMAÇÃO PASSIVA. Consoante dispõe o § 6º do artigo 37 da Carta Federal, respondem as pessoas jurídicas de direito público e as de direito privado prestadoras de serviços públicos pelos danos que seus agentes, nessa qualidade, causarem a terceiros, descabendo concluir pela legitimação passiva concorrente do agente, inconfundível e incompatível com a previsão constitucional de ressarcimento – direito de regresso contra o responsável nos casos de dolo ou culpa. (STF, RE 344133, Relator(a): Min. Marco Aurélio, Primeira Turma, julgado em 09/09/2008, DJe-216 Divulg 13-11-2008 Public 14-11-2008 Ement Vol-02341-05 PP-00901 RTJ Vol-00207-03 PP-01203)

DIREITO ADMINISTRATIVO. RECURSO EXTRAORDINÁRIO INTERPOSTO SOB A ÉGIDE DO CPC/1973. RESPONSABILIDADE OBJETIVA DO ESTADO. REPARAÇÃO DE DANOS. AGENTE PÚBLICO. ILEGITIMIDADE PASSIVA *AD CAUSAM*. CONSONÂNCIA DA DECISÃO RECORRIDA COM A JURISPRUDÊNCIA CRISTALIZADA DO SUPREMO TRIBUNAL FEDERAL. RECURSO EXTRAORDINÁRIO QUE NÃO MERECE TRÂNSITO. REELABORAÇÃO DA MOLDURA FÁTICA. PROCEDIMENTO VEDADO NA INSTÂNCIA EXTRAORDINÁRIA. AGRAVO MANEJADO SOB A VIGÊNCIA DO CPC/2015. 1. O entendimento da Corte de origem, nos moldes do assinalado na decisão agravada, não diverge da jurisprudência firmada no Supremo Tribunal Federal. Esta Suprema Corte firmou o entendimento de que "somente as pessoas jurídicas de direito público, ou as pessoas jurídicas de direito privado que prestem serviços públicos, é que poderão responder, objetivamente, pela reparação de danos a terceiros. Isto por ato ou omissão dos respectivos agentes, agindo estes na qualidade de agentes públicos, e não como pessoas comuns". Precedentes: RE 228.977, Rel. Min. Neri da Silveira, 2ª Turma; 327.904, Rel. Min. Ayres Britto, 1ª Turma; RE 470.996-AGR, Rel. Min. Eros Grau, 2ª Turma; RE 344.133, Rel. Min. Marco Aurélio, 1ª Turma; RE 593.525-AgR-segundo, Rel. Min. Roberto Barroso, 1ª Turma; ARE 939.966-AgR, Rel. Min. Dias Toffoli, 2ª Turma. 2. As razões do agravo regimental não se mostram aptas a infirmar os fundamentos que lastrearam a decisão agravada. 3. Agravo regimental conhecido e não provido. (STF, ARE 991086 AgR, Relator(a): Min. Rosa Weber, Primeira Turma, julgado em 06/03/2018, Processo Eletrônico DJe-055 Divulg 20-03-2018 Public 21-03-2018).

CONSTITUCIONAL. RESPONSABILIDADE DO ESTADO. ART. 37, § 6º, DA CONSTITUIÇÃO. PESSOAS JURÍDICAS DE DIREITO PRIVADO PRESTADORAS DE SERVIÇO PÚBLICO. CONCESSIONÁRIO OU PERMISSIONÁRIO DO SERVIÇO DE TRANSPORTE COLETIVO. RESPONSABILIDADE OBJETIVA EM RELAÇÃO A TERCEIROS NÃO-USUÁRIOS DO SERVIÇO. RECURSO DESPROVIDO. I – A responsabilidade civil das pessoas jurídicas de direito privado prestadoras de serviço público é objetiva relativamente a terceiros usuários e não-usuários do serviço, segundo decorre do art. 37, § 6º, da Constituição Federal. II – A inequívoca presença do nexo de causalidade entre o ato administrativo e o dano causado ao terceiro não-usuário do serviço público, é condição suficiente para estabelecer a responsabilidade objetiva da pessoa jurídica de direito privado. III – Recurso extraordinário desprovido. (STF, RE 591874, Relator(a): Min. Ricardo Lewandowski, Tribunal Pleno, julgado em 26/08/2009, Repercussão Geral – Mérito, DJe-237 Divulg 17-12-2009, Public 18-12-2009, Ement Vol-02387-10 PP-01820 RTJ Vol-00222-01 PP-00500)

STJ

RESPONSABILIDADE CIVIL. SENTENÇA PUBLICADA ERRONEAMENTE. CONDENAÇÃO DO ESTADO A MULTA POR LITIGÂNCIA DE MÁ-FÉ. INFORMAÇÃO EQUIVOCADA. AÇÃO INDENIZATÓRIA AJUIZADA EM FACE DA SERVENTUÁRIA. LEGITIMIDADE PASSIVA. DANO MORAL. PROCURADOR DO ESTADO. INEXISTÊNCIA. MERO DISSABOR. APLICAÇÃO, ADEMAIS,

DO PRINCÍPIO DO DUTY TO MITIGATE THE LOSS. BOA-FÉ OBJETIVA. DEVER DE MITIGAR O PRÓPRIO DANO. 1. O art. 37, § 6º, da CF/1988 prevê uma garantia para o administrado de buscar a recomposição dos danos sofridos diretamente da pessoa jurídica que, em princípio, é mais solvente que o servidor, independentemente de demonstração de culpa do agente público. Vale dizer, a Constituição, nesse particular, simplesmente impõe ônus maior ao Estado decorrente do risco administrativo; não prevê, porém, uma demanda de curso forçado em face da Administração Pública quando o particular livremente dispõe do bônus contraposto. Tampouco confere ao agente público imunidade de não ser demandado diretamente por seus atos, o qual, aliás, se ficar comprovado dolo ou culpa, responderá de outra forma, em regresso, perante a Administração. 2. Assim, há de se franquear ao particular a possibilidade de ajuizar a ação diretamente contra o servidor, suposto causador do dano, contra o Estado ou contra ambos, se assim desejar. A avaliação quanto ao ajuizamento da ação contra o servidor público ou contra o Estado deve ser decisão do suposto lesado. Se, por um lado, o particular abre mão do sistema de responsabilidade objetiva do Estado, por outro também não se sujeita ao regime de precatórios. Doutrina e precedentes do STF e do STJ. 3. A publicação de certidão equivocada de ter sido o Estado condenado a multa por litigância de má-fé gera, quando muito, mero aborrecimento ao Procurador que atuou no feito, mesmo porque é situação absolutamente corriqueira no âmbito forense incorreções na comunicação de atos processuais, notadamente em razão do volume de processos que tramitam no Judiciário. Ademais, não é exatamente um fato excepcional que, verdadeiramente, o Estado tem sido amiúde condenado por demandas temerárias ou por recalcitrância injustificada, circunstância que, na consciência coletiva dos partícipes do cenário forense, torna desconexa a causa de aplicação da multa a uma concreta conduta maliciosa do Procurador. 4. Não fosse por isso, é incontroverso nos autos que o recorrente, depois da publicação equivocada, manejou embargos contra a sentença sem nada mencionar quanto ao erro, não fez também nenhuma menção na apelação que se seguiu e não requereu administrativamente a correção da publicação. Assim, aplica-se magistério de doutrina de vanguarda e a jurisprudência que têm reconhecido como decorrência da boa-fé objetiva o princípio do *Duty to mitigate the loss*, um dever de mitigar o próprio dano, segundo o qual a parte que invoca violações a um dever legal ou contratual deve proceder a medidas possíveis e razoáveis para limitar seu prejuízo. É consectário direto dos deveres conexos à boa-fé o encargo de que a parte a quem a perda aproveita não se mantenha inerte diante da possibilidade de agravamento desnecessário do próprio dano, na esperança de se ressarcir posteriormente com uma ação indenizatória, comportamento esse que afronta, a toda evidência, os deveres de cooperação e de eticidade. 5. Recurso especial não provido. (STJ, REsp 1325862/PR, Rel. Ministro Luis Felipe Salomão, Quarta Turma, julgado em 05/09/2013, DJe 10/12/2013).

RNO NO AGRAVO EM RECURSO ESPECIAL. INOVAÇÃO RECURSAL. IMPOSSIBILIDADE DE CONHECIMENTO. RESPONSABILIDADE DO ESTADO. MORTE DE PRESO EM ESTABELECIMENTO PRISIONAL. QUANTUM INDENIZATÓRIO. REVISÃO. VALOR IRRISÓRIO. POSSIBILIDADE. PENSIONAMENTO MENSAL. FAMÍLIA DE BAIXA RENDA. CABIMENTO. 1. A tese não trazida nas razões do apelo nobre, mas impropriamente no agravo interno, não merece conhecimento por configurar inovação recursal. 2. Em regra, descabe, no recurso especial, o reexame do valor fixado pelas instâncias ordinárias a título de indenização por dano moral. Porém, em hipóteses excepcionais, é admissível a revisão da quantia quando evidente a condenação em montante irrisório ou exorbitante. 3. No caso dos autos, é insuficiente a cifra de R$ 30.000,00 (trinta mil reais) para a morte de preso em estabelecimento prisional. Majoração do valor para R$ 60.000,00 (sessenta mil reais), com amparo em precedentes de situação semelhante. 4. É devida a indenização por dano material, na forma de pensionamento mensal, aos genitores do menor falecido em razão de ação ou omissão estatal, ainda que o de cujus não exerça atividade remunerada, porquanto se presume ajuda mútua entre os integrantes de famílias de baixa renda. 5. Essa orientação, logicamente, deve alcançar os filhos maiores, pois a obrigação de alimentos, na forma do art. 1.696 do Código Civil, é recíproca entre pais e filhos. Ademais, ambas as Turmas componentes da Primeira Seção do STJ já se posicionaram pelo cabimento de pensão aos genitores de detento morto no interior de estabelecimento prisional. 6. O encarceramento não afasta a presunção de ajuda mútua familiar, pois, após a soltura, existe a possibilidade de contribuição do filho para o sustento da família, especialmente em razão do avançar etário dos pais. 7. Parâmetros da pensionamento: 2/3 (dois terços) do salário mínimo do dia da morte até o momento no qual o falecido completaria 25 anos de idade; 1/3 (um terço) a partir daí até a data em que completaria 65 (sessenta e cinco) anos. Precedentes. 8. Agravo interno a que se nega provimento (STJ, AgInt no AREsp. 812.782/PR, Rel. Min. Og Fernandes, DJe 23.10.2018)

QUESTÕES OBJETIVAS RELACIONADAS AO TEMA

1. (CESPE – TJPR – Juiz Substituto – 2019) Considerando a jurisprudência do STJ, julgue os seguintes itens, relativos à responsabilidade civil do Estado.

I. O Estado responde civilmente por danos decorrentes de atos praticados por seus agentes, mesmo que eles tenham agido sob excludente de ilicitude penal.

II. A despeito de situações fáticas variadas no tocante ao descumprimento do dever de segurança e vigilância contínua das vias férreas, a responsabilização da concessionária é uma constante, passível de ser elidida somente quando cabalmente comprovada a culpa exclusiva da vítima.

III. A responsabilidade civil do Estado por condutas omissivas é subjetiva, devendo ser comprovados concomitantemente a negligência na atuação estatal, o dano e o nexo de causalidade entre o evento danoso e o comportamento ilícito do poder público.

Assinale a opção correta.

a) Apenas os itens I e II estão certos.

b) Apenas os itens I e III estão certos.

c) Apenas os itens II e III estão certos.

d) Todos os itens estão certos.

Gabarito: Letra b.

2. (VUNESP – PGE/SP – Procurador do Estado – 2018) Empresa de ônibus permissionária de serviço público de transporte coletivo intermunicipal de passageiros envolveu-se em acidente de trânsito em rodovia estadual explorada por concessionária, tendo um de seus veículos, durante a prestação do serviço de transporte, colidido com automóvel particular, provocando danos materiais e o falecimento de um dos ocupantes do carro. De acordo com a jurisprudência do Supremo Tribunal Federal,

a) a concessionária de rodovia estadual será objetivamente responsabilizada pelos danos provocados em razão do acidente, em decorrência da aplicação da teoria da *faute du service*.

b) o Estado titular dos serviços públicos de transporte coletivo de passageiros e da rodovia em que ocorrido o acidente será objetivamente responsável pelos danos causados, ainda que se comprove culpa concorrente da vítima que conduzia o automóvel particular.

c) a permissionária do serviço público de transporte coletivo de passageiros poderá ser responsabilizada pelos danos provocados em razão do acidente, desde que comprovada ocorrência de dolo ou culpa do motorista do veículo coletivo, porque as vítimas não são usuárias do serviço público por ela prestado.

d) a concessionária de rodovia estadual será objetivamente responsabilizada pelos danos provocados pelo acidente, em decorrência da aplicação da teoria do risco administrativo.

e) a permissionária do serviço público de transporte coletivo de passageiros poderá ser objetivamente responsabilizada pelos danos provocados em razão do acidente, ainda que as vítimas não sejam usuárias do serviço por ela prestado.

Gabarito: Letra e.

3. (CESPE – PGE/AM – Procurador do Estado – 2016) Pedro, motorista da Secretaria de Saúde do Estado do Amazonas, conduzia um veículo do referido ente público, quando provocou acidente automobilístico que resultou na incapacidade física e mental de Flávio. Após a interdição de Flávio, seu advogado pretende ajuizar ação de reparação de danos materiais e morais.

Com referência a essa situação hipotética, julgue o item que se segue.

A ação de reparação de dano exige a formação de litisconsórcio passivo necessário em que deverão figurar como demandados o motorista Pedro e a Secretaria de Saúde do Estado do Amazonas.

Assertiva incorreta.

4. (TRF – 3ª Região – Juiz Federal Substituto – 2016) Dadas as assertivas abaixo, assinale a alternativa incorreta.

a) Em regra, em casos de suicídio de preso dentro do estabelecimento prisional, embora configurada responsabilidade objetiva do Estado, não há dever de indenizar já que o dano decorre de culpa exclusiva da vítima.

b) A responsabilidade por danos ao meio ambiente, decorrentes da atividade ou do empreendimento, independe da demonstração da ilicitude do ato.

c) A violência praticada por aluno em face de outro aluno dentro de escola pública é hipótese que implica responsabilidade objetiva do Estado e seu respectivo dever de indenizar.

d) Doutrina e jurisprudência divergem sobre a possibilidade de acionamento do servidor público diretamente pelo terceiro prejudicado ("per saltum"), havendo precedentes das Cortes Superiores em ambos os sentidos.

Gabarito: Letra a.

QUESTÃO 2

FCC – Procuradoria Geral do Estado do Rio Grande do Norte. Procurador do Estado – 2015

Com base nos dois dispositivos constitucionais a seguir descritos, responda fundamentadamente:

Art. 5º. XXIV – a lei estabelecerá o procedimento para desapropriação por necessidade ou utilidade pública, ou por interesse social, mediante justa e prévia indenização em dinheiro, ressalvados os casos previstos nesta Constituição;

Art. 37. § 6º As pessoas jurídicas de direito público e as de direito privado prestadoras de serviços públicos responderão pelos danos que seus agentes, nessa qualidade, causarem a terceiros, assegurado o direito de regresso contra o responsável nos casos de dolo ou culpa.

a) O Estado pode ser responsabilizado pela prática de atos lícitos? A desapropriação se enquadra nessa possibilidade? Explique.

b) Existem semelhanças e/ou distinções entre as situações jurídicas que se subsumem aos dispositivos legais supratranscritos, no que concerne ao montante a ser pago pelo Estado e os princípios que fundamentam o dever de indenização ou ressarcimento?

QUESTÃO 2

(MÁXIMO 20 LINHAS)

▸ RESPOSTA DO AUTOR

A doutrina e a jurisprudência entendem pela possibilidade de responsabilização da Administração Pública no caso de atos lícitos. Para o STF, existe o dever de indenizar quando o ato lícito acarretar prejuízos anormais e extraordinários, que importem em graves dificuldades, por exemplo, para que um particular possa exercer sua atividade econômica perante os demais concorrentes.

No caso de contratos administrativos, a estabilidade econômico-financeira é expressão jurídica do princípio da segurança jurídica, pelo qual se busca conferir estabilidade àquele ajuste, inerente ao contrato de concessão, no qual se garante à concessionária viabilidade para a execução dos serviços, nos moldes licitados.

Para o STF, a responsabilização nesses casos será objetiva, com base no risco administrativo. Nos casos apreciados pelo STF, ficou entendido que não é juridicamente viável sujeitar determinados grupos de pessoas a condições específicas com ônus insuportáveis e desigualados dos demais, decorrentes das políticas adotadas, sem contrapartida indenizatória objetiva. A desapropriação não se enquadra nessa hipótese pelo fato de não se tratar de responsabilidade extracontratual, já que o sacrifício do administrado é a própria finalidade do ato do Estado, com a necessária conversão do prejuízo em espécie.

A desapropriação e a responsabilização por ato lícito ensejam a atuação do Estado no sentido de indenizar, como forma de recompor o patrimônio da pessoa lesada. Porém, na desapropriação, a perda patrimonial é alvo imediato do Estado e, baseada no princípio da legalidade, há, como regra, obrigação de indenizar.

No que se refere à responsabilidade extracontratual pela prática de atos lícitos, a consequência danosa é o próprio resultado da conduta do Estado. Por meio dela é que se busca atender o interesse público, tendo decorrência do princípio da igualdade, visto que é ele que impede que a pessoa seja desproporcionalmente onerada ou sacrificada para obtenção de benefício ou interesse público que beneficiará a todos.

▶ CRITÉRIO DE CORREÇÃO DA BANCA

Abordagem esperada	Pontuação máxima	Pontuação atribuída
Constará da avaliação da prova discursiva o domínio técnico do conteúdo aplicada, a precisão da linguagem jurídica, a correção gramatical e a adequação vocabular, considerados os mecanismos básicos de constituição do vernáculo e os procedimentos de coesão e argumentação.		
a. O Estado pode ser responsabilizado pela prática de atos lícitos, diante da ocorrência de danos anormais e extraordinários. Necessário que o ônus imposto ao administrado exceda o sacrifício regular de direitos imposto a todos os cidadãos em geral. A desapropriação não se enquadra nessa hipótese porque não se trata de responsabilidade extracontratual, pois o sacrifício do direito do administrado é a própria finalidade do ato do Estado, com a necessária conversão do prejuízo em espécie.	0,5	
b. Ambos ensejam o dever de o Estado recompor a perda do administrado. No caso da desapropriação, essa perda é intencional, baseada no princípio da legalidade, que expressamente prevê a obrigação de prévia indenização. No caso da responsabilidade extracontratual pela prática de atos lícitos, a consequência danosa é o resultado indesejado da conduta do Estado, conduta essa que visa atender ao interesse público e decorre do princípio da igualdade, visto que é ele que impede que determinado ou determinados cidadãos sejam desproporcionalmente onerados ou sacrificados para obtenção de benefício ou interesse público que beneficiará a todos.	0,5	
TOTAL	1,0	

▶ DOUTRINA TEMÁTICA

"Segundo alguns doutrinadores, o Estado só responde objetivamente se o dano decorrer de ato antijurídico, o que deve ser entendido em seus devidos termos. Ato antijurídico não pode ser entendido, para esse fim, como ato ilícito, pois é evidente que a licitude ou ilicitude do ato é irrelevante para fins de responsabilidade objetiva; caso contrário, danos decorrentes de obra pública, por exemplo, ainda que licitamente realizada, não seriam indenizados pelo Estado. Somente se pode aceitar com o pressuposto da responsabilidade objetiva a prática de ato antijurídico se este, mesmo sendo lícito, for entendido como ato causador de dano anormal e específico a determinadas pessoas, rompendo o princípio da igualdade de todos perante os encargos sociais. Por outras palavras, ato antijurídico, para fins de responsabilidade objetiva do Estado, é o ato ilícito e o ato lícito que cause dano anormal e específico" (DI PIETRO, 2017, p. 985).

"É tradicional a distinção entre a responsabilidade civil por danos causados pela atuação estatal e o sacrifício de direitos promovido pelo Poder Público. Enquanto a responsabilidade civil do Estado pressupõe violação a direitos, normalmente mediante conduta contrária ao ordenamento jurídico (ex.: indenização por erro médico ocorrido em hospital público), gerando o dever de ressarcimento dos prejuízos causados, o sacrifício de direitos envolve situações em que a própria ordem jurídica confere ao Estado a prerrogativa de restringir ou suprimir direitos patrimoniais de terceiros, mediante o devido processo legal e o pagamento de indenização (ex.: desapropriação).

Na responsabilidade civil, a lesão aos direitos de terceiros é efeito reflexo da atuação estatal, lícita ou ilícita. Por outro lado, o sacrifício de direitos compreende atuação estatal, autorizada pelo ordenamento, que tem por objetivo principal (direto) restringir ou extinguir direitos de terceiros, mediante pagamento de indenização" (OLIVEIRA, 2017, p.867).

▸ JURISPRUDÊNCIA TEMÁTICA

STF

Responsabilidade da União em indenizar prejuízos sofridos pela concessionária de serviço público, decorrentes de política econômica implementada pelo Governo, comprovados nos termos do acórdão recorrido. (...) A estabilidade econômico-financeira do contrato administrativo é expressão jurídica do princípio da segurança jurídica, pelo qual se busca conferir estabilidade àquele ajuste, inerente ao contrato de concessão, no qual se garante à concessionária viabilidade para a execução dos serviços, nos moldes licitados. A manutenção da qualidade na prestação dos serviços concedidos (exploração de transporte aéreo) impõe a adoção de medidas garantidoras do reequilíbrio da equação econômico-financeira do contrato administrativo, seja pela repactuação, reajuste, revisão ou indenização dos prejuízos. Instituição de nova moeda (Cruzado) e implementação, pelo poder público, dos planos de combate à inflação denominados "Plano Funaro" ou "Plano Cruzado", que congelaram os preços e as tarifas aéreas nos valores prevalecentes em 27-2-1986 (art. 5º do Decreto 91.149, de 15-3-1985). Comprovação nos autos de que os reajustes efetivados, no período do controle de preços, foram insuficientes para cobrir a variação dos custos suportados pela concessionária. Indenização que se impõe: teoria da responsabilidade objetiva do Estado com base no risco administrativo. Dano e nexo de causalidade comprovados, nos termos do acórdão recorrido. *O Estado responde juridicamente também pela prática de atos lícitos, quando deles decorrerem prejuízos para os particulares em condições de desigualdade com os demais. Impossibilidade de a concessionária cumprir as exigências contratuais com o público, sem prejuízos extensivos aos seus funcionários, aposentados e pensionistas, cujos direitos não puderam ser honrados. Apesar de toda a sociedade ter sido submetida aos planos econômicos, impuseram-se à concessionária prejuízos especiais, pela sua condição de concessionária de serviço, vinculada às inovações contratuais ditadas pelo poder concedente, sem poder atuar para evitar o colapso econômico-financeiro.* Não é juridicamente aceitável sujeitar-se determinado grupo de pessoas – funcionários, aposentados, pensionistas e a própria concessionária – às específicas condições com ônus insuportáveis e desigualados dos demais, decorrentes das políticas adotadas, sem contrapartida indenizatória objetiva, para minimizar os prejuízos sofridos, segundo determina a Constituição. (STF, RE 571.969, Rel. Min. Cármen Lúcia, j. 12-3-2014, P, *DJE* de 18-9-2014.)

STJ

RESPONSABILIDADE CIVIL DO ESTADO. AFASTAMENTO CAUTELAR DE MAGISTRADA. ART. 27, § 3º, DA LOMAN. ATO ADMINISTRATIVO COMISSIVO.RESPONSABILIDADE OBJETIVA. ATO ANULADO POR FALTA DE MOTIVAÇÃO.DEVER DE INDENIZAR. DANO ANORMAL. INEXISTÊNCIA. DISSÍDIO JURISPRUDENCIAL NÃO DEMONSTRADO. 1. O afastamento cautelar da magistrada foi determinado pelo Órgão Especial do Tribunal de Justiça do Estado do Rio de Janeiro em sessão na qual decidiu pela instauração do processo administrativo disciplinar fundado no art. 27 da LOMAN. Conquanto o ato de afastamento de magistrado tenha inegável cunho decisório, com feição jurisdicional, não se confunde com o ato judicial propriamente dito. Trata-se de ato administrativo comissivo praticado por órgão estatal, devendo eventual dano por ele causado ser analisado sob o enfoque da responsabilidade objetiva, o que exclui a culpa dentre os elementos configuradores do dever de indenizar. 2. O Estado tem obrigação de reparar tanto o dano decorrente de ação lícita, quanto ilícita. O que muda são as características para que o dano seja tomado como ressarcível. 3. Os danos decorrentes de atividade ilícita são sempre antijurídicos e devem reunir somente duas características para serem reparados, serem certos e não eventuais e atingirem situação legítima, capaz de traduzir um direito, ou ao menos um interesse legítimo. Já os danos oriundos de atividade lícita demandam outras duas características para serem suscetíveis de reparação, serem anormais, inexigíveis em razão do interesse comum, e serem especiais, atingindo pessoa determinada ou grupo de pessoas. 4. A existência de dano ressarcível não restou demonstrada, na espécie. 5. O conhecimento da divergência jurisprudencial pressupõe demonstração, mediante a realização do devido cotejo analítico, da existência de similitude das circunstâncias fáticas e do direito aplicado nos acórdãos recorrido e paradigmas, nos moldes dos arts.541 do CPC e 255 do RISTJ. 6. Recurso especial parcialmente conhecido e não provido. (STJ, REsp 1357824/RJ, Rel. Ministra Eliana Calmon, Segunda Turma, julgado em 12/11/2013, DJe 20/11/2013)

QUESTÕES OBJETIVAS RELACIONADAS AO TEMA

1. (VUNESP – TJSP – Juiz Substituto – 2018) Conforme o ordenamento jurídico pátrio, pode-se afirmar, sobre a responsabilidade objetiva do Estado:

a) não há nexo causal entre a conduta da Administração e o dano decorrente de força maior, razão pela qual em tal situação não se pode falar em dever de indenizar, ainda que provado que a culpa anônima do serviço concorreu para o evento.

b) se lícito o ato do agente público que causou o dano, este só implicará dever de indenizar se for antijurídico, ou seja, anormal e especial.

c) não haverá dever de indenizar nos casos em que o princípio da igualdade de todos na distribuição dos ônus e encargos sociais deva ceder diante do interesse da continuidade do serviço ou da intangibilidade da obra pública.

d) ela não se afasta pela culpa exclusiva da vítima, uma vez que é suficiente para sua caracterização o nexo causal entre o ato do agente público e o dano.

Gabarito: Letra b.

2. (FCC – PGE/SP – Procurador do Estado – 2012) Autarquia regularmente instituída para desempenhar funções atinentes ao setor de saúde pública, incluindo fiscalização, recebeu denúncia sobre possível vazamento de gás tóxico, com risco de explosão, em bueiro localizado em determinada rua constituída exclusivamente por estabelecimentos comerciais de pequeno porte. A autarquia, por cautela, determinou a regular interdição de uma quadra da rua, impedindo o trânsito de pessoas aos estabelecimentos localizados na área. O risco foi confirmado, e o problema, devidamente identificado, foi solucionado em período pouco superior a 60 (sessenta) dias. Os comerciantes pretendem obter provimento jurisdicional que determine o ressarcimento, pela autarquia, dos danos que entendem terem experimentado, incluindo lucros cessantes pelo período em que seus estabelecimentos permaneceram fechados. A atuação do poder público, nos termos do acima descrito e do que dispõe a Constituição Federal,

a) não pode ensejar indenização aos particulares, na medida em que a atuação do poder público se consubstanciou em expressão de seu poder de polícia, o que afasta a responsabilidade extracontratual.

b) pode ensejar indenização aos particulares, comprovado o nexo de causalidade e a ocorrência de danos específicos e anormais, tendo em vista que a conduta dos agentes públicos, ainda que lícita, pode ensejar a responsabilidade extracontratual do ente público.

c) não pode ensejar indenização aos particulares, na medida em que não foram comprovados a prática de ato ilícito doloso por agente público e o nexo de causalidade entre os prejuízos alegados e a conduta dos representantes do poder público.

d) pode ensejar indenização aos particulares, uma vez que restou configurado excesso na atuação dos agentes públicos, estes que, no exercício do poder de polícia, somente estão autorizados a praticar medidas repressivas, e desde que legalmente previstas.

e) pode ensejar indenização aos particulares, desde que comprovados o nexo de causalidade e os danos sofridos, respondendo a autarquia sob a modalidade subjetiva, uma vez que se tratou de falha do serviço.

Gabarito: Letra b.

QUESTÃO 3

Cespe/Cebraspe. Procuradoria do Município de Campo Grande – Procurador Municipal – 2019

Em 1º de julho de 2018, ao atravessar, a pé, de forma descuidada, uma avenida em Campo Grande – MS, Fabrício Santos, conhecido empresário local, proprietário de sete revendedoras de carros de luxo no estado, foi atropelado por automóvel da secretaria de segurança do município, dirigido por Raul Vieira. O acidente provocou leves escoriações no braço direito de Fabrício. O fato foi testemunhado por quatro adultos, que prestaram depoimento declarando o descuido de Fabrício na travessia da avenida e a atenção demonstrada por Raul, que seguia todas as regras de trânsito enquanto dirigia. No dia anterior, o veículo havia passado por revisão periódica em oficina da referida secretaria e, no porta-luvas, havia um comprovante de que o automóvel estava em perfeito funcionamento, sem qualquer problema mecânico. A perícia concluiu que a culpa fora exclusiva da vítima, que não havia agido com o devido cuidado ao atravessar uma via com tráfego de veículos. Inconformado com o ocorrido, Fabrício contratou advogado, que, em 19/4/2019, protocolou ação em desfavor do município de Campo Grande, requerendo indenização por: despesas médicas decorrentes do acidente, no valor de R$ 60.000; danos materiais, no valor de R$ 20.000; e danos estéticos, no valor de R$ 20.000. Fabrício pleiteou, ainda, a gratuidade de justiça, alegando ser hipossuficiente e não poder arcar com as custas processuais, senão colocaria em risco sua subsistência e de sua família.

A ação foi distribuída à XY.ª Vara dos Feitos da Fazenda Pública de Campo Grande, e a citação do município ocorreu pela via postal. Em 8/6/2019, a citação foi recebida pela secretaria de segurança municipal e imediatamente encaminhada ao procurador-geral do município de Campo Grande.

Considerando a situação hipotética apresentada, elabore, na qualidade de procurador municipal, a peça processual cabível para atendimento dos interesses do município de Campo Grande.

QUESTÃO 3

(PEÇA PROCESSUAL - MÁXIMO 90 LINHAS)

▸ RESPOSTA DO AUTOR

AO JUÍZO DE DIREITO DA VARA DA FAZENDA PÚBLICA DE CAMPO GRANDE - MS

Processo nº

MUNICÍPIO DE CAMPO GRANDE, pessoa jurídica de direito público interno, inscrita no CNPJ, endereço completo, representada por seu procurador subscrito, vem, respeitosamente, à presença deste juízo apresentar

CONTESTAÇÃO

com base no art. 335 do CPC, em desfavor da ação ordinária movida por Fabrício Santos, já qualificado nos autos em epígrafe.

Desde já destaca-se a tempestividade desta manifestação, já que protocolada em, sendo que o prazo final seria.

DA PRELIMINAR DE NULIDADE DE CITAÇÃO

A citação do município de Campo Grande ocorreu pela via postal. Contudo, nos termos do art. 242, §3.º, do CPC, as pessoas jurídicas de direito público devem ser citadas de forma pessoal, por meio de seu procurador.

Dessa forma, pugna-se pela nulidade da citação, com a renovação do prazo da contestação para o município, nos termos do art. 337, I, do CPC.

DA IMPUGNAÇÃO DO PEDIDO DE GRATUIDADE DE JUSTIÇA

Segundo o disposto no art. 98 do CPC, será agraciada pelas benesses da gratuidade de justiça a pessoa natural, jurídica, brasileira ou estrangeira, que comprovar a insuficiência de recursos para pagar as custas processuais sem colocar em risco sua subsistência e(ou) de sua família.

Ocorre que, no caso, o autor da demanda, Fabrício Santos, é proprietário de uma rede de revendedoras de carros importados de luxo. Ora, seria contrassenso o Judiciário conceder à parte as benesses da gratuidade ao demandante, uma vez que a ele não se aplica o conceito de hipossuficiente.

Por essa razão, pugna-se pelo indeferimento do pleito da parte demandante em respeito aos arts. 98 e seguintes do CPC, solicitando-se, no caso de dúvida, que o autor comprove sua renda com o protocolo de seu imposto de renda, certidão de ônus dos cartórios de registro de imóveis do município de Campo Grande e com demais documentos que o juízo entender necessários.

DA IMPUGNAÇÃO DO VALOR DA CAUSA

É nítido que o valor pleiteado pela parte autora foge dos princípios da razoabilidade e proporcionalidade. Dessa forma, seria um contrassenso o deferimento de indenização equivalente ao total de cem mil reais ao autor que sofrera apenas leves escoriações no braço direito.

Assim, requer-se que o valor solicitado na inicial seja revisto e que os arts. 292 e 293 do CPC sejam observados.

DA IMPUGNAÇÃO DO MÉRITO INEXISTÊNCIA DE RESPONSABILIDADE CIVIL DO ESTADO

Cabe salientar que a responsabilidade civil do município pauta-se pela teoria do risco administrativo. Importante frisar que, segundo o art. 37, § 6º, da Constituição Federal, o ente público responde de forma objetiva pelos atos de seus agentes que causarem danos a terceiros.

Porém, no caso em análise, o que ocorreu foi uma consequência da culpa exclusiva da vítima, conforme pode ser comprovado pelo laudo pericial anexo, pelos registros dos depoimentos das testemunhas no local do acidente e pelos comprovantes de revisão periódica do automóvel, os quais asseguram as boas condições mecânicas desse veículo à época do atropelamento.

Tudo isso exclui por completo a responsabilização do ente público. Logo, o que se percebe é a ausência de um dos elementos constitutivos da responsabilidade civil, qual seja: o nexo causal.

Assim, ante a culpa exclusiva da vítima, requer-se, desde logo, que seja a presente demanda julgada totalmente improcedente, com relação tanto aos danos materiais quanto aos danos morais.

DOS DANOS ESTÉTICOS E MORAIS

Na hipótese desse juízo não considerar a inexistência de responsabilidade do ente público e em atendimento ao princípio da eventualidade, passa-se à impugnação específica dos pedidos realizados pelo autor.

No tocante ao pedido relacionado a danos estéticos, fica claro na narrativa fática do demandante que o que ele sofreu foram apenas leves escoriações no braço direito, sendo incabível o pleito referente a danos estéticos. Embora seja lícita a cumulação das indenizações de dano estético e moral, segundo a Súmula nº 387 do STJ, no caso exposto, o pedido é inteiramente incabível, por não haver evidência nenhuma que remeta a prejuízos estéticos da parte autora.

Quanto a danos morais, cabe esclarecer que não houve nenhum tipo de constrangimento ou situação que pudesse levar o autor à exposição ao ridículo ou ao sofrimento. Tal pedido banaliza totalmente o sofrimento real de vítimas que buscam o Poder Judiciário para, de alguma forma, tentar punir o agressor do direito pelo ilícito cometido. Assim, percebe-se a impossibilidade da aplicação das regras contidas nos arts. 186 e 927 do Código Civil ao caso ora exposto.

DOS PEDIDOS

Ante o exposto, requer-se:

a) preliminarmente, que seja reconhecida a nulidade de citação, com a renovação do prazo de contestação para o município, conforme o previsto no art. 337, I, do CPC;

b) que não sejam concedidos à parte autora os benefícios da justiça gratuita, por aquela não se enquadrar no conceito de hipossuficiente;

c) que seja acolhida a impugnação ao valor da causa, por ser este exorbitante e descabido;

d) quanto ao mérito, que seja julgada totalmente improcedente a demanda autoral, por estar configurada no caso concreto a culpa exclusiva da vítima, fato que leva à exclusão da responsabilidade do ente público;

e) por fim, que seja o autor condenado ao pagamento das custas processuais e dos honorários advocatícios.

Protesta e requer provar o alegado por todos os meios de prova em direito admitidos.

Termos em que pede deferimento.

Local e data.

Procurador do Município

OAB - Matrícula

▸ CRITÉRIO DE CORREÇÃO DA BANCA

AO JUÍZO DE DIREITO DA XY.ª VARA DOS FEITOS DA FAZENDA PÚBLICA DA COMARCA DE CAMPO GRANDE – MS

PROCESSO N.º

MUNICÍPIO DE CAMPO GRANDE, pessoa jurídica de direito público interno, inscrita no CNPJ, endereço completo, representada por seu procurador subscrito, vem, respeitosamente, à presença deste juízo apresentar CONTESTAÇÃO, em desfavor da ação ordinária movida por Fabrício Santos, já qualificado nos autos em epígrafe.

DA PRELIMINAR DE NULIDADE DE CITAÇÃO

A citação do município de Campo Grande ocorreu pela via postal. Contudo, nos termos do art. 242, § 3.º, do CPC, as pessoas jurídicas de direito público devem ser citadas de forma pessoal, por meio de seu procurador. Dessa forma, pugna-se pela nulidade da citação, nos termos do art. 337, inciso I, do CPC.

Além disso, a citação também deve ser considerada como nula pelo fato de o município foi citado em uma de suas secretarias e não no órgão de advocacia pública, conforme prevê o art. 242, § 3º, do Código de Processo Civil. Dessa forma, nula está a citação, devendo o processo ser extinto resolução de mérito por ausência de pressuposto para o regular desenvolvimento processual, conforme o constante no art. 485, IV, do CPC.

DA IMPUGNAÇÃO DO PEDIDO DE GRATUIDADE DE JUSTIÇA

Segundo o disposto no art. 98 do CPC, será agraciada pelas benesses da gratuidade de justiça a pessoa natural, jurídica, brasileira ou estrangeira, que comprovar a insuficiência de recursos para pagar as custas processuais sem colocar em risco sua subsistência e(ou) de sua família. Ocorre que, no caso, o autor da demanda, Fabrício Santos, é proprietário de uma rede de revendedoras de carros importados de luxo. Ora, seria contrassenso o judiciário conceder à parte as benesses da gratuidade ao demandante, uma vez que a ele não se aplica o conceito de hipossuficiente. Por essa razão, pugna-se pelo indeferimento do pleito da parte demandante em respeito aos arts. 98 e seguintes do CPC, solicitando-se, no caso de dúvida, que o autor comprove sua renda com o protocolo de seu imposto de renda, certidão de ônus dos cartórios de registro de imóveis do município de Campo Grande e com demais documentos que o juízo entender necessários.

DA IMPUGNAÇÃO DO MÉRITO

INEXISTÊNCIA DE RESPONSABILIDADE CIVIL DO ESTADO

Cabe salientar que a responsabilidade civil do município pauta-se pela teoria do risco administrativo. Importante frisar que, segundo o art. 37, § 6º, da Constituição Federal de 1988, o ente público responde de forma objetiva pelos atos de seus agentes que causarem danos a terceiros. Porém, no caso em análise, o que ocorreu foi uma consequência da culpa exclusiva da vítima, conforme pode ser comprovado pelo laudo pericial anexo, pelos registros dos depoimentos das testemunhas no local do acidente e pelos comprovantes de revisão periódica do automóvel, os quais asseguram as boas condições mecânicas desse veículo à época do atropelamento. Tudo isso exclui por completo a responsabilização do ente público.

Logo, o que se percebe é a ausência de um dos elementos constitutivos da responsabilidade civil, qual seja: o nexo causal. Assim, ante a culpa exclusiva da vítima, requer-se, desde logo, que seja a presente demanda julgada totalmente improcedente, com relação tanto aos danos materiais quanto aos danos morais.

DOS DANOS ESTÉTICOS

Na absurda hipótese desse juízo não considerar a inexistência de responsabilidade do ente público e em atendimento ao princípio da eventualidade, passa-se à impugnação específica dos pedidos realizados pelo autor.

No tocante ao pedido relacionado a danos estéticos, fica claro na narrativa fática do demandante que o que ele sofreu foram apenas leves escoriações no braço direito, sendo incabível o pleito referente a danos estéticos. Embora seja lícita a cumulação das indenizações de dano estético e moral, segundo a Súmula nº 387 do STJ, no caso exposto, o pedido é inteiramente incabível, por não haver evidência nenhuma que remeta a prejuízos estéticos da parte autora. Tal pedido banaliza totalmente o sofrimento real de vítimas que buscam o Poder Judiciário para, de alguma forma, tentar punir o agressor do direito pelo ilícito cometido. Assim, percebe-se a impossibilidade da aplicação das regras concernentes à aplicabilidade do instituto em questão, qual seja, danos estéticos.

DOS PEDIDOS

Ante o exposto, requer-se:

a) preliminarmente, que seja reconhecida a nulidade de citação, com a renovação do prazo de contestação para o município, conforme o previsto no art. 337, inciso I, do CPC;

b) que não sejam concedidos à parte autora os benefícios da justiça gratuita, por aquela não se enquadrar no conceito de hipossuficiente;

c) quanto ao mérito, que seja julgada totalmente improcedente a demanda autoral, por estar configurada no caso concreto a culpa exclusiva da vítima, fato que leva à exclusão da responsabilidade do ente público, não devendo esse arcar com qualquer *quantum* indenizatório;

d) subsidiariamente solicita-se que, caso os pedidos acima sejam indeferidos, que esse juízo considere como desproporcional os danos materiais, estéticos e oriundos de despesas médicas, pois não guardam similitude com os fatos trazidos;

e) por fim, que seja o autor condenado ao pagamento das custas processuais e dos honorários advocatícios.

Protesta e requer provar o alegado por todos os meios de prova em direito admitidos.

Termos em que pede deferimento.

Local e data.

Procurador do município.

▶ DOUTRINA TEMÁTICA

> "A marca característica da responsabilidade objetiva é a desnecessidade de o lesado pela conduta estatal provar a existência da culpa do agente ou do serviço. O fator culpa, então, fica desconsiderado como pressuposto da responsabilidade objetiva.
>
> Para configurar-se esse tipo de responsabilidade, bastam três pressupostos. O primeiro deles é a ocorrência do *fato administrativo*, assim considerado como qualquer forma de conduta, comissiva ou omissiva, legítima ou ilegítima, singular ou coletiva, atribuída ao Poder Público. Ainda que o agente estatal atue fora de suas funções, mas a pretexto de exercê-las, o fato é tido como administrativo, no mínimo pela má escolha do agente (*culpa in eligendo*) ou pela má fiscalização de sua conduta (*culpa in vigilando*).
>
> O segundo pressuposto é *o dano*. Já vimos que não há falar em responsabilidade civil sem que a conduta haja provocado um dano. Não importa a natureza do dano: tanto é indenizável o dano patrimonial como o dano moral. Logicamente, se o dito lesado não prova que a conduta estatal lhe causou prejuízo, nenhuma reparação terá a postular.
>
> O último pressuposto é *o nexo causal* (ou relação de causalidade) entre o fato administrativo e o dano. Significa dizer que ao lesado cabe apenas demonstrar que o prejuízo sofrido se originou da conduta estatal, sem qualquer consideração sobre o dolo ou a culpa.Se o dano decorre de fato que, de modo algum, pode ser imputado à Administração, não se

poderá imputar responsabilidade civil a esta; inexistindo o fato administrativo, não haverá, por consequência, o nexo causal.Essa é a razão por que não se pode responsabilizar o Estado por todos os danos sofridos pelos indivíduos, principalmente quando decorrem de fato de terceiro ou de ação da própria vítima" (CARVALHO FILHO, 2018, p. 667).

▸ JURISPRUDÊNCIA TEMÁTICA

STF

A responsabilidade civil das pessoas jurídicas de direito público e das pessoas jurídicas de direito privado prestadoras de serviço público, responsabilidade objetiva, com base no risco administrativo, admite pesquisa em torno da culpa da vítima, para o fim de abrandá-la ou mesmo excluí-la. (STF, AI 636.814 AgR, rel. min. Eros Grau, j. 22-5-2007, 2ª T, *DJ* de 15-6-2007)

Os elementos que compõem a estrutura e delineiam o perfil da responsabilidade civil objetiva do poder público compreendem (a) a alteridade do dano, (b) a causalidade material entre o *eventus damni* e o comportamento positivo (ação) ou negativo (omissão) do agente público, (c) a oficialidade da atividade causal e lesiva imputável a agente do poder público que tenha, nessa específica condição, incidido em conduta comissiva ou omissiva, independentemente da licitude, ou não, do comportamento funcional e (d) a ausência de causa excludente da responsabilidade estatal. Precedentes. O dever de indenizar, mesmo nas hipóteses de responsabilidade civil objetiva do poder público, supõe, dentre outros elementos (*RTJ* 163/1107-1109, *v.g.*), a comprovada existência do nexo de causalidade material entre o comportamento do agente e o *eventus damni*, sem o que se torna inviável, no plano jurídico, o reconhecimento da obrigação de recompor o prejuízo sofrido pelo ofendido. (STF, RE 481.110 AgR, rel. min. Celso de Mello, j. 6-2-2007, 2ª T, *DJ* de 9-3-2007) Vide ARE 663.647 AgR, rel. min. Cármen Lúcia, j. 14-2-2012, 1ª T, *DJE* de 6-3-2012.

A discussão relativa à responsabilidade extracontratual do Estado, referente ao suicídio de paciente internado em hospital público, no caso, foi excluída pela culpa exclusiva da vítima, sem possibilidade de interferência do ente público. (STF, RE 318.725 AgR, rel. min. Ellen Gracie, j. 16-12-2008, 2ª T, *DJE* de 27-2-2009)

QUESTÕES OBJETIVAS RELACIONADAS AO TEMA

1. (CESPE - MPC/PA - Procurador de Contas - 2019) A respeito da responsabilidade civil extracontratual do Estado, assinale a opção correta à luz do entendimento da doutrina e dos tribunais superiores.

a) Conforme entendimento do STF, a responsabilidade civil do Estado por atos de notários e oficiais de registro que, nessa qualidade, causarem danos a terceiros é direta, primária e objetiva.

b) De acordo com o entendimento doutrinário predominante, o direito brasileiro acolheu a teoria da irresponsabilidade do Estado.

c) A culpa concorrente da vítima, o fato de terceiro e a força maior são causas excludentes do nexo de causalidade.

d) Não há responsabilidade civil do Estado por danos decorrentes de atos normativos, mesmo quando se tratar de leis de efeitos concretos.

e) Segundo entendimento do STJ, a imprescritibilidade da pretensão de recebimento de indenização decorrente de atos de tortura ocorridos durante o regime militar de exceção não alcança as ações por danos materiais.

Gabarito: Letra a.

2. (FCC – PGE/AP – Procurador do Estado – 2018) O Tribunal de Justiça de determinado Estado celebrou contrato com empresa especializada, para prestar serviço educacional nas modalidades de creche e pré-escola, em estabelecimento escolar mantido pelo Tribunal, dedicado ao atendimento de filhos de seus servidores. Durante a prestação do serviço, um dos alunos empurrou o colega do alto de um escorregador, causando-lhe ferimentos graves e gerando sequelas para a criança acidentada. Nessa situação, no tocante à responsabilidade civil,

a) trata-se de hipótese em que o ente estatal não será responsabilizado, visto que se trata de ato de terceiro, a excluir o nexo causal entre a atividade estatal e o dano.

b) há responsabilidade objetiva da empresa contratada, sendo que não haverá responsabilização estatal, visto que o serviço era prestado em benefício de terceiros.

c) haverá responsabilização civil dos pais do causador direto do dano, pois este é menor e civilmente irresponsável.

d) é cabível a responsabilização estatal, com base na teoria da culpa do serviço, em vista do funcionamento deficiente do serviço público.

e) não haverá responsabilização do ente estatal, visto que a situação não se enquadra entre as hipóteses de responsabilização por atos praticados pelo Poder Judiciário.

Gabarito: Letra d.

5. ADMINISTRAÇÃO PÚBLICA

QUESTÃO 1

Cespe/Cebraspe - Advocacia Geral da União - Advogado da União - 2016

Determinada sociedade de economia mista, prestadora de serviços de tratamento de esgoto e abastecimento de água a um estado da Federação, ajuizou ação contra a União, visando a obtenção do reconhecimento da imunidade tributária sobre os serviços públicos por ela prestados.

A partir dessa situação hipotética, redija um texto dissertativo a respeito da possibilidade, conforme o entendimento do STF, da extensão da imunidade tributária recíproca prevista na Constituição Federal de 1988 à referida sociedade de economia mista [valor: 3,50 pontos]. Em seu texto, aponte os três parâmetros utilizados pelo STF ao pacificar seu entendimento sobre a matéria [valor: 2,00 pontos para cada parâmetro].

QUESTÃO 1

(MÁXIMO 30 LINHAS)

▸ RESPOSTA DO AUTOR

Especificamente no art. 150, VI, 'a', da CRFB está prevista a denominada imunidade recíproca, segundo a qualé vedado aos entes federativos instituir impostos sobre o patrimônio, renda ou serviços uns dos outros. Essa norma decorre imediatamente do postulado da isonomia dos entes federados e seu objetivo é a preservação do pacto federativo.

Note-se que de acordo com a literalidade do art. 150, §2º, da CRFB, a imunidade recíproca seria extensível apenas às autarquias e às fundações públicas instituídas pelo Poder Público, isto é, às entidades da Administração Indireta dotas de personalidade jurídica de direito público.

Ocorre que a doutrina e os Tribunais Superiores, diante de peculiaridades relativas a algumas sociedades de economia mista, depararam-se com teses jurídicas no sentido de que deveria haver a extensão da imunidade recíproca para essas entidades. Nesse ponto, é importante lembrar que, nos termos do art. 5º, III, do Decreto-lei nº 200/67, alterado pelo Decreto-lei nº 900/69, a sociedade de economia mista é uma espécie de empresa estatal, dotada de personalidade jurídica de direito privado, cuja criação é autorizada por lei, sob a forma de sociedade anônima, e as ações com direito a voto pertençam em sua maioria a um ente da Federação ou a uma entidade da Administração Indireta.

Os primeiros casos concretos que chegaram ao STF, no entanto, foram relativos às empresas públicas. Assim, a Corte Constitucional, de forma relativamente simplista, passou a distinguir as empresas estatais entre aquelas que seriam prestadoras de serviço público e aquelas que efetivamente exerceriam atividade econômica. Um julgamento sobre o tema, em especial, foi muito destacado no mundo jurídico. O STF considerou que a Empresa Brasileira de Correios e Telégrafos - EBCT, cuja natureza jurídica é de empresa pública, estaria abrangida pela imunidade recíproca, já que é prestadora de serviço público de prestação obrigatória e exclusiva do Estado.

Logo em seguida, começaram a chegar hipóteses nas quais se pretendia a extensão da imunidade recíproca para sociedades de economia mista. Assim, no mesmo sentido do julgado referente à EBCT, o STF reconheceu que a Companhia de Tecnologia de Saneamento Ambiental do Município de São Paulo – CETESB faria jus à imunidade recíproca, sob o fundamento de que, apesar da roupagem legal da CETESB, ela presta serviço público de água e esgoto para a população, atuando como uma verdadeira agência de Governo.

Aos poucos, o STF amadureceu o tema em seus julgamentos e estabeleceu que é irrelevante para extensão da imunidade tributária recíproca às sociedades de economia mista a circunstância de a atividade desempenhada estar ou não sujeita a monopólio estatal. Por outro lado, foram estabelecidos três critérios para a aplicação da imunidade tributária recíproca: (i) a imunidade tributária recíproca se aplica à propriedade, bens e serviços utilizados na satisfação dos objetivos institucionais imanentes do ente federado, cuja tributação poderia colocar em risco a respectiva autonomia política; (ii) as atividades de exploração econômica, destinadas primordialmente a aumentar o patrimônio do Estado ou de particulares, devem ser submetidas à tributação, por apresentarem-se como manifestações de riqueza e deixarem a salvo a autonomia política; e (iii) a desoneração não deve ter como efeito colateral relevante a quebra dos princípios da livre-concorrência e do exercício de atividade profissional ou econômica lícita.

Portanto, em síntese, é possível concluir que a imunidade recíproca opera como um mecanismo para a proteção das instrumentalidades estatais para consecução de seus misteres constitucionais. No entanto, não se admite a extensão da imunidade recíproca se o efeito colateral for o desequilíbrio das condições de concorrência econômica, já que existe vedação expressa nos arts. 150, §§ 3º e 4º e 173, §2º, ambos da CRFB.

▸ CRITÉRIO DE CORREÇÃO DA BANCA

O candidato deve desenvolver em sua resposta os seguintes aspectos.

A imunidade tributária recíproca é prevista no art. 150, VI, *a*, da CF, segundo o qual, é vedado à União, aos estados, ao Distrito Federal e aos municípios instituir impostos sobre o patrimônio, a renda ou os serviços uns dos outros. Como o texto constitucional se refere apenas aos entes da Federação, algumas empresas públicas e sociedades de economia mista integrantes da administração pública indireta e prestadoras de serviços públicos postularam também o direito à referida imunidade. O STF, ao pacificar o tema, considerou que as sociedades de economia mista prestadoras de serviços públicos podem ser alcançadas pela imunidade tributária recíproca, prevista no mencionado art. 150, VI, *a*, da CF. Porém, o entendimento não se aplica a toda e qualquer entidade dessa natureza que presta serviço público. Alguns parâmetros devem ser observados para que seja legítima a extensão da imunidade.

O primeiro deles diz respeito ao fato de que a referida imunidade "se aplica apenas à propriedade, bens e serviços utilizados na satisfação dos objetivos institucionais inerentes ao ente federado, cuja tributação poderia colocar em risco a respectiva autonomia política".

O segundo se refere ao fato de que não podem ser objeto de imunidade tributária recíproca "as atividades de exploração econômica, destinadas primordialmente a aumentar o patrimônio do Estado ou de particulares", por se apresentarem como "manifestações de riqueza e deixarem a salvo a autonomia política".

O terceiro parâmetro refere-se ao fato de que a "desoneração não deve ter como efeito colateral relevante a quebra dos princípios da livre concorrência e do exercício de atividade profissional ou econômica lícita". Isso porque, segundo o STF, "o sucesso ou a desventura empresarial devem pautar-se por virtudes e vícios próprios do mercado e da administração, sem que a intervenção do Estado seja fator preponderante".

Portanto, o STF reconhece ser possível a extensão da imunidade tributária recíproca, desde que presentes tais premissas.

A título de exemplo, destaca-se a decisão proferida pelo STF no julgamento da ação cível ordinária 1460 (Rel. Min. Dias Toffoli, julgamento 7/10/2015):

> "(...) Imunidade tributária recíproca. Art. 150, inciso VI, *a*, da Constituição Federal. Sociedade de economia mista. Companhia Catarinense de Águas e Saneamento (CASAN). Não preenchimento dos parâmetros traçados por esta Corte para a extensão da imunidade tributária recíproca. Precedente. Agravo não provido. 1. Não há *error in procedendo* ou violação da ampla defesa por alegada afronta ao Regimento Interno do STF, em seus arts. 250 (que prevê julgamento colegiado para as ações cíveis originárias) e 251 (que dispõe sobre a concessão de palavra às partes e ao PGR na sessão de julgamento), uma vez que esta Corte admite a possibilidade de o relator decidir, monocraticamente, pretensão sobre a qual a jurisprudência da Corte já tenha se posicionado, nos termos do art. 21, § 1º, do RISTF. Precedentes. 2. A Corte já firmou o entendimento de que é possível a extensão da imunidade tributária recíproca às sociedades de economia mista prestadoras de serviço público, observados os seguintes parâmetros: a) a imunidade tributária recíproca se aplica apenas à propriedade, bens e serviços utilizados na satisfação dos objetivos institucionais imanentes do ente federado; b) atividades de exploração econômica, destinadas primordialmente a aumentar o patrimônio do Estado ou de particulares, devem ser submetidas à tributação, por apresentarem-se como manifestações de riqueza e deixarem a salvo a autonomia política; e c) a desoneração não deve ter como efeito colateral relevante a quebra dos princípios da livre-concorrência e do livre exercício de atividade profissional ou econômica lícita". Precedentes: RE n.º 253.472/SP, Tribunal Pleno. Relator para o acórdão: Min. Joaquim Barbosa, DJe de 1.º/2/11 e ACO 2243/DF, decisão monocrática, Rel. Min. Dias Toffoli, DJe de 25/10/13.

▶ DOUTRINA TEMÁTICA

"O regime jurídico tributário das empresas estatais deve ser analisado a partir da distinção das atividades por ela desenvolvidas.

Ao tratar das empresas estatais econômicas, que atuam em regime concorrencial, o art. 173, § 1º, II, da CRFB, conforme já assinalado, exige a sujeição dessas entidades administrativas ao regime jurídico próprio das empresas privadas, inclusive quanto aos direitos e obrigações tributários. Da mesma forma, o art. 173, § 2º, da CRFB veda a concessão às estatais econômicas de privilégios fiscais não extensivos às do setor privado.

Por outro lado, as empresas estatais prestadoras de serviços públicos e as estatais que exercem atividades econômicas monopolizadas não se encontram, necessariamente, submetidas ao mesmo tratamento tributário dispensado às entidades privadas, pois a Constituição não traz essa exigência, uma vez que não há concorrência com os particulares e, por isso, risco de violação ao tratamento isonômico que deve nortear as pessoas que atuam na economia.

Em consequência, o STF tem reconhecido a imunidade tributária do art. 150, VI, '"a", da CRFB às estatais de serviços públicos e às estatais que exercem atividades monopolizadas, uma vez que não se aplica, nessas hipóteses, o art. 173 da CRFB.Todavia, a referida imunidade não se aplica às estatais econômicas que atuam no mercado concorrencial, nem aos serviços públicos remunerados por preços ou tarifas pelo usuário, tendo em vista o art. 150, § 3º, da CRFB" (OLIVEIRA, 2017, p. 240).

▶ JURISPRUDÊNCIA TEMÁTICA

STF

É irrelevante para a definição da aplicabilidade da imunidade tributária recíproca a circunstância de a atividade desempenhada estar ou não sujeita a monopólio estatal. O alcance da salvaguarda constitucional pressupõe o exame (i) da caracterização econômica da atividade (lucrativa ou não), (ii) do risco à concorrência e à livre-iniciativa e (iii) de riscos ao pacto federativo pela pressão política ou econômica. A imunidade tributária recíproca não se aplica à Petrobras, pois: trata-se de sociedade de economia mista destinada à exploração econômica em benefício de seus acionistas, pessoas de direito público e privado, e a salvaguarda não se presta a proteger aumento patrimonial dissociado de interesse público primário; a Petrobras visa à distribuição de lucros, e, portanto, tem capacidade contributiva para participar do apoio econômico aos entes federados; a tributação de atividade econômica lucrativa não implica risco ao pacto federativo. (STF, RE 285.716 AgR, rel. min. Joaquim Barbosa, j. 2-3-2010, 2ª T, *DJE* de 26-3-2010)

É aplicável a imunidade tributária recíproca às autarquias e empresas públicas que prestem inequívoco serviço público, desde que, entre outros requisitos constitucionais e legais, não distribuam lucros ou resultados direta ou indiretamente a particulares, ou tenham por objetivo principal conceder acréscimo patrimonial ao poder público (ausência de capacidade contributiva) e não desempenhem atividade econômica, de modo a conferir vantagem não extensível às empresas privadas (livre iniciativa e concorrência). O Serviço Autônomo de Água e Esgoto é imune à tributação por impostos (art. 150, VI, *a* e §§ 2º e 3º da Constituição). A cobrança de tarifas, isoladamente considerada, não altera a conclusão. (STF, RE 399.307 AgR, rel. min. Joaquim Barbosa, j. 16-3-2010, 2ª T, *DJE* de 30-4-2010) = RE 672.187 AgR, rel. min. Cézar Peluso, j. 27-3-2012, 2ª T, *DJE* de 23-4-2012.

A jurisprudência do STF entende que a sociedade de economia mista prestadora de serviço público de água e esgoto é abrangida pela imunidade tributária recíproca, nos termos da alínea *a* do inciso VI do art. 150 da CF. (STF, RE 631.309 AgR, rel. min. Ayres Britto, j. 27-3-2012, 2ª T, *DJE* de 26-4-2012)

As sociedades de economia mista prestadoras de ações e serviços de saúde, cujo capital social seja majoritariamente estatal, gozam da imunidade tributária prevista na alínea *a* do inciso VI do art. 150 da CF. (STF, RE 580.264, rel. p/ o ac. min. Ayres Britto, j. 16-12-2010, P, *DJE* de 6-10-2011, Tema 115)

(...) cumpre definir se, à luz do art. 150, VI, *a*, da CF, a imunidade tributária recíproca alcança, ou não, sociedade de economia mista arrendatária de terreno localizado em área portuária pertencente à União. (...) Mostra-se inequívoco ser o imóvel da União empregado em atividade de sociedade de economia mista que atua no mercado com fins lucrativos. Não há base a justificar o gozo de imunidade nos termos pretendidos. (...) Fixo a seguinte tese: "Incide o IPTU considerado imóvel de pessoa jurídica de direito público arrendado a pessoa jurídica de direito privado, devedora do tributo" (STF, RE 594.015, voto do rel. min. Marco Aurélio, j. 6-4-2017, P, *DJE* de 25-8-2017, Tema 385)

Os privilégios da Fazenda Pública são inextensíveis às sociedades de economia mista que executam atividades em regime de concorrência ou que tenham como objetivo distribuir lucros aos seus acionistas. Portanto, a empresa Centrais Elétricas do Norte do Brasil S.A. (ELETRONORTE) não pode se beneficiar do sistema de pagamento por precatório de dívidas decorrentes de decisões judiciais (art. 100 da Constituição). (STF, RE 599.628, rel. p/ o ac. min. Joaquim Barbosa, j. 25-5-2011, P, *DJE* de 17-10-2011, Tema 253)

A jurisprudência da Suprema Corte é no sentido da aplicabilidade do regime de precatório às sociedades de economia mista prestadoras de serviço público próprio do Estado e de natureza não concorrencial. A Casal, sociedade de economia mista prestadora de serviços de abastecimento de água e saneamento no Estado do Alagoas, presta serviço público primário e em regime de exclusividade, o qual corresponde à própria atuação do Estado, haja vista não visar à obtenção de lucro e deter capital social majoritariamente estatal. (STF, RE 852.302 AgR, rel. min. Dias Toffoli, j. 15-12-2015, 2ª T, *DJE* de 29-2-2017) = ADPF 387, rel. min. Gilmar Mendes, j. 23-3-2017, P, *DJE* de 25-10-2017.

QUESTÕES OBJETIVAS RELACIONADAS AO TEMA

1. (FCC – PGE/AP – Procurador do Estado – 2018) No tocante às regras típicas do regime jurídico administrativo, é sabido que nem todas se aplicam às empresas estatais – assim consideradas as empresas públicas e as sociedades de economia mista –, em vista da natureza jurídica de direito privado que tais entidades ostentam. Todavia, toda empresa estatal deve observar

a) o regime de precatórios para pagamento de suas dívidas.

b) a necessidade de autorização legislativa para alienação de bens imóveis de seu patrimônio.

c) os limites constantes do art. 37, XI, da Constituição Federal, no pagamento da remuneração de seus empregados.

d) a vedação constitucional à acumulação de cargos, empregos e funções públicas.

e) o regime de licitações da Lei nº 8.666/93.

Gabarito: Letra d.

2. (FCC - TJAL - Juiz Substituto - 2015) Tema de difícil equacionamento na prática do operador do direito, é a distinção, no caso concreto, entre serviço público e atividade econômica. Questões sobre esse tema usam chegar ao Supremo Tribunal Federal pelo viés da aplicação de certo regime jurídico a empresas públicas ou sociedades de economia mista. Exemplo concreto se passa com a Empresa Brasileira de Correios e Telégrafos. Uma frase que adequadamente ilustra o modo pelo qual o STF trata da matéria é:

a) A jurisprudência do Supremo Tribunal Federal orienta-se no sentido de que a imunidade recíproca deve ser reconhecida em favor da Empresa Brasileira de Correios e Telégrafos, ainda que o patrimônio, renda ou serviço desempenhado pela entidade não esteja necessariamente relacionado ao privilégio postal.

b) As empresas públicas e as sociedades de economia mista, independentemente de prestarem serviços públicos ou atividades econômicas, sujeitam-se ao mesmo regime jurídico das empresas privadas em matéria de obrigações civis, comerciais, trabalhistas e tributárias.

c) A jurisprudência do Supremo Tribunal Federal orienta-se no sentido de que o regime jurídico exclusivamente de direito público deve ser reconhecido em favor da Empresa Brasileira de Correios e Telégrafos, desde que o patrimônio, renda ou serviço desempenhado pela entidade esteja relacionado ao privilégio postal.

d) As empresas públicas e as sociedades de economia mista, que prestem serviços públicos, sujeitam-se integralmente ao regime jurídico de direito público.

e) As empresas públicas e as sociedades de economia mista, que prestem predominantemente serviços públicos, sujeitam-se ao mesmo regime jurídico das empresas privadas em matéria de obrigações civis, comerciais e trabalhistas, mas não em matéria de obrigações tributárias.

Gabarito: Letra a.

6. TERCEIRO SETOR

QUESTÃO 1

Cespe/ Cebraspe – Procuradoria Geral do Município de Boa Vista – Procurador Municipal – 2019

Em 2014, foi criado o marco regulatório das parcerias entre a administração pública e as organizações da sociedade civil. A Lei n.º 13.019/2014, nesse contexto, estabeleceu o regime jurídico aplicável a tais parcerias, que devem observar as diretrizes que visam à mútua cooperação para a consecução de finalidades de interesse público e recíproco. Considerando a referida norma, redija um texto abordando os seguintes aspectos:

1. **as entidades que são consideradas organizações da sociedade civil, para os fins da referida lei; [valor: 1,75 ponto]**
2. **os três instrumentos que podem ser celebrados entre o poder público e as organizações da sociedade civil [valor: 1,00 ponto] e as hipóteses previstas pela lei em Questão para cada um deles; [valor: 1,00 ponto]**
3. **hipótese legal em que a referida lei autoriza a celebração de convênio. [valor: 1,00 ponto]**

QUESTÃO 1

(MÁXIMO 30 LINHAS)

RESPOSTA DO AUTOR

A Lei nº 13.019/14 objetiva regular, em âmbito nacional, o regime jurídico das parcerias voluntárias — que envolvam ou não transferências de recursos financeiros — firmadas entre a administração pública e as organizações da sociedade civil sem fins lucrativos.

A referida lei estabeleceu, nas alíneas de seu art. 2º, inciso I, que se consideram como organizações da sociedade civil os seguintes grupos de entidades: a) as entidades privadas sem fins lucrativos que não distribuam entre os seus sócios, associados etc. resultados, sobras, excedentes operacionais, dividendos, isenções de qualquer natureza, participações ou parcelas do seu patrimônio, auferidos mediante o exercício de suas atividades, e que os apliquem integralmente na consecução do respectivo objeto social; b) as sociedades cooperativas em geral que executem atividades ou projetos de interesse público e de cunho social; e c) as organizações religiosas que se dediquem a atividades ou projetos de interesse público e de cunho social.

No que tange ao item 2, a Lei nº 13.019/14 indicou, no seu art. 2º, VII, VIII e VIII-A, os seguintes: a) termo de colaboração, aplicável às parcerias voltadas à consecução de finalidades de interesse público e recíproco propostas pela administração pública que envolvam a transferência de recursos financeiros; b) termo de fomento, aplicável às parcerias voltadas à consecução de finalidades de interesse público e recíproco propostas pela organização da sociedade civil que envolvam a transferência de recursos financeiros; c) acordo de cooperação técnica, aplicável às parcerias para a consecução de finalidades de interesse público e recíproco que não envolvam a transferência de recursos financeiros.

Acerca do item 3, a Lei nº 13.019/14 foi taxativa ao proibir a celebração de convênios com organizações da sociedade civil. Ressalvou, apenas, a seguinte hipótese (art. 84-A e art. 84, parágrafo único, II): convênios celebrados com entidades filantrópicas e sem fins lucrativos nos termos do §1º do art. 199 da Constituição Federal para a participação de forma complementar do sistema único de saúde.

CRITÉRIO DE CORREÇÃO DA BANCA

1. As entidades que são consideradas organizações da sociedade civil, para os fins da referida lei

A Lei 13.019/2014 objetiva regular, em âmbito nacional, o regime jurídico das parcerias voluntárias - que envolvam ou não transferências de recursos financeiros - firmadas entre a administração pública e as organizações da sociedade civil sem fins lucrativos. A referida lei estabeleceu, nas alíneas de seu art. 2º, inciso I, que se consideram como organizações da sociedade civil os seguintes grupos de entidades: **a)** as entidades privadas sem fins lucrativos que não distribuam entre os seus sócios, associados etc. resultados, sobras, excedentes operacionais, dividendos, isenções de qualquer natureza, participações ou parcelas do seu patrimônio, auferidos mediante o exercício de suas atividades, e que os apliquem integralmente na consecução do respectivo objeto social; **b)** as sociedades cooperativas em geral que executem atividades ou projetos de interesse público e de cunho social; e **c)** as organizações religiosas que se dediquem a atividades ou projetos de interesse público e de cunho social.

2. Os três instrumentos que podem ser celebrados entre o poder público e as organizações da sociedade civil e as hipóteses previstas pela lei para cada um deles

Relativamente aos instrumentos que podem ser celebrados entre o poder público e as organizações da sociedade civil, a Lei n.º 13.019/2014 indicou, no seu art. 2.º, incisos VII, VIII e VIII-A, os seguintes: **a)** termo de colaboração, aplicável às parcerias voltadas à consecução de finalidades de interesse público e recíproco propostas pela administração pública que envolvam a transferência de recursos financeiros; **b)** termo de fomento, aplicável às parcerias voltadas à consecução de finalidades de interesse público e recíproco propostas pela organização da sociedade civil que envolvam a transferência de recursos financeiros; **c)** acordo de cooperação técnica, aplicável às parcerias para a consecução de finalidades de interesse público e recíproco que não envolvam a transferência de recursos financeiros.

3. Hipótese legal em que a referida lei autoriza a celebração de convênio

A Lei 13.019/2014 foi taxativa ao proibir a celebração de convênios com organizações da sociedade civil. Ressalvou, apenas, a seguinte hipótese (art. 84-A e art. 84, parágrafo único, inciso II): convênios celebrados com entidades filantrópicas e sem fins lucrativos nos termos do § 1º do art. 199 da Constituição Federal de 1988 para a participação de forma complementar do sistema único de saúde.

▶ DOUTRINA TEMÁTICA

"Os instrumentos pelos quais se formalizam as parcerias podem ser de três ordens: a) *termo de colaboração*; b) *termo de fomento*; c) *acordo de cooperação*.

O termo de colaboração é o mecanismo pelo qual são formalizadas as parcerias firmadas para a execução de atividades de interesse comum propostas pela Administração Pública, mediante a transferência de recursos financeiros.

O termo de fomento, a seu turno, corresponde ao instrumento adotado para as parcerias firmadas com OSCs, com propostas apresentadas por estas, para a execução de atividades comuns mediante mútua cooperação e envolvendo também transferência de recursos.

Em comum, ambos (1) retratam a cooperação mútua entre os parceiros, (2) alvitram a consecução de finalidades de interesse público e (3) são firmados sem prejuízo dos contratos de gestão e dos termos de parceria celebrados, respectivamente, com OS e OSCIPs. A diferença entre os termos situa-se apenas na *iniciativa da formulação da proposta* para a parceria. No termo de colaboração, é a Administração que propõe a parceria, ao passo que no termo de fomento a proposta advém da organização da sociedade civil interessada.

A nomenclatura dos termos não preza pela desejável exatidão. É que o termo de colaboração poderá ter como objeto pactuado atividade de fomento aos fins institucionais do parceiro privado. Em outra vertente, o termo de fomento expressa, logicamente, uma forma de colaboração do parceiro público. O elemento diferencial, portanto, deve residir mesmo naquele que formulou a proposta de parceria.

O terceiro instrumento é o *acordo de cooperação*, adequado para formalizar parcerias celebradas entre a Administração Pública e organizações da sociedade civil, também objetivando ações de interesse comum, mas *sem envolver transferência de recursos financeiros.* Apesar desse aspecto particular, que o diferencia das ferramentas anteriores, o acordo de cooperação não dispensa a fiscalização do Poder Público no que concerne à eficiência, celeridade e economicidade do parceiro privado, na busca do objetivo pactuado" (CARVALHO FILHO, 2018, p. 449).

"O regime das parcerias não estende suas exigências a vários ajustes e normas já previstos anteriormente, conforme dita o art. 3º da lei. Entre outras hipóteses, destaca-se tal inaplicabilidade (a) aos contratos de gestão firmados com OS (inciso III); (b) aos termos de parceria firmados com OSCIPs (inciso. VI); (c) aos convênios e contratos com entidades filantrópicas nos termos do art. 199, § 1º, da CF (inciso IV); (d) às parcerias entre a Administração e os serviços sociais autônomos, caso do Senai, Sesi e congêneres (inciso X). Por conseguinte, a Lei nº 13.109/2014 contempla regime geral de cunho residual, de modo que, para sua aplicação, será indispensável verificar se a parceria já está regida por lei específica" (CARVALHO FILHO, 2018, p. 446).

QUESTÕES OBJETIVAS RELACIONADAS AO TEMA

1. (MPE/SC – Promotor de Justiça - 2016) De acordo com a Lei n. 13.019/14 (Terceiro Setor), a entidade privada sem fins lucrativos, que distribua ou não, entre os seus sócios ou associados, eventuais resultados, sobras, excedentes operacionais, participações ou parcelas do seu patrimônio, auferidos mediante o exercício de suas atividades, e que os aplique integralmente na consecução do respectivo objeto social, de forma imediata ou por meio da constituição de fundo patrimonial ou fundo de reserva, é considerada organização da sociedade civil.

Assertiva incorreta.

2. (CESPE - PGM - Manaus/AM - Procurador do Município - 2018) Acerca dos instrumentos jurídicos que podem ser celebrados pela administração pública para a realização de serviços públicos, julgue o item a seguir.

O termo de fomento é o instrumento jurídico adequado para concretizar parceria proposta pela administração pública com organização da sociedade civil para o alcance de finalidades de interesse público e recíproco que envolvam a transferência de recursos financeiros.

Assertiva incorreta.

3. (CESPE – Prefeitura de Fortaleza/CE – Procurador do Município – 2017) Acerca da intervenção do Estado na propriedade, das licitações e dos contratos administrativos, julgue o seguinte item.

No caso de parceria a ser firmada entre a administração pública e organização da sociedade civil, se não houver transferências voluntárias de recursos, deverá ser utilizado o instrumento jurídico estabelecido em lei denominado acordo de cooperação.

Assertiva correta.

7. CONTROLE DA ADMINISTRAÇÃO PÚBLICA - RENATO BORELLI

QUESTÃO 1

Cebraspe – PGE/MS – 2021

Considerando que o exercício do controle externo da administração pública e a responsabilização de agentes públicos passaram por grandes transformações com o advento da Lei n.º 13.655/2018, que alterou a Lei de Introdução às Normas do Direito Brasileiro (LINDB), e com a edição do Decreto n.º 9.830/2019, discorra, abordando os aspectos legais, doutrinários e o posicionamento do Tribunal de Contas da União (TCU), sobre

1. **a responsabilidade do agente público por suas decisões ou opiniões técnicas; o cabimento da ADI quanto à impugnação da constitucionalidade da Lei Ordinária n.º 1.240/1987. [valor: 4,75 pontos]**
2. **o exercício do direito de regresso pelo poder público. [valor: 4,75 pontos]**

QUESTÃO 1

(MÁXIMO 30 LINHAS)

▶ RESPOSTA DO AUTOR

1) A caracterização da responsabilidade dos agentes públicos ocorre nos termos do art. 28 da LINDB e do art. 12 do Decreto n.º 9.830/2019. Nesse sentido, o agente público somente poderá ser responsabilizado por suas decisões ou opiniões técnicas se agir ou se omitir com dolo, direto ou eventual, ou cometer erro grosseiro, no desempenho de suas funções.

Segundo o art. 12, § 1.º, do Decreto n.º 9.830/2019, que regulamenta a LINDB, considera-se erro grosseiro aquele manifesto, evidente e inescusável praticado com culpa grave, caracterizado por ação ou omissão com elevado grau de negligência, imprudência ou imperícia.

Importante salientar que o mero nexo de causalidade entre a conduta e o resultado ou o expressivo valor do dano não implicam, por si só, responsabilização, que depende de prova do dolo ou erro grosseiro.

O Tribunal de Contas da União (TCU) possui entendimentos no sentido de que a avalição do elemento erro grosseiro se dá por meio do parâmetro do administrador médio, indicando uma série de práticas que, ao menos em tese, caracterizam esse tipo de comportamento. A doutrina majoritária, no entanto, critica o método empregado pela Corte de Contas, posto a vagueza da definição e, mormente, o fato de a LINDB exigir a individualização do comportamento e aferição das circunstâncias caracterizadoras do dolo e erro grosseiro no caso concreto.

2) Consoante o art. 14 do Decreto n.º 9.830/2019, "no âmbito do Poder Executivo federal, o direito de regresso previsto no § 6.º do art. 37 da Constituição somente será exercido na hipótese de o agente público ter agido com dolo ou erro grosseiro em suas decisões ou opiniões técnicas, nos termos do disposto no art. 28 do Decreto-Lei n.º 4.657/1942, e com observância aos princípios constitucionais da proporcionalidade e da razoabilidade".

Todavia, o TCU entende que a LINDB não poderia limitar a responsabilidade dos agentes públicos aos casos de dolo ou erro grosseiro no tocante à reparação de danos ao erário, uma vez que o § 6.º do artigo 37 da Constituição enuncia que a obrigação de reparação de danos dependeria apenas da culpabilidade do agente público, sem graduar a culpa.

A doutrina, porém, não acolhe o mesmo posicionamento, argumentando que o legislador pode estabelecer condicionantes às normas constitucionais, inclusive distinguindo graus de culpa para a responsabilização de agentes públicos, além do que o § 6.º do art. 37 da Constituição trata literalmente da responsabilidade de agentes públicos diante de danos causados a terceiros e não à própria administração pública.

ATENÇÃO! Quanto à menção no enunciado, "o cabimento da ADI quanto à impugnação da constitucionalidade da Lei Ordinária n.º 1.240/1987", a banca examinadora esclareceu tratar-se de erro formal, uma repetição de item questionado no Grupo I do certame. Motivo pelo qual, os critérios de avaliação em nada abordaram sobre a temática.

▶ DOUTRINA TEMÁTICA:

> "Dentre as várias métricas que o TCU se vale para responsabilizar, a do administrador médio é a mais pitoresca. Nada menos de 133 acórdãos se referem a ela. O teste consiste em comparar o comportamento avaliado com o esperado do administrador médio, tomado como razoável ("razoabilidade da conduta"); se a carapuça do administrador médio não servir, responsabiliza-se. As sanções somente seriam manejadas em situações extremas,

quando fosse "nítido o distanciamento do critério de atuação esperado, considerando a também vaga noção de administrador médio", ou quando fossem "descumpridas determinações anteriores" (Ac. 2575/2014; Ac. 2160/2014).

Mas quem é o administrador médio do TCU? Para o Tribunal, o administrador médio é, antes de tudo, um sujeito leal, cauteloso e diligente (Ac. 1781/2017; Ac. 243/2010; Ac. 3288/2011). Sua conduta é sempre razoável e irrepreensível, orientada por um senso comum que extrai das normas seu verdadeiro sentido teleológico (Ac. 3493/2010; Ac. 117/2010). Quanto ao grau de conhecimento técnico exigido, o TCU titubeia. Por um lado, precisa ser sabedor de práticas habituais e consolidadas, dominando com mestria os instrumentos jurídicos (Ac. 2151/2013; Ac. 1659/2017). Por outro, requer do administrador médio o básico fundamental, não lhe exigindo exame de detalhes de minutas de ajustes ou acordos administrativos que lhe sejam submetidos à aprovação, por exemplo (Ac. 4424/2018; Ac. 3241/2013; Ac. 3170/2013; 740/2013). Sua atuação é preventiva: ele devolve os valores acrescidos da remuneração por aplicação financeira aos cofres federais com prestação de contas, e não se apressa para aplicar esses recursos (Ac. 8658/2011; Ac. 3170/2013). Não deixa de verificar a regularidade dos pagamentos sob sua responsabilidade (Ac. 4636/2012), não descumpre determinação do TCU e não se envolve pessoalmente em irregularidades administrativas (Ac. 2139/2010).

Com a lei 13.655/18, essa construção é desafiada. É falso deduzir o erro grosseiro do parâmetro de comportamento do administrador médio pelo simples fato de que essa gura não existe: é uma idealização forjada a partir da premissa de que gestores públicos, ungidos pelo concurso público, seriam seres sublimes. Eis o choque de realidade provocado pela LINDB atual: gestores são seres humanos que enfrentam obstáculos e dificuldades reais e erram. Se o erro é escusável e não há má-fé, merecem proteção (art. 28). Mas isso é aferível apenas caso a caso. Leonardo Coelho Ribeiro tem razão: com a ideia de administrador médio, o TCU parece supor a existência "de um 'administrador médium', dotado de presciência capaz de antecipar as visões futuras do controlador" ("Vetos à LINDB, o TCU e o erro grosseiro dão boas-vindas ao 'administrador médium'". Conjur, 8.8.2018)." (DE PALMA, JULIANA BONACORSI. *Quem é o "administrador médio" do TCU?* LINDB exige que condutas sejam avaliadas a partir da realidade. Disponível em: <https://sbdp.org.br/wp/wp-content/uploads/2019/10/Quem-%C3%A9-o-administrador-m%C3%A9dio-do-TCU-JOTA-Info.pdf> Acesso em: 06 out. 2022)

▸ JURISPRUDÊNCIA TEMÁTICA

TCU:

"[...] 15. A jurisprudência desta Corte vem se inclinando no sentido de considerar que resta configurada a ocorrência de erro grosseiro quando a conduta culposa do agente público se distancia daquela que seria esperada do administrador médio, avaliada no caso concreto [...]" (Acórdão 1.264/2019-Plenário, relator: Augusto Nardes).

"A conduta culposa do responsável que foge ao referencial do "administrador médio" utilizado pelo TCU para avaliar a razoabilidade dos atos submetidos a sua apreciação caracteriza o "erro grosseiro" a que alude o art. 28 do Decreto-lei 4.657/1942 (Lei de Introdução às Normas do Direito Brasileiro), incluído pela Lei 13.655/2018." (Acórdão 1628/2018-TCU-Plenário, Relator: BENJAMIN ZYMLER)

"O erro grosseiro a que alude o art. 28 do Decreto-lei 4.657/1942 (Lei de Introdução às Normas do Direito Brasileiro), incluído pela Lei 13.655/2018, fica configurado quando a conduta do agente público se distancia daquela que seria esperada do administrador médio, avaliada no caso concreto." (Acórdão 2860/2018-TCU-Plenário, Relator: AUGUSTO SHERMAN).

QUESTÕES DE CONCURSO RELACIONADAS

01. (FUNDATEC - Advogado - Prefeitura de Gramado-RS /2019)

De acordo com as normas de introdução ao direito brasileiro, o agente público responderá pessoalmente por suas decisões ou opiniões técnicas em caso de:

a) Culpa ou erro grosseiro.

b) Somente em caso de dolo.

c) Culpa, dolo ou erro grosseiro.

d) Somente erro grosseiro.

e) Dolo ou erro grosseiro.

Resposta: *alternativa "e"*

02. (VUNESP - Procurador - Prefeitura de São José dos Campos-SP /2019)

Nos termos da Lei de Introdução às Normas do Direito Brasileiro, o agente público responderá pessoalmente por suas decisões ou opiniões técnicas em

a) caso de erro grosseiro.

b) caso de culpa, em qualquer modalidade, ou dolo.

c) solidariedade com seu superior hierárquico.

d) caso de culpa, por decisões e por dolo em relação a sua opinião técnica.

e) nenhuma situação, por ser atribuição de sua atividade.

Resposta: *alternativa "a"*

8. REGIME JURÍDICO-ADMINISTRATIVO – RENATO BORELLI

QUESTÃO 1

Cebraspe –PGE/MS - 2021

A administração pública está sujeita a princípios previstos tanto na Constituição Federal quanto na legislação infraconstitucional, entre os quais se inclui o da finalidade. Considerando a doutrina majoritária, a jurisprudência dos tribunais superiores e as disposições legais relativas à matéria, discorra sobre os seguintes aspectos relacionados ao referido princípio:

1. **existência de previsão legal específica, com a respectiva fundamentação, e sentidos desse princípio; [valor: 2,00 pontos]**
2. **conceito de desvio de finalidade e consequências legais, inclusive sobre eventual convalidação de ato praticado com desvio de finalidade; [valor: 3,75 pontos]**
3. **possibilidade ou impossibilidade de tredestinação lícita. [valor: 3,75 pontos]**

QUESTÃO 1

(MÁXIMO 30 LINHAS)

▶ RESPOSTA DO AUTOR

1) O princípio da finalidade está expressamente previsto no caput do art. 2.º da Lei 9.784/1999, sendo definido no art. 2.º, parágrafo único, II, do citado diploma legal, como o dever de "atendimento a fins de interesse geral, vedada a renúncia total ou parcial de poderes ou competências, salvo autorização em lei".

Conforme a doutrina, dois são os sentidos do princípio em análise, a saber: a finalidade geral e a finalidade específica. A primeira acepção impõe a administração pública o dever de sempre atuar pautada no interesse público, vedada a utilização das prerrogativas administrativas para a satisfação de interesses de outra natureza. Já a segunda acepção proíbe a prática de ato administrativo destinado a propósito distinto daquele especificamente designado na lei, violando a tipicidade legal.

2) O desvio de finalidade, modalidade de abuso de poder, ocorre quando praticado ato administrativo almejando fim diverso daquele previsto, explícita ou implicitamente, na regra de competência, como se extrai do art. 2.º, parágrafo único, e, da Lei n. 4.717/1965. Por tratar-se de vício na finalidade e, portanto, para a doutrina majoritária, de natureza insanável, é nulo e não passível de convalidação o ato maculado.

3) Prevalece em âmbito jurisprudencial e doutrinário a possibilidade de tredestinação lícita, havendo, inclusive, autorização pela ordem jurídica, como no caso previsto no art. 519 do Código Civil, sendo o qual: "Se a coisa expropriada para fins de necessidade ou utilidade pública, ou por interesse social, não tiver o destino para que se desapropriou, ou não for utilizada em obras ou serviços públicos, caberá ao expropriado direito de preferência, pelo preço atual da coisa". No mesmo sentido, o Superior Tribunal de Justiça, quando em reiterados acórdãos e decisões explicita não haver desvio de finalidade se o órgão expropriante confere outra destinação de interesse público ao imóvel expropriado, mantida a finalidade pública.

▶ DOUTRINA TEMÁTICA

"O princípio da finalidade está definido no art. 2º, parágrafo único, II, da Lei n. 9.784/99, como o dever de "**atendimento a fins de interesse geral**, vedada a renúncia total ou parcial de poderes ou competências, salvo autorização em lei". Seu conteúdo obriga a Administração Pública a sempre agir, visando à defesa do interesse público primário. Em outras palavras, o princípio da finalidade proíbe o manejo das prerrogativas da função administrativa para alcançar objetivo diferente daquele definido na legislação.

Para Celso Antônio**Bandeira de Mello**, a finalidade é um princípio **inerente à legalidade**: "Na verdade, só se erige o princípio da finalidade em princípio autônomo pela necessidade de alertar contra o risco deexegeses toscas, demasiadamente superficiais ou mesmo ritualísticas, que geralmente ocorrem por conveniência e não por descuido do intérprete". Já para **Hely Lopes** Meirelles, o princípio da finalidade é **sinônimo de impessoalidade**.

Pode-se falar em **dois sentidos** para o princípio da finalidade: a) **finalidade geral**: veda a utilização de prerrogativas administrativas para defesa de interesse alheio ao interesse público. Exemplo: desapropriar, para fins de perseguição, imóvel de inimigo político; e b) **finalidade específica**: proíbe a prática de ato administrativo em hipóteses diferentes daquela para a qual foi previsto na lei, **violando sua tipicidade legal**. Exemplo: autorizar a realização de obra por meio de decreto quando a lei exige licença.

Desvio de finalidade, **desvio de poder** ou **tredestinação ilícita** é defeito que torna nulo o ato administrativo quando praticado, tendo em vista **fim diverso daquele previsto**, explícita ou implicitamente, **na regra de competência** (art. 2º, parágrafo único, *e*, da **Lei n. 4.717/65**)." (MAZZA, Alexandre. Manual de direito administrativo. 11. ed. São Paulo: Saraiva Educação, 2021, p. 268-269)

"**Desvio de finalidade, desvio de poder** ou **tredestinação ilícita** é defeito que torna nulo o ato administrativo quando praticado visando**fim diverso daquele previsto**, explícita ou implicitamente, **na regra de competência** (art. 2º, parágrafo único, *e*, da **Lei n. 4.717/65**).

Trata-se da segunda espécie do gênero "abuso de poder". Ao contrário do excesso de poder, o desvio de poder sempre**pressupõe agente público competente,**constituindo vício na finalidade do ato. Todavia, o ato maculado com desvio de finalidade não tem defeito algum nos requisitos competência, objeto, forma e motivo. Assim, o desvio de finalidade materializa-se como vício insanável, **não admitindo convalidação.** O único caminho possível diante de sua ocorrência é a anulação do ato." (MAZZA, Alexandre. Manual de direito administrativo. 11. ed. São Paulo: Saraiva Educação, 2021, p. 602)

"Convalidação, **sanatória, aperfeiçoamento, convalescimento, sanação, terapêutica, depuração** ou **aproveitamento** é uma forma de **suprir defeitos leves** do ato para preservar sua eficácia. É realizada por meio de um segundo ato chamado **ato convalidatório.** O ato convalidatório tem **natureza vinculada** (corrente majoritária), **constitutiva, secundária** e eficácia **ex tunc**.

Assim como a invalidação, a convalidação constitui meio para **restaurar a juridicidade**.

O fundamento da convalidação é a preservação da **segurança jurídica** e da **economia processual**, evitando-se que o ato viciado seja anulado e, em decorrência, seus efeitos sejam desconstituídos.

O objeto da convalidação é um ato administrativo, vinculado ou discricionário, possuidor de **vício sanável** ensejador de **anulabilidade**. Atos inexistentes, nulos ou irregulares nunca podem ser convalidados.

São passíveis de convalidação os atos com defeito na **competência** ou na **forma**. Defeitos no objeto, motivo ou finalidade são insanáveis, obrigando a anulação do ato. José dos Santos Carvalho Filho, no entanto, admite convalidação de ato com vício no objeto, motivo ou finalidade quando se tratar de ato plúrimo, isto é, "quando a vontade administrativa se preordenar a mais de uma providência administrativa no mesmo ato: aqui será viável suprimir ou alterar alguma providência e aproveitar o ato quanto às demais providências, não atingidas por qualquer vício". (MAZZA, Alexandre. Manual de direito administrativo. 11. ed. São Paulo: Saraiva Educação, 2021, p. 567-568)

"A retrocessão é o direito de o expropriado exigir a devolução do bem desapropriado que não foi utilizado pelo Poder Público para atender o interesse público. Nesse caso, o Poder Público retirou o bem do seu titular originário sem observar os objetivos constitucionais que legitimam a desapropriação: atendimento da utilidade pública, necessidade pública e interesse social. [...]

A retrocessão pressupõe a tredestinação, ou seja, a ocorrência do desvio de finalidade por parte do Poder Público que deixa de satisfazer o interesse público com o bem desapropriado.

É importante ressaltar que a tredestinação divide-se em duas espécies:

a) tredestinação lícita: o Poder Público não satisfaz o interesse público previsto no decreto expropriatório, mas, sim, outro interesse público (ex.: em vez de construir a escola, conforme previsão constante do decreto expropriatório, o Poder Público constrói um hospital); e

b) tredestinação ilícita: em vez de atender o interesse público, o expropriante utiliza o bem desapropriado para satisfazer interesses privados (ex.: Poder Público publica edital de licitação para alienar o bem desapropriado, demonstrando de forma inequívoca que o bem não será utilizado para satisfazer interesses públicos).

Conforme já decidiu o STJ, apenas a tredestinação ilícita acarreta a retrocessão, pois na tredestinação lícita o Poder Público concede destinação pública ao bem, ainda que diversa da inicialmente programada. Nesse sentido, o art. 519 do CC admite a retrocessão somente quando a coisa expropriada "não tiver o destino para que se desapropriou, ou não for utilizada em obras ou serviços públicos.

Existem hipóteses legais de vedação da tredestinação e da retrocessão. É o que ocorre, por exemplo, com o art. 5.º, § 3.º, do Decreto-lei 3.365/1941, que dispõe: "Ao imóvel desapropriado para implantação de parcelamento popular, destinado às classes de menor renda, não se dará outra utilização nem haverá retrocessão".

Da mesma forma, não nos parece possível a retrocessão na desapropriação amigável, pois se trata de verdadeiro contrato de compra e venda. (Oliveira, Rafael Carvalho Rezende. Curso de direito administrativo. 9 ed. Rio de Janeiro: Forense; Método, 2021, p. 948-950).

▸ JURISPRUDÊNCIA TEMÁTICA

STJ:

CIVIL, PROCESSUAL CIVIL E ADMINISTRATIVO. RECURSO ESPECIAL. INDENIZAÇÃO. DESAPROPRIAÇÃO. RETROCESSÃO. DESTINAÇÃO DIVERSA. AUSÊNCIA DE COMPROVAÇÃO DE QUE O DESVIO TENHA FAVORECIDO AO PARTICULAR. FINALIDADE PÚBLICA ATINGIDA. RECURSO ESPECIAL PROVIDO DESPROVIDO.

1. Ação de retrocessão, com pedido alternativo de transformação em perdas e danos, movida contra o município de Cubatão, que desapropriou imóvel dos autores com a finalidade de implantação de um parque ecológico mas celebrou contrato de concessão real de uso de imóvel que tem por objeto a construção de um centro de pesquisas ambientais, um pólo industrial metal-mecânico e um terminal intermodal de cargas rodoviário com estacionamento. Sentença julgando improcedentes os pedidos, por entender que, apesar da nova destinação, a mesma mantém o interesse público. Apelação dos autores improvida pelo TJ/SP, em razão da mantença do interesse público pela geração de empregos aos munícipes e facilitação do transporte de cargas na região, além do fato de a doutrina e a jurisprudência terem mitigado, ao longo do tempo, o conceito de desvio de finalidade para efeito de retrocessão e da cláusula expressa de renúncia ao direito de recompra. Recurso especial dos autores sustentando, em síntese, a ineficácia da renúncia de recompra ante as prescrições imperativas contidas na lei substantiva civil, bem como a falta de interesse público na nova destinação dos bens, caracterizando desvio de finalidade. Não foram apresentadas contra-razões.

2. Acerca da natureza jurídica da retrocessão temos três correntes principais: aquela que entende ser a retrocessão um direito real em face do direito constitucional de propriedade (CF, artigo 5º, XXII) que só poderá ser contestado para fins de desapropriação por utilidade pública CF, artigo 5º, XXIV. Uma outra, entende que o referido instituto é um direito pessoal de devolver o bem ao expropriado, em face do disposto no artigo 35 da Lei 3.365/41, que diz que os bens incorporados ao patrimônio público não são objeto de reivindicação, devendo qualquer suposto direito do expropriado ser resolvido por perdas e danos.?. Por derradeiro, temos os defensores da natureza mista da retrocessão (real e pessoal) em que o expropriado poderá requerer a preempção ou, caso isso seja inviável, a resolução em perdas e danos.

3. Esta Superior Corte de Justiça possui jurisprudência dominante no sentido de que não caber a retrocessão no caso de ter sido dada ao bem destinação diversa daquela que motivou a expropriação.

4. Ou autos revelam que a desapropriação foi realizada mediante escritura pública para o fim de implantação de um Parque Ecológico, o que traria diversos benefícios de natureza ambiental em face dos já tão conhecidos problemas relativos à poluição sofridos pela população daquela região. O imóvel objeto da expropriação foi afetado para instalação de um pólo industrial metal-mecânico, terminal intermodal de cargas rodoviário, um centro de pesquisas ambientais, um posto de abastecimento de combustíveis, um centro comercial com 32 módulos de 32 m cada, um estacionamento, restaurante/lanchonete.

5. Não demonstrado favorecimento a pessoas de direito privado:

Finalidade Pública atingida.

6. Recurso improvido.

(REsp n. 710.065/SP, relator Ministro José Delgado, Primeira Turma, julgado em 12/4/2005, DJ de 6/6/2005, p. 216.) (Grifos nossos).

QUESTÕES DE CONCURSO RELACIONADAS

01. (CEBRASPE – Promotor de Justiça Substituto – MPE-RR/2017)

Concluído determinado processo de desapropriação, com o pagamento integral do valor e a incorporação do bem ao patrimônio do poder público, este decidiu devolver o bem expropriado ao antigo dono, por não lhe ter sido atribuída a destinação prevista no decreto expropriatório nem qualquer outra destinação pública.

Essa reversão do procedimento expropriatório é denominada

a) tredestinação lícita.

b) desapropriação indireta.

c) desistência da desapropriação.

d) retrocessão.

Resposta: *alternativa "d"*

02. (FUNDATEC – Delegado de Polícia Civil – PC-RS/ 2018) – Adaptada

A retrocessão é admitida nos casos de desapropriação em que se configurar a tredestinação lícita do bem expropriado.

Resposta: *errado.*

03. (CEBRASPE – Analista Judiciário – STJ/2015)

Acerca dos crimes contra a administração pública, julgue o item a seguir.

A observância do princípio da legalidade pelo servidor público é o que determina a moralidade da administração pública, independentemente da finalidade do ato administrativo.

Resposta: *errado.*

04. (VUNESP – Titular de Serviços de Notas e de Registros – Provimento – TJ-SP/ 2014)

No exercício das funções notariais e de registro, é correto afirmar sobre o princípio da finalidade:

a) o desvio de finalidade é exclusivo da função administrativa, portanto, tanto os atos da Administração Pública Direta quanto de pessoas a quem a função é delegada ou outorgada podem incorrer nesta ilegalidade.

b) o seu vício, o denominado desvio de finalidade, ocorre toda vez que aquele que exerce a função pública afasta-se de suas competências, isto é, do que lhe é definido como dever a ser cumprido conforme o princípio da legalidade, o que se afere objetivamente e pode se constatar em qualquer função pública (legislativa, judicial, administrativa e política).

c) não se aplica o princípio da finalidade porque esta norma jurídica relaciona-se com a atuação da Administração Pública Direta e de entes que compõem a Administração Pública Indireta, tais como as autarquias, fundações, empresas públicas e sociedades de economia mista.

d) o seu vício, desvio de finalidade, apura-se subjetivamente, isto é, aferindo-se qual a intenção, o ânimo, o móvel do agente público na prática do ato. As finalidades passíveis deste vício são tanto o interesse público (finalidade em sentido amplo) quanto a categoria própria do ato (finalidade em sentido estrito).

***Resposta**: alternativa "b"*

05. (MPE/MG – Promotor de Justiça Substituto – MPE-MG/2017) – Adaptada

O desvio de poder desnatura a finalidade da competência no exercício de atos impróprios à providência adotada.

***Resposta**: certo!*

CAPÍTULO 2

DIREITO CONSTITUCIONAL

João Duque

Daniella Duque

1. HERMENÊUTICA CONSTITUCIONAL E TEORIA DA CONSTITUIÇÃO

QUESTÃO 1

PGE/SP – Procurador do Estado – 2018.

A partir da análise evolutiva da hermenêutica constitucional no Brasil, defina os fenômenos a seguir e suas principais características:

a) mutação constitucional;

b) decisões manipulativas.

QUESTÃO 1

(30 LINHAS)

▸ RESPOSTA DO AUTOR

A **mutação constitucional** é o processo informal pelo qual se altera o sentido e a interpretação das normas constitucionais sem modificação do texto normativo. Esse fenômeno decorre de transformações culturais, sociais, políticas ou econômicas, promovendo uma adequação dinâmica da Constituição à realidade vigente. Trata-se de uma manifestação do poder constituinte difuso, ocorrendo sem um marco temporal ou procedimento específico. A mudança se dá no decurso do tempo, resultando em uma nova leitura do texto constitucional vigente.

As principais características da mutação constitucional são: **Informalidade**, não há um procedimento específico direcionado à modificação do texto constitucional; **Intervalo de tempo,** a mudança de interpretação é percebida ao longo do tempo; **Fonte diversificada de criação**, a mudança é consequência da atuação de vários agentes, como tradição, costumes e decisões judiciais; **Inalterabilidade do texto,** não há modificação formal do texto, mas sim do entendimento.

Exemplos notórios de mutação constitucional no Brasil incluem o reconhecimento da união estável homoafetiva pelo Supremo Tribunal Federal (STF) nas ADI 4277 e ADPF 132, onde o conceito de família foi interpretado para incluir casais do mesmo sexo. Outro exemplo é a alteração na interpretação sobre a prisão civil do depositário infiel, em que o STF, considerando tratados internacionais de direitos humanos, passou a entender pela impossibilidade da prisão nessa hipótese, mesmo sem alteração do texto constitucional

Por sua vez as **decisões manipulativas** são aquelas em que o órgão jurisdicional constitucional, notadamente o STF no Brasil, atua de forma proativa, modificando, aditando ou adequando normas para torná-las compatíveis com a Constituição. Nessas decisões, o Tribunal assume um papel semelhante ao do legislador, buscando assegurar a conformidade constitucional das normas em julgamento.

As decisões manipulativas subdividem-se em: **Decisões aditivas**, quando a norma é considerada inconstitucional pela omissão do legislador em incluir determinado aspecto necessário à sua compatibilização com a Constituição. Para corrigir essa falha, o Tribunal amplia o alcance normativo, incluindo um novo comando interpretativo. Um exemplo é a decisão do STF que reconheceu o direito de casais homoafetivos à união estável, estendendo-lhes os mesmos direitos e deveres das uniões heteroafetivas, suprindo a omissão legislativa;

Decisões substitutivas: Ocorrem quando o Tribunal não apenas declara a inconstitucionalidade da norma impugnada, mas também a substitui por um novo entendimento normativo. Diferem das sentenças aditivas porque não apenas corrigem a omissão, mas efetivamente criam um novo parâmetro normativo. Um exemplo é a decisão do STF que reinterpretou o art. 52, X, da Constituição Federal, atribuindo ao Senado Federal a função de dar publicidade às decisões de inconstitucionalidade proferidas pelo STF, e não mais de suspender a execução da lei declarada inconstitucional, como previsto originalmente no texto constitucional.

A legitimidade das decisões manipulativas é frequentemente debatida sob a ótica da separação dos poderes, pois, ao assumir um papel quase legislativo, o Judiciário pode ser acusado de extrapolar sua função tradicional de controle da constitucionalidade. No entanto, o uso desse mecanismo tem sido justificado para assegurar a efetividade da Constituição e garantir direitos fundamentais diante da inércia do legislador.

▶ DOUTRINA TEMÁTICA

"Assim sendo haveria uma distinção entre as sentenças manipulativas de efeitos aditivos das manipulativas com efeito substitutivo. A primeira espécie verifica-se quando a corte constitucional declara inconstitucional certo dispositivo legal não pelo que expressa, mas pelo que omite, alargando o texto da lei ou seu âmbito de incidência. Já as manipulativas com efeitos substitutivos, por sua vez, são aquelas em que o juízo constitucional declara a inconstitucionalidade da parte em que a lei estabelece determinada disciplina ao invés de outra, substituindo a disciplina advinda do poder legislativo por outra, consentânea com o parâmetro constitucional" (FERNANDES, 2019).

"As mutações, por seu turno, não seriam alterações 'fásicas', 'palpáveis', materialmente perceptíveis, mas sim alterações no significado e no sentido interpretativo de um texto constitucional. A transformação não está no texto em si, mas na interpretação daquela regra enunciada. O texto permanece inalterado. As mutações constitucionais, portanto, exteriorizam o caráter dinâmico de prospecção das normas jurídicas, por meio de processos informais. Informais no sentido de não serem previstos dentre aquelas mudanças formalmente estabelecidas no texto constitucional" (LENZA, 2016).

▶ JURISPRUDÊNCIA TEMÁTICA

STF

E M E N T A: "HABEAS CORPUS" - PRISÃO CIVIL - DEPOSITÁRIO JUDICIAL - REVOGAÇÃO DA SÚMULA 619/STF - A QUESTÃO DA INFIDELIDADE DEPOSITÁRIA - CONVENÇÃO AMERICANA DE DIREITOS HUMANOS (ARTIGO 7º, n. 7) - NATUREZA CONSTITUCIONAL OU CARÁTER DE SUPRALEGALIDADE DOS TRATADOS INTERNACIONAIS DE DIREITOS HUMANOS? - PEDIDO DEFERIDO. ILEGITIMIDADE JURÍDICA DA DECRETAÇÃO DA PRISÃO CIVIL DO DEPOSITÁRIO INFIEL, AINDA QUE SE CUIDE DE DEPOSITÁRIO JUDICIAL. - Não mais subsiste, no sistema normativo brasileiro, a prisão civil por infidelidade depositária, independentemente da modalidade de depósito, trate-se de depósito voluntário (convencional) ou cuide-se de depósito necessário, como o é o depósito judicial. Precedentes. Revogação da Súmula 619/STF. TRATADOS INTERNACIONAIS DE DIREITOS HUMANOS: AS SUAS RELAÇÕES COM O DIREITO INTERNO BRASILEIRO E A QUESTÃO DE SUA POSIÇÃO HIERÁRQUICA. - A Convenção Americana sobre Direitos Humanos (Art. 7º, n. 7). Caráter subordinante dos tratados internacionais em matéria de direitos humanos e o sistema de proteção dos direitos básicos da pessoa humana. - Relações entre o direito interno brasileiro e as convenções internacionais de direitos humanos (CF, art. 5º e §§ 2º e 3º). Precedentes. - Posição hierárquica dos tratados internacionais de direitos humanos no ordenamento positivo interno do Brasil: natureza constitucional ou caráter de supralegalidade? - Entendimento do Relator, Min. Celso de Mello, que atribui hierarquia constitucional às convenções internacionais em matéria de direitos humanos. *A INTERPRETAÇÃO JUDICIAL COMO INSTRUMENTO DE MUTAÇÃO INFORMAL DA CONSTITUIÇÃO. - A questão dos processos informais de mutação constitucional e o papel do Poder Judiciário: a interpretação judicial como instrumento juridicamente idôneo de mudança informal da Constituição. A legitimidade da adequação, mediante interpretação do Poder Judiciário, da própria Constituição da República, se e quando imperioso compatibilizá-la, mediante exegese atualizadora, com as novas exigências, necessidades e transformações resultantes dos processos sociais, econômicos e políticos que caracterizam, em seus múltiplos e complexos aspectos, a sociedade contemporânea.* HERMENÊUTICA E DIREITOS HUMANOS: A NORMA MAIS FAVORÁVEL COMO CRITÉRIO QUE DEVE REGER A INTERPRETAÇÃO DO PODER JUDICIÁRIO. - Os magistrados e Tribunais, no exercício de sua atividade interpretativa, especialmente no âmbito dos tratados internacionais de direitos humanos, devem observar um princípio hermenêutico básico (tal como aquele proclamado no Artigo 29 da Convenção Americana de Direitos Humanos), consistente em atribuir primazia à norma que se revele mais favorável à pessoa humana, em ordem a dispensar-lhe a mais ampla proteção jurídica. – O Poder Judiciário, nesse processo hermenêutico que prestigia o critério da norma mais favorável (que tanto pode ser aquela prevista no tratado internacional como a que se acha positivada no próprio direito interno do Estado), deverá extrair a máxima eficácia das declarações internacionais e das proclamações constitucionais de direitos, como forma de viabilizar o acesso dos indivíduos e dos grupos sociais, notadamente os mais vulneráveis, a sistemas institucionalizados de proteção aos direitos fundamentais da pessoa humana, sob pena de a liberdade, a tolerância e o respeito à alteridade humana tornarem-se palavras vãs. – Aplicação, ao caso, do Artigo 7º, n. 7, c/c o Artigo 29, ambos da Convenção Americana de Direitos Humanos (Pacto de São José da Costa Rica): um caso típico de primazia da regra mais favorável à proteção efetiva do ser humano. (STF, HC 96772/SP – São Paulo, Relator(a): Min. Celso de Mello, 09/06/2009, Segunda Turma) (grifo do autor)

A legislação infraconstitucional que colida frontalmente com a jurisprudência (leis in your face) nasce com presunção iuris tantum de inconstitucionalidade, de forma que caberá ao legislador ordinário o ônus de demonstrar, argumentativamente, que a correção do precedente faz-se necessária, ou, ainda, comprovar, lançando mão de novos argumentos, que as premissas fáticas e axiológicas sobre as quais se fundou o posicionamento jurisprudencial não mais subsistem, em exemplo acadêmico de **mutação constitucional pela via legislativa. Nesse caso, a novel legislação se submete a um escrutínio de constitucionalidade mais rigoroso, nomeadamente quando o precedente superado amparar-se em cláusulas pétreas.** [ADI 5.105, rel. min. Luiz Fux, j. 1º-10-2015, P,DJEde 16-3-2016.] (grifo do autor)

A mutação constitucional é transformação de sentido do enunciado da Constituição sem que o próprio texto seja alterado em sua redação, vale dizer, na sua dimensão constitucional textual. Quando ela se dá, o intérprete extrai do texto norma diversa daquelas que nele se encontravam originariamente involucradas, em estado de potência. Há, então, mais do que interpretação, esta concebida como processo que opera a transformação de texto em norma. Na mutação constitucional caminhamos não de um texto a uma norma, porém de um texto a outro texto, que substitui o primeiro. Daí que a mutação constitucional não se dá simplesmente pelo fato de um intérprete extrair de um mesmo texto norma diversa da produzida por um outro intérprete. Isso se verifica diuturnamente, a cada instante, em razão de ser, a interpretação, uma prudência. Na mutação constitucional há mais. Nela não apenas a norma é outra, mas o próprio enunciado normativo é alterado. [Rcl 4.335, voto do rel. min. Eros Grau, j. 20-3-2014, P, DJE de 22-10-2014.](grifo do autor)

A interpretação judicial como instrumento de mutação informal da Constituição. A questão dos processos informais de mutação constitucional e o papel do Poder Judiciário: a interpretação judicial como instrumento juridicamente idôneo de mudança informal da Constituição. A legitimidade da adequação, mediante interpretação do Poder Judiciário, da própria Constituição da República, se e quando imperioso compatibilizá-la, mediante exegese atualizadora, com as novas exigências, necessidades e transformações resultantes dos processos sociais, econômicos e políticos que caracterizam, em seus múltiplos e complexos aspectos, a sociedade contemporânea. [HC 91.361, rel. min. Celso de Mello, j. 23-9-2008,2ª T,DJEde 6-2-2009.](grifo nosso)

STJ

EMENTA: AÇÃO DIRETA DE INCONSTITUCIONALIDADE. CONTRATAÇÃO TEMPORÁRIA DE SERVIDORES PÚBLICOS. RECENSEAMENTO. POSSIBILIDADE. SUBSTITUIÇÃO DE SERVIDOR EFETIVO. AFRONTA AS NORMAS CONSTITUCIONAIS. SENTENÇA MANIPULATIVA DE EFEITOS ADITIVOS. INVIABILIDADE. REDAÇÃO QUE NÃO ADVÉM DA CONSTITUIÇÃO. REPRESENTAÇÃO PARCIALMENTE ACOLHIDA. – O regime especial de contratação de servidores temporários, previsto constitucionalmente, deve atender aos pressupostos da determinabilidade temporal da contratação; a temporariedade da necessidade e a excepcionalidade do interesse público que obriga ao recrutamento. – As atividades de recenseamento, em regra, não são contínuas, não ocorrem de forma freqüente e tem duração limitada no tempo, sendo de se admitir a contratação temporária para atender à necessidade, também temporária, de pessoal suficiente para dar andamento aos trabalhos em determinados períodos, não se justificando a criação de cargos para realizá-los. – *As decisões manipulativas de efeitos aditivos e substitutivos, ainda que admitidas, apenas são possíveis quando a Constituição não dá qualquer margem de discricionariedade ao legislador. Se a estrutura do preceito constitucional for aberta, cabe ao Poder Legislativo selecionar a opção política mais adequada.* a própria Constituição. (TJMG – Ação Direta Inconst 1.0000.12.113614-7/000, Relator(a): Des.(a) Leite Praça, Relator(a) para o acórdão: Des.(a) Cássio Salomé, ÓRGÃO ESPECIAL, julgamento em 18/10/2013, publicação da súmula em 08/11/2013). O Tribunal de origem entendeu pela inconstitucionalidade de dispositivos da Lei Municipal Complementar nº 21/2006 e da Lei Municipal nº 2654/2007, que permitem a contratação temporária de servidores públicos para fins de execução de programas e convênios firmados com outro ente e de substituição de servidores efetivos.No apelo extremo, alegam-se, com amparo no art. 102, III, "a", da Constituição Federal, violações aos seguintes dispositivos constitucionais de reprodução obrigatória: arts. 37, incisos I, II e IX. Alega, em síntese, que as normas declaradas inconstitucionais cumprem os requisitos de excepcionalidade, temporariedade e determinabilidade temporal. Subsidiariamente, requer a interpretação conforme a Constituição dos dispositivos. O Plenário do Supremo Tribunal Federal, no RE 658026 (Rel. Min. Dias Toffoli, Tema 612), examinou a repercussão geral da questão constitucional debatida neste recurso, qual seja, a constitucionalidade de lei municipal que dispõe sobre as hipóteses de contratação temporária de servidores públicos. Quanto ao pedido recursal de interpretação conforme a Constituição, verifica-se que o acórdão recorrido entendeu que: *"A interpretação conforme a Constituição é descabida quando o texto da lei ou ato normativo for claro, sendo vedado o Poder Judiciário alterar a vontade do legislador."* (fl. 187). O recorrente entretanto, não foi capaz de infirmar esse fundamento no recurso extraordinário, o que leva a aplicação, por analogia, da Súmula 284/STF (É inadmissível o recurso extraordinário, quando a deficiência na sua fundamentação não permitir a exata compreensão da controvérsia), Diante do exposto, – com fundamento no art. 1.036 e seguintes do Código de Processo Civil de 2015 e no art. 328, parágrafo único, do Regimento Interno do STF, DETERMINO A DEVOLUÇÃO DO PROCESSO AO TRIBUNAL DE ORIGEM para que aplique a orientação do Tema 612 da repercussão geral no que concerne à constitucionalidade, ou não, dos dispositivos em questão. – Com base no art. 21, § 1º, do Regimento Interno do Supremo Tribunal Federal, NEGO SEGUIMENTO AO RECURSO quanto ao pedido de interpretação conforme a Constituição. (STJ, RE 847623/MG, Relator(a): Min. Alexandre de Moraes, 21/08/2017) (grifos do autor).

QUESTÃO DE CONCURSO RELACIONADA

1. (PGR – Procurador da República – 2017) Assinale a alternativa incorreta:

a) O princípio da proporcionalidade possui uma dupla face, atuando simultaneamente como critério para o controle da legitimidade constitucional de medidas restritivas do âmbito de proteção dos direitos fundamentais, bem como para o controle da omissão ou atuação insuficiente do Estado no cumprimento dos seus deveres de proteção.

b) As cláusulas pétreas protegem os conteúdos que, na sua essência, compõem a identidade e a estrutura da Constituição, não se opondo a desenvolvimentos ou modificações que preservem os princípios ali contidos.

c) O "estado de coisas inconstitucional" autoriza a intervenção do STF quando presentes três pressupostos: situação de violação generalizada de direitos fundamentais; inércia ou incapacidade reiterada e persistente das autoridades públicas em modificar a situação; a superação das transgressões exigir a definição e implementação de políticas públicas pelo STF.

d) Quando o Judiciário reconhece uma mutação constitucional num determinado sentido, geralmente tem em conta um ambiente sociocultural que a ampara.

Gabarito: Letra c.

2. (Procurador de Universidade Assistente – UNICAMP/2022) Em sede de arguição de descumprimento de preceito fundamental tendo por objeto dispositivos legais atinentes à legítima defesa no âmbito da legislação penal e processual penal, ajuizada em virtude de decisões de Tribunais de Justiça que ora validavam, ora anulavam vereditos de tribunais de júri que absolviam réus processados pela prática de feminicídio com fundamento na tese da legítima defesa da honra, foi concedida medida cautelar pelo Supremo Tribunal Federal para os fins de (i) firmar o entendimento de que a tese da legítima defesa da honra é inconstitucional; (ii) excluir a legítima defesa da honra do âmbito do instituto da legítima defesa previsto nos dispositivos objeto da arguição; e (iii) obstar à defesa, à acusação, à autoridade policial e ao juízo que utilizem, direta ou indiretamente, a tese de legítima defesa da honra (ou qualquer argumento que induza à tese) nas fases pré-processual ou processual penais, bem como durante o julgamento perante o tribunal do júri, sob pena de nulidade do ato e do julgamento.

No caso em tela, em relação aos dispositivos legais impugnados, o Supremo Tribunal Federal procedeu à

a) declaração parcial de inconstitucionalidade, com redução de texto, sendo a referida decisão dotada de eficácia inter partes e efeitos ex nunc.

b) declaração parcial de inconstitucionalidade, com redução de texto, sendo a referida decisão dotada de efeito vinculante, eficácia erga omnes e efeitos ex tunc.

c) interpretação conforme à Constituição, sendo a referida decisão dotada de eficácia inter partes e efeitos ex tunc.

d) interpretação conforme à Constituição, sendo a referida decisão dotada de efeito vinculante, eficácia erga omnes e efeitos ex nunc.

e) mutação constitucional por via da interpretação judicial, sendo a referida decisão dotada de efeito vinculante, eficácia erga omnes e efeitos pro futuro.

Gabarito: letra d

3. (VUNESP – Câmara de Piracicaba/SP – Câmara de Piracicaba/SP – Advogado – 2019) A despeito do contido na Constituição Federal sobre o princípio da presunção da inocência, o Supremo Tribunal Federal entendeu ser possível e constitucional que, depois de decisões de segundo grau que confirmem condenações criminais, a pena de prisão já possa ser executada. Essa decisão histórica da Excelsa Corte foi proferida com base na

a) mutação constitucional.

b) interpretação conforme a Constituição.

c) declaração parcial de inconstitucionalidade sem redução de texto.

d) declaração parcial de inconstitucionalidade com redução de texto.

e) sentença interpretativa de rechaço.

Gabarito: Letra a.

QUESTÃO 2

CESPE - PGM/FORTALEZA - Procurador - 2016.

O princípio da proporcionalidade, parâmetro para aferir a (in)constitucionalidade das limitações a direitos fundamentais, é constituído por duas vertentes: a proibição de excesso e a proibição de proteção insuficiente. Valendo-se de conceitos como direito de defesa, direitos de prestação, dever de proteção e reserva do possível, conceitue essas duas vertentes, apresentando, pelo menos, um exemplo de aplicação de cada uma delas.

Nesse sentido, considere que seu texto será avaliado da seguinte forma:

1. **proibição de excesso, com, pelo menos, um exemplo de aplicação; [valor: 7,00 pontos]**
2. **proibição de proteção insuficiente, com, pelo menos, um exemplo de aplicação. [valor: 7,25 pontos]**

QUESTÃO 2

(30 LINHAS)

▸ RESPOSTA DO AUTOR

O princípio da proporcionalidade, fundamental no controle da constitucionalidade das restrições aos direitos fundamentais, possui duas vertentes: a proibição de excesso e a proibição de proteção insuficiente. Essas vertentes orientam tanto a limitação de intervenções estatais excessivas quanto a exigência de ações estatais adequadas para a proteção dos direitos fundamentais.

A proibição de excesso (Übermaßverbot) impede que o Estado adote medidas que restrinjam direitos fundamentais além do necessário para alcançar um objetivo legítimo. Essa vertente negativa do princípio da proporcionalidade busca evitar intervenções estatais arbitrárias ou desproporcionais na esfera individual dos cidadãos.

Exemplo de aplicação: No julgamento do Habeas Corpus nº 239.363/PR, o Superior Tribunal de Justiça considerou desproporcional a pena prevista no art. 273, §1º-B, V, do Código Penal, que estabelece reclusão de 10 a 15 anos para a falsificação de medicamentos. O Tribunal entendeu que essa sanção era excessiva em comparação com outras infrações penais, aplicando, assim, o princípio da proibição de excesso.

Por sua vez, a proibição de proteção insuficiente (Untermassverbot) impõe ao Estado o dever de adotar medidas adequadas e suficientes para proteger os direitos fundamentais. Essa vertente positiva do princípio da proporcionalidade exige que o Estado não seja omisso na tutela dos direitos, garantindo uma proteção efetiva contra ameaças ou violações.

Exemplo de aplicação: O Supremo Tribunal Federal, ao analisar a omissão legislativa na criminalização de condutas que atentam contra direitos fundamentais, reconheceu a necessidade de o Estado atuar de forma eficaz para proteger esses direitos, evitando uma proteção insuficiente. Isso reflete a obrigação estatal de implementar políticas públicas e legislações que assegurem a efetividade dos direitos fundamentais.

Em suma, o princípio da proporcionalidade, por meio de suas vertentes de proibição de excesso e proibição de proteção insuficiente, busca equilibrar a atuação estatal, evitando tanto intervenções desmedidas quanto omissões que comprometam a efetividade dos direitos fundamentais.

▸ CRITÉRIO DE CORREÇÃO DA BANCA

A proibição de excesso é a vertente do princípio da proporcionalidade que proíbe que o Estado aja além da conta; que faça mais do que deveria. Aplica-se sobretudo aos direitos de defesa (que impõem uma abstenção ao Estado). Se, por exemplo, o Estado edita lei que autoriza interceptações sem ordem judicial e para fins outros que não os previstos no texto constitucional, ele age excessivamente e viola a proporcionalidade. Nesse caso, o Estado foi para além dos limites autorizados pelo direito fundamental e não se absteve de fazer algo que lhe era vedado.

Não obstante, alguns direitos fundamentais exigem obrigações positivas do Estado que, tradicionalmente, impõem um dever de proteção, isto é, uma ação e não uma mera abstenção (e.g. direitos de prestação). Nesses casos, se o Estado não age ou se age de maneira insuficiente, ele viola a proibição de proteção insuficiente, que é a segunda vertente do princípio da proporcionalidade. Isso ocorre, notadamente, no caso das obrigações positivas ou dos deveres de proteção, a exemplo dos direitos fundamentais sociais. Se o Estado tem o dever de proteger o meio ambiente, promover a educação e a saúde e não o faz ou faz aquém do devido, ele infringe a proibição de proteção insuficiente. Essas ações só podem ser exigidas dentro da reserva do possível, que será aferida concretamente, não bastando mera invocação abstrata de insuficiência de recursos.

▶ DOUTRINA TEMÁTICA

"Os direitos fundamentais não podem, portanto, ser considerados apenas como proibições de intervenção. Expressam, igualmente, um postulado de proteção. Utilizando-se da formulação de Canaris, pode-se dizer que os direitos fundamentais contemplam não apenas uma proibição de excesso (Übermassverbote) como também uma proibição de proteção insuficiente (Untermassverbote).

Sob esse ângulo, é fácil ver que a ideia de um dever genérico de proteção, fundado nos direitos fundamentais, relativiza sobremaneira a separação entre a ordem constitucional e a ordem legal, permitindo que se reconheça uma irradiação dos efeitos desses direitos sobre toda a ordem jurídica.

Assim, ainda que não se reconheça, em todos os casos, uma pretensão subjetiva contra o Estado, tem-se, inequivocamente, a identificação de um dever estatal de tomar as providências necessárias à realização ou concretização dos direitos fundamentais. (...)

Cabe ressaltar, todavia, que, nesse espaço de atuação, a liberdade do legislador estará sempre limitada pelo princípio da proporcionalidade, configurando a sua não observância inadmissível excesso de poder legislativo. (...)

A doutrina identifica como típica manifestação do excesso de poder legislativo a violação ao princípio da proporcionalidade ou da proibição de excesso (Verhältnismässigkeitsprinzip; Ubermassverbot), que se revela mediante contraditoriedade, incongruência, e irrazoabilidade ou inadequação entre meios e fins. (...)

Quanto à proibição de proteção insuficiente, a doutrina vem apontando para uma espécie de garantismo positivo, ao contrário do garantismo negativo (que se consubstancia na proteção contra os excessos do Estado), já consagrado pelo princípio da proporcionalidade. A proibição de proteção insuficiente adquire importância na aplicação dos direitos fundamentais de proteção, ou seja, naqueles casos em que o Estado não pode deixar de proteger de forma adequada esses direitos" (MENDES e BRANCO, 2016).

▶ JURISPRUDÊNCIA TEMÁTICA

STF

HABEAS CORPUS. PORTE ILEGAL DE ARMA DE FOGO DESMUNICIADA. (A)TIPICIDADE DA CONDUTA. CONTROLE DE CONSTITUCIONALIDADE DAS LEIS PENAIS. MANDATOS CONSTITUCIONAIS DE CRIMINALIZAÇÃO E MODELO EXIGENTE DE CONTROLE DE CONSTITUCIONALIDADE DAS LEIS EM MATÉRIA PENAL. CRIMES DE PERIGO ABSTRATO EM FACE DO *PRINCÍPIO DA PROPORCIONALIDADE.* LEGITIMIDADE DA CRIMINALIZAÇÃO DO PORTE DE ARMA DESMUNICIADA. ORDEM DENEGADA. 1. CONTROLE DE CONSTITUCIONALIDADE DAS LEIS PENAIS. 1.1. Mandatos Constitucionais de Criminalização: A Constituição de 1988 contém um significativo elenco de normas que, em princípio, não outorgam direitos, mas que, antes, determinam a criminalização de condutas (CF, art. 5º, XLI, XLII, XLIII, XLIV; art. 7º, X; art. 227, § 4º). Em todas essas normas é possível identificar um mandato de criminalização expresso, tendo em vista os bens e valores envolvidos. *Os direitos fundamentais não podem ser considerados apenas como proibições de intervenção (Eingriffsverbote), expressando também um postulado de proteção (Schutzgebote). Pode-se dizer que os direitos fundamentais expressam não apenas uma proibição do excesso (Übermassverbote), como também podem ser traduzidos como proibições de proteção insuficiente ou imperativos de tutela (Untermassverbote). Os mandatos constitucionais de criminalização, portanto, impõem ao legislador, para o seu devido cumprimento, o dever de observância do princípio da proporcionalidade como proibição de excesso e como proibição de proteção insuficiente.* 1.2. Modelo exigente de controle de constitucionalidade das leis em matéria penal, baseado em níveis de intensidade: Podem ser distinguidos 3 (três) níveis ou graus de intensidade do controle de constitucionalidade de leis penais, consoante as diretrizes elaboradas pela doutrina e jurisprudência constitucional alemã: a) controle de evidência (Evidenzkontrolle); b) controle de sustentabilidade ou justificabilidade (Vertretbarkeitskontrolle); c) controle material de intensidade (intensivierten inhaltlichen Kontrolle). *O Tribunal deve sempre levar em conta que a Constituição confere ao legislador amplas margens de ação para eleger os bens jurídicos penais e avaliar as medidas adequadas e necessárias para a efetiva proteção desses bens.* Porém, uma vez que se ateste que as medidas legislativas adotadas transbordam os limites impostos pela Constituição – *o que poderá ser verificado com base no princípio da proporcionalidade como proibição de excesso (Übermassverbot) e como proibição de proteção deficiente (Untermassverbot) –, deverá o Tribunal exercer um rígido controle sobre a atividade legislativa, declarando a inconstitucionalidade de leis penais transgressoras de princípios constitucionais.* 2. CRIMES DE PERIGO ABSTRATO. PORTE DE ARMA. PRINCÍPIO DA PROPORCIONALDIADE. A Lei 10.826/2003 (Estatuto do Desarmamento) tipifica o porte de arma como crime de perigo abstrato. De acordo com a lei, constituem crimes as meras condutas de possuir, deter, portar, adquirir, fornecer, receber, ter em depósito, transportar, ceder, emprestar, remeter, empregar, manter sob sua guarda ou ocultar arma de fogo. Nessa espécie de delito, o legislador penal não toma como pressuposto da criminalização a lesão ou o perigo de lesão concreta a determinado bem jurídico. Baseado em dados empíricos, o legislador seleciona grupos ou classes de ações que geralmente levam consigo o indesejado perigo ao bem jurídico. A criação de crimes de perigo abstrato não representa, por si só, comportamento inconstitucional por parte do legislador penal. A tipificação de condutas que geram perigo em abstrato, muitas vezes, acaba sendo a melhor alternativa ou a medida mais eficaz para a proteção de bens jurídico-penais supraindividuais ou de caráter coletivo, como, por exemplo, o meio ambiente, a saúde etc. Portanto, pode o legislador, dentro de suas amplas margens de avaliação e de decisão, definir quais as medidas mais adequadas e necessárias para a efetiva proteção de determinado bem jurídico, o que lhe permite escolher espécies de tipificação próprias de um direito penal preventivo. Apenas a atividade legislativa que, nessa hipótese, transborde os limites da proporcionalidade, poderá ser tachada de inconstitucional. 3. LEGITIMIDADE DA CRIMINALIZAÇÃO DO PORTE DE ARMA. Há, no contexto empírico legitimador da veiculação da norma, aparente lesividade da conduta, porquanto se tutela a segurança pública (arts. 6º e 144, CF) e indiretamente a vida, a liberdade, a integridade física e psíquica do indivíduo etc. Há inequívoco interesse público e social na proscrição da conduta. É que a arma de fogo, diferentemente de outros objetos e artefatos (faca, vidro etc.) tem, inerente à sua natureza, a característica da lesividade. A danosidade é intrínseca ao objeto. A questão, portanto, de possíveis injustiças pontuais, de absoluta ausência de significado lesivo deve ser aferida concretamente e não em linha diretiva de ilegitimidade normativa. 4. ORDEM DENEGADA. (STF, HC 104410/RS, Relator(a): Min. Gilmar Mendes, 06/03/2012, Segunda Turma) (grifos do autor)

É inconstitucional o preceito secundário do art. 273, § 1º-B, V, do CP - «reclusão, de 10 (dez) a 15 (quinze) anos, e multa» -, devendo-se considerar, no cálculo da reprimenda, a pena prevista no caput do art. 33 da Lei 11.343/2006 (Lei de Drogas), com possibilidade de incidência da causa de diminuição de pena do respectivo § 4º. De fato, é viável a fiscalização judicial da constitucionalidade de preceito legislativo que implique intervenção estatal por meio do Direito Penal, examinando se o legislador considerou suficientemente os fatos e prognoses e se utilizou de sua margem de ação de forma adequada para a proteção suficiente dos bens jurídicos fundamentais. Nesse sentido, a Segunda Turma do STF (HC 104.410-RS, DJe 27/3/2012) expôs o entendimento de que os «mandatos constitucionais de criminalização [...] impõem ao legislador [...] o dever de observância do princípio da proporcionalidade como proibição de excesso e como proibição de proteção insuficiente. A idéia é a de que a intervenção estatal por meio do Direito Penal, como ultima ratio, deve ser sempre guiada pelo princípio da proporcionalidade [...] Abre-se, com isso, a possibilidade do controle da constitucionalidade da atividade legislativa em matéria penal». Sendo assim, em atenção ao princípio constitucional da proporcionalidade e razoabilidade das leis restritivas de direitos (CF, art. 5º, LIV), é imprescindível a atuação do Judiciário para corrigir o exagero e ajustar a pena de «reclusão, de 10 (dez) a 15 (quinze) anos, e multa» abstratamente cominada à conduta inscrita no art. 273, § 1º-B, V, do CP, referente ao crime de ter em depósito, para venda, produto destinado a fins terapêuticos ou medicinais de procedência ignorada. Isso porque, se esse delito for comparado, por exemplo, com o crime de tráfico ilícito de drogas (notoriamente mais grave e cujo bem jurídico também é a saúde pública), percebe-se a total falta de razoabilidade do preceito secundário do art. 273, § 1º-B, do CP, sobretudo após a edição da Lei 11.343/2006 (Lei de Drogas), que, apesar de ter aumentado a pena mínima de 3 para 5 anos, introduziu a possibilidade de redução da reprimenda, quando aplicável o § 4º do art. 33, de 1/6 a 2/3. Com isso, em inúmeros casos, o esporádico e pequeno traficante pode receber a exígua pena privativa de liberdade de 1 ano e 8 meses. E mais: é possível, ainda, sua substituição por restritiva de direitos. De mais a mais, constata-se que a pena mínima cominada ao crime ora em debate excede em mais de três vezes a pena máxima do homicídio culposo, corresponde a quase o dobro da pena mínima do homicídio doloso simples, é cinco vezes maior que a pena mínima da lesão corporal de natureza grave, enfim, é mais grave do que a do estupro, do estupro de vulnerável, da extorsão mediante sequestro, situação que gera gritante desproporcionalidade no sistema penal. Além disso, como se trata de crime de perigo abstrato, que independe da prova da ocorrência de efetivo risco para quem quer que seja, a dispensabilidade do dano concreto à saúde do pretenso usuário do produto evidencia ainda mais a falta de harmonia entre esse delito e a pena abstratamente cominada pela redação dada pela Lei 9.677/1998 (de 10 a 15 anos de reclusão). Ademais, apenas para seguir apontando a desproporcionalidade, deve-se ressaltar que a conduta de importar medicamento não registrado na ANVISA, considerada criminosa e hedionda pelo art. 273, § 1º-B, do CP, a que se comina pena altíssima, pode acarretar mera sanção administrativa de advertência, nos termos dos arts. 2º, 4º, 8º (IV) e 10 (IV), todos da Lei n. 6.437/1977, que define as infrações à legislação sanitária. A ausência de relevância penal da conduta, a desproporção da pena em ponderação com o dano ou perigo de dano à saúde pública decorrente da ação e a inexistência de consequência calamitosa do agir convergem para que se conclua pela falta de razoabilidade da pena prevista na lei, tendo em vista que a restrição da liberdade individual não pode ser excessiva, mas compatível e proporcional à ofensa causada pelo comportamento humano criminoso. Quanto à possibilidade de aplicação, para o crime em questão, da pena abstratamente prevista para o tráfico de drogas - "reclusão de 5 (cinco) a 15 (quinze) anos e pagamento de 500 (quinhentos) a 1.500 (mil e quinhentos) dias-multa" (art. 33 da Lei de drogas) -, a Sexta Turma do STJ (REsp 915.442-SC, DJe 1º/2/2011) dispôs que "A Lei 9.677/98, ao alterar a pena prevista para os delitos descritos no artigo 273 do Código Penal, mostrou-se excessivamente desproporcional, cabendo, portanto, ao Judiciário promover o ajuste principiológico da norma [...] Tratando-se de crime hediondo, de perigo abstrato, que tem como bem jurídico tutelado a saúde pública, mostra-se razoável a aplicação do preceito secundário do delito de tráfico de drogas ao crime de falsificação, corrupção, adulteração ou alteração de produto destinado a fins terapêuticos ou medicinais". AI no HC 239.363-PR, Rel. Min. Sebastião Reis Júnior, julgado em 26/2/2015, DJe 10/4/2015.

EMENTA: QUESTÃO DE ORDEM NA REPERCUSSÃO GERAL NO RECURSO EXTRAORDINÁRIO. DIREITO PENAL E PROCESSUAL PENAL. CONTRAVENÇÕES PENAIS DE ESTABELECER OU EXPLORAR JOGOS DE AZAR. ART. 50 DA LEI DE CONTRAVENÇÕES PENAIS. REPERCUSSÃO GERAL RECONHECIDA. POSSIBILIDADE DE SUSPENSÃO, CONFORME A DISCRICIONARIEDADE DO RELATOR, DO ANDAMENTO DOS FEITOS EM TODO TERRITÓRIO NACIONAL, POR FORÇA DO ART. 1.035, § 5º, DO CPC/2015. APLICABILIDADE AOS PROCESSOS PENAIS. SUSPENSÃO DA PRESCRIÇÃO DA PRETENSÃO PUNITIVA RELATIVA AOS CRIMES PROCESSADOS NAS AÇÕES PENAIS SOBRESTADAS. INTERPRETAÇÃO CONFORME A CONSTITUIÇÃO DO ART. 116, I, DO CP. POSTULADOS DA UNIDADE E CONCORDÂNCIA PRÁTICA DAS NORMAS CONSTITUCIONAIS. FORÇA NORMATIVA E APLICABILIDADE IMEDIATA AOS FUNDAMENTOS CONSTITUCIONAIS DO EXERCÍCIO DA PRETENSÃO PUNITIVA, DO PRINCÍPIO DO CONTRADITÓRIO E DA VEDAÇÃO À PROTEÇÃO PENAL INSUFICIENTE. 1. A repercussão geral que implica o sobrestamento de ações penais, quando determinado este pelo relator com fundamento no art. 1.035, § 5º, do CPC, susta o curso da prescrição da pretensão punitiva dos crimes objeto dos processos suspensos, o que perdura até o julgamento definitivo do recurso extraordinário paradigma pelo Supremo Tribunal Federal. 2. A suspensão de processamento prevista no § 5º do art. 1.035 do CPC não é consequência automática e necessária do reconhecimento da repercussão geral realizada com fulcro no caput do mesmo dispositivo, sendo da discricionariedade do relator do recurso extraordinário paradigma determiná-la ou modulá-la. 3. Aplica-se o § 5º do art. 1.035 do CPC aos processos penais, uma vez que o recurso extraordinário, independentemente da natureza do processo originário, possui índole essencialmente constitucional, sendo esta, em consequência, a natureza do instituto da repercussão geral àquele aplicável. 4. A suspensão do prazo prescricional para resolução de questão externa prejudicial ao reconhecimento do crime abrange a hipótese de suspensão do prazo prescricional nos processos criminais com repercussão geral reconhecida. 5. A interpretação conforme a Constituição do art. 116, I, do CP funda-se nos postulados da unidade e concordância prática das normas constitucionais, isso porque o legislador, ao impor a suspensão dos processos sem instituir, simultaneamente, a suspensão dos prazos prescricionais, cria o risco de erigir sistema processual que vulnera a eficácia normativa e aplicabilidade imediata de princípios constitucionais. 6. O sobrestamento de processo criminal, sem previsão legal de suspensão do prazo prescricional, impede o exercício da pretensão punitiva pelo Ministério Público e gera desequilíbrio entre as partes, ferindo prerrogativa institucional do Parquet e o postulado da paridade de armas, violando os princípios do contraditório e do *due process of law. 7. O princípio da proporcionalidade opera tanto na esfera de proteção contra excessos estatais quanto na proibição de proteção deficiente; in casu, flagrantemente violado pelo obstáculo intransponível à proteção de direitos fundamentais da sociedade de impor a sua ordem penal.* 8. A interpretação conforme à Constituição, segundo os limites reconhecidos pela jurisprudência do Supremo Tribunal Federal, encontra-se preservada, uma vez que a exegese proposta não implica violação à expressão literal do texto infraconstitucional, tampouco, à vontade do legislador, considerando a opção legislativa que previu todas as hipóteses de suspensão da prescrição da pretensão punitiva previstas no ordenamento jurídico nacional, qual seja, a superveniência de fato impeditivo da atuação do Estado-acusador. 9. O sobrestamento de processos penais determinado em razão da adoção da sistemática da repercussão geral não abrange: a) inquéritos policiais ou procedimentos investigatórios conduzidos pelo Ministério Público; b) ações penais em que haja réu preso provisoriamente. 10. Em qualquer caso de sobrestamento de ação penal determinado com fundamento no art. 1.035, § 5º, do CPC, poderá o juízo de piso, a partir de aplicação analógica do disposto no art. 92, caput, do CPP, autorizar, no curso da suspensão, a produção de provas e atos de natureza urgente. 11. Questão de ordem acolhida ante a necessidade de manutenção da harmonia e sistematicidade do ordenamento jurídico penal. (STJ, RE 966177 RG-QO/RS, Relator(a): Min. Luiz Fux, 07/06/2017, Tribunal Pleno) (grifos do autor)

QUESTÃO DE CONCURSO RELACIONADA

1. (PGE/MS – Procurador do Estado –2014) Seguindo a esteira inaugurada pela Corte Constitucional alemã (Bundesverfassungsgericht) em 1971, setores da doutrina constitucional brasileira têm desenvolvido esforços teóricos em torno do princípio da proporcionalidade como elemento de aferição da (in) constitucionalidade de leis que estabelecem limitações ao exercício de direitos fundamentais no campo da denominada reserva legal. Quanto a esse princípio da proporcionalidade é correto afirmar que:

a) ele se restringe à perquirição em torno da importância dos fundamentos justificadores da plena adequação (Geeignetheit) da intervenção estatal no hipótese concreta;

b) ele envolve três planos, o da adequação (Geeignetheit) das limitações legais no exercício do direito fundamental, o da necessidade (Notwendigkeit) relacionado a intensidade dos meios interventivos e, por fim, o da realização da ponderação em sentido estrito e específico (rigorosa ponderação e do possível entre o sentido da intervenção e os objetivos perseguidos pelo legislador);

c) ele abarca dois planos, o da importância dos fundamentos que a justificam (adequação/Geeignetheit) e, por fim, se realiza a ponderação em sentido estrito e específico (rigorosa ponderação e do possível entre o sentido da intervenção e os objetivos perseguidos pelo legislador);

d) ele se circunscreve a uma ponderação em sentido estrito e específico (a da relevância dos elementos justificadores dessa intervenção);

e) ele somente envolve o problema da demonstração argumentativa da importância dos fundamentos que justificam a necessidade (Erfordelichkeit) da intervenção legislativa.

Gabarito: Letra b.

2. (Analista do Ministério Público – MPE AL/Jurídica/2012) Sobre a efetividade dos direitos sociais, responda a questão com base no seguinte trecho de acórdão do STF: "Não se ignora que a realidade dos direitos econômicos, sociais e culturais – além de caracterizar-se pela gradualidade de seu processo de concretização – depende, em grande medida, de um inescapável vínculo financeiro subordinado às possibilidades orçamentárias do Estado, de tal modo que, comprovada, objetivamente, a alegação de incapacidade econômico-financeira da pessoa estatal, desta não se poderá razoavelmente exigir, então, considerada a limitação material referida, a imediata efetivação do comando fundado no texto da Carta Política (Ag.Reg. no RE 410.715-1/SP)".

Em casos comprovados de escassez de recursos financeiros para a satisfação das prestações estatais positivas, o STF tem admitido a aplicação do princípio da

a) proibição de proteção social deficiente.

b) discricionariedade do administrador.

c) proibição do excesso.

d) reserva do possível.

e) roibição do retrocesso social.

Gabarito: letra d

3. (Procurador Jurídico – FOZPREV/2014) Analise os quatro princípios Administrativos descritos abaixo:

1 - É a divulgação oficial do ato para conhecimento público e início de seus efeitos externos.

2 - Impõe ao administrador público que só pratique o ato para o seu fim legal.

3 - É o princípio da proibição de excesso. Objetiva aferir a compatibilidade entre os meios e os fins, de modo a evitar restrições desnecessárias ou abusivas por parte da Administração Pública, com lesão aos direitos fundamentais.

4 - A eficácia de toda atividade administrativa está condicionada ao atendimento da Lei e do Direito.

NÃO está descrito acima o seguinte princípio:

a) Razoabilidade.

b) Moralidade.

c) Publicidade.

d) Legalidade.

e) Finalidade.

Gabarito: letra b

4. (FCC – PGE/MT – Procurador do Estado – 2011) Em janeiro de 1999, o Governador do Distrito Federal editou o Decreto nº 20.098, por meio do qual se vedava a realização de manifestações públicas com a utilização de carros de som e assemelhados na Praça dos Três Poderes, na Esplanada dos Ministérios, na Praça do Buriti e adjacências. O Decreto distrital foi objeto de ação direta de inconstitucionalidade, ao final julgada procedente, extraindo-se do voto do Relator, Ministro Ricardo Lewandowski, o seguinte excerto: "A restrição ao direito de reunião estabelecida pelo Decreto distrital 20.098/99, a toda a evidência, mostra-se inadequada, desnecessária e desproporcional quando confrontada com a vontade da Constituição (*Wille Zur Verfassung*), que é, no presente caso, permitir que todos os cidadãos possam reunir-se pacificamente, para fins lícitos, expressando as suas opiniões livremente." (ADI 1969 – DF, publ. DJE 31.08.2007).

Considere as seguintes afirmações a esse respeito:

I. O STF adentrou a análise do mérito da constitucionalidade do Decreto distrital, fazendo prevalecer a norma constitucional segundo a qual todos podem reunir-se pacificamente, sem armas, em locais abertos ao público, independentemente de autorização, desde que não frustrem outra reunião anteriormente convocada para o mesmo local, sendo apenas exigido prévio aviso à autoridade competente.

II. Em seu voto, o Ministro Relator efetua a análise à luz do princípio da proporcionalidade, utilizado em sede de jurisdição constitucional para aferir a procedência de medidas restritivas de direitos fundamentais, assim como em situações de ocorrência de colisão de direitos fundamentais.

III. A referência à vontade da Constituição evidencia que a aplicação da norma constitucional não se restringiu à sua literalidade, tendo se procedido a uma interpretação teleológica, relacionando-se o direito de reunião à liberdade de expressão do pensamento.

Está correto o que se afirma em

a) I, apenas.

b) II, apenas.

c) I e II, apenas.

d) I e III, apenas.

e) I, II e III.

Gabarito: Letra e.

2. ORGANIZAÇÃO POLÍTICO-ADMINISTRATIVA DO ESTADO

QUESTÃO 1

CESPE – PGE/AM – Procurador do Estado – 2016.

Determinada Assembleia Legislativa aprovou projeto de lei apresentado por deputado estadual que estende a empregados públicos de determinada empresa pública estadual exploradora de atividade econômica o direito de servidores públicos estatutários à percepção de "gratificação de titulação", a ser auferida mediante a conclusão de curso de pós-graduação em instituição de ensino reconhecida pelas leis brasileiras. Tendo recebido a proposição para a análise, com vistas à sua apreciação para efeitos de sanção ou veto, o governador do estado solicitou manifestação prévia do respectivo órgão estadual de consultoria jurídica.

Analise a legitimidade da proposição legislativa em apreço considerando os termos da Constituição Federal de 1988. Em seu texto, discorra sobre os seguintes aspectos:

1. **competência legislativa do estado-membro para legislar a respeito da matéria; [valor: 4,75 pontos]**
2. **apresentação do referido projeto de lei por parlamentar estadual; [valor: 4,75 pontos]**
3. **extensão aos referidos empregados públicos da gratificação conferida aos servidores estatutários estaduais. [valor: 4,75 pontos]**

QUESTÃO 1

(25 LINHAS)

RESPOSTA DO AUTOR

A proposta legislativa analisada apresenta inconstitucionalidade formal, pois versa sobre direito de empregados públicos celetistas de empresa pública exploradora de atividade econômica, matéria de competência privativa da União (art. 22, I, CF/88). A única hipótese de delegação aos estados ocorreria por lei complementar federal (art. 22, parágrafo único, CF/88), o que não se verifica no caso concreto (ADIs 1.808, 144 e 318).

Quanto à apresentação do projeto por parlamentar estadual, a inconstitucionalidade da matéria impede a análise de eventual vício de iniciativa. Contudo, por interpretação alternativa, poderia se argumentar que, caso a norma fosse válida, a iniciativa caberia ao chefe do Poder Executivo, nos termos do art. 61, § 1º, II, 'c', da CF/88.

Sobre a extensão da gratificação, empresas públicas que exploram atividade econômica estão sujeitas ao regime jurídico das empresas privadas, inclusive quanto a obrigações trabalhistas (art. 173, § 1º, II, CF/88). Assim, a concessão de vantagens estatutárias a empregados públicos celetistas por meio de lei estadual é inconstitucional (RE 552.217 AgR, AI 581.418 AgR, ADI 318). Esses direitos devem ser fixados por lei federal de caráter geral ou por instrumentos negociais. Caso o candidato fundamente a inconstitucionalidade com base no art. 37, XIII, CF/88, sua resposta não deve ser zerada, mas a fundamentação correta está no art. 173, § 1º, II, CF/88.

CRITÉRIO DE CORREÇÃO DA BANCA

A resposta do candidato deve conter, no mínimo, os seguintes elementos:

Na medida em que o projeto de lei em apreço dispõe sobre direito de empregados públicos de empresa estatal exploradora de atividade econômica, com a qual mantêm vínculo trabalhista e não estatutário, ocorre invasão de competência da União para legislar sobre direito do trabalho, prevista no art. 22, I, da Constituição Federal de 1988 (CF). Em uma única circunstância legítima os estados poderiam legislar sobre a matéria: caso a União fizesse uso da faculdade constante no parágrafo único do art. 22 da CF e, por meio de lei complementar, autorizasse os entes estaduais a legislar sobre questões específicas das matérias relacionadas no art. 22, I (entre as quais, o direito do trabalho) – ADI 1.808, ADI 144, ADI 318.

Havendo invasão de competência legislativa da União, não há de se cogitar a existência ou não de vício de iniciativa quanto à apresentação/propositura do projeto de lei. Assim, afigura-se incorreto sustentar tanto a possibilidade quanto a impossibilidade de iniciativa do parlamentar estadual em relação à respectiva matéria.

Deve-se considerar correta, também, a resposta do candidato que, ao responder ao quesito 2.2, entender pela impossibilidade de iniciativa pelo parlamentar estadual, tendo em vista que o comando da questão, ao solicitar que o candidato discorra sobre "a apresentação do projeto de lei por parlamentar estadual", de certa forma, pode induzir um posicionamento pela possibilidade ou impossibilidade da iniciativa. Desta forma, deve-se considerar os dois modelos de resposta.

Empresa pública estadual exploradora de atividade econômica submete-se a "regime jurídico próprio das empresas privadas, inclusive quanto aos direitos e obrigações civis, comerciais, trabalhistas e tributários" (art. 173, § 1º, II, CF). Por isso, é inconstitucional qualquer extensão aos empregados públicos, por meio de lei, dos direitos conferidos aos servidores públicos estatutários. A esses empregados cabem somente os direitos trabalhistas concedidos por lei federal em caráter geral (ou por lei estadual autorizada nos termos do art. 22, parágrafo único, CF) ou negociados em contrato de trabalho (RE 552.217 AgR, AI 581.418 AgR, ADI 318).

Quanto ao quesito 2.3, caso o candidato entenda corretamente pela inconstitucionalidade da extensão, justificando o entendimento com base no art. 37, XIII, da CF/88, a resposta não deverá ter nota zero, mas a fundamentação adequada encontra-se com base no parágrafo único do art. 22 da CF/88, considerando-se que a hipótese trata de empresa pública exploradora de atividade econômica.

▶ DOUTRINA TEMÁTICA

"No que se refere às atribuições dos Estados-membros, o art. 25, § 1º, CF/88 expressamente determina que são reservadas a entes as competências que não lhes sejam vedadas pela Constituição. Trata-se de uma autuação bastante esvaziada, em virtude do excesso de competências materiais e legislativas enumeradas para a União, o que faz com que remaneça, pouquíssimas tarefas para os Estados-membros (...). Importante frisar que os Estados poderão legislar sobre temas específicos elencados no art. 22, CF/88 (que trata das competências privativas da União) caso recebam a delegação (autorização) dada por uma complementar federal" (NATHALIA MASSON, 2019).

"Sobre o art. 22, das competências enumeradas legislativas da União, também chamadas de competências privativas, temos que compete privativamente à União legislar sobre: 1 – direito civil, comercial, penal, processual, eleitoral, agrário, marítimo, aeronáutico, espacial e do trabalho; (...)

Sobre o art. 22, § único, temos expresso que: a lei complementar poderá autorizar os Estados a legislar sobre questões específicas das matérias relacionadas nesse artigo.

É mister salientar que existem requisitos para que possa ocorrer a delegação das competências privativas da União para os Estados. Nesse sentido, os requisitos de delegabilidade são: a) Requisito Formal: a União só pode delegar para os Estados competência legislativa mediante lei complementar. b) Requisito material: a União só poderá delegar questões específicas das matérias presentes nos incisos – não podendo delegar o inciso sem delimitação. c) Requisito Implícito: da isonomia, encontra-se no art. 19, inc. III, CR/88. Nesse sentido, é vedada à União, aos Estados, aos Municípios e ao DF, criação de preferências entre si. Nesses termos, se ocorrer delegação para um Estado, deve ocorrer para os outros.

Porém, há aqui ainda uma questão: havendo delegação para os Estados deve haver também para o Distrito Federal? Usando de uma interpretação literal do art. 22, § único, a resposta seria negativa, pois o texto só abarca os Estados-membros. Porém, o correto é que se a União delegar para os Estados, necessariamente, terá também que delegar para o DF. Assim, adotamos uma interpretação sistemática da Constituição à luz do art. 32, § 1º da CR/88. Nesses temos, categoricamente (como já citado), são reservadas ao DF as competências legislativas, tanto dos Estados quanto dos Municípios.

Por último, é mister salientar que a União, mesmo delegando competências aos Estados-membros (e Distrito Federal), não abdica delas, podendo então retomar a sua competência legislando sobre o assunto delegado a qualquer momento" (FERNANDES, 2019).

▶ JURISPRUDÊNCIA TEMÁTICA

STF

Ação direta de inconstitucionalidade com pedido de medida cautelar. 2. Arguição de inconstitucionalidade do artigo 6º do Ato das Disposições Constitucionais Transitórias da Constituição do Estado do Amazonas, que confere estabilidade excepcional a todos os servidores públicos civis da Administração direta e indireta do Estado do Amazonas e de seus Municípios, inclusive aos servidores de suas empresas públicas, sociedades de economia mista e até mesmo aos empregados de outras entidades de direito privado de cujo capital participe o Estado ou o Município. 3. Alegações de violação dos artigos 25; 37, II; 41; 42 e 173, § 1º, da parte permanente da Constituição da República, assim como os artigos 11, 25 e 19 do ADCT. 4. Medida cautelar deferida, para suspensão, ex tunc, da eficácia da norma impugnada, até o julgamento final da ação. 5. *Configurada usurpação de iniciativa privativa da União para dispor sobre estabilidade no emprego, matéria específica de legislação do trabalho, prevista no artigo 22, I, da Constituição Federal. 6. Inconstitucionalidade material do art. 6º do ADCT da Carta Amazonense ao estender a estabilidade excepcional aos servidores de suas empresas públicas, sociedades de economia mista e até mesmo aos empregados de outras entidades de direito privado de cujo capital participe o Estado ou o Município.* 7. Ofensa aos artigos 37, II, 173, § 1º, da parte permanente da Constituição da República e 19 do ADCT. 8. Precedentes: ADI 83-7/MG, Rel. Min. Sepúlveda Pertence, unânime, DJ 18.10.91; ADI 1.515-0/DF, Rel. Min. Sydney Sanches, unânime, DJ 11.04.2003 e ADI 112/BA, Rel. Min. Neri da Silveira, unânime, DJ 9.2.1996. 9. Ação direta de inconstitucionalidade procedente. (STF, ADI 1808/AM – Amazonas, Ação Direta de Inconstitucionalidade, Relator(a): Min. Gilmar Mendes, Julgamento: 18/09/2014) (grifos do autor)

RECURSO TRABALHISTA. IPC DE MARÇO DE 1990. ÍNDICE DE 84,32%. DIREITO ADQUIRIDO. INEXISTÊNCIA EM RELAÇÃO AOS EMPREGADOS PÚBLICOS CONTRATADOS SOB O REGIME DA CLT. *Os servidores do Distrito Federal, à época regidos pela CLT, não têm direito adquirido às diferenças salariais de 84,32% com base no IPC de março de 1990. A Lei distrital 38/1989 incide apenas sobre as relações do Distrito Federal com seus servidores com vínculo estatutário.* Agravo regimental a que se nega provimento. (STJ, AI 581418 AgR/DF – Distrito Federal. Ag. Reg. no Agravo de Instrumento. Relator(a): Min. Joaquim Barbosa. Julgamento: 15/08/2006 (grifos do autor)

Ementa: Ação Direta de Inconstitucionalidade. Lei n. 7.524, de 14 de fevereiro de 2017, do Estado do Rio de Janeiro. Registro obrigatório de acidentes de trabalho com lesão, ferimento ou morte. CNI – Confederação Nacional da Indústria. Legitimidade Ativa. Violação ao art. 61, § 1º, II, e, da Constituição por vício de iniciativa. Ausência. Violação ao art. 21, XXIV, e ao art. 22, I, da Constituição. Inconstitucionalidade Formal. Vício de competência. 1. A legislação questionada não dita nova incumbência a órgão do Poder Executivo, vez que já se inclui nos encargos das delegacias policiais o registro de ocorrências que possam eventualmente caracterizar crime. 2. *A norma estadual, ao criar uma obrigação ao empregador para além daquela do art. 21 da Lei n. 8.213/91 e da faculdade constante no art. 5º, § 3º, do CPP, ofende a regra de competência privativa da União para legislar sobre "direito processual" e "direito do trabalho" (CR, art. 22), assim como a competência material da União para "organizar, manter e executar a inspeção do trabalho" (CR, art. 21, XXIV). Precedentes. 3. Ainda que se admitisse a atribuição concorrente estadual, não restando comprovado fundamento que guarde nexo com peculiaridades regionais ou locais, o Estado teria usurpado a competência da União para estabelecer normas gerais sobre a matéria em questão.* 4. Ação Direta de Inconstitucionalidade julgada procedente pela inconstitucionalidade formal. (STF, ADI 5739/RJ – Rio de Janeiro, Ação Direta de Inconstitucionalidade, Relator: Min. Edson Fachin) (grifos do autor)

QUESTÃO DE CONCURSO RELACIONADA

(VUNESP – Prefeitura de São Bernardo do Campo/SP – Procurador – 2018) A respeito da repartição constitucional de competências, assinale a alternativa que está de acordo com o entendimento do Supremo Tribunal Federal.

a) Lei estadual que impõe a prestação de serviço de segurança em estacionamento a toda pessoa jurídica que disponibilize local para estacionamento é constitucional.

b) É constitucional lei estadual que prevê a instalação de dispositivos de segurança nas agências bancárias, visto que compete concorrentemente à União e aos Estados legislar em matéria de segurança nas relações de consumo.

c) Lei estadual que impõe a utilização de empregados próprios na entrada e saída de estacionamento, impedindo a terceirização, não viola a competência privativa da União para legislar sobre direito do trabalho e é constitucional.

d) É constitucional a lei ou ato normativo estadual ou distrital que disponha sobre sistemas de consórcios e sorteios, inclusive bingos e loterias.

e) É constitucional norma de Constituição estadual que dispensa apresentação de parecer prévio sobre as contas de chefe do Poder Executivo municipal a ser emitido pelo respectivo tribunal de contas estadual.

Gabarito: Letra b.

2. (FCC – PGE/RN – Procurador do Estado de Terceira Classe – 2014) Determinada lei municipal, promulgada em 2008, estabeleceu ser obrigatória a presença física de vigilante uniformizado nos locais de atendimento bancário, inclusive postos de autoatendimento. Nessa hipótese, à luz da Constituição da República, a lei municipal em questão

a) é fruto de exercício regular de competência residual, em matéria de competência concorrente, para legislar sobre consumo e responsabilidade por dano ao consumidor.

b) invadiu competência material da União para fiscalizar operações de natureza financeira.

c) invadiu competência privativa da União para legislar sobre direito do trabalho e condições para o exercício das profissões.

d) invadiu competência suplementar do Estado, em matéria de competência concorrente, para legislar sobre consumo e responsabilidade por dano ao consumidor.

e) é fruto de exercício regular da competência do Município para legislar sobre assuntos de interesse local.

Gabarito: Letra e.

3. ORGANIZAÇÃO DOS PODERES E FUNÇÕES ESSECIAIS À JUSTIÇA

QUESTÃO 1

FCC – PGM/RECIFE – Procurador do Município – 2014

As comissões parlamentares de inquérito constituem importante instrumento de controle e fiscalização atribuído ao Poder Legislativo. Nos termos do texto constitucional, essas comissões serão criadas "mediante requerimento de um terço de seus membros para apuração de fato determinado e por prazo certo", bem como "terão poderes de investigação próprios das autoridades judiciais".

Analise o regime constitucional das comissões parlamentares de inquérito, examinando especificamente os seguintes aspectos:

a) **Legitimidade de prorrogação do prazo certo definido para inquérito parlamentar;**

b) **Funcionamento e composição da comissão em face da omissão dos representantes (líderes) das bancadas partidárias majoritárias em indicar parlamentares para integrá-la.**

c) **Legitimidade e condicionantes para obtenção de informações cobertas por segredo de justiça e sigilo fiscal.**

QUESTÃO 1

(30 LINHAS)

As Comissões Parlamentares de Inquérito (CPIs), conforme o art. 58, § 3º, da Constituição Federal de 1988 (CF/88), são criadas para a apuração de fato determinado e por prazo certo, possuindo poderes de investigação próprios das autoridades judiciais.

a) Legitimidade de prorrogação do prazo certo definido para inquérito parlamentar. Embora as CPIs sejam comissões temporárias com prazo de duração definido, é possível a prorrogação desse prazo, desde que o pedido de prorrogação seja formulado antes do término do prazo original. A prorrogação pode ocorrer múltiplas vezes, desde que respeitado o limite máximo da legislatura em curso, conforme entendimento do Supremo Tribunal Federal (STF) no Habeas Corpus 71.193/SP.

b) Funcionamento e composição da comissão em face da omissão dos representantes (líderes) das bancadas partidárias majoritárias em indicar parlamentares para integrá-la. A instauração de uma CPI é um direito das minorias parlamentares. Caso os líderes partidários se omitam na indicação dos membros para compor a comissão, o Presidente da Casa Legislativa pode, de forma supletiva, proceder às indicações necessárias, garantindo a proporcionalidade prevista no art. 58, § 1º, da CF/88. Esse entendimento foi consolidado pelo STF no Mandado de Segurança 24.831/DF.

c) Legitimidade e condicionantes para obtenção de informações cobertas por segredo de justiça e sigilo fiscal. As CPIs possuem poderes investigatórios próprios das autoridades judiciais, mas estão sujeitas a limites constitucionais. No que tange ao acesso a informações protegidas por segredo de justiça, as CPIs não têm autorização para obtê-las, pois tal acesso está sujeito à reserva de jurisdição, sendo prerrogativa exclusiva do Poder Judiciário. Em relação ao sigilo fiscal, as CPIs podem requerer informações sigilosas, desde que haja aprovação pela maioria de seus membros, respeitando o princípio da colegialidade. As decisões devem ser fundamentadas em indícios e documentos constantes da investigação, visando resguardar os direitos fundamentais dos investigados.

Em suma, as CPIs são instrumentos essenciais de fiscalização parlamentar, devendo operar dentro dos limites constitucionais e legais, garantindo a proteção dos direitos fundamentais e a observância do devido processo legal.

▶ DOUTRINA TEMÁTICA

> "A Constituição Federal, no art. 58, § 3º, além de estabelecer que as CPIs devem apurar fato determinado, diz que elas o farão 'por prazo certo'. Não cuida, entretanto, de fixar tal prazo.
>
> A questão tem relevo evidente, dadas as repercussões das Comissões Parlamentares de Inquérito sobre interesses dos envolvidos nas investigações.
>
> Se o tema é relevante, é também polêmico.
>
> O STF, porém, já o dirimiu, embora com votos divergentes. A questão envolvia, de um lado, o Regimento da Câmara dos Deputados, que estabelece o prazo de cento e vinte dias para o funcionamento da Comissão Parlamentar de Inquérito, prorrogável até a metade, resultando num intervalo cronológico máximo de cento e oitenta dias. De outro lado, a Lei n. 1.579/52, no art. 5º, § 2º, dispõe que as incumbências da CPI terminam com a sessão legislativa em que criada, podendo ser prorrogada até o término da legislatura em curso.
>
> A Suprema Corte brasileira, atenta a que a CPI oferece constante potencial de interferência sobre direitos fundamentais dos investigados, concluiu que, por isso, a regulação do seu tempo de duração deveria ser objeto de lei, e não de resolução. A fórmula da Lei n. 1.579/52 – permitindo o prolongamento dos trabalhos enquanto durar a legislatura – foi, por isso, acolhida" (MENDES e BRANCO, 2016).

▸ JURISPRUDÊNCIA TEMÁTICA

STF

ECOMISSÃO PARLAMENTAR DE INQUÉRITO – PODERES DE INVESTIGAÇÃO (CF, ART. 58, § 3º) – LIMITAÇÕES CONSTITUCIONAIS – LEGITIMIDADE DO CONTROLE JURISDICIONAL – POSSIBILIDADE DE A CPI ORDENAR, POR AUTORIDADE PRÓPRIA, A QUEBRA DOS SIGILOS BANCÁRIO, FISCAL E TELEFÔNICO – NECESSIDADE DE FUNDAMENTAÇÃO DO ATO DELIBERATIVO – QUEBRA DE SIGILO ADEQUADAMENTE FUNDAMENTADA – VALIDADE – MANDADO DE SEGURANÇA INDEFERIDO– A QUEBRA DO SIGILO CONSTITUI PODER INERENTE À COMPETÊNCIA INVESTIGATÓRIA DAS COMISSÕES PARLAMENTARES DE INQUÉRITO. – A quebra do sigilo fiscal, bancário e telefônico de qualquer pessoa sujeita a investigação legislativa pode ser legitimamente decretada pela Comissão Parlamentar de Inquérito, desde que esse órgão estatal o faça mediante deliberação adequadamente fundamentada e na qual indique a necessidade objetiva da adoção dessa medida extraordinária. Precedentes. – O sigilo bancário, o sigilo fiscal e o sigilo telefônico (sigilo este que incide sobre os dados/registros telefônicos e que não se identifica com a inviolabilidade das comunicações telefônicas) – ainda que representem projeções específicas do direito à intimidade, fundado no art. 5º, X, da Carta Política – não se revelam oponíveis, em nosso sistema jurídico, às Comissões Parlamentares de Inquérito, eis que o ato que lhes decreta a quebra traduz natural derivação dos poderes de investigação que foram conferidos, pela própria Constituição da República, aos órgãos de investigação parlamentar. *As Comissões Parlamentares de Inquérito, no entanto, para decretar, legitimamente, por autoridade própria, a quebra do sigilo bancário, do sigilo fiscal e/ou do sigilo telefônico, relativamente a pessoas por elas investigadas, devem demonstrar, a partir de meros indícios, a existência concreta de causa provável que legitime a medida excepcional (ruptura da esfera de intimidade de quem se acha sob investigação), justificando a necessidade de sua efetivação no procedimento de ampla investigação dos fatos determinados que deram causa à instauração do inquérito parlamentar, sem prejuízo de ulterior controle jurisdicional dos atos em referência (CF, art. 5º, XXXV).* As deliberações de qualquer Comissão Parlamentar de Inquérito, à semelhança do que também ocorre com as decisões judiciais, quando destituídas de motivação, mostram-se írritas e despojadas de eficácia jurídica, pois nenhuma medida restritiva de direitos pode ser adotada pelo Poder Público, sem que o ato que a decreta seja adequadamente fundamentado pela autoridade estatal. *PRINCÍPIO DA COLEGIALIDADE. – O princípio da colegialidade traduz diretriz de fundamental importância na regência das deliberações tomadas por qualquer Comissão Parlamentar de Inquérito, notadamente quando esta, no desempenho de sua competência investigatória, ordena a adoção de medidas restritivas de direitos, como aquelas que importam na revelação ("disclosure") das operações financeiras ativas e passivas de qualquer pessoa. A legitimidade do ato de quebra do sigilo bancário, além de supor a plena adequação de tal medida ao que prescreve a Constituição, deriva da necessidade de a providência em causa respeitar, quanto à sua adoção e efetivação, o princípio da colegialidade, sob pena de essa deliberação reputar-se nula.* MANDADO DE SEGURANÇA E TERMO INICIAL DO PRAZO DE SUA IMPETRAÇÃO. – O termo inicial do prazo decadencial de 120 dias começa a fluir, para efeito de impetração do mandado de segurança, a partir da data em que o ato do Poder Público, formalmente divulgado no Diário Oficial, revela-se apto a gerar efeitos lesivos na esfera jurídica do interessado. Precedentes. (STF, MS 24817/DF, Min. Celso de Mello, 03/02/2005,Tribunal Pleno) (grifos nossos)

E M E N T A: MANDADO DE SEGURANÇA – QUESTÕES PRELIMINARES REJEITADAS – PRETENDIDA INCOGNOSCIBILIDADE DA AÇÃO MANDAMENTAL, PORQUE DE NATUREZA "INTERNA CORPORIS" O ATO IMPUGNADO – POSSIBILIDADE DE CONTROLE JURISDICIONAL DOS ATOS DE CARÁTER POLÍTICO, SEMPRE QUE SUSCITADA QUESTÃO DE ÍNDOLE CONSTITUCIONAL – O MANDADO DE SEGURANÇA COMO PROCESSO DOCUMENTAL E

A NOÇÃO DE DIREITO LÍQUIDO E CERTO – NECESSIDADE DE PROVA PRÉ-CONSTITUÍDA – CONFIGURAÇÃO, NA ESPÉCIE, DA LIQUIDEZ DOS FATOS SUBJACENTES À PRETENSÃO MANDAMENTAL – COMISSÃO PARLAMENTAR DE INQUÉRITO – DIREITO DE OPOSIÇÃO – PRERROGATIVA DAS MINORIAS PARLAMENTARES – EXPRESSÃO DO POSTULADO DEMOCRÁTICO – DIREITO IMPREGNADO DE ESTATURA CONSTITUCIONAL – INSTAURAÇÃO DE INQUÉRITO PARLAMENTAR E COMPOSIÇÃO DA RESPECTIVA CPI – *IMPOSSIBILIDADE DE A MAIORIA PARLAMENTAR FRUSTRAR, NO ÂMBITO DE QUALQUER DAS CASAS DO CONGRESSO NACIONAL, O EXERCÍCIO, PELAS MINORIAS LEGISLATIVAS, DO DIREITO CONSTITUCIONAL À INVESTIGAÇÃO PARLAMENTAR (CF, ART. 58, § 3º)* – MANDADO DE SEGURANÇA CONCEDIDO. O ESTATUTO CONSTITUCIONAL DAS MINORIAS PARLAMENTARES: A PARTICIPAÇÃO ATIVA, NO CONGRESSO NACIONAL, DOS GRUPOS MINORITÁRIOS, A QUEM ASSISTE O DIREITO DE FISCALIZAR O EXERCÍCIO DO PODER. – Existe, no sistema político-jurídico brasileiro, um verdadeiro estatuto constitucional das minorias parlamentares, cujas prerrogativas – notadamente aquelas pertinentes ao direito de investigar – devem ser preservadas pelo Poder Judiciário, a quem incumbe proclamar o alto significado que assume, para o regime democrático, a essencialidade da proteção jurisdicional a ser dispensada ao direito de oposição, analisado na perspectiva da prática republicana das instituições parlamentares. – *A norma inscrita no art. 58, § 3º, da Constituição da República destina-se a ensejar a participação ativa das minorias parlamentares no processo de investigação legislativa, sem que, para tanto, mostre-se necessária a concordância das agremiações que compõem a maioria parlamentar.* – O direito de oposição, especialmente aquele reconhecido às minorias legislativas, para que não se transforme numa prerrogativa constitucional inconseqüente, há de ser aparelhado com instrumentos de atuação que viabilizem a sua prática efetiva e concreta no âmbito de cada uma das Casas do Congresso Nacional. – *A maioria legislativa não pode frustrar o exercício, pelos grupos minoritários que atuam no Congresso Nacional, do direito público subjetivo que lhes é assegurado pelo art. 58, § 3º, da Constituição e que lhes confere a prerrogativa de ver efetivamente instaurada a investigação parlamentar, por período certo, sobre fato determinado.* Precedentes: MS 24.847/DF, Rel. Min. Celso de Mello, v.g. – A ofensa ao direito das minorias parlamentares constitui, em essência, um desrespeito ao direito do próprio povo, que também é representado pelos grupos minoritários que atuam nas Casas do Congresso Nacional. REQUISITOS CONSTITUCIONAIS PERTINENTES À CRIAÇÃO DE COMISSÃO PARLAMENTAR DE INQUÉRITO (CF, ART. 58, § 3º): CLÁUSULA QUE AMPARA DIREITO DE CONTEÚDO EMINENTEMENTE CONTRA-MAJORITÁRIO. – A instauração de inquérito parlamentar, para viabilizar-se no âmbito das Casas legislativas, está vinculada, unicamente, à satisfação de três (03) exigências definidas, de modo taxativo, no texto da Lei Fundamental da República: (1) subscrição do requerimento de constituição da CPI por, no mínimo, 1/3 dos membros da Casa legislativa, (2) indicação de fato determinado a ser objeto da apuração legislativa e (3) temporariedade da comissão parlamentar de inquérito. Precedentes do Supremo Tribunal Federal: MS 24.831/DF, Rel. Min. Celso de Mello, v.g. – O requisito constitucional concernente à observância de 1/3 (um terço), no mínimo, para criação de determinada CPI (CF, art. 58, § 3º), refere-se à subscrição do requerimento de instauração da investigação parlamentar, que traduz exigência a ser aferida no momento em que protocolado o pedido junto à Mesa da Casa legislativa, tanto que, "depois de sua apresentação à Mesa", consoante prescreve o próprio Regimento Interno da Câmara dos Deputados (art. 102, § 4º), não mais se revelará possível a retirada de qualquer assinatura. – Preenchidos os requisitos constitucionais (CF, art. 58, § 3º), *impõe-se a criação da Comissão Parlamentar de Inquérito, que não depende, por isso mesmo, da vontade aquiescente da maioria legislativa. Atendidas tais exigências (CF, art. 58, § 3º), cumpre, ao Presidente da Casa legislativa, adotar os procedimentos subseqüentes e necessários à efetiva instalação da CPI, não se revestindo de legitimação constitucional o ato que busca submeter, ao Plenário da Casa legislativa, quer por intermédio de formulação de Questão de Ordem, quer mediante interposição de recurso ou utilização de qualquer outro meio regimental, a criação de qualquer comissão parlamentar de inquérito.* – A prerrogativa institucional de investigar, deferida ao Parlamento (especialmente aos grupos minoritários que atuam no âmbito dos corpos legislativos), não pode ser comprometida pelo bloco majoritário existente no Congresso Nacional, que não dispõe de qualquer parcela de poder para deslocar, para o Plenário das Casas legislativas, a decisão final sobre a efetiva criação de determinada CPI, sob pena de frustrar e nulificar, de modo inaceitável e arbitrário, o exercício, pelo Legislativo (e pelas minorias que o integram), do poder constitucional de fiscalizar e de investigar o comportamento dos órgãos, agentes e instituições do Estado, notadamente daqueles que se estruturam na esfera orgânica do Poder Executivo. – *A rejeição de ato de criação de Comissão Parlamentar de Inquérito, pelo Plenário da Câmara dos Deputados, ainda que por expressiva votação majoritária, proferida em sede de recurso interposto por Líder de partido político que compõe a maioria congressual, não tem o condão de justificar a frustração do direito de investigar que a própria Constituição da República outorga às minorias que atuam nas Casas do Congresso Nacional.* (STF, MS 26441/DF, Relator(a): Min. Celso de Mello, Julgamento: 25/04/2007, Tribunal Pleno) (grifos do autor)

QUESTÕES DE CONCURSO RELACIONADAS

(IADES – AL/GO – Procurador – 2019) Com base no disposto na Constituição Federal de 1988, na legislação federal específica e na jurisprudência do Supremo Tribunal Federal, acerca da criação e do funcionamento das comissões parlamentares de inquérito no âmbito das Assembleias Legislativas (CPI estadual), assinale a alternativa correta.

a) Em função do princípio federativo, a CPI estadual não pode convidar autoridade federal para prestar depoimento.

b) Para a constituição válida da CPI estadual, é necessário haver correlação entre o respectivo objeto e a competência conferida constitucionalmente à Assembleia Legislativa.

c) Em relação às deliberações tomadas pela CPI estadual, vigora o princípio da colegialidade, embora algumas decisões urgentes relacionadas ao poder geral de cautela, como a indisponibilidade de bens dos investigados, possam ser definidas de forma isolada pelo presidente da CPI.

d) Em função do requisito da temporariedade, o prazo de funcionamento da CPI estadual, embora possa ser prorrogado, não pode ultrapassar a sessão legislativa em curso, na qual a CPI estadual tenha sido criada.

e) As conclusões da CPI estadual, após deliberação plenária da Assembleia Legislativa, serão encaminhadas para as devidas providências, entre outros órgãos, ao Ministério Público.

Gabarito: Letra c.

(VUNESP – FAPESP – Procurador – 2018) Assinale a alternativa que contempla afirmativa correta a respeito da Comissões Parlamentares de Inquérito (CPIs).

a) É possível a instauração de duas CPIs simultâneas dentro de uma mesma Casa Legislativa.

b) Na Câmara dos Deputados as CPIs deverão se encerrar no prazo de até 120 dias improrrogáveis.

c) O cônjuge de investigado na CPI tem obrigação de depor e é obrigado a firmar compromisso de dizer a verdade.

d) As CPIs, dentro dos seus poderes próprios da autoridade judicial, podem aplicar medidas assecuratórias inseridas no poder geral de cautela do juiz.

e) É vedado às CPIs expedir ordens de prisão, ainda que seja no caso de flagrante delito.

(Gabarito: Letra a.

3. (CESPE – PGM – Manaus/AM – Procurador do Município – 2018) À luz do entendimento do STF e da doutrina sobre as CPI, julgue o item subsequente.

A quebra de sigilo bancário e fiscal são medidas compreendidas na esfera de competência das CPI instauradas pelo Congresso Nacional.

( ) Certo

( ) Errado

Gabarito: certo.

QUESTÃO 2

CESPE - PGE/SE - Procurador do Estado - 2017.

O Supremo Tribunal Federal, na ADI n.º 4.764, em sede de controle concentrado de constitucionalidade, firmou a seguinte tese: É vedado às unidades federativas instituir normas que condicionem a instauração de ação penal contra o governador, por crime comum, à prévia autorização da casa legislativa (...). Para alcançar tal conclusão, utilizou - entre outros argumentos - a natureza e os elementos característicos do princípio republicano conforme a Constituição Federal de 1988 (CF).

Discorra, de forma fundamentada, sobre os argumentos constitucionais que amparam o entendimento citado acima, abordando os seguintes aspectos:

1. **a natureza e os elementos característicos do princípio republicano na CF; [valor: 5,00 pontos]**
2. **a existência, a extensão e a forma de instauração de exceções ao princípio republicano; [valor: 4,25 pontos]**
3. **as consequências para os estados-membros da observância obrigatória ao princípio republicano considerando-se o disposto no art. 51, I, da CF. [valor: 5,00 pontos]**

QUESTÃO 2

(30 LINHAS)

▸ RESPOSTA DO AUTOR

O **princípio republicano**, fundamento essencial da CF/1988, exige a responsabilidade dos governantes, a alternância no poder e a igualdade formal. Está previsto no artigo 34, VII, "a", como princípio constitucional sensível, de observância obrigatória pelos estados-membros. Seus elementos incluem a eletividade dos governantes, a temporariedade dos mandatos e a accountability dos agentes públicos.

1. Natureza e elementos característicos do princípio republicano. O princípio republicano fundamenta-se na soberania popular e na limitação do poder político. Seus elementos essenciais são: Eletividade dos governantes: poder conferido pelo voto popular; Temporariedade dos mandatos: alternância no poder para evitar perpetuação; Responsabilidade dos agentes públicos: submissão às sanções políticas, penais e civis; Igualdade formal: inexistência de privilégios incompatíveis com a isonomia.

2. Existência, extensão e forma de instauração de exceções ao princípio republicano. As exceções ao princípio republicano só podem ser estabelecidas pela própria Constituição Federal. O artigo 86 prevê que a ação penal contra o Presidente da República depende de autorização da Câmara dos Deputados, prerrogativa exclusiva do Chefe de Estado. No entanto, essa norma não pode ser estendida aos governadores, pois trata-se de regra de reprodução vedada.

3. Consequências para os estados-membros. O STF, na ADI nº 4.764, decidiu que os estados não podem condicionar a ação penal contra governadores à autorização das assembleias legislativas, pois isso violaria o princípio republicano e a simetria constitucional. O artigo 34, VII, "a", da CF/1988 prevê intervenção federal caso estados descumpram esse princípio.

Portanto, qualquer norma estadual que condicione a persecução penal de governadores à autorização legislativa é inconstitucional, pois fere a igualdade, a accountability e a separação de poderes, pilares essenciais da República.

▸ CRITÉRIO DE CORREÇÃO DA BANCA

1. O princípio republicano é um princípio constitucional sensível (CRFB/1988, art. 34, VII), ou seja, de observância obrigatória pelos estados. São elementos característicos do princípio republicano a eletividade dos governantes, a temporariedade dos mandatos (equivalente: alternância) e a responsabilidade dos agentes públicos (equivalente: *accountability*). Considerar, em acréscimo, como elemento característico do princípio republicano: a isonomia ou a igualdade entre as pessoas.

2. As exceções ao princípio republicano só podem ser estabelecidas na própria Constituição Federal (CF), salvo disposição expressa em contrário na própria CF. Essas exceções são, portanto, normas de reprodução proibida nas Constituições estaduais (equivalente: ausência de simetria).

3. A imunidade do chefe de Estado à persecução penal (CF, art. 51, I) é artigo da CF que contém uma exceção ao princípio republicano (por não observar os princípios da igualdade; e da *accountability* dos agentes públicos e da separação de poderes). Não há previsão/autorização de que seja reproduzida no âmbito estadual. Por ser exceção a princípio constitucional sensível, só pode ser estabelecida na própria CF e não pode ser reproduzida nas Constituições estaduais, ou seja, os estados não podem condicionar a persecução criminal do governador à prévia autorização da assembleia legislativa.

▶ DOUTRINA TEMÁTICA

"O que importa para definir um determinado Estado como Republicano é a correspondente adoção, expressa ou implícita, de tal forma de governo, bem como a observância das características nucleares da República, isto é, a *eletividade, a temporariedade dos mandatos e a responsabilidade dos governantes.* (...) a República, na condição de princípio geral e estruturante, opera como um mandato de otimização, no sentido de buscar a realização do melhor equilíbrio possível entre liberdade e ordem na concretização do bem comum, já que a República consiste no exercício do poder e do governo para o povo e no princípio da responsabilidade dos governantes" (SARLET; MARINONI; MITIDERO, 2015) (grifos do autor).

▶ JURISPRUDÊNCIA TEMÁTICA

STF

EMENTA. DIREITO CONSTITUCIONAL. AÇÃO DIRETA DE INCONSTITUCIONALIDADE. GOVERNADOR DE ESTADO. NORMAS DA CONSTITUIÇÃO ESTADUAL SOBRE CRIMES DE RESPONSABILIDADE. LICENÇA PRÉVIA DA ASSEMBLEIA LEGISLATIVA PARA INSTAURAÇÃO DE PROCESSOS POR CRIMES COMUNS. 1. "A definição dos crimes de responsabilidade e o estabelecimento das respectivas normas de processo e julgamento são da competência legislativa privativa da União" (Súmula Vinculante 46, resultado da conversão da Súmula 722/STF). São, portanto, inválidas as normas de Constituição Estadual que atribuam o julgamento de crime de responsabilidade à Assembleia Legislativa, em desacordo com a Lei nº 1.079/1950. Precedentes. *2. A Constituição Estadual não pode condicionar a instauração de processo judicial por crime comum contra Governador à licença prévia da Assembleia Legislativa. A república, que inclui a ideia de responsabilidade dos governantes, é prevista como um princípio constitucional sensível (CRFB/1988, art. 34, VII, a), e, portanto, de observância obrigatória, sendo norma de reprodução proibida pelos Estados-membros a exceção prevista no art. 51, I, da Constituição da República.* 3. Tendo em vista que as Constituições Estaduais não podem estabelecer a chamada "licença prévia", também não podem elas autorizar o afastamento automático do Governador de suas funções quando recebida a denúncia ou a queixa-crime pelo Superior Tribunal de Justiça. É que, como não pode haver controle político prévio, não deve haver afastamento automático em razão de ato jurisdicional sem cunho decisório e do qual sequer se exige fundamentação (HC 101.971, Primeira Turma, Rel. Min. Cármen Lúcia, j. em 21.06.2011, DJe 02.09.2011; HC 93.056 Rel. Min. Celso de Mello, Segunda Turma, j. em 16.12.2008, DJe 14.05.2009; e RHC 118.379 (Rel. Min. Dias Toffoli, Primeira Turma, j. em 11.03.2014, DJe 31.03.2014), sob pena de violação ao princípio democrático. 4. Também aos Governadores são aplicáveis as medidas cautelares diversas da prisão previstas no art. 319 do Código de Processo Penal, entre elas "a suspensão do exercício de função pública", e outras que se mostrarem necessárias e cujo fundamento decorre do poder geral de cautela conferido pelo ordenamento jurídico brasileiro aos juízes. 5. Pedido julgado integralmente procedente, com declaração de inconstitucionalidade por arrastamento da suspensão funcional automática do Governador do Estado pelo mero recebimento da denúncia ou queixa-crime. Afirmação da seguinte tese: *"É vedado às unidades federativas instituírem normas que condicionem a instauração de ação penal contra o Governador, por crime comum, à prévia autorização da casa legislativa, cabendo ao Superior Tribunal de Justiça dispor, fundamentadamente, sobre a aplicação de medidas cautelares penais, inclusive afastamento do cargo".* (STF, ADI 4.797, Mato Grosso, Relator: Min. Celso de Mello, Plenário 04/05/2017) (grifos do autor)

QUESTÕES DE CONCURSO RELACIONADAS

1. (PGE-PA – Procurador do Estado – 2015) Sobre o que trata as alternativas abaixo, é correto afirmar que:

a) o princípio republicano, por repelir privilégios e não tolerar discriminações, levou o STF a impedir a prerrogativa de foro, perante a Corte, nas infrações penais comuns, salvo nos casos onde a prática delituosa tenha ocorrido durante o período de atividade funcional, se sobrevier a cessação da investidura do indiciado, denunciado ou réu no cargo, função ou mandato.

b) consoante o STF, com apoio na Relevância Jurídica do Preâmbulo de nossa atual Constituição da República, a consagrar sua força normativa, pode concluir-se pela capacidade de servir como parâmetro de controle nas ações diretas de constitucionalidade.

c) o STF vem, aos poucos, porém progressivamente, acatando a tese de que há hierarquia entre normas constitucionais originárias.

d) o STF, prestigiando o Princípio Federativo e o Princípio da Territorialidade, reconheceu as distorções alocativas e o impacto negativo decorrente da tributação do ICMS pelo Estado de origem, especialmente sobre o crescimento econômico e sobre a distribuição das receitas estaduais, consignando a constitucionalidade da exigência de tal tributo nas operações interestaduais que destinem mercadoria ou bem ao consumidor final, cuja aquisição ocorrer de forma não presencial no estabelecimento remetente (e-commerce).

e) em relação à força normativa da Constituição, Konrad Hesse esclarece que a Constituição real e Constituição jurídica estão em uma relação de coordenação. Elas condicionam-se mutuamente, mas não dependem, pura e simplesmente, uma da outra. Ainda que não de forma absoluta, a Constituição jurídica tem significado próprio. Sua pretensão de eficácia apresenta-se como elemento autônomo no campo de forças do qual resulta a realidade do Estado. A Constituição adquire força normativa na medida em que logra realizar essa pretensão de eficácia.

Gabarito: Letra e.

2. (PGE/SE – Procurador do Estado – 2017) Quanto à forma, o Estado brasileiro é classificado como

a) democrático, embasado no princípio da igualdade.

b) republicano, fundamentado na alternância do poder.

c) republicano, sendo essa forma protegida como cláusula pétrea.

d) Estado democrático de direito.

e) federativo, sujeito ao princípio da indissolubilidade.

Gabarito: Letra e.

QUESTÃO 3

PGE/MT – Procurador do Estado – 2016.

Projeto de lei ordinária alterando a organização da carreira de Procurador do Estado do Mato Grosso, de autoria de determinado Deputado Estadual, é aprovado pela maioria simples dos membros da Assembleia Legislativa, presente a maioria absoluta à sessão de votação. É, então, enviado ao Governador do Estado, que dentro do prazo de quinze dias acaba por vetá-lo totalmente. O projeto retorna, assim, à Assembleia Legislativa, que introduz pequena modificação no texto, sendo em seguida o veto do Chefe do Poder Executivo Estadual rejeitado pela maioria absoluta de seus membros, e a lei consequentemente promulgada pelo Presidente da Assembleia Legislativa. Reputando irregular processo de elaboração da norma nessas condições, o Governador do Estado pretende questionar sua constitucionalidade, sem sede judicial.

À luz da disciplina da matéria na Constituição Federal e na Constituição do Estado do Mato Grosso, responda fundamentadamente às seguintes indagações acerca da situação hipotética acima apresentada:

a) **Sob quais aspectos o processo de elaboração da norma em questão acima seria inconstitucional?**

b) **Estaria o Governador do Estado legitimado a questionar a constitucionalidade da lei em sede judicial? Em caso negativo, por quê? Em caso afirmativo, qual a medida cabível e o juízo competente?**

QUESTÃO 3

(30 LINHAS)

RESPOSTA DO AUTOR

a) Inconstitucionalidades no processo de elaboração da norma. O processo legislativo do projeto de lei mencionado apresenta vícios de inconstitucionalidade formal. Primeiramente, a Constituição Federal, em seu art. 61, § 1º, II, "c", estabelece que a iniciativa de leis que disponham sobre a organização das carreiras dos servidores públicos é privativa do Chefe do Poder Executivo. Esse dispositivo é de reprodução obrigatória pelas Constituições Estaduais, conforme o princípio da simetria, razão pela qual a propositura de tal alteração por um Deputado Estadual é inconstitucional.

Além disso, a Constituição do Estado do Mato Grosso, em seu art. 111, determina que a organização e funcionamento da Procuradoria-Geral do Estado devem ser disciplinados por meio de lei complementar. No entanto, o projeto de lei foi proposto sob a forma de lei ordinária, o que contraria a exigência constitucional estadual e configura um vício formal insanável.

Outro aspecto irregular no processo legislativo foi a modificação do texto do projeto de lei após o veto do Governador. A Constituição Federal e a Constituição do Estado do Mato Grosso não autorizam a introdução de novas alterações quando o veto é apreciado pelo Poder Legislativo. Assim, a rejeição do veto e posterior promulgação do texto modificado pelo Presidente da Assembleia Legislativa afronta o devido processo legislativo.

b) Legitimidade do Governador para questionar a constitucionalidade da norma. O Governador do Estado possui legitimidade para questionar a constitucionalidade da norma perante o Supremo Tribunal Federal (STF). Nos termos do art. 103, V, da Constituição Federal, ele é um dos legitimados universais para propor Ação Direta de Inconstitucionalidade (ADI), sem necessidade de demonstrar pertinência temática. A medida cabível, portanto, é o ajuizamento de uma ADI perante o STF, visando à declaração de inconstitucionalidade da norma.

Além disso, o Governador pode impugnar a norma perante o Tribunal de Justiça do Estado de Mato Grosso, por meio da Representação de Inconstitucionalidade, alegando a afronta ao art. 111 da Constituição Estadual. No entanto, caso a ADI no STF seja julgada procedente e a norma declarada inconstitucional, a Representação de Inconstitucionalidade no TJ/MT perderá seu objeto. Por outro lado, se a ADI for julgada improcedente, ainda será possível ao Tribunal de Justiça do Estado analisar a constitucionalidade da norma sob a ótica estadual, desde que a argumentação se restrinja ao âmbito da Constituição do Estado.

Dessa forma, o Governador dispõe de mecanismos adequados para impugnar a norma inconstitucional tanto na esfera federal quanto na estadual, garantindo o respeito ao devido processo legislativo e às competências constitucionais.

DOUTRINA TEMÁTICA

> "A iniciativa exclusiva (*privativa* ou *reservada*) é restrita a um legitimado, como no caso das matérias reservadas ao Presidente da República (art. 61, § 1º, da CF). (...) Por serem normas de observância obrigatória, as matérias cuja iniciativa a Constituição reservou ao Chefe do Executivo Federal, no âmbito estadual, devem ser atribuídas pelas respectivas Constituições ao Governador, não sendo admitidas nem mesmo emendas constitucionais de origem parlamentar. Em se tratando de projeto de lei de iniciativa privativa do Chefe do Poder Executivo, não pode o Legislativo assinar-lhe prazo para o exercício dessa prerrogativa" (NOVELINO, 2016).

> "Numa federação, a existência de uma ordem jurídica central e de ordens jurídicas parciais, cada qual com seu documento constitucional, enseja a convivência entre duas modalidades de controle concentrado, a federal (em tutela da Constituição Federal) e a estadual (para proteger a Carta Estadual).

Isso oportuniza uma interessante situação: a possibilidade de interposição simultânea de duas ações direitas, uma perante o STF e a outra perante o Tribunal de Justiça local, impugnando uma mesma lei (ou outro ato normativo), que certamente será estadual, em face da Constituição Federal e da Constituição Estadual, respectivamente.

A essa ocorrência denomina-se 'simultaneidade das ações diretas de inconstitucionalidade ou 'tramitação paralela de ações direitas de inconstitucionalidade'.

(...) Com efeito, se o STF, na ADI que tramita na Corte impugnando a norma estadual em face da Constituição Federal, prolatar decisão no sentido da procedência da ação (inconstitucionalidade da norma), a ação direta no Tribunal de Justiça será extinta sem julgamento de mérito, pela óbvia razão de ter perdido o objeto – o STF, ao determinar a inconstitucionalidade da norma, ocasiona sua retirada do ordenamento jurídico.

Em contraposição, caso o STF declare a constitucionalidade da norma perante a Constituição Federal, a ação no TJ terá seu trâmite continuado. E como o TJ decidirá tendo por base outro parâmetro, a Constituição Estadual poderá até mesmo declarar a inconstitucionalidade da norma, retirando-a do ordenamento estadual, sem que implique desrespeito à decisão do STF. Isso porque as decisões se basearam em paradigmas, por isso podem implicar resultados opostos" (MASSON, 2019).

► JURISPRUDÊNCIA TEMÁTICA

STF

EMENTA: CONSTITUCIONAL. AÇÃO DIRETA DE INCONSTITUCIONALIDADE. LEI COMPLEMENTAR DO ESTADO DO RIO GRANDE DO SUL N. 11.614/2001. MODIFICAÇÃO NO ESTATUTO DOS SERVIDORES MILITARES DA BRIGADA MILITAR DO ESTADO DO RIO GRANDE DO SUL. PRINCÍPIO DA SIMETRIA. AÇÃO DIRETA JULGADA PROCEDENTE. *1. A jurisprudência do Supremo Tribunal Federal tem reconhecido que o disposto no art. 61, § 1º, II, "c", da Constituição Federal estabelece regra de iniciativa privativa do chefe do poder executivo para dispor sobre o regime jurídico dos servidores públicos. Precedentes. 2. Ofende o princípio da separação dos poderes lei de iniciativa parlamentar que disponha sobre o regime jurídico dos servidores públicos.* Precedentes. 3. Ação direta julgada procedente. (STF, ADI 2466/RS, Relator(a): Min. Edson Fachin, 18/05/2017, Tribunal Pleno) (grifos do autor)

EMENTA: AGRAVO REGIMENTAL EM AÇÃO DIRETA DE INCONSTITUCIONALIDADE POR OMISSÃO. EXTINÇÃO DO PROCESSO SEM RESOLUÇÃO DE MÉRITO. SUPOSTA OMISSÃO LEGISLATIVA NA IMPLEMENTAÇÃO DE IMPOSTO DE COMPETÊNCIA DA UNIÃO. GOVERNADOR DO ESTADO DO MARANHÃO. ILEGITIMIDADE ATIVA. AUSÊNCIA DE PERTINÊNCIA TEMÁTICA. PRECEDENTES. DESPROVIMENTO DO AGRAVO REGIMENTAL. 1. Alegação de omissão legislativa na implementação de imposto de competência da União – Imposto sobre Grandes Fortunas (IGF). Ausência de previsão constitucional de repartição de receitas desse tributo com os demais entes federados. *2. A jurisprudência desta CORTE é pacífica no sentido de que a legitimidade para a propositura das ações de controle concentrado de constitucionalidade, em face de ato normativo oriundo de ente federativo diverso, por governadores de Estado, exige a demonstração de pertinência temática, ou seja, a repercussão do ato, considerados os interesses do Estado.* Precedentes. Ausência de pertinência temática. 3. Ilegitimidade ativa do Governador do Estado do Maranhão para propor Ação Direta de Inconstitucionalidade por Omissão com o objetivo de instituir imposto de competência da União. 4. Agravo Regimental a que se nega provimento. (STF, ADO 31 AgR/DF, Relator(a): Min. Alexandre de Moraes, Julgamento: 09/04/2018, Órgão Julgador: Tribunal Pleno) (grifos do autor)

...)[...] O desrespeito à prerrogativa de iniciar o processo de positivação formal do Direito, gerado pela usurpação do poder sujeito à cláusula de reversa, traduz vício jurídico de gravidade inquestionável, cuja ocorrência reflete típica hipótese de inconstitucionalidade formal, apta a infirmar, de modo irremissível, a própria integridade jurídica do ato legislativo eventualmente editado. Dentro desse contexto – em que se ressalta a imperatividade da vontade subordinante do poder constituinte –, *nem mesmo a aquiescência do Chefe do Executivo mediante sanção ao projeto de lei, ainda quando dele seja a prerrogativa usurpada, tem o condão de sanar esse defeito jurídico radical. Por isso mesmo, a tese da convalidação das leis resultantes do procedimento inconstitucional de usurpação – ainda que admitida por esta Corte sob a égide da Constituição de 1946 (Súmula 5) – não mais prevalece*, repudiada que foi seja em face do magistério da doutrina (...), seja, ainda, em razão da jurisprudência dos Tribunais, inclusive a desta Corte (...). (STF, ADI 1197, rel. min. Celso de Mello, P, j. 18-5-2017, DJE 114 de 31-5-2017) (grifos do autor)

QUESTÕES DE CONCURSO RELACIONADAS

1. (FCC – Câmara Legislativa do Distrito Federal – Procurador Legislativo – 2018) Suponha que o Chefe do Executivo tenha editado decreto reestruturando determinada Secretaria de Estado. Nos termos do referido decreto, operou-se a concentração de atribuições em determinados órgãos da Pasta, com a correspondente redução em outros. Além disso, o ato extinguiu cargos vagos, efetivos e de livre provimento. Referido decreto foi contestado judicialmente pelos servidores, sustentando que o mesmo não encontra base legal, extrapolando, assim, os limites do poder regulamentar conferido ao Chefe do Executivo. Considerando as competências constitucionalmente estabelecidas, conclui-se corretamente que a edição do referido ato afigura-se juridicamente

a) ilegítima, eis que a extinção de cargos efetivos, ainda que vagos, constitui matéria de reserva de lei, não podendo ser operada por decreto.

b) legítima, eis que se situa no âmbito e nos limites da competência do poder normativo do Chefe do Executivo para dispor sobre organização administrativa.

c) legítima apenas no que concerne à realocação de atribuições internas, porém inconstitucional quanto à extinção de cargos, por afronta ao princípio da legalidade.

d) legítima apenas se precedida de delegação legislativa para o Poder Executivo, ainda que de forma genérica, sob pena de afronta ao princípio da separação de poderes.

e) ilegítima, pois tanto a extinção de cargos como a reorganização de atribuições administrativas constituem matéria reservada ao campo da lei em sentido formal, cabendo apenas a regulamentação por decreto.

Gabarito: Letra e.

2. (VUNESP/SP – Prefeitura de São José do Rio Preto/SP – Procurador do Município – 2014) Lei do Município de São José do Rio Preto, de iniciativa parlamentar, dispôs sobre planejamento urbanístico, prevendo aumento de despesas. A ação direta de inconstitucionalidade deve ser ajuizada perante o

a) Supremo Tribunal Federal e julgada procedente, com base na ofensa ao princípio da separação dos poderes.

b) Tribunal de Justiça de São Paulo e julgada procedente, reconhecendo-se que foi usurpada a iniciativa reservada ao chefe do Poder Executivo, com violação a dispositivos da Carta Bandeirante.

c) Supremo Tribunal Federal e julgada procedente, com base na ofensa a dispositivos da Constituição Estadual.

d) Supremo Tribunal Federal e julgada procedente, reconhecendo-se que foi usurpada a iniciativa reservada ao chefe do Poder Executivo Municipal, com violação à cláusula de reserva.

e) Tribunal de Justiça de São Paulo e julgada extinta por se tratar de competência originária do Supremo Tribunal Federal.

Gabarito: Letra b.

QUESTÃO 4

PROCURADORIA DO ESTADO DE RONDÔNIA - 2022

A Constituição do Estado de Rondônia prevê, em seu artigo 38, a possibilidade de emenda, mediante proposta discutida e votada em dois turnos, considerada aprovada quando forem obtidos, nos dois turnos, dois terços dos votos dos deputados estaduais. Na Constituição Federal de 1988 (CF), existe a previsão de quórum de 3/5 dos membros do Poder Legislativo para a aprovação de emendas constitucionais.

Considerando essas informações, responda, de modo fundamentado, ao seguinte questionamento: Um estado pode prever em sua Constituição quórum diferenciado do que prevê a CF para a votação de emendas constitucionais?

QUESTÃO 4

1	
2	
3	
4	
5	
6	
7	
8	
9	
10	

(10 LINHAS)

▸ RESPOSTA DO AUTOR

A autonomia dos Estados para elaborar suas Constituições está limitada pelas normas de reprodução obrigatória da Constituição Federal de 1988 (CF/88), conforme o princípio da simetria (art. 25, CF/88 e art. 11, ADCT).

O artigo 60 da CF/88 estabelece que emendas constitucionais devem ser aprovadas por 3/5 dos membros do Poder Legislativo, regra de observância obrigatória pelos Estados. O STF, na ADI 6453/RO, declarou inconstitucional o § 2º do art. 38 da Constituição de Rondônia, que previa quórum de 2/3, reafirmando que normas estruturantes do processo legislativo devem ser seguidas pelos Estados.

Esse entendimento já havia sido consolidado em precedentes como as ADIs 486, 1722 MC, 468, 3564 e 1353. Assim, qualquer previsão estadual diversa da CF/88 é inconstitucional, pois afronta o princípio da simetria e limitações do poder constituinte derivado decorrente.

▸ CRITÉRIO DE CORREÇÃO DA BANCA

É inconstitucional norma de Constituição estadual que preveja quórum diverso de 3/5 dos membros do Poder Legislativo (1) para aprovação de emendas constitucionais.

EDIÇÃO 1043/2022 |11INFORMATIVO STF As regras e parâmetros do processo legislativo federal, como é o caso do processo de reforma constitucional, na forma disposta pela Constituição Federal (CF), é de reprodução obrigatória nas Constituições estaduais, em estrita observância ao princípio da simetria, ao qual a autonomia dos estados-membros se submete, a teor do que prevê os arts. 25 da CF (2) e 11 do Ato das Disposições Constitucionais Transitórias - ADCT (3). Os precedentes da Corte (4) são firmes no que diz respeito à limitação do poder constituinte derivado e denotam a natureza estruturante das normas regentes do processo legislativo federal, o que enseja a inconstitucionalidade das Constituições estaduais no ponto em que dissonantes quanto à formatação do processo de emenda à Constituição. Com base nesse entendimento, o Plenário, por unanimidade, conheceu da ação direta e, no mérito, julgou procedente o pedido formulado para declarar a inconstitucionalidade do § 2º do art. 38 da Constituição do Estado de Rondônia (CE-RO) (5), com efeitos ex nunc, a contar da data de publicação da ata do julgamento. Esse foi o entendimento do STF, ao julgar a ADI 6453/RO, tendo como Relatora a Ministra Rosa Weber.

Obs. Há precedentes do STF em relação de que as normas de processo legislativo são de reprodução obrigatória (ADI 486 e ADI 1722 MC) e que o princípio da simetria deve ser observado referente às normas do processo legislativo (ADI 468, ADI 3.564 e ADI 1.353).

▶ DOUTRINA TEMÁTICA

A transposição, repetição ou remissão de normas entre ordens jurídicas distintas é fenômeno frequente no federalismo brasileiro, diante da primazia da Constituição Federal sobre as demais ordens jurídicas e o mimetismo normativo decorrente da fragilidade dos entes subnacionais, sendo frequente que as leis fundamentais das ordens estaduais, distritais e municipais reproduzam literalmente enunciados normativos presentes na Constituição Federal ou incorporem, por remissão, conteúdos constantes de enunciados constitucionais nacionais. Essa transposição normativa pode ser implícita ou expressa e, neste último caso, obrigatória ou voluntária. (MODESTO, 2014, p. 202)

De acordo com Paulo Modesto "As normas de reprodução obrigatória independem de transcrição na Constituição Estadual. Podem, por isso, ser expressas ou implícitas. Há normas da Constituição da República que, mesmo não enunciadas expressamente na Constituição Estadual, são consideradas como dela integrantes, por imposição do denominado princípio da simetria (ex. normas básicas do processo legislativo federal, conf. STF, ADI 276, Rel. Sepúlveda Pertence) ou por serem normas expressamente adotadas com caráter nacional obrigatório (ex. princípios da legalidade, impessoalidade, moralidade, eficiência na administração pública, previstos no art. 37, caput, da Constituição Federal). 1 As normas de reprodução não admitem a existência de normas constitucionais locais contrárias ou diferenciadas ao paradigma estabelecido na Constituição Federal".

Na lição clássica de RAUL MACHADO HORTA, as normas constitucionais estaduais de imitação ou, simplesmente, normas de imitação, são normas autônomas que "exprimem trabalho de imitação ou de cópia de texto da Constituição Federal, que é assim inscrito na Constituição Estadual pela atração exercida por técnica federal mais apropriada na definição ou disciplina de determinado instituto constitucional" (Imunidades Parlamentares do Deputado Estadual, Minas Gerais, Imprensa Oficial, 1967, p. 31).

▶ JURISPRUDÊNCIA TEMÁTICA

STF

A Reclamação 383, verdadeiro leading case na matéria, ficou assim ementada: Reclamação com fundamento na preservação da competência do Supremo Tribunal Federal. Ação direta de inconstitucionalidade proposta perante Tribunal de Justiça na qual se impugna Lei municipal sob a alegação de ofensa a dispositivos constitucionais estaduais que reproduzem dispositivos constitucionais federais de observância obrigatória pelos Estados. Eficácia jurídica desses dispositivos constitucionais estaduais. Jurisdição constitucional dos Estados-membros. Admissão da propositura da ação direta de inconstitucionalidade perante o Tribunal de Justiça local, com possibilidade de recurso extraordinário se a interpretação da norma constitucional estadual, que reproduz a norma constitucional federal de observância obrigatória pelos Estados, contrariar o sentido e o alcance desta. Reclamação conhecida, mas julgada improcedente.

Ementa: Direito constitucional. Ação Direta de Inconstitucionalidade. Referendo da Medida Cautelar. Conversão em julgamento de mérito. Reeleição para a Mesa

Diretora da Assembleia Legislativa do Estado do Rio de Janeiro. Possibilidade de uma única recondução para o mesmo cargo. 1. Ação direta de inconstitucionalidade que impugna normas **estaduais que permitem a reeleição dos membros da Mesa Diretora da Assembleia Legislativa do Estado do Rio de Janeiro (art. 99, II, da Constituição do Estado do Rio de Janeiro e do art. 5º, caput, do Regimento Interno da Assembleia Legislativa do Estado do Rio de Janeiro). 2.** A jurisprudência do Supremo Tribunal Federal afirma que a regra do art. 57, § 4º, da Constituição Federal não representa concretização do princípio republicano, razão pela qual não constitui norma **de repetição** obrigatória **pelos Estados (Representação 1.245, Rel. Min. Oscar Corrêa; ADI 793, Rel. Min. Carlos Velloso; ADI 2.371, Rel. Min. Moreira Alves). 3.** Por conseguinte, os Estados-membros não estão obrigados a vedar a reeleição dos membros da mesa diretora da respectiva casa legislativa, tal como a Constituição Federal faz em relação ao Congresso Nacional. **4.** Por outro lado, a possibilidade de reeleição ad aeternum dos dirigentes do Poder Legislativo estadual é incompatível com os princípios democrático e republicano. 5. Diante da informação de que é a primeira vez em que os atuais dirigentes da Assembleia Legislativa do Estado do Rio de Janeiro são reconduzidos, a presente decisão não invalida a eleição, restando mantidos os seus efeitos. **6. Referendo da medida cautelar convertido em julgamento de mérito. Pedido julgado parcialmente procedente para fixar interpretação conforme a Constituição dos dispositivos impugnados, de forma a permitir apenas uma reeleição dos membros da Mesa Diretora da Assembleia Legislativa do Estado do Rio de Janeiro para os mesmos cargos que ocupam. Fixação das seguintes teses de julgamento: 1. O art. 57, § 4º, da CF, não é** norma de reprodução obrigatória **por parte dos Estados-membros.** 2. É inconstitucional a reeleição em número ilimitado, para mandatos consecutivos, dos membros das Mesas Diretoras das Assembleias Legislativas Estaduais para os mesmos cargos que ocupam, sendo-lhes permitida uma única recondução **(ADI 6721 MC-Ref / RJ - RIO DE JANEIRO 27/09/2021)**

EMENTA Agravo regimental no recurso extraordinário. Ação direta de inconstitucionalidade. Normas que dispõem sobre o regime de aposentadoria dos servidores públicos. Reprodução obrigatória pelas constituições estaduais. Cargo em comissão. Aposentadoria após a EC 20/98. Vinculação ao Regime Geral da Previdência Social**. 1. A jurisprudência do Supremo Tribunal Federal é pacífica no sentido de que o art. 40 da Constituição Federal, que dispõe sobre o regime de aposentadoria dos servidores públicos, é *norma de reprodução obrigatória* nas constituições estaduais. 2.** Os agentes públicos ocupantes exclusivamente de cargo em comissão e os detentores de cargo temporário que preencham os requisitos para a aposentadoria após a Emenda Constitucional nº 20/98 não têm direito a se aposentar pelo regime próprio, cabendo-lhes a aposentadoria pelo regime geral, na forma do art. 40, § 13, da Constituição Federal. 3. É pacífica a jurisprudência da Corte no sentido de que não há direito adquirido a regime jurídico, inclusive o previdenciário, aplicando-se à aposentadoria a norma vigente à época do preenchimento dos requisitos para sua concessão. 4. Agravo regimental a que se nega provimento (RE 804515 AgR / SP - SÃO PAULO/2018)

QUESTÃO 5

PROCURADORIA DO ESTADO DO MATO GROSSO/2021

A delegacia de polícia de determinado município do interior de um estado da Federação encontra-se em condições precárias de funcionamento, por conta da ausência de policiais civis em número suficiente. O Ministério Público, diante da constatação dessa situação por meio de prova documental, cientificou o estado para que este adotasse providências no sentido de viabilizar a regular prestação do serviço público.

Passados alguns anos sem que fossem adotadas as providências necessárias, o Ministério Público propôs ação civil pública por meio da qual pleiteou a intervenção do Poder Judiciário – sob o fundamento de ter-se configurado uma "reiterada omissão estatal" –, para o fim de viabilizar o adequado funcionamento da delegacia de polícia mediante a designação de delegado de carreira, escrivão e inspetores concursados.

Acerca dessa situação hipotética, e tomando por base a jurisprudência do Supremo Tribunal Federal, atenda, de modo fundamentado, ao que se pede a seguir.

Discorra sobre a possibilidade de intervenção do Poder Judiciário no sentido de determinar que sejam designados policiais civis para uma delegacia de polícia a fim de viabilizar seu regular funcionamento. [valor: 5,00 pontos]

Esclareça se limitações de ordem financeira e orçamentária podem justificar a inviabilidade da atuação judicial, quanto à designação de policiais civis para atuarem em uma delegacia de polícia cujo efetivo se mostre insuficiente ao adequado funcionamento. [valor: 4,50 pontos]

QUESTÃO 5

(30 LINHAS)

▸ RESPOSTA DO AUTOR

A Constituição Federal de 1988 estabelece, em seu art. 2º, o princípio da separação dos Poderes, segundo o qual Executivo, Legislativo e Judiciário são independentes e harmônicos entre si. No entanto, o Supremo Tribunal Federal (STF) tem reconhecido que, em situações excepcionais de omissão estatal que comprometam direitos fundamentais, é admissível a intervenção judicial para assegurar a efetividade desses direitos.

No caso em questão, a precariedade do funcionamento de uma delegacia de polícia devido à insuficiência de policiais civis caracteriza uma omissão estatal que afeta diretamente o direito fundamental à segurança pública, previsto no art. 144 da Constituição. Diante disso, o Poder Judiciário pode determinar que o Executivo adote medidas para suprir essa deficiência, sem que isso configure violação ao princípio da separação dos Poderes.

A jurisprudência do STF corrobora essa possibilidade. No julgamento do RE 848.240/SC, com repercussão geral reconhecida, o Tribunal firmou a tese de que "a intervenção do Poder Judiciário em políticas públicas voltadas à realização de direitos fundamentais, em caso de ausência ou deficiência grave do serviço, não viola o princípio da separação dos poderes".

Quanto às limitações de ordem financeira e orçamentária, o STF tem decidido que a cláusula da reserva do possível não pode ser invocada de forma genérica para justificar a omissão estatal na garantia de direitos fundamentais. É necessário que o Estado comprove, de maneira objetiva, a impossibilidade financeira de cumprir determinada obrigação. Na ausência dessa comprovação, prevalece a obrigação estatal de assegurar os direitos previstos constitucionalmente.

Portanto, diante de uma omissão estatal reiterada que comprometa o direito à segurança pública, é legítima a intervenção do Poder Judiciário para determinar a designação de policiais civis a fim de viabilizar o regular funcionamento de uma delegacia de polícia. Limitações financeiras e orçamentárias somente podem justificar a inviabilidade dessa atuação judicial se forem comprovadas de forma concreta pelo Estado.

▸ CRITÉRIO DE CORREÇÃO DA BANCA

É possível a intervenção do Poder Judiciário para o fim de determinar a designação de servidores públicos, mais especificamente de policiais civis, para atuarem junto a determinada Delegacia de Polícia que se encontre em situação precária, quanto ao quantitativo de policiais civis que nela atuam, quando restar configurada reiterada omissão estatal, caso em que não se pode arguir haver sido ofendido o princípio da separação dos poderes (art. 2º da CF).

Neste sentido já enfatizou que "a decisão harmoniza-se com a jurisprudência deste Supremo Tribunal, assentada em ser possível intervenção judicial excepcional na adoção de providências necessárias de serem determinadas aos entes administrativos estatais, especialmente quando se cuidar, como na espécie, de práticas específicas, garantidoras do direito constitucional fundamental à segurança pública, impossível de se ter por respeitada pela ausência de recursos humanos, imprescindíveis ao desempenho do serviço, pela omissão do agravante, como atestado pelas instâncias precedentes" (STF, Primeira Turma, AgRg no RE n.º 1.341.283/ MA, Rel. min. Cármen Lúcia, j. em 4/11/2021).

"AGRAVO REGIMENTAL NO RECURSO EXTRAORDINÁRIO. CONSTITUCIONAL. POLÍTICAS PÚBLICAS. OBRIGAÇÃO DE FAZER. SEGURANÇA PÚBLICA. DELEGACIA DE POLÍCIA.

CONDIÇÕES PRECÁRIAS DE FUNCIONAMENTO. DESIGNAÇÃO DE SERVIDORES. INTERVENÇÃO EXCEPCIONAL DO PODER JUDICIÁRIO: POSSIBILIDADE. ALEGADA OFENSA AOS PRINCÍPIOS DA SEPARAÇÃO DOS PODERES E DA PREVISÃO ORÇAMENTÁRIA: INOCORRÊNCIA. PRECEDENTES. APLICABILIDADE DOS FUNDAMENTOS DO TEMA 220 DA REPERCUSSÃO GERAL NA ESPÉCIE. CABE AO PODER JUDICIÁRIO GARANTIR A PLENA EFICÁCIA DAS NORMAS CONSTITUCIONAIS DE SEGURANÇA PÚBLICA. AGRAVO REGIMENTAL AO QUAL SE NEGA PROVIMENTO." (STF, Primeira Turma, AgRg no RE n.º 1.347.090/CE, Rel. min. Cármen Lúcia, j. em 18/12/2021)

"AGRAVO REGIMENTAL NO RECURSO EXTRAORDINÁRIO COM AGRAVO. CONSTITUCIONAL. POLÍTICAS PÚBLICAS. OBRIGAÇÃO DE FAZER. SEGURANÇA PÚBLICA. DELEGACIA DE POLÍCIA. CONDIÇÕES PRECÁRIAS DE FUNCIONAMENTO. DESIGNAÇÃO DE SERVIDORES. INTERVENÇÃO EXCEPCIONAL DO PODER JUDICIÁRIO: POSSIBILIDADE. ALEGADA OFENSA AOS PRINCÍPIOS DA SEPARAÇÃO DOS PODERES E DA PREVISÃO ORÇAMENTÁRIA: INOCORRÊNCIA. PRECEDENTES. IMPOSSIBILIDADE DE REEXAME DO CONJUNTO FÁTICOPROBATÓRIO: SÚMULA N. 279 DO SUPREMO TRIBUNAL FEDERAL. AGRAVO REGIMENTAL AO QUAL SE NEGA PROVIMENTO." (STF, Primeira Turma, AgRg no RE nº 1.341.283/ MA, Rel. min. Cármen Lúcia, j. em 4/11/2021)

"RECURSO EXTRAORDINÁRIO COM AGRAVO – AÇÃO CIVIL PÚBLICA PARA DESIGNAÇÃO DE DELEGADO E SERVIDORES EM DELEGACIA DE POLÍCIA – OBRIGAÇÃO JURÍDICOCONSTITUCIONAL QUE IMPÕE AO PODER PÚBLICO O DEVER DE OBSERVÂNCIA DO DEVER CONSTITUCIONAL DA SEGURANÇA PÚBLICA (CF, ART. 144 E SEGUINTES) – IMPLEMENTAÇÃO DE POLÍTICAS PÚBLICAS – VIOLAÇÃO AOS PRINCÍPIOS DA SEPARAÇÃO DOS PODERES E DA RESERVA DO POSSÍVEL – INOCORRÊNCIA – DECISÃO QUE SE AJUSTA À JURISPRUDÊNCIA PREVALECENTE NO SUPREMO TRIBUNAL FEDERAL – CONSEQUENTE INVIABILIDADE DO RECURSO QUE A IMPUGNA – SUCUMBÊNCIA RECURSAL (CPC, ART. 85, § 11) – NÃO DECRETAÇÃO, NO CASO, ANTE A AUSÊNCIA DE CONDENAÇÃO EM VERBA HONORÁRIA NA ORIGEM – AGRAVO INTERNO IMPROVIDO" (STF, Segunda Turma, ARE n.º 1.197.779-AgR, Rel. min. Celso de Mello, DJe 19/11/2019)

"AGRAVO REGIMENTAL EM RECURSO EXTRAORDINÁRIO. AÇÃO CIVIL PÚBLICA. IMPLEMENTAÇÃO DE POLÍTICAS PÚBLICAS. DIREITO CONSTITUCIONAL À SEGURANÇA. TEMA 220 DA REPERCUSSÃO GERAL. RE 592.581-RG. APLICABILIDADE. OFENSA AO PRINCÍPIO DA SEPARAÇÃO DE PODERES. INOCORRÊNCIA. ACÓRDÃO RECORRIDO EM DISSONÂNCIA COM A ORIENTAÇÃO DESTA CORTE. APELO EXTREMO DO MINISTÉRIO PÚBLICO ESTADUAL PROVIDO. NÃO INCIDÊNCIA, NA HIPÓTESE, DOS ÓBICES DAS SÚMULAS 280 E 283 DO STF. SENTENÇA RESTABELECIDA. AUSÊNCIA DE JULGAMENTO ULTRA PETITA. AGRAVO REGIMENTAL DESPROVIDO. 1. O recurso extraordinário interposto pelo ora Agravado, o qual foi provido, preencheu todos os pressupostos de admissibilidade. Não incidem, na hipótese, os óbices processuais apontados pelo ora Recorrente, referentes à incidência das Súmulas 280 e 283 do STF. 2. Demonstrada a excepcionalidade da situação, bem como a omissão do ente público, pode o Poder Judiciário, em tema de direitos fundamentais de caráter social, determinar a implantação de políticas públicas, imprescindíveis ao funcionamento da segurança pública, sem que isso ofenda o princípio da separação dos poderes, discussão que se inclui no Tema 220 da sistemática da repercussão geral, cujo paradigma é o RE 592.581-RG. Precedentes. 3. Restabelecida a sentença em sede de recurso extraordinário. Ausência de julgamento ultra petita. 4. Agravo regimental a que se nega provimento. Inaplicável a norma do art. 85, § 11, do CPC, por ser tratar de recurso oriundo de ação civil pública." (STF, Segunda Turma, RE n.º 1.214.757, Rel. min. Edson Fachin, DJe 25/6/2021)

"AGRAVO REGIMENTAL NO RECURSO EXTRAORDINÁRIO COM AGRAVO. ADMINISTRATIVO. TEMAS 698 E 847. SOBRESTAMENTO DESNECESSÁRIO. DELEGACIA DE POLÍCIA

DESATIVADA POR FALTA DE SERVIDORES. INTERVENÇÃO EXCEPCIONAL DO PODER JUDICIÁRIO. POSSIBILIDADE. PRECEDENTES. IMPOSSIBILIDADE DE REEXAME DO CONJUNTO FÁTICOPROBATÓRIO. SÚMULA N. 279 DO SUPREMO TRIBUNAL FEDERAL. AGRAVO REGIMENTAL AO QUAL SE NEGA PROVIMENTO." (STF, Primeira Turma, ARE n.º 1.327.114-AgR, Rel. min. Cármen Lúcia, DJe 23/9/2021)

O Supremo Tribunal Federal tem entendido que, em situações excepcionais, o Poder Judiciário pode determinar que a administração pública adote medidas assecuratórias de direitos constitucionalmente reconhecidos como essenciais, como se dá com a segurança pública, sem que isso configure violação ao princípio da separação de poderes, uma vez que se não trata de ingerência ilegítima de um poder na esfera do outro (STF, Segunda Turma, RE n.º 700.227-ED, Rel. min. Cármen Lúcia, DJe 31/5/2013; STF, Primeira Turma, AI n.º 708.667-AgR, Rel. min. Dias Toffoli, DJe 10/4/2012).

Por fim, constou do voto da min. Cármen Lúcia que:

"essa orientação jurisprudencial reflete-se no julgamento do Recurso Extraordinário n.o 592.581, Relator o Ministro Ricardo Lewandowski, pelo Plenário deste Supremo Tribunal, que fixou tese na sistemática da repercussão geral no sentido de ser 'lícito ao Judiciário impor à Administração Pública obrigação de fazer, consistente na promoção de medidas ou na execução de obras emergenciais em estabelecimentos prisionais para dar efetividade ao postulado da dignidade da pessoa humana e assegurar aos detentos o respeito à sua integridade física e moral, nos termos do que preceitua o art. 5.º, XLIX, da Constituição Federal, não sendo oponível à decisão o argumento da reserva do possível nem o princípio da separação dos poderes' (Tema 220, DJe 1.º/2/2016). As determinações das teses fixadas no Tema 220 de repercussão geral aplicam-se às políticas públicas direcionadas à prestação dos serviços de segurança pública nos limites territoriais do ente federado." (STF, Primeira Turma, AgRg no RE n.º 1.347.090/CE, Rel. min. Cármen Lúcia, j. em 18/12/2021).

O princípio da reserva do possível não pode servir de obstáculo à implementação de políticas públicas que assegurem direitos fundamentais, como se dá com a segurança pública, em especial quando não seja demonstrada a falta de recursos públicos constantes do orçamento anual do Estado, caso em que cabe ao Poder Judiciário recompor a ordem jurídica violada. Portanto, se não for comprovada objetivamente a incapacidade econômico-financeira, deve-se implementar o direito fundamental à segurança pública, caso em que não se mostra cabível a arguição de conveniência e oportunidade por parte da administração pública.

"AGRAVO REGIMENTAL NO RECURSO EXTRAORDINÁRIO. POLÍTICAS PÚBLICAS. SEGURANÇAPÚBLICA. DETERMINAÇÃO PELO PODER JUDICIÁRIO. LIMITES ORÇAMENTÁRIOS. VIOLAÇÃO ÀSEPARAÇÃO DOS PODERES. INOCORRÊNCIA. AGRAVO A QUE SE NEGA PROVIMENTO. I – Ajurisprudência desta Corte entende ser possível ao Poder Judiciário determinar ao Estado a implementação, emsituações excepcionais, de políticas públicas previstas na Constituição sem que isso acarrete contrariedade aoprincípio da separação dos poderes. II – Quanto aos limites orçamentários aos quais está vinculado o recorrente, o Poder Público, ressalvada a ocorrência de motivo objetivamente mensurável, não pode se furtar à observância deseus encargos constitucionais. III – Agravo regimental a que se nega provimento." (STF, Segunda Turma, RE n.º768.825-AgR, Rel. min. Ricardo Lewandowski, DJe 21/8/2014).

Em seu voto no ARE nº 1.197.779 AgRRN, o min. Celso de Mello observou que:

"(...) não deixo de conferir, no entanto, assentadas tais premissas, significativo relevo ao tema pertinente à 'reserva do possível' (...) notadamente em sede de efetivação e implementação (usualmente onerosas) de determinados direitos cujo adimplemento, pelo

Poder Público, impõe-lhe e dele exige prestações estatais positivas concretizadoras de tais prerrogativas individuais e/ou coletivas.

Não se ignora que a realização dos direitos econômicos, sociais e culturais – além de caracterizar-se pela gradualidade de seu processo de concretização – depende, em grande medida, de um inescapável vínculo financeiro subordinado às possibilidades orçamentárias do Estado, de tal modo que, comprovada, objetivamente, a alegação de incapacidade econômico-financeira da pessoa estatal, desta não se poderá razoavelmente exigir, então, considerada a limitação material referida, a imediata efetivação do comando fundado no texto da Carta Política.

Não se mostrará lícito, contudo, ao Poder Público, em tal hipótese, criar obstáculo artificial que revele – a partir de indevida manipulação de sua atividade financeira e/ou político-administrativa – o ilegítimo, arbitrário e censurável propósito de fraudar, de frustrar e de inviabilizar o estabelecimento e a preservação, em favor da pessoa e dos cidadãos, de condições materiais mínimas de existência (ADPF 45/DF, Rel. min. CELSO DE MELLO, Informativo/STF n.º 345/2004).

Cumpre advertir, desse modo, que a cláusula da 'reserva do possível' – ressalvada a ocorrência de justo motivo objetivamente aferível – não pode ser invocada, pelo Estado, com a finalidade de exonerar-se, dolosamente, do cumprimento de suas obrigações constitucionais, notadamente quando dessa conduta governamental negativa puder resultar nulificação ou, até mesmo, aniquilação de direitos constitucionais impregnados de um sentido de essencial fundamentalidade.

Tratando-se de típico direito de prestação positiva, a proteção à vida e à segurança – que compreende todas as prerrogativas, individuais ou coletivas, referidas na Constituição da República – tem por fundamento regra constitucional cuja densidade normativa não permite que, em torno da efetiva realização de tal comando, o Poder Público disponha de um amplo espaço de discricionariedade que lhe enseje maior grau de liberdade de conformação, e de cujo exercício possa resultar, paradoxalmente, com base em simples alegação de mera conveniência e/ou oportunidade, a nulificação mesma dessa prerrogativa essencial."

▸ DOUTRINA TEMÁTICA

Fernando Facury Scaff aborda o tema da reserva do possível, afirmando que "todo orçamento possui um limite que deve ser utilizado de acordo com exigências de harmonização econômica geral".[1]

De acordo com Ana Paula de Barcellos, "a expressão reserva do possível procura identificar o fenômeno econômico da limitação dos recursos disponíveis diante das necessidades quase sempre infinitas a serem por eles supridas. A autora divide a reserva do possível em fática e jurídica. A reserva do possível fática estaria ligada à existência de recursos, ao passo que a reserva do possível jurídica diria respeito à previsão orçamentária para a despesa".[2]

▸ JURISPRUDÊNCIA TEMÁTICA

STF

EMENTA: AGRAVO REGIMENTAL EM SUSPENSÃO DE TUTELA ANTECIPADA. SUBSTITUIÇÃO DA TUTELA ANTECIPADA POR SENTENÇA DE MÉRITO EM DATA ANTERIOR À

1 SCAFF, Fernando Facury. Sentenças aditivas, direitos sociais e reserva do possível, p. 151. In SARLET, Ingo Wolfgang; TIMM, Luciano Benetti (organizadores). Direitos fundamentais: orçamento e "reserva do possível". Porto Alegre: Livraria do Advogado Editora, 2010.

2 BARCELLOS, Ana Paula de. A eficácia jurídica dos princípios constitucionais: o princípio da dignidade da pessoa humana. 3ª ed. Rio de Janeiro: Renovar, 2011, p. 276.

APRESENTAÇÃO DO REQUERIMENTO NESTE SUPREMO TRIBUNAL. PREJUDICIALIDADE PELA PERDA DO OBJETO. FUNDAMENTO ADICIONAL DA DECISÃO: ADMISSIBILIDADE DE INTERVENÇÃO EXCEPCIONAL DO PODER JUDICIÁRIO PARA DETERMINAR AOS ENTES ADMINISTRATIVOS ESTATAIS A ADOÇÃO DE PROVIDÊNCIAS NECESSÁRIAS À GARANTIA DE DIREITOS CONSTITUCIONAIS. PRECEDENTES. FUNDAMENTO NÃO AFASTADO. AGRAVO REGIMENTAL AO QUAL SE NEGA PROVIMENTO. (ARE 1354317 AgR / CE - CEARÁAG.REG. NO RECURSO EXTRAORDINÁRIO COM AGRAVO/ Julgamento: 04/04/2022)

EMENTA: AGRAVOS REGIMENTAIS NOS RECURSOS EXTRAORDINÁRIOS INTERPOSTOS PELA UNIÃO E PELO INSTITUTO NACIONAL DE COLONIZAÇÃO E REFORMA AGRÁRIA – INCRA. ADMINISTRATIVO E AGRÁRIO. DIREITO DOS REMANESCENTES DAS COMUNIDADES DE QUILOMBOS. DEMARCARÇÃO DE TERRAS. RAZOÁVEL DURAÇÃO DO PROCESSO ADMINISTRATIVO. ESTIPULAÇÃO DE PRAZO PARA CONCLUSÃO. **INTERVENÇÃO DO PODER JUDICIÁRIO. POSSIBILIDADE. AUSÊNCIA DE AFRONTA AOS PRINCÍPIOS CONSTITUCIONAIS DA SEPARAÇÃO DOS PODERES E DA PRÉVIA DOTAÇÃO ORÇAMENTÁRIA.** AGRAVOS REGIMENTAIS AOS QUAIS SE NEGA PROVIMENTO

(...)

3. No inc. LXXVIII do art. 5º da Constituição da República, dispõe-se como norma garantidora de direitos fundamentais que "a todos, no âmbito judicial e administrativo, são assegurados a razoável duração do processo e os meios que garantam a celeridade de sua tramitação". Como assentado na decisão agravada, a Ministra Rosa Weber, no julgamento do Agravo Regimental no Recurso Extraordinário n. 1.043.784 pela Primeira Turma deste Supremo Tribunal, ressalta a importância de se respeitar a razoável duração do processo para a solução dos litígios judiciais e administrativos: "(...) cumpre destacar que a garantia de prestação jurisdicional em tempo razoável, decorrência lógica da dignidade da pessoa humana, fundamento da República Federativa do Brasil, passou a figurar, de forma explícita, entre as cláusulas pétreas, a partir da Emenda Constitucional 45/2004, quando inserido o inciso LXXVIII no art. 5º da Lei Maior. Ressalte-se que a proteção contida no referido dispositivo não se dirige apenas às partes, individualmente consideradas, estendendo-se a todos os usuários do Sistema Judiciário, porquanto beneficiados pelo desafogo dos Tribunais Pátrios" (DJe 1º.9.2017)

No processo administrativo, aplica-se o princípio constitucional da razoável duração processo, para fixar prazo certo e determinado para sua conclusão, com o intuito principal de evitar que o administrado espere indefinidamente pela manifestação do Poder Público, quando se revelar ilegítima inércia nas práticas de atos necessários ao desfecho da prestação estatal (RMS n. 28.172, de minha relatoria, Segunda Turma, DJe 1º.2.2016). No mesmo sentido é o julgado: "MANDADO DE SEGURANÇA. NEGATIVA DO REGISTRO DE APOSENTADORIA PASSADOS VINTE E TRÊS ANOS DE SUA CONCESSÃO. OCTOGENÁRIO EM TRATAMENTO DE CÂNCER. CÔMPUTO DE TRABALHO RURAL PARA APOSENTADORIA EM CARGO PÚBLICO. PRAZO DECADENCIAL PARA A ADMINISTRAÇÃO PÚBLICA REVER SEUS ATOS. DEMORA EXCESSIVA PARA CONFORMAÇÃO DO ATO ADMINISTRATIVO. DISCIPLINA CONSTITUCIONAL DA PRESCRITIBILIDADE. PRECEDENTES DO SUPREMO TRIBUNAL FEDERAL. AFRONTA AOS PRINCÍPIOS DA RAZOABILIDADE, CONFIANÇA, SEGURANÇA JURÍDICA, RAZOÁVEL DURAÇÃO DO PROCESSO E DIGNIDADE DA PESSOA HUMANA. ORDEM PARCIALMENTE CONCEDIDA" (MS n. 37.004, de minha relatoria, Segunda Turma, DJe 11.12.2020). 4. Não se desconhece a complexidade na resolução de conflito de interesses decorrentes da titulação da propriedade de comunidades remanescentes dos quilombos. Entretanto isso não justifica o lapso temporal de mais de dez anos para a instauração do "Processo Administrativo nº 54220.000398/2005-31 pelo INCRA" (fl. 3, e-doc. 221), sem que se aponte solução definitiva nesse procedimento administrativo. A mora da Administração, na espécie vertente, autoriza o Poder Judiciário a estipular prazo razoável para a conclusão do procedimento, por não ser lícito à Administração Pública, na espécie o Incra e a União prorrogar por período longo e indefinido o término de atos sob sua responsabilidade, inviabilizando-se, assim, o direito dos administrados de terem seus requerimentos apreciados em tempo razoável, como prescrito no inc. LXXVIII do art. 5º da Constituição da República. O prazo de vinte e quatro meses estipulado pelo Tribunal Regional Federal da Quarta Região para a conclusão do processo administrativo mostra-se coerente com a situação fática descrita neste processo. O Desembargador relator do acórdão recorrido ressaltou: "Assim, considerando as peculiaridades e a complexidade do procedimento, 'se de um lado não se pode atribuir prazo exíguo de forma a impossibilitar a consecução das diligências procedimentais, de outro não se pode deixar ao alvedrio da Administração tais providências, pois, como visto, este tem se mostrado inerte na adoção das medidas pertinentes, ceifando a fruição de direito fundamental reconhecido pela CF/88' para, então, decretar seja 'observado o prazo máximo de 24 (vinte e quatro) meses, promover a impulsão, análise e encaminhamento do processo administrativo, até o início da fase de titulação - expressa pela publicação de ato declaratório de interesse público por Decreto Presidencial, seguida da propositura das ações de desapropriação', prazo este definitivamente suficiente para a Administração fazer suas previsões orçamentárias, redirecionar sua equipe de servidores, e solver eventuais intercorrências, visto que é justamente este o desiderato de sua existência" (fl. 13, e-doc. 221). Não procede a alegação de ofensa ao art. 2º da Constituição da República, pois a jurisprudência deste Supremo Tribunal "é harmoniosa no sentido de que o Poder Judiciário, excepcionalmente, pode determinar a implantação de políticas públicas, por se relacionarem a direitos ou garantias fundamentais, sem que isso ofenda o princípio da separação dos poderes" (ARE n. 1.129.433-AgR, Relator o Ministro Edson Fachin, Segunda Turma, DJe 1º.2.2019)

5. Como ressaltado na decisão agravada, o prazo máximo de vinte e quatro meses para conclusão do processo administrativo, como concluiu o Tribunal de origem, abrange exercícios financeiros completos, não configurando ofensa aos dispositivos constitucionais sobre orçamento público, a impedir a regular programação orçamentária e financeira da Administração Pública federal. No julgamento do Recurso Extraordinário n. 553.710, Relator o Ministro Dias Toffoli, o Plenário deste Supremo Tribunal assentou ser possível estipular prazo para cumprimento de obrigações constitucionais impostas à Administração Pública e concluiu que, "na ausência ou na insuficiência de disponibilidade orçamentária no exercício em curso, cumpre à União promover sua previsão no projeto de lei orçamentária imediatamente seguinte" (DJe 31.8.2017). Os agravantes não apresentaram motivos aptos a demonstrarem a ausência de previsão orçamentária, mas alegações genéricas sobre a crise financeira pela qual passa o País. A verificação da disponibilidade financeira e orçamentária da autarquia fundiária depende da análise de documentos sobre previsão orçamentária, procedimento que esbarra na Súmula n. 279 deste Supremo Tribunal. Assim, por exemplo: "AGRAVO INTERNO NO RECURSO EXTRAORDINÁRIO COM AGRAVO. DIREITO ADMINISTRATIVO. SERVIDOR PÚBLICO ESTADUAL. PRETENSÃO DE RECEBIMENTO DE VALORES CORRESPONDENTES AO DÉCIMO TERCEIRO SALÁRIO. RECUSA DA ADMINISTRAÇÃO. ALEGADA INSUFICIÊNCIA DE DOTAÇÃO ORÇAMENTÁRIA. OFENSA REFLEXA. FATOS E PROVAS. LEGISLAÇÃO INFRACONSTITUCIONAL. REEXAME. IMPOSSIBILIDADE. PRECEDENTES. AGRAVO INTERNO DESPROVIDO. 1. O recurso extraordinário é instrumento de impugnação de decisão judicial inadequado para a valoração e exame minucioso do acervo fático-probatório engendrado nos autos, bem como para a análise de matéria infraconstitucional. Precedentes: ARE 844.039-AgR, Segunda Turma, Rel. Min. Dias Toffoli, DJe de 24/08/2015; ARE 1.271.280-AgR, Tribunal Pleno, DJe de 25/09/2020; e ARE 1.238.534-AgR, Tribunal Pleno, Rel. Min. Dias Toffoli, DJe de 15/09/2020. 2. Agravo interno desprovido, com imposição de multa de 5% (cinco por cento) do valor atualizado da causa (artigo 1.021, § 4º, do CPC), caso seja unânime a votação. 3. Honorários advocatícios majorados ao máximo legal em desfavor da parte recorrente, caso as instâncias

de origem os tenham fixado, nos termos do artigo 85, § 11, do Código de Processo Civil, observados os limites dos §§ 2º e 3º e a eventual concessão de justiça gratuita" (ARE n. 1.312.141-AgR, Relator o Ministro Luiz Fux, Plenário, DJe 2.6.2021). "AGRAVO REGIMENTAL NO RECURSO EXTRAORDINÁRIO. CONSTITUCIONAL E ADMINISTRATIVO. AÇÃO CIVIL PÚBLICA. OBRIGAÇÃO DE FAZER. POLÍTICAS PÚBLICAS. REALIZAÇÃO DE OBRA DE DRENAGEM PLUVIAL. DISPONIBILIDADE ORÇAMENTÁRIA. IMPOSSIBILIDADE DE ANÁLISE DE LEGISLAÇÃO INFRACONSTITUCIONAL E DO CONJUNTO FÁTICO-PROBATÓRIO. SÚMULAS NS. 279 E 280 DO SUPREMO TRIBUNAL FEDERAL. AUSÊNCIA DE OFENSA CONSTITUCIONAL DIRETA. AGRAVO REGIMENTAL AO QUAL SE NEGA PROVIMENTO" (RE n. 851.393-AgR, de minha relatoria, Segunda Turma, DJe 17.6.2015). 6. Os argumentos dos agravantes, insuficientes para modificar a decisão agravada, demonstram apenas inconformismo e resistência em pôr termo a processos que se arrastam em detrimento da eficiente prestação jurisdicional.

▸ QUESTÃO DE CONCURSO RELACIONADA

PROCURADOR MUNICIPAL/2018

O tema da "judicialização das políticas públicas" é de enorme relevância para o direito financeiro, pois a intervenção do Poder Judiciário em matéria de organização das prestações positivas do Estado possui potencial para desarticular financeiramente a ação estatal quando realizada de forma descuidada. A esse respeito, é correto afirmar que

a) a judicialização de políticas públicas é um tema "da moda", mas não representa de fato um risco às finanças públicas, pois a execução judicial das dívidas do Estado ocorre apenas por via dos precatórios, conforme determina a Constituição.

b) o princípio da "reserva do possível" tem aplicação no contexto da chamada "judicialização das políticas públicas" e possui relação direta com a efetiva capacidade material e orçamentária do Estado de dar concretude aos direitos fundamentais previstos na Constituição.

c) a judicialização das políticas públicas tem por objetivo apenas a obtenção de uma declaração por parte do Poder Judiciário de descumprimento pelo Estado de uma obrigação constitucional, o que termina por constituir um constrangimento de ordem política ao Administrador Público.

d) diante do chamado "mínimo existencial", é possível ao Estado argumentar com base no chamado "princípio da reserva do impossível" de modo a sustentar a impossibilidade material de atendimento pleno a direitos fundamentais constitucionalmente previstos.

e) a separação de poderes, característica elementar da República Federativa do Brasil, impede a intervenção do Poder Judiciário em matéria de políticas públicas, dada a precedência do Poder Executivo nesse tema.

Gabarito: letra b

4. CONTROLE DE CONSTITUCIONALIDADE

QUESTÃO 1

CEBRASPE – AGU – 2016

Determinado estado da Federação editou lei que torna o exercício da acupuntura uma exclusividade dos médicos. Dada a existência de relevante controvérsia doutrinária sobre a aplicação dessa lei, o Conselho Federal de Medicina (CFM) ajuizou no Supremo Tribunal Federal (STF) ação declaratória de constitucionalidade (ADC) pedindo que o tribunal declare sua constitucionalidade.

Com base na jurisprudência do STF e nas normas constitucionais, redija um texto dissertativo acerca da viabilidade da ADC apresentada. Em seu texto, aborde

1- a finalidade da ADC e a presunção de constitucionalidade das normas; [valor: 2,00 pontos]

2- a legitimidade do CFM para ajuizar ADC; [valor: 2,50 pontos]

3- o objeto da ADC; [valor: 2,50 pontos]

4- a relevante controvérsia sobre a aplicação da norma objeto da referida ADC como requisito para sua propositura. [valor: 2,50 pontos]

QUESTÃO 1

31	
32	
33	
34	
35	
36	
37	
38	
39	
40	

(40 LINHAS)

1. A Finalidade da ADC e a presunção de constitucionalidade das normas. A Ação Declaratória de Constitucionalidade (ADC), prevista no artigo 102, I, "a", da Constituição Federal de 1988 e regulamentada pela Lei nº 9.868/1999, é um instrumento do controle concentrado de constitucionalidade que tem como finalidade confirmar a conformidade de uma lei ou ato normativo federal à Constituição. Seu objetivo é dirimir controvérsias judiciais relevantes sobre a aplicação de normas, reforçando a segurança jurídica e a estabilidade das relações sociais.

Embora as normas jurídicas ingressem no ordenamento com uma presunção relativa de constitucionalidade (presunção juris tantum), a ADC busca transformar essa presunção em absoluta (presunção jure et de jure), eliminando dúvidas e prevenindo interpretações divergentes no âmbito judicial. Caso seja julgada procedente, a decisão na ADC possui efeito vinculante e eficácia erga omnes, conforme o artigo 102, § 2º, da Constituição Federal.

1. A legitimidade do CFM para ajuizar a ADC. A legitimidade ativa para a propositura da ADC está restrita ao rol taxativo do artigo 103 da Constituição, que inclui, entre outros, o Presidente da República, as Mesas do Senado Federal e da Câmara dos Deputados, o Procurador-Geral da República, o Conselho Federal da Ordem dos Advogados do Brasil (OAB) e entidades de classe de âmbito nacional.

Os Conselhos de Fiscalização Profissional, como o Conselho Federal de Medicina (CFM), não são considerados entidades de classe de âmbito nacional para fins de controle concentrado de constitucionalidade, conforme reiterado pelo Supremo Tribunal Federal (STF). Portanto, o CFM não possui legitimidade ativa para ajuizar uma ADC. Essa posição já foi firmada pelo STF em decisões como a **ADI 641 MC**, relator Ministro Marco Aurélio, DJ 12/03/1993, e a **ADI 1997**, relator Ministro Marco Aurélio, DJ 08/06/1999.

Dessa forma, o ajuizamento da ADC pelo CFM encontra óbice intransponível por ilegitimidade ativa ad causam.

3.O objeto da ADC. O artigo 102, I, "a", da Constituição Federal estabelece que a ADC somente pode ter por objeto leis ou atos normativos **federais.** Isso significa que leis estaduais e municipais não podem ser questionadas por meio dessa ação.

No caso em questão, a lei que restringe o exercício da acupuntura exclusivamente aos médicos foi editada por um **Estado da Federação**, o que inviabiliza o uso da ADC. Caso houvesse dúvida quanto à constitucionalidade dessa norma, o meio processual adequado para sua impugnação seria a **Ação Direta de Inconstitucionalidade (ADI)**, desde que respeitados os requisitos processuais e a legitimidade ativa.

Portanto, a ADC apresentada pelo CFM não preenche o requisito objetivo essencial e, por essa razão, não pode ser conhecida pelo STF.

4.A relevante controvérsia sobre a aplicação da norma objeto da adc como requisito para sua propositura. A Lei nº 9.868/1999, em seu artigo 14, III, exige que haja **relevante controvérsia judicial** sobre a aplicação da norma para que a ADC seja admitida. Isso significa que a existência de divergência **meramente doutrinária ou acadêmica** não é suficiente para justificar a propositura dessa ação.

O Supremo Tribunal Federal tem reiterado que a ADC não pode ser usada como um mecanismo de consulta sobre a constitucionalidade de determinada norma. Conforme já decidido na **ADC 8**, relator Ministro Celso de Mello, DJ 04/04/2003, **a inexistência de decisões judiciais conflitantes inviabiliza o conhecimento da ADC, pois descaracteriza sua função jurisdicional**.

Ainda, no julgamento da **ADI-MC 5316**, relator Ministro Luiz Fux, Plenário, DJE de 05/08/2015, o STF esclareceu que a controvérsia judicial deve ser **qualitativa**, e não apenas quantitativa. Ou seja, o simples fato de a norma ser questionada em um grande número de processos não basta: é essencial que existam decisões judiciais **antagônicas** sobre sua aplicação.

No caso concreto, não há comprovação de relevante controvérsia judicial sobre a lei estadual questionada, o que constitui mais um obstáculo à admissibilidade da ADC.

▸ CRITÉRIO DE CORREÇÃO DA BANCA

A finalidade da ADC e a presunção de constitucionalidade das normas

A ADC visa transformar a presunção relativa de constitucionalidade das normas (juris tantum) em presunção absoluta (jure et de jure), conferindo-se, assim, segurança jurídica acerca da constitucionalidade da norma. Apesar de as normas possuírem, como regra geral, uma presunção de constitucionalidade, essa presunção é apenas relativa, o que pode levar ao constante questionamento de sua constitucionalidade. Com isso, mostra-se viável o ajuizamento de ADC para confirmar essa constitucionalidade relativa, transformando-a em absoluta. Assim, caso a ADC seja julgada procedente, a constitucionalidade da norma não poderá mais ser questionada, seja pelos demais órgãos do Poder Judiciário, seja pela administração pública (art. 102, § 2.º, da CF).

A legitimidade do CFM para ajuizar ADC

O CFM, por não ser entidade de classe, mas uma entidade de fiscalização profissional, não é legitimado para propor ADC, pois, conforme previsto no art. 103 da CF, o rol dos legitimados para propor ADC é taxativo e não inclui esse tipo de entidade de fiscalização. A única exceção, entre os conselhos de classe, é o Conselho Federal da Ordem dos Advogados do Brasil, em virtude de menção expressa na CF. Assim, não se mostra viável a ADC apresentada, por ilegitimidade ativa ad causam. Nesse sentido: ADI 641 MC, relator para Acórdão min. Marco Aurélio, DJ 12/03/1993; ADI 1997, relator ministro Marco Aurélio, DJ 8/6/1999.

O objeto da ADC

A ADC, nos termos do art. 102, I, a, da CF, somente poderá ter por objeto lei ou ato normativo federal, não sendo possível sua propositura com base em norma estadual. Por mais esse motivo, não se mostra viável a ADC apresentada, já que norma estadual não pode ser objeto desse tipo de ação.

A relevante controvérsia sobre a aplicação da norma objeto da ADC como requisito para sua propositura

É indispensável que haja controvérsia jurídica judicial relevante sobre a aplicação da norma para justificar a propositura da ADC, não bastando a relevante controvérsia doutrinária. Trata-se de requisito indispensável para o conhecimento da ação, que deverá ser demonstrado de plano pelo autor, com o fim de justificar eventual insegurança na aplicação da norma. De acordo com o STF, "a inexistência de pronunciamentos judiciais antagônicos culminaria por converter a ação declaratória de constitucionalidade em um inadmissível instrumento de consulta sobre a validade constitucional de determinada lei ou ato normativo federal, descaracterizando, por completo, a própria natureza jurisdicional que qualifica a atividade desenvolvida pelo Supremo Tribunal Federal" (ADC 8, relator ministro Celso de Mello, DJ 4/4/2003). Nesse sentido, cite-se, ainda, precedente mais recente do Plenário da Corte: ADI-MC 5316, Rel. Min. Luiz Fux, Plenário, DJe de 05/08/2015, no qual se explicita que a relevante controvérsia judicial deverá ser qualitativa, não meramente quantitativa. Por tal razão, também não se mostra viável a ADC apresentada.

▸ DOUTRINA TEMÁTICA

"No que se refere à ação declaratória de constitucionalidade, o art. 103, § 4º, estabelecia, tal como observado, que poderiam propô-la o Presidente da República, a Mesa do Senado Federal, a Mesa da Câmara dos Deputados ou o Procurador-Geral da República (EC n. 3/93).

A EC n. 45/2004 (Reforma do Judiciário) conferiu nova disciplina à matéria e outorgou a todos os legitimados para a ADI a legitimidade para a propositura da ADC.

Ao lado do direito de propositura da ação declaratória de constitucionalidade – e, aqui, assinale-se, estamos a falar tão somente da ADC e não da ADI – há de se cogitar também de uma legitimação para agir in concreto, que se relaciona com a existência de um estado de incerteza gerado por dúvidas ou controvérsias sobre a legitimidade da lei 619. Há de se configurar, portanto, situação hábil a afetar a presunção de constitucionalidade, que é apanágio da lei.

Embora o texto constitucional não tenha contemplado expressamente esse pressuposto, é certo que ele é inerente às ações declaratórias, mormente às ações declaratórias de conteúdo positivo.

Assim, não se afigura admissível a propositura de ação declaratória de constitucionalidade se não houver controvérsia ou dúvida relevante quanto à legitimidade da norma.

Evidentemente, são múltiplas as formas de manifestação desse estado de incerteza quanto à legitimidade da norma.

A insegurança poderá resultar de pronunciamentos contraditórios da jurisdição ordinária sobre a constitucionalidade de determinada disposição.

Assim, se a jurisdição ordinária, através de diferentes órgãos, passar a afirmar a inconstitucionalidade de determinada lei, poderão os órgãos legitimados, se estiverem convencidos de sua constitucionalidade, provocar o STF para que ponha termo à controvérsia instaurada.

Da mesma forma, pronunciamentos contraditórios de órgãos jurisdicionais diversos sobre a legitimidade da norma poderão criar o estado de incerteza imprescindível para a instauração da ação declaratória de constitucionalidade.

Embora as decisões judiciais sejam provocadas ou mesmo estimuladas pelo debate doutrinário, é certo que simples controvérsia doutrinária não se afigura suficiente para objetivar o estado de incerteza apto a legitimar a propositura da ação, uma vez que, por si só, ela não obsta à plena aplicação da lei.

Assim, não configurada dúvida ou controvérsia relevante sobre a legitimidade da norma, o STF não deverá conhecer da ação proposta.

Com exceção das normas estaduais, o objeto da ADC segue o mesmo paradigma da ADI para o direito federal: lei ou ato normativo federal autônomo (não regulamentar) devidamente promulgado, ainda que não esteja em vigor. Assim, caberia ADC em face de emenda constitucional, lei complementar, lei ordinária, medida provisória, decreto legislativo, tratado internacional devidamente promulgado, decreto do Executivo de perfil autônomo, resolução de órgão do Poder Judiciário, do Conselho Nacional de Justiça. Tal como sucede em relação à ADI, a ADC não pode ter por objeto ato normativo revogado" (MENDES e BRANCO, 2016).

▸ JURISPRUDÊNCIA TEMÁTICA

STF

AÇÃO DECLARATÓRIA DE CONSTITUCIONALIDADE – PROCESSO OBJETIVO DE CONTROLE NORMATIVO ABSTRATO – A NECESSÁRIA EXISTÊNCIA DE CONTROVÉRSIA JUDICIAL COMO PRESSUPOSTO DE ADMISSIBILIDADE DA AÇÃO DECLARATÓRIA DE CONSTITUCIONALIDADE – AÇÃO CONHECIDA. – O ajuizamento da ação declaratória de constitucionalidade, que faz instaurar processo objetivo de controle normativo abstrato, *supõe a existência de efetiva controvérsia judicial em torno da legitimidade constitucional de determinada lei ou ato normativo federal. Sem a observância desse pressuposto de admissibilidade, torna-se inviável a instauração do processo de fiscalização normativa "in abstracto", pois a inexistência de pronunciamentos judiciais antagônicos culminaria por converter, a ação declaratória de constitucionalidade, em um inadmissível instrumento de consulta sobre a validade constitucional de determinada lei ou ato normativo federal*, descaracterizando, por completo, a própria natureza jurisdicional que qualifica a atividade desenvolvida pelo Supremo Tribunal Federal. – O Supremo Tribunal Federal firmou orientação que exige a comprovação liminar, pelo autor da ação declaratória de constitucionalidade, da ocorrência, "em proporções relevantes", de dissídio judicial, cuja existência – precisamente em função do antagonismo interpretativo que dele resulta – faça instaurar, ante a elevada incidência de decisões que consagram teses conflitantes, verdadeiro estado de insegurança jurídica, capaz de gerar um cenário de perplexidade social e de provocar grave incerteza quanto à validade constitucional de determinada lei ou ato normativo federal. (...) (STF, ADC 8 MC/DF, Relator(a): Min. Celso de Mello, 13/10/1999, Tribunal Pleno)

EMENTA: QUESTÃO DE ORDEM. AÇÃO DIRETA DE INCONSTITUCIONALIDADE. JULGAMENTO DE MÉRITO. PARÁGRAFO ÚNICO DO ARTIGO 28 DA LEI 9.868/99: CONSTITUCIONALIDADE. EFICÁCIA VINCULANTE DA DECISÃO. REFLEXOS. RECLAMAÇÃO. LEGITIMIDADE ATIVA. 1. É constitucional lei ordinária que define como de eficácia vinculante os julgamentos definitivos de mérito proferidos pelo Supremo Tribunal Federal em ação direta de inconstitucionalidade (Lei 9.868/99, artigo 28, parágrafo único). *2. Para efeito de controle abstrato de constitucionalidade de lei ou ato normativo, há similitude substancial de objetos nas ações declaratória de constitucionalidade e direta de inconstitucionalidade. Enquanto a primeira destina-se à aferição positiva de constitucionalidade a segunda traz pretensão negativa. Espécies de fiscalização objetiva que, em ambas, traduzem manifestação definitiva do Tribunal quanto à conformação da norma com a Constituição Federal. 3. A eficácia vinculante da ação declaratória de constitucionalidade, fixada pelo § 2º do artigo 102 da Carta da República, não se distingue, em essência, dos efeitos das decisões de mérito proferidas nas ações diretas de inconstitucionalidade.* 4. Reclamação. Reconhecimento de legitimidade ativa ad causam de todos que comprovem prejuízo oriundo de decisões dos órgãos do Poder Judiciário, bem como da Administração Pública de todos os níveis, contrárias ao julgado do Tribunal. Ampliação do conceito de parte interessada (Lei 8.038/90, artigo 13). Reflexos processuais da eficácia vinculante do acórdão a ser preservado. 5. Apreciado o mérito da ADI 1662-SP (DJ de 30.08.01), está o Município legitimado para propor reclamação. Agravo regimental provido. (STF, Rcl 1880 AgR/SP, Relator(a): Min. Maurício Corrêa, 07/11/2002, Tribunal Pleno) (grifos do autor)

QUESTÕES DE CONCURSO RELACIONADAS

(VUNESP – PGE/SP – Procurador do Estado – 2018) Na ação declaratória de constitucionalidade com pedido cautelar nº 19, ajuizada pelo Presidente da República, o Plenário do Supremo Tribunal Federal (STF), por votação unânime, declarou a constitucionalidade dos artigos 1º, 33 e 41 da Lei Federal nº 11.340/2006, conhecida como 'Lei Maria da Penha', que cria mecanismos para coibir a violência doméstica e familiar contra a mulher, em consonância ao artigo 226, § 8º da Constituição Federal. A decisão analisou em conjunto a Ação Declaratória de Constitucionalidade (ADC) nº 19 e a Ação Direta de Inconstitucionalidade (ADI) nº 4.424. Considerando este cenário, é correto afirmar sobre o controle de constitucionalidade:

a) as decisões definitivas de mérito, proferidas pelo STF nas ADCs, produzirão eficácia erga omnes e efeito vinculante, relativamente aos demais órgãos do Poder Judiciário e à Administração Pública direta e indireta, nas esferas federal, estadual, porém, não admitem, em nenhuma hipótese, reclamação constitucional, intervenção de terceiros ou *amicus curiae* e realização de qualquer tipo de prova.

b) quanto ao procedimento da ADC, prevalece o entendimento no Supremo Tribunal Federal de que se aplica o princípio da *causa petendi* aberta, ou seja, a Corte poderá basear-se em outros fundamentos que não aqueles trazidos pela petição inicial para fundamentar a sua decisão, motivo pelo qual é garantido ao autor optar pela desistência da ação a qualquer momento.

c) o Supremo Tribunal Federal, por decisão da maioria absoluta de seus membros, poderá deferir pedido de medida cautelar na ação declaratória de constitucionalidade, consistente na determinação de que os juízes e os Tribunais suspendam o julgamento dos processos que envolvam a aplicação da lei ou do ato normativo objeto da ação até seu julgamento definitivo, devendo, nesse caso, publicar em seção especial do Diário Oficial da União, no prazo de dez dias, a parte dispositiva da decisão e proceder ao julgamento da ação no prazo de cento e oitenta dias, sob pena de perda de sua eficácia.

d) a legitimidade ativa para propor a ADC inclui, além do Presidente da República, o Congresso Nacional, os Deputados Estaduais ou Distritais, o Governador de Estado ou do Distrito Federal; o Procurador-Geral da República; o Conselho Federal da Ordem dos Advogados do Brasil; partido político com representação no Congresso Nacional e sindicatos.

e) para a admissibilidade da ação declaratória de constitucionalidade é dispensável a comprovação de controvérsia ou dúvida relevante quanto à legitimidade da norma, uma vez que, proclamada a constitucionalidade, julgar-se-á improcedente a ação direta ou procedente eventual ação declaratória; e, proclamada a inconstitucionalidade, julgar-se-á procedente a ação direta ou improcedente eventual ação declaratória.

Gabarito: Letra c.

(FMP Concursos – PGE/AC – Procurador do Estado – 2012) Lendo-se as afirmações abaixo tem-se que:

I – a Ação Declaratória de Constitucionalidade só é admitida no STF caso se comprove já na inicial a controvérsia jurídica relevante que ponha em questão a presunção de constitucionalidade de lei ou ato normativo federal ou estadual.

II – a Arguição de Descumprimento de Preceito Fundamental pode ser interposta por qualquer pessoa para controle concentrado de constitucionalidade de atos que geram o descumprimento de preceitos fundamentais.

a) Apenas a afirmativa I está correta.

b) Nenhuma das afirmativas está correta.

c) Apenas a afirmativa II está correta.

d) Todas as afirmativas estão corretas.

Gabarito: Letra b.

5. DA ORDEM ECONÔMICA E FINANCEIRA

QUESTÃO 1

VUNESP – 2014 – UNICAMP – Procurador

Mencione e explique, sucintamente, quatro princípios constitucionais orçamentários.

QUESTÃO 1

(25 LINHAS)

RESPOSTA DO AUTOR

Os princípios constitucionais orçamentários são diretrizes fundamentais que orientam a elaboração, execução e controle do orçamento público, assegurando uma gestão fiscal responsável e transparente. A seguir, são apresentados e explicados, de forma sucinta, quatro desses princípios:

1. Princípio da Unidade. Estabelece que o orçamento deve ser uno, ou seja, todas as receitas e despesas devem estar consolidadas em um único documento para cada exercício financeiro. Esse princípio visa proporcionar uma visão global das finanças públicas, facilitando o controle e a fiscalização pelo Poder Legislativo. Está previsto no artigo 2º da Lei nº 4.320/1964 e no § 5º do artigo 165 da Constituição Federal de 1988.

2. Princípio da Universalidade. Determina que a lei orçamentária deve abranger todas as receitas e despesas dos Poderes, fundos, órgãos e entidades da administração direta e indireta, sem omissões. O objetivo é garantir uma visão completa das finanças públicas, permitindo um controle efetivo dos recursos. Este princípio está consagrado no artigo 2º da Lei nº 4.320/1964 e pode ser extraído do artigo 165, § 5º, da Constituição Federal.

3. Princípio da Exclusividade. Estabelece que a lei orçamentária anual não deve conter dispositivos estranhos à previsão de receitas e à fixação de despesas, evitando a inclusão de matérias alheias ao orçamento. As exceções a essa regra são a autorização para abertura de créditos suplementares e a contratação de operações de crédito, inclusive por antecipação de receita, conforme disposto no artigo 165, § 8º, da Constituição Federal.

4. Princípio da Anualidade. Define que o orçamento público deve ser elaborado e autorizado para um período determinado, geralmente correspondente a um exercício financeiro de um ano. Este princípio assegura a periodicidade e a temporalidade da previsão orçamentária, permitindo avaliações e ajustes anuais. Está previsto no artigo 2º da Lei nº 4.320/1964 e no artigo 165, III, da Constituição Federal.

A observância desses princípios é essencial para garantir a transparência, o controle e a eficiência na gestão dos recursos públicos, fundamentos basilares do Estado Democrático de Direito.

DOUTRINA TEMÁTICA

> "O princípio orçamentário da unidade determina que a lei orçamentária seja uma só, reunindo todas as receitas e despesas do Estado, a fim de permitir uma análise global, proporcionando um controle mais efetivo. Refere-se, portanto, à forma de um documento uno. Não obstante, a Constituição Federal de 1988 prevê a existência nesse documento de três partes específicas: orçamento fiscal, de investimento e da seguridade social (§ 5º, art. 165). Assim, esclarece Ricardo Lobo Torres que 'o princípio da unidade já não significa a existência de um único documento, mas a integração finalística e a harmonização entre os diversos orçamentos'. (...)
>
> Entretanto, surge o entendimento de que esse princípio estaria esvaziado a partir do texto constitucional de 1988, dando origem a outro princípio, denominado princípio da totalidade orçamentária, segundo o qual admite-se a existência de orçamentos setoriais, desde que, ao final, eles se consolidem num documento que possibilite ao governo ter uma visão geral do conjunto das finanças públicas. Segundo James Giacomoni, a concepção da totalidade orçamentária considera os múltiplos orçamentos elaborados de forma individual – fiscal, de investimentos e de seguridade social –, devendo ser, ao final, consolidados, a fim de permitir o conhecimento do desempenho global das finanças públicas. (...)

O princípio orçamentário da universalidade indica que todos os valores, independentemente de sua espécie, natureza, procedência ou destinação, deverão estar contidos no orçamento como sendo um plano financeiro global. Ou seja, o orçamento deverá prever todas as receitas e despesas pelo seu valor total bruto, sem deduções ou exclusões, a fim de oferecer ao Poder Legislativo uma exata demonstração das despesas nele autorizadas. (...)

O princípio orçamentário da exclusividade veda que a lei orçamentária trate de qualquer outra matéria que não seja referente a receitas e despesas. Diz o § 8º do art. 165 da Constituição que a lei orçamentária anual não conterá dispositivo estranho à previsão da receita e à fixação da despesa, não se incluindo na proibição a autorização para abertura de créditos suplementares e contratação de operações de crédito, ainda que por antecipação de receita, nos termos da lei.

Assim, a lei do orçamento anual deverá se prestar, apenas e exclusivamente, para prever as receitas e autorizar as despesas do Estado.

A função desse princípio é meramente pragmática, no sentido de se impossibilitar a inclusão na lei orçamentária de matérias estranhas às receitas e despesas, que muitas vezes acabavam sendo inseridas por manobras políticas para se implementarem práticas populistas ou para atender a pressões do poder. A inclusão desses assuntos estranhos no orçamento, prática que não era exclusivamente brasileira, era comumente conhecida por 'caudas orçamentárias' ou, na expressão usada por Rui Barbosa, 'orçamentos rabilongos'" (MARCUS ABRAHAM).

▸ JURISPRUDÊNCIA TEMÁTICA

STF

EMEDIDA CAUTELAR EM AÇÃO DIRETA DE INCONSTITUCIONALIDADE. MEDIDA PROVISÓRIA Nº 405, DE 18.12.2007. ABERTURA DE CRÉDITO EXTRAORDINÁRIO. LIMITES CONSTITUCIONAIS À ATIVIDADE LEGISLATIVA EXCEPCIONAL DO PODER EXECUTIVO NA EDIÇÃO DE MEDIDAS PROVISÓRIAS. I. MEDIDA PROVISÓRIA E SUA CONVERSÃO EM LEI. Conversão da medida provisória na Lei nº 11.658/2008, sem alteração substancial. Aditamento ao pedido inicial. Inexistência de obstáculo processual ao prosseguimento do julgamento. A lei de conversão não convalida os vícios existentes na medida provisória. Precedentes. II. CONTROLE ABSTRATO DE CONSTITUCIONALIDADE DE NORMAS ORÇAMENTÁRIAS. REVISÃO DE JURISPRUDÊNCIA. O Supremo Tribunal Federal deve exercer sua função precípua de fiscalização da constitucionalidade das leis e dos atos normativos quando houver um tema ou uma controvérsia constitucional suscitada em abstrato, independente do caráter geral ou específico, concreto ou abstrato de seu objeto. Possibilidade de submissão das normas orçamentárias ao controle abstrato de constitucionalidade. III. LIMITES CONSTITUCIONAIS À ATIVIDADE LEGISLATIVA EXCEPCIONAL DO PODER EXECUTIVO NA EDIÇÃO DE MEDIDAS PROVISÓRIAS PARA ABERTURA DE CRÉDITO EXTRAORDINÁRIO. Interpretação do art. 167, § 3º c/c o art. 62, § 1º, inciso I, alínea "d", da Constituição. *Além dos requisitos de relevância e urgência (art. 62), a Constituição exige que a abertura do crédito extraordinário seja feita apenas para atender a despesas imprevisíveis e urgentes. Ao contrário do que ocorre em relação aos requisitos de relevância e urgência (art. 62), que se submetem a uma ampla margem de discricionariedade por parte do Presidente da República, os requisitos de imprevisibilidade e urgência (art. 167, § 3º) recebem densificação normativa da Constituição.* Os conteúdos semânticos das expressões "guerra", "comoção interna" e "calamidade pública" constituem vetores para a interpretação/aplicação do art. 167, § 3º c/c o art. 62, § 1º, inciso I, alínea "d", da Constituição. "Guerra", "comoção interna" e "calamidade pública" são conceitos que representam realidades ou situações fáticas de extrema gravidade e de conseqüências imprevisíveis para a ordem pública e a paz social, e que dessa forma requerem, com a devida urgência, a adoção de medidas singulares e extraordinárias. A leitura atenta e a análise interpretativa do texto e da exposição de motivos da MP nº 405/2007 demonstram que os créditos abertos são destinados a prover despesas correntes, que não estão qualificadas pela imprevisibilidade ou pela urgência. A edição da MP nº 405/2007 configurou um patente desvirtuamento dos parâmetros constitucionais que permitem a edição de medidas provisórias para a abertura de créditos extraordinários. IV. MEDIDA CAUTELAR DEFERIDA. Suspensão da vigência da Lei nº 11.658/2008, desde a sua publicação, ocorrida em 22 de abril de 2008. (STF, ADI 4048 MC/DF, Min. Gilmar Mendes, 14/05/2008, Tribunal Pleno) (grifos do autor)

QUESTÕES DE CONCURSO RELACIONADAS

(VUNESP – UNICAMP – Procurador – 2014) "Esse princípio decorreu do abuso que se verificava na votação dos orçamentos durante a República Velha, (...) o que gerava as chamadas caudas orçamentárias ou orçamentos rabilongos na expressão de Ruy Barbosa" (José Afonso da Silva).

Essa referência doutrinária do autor, reproduzida, que diz respeito ao aparecimento de norma orçamentária em vigor na atual Constituição Federal, trata do princípio orçamentário da

a) unidade.

b) universalidade.

c) programação.

d) exclusividade.

e) anualidade.

Gabarito: Letra d.

(VUNESP – Prefeitura de São José do Rio Preto/SP – Procurador do Município – 2014) As Leis que estabelecem o plano plurianual, as diretrizes orçamentárias e os orçamentos anuais são de iniciativa do Poder Executivo. Em relação aos princípios da ordem orçamentária, assinale a alternativa correta.

a) Pelo princípio da totalidade, previsto no artigo 165, § 5.º, admite-se a existência de orçamentos setoriais desde que, afinal, eles se consolidem na lei de diretrizes orçamentárias.

b) O princípio da anualidade, expresso nos artigos 48, II, 165, § 5.º, e 166 da CF, significa que a lei orçamentária é de vigência anual, devendo as receitas e despesas nela previstas serem realizadas no decurso do exercício financeiro.

c) Segundo o princípio do orçamento bruto, as receitas e despesas devem aparecer no plano plurianual em seus valores brutos, isto é, sem qualquer dedução, com o objetivo de impedir que nele se incluam apenas saldos positivos ou negativos de determinado serviço público.

d) Em obediência ao princípio da universalidade, o plano plurianual deve conter a totalidade das receitas e das despesas estatais, de modo a possibilitar o seu controle pelo Poder Executivo.

e) O princípio da legalidade, como projeção do princípio da legalidade em geral, significa que a lei de diretrizes orçamentárias estabelecerá as diretrizes, os objetivos e as metas da administração pública estadual para as despesas de capital e outras delas decorrentes, bem como as relativas aos programas de duração continuada.

Gabarito: Letra b.

CAPÍTULO 3

DIREITO TRIBUTÁRIO

Felipe Duque
Helton Krammer

1. ADMINISTRAÇÃO TRIBUTÁRIA

QUESTÃO 1

Cespe/Cebraspe – Procuradoria-Geral do Município de Campo Grande – Procurador do Município – 2019

O Código Tributário Nacional dispõe, em seu art. 201, que constitui "dívida ativa tributária a proveniente de crédito dessa natureza, regularmente inscrita na repartição administrativa competente, depois de esgotado o prazo fixado, para pagamento, pela lei ou por decisão final proferida em processo regular".

Considerando as disposições do Código Tributário Nacional e o entendimento dos tribunais superiores, redija um texto, de forma concisa, a respeito do ato de inscrição em dívida ativa, atendendo ao que se pede no item 1 e respondendo aos questionamentos dos itens 2 e 3.

1. **Indique a natureza do ato de inscrição em dívida ativa tributária e aborde os efeitos jurídicos desse ato. [valor: 2,50 pontos]**
2. **A inscrição de créditos de natureza tributária em dívida ativa provoca a suspensão do prazo prescricional de crédito tributário? [valor: 1,25 ponto]**
3. **É viável inscrever em dívida ativa os créditos tributários constituídos pelo contribuinte? [valor: 1,00 ponto]**

QUESTÃO 1

(15 LINHAS)

▶ RESPOSTA DO AUTOR

1. Natureza do ato de inscrição em dívida ativa tributária e seus efeitos jurídicos

O **ato de inscrição em dívida ativa** é considerado um **ato administrativo de controle da legalidade** que confere certeza e liquidez ao crédito tributário. A sua natureza é predominantemente **declaratória**, pois reconhece formalmente a existência do crédito após o esgotamento do prazo para pagamento, e, ao mesmo tempo, possui caráter **constitutivo**, na medida em que gera o **título executivo extrajudicial**, imprescindível para a propositura da execução fiscal. De acordo com o art. 201 do CTN e o art. 2º, § 3º, da Lei nº 6.830/1980 (Lei de Execuções Fiscais - LEF), a inscrição de dívida ativa resulta na emissão da **Certidão de Dívida Ativa (CDA)**, documento que goza de presunção de liquidez e certeza, salvo prova em contrário. Ademais, o ato de inscrição é um marco jurídico relevante para o reconhecimento de eventual **fraude à execução fiscal**, conforme o disposto no art. 185 do Código Tributário Nacional.

Entre os **efeitos jurídicos** mais significativos do ato de inscrição em dívida ativa, destacam-se: (i) a formação do título executivo extrajudicial que habilita o ente público a propor a execução fiscal; (ii) a atribuição de uma presunção relativa de liquidez e certeza ao crédito inscrito; e (iii) o início de contagem do prazo para ajuizamento da execução fiscal, além de ser uma referência para questões envolvendo fraude à execução.

2. A inscrição de créditos de natureza tributária em dívida ativa provoca a suspensão do prazo prescricional do crédito tributário?

Não, a inscrição de créditos tributários em dívida ativa **não suspende o prazo prescricional**. A **Súmula Vinculante nº 8 do Supremo Tribunal Federal (STF)** é clara ao estabelecer que a prescrição e a decadência tributária devem ser reguladas por **lei complementar**, conforme previsto no art. 146, III, "b", da Constituição Federal. Dessa forma, o prazo prescricional do crédito tributário é disciplinado pelo **art. 174 do Código Tributário Nacional (CTN)**, que não prevê a suspensão do prazo de prescrição em razão da inscrição em dívida ativa. Assim, o prazo prescricional segue seu curso regular, e a inscrição em dívida ativa não interfere diretamente no fluxo desse prazo.

Vale mencionar que a **Lei nº 6.830/1980 (LEF)**, em seu art. 2º, § 3º, prevê a suspensão da prescrição por 180 dias após a inscrição de dívida ativa, mas tal dispositivo **não se aplica aos créditos tributários**, visto que este campo é reservado à regulamentação por **lei complementar**, conforme orientação do STF.

3. É viável inscrever em dívida ativa os créditos tributários constituídos pelo contribuinte?

Sim, é plenamente viável a inscrição em dívida ativa de créditos tributários constituídos pelo próprio contribuinte. O **art. 150, § 4º, do CTN** estabelece que o crédito tributário pode ser constituído por declaração do próprio contribuinte, em conformidade com o princípio da **autoliquidação**. Esse entendimento é reforçado pela Súmula nº 436 do Superior Tribunal de Justiça

▸ CRITÉRIO DE CORREÇÃO DA BANCA

1. Natureza e efeitos jurídicos do ato de inscrição em dívida ativa tributária

O ato de inscrição em dívida ativa é um ato administrativo de controle de legalidade, de natureza declaratória e constitutiva, que (a) produz a certidão de dívida ativa, título executivo extrajudicial dotado de presunção de certeza e liquidez, que confere exequibilidade ao crédito tributário, (b) torna a alienação de bens ou oneração de renda, sem reservas por parte do devedor, fraude à execução, (c) atesta a legalidade do procedimento administrativo de cobrança e (d) confere presunção relativa de certeza e liquidez do crédito tributário.

2. Ausência de reflexos da inscrição em dívida ativa de créditos de natureza tributária sobre o prazo prescricional

A inscrição em dívida ativa de créditos de natureza tributária não exerce nenhuma influência sobre o prazo prescricional, pois não se encontra arrolada entre as hipóteses do art. 174 do Código Tributário Nacional (CTN). A prescrição é matéria reservada à Lei Complementar (Súmula Vinculante 8 do STF); por isso, somente a inscrição de créditos não tributários provoca a suspensão do prazo prescricional, nos termos do art. 1º, § 3º, da Lei 6.830/1980.

3. Possibilidade de inscrever em dívida ativa créditos tributários constituídos pelo contribuinte

Caso a dívida tributária tenha sido declarada pelo contribuinte, na forma do art. 150 do CTN, mas não paga, é possível a imediata remessa da dívida para a inscrição em dívida ativa e posterior cobrança via execução fiscal. A declaração do contribuinte constitui, para todos os efeitos, o crédito tributário, e, na hipótese de não ser paga a dívida tributária, ela se torna exigível, nos termos do art. 160, parágrafo único, do CTN. Nesse sentido é a Súmula n.º 436 do STJ: a entrega pelo contribuinte de declaração em que este reconhece débito fiscal constitui o crédito tributário, dispensada qualquer outra providência por parte do fisco.

Quesito 1

0 – Não indicou a natureza jurídica do ato de inscrição em dívida ativa.

1 – Indicou ser um ato administrativo de natureza declaratória.

2 – Indicou ser um ato administrativo de natureza constitutiva.

3 – Indicou ser um ato administrativo de natureza declaratória e constitutiva.

Quesito 1

0 – Não abordou nenhum dos efeitos do ato de inscrição.

1 – Abordou apenas UM dos efeitos do ato de inscrição.

2 – Abordou apenas DOIS dos efeitos do ato de inscrição.

3 – Abordou os TRÊS efeitos do ato de inscrição.

4 – Abordou os QUATRO efeitos do ato de inscrição.

Quesito 2

0 – Não abordou o aspecto OU respondeu que o referido ato suspende o curso da prescrição.

1 – Indicou que o referido ato não suspende o prazo prescricional, MAS não citou o art. 174 do CTN, NEM indicou que a prescrição é matéria reservada a Lei Complementar.

2 – Indicou que o referido ato não suspende o prazo prescricional, citou não se encontrar dentre as hipóteses do art. 174 do CTN, MAS não indicou que a prescrição é matéria reservada a Lei Complementar.

3 – Indicou que o referido ato não suspende o prazo prescricional, citou não se encontrar dentre as hipóteses do art. 174 do CTN E indicou que a prescrição é matéria reservada à Lei Complementar, MAS não mencionou a tese contida na Súmula Vinculante 8 do STF ou a existência de precedente vinculante do STF.

4 – Indicou que o referido ato não suspende o prazo prescricional, citou não se encontrar dentre as hipóteses do art. 174 do CTN, indicou que a prescrição é matéria reservada a Lei Complementar E mencionou a tese contida na Súmula Vinculante n.º 8 do STF ou a existência de precedente vinculante do STF.

Quesito 3

0 – Não abordou o aspecto OU afirmou que não é possível inscrever em dívida ativa créditos tributários constituídos pelo contribuinte.

1 – Indicou que é possível a inscrição, MAS não discorreu sobre a suficiência da declaração para constituição do crédito tributário, NEM fez referência ao entendimento da Súmula 436 do STJ.

2 – Indicou que é possível a inscrição E discorreu sobre a suficiência da declaração para constituição do crédito tributário, MAS não fez referência ao entendimento da Súmula 436 do STJ.

3 – Indicou que é possível a inscrição, discorreu sobre a suficiência da declaração para constituição do crédito tributário e fez referência ao entendimento da Súmula 436 do STJ.

▸ DOUTRINA TEMÁTICA

"Uma vez esgotado o prazo para pagamento assinado ao sujeito passivo, compete à Fazenda Pública proceder à inscrição da dívida ativa em livro próprio (art. 201), com os requisitos exigidos pelo art. 202 e seu parágrafo único, relativos à identificação do devedor e co-responsáveis, valor devido, fundamento legal, data de inscrição, identificação do processo administrativo que houver, mais a indicação do livro e da folha da inscrição" (AMARO, 2005, p. 485).

▸ JURISPRUDÊNCIA TEMÁTICA

STF

Súmula Vinculante 8: São inconstitucionais o parágrafo único do artigo 5º do Decreto-Lei 1.569/1977 e os artigos 45 e 46 da Lei 8.212/1991, que tratam da prescrição e decadência do crédito tributário.

As normas relativas à prescrição e à decadência tributárias têm natureza de normas gerais de direito tributário, cuja disciplina é reservada a lei complementar, tanto sob a Constituição pretérita (art. 18, § 1º, da CF/1967/1969) quanto sob a Constituição atual (art. 146, b, III, da CF/1988). Interpretação que preserva a força normativa da Constituição, que prevê disciplina homogênea, em âmbito nacional, da prescrição, decadência, obrigação e crédito tributários. (...) O CTN/1966 (Lei 5.172/1966), promulgado como lei ordinária e recebido como lei complementar pelas Constituições de 1967/1969 e 1988, disciplina a prescrição e a decadência tributárias. (STF, RE 556.664, rel. min. Gilmar Mendes, P, j. 12-6-2008, DJE 216 de 14-11-2008)

STJ

Súmula 436: A entrega de declaração pelo contribuinte reconhecendo débito fiscal constitui o crédito tributário, dispensada qualquer outra providência por parte do fisco.

PROCESSO CIVIL E TRIBUTÁRIO. EXECUÇÃO FISCAL. PRESCRIÇÃO. ART. 2º, § 3º, DA LEI 6.830/80. SUSPENSÃO POR 180 DIAS. NORMA APLICÁVEL SOMENTE ÀS DÍVIDAS NÃO TRIBUTÁRIAS. FEITO EXECUTIVO AJUIZADO ANTES DA VIGÊNCIA DA LC 118/2005. INTERRUPÇÃO DA PRESCRIÇÃO: CITAÇÃO. MORATÓRIA. SUSPENSÃO. LEIS MUNICIPAIS. SÚMULA 280/STF. 1. Não há como apreciar o mérito da controvérsia com base na dita malversação dos artigos 174, inciso IV, do CTN, e 40 da Lei nº 6.830/80 e nas teses a ele vinculadas, uma vez que não foram objeto de debate pela instância ordinária, o que inviabiliza o conhecimento do especial no ponto por ausência de prequestionamento. 2. A jurisprudência desta Corte é assente quanto à aplicabilidade do art. 2º, § 3º, da Lei n. 6.830/80 (suspensão da prescrição por 180 dias por ocasião da inscrição em dívida ativa) somente às dívidas de natureza não-tributária, devendo ser aplicado o art. 174 do CTN, para as de natureza tributária. No processo de execução fiscal, ajuizado anteriormente à Lei Complementar 118/2005, o despacho que ordena a citação não interrompe o prazo prescricional, pois somente a citação produz esse efeito, devendo prevalecer o disposto no artigo 174 do CTN sobre o artigo 8º, § 2º, da Lei 6.830/80. 3. Reafirmando a jurisprudência do STJ sobre a matéria, a Corte Especial, no julgamento da AI no Ag 1.037.765/SP, Rel. Min. Teori Albino Zavascki, ocorrido em 2.3.2001, acolheu por maioria o incidente para reconhecer a inconstitucionalidade, em relação aos créditos tributários, do § 2º do art. 8º da LEF (que cria hipótese de interrupção da prescrição), bem como do § 3º do art. 2º da mesma lei (no que se refere à hipótese de suspensão da prescrição), ressaltando que tal reconhecimento da inconstitucionalidade deve ser parcial, sem redução de texto, visto que tais dispositivos preservam sua validade e eficácia em relação a créditos não tributários objeto de execução fiscal (Informativo 465/STJ). (...) 5. Recurso especial parcialmente conhecido e, nessa parte, não provido. (REsp 1.192.368, j. 07.04.2011)

QUESTÕES OBJETIVAS RELACIONADAS AO TEMA

1. (Fepese – Procurador do Estado – PGE/SC – 2018) Identifique abaixo as afirmativas verdadeiras (V) e as falsas (F) em relação à ação de execução fiscal, prevista na Lei 6.830/80.

( ) A certidão de dívida ativa é o documento que atesta a liquidez, a certeza e a exigibilidade do crédito, tributário ou não, devido à Fazenda Pública.

( ) É possível a Fazenda Pública substituir a certidão de dívida ativa até a prolação da sentença de embargos, quando se tratar de correção de erro material ou formal, modificando, inclusive, o sujeito passivo da execução.

( ) Nos termos da lei que rege as execuções fiscais, a oposição de embargos à execução depende da garantia do juízo, o que não foi alterado pelo novo Código de Processo Civil.

( ) A descrição do fato é elemento essencial da certidão de dívida ativa. Se houver menção apenas genérica no tocante à origem do débito, sem a descrição do fato constitutivo da obrigação, a certidão será nula por violação do princípio da ampla defesa.

( ) O juízo a respeito da higidez da certidão de dívida ativa constitui matéria de ordem pública, razão pela qual sobre ela não se opera a preclusão, devendo, inclusive, ser conhecida de ofício.

Assinale a alternativa que indica a sequência correta, de cima para baixo.

a. V – V – V – V – V

b. V – F – V – V – V

c. V – F – F – F – F

d. F – V – F – F – F

e. F – F – F – V – V

Gabarito: Letra b.

2. (Fepese – Procurador do Estado – PGE/SC – 2018) Assinale a alternativa correta com base nas disposições legais sobre a Administração Tributária.

a. A dívida regularmente inscrita goza da presunção absoluta de certeza e liquidez e tem o efeito de prova pré-constituída.

b. Tem os mesmos efeitos da certidão negativa de débitos a certidão de que conste a existência de créditos tributários em curso de cobrança executiva, quando ainda não tenha sido efetivada a penhora.

c. Os livros obrigatórios de escrituração comercial e fiscal e os comprovantes dos lançamentos neles efetuados serão conservados pelo prazo de trinta anos a contar das operações a que se refiram.

d. As certidões negativas expedidas com dolo ou fraude, que contenham erro contra o Fisco, responsabilizam pessoalmente os funcionários que as expedirem, pelo crédito tributário e os juros de mora acrescidos.

e. É proibida a divulgação, por parte da Fazenda ou de seus servidores, de informação obtida em razão do ofício sobre a situação econômica ou financeira do sujeito passivo ou de terceiros, inclusive mediante requisição de autoridade judiciária no interesse da justiça.

Gabarito: Letra d.

2. LANÇAMENTO TRIBUTÁRIO

QUESTÃO 1

Cespe/Cebraspe – Procuradoria-Geral do Município de Boa Vista – Procurador do Município – 2019

Considerando as disposições legais do Código Tributário Nacional (CTN), redija um texto acerca de lançamento tributário, atendendo ao que se pede a seguir.

1. **Defina lançamento tributário. [valor: 1,35 ponto]**
2. **Identifique e classifique as quatro modalidades de lançamento tributário existentes no CTN, indicando as modalidades principais e as subsidiárias (ou supletivas). [valor: 0,60 ponto]**
3. **Explique cada uma das modalidades de lançamento, indicando as atribuições do fisco e do contribuinte em cada uma delas. [valor: 2,80 pontos]**

QUESTÃO 1

(MÁXIMO 30 LINHAS)

▸ RESPOSTA DO AUTOR

1. Definição de lançamento tributário

O lançamento tributário, conforme o art. 142 do Código Tributário Nacional (CTN), é o procedimento administrativo que visa verificar a ocorrência do fato gerador da obrigação tributária, determinar a matéria tributável, calcular o montante do tributo devido, identificar o sujeito passivo e, quando for o caso, aplicar as penalidades cabíveis. Portanto, o lançamento é uma atividade vinculada, ou seja, a autoridade fiscal deve realizá-lo nos exatos termos da legislação, sem margem de discricionariedade. O lançamento, além de constituir o crédito tributário, também consolida a relação obrigacional entre o fisco e o contribuinte, permitindo a cobrança do tributo.

2. Classificação das modalidades de lançamento tributário

O CTN prevê três modalidades principais de lançamento tributário: (i) lançamento de ofício (art. 149 do CTN), (ii) lançamento por declaração (art. 147 do CTN) e (iii) lançamento por homologação (art. 150 do CTN). Além dessas modalidades principais, existe ainda o lançamento por arbitramento (art. 148 do CTN), que atua de forma subsidiária ou supletiva quando as modalidades principais não são viáveis.

3. Explicação das modalidades de lançamento e atribuições do fisco e do contribuinte

Lançamento de ofício: Nessa modalidade, a apuração do tributo é feita integralmente pela autoridade administrativa, sem a participação do contribuinte ou em situações de omissão, falta de declaração ou erro por parte deste. O fisco é o responsável por verificar a ocorrência do fato gerador, calcular o valor devido e notificar o contribuinte. Esse lançamento é aplicado em casos de tributos como o IPTU e o IPVA, e também é utilizado quando há omissão ou fraude por parte do sujeito passivo. Trata-se de uma modalidade em que a atuação do fisco é quase exclusiva, cabendo ao contribuinte, após a notificação, apenas impugnar ou pagar o valor lançado.

Lançamento por declaração: No lançamento por declaração, a participação do contribuinte é essencial, pois ele deve fornecer ao fisco as informações sobre o fato gerador, sem as quais a autoridade fiscal não pode constituir o crédito tributário. A atividade do fisco, neste caso, é mais limitada, uma vez que se baseia nas informações prestadas pelo próprio contribuinte ou por terceiro, como ocorre, por exemplo, no Imposto de Renda Retido na Fonte (IRRF). O lançamento em si é realizado pela autoridade administrativa, mas com base na declaração prestada.

Lançamento por homologação: Também conhecido como autolançamento, essa modalidade coloca o contribuinte como o principal responsável por realizar a apuração do fato gerador, calcular o tributo e efetuar o pagamento. O papel do fisco, nesse caso, é posterior e restrito à homologação das informações prestadas. O lançamento por homologação é amplamente utilizado em tributos como o ICMS, o ISS e o Imposto de Renda da Pessoa Física (IRPF). Caso o fisco não se manifeste dentro do prazo de cinco anos, opera-se a homologação tácita, consolidando o crédito tributário.

Lançamento por arbitramento: Essa modalidade, prevista no art. 148 do CTN, é utilizada quando os elementos necessários para o cálculo do tributo são omissos ou não merecem credibilidade. Nesses casos, a autoridade fiscal, diante da ausência de informações adequadas, arbitra o valor do tributo com base em indícios, presunções e informações indiretas, como, por exemplo, no caso de importações sem documentação fiscal regular. Trata-se de uma medida excepcional, utilizada para suprir a falta de dados fornecidos pelo contribuinte ou quando há fraude ou sonegação.

Em síntese, as modalidades de lançamento variam de acordo com o grau de participação do fisco e do contribuinte, desde o lançamento integralmente feito pelo fisco (de ofício), até aquele em que o contribuinte assume maior responsabilidade (por homologação), com modalidades intermediárias como a de declaração e supletivas como o arbitramento.

▸ CRITÉRIO DE CORREÇÃO DA BANCA

1. Definição de lançamento tributário

Lançamento tributário é o procedimento administrativo utilizado pela autoridade administrativa para verificar a ocorrência do fato gerador de uma obrigação tributária, determinar a matéria tributável, calcular o montante do tributo devido, identificar o sujeito passivo e, quando for o caso, propor a aplicação da penalidade cabível (art. 142 do CTN).

2. As quatro modalidades de lançamento tributário existentes no CTN

O CTN prevê três modalidades principais de lançamento tributário: por declaração, de ofício e por homologação (ou autolançamento). Além disso, o CTN prevê o lançamento por arbitramento ou aferição indireta, usado apenas em caráter subsidiário (art. 148 do CTN). Além de ser uma modalidade principal, o lançamento de ofício também pode ser utilizado de forma subsidiária, no caso de o contribuinte deixar de fazer o lançamento por declaração ou por homologação ou nas demais hipóteses previstas nos incisos do art. 149 do CTN.

3. Explicação de cada modalidade de lançamento tributário

3.1 Lançamento por declaração

O contribuinte fornece ao fisco elementos para que este apure o crédito tributário e notifique o contribuinte para que ele pague o tributo. A declaração, nesse caso, refere-se apenas aos fatos e elementos necessários à apuração do crédito tributário, não sendo necessário que o contribuinte calcule o tributo. Após a informação do contribuinte, o fisco calcula o valor devido e notifica o contribuinte do valor a ser pago.

3.2 Lançamento de ofício

Esse tipo de lançamento é realizado direta e exclusivamente pelo fisco, seja por determinação legal, seja pelo fato de o contribuinte não ter feito o lançamento devido. Nesse caso, é o próprio fisco que verifica a ocorrência do fato gerador, calcula o tributo e notifica o sujeito passivo para o pagamento. O contribuinte apenas efetua o pagamento. Como o lançamento de ofício também pode possuir caráter subsidiário, é possível que o contribuinte declare a ocorrência do fato gerador, mas, em razão de constatação de falsidade, erro, omissão ou fraude, o fisco glose o lançamento e apure de ofício o valor devido.

3.3 Lançamento por homologação (ou autolançamento)

Nesse caso, é o próprio contribuinte que verifica a ocorrência do fato gerador, apura o valor devido e efetua o pagamento. Cabe ao fisco apenas averiguar a correção do lançamento, efetuando a homologação de forma expressa ou tácita ou procedendo ao lançamento de ofício. Nenhum ato do fisco é necessário para que o crédito tributário se consolide.

3.4 Lançamento por arbitramento ou aferição indireta

Esse tipo de lançamento é excepcional e ocorre apenas no caso de, constatada a ocorrência do fato gerador, a autoridade administrativa não possuir elementos suficientes para a correta apuração do valor devido. Isso ocorre quando o contribuinte é omisso, presta declarações ou esclarecimentos que não mereçam fé ou apresenta documentação inidônea. Como o lançamento é necessariamente subsidiário, o fato gerador pode ter sido declarado pelo próprio contribuinte ou verificado pelo fisco. Em ambos os casos, caberá ao fisco calcular o valor do tributo devido com base em elementos indiciários ou presunções legais ou por aferição indireta, e caberá ao contribuinte efetuar o pagamento após o arbitramento desse valor.

Quesito 1

0 – Não apresentou a definição de lançamento tributário.

1 – Apresentou parcialmente a definição de lançamento tributário.

2 – Apresentou a definição de lançamento tributário de forma completa.

Quesito 2

Quesito 2.1 – Identificação das quatro modalidades de lançamento tributário

0 – Não identificou nenhuma das modalidades de lançamento tributário previstas no CTN.

1 – Identificou apenas uma das modalidades de lançamento tributário previstas no CTN.

2 – Identificou apenas duas das modalidades de lançamento tributário previstas no CTN.

3 – Identificou apenas três das modalidades de lançamento tributário previstas no CTN.

4 – Identificou as quatro modalidades de lançamento tributário previstas no CTN.

Quesito 2.2 – Classificação das quatro modalidades de lançamento tributário

0 – Não classificou corretamente como principal ou subsidiária nenhuma das modalidades de lançamento tributário.

1 – Classificou corretamente apenas uma das modalidades de lançamento tributário.

2 – Classificou corretamente apenas duas das modalidades de lançamento tributário.

3 – Classificou corretamente apenas três das modalidades de lançamento tributário.

4 – Classificou corretamente as quatro modalidades de lançamento tributário, MAS não fez a ressalva com relação à dupla natureza do lançamento de ofício.

5 – Classificou corretamente as quatro modalidades de lançamento tributário E fez a ressalva com relação à dupla natureza do lançamento de ofício.

Quesito 2.3

Quesito 2.3.1 – Lançamento por declaração

0 – Não explicou o lançamento por declaração.

1 – Explicou o lançamento por declaração, MAS não indicou a atribuição do fisco OU do contribuinte nessa modalidade.

2 – Explicou o lançamento por declaração E indicou a atribuição do fisco E do contribuinte nessa modalidade.

Quesito 2.3.2 – Lançamento de ofício

0 – Não explicou o lançamento de ofício.

1 – Explicou o lançamento de ofício, MAS não indicou a atribuição do fisco OU do contribuinte nessa modalidade.

2 – Explicou o lançamento de ofício E indicou a atribuição do fisco E do contribuinte nessa modalidade.

Quesito 2.3.3 – Lançamento por homologação (ou autolançamento)

0 – Não explicou o lançamento por homologação.

1 – Explicou o lançamento por homologação, MAS não indicou a atribuição do fisco OU do contribuinte nessa modalidade.

2 – Explicou o lançamento por homologação E indicou a atribuição do fisco E do contribuinte nessa modalidade.

Quesito 2.3.4 – Lançamento por arbitramento ou aferição indireta

0 – Não explicou o lançamento por arbitramento ou aferição indireta.

1 – Explicou o lançamento por arbitramento ou aferição indireta, MAS não indicou a atribuição do fisco OU do contribuinte nessa modalidade.

2 – Explicou o lançamento por arbitramento ou aferição indireta E indicou a atribuição do fisco E do contribuinte nessa modalidade.

▸ DOUTRINA TEMÁTICA

"Trata-se [o lançamento por declaração] do que a doutrina denomina 'lançamento misto', já que, aqui, cogita-se caso em que o sujeito passivo e a autoridade administrativa devem agir, para que se considere o lançamento válido. Em síntese, o sujeito passivo, ou um terceiro, apresenta uma série de informações à autoridade fiscal, e esta, com base nas informações assim coletadas, efetua o lançamento tributário" (SCHOUERI, 2015, p. 631).

"Assim, na visão do STJ (e também do STF), a declaração do contribuinte elide a necessidade da constituição formal do débito pago pelo Fisco, não se falando em decadência mas em prescrição. Diante da inexistência de pagamento que corresponda ao montante corretamente declarado, pode haver a imediata inscrição em dívida ativa, independentemente de qualquer procedimento ou de notificação ao contribuinte. O entendimento pauta-se na idéia de que o contribuinte, assumindo a iniciativa, declarou por conta própria o débito fiscal por ele reconhecido, por meio de um procedimento não impositivo, o que, à semelhança de um lançamento, dota o procedimento de suficiente exigibilidade, tendo o condão de constituir o crédito tributário. Se o próprio sujeito passivo apura o *quantum* devido e se 'autonotifica' com a entrega da declaração, não teria sentido 'lançar' para apurar uma situação impositiva que já foi tornada clara pelo próprio contribuinte" (SABAGG, 2011, p. 790-791).

"(...) na maioria dos tributos, as respectivas obrigações tributárias são liquidadas sem que ocorra o lançamento, mesmo em momento posterior. Nascida a obrigação, o devedor efetua o recolhimento do respectivo valor sem prévia participação, anuência, ou sequer conhecimento fazendário.

É o que ocorre na sistemática adotada para diversos impostos, como é o caso do ICMS, em que o contribuinte registra suas operações mercantis (ou prestações de serviços) em notas fiscais, consignando o valor do tributo, escritura seus livros fiscais, apura o *quantum* tributário e, ao final de um determinado período de tempo, procede ao seu recolhimento.

Essa situação é denominada 'tributo sem lançamento', em que inexiste a atuação da autoridade administrativa, que nem mesmo pode ser vislumbrada na figura da pseudo-homologação tácita do lançamento, conforme será examinado em item posterior.

A propósito, o Judiciário tem decidido que o débito declarado prescinde do efetivo lançamento" (MELO, 2005, p. 276).

QUESTÕES OBJETIVAS RELACIONADAS AO TEMA

1. (Fepese – Procurador do Estado – PGE/SC – 2018) Sobre o lançamento tributário e o crédito dele decorrente, é correto afirmar:

a. O benefício da denúncia espontânea aplica-se aos tributos sujeitos a lançamento por homologação regularmente declarados, embora pagos a destempo.

b. Sendo declarado e não pago o débito tributário pelo contribuinte, é ilegal a recusa de expedição de certidão negativa ou positiva com efeito de negativa.

c. Em relação aos tributos sujeitos ao lançamento por homologação, se não houver declaração do débito, o prazo decadencial quinquenal para o Fisco constituir o crédito tributário conta-se exclusivamente do primeiro dia do exercício seguinte àquele em que o lançamento poderia ter sido efetuado.

d. A entrega de declaração pelo contribuinte, reconhecendo débito fiscal, não exime o Fisco de adotar as providências necessárias para a constituição do crédito tributário.

e. A atividade de lançamento é obrigatória, muito embora discricionária, sob pena de responsabilidade funcional.

Gabarito: Letra c.

QUESTÃO 2

FUMARC – Procurador do Estado de Minas Gerais – 2012

Por hipótese, dado contribuinte de ICMS apresentou documentos fiscais à Administração Tributária mineira, onde se reconheceu saldo devedor daquele imposto, não procedendo a seu pagamento. Pergunta-se: qual o procedimento a tomar pela Fazenda Pública, em face da jurisprudência do Superior Tribunal de Justiça? Fundamente.

QUESTÃO 2

(MÁXIMO 30 LINHAS)

RESPOSTA DO AUTOR

De acordo com o entendimento consolidado do **Superior Tribunal de Justiça (STJ)**, a entrega de declaração pelo contribuinte, na qual este reconhece o montante do imposto devido, já constitui, por si só, o **crédito tributário**. Essa compreensão está firmada na **Súmula nº 436 do STJ**, que estabelece que a mera apresentação da declaração de débitos fiscais pelo contribuinte já formaliza o crédito tributário, dispensando, portanto, qualquer providência adicional por parte da Administração Tributária para sua constituição.

No caso específico do **ICMS**, quando o contribuinte apresenta à Administração Tributária mineira documentos fiscais que evidenciam saldo devedor, o **crédito tributário já está constituído**, não sendo necessária a prática de outro ato de lançamento por parte da Fazenda Pública. Com isso, a partir do momento em que o contribuinte declara o valor devido e não efetua o pagamento, a **Fazenda Pública** deve adotar o procedimento adequado para a **inscrição do crédito em dívida ativa**, viabilizando, assim, o ajuizamento da **execução fiscal**.

Esse fenômeno é parte do que a doutrina denomina **"privatização da administração tributária"**, onde o contribuinte, mediante autodeclaração, realiza atos que outrora eram exclusivamente atribuição do Fisco, permitindo maior agilidade na constituição do crédito tributário, dado o volume de informações que precisariam ser processadas pela Administração. Essa prática é comum em tributos sujeitos ao **lançamento por homologação**, como o ICMS, em que o próprio contribuinte apura o tributo devido e realiza o pagamento, cabendo ao Fisco apenas a homologação posterior.

Caso o contribuinte não efetue o pagamento do saldo devedor apurado em sua declaração, a **Fazenda Pública** mineira deverá inscrever o valor em dívida ativa e proceder com a execução fiscal. Uma vez que o crédito foi constituído pelo próprio contribuinte ao declarar o débito, **não há que se falar em decadência** do direito de lançar, mas sim na contagem do **prazo prescricional** para a cobrança desse crédito, a partir do vencimento da obrigação, conforme previsto no **art. 174 do CTN**.

Além disso, é importante destacar que, em determinadas situações, o **depósito judicial** feito pelo contribuinte também pode ser interpretado como uma espécie de reconhecimento do débito, o que permite a inscrição do valor correspondente em dívida ativa e a consequente execução fiscal, uma vez que o depósito judicial se equipara, em termos de formalização, à constituição do crédito tributário.

Em resumo, diante da entrega da declaração de ICMS pelo contribuinte, a Fazenda Pública deve proceder à imediata **inscrição do crédito tributário em dívida ativa**, visto que o próprio reconhecimento do débito já constitui o crédito, permitindo que a cobrança seja realizada por meio da execução fiscal.

DOUTRINA TEMÁTICA

> "Assim, na visão do STJ (e também do STF), a declaração do contribuinte elide a necessidade da constituição formal do débito pago pelo Fisco, não se falando em decadência mas em prescrição. Diante da inexistência de pagamento que corresponda ao montante corretamente declarado, pode haver a imediata inscrição em dívida ativa, independentemente de qualquer procedimento ou de notificação ao contribuinte. O entendimento pauta-se na idéia de que o contribuinte, assumindo a iniciativa, declarou por conta própria o débito fiscal por ele reconhecido, por meio de um procedimento não impositivo, o que, à semelhança de um lançamento, dota o procedimento de suficiente exigibilidade, tendo o condão de constituir o crédito tributário. Se o próprio sujeito passivo apura o *quantum* devido e se 'autonotifica' com a entrega da declaração, não teria sentido 'lançar'

para apurar uma situação impositiva que já foi tornada clara pelo próprio contribuinte" (SABAGG, 2011, p. 790-791).

"(...) na maioria dos tributos, as respectivas obrigações tributárias são liquidadas sem que ocorra o lançamento, mesmo em momento posterior. Nascida a obrigação, o devedor efetua o recolhimento do respectivo valor sem prévia participação, anuência, ou sequer conhecimento fazendário.

É o que ocorre na sistemática adotada para diversos impostos, como é o caso do ICMS, em que o contribuinte registra suas operações mercantis (ou prestações de serviços) em notas fiscais, consignando o valor do tributo, escritura seus livros fiscais, apura o *quantum* tributário e, ao final de um determinado período de tempo, procede ao seu recolhimento.

Essa situação é denominada 'tributo sem lançamento', em que inexiste a atuação da autoridade administrativa, que nem mesmo pode ser vislumbrada na figura da pseudo-homologação tácita do lançamento, conforme será examinado em item posterior.

A propósito, o Judiciário tem decidido que o débito declarado prescinde do efetivo lançamento" (MELO, 2005, p. 276).

"As declarações prestadas pelo contribuinte aos sujeitos ativos das obrigações tributárias, seja no cumprimento de obrigações acessórias, como no caso da apresentação da DCTF à Receita Federal, da GFIP ao INSS e da GIA à Receita Estadual, ou através da confissão de dívida para obtenção de parcelamento, são, há muito, consideradas pelos tribunais como supletivas da necessidade de lançamento por parte da autoridade fiscal que pode simplesmente encaminhá-las para inscrição em dívida ativa e cobrança" (PAULSEN, ÁVILA e SLIWKA, 2010, p. 180).

"Sendo declarada a dívida pelo próprio contribuinte, seja mediante o cumprimento da obrigação tributária acessória de apresentação de DCTF, GFIP, GIA, Declaração de Rendimentos ou outro documento em que conte o reconhecimento do débito, torna-se desnecessária a atividade do fisco de verificar a ocorrência do fato gerador, apontar a matéria tributável, calcular o tributo e indicar o sujeito passivo, notificando-o da sua obrigação, pois a apuração já terá sido feita por ele próprio, evidenciando conhecimento inequívoco do que lhe cabia recolher. A inscrição abrangerá os valores declarados e a multa moratória, que incide automaticamente por força do simples não pagamento no prazo" (PAULSEN, 2013, p. 1.031).

▸ JURISPRUDÊNCIA TEMÁTICA

STJ

Súmula 436: A entrega de declaração pelo contribuinte reconhecendo débito fiscal constitui o crédito tributário, dispensada qualquer outra providência por parte do fisco.

TRIBUTÁRIO E PROCESSUAL CIVIL. ICMS. TRIBUTO SUJEITO A LANÇAMENTOPOR HOMOLOGAÇÃO. PRESCRIÇÃO. CONSTITUIÇÃO DEFINITIVA DO CRÉDITO. DATA DA ENTREGA DA DECLARAÇÃO OU DO VENCIMENTO, O QUE FOR POSTERIOR. ART. 174 DO CTN. REDAÇÃO ANTERIOR À LEI COMPLEMENTAR N. 118/2005.PRECEDENTE EM RECURSO REPETITIVO. PRESCRIÇÃO VERIFICADA. 1. A Primeira Seção do STJ, no julgamento do REsp 1.120.295/ SP, Rel. Min. Luiz Fux, submetido ao rito dos recursos repetitivos, nos termos do art. 543-C do CPC e da Resolução 8/2008 do STJ, consolidou entendimento segundo o qual *a entrega de Declaração de Débitos e Créditos Tributários Federais (DCTF), de Guia de Informação e Apuração do ICMS (GIA), ou de outra declaração dessa natureza,prevista em lei (dever instrumental adstrito aos tributos sujeitos a lançamento por homologação), é modo de constituição do crédito tributário.* ". 3. No caso dos autos, a entrega da declaração ocorreu em 20.1.1994 e 9.2.1994. Assim, declarados os débitos tributários, e pagos a menor, o prazo prescricional iniciou-se na data da entrega da declaração. Logo, ajuizada a ação de execução fiscal somente em março de 1999, já teria ocorrida a prescrição. 4. Esta Corte tem entendimento pacífico no sentido de que a inscrição em dívida ativa, na hipótese ocorrida em 29.1.1999, não é capaz de suspender a prescrição, pois a regra do art. 2º, § 3º, da Lei n. 6.830/80 só se aplica a dívidas não tributárias, já que a prescrição referente a estas tem regramento em lei complementar – o art. 174 do CTN. Agravo regimental improvido. (STJ, AgRg nos EDcl no AREsp 154.879, Rel. Min. Humberto Martins, 2ª Turma, j. 27/11/2012, DJe 04/12/2012) (grifos nossos)

TRIBUTÁRIO – IMPOSTO SOBRE OPERAÇÕES FINANCEIRAS – RETENÇÃO NA FONTE – DECADÊNCIA/PRESCRIÇÃO DO CRÉDITO TRIBUTÁRIO – DECLARAÇÃO DO CONTRIBUINTE – AUSÊNCIA DE RECOLHIMENTO – DEPOSITÁRIO INFIEL – SUSPENSÃO DE PRAZO PRESCRICIONAL – OMISSÃO – RELEVÂNCIA PARA O JULGAMENTO – OCORRÊNCIA – RETORNO DOS AUTOS À ORIGEM. 4. Com este resultado, torna-se relevante a análise da tese da existência da figura do depositário infiel pelo não recolhimento ao Fisco das quantias retidas, nos termos do art. 1º da Lei 8.866/94, o que, segundo o art. 168, IV, do CC/16 parece autorizar o impedimento à fluência do prazo prescricional, tese levantada pela Fazenda Pública em todas as suas manifestações processuais, inclusive em embargos de declaração. 6. Recurso especial provido para afastar a decadência do crédito tributário ora executado e determinar o retorno dos autos à origem para que se pronuncie sobre a prescrição da pretensão tributária. (STJ, REsp 936.624, Rel. Min. Eliana Calmon, 2ª Turma, j. 07/10/2008, DJe 04/11/2008) (grifos nossos)

TRIBUTÁRIO. AGRAVO REGIMENTAL. VIOLAÇÃO A DISPOSITIVOS CONSTITUCIONAIS. COMPETÊNCIA DO SUPREMO TRIBUNAL FEDERAL. DÉBITO DECLARADO ATRAVÉS DE DCTF E NÃO-PAGO. CONSTITUIÇÃO DO CRÉDITO TRIBUTÁRIO. EXPEDIÇÃO DE CERTIDÃO NEGATIVA DE DÉBITO. IMPOSSIBILIDADE. INEXIGÊNCIA DE DÉBITO EM DISCUSSÃO JUDICIAL E EXCLUSÃO DA MULTA MORATÓRIA DE 1%. ALEGAÇÕES GENÉRICAS. AUSÊNCIA DE INDICAÇÃO DOS DISPOSITIVOS DE LEI FEDERAL TIDOS POR VIOLADOS. INCIDÊNCIA DO ENUNCIADO N. 284/STF. *3. Existindo tributo declarado e não pago, não merece reparo a decisão que negou a expedição de certidão negativa de débito à agravante, pois o Fisco, independentemente da prática de qualquer ato, poderá realizar a cobrança com base nas declarações do contribuinte.* 4. No que tange ao pedido de exclusão da multa moratória de 1% aplicada pela Corte a quo quando do julgamento dos embargos declaratórios e à alegação de que não pode a ora agravada exigir o pagamento de débitos que ainda encontram-se em discussão judicial, não é possível o recebimento do recurso especial, visto que tais alegações genéricas não são suficientes para delimitar a controvérsia, sendo necessária a especificação dos dispositivos legais considerados violados. Haja vista a deficiência de fundamentação, incide, na hipótese, o Enunciado n. 284 da Súmula do Supremo Tribunal Federal. 5. Agravo regimental não-provido. (STJ, AgRg no REsp 778.403, Rel. Min. Mauro Campbell Marques, 2ª Turma, j. 18.12.2008, DJe 13.02.2009) (grifos nossos)

TRIBUTÁRIO. OBRIGAÇÃO TRIBUTÁRIA. DÉBITO DECLARADO PELO CONTRIBUINTE E SUPOSTAMENTE PAGO A MENOR. PRESCRIÇÃO QÜINQÜENAL. TERMO INICIAL. VENCIMENTO DA OBRIGAÇÃO. 1. Em se tratando de tributos lançados por homologação, ocorrendo a declaração do contribuinte e na falta de pagamento integral da exação no vencimento, mostra-se incabível aguardar o decurso do prazo decadencial para o lançamento. A declaração elide a necessidade da constituição formal do débito pelo Fisco, podendo este ser imediatamente inscrito em dívida ativa, tornando-se exigível, independentemente de qualquer procedimento administrativo ou de notificação ao contribuinte. *2. O termo inicial do lustro prescricional, em caso de tributo declarado e não pago, ou pago a menor do que o informado, não se inicia da declaração, mas da data estabelecida como vencimento para o pagamento da obrigação tributária constante da declaração. No interregno que medeia a declaração e o vencimento, o valor declarado a título de tributo não pode ser exigido pela*

Fazenda Pública, razão pela qual não corre o prazo prescricional da pretensão de cobrança nesse período. 3. Recurso especial provido. (STJ, REsp 911.489/SP, Rel. Ministro Castro Meira, 2ª Turma, j. 27.03.2007, DJ 10.04.2007). (grifos nossos).

1. Com o depósito do montante integral tem-se verdadeiro lançamento por homologação. O contribuinte calcula o valor do tributo e substitui o pagamento antecipado pelo depósito, por entender indevida a cobrança. Se a Fazenda aceita como integral o depósito, para fins de suspensão da exigibilidade do crédito, aquiesceu expressa ou tacitamente com o valor indicado pelo contribuinte, o que equivale à homologação fiscal prevista no art. 150, § 4º, do CTN. 3. "No lançamento por homologação, o contribuinte, ocorrido o fato gerador, deve calcular e recolher o montante devido, independente de provocação. Se, em vez de efetuar o recolhimento simplesmente, resolve questionar judicialmente a obrigação tributária, efetuando o depósito, este faz as vezes do recolhimento, sujeito, porém, à decisão final transitada em julgado. Não há que se dizer que o decurso do prazo decadencial, durante a demanda, extinga o crédito tributário, implicando a perda superveniente do objeto da demanda e o direito ao levantamento do depósito. Tal conclusão seria equivocada, pois o depósito, que é predestinado legalmente à conversão em caso de improcedência da demanda, em se tratando de tributo sujeito a lançamento por homologação, equipara-se ao pagamento no que diz respeito ao cumprimento das obrigações do contribuinte, sendo que o decurso do tempo sem lançamento de ofício pela autoridade implica lançamento tácito no montante exato do depósito" (Leandro Paulsen, *Direito Tributário*, Livraria do Advogado, 7ª ed, p. 1227). 4. Embargos de divergência não providos. (STJ, EREsp 898.992, Rel. Min. Castro Meira, 1ª Seção, j. 08/08/2007, DJ 27/08/2007)

QUESTÕES DE CONCURSO RELACIONADAS

1. (FGV – FISCAL DE RENDAS DO RIO DE JANEIRO – 2009) Segundo jurisprudência do STJ, tratando-se de tributo sujeito a lançamento por homologação, e tendo o contribuinte declarado o débito e não pagado no vencimento, considera-se desde logo constituído o crédito tributário, tornando-se dispensável a instauração de procedimento administrativo com a finalidade de promoção do lançamento para viabilizar a posterior cobrança judicial.

– *Assertiva correta.*

2. (TJSC – JUIZ DE DIREITO – 2009) Segundo orientação dominante do STJ, é dispensável o lançamento pela autoridade fazendária quando o contribuinte declara o tributo, e não o paga no prazo estabelecido.

– *Assertiva correta.*

3.1 IMPOSTOS MUNICIPAIS

QUESTÃO 1

Cespe/Cebraspe – Procuradoria-Geral do Município de João Pessoa – Procurador do Município – 2018

Em 30/10/2018, Mauro ajuizou ação declaratória contra o município de João Pessoa/PB, com as seguintes alegações:

- em dezembro de 2012, ele adquiriu de seu filho, Mateus, um apartamento localizado na avenida Almirante Tamandaré, na praia de Tambaú, no município de João Pessoa;

- pagou pelo imóvel o valor de R$ 250.000,00, valor baixo em razão do parentesco, conforme consta na escritura pública que instruiu a ação, apesar de o valor venal do imóvel ser avaliado em R$ 580.000,00;

- em 2013, ao receber do município o carnê para pagamento do IPTU do imóvel, constatou que a alíquota incidia sobre o valor venal do imóvel, e não o sobre o valor da aquisição do bem, e, por isso, impugnou administrativamente o valor do lançamento; obteve decisão desfavorável ao seu pleito somente em novembro de 2014;

- a Câmara Municipal de João Pessoa aprovou, no dia 15/12/2013, última sessão do ano de 2013, o aumento de 0,75% da alíquota do imposto sobre a propriedade predial e territorial urbana (IPTU) para os imóveis localizados na zona urbana do município; a publicação dessa medida no Diário Oficial ocorreu no dia seguinte à sua aprovação;

- o IPTU referente a 2014 utilizou novamente como base de cálculo o valor venal do imóvel, e não o valor de aquisição, com o valor da nova alíquota aprovada pela câmara municipal, ou seja, com o adicional de 0,75%.

Nos pedidos da demanda, Mauro requereu:

- a extinção da obrigação tributária referente ao ano de 2013, porque até a propositura da ação o município não tinha proposto a execução fiscal (apresentou certidão comprovando tal fato), o que fulminaria o direito pela prescrição;

- a utilização do valor da aquisição do imóvel como base de cálculo do IPTU de 2014, e não do valor pretendido pela municipalidade, conforme pedido na via administrativa; em caso de não acolhimento do pedido de declaração de extinção da obrigação referente ao ano de 2013, a aplicação, como base de cálculo do imposto, do valor da sua aquisição;

- quanto ao crédito tributário referente ao IPTU do ano de 2014, a adoção, como base de cálculo, do valor da aquisição do imóvel, e, em atendimento ao princípio da anuidade, a não aplicação da majoração da tributação no percentual de 0,75% no IPTU de 2014.

Todos os requisitos da petição inicial foram atendidos e o feito foi distribuído para o juízo da 2.ª Vara da Fazenda Pública de João Pessoa, que determinou a citação da procuradoria do município para a apresentação da defesa no prazo legal.

QUESTÃO 1

(MÁXIMO DE 90 LINHAS)

▸ RESPOSTA DO AUTOR

EXCELENTÍSSIMO SENHOR DOUTOR JUIZ DA 2.ª VARA DA FAZENDA PÚBLICA DA COMARCA DE JOÃO PESSOA - PB

O **Município de João Pessoa**, pessoa jurídica de direito público interno, devidamente representado por seu Procurador Municipal, com endereço para notificações no local X, vem, respeitosamente, à presença de Vossa Excelência, apresentar sua **CONTESTAÇÃO** nos autos da Ação Declaratória movida por Mauro, pelos fatos e fundamentos que seguem:

DOS FATOS

Trata-se de ação declaratória em que o autor, Mauro, alega a ocorrência de prescrição do crédito referente ao **IPTU do ano de 2013**, bem como requer a utilização do valor de aquisição do imóvel como base de cálculo do IPTU do ano de 2014. Além disso, pleiteia a exclusão da majoração de 0,75% da alíquota de IPTU para o exercício de 2014, alegando afronta ao princípio da anterioridade.

DO MÉRITO

a) Da inocorrência de prescrição

O autor afirma que o direito de cobrança do IPTU de 2013 estaria prescrito, uma vez que não foi ajuizada execução fiscal até a data da propositura da presente ação. Contudo, o raciocínio do autor carece de fundamentação jurídica, conforme previsto no **art. 174 do Código Tributário Nacional (CTN)**, que estabelece que a prescrição ocorre em **cinco anos**, contados a partir da constituição definitiva do crédito tributário.

No presente caso, houve uma **impugnação administrativa** promovida pelo autor, o que resultou na **suspensão da exigibilidade do crédito tributário**, nos termos do **art. 151, III, do CTN**. Sendo assim, o prazo prescricional foi interrompido e somente voltou a fluir após a decisão final proferida no processo administrativo, ocorrida em novembro de 2014.

Como o prazo prescricional só começou a contar após essa decisão, e considerando que entre novembro de 2014 e a data atual não se passaram cinco anos, é evidente que **não ocorreu a prescrição** do crédito referente ao IPTU de 2013.

b) Da base de cálculo do IPTU

O autor também defende que a base de cálculo do IPTU de 2014 deveria ser o **valor de aquisição** do imóvel, no montante de R$ 250.000,00, e não o **valor venal** utilizado pela municipalidade (R$ 580.000,00). No entanto, tal pretensão não encontra respaldo jurídico.

O **art. 33 do CTN** determina que a **base de cálculo do IPTU** é o **valor venal do imóvel**, que corresponde ao valor de mercado estimado pela Administração Tributária. O valor de aquisição, por sua vez, pode ser influenciado por fatores subjetivos, como negociações entre as partes ou descontos concedidos em razão de parentesco, como é o caso. Dessa forma, utilizar o valor de aquisição como base de cálculo do IPTU seria incompatível com o critério objetivo estabelecido pela legislação tributária.

Ademais, o valor venal é calculado com base em parâmetros técnicos definidos em lei, garantindo um tratamento isonômico aos contribuintes e refletindo o valor de mercado da propriedade. **Portanto, o valor venal deve prevalecer como base de cálculo do IPTU**, em conformidade com o disposto no CTN.

c) Da observância ao princípio da anterioridade

O autor alega que a majoração de 0,75% da alíquota do IPTU para o exercício de 2014 desrespeita o princípio da anterioridade. Contudo, essa argumentação não procede.

Em primeiro lugar, deve-se esclarecer que o autor incorreu em **atecnia** ao mencionar o princípio da "anuidade". O correto é o princípio da **anterioridade**, previsto no **art. 150, III, "b", da Constituição Federal**, que impede a cobrança de tributos no mesmo exercício em que foram criados ou majorados.

No caso em questão, a lei que aumentou a alíquota do IPTU foi aprovada em **15 de dezembro de 2013** e publicada no **Diário Oficial no dia seguinte**, ou seja, ainda no exercício fiscal de 2013. Dessa forma, a exigência da nova alíquota para o IPTU de 2014 **respeitou o princípio da anterioridade**, visto que a majoração foi devidamente publicada no exercício anterior à sua cobrança.

DOS PEDIDOS

Diante do exposto, o **Município de João Pessoa** requer que a presente ação seja julgada **totalmente improcedente**, condenando-se o autor ao pagamento de **custas processuais** e **honorários advocatícios**.

Por fim, requer-se a produção de todos os **meios de prova** admissíveis, em especial a **prova documental**.

Local e data.

Procurador do Município de João Pessoa

▸ CRITÉRIO DE CORREÇÃO DA BANCA

O candidato deverá elaborar uma contestação, na qual deve cumprir as formalidades indicadas no art. 335 e seguintes do CPC, e especificar os seguintes requisitos:

Quesito 1 – Endereçamento: ao Juízo da 2.ª Vara de Fazenda Pública da Comarca de João Pessoa – PB.

0 – Não indicou o endereçamento ou o fez de forma equivocada.

1 – Indicou o endereçamento de forma incompleta.

2 – Indicou o endereçamento corretamente.

Há de ser pontuada a resposta que endereça a contestação ao juízo da 2ª Vara de Fazenda Pública de João Pessoa. Entretanto, o candidato deve ter conhecimento de que a vara de fazenda pública é estadual, e que o termo "comarca" é atribuído à jurisdição estadual. Assim sendo, a falta desse termo (comarca) deve ser avaliado como "endereçamento de forma incompleta".

Quesito 2 – Indicar o Município de João Pessoa como contestante.

0 – Não indicou o Município de João Pessoa como contestante ou indicou outra pessoa.

1 – Indicou corretamente o Município de João Pessoa como contestante.

A indicação do contestante é requisito indispensável da contestação, tendo em vista que a defesa só pode ser apresentada pelo réu. Caso a defesa seja apresentada por terceiro, este somente poderá figurar como terceiro interveniente, e, ainda assim, somente nos casos em que a lei autorizar (art. 119 e seguintes do CPC). E, caso o réu não apresente defesa, este será revel. Portanto, a indicação do contestante (necessariamente o sujeito passivo indicado na petição inicial) é requisito obrigatório da contestação.

Quesito 3 – Impugnação do pedido de declaração de extinção da obrigação tributária de 2013.

Apresentar defesa impugnando o pedido de declaração de extinção da obrigação tributária pela inexistência de prescrição no caso. Fundamentos: no direito tributário, a prescrição ocorre em cinco anos, e o seu marco inicial é a data de constituição definitiva do crédito tributário, que ocorre com a notificação regular sobre o lançamento do crédito tributário, à luz do art. 174 do Código Tributário Nacional. Caso haja impugnação ao lançamento, a constituição só se tornará definitiva quando houver decisão definitiva sobre tal impugnação. Nesse caso, tendo havido resposta em novembro de 2014, o prazo prescricional teve início com a referida decisão. Portanto, não houve prescrição da obrigação tributária, por ter sido a ação ajuizada em outubro de 2018, não subsistindo esse fundamento para que seja declarada a extinção da obrigação tributária.

0 – Não abordou o tema.

1 – Abordou o tema de forma incompleta ou inconsistente.

2 – Abordou o tema de forma completa e consistente.

As datas encontram-se devidamente registradas no enunciado. Portanto, as informações são suficientes para a apresentação da defesa. A prescrição não se constitui em defesa processual (preliminar). Trata-se de uma defesa de mérito ou prejudicial de mérito. Entretanto, a sua indicação de uma forma ou de outra será avaliada.

Quesito 4 – Impugnação ao pedido de incidência da alíquota sobre o valor de aquisição do imóvel na obrigação tributária de 2013 e 2014.

Apresentar defesa de mérito alegando que, por expressa disposição legal (art. 33 do Código Tributário Nacional), a base de cálculo do IPTU deve incidir sobre o valor venal do imóvel, e não sobre o valor da aquisição.

0 – Não abordou o tema.

1 – Abordou o tema de forma incompleta ou inconsistente.

2 – Abordou o tema de forma completa e consistente.

Na peça contestatória, não há a necessidade de a defesa pedir a improcedência do pedido. O importante é proceder a impugnação fática e jurídica ao pedido.

Um dos argumentos da defesa é a impugnação de que a base de cálculo do tributo (IPTU) deve recair sobre valor venal do imóvel. Aliás, esse argumento está sendo objeto de avaliação. Ressalta-se, ainda, que a indicação de artigos de texto legal ou indicação de súmulas ou jurisprudência será considerada no processo avaliativo (incompleta ou inconsistente ou completa e consistente), mas as suas indicações não poderão ser exigidas como parte integrante da defesa.

Quesito 5 – Impugnação do pedido de redução da alíquota tributária referente à obrigação tributária de 2014.

Apresentar defesa de mérito alegando que deve ser aplicado o princípio da anterioridade – a Constituição Federal de 1988 não adota o princípio da anuidade. Segundo disciplina o art. 150, inciso III, alínea "b", da Constituição Federal de 1988, nas obrigações tributárias, aplica-se, como regra, o princípio constitucional da anterioridade, segundo o qual é vedada a cobrança de tributos no mesmo exercício financeiro em que tenha sido publicada a lei que os instituiu ou aumentou. No caso, a lei que majorou o IPTU foi aprovada e publicada no exercício anterior. Portanto, não houve ofensa a princípio constitucional da anterioridade, motivo pelo qual a obrigação tributária é devida.

0 – Não abordou o tema.

1 – Abordou o tema de forma incompleta ou inconsistente.

2 – Abordou o tema de forma completa e consistente.

A defesa deve ser pautada no princípio da anterioridade disciplinada pelo art. 150, inciso III, alínea "b", da Constituição Federal de 1988. O princípio constitucional da anterioridade veda a cobrança de tributos no mesmo exercício financeiro em que tenha sido publicada a lei que os instituiu ou aumentou. No caso apresentado, a lei que majorou o IPTU foi aprovada e publicada no exercício anterior. Portanto, não houve ofensa a princípio constitucional da anterioridade, motivo pelo qual a obrigação tributária seria devida.

Quesito 6 – Indicar as provas que pretende produzir: documental, testemunhal, pericial, depoimento pessoal, por exemplo.

0 – Não indicou as provas.

1 – Indicou as provas que pretende produzir.

A indicação das provas que a defesa pretende produzir é um requisito da peça contestatória. O art. 336 do CPC indica que incumbe ao réu, na contestação, especificar as provas que pretende produzir, sob pena de preclusão. Entretanto, para obter a pontuação, basta que o candidato indique que pretende produzir provas e especificá-las.

Quesito 7 – Apresentar o fechamento da peça: indicar data, local e assinatura do procurador.

0 – Não indicou o fechamento

1 – Indicou o fechamento de forma incompleta.

2 – Indicou o fechamento completo.

A elaboração de relatório é requisito obrigatório da contestação. Na contestação basta que o réu exponha as razões de fato e de direito com que impugna os pedidos do autor (art. 336 do CPC). O texto não apresenta elementos que possam justificar a apresentação de defesa processual (preliminar de contestação). A eventual preliminar de falta de interesse de agir por inadequação da via eleita (ação declaratória X ação anulatória), se ocorresse no caso, não causaria nenhuma consequência ao processo, ou seja, não provocaria a extinção do processo sem resolução de mérito. Isso porque o nome atribuído à causa não inviabiliza o seu processamento. Entretanto, a apresentação de eventual defesa processual consistente não poderá causar qualquer prejuízo ao candidato. Observa-se, ainda, que a ação declaratória ajuizada contém pedidos cumulativos, o que justificaria o seu processamento perante a justiça comum. A indicação da tempestividade não é requisito obrigatório. Basta que a peça contestatória seja apresentada tempestivamente.

O julgamento antecipado independe de requerimento. As hipóteses de cabimento possuem previsão legal (art. 355 do CPC). Portanto, ainda que a causa possa admitir julgamento antecipado, não se faz necessário tal requerimento por parte do réu. Entretanto, se o candidato formular tal pedido, este não poderá ser prejudicado pela avaliação.

O pedido de condenação do autor ao pagamento do ônus sucumbencial não é requisito obrigatório de uma contestação. Trata-se de uma matéria que o juiz deve conhecer de ofício (art. 85 do CPC).

Quanto à assinatura do procurador, não se faz necessária, tendo em vista que o edital do concurso veda qualquer tipo de identificação da prova. Como o enunciado da questão não indicou quem seria o subscritor da defesa, não se pode exigir que a petição contenha assinatura.

▸ DOUTRINA TEMÁTICA

"O princípio da anterioridade anual, ou anterioridade de exercício, eleva ainda mais o princípio da segurança jurídica no direito tributário, impedindo que o contribuinte seja surpreendido com uma tributação mais onerosa sem o necessário tempo para se planejar.

A estrutura dessa norma apresenta um critério rígido de aplicação, bastando-se realizar a operação de subsunção do fato à norma (lógica do "tudo ou nada"): se houver a instituição ou a majoração de tributo, a lei veiculadora da inovação mais gravosa só produzirá efeitos no exercício seguinte ao da publicação. Por isso, alguns doutrinadores consideram a norma acima como uma regra e não como um princípio" (DIAS JÚNIOR, 2019, p. 142-143).

▸ JURISPRUDÊNCIA TEMÁTICA

STF

"Prazos de prescrição e de decadência em direito tributário. – Com a lavratura do auto de infração, consuma-se o lançamento do crédito tributário (art. 142 do C.T.N.). Por outro lado, a decadência só é admissível no período anterior a essa lavratura; depois, entre a ocorrência dela e até que flua o prazo para a interposição do recurso administrativo, ou enquanto não for decidido o recurso dessa natureza de que se tenha valido o contribuinte, não mais corre prazo para decadência, e ainda não se iniciou a fluência de prazo para prescrição; decorrido o prazo para interposição do recurso administrativo, sem que ela tenha ocorrido, ou decidido o recurso administrativo interposto pelo contribuinte, há a constituição definitiva do crédito tributário, a que alude o artigo 174, começando a fluir, daí, o prazo de prescrição da pretensão do fisco. – É esse o entendimento atual de ambas as turmas do S.T.F. Embargos de divergência conhecidos e recebidos. (STF, RE 94.462 EDv, j. 06.10.1982).

NO INTERVALO ENTRE A LAVRATURA DO AUTO DE INFRAÇÃO E A DECISÃO DEFINITIVA DE RECURSO ADMINISTRATIVO DE QUE TENHA SE VALIDO O CONTRIBUINTE NÃO CORRE AINDA O PRAZO DE PRESCRIÇÃO (CTN, ART-151- III). TAMPOUCO O DE DECADENCIA, JA SUPERADO PELO AUTO, QUE IMPORTA LANCAMENTO DO CRÉDITO TRIBUTÁRIO (STF, AI 96.616 AgR, j. 27.04.1984).

STJ

"De acordo com a pacífica orientação jurisprudencial do STJ, a apresentação de impugnação ao lançamento, nos termos do art. 151, III, do CTN, suspende a fluência do prazo prescricional, o qual somente tem início após a intimação do resultado definitivo do julgamento na instância administrativa. (STJ, REsp 1.762.602, j. 13.11.2018)

A jurisprudência deste Tribunal Superior tem entendimento firme no sentido de que "a ação para a cobrança do crédito tributário prescreve em 5 (cinco) anos, contados da data da sua constituição definitiva. Em havendo impugnação administrativa ao lançamento, entre a data daquela e a data da intimação da decisão final do processo administrativo fiscal ocorre a suspensão da exigibilidade do crédito tributário, prevista no art. 151, III, do CTN, o que impede o curso do prazo prescricional quinquenal" (REsp 1141562/SP, Rel. Ministro Mauro Campbell Marques, Segunda Turma, julgado em 22/02/2011, DJe 04/03/2011). Precedentes: EDcl nos EDcl no AREsp 269.635/SP, Rel. Min. Napoleão Nunes Maia Filho, Primeira Turma, DJe 9/5/13; EDcl no AREsp 197.022/RS, Rel. Ministro Arnaldo Esteves Lima, Primeira Turma, julgado em 11/03/2014, DJe 20/03/2014; REsp 706.175/RS, Rel. Ministra Denise Arruda, Primeira Turma, julgado em 7/8/07, DJ 10/9/07, p. 190, REsp 853.865/PR, Rel. Ministra Eliana Calmon, Segunda Turma, julgado em 24/6/08, DJe 18/8/08; REsp 840.111/RJ, Rel. Ministro Luiz Fux, Primeira Turma, julgado em 2/6/09, DJe 1/7/09. (STJ, AgRg no AgRg no AREsp 210.314, j. 28.04.2015)

O recurso administrativo suspende a exigibilidade do crédito tributário, enquanto perdurar o contencioso administrativo, nos termos do art. 151, III do CTN, desde o lançamento (efetuado concomitantemente com auto de infração), momento em que não se cogita do prazo decadencial, até seu julgamento ou a revisão *ex officio*, sendo certo que somente a partir da notificação do resultado do recurso ou da sua revisão, tem início a contagem do prazo prescricional, afastando-se a incidência prescrição intercorrente em sede de processo administrativo fiscal, pela ausência de previsão normativa específica. (STJ, REsp 840.111, j. 02.06.2009)

QUESTÕES OBJETIVAS RELACIONADAS AO TEMA

1. (Cops – Procurador Municipal – Pref. de Londrina/PR – 2019) No âmbito da competência tributária municipal, pertinente à imposição dos impostos sobre a propriedade imobiliária urbana, mais precisamente do IPTU (Imposto Predial e Territorial Urbano), assinale a alternativa correta.

a) O Município deverá utilizar como base de cálculo o valor venal dos imóveis independentemente de previsão legal, podendo, neste caso, reajustar a base de cálculo em conformidade com os valores de mercado.

b) O Município deverá utilizar o valor da arrematação como base de cálculo do IPTU em caso de imóveis adquiridos por arrematação em hasta pública, independentemente dos valores previstos em lei.

c) O Município poderá alterar a base de cálculo do IPTU até o montante da inflação ocorrida no exercício anterior ao do lançamento, mediante decreto editado e publicado até o dia 31 de dezembro do exercício para entrar em vigência no exercício seguinte.

d) O Município poderá alterar a base de cálculo do IPTU até o montante da inflação ocorrida no período de um ano, através de decreto editado no mesmo exercício financeiro ao do lançamento.

e) O Município poderá alterar a base de cálculo do IPTU através de lei municipal editada e publicada no exercício corrente ao do lançamento.

Gabarito: Letra c.

3.2 IMPOSTOS ESTADUAIS

QUESTÃO 1

Procurador do Estado - PGE-SE - Ano: 2024 - CESPE - Direito Tributário - CONFAZ –

O estado X concedeu, unilateralmente, a comerciantes localizados no respectivo território, por meio do Decreto estadual A, créditos presumidos de imposto sobre a circulação de mercadorias (ICMS) relativos às operações de saída interestaduais de mercadorias, sem prejuízo dos créditos obtidos quando da entrada de mercadoria em estabelecimento comercial.

Assim, com base na referida legislação, a empresa Alfa S.A. realizou a venda de mercadoria para a empresa Beta S.A., integrante da cadeia produtiva situada no estado Y.

O fisco, com base na Lei estadual B, realizou o estorno dos valores relativos aos créditos da empresa Beta S.A., na proporção dos créditos presumidos concedidos pelo estado X por meio do Decreto estadual A à empresa Alfa S.A., inviabilizando o uso integral daqueles créditos.

A partir da situação hipotética apresentada, considerando a Constituição Federal de 1988 e a jurisprudência do Supremo Tribunal Federal, responda, justificadamente, se o estorno proporcional de créditos realizado pelo estado X em relação à empresa Beta S.A. foi acertado [valor: 3,80 pontos], analisando a validade do Decreto estadual A [valor: 3,80 pontos] e a validade da Lei estadual B [valor: 3,80 pontos].

QUESTÃO 1

(MÁXIMO DE 30 LINHAS)

RESPOSTA DO AUTOR

1. Validade do Decreto Estadual A

O **Decreto estadual A**, que concedeu unilateralmente **créditos presumidos** de ICMS sem a observância de um convênio firmado no âmbito do **Conselho Nacional de Política Fazendária (CONFAZ), não é válido.** A **Constituição Federal de 1988**, em seu **art. 150, § 6º**, exige que a concessão de **benefícios fiscais** referentes a tributos, como o ICMS, seja realizada **mediante lei específica** e com a aprovação de todos os estados envolvidos, por meio de um convênio no âmbito do **CONFAZ**, conforme o **art. 155, § 2º, XII, "g", da CF**.

Além disso, a **jurisprudência do Supremo Tribunal Federal (STF)**, consolidada no **Tema 490 de repercussão geral**, determina que **não é permitida a concessão unilateral de benefícios fiscais relativos ao ICMS**, como créditos presumidos, por parte de um estado da Federação, sem a formalização do convênio no CONFAZ. Isso porque tal concessão sem anuência dos demais estados violaria o **pacto federativo** e as regras de **cooperação entre os entes federativos.**

Portanto, a concessão unilateral de créditos presumidos pelo estado X, por meio do Decreto estadual A, **não possui validade**, uma vez que fere os dispositivos constitucionais mencionados e a jurisprudência pacificada do STF.

2. Validade da Lei Estadual B

A **Lei estadual B**, que **autorizou o estorno proporcional dos créditos** de ICMS da empresa Beta S.A., no estado Y, na proporção dos créditos presumidos concedidos unilateralmente pelo estado X à empresa Alfa S.A., **é válida.** Conforme o **STF**, em diversos julgados sobre o tema, incluindo o **Tema 490**, a **não cumulatividade** do ICMS, prevista no **art. 155, § 2º, I, da CF**, pressupõe que o crédito fiscal só pode ser utilizado se houver efetivo **recolhimento do tributo na etapa anterior**.

Quando o estado X concede créditos presumidos de ICMS de forma unilateral, sem a realização do recolhimento efetivo do imposto, o estado Y, onde se localiza a empresa Beta S.A., **não está obrigado a reconhecer integralmente o crédito**. Isso preserva o **princípio da isonomia** e impede que um estado se beneficie indevidamente às custas da arrecadação de outro estado, o que seria uma afronta ao **pacto federativo.**

Dessa forma, a **Lei estadual B**, que visa proteger os estados de possíveis distorções fiscais causadas por concessões unilaterais, zela pela **harmonia federativa** e está de acordo com a jurisprudência do STF, o que garante sua **constitucionalidade.**

3. Acerto do estorno proporcional de créditos realizado pelo estado Y

O **estorno proporcional dos créditos** de ICMS realizado pelo estado Y em relação à empresa Beta S.A. **foi acertado.** O STF já se manifestou sobre a **legitimidade do estorno de créditos** em situações de concessão unilateral de benefícios fiscais de ICMS por outros estados, como créditos presumidos. O entendimento é que o **direito ao creditamento do ICMS** pressupõe o **efetivo recolhimento** do imposto na operação anterior. Quando esse recolhimento não ocorre, como no caso da concessão de créditos presumidos sem base no efetivo pagamento do ICMS, o estado de destino pode realizar o **estorno proporcional** dos créditos, sem violar o **princípio da não cumulatividade.**

Portanto, o estorno realizado pelo estado Y em relação aos créditos presumidos concedidos unilateralmente pelo estado X **não fere a Constituição** e está em conformidade com a **jurisprudência do STF.**

▶ CRITÉRIO DE CORREÇÃO DA BANCA

(i) O decreto estadual A não é válido,

(ii) pois há conflito com o artigo 150, § 6.º, da Constituição Federal de 1988 (CF) e com a jurisprudência do STF no sentido de que a concessão de benefícios fiscais, como o crédito presumido, deve ser realizada mediante lei específica, federal, estadual ou municipal, que regule exclusivamente a concessão daquele benefício ou o correspondente tributo ou contribuição, e

(iii), no caso do ICMS, deve, ainda, observar a necessidade de formalização de convênio no âmbito do Conselho Nacional de Política Fazendária (CONFAZ), a teor do que dispõe o art. 155, § 2.º, XII, "g", da CF, não podendo o estado X fazê-lo unilateralmente. Nesse sentido, considerada a jurisprudência do STF — Tema n.º 490 de repercussão geral —,

(iv) é válida a Lei estadual B, (v) que zela pela harmonia do pacto federativo, impedindo que os estados adotem regras unilaterais concessivas de benefícios fiscais presumidos, a obrigar o creditamento por outro estado da Federação, levando em conta, ainda, o estorno proporcional de créditos realizados pelo estado Y em relação à empresa Beta S.A. foi acertado. Para além do fundamento anteriormente mencionado, o STF, no referido julgado, adotou (vi) o entendimento segundo o qual o estorno realizado não ofende o princípio da não cumulatividade — art. 155, § 2.º, I, da CF —,

(vii) porquanto (vi) o entendimento segundo o qual o direito ao creditamento do ICMS pressupõe o efetivo recolhimento do imposto na etapa anterior.

Obs.: o Quesito 2.3 foi anulado e a pontuação correspondente a esse quesito foi atribuída a todos os candidatos, exceto no caso de texto em branco.

QUESITOS AVALIADOS

QUESITO 2.1 Conceito 0 – Não respondeu ou respondeu incorretamente acerca da validade do Decreto estadual A, sem mencionar os aspectos (i), (ii) e (iii) destacados no padrão de resposta.

Conceito 1 – Mencionou corretamente apenas um dos aspectos exigidos.

Conceito 2 – Mencionou corretamente apenas dois dos aspectos exigidos.

Conceito 3 – Mencionou corretamente os três aspectos exigidos.

QUESITO 2.2

Conceito 0 – Não respondeu ou respondeu incorretamente acerca da validade da Lei estadual B, sem mencionar os aspectos (iv), (v) e (vi) destacados no padrão de resposta.

Conceito 1 – Mencionou corretamente apenas um dos aspectos exigidos.

Conceito 2 – Mencionou corretamente apenas dois dos aspectos exigidos.

Conceito 3 – Mencionou corretamente os três aspectos exigidos.

▶ JURISPRUDÊNCIA TEMÁTICA

STF

O estorno proporcional de crédito de ICMS efetuado pelo Estado de destino, em razão de crédito fiscal presumido concedido pelo Estado de origem sem autorização do Conselho Nacional de Política Fazendária (CONFAZ), não viola o princípio constitucional da não cumulatividade. STF. Plenário. RE 628075, Rel. Min. Edson Fachin, Relator p/ Acórdão Min. Gilmar Mendes, julgado em 18/08/2020 (Repercussão Geral - Tema 490) (Info 993 - clipping).

Imagine a seguinte situação hipotética[1]*:*

Um frigorífero situado no Paraná (Estado de origem) efetuou vendas para uma pessoa localizada no Rio Grande do Sul (Estado de destino).

O Estado de origem concedeu crédito presumido de ICMS para a empresa vendedora. Isso com base no art. 4º da Lei estadual do Paraná 13.212/2001.

O problema é que esse crédito presumido foi concedido sem autorização do CONFAZ.

O que é crédito presumido de ICMS?

Trata-se de um incentivo fiscal por meio do que se concede um crédito ao contribuinte para que ele pague menos ICMS.

Se a empresa contribuinte cumprir determinados requisitos previstos na legislação, ela poderá ter direito a esse "crédito", pagando menos ICMS.

Desse modo, pode-se concluir que a concessão de crédito presumido de ICMS possui natureza jurídica de incentivo fiscal.

Por que era necessária autorização do CONFAZ para conceder o crédito presumido?

O art. 155, §2º, XII, "g", da Constituição Federal, afirma que compete à lei complementar regulamentar a forma como os Estados e o Distrito Federal deliberarão sobre a instituição de isenções, incentivos e benefícios fiscais relativos ao ICMS.

A Lei Complementar nº 24/75 trata sobre o tema e prevê que as isenções de ICMS serão disciplinadas em convênios celebrados pelos Estados e DF:

Art. 1º As isenções do imposto sobre operações relativas à circulação de mercadorias serão concedidas ou revogadas nos termos de convênios celebrados e ratificados pelos Estados e pelo Distrito Federal, segundo esta Lei.

Essas deliberações são formalizadas pelo Conselho Nacional de Política Fazendária – CONFAZ.

Legislação paranaense

Essa lei do Estado do Paraná previa que, em relação a determinadas operações realizadas por frigoríficos, seria concedido crédito equivalente a 7% sobre o valor de operação de saída, sem prejuízo dos créditos obtidos quando da entrada da mercadoria. Assim, levando em consideração a alíquota interestadual de 12%, a carga efetiva suportada pelo estabelecimento é de 5%.

Estado de destino

O Rio Grande do Sul (Estado de destino) percebeu que houve esse crédito fiscal e que ele não estava autorizado pelo CONFAZ.

1 CAVALCANTE, Márcio André Lopes. **É possível o estorno proporcional de crédito de ICMS efetuado pelo Estado de destino, em razão de crédito fiscal presumido concedido pelo Estado de origem sem autorização do CONFAZ**. Buscador Dizer o Direito, Manaus. Disponível em: <https://buscadordizerodireito.com.br/jurisprudencia/detalhes/7d0a9bd083154d3d7f429550f7e8fd57>. Acesso em: 07/09/2024

Desse modo, realizou o estorno proporcional ("glosa") do crédito fiscal de ICMS.

A empresa ajuizou ação questionando o estorno sob o argumento de que isso violaria a Constituição Federal, em especial o princípio constitucional da não cumulatividade, uma vez que está sendo impedida de se creditar do valor do tributo cobrado na operação precedente.

A tese da empresa foi acolhida pelo STF? Viola a Constituição o estorno proporcional ("glosa") de crédito fiscal de ICMS realizado por parte do Estado de destino referente a benefícios fiscais concedidos pelo Estado de origem sem autorização do Conselho Nacional de Política Fazendária (CONFAZ)?

NÃO.

Princípio da não cumulatividade

O princípio da não cumulatividade do ICMS é uma técnica de tributação que busca garantir que a carga tributária suportada pela cadeia de contribuintes seja geralmente equivalente ao valor recolhido pelo consumidor final.

Dessa forma, em vez de se tributar o valor agregado em cada operação com a mercadoria, tributa-se o todo e permite-se o creditamento do imposto incidente nas operações anteriores.

Direito ao creditamento pressupõe o efetivo recolhimento do imposto na etapa anterior

A jurisprudência do STF é firme no sentido de que o direito ao creditamento do ICMS pressupõe o efetivo recolhimento do imposto na etapa anterior. Em outras palavras, o crédito do ICMS na etapa seguinte deve ser equivalente ao valor efetivamente cobrado pelo Estado nas etapas anteriores.

O princípio da não cumulatividade em matéria de ICMS deve ser interpretado no sentido de que o crédito a ser dado na operação posterior equivale ao valor efetivamente suportado pelo contribuinte nas etapas anteriores.

Conforme explica Célio Kalume:

"Portanto, considerando o chamado Princípio da Não Cumulatividade, permite-se a dedução do ICMS, exatamente como manda a Constituição: abatendo-se (apenas) a carga tributária efetiva (não a fictícia) das operações anteriores, pois, somente em relação a ela, há a cumulatividade." (KALUME, Célio Lopes. *ICMS Didático*. 3ª ed. Curitiba: Juruá, 2018, p. 350).

Assim, a regra geral é que qualquer tipo de isenção – ainda que parcial –, de redução da base de cálculo ou de alíquota possibilita o estorno proporcional na etapa seguinte.

Vale ressaltar que, independentemente de o crédito presumido ou fictício ter sido dado em desacordo com as disposições constitucionais e legais e sem autorização do CONFAZ, o fato é que o valor integral do imposto não foi efetivamente suportado pelo contribuinte, razão pela qual o creditamento deve ser dado de forma proporcional.

QUESTÕES OBJETIVAS RELACIONADAS AO TEMA

1. (TJ/PR, Juiz substituto, FGV, 2023) O Estado X, visando incentivar a instalação de indústrias de beneficiamento de produtos cárneos em seu território, aprova lei estadual concedendo crédito presumido de ICMS correspondente a 6% do valor da operação. A indústria Carnes Saudáveis S/A se instala no território do Estado X, mas seu principal parceiro comercial é o Supermercado Vende Bem, que se situa no Estado Y e adquire seus produtos para venda a consumidor final.

Considerando que a alíquota interestadual de ICMS é de 12% e que, no Estado Y, a alíquota de ICMS é de 19%, com base na legislação de ICMS e no entendimento dos Tribunais Superiores, é correto afirmar que:

Gabarito: é constitucional lei do Estado Y que zele pela harmonia do pacto federativo e determine o estorno proporcional do crédito de ICMS concedido pelo Estado X em operação precedente quando não houver autorização do benefício pelo Confaz.

QUESTÃO 2

Procurador do Município - PGM-São José do Rio Preto - Ano: 2023 - VUNESP - Direito Tributário - Impostos -

Explique e justifique a posição adotada pelo Supremo Tribunal Federal, à luz dos artigos 155, II, § 2o, IX, b e 156, III, da Constituição Federal, a respeito de qual imposto deve incidir sobre operações mistas de manipulação e fornecimento de medicamentos por farmácias de manipulação: se o Imposto sobre Circulação de Mercadorias e Serviços – ICMS, de competência dos estados e do Distrito Federal, ou o Imposto sobre Serviços de Qualquer Natureza (ISSQN), de competência dos municípios. Esclareça quais os critérios objetivos dos mencionados tributos.

QUESTÃO 2

(MÁXIMO DE 30 LINHAS)

▶ RESPOSTA DO AUTOR

O **Supremo Tribunal Federal (STF)**, ao analisar as operações mistas realizadas por **farmácias de manipulação**, definiu critérios objetivos para determinar a **incidência do Imposto sobre Circulação de Mercadorias e Serviços (ICMS)** ou do **Imposto sobre Serviços de Qualquer Natureza (ISSQN)**, com base nos artigos **155, II, § 2º, IX, b**, e **156, III**, da **Constituição Federal de 1988**.

De acordo com o entendimento do STF, as operações mistas que envolvem tanto a **prestação de serviços** quanto a **circulação de mercadorias** devem ser tratadas da seguinte forma:

1. Incidência de ISSQN: Quando a farmácia de manipulação realiza a **manipulação de medicamentos sob encomenda**, isto é, quando o cliente encomenda uma fórmula específica, preparada de acordo com **prescrição médica**, a operação é considerada **prestação de serviço**. Nesse caso, aplica-se o **ISSQN**, que é um tributo de competência dos **municípios**, conforme o subitem **4.07 da lista anexa à LC 116/2003**, que prevê a tributação de **serviços farmacêuticos**. Esse entendimento foi consolidado no **Tema 379 de Repercussão Geral** (RE 605552), julgado em 05/08/2020, no qual o STF concluiu que a manipulação personalizada é serviço, mesmo que envolva a entrega de um produto final (medicamento).

2. Incidência de ICMS: O **ICMS**, de competência dos **estados e do Distrito Federal**, incide sobre as operações de **circulação de mercadorias**. Assim, quando as farmácias de manipulação realizam a venda de **medicamentos prontos** que estão **disponíveis nas prateleiras**, previamente preparados para oferta ao consumidor, a operação caracteriza-se como circulação de mercadorias, devendo incidir o **ICMS**, conforme previsto no **art. 155, II, da CF**.

A **jurisprudência do STF** estabelece que a distinção entre o ISSQN e o ICMS é feita com base em um **critério objetivo**. Assim, a **manipulação de medicamentos sob encomenda** é tributada pelo ISSQN, pois a operação é tratada como prestação de serviço, enquanto a **venda de medicamentos de prateleira**, que já estão prontos para consumo, é tributada pelo ICMS, caracterizando-se como circulação de mercadorias.

Em resumo:

- **ISSQN** incide sobre a **manipulação de fórmulas encomendadas**;
- **ICMS** incide sobre a **venda de medicamentos prontos nas prateleiras**.

▶ CRITÉRIO DE CORREÇÃO DA BANCA

O Supremo Tribunal Federal tradicionalmente resolve as ambiguidades entre o ISSQN e o ICMS com base em critério objetivo: incide apenas o primeiro se o serviço está definido por lei complementar como tributável por tal imposto, ainda que sua prestação envolva a utilização ou o fornecimento de bens, ressalvadas as exceções previstas na lei; ou incide apenas o segundo se a operação de circulação de mercadorias envolver serviço não definido por aquela lei complementar.

Assim, a Corte concluiu que o tributo devido é o Imposto sobre Serviços de Qualquer Natureza quando houver manipulação de fórmulas individualizadas para atendimento de prescrição de profissional habilitado, encomendados para posterior entrega aos fregueses, em caráter pessoal, para consumo; e Circulação de Mercadorias e Serviços quando se tratar de formulações preparadas previamente pela farmácia e expostas para venda em conformidade com as orientações da Vigilância Sanitária local (ex.: álcool gel), de formulações realizadas a partir de ordens de compra de instituições de saúde (ex.: hospitais) que não especifiquem os dados dos pacientes ou de quaisquer produtos de revenda autorizados para farmácias.

Fundamentação: Tema 379 - Imposto a incidir em operações mistas realizadas por farmácias de manipulação. Leading Case:https://jurisprudencia.stf.jus.br/pages/search?base=acordaos&sinonimo=-true&plural=true&page=1&p ageSize=10&sort=_score&sortBy=desc&isAdvanced=true&origem=AP&-classeNumeroIncidente=RE%2060555 2

▶ JURISPRUDÊNCIA TEMÁTICA

STF

Incide ISS sobre as operações de venda de medicamentos preparados por farmácias de manipulação sob encomenda.

Incide ICMS sobre as operações de venda de medicamentos por elas ofertados aos consumidores em prateleira.

STF. Plenário. RE 605552, Rel. Dias Toffoli, julgado em 05/08/2020 (Repercussão Geral - Tema 379) (Info 994 – clipping).

***ISSQN*[2]**

O ISSQN significa Imposto Sobre Serviços de Qualquer Natureza.

Algumas vezes, você encontrará apenas a sigla ISS. É a mesma coisa.

Trata-se de um tributo de competência dos Municípios.

Em âmbito nacional, o ISSQN é disciplinado pela LC 116/2003, que estabelece suas normas gerais. Vale ressaltar, no entanto, que cada Município, para cobrar este imposto, precisa editar uma lei ordinária municipal tratando sobre o assunto. Esta lei local, obviamente, não pode contrariar a LC 116/2003 e nem prever serviços que não estejam expressos na lei federal.

Fato gerador

O ISSQN incide sobre a prestação dos serviços listados no anexo da LC 116/2003.

Confira o texto constitucional:

Art. 156. Compete aos Municípios instituir impostos sobre:

III - serviços de qualquer natureza, não compreendidos no art. 155, II, definidos em lei complementar.

(...)

§ 3º Em relação ao imposto previsto no inciso III do caput deste artigo, cabe à lei complementar:

I - fixar as suas alíquotas máximas e mínimas;

II - excluir da sua incidência exportações de serviços para o exterior;

III - regular a forma e as condições como isenções, incentivos e benefícios fiscais serão concedidos e revogados.

Veja agora o que diz o art. 1º da LC 116/2003:

Art. 1º O Imposto Sobre Serviços de Qualquer Natureza, de competência dos Municípios e do Distrito Federal, tem como fato gerador a prestação de serviços constantes da lista anexa, ainda que esses não se constituam como atividade preponderante do prestador.

2 CAVALCANTE, Márcio André Lopes. **A venda de medicamentos é fato gerador de ISS ou de ICMS?**. Buscador Dizer o Direito, Manaus. Disponível em: <https://buscadordizerodireito.com.br/jurisprudencia/detalhes/b3d6e130a30b176f2ca5af-7d1e73953f>. Acesso em: 07/09/2024

Exemplos: quando o médico atende o paciente em uma consulta, ele presta um serviço, sendo isso fato gerador do ISSQN; quando o cabeleireiro faz uma escova progressiva na cliente, ele também presta um serviço e deverá pagar ISSQN.

Todos os serviços que estão sujeitos ao pagamento de ISSQN encontram-se previstos na lista anexa à LC 116/2003. Se não estiver nesta lista, não é fato gerador deste imposto. Vale ressaltar que esta lista é taxativa (exaustiva).

Quando uma drogaria vende aqueles medicamentos de marca que estão nas prateleiras, isso é fato gerador de ISS ou de ICMS?

ICMS. Incide ICMS sobre as operações de venda de medicamentos por elas ofertados aos consumidores em prateleira. Isso porque se trata de uma operação de circulação de mercadorias.

E se for uma farmácia de manipulação, vendendo um medicamento por ela preparado? O cliente faz a encomenda, informando as especificações desejadas. A farmácia manipula a fórmula e, em seguida, entrega ao adquirente. Essa farmácia, por comercializar mercadoria (medicamento), deverá pagar ICMS ou, em virtude de prestar serviços (manipulação da fórumula), deverá pagar ISS? Ou, ainda, uma terceira alternativa: ela terá que pagar ICMS e também ISS?

A farmácia de manipulação terá que pagar apenas o ISS.

Operações puras e operações mistas

Podem existir três tipos de operações para fins de incidência de ICMS ou ISS:

a) operação pura de circulação de mercadorias	***b) operação pura de prestação de serviços***	***c) operação mista***
Ocorre quando o contribuinte apenas realiza circulação de mercadorias, sem prestar qualquer tipo de serviço.	*Ocorre quando o contribuinte realiza apenas prestação de serviços sem fornecer mercadorias.*	*Ocorre quando o contribuinte realiza prestação de serviços, mas também fornece mercadorias.*
Ex: uma loja de brinquedos.	*Ex: serviços prestados por uma psicóloga.*	*Ex: a montagem de pneus na qual a própria empresa fornece os pneus.*
O contribuinte só irá pagar ICMS.	*O contribuinte só irá pagar ISS.*	*Em regra, haverá pagamento de apenas o ISS, se o serviço estiver na lista.*

Explicando melhor a terceira situação. No caso de operações mistas (como o caso da farmácia de manipulação), haverá pagamento de ICMS ou ISS?

REGRA:

• Se o serviço prestado estiver na lista anexa da LC 116/2003: haverá pagamento apenas de ISS.

• Se o serviço prestado não estiver na lista anexa da LC 116/2003: haverá pagamento apenas de ICMS.

EXCEÇÃO:

Existem algumas operações mistas nas quais a LC 116/2003 prevê que sobre elas deverão incidir tanto o ISS (sobre o serviço prestado) como também o ICMS (sobre a circulação de mercadorias). É o que preconiza o art. 1º, § 2º da LC:

Art. 1º (...)

§ 2º Ressalvadas as exceções expressas na lista anexa, os serviços nela mencionados não ficam sujeitos ao Imposto Sobre Operações Relativas à Circulação de Mercadorias e Prestações de Serviços de Transporte Interestadual e Intermunicipal e de Comunicação – ICMS, ainda que sua prestação envolva fornecimento de mercadorias.

Conforme explica o Min. Dias Toffoli:

A Corte tradicionalmente resolve as ambiguidades entre o ISS e o ICMS com base em critério objetivo: incide apenas o primeiro se o serviço está definido por lei complementar como tributável por tal imposto, ainda que sua prestação envolva a utilização ou o fornecimento de bens, ressalvadas as exceções previstas na lei; ou incide apenas o segundo se a operação de circulação de mercadorias envolver serviço não definido por aquela lei complementar.

O critério objetivo pode ser afastado se o legislador complementar definir como tributáveis pelo ISS serviços que, ontologicamente, não são serviços ou sempre que o fornecimento de mercadorias seja de vulto significativo e com efeito cumulativo.

Voltando ao caso concreto:

A atividade exercida pela farmácia de manipulação envolve confeccionar, manipular e transacionar medicamentos agregando outros elementos aos sais básicos.

O serviço envolvido nessa operação está previsto no subitem 4.07 da lista anexa à LC 116/2003, que assim dispõe:

Lista de serviços anexa à Lei Complementar nº 116, de 31 de julho de 2003.

(...)

4 – Serviços de saúde, assistência médica e congêneres.

(...)

4.07 – Serviços farmacêuticos.

Em suma:

Incide ISS sobre as operações de venda de medicamentos preparados por farmácias de manipulação sob encomenda.

Incide ICMS sobre as operações de venda de medicamentos por elas ofertados aos consumidores em prateleira.

STF. Plenário. RE 605552, Rel. Dias Toffoli, julgado em 05/08/2020 (Repercussão Geral – Tema 379) (Info 994 – clipping).

3.3 IMPOSTOS FEDERAIS

QUESTÃO 1

Procurador do Município - PGM-Niterói-RJ - Ano: 2023 - FGV - Direito Tributário - Princípios - Visando a contribuir para o incremento da arrecadação dos Municípios, o Presidente da República adota medida provisória em novembro de determinado exercício financeiro, estabelecendo: (i) o aumento em 3 pontos percentuais da alíquota final do IRPF devido pelos agentes públicos municipais a partir das remunerações recebidas em janeiro do ano seguinte; (ii) que o IRPF com a alíquota majorada poderia ser integralmente objeto de retenção na fonte pelos Municípios; (iii) que 1% do acréscimo de arrecadação gerado pela medida provisória deveria ser destinado para a realização de atividades da administração tributária dos Municípios e (iv) que não poderiam ser destinados aos cofres municipais quaisquer outros produtos da arrecadação do IRRF que não os decorrentes das hipóteses previstas no art. 85, II, do CTN. Disserte sobre a constitucionalidade de cada um dos itens anteriores da referida medida provisória, considerando, entre outros aspectos, o início da produção de seus efeitos jurídicos diante do cancelamento da Súmula 584 do STF. (40,0 Pontos) (30 Linhas)

QUESTÃO 1

(MÁXIMO DE 30 LINHAS)

▶ RESPOSTA DO AUTOR

Constitucionalidade do item (i): O aumento em 3 pontos percentuais da alíquota final do **Imposto de Renda sobre a Pessoa Física (IRPF)** devido pelos **agentes públicos municipais** a partir das remunerações recebidas em janeiro do ano seguinte é **inconstitucional**, pois **viola o princípio da isonomia e da igualdade tributária**. Isso ocorre porque **trata desigualmente os agentes públicos municipais** sem qualquer amparo no **interesse público** ou na **razoabilidade**, criando uma diferenciação injustificada entre contribuintes que ocupam posições semelhantes. Tal diferenciação ofende o **art. 150, II, da Constituição Federal de 1988 (CF/1988)**, que veda o tratamento desigual entre contribuintes em situação equivalente. Além disso, há também a violação do **art. 150, § 6º, da CF/1988**, que proíbe a União de tributar a remuneração dos agentes públicos municipais de forma que esta seja superior à dos agentes federais e estaduais.

Constitucionalidade do item (ii): A medida que **permite aos Municípios a retenção integral do IRPF na fonte** sobre as remunerações dos seus agentes públicos também é **inconstitucional**. O **art. 158, I, da CF/1988** prevê que 100% do **Imposto de Renda Retido na Fonte (IRRF)** sobre os agentes públicos municipais deve ser destinado ao respectivo município, sendo o produto da arrecadação de titularidade municipal. Portanto, a referida medida provisória apenas reitera o que já está garantido constitucionalmente, não apresentando, neste aspecto, inovação normativa que a torne inválida. No entanto, o STF já decidiu que o direito de o Município reter 100% do IRRF não pode ser aumentado para outros agentes ou novas hipóteses não previstas na Constituição, motivo pelo qual é inconstitucional caso haja ampliação dos poderes de retenção. Assim, a medida é constitucional quanto ao item (ii), mas sem inovação relevante.

Constitucionalidade do item (iii): A destinação de **1% do acréscimo de arrecadação** gerado pela majoração da alíquota do IRPF para **atividades da administração tributária** dos Municípios é **inconstitucional**, pois **ofende a autonomia municipal**. Segundo a **jurisprudência do STF**, a autonomia municipal implica no direito de os Municípios destinarem livremente os recursos obtidos através de suas receitas próprias, como o IRRF, conforme previsto no **art. 158, I, da CF/1988**. A tentativa de direcionar compulsoriamente parte da arrecadação para uma finalidade específica, que já compete ao Município, **fere o pacto federativo** e **contraria o art. 30, III, da CF/1988**, que assegura aos Municípios a competência para dispor sobre o seu regime tributário de forma autônoma. Dessa forma, a medida atenta contra a liberdade de gestão dos recursos municipais.

Constitucionalidade do item (iv): A proibição de destinar aos cofres municipais quaisquer outros produtos da arrecadação do IRRF que não os decorrentes das hipóteses previstas no **art. 85, II, do CTN** é igualmente **inconstitucional**. O **art. 158, I, da CF/1988** determina que a **totalidade do IRRF** arrecadado pelos Municípios, incidente sobre seus servidores e agentes, pertence integralmente a eles, sem restrições quanto ao uso ou destinação do valor arrecadado. A tentativa de restringir a aplicação do produto da arrecadação por meio de uma medida provisória **viola a repartição constitucional de receitas**, pois interfere indevidamente na autonomia financeira dos entes municipais. Além disso, a **Súmula 584 do STF**, que anteriormente permitia a aplicação retroativa de medidas provisórias de conteúdo tributário, foi cancelada. Portanto, quaisquer tentativas de limitar a arrecadação ou destinação do IRRF sem respaldo constitucional são incompatíveis com a ordem jurídica vigente.

Conclusão: Diante do exposto, a medida provisória, ao tratar de aspectos tributários envolvendo o IRPF dos agentes públicos municipais, apresenta **inconstitucionalidades nos itens (i), (iii) e (iv)**, ao violar princípios como o da **igualdade tributária, autonomia municipal e a repartição de receitas**. Apenas o **item (ii)**, relativo à retenção integral do IRRF pelos Municípios, está de acordo com o texto constitucional, desde que não implique ampliação não prevista no **art. 158, I, da CF/1988**.

▸ CRITÉRIO DE CORREÇÃO DA BANCA

(i) O decreto estadual A não é válido,

(ii) pois há conflito com o artigo 150, § 6.º, da Constituição Federal de 1988 (CF) e com a jurisprudência do STF no sentido de que a concessão de benefícios fiscais, como o crédito presumido, deve ser realizada mediante lei específica, federal, estadual ou municipal, que regule exclusivamente a concessão daquele benefício ou o correspondente tributo ou contribuição, e

(iii), no caso do ICMS, deve, ainda, observar a necessidade de formalização de convênio no âmbito do Conselho Nacional de Política Fazendária (CONFAZ), a teor do que dispõe o art. 155, § 2.º, XII, "g", da CF, não podendo o estado X fazê-lo unilateralmente. Nesse sentido, considerada a jurisprudência do STF — Tema n.º 490 de repercussão geral —,

(iv) é válida a Lei estadual B, (v) que zela pela harmonia do pacto federativo, impedindo que os estados adotem regras unilaterais concessivas de benefícios fiscais presumidos, a obrigar o creditamento por outro estado da Federação, levando em conta, ainda, O estorno proporcional de créditos realizados pelo estado Y em relação à empresa Beta S.A. foi acertado. Para além do fundamento anteriormente mencionado, o STF, no referido julgado, adotou (vi) o entendimento segundo o qual o estorno realizado não ofende o princípio da não cumulatividade — art. 155, § 2.º, I, da CF —,

(vii) porquanto (vi) o entendimento segundo o qual o direito ao creditamento do ICMS pressupõe o efetivo recolhimento do imposto na etapa anterior.

Obs.: o Quesito 2.3 foi anulado e a pontuação correspondente a esse quesito foi atribuída a todos os candidatos, exceto no caso de texto em branco.

QUESITOS AVALIADOS

QUESITO 2.1 Conceito 0 – Não respondeu ou respondeu incorretamente acerca da validade do Decreto estadual A, sem mencionar os aspectos (i), (ii) e (iii) destacados no padrão de resposta.

Conceito 1 – Mencionou corretamente apenas um dos aspectos exigidos.

Conceito 2 – Mencionou corretamente apenas dois dos aspectos exigidos.

Conceito 3 – Mencionou corretamente os três aspectos exigidos.

QUESITO 2.2

Conceito 0 – Não respondeu ou respondeu incorretamente acerca da validade da Lei estadual B, sem mencionar os aspectos (iv), (v) e (vi) destacados no padrão de resposta.

Conceito 1 – Mencionou corretamente apenas um dos aspectos exigidos.

Conceito 2 – Mencionou corretamente apenas dois dos aspectos exigidos.

Conceito 3 – Mencionou corretamente os três aspectos exigidos.

▸ JURISPRUDÊNCIA TEMÁTICA

STF

Pertence ao Município, aos Estados e ao Distrito Federal a titularidade das receitas arrecadadas a título de imposto de renda retido na fonte incidente sobre valores pagos por eles, suas autarquias e fundações a pessoas físicas ou jurídicas contratadas para a prestação de bens ou serviços, conforme disposto nos arts. 158, I, e 157, I, da Constituição Federal. STF. Plenário. RE 1293453/RS, Rel. Min. Alexandre de Moraes, julgado em 8/10/2021 (Repercussão Geral - Tema 1130) (Info 1033).

Arrecadação do IR: regra geral[3]

O imposto de renda é um tributo federal. Assim, em regra, o valor arrecadado com esse imposto fica com a União.

Imposto de renda incidente na fonte

Quando os Estados-membros, o Distrito Federal e os Municípios pagam rendimentos a alguém, antes de entregar o valor devido à pessoa, eles devem reter (recolher) a quantia referente ao imposto de renda.

Exemplo: se o servidor público estadual recebe XX por mês, o Estado, antes de depositar na conta, deverá reter um percentual dessa quantia, a título de imposto de renda.

Esse valor do imposto de renda retido na fonte não vai ficar com a União, mas sim com o Estado, o DF ou Município, a depender de quem está pagando os rendimentos. É o que prevê a Constituição Federal como uma forma de aumentar a arrecadação dos demais entes federativos:

Art. 157. Pertencem aos Estados e ao Distrito Federal:

I - o produto da arrecadação do imposto da União sobre renda e proventos de qualquer natureza, incidente na fonte, sobre rendimentos pagos, a qualquer título, por eles, suas autarquias e pelas fundações que instituírem e mantiverem;

(...)

Art. 158. Pertencem aos Municípios:

I - o produto da arrecadação do imposto da União sobre renda e proventos de qualquer natureza, incidente na fonte, sobre rendimentos pagos, a qualquer título, por eles, suas autarquias e pelas fundações que instituírem e mantiverem;

(...)

Discussão sobre a abrangência dessa regra

A Receita Federal defendeu a tese de que pertence aos Estados/DF e Municípios apenas o "produto da retenção na fonte do Imposto de Renda incidente sobre rendimentos do trabalho que pagarem a seus servidores e empregados".

Para a Receita Federal, se o Estado, DF ou Município pagar os rendimentos para uma pessoa jurídica (ex: um fornecedor), ele terá que reter o imposto de renda, mas o valor desse imposto será destinado à União.

A Receita Federal defendeu, portanto, que não se incluem no art. 157, I e no art. 158, I, o valor do imposto de renda incidente sobre rendimentos pagos a pessoas jurídicas, em razão de contratos de fornecimento de bens e/ou serviços.

3 CAVALCANTE, Márcio André Lopes. **Os Estados, DF e Municípios possuem direito à arrecadação do IR retido na fonte, incidente sobre rendimentos pagos por eles, suas autarquias e fundações a pessoas físicas ou jurídicas contratadas para a prestação de bens ou serviços**. Buscador Dizer o Direito, Manaus. Disponível em: <https://buscadordizerodireito.com.br/jurisprudencia/detalhes/16c0d78ef6a76b5c247113a4c9514059>. Acesso em: 07/09/2024

Essa interpretação da Receita Federal foi acolhida pelo STF?

NÃO.

Esses dispositivos, que tratam sobre a repartição de receitas entre os entes federados, devem ser analisados segundo o contexto histórico e tendo em vista a intenção de promover a descentralização dos recursos.

Assim, tais dispositivos devem ser interpretados com base nos valores do federalismo de cooperação e na necessidade de garantir o fortalecimento e a autonomia dos entes subnacionais.

Logo, o conceito constitucional de rendimentos, constante dos arts. 157, I, e 158, I, da Constituição Federal, deve ser considerado de forma mais abrangente, e não de modo restritivo.

O constituinte originário, de forma proposital, optou por não restringir expressamente a que tipo de "rendimentos pagos" se refere, não devendo o intérprete fazer essa limitação.

Além disso, a expressão "a qualquer título" demonstra nitidamente a intenção de ampliar a abrangência a uma diversidade de hipóteses, sendo suficientemente clara para afastar a pretensão do Fisco de limitar, por meio de ato normativo infraconstitucional, a repartição da receita do imposto de renda retido na fonte.

O art. 158, I, fala apenas em "rendimentos pagos, a qualquer título", enquanto o art. 195, I, fala em "rendimentos do trabalho pagos ou creditados, a qualquer título", ou seja, quando o constituinte quis discriminar e restringir a abrangência do referido termo, ele o fez expressamente.

Desse modo, o conceito constitucional de rendimentos constante do art. 158, I, deve ser considerado de forma mais abrangente, e não de forma restritiva.

Em suma:

Os entes municipais, estaduais e o Distrito Federal possuem direito ao produto da arrecadação do imposto de renda retido na fonte, incidente sobre rendimentos pagos por eles e suas respectivas autarquias e fundações a pessoas físicas ou jurídicas contratadas para a prestação de bens ou serviços.

STF. Plenário. RE 1293453/RS, Rel. Min. Alexandre de Moraes, julgado em 8/10/2021 (Repercussão Geral – Tema 1130) (Info 1033).

Confira a tese fixada pelo STF:

Pertence ao Município, aos Estados e ao Distrito Federal a titularidade das receitas arrecadadas a título de imposto de renda retido na fonte incidente sobre valores pagos por eles, suas autarquias e fundações a pessoas físicas ou jurídicas contratadas para a prestação de bens ou serviços, conforme disposto nos arts. 158, I, e 157, I, da Constituição Federal.

STF. Plenário. RE 1293453/RS, Rel. Min. Alexandre de Moraes, julgado em 8/10/2021 (Repercussão Geral – Tema 1130) (Info 1033).

QUESTÕES OBJETIVAS RELACIONADAS AO TEMA

1.F**GV- TJ/SC JUIZ SUBSTITUTO- 2022:**

O Município X (Estado Y) retém, sem repassar à União, os valores do imposto federal sobre renda e proventos de qualquer natureza (IR), incidente na fonte: 1) sobre rendimentos pagos a seus servidores; 2) sobre os pagamentos feitos a pessoas físicas ou jurídicas contratadas para prestação de serviços. Diante desse cenário, o Município X:

A pode reter, sem repassar à União, tal IR incidente na fonte em ambas as hipóteses do enunciado;

B pode reter, sem repassar à União, tal IR incidente na fonte apenas na 1ª hipótese do enunciado;

C pode reter, sem repassar à União, tal IR incidente na fonte apenas na 2ª hipótese do enunciado;

D não pode reter, sem repassar à União, tal IR incidente na fonte em nenhuma das hipóteses do enunciado;

E não pode reter, sem repassar 50% ao Estado Y, tal IR incidente na fonte em ambas as hipóteses do enunciado.

GABARITO: A (pode reter, sem repassar à União, tal IR incidente na fonte em ambas as hipóteses do enunciado).

2.PGM RECIFE-PE CEBRASPE - 2022:

Pertence ao somente município a titularidade das receitas arrecadadas a título de imposto de renda retido na fonte incidente sobre rendimentos pagos por ele, suas autarquias e fundações a servidores ou empregados públicos pertencentes ao quadro de pessoal, não alcançando imposto de renda retido em decorrência de pagamentos realizados a pessoas jurídicas, considerada a prestação de serviços **(Errado)**

4. EXTINÇÃO DO CRÉDITO TRIBUTÁRIO

QUESTÃO 1

Cespe/Cebraspe - Procuradoria-Geral do Estado de Sergipe - Procurador do Estado - 2017

Em sede de ação direta de inconstitucionalidade transitada em julgado, o Supremo Tribunal Federal declarou a inconstitucionalidade de determinada lei estadual, que previa a cobrança de uma alíquota adicional de 1% referente ao ICMS.

A empresa Ômega, contribuinte de ICMS, havia sido enquadrada na referida lei, razão pela qual, com a declaração de inconstitucionalidade de tal lei, apresentou requerimento administrativo pleiteando a restituição dos valores pagos referentes à alíquota adicional.

A área de fiscalização da Secretaria de Estado de Fazenda opôs-se ao pedido sob o fundamento de que, conforme constatado em exame da contabilidade da empresa requerente, os valores de alíquota adicional haviam sido repassados ao consumidor final.

Diante da controvérsia narrada, o pleito foi submetido à procuradoria estadual para análise da possibilidade jurídica de ser efetuada a restituição em exame.

Considerando as informações apresentadas nessa situação hipotética, redija um parecer conclusivo, devidamente estruturado (ementa, análise, conclusão e fecho) [valor: 7,50 pontos], emitindo a posição da procuradoria estadual sobre o caso. Dispense o relatório e não crie fatos novos.

Em seu texto, aborde os seguintes aspectos:

1 conceito de repetição tributária e dispositivos normativos aplicáveis ao instituto; [valor: 9,00 pontos]

2 distinção entre contribuinte de fato e contribuinte de direito; [valor: 10,00 pontos]

3 distinção entre tributos diretos e tributos indiretos; [valor: 10,00 pontos]

4 aplicação no caso concreto dos conceitos abstratos referidos no segundo e no terceiro aspectos; [valor: 6,00 pontos]

5 posição do STF e do STJ em seus principais precedentes a respeito da repetição de tributos; [valor: 10,00 pontos]

6 posição conclusiva sobre a possibilidade e requisitos de eventual restituição. [valor: 14,00 pontos]

QUESTÃO 1

95	
96	
97	
98	
99	
100	
101	
102	
103	
104	
105	
106	
107	
108	
109	
110	
111	
112	
113	
114	
115	
116	
117	
118	
119	
120	

(MÁXIMO 120 LINHAS)

RESPOSTA DO AUTOR

PARECER nº XX/2024

EMENTA: Repetição de indébito tributário. ICMS. Tributo indireto. Contribuinte de fato e contribuinte de direito. Art. 166 do CTN. Restituição condicionada à prova de não repasse do encargo. STF e STJ.

ANÁLISE

A questão em exame trata da possibilidade de restituição de valores pagos indevidamente a título de ICMS adicional, cuja inconstitucionalidade foi declarada pelo Supremo Tribunal Federal (STF). A empresa Ômega, contribuinte de direito do ICMS, pleiteia a devolução dos valores, mas enfrenta resistência da Secretaria de Estado de Fazenda, que alega o repasse do encargo ao consumidor final, o contribuinte de fato. Para análise, é necessário abordar os conceitos de repetição de indébito tributário, distinção entre tributos diretos e indiretos, bem como entre contribuinte de fato e de direito, à luz do que dispõem a jurisprudência e a legislação aplicáveis.

1. Conceito de repetição de indébito e normativos aplicáveis

A **repetição de indébito tributário** consiste no direito de o contribuinte reaver tributos pagos indevidamente ou a maior, conforme previsto no **art. 165 do Código Tributário Nacional (CTN)**. A devolução pode ser pleiteada quando o pagamento foi efetuado de forma equivocada, como nas hipóteses de erro no valor, na base de cálculo ou na identificação do sujeito passivo, ou em decorrência da declaração de inconstitucionalidade da norma que embasava a cobrança.

Nos casos de tributos indiretos, como o ICMS, a restituição está condicionada ao cumprimento dos requisitos previstos no **art. 166 do CTN**, que exige a comprovação de que o contribuinte de direito (quem realiza o pagamento) **não repassou o encargo financeiro ao contribuinte de fato** (consumidor final). Alternativamente, o contribuinte de direito poderá obter a restituição se o contribuinte de fato autorizar expressamente a devolução.

2. Distinção entre contribuinte de fato e contribuinte de direito

O **contribuinte de direito** é a pessoa que, conforme a lei, é responsável pelo pagamento do tributo, ou seja, o sujeito passivo da relação jurídico-tributária com o fisco. Já o **contribuinte de fato** é quem, apesar de não ser o responsável legal, **suporta o ônus econômico** do tributo, o que ocorre principalmente nos tributos indiretos, em que o valor do tributo é embutido no preço final da mercadoria ou serviço.

3. Distinção entre tributos diretos e indiretos

A principal característica dos **tributos diretos** é que o encargo é assumido pelo próprio contribuinte de direito, sem repasse a terceiros, como ocorre no **IR, IPVA e ITBI**. Em contrapartida, nos **tributos indiretos**, o ônus tributário é transferido a outra pessoa, geralmente o consumidor final, como acontece com o **ICMS** e o **IPI**, que são incluídos no preço dos bens e serviços adquiridos.

4. Aplicação ao caso concreto

No caso em questão, o **ICMS** é um tributo **indireto**, e a empresa Ômega, enquanto **contribuinte de direito**, repassou o encargo do tributo ao **contribuinte de fato**, ou seja, ao consumidor final. Isso foi constatado pela área de fiscalização ao analisar a contabilidade da empresa, o que impede a restituição dos valores pagos, a menos que se comprove que o encargo **não foi repassado** ao consumidor final ou que houve autorização expressa do contribuinte de fato.

5. Posição do STF e do STJ

Tanto o **Supremo Tribunal Federal (STF)** quanto o **Superior Tribunal de Justiça (STJ)** firmaram entendimento de que, em relação a tributos indiretos, a restituição somente é possível se comprovado que o contribuinte de direito não repassou o encargo ao contribuinte de fato, ou se houver autorização expressa deste para devolução. A **Súmula 546 do STF** estabelece que a devolução de tributos indiretos depende da prova de que o encargo não foi transferido ao consumidor final.

O **STJ**, por sua vez, em diversos precedentes, reafirmou a necessidade de observância do **art. 166 do CTN**, destacando que apenas o contribuinte de direito tem legitimidade para requerer a repetição de indébito. O contribuinte de fato, em regra, não possui legitimidade para demandar a restituição, exceto em casos específicos, como a cobrança indevida de **ICMS sobre energia elétrica**, onde o consumidor pode buscar a devolução.

6. Conclusão

No caso sob análise, a empresa **Ômega**, sendo **contribuinte de direito** do ICMS, apenas poderá obter a restituição dos valores pagos a título de alíquota adicional declarada inconstitucional se comprovar que **não repassou o encargo** ao consumidor final, ou se obtiver **autorização expressa** dos consumidores para requerer a devolução. Diante da ausência de tais provas no processo administrativo e da verificação de que os valores foram repassados ao consumidor final, conforme constatado pela área de fiscalização, a restituição não deve ser concedida.

É o parecer, que submeto à consideração superior.

Local, data.

Procurador do Estado de Sergipe

▶ DOUTRINA TEMÁTICA

"(...) enquanto algo que é exigido por lei e nos termos desta. Se não é devido, o sujeito passivo pode ter a quantia restituída, já que de tributo não se trata. Aliás, é até um contrassenso falar em 'tributo indevido', uma vez que, se é indevido, já não é um tributo. Obviamente, cogita-se do pagamento, a título de tributo, de quantia indevida. (...) Aliás, é assegurada a restituição mesmo no pagamento espontâneo. Ou seja, mesmo que o contribuinte tenha pago o tributo sem que ninguém o exigisse, pode ele o receber de volta. Vamos além: mesmo que o contribuinte tenha pago o tributo por sua vontade, sabendo que possivelmente este não seria devido, tem ele direito à restituição" (SCHOUERI, 2015, p. 655).

"A ação de restituição de indébito é cabível mesmo depois do encerramento da EF no âmbito da qual tenha ocorrido o pagamento do débito, desde que o devedor não tenha discutido a validade da cobrança em embargos à execução ou exceção de pré-executividade. Não tendo havido apreciação de mérito na execução fiscal, não haverá coisa julgada, sendo cabível discussão judicial do débito cobrado (e pago) no processo executivo" (MELO FILHO, 2019, p. 926).

▶ JURISPRUDÊNCIA TEMÁTICA

STF

Súmula 546: Cabe a restituição do tributo pago indevidamente, quando reconhecido por decisão, que o contribuinte de jure não recuperou do contribuinte de facto o quantum respectivo.

STJ

O "contribuinte de fato" (in casu, distribuidora de bebida) não detém legitimidade ativa para pleitear a restituição do indébito relativo ao IPI incidente sobre os descontos incondicionais, recolhido pelo "contribuinte de direito" (fabricante de bebida), por não integrar a relação jurídica tributária pertinente. Só o contribuinte tributário tem direito à repetição do indébito. (STJ, REsp 903.394 – repetitivo, j. 24.03.2010)

O consumidor tem legitimidade para propor ação declaratória c/c repetição de indébito na qual se busca afastar, no tocante ao fornecimento de energia elétrica, a incidência do ICMS. O acórdão proferido no REsp 903.394 não se aplica aos casos de fornecimento de energia elétrica. (STJ, REsp 1.299.303 – repetitivo, j. 08.08.2012)

QUESTÃO 2

FCC – Procurador do Estado do Mato Grosso – 2011

Segundo o Código Tributário Nacional, o pagamento é forma de extinção do crédito tributário. Se o pagamento for realizado em cheque, a extinção só acontecerá a partir da compensação do título. Em não havendo fundos não haverá a extinção do crédito tributário. Nessa situação, pode a Fazenda Pública promover a execução do cheque para receber o crédito tributário? Responda de forma justificada.

QUESTÃO 2

(30 LINHAS)

▸ RESPOSTA DO AUTOR

A execução do cheque pela Fazenda Pública para a cobrança de crédito tributário **não é viável**, devido à aplicação de normas específicas que regulam o procedimento de cobrança de tais créditos. Em primeiro lugar, deve-se considerar o **interesse de agir** da Fazenda Pública. Conforme a **Lei de Execuções Fiscais (Lei nº 6.830/80)**, a execução de dívidas tributárias deve ser realizada exclusivamente com base nas disposições dessa lei, que confere um **rito processual específico** e garante à Fazenda Pública prerrogativas que não estão disponíveis em execuções regidas pelo Código de Processo Civil (CPC), como é o caso da execução de cheques.

O pagamento de tributos mediante **cheque** apenas extingue o crédito tributário com a efetiva **compensação do título**. Caso o cheque seja devolvido por falta de fundos, o pagamento não se considera realizado, conforme prevê o **art. 162, §2º, do Código Tributário Nacional (CTN)**. Nessa situação, o crédito tributário permanece **intacto**, pois a compensação do cheque é um **pressuposto essencial** para a extinção do crédito tributário. Assim, não havendo fundos, o crédito não é extinto, e o tributo continua a ser exigível.

Quanto à **execução do cheque**, a Fazenda Pública **não deve promover** sua cobrança com base nos artigos do CPC que regulam a execução de títulos extrajudiciais. Isso porque o título executivo que legitima a cobrança do crédito tributário não é o cheque, mas sim a **Certidão de Dívida Ativa (CDA)**, prevista no **art. 2º, § 6º, da Lei nº 6.830/80**. A CDA goza de presunção de certeza e liquidez, e é o instrumento adequado para a execução fiscal.

A Lei de Execuções Fiscais estabelece um **procedimento especial** que **beneficia** a Fazenda Pública, assegurando-lhe **prerrogativas processuais** exclusivas. Um exemplo disso é a **intimação pessoal do representante judicial da Fazenda Pública**, conforme o **art. 25 da Lei nº 6.830/80**, além de outras garantias como o bloqueio de bens pela penhora eletrônica e a dispensa de adiantamento de custas. A utilização de um procedimento distinto, como a execução de um cheque com base no CPC, configuraria uma indevida **renúncia às prerrogativas** asseguradas à Fazenda Pública na execução fiscal, o que violaria o **princípio da indisponibilidade do interesse público**.

Adicionalmente, a **Lei nº 4.320/64**, em seu **art. 39, § 1º**, determina que os créditos da Fazenda Pública, sejam de natureza tributária ou não tributária, devem ser inscritos como **dívida ativa** e cobrados mediante o procedimento de execução fiscal previsto na legislação própria. Isso reforça a aplicação exclusiva da Lei de Execuções Fiscais no caso da cobrança de créditos tributários, afastando a possibilidade de execução com base em outros títulos extrajudiciais.

Em síntese, o **cheque** emitido para pagamento de tributos que não foi compensado **não pode ser executado diretamente** pela Fazenda Pública. A dívida deve ser inscrita em dívida ativa, sendo o **título executivo** a **Certidão de Dívida Ativa** e não o cheque. Logo, a Fazenda Pública deve promover a execução fiscal do crédito tributário pela via adequada, utilizando as garantias previstas na Lei de Execuções Fiscais, e não o regime aplicável entre particulares.

▸ DOUTRINA TEMÁTICA

> "Findo o processo administrativo tributário e esgotado o prazo para o pagamento do crédito apurado, a dívida ('dívida ativa') é inscrita no órgão competente. A inscrição regular da dívida ativa goza da presunção de liquidez e certeza, tendo os efeitos de prova pré-constituída (art. 204 do CTN). (...) A Fazenda Pública, munida da certidão da inscrição da dívida, ingressa em juízo, com a execução do título por ela formalizado" (MACHADO e MELARÉ, 2009, p. 1010).

"Toda execução deve fundar-se em título executivo que represente uma obrigação líquida, certa e exigível. Os títulos executivos podem ser judiciais ou extrajudiciais. Os judiciais estão previstos no art. 475-N do CPC, ao passo que os extrajudiciais estão capitulados no art. 585 do CPC. Entre estes últimos, destaca-se a certidão de dívida ativa da Fazenda Pública, correspondente aos créditos inscritos na forma da lei.

(...) O valor devido à Fazenda Pública, de natureza tributária ou não tributária, deve ser inscrito na dívida ativa. Tal inscrição é feita por meio de um procedimento administrativo destinado a apurar a liquidez e certeza do crédito. Assim, instaurado o procedimento administrativo, o devedor será notificado para pagar o valor devido ou apresentar suas razões de defesa. Não efetuado o pagamento, não apresentada a defesa ou vindo esta a ser rejeitada, sobrevirá o ato administrativo de inscrição do valor na dívida ativa.

(...) Por outro lado, *não havendo certidão de dívida ativa, não será possível o ajuizamento da execução fiscal. Se a Fazenda Pública dispõe de outro título que não seja a certidão de dívida ativa, não caberá execução fiscal*" (CUNHA, 2011, p. 379-381) (grifos nossos).

▸ JURISPRUDÊNCIA TEMÁTICA

PROCESSUAL CIVIL. AGRAVO REGIMENTAL. AÇÃO ORDINÁRIA. EXTINÇÃO DE DÉBITO TRIBUTÁRIO. INDICAÇÃO DE TÍTULO DA DÍVIDA PÚBLICA. ORDEM PREVISTA NO ART. 156, C/C O ART. 162, DO CTN. APLICAÇÃO ANALÓGICA DA LEI 6.830/80. "OBRIGAÇÕES AO PORTADOR" EMITIDAS PELA ELETROBRÁS. AUSÊNCIA DE LIQUIDEZ E COTAÇÃO EM BOLSA DE VALORES. IMPRESTABILIDADE PARA GARANTIA DO JUÍZO. PRECEDENTES. *2. O CTN explicita, em seu art. 156, as modalidades de extinção do crédito tributário, sendo a primeira delas o pagamento. Mais adiante, o art. 162, I, determina que o pagamento deve ser efetuado em moeda corrente, cheque ou vale postal.* Não há qualquer referência de se efetuar a quitação com TDPs. 3. Embora não se cuide de execução fiscal e sim de ação ordinária, a discussão jurídica, em ambas as hipóteses, é a mesma (pagamento por meio de títulos da dívida pública). Não tendo a parte obedecido a ordem acima prevista –dinheiro em primeiro lugar não Títulos da Dívida Pública, é lícito ao credor e ao julgador a não-aceitação da nomeação para quitação (por meio de compensação, in casu) desses títulos. 4. A questão não se refere à possibilidade de compensação de debêntures emitidas pela Eletrobrás. Cuida-se, sim, de Títulos emitidos pela Eletrobrás, nominados de Obrigações ao Portador. Tais títulos, na linha da jurisprudência desta Corte Superior, não podem ser aceitos para garantia do juízo, por não possuírem liquidez imediata e cotação em bolsa de valores. Apenas, e tão-somente, as debêntures as possuem. 5. Agravo regimental parcialmente provido para, apenas, corrigir o erro material. (AgRg no REsp 1.035.714, Rel. Min. José Delgado, 1ª Turma, j. 20/05/2008, DJ 23/06/2008) (grifos nossos)

QUESTÕES OBJETIVAS RELACIONADAS AO TEMA

1. (Cespe – Juiz de Direito/PB – 2011) A inscrição do crédito tributário na dívida ativa e a consequente expedição da certidão é pressuposto para a cobrança por meio de execução fiscal.

" Assertiva correta.

2. (Cespe – Procurador do Estado/PI – 2008) Constitui dívida ativa tributária a proveniente de crédito de natureza tributária regularmente inscrita, cujo prazo para pagamento esteja esgotado.

" Assertiva correta.

QUESTÃO 3

PGE PB - PROCURADOR DO ESTADO - CEBRASPE - 2021

O art. 79-D da Lei Complementar n.º 123/2006 (Estatuto Nacional da Microempresa e da Empresa de Pequeno Porte) prevê a seguinte regra de transição.

Art. 79-D. Excepcionalmente, para os fatos geradores ocorridos entre 1.º de julho de 2007 e 31 de dezembro de 2008, as pessoas jurídicas que exerçam atividade sujeita simultaneamente à incidência do IPI e do ISS deverão recolher o ISS diretamente ao Município em que este imposto é devido até o último dia útil de fevereiro de 2009, aplicando-se, até esta data, o disposto no parágrafo único do art. 100 da Lei n.º 5.172, de 25 de outubro de 1966 – Código Tributário Nacional – CTN. A regra anterior faz referência ao parágrafo único do art. 100 do Código Tributário Nacional, o qual assim dispõe:

Art. 100. [...]

Parágrafo único. A observância das normas referidas neste artigo exclui a imposição de penalidades, a cobrança de juros de mora e a atualização do valor monetário da base de cálculo do tributo.

A partir dos dispositivos legais transcritos anteriormente, redija um texto, com a devida fundamentação legal e jurídica, que diferencie os conceitos de moratória, anistia e remissão no âmbito do direito tributário. Ao elaborar seu texto, atenda ao que se pede a seguir.

1. **Conceitue cada um dos institutos. [valor: 8,10 pontos]**
2. **Apresente os principais traços de distinção entre os três institutos. [valor: 5,20 pontos]**
3. **Responda, de forma justificada, se o art. 79-D anteriormente reproduzido estabelece uma forma de moratória, anistia ou remissão. [valor: 5,70 pontos]**

QUESTÃO 3

(30 LINHAS)

▸ RESPOSTA DO AUTOR

1. Conceitos de moratória, anistia e remissão no âmbito do direito tributário

No **direito tributário**, a **moratória** é um instituto que suspende temporariamente a exigibilidade do crédito tributário, oferecendo ao contribuinte um prazo adicional para o pagamento da dívida. Esse conceito está previsto no **art. 151, I, do Código Tributário Nacional (CTN)**. A moratória pode ser concedida em caráter geral, para um grupo de contribuintes, ou em caráter individual, e só pode ser instituída por meio de **lei**, conforme os **arts. 152** e **153 do CTN**, em respeito ao princípio da legalidade tributária (art. 97, VI, do CTN). A moratória **não extingue** o crédito tributário, mas adia sua exigibilidade, ou seja, o tributo continuará sendo devido, com a obrigação de pagamento apenas postergada.

A **anistia**, por outro lado, é uma **hipótese de exclusão do crédito tributário**, prevista no **art. 180 do CTN**, que recai sobre as penalidades decorrentes de infrações à legislação tributária. Ela se aplica exclusivamente às **multas tributárias**, sem interferir no tributo principal. A anistia só pode ser concedida por lei e está limitada à sua vigência, ou seja, a anistia só pode excluir as multas relacionadas às infrações cometidas até a data da publicação da lei que a concede. É um mecanismo de indulgência do Estado, utilizado para incentivar o cumprimento da obrigação principal ou promover justiça fiscal.

Já a **remissão** é uma forma de **extinção do crédito tributário**, prevista no **art. 156, IV, do CTN.** A remissão consiste no **perdão total ou parcial** do tributo já constituído, liberando o contribuinte da obrigação de pagamento. Ela se aplica ao crédito tributário constituído e está sujeita a condições estabelecidas em lei, como critérios de natureza econômica, social ou de erro administrativo. A remissão tem caráter extintivo, ou seja, uma vez concedida, extingue o débito tributário, diferentemente da moratória, que apenas posterga o pagamento.

2. Principais traços de distinção entre os três institutos

A distinção entre **moratória, anistia e remissão** se fundamenta na **natureza jurídica** de cada um desses institutos e nos efeitos que produzem sobre o crédito tributário:

- A **moratória** é uma **causa de suspensão da exigibilidade** do crédito tributário. Ela apenas adia o pagamento da dívida, sem eliminá-la. Durante o período de moratória, o Fisco não pode cobrar o tributo, mas o crédito continua existindo e será exigível ao final do prazo concedido.
- A **anistia** é uma **hipótese de exclusão** que afeta exclusivamente as **penalidades** tributárias, ou seja, as multas decorrentes de infrações cometidas contra a legislação tributária. Ela não interfere no valor principal do tributo devido, apenas dispensa o pagamento das multas aplicadas em razão de infrações.
- A **remissão**, por sua vez, é uma forma de **extinção** do crédito tributário, que se aplica tanto ao tributo principal quanto às suas penalidades. Ao ser concedida, a remissão elimina a obrigação de pagamento do crédito tributário constituído, sendo um perdão da dívida pelo Fisco.

Enquanto a **moratória** e a **anistia** são temporárias ou limitadas à exclusão de penalidades, a **remissão** extingue completamente a obrigação tributária.

3. Análise do art. 79-D da Lei Complementar nº 123/2006

O **art. 79-D da Lei Complementar nº 123/2006**, ao estabelecer que os contribuintes sujeitos simultaneamente ao IPI e ao ISS deveriam recolher o ISS até o último dia útil de fevereiro de 2009, para fatos geradores ocorridos entre 1º de julho de 2007 e 31 de dezembro de 2008, configura a **instituição de uma moratória.**

Essa regra excepcional prorroga o prazo para o recolhimento do ISS, proporcionando uma **dilação do prazo** originalmente previsto para o pagamento do imposto. Assim, a exigibilidade do crédito tributário é **suspensa** até a nova data limite estabelecida. O fato de o pagamento poder ser feito até fevereiro de 2009, sem a imposição de penalidades, juros de mora ou atualização monetária (conforme o parágrafo único do art. 100 do CTN), não caracteriza anistia, pois não há exclusão de multas já constituídas. Além disso, não há extinção de crédito, afastando a hipótese de remissão, pois a dívida continua existindo e deverá ser paga no prazo prorrogado.

Portanto, o art. 79-D da Lei Complementar nº 123/2006 estabelece uma **moratória heterônoma**, visto que foi instituída por **lei complementar federal** para um imposto de competência municipal, o **ISS**. Essa moratória foi concedida com o objetivo de uniformizar o prazo de pagamento e oferecer um tratamento fiscal mais favorável aos contribuintes durante o período de transição.

Em síntese, a **moratória** é a dilação do prazo para pagamento do crédito tributário, sem extingui-lo; a **anistia** exclui apenas as penalidades decorrentes de infrações tributárias; e a **remissão** extingue completamente o crédito tributário. No caso do **art. 79-D da Lei Complementar nº 123/2006**, verifica-se a concessão de uma **moratória**, uma vez que o prazo para pagamento do ISS foi prorrogado até fevereiro de 2009, sem a exclusão de penalidades previamente aplicadas ou o perdão de dívidas, afastando as hipóteses de anistia ou remissão.

▶ CRITÉRIO DE CORREÇÃO DA BANCA

A moratória é a prorrogação do prazo de vencimento do tributo, sendo uma hipótese de suspensão da exigibilidade do crédito tributário, conforme inc. I do art. 151 do CTN.

A anistia é uma hipótese de exclusão do crédito tributário. Ela não afasta o crédito tributário decorrente da obrigação principal, que surge com a ocorrência do fato gerador, mas tão só aquele oriundo de infrações cometidas anteriormente à data da sua concessão, como estabelece o caput do art. 180 do CTN. Trata-se, portanto, de hipótese de exclusão de multas e penalidades.

A remissão é uma hipótese de extinção do crédito tributário, conforme inc. IV do art. 156 do CTN. Trata-se do perdão de uma dívida tributária, o qual pode ser total ou parcial. Ela pode ser concedida em razão da situação econômica do sujeito passivo, de identificação de erro ou ignorância excusáveis do sujeito passivo quanto à matéria de fato, em razão da diminuta importância do crédito tributário, por razões de equidade, pelas condições peculiares a determinada região ou por política tributária, de acordo com o art. 172 do CTN.

A moratória se diferencia tanto da remissão quanto da anistia por não modificar o aspecto quantitativo do crédito tributário, não implicando em qualquer tipo de perdão, seja do crédito tributário principal, seja das penalidades aplicadas. Trata-se, portanto, de simples alteração do elemento temporal do crédito tributário, modificando apenas a data da sua exigibilidade, sendo certo que não há qualquer renúncia quanto ao valor a ser cobrado.

Por outro lado, tanto a remissão quanto a anistia implicam renúncia ao valor do crédito tributário constituído, o qual pode, inclusive, ser inteiramente afastado. A distinção entre a anistia e a remissão reside no fato de que a remissão se refere à obrigação tributária principal, ou seja, ao valor do tributo em si, enquanto a anistia se refere às multas e penalidades decorrentes do não pagamento da obrigação principal ou da inobservância das regras tributárias. O art. 14, §1º, da LRF, justifica que os institutos da anistia e da isenção constituem formas de renúncia de receita e que, para o art. 175, II, do CTN, a anistia exclui o crédito tributário, no que tange às penalidades já aplicadas.

O art. 79-D da LC n.º 123/2006 altera a data do vencimento e recolhimento do ISSQN, em relação aos fatos geradores ocorridos entre 1.º de julho de 2007 e 31 de dezembro de 2008, estabelecendo que o tributo relativo a essas operações poderia ser recolhido até o último dia útil de fevereiro de 2009, nos casos em que especifica.

O prazo de recolhimento do ISSQN é definido por cada legislação municipal. Contudo, a norma acima previu um prazo de recolhimento unificado, alongado, permitindo que os tributos relativos a fatos geradores que viessem a ocorrer entre 2007 e 2008 somente fossem recolhidos em 2009. Nos casos em que esse novo prazo implicou alongamento do prazo de recolhimento previsto na legislação local, restou configurada a moratória. Trata-se, portanto, de exemplo de uma moratória heterônoma, concedida pela legislação federal em relação a um tributo municipal, aplicável a fatos geradores futuros, como admite a parte inicial do art. 154 do CTN, desde que observada a alínea "b" do inc. I do art. 152 do CTN.

Não há que se falar em anistia ou remissão no caso em exame, pois não houve perdão da dívida ou exclusão de penalidade.

Embora o dispositivo faça referência ao parágrafo único do art. 100 do CTN, que estabelece que a "observância das normas referidas neste artigo exclui a imposição de penalidades", não se trata, aqui, propriamente de uma anistia. Isso porque a anistia se refere a penalidades já aplicadas. O art. 79-D foi introduzido pela Lei Complementar n.º 128 em 19 de dezembro de 2018, alcançando, inclusive, fatos geradores futuros. (entre 1.º de julho de 2007 e 31 de dezembro de 2008). Não é, portanto, hipótese de anistia, a qual, na forma do caput do art. 180 do CTN, somente se aplica a infrações cometidas anteriormente à vigência da lei que a concede.

A mudança do prazo em questão implicou, na verdade, na exclusão da ilicitude da conduta, sequer havendo que se falar em aplicação de penalidade, pois se tratou de recolhimento dentro do prazo legal. Trata-se, pois, de alteração do aspecto temporal do próprio fato gerador.

Também não há que se falar em remissão, primeiro porque o dispositivo não estabeleceu o perdão do tributo em si, mas apenas a postergação do seu vencimento. Ademais, de acordo com a doutrina majoritária, a remissão se refere apenas à extinção de créditos de tributos já constituídos. Em relação a fatos geradores futuros, poderia haver, no máximo, uma isenção. De toda sorte, não há, no texto, qualquer indicativo de concessão de perdão dos créditos tributários em tela.

Obs. A menção da moratória "heterônoma" será levada apenas para demonstração de raciocínio e conhecimento jurídico por parte do candidato.

QUESITOS AVALIADOS

2.1

0 – Não conceituou o instituto.

1 – Limitou-se a mencionar apenas um elemento do instituto, de forma superficial.

2 – Abordou o conceito do instituto de maneira incompleta ou inconsistente, sem a fundamentação legal ou com algum equívoco.

3 – Abordou corretamente todos os elementos essenciais do instituto, com indicação da fundamentação legal.

2.2

0 – Não identificou corretamente nenhum aspecto de distinção.

1 – Apresentou corretamente apenas um único elemento de distinção.

2 – Apresentou corretamente apenas dois elementos de distinção.

3 – Distinguiu os três conceitos, porém deixou de explicar um elemento de distinção relevante, ou não fez a distinção conceito a conceito, de forma analítica, ou não evidenciou uma distinção clara entre dois dos conceitos abordados, ou apresentou algum equívoco na sua explicação.

4 – Distinguiu corretamente os três conceitos, de forma analítica, clara e adequadamente fundamentada, sem qualquer equívoco.

2.3

0 – Não respondeu ou não analisou corretamente o texto legal em estudo.

1 – Indicou que se trata de uma moratória, porém não justificou.

2 – Indicou, de forma fundamentada, que se trata de uma moratória, porém elaborou uma análise superficial, sem explicar adequadamente a sua conclusão, ou apresentando erros diversos na aplicação do conceito.

3 – Indicou, de forma fundamentada, que se trata de uma moratória, porém entendeu que o parágrafo único do art. 100 do CTN seria uma anistia (ou remissão), ou se equivocou ao aplicar ao caso algum dos conceitos legais, incorreu em algum equívoco teórico ou apresentou algum erro na compreensão do dispositivo.

4 – Explicou, de forma correta e fundamentada, que o art. 79-D da LC n.º 123/2006 é uma moratória, demonstrando o conhecimento do conceito teórico e a correta interpretação do dispositivo legal.

▸ DOUTRINA TEMÁTICA

> "O caput do art. 172 acima transcrito utiliza a expressão "crédito tributário", que abrange o tributo e a multa, levando a crer que o perdão da multa também se enquadraria na remissão. Ocorre que a dispensa da penalidade é tratada no CTN como anistia, o que poderia gerar uma sobreposição entre os institutos da remissão e da anistia em relação às multas tributárias.
>
> A se adotar a diferenciação adotada pelo CTN entre extinção e exclusão do crédito tributário, não haveria tal sobreposição, pois a extinção (remissão) ocorreria em relação aos créditos já constituídos enquanto a exclusão (anistia) ocorreria em relação às penalidades que ainda não foram objeto de lançamento. Ocorre que o art. 180 do CTN esclarece que a anistia abrange exclusivamente as infrações cometidas anteriormente à vigência da lei que a concede. Em outras palavras, a anistia diria respeito ao perdão de multas ainda não lançadas, correspondentes a infrações cometidas anteriormente à vigência da lei que a concede. Essa interpretação reduziria significativamente o seu alcance, uma vez que o número de infrações cometidas anteriormente à vigência da lei que ainda não tenham sido lançadas seria limitado. Já a remissão, além de abranger também os tributos, alcançaria as multas já constituídas e formalizadas em crédito tributário" (DIAS JUNIOR, Antônio Augusto. Direito Tributário. São Paulo: Juspodivm: 2021, p. 729).

QUESTÕES DE CONCURSO RELACIONADAS

(Cespe – Promotor de Justiça – MPE – CE/2020) A exclusão do crédito tributário decorrente de infração à legislação tributária, concedida em caráter geral ou por despacho da autoridade administrativa, é chamada de

a) isenção.

b) anistia.

c) remissão.

d) moratória.

e) compensação.

Gabarito: B

(FCC – Analista Legislativo – Direito – AL - AP/2020) De acordo com o Código Tributário Nacional, o crédito tributário é constituído pelo lançamento tributário. Esse Código estabelece, ainda, que

a) a legislação tributária que dispõe sobre o lançamento e sobre a suspensão, a exclusão e a extinção do crédito tributário deve ser interpretada literalmente.

b) a obrigação principal decorre do crédito tributário e tem a mesma natureza dele.

c) o crédito tributário regularmente constituído somente se modifica, ou tem sua exigibilidade suspensa ou excluída, nos casos previstos na lei que tiver instituído o tributo, fora dos quais não podem ser dispensadas, sob pena de responsabilidade funcional na forma da lei, a sua efetivação ou as respectivas garantias.

d) a ação para a cobrança do crédito tributário será objeto de decadência após o transcurso do prazo de cinco anos, contados da data da ocorrência do fato gerador.

e) a exclusão do crédito tributário não dispensa o cumprimento das obrigações acessórias dependentes da obrigação principal cujo crédito seja excluído, ou dela consequente.

Gabarito: E

5. LEGISLAÇÃO TRIBUTÁRIA

QUESTÃO 1

CESPE – Procurador do Município de Salvador – 2015

A República Federativa do Brasil, ente soberano na ordem internacional, celebrou acordo multilateral, no âmbito do MERCOSUL, que previa isenção tributária em relação à prestação de serviços pelos nacionais dos países celebrantes, ainda que provenientes do exterior. A tributação de alguns desses serviços cabe a estados e municípios, os quais não anuíram ao acordo. À luz da situação hipotética acima apresentada, redija um texto dissertativo que aborde, de forma fundamentada, os seguintes tópicos:

- isenção heterônoma; [valor: 8,00 pontos]

- validade da instituição de isenção de tributo alheio em tratado de direito internacional celebrado pela União; [valor: 8,00 pontos]

- posição hierárquica dos tratados internacionais de direito tributário no ordenamento jurídico brasileiro. [valor: 7,75 pontos]

QUESTÃO 1

(20 LINHAS)

▸ RESPOSTA DO AUTOR

1. Isenção heterônoma

A **isenção heterônoma** ocorre quando um ente político concede isenção sobre tributo de competência de outro ente, o que viola o princípio federativo e a autonomia dos entes federados. No Brasil, a **Constituição Federal de 1988**, em seu **art. 151, III**, expressamente veda à União a concessão de isenções de tributos estaduais e municipais, sem a anuência dos respectivos entes tributantes. Esse dispositivo tem como objetivo preservar a **autonomia dos Estados, Municípios e do Distrito Federal**, evitando que a União interfira em sua competência tributária. Embora o artigo mencione apenas a União, essa vedação reflete o respeito ao princípio federativo como um todo, de modo que o mesmo raciocínio deve ser aplicado entre os demais entes federativos.

No caso descrito, ao prever isenção tributária para serviços prestados por nacionais de países do MERCOSUL, inclusive quando tais serviços forem de competência de Estados e Municípios, o acordo internacional estaria, em tese, criando uma **isenção heterônoma**. Isso representa uma ingerência da União, que celebrou o tratado, sobre a competência tributária de entes subnacionais, o que, à luz do **art. 151, III, da Constituição**, seria vedado.

2. Validade da instituição de isenção de tributo alheio em tratado de direito internacional

Tratados internacionais celebrados pela **República Federativa do Brasil** são firmados exclusivamente pela **União**, que representa o país nas relações internacionais. Assim, surge a questão da validade da **isenção de tributos** que são de competência de **Estados e Municípios**, quando essas isenções são previstas em tratados internacionais. Esse tema é controverso porque, ao celebrar um tratado que concede isenções tributárias que afetam tributos estaduais ou municipais, a União estaria, em princípio, praticando uma isenção heterônoma, o que contraria o **art. 151, III, da Constituição Federal**.

No entanto, a **jurisprudência do Supremo Tribunal Federal (STF)** e parte da doutrina entendem que, ao celebrar tratados internacionais, a **União** o faz em nome de toda a **República Federativa do Brasil**, incluindo os Estados e Municípios. Assim, a isenção estabelecida em tratado internacional não é vista como uma interferência indevida da União na competência dos entes subnacionais, mas como uma **decisão conjunta** do Estado brasileiro, da qual todos os entes fazem parte.

Além disso, há um mecanismo de controle dos entes subnacionais sobre essas isenções. Conforme entendimento do STF, se um **Estado ou Município** revogar a isenção concedida a um similar nacional, isso implicaria a automática **revogação da isenção prevista no tratado internacional**. Esse controle indireto faz com que os entes subnacionais mantenham a autonomia sobre suas competências tributárias, mesmo no contexto de tratados internacionais. Portanto, a validade dessas isenções em tratados internacionais, embora seja uma questão delicada, pode ser defendida com base na interpretação de que elas não ferem o princípio federativo.

3. Posição hierárquica dos tratados internacionais de direito tributário no ordenamento jurídico brasileiro

A posição hierárquica dos **tratados internacionais de direito tributário** no **ordenamento jurídico brasileiro** segue o entendimento de que, em regra, esses tratados possuem **status de lei ordinária**. Isso significa que, ao serem incorporados ao direito interno, os tratados têm força normativa equivalente à de uma lei ordinária federal. Esse entendimento é reforçado pelo **art. 98 do Código Tributário Nacional (CTN)**, que prevê que os tratados e convenções internacionais devem ser observados pela legislação interna, mesmo que esta lhes seja posterior.

No entanto, o **art. 98 do CTN** não eleva os tratados internacionais a um patamar hierárquico superior ao das leis ordinárias. Em vez disso, esse dispositivo apenas consagra o princípio de que a **norma especial prevalece sobre a norma geral**, de modo que a legislação posterior não pode contrariar as disposições específicas previstas em tratados internacionais. Dessa forma, os tratados internacionais são hierarquicamente equiparados às leis ordinárias e não possuem força superior, salvo quando tratados de direitos humanos forem aprovados com quórum qualificado, conforme o **art. 5º, § 3º, da Constituição Federal**, o que lhes confere status de **emenda constitucional**.

Portanto, no âmbito do direito tributário, os tratados internacionais, ainda que tenham força vinculante, ocupam o mesmo patamar hierárquico das **leis ordinárias**, podendo ser revogados ou alterados por leis posteriores, desde que isso não viole as obrigações internacionais assumidas pelo Brasil.

A **isenção heterônoma** é, em regra, vedada pelo **art. 151, III, da Constituição Federal**, sendo uma violação ao princípio federativo, pois interfere na competência tributária dos entes subnacionais. Contudo, no contexto de **tratados internacionais** celebrados pela União, o STF entende que esses tratados vinculam toda a República Federativa do Brasil, e os entes subnacionais têm controle indireto ao poder revogar a isenção concedida ao similar nacional, evitando a inconstitucionalidade da isenção heterônoma.

Por fim, os **tratados internacionais de direito tributário** possuem, em regra, **status de lei ordinária**, conforme o entendimento majoritário e a interpretação do **art. 98 do CTN**, sendo observados pela legislação interna, mas sem ocupar posição hierárquica superior às demais leis ordinárias.

▸ CRITÉRIO DE CORREÇÃO DA BANCA

a) Isenção heterônoma é aquela em que um ente não detentor da competência tributária para a instituição do tributo institui isenção de tal tributo à revelia do verdadeiro titular do poder tributário. É expressamente vedada pelo art. 151, III, da Constituição Federal, pois ofende a Federação brasileira.

b) Na hipótese descrita no enunciado, a instituição da isenção é válida, porque a União está representando o ente soberano, que somente internamente possui entidades autônomas. Como já decidiu o STF: O Plenário desta Corte, no julgamento do RE 229.096, relatora para o acórdão a ministra Cármen Lúcia, fixou entendimento de que a isenção de ICMS relativa à mercadoria importada de país signatário do GATT, quando isento o similar nacional, foi recepcionada pela Constituição Federal de 1988, não se aplicando a limitação prevista no artigo 151, III, da Constituição Federal (isenção heterônoma) às hipóteses em que a União atua como sujeito de direito na ordem internacional. (ARE 831170 AgR, relator(a): ministro Luiz Fux, Primeira Turma, julgado em 7/4/2015, Processo Eletrônico DJe-075 Divulg 22-04-2015 Public 23-04-2015).

c) O tratado internacional de direito tributário não constitui emenda constitucional porque não ostenta, em regra, o caráter de direitos humanos e, por isso, não se enquadra no previsto no art. 5.º, § 3º, da Constituição Federal. Por não ostentar a natureza fundamental de direitos humanos, também não ostenta o caráter de norma supralegal, como entende atualmente o STF, em que pese novo posicionamento apresentado pelo Ministro Gilmar Mendes. É, portanto, norma de mesma hierarquia que a lei ordinária nacional, embora de natureza específica, suspendendo a eficácia da norma interna no que esta lhe é contrária, até que seja denunciado no plano internacional e deixe de vigorar no plano interno, nos termos do art. 98 do CTN.

▸ DOUTRINA TEMÁTICA

> "O fundamento da prevalência da norma do tratado sobre a lei interna estadual ou municipal não é o primado dos tratados sobre a lei interna, mas a eficácia natural dos tratados, como único modelo legislativo idôneo para fixar normas de conduta (...) entre o Estado Brasileiro e outros Estados soberanos" (AMARO, 2005, p. 188).

> "(...) Não pode a União, diretamente, de forma discricionária ou arbitrária, conceder benefícios fiscais e tributários, às custas dos cofres do Estados e dos Municípios, Não obstante, o exercício da competência da União para a regulação do comércio exterior, no plano regional ou universal, ou ainda setorial, indiretamente, mas não diretamente, poderá resultar em isenção do ICMS ou mesmo do ISSQN (...) se, no entanto, o acordo internacional de comércio, firmado pela União, assegurar o tratamento isonômico tributário interno aos produtos, bens, mercadorias e serviços estrangeiros que adentrarem o País (como no caso do Acordo Geral de Tarifas e Comércio – GATT), os Estados e Municípios serão indiretamente atingidos e ficarão obrigados a observar as normas internacionais como reiteradamente já decidiu o Supremo Tribunal Federal. Observe-se que a União não concede diretamente a isenção ou o benefício relativo ao tributo estadual ou municipal e, mais, fica à discricionariedade de cada ente estatal conceder ou não o favor ao bem ou produto nacional" (DERZI, 2015, p. 587).

▸ JURISPRUDÊNCIA TEMÁTICA

STF

Súmula 575: À mercadoria importada de país signatário do GATT, ou membro da ALALC, *estende-se a isenção* do imposto de circulação de mercadorias *concedida a similar nacional*.

Isenção de tributo estadual prevista em tratado internacional firmado pela República Federativa do Brasil. (...) *Não caracterização de isenção heterônoma.* (...) No direito internacional apenas a República Federativa do Brasil tem competência para firmar tratados (...) O Presidente da República não subscreve tratados como Chefe de Governo, mas como Chefe de Estado, o que *descaracteriza a existência de uma isenção heterônoma*, vedada pelo art. 151, inc. III, da Constituição (STF, RE 229.096, j. 14.12.2008)O Colegiado Maior proclamou a possibilidade de a União, atuando no campo internacional, disciplinar a isenção de tributo da competência dos Estados e do DF (STF, RE 258.759 – AgR, j. 23.09.2008)

STJ

Súmula 2: A mercadoria importada de país signatário do GATT é isenta de ICM, *quando contemplado com esse favor o similar nacional.*

Pelo princípio da equivalência de tratamento fiscal, consagrado no GATT (extinto em 1995 com a criação da OMC),"as isenções tributárias que contemplam o similar nacional devem ser estendidas ao produto importado de países signatários (...), sob pena de ofensa ao art. 98 do CTN" (STJ, REsp 3.143, j. 20.06.1990).

QUESTÕES OBJETIVAS RELACIONADAS AO TEMA

(MPF – Procurador da República – 16º concurso – 2012) Produtos importados de países signatários do GATT (Acordo Geral de Tarifas e Comércio). Quanto ao ICMS, é certo afirmar que:

a) a isenção de tributo estadual prevista em tratado internacional firmado pela União, caracteriza-se como isenção heterônoma vedada pela CF;

b) a isenção de tributo estadual prevista em tratado internacional firmado pela União não se caracteriza como isenção heterônoma;

c) é cabível a isenção inserida em tratado internacional de ICMS firmado pela União relativa a mercadorias importadas de pais signatário do GATT, mesmo não sendo isento o similar nacional;

d) a isenção, no caso do caput, somente prevalece para os impostos de competência da União.

Gabarito: Letra b.

6. PRINCÍPIOS TRIBUTÁRIOS

QUESTÃO 1

(Procuradoria-Geral do Estado de São Paulo – Procurador do Estado – 2012)

Havendo na Constituição Federal, possibilidade de instituição de tributo de competência da União, que ainda não tenha sido criado por omissão do Congresso Nacional (o Poder Legislativo federal não elabora lei instituindo o tributo, muito embora seja esse o desejo do Executivo Federal), a Presidente da República ajuíza Ação Direta de Inconstitucionalidade por Omissão.

Julgada procedente a ação, mantida a omissão legislativa, tem o Poder Judiciário (STF) o poder de, por ativismo judicial, com apoio na doutrina da "troca do sujeito", dar efeitos concretos à decisão e instituir o tributo? Responda de forma fundamentada, citando a legislação pertinente.

QUESTÃO 1

(30 LINHAS)

▶ RESPOSTA DO AUTOR

A instituição de tributos no Brasil está intrinsecamente ligada ao **princípio da legalidade tributária**, consagrado no **art. 150, I, da Constituição Federal**, e nos **arts. 3º e 97 do Código Tributário Nacional (CTN)**. Esse princípio determina que nenhum tributo pode ser instituído ou cobrado sem previsão legal. A exigência de lei formal para a criação de tributos reflete a ideia de que o **povo** deve consentir na sua própria tributação por meio de seus representantes eleitos, ou seja, os **parlamentares** que integram o Poder Legislativo, o único poder competente para legislar sobre tributos.

Na situação apresentada, a **omissão do Congresso Nacional** em instituir um tributo de competência da União, desejado pelo Executivo Federal, leva a Presidente da República a propor uma **Ação Direta de Inconstitucionalidade por Omissão (ADO)**. Essa ação é regulada pelo **art. 103, § 2º, da Constituição Federal**, e visa combater a inércia legislativa quando há uma obrigação constitucional de legislar. O Supremo Tribunal Federal (STF), ao julgar procedente a ADO, reconhece a **omissão legislativa** e pode notificar o órgão competente para que suprima a omissão, promovendo a elaboração da norma necessária.

Contudo, a questão crucial é se o **Poder Judiciário** pode, diante da omissão continuada, assumir a função legislativa e **instituir o tributo** por meio de uma decisão judicial, utilizando a teoria da "troca do sujeito" ou por meio do chamado **ativismo judicial**.

A resposta a essa questão deve ser negativa. O **princípio da legalidade tributária** tem uma **conotação especial** no direito tributário, uma vez que a **legitimidade democrática** na criação de tributos exige a atuação exclusiva do **Poder Legislativo**. O **Poder Judiciário** carece de tal legitimidade, uma vez que seus membros não são eleitos pelo povo e não possuem a função constitucional de criar leis, especialmente aquelas que impõem obrigações pecuniárias ao contribuinte. Nesse sentido, o STF, ao reconhecer a omissão legislativa, não pode assumir a função do Legislativo e **instituir o tributo**.

Essa limitação decorre diretamente do **princípio da separação dos poderes**, previsto no **art. 2º da Constituição Federal**, que proíbe a atuação do Judiciário em matérias de competência legislativa, sob pena de violação da ordem constitucional. O exercício de um **ativismo judicial exacerbado**, que ultrapasse os limites da função judicial, representaria uma grave interferência na **função típica do Poder Legislativo**, afetando o equilíbrio entre os poderes e ferindo a legitimidade do processo legislativo tributário.

Além disso, o STF já reconheceu, em outras ocasiões, como nos julgamentos de **mandados de injunção**, a possibilidade de conferir efeitos concretos a decisões judiciais que supram a **omissão legislativa**. Todavia, essa atuação **não pode ser estendida à criação de tributos**, pois a **legalidade tributária** demanda uma **rigidez especial**. O consentimento popular expresso pelo Legislativo é imprescindível, o que impede a substituição do Parlamento pelo Judiciário na criação de obrigações fiscais. Trata-se de uma garantia constitucional que visa preservar o equilíbrio entre os poderes e a liberdade dos cidadãos de consentirem com a tributação.

Portanto, mesmo diante da **omissão legislativa reconhecida em sede de ADO**, o STF **não pode instituir o tributo**. Sua função é notificar o Legislativo e assegurar que este cumpra sua obrigação constitucional, respeitando o **princípio da legalidade tributária** e a **separação dos poderes**.

▶ DOUTRINA TEMÁTICA

> "(...) o ativismo jurisdicional torna desnecessária a intermediação legislativa para a aplicação de normas jurídicas a situações concretas submetidas ao Poder Judiciário" (BICALHO, 2011, p. 246-247).

Em defesa do ativismo judicial

"É importante, todavia, enfatizar que o demasiado crescimento do Poder Judiciário, com a sua irrefutável capacidade de criar o Direito, não o transforma, apesar disso, em órgão legislativo. Com efeito, o papel acentuadamente criativo dos juízes não os torna legisladores ou legisladores delegados. Em que pese sejam eles frequentemente convocados a interpretar e, em consequência, inevitavelmente a esclarecer, integrar, conformar, transformar, constituir e, não raro, a criar *ex novo* o Direito, isto não significa que sejam legisladores, pois há significativa diferença, pelo menos sob o ponto de vista formal ou procedimental, entre jurisdição e legislação.

(...) Não obstante toda essa transformação social que levou ao inevitável crescimento do Poder Judiciário, existe, não se ignora, forte resistência ao reconhecimento da capacidade desse Poder em criar o Direito e, consequentemente, em efetivar diretamente as normas constitucionais, independentemente de intermediação legislativa. O principal argumento, entre outros, aponta para a falta de legitimidade democrática dos membros do Judiciário, que não são eleitos, para inovar a ordem jurídica, constituindo *ex novo* o Direito. Essa prática, segundo autores que objetivam a criação judicial do Direito, é 'inaceitável porque antidemocrática', pois pode conduzir, mais cedo ou mais tarde, ao Estado totalitário, transformando o Judiciário em instrumento de tirania. Assim, somente os Poderes Legislativo e Executivo têm legitimidade, pelo caráter majoritário de suas representações, em criar o Direito. Esses argumentos, contudo, não procedem. (...) Efetivamente, longe de representar a sociedade, a 'vontade geral', a 'vontade do povo', o Legislativo e o Executivo são fiéis a interesses espúrios de lobistas e organizações que contribuíram para os 'caixas de campanha'." (CUNHA JUNIOR, 2008, p. 200-202)

ATENÇÃO: Para um estudo crítico do ativismo judicial do STF no controle de constitucionalidade, consultar: RAMOS, Elival da Silva. *Ativismo judicial:* parâmetros dogmáticos. São Paulo: Saraiva, 2010.

"O princípio da legalidade é multissecular, com previsão inaugural na Carta Magna inglesa, de 1215, do Rei João Sem Terra. (...) objetivavam impor a necessidade de obtenção prévia de aprovação dos súditos para a cobrança dos tributos, do que irradiou a representação 'no taxation without representation'. (...) *Nascia assim, o ideal de que, na esteira da legalidade, corre tão somente o tributo consentido*" (SABAGG, 2010, p. 57) (grifos nossos).

"A origem do princípio da legalidade tributária remonta ao século XIII, quando o rei da Inglaterra, João Sem-Terra, expediu a Magna Carta (1215), documento que veio assegurar a criação de tributos somente após a provação do Parlamento" (COSTA, 2014, p. 82).

"Sendo a lei a manifestação legítima da vontade do povo, por seus representantes nos parlamentos, entende-se que *o ser instituído em lei significa ser o tributo consentido. O povo consente que o Estado invada seu patrimônio para dele retirar os meios indispensáveis à satisfação das necessidades coletivas.* Mas não é só isto. Mesmo não sendo a lei, em certos casos, uma expressão desse consentimento popular, presta-se o princípio da legalidade para garantir a segurança nas relações do particular (contribuinte) com o Estado (fisco), as quais devem ser inteiramente disciplinadas, em lei, que obriga tanto o sujeito passivo como o sujeito ativo da relação obrigacional tributária" (MACHADO, 2005, p. 53) (grifos nossos).

▸ JURISPRUDÊNCIA TEMÁTICA

STF

MANDADO DE INJUNÇÃO. ART. 5º, LXXI DA CONSTITUIÇÃO DO BRASIL. CONCESSÃO DE EFETIVIDADE À NORMA VEICULADA PELO ARTIGO 37, INCISO VII, DA CONSTITUIÇÃO DO

BRASIL. LEGITIMIDADE ATIVA DE ENTIDADE SINDICAL. GREVE DOS TRABALHADORES EM GERAL [ART. 9º DA CONSTITUIÇÃO DO BRASIL]. APLICAÇÃO DA LEI FEDERAL N. 7.783/89 À GREVE NO SERVIÇO PÚBLICO ATÉ QUE SOBREVENHA LEI REGULAMENTADORA. PARÂMETROS CONCERNENTES AO EXERCÍCIO DO DIREITO DE GREVE PELOS SERVIDORES PÚBLICOS DEFINIDOS POR ESTA CORTE. CONTINUIDADE DO SERVIÇO PÚBLICO. GREVE NO SERVIÇO PÚBLICO. ALTERAÇÃO DE ENTENDIMENTO ANTERIOR QUANTO À SUBSTÂNCIA DO MANDADO DE INJUNÇÃO. PREVALÊNCIA DO INTERESSE SOCIAL. INSUBSSISTÊNCIA DO ARGUMENTO SEGUNDO O QUAL DAR-SE-IA OFENSA À INDEPENDÊNCIA E HARMONIA ENTRE OS PODERES [ART. 2O DA CONSTITUIÇÃO DO BRASIL]E À SEPARAÇÃO DOS PODERES [art. 60, § 4o, III, DA CONSTITUIÇÃO DO BRASIL]. INCUMBE AO PODER JUDICIÁRIO PRODUZIR A NORMA SUFICIENTE PARA TORNAR VIÁVEL O EXERCÍCIO DO DIREITO DE GREVE DOS SERVIDORES PÚBLICOS, CONSAGRADO NO ARTIGO 37, VII, DA CONSTITUIÇÃO DO BRASIL. 2. A Constituição do Brasil reconhece expressamente possam os servidores públicos civis exercer o direito de greve – artigo 37, inciso VII. A Lei n. 7.783/89 dispõe sobre o exercício do direito de greve dos trabalhadores em geral, afirmado pelo artigo 9º da Constituição do Brasil. Ato normativo de início inaplicável aos servidores públicos civis. 3. O preceito veiculado pelo artigo 37, inciso VII, da CB/88 exige a edição de ato normativo que integre sua eficácia. Reclama-se, para fins de plena incidência do preceito, atuação legislativa que dê concreção ao comando positivado no texto da Constituição. *Diante de mora legislativa, cumpre ao Supremo Tribunal Federal decidir no sentido de suprir omissão dessa ordem. Esta Corte não se presta, quando se trate da apreciação de mandados de injunção, a emitir decisões desnutridas de eficácia.* -somente o disposto na Lei n. 7.783/89. A esta Corte impõe-se traçar os parâmetros atinentes a esse exercício. *13. O argumento de que a Corte estaria então a legislar – o que se afiguraria inconcebível, por ferir a independência e harmonia entre os poderes [art. 2º da Constituição do Brasil]e a separação dos poderes [art. 60, § 4º, III] – é insubsistente. 14. O Poder Judiciário está vinculado pelo dever-poder de, no mandado de injunção, formular supletivamente a norma regulamentadora de que carece o ordenamento jurídico.* 16. Mandado de injunção julgado procedente, para remover o obstáculo decorrente da omissão legislativa e, supletivamente, tornar viável o exercício do direito consagrado no artigo 37, VII, da Constituição do Brasil. (STF, Pleno, MI 712, j. 25.10.2007, DJe 31.10.2008).

QUESTÕES OBJETIVAS RELACIONADAS AO TEMA

1. (CESPE – Juiz de Direito – ES- 2011) Em respeito ao princípio da legalidade tributária, garantia assegurada ao contribuinte, a União não pode exigir um tributo que a lei não estabeleça, mas pode aumentá-lo sem tal exigência.

"Assertiva errada.

2. (CESPE – Juiz de Direito – PB – 2011) Um dos vetores na relação entre o fisco e contribuinte, o princípio da legalidade não limita os governantes na atividade de tributação.

"Assertiva errada.

QUESTÃO 2

ESAF – Procurador da Fazenda Nacional – 2012

Examine a situação descrita e responda as questões formuladas em conformidade com a Constituição de 1988 e com a jurisprudência do Supremo Tribunal Federal.

Tramita no Congresso Nacional proposta de emenda constitucional – PEC apresentada por um terço dos membros da Câmara dos Deputados que pretende prorrogar contribuição social que fora instituída por Emenda Constitucional para prazo certo de vigência prestes a expirar. Após discutida e votada em dois turnos, a PEC é aprovada pela Câmara dos Deputados com fórmula que submete a prorrogação pretendida ao disposto no § 6º do art. 195 da Constituição.

Após discutida e votada em dois turnos, a PEC é aprovada no Senado Federal com uma modificação: a supressão da fórmula relativa à submissão da prorrogação ao disposto no § 6º citado. Sem retornar à Câmara dos Deputados, a PEC vai à promulgação, que é agendada para sessão conjunta das Mesas da Câmara dos Deputados e do Senado Federal, especialmente convocada para tanto.

Antes da promulgação, a Assessoria para Assuntos Parlamentares do Gabinete do Ministro de Estado da Fazenda submete o assunto à Procuradoria-Geral da Fazenda Nacional, onde é distribuído à Coordenação-Geral de Assuntos Tributários em que você acaba de entrar em exercício no cargo de Procurador da Fazenda Nacional. As questões cuja análise é solicitada são as seguintes:

1. **A legislação sobre matéria tributária é da iniciativa privativa do Presidente da República? Em caso positivo, o tema poderia ser objeto de PEC apresentada por um terço dos membros da Câmara dos Deputados? Fundamente ambas as respostas.**
2. **No caso descrito, é possível a promulgação da PEC sem que ela tenha retornado à Casa iniciadora para que seja, uma vez mais, discutida e votada em dois turnos em razão da modificação ocorrida? Por quê?**
3. **Na situação descrita é necessário observar o disposto no § 6o do art. 195 da Constituição? Por quê?**
4. **Da redação final da PEC não consta nenhuma cláusula de vigência. Aplica-se, no caso, a regra geral constante do caput do art. 1o da Lei de Introdução às Normas do Direito Brasileiro? Por quê?**

QUESTÃO 2

(30 LINHAS)

RESPOSTA DO AUTOR

1. A legislação sobre matéria tributária é de iniciativa privativa do Presidente da República? O tema poderia ser objeto de PEC apresentada por um terço dos membros da Câmara dos Deputados?

Não, a **legislação sobre matéria tributária não é de iniciativa privativa** do Presidente da República. De acordo com a Constituição Federal, a iniciativa privativa do Presidente da República, no que se refere à matéria tributária, é restrita aos **Territórios**, conforme o **art. 61, § 1º, II, "b"** da CF. Para as demais hipóteses, a iniciativa para legislar sobre tributos pode ser exercida por parlamentares, Governadores, e pelo próprio Presidente, sem exclusividade deste último.

Ademais, a proposta de emenda constitucional (PEC) que trata de **contribuições sociais** ou outros temas tributários pode ser legitimamente apresentada por um terço dos membros da **Câmara dos Deputados** (ou do Senado Federal), conforme prevê o **art. 60, I, da Constituição Federal**, que trata das emendas constitucionais. Não há, portanto, restrição quanto à iniciativa de parlamentares para propor PECs sobre matéria tributária, o que torna a proposta apresentada por um terço dos membros da Câmara válida.

2. É possível a promulgação da PEC sem que ela tenha retornado à Casa iniciadora para ser, mais uma vez, discutida e votada em dois turnos em razão da modificação ocorrida?

Não, a promulgação da PEC **não é possível sem retorno à Casa iniciadora**, devido à **alteração no texto** aprovada no Senado Federal. Conforme o procedimento estabelecido para as emendas constitucionais no **art. 60, § 2º, da Constituição Federal**, as PECs devem ser aprovadas em **dois turnos de votação** em cada uma das Casas do Congresso Nacional, sem modificações substanciais entre as votações. No caso de ocorrer uma alteração em uma das Casas (no caso, o Senado Federal), a PEC **deve retornar à Casa iniciadora** (Câmara dos Deputados) para que seja novamente discutida e votada em dois turnos. O STF tem entendimento consolidado sobre a necessidade de observância rigorosa desse procedimento para garantir a legitimidade da alteração constitucional.

Assim, como houve **modificação** no texto aprovado pela Câmara dos Deputados — a **supressão** da submissão da prorrogação ao **§ 6º do art. 195 da Constituição** —, o texto deveria ter retornado à Casa iniciadora para nova apreciação, sendo vedada a sua promulgação sem essa etapa.

3. Na situação descrita é necessário observar o disposto no § 6º do art. 195 da Constituição?

Não, **não é necessário observar** o disposto no **§ 6º do art. 195 da Constituição** no caso de **prorrogação de contribuição social já existente**. Esse dispositivo trata da **anterioridade nonagesimal**, que exige um período de 90 dias para que contribuições sociais e tributos previstos no art. 195 possam ser exigidos após a criação ou aumento de suas alíquotas. Contudo, o **STF** já decidiu, em várias oportunidades, que a **anterioridade** (seja anual ou nonagesimal) **não se aplica** aos casos de **prorrogação** de contribuições sociais ou de outros tributos já existentes, desde que não haja aumento da alíquota ou criação de um novo tributo.

No caso específico, como a PEC pretende apenas prorrogar uma contribuição já existente, sem alterar sua alíquota ou criar novas obrigações, **não há ruptura na situação jurídica** do contribuinte, o que afasta a necessidade de observância do **princípio da anterioridade**.

4. Da redação final da PEC não consta nenhuma cláusula de vigência. Aplica-se, no caso, a regra geral constante do caput do art. 1º da Lei de Introdução às Normas do Direito Brasileiro (LINDB)?

Não, a **regra do caput do art. 1º da LINDB** não se aplica à **promulgação de emendas constitucionais.** O **art. 1º da LINDB** estabelece que as leis entram em vigor 45 dias após sua publicação, salvo disposição em contrário. No entanto, esse dispositivo não se aplica a **emendas constitucionais**, que são normas de hierarquia superior e seguem as regras específicas de promulgação e vigência estabelecidas na **Constituição Federal.**

A **emenda constitucional** não necessita de uma **vacatio legis** (período de adaptação antes de entrar em vigor) para ser aplicada, a menos que isso seja expressamente previsto no texto da própria emenda. Assim, na ausência de uma cláusula de vigência, a **emenda constitucional** entra em vigor **imediatamente após sua promulgação**, respeitando o princípio da **imediata aplicabilidade** das normas constitucionais. Portanto, a regra da LINDB não se aplica, já que esta é uma norma infraconstitucional que não tem o poder de regular a vigência de emendas constitucionais.

Em resumo:

1. A legislação tributária não é de iniciativa privativa do Presidente da República, salvo para matérias que envolvem os Territórios, sendo plenamente válida a apresentação de PECs por parlamentares sobre temas tributários.
2. A PEC deveria ter retornado à Casa iniciadora (Câmara dos Deputados) após a modificação realizada no Senado, sendo vedada a sua promulgação direta.
3. A anterioridade nonagesimal prevista no § 6º do art. 195 da Constituição não se aplica a prorrogações de contribuições sociais já existentes.
4. A regra do art. 1º da LINDB não se aplica às emendas constitucionais, que entram em vigor imediatamente após a promulgação, salvo disposição em contrário.

▶ CRITÉRIO DE CORREÇÃO DA BANCA

A legislação sobre matéria tributária não é da iniciativa privativa do Presidente da República (interpretação a contraiu sensu do art. 61, § 1º, II, b).

Não há reserva de iniciativa contra PEC à Constituição da República. (Até 1,75)

Sim, porque não implicou mudança substancial no sentido do texto (ADI nº 2666) (Até 1,75)

Não, porque ocorreu, no caso, mera prorrogação de contribuição social já existente (ADI nº 2666). (Até 1,75)

Não, porque a LICC, enquanto lei ordinária que é não subordina a PEC. (Até 1,75)

▶ DOUTRINA TEMÁTICA

> "A deliberação e a votação da PEC ocorrerão em cada Casa do Congresso Nacional (sessão bicameral), em dois turnos, considerando-se aprovada se obtiver, em ambos, 3/5 dos votos dos respectivos membros (art. 60, § 2º, CF/88).
>
> O procedimento tem por exigência inafastável a aprovação de um texto igual, em dois turnos de discussão e votação, pela Câmara dos Deputados e pelo Senado Federal. Disto decorre ser a emenda um ato nitidamente complexo" (MASSON, 2013, p. 135).
>
> **ATENÇÃO:** A citação doutrinária a seguir discorre sobre a aplicação da LINDB às normas tributárias sem mencionar o entendimento do STF de que não se aplica à prorrogação da cobrança do tributo o prazo de *vacatio legis* previsto na LINDB (RE 633.441, em JURISPRUDÊNCIA TEMÁTICA). Além disso, perceba que a questão não se refere à aplicação da LINDB às normas tributárias, mas sim às emendas constitucionais.

"Sendo assim, as normas tributárias entram em vigor, salvo disposição em contrário, quarenta e cinco dias após haverem sido publicadas. (...)

A vigência das normas tributárias, no tempo, carrega uma particularidade que deve ser enfatizada. Aquelas que instituem ou majoram tributos hão de respeitar outro limite, qual seja, aquele sobranceiramente enunciado no corpo do art. 150, III, b, e que consiste na necessidade de terem sido publicadas antes do início do exercício financeiro em que se pretenda cobrar a exação. É o princípio da anterioridade, que comporta apenas as exceções enunciadas no § 1º do mesmo preceptivo constitucional. Ora, se bem sopesarmos a conjugação desses dois condicionantes, teremos que inferir que as normas jurídicas que decretam tributo novo, ou nova faixa de incidência para tributo já existente, ou ainda que venha a aumentá-lo, como expressão econômica, devem sujeitar-se à resultante da combinação dos dois limites" (CARVALHO, 2013, p. 98).

"O art. 103 (do CTN), por sua vez, abriga normas supletivas indicativas de termos iniciais de vigência de diversas normas complementares (...). O preceito afasta, portanto, a disciplina da Lei de Introdução às Normas do Direito Brasileiro. Todavia, na hipótese de tais normas não indicarem o termo inicial de sua vigência, aplica-se o art. 1º da LINDB – ou seja, entrarão em vigor quarenta e cinco dias após sua publicação" (COSTA, 2014, p. 176).

"Na medida em que as normas da LICC têm caráter supletivo, isto é, admitem disposição em contrário, a vigência das leis tributárias regula-se, em regra, segundo o que elas próprias estabelecerem ou, no silêncio, pelas normas da LICC (com ressalva, sempre, das singelas disposições alinhavadas pelo CTN), observada, ainda, a Lei Complementar n. 95/98" (AMARO, 2005, p. 194).

▸ JURISPRUDÊNCIA TEMÁTICA

STF

Bicameralidade

"1. Questão de ordem resolvida no sentido da impossibilidade de se examinar a constitucionalidade material dos dispositivos da Lei 8.429/1992 dada a circunstância de o pedido da ação direta de inconstitucionalidade se limitar única e exclusivamente à declaração de inconstitucionalidade formal da lei, sem qualquer argumentação relativa a eventuais vícios materiais de constitucionalidade da norma. 2. Iniciado o projeto de lei na Câmara de Deputados, cabia a esta o encaminhamento à sanção do Presidente da República depois de examinada a emenda apresentada pelo Senado da República. O substitutivo aprovado no Senado da República, atuando como Casa revisora, não caracterizou novo projeto de lei a exigir uma segunda revisão. 3. Ação direta de inconstitucionalidade improcedente. (STF, ADI 2182/DF, rel. Min. Marco Aurélio, 23.5.2007, noticiado nos informativos 468/2007 e 586/2010 do STF.

Iniciativa do Presidente da República para leis tributárias

RECURSO EXTRAORDINÁRIO. CONSTITUCIONAL E TRIBUTÁRIO. É CONCORRENTE A COMPETÊNCIA LEGISLATIVA EM MATÉRIA TRIBUTÁRIA. CONTROLE CONCENTRADO DE CONSTITUCIONALIDADE NO TRIBUNAL DE JUSTIÇA ESTADUAL. ACÓRDÃO DIVERGENTE DA JURISPRUDÊNCIA DO SUPREMO TRIBUNAL FEDERAL. POSSIBILIDADE DE JULGAMENTO PELO RELATOR. RECURSO PROVIDO. (...) 4. *A jurisprudência do Supremo Tribunal Federal firmou-se no sentido de que a competência para iniciar processo legislativo sobre matéria tributária não é privativa do Poder Executivo.* Confiram-se, a propósito, os seguintes julgados: ADI – LEI N. 7.999/85, DO ESTADO DO RIO GRANDE DO SUL, COM A REDAÇÃO QUE LHE DEU A LEI N. 9.535/92 – BENEFÍCIO TRIBUTÁRIO – MATÉRIA DE INICIATIVA COMUM OU CONCORRENTE – REPERCUSSÃO NO ORÇAMENTO ESTADUAL – ALEGADA USURPAÇÃO

DA CLÁUSULA DE INICIATIVA RESERVADA AO CHEFE DO PODER EXECUTIVO - AUSÊNCIA DE PLAUSIBILIDADE JURÍDICA - MEDIDA CAUTELAR INDEFERIDA. - *A Constituição de 1988 admite a iniciativa parlamentar na instauração do processo legislativo em tema de direito tributário.* - A iniciativa reservada, por constituir matéria de direito estrito, não se presume e nem comporta interpretação ampliativa, na medida em que - por implicar limitação ao poder de instauração do processo legislativo - deve necessariamente derivar de norma constitucional explícita e inequívoca. - *O ato de legislar sobre direito tributário, ainda que para conceder benefícios jurídicos de ordem fiscal, não se equipara - especialmente para os fins de instauração do respectivo processo legislativo - ao ato de legislar sobre o orçamento do Estado* (ADI 724-MC, Rel. Min. Celso de Mello, Tribunal Pleno, DJ 27.4.2001 grifos nossos). EI. Ação direta de inconstitucionalidade: L. est. 2.207/00, do Estado do Mato Grosso do Sul (redação do art. 1º da L. est. 2.417/02), que isenta os aposentados e pensionistas do antigo sistema estadual de previdência da contribuição destinada ao custeio de plano de saúde dos servidores Estado: inconstitucionalidade declarada. II. Ação direta de inconstitucionalidade: conhecimento. (...) III. Processo legislativo: matéria tributária: inexistência de reserva de iniciativa do Executivo, sendo impertinente a invocação do art. 61, § 1º, II, b, da Constituição, que diz respeito exclusivamente aos Territórios Federais (ADI 3.205, Rel. Min. Sepúlveda Pertence, Tribunal Pleno, DJ 17.11.2006 grifos nossos). (...) 5. Ressalto, por oportuno, que, em se tratando de recursos extraordinários interpostos contra decisões de tribunais estaduais em controle abstrato de constitucionalidade, é possível o provimento por decisão do Relator desde que o litígio constitucional já tenha sido definido pela jurisprudência prevalecente no âmbito deste Tribunal (AI 348.800, Rel. Min. Celso de Mello, Informativo n. 566). 6. Pelo exposto, dou provimento ao recurso extraordinário (art. 557, § 1º-A, do Código de Processo Civil e art. 21, § 2º, do Regimento Interno do Supremo Tribunal Federal). (STF, RE 541.273, Rel. Min. Cármen Lúcia, j. 08.06.2010, DJe 22.06.2010) (grifos nossos).

Prorrogação da CPMF e anterioridade nonagesimal

AGRAVO REGIMENTAL. TRIBUTÁRIO. CONTRIBUIÇÃO PROVISÓRIA SOBRE MOVIMENTAÇÃO FINANCEIRA. CPMF. EC 42/2003. REGRAS DA ANTERIORIDADE E DA VACATIO LEGIS. VIOLAÇÕES NÃO CARACTERIZADAS. Segundo orientação firmada por esta Suprema Corte no julgamento do RE 566.032, *a EC 42/2003 prorrogou a cobrança da CPMF calculada à alíquota de 0,38%, sem implicar aumento ou recriação do tributo. Por tal razão, era-lhe inaplicável a regra da anterioridade de noventa dias, nonagesimal, especial ou noventena. Pelas mesmas razões, isto é, a não caracterização de ruptura de regime jurídico fomentador de justa expectativa à redução do tributo, também é inaplicável* à cobrança do tributo o prazo de vacatio legis previsto na *Lei de Introdução ao Código Civil - LICC.* Agravo regimental ao qual se nega provimento. (STF, RE 633.441, Rel. Min. Joaquim Barbosa, 2ª Turma, j. 18.10.2011, DJe 14.11.2011) (grifos nossos).

CPMF: EC 42/2003 e princípio da anterioridade nonagesimal

O Tribunal, por maioria, deu provimento a recurso extraordinário interposto contra acórdão do Tribunal Regional Federal da 4ª Região que reconhecera ser indevida a cobrança da CPMF em alíquota de 0,38%, nos 90 dias posteriores à publicação da EC 42/2003. *Entendeu-se não haver majoração da alíquota de modo a atrair o disposto no art. 195, § 6º, da CF, haja vista que a EC 42/2003 teria apenas mantido a alíquota de 0,38% para o exercício de 2004 sem instituir ou modificar a alíquota diferente da que os contribuintes vinham pagando.* Explicou-se que os contribuintes, durante o exercício financeiro de 2002 e 2003, vinham pagando a contribuição de 0,38% e não a de 0,08%. Considerou-se que, no máximo, haveria uma expectativa de diminuição da alíquota para 0,08%, mas que o dispositivo que previa esse percentual para 2004 teria sido revogado antes de efetivamente ser exigível, ou seja, antes do início do exercício financeiro de 2004. *Afastou-se, ainda, ofensa à segurança jurídica, princípio sustentador do art. 195, § 6º, da CF, na medida em que o contribuinte, há muito tempo, já pagava a alíquota de 0,38%, não tendo, por conseguinte, sofrido ruptura com a manutenção dessa alíquota durante o ano de 2004. Por fim, salientou-se que, se a prorrogação de contribuição não faria incidir o prazo nonagesimal, conforme reiterados pronunciamentos da Corte, quando se poderia alegar expectativa do término da cobrança do tributo, por maior razão não se deveria reconhecer a incidência desse prazo quando havia mera expectativa de alíquota menor.* Vencidos os Ministros Carlos Britto, Marco Aurélio e Celso de Mello, que desproviam o recurso, ao fundamento de que a EC 42/2003, ao revogar o inciso II do § 3º do art. 84 do ADCT, incluído pela EC 37/2002, o qual previa a alíquota de 0,08% da CPMF para o exercício financeiro de 2004, não teria apenas prorrogado a cobrança dessa contribuição, mas também majorado sua alíquota, causando surpresa aos contribuintes e afrontando o princípio da anterioridade nonagesimal. Precedentes citados: ADI 2666/DF (DJU de 6.12.2002); ADI 2666 ED/DF (DJU de 10.11.2006); AI 392574 AgR/PR (DJE de 23.5.2008); ADI 4016 MC/PR (DJE de 24.4.2009) (STF, RE 566032/RS, rel. Min. Gilmar Mendes, 25.6.2009. (RE-566032). Noticiado no informativo 552/2009) (grifos nossos).

Prorrogação de majoração de alíquota e princípio da anterioridade nonagesimal

O Tribunal, por maioria, deu provimento a recurso extraordinário interposto contra acórdão do Tribunal de Justiça do Estado de São Paulo que julgara inconstitucional a cobrança do ICMS com a alíquota majorada de 17% para 18%, prorrogada pela Lei paulista 11.813/2004. Reportando-se à orientação firmada no julgamento da ADI 2673/DF (DJU de 6.12.2002), considerou-se que o art. 195, § 6º da CF, aplicável às contribuições sociais, possuiria a mesma determinação criada pela EC 42/2003 para os tributos em geral. Assim, reputou-se possível estabelecer idêntico raciocínio no sentido de que *o art. 150, III, c, da CF ("Art. 150. Sem prejuízo de outras garantias asseguradas ao contribuinte, é vedado à União, aos Estados, ao Distrito Federal e aos Municípios:... III – cobrar tributos:... c) antes de decorridos noventa dias da data em que haja sido publicada a lei que os instituiu ou aumentou, observado o disposto na alínea b") somente incidiria nos casos de criação ou de majoração de tributos e não nos casos de simples prorrogação de alíquotas já aplicadas anteriormente.* Vencidos os Ministros Carlos Britto, Marco Aurélio e Celso de Mello, que desproviam o recurso, por vislumbrar transgressão ao art. 150, III, c, da CF e ao princípio da segurança jurídica. (STF, RE 584100/SP, rel. Min. Ellen Gracie, 25.11.2009. (RE-584100). Noticiado no informativo 569/2009) (grifos nossos).

Medida cautelar em ação direta de inconstitucionalidade

(...) 2. Art. 3º da Lei nº 15.747, de 24 de dezembro de 2007, do Estado do Paraná, que estabelece como data inicial de vigência da lei a data de sua publicação. – IPVA. 5. A redução ou a extinção de desconto para pagamento de tributo sob determinadas condições previstas em lei, como o pagamento antecipado em parcela única, não pode ser equiparada à majoração do tributo em questão, no caso, o IPVA. Não-incidência do princípio da anterioridade tributária. 7. Medida cautelar indeferida. (STF, ADI 4.016-MC, Rel. Min. Gilmar Mendes, Pleno, j. 01/08/2008, DJe 24/04/2009)

AÇÃO DIRETA DE INCONSTITUCIONALIDADE. CONTRIBUIÇÃO PROVISÓRIA SOBRE MOVIMENTAÇÃO OU TRANSMISSÃO DE VALORES E DE CRÉDITOS E DIREITOS DE NATUREZA FINANCEIRA-CPMF (ARTS. 84 E 85, ACRESCENTADOS AO ADCT PELO ART. 3º DA EMENDA CONSTITUCIONAL Nº 37, DE 12 DE JUNHO DE 2002). 1 – Impertinência da preliminar suscitada pelo Advogado-Geral da União, de que a matéria controvertida tem caráter *interna corporis* do Congresso Nacional, por dizer respeito à interpretação de normas regimentais, matéria imune à crítica judiciária. Questão que diz respeito ao processo legislativo previsto na Constituição Federal, em especial às regras atinentes ao trâmite de emenda constitucional (art. 60), tendo clara estatura constitucional. 2 – *Proposta de emenda que, votada e aprovada na Câmara dos Deputados, sofreu alteração no Senado Federal, tendo sido promulgada sem que tivesse retornado à Casa iniciadora para nova votação quanto à parte objeto de modificação. Inexistência de ofensa ao art. 60, § 2º da Constituição Federal no tocante à supressão, no Senado Federal, da expressão "observado o disposto no § 6º do art. 195 da Constituição Federal", que constava do texto aprovado pela Câmara dos Deputados em 2 (dois) turnos de votação, tendo em vista que essa alteração não importou em mudança substancial do sentido do texto (Precedente: ADC nº 3, rel. Min. Nelson Jobim). Ocorrência de mera prorrogação da Lei nº 9.311/96, modificada pela Lei nº 9.539/97, não tendo aplicação ao caso o disposto no § 6º do art. 195 da Constituição Federal. O princípio da anterioridade nonagesimal aplica-se somente aos casos de instituição ou modificação da contribuição social, e não ao caso de simples prorrogação da lei que a houver instituído ou modificado.* 3 – Ausência de inconstitucionalidade material. O § 4º, inciso IV do art. 60 da Constituição veda a deliberação quanto a proposta de emenda tendente a abolir os direitos e garantias individuais. Proibida, assim, estaria a deliberação de emenda que se destinasse a suprimir do texto constitucional o § 6º do art. 195, ou que excluísse a aplicação desse preceito a uma hipótese em que, pela vontade do constituinte originário, devesse ele ser aplicado. A presente hipótese, no entanto, versa sobre a incidência ou não desse dispositivo, que se mantém incólume no corpo da Carta, a um caso concreto. Não houve, no texto promulgado da emenda em debate, qualquer negativa explícita ou implícita de aplicação do princípio contido no § 6º do art. 195 da Constituição. 4 – Ação direta julgada improcedente. (STF, ADI 2.666, Rel. Min. Ellen Gracie, Pleno, j. 03/12/2002, DJ 06/12/2002) (grifos nossos)

QUESTÕES OBJETIVAS RELACIONADAS AO TEMA

1. (PGE/GO – Procurador do Estado – GO – 2013) A iniciativa de lei em matéria tributária é privativa do chefe do Poder Executivo, uma vez que se trata de matéria eminentemente orçamentária.

– Assertiva errada.

7. RESPONSABILIDADE TRIBUTÁRIA

QUESTÃO 1

PGE/PR – Procurador do Estado do Paraná – 2011

Acerca da sujeição passiva tributária, estabeleça a distinção entre responsabilidade por transferência e responsabilidade por substituição.

QUESTÃO 1

(15 LINHAS)

▸ RESPOSTA DO AUTOR

A **sujeição passiva tributária** refere-se à pessoa que tem o dever de recolher o tributo ao Fisco. Essa sujeição pode se dar de duas formas: o **contribuinte**, que é o sujeito passivo direto e pratica o fato gerador da obrigação tributária, e o **responsável**, que é o sujeito passivo indireto, sendo a pessoa que, embora não tenha praticado diretamente o fato gerador, é obrigada por lei a recolher o tributo.

O **art. 128 do Código Tributário Nacional (CTN)** prevê que a lei pode atribuir a responsabilidade pelo pagamento do tributo a terceira pessoa, que não seja o contribuinte, desde que vinculada ao fato gerador de alguma forma. Dentro dessa categoria de responsáveis, existem dois tipos de responsabilidade: **responsabilidade por substituição** e **responsabilidade por transferência**.

Responsabilidade por Substituição

A **responsabilidade por substituição** ocorre **antes ou no momento da ocorrência do fato gerador**. A lei **substitui** o contribuinte por um terceiro, elegendo-o como responsável pelo recolhimento do tributo. Nesse caso, o responsável assume a obrigação de pagar o tributo **desde o momento do fato gerador**, sendo o tributo recolhido diretamente por ele. O contribuinte, embora tenha praticado o fato gerador, **não é quem efetua o pagamento**. Um exemplo clássico dessa responsabilidade é a **retenção**

na fonte do **Imposto de Renda**, em que o empregador (substituto) recolhe o imposto devido pelos empregados (contribuintes).

Nessa hipótese, o responsável por substituição **recolhe um débito alheio**, pois o tributo é devido pelo contribuinte, mas a lei transfere ao terceiro a obrigação de arrecadá-lo e repassá-lo ao Fisco.

Responsabilidade por Transferência

Por outro lado, a **responsabilidade por transferência** surge **após a ocorrência do fato gerador.** O contribuinte original é o responsável pela obrigação tributária, mas, por algum **evento superveniente**, a lei transfere a responsabilidade pelo pagamento para uma terceira pessoa. Essa transferência pode ocorrer, por exemplo, em situações como a morte do contribuinte, em que os **herdeiros** assumem a responsabilidade pelo pagamento dos tributos devidos pelo falecido, conforme o **art. 130 do CTN**, ou em casos de **responsabilidade solidária** ou de **terceiros**, conforme os **arts. 124 e 134 do CTN**.

Na responsabilidade por transferência, o terceiro **responde por um débito alheio** que foi originalmente de responsabilidade do contribuinte, mas cuja obrigação de pagamento foi transferida após a ocorrência de um evento específico.

Diferenças fundamentais

A principal distinção entre as duas modalidades está no **momento** em que o responsável passa a ocupar o lugar do contribuinte:

- Na **responsabilidade por substituição**, o responsável assume a obrigação **antes ou no momento da ocorrência do fato gerador**, recolhendo o tributo devido pelo contribuinte.
- Na **responsabilidade por transferência**, o terceiro passa a ser responsável **após a ocorrência do fato gerador**, em razão de um evento superveniente, como sucessão ou insolvência do contribuinte.

Além disso, na **responsabilidade por substituição**, o responsável recolhe o **débito de outrem** no momento do fato gerador, enquanto na **responsabilidade por transferência**, o terceiro também recolhe um **débito alheio**, mas esse débito já existia e foi transferido por força da lei ou de eventos como sucessão ou solidariedade.

ATENÇÃO: Questão muito similar já havia sido cobrada na prova discursiva do concurso de Procurador do Estado do Rio Grande do Sul em 2010. Veja o enunciado e o respectivo CRITÉRIO DE CORREÇÃO DA BANCA:

> "Disserte sobre a responsabilidade por substituição e a responsabilidade por transferência, abordando as diferenças entre uma e outra relativamente ao momento em que o responsável ocupa o lugar do contribuinte, se antes ou depois da ocorrência do fato gerador, e esclareça se o responsável, em cada uma das hipóteses, responde por débito próprio ou débito alheio".

▸ CRITÉRIO DE CORREÇÃO DA BANCA

a) O responsável por substituição aparece na relação, por disposição de lei, antes da ocorrência do fato gerador, por isso a responsabilidade por substituição é também chamada de responsabilidade originária. Já o responsável por transferência aparecerá na relação após a ocorrência do fato gerador, ou seja, em virtude de um evento que desloca o ônus tributário para um terceiro escolhido por lei. Atribuir 60 pontos.

b) Por essas razões, o responsável por substituição responde por débito próprio, enquanto que o responsável por transferência responde por débito alheio. Atribuir 40 pontos.

▶ DOUTRINA TEMÁTICA

"Ocorrerá responsabilidade tributária originária quando o responsável é colocado diretamente na posição de sujeito passivo da obrigação tributária, a ele cabendo satisfazer o crédito tributário no prazo legal. É o caso, e.g., do substituto tributário. De outro lado, ocorrerá responsabilidade tributária derivada quando a obrigação surge para o contribuinte e, apenas no caso de inadimplemento, cabe ao terceiro responder pelo débito. É o caso, e.g., da responsabilidade subsidiária dos representantes (pais, tutores, administradores de bens de terceiros etc., conforme o art. 134 do CTN)" (PAULSEN, 2013, p. 969).

"Responsabilidade por substituição: também intitulada responsabilidade originária ou de 1° grau, dá-se quando a terceira pessoa (substituto) vem e ocupa o lugar do contribuinte (substituído), *antes da ocorrência do fato gerador*. A esta pessoa, que a lei ordena que substitua o contribuinte, dá-se o nome de 'responsável por substituição' ou 'contribuinte substituto', ou ainda 'substituto tributário'. Aqui a obrigação de pagar, desde o início, é do responsável, ficando o contribuinte desonerado de quaisquer deveres.

(...) A responsabilidade por substituição ocorre com maior frequência no âmbito do ICMS e do IR" (SABBAG, 2010, p. 683) (grifos nossos).

"Responsabilidade por transferência: também intitulada responsabilidade derivada ou de 2° grau, dá-se quando a terceira pessoa vem e ocupa o lugar do contribuinte após a ocorrência do fato gerador, em razão de um evento a partir do qual se desloca (se transfere) o ônus tributário para um terceiro escolhido por lei. Atribui-se a este terceiro o nome de 'responsável tributário', propriamente dito. Perceba que o 'responsável tributário' (responsabilidade por transferência) responde por débito alheio, enquanto o 'substituto tributário' (responsabilidade por substituição) responde pelo próprio débito.

Portanto, após a ocorrência de um evento determinado (morte do contribuinte, aquisição de bens, aquisição de fundo de comércio e outros), transfere-se o ônus tributacional, que até então estava a pesar sobre o devedor principal, para o responsável tributário. Em outras palavras, *depois de surgida a obrigação tributária contra uma pessoa certa e determinada, é ela transferida a outrem, em consequência de um fato que lhe é posterior*.

O CTN, na trilha do entendimento classificatório esposado por um de seus idealizadores – Rubens Gomes de Souza -, arrola três situações de responsabilidade por transferência:

1. por solidariedade tributária passiva (arts. 124 e 125);

2. dos sucessores (arts. 130 e 131);

3. de terceiros (art. 134)" (SABBAG, 2010, p. 688-689) (grifos nossos).

▶ JURISPRUDÊNCIA TEMÁTICA

STJ

PROCESSO CIVIL. RECURSO ESPECIAL REPRESENTATIVO DE CONTROVÉRSIA. ARTIGO 543-C, DO CPC. TRIBUTÁRIO. ICMS. SUBSTITUIÇÃO TRIBUTÁRIA PARA FRENTE. MONTADORA/FABRICANTE (SUBSTITUTA) E CONCESSIONÁRIA/REVENDEDORA (SUBSTITUÍDA). VEÍCULOS AUTOMOTORES. VALOR DO FRETE. INCLUSÃO NA BASE DE CÁLCULO QUANDO O TRANSPORTE É EFETUADO PELA MONTADORA OU POR SUA ORDEM. EXCLUSÃO NA HIPÓTESE EXCEPCIONAL EM QUE O TRANSPORTE É CONTRATADO PELA PRÓPRIA CONCESSIONÁRIA. ARTIGOS 8°, II, B, C/C 13, § 1°, II, B, DA LC 87/96. ARTIGO 128, DO CTN. APLICAÇÃO. VIOLAÇÃO DO ARTIGO 535, DO CPC. INOCORRÊNCIA. (...) 4. O artigo 128, do CTN (cuja interpretação estrita se impõe), dispõe que, sem prejuízo do disposto no capítulo atinente à Responsabilidade Tributária, "a lei pode atribuir de modo expresso a responsabilidade pelo crédito tributário a terceira pessoa, vinculada ao fato gerador da respectiva obrigação, excluindo a responsabilidade do contribuinte ou atribuindo-a a este em caráter supletivo do cumprimento total ou parcial da referida obrigação". 5. Deveras, doutrina abalizada elucida o conteúdo normativo do artigo 128, do Codex Tributário: "O artigo pretende consubstanciar uma norma geral formalizada em duas idéias básicas, a saber: 1) a responsabilidade tributária é aquela definida no capítulo; 2) a lei, entretanto, pode estabelecer outros tipos de responsabilidade não previstos no capítulo a terceiros. O artigo começa com a expressão 'sem prejuízo do disposto neste Capítulo', que deve ser entendida como exclusão da possibilidade de a lei determinar alguma forma de responsabilidade conflitante com a determinada no Código. Isso vale dizer que a responsabilidade não prevista pelo Capítulo pode ser objeto de lei, não podendo, entretanto, a lei determinar nenhuma responsabilidade que entre em choque com os arts. 128 a 138. A seguir o artigo continua: 'a lei pode atribuir de modo expresso a responsabilidade pelo crédito tributário a terceira pessoa', determinando, de plano, que esta escolha de um terceiro somente pode ser feita se clara, inequívoca e cristalinamente exposta na lei. Uma responsabilidade, entretanto, sugerida, indefinida, pretendidamente encontrada por esforço de interpretação nem sempre juridicamente fundamentado, não pode ser aceita, diante da nitidez do dispositivo, que exige deva a determinação ser apresentada 'de forma expressa'. Por outro lado, fala o legislador, em 'crédito tributário', de tal maneira que a expressão abrange tanto os tributos como as multas, quando assim a lei o determinar. Significa dizer que o crédito tributário, cuja obrigação de pagar for transferida a terceiros, sempre que não limitado, por força do CTN ou de lei promulgada nesses moldes, à tributação apenas, deve ser entendido por crédito tributário total. Em havendo, todavia, qualquer limitação expressa, a transferência da responsabilidade pela liquidação do crédito só se dará nos limites da determinação legal." (Ives Gandra da Silva Martins, in "Comentários ao Código Tributário Nacional", vol. 2, Ed. Saraiva, 1998, p. 232/234). 6. Nesse segmento, Paulo de Barros Carvalho, enfatizando que *o substituído permanece à distância, como importante fonte de referência para o esclarecimento de aspectos que dizem com o nascimento, a vida e a extinção da obrigação tributária, consigna que: "A responsabilidade tributária por substituição ocorre quando um terceiro, na condição de sujeito passivo por especificação da lei, ostenta a integral responsabilidade pelo quantum devido a título de tributo. 'Enquanto nas outras hipóteses permanece a responsabilidade supletiva do contribuinte, aqui o substituto absorve totalmente o* debitum, *assumindo, na plenitude, os deveres de sujeito passivo, quer os pertinentes à prestação patrimonial, quer os que dizem respeito aos expedientes de caráter instrumental, que a lei costuma chamar de 'obrigações acessórias'.* Paralelamente, os direitos porventura advindos do nascimento da obrigação, ingressam no patrimônio jurídico do substituto, que poderá defender suas prerrogativas, administrativa ou judicialmente, formulando impugnações ou recursos, bem como deduzindo suas pretensões em juízo para, sobre elas, obter a prestação jurisdicional do Estado." (In "Direito Tributário – Fundamentos Jurídicos da Incidência", Ed. Saraiva, 4ª ed., 2006, São Paulo, págs. 158/177) (...). 9. Outrossim, ressalvando-se o entendimento de que a obrigação tributária admite a sua dicotomização em débito (*shuld*) e responsabilidade (*haftung*), merece destaque a lição do saudoso tributarista Alfredo Augusto Becker, segundo o qual inexiste relação jurídica entre o substituído e o Estado: "145. Embriogenia e conceito de substituto legal tributário (...) *A fenomenologia jurídica da substituição legal tributária consiste, pois, no seguinte: Existe substituto legal tributário toda a vez em que o legislador escolher para sujeito passivo da relação jurídica tributária um outro qualquer indivíduo, em substituição daquele determinado indivíduo de cuja renda ou capital a hipótese de incidência é fato-signo presuntivo. Em síntese: se em lugar daquele determinado indivíduo (de cuja renda ou capital a hipótese de incidência é signo presuntivo) o legislador escolheu para sujeito passivo da relação jurídica tributária um outro qualquer indivíduo, este outro qualquer indivíduo é o substituto legal tributário.* (...) 149. Natureza da relação jurídica entre substituto e substituído (...) Todo o problema referente à natureza das relações jurídicas entre substituto e substituído resolve-se pelas três conclusões adiante indicadas. O fundamento científico-jurídico sobre o qual estão baseadas as três conclusões foi exposto quando se demonstrou que a valorização dos interesses em conflito e o critério de preferência que inspiraram a solução legislativa (regra jurídica) participam da objetividade da regra jurídica e não podem ser reexaminados, nem suavizados pelo intérprete sob o pretexto de uma melhor adequação à realidade econômico-social. As três referidas conclusões são as seguintes: Primeira conclusão: Não existe qualquer relação jurídica entre substituído e o Estado. *O substituído não é sujeito passivo da relação jurídica tributária, nem mesmo quando sofre a repercussão jurídica do tributo em virtude do substituto legal tributário exercer o direito de reembolso do tributo ou de sua retenção na fonte. Segunda conclusão: Em todos os casos de substituição legal tributária, mesmo naqueles em que o substituto tem perante o substituído o direito de reembolso do tributo ou de sua retenção na fonte, o único sujeito passivo da relação jurídica tributária (o único cuja prestação jurídica reveste-se de natureza tributária) é o substituto (nunca o substituído).* Terceira conclusão: O substituído não paga 'tributo' ao substituto. A prestação jurídica do substituído que satisfaz o direito (de reembolso ou de retenção na fonte) do substituto, não é de natureza tributária, mas, sim, de natureza privada. (...) 150. Inexistência de relação jurídica entre substituído e Estado A inexistência de qualquer relação jurídica entre substituído e Estado é conclusão que decorre facilmente das duas premissas já analisadas. Primeira: embriogenia e conceito do substituto legal tributário. Segunda: natureza da relação jurídica entre substituto e substituído. (...)" (Alfredo Augusto Becker, in "Teoria Geral do Direito Tributário", Ed. Noeses, 4ª ed., 2007, São Paulo, págs. 581/586 e 595/601) (...) 12. Recurso especial provido, para declarar a inexigibilidade da cobrança de complementação da base de cálculo do ICMS da concessionária de veículos, invertendo-se o ônus de sucumbência. Acórdão submetido ao regime do artigo 543-C, do CPC, e da Resolução STJ 08/2008. (STJ, REsp 931.727, Rel. Min. Luiz Fux, 1ª Seção, j. 26/08/2009) (grifos nossos).

ROCESSO CIVIL. RECURSO ESPECIAL. TRIBUTÁRIO. IPTU. OBRIGAÇÃO TRIBUTÁRIA PROPTER REM. INCLUSÃO DO NOVEL PROPRIETÁRIO. SUBSTITUIÇÃO DA CDA. POSSIBILIDADE. 1. A obrigação tributária real é propter rem, por isso que o IPTU incide sobre o imóvel (art. 130 do CTN). 2. Deveras, ainda que alienada a coisa litigiosa, é lícita a substituição das partes (art. 42 do CPC), preceito que se aplica à execução fiscal, em cujo procedimento há regra expressa de alteração da inicial, qual a de que é lícito substituir a CDA antes do advento da sentença. (...) 3. Em homenagem ao princípio da celeridade processual, não é razoável manter a sentença que extinguiu o feito antes de citado o executado, sem conferir à exeqüente oportunidade para substituir o título que engloba num único valor a cobrança de diferentes exercícios. (...)" (REsp 745.195/RS, Rel. Min. Castro Meira, Segunda Turma, DJ 15.08.2005) 4. O IPTU tem como contribuinte o novel proprietário (art. 34 do CTN), porquanto consubstanciou-se a responsabilidade tributária por sucessão, em que a relação jurídico-tributária deslocou-se do predecessor ao adquirente do bem. Por isso que impedir a substituição da CDA pode ensejar que as partes dificultem o fisco, até a notícia da alienação, quanto à exigibilidade judicial do crédito sujeito à prescrição. *In casu*, não houve citação da referida empresa, tendo a Fazenda Pública requerido a substituição da CDA e a citação do atual proprietário do imóvel. 6. Doutrina abalizada comunga do mesmo entendimento, in verbis: "Se a dívida é inscrita em nome de uma pessoa, não pode a Fazenda ir cobrá-la de outra nem tampouco pode a cobrança abranger outras pessoas não constantes do termo e da certidão, salvo, é claro, os sucessores, para quem a transmissão do débito é automática e objetiva, sem reclamar qualquer acertamento judicial ou administrativo". (Humberto Theodoro Junior, in Lei de Execução Fiscal, 7ª ed. Saraiva, 2000, p. 29). 7. Conseqüentemente, descoberto o novel proprietário, ressoa manifesta a possibilidade de que, na forma do art. 2.º, da Lei 6.830/80, possa a Fazenda Pública substituir a CDA antes da sentença de mérito, impedindo que as partes, por negócio privado, infirmem as pretensões tributárias. 8. Recurso Especial provido. (STJ, REsp 840.563, Rel. Min. Luiz Fux, 1ª Turma, j. 06/09/2007, DJ 15.10.2007)

QUESTÕES OBJETIVAS RELACIONADAS AO TEMA

1. (ESAF – Procurador da Fazenda Nacional – 2004) Instituto que atende ao princípio da praticabilidade tributária, a substituição tributária pode ser: regressiva, ou para trás, tendo por efeito o diferimento do tributo; e progressiva, ou para frente, pressupondo a antecipação do fato gerador, calculando-se o tributo devido de acordo com uma base de cálculo estimada.

Assertiva correta.

2. (CESPE – Advogado da Caixa Econômica Federal – 2010) A transferência de responsabilidade tributária pode ocorrer por sucessão à pessoa natural, mas não à pessoa jurídica de direito privado, que adquirir de outra, por qualquer título, fundo de comércio e continuar a respectiva exploração.

Assertiva errada.

3. (CESPE – Procurador do Estado – PB – 2008) A extinta CPMF é exemplo de responsabilidade tributária por substituição, visto que, embora o fato gerador do tributo fosse a movimentação bancária e o contribuinte, era o correntista que movimentava os próprios recursos financeiros, a lei determinava às instituições financeiras o dever de recolher o tributo.

Assertiva correta.

8. CONTRIBUIÇÕES

QUESTÃO 1

ESAF – PFN – Procurador da Fazenda Nacional – 2012

A empresa Pato e Ganso S/A, antes de qualquer ato formal de lançamento, ajuizou ação em que efetuou o depósito integral dos valores relativos à contribuição destinada ao Serviço Brasileiro de Apoio às Micro e Pequenas Empresas – SEBRAE. Alegava, em síntese:

TESE A: a exação não poderia ser cobrada de empresas de grande porte, pois os serviços prestados pelo Sebrae limitam-se às micro e pequenas empresas.

No curso do processo, depois de escoado o prazo legal para o lançamento, a empresa alegou, ainda:

TESE B: ter ocorrido a decadência do crédito tributário e requereu o levantamento dos valores depositados, por não ter havido ato formal de lançamento.

Comente cada uma das alegações formuladas pela empresa, abordando especialmente: em relação à Tese A, a natureza jurídica da referida Contribuição; e, em relação às Teses A e B, a jurisprudência predominante dos Tribunais Superiores.

QUESTÃO 1

(30 LINHAS)

▸ RESPOSTA DO AUTOR

Tese A: A natureza jurídica da contribuição ao SEBRAE e a obrigatoriedade para empresas de grande porte

A **contribuição destinada ao SEBRAE** possui natureza jurídica de **contribuição de intervenção no domínio econômico (CIDE)**, conforme disposto no **art. 149 da Constituição Federal**. As **CIDEs** são tributos criados para intervir em setores específicos da economia, visando à promoção de políticas públicas voltadas ao desenvolvimento econômico e social. Nesse sentido, **não é necessário** que haja uma **referibilidade direta** entre o contribuinte e a prestação de serviços fornecidos pelo ente beneficiário da contribuição, como o SEBRAE.

No caso da contribuição ao SEBRAE, ela se destina ao **apoio e promoção das micro e pequenas empresas**, o que não impede que empresas de grande porte sejam obrigadas a contribuir. O fundamento dessa obrigação está na necessidade de todos os setores econômicos — incluindo as grandes empresas — **contribuírem para a ordem econômica e social**, independentemente de usufruírem diretamente dos serviços oferecidos pela entidade financiada pela contribuição.

O **Superior Tribunal de Justiça (STJ)** já firmou entendimento de que as **grandes empresas** são, sim, **obrigadas a pagar a contribuição ao SEBRAE**, mesmo que não se beneficiem diretamente dos serviços prestados pela entidade. A lógica por trás dessa obrigatoriedade está no **caráter coletivo e difuso** das contribuições de intervenção no domínio econômico, que têm por objetivo a **melhoria das condições gerais da economia**, beneficiando indiretamente todos os agentes econômicos, incluindo as empresas de grande porte.

Portanto, a **Tese A**, levantada pela empresa Pato e Ganso S/A, de que a contribuição ao SEBRAE não deveria ser cobrada de empresas de grande porte, carece de fundamento jurídico, uma vez que a natureza da contribuição como CIDE não exige vinculação direta entre os serviços prestados pelo SEBRAE e o contribuinte.

Tese B: Decadência do crédito tributário

A **Tese B** apresentada pela empresa Pato e Ganso S/A alega que teria ocorrido a **decadência** do crédito tributário devido à ausência de ato formal de lançamento dentro do prazo legal, pedindo, por consequência, o levantamento dos valores depositados judicialmente.

No entanto, essa tese também **não se sustenta**, pois, conforme a jurisprudência dominante do **Superior Tribunal de Justiça (STJ)**, o **depósito judicial do montante integral** realizado pelo contribuinte **constitui o crédito tributário**, mesmo antes de qualquer ato formal de lançamento. Isso ocorre porque, ao realizar o depósito integral, o contribuinte **identifica todos os elementos do tributo devido** (como a base de cálculo, o valor e o fato gerador), o que dispensa a necessidade do ato formal de lançamento.

O **art. 173 do Código Tributário Nacional (CTN)** estabelece que a **decadência** é a extinção do direito da Fazenda Pública de **constituir o crédito tributário**. No entanto, no caso de depósito judicial, o crédito tributário já foi constituído de forma indireta pelo próprio contribuinte, eliminando a necessidade de o Fisco proceder ao lançamento para constituir o crédito.

Ademais, o depósito judicial tem o efeito de **suspender a exigibilidade do crédito tributário**, conforme o **art. 151, II, do CTN**. Sendo assim, a decadência deixa de ser relevante, pois, com o depósito, a Fazenda Pública não perde o direito de cobrar o tributo. O que passa a ser relevante é o prazo **prescricional** para a cobrança, que só começará a ser contado após o levantamento do depósito ou a resolução final do processo judicial.

Portanto, a **Tese B**, que argumenta a decadência do crédito tributário, é improcedente, visto que o depósito judicial constitui o crédito tributário e suspende a contagem do prazo decadencial.

Conclusão

1. Tese A: A empresa Pato e Ganso S/A ignora a natureza jurídica da contribuição ao SEBRAE, que é uma **CIDE**. Não há necessidade de **referibilidade direta** entre o contribuinte e os serviços prestados pela entidade financiada pela contribuição. Grandes empresas também devem contribuir, mesmo que não sejam diretamente beneficiadas pelos serviços do SEBRAE, conforme o entendimento do STJ.

2. Tese B: O depósito judicial integral constitui o crédito tributário e suspende a contagem do prazo decadencial. Não há necessidade de ato formal de lançamento, uma vez que o depósito judicial já supre essa exigência. Assim, a alegação de decadência feita pela empresa é infundada.

▶ CRITÉRIO DE CORREÇÃO DA BANCA

Tese A

O tópico permite a atribuição de até 3,5 pontos, assim distribuídos: Natureza de contribuição de intervenção no domínio econômico, prevista no art. 149 da Constituição da República: até 1,75 ponto; e Desnecessidade de referibilidade direta da CIDE. A CIDE deve observar os princípios da ordem econômica (incidência sobre contribuintes com atuação no mesmo segmento econômico objeto da intervenção), mas não há necessidade de concessão de benefício ou contraprestação ao contribuinte: 1,75 ponto.

Tese B

O tópico permite a atribuição de até 3,5 pontos, assim distribuídos: Nos tributos sujeitos a lançamento por homologação, o depósito judicial que visa à suspensão da exigibilidade do crédito tributário promove sua constituição, nos termos do art. 150 do Código Tributário Nacional: 1,75 ponto; e Constituído o crédito tributário, não há falar em decadência, que consiste na perda do direito de constituir o crédito tributário pelo decurso de certo prazo: 1,75 ponto.

▶ DOUTRINA TEMÁTICA

> "Como o próprio nome parece indicar, as CIDE são tributos extrafiscais. Essa conclusão decorre do fato de os tributos extrafiscais serem, por definição, exatamente aqueles cuja finalidade precípua não é arrecadar, carrear recursos para os cofres públicos, mas sim intervir numa situação social ou econômica.
>
> *As CIDE são, portanto, tributos criados com base no elemento teleológico o finalístico, uma vez que, para serem consideradas legítimas, suas finalidades têm que ser compatíveis com as disposições constitucionais, principalmente com aquelas relativas à ordem econômica e financeira, que aparecem a partir do art. 170 da Carta Magna*" (ALEXANDRE, 2014, p. 59) (grifos nossos).
>
> "As contribuições de intervenção no domínio econômico, também chamadas de contribuições interventivas ou, simplificadamente, de CIDEs, sendo de competência exclusiva da União, apresentam-se, sempre, *ipso facto*, como tributos federais.
>
> O Brasil é um Estado intervencionista, propenso a adotar medidas voltadas ao comando da vida econômica por meio de sua atuação estatal. Nesse particular, justifica-se a existência das Contribuições de Intervenção no Domínio Econômico ou CIDEs. De fato, há atividades econômicas que devem sofrer intervenção do Estado Federal, a fim de que sobre elas se promova ora um controle fiscalizatório, regulando seu fluxo produtivo, ora uma atividade de fomento, tendente à melhoria do setor beneficiado, escolhido com pontualidade" (SABBAG, 2010, p. 505).

"Da finalidade típica do SEBRAE decorre nova diferença da contribuição em foco perante as supramencionadas: a sua qualificação como contribuição interventiva.

Como dissemos, a natureza tributária específica das contribuições destinadas aos serviços sociais autônomos é definida pelas atividades desses entes, e o SEBRAE é vocacionado ao apoio às micro e às pequenas empresas, cabendo-lhe, nos termos do art. 9º da Lei 8.029/90, 'planejar, coordenar e orientar programas técnicos, projetos e atividades de apoio às micro e pequenas empresas, em conformidade com as políticas nacionais de desenvolvimento, particularmente as relativas às áreas industrial, comercial e tecnológica'.

Ao apoiar as micro e pequenas empresas, o SEBRAE intervém no domínio econômico, visando a concretizar princípios gerais da atividade econômica tais como a livre concorrência, a busca do pleno emprego e o tratamento favorecido a empresas de pequeno porte (art. 170 da CF). Portanto, a exação que o financia se qualifica como contribuição de intervenção no domínio econômico.

Esse entendimento prevaleceu quando a questão foi levada à apreciação do Supremo Tribunal Federal, com base na alegação central de inconstitucionalidade formal da sua instituição por lei ordinária. *O Pretório Excelso qualificou-a como contribuição interventiva e declarou a sua constitucionalidade*, visto que esta espécie tributária (assim como as contribuições de interesse de categorias econômicas ou profissionais) encontra fundamento no art. 149 da Constituição e prescinde do veículo da lei complementar para ser instituída de forma válida" (PAULSEN e VELLOSO, 2013, p. 290-291) (grifos nossos).

"Funciona o depósito como garantia do crédito da Fazenda Pública, que fica impedida de proceder à sua cobrança, não podendo ajuizar a execução fiscal.

Em princípio, tal depósito pode ser efetuado tanto em sede de processo administrativo como no bojo de um processo judicial.

A hipótese do Código, por óbvio, refere-se ao depósito judicial, pois, no âmbito administrativo, a suspensão já estaria assegurada pela utilização de reclamações e recursos (art. 151, III, CTN). Assim, o depósito administrativo visa evitar a atualização monetária da dívida, porquanto a propositura da execução fiscal já está inibida em razão do próprio recurso administrativo; o depósito judicial, além de produzir esse efeito, impede o ajuizamento da execução" (COSTA, 2014, p. 257).

▸ JURISPRUDÊNCIA TEMÁTICA

STF

EMENTA: CONSTITUCIONAL. TRIBUTÁRIO. CONTRIBUIÇÃO. SEBRAE. CONTRIBUIÇÃO DE INTERVENÇÃO NO DOMÍNIO ECONÔMICO. Lei 8.029, de 12.4.1990, art. 8º, § 3º. Lei 8.154, de 28.12.1990. Lei 10.668, de 14.5.2003. C.F., art. 146, III; art. 149; art. 154, I; art. 195, § 4º. I. – As contribuições do art. 149, C.F. – contribuições sociais, de intervenção no domínio econômico e de interesse de categorias profissionais ou econômicas – posto estarem sujeitas à lei complementar do art. 146, III, C.F., isto não quer dizer que deverão ser instituídas por lei complementar. A contribuição social do art. 195, § 4º, C.F., decorrente de 'outras fontes', é que, para a sua instituição, será observada a técnica da competência residual da União: C.F., art. 154, I, ex vi do disposto no art. 195, § 4º. A contribuição não é imposto. Por isso, não se exige que a lei complementar defina a sua hipótese de incidência, a base imponível e contribuintes: C.F., art. 146, III, a. Precedentes: RE 138.284/CE, Ministro Carlos Velloso, RTJ 143/313; RE 146.733/SP, Ministro Moreira Alves, RTJ 143/684. II. – *A contribuição do SEBRAE – Lei 8.029/90, art. 8º, § 3º, redação das Leis 8.154/90 e 10.668/2003 – é contribuição de intervenção no domínio econômico*, não obstante a lei a ela se referir como adicional às alíquotas das contribuições sociais gerais relativas às entidades de que trata o art. 1º do

D.L. 2.318/86, SESI, SENAI, SESC, SENAC. Não se inclui, portanto, a contribuição do SEBRAE, no rol do art. 240, C.F. IV. – R.E. conhecido, mas improvido. (STF, RE 396.266, Rel. Min. Carlos Velloso, Pleno, DJ 27.2.2004) (grifos nossos).

GRAVO REGIMENTAL. RECURSO EXTRAORDINÁRIO. CONTRIBUIÇÃO PARA O SEBRAE. CONTRIBUIÇÃO DE INTERVENÇÃO NO DOMÍNIO ECONÔMICO. CONSTITUCIONALIDADE. PRECEDENTES. Esta colenda Corte, no julgamento do RE 396.266, Rel. Min. Carlos Velloso, firmou o entendimento de que *a contribuição para o SEBRAE configura contribuição de intervenção no domínio econômico, sendo legítima a sua cobrança de empresa que exerce atividade econômica*. Precedentes: RE 396.266, Rel. Min. Carlos Velloso; RE 399.653-AgR, Rel. Min. Gilmar Mendes; RE 404.919-AgR, Rel. Min. Eros Grau; e RE 389.016-AgR, Rel. Min. Sepúlveda Pertence. Agravo regimental a que se nega provimento. (STF, RE 437.839-AgR, Rel. Min. Carlos Britto, Primeira Turma, DJ 18.11.2005) (grifos nossos).

Contribuição em favor do Serviço Brasileiro de Apoio às Micro e Pequenas Empresas – SEBRAE: constitucionalidade reconhecida pelo plenário do STF, ao julgar o RE 396.266, Velloso, DJ 27.2.2004, quando se afastou a necessidade de lei complementar para a sua instituição e, ainda – tendo em vista tratar-se de contribuição social de intervenção no domínio econômico –, *entendeu-se ser inexigível a vinculação direta do contribuinte ou a possibilidade de que ele se beneficie com a aplicação dos recursos por ela arrecadados, mas sim a observância dos princípios gerais da atividade econômica*. (STF, RE 389.016-AgR, Rel. Min. Sepúlveda Pertence, Primeira Turma, DJ 13.8.2004) (grifos nossos).

STJ

GRANDE PORTE. EXIGIBILIDADE. PRECEDENTES DO STF. *1. As contribuições sociais, previstas no art. 240, da Constituição Federal, têm natureza de "contribuição social geral" e não contribuição especial de interesses de categorias profissionais (STF, RE n.º 138.284/CE) o que derrui o argumento de que somente estão obrigados ao pagamento de referidas exações os segmentos que recolhem os bônus dos serviços inerentes ao SEBRAE. ratio essendi* da Constituição, na parte relativa ao incremento da ordem econômica e social, que *esses serviços sociais devem ser mantidos "por toda a coletividade" e demandam, a fortiori, fonte de custeio*. 4. Recurso especial conhecido e provido. (STJ, REsp 662.911, Rel. Min. Luiz Fux, 1ª Turma, j. 14.12.2004, DJ 28.02.2005) (grifos nossos).

ECURSO ESPECIAL. AGRAVO REGIMENTAL. TRIBUTÁRIO. DEPÓSITO DOMONTANTE INTEGRAL. ART. 151, II, DO CTN. SUSPENSÃO DA EXIGIBILIDADEDO CRÉDITO TRIBUTÁRIO. CONVERSÃO EM RENDA. DECADÊNCIA. *1. Com o depósito do montante integral, tem-se verdadeiro lançamento por homologação. O contribuinte calcula o valor do tributo e substitui o pagamento antecipado pelo depósito, por entender indevida a cobrança. Se a Fazenda aceita como integral o depósito, para fins de suspensão da exigibilidade do crédito, aquiesceu expressa ou tacitamente com o valor indicado pelo contribuinte, o que equivale à homologação fiscal prevista no art. 150, § 4º, do CTN. 2. Uma vez ocorrido o lançamento tácito, encontra-se constituído o crédito tributário, razão pela qual não há mais falar no transcurso do prazo decadencial nem na necessidade de lançamento de ofício das importâncias depositadas*. Precedentes da Primeira Seção. *3. A extinção do processo sem resolução de mérito, salvo o caso de ilegitimidade passiva ad causam, impõe a conversão do depósito em renda da Fazenda Pública respectiva*. Precedentes: AgRg nos EREsp1.106.765/SP, Rel. Min. Benedito Gonçalves, Primeira Seção, DJe30.11.2009, AgRg nos EDcl no Ag 1378036/CE, Rel. Ministro Cesar Asfor Rocha, DJe 29/06/2011; REsp 901.052/SP, Rel. Min. Castro Meira, Primeira Seção, DJe 03.03.2008. 4. Os fundamentos de fato trazidos pela agravante são premissas não contempladas no acórdão recorrido, de modo que não podem aqui ser discutidas ou modificadas sob pena de inaceitável incursão em matéria de prova, o que é vedado na instância especial, nos termos da Súmula 7/STJ. 5. Agravo regimental não provido. (STJ, AgRg no

REsp 1.213.319, Rel. Min. Castro Meira, 2ª Turma, j. 17/05/2012, DJe 28/05/2012) (grifos nossos).

DEPÓSITO DO MONTANTE INTEGRAL. ART. 151, II, DO CTN. SUSPENSÃO DA EXIGIBILIDADE DO CRÉDITO TRIBUTÁRIO. CONVERSÃO EM RENDA. DECADÊNCIA. *1. Com o depósito do montante integral tem-se verdadeiro lançamento por homologação. O contribuinte calcula o valor do tributo e substitui o pagamento antecipado pelo depósito, por entender indevida a cobrança. Se a Fazenda aceita como integral o depósito, para fins de suspensão da exigibilidade do crédito, aquiesceu expressa ou tacitamente com o valor indicado pelo contribuinte, o que equivale à homologação fiscal prevista no art. 150, § 4º, do CTN.* 3. 'No lançamento por homologação, o contribuinte, ocorrido o fato gerador, deve calcular e recolher o montante devido, independente de provocação. *Se, em vez de efetuar o recolhimento simplesmente, resolve questionar judicialmente a obrigação tributária, efetuando o depósito, este faz as vezes do recolhimento, sujeito, porém, à decisão final transitada em julgado. Não há que se dizer que o decurso do prazo decadencial, durante a demanda, extinga o crédito tributário, implicando a perda superveniente do objeto da demanda e o direito ao levantamento do depósito. Tal conclusão seria equivocada, pois o depósito, que é predestinado legalmente à conversão em caso de improcedência da demanda, em se tratando de tributo sujeito a lançamento por homologação*, equipara-se ao pagamento no que diz respeito ao cumprimento das obrigações do contribuinte, sendo que o decurso do tempo sem lançamento de ofício pela autoridade implica lançamento tácito no montante exato do depósito' (Leandro Paulsen, 'Direito Tributário', Livraria do Advogado, 7ª ed, p. 1227). 4. Embargos de divergência não providos. (STJ, EREsp 898.992/PR, Rel. Min. Castro Meira, 1ª Seção, DJ de 27.08.07) (grifos nossos).

9. PRESCRIÇÃO E DECADÊNCIA

QUESTÃO 1

Procuradoria-Geral do Estado de Goiás – Procurador do Estado de Goiás – 2013

O juízo da Vara das Fazendas Públicas da Comarca de Porangatu-GO, em ação de execução fiscal, proposta pelo Estado de Goiás em 1º de janeiro de 2011 para cobrança de ICMS do período de apuração de janeiro a maio de 2005, cuja decisão administrativa definitiva foi notificada ao sujeito passivo em 14 de março de 2006 e o crédito tributário inscrito em dívida ativa do Estado em 25 de abril de 2007, com despacho de citação do devedor prolatado em 17 de novembro de 2011, sendo este citado em 15 de dezembro de 2011, ao decidir exceção de pré-executividade proposta pelo devedor sob alegação de prescrição do direito de cobrar a dívida, acolheu a exceção e extinguiu a execução, nos termos do art. 269, IV, do CPC. Intimado da decisão em 4 de dezembro de 2013, como Procurador do Estado de Goiás, elabore a peça prática que enfrente a decisão judicial.

QUESTÃO 1

95	
96	
97	
98	
99	
100	
101	
102	
103	
104	
105	
106	
107	
108	
109	
110	
111	
112	
113	
114	
115	
116	
117	
118	
119	
120	

(MÁXIMO 120 LINHAS)

▶ RESPOSTA DO AUTOR

EXCELENTÍSSIMO(A) SENHOR(A) DOUTOR(A) JUIZ(A) DE DIREITO DA VARA DAS FAZENDAS PÚBLICAS DA COMARCA DE PORANGATU-GO

Processo nº XXXX

Apelante: Estado de Goiás

Apelado: X

O **Estado de Goiás**, representado pelo Procurador do Estado que subscreve, nos autos da ação de execução fiscal em epígrafe, inconformado com a r. sentença de fls. XX, que **acolheu a exceção de pré-executividade**, extinguindo a execução fiscal por alegada **prescrição**, vem, respeitosamente, interpor **APELAÇÃO**, requerendo o **recebimento no duplo efeito** e o seu regular processamento, com posterior remessa ao Egrégio Tribunal de Justiça do Estado de Goiás.

Nestes termos,

Pede deferimento.

Local, data.

Procurador do Estado de Goiás

Egrégio Tribunal,

Colenda Câmara,

Ínclitos Julgadores.

RAZÕES DE APELAÇÃO

DOS FATOS

Trata-se de ação de execução fiscal proposta pelo Estado de Goiás em **1º de janeiro de 2011**, visando à cobrança de **ICMS** referente ao período de apuração de **janeiro a maio de 2005**. O crédito tributário foi constituído definitivamente em **14 de março de 2006**, com a notificação ao sujeito passivo da decisão administrativa final, e inscrito em dívida ativa em **25 de abril de 2007**.

O **despacho de citação** foi prolatado em **17 de novembro de 2011**, e o devedor foi citado em **15 de dezembro de 2011**. Diante disso, o devedor apresentou **exceção de pré-executividade** alegando a **prescrição** do direito de cobrança da dívida, tese que foi acolhida pelo juiz, que extinguiu a execução fiscal com fundamento no **art. 269, IV do CPC**.

DOS FUNDAMENTOS

A sentença de primeira instância que acolheu a prescrição merece ser **reformada**, pois não houve o transcurso do prazo prescricional de cinco anos para cobrança do crédito tributário.

Conforme o **art. 174 do CTN**, a ação para cobrança do crédito tributário prescreve em cinco anos, contados da **constituição definitiva do crédito**. No presente caso, o crédito tributário foi constituído em **14 de março de 2006**, o que marca o início do prazo prescricional.

Ocorre que, de acordo com o **parágrafo único, I do art. 174 do CTN**, a prescrição é **interrompida** pelo **despacho do juiz que ordena a citação em execução fiscal**. No caso, o despacho foi proferido em **17 de novembro de 2011**, ou seja, **antes de transcorrerem cinco anos** desde a constituição definitiva do crédito (14 de março de 2006), o que interrompeu o prazo prescricional.

Ademais, o **art. 219, § 1º, do CPC** estabelece que a interrupção da prescrição **retroage** à data de **propositura da ação**, que, neste caso, ocorreu em **1º de janeiro de 2011**, data anterior ao término do prazo prescricional de cinco anos, que se encerraria apenas em **14 de março de 2011**. Portanto, a ação foi proposta dentro do prazo legal, e a demora na citação não pode ser atribuída ao credor, mas ao funcionamento da justiça, de modo que não há prescrição a ser reconhecida.

O **Superior Tribunal de Justiça (STJ)**, em sua **Súmula 106**, dispõe que, quando a ação for proposta dentro do prazo legal, a demora na citação, por motivos atribuídos ao Judiciário, **não prejudica o credor**. Isso se aplica ao presente caso, em que o Estado de Goiás ajuizou a execução fiscal tempestivamente.

Ainda, conforme entendimento do **STJ**, a propositura da execução fiscal antes do decurso do prazo prescricional é suficiente para afastar a prescrição, sendo irrelevante eventual demora na prolação do despacho citatório. O prazo prescricional, portanto, foi **interrompido** de forma válida com o despacho de citação, retroagindo à data da propositura da ação.

CONCLUSÃO

Diante do exposto, requer-se a **reforma da sentença** que acolheu a exceção de pré-executividade e extinguiu a execução fiscal, determinando-se o **prosseguimento da execução**, pois não houve a consumação do prazo prescricional.

Nestes termos,

Pede deferimento.

Local, data.

Procurador do Estado de Goiás

▶ DOUTRINA TEMÁTICA

"A notificação de lançamento é a constituição do crédito, porém vale ressaltar que ao ser notificado o sujeito passivo, a autoridade administrativa lhe confere um prazo amigavelmente para pagar ou apresentar impugnação e, então, durante esse período não corre o prazo prescricional que só começará a fluir não havendo pagamento ou impugnação dentro do prazo estipulado pela legislação.

Ou, se houver impugnação à notificação de lançamento, nos termos do artigo 151, III, do CTN, suspende-se a exigibilidade do crédito, quer dizer, enquanto houver recurso na esfera administrativa, não poderá fluir o prazo prescricional, que só iniciará quando concluído o processo administrativo" (MINARDI, 2014, p. 304).

"É relevante enaltecer que a constituição definitiva do crédito tributário ocorre em datas distintas, conforme o comportamento do contribuinte, em face do lançamento. Assim, se o contribuinte, após o lançamento, não procura impugnar o débito, desprezando-o por completo, a constituição definitiva do crédito tributário ocorrerá ao término do prazo (previsto em legislação específica) permitido para a protocolização da defesa administrativa.

(...) Por outro lado, *se o contribuinte impugnar o débito na via administrativa, inaugurando a fase contenciosa do lançamento, a constituição definitiva do crédito tributário ocorrerá com a última decisão administrativa da qual não caiba mais recurso*" (SABBAG, 2010, p. 785-786, grifado pelo autor).

"No caso de créditos não tributários, conforme já visto, o despacho do juiz determinando a citação sempre foi acolhido como causa interruptiva da prescrição. Ademais, por força do disposto no art. 219, § 1º do CPC, aplicável subsidiariamente à LEF, os efeitos da interrupção da prescrição – no caso de créditos *não tributários* – acabam retroagindo à data da propositura da ação.

Isso se justifica porque o credor que propõe a ação no prazo conferido pela lei não pode sofrer as consequências da demora do Judiciário em determinar a citação do devedor. Com efeito, a prescrição pressupõe a inércia do titular da ação e esta não pode ser reconhecida quando a ação é proposta no prazo legal e, por inércia do Judiciário, não sobrevém a interrupção do prazo prescricional. Esse entendimento vem corroborado pelos enunciados sumulares nº 106/STJ e 78/TFR.

Recentemente, uma decisão do STJ proferida sob a égide do art. 543-C do CPC trouxe à baila a discussão sobre a validade da aplicação desse entendimento também em matéria tributária.

Isso porque, nos autos do REsp nº 1.120.295/SP, a Primeira Seção, por unanimidade, deu provimento ao recurso interposto pela Fazenda Nacional para reconhecer que os efeitos da interrupção do prazo prescricional devem retroagir à data da propositura da ação também no caso de execução fiscal de créditos tributários" (SANDRI, 2014, p. 193-194).

▶ JURISPRUDÊNCIA TEMÁTICA

STF

"Por outro lado, a decadência só é admissível no período anterior a essa lavratura; depois, entre a ocorrência dela e *até que flua o prazo para a interposição do recurso administrativo, ou enquanto não for decidido o recurso dessa natureza de que se tenha valido o contribuinte, não mais corre prazo para decadência, e ainda não se iniciou a fluência de prazo para prescrição; decorrido o prazo para interposição do recurso administrativo, sem que ela tenha ocorrido, ou decidido o recurso administrativo interposto pelo contribuinte, há a constituição definitiva do crédito tributário*, a que alude o artigo 174, começando a fluir, daí, o prazo de prescrição da pretensão do Fisco". (STF, RE 94.462, Rel. Min. Moreira Alves, Pleno, j. 06.10.1982) (grifos nossos)

STJ

Súmula 106: Proposta a ação no prazo fixado para o seu exercício, a demora na citação, por motivos inerentes ao mecanismo da Justiça, não justifica o acolhimento da argüição de prescrição ou decadência.

TRIBUTÁRIO. EXECUÇÃO FISCAL. PRESCRIÇÃO. TERMO INICIAL. CONSTITUIÇÃO DEFINITIVA DO CRÉDITO TRIBUTÁRIO. ESGOTAMENTO DA VIA ADMINISTRATIVA. ARTIGO 174, DO CTN. 1. A exegese do STJ quanto ao artigo 174, caput, do Código Tributário Nacional, é no sentido de que, *enquanto há pendência de recurso administrativo, não se admite aduzir suspensão do crédito tributário, mas, sim, em um hiato que vai do início do lançamento, quando desaparece o prazo decadencial, até o julgamento do recurso administrativo ou a revisão ex-officio. Conseqüentemente, somente a partir da data em que o contribuinte é notificado do resultado do recurso ou da sua revisão, tem início a contagem do prazo prescricional* (RESP 485738/RO, Relatora Ministra Eliana Calmon, DJ de 13.09.2004, e RESP 239106/SP, Relatora Ministra Nancy Andrighi, DJ de 24.04.2000) 2. Destarte, *salvante os casos em que o crédito tributário origina-se de informações prestadas pelo próprio contribuinte (GIA e DCTF, por exemplo), a constituição do mesmo resta definitivamente concluída quando não pode mais o lançamento ser contestado na esfera administrativa. Conclusão esta que se coaduna com a suspensão de exigibilidade do crédito tributário pela oposição de recurso administrativo (artigo 151, III, do CTN).* 3. In casu, verifica-se que a Fazenda constituiu o crédito tributário em 26.06.86, tendo o contribuinte interposto recursos administrativos em 28.07.86 e em 22.06.87, este último dirigido ao Conselho de Contribuintes. Da decisão final administrativa foi intimado em 30.11.88, tendo sido a execução fiscal ajuizada em 05.08.91 e efetivada a citação em 03.10.91, o que demonstra a inocorrência da prescrição do crédito tributário *sub judice*, cujos fatos geradores operaram-se entre janeiro de 1984 e 31 de março de

1985. 6. Ora, *"a constituição definitiva do crédito tributário pressupõe a inexistência de discussão ou possibilidade de alteração do crédito. Ocorrendo a impugnação do crédito tributário na via administrativa, o prazo prescricional começa a ser contado a partir da apreciação, em definitivo, do recurso pela autoridade administrativa. Antes de haver ocorrido esse fato, não existe 'dies a quo' do prazo prescricional, pois, na fase entre a notificação do lançamento e a solução do processo administrativo, não ocorrem nem a prescrição nem a decadência* (art. 151, III, do CTN)" (cf. RESP 32.843-SP, Min. Adhemar Maciel, in DJ de 26.10.1998). Na mesma senda foi o decidido no RESP n. 190.092-SP, relatado pelo subscritor deste, in DJ de 1º.7.2002). – Recurso especial não conhecido." (REsp 173284/SP, Relator Ministro Franciulli Netto, DJ de 31.03.2003) 7. Recurso especial improvido. (STJ, REsp 649.684, Rel. Min. Luiz Fux, 1ª Turma, j. 03.03.2005, DJ 28.03.2005) (grifos nossos)

PROCESSUAL CIVIL. RECURSO ESPECIAL REPRESENTATIVO DE CONTROVÉRSIA. ARTIGO 543-C, DO CPC. TRIBUTÁRIO. EXECUÇÃO FISCAL. PRESCRIÇÃO DA PRETENSÃO DE O FISCO COBRAR JUDICIALMENTE O CRÉDITO TRIBUTÁRIO. TRIBUTO SUJEITO A LANÇAMENTO POR HOMOLOGAÇÃO. CRÉDITO TRIBUTÁRIO CONSTITUÍDO POR ATO DE FORMALIZAÇÃO PRATICADO PELO CONTRIBUINTE (IN CASU, DECLARAÇÃO DE RENDIMENTOS). PAGAMENTO DO TRIBUTO DECLARADO. INOCORRÊNCIA. TERMO INICIAL. VENCIMENTO DA OBRIGAÇÃO TRIBUTÁRIA DECLARADA. PECULIARIDADE: DECLARAÇÃO DE RENDIMENTOS QUE NÃO PREVÊ DATA POSTERIOR DE VENCIMENTO DA OBRIGAÇÃO PRINCIPAL, UMA VEZ JÁ DECORRIDO O PRAZO PARA PAGAMENTO. CONTAGEM DO PRAZO PRESCRICIONAL A PARTIR DA DATA DA ENTREGA DA DECLARAÇÃO. 1. O prazo prescricional qüinqüenal para o Fisco exercer a pretensão de cobrança judicial do crédito tributário conta-se da data estipulada como vencimento para o pagamento da obrigação tributária declarada (mediante DCTF, GIA, entre outros), nos casos de tributos sujeitos a lançamento por homologação, em que, não obstante cumprido o dever instrumental de declaração da exação devida, não restou adimplida a obrigação principal (pagamento antecipado), nem sobreveio quaisquer das causas suspensivas da exigibilidade do crédito ou interruptivas do prazo prescricional (Precedentes da Primeira Seção: EREsp 658.138/PR, Rel. Ministro José Delgado, Rel. p/ Acórdão Ministra Eliana Calmon, julgado em 14.10.2009, DJe 09.11.2009; REsp 850.423/ SP, Rel. Ministro Castro Meira, julgado em 28.11.2007, DJ 07.02.2008; e AgRg nos EREsp 638.069/SC, Rel. Ministro Teori Albino Zavascki, julgado em 25.05.2005, DJ 13.06.2005). 2. A prescrição, causa extintiva do crédito tributário, resta assim regulada pelo artigo 174, do Código Tributário Nacional, verbis: "Art. 174. A ação para a cobrança do crédito tributário prescreve em cinco anos, contados da data da sua constituição definitiva. Parágrafo único. A prescrição se interrompe: I – pela citação pessoal feita ao devedor; I – pelo despacho do juiz que ordenar a citação em execução fiscal; II – pelo protesto judicial; III – por qualquer ato judicial que constitua em mora o devedor; IV – por qualquer ato inequívoco ainda que extrajudicial, que importe em reconhecimento do débito pelo devedor." 3. A constituição definitiva do crédito tributário, sujeita à decadência, inaugura o decurso do prazo prescricional qüinqüenal para o Fisco exercer a pretensão de cobrança judicial do crédito tributário. 4. A entrega de Declaração de Débitos e Créditos Tributários Federais – DCTF, de Guia de Informação e Apuração do ICMS – GIA, ou de outra declaração dessa natureza prevista em lei (dever instrumental adstrito aos tributos sujeitos a lançamento por homologação), é modo de constituição do crédito tributário, dispensando a Fazenda Pública de qualquer outra providência conducente à formalização do valor declarado (Precedente da Primeira Seção submetido ao rito do artigo 543-C, do CPC: REsp 962.379/ RS, Rel. Ministro Teori Albino Zavascki, julgado em 22.10.2008, DJe 28.10.2008). (...) 13. *Outrossim, o exercício do direito de ação pelo Fisco, por intermédio de ajuizamento da execução fiscal, conjura a alegação de inação do credor, revelando-se incoerente a interpretação segundo a qual o fluxo do prazo prescricional continua a escoar-se, desde a constituição definitiva do crédito tributário, até a data em que se der o despacho ordenador da citação do devedor* (ou até a data em que se der a citação válida do devedor, consoante a anterior redação do inciso I, do parágrafo único, do artigo 174, do CTN). 14. *O Codex Processual, no § 1º, do artigo 219, estabelece que a interrupção da prescrição, pela citação, retroage à data da propositura da ação, o que, na seara tributária, após as alterações promovidas pela Lei Complementar 118/2005, conduz ao entendimento de que o março interruptivo atinente à prolação do despacho que ordena a citação do executado retroage à data do ajuizamento do feito executivo, a qual deve ser empreendida no prazo prescricional.* 15. A doutrina abalizada é no sentido de que: "Para CÂMARA LEAL, como a prescrição decorre do não exercício do direito de ação, o exercício da ação impõe a interrupção do prazo de prescrição e faz que a ação perca a 'possibilidade de reviver', pois não há sentido a priori em fazer reviver algo que já foi vivido (exercício da ação) e encontra-se em seu pleno exercício (processo). Ou seja, o exercício do direito de ação faz cessar a prescrição. Aliás, esse é também o diretivo do Código de Processo Civil: 'Art. 219. A citação válida torna prevento o juízo, induz litispendência e faz litigiosa a coisa; e, ainda quando ordenada por juiz incompetente, constitui em mora o devedor e interrompe a prescrição. § 1º A interrupção da prescrição retroagirá à data da propositura da ação.' Se a interrupção retroage à data da propositura da ação, isso significa que é a propositura, e não a citação, que interrompe a prescrição. Nada mais coerente, posto que a propositura da ação representa a efetivação do direito de ação, cujo prazo prescricional perde sentido em razão do seu exercício, que será expressamente reconhecido pelo juiz no ato da citação. Nesse caso, o que ocorre é que o fator conduta, que é a omissão do direito de ação, é desqualificado pelo exercício da ação, fixando-se, assim, seu termo consumativo. Quando isso ocorre, o fator tempo torna-se irrelevante, deixando de haver um termo temporal da prescrição." (Eurico Marcos Diniz de Santi, in "Decadência e Prescrição no Direito Tributário", 3ª ed., Ed. Max Limonad, São Paulo, 2004, págs. 232/233) *a propositura da ação constitui o dies ad quem do prazo prescricional e, simultaneamente, o termo inicial para sua recontagem sujeita às causas interruptivas previstas no artigo 174, parágrafo único, do CTN.* (...) 19. Recurso especial provido, determinando-se o prosseguimento da execução fiscal. Acórdão submetido ao regime do artigo 543-C, do CPC, e da Resolução STJ 08/2008. (STJ, REsp 1.120.295, Rel. Min. Luiz Fux, 1ª Seção, j. 12.05.2010, DJe 21.05.2010) (grifos nossos)

QUESTÕES OBJETIVAS RELACIONADAS AO TEMA

1. (ESAF – Auditor Fiscal da Receita Federal – 2009) O despacho do juiz que ordenar a citação em execução fiscal suspende a prescrição.

Assertiva falsa.

2. (FCC – Procurador do Estado de Rondônia – 2011) A ação para a cobrança do crédito tributário prescreve no prazo de cinco anos, sendo que ocorre a interrupção do referido prazo, segundo o Código Tributário Nacional, desde o despacho do juiz que ordenar a citação em execução fiscal.

Assertiva correta.

10. IMUNIDADES

QUESTÃO 1

CESPE – Procurador do Estado – BA – 2014

Uma instituição educacional, após dois anos de funcionamento, solicitou ao fisco local o reconhecimento de sua imunidade para fins tributários em relação ao seu patrimônio, renda ou serviços, e, para tanto, encaminhou diversos documentos a fim de demonstrar que era uma instituição sem fins lucrativos e que se adequava aos requisitos legais exigidos. Durante a análise feita pelo fisco local, constatou-se que os diretores recebiam salários muito acima dos existentes no mercado e que haviam instituído fundação que distribuía valores para diversas outras entidades, cujos sócios eram os mesmos diretores da referida instituição de educação. Diante desses fatos, a administração tributária consultou a procuradoria a respeito do deferimento ou não do pedido de reconhecimento da imunidade da instituição educacional.

Considerando a situação hipotética apresentada acima, na qualidade de procurador responsável pela análise, discorra sobre os seguintes pontos invocados a baixo, à luz da Constituição Federal (CF) e do CTN.

<Qual é o conceito de imunidade aplicada a instituição de educação? [valor: 4,00 pontos]

<Toda e qualquer instituição de educação possui imunidade prevista na CF em relação ao seu patrimônio, renda ou serviços? Fundamente sua resposta. [valor: 7,50 pontos]

<Analise a possibilidade de ser reconhecida a imunidade para a referida instituição educacional, esclarecendo se o fisco poderá cobrar os valores de tributos que não foram pagos até a solicitação do reconhecimento da imunidade. [valor: 7,50 pontos]

QUESTÃO 1

(30 LINHAS)

▸ RESPOSTA DO AUTOR

1. Conceito de imunidade aplicada à instituição de educação

A **imunidade tributária** é uma **limitação constitucional ao poder de tributar**, consagrada no **art. 150, VI, "c", da Constituição Federal**. Ela impede a instituição de impostos sobre o patrimônio, a renda ou os serviços de instituições de educação sem fins lucrativos, desde que atendam aos requisitos legais. A imunidade é uma **regra negativa de competência**, o que significa que a **Constituição Federal** exclui determinados sujeitos ou situações do campo de incidência dos tributos, retirando do poder dos entes tributantes a possibilidade de exigir impostos nessas hipóteses.

Diferentemente de isenções, que são concedidas por meio de lei ordinária, a **imunidade** é um direito garantido diretamente pela Constituição, funcionando como uma **cláusula pétrea**, protegida contra alterações que reduzam ou eliminem essa garantia. No caso das instituições educacionais, a imunidade é conferida **subjetivamente**, ou seja, em função das características específicas da entidade e do cumprimento de certos requisitos estabelecidos por **lei complementar**.

2. Toda e qualquer instituição de educação possui imunidade prevista na CF em relação ao seu patrimônio, renda ou serviços?

Não, **nem toda instituição de educação** possui automaticamente o direito à imunidade tributária. A **imunidade** prevista no **art. 150, VI, "c" da Constituição Federal** é **condicionada** ao cumprimento de requisitos previstos em **lei complementar**, conforme o **art. 146, II da Constituição**. A legislação complementar que define essas condições é o **Código Tributário Nacional (CTN)**, em seu **art. 14**.

Para fazer jus à imunidade, a instituição educacional deve:

- **Não distribuir qualquer parcela de seu patrimônio ou renda** a qualquer título, conforme o **art. 14, I, do CTN**.
- Aplicar **integralmente no país** os seus recursos na manutenção e desenvolvimento de seus objetivos institucionais, conforme o **art. 14, II, do CTN**.
- **Manter escrituração** de suas receitas e despesas de forma idônea e completa, conforme o **art. 14, III, do CTN**.

Portanto, **nem todas as instituições educacionais** possuem imunidade. Apenas aquelas que **cumprirem os requisitos legais** exigidos terão direito ao benefício.

3. Possibilidade de reconhecimento da imunidade para a instituição educacional mencionada

A instituição educacional em questão **não atende aos requisitos** legais para o reconhecimento da imunidade tributária. O fato de os diretores receberem **salários muito acima dos valores de mercado** sugere uma **distribuição indireta de parcela do patrimônio**, o que é expressamente vedado pelo **art. 14, I, do CTN**. Além disso, a criação de uma fundação que **distribui valores para outras entidades**, cujos sócios são os mesmos diretores da instituição educacional, também caracteriza uma **violação dos requisitos** para a concessão da imunidade, uma vez que pode estar ocorrendo um **desvio de recursos** que deveria ser aplicado integralmente nos objetivos institucionais.

Quanto à **cobrança de tributos** que não foram pagos até o pedido de reconhecimento da imunidade, o fisco **tem o direito de cobrar** os tributos devidos no período anterior à solicitação, visto que **não há imunidade retroativa**. A imunidade, quando reconhecida, **não exime o contribuinte de tributos já constituídos**. O reconhecimento da imunidade só terá efeitos para o futuro, a partir do momento em que a instituição comprovadamente cumprir todos os requisitos legais.

Conclusão

A imunidade tributária das instituições de educação é uma **garantia constitucional**, mas **condicionada** ao cumprimento dos requisitos previstos em lei complementar, especialmente o **art. 14 do CTN**. No caso da instituição educacional em questão, a **imunidade não deve ser reconhecida**, pois há indícios de **distribuição de patrimônio**, o que viola as condições estabelecidas para a concessão do benefício. Além disso, o **fisco pode cobrar os tributos devidos** antes do pedido de reconhecimento da imunidade, já que o direito à imunidade só pode ser exercido após o cumprimento dos requisitos legais e não retroage para eximir tributos já constituídos.

ATENÇÃO! A Lei Complementar 187/2021 (art. 18 e seguintes), posterior à prova, traz requisitos específicos para concessão de imunidade a entidade com atuação na área da educação.

▶ CRITÉRIO DE CORREÇÃO DA BANCA

O candidato deverá elaborar um texto dissertativo analisando a hipótese levantada, devendo abordar necessariamente os itens de 1 a 3, e pelo menos, o que abaixo se descreve:

1. a imunidade é regra negativa de competência tributária, pois veda o exercício do poder de tributar do ente político, a fim de atender determinados direitos e garantias fundamentais reconhecidos e assegurados às pessoas e instituições pela carta política. No caso da imunidade aplicada às instituições de educação, ela é subjetiva, visto que depende de suas condições para que a mesma seja aplicada, não sendo válida para todos os casos;

2. não é qualquer instituição de educação que poderá gozar da imunidade constitucional, pois a mesma é subjetiva, dependendo, portanto, se a instituição atende aos requisitos infraconstitucionais previstos no art. 14 do CTN;

3. diante do caso hipotético, não há que se deferir a imunidade ao requerente, uma vez que um dos requisitos básicos não está sendo atendido, qual seja, o de não ser a instituição sem fins lucrativos, dado que faz repasses diretos e indiretos para seus diretores de valores oriundos da atividade, e que não podem ser enquadrados como salários ou rendimentos salariais. Assim, os valores que deixaram de ser pagos devem ser ressarcidos aos cofres públicos com multa e penalidade pecuniária.

▶ DOUTRINA TEMÁTICA

> "(...) a regra que imuniza é uma das múltiplas formas de demarcação de competência. (...) a norma que firma a hipótese de imunidade colabora no desenho constitucional da faixa de competência adjudicada às entidades tributantes. Dirige-se ao legislador ordinário para formar, juntamente com outros mandamentos constitucionais, o feixe de atribuições entregue às pessoas investidas de poder político" (CARVALHO, 2013, p. 181).
>
> "Quando se pretende estudar o tema das imunidades tributárias, urge, de início, ter presente que a maioria das normas imunizadoras (imunizantes ou imunitórias), contempladas na Constituição Federal, decorre dos sublimes princípios e garantias constitucionais, que, dotados, de expressiva carga axiológica, são vocacionados a limitar o poder de tributar.
>
> Dessa forma, a norma imunizante, burilada pelo legislador constituinte, em nome do 'cidadão-destinatário', visa preservar valores políticos, religiosos, sociais e éticos, colocando a salvo da tributação certas situações e pessoas (físicas e jurídicas)" (SABBAG, 2010, p. 277).
>
> "Imunidade é o obstáculo decorrente de regra da Constituição à incidência de regra jurídica de tributação. O que é imune não pode ser tributado. A imunidade impede que a lei defina como hipótese de incidência tributária aquilo que é imune. É limitação da competência tributária.
>
> (...) A Constituição define o âmbito do tributo, vale dizer, o campo dentro do qual pode o legislador definir a hipótese de incidência de regra de tributação. A regra de imunidade retira desse âmbito uma parcela, que torna imune" (MACHADO, 2005, p. 282).

"As pessoas tributantes são incompetentes para atingir com seus impostos o patrimônio, a renda e os serviços dos partidos políticos, inclusive suas fundações, das entidades sindicais dos trabalhadores, das instituições de educação e de assistência social, observados os requisitos da lei (art. 150, VI, c). (...) As instituições de educação e de assistência social desenvolvem uma atividade básica, que, a princípio, cumpriria ao Estado desempenhar. Antevendo as dificuldades de o Poder Público vir a empreendê-la na medida suficiente, o legislador constituinte decidiu proteger tais iniciativas com a outorga da imunidade. (...)

Como a regra constitucional é de eficácia contida, ficando seus efeitos diferidos para o momento da efetiva comprovação das exigências firmadas no Código Tributário, pensamos que deve haver requerimento do interessado à autoridade administrativa competente, que apreciará a situação objetiva, conferindo seu quadramento às exigências da Lei 5.172/66, após o que reconhecerá a imunidade do partido político ou da instituição educacional ou assistencial" (CARVALHO, 2014, p. 195-196) (grifos nossos).

"A função de explicitar os requisitos dessa imunidade é exercida pelo art. 14 do Código Tributário Nacional. (...) *se exige que as instituições de educação e de assistência social sem fins lucrativos, para gozar da imunidade, não distribuam nenhuma parcela de seu patrimônio ou de suas rendas, 'a qualquer título' (na redação anterior, dizia-se 'a título de lucro ou participação no seu resultado'); apliquem integralmente, no País, os seus recursos na manutenção dos seus objetivos institucionais; e mantenham escrituração de suas receitas e despesas em livros revestidos de formalidades capazes de assegurar sua exatidão.*

A inexistência de fim lucrativo (exigida pela Constituição) foi corretamente traduzida pelo art. 14 do Código Tributário Nacional, ao estabelecer a não-distribuição de patrimônio ou renda. (...) o importante é que todo o resultado aí apurado reverta em investimento ou custeio para que a entidade continue cumprindo seu objetivo institucional de educação ou de assistência social.

Além desses requisitos, o § 1º do art. 14 do Código Tributário Nacional, por remissão ao § 1º do art. 9º do mesmo Código, pretendeu condicionar o gozo da imunidade dos partidos políticos, das entidades de educação e de assistência social ao cumprimento de suas obrigações como responsáveis pelos tributos que lhes caiba reter na fonte, e à prática dos atos previstos em lei, assecuratórios do cumprimento de suas obrigações tributárias por terceiros (por exemplo, informar ao Fisco o pagamento de rendimento a terceiros).

(...) Com efeito, o que fez o indigitado parágrafo, na hipótese, por exemplo, de um partido político ou de uma entidade assistencial descumprir algum dos requisitos do art. 14 ou desatender o § 1º do art. 9º, foi conceder à autoridade administrativa autorização para 'suspender a aplicação do benefício'.

Em caso de não-preenchimento desses requisitos por esta ou aquela entidade, o que se dá é a não-realização da hipótese de imunidade, do que decorre a submissão da entidade ao tributo gerado pelos fatos geradores a que ela venha a ligar-se como contribuinte" (AMARO, 2005, p. 155-158) (grifos nossos).

"Quanto ao requisito da ausência de finalidade lucrativa, conforme já assinalado, reporta-se, tão somente, às instituições de educação e de assistência social, uma vez que os partidos políticos e suas fundações, bem como as entidades sindicais de trabalhadores, são entes que, por sua própria natureza, não objetivam lucro.

Portanto, *não é a ausência de lucro que caracteriza uma entidade sem fins lucrativos, visto que o lucro é relevante e mesmo necessário para que a mesma possa continuar desenvolvendo suas atividades. O que está vedado é a utilização da entidade como instrumento de auferimento de lucro por seus dirigentes, já que esse intento é buscado por outro tipo de entidade – qual seja, a empresa.*

A qualificação de uma entidade como sendo 'sem fins lucrativos' exige o atendimento de dois únicos pressupostos: a não distribuição dos lucros auferidos (ou superávits) e a não reversão do patrimônio da mesma às pessoas que a criaram, com a aplicação dos resultados econômicos positivos obtidos na própria entidade.

Em consequência, a não gratuidade dos serviços prestados por uma entidade e a remuneração de seus dirigentes e administradores, bem como de seus empregados, não afastam, por si sós, a exigida ausência de finalidade lucrativa.

(...) Interessante cotejar, no que respeita às instituições de assistência social, a dicção do art. 150, VI, c – hospedeiro da imunidade sob comento -, com a do art. 195, § 7º – continente da imunidade concernente a contribuições para a seguridade social.

No primeiro dispositivo exige-se que a instituição de assistência social não detenha finalidade lucrativa; no segundo, impõe-se que a entidade seja beneficente. Entidade beneficente não possui finalidade lucrativa, mas além disso, é aquela que dedica suas atividades, ainda que parcialmente, ao atendimento gratuito dos necessitados.

A gratuidade dos serviços prestados é, portanto, elemento caracterizador da beneficência. E, se assim é, a gratuidade dos serviços não é exigência para a fruição da imunidade do art. 150, VI, c, pelas instituições de assistência social sem fins lucrativos" (COSTA, 2014, p. 117-119). (grifos nossos).

"(...) é imperioso convir que o pagamento a diretor ou qualquer administrador das instituições imunes não representa violação aos preceitos básicos da imunidade. A própria Administração Federal já havia tomado na devida conta a questão remuneratória, no sentido de que 'nada obsta, contudo, que a instituição imune remunere serviços necessários à sua manutenção, sobrevivência e funcionamento como os realizados por administradores, professores e funcionários. Esses pagamentos não desfiguram ou prejudicam o gozo da imunidade visto não serem vedados por lei, mas é de se exigir, rigorosamente, que a remuneração seja paga tão somente como contraprestação pela realização de serviços ou execução de trabalhos, sem dar margem a se traduzir tal pagamento em distribuição de parcela ou das rendas da instituição' (Parecer Normativo CST nº 71/73 do Ministério da Fazenda)" (MELO, 2005, p. 155-156).

▸ JURISPRUDÊNCIA TEMÁTICA

STF

Imunidade tributária e obrigação acessória

Exigir de entidade imune a manutenção de livros fiscais é consentâneo com o gozo da imunidade tributária. Essa a conclusão da 1ª Turma ao negar provimento a recurso extraordinário no qual o recorrente alegava que, por não ser contribuinte do tributo, não lhe caberia o cumprimento de obrigação acessória de manter livro de registro do ISS e autorização para a emissão de notas fiscais de prestação de serviços – v. Informativo 662. Na espécie, *o Tribunal de origem entendera que a pessoa jurídica de direito privado teria direito à imunidade e estaria obrigada a utilizar e manter documentos, livros e escrita fiscal de suas atividades, assim como se sujeitaria à fiscalização do Poder Público. Aludiu-se ao Código Tributário Nacional ("Art. 14. O disposto na alínea c do inciso IV do artigo 9º é subordinado à observância dos seguintes requisitos pelas entidades nele referidas: ... III – manterem escrituração de suas receitas e despesas em livros revestidos de formalidades capazes de assegurar sua exatidão").* O Min. Luiz Fux explicitou que, no Direito Tributário, inexistiria a vinculação de o acessório seguir o principal, porquanto haveria obrigações acessórias autônomas e obrigação principal tributária. Reajustou o voto o Min. Marco Aurélio, relator. (STF, RE 250844/SP, rel. Min. Marco Aurélio, 29.5.2012, noticiado no informativo 668/2012 do STF) (grifos nossos).

QUESTÃO 2

ESAF – Procurador da Fazenda Nacional – 2012

Elabore um texto dissertativo sobre a não tributação das pessoas jurídicas que atuam na assistência social, abordando, de modo fundamentado, os seguintes aspectos:

a) Classificação dos tributos federais, estaduais e municipais, abrangidos pelo art. 150, VI, c, da Constituição Federal (CF), em "tributos diretos" e "tributos indiretos", acompanhada da crítica feita ao critério que orienta essa classificação.

b) Relevância do enquadramento da instituição de assistência social como "contribuinte de direito" ou como "contribuinte de fato" para determinação da aplicação do art. 150, VI, c, da CF, acompanhada da crítica feita ao critério que orienta esse enquadramento.

c) Dispositivos legais em vigor e aplicáveis para determinação dos requisitos exigidos das instituições de assistência social pelo art. 150, VI, c, da CF, acompanhados dos fundamentos jurídicos favoráveis e contrários à constitucionalidade desses dispositivos.

d) Posicionamento do Supremo Tribunal Federal quanto ao alcance do § 4o do art. 150 da Constituição Federal em relação ao IOF e ao IPTU devido pelas instituições de assistência social em virtude de operações financeiras e de aluguel de imóveis a terceiros.

e) Tributos abrangidos pelo art. 195, § 7º da CF, com posicionamento específico a respeito do alcance ou não dessa norma constitucional à contribuição ao Programa de Integração Social – PIS.

f) Dispositivos legais em vigor e aplicáveis para determinação dos requisitos exigidos das entidades beneficentes de assistência social pelo art. 195, § 7º, da CF, acompanhados dos fundamentos jurídicos favoráveis e contrários à constitucionalidade desses dispositivos.

g) Posicionamento do Superior Tribunal de Justiça a respeito de direito adquirido à certificação das entidades beneficentes de assistência social, acompanhado de breve explanação a respeito das consequências tributárias decorrentes da perda da certificação.

h) Áreas de atuação das instituições e das entidades de assistência social passíveis de amparar o gozo dos direitos previstos no art. 150, VI, c, da CF, e no art. 195, § 7º, da CF, respectivamente, acompanhadas de breve exposição dos fundamentos das divergências a respeito, se houver.

i) Função exercida pelos princípios da livre concorrência e da solidariedade contributiva na aplicação dos direitos previstos no art. 150, VI, c, da CF, e no art. 195, § 7º, da CF.

QUESTÃO 2

(150 LINHAS)

▶ RESPOSTA DO AUTOR

As entidades que atuam na **assistência social** gozam de imunidades tributárias previstas na **Constituição Federal de 1988**, especialmente em relação a impostos sobre o **patrimônio, renda e serviços** (art. 150, VI, "c") e às **contribuições para a seguridade social** (art. 195, § 7º). Essas imunidades visam estimular as atividades de caráter social realizadas por essas instituições, sem fins lucrativos. No entanto, essas garantias constitucionais são condicionadas ao cumprimento de determinados requisitos previstos na legislação infraconstitucional.

a) Classificação dos tributos federais, estaduais e municipais, abrangidos pelo art. 150, VI, "c" da Constituição Federal

O **art. 150, VI, "c", da Constituição Federal** prevê a imunidade tributária em relação a **impostos** que incidam sobre o **patrimônio, a renda e os serviços** de instituições de assistência social sem fins lucrativos. Esses impostos podem ser classificados em **tributos diretos** e **tributos indiretos**.

- **Tributos diretos** são aqueles em que o contribuinte de direito e o contribuinte de fato coincidem, ou seja, a pessoa que realiza o fato gerador é a mesma que arca economicamente com o tributo. Exemplos de tributos diretos incluem: **IPTU, ITBI, IPVA, IR**.
- **Tributos indiretos**, por outro lado, são aqueles em que o contribuinte de direito (responsável legal pela obrigação tributária) transfere o ônus do tributo para o contribuinte de fato, normalmente o consumidor final. São exemplos de tributos indiretos: **ICMS, IPI, ISS**.

A **crítica** à classificação entre tributos diretos e indiretos reside no fato de que, na prática, **todos os tributos podem ter repercussão econômica**. Mesmo os tributos considerados diretos, como o Imposto de Renda, podem ser incorporados nos preços de bens e serviços oferecidos pelas empresas, afetando indiretamente os consumidores.

Portanto, essa divisão tende a simplificar excessivamente a complexa realidade da incidência tributária.

b) Relevância do enquadramento como contribuinte de direito ou contribuinte de fato

A diferenciação entre **contribuinte de direito** (quem tem a obrigação legal de recolher o tributo) e **contribuinte de fato** (quem suporta economicamente o tributo) é relevante para a aplicação da imunidade do **art. 150, VI, "c"**.

O **Supremo Tribunal Federal (STF)** adota uma **perspectiva formal**, reconhecendo a imunidade apenas quando a entidade de assistência social é **contribuinte de direito**, ou seja, aquela que figura na relação jurídica tributária como devedora do tributo.

Assim, mesmo que a instituição de assistência social acabe arcando economicamente com o tributo (como no caso dos tributos indiretos), se ela não for a contribuinte de direito, não poderá gozar da imunidade. Esse entendimento é criticado por não levar em conta os efeitos econômicos da tributação, que, em última instância, podem prejudicar as atividades sociais dessas entidades.

c) Dispositivos legais aplicáveis para determinar os requisitos da imunidade

O **art. 14 do Código Tributário Nacional (CTN)** estabelece os **requisitos** que as instituições de assistência social devem cumprir para gozar da imunidade tributária prevista no **art. 150, VI, "c"** da CF. Esses requisitos incluem:

1. **Não distribuir qualquer parcela de seu patrimônio ou renda**, a qualquer título.
2. **Aplicar integralmente no país seus recursos** na manutenção de seus objetivos institucionais.
3. **Manter escrituração idônea** de suas receitas e despesas.

A constitucionalidade desses dispositivos já foi questionada. **Fundamentos favoráveis** à sua constitucionalidade sustentam que a **lei complementar** pode regulamentar as condições para a concessão de imunidades tributárias, conforme previsto no **art. 146, II, da CF**.

Por outro lado, **críticas** argumentam que esses dispositivos **conferem poder excessivo à autoridade administrativa**, especialmente em relação ao **poder de suspender a imunidade**, sem uma revisão judicial imediata.

d) Posição do STF quanto ao alcance do § 4º do art. 150 da CF

O **§ 4º do art. 150 da CF** estabelece que a imunidade tributária das entidades de assistência social aplica-se somente ao patrimônio, à renda e aos serviços **vinculados às suas finalidades essenciais**.

O **STF** adota uma interpretação **ampliativa** desse dispositivo, entendendo que, **se os recursos obtidos com operações financeiras ou aluguel de imóveis forem aplicados nas atividades essenciais da entidade**, a imunidade deve ser reconhecida.

Assim, o **IOF** e o **IPTU** não incidem sobre operações financeiras e imóveis alugados pelas instituições de assistência social, desde que os valores obtidos sejam destinados à manutenção de suas finalidades assistenciais.

e) Tributos abrangidos pelo art. 195, § 7º da CF

O **art. 195, § 7º da CF** estabelece a **imunidade das entidades beneficentes de assistência social** em relação às **contribuições para a seguridade social**. Isso inclui as contribuições previdenciárias (**art. 195, I a IV**) e as contribuições **residuais**, criadas por lei complementar.

A **contribuição ao PIS** tem sido discutida quanto à sua inclusão ou não na imunidade do **art. 195, § 7º**. A jurisprudência do STF reconhece que, **se os recursos arrecadados pelo PIS forem destinados à seguridade social**, a contribuição estará abrangida pela imunidade. Entretanto, parte dos recursos do PIS financia o **seguro-desemprego** e programas de **desenvolvimento econômico**, não vinculados à seguridade social, o que exclui a imunidade para essa parcela.

f) Dispositivos legais para determinar os requisitos da imunidade das entidades beneficentes

Os requisitos para a concessão da imunidade das contribuições para a seguridade social estão previstos na **Lei Complementar 187/2021**, que regula o **art. 195, § 7º da CF**.

Entre os requisitos, estão a necessidade de **certificação** como **Entidade Beneficente de Assistência Social (CEBAS)** e a aplicação integral de recursos nas atividades assistenciais.

Há controvérsias sobre a constitucionalidade desses requisitos.

Argumentos favoráveis sustentam que a regulamentação é necessária para assegurar que as entidades realmente desempenhem suas funções sociais. Argumentos contrários questionam a excessiva **discricionariedade conferida à administração pública**, bem como a **possibilidade de revogação da certificação** com efeitos retroativos.

g) Posicionamento do STJ sobre a certificação das entidades beneficentes

O **Superior Tribunal de Justiça (STJ)** entende que as entidades beneficentes **não têm direito adquirido à certificação** de imunidade.

A renovação periódica da certificação é necessária para garantir o cumprimento contínuo dos requisitos legais.

A perda da certificação implica na **suspensão da imunidade tributária**, com consequências retroativas, sendo os tributos devidos desde a data da irregularidade.

h) Áreas de atuação das instituições passíveis de imunidade

As entidades de assistência social voltadas para a **educação, saúde e assistência social** são abrangidas pela imunidade do **art. 150, VI, "c" da CF**.

No entanto, há divergências quanto à inclusão das **entidades de educação** na imunidade das contribuições para a seguridade social, prevista no **art. 195, § 7º**. O STF adota uma interpretação restritiva, vinculando a imunidade apenas às atividades diretamente relacionadas à seguridade social.

i) Princípios da livre concorrência e solidariedade contributiva

Os princípios da **livre concorrência** e da **solidariedade contributiva** condicionam a aplicação das imunidades previstas no **art. 150, VI, "c"** e no **art. 195, § 7º**.

A imunidade não pode ser utilizada para **desequilibrar o mercado**, conferindo **vantagens desproporcionais** às entidades assistenciais em detrimento de outros agentes econômicos. Ao mesmo tempo, essas imunidades refletem o princípio da **solidariedade social**, ao incentivar o papel das entidades no atendimento às necessidades sociais.

▶ CRITÉRIO DE CORREÇÃO DA BANCA

Conteúdo mínimo	Valor
A)	0 – 6
- Impostos.	0 – 1
- Federais diretos: IR, ITR, IOF, IE. – Federais indiretos: IPI.	0 – 0,5
- Estaduais e municipais diretos: IPTU, ICMD, ITBI, IPVA, ISS. – Indiretos: ICMS, ISS.	0 – 0,5
- Indiretos: incidência jurídica recai sobre uma pessoa (contribuinte de direito), incidência econômica recai sobre uma pessoa (contribuinte de fato). Art. 166 do CTN;	0 – 1
- Diretos: coincidência entre incidência econômica e jurídica.	0 – 1
- Crítica: a) o critério é econômico, não deveria servir de sustento para uma classificação jurídica; b) mesmo do ponto de vista econômico o critério não se sustenta, porque a transferência não depende do tipo do tributo, mas de condições do mercado; c) o critério falha porque tributos diretos também podem ser repassados.	0 – 2
B)	0 – 6
- Jurisprudência do STF considerava imune o contribuinte de fato, agora, entretanto, considera que apenas quando a entidade for contribuinte de direito é que ela fará jus ao gozo da imunidade. Crítica a jurisprudência do STF: fala-se em risco de se punir a entidade assistencial que seja apenas contribuinte de fato.	0 – 3
- Conceito de contribuinte de direito e de fato	0 – 2
- Crítica à classificação e acerto das decisões do STF: o contribuinte de fato não compõe a relação jurídico-tributária. Apenas o contribuinte de direito é sujeito passivo da obrigação tributária, de forma que apenas este pode ser imunizado.	0 – 1
C)	0 – 4
- Art. 14 do CTN e eventuais arguições de inconstitucionalidade material do art. 14 do CTN.	0 – 1
- Lei nº 9.532 de 1997 e ADI 1802: jurisprudência não consolidada no STF a respeito da reserva ou não de lei complementar, doutrina divergente.	0 – 1
- A favor da veiculação por lei ordinária: a) a LC é apenas necessária para limites objetivos e materiais da imunidade e é desnecessária para a fixação de normas de constituição e financiamento; b) a LC só é necessária quando expressamente exigida.	0 – 1
- A favor da veiculação por lei complementar: a) limitações ao poder de tributar (art. 146, II, da CF); b) LC é nacional (art. 146 da CF)	0 – 1
D)	
- Entendimento do STF quanto ao IPTU: "Ainda quando alugado a terceiros, permanece imune ao IPTU o imóvel pertencente a qualquer das entidades referidas pelo art. 150, VI, c, da Constituição, desde que o valor dos aluguéis seja aplicado nas atividades essenciais de tais entidades". (Súmula 724)	0 – 4
- Entendimento do STF quanto o IOF: a) desde que a renda obtida na aplicação financeira seja revertida nas finalidades essenciais, a entidade estará imune. b) O conceito de renda e patrimônio (art. 150, § 4º da CF) é amplo, não se restringe a tributos que tenham essas riquezas como critério material da hipótese de incidência.	0 – 1
E)	
- Contribuições para a seguridade social: Contribuições previstas nos incisos I a IV do art. 195 da CF.	0 – 2
- Contribuições previdenciárias previstas no art. 22 e 23 da Lei nº 8.212 de 1991.	0 – 1

- PIS: a natureza do PIS de acordo com o critério finalístico da destinação da receita.	0 – 1
- PIS como contribuição destinada a seguridade social: parte da arrecadação da contribuição ao PIS vai para o fundo de amparo ao trabalhador, dada a natureza finalística das contribuições, ela seria uma contribuição para a seguridade social, art. 239 da CF e art. 203 da CF.	0 – 1
- PIS como contribuição não destinada a seguridade social: parte da arrecadação da contribuição ao PIS se destina a programas de desenvolvimento econômico o que não permite concluir que se destine a seguridade social. Art. 239, da CF.	0 – 4
F)	0 – 4
- Lei nº 12.101, de 2009 e Decreto nº 7.237, de 2010. Jurisprudência não consolidada no STF a respeito da reserva ou não de lei complementar. ADI 4480.	0 – 2
- A favor da veiculação por lei ordinária: a) a LC é apenas necessária para limites objetivos e materiais da imunidade e é desnecessária para a fixação de normas de constituição e funcionamento; b) a LC só é necessária quando expressamente exigida; c) O tributo é apenas federal, a norma regulamentadora não precisa ser norma geral nacional (art. 146, I, da CF).	0 – 1
- A favor da veiculação por lei complementar: a) limitação ao poder de tributar (art. 146, II, da CF).	0 – 1
G)	0 – 7
- Não há direito adquirido à certificação, que deve ser renovada a cada três anos e pode ser cancelada no curso de sua validade, acaso descumpridos os requisitos legais. Súmula STJ 352.	0 – 4
- Art. 32 da Lei nº 12.101, de 2009: a) lavratura do auto de infração quanto às contribuições para a seguridade social; b) lavratura do auto para o passado, correspondente ao período de descumprimentos dos requisitos, respeitada a decadência; c) cobrança para o futuro enquanto não houver nova certificação.	0 – 3
H)	0 – 5
- Art. 203 da CF. Interpretação ampla versus interpretação restrita. Art. 150, VI, CF: assistência social e educação. Dúvida quanto à saúde. Art. 195, § 7º: saúde, assistência social e educação.	0 – 2
- Divergência: educação para o art. 195, § 7º da CF, por não estar incluída na seguridade social em sentido estrito: saúde, assistência, previdência.	0 – 1,5
- Previdência complementar, entidades fechadas, sem contribuição: art. 150, VI, CF. Súmula 730 STF. Sem previsão legal.	0 – 1,5
I)	0 – 5
- Ambos servem como limites ou balizas para a definição do alcance da imunidade.	0 – 2
- Livre concorrência: as entidades atuam no mercado explorando atividade econômica. A imunidade não pode servir como estimulo à exploração econômica, capaz de provocar concorrência desleal entre imunes e não imunes, principalmente em virtude da amplitude de interpretação que vem sendo dada ao § 4º do art. 150 da CF. - As contribuições sociais são regidas pela solidariedade contributiva (art. 195, *caput*, da CF), logo a imunidade dessas contribuições deve ser restritiva, vista como substituição da solidariedade contributiva, uma vez que as entidades prestariam a sua cota diretamente. - Necessidade de cumprimento dos requisitos legais pelas entidades como condicionantes das imunidades.	0- 3

▶ DOUTRINA TEMÁTICA

"As pessoas tributantes são incompetentes para atingir com seus impostos o patrimônio, a renda e os serviços dos partidos políticos, inclusive suas fundações, das entidades sindicais dos trabalhadores, das instituições de educação e de assistência social, observados os requisitos da lei (art. 150, VI, c). (...) As instituições de educação e de assistência social desenvolvem

uma atividade básica, que, a princípio, cumpriria ao Estado desempenhar. Antevendo as dificuldades de o Poder Público vir a empreendê-la na medida suficiente, o legislador constituinte decidiu proteger tais iniciativas com a outorga da imunidade. (...)

Em que pese ao entendimento contrário de alguns autores, *parece-nos de cristalina evidência que a lei a que se reporta o comando constitucional é a complementar, mais precisamente aquela prevista no art. 146, II, da Constituição Federal.* E o Código Tributário Nacional, extraindo com acerto o autêntico teor de sua competência, oferece, no art. 14, os pressupostos para o implemento do desígnio do constituinte. (...)

Como a regra constitucional é de eficácia contida, ficando seus efeitos diferidos para o momento da efetiva comprovação das exigências firmadas no Código Tributário, pensamos que deve haver requerimento do interessado à autoridade administrativa competente, que apreciará a situação objetiva, conferindo seu quadramento às exigências da Lei 5.172/66, após o que reconhecerá a imunidade do partido político ou da instituição educacional ou assistencial" (CARVALHO, 2014, p. 195-196) (grifos nossos).

"Em sendo a imunidade uma limitação constitucional, sua regulamentação somente poderá ser veiculada por lei complementar. (...) Pela lei complementar, os requisitos exigidos seriam iguais e obrigatórios para todas as ordens de governo, o que não ocorreria se a norma fosse ordinária, submetida que ficaria ao critério de cada uma das esferas de competência, podendo chegar ao absurdo de uma entidade de educação, por exemplo, ser imune em um município e não em outro, em face da possibilidade de haver requisitos diferentes em cada legislação" (SILVA, 2009, p. 286).

"(...) entendo que a imunidade não se restringe aos impostos classificados como incidentes sobre o patrimônio e a renda (CTN, Título III, Capítulo III, como o ITR, IPTU, IR, ITBI e ISS). Também os impostos classificados no CTN como impostos sobre a produção e a circulação (ICMS, IPI e IOF) são compreendidos pela imunidade, porque afetam o patrimônio das associações e entidades.

Esta desoneração a tais impostos aplica-se na medida em que praticam os respectivos fatos geradores, como é o caso de a entidade fornecer produto industrializado, ficando a salvo do IPI, porque, normalmente, o fornecimento habitual desse bem corpóreo seria suscetível à tributação. Entretanto, na condição de adquirente de produto sujeitar-se-á ao IPI, uma vez que 'a imunidade ou a isenção tributária do comprador não se estende ao produtor, contribuinte do Imposto sobre Produtos Industrializados' (Súmula nº 591 do STF)" (MELO, 2005, p. 158).

Tributos diretos e indiretos: contribuinte de direito e contribuinte de fato

"A repercussão econômica não era levada em consideração para fins imunitórios, porque o seu âmbito era restrito ao denominado 'contribuinte de direito', ou seja, quem suportava o dever tributário relativo ao recolhimento do imposto.

Todavia, argumenta-se no sentido de que 'parece fora de dúvida razoável que a imunidade alcança também os chamados impostos indiretos, incidentes sobre mercadorias e serviços adquiridos pelas pessoas jurídicas de direito constitucional interno e seus órgãos nos casos em que os adquirentes suportaram o encargo econômico do imposto'" (MELO, 2005, p. 147).

"Por mais que ao jurista repugne a noção de impostos indiretos, não temos como evitá-los, por uma razão muito simples: eles existem. E quem demonstra capacidade contributiva não é necessariamente a pessoa que a lei escolhe para figurar como contribuinte. Se alguém adquire um bem de consumo, e a lei define essa operação como fato gerador de tributo, elegendo o comerciante como contribuinte, a lei não pode deixar de considerar (por expresso mandamento constitucional, que impõe o respeito à capacidade contributiva) a capacidade econômica do comprador. Se uma empresa vende produtos de primeira necessidade, a tributação não leva em conta a capacidade econômica da empresa, mas a do consumidor, ao definir a eventual tributação desses bens. Ou seja, embora, de direito, o vendedor possa ser definido como contribuinte (o chamado 'contribuinte de direito'), a capacidade econômica do consumidor é que precisa ser ponderada para efeito da definição do eventual ônus fiscal (pois ele será o 'contribuinte de fato').

(...) O dito tributo indireto é o que, onerando embora o contribuinte ('de direito'), atinge, reflexamente, um terceiro (o chamado contribuinte 'de fato'); por oposição, o tributo direto atinge o próprio contribuinte 'de direito' (que acumularia também a condição de contribuinte 'de fato')" (AMARO, 2005, p. 301; 303).

"Outra classificação distingue os impostos em diretos e indiretos, considerando o modo como se dá a absorção do impacto econômico por eles provocado.

Assim, *imposto direto é aquele em que o contribuinte absorve o impacto econômico da exigência fiscal*, como ocorre no Imposto sobre a Renda, por exemplo. *Já no imposto indireto observa-se o fenômeno da repercussão tributária ou translação econômica do tributo, segundo o qual o contribuinte de direito não é aquele que absorve o impacto econômico da imposição tributária, pois o repassa ao contribuinte de fato, o consumidor final.*

Ilustram a hipótese o Imposto sobre Produtos Industrializados – IPI e o Imposto sobre Circulação de Mercadorias e Prestação de Serviços– ICMS.

A classificação dos impostos em diretos e indiretos, embora ainda considerada por muitos irrelevante para o Direito, sob o argumento de que sedimentada num fenômeno puramente econômico, tem, em nosso entender, relevância jurídica. Basta lembrar as regras da seletividade em função da essencialidade do produto, mercadoria ou serviço, e da não cumulatividade, aplicáveis ao IPI e ao ICMS, reveladoras da preocupação constitucional com o contribuinte de fato" (COSTA, 2014, p. 133) (grifos nossos).

Requisitos exigidos das instituições de assistência social pelo art. 150, VI, c, da CF

"*A lei a que se refere a alínea deve ser entendida não como lei ordinária, mas como lei complementar. Duas razões principais sustentam essa assertiva. Em primeiro lugar, tratando-se de 'limitação do poder de tributar', cabe à lei complementar a função precípua de regular a matéria, 'complementando' a disciplina constitucional (art. 146, II). Em segundo, a imunidade abrange um largo espectro de tributos, de competência de diferentes entes políticos; há de haver, portanto, norma uniforme, geral*, que se aplique às diversas esferas de poder, o que, no campo tributário, também é assunto de lei complementar.

A função de explicitar os requisitos dessa imunidade é exercida pelo art. 14 do Código Tributário Nacional. (...) *se exige que as instituições de educação e de assistência social sem fins lucrativos, para gozar da imunidade, não distribuam nenhuma parcela de seu patrimônio ou de suas rendas, 'a qualquer título' (na redação anterior, dizia-se 'a título de lucro ou participação no seu resultado'); apliquem integralmente, no País, os seus recursos na manutenção dos seus objetivos institucionais; e mantenham escrituração de suas receitas e despesas em livros revestidos de formalidades capazes de assegurar sua exatidão.*

A inexistência de fim lucrativo (exigida pela Constituição) foi corretamente traduzida pelo art. 14 do Código Tributário Nacional, ao estabelecer a não-distribuição de patrimônio ou renda. (...) o importante é que todo o resultado aí apurado reverta em investimento ou custeio para que a entidade continue cumprindo seu objetivo institucional de educação ou de assistência social.

Além desses requisitos, o § 1º do art. 14 do Código Tributário Nacional, por remissão ao § 1º do art. 9º do mesmo Código, pretendeu condicionar o gozo da imunidade dos partidos políticos, das entidades de educação e de assistência social ao cumprimento de suas obrigações como responsáveis pelos tributos que lhes caiba reter na fonte, e à prática dos atos previstos em lei, assecuratórios do cumprimento de suas obrigações tributárias por terceiros (por exemplo, informar ao Fisco o pagamento de rendimento a terceiros).

(...) Com efeito, o que fez o indigitado parágrafo, na hipótese, por exemplo, de um partido político ou de uma entidade assistencial descumprir algum dos requisitos do art. 14 ou desatender o § 1º do art. 9º, foi conceder à autoridade administrativa autorização para 'suspender a aplicação do benefício'.

Em caso de não-preenchimento desses requisitos por esta ou aquela entidade, o que se dá é a não-realização da hipótese de imunidade, do que decorre a submissão da entidade ao tributo gerado pelos fatos geradores a que ela venha a ligar-se como contribuinte" (AMARO, 2005, p. 155-158) (grifos nossos).

"Quanto ao requisito da ausência de finalidade lucrativa, conforme já assinalado, reporta-se, tão somente, às instituições de educação e de assistência social, uma vez que os partidos políticos e suas fundações, bem como as entidades sindicais de trabalhadores, são entes que, por sua própria natureza, não objetivam lucro.

Portanto, *não é a ausência de lucro que caracteriza uma entidade sem fins lucrativos, visto que o lucro é relevante e mesmo necessário para que a mesma possa continuar desenvolvendo suas atividades. O que está vedado é a utilização da entidade como instrumento de auferimento de lucro por seus dirigentes, já que esse intento é buscado por outro tipo de entidade – qual seja, a empresa.*

A qualificação de uma entidade como sendo 'sem fins lucrativos' exige o atendimento de dois únicos pressupostos: a não distribuição dos lucros auferidos (ou superávits) e a não reversão do patrimônio da mesma às pessoas que a criaram, com a aplicação dos resultados econômicos positivos obtidos na própria entidade.

Em consequência, a não gratuidade dos serviços prestados por uma entidade e a remuneração de seus dirigentes e administradores, bem como de seus empregados, não afastam, por si sós, a exigida ausência de finalidade lucrativa.

(...) Interessante cotejar, no que respeita às instituições de assistência social, a dicção do art. 150, VI, c – hospedeiro da imunidade sob comento –, com a do art. 195, § 7º – continente da imunidade concernente a contribuições para a seguridade social.

No primeiro dispositivo exige-se que a instituição de assistência social não detenha finalidade lucrativa; no segundo, impõe-se que a entidade seja beneficente. Entidade beneficente não possui finalidade lucrativa, mas além disso, é aquela que dedica suas atividades, ainda que parcialmente, ao atendimento gratuito dos necessitados.

A gratuidade dos serviços prestados é, portanto, elemento caracterizador da beneficência. E, se assim é, a gratuidade dos serviços não é exigência para a fruição da imunidade do art. 150, VI, c, pelas instituições de assistência social sem fins lucrativos" (COSTA, 2014, p. 117-119) (grifos nossos).

"Merece crítica o próprio CTN ao cometer à autoridade competente a faculdade de 'suspender' a imunidade (§ 1º do art. 14), no caso de descumprimento dos apontados requisitos, ou ainda se a entidade deixar de reter tributos na fonte, na condição de responsável ou observar deveres acessórios (§ 1º do art. 9º). Ao administrador público não é concedido o poder de paralisar temporariamente os efeitos imunitórios, por mera discricionariedade, porque se trata de exclusão de competência constitucional. Se a entidade descumpre a Constituição e a lei (CTN), pode ocorrer a perda dos direitos à desoneração tributária, impondo-se a exigência dos impostos, que não é formulada simplesmente por critérios de conveniência e oportunidade" (MELO, 2005, p. 159).

Posicionamento do STF quanto ao alcance do § 4º do art. 150 da CF em relação ao IOF e ao IPTU devido pelas instituições de assistência social em virtude de operações financeiras e de aluguel de imóveis a terceiros

"(...) nos termos do § 4º do art. 150, somente são excluídos impostos sobre o patrimônio, a renda e os serviços relacionados com as finalidades essenciais da entidade imune.

O texto constitucional não discrimina os impostos que podem ser alcançados pela imunidade e, conforme explicamos alhures, o STF entende que não pode ser invocada, para o fim de restringir a regra constitucional de limitação da competência tributária, a classificação dos impostos adotada pelo CTN.

(...) Pode-se afirmar que, embora permaneçam teoricamente válidas as restrições impostas pela Constituição – é dizer, os impostos abrangidos pela imunidade em tela são somente aqueles que incidiriam sobre o patrimônio, a renda e os serviços relacionados às finalidades essenciais das entidades -, na prática, o STF tem afastado a cobrança de todos os impostos que pudessem gravar o patrimônio ou as atividades das entidades imunes aqui em foco.

É o caso, por exemplo, do imposto sobre operações financeiras (IOF). Nossa Corte Constitucional, pacificamente, entende que o IOF é alcançado pela regra de imunidade vazada no art. 150, VI, ‹c›, da Carta da República (a rigor, o STF considera o IOF abrangido por todas as imunidades subjetivas previstas no inciso VI do art. 150)" (ALEXANDRINO & PAULO, 2014, p. 176).

"No que diz respeito ao IPTU, não podem os municípios tributar os prédios ou terrenos onde se exerce o culto (os templos). Podem tributar com o predial ou o territorial os terrenos paroquiais, da mitra, das ordens religiosas, das seitas e religiões que se voltem a fins econômicos: prédios alugados, terrenos arrendados para estacionamento, conventos e seminários, lotes vagos etc. Agora, se o patrimônio imóvel de qualquer religião estiver afetado, ainda que lucrativamente, a fins educacionais ou assistenciais, e desde que estejam sendo devidamente cumpridos os antepostos da lei complementar tributária, há pouco versados, então a questão passa a quadrar-se nos lindes da imunidade das instituições de educação e assistência, obstando aos municípios o exercício da competência tributária impositiva relativamente ao predial e territorial urbano. Mas aí já não se trata de imunidade dos templos de qualquer culto, que, aliás, devem ser das pessoas jurídicas de direito civil, como tais registradas no ofício próprio" (COÊLHO, 2007, p. 304).

Contribuição para o PIS

"No campo específico do PIS, que tem destinação mista [custeio do seguro desemprego e do abono anual – de índole social (art. 239, *caput*, da CF/88); e financiamento de programas de desenvolvimento econômico (art. 239, § 1º, da CF/88)], há, pelo menos, posição firme do STF de que se trata de contribuição social, reduzindo, assim, as incertezas acerca da exação" (GOUVÊA, 2014, p. 476).

"Assim como a COFINS, a CSLL e as contribuições sobre os concursos de prognósticos, a administração e fiscalização da contribuição para o PIS/PASEP compete à Receita Federal do Brasil. Como já observado, este fato não traz qualquer vício à sua cobrança, como também inexiste inconstitucionalidade na coincidência de bases de cálculo com a COFINS, já que assim foi definido pelo próprio constituinte originário.

O processo administrativo de determinação e exigência das contribuições para o PIS/PASEP, bem como o de consulta sobre a aplicação da respectiva legislação, serão regidos pelas normas do processo administrativo de determinação e exigência dos créditos tributários da União.

Os recursos do PIS/PASEP são prioritariamente direcionados ao Fundo de Amparo ao Trabalhador – FAT, para a manutenção do seguro desemprego, que é atualmente administrado pelo Ministério do Trabalho e Emprego, não sendo benefício previdenciário, apesar de previsão constitucional nesse sentido (art. 201, III, da CRFB/88).

O PIS/PASEP (...) tem como fato gerador o faturamento mensal, assim entendido o total das receitas auferidas pela pessoa jurídica, independentemente de sua denominação ou classificação contábil, compreendendo o total das receitas, a receita bruta da venda de bens e serviços nas operações em conta própria ou alheia e todas as receitas auferidas pela pessoa jurídica" (IBRAHIM, 2010, p. 112) (grifos nossos).

Consequências tributárias decorrentes da perda da certificação de entidade beneficente de assistência social

"Constatado o descumprimento pela entidade dos requisitos para a imunidade (e não da certificação), a fiscalização da Secretaria da Receita Federal do Brasil lavrará o auto de infração relativo ao período correspondente e relatará os fatos que demonstram o não atendimento de tais requisitos para o gozo da isenção (art. 32 da Lei nº 12.101/09). *O cancelamento pode mesmo ter efeitos retroativos, pois a lei prevê o cancelamento automático durante o período em que se constatar o descumprimento de requisito legal, devendo o lançamento correspondente ter como termo inicial a data da ocorrência da infração que lhe deu causa* (art. 32, § 1º da Lei 12.101/09)" (IBRAHIM, 2010, p. 468) (grifos nossos).

Áreas de atuação das instituições e das entidades de assistência social passíveis de amparar o gozo dos direitos previstos no art. 150, VI, ***c*, da CF, e no art. 195, § 7º, da CF**

"Determina a Constituição que 'são isentas de contribuição para a seguridade social as entidades beneficentes de assistência social que atendam às exigências estabelecidas em lei' (art. 195, § 7º, da CRFB/88).

Não obstante a menção à isenção, temos, em verdade, uma imunidade, isto é, uma vedação constitucional à criação de contribuições, ou uma norma de incompetência tributária (...)

No caso, a imunidade não é extensível a qualquer entidade beneficente, ou entidade filantrópica, mas sim às entidades beneficentes de assistência social, que são aquelas direcionadas para o atendimento dos necessitados, pessoas sem condições de providenciar o seu sustento e o de sua família.

A imunidade ora tratada é condicionada, ou seja, a entidade beneficente, para fazer jus a esta benesse constitucional, deverá atender determinados requisitos previstos em lei. Naturalmente, não teria o legislador ordinário a prerrogativa de restringir um mandamento constitucional e, portanto, tais requisitos, como já externou o STF, são relativos a questões formais de constituição e funcionamento da entidade, sem macular a benesse criada pelo Constituinte Originário" (IBRAHIM, 2010, p. 121).

"A nosso ver, a Constituição de 1988 é bastante didática ao estampar o conceito de seguridade social, o qual compreende a previdência social, a assistência social e a saúde pública. Distingue, assim, perfeitamente a Lei Maior essas três atividades de relevo para a coletividade.

(...) Cremos, assim, que, não sendo mais possível, como no passado, assimilar os conceitos de previdência e assistência social, à vista da dicção da Constituição de 1988, as instituições que tenham por objeto tão somente a atividade de previdência privada não são titulares do direito público subjetivo de não se sujeitarem à tributação por via de impostos.

Esse entendimento – pensamos – afina-se com a apontada diversidade de regimes jurídico-tributários entre a assistência e a previdência social.

Como visto, a assistência social sujeita-se à disciplina de exoneração fiscal constitucionalmente estabelecida (art. 203, *caput*). Destarte, coerente com tal regramento, a Lei Maior exonera da tributação por via de impostos as instituições de assistência social sem fins lucrativos, e da exigência de contribuição para a seguridade social as entidades beneficentes de assistência social (art. 195, § 7º).

Ora, não faria sentido impor, de um lado, a vedação da exigência de contribuição para a seguridade social de quem necessitar de assistência social e, de outro, autorizar a tributação, por via de impostos e de contribuições para a seguridade social, das instituições sem fins lucrativos e das entidades beneficentes, que se dedicam, justamente, a essa mesma atividade de interesse público, em colaboração com o Estado" (COSTA, 2014, p. 115).

Função exercida pelos princípios da livre concorrência e da solidariedade contributiva na aplicação dos direitos previstos no art. 150, VI, *c*, da CF, e no art. 195, § 7º, da CF

"A imunidade dos templos (alínea b) e das entidades referidas na alínea c compreende somente o patrimônio, a renda e os serviços relacionados com suas finalidades essenciais (§ 4º). (...) Não há, em relação aos templos e às entidades referidas na alínea c, previsão análoga à do § 3º (que exclui da imunidade recíproca a 'exploração de atividades econômicas regidas pelas normas aplicáveis a empreendimentos privados, ou em que haja contraprestação ou pagamento de preços ou tarifas pelo usuário'). Uma entidade assistencial pode, por exemplo, explorar um bazar, vendendo mercadorias, e nem por isso ficará sujeita ao imposto de renda" (AMARO, 2005, p. 154).

ATENÇÃO: Em nota de rodapé, Luciano Amaro menciona o entendimento contrário de Ives Gandra da Silva Martins, segundo o qual o § 4º seria um complemento do § 3º do art. 150, e por isso a imunidade não seria aplicável quando as atividades puderem gerar concorrência desleal, sob o risco de criar privilégio inadmissível e propiciar a dominação de mercados ou eliminação da concorrência.

▸ JURISPRUDÊNCIA TEMÁTICA

STF

Súmula 546: Cabe a restituição do tributo pago indevidamente, quando reconhecido por decisão, que o contribuinte '*de jure*' não recuperou do contribuinte '*de facto*' o '*quantum*' respectivo.

Súmula 591: A imunidade ou a isenção tributária do comprador não se estende ao produtor, contribuinte do imposto sobre produtos industrializados.

Súmula 724: Ainda quando alugado a terceiros, permanece imune ao IPTU o imóvel pertencente a qualquer das entidades referidas pelo art. 150, VI, c, da Constituição, desde que o valor dos aluguéis seja aplicado nas atividades essenciais de tais entidades.

Súmula 730: A imunidade tributária conferida a instituições de assistência social sem fins lucrativos pelo art. 150, VI, c, da Constituição, somente alcança as entidades fechadas de previdência social privada se não houver contribuição dos beneficiários.

"EMENTA Ação direta de inconstitucionalidade. Pertinência temática verificada. Alteração legislativa. Ausência de perda parcial do objeto. Imunidade. Artigo 150, VI, c, da CF. Artigos 12, 13 e 14 da Lei nº 9.532/97. Requisitos da imunidade. Reserva de lei complementar. Artigo 146, II, da CF. Limitações constitucionais ao poder de tributar. Inconstitucionalidades formal e material. Ação direta parcialmente procedente. Confirmação da medida cautelar. 1. Com o advento da Constituição de 1988, o constituinte dedicou uma seção específica às "limitações do poder de tributar" (art. 146, II, CF) e nela fez constar a imunidade das instituições de assistência social. Mesmo com a referência expressa ao termo "lei", não há mais como sustentar que inexiste reserva de lei complementar. No que se refere aos impostos, o maior rigor do quórum qualificado para a aprovação dessa importante regulamentação se justifica para se dar maior estabilidade à disciplina do tema e dificultar sua modificação, estabelecendo regras nacionalmente uniformes e rígidas. *2. A necessidade de lei complementar para disciplinar as limitações ao poder de tributar não impede que o constituinte selecione matérias passíveis de alteração de forma menos rígida, permitindo uma adaptação mais fácil do sistema às modificações fáticas e contextuais, com o propósito de velar melhor pelas finalidades constitucionais. Nos precedentes da Corte, prevalece a preocupação em respaldar normas de lei ordinária direcionadas a evitar que falsas instituições de assistência e educação sejam favorecidas pela imunidade. É necessário reconhecer um espaço de atuação para o legislador ordinário no trato da matéria. 3. A orientação prevalecente no recente julgamento das ADIs nº 2.028/DF, 2.036/DF, 2.228/DF e 2.621/DF é no sentido de que os artigos de lei ordinária que dispõem sobre o modo beneficente (no caso de assistência e educação) de atuação das entidades acobertadas pela imunidade, especialmente aqueles que criaram contrapartidas a serem observadas pelas entidades, padecem de vício formal, por invadir competência reservada a lei complementar.* Os aspectos procedimentais necessários à verificação do atendimento das finalidades constitucionais da regra de imunidade, tais como as referentes à certificação, à fiscalização e ao controle administrativo, continuam passíveis de definição por lei ordinária. 4. São inconstitucionais, por invadir campo reservado a lei complementar de que trata o art. 146, II, da CF: (i) a alínea f do § 2º do art. 12, por criar uma contrapartida que interfere diretamente na atuação da entidade; o art. 13, caput, e o art. 14, ao prever a pena se suspensão do gozo da imunidade nas hipóteses que enumera. 5. Padece de inconstitucionalidade formal e material o § 1º do art. 12 da Lei nº 9.532/97, com a subtração da imunidade de acréscimos patrimoniais abrangidos pela vedação constitucional de tributar. 6. Medida cautelar confirmada. Ação direta julgada parcialmente procedente, com a declaração i) da inconstitucionalidade formal da alínea f do § 2º do art. 12; do caput art. 13; e do art. 14; bem como ii) da inconstitucionalidade formal e material do art. 12, § 1º, todos da Lei nº 9.532/91, sendo a ação declarada improcedente quanto aos demais dispositivos legais" (STF, ADI 1802, j. 12.04.2018) (grifos nossos).

(...) 1. "(...) fica evidenciado que (a) entidade beneficente de assistência social (art. 195, § 7º) não é conceito equiparável a entidade de assistência social sem fins lucrativos (art. 150, VI); (b) a Constituição Federal não reúne elementos discursivos para dar concretização segura ao que se possa entender por modo beneficente de prestar assistência social; (c) a definição desta condição modal é indispensável para garantir que a imunidade do art. 195, § 7º, da CF cumpra a finalidade que lhe é designada pelo texto constitucional; e (d) esta tarefa foi outorgada ao legislador infraconstitucional, que tem autoridade para defini-la, desde que respeitados os demais termos do texto constitucional.". 2. "Aspectos meramente procedimentais referentes à certificação, fiscalização e controle administrativo continuam passíveis de definição em lei ordinária. *A lei complementar é forma somente exigível para a definição do modo beneficente de atuação das entidades de assistência social contempladas pelo art. 195, § 7º, da CF, especialmente no que se refere à instituição de contrapartidas a serem observadas por elas".* (...) (STF, ADI 2028, j. 02.03.2017) (grifos nossos)

(...) . O art. 195, § 7º, CF/88, ainda que não inserido no capítulo do Sistema Tributário Nacional, mas explicitamente incluído topograficamente na temática da seguridade social, trata, inequivocamente, de matéria tributária. Porquanto *ubi eadem ratio ibi idem jus*, podendo estender-se às instituições de assistência stricto sensu, de educação, de saúde e de previdência social, máxime na medida em que restou superada a tese de que este artigo só se aplica às entidades que tenham por objetivo tão somente as disposições do art. 203 da CF/88 (ADI 2.028 MC/DF, Rel. Moreira Alves, Pleno, DJ 16-06-2000). O PIS, espécie tributária singular contemplada no art. 239, CF/88, não se subtrai da concomitante pertinência ao "gênero" (plural) do inciso I, art. 195, CF/88, verbis (...) 7. O Sistema Tributário Nacional, encartado em capítulo próprio da Carta Federal, encampa a expressão "instituições de assistência social e educação" prescrita no art. 150, VI, "c", cuja conceituação e regime jurídico aplica-se, por analogia, à expressão "entidades beneficentes de assistência social" contida no art. 195, § 7º, à luz da interpretação histórica dos textos das CF/46, CF/67 e CF/69, e das premissas fixadas no verbete da Súmula nº 730. É que até o advento da CF/88 ainda não havia sido cunhado o conceito de "seguridade social", nos termos em que definidos pelo art. 203, inexistindo distinção clara entre previdência, assistência social e saúde, a partir dos critérios de generalidade e gratuidade. no § 7º, do art. 195, CF/88, segundo o Supremo Tribunal Federal, é a Lei nº 8.212/91 (MI 616/SP, Rel. Min. Nélson Jobim, Pleno, DJ 25/10/2002). *A imunidade tributária e seus requisitos de legitimação, os quais poderiam restringir o seu alcance, estavam estabelecidos no art. 14, do CTN*, e foram recepcionados pelo novo texto constitucional de 1988. Por isso que razoável se permitisse que outras declarações relacionadas com os aspectos intrínsecos das instituições imunes viessem regulados por lei ordinária, tanto mais que o direito tributário utiliza-se dos conceitos e categorias elaborados pelo ordenamento jurídico privado, expresso pela legislação infraconstitucional. 15. A Suprema Corte, guardiã da Constituição Federal, indicia que somente se exige lei complementar para a definição dos seus limites objetivos (materiais), e não para a fixação das normas de constituição e de funcionamento das entidades imunes (aspectos formais ou subjetivos), os quais podem ser veiculados por lei ordinária, como sois ocorrer com o art. 55, da Lei nº 8.212/91, que pode estabelecer requisitos formais para o gozo da imunidade sem caracterizar ofensa ao art. 146, II, da Constituição Federal, ex vi dos incisos I e II, verbis: Art. 55. Fica isenta das contribuições de que tratam os arts. 22 e 23 desta Lei a entidade beneficente de assistência social que atenda aos seguintes requisitos cumulativamente: (Revogado pela Lei nº 12.101, de 2009) reconhecida como de utilidade pública federal e estadual ou do Distrito Federal ou municipal; (Revogado pela Lei nº 12.101, de 2009); 9.429, de 26.12.1996). do benefício imunizante se preencherem cumulativamente os requisitos de que trata o art. 55, da Lei nº 8.212/91, na sua redação original, e aqueles prescritos nos artigos 9º e 14, do CTN. 19. A ratio da supressão da competência tributária funda-se na ausência de capacidade contributiva ou na aplicação do princípio da solidariedade de forma inversa, vale dizer: *a ausência de tributação das contribuições sociais decorre da colaboração que estas entidades prestam ao Estado*. A Suprema Corte já decidiu que o artigo 195, § 7º, da Carta Magna, com relação às exigências a que devem atender as entidades beneficentes de assistência social para gozarem da imunidade aí prevista, determina apenas a existência de lei que as regule; o que implica dizer que a Carta Magna alude genericamente à "lei" para estabelecer princípio de reserva legal, expressão que compreende tanto a legislação ordinária, quanto a legislação complementar (ADI 2.028 MC/DF, Rel. Moreira Alves, Pleno, DJ 16-06-2000). 21. É questão prejudicial, pendente na Suprema Corte, a decisão definitiva de controvérsias acerca do conceito de entidade de assistência social para o fim da declaração da imunidade discutida, como as relativas à exigência ou não da gratuidade dos serviços prestados ou à compreensão ou não das instituições beneficentes de clientelas restritas. recorrido que concluiu pelo cumprimento dos requisitos por parte da recorrida à luz do art. 55, da Lei nº 8.212/91, condicionado ao seu enquadramento no conceito de assistência social delimitado pelo STF, mercê de suposta alegação de que as prescrições dos artigos 9º e 14 do Código Tributário Nacional não regulamentam o § 7º, do art. 195, CF/88. assistência social, como consequência, não se submetem ao regime tributário disposto no art. 2º, II, da Lei nº 9.715/98, e no art. 13, IV, da MP nº 2.158-35/2001, aplicáveis somente àquelas outras entidades (instituições de caráter filantrópico, recreativo, cultural e científico e as associações civis que prestem os serviços para os quais houverem sido instituídas e os coloquem à disposição do grupo de pessoas a que se destinam, sem fins lucrativos) que não preenchem os requisitos do art. 55 da Lei nº 8.212/91, ou da legislação superveniente sobre a matéria, posto não abarcadas pela imunidade constitucional. 2º, II, da Lei nº 9.715/98, e do art. 13, IV, da MP nº 2.158-35/2001, às entidades que preenchem os requisitos do art. 55 da Lei nº 8.212/91, e legislação superveniente, não decorre do vício da inconstitucionalidade desses dispositivos legais, mas da imunidade em relação à contribuição ao PIS como técnica de interpretação conforme à Constituição. 27. *Ex positis*, conheço do recurso extraordinário, mas nego-lhe provimento conferindo à tese assentada repercussão geral e eficácia erga omnes e ex tunc. Precedentes. RE 93.770/RJ, Rel. Min. Soares Muñoz, 1ª Turma, DJ 03/04/1981. RE 428.815-AgR/AM, Rel. Min. Sepúlveda Pertence, 1ª Turma, DJ 24/06/2005. ADI 1.802-MC/DF, Rel. Min. Sepúlveda Pertence, Pleno, DJ 13-02-2004. ADI 2.028 MC/DF, Rel. Moreira Alves, Pleno, DJ 16-06-2000. (STF, RE 636.941, Rel. Min. Luiz Fux, Pleno, j. 13.02.2014, DJe 04.04.2014, grifado pelo autor).

"I. Ação direta de inconstitucionalidade: Confederação Nacional de Saúde: qualificação reconhecida, uma vez adaptados os seus estatutos ao molde legal das confederações sindicais; pertinência temática concorrente no caso, uma vez que a categoria econômica representada pela autora abrange entidades de fins não lucrativos, pois sua característica não é a ausência de atividade econômica, mas o fato de não destinarem os seus resultados positivos à distribuição de lucros. II. Imunidade tributária (CF, art. 150, VI, c, e 146, II): 'instituições de educação e de assistência social, sem fins lucrativos, atendidos os requisitos da lei': delimitação dos âmbitos da matéria reservada, no ponto, à intermediação da lei complementar e da lei ordinária: análise, a partir daí, dos preceitos impugnados (L. 9.532/97, arts. 12 a 14): cautelar parcialmente deferida. 1. Conforme precedente no STF (RE 93.770, Muñoz, RTJ 102/304) e na linha da melhor doutrina, *o que a Constituição remete à lei ordinária, no tocante à imunidade tributária considerada, é a fixação de normas sobre a constituição e o funcionamento da entidade educacional ou assistencial imune; não, o que diga respeito aos lindes da imunidade, que, quando susceptíveis de disciplina infraconstitucional, ficou reservado à lei complementar.* 2. À luz desse critério distintivo, parece ficarem incólumes à eiva da inconstitucionalidade formal argüida os arts. 12 e §§ 2º (salvo a alínea f) e 3º, assim como o parág. único do art. 13; ao contrário, é densa a plausibilidade da alegação de invalidez dos arts. 12, § 2º, f; 13, caput, e 14 e, finalmente, se afigura chapada a inconstitucionalidade não só formal mas também material do § 1º do art. 12, da lei questionada. 3. Reserva à decisão definitiva de controvérsias acerca do conceito da entidade de assistência social, para o fim da declaração da imunidade discutida – como as relativas à exigência ou não da gratuidade dos serviços prestados ou à compreensão ou não das instituições beneficentes de clientelas restritas e das organizações de previdência privada: matérias que, embora não suscitadas pela requerente, dizem com a validade do art. 12, caput, da L. 9.532/97 e, por isso, devem ser consideradas na decisão definitiva, mas cuja delibação não é necessária à decisão cautelar da ação direta. (STF, ADI 1.802-MC, rel. min. Sepúlveda Pertence, Tribunal Pleno, DJ de 13.02.2004) (grifos nossos).

1. A regra de imunidade compreende o reverso da atribuição de competência tributária. Isso porque a norma imunitória se traduz em um decote na regra de competência, determinando a não incidência da regra matriz nas áreas protegidas pelo beneplácito concedido pelo constituinte. 4. *Adquirido o status de imune, as presunções sobre o enquadramento originalmente conferido devem militar a favor do contribuinte, de modo que o afastamento da imunidade só pode ocorrer mediante a constituição de prova em contrário produzida pela administração tributária.* O oposto ocorre com a isenção que constitui mero benefício fiscal por opção do legislador ordinário, o que faz com que a presunção milite em favor da Fazenda Pública. 5. *A constatação de que um imóvel está vago ou sem edificação não é suficiente, por si só, para destituir a garantia constitucional da imunidade. A sua não utilização temporária deflagra uma neutralidade que não atenta contra os requisitos que autorizam o gozo e a fruição da imunidade.* 6. Recurso extraordinário a que se nega provimento.(STF, RE 385.091I, Rel. Min. Dias Toffoli, 1ª Turma, j. 06.80.2013) (grifos nossos).

Recurso extraordinário. Repercussão geral

...) 2. Imunidade tributária. Instituições de educação e de assistência social, sem fins lucrativos, *A imunidade tributária, prevista no art. 150, VI, c, da CF/88, aplica-se aos bens imóveis, temporariamente ociosos, de propriedade das instituições de educação e de assistência social sem fins lucrativos que atendam os requisitos legais*. Precedentes. 5. Recurso não provido. Reafirmação de jurisprudência. (STF, RE 767.332; Rel. Min. Gilmar Mendes, Pleno, j. 31.10.2013) (grifos nossos).

ECURSO EXTRAORDINÁRIO. CONSTITUCIONAL. IMUNIDADE TRIBUTÁRIA. IPTU. ARTIGO 150, VI, B, CB/88. CEMITÉRIO. EXTENSÃO DE ENTIDADE DE CUNHO RELIGIOSO. extensões de entidades de cunho religioso estão abrangidos pela garantia contemplada no artigo 150 da Constituição do Brasil. Impossibilidade da incidência de IPTU em relação a eles. 3. As áreas da incidência e da imunidade tributária são antípodas. Recurso extraordinário provido. (STF, RE 578.562, Rel. Min. Eros Grau, Pleno, j. 21.05.2008, DJe 11.09.2008)

CONSTITUCIONAL. RECURSO EXTRAORDINÁRIO. IMUNIDADE TRIBUTÁRIA. ART. 150, VI, C, DA CARTA FEDERAL. NECESSIDADE DE REEXAME DO CONJUNTO FÁTICO-PROBATÓRIO. SÚMULA 279 DO STF. ART. 150, VI, B, DA CONSTITUIÇÃO DA REPÚBLICA. ABRANGÊNCIA DO TERMO "TEMPLOS DE QUALQUER CULTO". MAÇONARIA. NÃO CONFIGURAÇÃO. RECURSO EXTRAORDINÁRIO CONHECIDO EM PARTE E, NO QUE CONHECIDO, DESPROVIDO. I. O reconhecimento da imunidade tributária prevista no art. 150, VI, c, da Constituição Federal exige o cumprimento dos requisitos estabelecidos em lei. II. Assim, para se chegar-se à conclusão se o recorrente atende aos requisitos da lei para fazer jus à imunidade prevista neste dispositivo, necessário seria o reexame do conjunto fático-probatório constante dos autos. Incide, na espécie, o teor da Súmula 279 do STF. Precedentes. . *A imunidade tributária conferida pelo art. 150, VI, b, é restrita aos templos de qualquer culto religioso, não se aplicando à maçonaria, em cujas lojas não se professa qualquer religião*. IV. Recurso extraordinário parcialmente conhecido, e desprovido na parte conhecida. (STF, RE 562.351, Rel. Min. Ricardo Lewandowski, 1ª Turma, j. 04.09.2012, DJe 14.12.2012) (grifos nossos)

Imunidade tributária e obrigação acessória

Exigir de entidade imune a manutenção de livros fiscais é consentâneo com o gozo da imunidade tributária. Essa a conclusão da 1ª Turma ao negar provimento a recurso extraordinário no qual o recorrente alegava que, por não ser contribuinte do tributo, não lhe caberia o cumprimento de obrigação acessória de manter livro de registro do ISS e autorização para a emissão de notas fiscais de prestação de serviços — v. Informativo 662. Na espécie, o Tribunal de origem entendera que a pessoa jurídica de direito privado teria direito à imunidade e estaria obrigada a utilizar e manter documentos, livros e escrita fiscal de suas atividades, assim como se sujeitaria à fiscalização do Poder Público. *Aludiu-se ao Código Tributário Nacional ("Art. 14. O disposto na alínea c do inciso IV do artigo 9º é subordinado à observância dos seguintes requisitos pelas entidades nele referidas: ... III – manterem escrituração de suas receitas e despesas em livros revestidos de formalidades capazes de assegurar sua exatidão")*. O Min. Luiz Fux explicitou que, no Direito Tributário, inexistiria a vinculação de o acessório seguir o principal, porquanto haveria obrigações acessórias autônomas e obrigação principal tributária. Reajustou o voto o Min. Marco Aurélio, relator. (STF, RE 250844/SP, rel. Min. Marco Aurélio, 29.5.2012, noticiado no informativo 668/2012 do STF).

Entidade de previdência privada e imunidade tributária

A 1ª Turma, por maioria, proveu agravo regimental em recurso extraordinário para restabelecer posicionamento de que a agravante, entidade de previdência privada, gozaria de imunidade tributária garantida pela Constituição. Na espécie, consta do acórdão recorrido, objeto do extraordinário, que "De início, deve-se examinar se a remuneração dos serviços prestados descaracteriza a impetrante como instituição de assistência social. (...) Observe-se que a cobrança dos serviços prestados pelas entidades em tela não as descaracteriza como assistenciais, pois a gratuidade não constitui requisito previsto tanto pela

Constituição Federal como por lei complementar". Na monocrática ora adversada, afastara-se a imunidade, por entender afirmado no acórdão que a mencionada sociedade prestaria serviços a seus associados mediante pagamento de contribuição. Prevaleceu o voto do Min. Marco Aurélio. Inferiu inexistir assertiva na decisão do Tribunal a quo àquele respeito. Ato contínuo, consignou haver reiterados pronunciamentos do Supremo no sentido de que a entidade agravante seria detentora de imunidade tributária. Complementou que não se poderia ter descompasso em determinados processos, reconhecendo-se essa imunidade, porque não haveria contribuição dos beneficiários para a manutenção do próprio benefício, e, em outros, ter-se decisão diversa. Ante o contexto, entendeu que a ela conferir-se-ia imunidade tributária, consoante o Verbete 730 da Súmula do STF ("A imunidade tributária conferida a instituições de assistência social sem fins lucrativos pelo art. 150, VI, ´c', da Constituição, somente alcança as entidades fechadas de previdência social privada se não houver contribuição dos beneficiários"). Vencido o Min. Dias Toffoli, relator, que desprovia o agravo. (STF, RE 163164 AgR/SP, rel. orig. Min. Dias Toffoli, red. p/ o acórdão Min. Marco Aurélio, 12.6.2012, noticiado no informativo 670/2012 do STF).

Fundação educacional e certificado de entidade beneficente

Em conclusão, a 1ª Turma negou provimento a recurso ordinário em mandado de segurança no qual fundação educacional pretendia afastar decisão do Ministro de Estado da Previdência e Assistência Social que, ao manter decisão do Conselho Nacional de Assistência Social, teria cancelado seu certificado de entidade beneficente de assistência social relativo ao período de 1º.1.98 a 31.12.2000. O fundamento do ato coator seria a não aplicação de 20% da receita bruta da recorrente em gratuidade conforme exigência prevista no inciso IV do art. 2º do Decreto 752/93 c/c o art. 2º, III, da Resolução 46/94, daquele Ministério - vide Informativo 611. Preliminarmente, não se conheceu da impetração na parte em que se alegava quebra de isonomia tributária, ao se exigir que a recorrente aplicasse 20% de sua receita bruta em gratuidade, e ocorrência de tributação in natura ofensiva à imunidade do art. 195, § 7º, da CF, por entender que seriam questões novas, não objeto do mandado de segurança e do acórdão recorrido.

Fundação educacional e certificado de entidade beneficente

Destacou-se que o ato coator dataria de 11.3.2008 e que estariam em vigor, quando da renovação do certificado, as Leis 8.742/93 e 8.909/94 e o Decreto 2.536/98, que revogara o Decreto 752/93. Não obstante, o cancelamento do certificado da ora recorrente teria sido mantido com fundamento no Decreto 752/93 e na Resolução 46/94, do Ministério da Previdência e Assistência Social. Registrou-se vigorar sobre a matéria, hoje, a Lei 12.101/2009 – que alterara a Lei 8.742/93 e revogara o art. 55 da Lei 8.212/91 –, cujo art. 13 manteria a obrigatoriedade de aplicação de pelo menos 20% da receita bruta anual da entidade de educação em gratuidade. Rejeitou-se a assertiva de violação ao art. 150, I, da CF, porque o princípio da legalidade tributária diria respeito à exigência de lei para instituição ou aumento de tributos, o que não se teria. Na espécie, reputou-se que lei instituíra requisito a ser cumprido por entidade beneficente para obtenção do mencionado certificado. Realçou-se que, *quanto à renovação periódica do certificado de entidade beneficente, esta Corte decidira não haver imunidade absoluta nem afronta ao art. 195, § 7º, da CF, ao se estabelecer essa exigência.* (STF, RMS 28456/DF, rel. Min. Cármen Lúcia, 22.5.2012, noticiado no informativo 667/2012 do STF).

Imunidade: ICMS e serviço social autônomo – 1

A Turma desproveu recurso extraordinário em que o Serviço Social da Indústria – SESI sustentava ser imune à tributação pela incidência de impostos (CF, 150, VI, c) ao argumento de que a extensão da proteção constitucional às operações de venda de mercadorias diretamente ao consumidor permitiria a venda de produtos a preços mais acessíveis, auxiliando na melhoria do padrão de vida de seus filiados. Na espécie, o tribunal local assentara que o ICMS não gravaria o patrimônio, nem as rendas, nem os serviços do SESI, uma vez que ele recairia sobre a comercialização de bens de consumo, sendo, na verdade, pago pelo consumidor. Inicialmente, reputou-se desnecessária, conforme sugerido pela Procuradoria Geral da República, a submissão do feito ao Plenário do STF, dado que não haveria pedido de declaração incidental de inconstitucionalidade de norma estadual, bem como seria pacífica a jurisprudência da Corte pertinente à matéria.

Imunidade: ICMS e serviço social autônomo – 2

Observou-se que – não obstante as partes tivessem centrado sua atenção na caracterização, ou não, do SESI como entidade imune e de suas operações como beneficiadas pela garantia constitucional – haveria uma questão subjacente a qual deveria ser apreciada, sob pena de o eventual provimento do recurso extraordinário violar, por outro modo, o art. 150, VI, c, da CF ("Art. 150. Sem prejuízo de outras garantias asseguradas ao contribuinte, é vedado à União, aos Estados, ao Distrito Federal e aos Municípios: ... VI – instituir impostos sobre: ... c) patrimônio, renda ou serviços dos partidos políticos, inclusive suas fundações, das entidades sindicais dos trabalhadores, das instituições de educação e de assistência social, sem fins lucrativos, atendidos os requisitos da lei"). Asseverou-se que a controvérsia de fundo estaria em se saber se a imunidade tributária se aplicaria às relações jurídicas formadas com fundamento na responsabilidade tributária ou na substituição tributária, que levariam à sujeição passiva indireta. Tendo em conta que o citado dispositivo constitucional refere-se somente às operações realizadas pela entidade imune, aduziu-se que o Estado não poderia colocar o SESI como contribuinte de imposto que grave o seu patrimônio, sua renda ou seus serviços, desde que imanentes às funções institucionais que lhe são atribuídas pela Constituição e pela legislação de regência. Ressaltou-se que a sujeição passiva tributária compreenderia os sujeitos passivos diretos – chamados pela legislação tributária de contribuintes – e os sujeitos passivos indiretos – os quais poderiam ser substitutos ou responsáveis tributários. Esclareceu-se que, nos termos do art. 121, parágrafo único, I, do CTN, somente poderia ser considerado contribuinte a pessoa que estivesse em relação pessoal e direta com a situação que constituiria o fato gerador e, da leitura conjunta dos artigos 121, parágrafo único, I e 128 do CTN, extrair-se-ia que a legislação tributária justificaria a sujeição passiva indireta, em termos econômicos, derivada da circunstância de o terceiro que for chamado a responder pela obrigação tributária estar ligado – economicamente ou por outro tipo de nexo causal – ao fato jurídico tributário. Consignou-se que, na hipótese versada nos autos, a operação tributada consistiria na venda de feijão – por contribuinte localizado no Estado de São Paulo – ao SESI. Acrescentou-se que a legislação vigente à época estabelecia que, em tais operações de circulação de mercadoria, a cobrança do tributo seria diferida para o momento da entrada do bem no estabelecimento varejista adquirente. Aduziu-se que, no diferimento, a cobrança do tributo seria postergada para uma etapa posterior do ciclo produtivo, sem, contudo, acarretar mudança do referencial fático da tributação. Destarte, registrou-se que, em razão do uso da técnica de tributação mencionada, a entidade recorrente fora apontada como substituta pelo pagamento do valor devido originalmente pelo contribuinte.

Imunidade: ICMS e serviço social autônomo – 3

Concluiu-se que, seja na substituição, seja na responsabilidade tributária, não haveria o deslocamento da sujeição tributária passiva direta, eis que os substitutos e os responsáveis não seriam, nem passariam a ser, contribuintes do tributo. Asseverou-se que responsabilidade e substituição tributária versariam normas voltadas a garantir a máxima efetividade do crédito tributário, mediante a eleição de outros sujeitos passivos para garantir o recolhimento do valor devido a título de tributo. Assim, o responsável ou o substituto responderiam por obrigação própria, mas totalmente dependente da existência, ou possibilidade de existência, e da validade, da relação jurídica tributária pertinente ao contribuinte. *Assentou-se que a imunidade tributária não alcançaria a entidade na hipótese de ser ela eleita responsável ou substituta tributária, porquanto, em ambas as hipóteses, a entidade não seria contribuinte do tributo, pois não seriam suas operações que se sujeitariam à tributação.* Enfatizou-se que os fatos jurídicos tributários referir-se-iam a outras pessoas, contribuintes, como o produtor-vendedor, no caso dos autos, e que, se tais pessoas não gozarem da imunidade, descaberia estender-lhes a salvaguarda constitucional. *Afirmou-se não se tratar, também, de investigar quem suportaria a carga tributária para estabelecer o alcance da imunidade, pois, no quadro ora examinado, a busca pelo contribuinte de fato seria irrelevante, na medida em que existiria um contribuinte de direito, que seria o produtor-vendedor, descabendo estender-lhe o benefício, se ele não gozar da imunidade.* (STF, RE 202987/SP, rel. Min. Joaquim Barbosa, 30.6.2009, noticiado no informativo 553/2009 do STF) (grifos nossos)

Imunidade tributária: cemitérios e exploração comercial – 1

O Tribunal iniciou julgamento de recurso extraordinário interposto contra acórdão do extinto Primeiro Tribunal de Alçada Civil do Estado de São Paulo, que reputara válida a incidência do IPTU sobre imóvel, pertencente à recorrente, alugado a empresa que o explorava como cemitério privado. Sustenta-se que a propriedade imóvel em questão é imune, nos termos do art. 150, VI, b, da CF, e que a expressão "templos" deve ser interpretada de forma a abranger não apenas os edifícios destinados à celebração pública dos ritos religiosos, mas também os respectivos anexos, haja vista que em frente aos túmulos são prestadas homenagens e desenvolvidos ritos que configuram o culto previsto na norma constitucional. O Min. Joaquim Barbosa, relator, negou provimento ao recurso, no que foi acompanhado pelos Ministros Cármen Lúcia, Ricardo Lewandowski, Cezar Peluso e Marco Aurélio. Ressaltando que a propriedade imóvel que se pretende imune pertenceria a uma pessoa natural e laica; teria sido alugada a uma empresa privada sem qualquer vínculo com as finalidades institucionais típicas de entidade eclesiástica; bem como utilizada em atividade econômico-lucrativa cujo produto não seria destinado à manutenção de atividades institucionais essenciais a qualquer entidade religiosa, entendeu não aplicável, à espécie, a orientação fixada pelo STF em vários precedentes e constante do Enunciado da Súmula 724, no sentido de que não pode haver tributação de imóveis pertencentes a entidades imunes, ainda quando alugadas a terceiros, sempre que a renda obtida seja empregada nas atividades essenciais dessas entidades.

Imunidade tributária: cemitérios e exploração comercial – 2

O Min. Joaquim Barbosa rejeitou, em seguida, a alça da do terreno em exame à condição de templo de qualquer culto. Ressaltou, no ponto, que *a expressão "templo" abrangeria os anexos e outras construções nos quais a entidade religiosa desempenhasse atividades essenciais à consecução de seus objetivos institucionais, mas que não seria coerente, partindo dessa premissa, concluir que terrenos explorados comercialmente por entidades não eclesiásticas, para fins que não são necessariamente próprios à expressão da crença, fossem considerados templos.* Além disso, ressaltou que *a propriedade imóvel de que se trata seria destinada à prestação de serviços funerários e ao sepultamento, e sendo o serviço funerário atividade de interesse público, especificamente de saúde pública e de saneamento, não se trataria ontologicamente de questão de índole religiosa.* Aduziu que, para reformar o acórdão recorrido, *também seria necessário reconhecer que a pessoa que explora o terreno se dedicasse inexoravelmente à prática de ritos religiosos fúnebres*, o que não estaria comprovado nos autos, sendo, ademais, lícito presumir que a execução de ritos religiosos não seria obrigatória, porque o cemitério não seria exclusivo ao sepultamento de fiéis de uma ou outra religião. Afirmou, ademais, que *o serviço funerário se submeteria à regra que o exclui da imunidade se desempenhado por particular em regime de concessão ou delegação (CF, art. 150, §§ 2º, 3º e 4º), devendo, por isso, ser tributado o terreno utilizado para tal atividade.*

Imunidade tributária: cemitérios e exploração comercial - 3

O relator reputou, ainda, adequado prosseguir no exame da questão, trazendo ponderações sobre a racionalidade subjacente à construção do campo de imunidade aplicável aos templos de qualquer culto, a capacidade contributiva, a livre iniciativa e a livre concorrência. Disse que a imunidade tributária dos templos de qualquer culto se distanciaria das demais normas de imunização tributária em função da postura constitucional imposta à atuação do Estado em relação à liberdade de culto. Para ele, a imunidade tributária dos templos de qualquer culto seria uma salvaguarda à neutralidade do Estado em relação à liberdade religiosa, servindo como mecanismo para impedir que a cobrança de impostos operasse como instrumento de pressão às confissões religiosas, e para desestimular o arrefecimento das atividades institucionais que lhe são peculiares. Dessa forma, *a tributação de bens de terceiros aplicados com intuito econômico ou individual não traria nenhum risco à neutralidade do Estado em matéria de religião. Por outro lado, a não tributação redundaria em chapada vantagem econômica ao particular que decidiu explorar economicamente o seu bem. Fugiria, portanto, à racionalidade extraída da Constituição o uso da imunidade tributária como instrumento que viesse a beneficiar atividades desenvolvidas por entidades não eclesiásticas exercidas com inequívoco intuito lucrativo individual.*

Imunidade tributária: cemitérios e exploração comercial - 4

Reportando-se ao voto-vista que proferira no julgamento do RE 451152/RJ (DJU de 27.4.2007), o relator concluiu que não estariam presentes, na hipótese, nenhum dos requisitos objetivos ou subjetivos necessários ao reconhecimento da imunidade tributária. Em suma, o terreno não pertenceria a entidade eclesiástica, não seria utilizado por entidade eclesiástica, nem em atividade inerente à atividade eclesiástica. Além disso, a tributação do terreno não traria qualquer risco à liberdade de culto, sendo que tanto a pessoa natural titular do domínio do terreno que o explora economicamente, como a pessoa jurídica, que também o faz, mediante a comercialização de jazigos, demonstrariam capacidade contributiva e finalidade não religiosa. Por fim, a não tributação implicaria, ainda, risco à livre concorrência, à livre iniciativa e à isonomia. Em divergência, o Min. Carlos Britto deu provimento ao recurso, por entender, conjugando a regra de imunidade de templos de qualquer culto (art. 150, VI, b) com a do art. 5º, VI, que a Constituição teria por objetivo favorecer, proteger o local de culto, caracterizador de uma liberdade individual que ela tem por inviolável. Ressaltou que esse local de culto valeria por si mesmo, nada tendo a ver com a entidade que eventualmente o vitalizasse, inclusive economicamente. Assim, a Constituição, sem esperar pela lei, já teria consagrado a imunidade aos templos, ou seja, locais, espaços físicos, de qualquer culto, sendo esse pronome "qualquer" da maior abrangência material, institucional, possível, alcançando o cemitério, local de reverência, adoração e veneração de pessoas queridas. Haveria, portanto, uma preponderância do religioso sobre o econômico. *Após, pediu vista dos autos o Min. Celso de Mello.*(STF, RE 544815/SP, rel. Min. Joaquim Barbosa, 21.5.2008, noticiado no informativo 507/2008) (grifos nossos)

Ação direta de inconstitucionalidade. Art. 1º, na parte em que alterou a redação do artigo 55, III, da Lei 8.212/91 e acrescentou-lhe os §§ 3º, 4º e 5º, e dos artigos 4º, 5º e 7º, todos da Lei 9.732, de 11 de dezembro de 1998. – Preliminar de mérito que se ultrapassa porque *o conceito mais lato de assistência social – e que é admitido pela Constituição – é o que parece deva ser adotado para a caracterização da assistência prestada por entidades beneficentes, tendo em vista o cunho nitidamente social da Carta Magna.* – De há muito se firmou a jurisprudência desta Corte no sentido de que só é exigível lei complementar quando a Constituição expressamente a ela faz alusão com referência a determinada matéria, o que implica dizer que quando a Carta Magna alude genericamente a "lei" para estabelecer princípio de reserva legal, essa expressão compreende tanto a legislação ordinária, nas suas diferentes modalidades, quanto a legislação complementar. – No caso, o artigo 195, § 7º, da Carta Magna, com relação a matéria específica (as exigências a que devem atender as entidades beneficentes de assistência social para gozarem da imunidade aí prevista), determina apenas que essas exigências sejam estabelecidas em lei. Portanto, em face da referida jurisprudência desta Corte, em lei ordinária. – É certo, porém, que há forte corrente doutrinária que entende que, sendo a imunidade uma limitação constitucional ao poder de tributar, embora o § 7º do artigo 195 só se refira a "lei" sem qualificá-la como complementar – e o mesmo ocorre quanto ao artigo 150, VI, "c", da Carta Magna -, essa expressão, ao invés de ser entendida como exceção ao princípio geral que se encontra no artigo 146, II ("Cabe à lei complementar: ... II – regular as limitações constitucionais ao poder de tributar"), deve ser interpretada em conjugação com esse princípio para se exigir lei complementar para o estabelecimento dos requisitos a ser observados pelas entidades em causa. – A essa fundamentação jurídica, em si mesma, não se pode negar relevância, embora, no caso, se acolhida, e, em conseqüência, suspensa provisoriamente a eficácia dos dispositivos impugnados, voltará a vigorar a redação originária do artigo 55 da Lei 8.212/91, que, também por ser lei ordinária, não poderia regular essa limitação constitucional ao poder de tributar, e que, apesar disso, não foi atacada, subsidiariamente, como inconstitucional nesta ação direta, o que levaria ao não-conhecimento desta para se possibilitar que outra pudesse ser proposta sem essa deficiência. – Em se tratando, porém, de pedido de liminar, e sendo igualmente relevante a tese contrária – a de que, no que diz respeito a requisitos a ser observados por entidades para que possam gozar da imunidade, os dispositivos específicos, ao exigirem apenas lei, constituem exceção ao princípio geral –, não me parece que a primeira, no tocante à relevância, se sobreponha à segunda de tal modo que permita a concessão da liminar que não poderia dar-se por não ter sido atacado também o artigo 55 da Lei 8.212/91 que voltaria a vigorar integralmente em sua redação originária, deficiência essa da inicial que levaria, de pronto, ao não-conhecimento da presente ação direta. Entendo que, em casos como o presente, em que há, pelo menos num primeiro exame, equivalência de relevâncias, e em que não se alega contra os dispositivos impugnados apenas inconstitucionalidade formal, mas também inconstitucionalidade material, se deva, nessa fase da tramitação da ação, trancá-la com o seu não-conhecimento, questão cujo exame será remetido para o momento do julgamento final do feito. – Embora relevante a tese de que, não obstante o § 7º do artigo 195 só se refira a "lei", sendo a imunidade uma limitação constitucional ao poder de tributar, é de se exigir lei complementar para o estabelecimento dos requisitos a ser observados pelas entidades em causa, no caso, porém, dada a relevância das duas teses opostas, e sendo certo que, se concedida a liminar, revigorar-se-ia legislação ordinária anterior que não foi atacada, não deve ser concedida a liminar pleiteada. – É relevante o fundamento da inconstitucionalidade material sustentada nos autos (o de que os dispositivos ora impugnados – o que não poderia ser feito sequer por lei complementar – estabeleceram requisitos que desvirtuam o próprio conceito constitucional de entidade beneficente de assistência social, bem como limitaram a própria extensão da imunidade). Existência, também, do "periculum in mora". Referendou-se o despacho que concedeu a liminar para suspender a eficácia dos dispositivos impugnados nesta ação direta. (STF, ADI 2028-MC, Rel. Min. Moreira Alves, Pleno, j. 11.11.1999, DJ 16.06.2000) (grifos nossos).

Imunidade tributária. IPTU. Finalidade do bem

. A utilização do imóvel para atividade de lazer e recreação não configura desvio de finalidade com relação aos objetivos da Fundação caracterizada como entidade de assistência social. 2. A decisão que afasta o desvio de finalidade para o fim de assegurar a imunidade tributária com base no reconhecimento de que a atividade de recreação e lazer está no alcance dos objetivos da Fundação não agride o art. 150, § 4º, inciso VI, da Constituição Federal. 3. Recurso extraordinário conhecido, mas desprovido. (STF, RE 236.174, Relator: Min. Menezes Direito, j. 02/09/2008, 1ª Turma, Data de Publicação: DJe-202 DIVULG 23-10-2008 PUBLIC 24-10-2008) (grifos nossos).

"No tocante às entidades de assistência social que atendam aos requisitos atendidos pela ora recorrida, esta Corte tem reconhecido em favor delas a imunidade tributária prevista no art. 150, VI, c, sendo que, especificamente quanto ao IOF, a Segunda Turma, no RE 232.080-AgR, Rel. Min. Nelson Jobim, reconheceu a aplicação dessa imunidade, citando, inclusive, a decisão tomada nos RE 183.216-AgR-ED, onde se salientou que '(...) o fato de a entidade proceder à aplicação de recursos não significa atuação fora do que previsto no ato de sua constituição'." (STF, RE 241.090, Rel. Min. Moreira Alves, julgamento em 26-2-2002, Primeira Turma, DJ de 26-4-2002) No mesmo sentido: RE 454.753-AgR, Rel. Min. Joaquim Barbosa, julgamento em 20-4-2010, Segunda Turma, DJE de 28-5-2010; RE 249.980-AgR, Rel. Min. Ilmar Galvão, julgamento em 23-4-2002, Primeira Turma, DJ de 14-6-2002; RE 232.080-AgR, Rel. Min. Nelson Jobim, julgamento em 4-9-2001, Segunda Turma, DJ de 31-10-2001.

CONSTITUCIONAL. TRIBUTÁRIO. IMUNIDADE DE ENTIDADE BENEFICENTE. CERTIFICADO DE ENTIDADE BENEFICENTE – CEBAS EMITIDO E PRETENSAMENTE RECEPCIONADO PELO DECRETO-LEI 1.752/1977. DIREITO ADQUIRIDO. ART. 195, § 7º DA CONSTITUIÇÃO. DISCUSSÃO SOBRE O QUADRO FÁTICO. ATENDIMENTO OU NÃO DOS REQUISITOS LEGAIS. *1. Nenhuma imunidade tributária é absoluta, e o reconhecimento da observância aos requisitos legais que ensejam a proteção constitucional dependem da incidência da norma aplicável no momento em que o controle da regularidade é executado, na periodicidade indicada pelo regime de regência. 2. Não há direito adquirido a regime jurídico relativo à imunidade tributária. A concessão de Certificado de Entidade Beneficente – Cebas não imuniza a instituição contra novas verificações ou exigências, nos termos do regime jurídico aplicável no momento em que o controle é efetuado. Relação jurídica de trato sucessivo.* 4. Não cabe mandado de segurança para discutir a regularidade da entidade beneficente se for necessária dilação probatória. Recurso ordinário conhecido, mas ao qual se nega provimento. (STF, RMS 26932, Relator: Min. Joaquim Barbosa, j. 23/03/2010, 2ª Turma, Data de Publicação: DJe-081 Divulg 06-05-2010 Public 07-05-2010) (grifos nossos).

Exigência fiscal que, incidindo sobre bens produzidos e fabricados pela entidade assistencial, não ofende a imunidade tributária que lhe é assegurada na Constituição, visto repercutir o referido ônus, economicamente, no consumidor, vale dizer, no contribuinte de fato do tributo que se acha embutido no preço do bem adquirido. Recurso conhecido e provido. (STF, RE 164162, Relator: Ilmar Galvão, j. 14/05/1996, 1ª Turma, Data de Publicação: DJ 13-09-1996) (grifos nossos).

STJ

Súmula 352: A obtenção ou a renovação do Certificado de Entidade Beneficente de Assistência Social (Cebas) não exime a entidade do cumprimento dos requisitos legais supervenientes.

DIREITO TRIBUTÁRIO. ICMS E IMUNIDADE DAS ENTIDADES DE ASSISTÊNCIA SOCIAL SEM FINS LUCRATIVOS. Não há imunidade tributária em relação ao ICMS decorrente da prática econômica desenvolvida por entidade de assistência social sem fins lucrativos que tem por finalidade realizar ações que visem à promoção da pessoa com deficiência, quando desempenhar atividade franqueada da Empresa Brasileira de Correios e Telégrafos (ECT), ainda que a renda obtida reverta-se integralmente aos fins institucionais da referida entidade. De fato, a jurisprudência do STF é firme no sentido de que a imunidade prevista no art. 150, VI, c, da CF também se aplica ao ICMS, desde que a atividade seja relacionada com as finalidades essenciais da entidade. Assim, a *referida imunidade compreende somente o patrimônio, a renda e os serviços, relacionados com as finalidades essenciais das entidades nele mencionadas (art. 150, § 4º, da CF). Nesse mesmo sentido, o art. 14, § 2º, do CTN afirma que os serviços imunes das instituições de assistência social são, exclusivamente, os diretamente relacionados com os objetivos institucionais da entidade*, previstos nos respectivos estatutos ou atos constitutivos. Desse modo, a imunidade em relação ao ICMS não pode ser concedida no caso, porquanto a atividade econômica fraqueada dos Correios foge dos fins institucionais da entidade, ou seja, *o serviço prestado não possui relação com seus trabalhos na área de assistência social, ainda que o resultado das vendas seja revertido em prol das suas atividades essenciais*. (STJ, RMS 46.170-MS, Rel. Min. Humberto Martins, julgado em 23/10/2014 (noticiado no informativo nº 551 do STJ) (grifos nossos)

CEFF. RENOVAÇÃO. TERMO INICIAL. Trata-se de demanda com objetivo de declarar a inexistência de obrigação jurídica de requerer a renovação do certificado de entidade de fins filantrópicos (CEFF), bem como afastar eventual solução de continuidade em sua qualificação como entidade filantrópica. O Min. Relator ressaltou constar dos autos que, embora a autora (ora recorrente) tenha requerido o recadastramento em 25/7/1994, somente obteve a primeira renovação de seu certificado em 26/8/1996, e a ocorrência desse fato deve-se à falta de clareza do art. 55, II, da Lei n. 8.212/1991, que alterou a disciplina de concessão da CEFF (estabelecendo a exigência de renovação a cada três anos). Por outro lado, essa demora na renovação suscita dúvidas quanto ao momento exato da contagem de prazo para a continuidade da isenção no intervalo entre o requerimento e a efetiva renovação. Observa, ainda, que o acórdão recorrido manteve a sentença e, dada a relevância do ato de renovação para efeitos fiscais, definiu que a eficácia desse ato deveria retroagir à data do requerimento, ou seja, no que concerne à isenção da contribuição previdenciária, deve tomar-se por base a data do requerimento administrativo. Conclui estar essa solução em consenso com a jurisprudência do STJ, que, com base em precedente do STF, entende que *o certificado que reconhece a entidade como de fins filantrópicos de utilidade pública tem efeito ex tunc por se tratar de um ato declaratório. Destaca que o regulamento da Previdência Social também reconhece a eficácia declaratória do ato de renovação da CEFF (§ 2º do art. 208 do Dec. n. 3.048/1999)*. Diante do exposto, a Turma negou provimento ao recurso, confirmando o acórdão recorrido. Precedentes citados do STF: RE 115.510-RJ, DJ 11/11/1998; do STJ: REsp 1.025.577-MG, DJe 13/3/2009; AgRg no REsp 752.101-RS, DJe 14/4/2008, e REsp 478.239-RS, DJ 28/11/2005. (STJ, REsp 768.889-DF, Rel. Min. Teori Albino Zavascki, julgado em 23/6/2009, noticiado no informativo 400/2009) (grifos nossos)

Imunidade tributária. Fundações privadas

Trata-se de REsp no qual se discute a imunidade tributária de fundações privadas que prestam serviços relacionados à educação. In casu, o Tribunal a quo entendeu que as duas fundações, ora recorridas, enquadram-se como instituições de educação e, mais ainda, ressaltou que o serviço que o recorrente pretende tributar tem ligação direta com as finalidades estatutárias de ambas as fundações, relacionadas com educação e com ensino, o que lhes dá direito à imunidade pretendida. Diante disso, nesta instância especial, entendeu-se que, tendo a Corte de origem, após a análise do contexto fático-probatório dos autos, concluído pelo enquadramento das recorridas na definição de instituição de educação, não há como rever tal matéria (Súmula n. 7-STJ). Outrossim, *quanto à alegação de não haver registros das recorridas como entidades de educação no órgão competente, observou-se carecer tal alegação de embasamento legal*, não tendo o recorrente apontado efetivamente qual a legislação federal violada pelo acórdão. Por fim, no que se refere à necessidade do prévio requerimento administrativo ao ente competente para a cobrança do ISS, no caso, ao próprio recorrente, para a declaração dele sobre o enquadramento ou não das recorridas como entidades educacionais ou de assistência social, o TJ não tratou dessa questão, tampouco foram opostos embargos declaratórios para suprir tal omissão, incidindo, assim, a Súmula n. 282-STF. Nesse contexto, a Turma não conheceu do recurso. (STJ, REsp 928.549-DF, Rel. Min. Herman Benjamin, julgado em 6/10/2009, noticiado no informativo 410/2009 do STJ) (grifos nossos)

QUESTÕES OBJETIVAS RELACIONADAS AO TEMA

1. (FCC - Defensor Público - SP - 2009) A imunidade prevista sobre a tributação do patrimônio, renda ou serviços das instituições de assistência social inclui as rendas recebidas dos imóveis alugados, quando aplicadas em suas finalidades essenciais.

Assertiva correta.

2. (CESPE - Defensor Público - CE - 2008) O aluguel de salas localizadas em templo religioso é legal, mas as receitas das locações devem ser tributadas pelo imposto de renda.

Assertiva errada.

3. (CESPE - Juiz de Direito - TO - 2007) Considere que uma instituição de assistência social, sem fins lucrativos, possua um imóvel, alugado a terceiro, que explora atividade mercantil. Nessa hipótese, desde que o aluguel recebido pela instituição de assistência social seja integralmente aplicado na sua atividade essencial, o referido imóvel está imune à incidência do IPTU.

Assertiva correta.

4. (FCC - Promotor de Justiça - CE - 2011) O patrimônio, a renda e os serviços relacionados às finalidades essenciais dos templos de qualquer culto são imunes de impostos.

Assertiva correta.

5. (CESPE - Juiz de Direito - ES - 2011) A CF confere benefício de isenção tributária aos templos religiosos, ou seja, sobre eles é conferida, pela ordem constitucional, exoneração de obrigação de pagar tributos.

Assertiva errada.

6. (CESPE - Defensor Público - SE - 2006) A imunidade dos templos de qualquer culto estende-se aos seus imóveis que são utilizados como estacionamento, com o intuito de auferir recursos para serem utilizados no objeto social dessas entidades.

Assertiva correta.

QUESTÃO 3

ESAF – Procurador da Fazenda Nacional – 2015

O § 7.º do art. 195 da Constituição dispõe que "São isentas de contribuição para a seguridade social as entidades beneficentes de assistência social que atendam às exigências estabelecidas em lei."

1) A "lei" a que se refere o dispositivo é ordinária ou complementar?

2) Medida provisória poderia dispor sobre as exigências em causa?

Justifique ambas as respostas na forma do Direito brasileiro vigente conforme compreendido pela jurisprudência dominante do Supremo Tribunal Federal.
A primeira resposta – necessariamente – também deverá tomar em consideração o inciso II do art. 146 da Constituição ("Cabe à lei complementar: [...] regular as limitações constitucionais ao poder de tributar;") inclusive para, se for o caso, distinguir ou não, de modo fundamentado, a imunidade a que se refere esse dispositivo e a isenção a que se refere o § 7.º do art. 195 da Constituição.

QUESTÃO 3

(30 LINHAS)

▶ RESPOSTA DO AUTOR

O **art. 195, § 7º da Constituição Federal** trata da **isenção** de **contribuições para a seguridade social** das **entidades beneficentes de assistência social** que atendam às exigências estabelecidas em **lei**. No entanto, a interpretação correta desse dispositivo exige uma análise mais detalhada, considerando o **art. 146, II, da Constituição**, que dispõe sobre a competência para regular as limitações constitucionais ao poder de tributar.

1) A "lei" a que se refere o art. 195, § 7º da Constituição é ordinária ou complementar?

Embora o texto constitucional utilize o termo **isenção**, a doutrina e a jurisprudência do **Supremo Tribunal Federal (STF)** reconhecem que o **art. 195, § 7º** trata, na verdade, de uma **imunidade tributária** em relação às contribuições para a seguridade social. A **imunidade** é uma verdadeira **limitação constitucional ao poder de tributar**, não sendo uma mera concessão por lei ordinária, mas uma garantia constitucional que impede a incidência de tributos.

Nesse contexto, o **art. 146, II, da Constituição Federal** estabelece que cabe à **lei complementar** regular as limitações constitucionais ao poder de tributar, o que inclui as **imunidades**. Dessa forma, a regulamentação dos **requisitos materiais** para que as entidades beneficentes possam usufruir dessa imunidade **deve ser feita por lei complementar**, pois estamos tratando de uma limitação ao poder de tributar.

Portanto, a **lei** mencionada no **art. 195, § 7º** da Constituição é **lei complementar**, uma vez que estamos diante de uma limitação constitucional ao poder de tributar, e a Constituição exige a utilização dessa espécie normativa para regulamentar as imunidades.

2) Medida provisória poderia dispor sobre as exigências em causa?

A **medida provisória** não pode dispor sobre os requisitos materiais que regem o **reconhecimento da imunidade tributária** das entidades beneficentes de assistência social. Isso ocorre porque a regulamentação da imunidade é uma **limitação constitucional ao poder de tributar**, e, conforme o **art. 146, II** da Constituição, essa matéria **deve ser regulada por lei complementar**. Como a **medida provisória** possui natureza de **lei ordinária**, ela não pode tratar de matérias reservadas à lei complementar.

No entanto, o **STF** admite que questões **meramente procedimentais** e **administrativas**, como a **certificação** das entidades e a **fiscalização** do cumprimento dos requisitos, possam ser regulamentadas por **lei ordinária** ou, eventualmente, por **medida provisória**, já que essas questões não envolvem diretamente as limitações constitucionais ao poder de tributar, mas sim o controle administrativo exercido sobre as entidades.

Conclusão:

1. A **lei** mencionada no **art. 195, § 7º** da Constituição deve ser **lei complementar**, conforme o **art. 146, II**, já que trata de uma **imunidade tributária**, uma limitação constitucional ao poder de tributar.

2. A **medida provisória** não pode dispor sobre as **exigências materiais** para a fruição da imunidade, mas pode tratar de **aspectos procedimentais** ou **administrativos**, como a certificação e a fiscalização das entidades.

Observação: a resposta acima leva em conta jurisprudência posterior à aplicação da prova.

ATENÇÃO!!!! A Lei Complementar 187/2021, editada após a consolidação do entendimento jurisprudencial acima citado, traz em seu bojo normas que instituem contrapartidas às entidades do mesmo modo que dispõem sobre certificação.

▸ DOUTRINA TEMÁTICA

"Do confronto dos julgados acima pode-se concluir:

a) Lei ordinária – legítima para a regulação de aspectos procedimentais necessários à verificação do atendimento das finalidades constitucionais da regra de imunidade, tais como as referentes à certificação, à fiscalização e ao controle administrativo.

b) Lei complementar – necessária para definição do modo beneficente de atuação da entidade imune, especialmente no que se refere à instituição de contrapartidas a serem observadas por elas.

Uma observação pertinente a respeito dos julgados acima é que a ADI 1802 e a ADI 2028 dizem respeito dispositivos distintos do texto constitucional que foram utilizados como parâmetro de constitucionalidade. Enquanto a ADI 1802 tratava da interpretação do artigo 150, VI, c, a ADI 2028 analisou o alcance do artigo 195, § 7º da CF (que contém imunidade a ser estudada em outro capítulo). Apesar de tratarem de imunidades distintas, o entendimento a respeito da reserva de lei complementar foi o mesmo nos dois julgamentos.

No RE 566.622 (j. 23.02.2017), julgado pela sistemática de repercussão geral, foi definido a sucinta (e pouco esclarecedora) tese de que "a regência de imunidade faz-se mediante lei complementar". Posteriormente, no julgamento de embargos de declaração (RE 566.622 ED, j. 18.12.2019), a tese de repercussão geral foi reformulada, passando a ser expressa nos seguintes termos (grifos adicionados):

A lei complementar é forma exigível para a definição do modo beneficente de atuação das entidades de assistência social contempladas pelo art. 195, § 7º, da CF, especialmente no que se refere à instituição de contrapartidas a serem por elas observadas.

Esse julgado será abordado mais detidamente quando do estudo da imunidade prevista no artigo 195, § 7º da CF." (DIAS JÚNIOR, Antônio Augusto. Direito Tributário Didático. São Paulo: Juspodivm, 2021, p. 253-254)

▸ JURISPRUDÊNCIA TEMÁTICA

EMENTA AÇÃO DIRETA DE INCONSTITUCIONALIDADE. CONVERSÃO EM ARGUIÇÃO DE DESCUMPRIMENTO DE PRECEITO FUNDAMENTAL. CONHECIMENTO. IMUNIDADE. CONTRIBUIÇÕES SOCIAIS. ARTS. 146, II, e 195, § 7º, DA CONSTITUIÇÃO FEDERAL. REGULAMENTAÇÃO. LEI 8.212/91 (ART. 55). DECRETO 2.536/98 (ARTS. 2º, IV, 3º, VI, §§ 1º e 4º e PARÁGRAFO ÚNICO). DECRETO 752/93 (ARTS. 1º, IV, 2º, IV e §§ 1º e 3º, e 7º, § 4º). ENTIDADES BENEFICENTES DE ASSISTÊNCIA SOCIAL. DISTINÇÃO. MODO DE ATUAÇÃO DAS ENTIDADES DE ASSISTÊNCIA SOCIAL. TRATAMENTO POR LEI COMPLEMENTAR. ASPECTOS MERAMENTE PROCEDIMENTAIS. REGRAMENTO POR LEI ORDINÁRIA. Nos exatos termos do voto proferido pelo eminente e saudoso Ministro Teori Zavascki, ao inaugurar a divergência: 1. "[...] fica evidenciado que (a) entidade beneficente de assistência social (art. 195, § 7º) não é conceito equiparável a entidade de assistência social sem fins lucrativos (art. 150, VI); (b) a Constituição Federal não reúne elementos discursivos para dar concretização segura ao que se possa entender por modo beneficente de prestar assistência social; (c) a definição desta condição modal é indispensável para garantir que a imunidade do art. 195, § 7º, da CF cumpra a finalidade que lhe é designada pelo texto constitucional; e (d) esta tarefa foi outorgada ao legislador infraconstitucional, que tem autoridade para defini-la, desde que respeitados os demais termos do texto constitucional.". 2. "Aspectos meramente procedimentais referentes à certificação, fiscalização e controle administrativo continuam passíveis de definição em lei ordinária. A lei complementar é forma somente exigível para a definição do modo beneficente de atuação das entidades de assistência social contempladas pelo art. 195, § 7º, da CF, especialmente no que se refere à instituição de contrapartidas a serem observadas por elas.". 3. Procedência da ação "nos limites postos no voto do Ministro Relator". Arguição de descumprimento de preceito fundamental, decorrente da conversão da ação direta de inconstitucionalidade, integralmente procedente.

(STF, ADI 2028, Órgão julgador: Tribunal Pleno Relator(a): Min. JOAQUIM BARBOSA Redator(a) do acórdão: Min. ROSA WEBER Julgamento: 02/03/2017 Publicação: 08/05/2017)

E M E N T A EMBARGOS DE DECLARAÇÃO. RECURSO EXTRAORDINÁRIO SOB O RITO DA REPERCUSSÃO GERAL. TEMA Nº 32. EXAME CONJUNTO COM AS ADI'S 2.028, 2.036, 2.228 E 2.621. ENTIDADES BENEFICENTES DE ASSISTÊNCIA SOCIAL. IMUNIDADE. CONTRIBUIÇÕES SOCIAIS. ARTS. 146, II, E 195, § 7º, DA CONSTITUIÇÃO DA REPÚBLICA. CARACTERIZAÇÃO DA IMUNIDADE RESERVADA À LEI COMPLEMENTAR. ASPECTOS PROCEDIMENTAIS DISPONÍVEIS À LEI ORDINÁRIA. OMISSÃO. CONSTITUCIONALIDADE DO ART. 55, II, DA LEI Nº 8.212/1991. ACOLHIMENTO PARCIAL. 1. Aspectos procedimentais referentes à certificação, fiscalização e controle administrativo são passíveis de definição em lei ordinária, somente exigível a lei complementar para a definição do modo beneficente de atuação das entidades de assistência social contempladas no art. 195, § 7º, da Lei Maior, especialmente no que se refere à instituição de contrapartidas a serem por elas observadas. 2. É constitucional o art. 55, II, da Lei nº 8.212/1991, na redação original e nas redações que lhe foram dadas pelo art. 5º da Lei 9.429/1996 e pelo art. 3º da Medida Provisória nº 2.187-13/2001. 3. Reformulada a tese relativa ao tema nº 32 da repercussão geral, nos seguintes termos: "A lei complementar é forma exigível para a definição do modo beneficente de atuação das entidades de assistência social contempladas pelo art. 195, § 7º, da CF, especialmente no que se refere à instituição de contrapartidas a serem por elas observadas." 4. Embargos de declaração acolhidos em parte, com efeito modificativo. (RE 566622 ED, j. 18.12.2019)

11. SIMPLES NACIONAL

QUESTÃO 1

PGE MS - PROCURADOR DO ESTADO - CEBRASPE - 2021

Observada a legislação de regência e a jurisprudência do STF, redija um texto dissertativo respondendo, de maneira fundamentada, aos seguintes questionamentos.

1. **O que é o Simples Nacional? [valor: 1,00 ponto]**
2. **É válida a restrição à adesão ao Simples Nacional em se tratando de microempresa ou empresa de pequeno porte que possua débitos com a fazenda estadual, cuja exigibilidade não esteja suspensa? [valor: 3,50 pontos]**
3. **No caso de empresa aderente ao Simples Nacional que adquira mercadorias provenientes de outros estados da Federação, é válida a cobrança do diferencial de alíquota de ICMS (DIFAL) em razão dessa operação, levando-se em conta o tratamento preconizado nos artigos 170, inciso IX, e 179 da Constituição Federal de 1988? [valor: 5,00 pontos]**

QUESTÃO 1

(30 LINHAS)

▸ RESPOSTA DO AUTOR

1. O que é o Simples Nacional?

O **Simples Nacional** é o **Regime Especial Unificado de Arrecadação de Tributos e Contribuições**, criado pela **Lei Complementar 123/2006**, para as **Microempresas (ME)** e as **Empresas de Pequeno Porte (EPP)**. O objetivo do Simples Nacional é **simplificar e unificar** a arrecadação de diversos tributos e contribuições devidos pelas ME e EPP, integrando tributos de competência **federal, estadual e municipal**. O Simples Nacional permite o recolhimento desses tributos por meio de uma guia única, facilitando o cumprimento das obrigações fiscais para as empresas que se enquadram em seus requisitos.

2. É válida a restrição à adesão ao Simples Nacional para microempresas ou empresas de pequeno porte que possuam débitos com a fazenda estadual, cuja exigibilidade não esteja suspensa?

Sim, é **constitucional** a restrição à adesão ao Simples Nacional para microempresas ou empresas de pequeno porte que possuam débitos com a Fazenda Pública, cuja **exigibilidade não esteja suspensa**. Esse entendimento foi consolidado pelo **Supremo Tribunal Federal (STF)** em decisão com **repercussão geral**, considerando que o **Simples Nacional** é um **regime tributário opcional** e, por isso, o Estado pode estabelecer condições para sua fruição.

O STF entendeu que a **regularidade fiscal** é uma condição legítima para a adesão ao Simples Nacional, uma vez que o regime oferece **benefícios tributários** que não são estendidos aos demais contribuintes. Como o regime é facultativo, **não há direito adquirido** ao ingresso sem o cumprimento de certas exigências, sendo o **princípio da isonomia** resguardado, pois aqueles que cumprem suas obrigações fiscais não devem ser colocados na mesma situação daqueles que não o fazem.

Essa restrição também visa **proteger o erário** e incentivar a **regularidade fiscal**, o que é compatível com o interesse público.

3. No caso de empresa aderente ao Simples Nacional que adquira mercadorias provenientes de outros estados da Federação, é válida a cobrança do diferencial de alíquota de ICMS (DIFAL) em razão dessa operação, levando-se em conta os artigos 170, IX, e 179 da Constituição Federal de 1988?

Sim, a **cobrança do diferencial de alíquota de ICMS (DIFAL)** para empresas optantes pelo Simples Nacional é válida. O **STF** já decidiu, também em sede de **repercussão geral**, que as empresas optantes pelo **Simples Nacional** estão sujeitas ao pagamento do **DIFAL** quando adquirem mercadorias de outros estados da Federação.

O **Simples Nacional** não isenta as empresas do cumprimento das **obrigações relativas ao ICMS** nas operações interestaduais. A Constituição Federal, em seus **artigos 170, IX, e 179**, estabelece o tratamento favorecido para microempresas e empresas de pequeno porte, mas esse tratamento **não elimina a obrigação de recolher tributos** como o DIFAL, que tem como objetivo assegurar uma divisão equitativa da arrecadação do ICMS entre os estados de origem e destino da mercadoria.

A opção pelo **Simples Nacional** é um **ato facultativo** e implica tanto benefícios quanto obrigações. Portanto, as empresas que optam por esse regime devem arcar com o pagamento do DIFAL, sob pena de desequilíbrio entre os estados e distorção da livre concorrência.

Em suma, o STF entende que **não é possível uma adesão parcial** ao regime, usufruindo-se dos benefícios do Simples para o ICMS e, ao mesmo tempo, buscando isenção em relação ao diferencial de alíquota.

▸ CRITÉRIO DE CORREÇÃO DA BANCA

1. O Simples Nacional é o regime especial unificado de arrecadação de tributos e contribuições devidos pelas microempresas e empresas de pequeno porte, a teor do artigo 12 da Lei Complementar n. 123/2006.

2. Sim, é válida a restrição à adesão ao Simples Nacional em se tratando de microempresa ou empresa de pequeno porte que possua débitos com a Fazenda estadual, cuja exigibilidade não esteja suspensa. Conforme decidido pelo STF no julgamento do Recurso Extraordinário n.º 627.543 (relator ministro Dias Toffoli) alusivo ao Tema n.º 363 de repercussão geral, é válida a previsão contida no artigo 17, inciso V, da Lei Complementar n.º 123/2006, segundo a qual "não poderão recolher os impostos e contribuições na forma do Simples Nacional a microempresa ou empresa de pequeno porte que possua débito com o Instituto Nacional do Seguro Social - INSS, ou com as Fazendas Públicas Federal, Estadual ou Municipal, cuja exigibilidade não esteja suspensa". Na óptica da corte, "partindo-se da premissa de que o regime foi criado para diferenciar, em iguais condições, os empreendedores com menor capacidade contributiva e menor poder econômico, é desarrazoado que se conceba um provimento judicial que, nesse universo de contribuintes, acabe por favorecer aqueles em débito com os fiscos pertinentes, os quais participariam do mercado com uma vantagem competitiva em relação àqueles que cumprem pontualmente". Nesse sentido, o Plenário do STF assentou que não há ofensa aos princípios da isonomia e livre concorrência, não havendo o que se falar em sanção política. Conforme consignado pelo Relator: "o art. 17, inciso V, da Lei Complementar nº 123/96 não viola o princípio da isonomia. [...] Portanto, a condicionante do inciso V do art. 17 da LC n. 123/2006 não se caracteriza, a priori, como fator de desequilíbrio concorrencial, pois se constitui em exigência imposta a todas as pequenas e as microempresas (MPE), bem como a todos os microempreendedores individuais (MEI), devendo ser contextualizada, por representar, também, forma indireta de se reprovar a infração das leis fiscais e de se garantir a neutralidade, com enfoque maior na livre concorrência."

3. Sim. Conforme decidido pelo STF no julgamento do Recurso Extraordinário n.º 970.821 (relator Ministro Edson Fachin), alusivo ao Tema n.º 517 de repercussão geral, é constitucional a imposição tributária de diferencial de alíquota do ICMS pelo Estado de destino na entrada de mercadoria em seu território devido por sociedade empresária aderente ao Simples Nacional, independentemente da posição desta na cadeia produtiva, a teor do art. 13, § 1.º, XIII, "g", da LC n. 123/2006. Conforme consignado pelo relator, não há como prosperar uma adesão parcial ao regime simplificado, adimplindo-se obrigação tributária de forma centralizada e com carga menor, simultaneamente ao não recolhimento de diferencial de alíquota nas operações interestaduais, não havendo como conceber modelo híbrido. Evoca, ainda, a facultatividade de adesão ao Simples, arcando-se com bônus e ônus decorrentes dessa escolha empresarial.

QUESITOS AVALIADOS

2.1

0 – Não abordou o quesito.

1 – Abordou parcialmente o quesito, dizendo da sistemática alusiva ao recolhimento unificado de tributos, sem especificar a aplicabilidade às microempresas e empresas de pequeno porte; ou, ainda, sem mencionar o preceito aplicável, no caso, o artigo 12 da Lei Complementar n. 123/2006.

2 – Abordou, de forma correta e suficiente, o quesito, dizendo do recolhimento unificado de tributos aplicável às microempresas e empresas de pequeno porte, conforme previsto no artigo 12 da Lei Complementar n. 123/2006.

2.2

0 – Não abordou o aspecto ou forneceu resposta incorreta.

1 – Mencionou que é legítima a restrição à adesão ao Simples por microempresa ou empresa de pequeno porte que possua débitos com o fisco, sem estar com a exigibilidade suspensa, mas não desenvolveu o tema.

2 – Mencionou que é legítima a restrição à adesão ao Simples por microempresa ou empresa de pequeno porte que possua débitos com o fisco, sem estar com a exigibilidade suspensa, evocando o artigo 17 da Lei Complementar n.º 123/2006, sem mencionar a jurisprudência do STF.

3 – Mencionou que é legítima a restrição à adesão ao Simples por microempresa ou empresa de pequeno porte que possua débitos com o fisco, sem estar com a exigibilidade suspensa, evocando o artigo 17, inciso V, da Lei Complementar n.º 123/2006, e mencionando parcialmente a jurisprudência do STF ao indicar a compatibilidade do preceito com um dos princípios evocados no RE 627.543 - isonomia e livre concorrência.

4 – Mencionou que é legítima a restrição à adesão ao Simples por microempresa ou empresa de pequeno porte que possua débitos com o fisco, sem estar com a exigibilidade suspensa, evocando o artigo 17, inciso V, da Lei Complementar n.º 123/2006 e mencionado adequadamente a jurisprudência do STF, e, ainda, indicando a compatibilidade do preceito com os princípios da isonomia e livre concorrência.

2.3

0 – Não abordou o aspecto ou forneceu resposta completamente incorreta.

1 – Mencionou que é legítima a cobrança do Difal na hipótese retratada, mas não desenvolveu o tema.

2 – Mencionou que é legítima a cobrança do Difal na hipótese retratada, evocando o artigo o art. 13, § 1.º, XIII, "g", da LC n. 123/2006, sem indicar a jurisprudência do STF.

3 – Mencionou que é legítima a cobrança do Difal na hipótese retratada, evocando o artigo o art. 13, § 1.º, XIII, "g", da LC n. 123/2006, mencionado parcialmente a jurisprudência do STF, ao indicar a facultatividade de adesão ao Simples, arcando-se com os ônus e bônus relativos à escolha empresarial, ou a impossibilidade de ter-se a adoção de regime híbrido que permita o recolhimento unificado dos tributos e a dispensa do pagamento do Difal ICMS.

4 – Mencionou que é legítima a cobrança do Difal na hipótese retratada, evocando o artigo o art. 13, § 1.º, XIII, "g", da LC n. 123/2006, mencionado adequadamente a jurisprudência do STF, ao indicar a facultatividade de adesão ao Simples, arcando-se com os ônus e bônus relativos à escolha empresarial, e a impossibilidade de ter-se a adoção de regime híbrido que permita o recolhimento unificado dos tributos e a dispensa do pagamento do Difal ICMS.

▸ JURISPRUDÊNCIA TEMÁTICA

(...) 3. A condicionante do inciso V do art. 17 da LC 123/06 não se caracteriza, a priori, como fator de desequilíbrio concorrencial, pois se constitui em exigência imposta a todas as pequenas e as microempresas (MPE), bem como a todos os microempreendedores individuais (MEI), devendo ser contextualizada, por representar também, forma indireta de se reprovar a infração das leis fiscais e de se garantir a neutralidade, com enfoque na livre concorrência. 4. A presente hipótese não se confunde com aquelas fixadas nas Súmulas 70, 323 e 547 do STF, porquanto a espécie não se caracteriza como meio ilícito de coação a pagamento de tributo, nem como restrição desproporcional e desarrazoada ao exercício da atividade econômica. Não se trata, na espécie, de forma de cobrança indireta de tributo, mas de requisito para fins de fruição a regime tributário diferenciado e facultativo. 5. Recurso extraordinário não provido. (RE 627.543, j. 30.10.2013)

Ementa: RECURSO EXTRAORDINÁRIO. REPERCUSSÃO GERAL. DIREITO TRIBUTÁRIO. DIFERENCIAL DE ALÍQUOTA. IMPOSTO SOBRE CIRCULAÇÃO DE MERCADORIAS E PRESTAÇÃO DE SERVIÇOS – ICMS. FEDERALISMO FISCAL. OPERAÇÕES INTERESTADUAIS. ASPECTO ESPACIAL DA REGRA-MATRIZ. REGIME ESPECIAL UNIFICADO DE ARRECAÇÃO DE TRIBUTOS E CONTRIBUIÇÕES. SIMPLES NACIONAL. PRINCÍPIO DA NÃO CUMULATIVIDADE.

POSTULADO DE TRATAMENTO FAVORECIDO AO MICRO E PEQUENO EMPREENDEDOR. LEI COMPLEMENTAR 123/2006. LEI ESTADUAL 8.820/1989. LEI ESTADUAL 10.043/1993. 1. Não há vício formal de inconstitucionalidade na hipótese em que lei complementar federal autoriza a cobrança de diferencial de alíquota. Art. 13, §1º, XIII, "g", 2, e "h", da Lei Complementar 123/2006. 2. O diferencial de alíquota consiste em recolhimento pelo Estado de destino da diferença entre a alíquota interestadual e a interna, de maneira a equilibrar a partilha do ICMS em operações com diversos entes federados. Trata-se de complemento do valor do ICMS devido na operação, logo ocorre a cobrança de um único imposto (ICMS) calculado de duas formas distintas, de modo a alcançar o quantum debeatur devido na operação interestadual. 3. Não ofende a técnica da não cumulatividade a vedação à apropriação, transferência ou compensação de créditos relativos a impostos ou contribuições abrangidos pelo Simples Nacional, inclusive o diferencial de alíquota. Art. 23 da Lei Complementar 123/2006. Precedentes. 4. Respeita o ideal regulatório do tratamento favorecido para as microempresas e empresas de pequeno porte a exigência do diferencial de alíquota, nos termos da legislação estadual gaúcha. É inviável adesão parcial ao regime simplificado, adimplindo-se obrigação tributária de forma centralizada e com carga menor, simultaneamente ao não recolhimento de diferencial de alíquota nas operações interestaduais. A opção pelo Simples Nacional é facultativa e tomada no âmbito da livre conformação do planejamento tributário, devendo-se arcar com o bônus e o ônus dessa escolha empresarial. À luz da separação dos poderes, não é dado ao Poder Judiciário mesclar as parcelas mais favoráveis de regimes tributários distintos, culminando em um modelo híbrido, sem o devido amparo legal. 5. Fixação de tese de julgamento para os fins da sistemática da repercussão geral: "É constitucional a imposição tributária de diferencial de alíquota do ICMS pelo Estado de destino na entrada de mercadoria em seu território devido por sociedade empresária aderente ao Simples Nacional, independentemente da posição desta na cadeia produtiva ou da possibilidade de compensação dos créditos." 6. Recurso extraordinário a que se nega provimento. (RE 970.821, j. 12.05.2021)

CAPÍTULO 4

DIREITO DO TRABALHO E PROCESSO DO TRABALHO

Eduardo Machado Aragão Pereira

QUESTÃO 01

FCC – Procurador do Estado (PGE/GO – 2024)

Após 6 meses da celebração de acordo coletivo de trabalho entre o Sindicato de Trabalhadores e o Prefeito de Rio Verde, disciplinando o pagamento do adicional de periculosidade e do adicional de insalubridade em percentuais superiores aos fixados na CLT, para os empregados públicos que prestam serviços nas Unidades de Terapia Intensiva (UTIs) do Município e, não havendo sua implementação em folha de pagamento, os empregados interessados estão na iminência de uma greve total nos serviços públicos de saúde.

Diante dessa situação e sem prévia instauração de inquérito civil, o Ministério Público Estadual e o Ministério Público do Trabalho ajuizaram ação civil pública, na qual, além do Ente da Federação, também figuram no polo passivo o Prefeito Municipal, e a Secretária Municipal de Saúde, e tem como objeto a imediata implantação das cláusulas normativas em favor dos empregados públicos e a condenação solidária dos requeridos ao pagamento de dano moral coletivo no importe de R$ 1 milhão, a serem destinados ao Fundo dos Direitos Difusos do Estado.

Com base na legislação, doutrina e jurisprudência dos Tribunais Superiores discorra sobre:

a. A validade e os limites jurídicos da negociação coletiva de trabalho e da celebração de acordo coletivo do Sindicato dos Trabalhadores com a Administração Pública.

b. A paralisação total dos empregados públicos nos serviços de saúde.

c. A legitimidade ativa do Ministério Público para a proteção e defesa de direitos individuais homogêneos dos empregados públicos do Município.

d. O foro territorialmente competente para processar e julgar a presente ação civil pública e a competência material da Justiça Estadual para processar e julgar esta ação.

QUESTÃO 01

(30 LINHAS)

▸ RESPOSTA DO AUTOR

A negociação coletiva é um instrumento fundamental nas relações de trabalho, reconhecido pelos arts. 7º, XXVI, e 8º, VI, da CF, permitindo a celebração de acordos e convenções coletivas com o objetivo de estabelecer condições de trabalho mais vantajosas para os empregados. No entanto, quando se trata da Administração Pública, a aplicação desses instrumentos encontra limites no princípio da legalidade, que exige que os gastos e a fixação de remuneração dos servidores sejam disciplinados por lei. O STF consolidou o entendimento de que a remuneração dos servidores públicos não pode ser objeto de negociação coletiva, conforme dispõe a Súmula 679 do STF. De igual modo prevê a OJ nº 05 da SDC do TST, o qual veda o dissídio coletivo de natureza econômica perante pessoa jurídica de direito público que mantenha empregados, cabendo exclusivamente dissídio de natureza social. Assim, embora seja possível a negociação de algumas condições de trabalho, ajustes que impliquem aumento de despesas, como adicionais de periculosidade e insalubridade acima dos percentuais fixados na CLT, exigem previsão legal específica.

O direito de greve é assegurado pela Constituição Federal e deve ser exercido conforme os parâmetros legais. No setor privado, a Lei nº 7.783/1989 regula esse direito, determinando que, em atividades essenciais, como a saúde, deve ser garantida a prestação dos serviços indispensáveis ao atendimento das necessidades inadiáveis da população. No setor público, diante da ausência de regulamentação específica, o STF definiu que a Lei de Greve do setor privado deve ser aplicada por analogia. Dessa forma, a paralisação total dos empregados públicos da área da saúde não pode ocorrer sem a manutenção dos serviços mínimos, pois isso comprometeria o interesse público e a continuidade dos atendimentos médicos.

Quanto à legitimidade ativa do Ministério Público na defesa dos direitos dos empregados públicos municipais, a jurisprudência do STF e do STJ reconhece a legitimidade do Ministério Público para a tutela dos direitos individuais homogêneos, desde que haja interesse social qualificado. O STF já se manifestou no sentido de que a legitimidade do Ministério Público para ajuizar ações civis públicas depende da demonstração do evidente relevo social da questão discutida. O STJ, por sua vez, já decidiu que a legitimidade para ajuizar ações civis públicas é concorrente e disjuntiva entre os entes indicados no art. 82 do CDC, podendo qualquer um deles atuar independentemente dos demais. Assim, o ajuizamento da ação pelo Ministério Público Estadual e pelo Ministério Público do Trabalho encontra respaldo na jurisprudência consolidada.

Quanto à competência para processar e julgar a ação civil pública proposta, a definição do foro territorialmente competente segue a regra do local do dano ou da lesão, conforme o art. 2º da Lei nº 7.347/1985. No caso, como os empregados públicos sofreram o impacto da não implementação do acordo coletivo no Município de Rio Verde, o foro competente seria aquele em que ocorreu o prejuízo. Em relação à competência material, a Justiça do Trabalho não possui competência para julgar demandas que envolvam servidores estatutários ou empregados públicos que litigam contra a Administração Pública. Assim, considerando que os réus incluem o próprio Município, o Prefeito e a Secretária de Saúde, a ação deve ser processada na Justiça Estadual, conforme entendimento consolidado do STF.

▸ CRITÉRIO DE CORREÇÃO DA BANCA

Na avaliação das Provas Discursivas serão considerados o acerto das respostas dadas, o grau de conhecimento do tema demonstrado pelo(a) candidato(a), a fluência e a coerência da exposição e a correção (gramatical e jurídica) da linguagem.

a. Constitucionalmente, a negociação coletiva é um direito social fundamental e um instrumento do microssistema de tutela coletiva, sendo que os acordos e convenções coletivas foram reconhecidos constitucionalmente (art. 7º, XXVI, art. 8º, VI, CF) e as cláusulas normativas são mais vantajosas para os empregados públicos (art. 611-A, CLT). Por sua vez, a Administração Pública é regida pelo princípio da legalidade (art. 37, caput, CF), observado o processo legislativo (art. 59 e seguintes) e os limites de gastos (art. 169).

O STF fixou o entendimento que a fixação de vencimentos dos servidores públicos não pode ser objeto de convenção coletiva (Súm. 679).

2,50

b. A greve é um direito social, a ser exercido nos termos da lei, sendo que compete aos trabalhadores decidir sobre a oportunidade de exercê-lo e os interesses a serem defendidos (art. 9º, CF). Atualmente, para os empregados celetistas, o exercício do direito de greve está disciplinado pela Lei no 7.783/89. Ao disciplinar a greve em atividades essenciais, como assistência médica e hospitalar, o legislador determinou que os atores sociais estabeleçam obrigatoriamente e de comum acordo a prestação dos serviços indispensáveis ao atendimento das necessidades inadiáveis da comunidade (art. 10, II, art. 11, Lei no 7.7.83/1989, e OJ 38, SDC). O STF já deliberou no sentido de que enquanto não houver lei específica sobre a greve do setor público, a greve de servidores públicos tem como parâmetro a Lei de Greve do setor privado (STF – Mandado de Injunção 670 – Rel. Min. Maurício Corrêa – DJe 30.10.2008).

2,50

c. O Ministério Público possui legitimidade para a defesa dos direitos individuais homogêneos, além dos difusos e coletivos, após entendimento do Supremo Tribunal Federal em diversos casos (entre outros, RE 631.111/GO, Tema 471, Rel. Min. Teori Zavascki, Tribunal Pleno, DJe 30.10.2014). Além disso, o STJ – Superior Tribunal de Justiça já firmou entendimento no sentido de que os direitos individuais homogêneos, a legitimidade para ajuizar ações civis públicas é concorrente e disjuntiva, podendo os legitimados indicados no art. 82 do CDC agir em juízo independentemente uns dos outros, sem prevalência alguma entre si, haja vista que o objeto da tutela refere-se à coletividade, ou seja, os direitos são tratados de forma indivisível. (REsp 869.583/DF, 4a. T., rel. Min. Luiz Felipe Salomão, J. 05.06.2012, Dje 05.09.2012).

Idêntica é a posição do STF, quanto à necessidade de caracterização do "evidente relevo social" (interesse social qualificado) como critério legitimador do MP em ACP pertinente a direitos individuais homogêneos (AgR em RE 637802/DF, 2a T., rel. Ministro Ricardo Lewandoswski, j. 11.11.2016, DJe 24.11.2016 e outros).

2,50

d. Foro territorialmente competente: de acordo com a LACP (art. 2º da Lei no 7.347/85) é o local da ocorrência do dano ou da lesão. Pode ser distribuída em qualquer vara do trabalho do município em que os empregados públicos sofreram o dano. Porém, no presente caso, há uma particularidade. Como o Prefeito Municipal e a Secretária da Saúde figuram no polo passivo da ação, os Limites de competência material da Justiça do Trabalho (art. 114, CF) e a competência residual da Justiça Estadual, a ação deverá ser interposta conjuntamente com o Ministério Público Estadual e o Ministério Público do Trabalho na Justiça Estadual.

O STF possui precedente nesse sentido, in verbis: "(...) O art. 113 do CDC, ao alterar o art. 5º, parágrafo 5º da Lei nº 7347/85, passou a admitir a possibilidade de litisconsórcio facultativo entre os Ministérios Públicos da Uniao, do Distrito Federal, dos Estados e Público Federal, na defesa dos direitos e interesses dos consumidores (ACO 1020/SP, Pleno rel. Min. Cármen Lúcia, j. 08.10.2008, DJe 19.03.2009).

2,50

Total: 10 Pontos.

▸ JURISPRUDÊNCIA TEMÁTICA

STF

SÚMULA N.º 679 DO STF: A fixação de vencimentos dos servidores públicos não pode ser objeto de convenção coletiva.

TEMA N.º 471 DA REPERCUSSÃO GERAL: Com fundamento no art. 127 da Constituição Federal, o Ministério Público está legitimado a promover a tutela coletiva de direitos individuais homogêneos, mesmo de natureza disponível, quando a lesão a tais direitos, visualizada em seu conjunto, em forma coletiva e impessoal, transcender a esfera de interesses puramente particulares, passando a comprometer relevantes interesses sociais.

RE 637802 AgR: Ementa: AGRAVO REGIMENTAL NO RECURSO EXTRAORDINÁRIO. LEGITIMIDADE DO MINISTÉRIO PÚBLICO. REVISÃO DE BENEFÍCIO PREVIDENCIÁRIO. INTERESSES INDIVIDUAIS HOMOGÊNEOS DISPONÍVEIS. AGRAVO A QUE SE NEGA PROVIMENTO. . I – O Supremo Tribunal Federal já reconheceu a legitimidade do Ministério Público para a propositura de ação civil pública em defesa de interesses individuais homogêneos, quando presente evidente relevo social. II – Agravo regimental a que se nega provimento.

(RE 637802 AgR, Relator(a): RICARDO LEWANDOWSKI, Segunda Turma, julgado em 11-11-2016, PROCESSO ELETRÔNICO DJe-250 DIVULG 23-11-2016 PUBLIC 24-11-2016)

ACO 1020/SP: EMENTA: AÇÃO CÍVEL ORIGINÁRIA. CONFLITO DE ATRIBUIÇÕES ENTRE O MINISTÉRIO PÚBLICO FEDERAL E O ESTADUAL. INSTAURAÇÃO DE PROCEDIMENTO ADMINISTRATIVO PARA APURAR POSSÍVEIS IRREGULARIDADES NA PRODUÇÃO DE COPOS DESCARTÁVEIS. RELAÇÃO DE CONSUMO. CONFLITO INEXISTENTE. 1. A questão tratada nas representações instauradas contra a Autora versa sobre direito do consumidor. 2. O art. 113 do Código de Defesa do Consumidor, ao alterar o art. 5º, § 5º, da Lei n. 7.347/1985, passou a admitir a possibilidade de litisconsorte facultativo entre os Ministérios Públicos da União, do Distrito Federal e dos Estados na defesa dos interesses e dos direitos do consumidor. 3. O Ministério Público Federal e o Estadual têm a atribuição de zelar pelos interesses sociais e pela integridade da ordem consumerista, promovendo o inquérito civil e a ação civil pública - inclusive em litisconsórcio ativo facultativo -, razão pela qual não se há reconhecer o suscitado conflito de atribuições. 4. Ação Cível Originária julgada improcedente. **À DIAGRAMAÇÃO: Excluir texto repetido, por gentileza.**

(ACO 1020, Relator(a): CÁRMEN LÚCIA, Tribunal Pleno, julgado em 08-10-2008, DJe-053 DIVULG 19-03-2009 PUBLIC 20-03-2009 EMENT VOL-02353-01 PP-00073 RTJ VOL-00208-03 PP-00913 RMP n. 38, 2010, p. 237-245) **À DIAGRAMAÇÃO: Excluir texto repetido, por gentileza.**

TST

OJ N.º 38 DA SDC DO TST: É abusiva a greve que se realiza em setores que a lei define como sendo essenciais à comunidade, se não é assegurado o atendimento básico das necessidades inadiáveis dos usuários do serviço, na forma prevista na Lei 7.783/1989.

STJ

REsp 869.583/DF: PROCESSO CIVIL. DIREITO DO CONSUMIDOR. RECURSO ESPECIAL. AÇÃO DE LIQUIDAÇÃO DE SENTENÇA PROLATADA EM AÇÃO CIVIL PÚBLICA. DIREITOS INDIVIDUAIS HOMOGÊNEOS. PRECEDÊNCIA DA LEGITIMIDADE DAS VÍTIMAS OU SUCESSORES. SUBSIDIARIEDADE DA LEGITIMIDADE DOS ENTES INDICADOS NO ART. 82 DO CDC.

1. A legitimidade para intentar ação coletiva versando a defesa de direitos individuais homogêneos é concorrente e disjuntiva, podendo os legitimados indicados no art. 82 do CDC agir em Juízo independentemente uns dos outros, sem prevalência alguma entre si, haja vista que o objeto da tutela refere-se à coletividade, ou seja, os direitos são tratados de forma indivisível.

2. Todavia, para o cumprimento de sentença, o escopo é o ressarcimento do dano individualmente experimentado, de modo que a indivisibilidade do objeto cede lugar à sua individualização.

3. Não obstante ser ampla a legitimação para impulsionar a liquidação e a execução da sentença coletiva, admitindo-se que a promovam o próprio titular do direito material, seus sucessores, ou um dos legitimados do art. 82 do CDC, o art. 97 impõe uma gradação de preferência que permite a legitimidade coletiva subsidiariamente, uma vez que, nessa fase, o ponto central é o dano pessoal sofrido por cada uma das vítimas.

4. Assim, no ressarcimento individual (arts. 97 e 98 do CDC), a liquidação e a execução serão obrigatoriamente personalizadas e divisíveis, devendo prioritariamente ser promovidas pelas vítimas ou seus sucessores de forma singular, uma vez que o próprio lesado tem melhores condições de demonstrar a existência do seu dano pessoal, o nexo etiológico com o dano globalmente reconhecido, bem como o montante equivalente à sua parcela.

5. O art. 98 do CDC preconiza que a execução "coletiva" terá lugar quando já houver sido fixado o valor da indenização devida em sentença de liquidação, a qual deve ser - em sede de direitos individuais homogêneos - promovida pelos próprios titulares ou sucessores.

6. A legitimidade do Ministério Público para instaurar a execução exsurgirá - se for o caso - após o escoamento do prazo de um ano do trânsito em julgado se não houver a habilitação de interessados em número compatível com a gravidade do dano, nos termos do art. 100 do CDC. É que a hipótese versada nesse dispositivo encerra situação em que, por alguma razão, os consumidores lesados desinteressam-se quanto ao cumprimento individual da sentença, retornando a legitimação dos entes públicos indicados no art. 82 do CDC para requerer ao Juízo a apuração dos danos globalmente causados e a reversão dos valores apurados para o Fundo de Defesa dos Direitos Difusos (art. 13 da LACP), com vistas a que a sentença não se torne inócua, liberando o fornecedor que atuou ilicitamente de arcar com a reparação dos danos causados.

7. No caso sob análise, não se tem notícia acerca da publicação de editais cientificando os interessados acerca da sentença exequenda, o que constitui óbice à sua habilitação na liquidação, sendo certo que o prazo decadencial nem sequer iniciou o seu curso, não obstante já se tenham escoado quase treze anos do trânsito em julgado.

8. No momento em que se encontra o feito, o Ministério Público, a exemplo dos demais entes públicos indicados no art. 82 do CDC, carece de legitimidade para a liquidação da sentença genérica, haja vista a própria conformação constitucional desse órgão e o escopo precípuo dessa forma de execução, qual seja, a satisfação de interesses individuais personalizados que, apesar de se encontrarem circunstancialmente agrupados, não perdem sua natureza disponível.

9. Recurso especial provido.

(REsp n. 869.583/DF, relator Ministro Luis Felipe Salomão, Quarta Turma, julgado em 5/6/2012, DJe de 5/9/2012.)

QUESTÕES OBJETIVAS RELACIONADAS AO TEMA

1. (CESPE / CEBRASPE – 2024 – PGM Camaçari – Procurador do Município). De acordo com a jurisprudência do TST, em desfavor de pessoa jurídica de direito público que mantenha empregados, cabe dissídio coletivo exclusivamente para apreciação de cláusulas de natureza

a) social.

b) econômica.

c) jurídica.

d) declaratória.

e) revisional.

Gabarito: Letra a

2. (CESPE / CEBRASPE – 2023 – PGE/ES – Procurador do Estado). Segundo a jurisprudência do TST, contra pessoa jurídica de direito público que mantenha empregados celetistas

a) não cabe dissídio coletivo.

b) cabe dissídio coletivo de forma geral.

c) cabe dissídio coletivo exclusivamente para a apreciação de cláusulas de natureza econômica.

d) cabe dissídio coletivo exclusivamente para a apreciação de cláusulas de natureza social.

e) cabe dissídio coletivo exclusivamente para a apreciação de cláusulas de natureza sindical.

Gabarito: Letra d

QUESTÃO 02

VUNESP – Procurador do Estado (PGE/SP– 2024)

Em 2023, a Administração Pública contratou empresa terceirizada para a construção de uma escola estadual. Concluída a obra no mesmo ano, um empregado da empresa terceirizada ajuizou ação trabalhista em face da empregadora, bem como contra o ente público, com vistas ao reconhecimento da responsabilidade subsidiária desse último pelo pagamento dos créditos trabalhistas pleiteados na demanda. O feito foi julgado procedente em primeira instância. A decisão singular foi mantida em acórdão do Tribunal Regional do Trabalho. Da decisão regional, foi interposto recurso de revista pela Fazenda Estadual, ao qual, após admitido pela Corte de origem, foi negado provimento por Turma do Tribunal Superior do Trabalho. Seguiu-se a interposição de recurso extraordinário, cujo seguimento foi denegado pela ausência de esgotamento de instância, na forma da Súmula no 281 do STF. Já em sede de execução, após o exaurimento das tentativas de cobrança da dívida contra o devedor principal, o crédito trabalhista foi objeto da expedição de precatório, considerando o novo valor previsto em lei estadual promulgada no curso da liquidação do título, que havia reduzido localmente o montante relativo ao teto de requisições de obrigações de pequeno valor, conforme o artigo 100, §§ 3º e 4º, da Constituição Federal.

Com base no caso hipotético narrado, responda fundamentadamente as questões a seguir:

a) qual seria o possível recurso a ser utilizado após o julgamento do recurso de revista pela Turma do TST? Cite o fundamento legal e jurisprudencial do apelo.

b) a expedição de precatório, ao invés de obrigação de pequeno valor, foi correta?

A prova foi realizada com consulta a códigos e(ou) legislação.

QUESTÃO 02

(30 LINHAS)

RESPOSTA DO AUTOR

Após o julgamento do recurso de revista pela Turma do Tribunal Superior do Trabalho, a parte interessada deveria ter interposto recurso de embargos à SDI-I do próprio TST, com base no art. 894, II, da CLT, em razão da divergência de entendimento entre o julgamento do recurso de revista e o previsto na OJ nº 191 do TST, que afasta a responsabilização subsidiária do ente público na condição de dono da obra em contratos de empreitada, devendo ser afastada a incidência da Súmula 331 do TST, dado que não se trata de terceirização propriamente dita. O entendimento pela ausência de responsabilização subsidiária nestes casos foi reforçado pelo TST em sede de recurso de revista repetitivo.

No que se refere à expedição de precatório, a medida não foi adequada, pois a redução do teto das requisições de pequeno valor (RPVs) promovida por lei estadual não pode atingir condenações judiciais já transitadas em julgado antes da sua entrada em vigor. Embora seja possível que os entes federativos estabeleçam limites próprios para as RPVs, em conformidade com sua capacidade econômica, a aplicação retroativa de uma norma que reduza esse valor viola princípios constitucionais como a segurança jurídica, o direito adquirido e a coisa julgada. O STF firmou jurisprudência no sentido de que normas processuais que disciplinam a submissão de créditos ao regime de precatórios possuem natureza híbrida, material e processual, e não podem incidir sobre situações jurídicas consolidadas anteriormente. Assim, a dívida deveria ter sido quitada via RPV, respeitando o limite vigente no momento da formação do título executivo, nos termos do artigo 100, §§ 3º e 4º, da Constituição Federal.

CRITÉRIO DE CORREÇÃO DA BANCA

Diante do enunciado, espera-se que o candidato responda às questões da seguinte forma:

a) Antes da interposição do recurso extraordinário seria possível a utilização do recurso de embargos no TST, com base na divergência do julgado com a OJ nº 191 da SDI-I da Corte, complementado posteriormente pelo julgamento do IRR-9053.2015.5.03.0090, conforme o art. 894, II, da CLT. Há o afastamento da aplicação da Súmula nº 331 do TST, por não se tratar de típica terceirização, mas de contrato de empreitada, na qual não se evidencia a responsabilidade subsidiária do ente público na qualidade de dono da obra.

b) A expedição da requisição de precatório está incorreta, considerando que a alteração legislativa que reduz o limite das RPVs, muito embora lícita, não se aplica aos títulos judiciais consolidados antes da promulgação da legislação, conforme jurisprudência vinculante do STF, em respeito aos postulados da coisa julgada, do direito adquirido e do ato jurídico perfeito.

CRITÉRIOS DE CORREÇÃO E GRADE

N1 Cabimento dos embargos no TST com base na OJ no 191 da SDI-I 3,0

N2 Inaplicabilidade da legislação de redução do limite estadual de RPV 2,0

JURISPRUDÊNCIA TEMÁTICA

STF

ARE nº 1.272.999-AgR-segundo: EMENTA DIREITO PROCESSUAL DO TRABALHO. RECURSO EXTRAORDINÁRIO. AUSÊNCIA DE ESGOTAMENTO DE INSTÂNCIAS. PENDÊNCIA DE JULGAMENTO DE RECURSO DE EMBARGOS NO TRIBUNAL SUPERIOR DO TRABALHO. APLICAÇÃO DA SÚMULA No 281/STF. CONSONÂNCIA DA DECISÃO RECORRIDA COM A JURISPRUDÊNCIA CRISTALIZADA NO SUPREMO TRIBUNAL FEDERAL. AGRAVO INTERNO

CONHECIDO E NÃO PROVIDO. 1. O entendimento assinalado na decisão agravada não diverge da jurisprudência firmada no Supremo Tribunal Federal. Na esteira da Súmula no 281/STF: "É inadmissível o recurso extraordinário, quando couber na justiça de origem, recurso ordinário da decisão impugnada". Precedentes. 2. As razões do agravo não se mostram aptas a infirmar os fundamentos que lastrearam a decisão agravada. 3. Agravo interno conhecido e não provido. (ARE nº 1.272.999-AgR-segundo, Relatora a Ministra Rosa Weber, Primeira Turma, DJe de 07/12/2020)

ADI Nº 5.100: Ementa: AÇÃO DIRETA DE INCONSTITUCIONALIDADE. DIREITO CONSTITUCIONAL. ARTIGOS 1o E 2o DA LEI 15.945/2013 DO ESTADO DE SANTA CATARINA. REDUÇÃO DO TETO DAS OBRIGAÇÕES DE PEQUENO VALOR PARA 10 (DEZ) SALÁRIOS MÍNIMOS. A VIGÊNCIA DO REGIME ESPECIAL DE PAGAMENTO DE PRECATÓRIOS PREVISTO NO ARTIGO 97 DO ADCT NÃO SUSPENDEU A COMPETÊNCIA DOS ENTES FEDERADOS PARA ALTERAR O TETO DAS REQUISIÇÕES DE PEQUENO VALOR. POSSIBILIDADE DE FIXAÇÃO DE VALOR INFERIOR AO DO ARTIGO 87 DO ADCT PARA AS OBRIGAÇÕES DE PEQUENO VALOR, SEGUNDO A CAPACIDADE ECONÔMICA DOS ENTES FEDERADOS. JUÍZO POLÍTICO. AUSÊNCIA DE DEMONSTRAÇÃO DE IRRAZOABILIDADE. APLICAÇÃO DA REDUÇÃO DO TETO DAS REQUISIÇÕES DE PEQUENO VALOR ÀS CONDENAÇÕES JUDICIAIS JÁ TRANSITADAS EM JULGADO. IMPOSSIBILIDADE. OFENSA À SEGURANÇA JURÍDICA. AÇÃO DIRETA DE INCONSTITUCIONALIDADE CONHECIDA E JULGADO PARCIALMENTE PROCEDENTE O PEDIDO. 1. As Requisições de Pequeno Valor – RPV consubstanciam exceção à regra de pagamento de débitos judiciais pela Fazenda Pública na ordem cronológica de apresentação dos precatórios e à conta dos créditos respectivos, permitindo a satisfação dos créditos de forma imediata. 2. Os entes federados são competentes para estabelecer, por meio de leis próprias e segundo a sua capacidade econômica, o valor máximo das respectivas obrigações de pequeno valor, não podendo tal valor ser inferior àquele do maior benefício do regime geral de previdência social (artigo 100, §§ 3o e 4o, da Constituição Federal, na redação da Emenda Constitucional 62/2009). 3. O § 12 do artigo 97 do ADCT é regra transitória que não implicou vedação à modificação dos valores fixados para o limite das obrigações de pequeno valor, mas, tão somente, evitou que eventual omissão dos entes federados em estabelecer limites próprios prejudicasse a implementação do regime especial de pagamento de precatórios. 4. As unidades federadas podem fixar os limites das respectivas requisições de pequeno valor em patamares inferiores aos previstos no artigo 87 do ADCT, desde que o façam em consonância com sua capacidade econômica. Precedente: ADI 2.868, Redator do acórdão Min. Joaquim Barbosa, Plenário, DJ de 12/11/2004. 5. A aferição da capacidade econômica do ente federado, para fins de delimitação do teto para o pagamento de seus débitos por meio de requisição de pequeno valor, não se esgota na verificação do quantum da receita do Estado, mercê de esta quantia não refletir, por si só, os graus de endividamento e de litigiosidade do ente federado. Precedente: ADI 4.332, Rel. Min. Alexandre de Moraes, Plenário, DJe de 8/5/2018. 6. In casu, o artigo 1º da Lei 15.945/2013 do Estado de Santa Catarina reduziu o teto das obrigações de pequeno valor do Estado para 10 (dez) salários mínimos, com a justificativa de que, nos exercícios de 2011 e 2012, foi despendido, com o pagamento de requisições de pequeno valor no patamar anterior de 40 (quarenta) salários mínimos, o equivalente aos gastos com os precatórios, em prejuízo à previsibilidade orçamentária do Estado. 7. A ausência de demonstração concreta da desproporcionalidade na fixação do teto das requisições de pequeno valor do Estado de Santa Catarina impõe a deferência do Poder Judiciário ao juízo político-administrativo externado pela legislação impugnada, eis que o teto estipulado não constitui, inequívoca e manifestamente, valor irrisório. **8. A redução do teto das obrigações de pequeno valor, por ser regra processual, aplica-se aos processos em curso, mas não pode atingir as condenações judiciais já transitadas em julgado, por força do disposto no artigo 5º, XXXVI, da Constituição Federal, que resguarda o direito adquirido, o ato jurídico perfeito e a coisa julgada**. Precedentes:

RE 632.550-AgR, Rel. Min. Dias Toffoli, Primeira Turma, DJe de 14/5/2012; RE 280.236-AgR, Rel. Min. Celso de Mello, Segunda Turma, DJ de 2/2/2007; RE 293.231, Rel. Min. Maurício Corrêa, Segunda Turma, DJ de 1o/6/2001; RE 292.160, Rel. Min. Sepúlveda Pertence, Primeira Turma, DJ de 4/5/2001; RE 299.566-AgR, Rel. Min. Carlos Velloso, Segunda Turma, DJ de 1º/3/2002; RE 646.313-AgR, Rel. Min. Celso de Mello, Segunda Turma, DJe de 10/12/2014; RE 601.215-AgR, Rel. Min. Celso de Mello, Segunda Turma, DJe de 21/2/2013; RE 601.914-AgR, Rel. Min. Celso de Mello, Segunda Turma, DJe de 25/2/2013. 9. O artigo 2o da Lei 15.945/2013 do Estado de Santa Catarina, consectariamente, é parcialmente inconstitucional, por permitir a aplicação da redução do teto das obrigações de pequeno valor às condenações judiciais já transitadas em julgado, em ofensa ao postulado da segurança jurídica. 10. Ação direta conhecida e julgado parcialmente procedente o pedido, para declarar a inconstitucionalidade parcial, sem redução de texto, do artigo 2o da Lei 15.945/2013 do Estado de Santa Catarina, de forma a excluir do âmbito de aplicação da Lei as condenações judiciais já transitadas em julgado ao tempo de sua publicação. (ADI nº 5.100, Relator o Ministro Luiz Fux, Tribunal Pleno, DJe de 14/05/2020)

RE Nº 729.107: EXECUÇÃO – FAZENDA – LEI – APLICAÇÃO NO TEMPO. Lei disciplinadora da submissão de crédito ao sistema de execução via precatório possui natureza material e processual, sendo inaplicável a situação jurídica constituída em data que a anteceda. (RE nº 729.107, Relator o Ministro Marco Aurélio, Tribunal Pleno, Repercussão Geral, DJe de 15/09/2020)

TST

AIRR-832-42.2016.5.17.0012: "AGRAVO DE INSTRUMENTO DO RECLAMANTE. RECURSO INTERPOSTO NA VIGÊNCIA DA LEI No 13.467/2017. 1. PRELIMINAR DE NULIDADE POR NEGATIVA DE PRESTAÇÃO JURISDICIONAL. TRANSCENDÊNCIA NÃO RECONHECIDA. NÃO PROVIMENTO. O egrégio Tribunal Regional manifestou-se sobre todos os aspectos relevantes para a solução da lide, conforme o seu livre convencimento motivado, nos moldes que lhe permite o artigo 371 do CPC, entregando a prestação jurisdicional que entendeu pertinente ao caso em exame. Não havendo falar em negativa de prestação jurisdicional, uma vez que atendida a exigência prevista nos artigos 93, IX, da Constituição Federal, 832 da CLT e 489 do CPC. A recorrente, portanto, deixou de atender aos pressupostos de admissibilidade previstos no artigo 896 da CLT, resta inviável o processamento do seu recurso de revista. Nesse contexto, o não atendimento dos pressupostos de admissibilidade previstos no artigo 896 da CLT é suficiente para afastar a transcendência da causa, uma vez que inviabilizará a aferição da existência de eventual questão controvertida no recurso de revista, e, por conseguinte, não serão produzidos os reflexos gerais, nos termos previstos no § 1o do artigo 896-A da CLT. Agravo de instrumento a que se nega provimento. 2. RESPONSABILIDADE SUBSIDIÁRIA. CONTRATO DE EMPREITADA. DONO DA OBRA. ENTE PÚBLICO. TRANSCENDÊNCIA NÃO RECONHECIDA. NÃO PROVIMENTO. A SBDI-1, no julgamento do Incidente de Recursos de Revista Repetitivos – Tema nº 6 – (IRR-90-53.2015.5.03.0090, Relator Ministro João Oreste Dalazen, julgado em 17/05/2017), confirmou o entendimento jurisprudencial da Orientação Jurisprudencial nº 191 da SBDI-1, no sentido de que o contrato de empreitada de construção civil entre o dono da obra e o empreiteiro não enseja responsabilidade solidária ou subsidiária nas obrigações trabalhistas contraídas pelo empreiteiro, salvo sendo o dono da obra uma empresa construtora ou incorporadora. No referido julgamento, entre outras teses fixadas para o Tema Repetitivo nº 6, restou estabelecida a Tese Jurídica nº 4 (" Exceto ente público da Administração direta e indireta, se houver inadimplemento das obrigações trabalhistas contraídas por empreiteiro que contratar, sem idoneidade econômico-financeira, o dono da obra responderá subsidiariamente por tais obrigações, em face de aplicação analógica do art. 455 da CLT e de culpa in eligendo") a qual foi objeto de embargos de declaração. Por ocasião do julgamento do referido apelo, a SBDI-1 acrescentou ao acórdão originário a Tese Jurídica no 5, de seguinte teor: " O entendimento contido na tese jurídica no 4 aplica-se exclusivamente aos contratos de empreitada celebrados após 11 de maio de 2017, data do presente julgamento ". Na hipótese, o egrégio Tribunal Regional registrou que é incontroverso que o reclamante foi contratado para trabalhar em obras de construção de escolas, praças de lazer e esportes, manutenção preventiva e corretiva de logradouros públicos. Dessa forma, o Tribunal Regional entendeu que, à hipótese, se aplicam os ditames da Orientação Jurisprudencial no 191 da SBDI-1. Nesse contexto, tem-se que não se trata de típico contrato de terceirização de serviços, destinado à realização das atividades fim ou meio da empresa tomadora de serviço, razão pela qual não há falar na aplicação do entendimento preconizado na Súmula no 331. Trata-se, portanto, de um contrato de empreitada para execução de obras certas, quais sejam construção de escolas, praças de lazer e esportes, manutenção preventiva e corretiva de logradouros públicos, nas quais as segunda, terceira, quarta e quinta reclamadas figuram como donas da obra, e não sendo elas empresa construtora ou incorporadora, não há como lhe atribuir a responsabilização subsidiária. Precedentes. Dessa forma, o acórdão regional encontra-se em consonância com a jurisprudência desta Corte Superior, razão pela qual fica afastada a possibilidade de processamento do recurso de revista, ante o óbice da Súmula no 333 e do artigo 896, § 7o, da CLT. A incidência dos aludidos óbices é suficiente para afastar a transcendência da causa, uma vez que inviabilizará a aferição da existência de eventual questão controvertida no recurso de revista, e, por conseguinte, não serão produzidos os reflexos gerais, nos termos previstos no § 1o do artigo 896-A da CLT. Agravo de instrumento a que se nega provimento" (AIRR-832-42.2016.5.17.0012, 8ª Turma, Relator Ministro Guilherme Augusto Caputo Bastos, DEJT 18/12/2023).

QUESTÕES OBJETIVAS RELACIONADAS AO TEMA

1. (CESPE / CEBRASPE - 2021 - PGE-MS - Procurador do Estado) Tendo em vista o atual entendimento firmado pelo TST no tocante à responsabilidade da administração pública direta e indireta pelos encargos trabalhistas e contratos de subempreitada, assinale a opção correta, acerca das obrigações trabalhistas do subempreiteiro.

a) Nos contratos de subempreitada, responderá o subempreiteiro pelas obrigações derivadas do contrato de trabalho que celebrar, cabendo aos empregados o direito de reclamação contra o empreiteiro principal pelo inadimplemento daquelas obrigações pelo primeiro, salvo em caso de regular fiscalização da execução do contrato pelas administrações direta e indireta.

b) Nos contratos de subempreitada, responderá o subempreiteiro pelas obrigações derivadas do contrato de trabalho que celebrar, não cabendo aos empregados o direito de reclamação contra o empreiteiro principal pelo inadimplemento daquelas obrigações pelo primeiro.

c) Nos contratos de subempreitada, responderá o subempreiteiro pelas obrigações derivadas do contrato de trabalho que celebrar, cabendo aos empregados o direito de reclamação contra o empreiteiro principal pelo inadimplemento daquelas obrigações por parte do primeiro, que responderá de forma subsidiária, desde que haja fraude ou insolvência do devedor principal.

d) Nos casos de entidades estatais, decidiu o STF que o simples inadimplemento do subempreiteiro implicará a automática responsabilização das entidades da administração direta e indireta, que responderão de forma solidária.

e) Nos contratos de subempreitada, responderá o subempreiteiro pelas obrigações derivadas do contrato de trabalho que celebrar, cabendo aos empregados o direito de reclamação contra o empreiteiro principal pelo inadimplemento daquelas obrigações por parte do primeiro, que responderá juridicamente sempre de forma solidária, independentemente de culpa.

Gabarito: Letra a

QUESTÃO 03

VUNESP – Procurador do Estado (PGE/SP– 2024)

Um empregado público estadual da área da saúde sofreu acidente de trabalho que resultou em queimadura da sua mão pelo manuseio de produto químico farmacêutico, na ocasião em que atendia um paciente sem o uso de luva de proteção.

O referido acidente ocorreu em 10/04/2014. O empregado ficou afastado em benefício por incapacidade acidentário pago pelo INSS entre 26/04/2014 e 15/05/2014, quando então retornou ao trabalho, sem afastamentos posteriores. A Administração Pública fornecia regularmente os equipamentos de proteção individual (EPI) necessários ao desempenho da atividade, com registro na ficha respectiva, sendo todos os empregados instruídos acerca do seu uso. A fiscalização do hospital quanto ao uso dos EPI's era diuturna. O mesmo empregado restou demitido em 02/05/2017, por justa causa, após regular processo administrativo disciplinar. Por fim, ajuizou ação trabalhista em 12/04/2019, na qual pleiteia o pagamento de indenização por danos morais e estéticos relativos ao acidente de trabalho. Com base nesses fatos hipotéticos, responda as questões a seguir de maneira fundamentada:

a) há responsabilidade do empregador público pelos danos morais e estéticos derivados do acidente de trabalho?

b) há incidência de prescrição quanto ao pedido indenizatório?

A prova foi realizada com consulta a códigos e(ou) legislação.

QUESTÃO 03

(30 LINHAS)

RESPOSTA DO AUTOR

A responsabilidade do empregador público pelos danos morais e estéticos decorrentes do acidente de trabalho não se configura no caso concreto, pois há excludente de culpabilidade atribuída exclusivamente à conduta do empregado. O acidente ocorreu devido ao manuseio inadequado do produto químico sem o uso dos equipamentos de proteção individual fornecidos pela Administração Pública, que comprovadamente disponibilizava os EPIs necessários e fiscalizava seu uso regularmente. A culpa exclusiva da vítima rompe o nexo causal entre o evento danoso e a conduta do empregador, afastando a obrigação de indenizar. A jurisprudência do Tribunal Superior do Trabalho tem reconhecido que, quando o próprio trabalhador descumpre normas de segurança, resultando na ocorrência do acidente, não há fundamento para responsabilização do empregador, uma vez que não se trata de culpa concorrente, mas sim de conduta exclusiva do empregado.

Em relação à prescrição do pedido indenizatório, não há que se falar em perda do direito de ação, pois o prazo aplicável é o quinquenal, conforme o art. 7º, XXIX, da Constituição Federal, contado a partir da ciência inequívoca da consolidação das lesões. No caso, essa ciência ocorreu com a cessação do benefício previdenciário acidentário, em 15/05/2014. Como a ação foi ajuizada em 12/04/2019, o prazo prescricional de cinco anos ainda não havia se esgotado. Além disso, considerando que a rescisão do contrato de trabalho ocorreu em 02/05/2017, o prazo prescricional bienal, aplicável a eventuais verbas decorrentes do término do vínculo empregatício, também não foi ultrapassado. A jurisprudência do TST reforça que a contagem do prazo para pleitear indenizações por danos decorrentes de acidente de trabalho se inicia com a alta médica do benefício acidentário, pois é nesse momento que o trabalhador tem plena ciência da extensão das lesões sofridas.

CRITÉRIO DE CORREÇÃO DA BANCA

Considerando os pontos abordados no enunciado, espera-se que o candidato responda às questões da seguinte forma:

a) Não há responsabilidade do empregador público quanto aos danos morais e estéticos derivados do acidente do trabalho. Incide na espécie a excludente denominada culpa exclusiva da vítima, com o rompimento do nexo de causalidade, tendo em vista a ausência do uso de EPI, cuja entrega era disponibilizada pelo empregador, com registro nas fichas respectivas, fornecimento de treinamento e existência de fiscalização diuturna.

b) A pretensão indenizatória não está prescrita, considerando a ausência de transcurso do prazo de prescrição previsto no art. 7º, XXIX, da Constituição Federal, aplicável aos acidentes de trabalho, contado desde a data da ciência inequívoca pelo trabalhador da consolidação dos danos pela alta do benefício acidentário (teoria da actio nata subjetiva), já que não houve afastamentos posteriores. Alta acidentária ocorreu em 15/05/2014 e a ação judicial proposta em 12/04/2019, ainda não passados cincos da data de encerramento do benefício acidentário. Não ocorrida a prescrição bienal, tendo em vista a demissão em 02/05/2017 e o ajuizamento da ação em 12/04/2019.

CRITÉRIOS DE CORREÇÃO E GRADE

N1 Pontuação máxima Afastamento da responsabilidade do empregador pela existência de culpa exclusiva da vítima 2,0

N2 Ausência de prescrição dos danos relativos ao acidente de trabalho 3,0

▶ JURISPRUDÊNCIA TEMÁTICA

STF

ADI 6050/DF: O Tribunal, por maioria, conheceu das ADIs 6.050, 6.069 e 6.082 e julgou parcialmente procedentes os pedidos para conferir interpretação conforme a Constituição, de modo a estabelecer que: 1) As redações conferidas aos arts. 223-A e 223-B, da CLT, não excluem o direito à reparação por dano moral indireto ou dano em ricochete no âmbito das relações de trabalho, a ser apreciado nos termos da legislação civil; 2) Os critérios de quantificação de reparação por dano extrapatrimonial previstos no art. 223-G, caput e § 1º, da CLT deverão ser observados pelo julgador como critérios orientativos de fundamentação da decisão judicial. É constitucional, porém, o arbitramento judicial do dano em valores superiores aos limites máximos dispostos nos incisos I a IV do § 1º do art. 223-G, quando consideradas as circunstâncias do caso concreto e os princípios da razoabilidade, da proporcionalidade e da igualdade. Tudo nos termos do voto do Relator, vencidos os Ministros Edson Fachin e Rosa Weber (Presidente), que julgavam procedente o pedido das ações. Plenário, Sessão Virtual de 16.6.2023 a 23.6.2023. **À DIAGRAMAÇÃO: Excluir texto repetido, por gentileza.**

TST

AGRAVO. AGRAVO DE INSTRUMENTO. RECURSO DE REVISTA. RECLAMANTE. LEI No 13.015/2014. NULIDADE. NEGATIVA DE PRESTAÇÃO JURISDICIONAL. 1 – Estão atendidas as exigências do art. 896, § 1º-A, da CLT. 2 – Da análise dos trechos trazidos pelo reclamante, extrai-se que o Regional manifestou-se expressamente e de forma fundamentada acerca de todas as questões a ele submetidas. Ileso o art. 93, IX, da Constituição Federal. 3 – Agravo a que se nega provimento. ACIDENTE DO TRABALHO. ACIDENTE TÍPICO. INDENIZAÇÃO POR DANOS MORAIS E MATERIAIS. **1 – A Corte regional, soberana na análise do conjunto fáticoprobatório, concluiu que o acidente decorreu de culpa exclusiva da vítima, que retirou o equipamento de proteção, o que foi determinante para que o infortúnio culminasse nos danos observados no caso. Destacou, ademais, que o trabalhador confessou o uso e fiscalização dos equipamentos de proteção. 2 – Nesses aspectos, para se chegar à conclusão diversa da exposta pelo Tribunal Regional, seria necessário reexame de fatos e prova, a fim de apreciar os requisitos necessários para configurar a responsabilidade civil da reclamada, pelos danos decorrentes do acidente do trabalho: a) o nexo causal, rompido pela culpa exclusiva da vítima e b) a fiscalização do EPI pela reclamada, necessário a configurar a culpa concorrente; o que é vedado nesta instância extraordinária, nos termos da Súmula n° 126 desta Corte. 3 – Não há utilidade no debate sobre responsabilidade objetiva no caso concreto, uma vez que a decisão recorrida não indeferiu o pleito por ausência de culpa da reclamada, mas por considerar ausente o liame causal, uma vez que, mesmo que o acidente seja decorrente do trabalho, os danos por ele causados decorreram, exclusivamente, da conduta do reclamante de retirar os óculos de proteção. Em síntese: o fato exclusivo da vítima foi excludente de causalidade entre o evento e a conduta/atividade do empregador.** 4 – Por fim, acerca dos julgados colacionados, estes se mostram inespecíficos, uma vez que não guardam identidade fática com o caso dos autos. Óbice da Súmula no 296, I, do TST. 5 – Agravo a que se nega provimento (Ag-AIRR-183600-43.2009.5.15.0106, 6a Turma, Relatora Ministra Katia Magalhaes Arruda, DEJT 30/06/2017).

AGRAVO. RECURSO DE REVISTA. REGIDO PELA LEI 13.467/2017. PRESCRIÇÃO. INDENIZAÇÃO POR DANOS MORAIS E MATERIAIS. DOENÇA OCUPACIONAL. MARCO INICIAL. ALTA PREVIDENCIÁRIA. TRANSCENDÊNCIA POLÍTICA RECONHECIDA NA DECISÃO AGRAVADA. 1. Situação em que o Tribunal Regional entendeu que a data da ciência inequívoca da lesão se deu com a concessão do auxílio doença em fevereiro de 2010 (lesões da coluna lombar) e abril de 2011 (lesões da coluna cervical). Consignou que "o Ofício no 844/2018/

APS Chapecó SC, encaminhado pelo INSS, revela que houve a concessão de auxílio doença (espécie 91) de 27-02 a 19-08-2010 e de 06-04-2011 a 10-05-2014 (fls. 585- 593)". Pronunciou a prescrição da pretensão indenizatória, na medida em que a ação foi proposta em 21/6/2017. **2. Nos termos da jurisprudência assente no âmbito deste Tribunal Superior do Trabalho, aplica-se a prescrição do artigo 7º, XXIX, da Constituição Federal, quanto à pretensão de indenização por dano moral e/ou material decorrente de acidente do trabalho, quando a lesão, ou a ciência da lesão (teoria da actio nata), ocorre em momento posterior à vigência da Emenda Constitucional 45/2004 (30/12/2004). Em relação ao termo inicial para contagem da prescrição, deve ser considerada a ciência inequívoca da consolidação das lesões. Assim, se o empregado se mantém afastado percebendo auxíliodoença em razão de acidente de trabalho ou doença ocupacional a ele equiparada, a ciência inequívoca referida ocorre com a cessação do benefício previdenciário e o retorno às atividades laborais ou com a conversão do auxílio-doença em aposentadoria por invalidez.** Julgados da SBDI-1 do TST. 3. No presente caso, a ciência inequívoca da consolidação das lesões ocorreu apenas em 10/05/2014, data da alta previdenciária. Assim, tendo em vista o ajuizamento da ação em 21/06/2017, não há falar em prescrição total da pretensão, nos termos do art. 7º, XXIX, da Constituição Federal. Nesse contexto, não afastados os fundamentos da decisão agravada, nenhum reparo enseja a decisão. Agravo não provido (Ag-RR-715-64.2017.5.12.0009, 5ª Turma, Relator Ministro Douglas Alencar Rodrigues, DEJT 25/09/2023).

QUESTÕES OBJETIVAS RELACIONADAS AO TEMA

1. (CESPE / CEBRASPE - 2024 – PGM Camaçari - Procurador Municipal) Acerca da prescrição no processo do trabalho, julgue os próximos itens.

I A pretensão quanto a créditos resultantes das relações de trabalho prescreve em cinco anos, até o limite de dois anos após a extinção do contrato de trabalho.

II A interrupção da prescrição somente ocorrerá pelo ajuizamento de reclamação trabalhista, mesmo que em juízo incompetente, ainda que venha a ser extinta sem resolução do mérito, produzindo efeitos apenas em relação aos pedidos idênticos.

III No processo do trabalho, a prescrição intercorrente ocorre no prazo de cinco anos.

Assinale a opção correta.

a) Apenas o item I está certo.

b) Apenas os itens I e II estão certos.

c) Apenas os itens II e III estão certos.

d) Apenas os itens I e III estão certos.

e) Todos os itens estão certos.

Gabarito: Letra b

2. (CESPE / CEBRASPE - 2022 – PGDF - Procurador do Distrito Federal) Julgue o item a seguir, acerca do processo do trabalho.

No processo do trabalho, a prescrição intercorrente ocorrerá no prazo de dois anos.

( ) Certo

( ) Errado

Gabarito: certo

3. (CESPE / CEBRASPE - 2022 – PGDF - Procurador do Distrito Federal) Com relação aos procedimentos nos dissídios individuais, julgue o item que se segue.

O direito de ação quanto aos créditos resultantes das relações de trabalho prescreve em cinco anos, até o limite de dois anos após a extinção do contrato de trabalho, para todos os trabalhadores, à exceção dos rurais.

( ) Certo

( ) Errado

Gabarito: errado

QUESTÃO 04

FGV – Procurador Municipal (PGM - Niteroi/RJ - 2023)

Determinado empregado público de uma Fundação Pública municipal, beneficiado pelo art. 19 do ADCT/CF88 e ocupando o cargo de advogado, sofre a pena de exclusão do quadro da Ordem dos Advogados, em decorrência de ato doloso cometido. Recebida a consulta formulada pela presidência da Fundação Pública municipal, na qualidade de Procurador do Município, responda motivadamente:

a) se a pena sofrida pelo empregado público na Ordem dos Advogados repercute no exercício do cargo exercido na Fundação Pública municipal?

b) qual o procedimento para eventual suspensão e desligamento do empregado público?

(30 Pontos)

(60 Linhas)

A prova foi realizada com consulta a códigos e(ou) legislação.

QUESTÃO 04

(60 LINHAS)

▸ RESPOSTA DO AUTOR

A exclusão de um advogado dos quadros da Ordem dos Advogados do Brasil possui repercussão direta no exercício de seu cargo na Fundação Pública municipal. Isso ocorre porque o exercício da advocacia exige habilitação específica, conforme previsto em lei, e a perda dessa habilitação constitui justa causa para a rescisão do contrato de trabalho, conforme disposto no art. 482, alínea "m", da CLT, introduzido pela Reforma Trabalhista (Lei nº 13.467/17). Dessa forma, o empregado público celetista que ocupa o cargo de advogado e perde sua inscrição na OAB não possui mais os requisitos necessários para a função, o que legitima sua dispensa por justa causa.

No que tange ao procedimento para a suspensão e eventual desligamento do empregado público, deve-se observar que, por força do art. 19 do ADCT da CF, o empregado público em questão adquiriu estabilidade. Assim, a suspensão pode ser realizada administrativamente, com base no art. 494 da CLT. No entanto, para efetivar a dispensa, é indispensável a instauração de um inquérito judicial para apuração de falta grave, conforme previsto no art. 853 da CLT. Esse inquérito deve ser proposto no prazo de 30 dias a partir da suspensão administrativa, garantindo o devido processo legal e a ampla defesa ao empregado.

▸ CRITÉRIO DE CORREÇÃO DA BANCA

a) Sim. A pena sofrida pelo empregado público na Ordem dos Advogados repercute no cargo exercido na Fundação Pública, na medida em que constitui hipótese de justa causa, prevista na alínea m do art. 482 da CLT, incluída pela lei nº 13.647/17 (Reforma Trabalhista), que assim dispõe: "perda da habilitação ou dos requisitos estabelecidos em lei para o exercício da profissão, em decorrência de conduta dolosa do empregado". (14,00)

b) A suspensão do empregado público das suas funções pode ser realizada administrativamente, tendo como fundamento o art. 494 da CLT, sendo indispensável, no entanto, o ajuizamento de inquérito para apuração de falta grave, nos termos do art. 853 da CLT, no prazo de 30 dias contados da suspensão administrativa do empregado público. A propositura do inquérito judicial se justifica, na medida em que o empregado público, celetista, por força do art. 19 do ADCT/CF88, se tornou estável. (14,00)

Coerência textual, raciocínio jurídico e domínio da escrita formal. (2,00)

TOTAL: 30,0 PONTOS

▸ DOUTRINA TEMÁTICA

> "Por essas e outras razões, antes de ser conhecido o rol das hipóteses de justa causa – a maioria concentrada no art. 482 da CLT – é importante lembrar seus princípios norteadores, que podem ser sintetizados em sete pensamentos: (a) legalidade ou necessidade de previsão em lei; (b) gravidade ou necessidade de se tratar de um ato forte o bastante para tornar insuportável o prosseguimento do contrato e que não poderia ser punido de forma mais suave; (c) nexo causal, por ser indispensável identificar qual a falha que gerou a justa causa, não podendo ter sido punida de outra forma nem ter sido relevada; (d) imediatidade, por ser necessária a resposta rápida da parte contrária, não podendo haver dúvida sobre a tolerância do ato; (e) ausência de perdão tácito, como uma promoção após o ato, ou expresso, como um comunicado escrito ou verbal; (f) análise do passado funcional do empregado, para saber se ele já apresentava acúmulo de punições, e, portanto, passível de receber a punição máxima, ou, se, ao contrário, sua conduta positiva ao longo dos anos

justificaria punição mais branda por sua primeira atitude faltosa; e (g) para alguns casos e sob certas circunstâncias, a necessidade de repetição do mesmo ato, como no caso da desídia – que é a repetição de ausências e atrasos –, além das formas de negociação "habitual" em serviços e da prática de jogos de azar, que a legislação exige seja "constante".

(...)

Cumpre, agora, destacar algumas singularidades dos tipos definidos pela CLT:

(...)

p) inserida pela Lei 13.467/2017, a alínea m refere justa causa por perda de habilitação profissional. O tema é complexo. Pode recair sobre motorista que perde o direito de conduzir veículos. Certamente se poderá argumentar que o motorista zeloso consegue evitar a maioria das multas, quer ele esteja a trabalho, quer esteja a passeio. Porém, ninguém ignora que a legislação de trânsito se torna cada vez mais complexa, repleta de interpretações dúbias, ao passo que as exigências de metas e cronogramas rígidos se tornam cada vez mais intensos na organização e nos métodos das empresas. Em outras palavras, o empregado que jamais comete infração de trânsito corre o risco de, na outra ponta, ser acusado de desidioso no exercício de suas funções de entregas, coletas e despachos motorizados, por não ter sido ágil suficiente para dar conta de todas as ordens de serviço programadas para aquele dia. A tensão entre a eficiência do empregado e o zelo no trânsito agressivo das grandes cidades e das rodovias não foi levada em consideração pelo legislador ao punir, com justa causa, o empregado que perder o direito de conduzir. Diante do caráter punitivo da justa causa, impõe-se interpretação restritiva, em qualquer hipótese, de forma que a mera suspensão temporária da carteira de habilitação – por exemplo, quando o motorista atinge 20 pontos e necessita fazer curso e prova de requalificação – não deve ser interpretada como justa causa. Não existe o conceito de justa causa momentânea. Outros exemplos de perda de habilitação da profissão tendem a ser mais flagrantes, como a cassação do registro no órgão de classe – Ordem dos Advogados, Conselho de Fiscalização etc. –, a anulação de diploma de ensino superior por fraude no bacharelado ou, ainda, a perda da autorização para condução de aeronaves e veículos náuticos." (BATISTA, Homero. CLT Comentada - Ed. 2025. Editora: Revista dos Tribunais, 2025, p. RL-1.88.)

QUESTÃO 05

FGV – Procurador Municipal (PGM - Niteroi/RJ - 2023)

O Município de Niterói realizará licitação para a contratação de empresa especializada na prestação de serviços de vigilância para os imóveis geridos pelo Poder Executivo Municipal. Os empregados da empresa contratada ficarão à disposição unicamente da Administração Pública contratante e a publicação do edital está prevista para 6 de janeiro de 2024.

Considerando estas circunstâncias, pergunta-se:

a) O Município de Niterói pode exigir que os empregados da empresa terceirizada apresentem certidão de antecedentes criminais?

b) Discorra sobre a responsabilidade do Município em caso de inadimplemento de verbas trabalhistas e previdenciárias. É possível elidir esta responsabilidade? Justifique.

(40 Pontos)

(60 Linhas)

A prova foi realizada com consulta a códigos e(ou) legislação.

QUESTÃO 05

(30 LINHAS)

▶ RESPOSTA DO AUTOR

No que se refere ao primeiro questionamento, a exigência da certidão de antecedentes criminais para os vigilantes é permitida, conforme estabelece o art. 16, VI, da Lei nº 7.102/83, que disciplina a atividade de segurança privada. O referido dispositivo legal impõe como requisito para o exercício da função de vigilante a inexistência de registros de antecedentes criminais, justificando-se tal exigência em razão da natureza sensível da atividade, que envolve a proteção de pessoas e bens. Ademais, o TST, ao julgar incidente de recurso repetitivo, consolidou o entendimento de que a exigência da certidão de antecedentes criminais é legítima quando houver justificativa objetiva e razoável, relacionada à atividade desempenhada, como ocorre no caso dos vigilantes.

Em relação à responsabilidade do Município pelo inadimplemento de verbas trabalhistas e previdenciárias, destaca-se que a licitação e a contratação serão regidas integralmente pela Lei nº 14.133/21, uma vez que o edital está previsto para ser publicado em janeiro de 2024. De acordo com o art. 121, "caput" e §1º, dessa lei, os encargos trabalhistas e previdenciários são, em regra, de responsabilidade da empresa contratada. No entanto, nos contratos de serviços contínuos com dedicação exclusiva de mão de obra, como ocorre na terceirização de serviços de vigilância, a Administração Pública contratante responde solidariamente pelos encargos previdenciários e de forma subsidiária pelos encargos trabalhistas, nos termos do § 2º do art. 121 da Lei nº 14.133/21.

É importante ressaltar que a responsabilidade subsidiária do ente público não é automática, nos termos da Súmula nº 331, V, do TST e do entendimento do STF em sede de repercussão geral (Tema 246), sendo necessária a comprovação de falha na fiscalização do cumprimento das obrigações contratuais (culpa "in vigilando"), cujo ônus da comprovação é do autor, nos termos do também decidido pelo STF em sede de repercussão geral (Tema 1118). Para evitar sua responsabilização, a Administração deve adotar medidas efetivas de fiscalização, conforme previsto no art. 50 da Lei nº 14.133/21, que elenca documentos que podem ser exigidos da empresa contratada, tais como comprovantes de pagamento de salários, recibo de concessão e pagamento de férias e do respectivo adicional, depósitos de FGTS e quitação de obrigações trabalhistas.

Além disso, o art. 121, §3º, da referida lei possibilita a adoção de mecanismos que minimizem os impactos do eventual inadimplemento, como a exigência de caução, fiança bancária ou seguro garantia, bem como o pagamento condicionado à comprovação de quitação das obrigações trabalhistas vencidas, efetuar o depósito de valores em conta vinculada e, em caso de inadimplemento, efetuar diretamente o pagamento das verbas trabalhistas, que serão deduzidas do pagamento devido ao contratado, além de outros mecanismos de proteção. Dessa forma, a Administração Pública pode estabelecer salvaguardas contratuais que reduzam o risco de responsabilidade subsidiária.

▶ CRITÉRIO DE CORREÇÃO DA BANCA

a) Sim (3,0 pontos).

De acordo com o art. 16, VI, da Lei nº 7.102/1983 (4,0 pontos), um dos requisitos para o exercício da função de vigilante é não ter antecedentes criminais registrados. (7.00)

a) A questão também foi corroborada pelo TST (2,0 pontos) em incidente de recurso repetitivo (1,0 ponto), no qual ficou consignada a legitimidade de se exigir certidão de antecedentes criminais do candidato a emprego. (3.00)

b) Considerando que o edital será publicado em janeiro de 2024, a licitação e a contratação serão realizadas inteiramente sob a égide da nova lei de contratações públicas, Lei nº 14.133/2021 (5,0 pontos).

De acordo com a atual redação dada aos artigos 191 e 193, II, da nova lei, pela Medida Provisória nº 1.167/2023, a Lei nº 8.666/1993 só poderá ser aplicada até 30 de dezembro de 2023 (3,0 pontos). Ou seja, na data da publicação do edital, toda a sistemática da contratação será regida pela Lei nº 14.133/2021, que possui disposições específicas quanto à responsabilidade da Administração Pública nos contratos de terceirização. (8.00)

b) Nesse sentido, o art. 121, caput e §1º, estabelecem que os encargos trabalhistas, previdenciários, fiscais e comerciais serão, como regra, responsabilidade do contratado (2,0 pontos). Todavia, nas contratações de serviços contínuos com regime de dedicação exclusiva de mão de obra, como usualmente é o caso dos contratos de terceirização envolvendo vigilância (2,0 pontos), o §2º do mesmo art. 121 fixa que a responsabilidade do ente público contratante será solidária em relação aos encargos previdenciários e subsidiária para os encargos trabalhistas (2,0 pontos). (6.00)

b) Entretanto, a responsabilidade do ente público não pode ser reconhecida automaticamente pela simples condenação judicial da empresa terceirizada, pois é necessário demonstrar que houve falha na fiscalização do cumprimento das obrigações do contratado. (1,0 ponto)

b) Para permitir tal fiscalização e elidir a responsabilidade do ente público, a Administração contratante deve exercer ativamente a fiscalização contratual (5,0 pontos). Para esse fim, o art. 50 da Lei nº 14.133/2021 fixa rol exemplificativo de documentos que podem ser solicitados pela Administração, tais como como registro de ponto, recibo de pagamento de salários, comprovante de depósito de FGTS, recibo de concessão e pagamento de férias, recibo de quitação de obrigações trabalhistas e previdenciárias dos empregados dispensados até a data da extinção do contrato e recibo de pagamento de vale-transporte e vale-alimentação. (4,0 pontos) (9.00)

b) Nesse mesmo sentido, o §3º do art. 121, assegura a possibilidade de o ente público contratante incluir no edital ou no contrato medidas que reduzam o impacto decorrente do inadimplemento de verbas trabalhistas. Como exemplo, cita-se a possibilidade de exigir caução, fiança bancária ou seguro garantia (inciso I) condicionar o pagamento da fatura à comprovação de quitação das obrigações trabalhistas vencidas relativas ao contrato (inciso II), efetuar o depósito em conta vinculada impenhorável (inciso III c/c §4º), efetuar diretamente o pagamento das verbas trabalhistas com dedução do valor devido à empresa terceirizante (inciso IV) e estabelecer que os valores destinados a férias, a décimo terceiro salário, a ausências legais e a verbas rescisórias dos empregados do contratado que participarem da execução dos serviços contratados serão pagos pelo contratante ao contratado somente na ocorrência do fato gerador (inciso V). (4,0 pontos)

Coerência textual, raciocínio jurídico e domínio da escrita formal. (2.00)

TOTAL: 40 PONTOS

▸ JURISPRUDÊNCIA TEMÁTICA

STF

TEMA Nº 246 DA REPERCUSSÃO GERAL: O inadimplemento dos encargos trabalhistas dos empregados do contratado não transfere automaticamente ao Poder Público contratante a responsabilidade pelo seu pagamento, seja em caráter solidário ou subsidiário, nos termos do art. 71, § 1º, da Lei nº 8.666/93.

TEMA Nº 1118 DA REPERCUSSÃO GERAL: 1. Não há responsabilidade subsidiária da Administração Pública por encargos trabalhistas gerados pelo inadimplemento de empresa prestadora de serviços contratada, se amparada exclusivamente na premissa da inversão do ônus da prova, remanescendo imprescindível a comprovação, pela parte autora, da efetiva existência de comportamento negligente ou nexo de causalidade entre o dano por ele invocado e a conduta comissiva ou omissiva do poder público.

2. Haverá comportamento negligente quando a Administração Pública permanecer inerte após o recebimento de notificação formal de que a empresa contratada está descumprindo suas obrigações trabalhistas, enviada pelo trabalhador, sindicato, Ministério do Trabalho, Ministério Público, Defensoria Pública ou outro meio idôneo.

3. Constitui responsabilidade da Administração Pública garantir as condições de segurança, higiene e salubridade dos trabalhadores, quando o trabalho for realizado em suas dependências ou local previamente convencionado em contrato, nos termos do art. 5º-A, § 3º, da Lei nº 6.019/1974.

4. Nos contratos de terceirização, a Administração Pública deverá: (i) exigir da contratada a comprovação de capital social integralizado compatível com o número de empregados, na forma do art. 4º-B da Lei nº 6.019/1974; e (ii) adotar medidas para assegurar o cumprimento das obrigações trabalhistas pela contratada, na forma do art. 121, § 3º, da Lei nº 14.133/2021, tais como condicionar o pagamento à comprovação de quitação das obrigações trabalhistas do mês anterior.

ADPF Nº 324: EMENTA: DIREITO DO TRABALHO. ARGUIÇÃO DE DESCUMPRIMENTO DE PRECEITO FUNDAMENTAL. TERCEIRIZAÇÃO DE ATIVIDADE-FIM E DE ATIVIDADE-MEIO. CONSTITUCIONALIDADE.

1. A Constituição não impõe a adoção de um modelo de produção específico, não impede o desenvolvimento de estratégias empresariais flexíveis, tampouco veda a terceirização. Todavia, a jurisprudência trabalhista sobre o tema tem sido oscilante e não estabelece critérios e condições claras e objetivas, que permitam sua adoção com segurança. O direito do trabalho e o sistema sindical precisam se adequar às transformações no mercado de trabalho e na sociedade.

2. A terceirização das atividades-meio ou das atividades-fim de uma empresa tem amparo nos princípios constitucionais da livre iniciativa e da livre concorrência, que asseguram aos agentes econômicos a liberdade de formular estratégias negociais indutoras de maior eficiência econômica e competitividade.

3. A terceirização não enseja, por si só, precarização do trabalho, violação da dignidade do trabalhador ou desrespeito a direitos previdenciários. É o exercício abusivo da sua contratação que pode produzir tais violações.

4. Para evitar tal exercício abusivo, os princípios que amparam a constitucionalidade da terceirização devem ser compatibilizados com as normas constitucionais de tutela do trabalhador, cabendo à contratante: i) verificar a idoneidade e a capacidade econômica da terceirizada; ii) responder subsidiariamente pelo descumprimento das normas trabalhistas, bem como por obrigações previdenciárias (art. 31 da Lei 8.212/1993).

5. A responsabilização subsidiária da tomadora dos serviços pressupõe a sua participação no processo judicial, bem como a sua inclusão no título executivo judicial.

6. Mesmo com a superveniência da Lei 13.467/2017, persiste o objeto da ação, entre outras razões porque, a despeito dela, não foi revogada ou alterada a Súmula 331 do TST, que consolidava o conjunto de decisões da Justiça do Trabalho sobre a matéria, a indicar que o tema continua a demandar a manifestação do Supremo Tribunal Federal a respeito dos aspectos constitucionais da terceirização. Além disso, a aprovação da lei ocorreu após o pedido de inclusão do feito em pauta.

7. Firmo a seguinte tese: "1. É lícita a terceirização de toda e qualquer atividade, meio ou fim, não se configurando relação de emprego entre a contratante e o empregado da contratada. 2. Na terceirização, compete à contratante: i) verificar a idoneidade e a capacidade econômica da terceirizada; ii) responder subsidiariamente pelo descumprimento das normas trabalhistas, bem como por obrigações previdenciárias, na forma do art. 31 da Lei 8.212/1993."

8. ADPF julgada procedente para assentar a licitude da terceirização de atividade-fim ou meio. Restou explicitado pela maioria que a decisão não afeta automaticamente decisões transitadas em julgado.

TST

SÚMULA Nº 331 DO TST: I - A contratação de trabalhadores por empresa interposta é ilegal, formando-se o vínculo diretamente com o tomador dos serviços, salvo no caso de trabalho temporário (Lei nº 6.019, de 03.01.1974). (item declarado inconstitucional na ADPF 324)

II - A contratação irregular de trabalhador, mediante empresa interposta, não gera vínculo de emprego com os órgãos da Administração Pública direta, indireta ou fundacional (art. 37, II, da CF/1988).

III - Não forma vínculo de emprego com o tomador a contratação de serviços de viglância (Lei nº 7.102, de 20.06.1983) e de conservação e limpeza, bem como a de serviços especializados ligados à atividade-meio do tomador, desde que inexistente a pessoalidade e a subordinação direta. (item declarado inconstitucional na ADPF 324)

IV - O inadimplemento das obrigações trabalhistas, por parte do empregador, implica a responsabilidade subsidiária do tomador dos serviços quanto àquelas obrigações, desde que haja participado da relação processual e conste também do título executivo judicial.

V - Os entes integrantes da Administração Pública direta e indireta respondem subsidiariamente, nas mesmas condições do item IV, caso evidenciada a sua conduta culposa no cumprimento das obrigações da Lei n.º 8.666, de 21.06.1993, especialmente na fiscalização do cumprimento das obrigações contratuais e legais da prestadora de serviço como empregadora. A aludida responsabilidade não decorre de mero inadimplemento das obrigações trabalhistas assumidas pela empresa regularmente contratada.

VI – A responsabilidade subsidiária do tomador de serviços abrange todas as verbas decorrentes da condenação referentes ao período da prestação laboral.

QUESTÕES OBJETIVAS RELACIONADAS AO TEMA

1. (CESPE / CEBRASPE - 2024 – PGM Cachoeiro de Itapemirim - Procurador Municipal) A respeito da responsabilidade da administração pública em relação a verbas trabalhistas decorrentes de contratos de terceirização de trabalho, julgue o próximo item.

O inadimplemento dos encargos trabalhistas dos empregados da empresa contratada transfere, de forma automática, ao poder público contratante a responsabilidade pelo pagamento, em caráter subsidiário, dos referidos encargos.

( ) Certo

( ) Errado

Gabarito: errado

2. (CESPE / CEBRASPE - 2023 – PGM São Paulo - Procurador Municipal) Acerca da terceirização no serviço público, assinale a opção correta.

a) Na terceirização do serviço público, a empresa contratante transfere ao contratado, pessoa física ou jurídica prestadora de serviços, a execução de quaisquer de suas atividades.

b) Constatada irregularidade na contratação de trabalhador em terceirização trabalhista com ente da administração pública, será reconhecido o vínculo de emprego do obreiro com a tomadora de serviço.

c) Os empregados da pessoa jurídica prestadora de serviços terceirizados têm direito a atendimento médico ou ambulatorial existente nas dependências da contratante, sendo este um dos motivos que ensejam a proibição de subcontratação de outras empresas para a efetiva realização dos serviços da prestadora.

d) A administração pública e o contratado são responsáveis diretos e solidários pelos encargos trabalhistas e previdenciários resultantes da execução do contrato de prestação de serviços terceirizados, sendo que a inadimplência pode restringir o uso de obras e edificações.

e) Ao contratar serviços contínuos com regime de dedicação exclusiva de mão de obra, a administração pode dispor em edital que os valores destinados a verbas rescisórias dos empregados do contratado que participarem da execução dos serviços serão pagos pelo contratante ao contratado somente na ocorrência do fato gerador.

Gabarito: Letra e

3. (CESPE / CEBRASPE - 2023 - AGU – Advogado da União) Acerca da terceirização de serviços no âmbito da administração pública, de acordo com a jurisprudência majoritária do TST,

a) o inadimplemento das obrigações trabalhistas por parte do empregador implica responsabilidade solidária do tomador de serviços quanto àquelas obrigações, desde que este haja participado da relação processual e conste também no título executivo judicial.

b) a responsabilidade do tomador de serviços é subsidiária e não depende de conduta culposa da administração pública no cumprimento das obrigações previstas na Lei de Licitações, especialmente as de fiscalização do cumprimento das obrigações contratuais da prestadora de serviços como empregadora.

c) a terceirização irregular afasta o direito dos empregados terceirizados às mesmas verbas trabalhistas legais e normativas asseguradas àqueles contratados pelo tomador de serviços, mesmo quando presente a igualdade de funções.

d) a terceirização ilícita não gera vínculo de emprego com o ente da administração pública.

e) a reponsabilidade subsidiária da administração é objetiva e decorre do mero inadimplemento das obrigações trabalhistas assumidas pela empresa contratada.

Gabarito: Letra d

QUESTÃO 06

CESPE/CEBRASPE – Procurador Federal (PGF - 2023)

ACORDO COLETIVO DE TRABALHO, relativo à data-base de 1/5/2023, com período entre 1/5/2023 a 3/4/2024, de âmbito nacional, que celebram, em consonância com a Constituição Federal de 1988, com a Consolidação das Leis do Trabalho (CLT) e com as demais legislações pertinentes, de um lado, a USINA DE AÇÚCAR E ÁLCOOL XYZ S.A., representada por seu diretor presidente subscritor, e de outro lado, como representante dos(as) empregados(as) a FEDERAÇÃO NACIONAL DOS EMPREGADOS DE EMPRESAS DO AGRONEGÓCIO, representada por seu presidente subscritor, nos termos das cláusulas e das condições seguintes:

[...]

HORAS IN ITINERE

CLÁUSULA TERCEIRA – O tempo despendido de deslocamento de ida ou de retorno ao trabalho com veículo fornecido pela empresa não enseja o pagamento de horas in itinere.

[...]

DISPENSA EM MASSA

CLÁUSULA OITAVA – Fica autorizada a dispensa coletiva ou em massa por motivos econômicos, tecnológicos ou estruturais, independentemente de intervenção sindical no procedimento.

[...]

Considerando o acordo coletivo hipotético apresentado, analise, com base na legislação e no entendimento consolidado do Supremo Tribunal Federal (STF), a juridicidade das cláusulas terceira e oitava. Ao elaborar sua análise, aborde os seguintes aspectos:

1 - quanto às horas in itinere — prevalência do negociado sobre o legislado, disponibilidade do direito e conteúdo jurídico do patamar mínimo civilizatório; e

2 - quanto à dispensa em massa — papel da entidade sindical.

(30 linhas)

A prova foi realizada com consulta a códigos e(ou) legislação.

QUESTÃO 06

(30 LINHAS)

RESPOSTA DO AUTOR

No que se refere à cláusula terceira do acordo coletivo, que trata da exclusão do pagamento de horas "in itinere", seu teor está de acordo com a jurisprudência consolidada do Supremo Tribunal Federal, que, em sede de repercussão geral (Tema 1.046), reafirmou a prevalência do negociado sobre o legislado, permitindo que normas coletivas estabeleçam limitações e afastamentos a direitos trabalhistas, independente de contrapartida, desde que não violem direitos absolutamente indisponíveis. Ao entender que as horas "in itinere" não se inserem no rol de direitos absolutamente disponíveis, mas sim no de direitos disponíveis relacionados à jornada e remuneração do trabalhador, o STF entendeu que a exclusão de seu pagamento via negociação coletiva é juridicamente válida. Esse julgamento não dizia respeito aos atuais art. 58, § 2º, arts. 611-A e 611-B da CLT, decorrentes da Reforma Trabalhista, mas está totalmente de acordo com referidos dispositivos legais, que excluem a hora "in itinere" daquilo que se considera tempo à disposição do trabalhador (art. 58, § 2º, da CLT) e que prevê a prevalência do negociado sobre o legislado em diversas hipóteses (art. 611-A da CLT), ressalvadas algumas situações em que a supressão ou redução de direitos são consideradas objeto ilícito de convenção ou acordo coletivo (art. 611-B da CLT). Além disso, é importante salientar que a prevalência não é absoluta, devendo ser resguardado o patamar civilizatório mínimo do trabalhador, que compreende normas constitucionais, tratados internacionais ratificados pelo Brasil e garantias infraconstitucionais de cidadania.

Já a cláusula oitava, que prevê a possibilidade de dispensa em massa sem a intervenção sindical, não está em conformidade com o entendimento do STF. Em julgamento proferido em sede de repercussão geral (Tema 638), o STF estabeleceu que a intervenção sindical é requisito procedimental essencial para a validade da dispensa coletiva. Embora o art. 477-A da CLT não exija negociação coletiva ou autorização prévia da entidade sindical, o STF enfatizou a necessidade da participação do sindicato como mecanismo de estímulo ao diálogo entre empregador e empregados, considerando os impactos sociais e econômicos das dispensas em massa. Dessa forma, a cláusula oitava do acordo coletivo apresenta vício de juridicidade por afastar a exigência da intervenção sindical, que se mostra indispensável para conferir equilíbrio às relações de trabalho em cenários de desligamento coletivo. Logo, a autorização sindical prévia não é necessária, mas sua participação é imprescindível.

CRITÉRIO DE CORREÇÃO DA BANCA

Em relação à cláusula terceira do acordo tem-se sua plena juridicidade diante do entendimento do Supremo Tribunal Federal (STF), que, ao julgar em repercussão geral o Tema 1.046, no Recurso Extraordinário com Agravo (ARE) n.º 1.121.633, garantiu a prevalência do negociado sobre o regramento legal das horas in itinere, fixando tese no sentido de que são constitucionais as normas coletivas que, ao considerarem a adequação setorial negociada, pactuam limitações ou afastamentos de direitos trabalhistas, independentemente da explicitação especificada de vantagens compensatórias, desde que respeitados os direitos absolutamente indisponíveis. Para o Supremo Tribunal Federal (STF), as horas in itinere compõem rol de direitos disponíveis no campo da jornada de trabalho e remuneração do empregado, passíveis de negociação coletiva. Em consonância com os fundamentos da decisão, não seria passível de disponibilidade os direitos trabalhistas que compõem o patamar mínimo civilizatório, composto, em linhas gerais, pelas normas constitucionais, pelas normas de tratados e de convenções internacionais incorporadas ao direito brasileiro e pelas normas que, mesmo infraconstitucionais, asseguram garantias mínimas de cidadania aos trabalhadores.

Já em relação à cláusula oitava do referido acordo, a qual autoriza a usina a realizar a dispensa em massa sem intervenção da entidade sindical no procedimento, há contrariedade jurídica em relação ao que foi definido pelo STF, que, no julgamento do Recurso Extraordinário (RE) n.º 999.435, com repercussão geral (Tema 638), fixou tese na qual se definiu que a intervenção sindical prévia é exigência procedimental imprescindível para a dispensa em massa de trabalhadores. Assim, apesar de o art. 477-A da Consolidação das Leis do Trabalho (CLT) assegurar o direito potestativo do empregador de efetivar dispensas imotivadas, individuais ou plúrimas, sem a necessidade de autorização prévia de entidade sindical ou de negociação coletiva, o STF entende imprescindível a intervenção sindical para estimular o diálogo entre as partes, tendo em vista os impactos sociais e econômicos que circundam as demissões coletivas.

QUESITOS AVALIADOS

Quesito 2.1 Prevalência do negociado sobre o legislado para horas in itinere.

Conceito 0 – Não respondeu ou respondeu pela não juridicidade da cláusula negocial.

Conceito 1 – Respondeu pela juridicidade da cláusula negocial e prevalência do negociado mediante vantagem compensatória.

Conceito 2 – Respondeu pela juridicidade da cláusula negocial e prevalência do negociado, independentemente de vantagem compensatória.

Conceito 3 – Respondeu abordando os arts. 58, § 2º, 611-A, 611-B, todos da CLT.

Quesito 2.2 Horas in itinere como direito disponível.

Conceito 0 – Não abordou o tema ou respondeu pela indisponibilidade do direito relacionado a horas in itinere.

Conceito 1 – Respondeu pela disponibilidade do direito relacionado a horas in itinere.

Conceito 2 – Respondeu pela disponibilidade do direito relacionado a horas in itinere no contexto disponibilidade negociada da jornada e remuneração do trabalhador.

Quesito 2.3 Conteúdo jurídico do patamar mínimo civilizatório.

Conceito 0 – Não abordou o tema.

Conceito 1 – Abordou o tema do patamar mínimo civilizatório composto pelas normas constitucionais.

Conceito 2 – Abordou o tema do patamar mínimo civilizatório composto pelas normas constitucionais e pelas normas dos tratados e das convenções internacionais incorporados ao direito brasileiro ou pelas normas infraconstitucionais de garantias mínimas de cidadania aos trabalhadores.

Conceito 3 – Abordou o tema do patamar mínimo civilizatório composto pelas normas constitucionais, pelas normas dos tratados e das convenções internacionais incorporados ao direito brasileiro e pelas normas infraconstitucionais de garantias mínimas de cidadania aos trabalhadores.

Quesito 2.4 Dispensa em massa e papel da entidade sindical.

Conceito 0 – Não respondeu ou respondeu pela juridicidade da cláusula negocial.

Conceito 1 – Respondeu pela não juridicidade da cláusula negocial.

Conceito 2 – Respondeu pela não juridicidade da cláusula negocial por afastar a necessária intervenção sindical no procedimento de dispensa em massa.

Conceito 3 – Respondeu pela não juridicidade da cláusula negocial por afastar a necessária intervenção sindical no procedimento de dispensa em massa, como estímulo ao diálogo entre as partes.

Conceito 4 – Respondeu pela não juridicidade da cláusula negocial por afastar a necessária intervenção sindical no procedimento de dispensa em massa, como estímulo entre as partes, distinguindo da negociação coletiva ou autorização prévia legalmente desobrigadas.

▸ DOUTRINA TEMÁTICA

"O debate envolvendo "o negociado sobre o legislado" – quer dizer, se os sindicatos podem aceitar condições piores do que aquelas previstas nas leis trabalhistas – não é novo.

Há dois fundamentos constitucionais normalmente utilizados pelos defensores do "negociado sobre o legislado".

O primeiro e mais evidente está no art. 7º, XXVI, da CF, que refere o reconhecimento das convenções e acordos coletivos, como parte integrante dos direitos trabalhistas. Há razoável consenso no sentido de que a norma coletiva é também uma maneira de positivação de direitos – quer se entenda de origem autônoma, quer se entenda como uma forma delegada pelo legislador –, reforçando a vocação do Direito do Trabalho como um ramo plurinormativo.

O segundo fundamento está na leitura dos demais incisos do art. 7º da CF, em conjunto, que nos revelam ser possível (a) majoração de jornada – inciso XIV; (b) compensação de jornada – inciso XIII; e, sobretudo, (c) redução salarial – inciso VI, por meio da negociação coletiva. Diz essa corrente doutrinária que, se o constituinte autoriza aos sindicatos prover a redução salarial, que há de ser o exemplo mais dramático de negociação, por muito mais razão está a autorizar outras modalidades de flexibilização das normas. "Quem pode o mais, pode o menos", é a frase que vem à mente com a interpretação conjugada do inciso VI.

(...)

Há entendimentos doutrinários, não encampados pelo Supremo Tribunal Federal, no sentido de que a retirada de alguns direitos trabalhistas deveria necessariamente ser acompanhada por uma contrapartida. Fala-se no princípio da contrapartida em negociação coletiva. Por exemplo, o aumento da jornada de 6 horas para 8 horas em situação de regime ininterrupto de revezamento deveria ser acompanhado pela concessão de algum benefício assistencial de outra índole, como garantia de emprego, vale-refeição ou reajuste.

A legislação trabalhista, todavia, requer a fixação de contrapartida em caso de redução salarial: muito embora o art. 7º, VI, da CF contemple a redução salarial via negociação coletiva de maneira aparentemente irrestrita, o desconforto dessa situação é tão grande que se criou uma espécie de salvaguarda, a saber, toda redução salarial deve ser acompanhada por garantia de emprego enquanto perdurar o rebaixamento.

(...)

O rol dos permissivos legais para a negociação coletiva é meramente exemplificativo e abrange um leque amplo de assuntos do cotidiano trabalhista:" (BATISTA, Homero. Manual de Direito do Trabalho. Ed. 2023. Editora: Revista dos Tribunais, 2023, p. RB-7.10.)

▸ JURISPRUDÊNCIA TEMÁTICA

STF

TEMA Nº 1046 DA REPERCUSSÃO GERAL: "São constitucionais os acordos e as convenções coletivos que, ao considerarem a adequação setorial negociada, pactuam limitações ou afastamentos de direitos trabalhistas, independentemente da explicitação especificada de vantagens compensatórias, desde que respeitados os direitos absolutamente indisponíveis."

TEMA Nº 638 DA REPERCUSSÃO GERAL: "A intervenção sindical prévia é exigência procedimental imprescindível para a dispensa em massa de trabalhadores, que não se confunde com autorização prévia por parte da entidade sindical ou celebração de convenção ou acordo coletivo."

QUESTÕES OBJETIVAS RELACIONADAS AO TEMA

1. (CESPE / CEBRASPE - 2024 – PGM Mossoró - Procurador Municipal) A respeito de aspectos diversos pertinentes ao direito do trabalho, julgue o item seguinte.

É válida cláusula de convenção coletiva de trabalho que preveja a fixação de adicional de periculosidade proporcional ao tempo de exposição ao risco, ainda que o respectivo percentual seja inferior ao previsto em lei.

( ) Certo

( ) Errado

Gabarito: errado

2. (CESPE / CEBRASPE - 2024 – Câmara de Maceió - Procurador) Com base na jurisprudência do Tribunal Superior do Trabalho (TST), julgue o item seguinte.

O acordo individual para compensação de horas extras pactuado entre empregado e empregador é válido ainda que a norma coletiva faça previsão em sentido contrário, pois aquele atende a uma necessidade específica do empregado.

( ) Certo

( ) Errado

Gabarito: errado

3. (CESPE / CEBRASPE - 2024 – PGM Cachoeiro do Itapemirim/ES – Procurador Municipal) Julgue o item subsequente, acerca da validade constitucional de disposições em instrumentos de negociação coletiva do trabalho, à luz da jurisprudência atual do Supremo Tribunal Federal.

É constitucional a instituição, por acordo ou convenção coletivos de trabalho, de contribuições assistenciais a serem impostas a todos os empregados da categoria, ainda que não sindicalizados, desde que assegurado o direito de oposição.

( ) Certo

( ) Errado

Gabarito: certo

4. (CESPE / CEBRASPE - 2024 – PGM Cachoeiro do Itapemirim/ES – Procurador Municipal) Julgue o item subsequente, acerca da validade constitucional de disposições em instrumentos de negociação coletiva do trabalho, à luz da jurisprudência atual do Supremo Tribunal Federal.

É inconstitucional cláusula prevista em acordo coletivo de trabalho, por meio da qual se estabeleça que o tempo despendido de ida ou de retorno ao trabalho com veículo fornecido pelo empregador não enseja o pagamento de horas *in itinere*, uma vez que se trata de direito indisponível que se vincula às temáticas de salário e jornada de trabalho previstas como patamar mínimo civilizatório pela Constituição Federal de 1988, exceto se pactuada vantagem compensatória.

( ) Certo

( ) Errado

Gabarito: errado

5. (CESPE / CEBRASPE - 2024 – PGE-RN – Procurador do Estado) No que se refere à proteção do trabalho da mulher e a convenções e acordos coletivos de trabalho, julgue os itens seguintes, à luz da jurisprudência do Supremo Tribunal Federal (STF).

I É constitucional a instituição, por acordo coletivo ou convenção coletiva, de contribuições assistenciais a serem impostas a todos os empregados da categoria, ainda que não sindicalizados, desde que assegurado o direito de oposição.

II É inconstitucional, por violação do princípio da igualdade, o dispositivo da Consolidação das Leis do Trabalho (CLT) que previa exclusivamente às trabalhadoras mulheres a obrigatoriedade de intervalo de 15 minutos antes do início de jornada extraordinária de trabalho.

III São constitucionais as convenções e os acordos coletivos que, ao considerarem a adequação setorial negociada, pactuam limitações ou afastamentos de direitos trabalhistas, independentemente da explicitação especificada de vantagens compensatórias, desde que respeitados os direitos absolutamente indisponíveis.

Assinale a opção correta.

a) Apenas o item I está certo.

b) apenas o item ii está certo.

c) apenas os itens i e iii estão certos.

d) apenas os itens ii e iii estão certos.

e) todos os itens estão certos.

Gabarito: Letra c

QUESTÃO 07

CESPE/CEBRASPE – Advogado da União (AGU - 2023)

Rose, contratada por prazo determinado em restaurante localizado na cidade de Florianópolis, foi demitida sem justa causa em janeiro de 2022, enquanto estava grávida, situação à época desconhecida pelo empregador. Em março de 2022, ela pleiteou sua reintegração ao trabalho, tendo o pedido sido atendido sem necessidade de judicialização. Após uma gestação de risco, em setembro de 2022, Rose deu à luz sua primeira filha e, em razão de complicações médicas, precisou ficar longo período internada, até o recebimento de alta hospitalar.

A partir da situação hipotética apresentada, considerando o julgamento da ADI 6.327/DF, no qual foi conferida interpretação conforme a Constituição Federal de 1988 ao artigo 392, § 1.º, da Consolidação das Leis do Trabalho (CLT), discorra, de forma fundamentada, acerca dos seguintes aspectos:

1 - topologia e previsões normativas da garantia de estabilidade provisória no emprego em decorrência de gestação e de licença-maternidade;

2 - entendimento jurisprudencial acerca da estabilidade temporária no caso narrado, abordando sua aplicabilidade aos casos de contrato por prazo determinando e de desconhecimento do estado gravídico pelo empregador, bem como esclarecendo se há direito da gestante à reintegração e(ou) indenização;

3 - pelo menos, três fundamentos da decisão do STF na ADI 6.327/DF.

(30 linhas)

A prova foi realizada com consulta a códigos e(ou) legislação.

QUESTÃO 07

(30 LINHAS)

▶ RESPOSTA DO AUTOR

A estabilidade provisória da empregada gestante no emprego e a licença-maternidade são garantias fundamentais previstas na CF/88 e na CLT. A licença-maternidade está disposta no art. 7º, XVIII, da CF, assegurando à trabalhadora gestante o direito ao afastamento remunerado por 120 dias, sem prejuízo do emprego e do salário. Com o estabelecimento do programa Empresa Cidadã pela Lei n.º 11.770/2008 passou a ser possibilitada a prorrogação do afastamento de 120 dia das trabalhadoras gestantes por mais 60 dias, totalizando 180 dias de afastamento

Já a estabilidade provisória no emprego decorre do art. 10, II, alínea "b", do ADCT da CF/88, que veda a dispensa arbitrária ou sem justa causa da empregada gestante desde a confirmação da gravidez até cinco meses após o parto. Esse direito é reafirmado pelos artigos 391 e 391-A da CLT, garantindo que a confirmação da gravidez, mesmo durante o aviso prévio trabalhado ou indenizado, assegura à empregada a estabilidade provisória.

No caso de Rose, que possuía contrato por prazo determinado e foi dispensada sem justa causa enquanto estava grávida, o entendimento jurisprudencial aplicável é o consolidado na Súmula n.º 244 do TST. Esse entendimento estabelece que a estabilidade provisória também se aplica às empregadas contratadas por tempo determinado, sendo importante consignar que a situação difere das empregadas temporárias de que trata a Lei nº 6.019/74 e às quais não se aplica a estabilidade, conforme decidido pelo TST em sede de incidente de assunção de competência (IAC 02 do TST).

Garante-se a Rose, assim, o direito à reintegração ou, caso inviável, à indenização correspondente ao período estabilitário. Além disso, o desconhecimento do estado gravídico pelo empregador não afasta a obrigação de garantir a estabilidade da gestante, conforme a já tratada Súmula n.º 244 do TST. Assim, a empregada pode pleitear a reintegração ao trabalho ou, caso já tenha transcorrido o período de estabilidade, uma indenização pela remuneração que seria devida até cinco meses após o parto.

Além desses aspectos, na ADI 6.327/DF o STF deu interpretação conforme à Constituição ao § 1º do art. 392 da CLT. Esse dispositivo prevê que "a empregada deve, mediante atestado médico, notificar o seu empregador da data do início do afastamento do emprego, que poderá ocorrer entre o 28º (vigésimo oitavo) dia antes do parto e ocorrência deste", para assim usufruir os 120 dias de afastamento a que tem direito. Conforme a decisão do STF, a data do afastamento não é necessariamente o 28º dia antes do parto ou a data de ocorrência deste, podendo a contagem de termo inicial de licença-maternidade e do salário-maternidade ocorrer a partir da alta hospitalar do recém-nascido ou da mãe, o que ocorrer por último.

Três fundamentos centrais da decisão foram: (i) o princípio da isonomia e a vedação da proteção insuficiente, ao reconhecer que crianças e mães que necessitam de internação prolongada não podem ser privadas da convivência materna após a alta hospitalar; (ii) a proteção à infância e à maternidade, asseguradas constitucionalmente e por tratados internacionais, destacando a necessidade de garantir o melhor interesse da criança e a proteção ao binômio materno-infantil; e (iii) a eficácia horizontal dos direitos fundamentais, estabelecendo que os direitos sociais da gestante e do recém-nascido devem ser respeitados não apenas pelo Estado, mas também nas relações de trabalho privadas.

▶ CRITÉRIO DE CORREÇÃO DA BANCA

A licença-maternidade (ou licença à gestante) está prevista no art. 7.º, inciso XVIII, da Constituição Federal de 1988 (CF) e no art. 392 da Consolidação das Leis do Trabalho (CLT), segundo os quais a empregada gestante tem direito à licença-maternidade de 120 dias, sem prejuízo do emprego e do salário.

Em 2008, foi promulgada a Lei n.º 11.770, que instituiu o programa Empresa Cidadã. Essa lei permite que as empresas que aderirem ao programa concedam às suas funcionárias uma licença-maternidade de 180 dias, em contrapartida de incentivos fiscais.

No tocante à estabilidade temporária, o art. 10, inciso II, alínea "b", do Ato das Disposições Constitucionais Transitórias (ADCT) declara que fica vedada a dispensa arbitrária ou sem justa causa "da empregada gestante, desde a confirmação da gravidez até cinco meses após o parto".

Em complemento, a CLT dispõe, nos arts. 391 e 391-A, que não constitui justo motivo para a rescisão do contrato de trabalho da mulher o fato de ela encontrar-se em estado de gravidez e que a confirmação do estado de gravidez no curso do contrato de trabalho, ainda que durante o prazo do aviso prévio trabalhado ou indenizado, garante à empregada gestante a estabilidade provisória prevista no o art. 10, II, "b", do ADCT.

Além desses dispositivos, a Lei Complementar n.º 146/2014 estende a estabilidade provisória da gestante, nos casos de morte desta, a quem detiver a guarda de seu filho, assim como o art. 1.º, §4º, da Lei n.º 9.601/98, que prevê, de modo expresso, a aplicação da estabilidade provisória à gestante nos contratos por prazo determinado.

Rememora-se que sumular a jurisprudência é o modo pelo qual um tribunal, ante as repetidas decisões sobre um mesmo tema em seus órgãos fracionários (câmaras, turmas, seções ou até mesmo plenário) consolida o entendimento da Corte sobre a respectiva matéria.

O contrato por prazo determinado, também chamado de contrato a termo, possui algumas modalidades, a saber: a) contrato por prazo determinado da CLT; b) contrato por prazo determinado da Lei n.º 9.601/1998; c) contrato de trabalho temporário – Lei n.º 6.019/1974; e d) contrato de obra certa.

A jurisprudência foi gradativamente se modificando, passando a adotar o entendimento de que o desconhecimento do estado gravídico pelo empregador não afasta o direito da empregada ao pagamento da indenização decorrente da estabilidade (Súmula n.º 244, I, do TST).

Ao adotar esse posicionamento, o TST assumiu posição convergente com a corrente doutrinária que defende que a reparação proveniente da dispensa imotivada da empregada gestante se impõe, independentemente do conhecimento, pelo empregador, do estado de gravidez da trabalhadora.

A dispensa sem justa causa da empregada gestante enseja, em princípio, sua reintegração ao emprego. No entanto, a garantia de emprego à gestante só autoriza a reintegração se esta se der durante o período da estabilidade. Caso contrário, a garantia restringe-se aos salários e aos demais direitos correspondentes ao período da estabilidade (Súmula n.º 244, II, do TST).

Mesmo durante o período da estabilidade, o juiz pode converter a reintegração em indenização correspondente, nas seguintes hipóteses: a) quando o empregador se recusar a reintegrar a empregada; b) quando houver comprovada incompatibilidade entre as partes; ou c) quando houver outro motivo justificável. A estabilidade é assegurada à empregada gestante admitida mediante contrato por tempo determinado (Súmula n.º 244, III, do TST).

Posteriormente, o Supremo Tribunal Federal (STF) firmou a tese de repercussão geral (Tema 497) de que a incidência dessa estabilidade somente exige a anterioridade da gravidez à dispensa sem justa causa e é afastada nos casos de outras formas de terminação do contrato de trabalho: pedido de demissão, dispensa por justa causa e terminação do contrato por prazo determinado.

No entanto, por ocasião do julgamento do Incidente de Assunção de Competência – IAC 5639-31.2013.5.12.0051, realizado em 18/11/2019, restou fixada a tese jurídica, de caráter vinculante, no sentido de que "é inaplicável ao regime de trabalho temporário, disciplinado pela Lei n.º 6.019/74, a garantia de estabilidade provisória à empregada gestante, prevista no art. 10, II, b, do Ato das Disposições Constitucionais Transitórias".

Quanto à licença maternidade, em outubro de 2022, o Plenário do Supremo Tribunal Federal (STF) confirmou que o marco inicial da licença-maternidade é a alta hospitalar da mãe ou do recém-nascido — o que ocorrer por último. A medida se restringe aos casos mais graves, em que as internações excedam duas semanas. A referida decisão teve como fundamentos:

a) omissão legislativa como violação ao princípio da isonomia (ou "violação à isonomia", ao "princípio da igualdade", "princípio da vedação da proteção insuficiente" ou "princípio da proteção integral", "princípio da não discriminação"): por interpretação dos arts. 6.º e 227 da CF, entende-se que as crianças ou suas mães que são internadas após o parto são desigualmente privadas do período destinado à sua convivência inicial. A referida restrição não encontra critério discriminatório racional e constitucional para que o período de licença seja encurtado na hipótese. Assim, a lei exclui do seu âmbito de incidência determinada categoria que nele deveria estar abrigada, privando-a de um benefício, em violação à isonomia, deixando o ato impugnado de prever o alcance do dispositivo a outras categorias.

b) efetiva convivência familiar (ou "proteção à família", "princípio da proteção especial do Estado à família"): os 120 dias devem ser considerados com vistas a efetivar a convivência familiar, fundada especialmente na unidade do binômio materno-infantil, que não ocorre de forma plena durante o período de internação.

c) eficácia horizontal dos direitos fundamentais: os direitos fundamentais irradiam-se horizontalmente para conformar a interpretação não apenas de normas infralegais, mas, também, das próprias relações privadas;

d) proteção à maternidade: assegurado pelos arts. 6.º, caput, 201, II, 203, I, da Constituição, bem como por tratados e convenções dos quais o Brasil é signatário. A referida proteção operada pela licença e pelo benefício em relação aos quais se contende na ADI 6.327/DF são "verdadeiras liberdades positivas, de observância obrigatória em um Estado Social de Direito, tendo por finalidade a melhoria das condições de vida aos hipossuficientes, visando à concretização da igualdade social, e são consagrados como fundamentos do Estado Democrático, pelo art. 1.º, IV, da Constituição Federal";

d) proteção à infância (ou do melhor interesse da criança): assegurado pelos arts. 6.º, caput, 201, II, 203, I, e 227, caput, da Constituição, bem como por tratados e convenções dos quais o Brasil é signatário. A doutrina da proteção integral deve ser compreendida na sua máxima efetividade, assim como o direito da criança à convivência familiar, colocando-a a salvo de toda forma de negligência, e o dever constitucional de que percentual de recursos da saúde seja destinado à assistência materno infantil;

e) tramitação de proposição legislativa obsta a atuação judicial: não cabe obstar a atuação do Poder Judiciário sob o argumento de tramitarem proposições legislativas acerca do tema, mormente em se tratando de direito em relação ao qual a omissão possui consequências diretas de violação constitucional. Assim, o fato de a questão sobre a prorrogação da licença maternidade, nos casos de parto prematuro, encontrar-se em debate no âmbito legislativo não impede a omissão de ser conformada judicialmente.

CONCEITOS / QUESITOS

Quesito 2.1

Conceito 0 – Não abordou o aspecto ou o fez de forma integralmente incorreta.

Conceito 1 – Abordou, corretamente, apenas um dos seguintes aspectos: (i) teor do art. 7.º, XVIII, da CF e do art. 392 da CLT; (ii) teor do art. 10, II, "b", do ADCT; (iii) teor dos arts. 391 e 391-A da CLT; (iv) previsão da Lei n.º 11.770/2008, que instituiu o programa Empresa Cidadã; (v) art. 1.º, §4 º, da Lei n.º 9.601/98; (vi) Lei Complementar n.º 146/2014.

Conceito 2 – Abordou, corretamente, apenas dois dos aspectos supracitados.

Conceito 3 – Abordou, corretamente, apenas três dos aspectos supracitados.

Conceito 4 – Abordou, corretamente, apenas quatro dos aspectos supracitados.

Conceito 5 – Abordou, corretamente, mais de quatro aspectos supracitados.

Quesito 2.2

Conceito 0 – Não abordou o entendimento jurisprudencial sobre estabilidade temporária e contrato por prazo determinado.

Conceito 1 – Abordou, de forma correta, apenas um dos seguintes aspectos: (i) há direito à estabilidade mesmo na hipótese de admissão mediante contrato por tempo determinado (Súmula 244 do TST); (ii) o desconhecimento do estado gravídico pelo empregador não afasta o direito ao pagamento de indenização (Súmula 244 do TST); (iii) a garantia de emprego à gestante só autoriza a reintegração se esta se der durante o período de estabilidade, caso contrário, a garantia se restringe aos salários e aos demais direitos correspondentes ao período de estabilidade (Súmula 244 do TST); (iv) o juiz pode determinar a conversão do período de estabilidade em indenização (Súmula 244 do TST), devendo ser pontuada a reposta em que o candidato aborda o direito à indenização pelo período em que for indevidamente afastada; (v) a estabilidade não se aplica aos contratos temporários regidos pela Lei n.º 6.019/74; (vi) a estabilidade não se aplica a outras formas de terminação do contrato de trabalho: pedido de demissão, dispensa por justa causa e terminação do contrato por prazo determinado (jurisprudência STF e TST).

Conceito 2 – Abordou, de forma correta, apenas dois dos aspectos supracitados.

Conceito 3 – Abordou, corretamente, três dos aspectos supracitados.

Conceito 4 – Abordou, corretamente, quatro dos aspectos supracitados.

Conceito 5 – Abordou, corretamente, pelo menos cinco dos aspectos supracitados.

Quesito 2.3

Conceito 0 – Não abordou nenhum dos fundamentos da decisão do STF.

Conceito 1 – Abordou, corretamente, apenas um fundamento da decisão do STF.

Conceito 2 – Abordou, corretamente, apenas dois fundamentos da decisão do STF.

Conceito 3 – Abordou, corretamente, três ou mais fundamentos da decisão do STF

▶ DOUTRINA TEMÁTICA

"Garantia à gestante. A garantia de emprego da gestante aparece no art. 10, II, b, do ADCT, cujo escopo era regulamentar provisoriamente o art. 7.º, I, da CF/1988, a propósito da proteção às relações de emprego. Estende-se a garantia das gestantes também para a pessoa que detiver a guarda do recém-nascido no caso de óbito da mãe biológica durante o parto ou logo após. Discute-se, também, o significado da palavra "confirmação" da gravidez, pois ela tanto pode significar a concepção, com ou sem a ciência da gestante e do empregador, quanto pode significar a comprovação documental, como num exame de sangue ou de ultrassonografia. Dada a complexidade de se aferir a data da concepção e considerando que a proteção se destina mais ao nascituro do que à mãe, a jurisprudência adotou a tese da responsabilidade objetiva no trato da garantia à gestante, considerando irrelevante saber se o empregador tinha ou não conhecimento acerca da gravidez. O empregador deve colocar o emprego imediatamente à disposição da empregada, tão logo fique sabendo, por terceiros, pela citação judicial ou em mesa de audiência, da gravidez. Empresas bem assessoradas apresentam petição nos autos antes mesmo da audiência, se essa ainda demora um pouco, e exigem o retorno da gestante ao trabalho. Ela não pode se furtar ao trabalho, a menos que alegue situação de intolerância ou reivindique a rescisão indireta, mas aí os riscos passam a ser seus. Se a gravidez for de risco ou vier combinada com licença médica necessária, ainda assim o contrato de trabalho deve ser revigorado para, ato contínuo, a empregada sair em auxílio-doença. Por fim, a garantia de emprego de gestante em de contrato de trabalho por prazo determinado foi admitida pela jurisprudência, exceto nos casos de trabalho temporário, regido pela Lei 6.019/1974, dada sua transitoriedade ínsita ao regime." (BATISTA, Homero. Manual de Direito do Trabalho - Ed. 2023. Editora: Revista dos Tribunais, 2023, p. RB-2.22)

"Prevê a Constituição de 1988 a garantia de emprego durante a gravidez, desde sua confirmação até cinco meses após o parto.

A garantia de emprego é devida mesmo que a empresa desconheça a gravidez. Diz-se que a responsabilidade objetiva norteia a compreensão da matéria, pois a prioridade é a proteção ao nascituro.

Como não se pode exigir atestado de gestação nem se pode obrigar a empregada a se declarar grávida ou não grávida, o empregador assume o risco de a dispensa ser cancelada; a solução mais inteligente é recolocar o emprego imediatamente à disposição, tão logo recebida a notícia da gravidez, por meios judiciais ou extrajudiciais, haja vista que o prolongamento do debate não levará a lugar algum, nem mesmo à alegação de que a empregada omitiu o fato.

O direito à estabilidade foi estendido também para as empregadas gestantes em contratos de trabalho por prazo determinado, exceto no caso do contrato temporário firmado entre tomadora de serviços e agência de colocação de mão de obra dentro do contexto terceirizante.

Durante a gestação e a lactação, a mulher deve ser afastada do ambiente insalubre, haja vista as incertezas sobre os impactos dos agentes físicos, químicos e biológicos na formação fetal.

A prioridade é seu deslocamento para outros ambientes de trabalho fora das áreas de insalubridades, adaptando-se às funções durante o período de gestação e de amamentação." (BATISTA, Homero. Manual de Direito do Trabalho - Ed. 2023. Editora: Revista dos Tribunais, 2023, p. RB-5.3)

▶ JURISPRUDÊNCIA TEMÁTICA

STF

ADI 6327/DF. EMENTA: CONSTITUCIONAL. DIREITOS SOCIAIS. AÇÃO DIRETA DE INCONSTITUCIONALIDADE CONVERTIDA EM ARGUIÇÃO DE DESCUMPRIMENTO DE PRECEITO FUNDAMENTAL. POSSIBILIDADE. CONTAGEM DE TERMO INICIAL DE LICENÇA-MATERNIDADE E DE SALÁRIO-MATERNIDADE A PARTIR DA ALTA HOSPITALAR DO RECÉM-NASCIDO OU DA MÃE, O QUE OCORRER POR ÚLTIMO. INTERPRETAÇÃO CONFORME À CONSTITUIÇÃO DO §1º DO ART. 392, DA CLT, E DO ART. 71 DA LEI 8.213/1991. NECESSÁRIA PROTEÇÃO CONSTITUCIONAL À MATERNIDADE E À INFÂNCIA. AÇÃO JULGADA PROCEDENTE.

1. Cumpridos os requisitos da Lei nº. 9.882/99, a jurisprudência do Supremo Tribunal Federal (STF) entende possível a fungibilidade entre ADI e ADPF.

2. A fim de que seja protegida a maternidade e a infância e ampliada a convivência entre mães e bebês, em caso de internação hospitalar que supere o prazo de duas semanas, previsto no art. 392, §2º, da CLT, e no art. 93, §3º, do Decreto nº. 3.048/99, o termo inicial aplicável à fruição da licença maternidade e do respectivo salário-maternidade deve ser o da alta hospitalar da mãe ou do recém-nascido, o que ocorrer por último, prorrogando-se ambos os benefícios por igual período ao da internação.

3. O direito da criança à convivência familiar deve ser colocado a salvo de toda a forma de negligência e omissão estatal, consoante preconizam os arts. 6º, caput, 201, II, 203, I, e 227, caput, da Constituição da República, impondo-se a interpretação conforme à Constituição do §1º do art. 392 da Consolidação das Leis do Trabalho (CLT) e do art. 71 da Lei nº. 8.213/1991.

4. Não se verifica critério racional e constitucional para que o período de licença à gestante e salário-maternidade sejam encurtados durante a fase em que a mãe ou o bebê estão alijados do convívio da família, em ambiente hospitalar, nas hipóteses de nascimentos com prematuridade e complicações de saúde após o parto.

5. A jurisprudência do STF tem se posicionado no sentido de que a ausência de previsão de fonte de custeio não é óbice para extensão do prazo de licença-maternidade, conforme precedente do RE nº. 778889, Relator(a): Min. ROBERTO BARROSO, Tribunal Pleno, julgado em 10/03/2016. A prorrogação de benefício existente, em decorrência de interpretação constitucional do seu alcance, não vulnera a norma do art. 195, §5º, da Constituição Federal.

6. Arguição julgada procedente para conferir interpretação conforme à Constituição ao artigo 392, §1º, da CLT, assim como ao artigo 71 da Lei n.º 8.213/91 e, por arrastamento, ao artigo 93 do seu Regulamento (Decreto n.º 3.048/99), de modo a se considerar como termo inicial da licença-maternidade e do respectivo salário-maternidade a alta hospitalar do recém nascido e/ou de sua mãe, o que ocorrer por último, prorrogando-se em todo o período os benefícios, quando o período de internação exceder as duas semanas previstas no art. 392, §2º, da CLT, e no art. 93, §3º, do Decreto n.º 3.048/99.

TST

SÚMULA Nº 244 DO TST- GESTANTE. ESTABILIDADE PROVISÓRIA. I - O desconhecimento do estado gravídico pelo empregador não afasta o direito ao pagamento da indenização decorrente da estabilidade (art. 10, II, "b" do ADCT).

II. A garantia de emprego à gestante só autoriza a reintegração se esta se der durante o período de estabilidade. Do contrário, a garantia restringe-se aos salários e demais direitos correspondentes ao período de estabilidade.

III. A empregada gestante tem direito à estabilidade provisória prevista no art. 10, inciso II, alínea "b", do Ato das Disposições Constitucionais Transitórias, mesmo na hipótese de admissão mediante contrato por tempo determinado.

INCIDENTE DE ASSUNÇÃO DE COMPETÊNCIA Nº 02 DO TST (5639-31.2013.5.12.0051): É inaplicável ao regime de trabalho temporário, regido pela Lei 6.019/1974, a garantia de estabilidade provisória à empregada gestante prevista no artigo 10 do Ato das Disposições Constitucionais Transitórias (ADCT).

QUESTÕES OBJETIVAS RELACIONADAS AO TEMA

1. (CESPE / CEBRASPE - 2024 – Câmara de Maceió – Procurador) Com base na jurisprudência do Tribunal Superior do Trabalho (TST), julgue o item seguinte.

A empregada gestante tem direito à estabilidade provisória, ainda que tenha sido admitida mediante contrato por tempo determinado.

( ) Certo

( ) Errado

Gabarito: certo

2. (CESPE / CEBRASPE - 2024 – PGM Camaçari – Procurador Municipal) Acerca das estabilidades provisórias, assinale a opção correta.

a) A confirmação do estado de gravidez advindo no curso do contrato de trabalho, exceto durante o prazo do aviso prévio, garante à empregada gestante a estabilidade provisória, que abrange desde a confirmação da gravidez até cinco meses após o parto.

b) Em caso de fechamento do estabelecimento por motivo de força maior, o direito a indenização é assegurado aos empregados estáveis que ali exerciam suas funções quando do fechamento.

c) O empregado estável acusado de falta grave deverá ser suspenso de suas funções, mas ele só poderá ser despedido efetivamente depois de verificada a procedência da acusação.

d) Reconhecida a inexistência de falta grave praticada pelo empregado, ficará o empregador obrigado a readmiti-lo no serviço, mas não a lhe pagar os salários referentes ao período de suspensão.

e) No caso de a reintegração do empregado estável ser desaconselhável, especialmente quando o empregador for pessoa física, o tribunal do trabalho poderá converter aquela obrigação em indenização.

Gabarito: Letra E

QUESTÃO 08

FGV – Procurador do Estado (AGE MG - 2023)

Gisele, empregada da sociedade empresária Comabem S/A., sofreu, em 2022, um acidente do trabalho típico de média gravidade. Uma vez que ela não se recuperou em 15 dias, foi encaminhada pela sociedade empresária para o INSS.

Após passar por perícia médica, o INSS negou o benefício afirmando que não havia incapacidade laborativa. Com esse resultado, Gisele retornou à sociedade empresária que, por cautela, realizou o ASO de retorno, tendo ainda como resultado a incapacidade laborativa. Com isso, Gisele foi reencaminhada ao INSS, que manteve sua decisão de indeferimento do auxílio, por incapacidade temporária acidentária.

Gisele, alguns meses após o acidente, veio a óbito, em situação desvinculada do contrato de trabalho. Sua situação familiar era a seguinte: do primeiro casamento, ela tinha dois filhos menores (de 8 e 10 anos) e um filho universitário, de 23 anos.

Atualmente, estava em seu segundo casamento, que tinha apenas 1 ano de vigência. Além disso, a mãe de Gisele morava com ela e dela dependia economicamente.

Sobre a situação narrada, responda aos itens a seguir.

a) No período em que Gisele permaneceu afastada, que tratamento foi dado ao seu FGTS? Justifique.

b) No período de limbo previdenciário, foi pago algum valor a Gisele? Justifique.

c) Quem receberá a pensão por morte de Gisele? Justifique.

d) Por quanto tempo os beneficiários receberão a pensão por morte de Gisele? Justifique.

Obs.: a simples menção a qualquer dispositivo legal sem a correspondente correta fundamentação não confere pontuação.

(20 linhas)

(5 pontos)

A prova foi realizada com consulta a legislação.

QUESTÃO 08

(20 LINHAS)

RESPOSTA DO AUTOR

O limbo previdenciário ocorre quando há uma divergência entre a avaliação médica do INSS e a do médico da empresa, resultando em uma situação em que o trabalhador não recebe benefícios previdenciários nem os salários da empresa. No caso de Gisele, o INSS indeferiu o benefício por incapacidade temporária, enquanto o exame de retorno realizado pela empresa indicou que ela ainda estava inapta para o trabalho. Nessa circunstância, de acordo com a jurisprudência consolidada do TST, entende-se que a responsabilidade pelo pagamento dos salários recai sobre o empregador, pois o contrato de trabalho permanece em vigor e a trabalhadora não pode ser considerada como faltosa.

Conforme a legislação vigente, especificamente o art. 15, § 5º, da Lei nº 8.036/90, em casos de afastamento decorrente de acidente do trabalho, há a suspensão do contrato de trabalho. Entretanto, a suspensão contratual não impede a obrigação do empregador de continuar depositando o FGTS na conta vinculada do trabalhador. Dessa forma, o empregador deveria continuar realizando os depósitos mensais do FGTS.

Conforme o art. 16 da Lei nº 8.213/1991, são considerados dependentes preferenciais os filhos menores de 21 anos e o cônjuge. Assim, os beneficiários da pensão serão seus filhos de 8 e 10 anos e seu segundo esposo, com quem mantinha casamento há um ano. Sua mãe, apesar de depender economicamente, não terá direito ao benefício, pois há dependentes de primeira classe, que possuem prioridade na concessão da pensão.

A duração do pagamento da pensão varia conforme a idade dos dependentes. No caso dos filhos menores de 21 anos, o benefício será concedido até que completem essa idade, salvo se houver alguma situação excepcional, como invalidez (art. 77, § 2º, II, da Lei nº 8.213/91). Já para o segundo esposo, a duração da pensão depende do tempo de casamento e da idade do cônjuge no momento do falecimento da segurada. Como o matrimônio tinha apenas um ano, o benefício será pago por apenas quatro meses, conforme a regra do art. 77, § 2º, V, da Lei nº 8.213/91.

▶ CRITÉRIO DE CORREÇÃO DA BANCA

Deverá informar, para pontuação total, que os beneficiários serão os filhos de 8 e 10 anos e o 2º esposo da falecida. - Até 1.20 ponto.

Deverá informar, para pontuação total, que os filhos receberão a pensão até os 21 anos de idade e o 2º esposo, por 4 meses. - Até 1.50 ponto.

Deverá informar, para pontuação total, que no período de limbo previdenciário, de acordo com a jurisprudência do TST, o empregador deverá pagar os salários. - Até 1.20 ponto.

Deverá informar, para pontuação total, que por ser fruto de acidente do trabalho, que gera suspensão contratual, o FGTS, por força de Lei, continua sendo devido e creditado na conta vinculada da trabalhadora. - Até 1.20 ponto.

▶ JURISPRUDÊNCIA TEMÁTICA

TST

"I - AGRAVO DE INSTRUMENTO EM RECURSO DE REVISTA DO RECLAMANTE. PROCESSO REGIDO PELA LEI 13.467/2017. TRANSCENDÊNCIA SOCIAL RECONHECIDA. LIMBO PREVIDENCIÁRIO. PAGAMENTO DO PERÍODO DE AFASTAMENTO . RESPONSABILIDADE DO EMPREGADOR PELA READAPTAÇÃO DO EMPREGADO. Demonstrada possível violação do art. 476 da CLT, impõe-se o provimento do agravo de instrumento para determinar o processamento do recurso de revista. Agravo de instrumento provido.

II - RECURSO DE REVISTA DO RECLAMANTE. PROCESSO REGIDO PELA LEI 13.467/2017 1 - LIMBO PREVIDENCIÁRIO. PAGAMENTO DO PERÍODO DE AFASTAMENTO . RESPONSABILIDADE DO EMPREGADOR PELA READAPTAÇÃO DO EMPREGADO. A questão do "limbo jurídico previdenciário trabalhista" não é objeto de legislação clara e específica, o que atrai a necessidade de aplicação de princípios próprios do Direito do Trabalho, como o Princípio da Proteção, de forma garantir a dignidade ao trabalhador, valor insculpido como fundamento da Constituição de República, em seu art. 1.º, III. O limbo atinge o trabalhador, parte mais vulnerável da relação de trabalho, em momento de extrema fragilidade, deixando-o à mercê de sua própria sorte. Sobressai, nesse momento, a importância da função social da empresa e do valor social do trabalho, valores consagrados na matriz constitucional de 1988. A legislação trabalhista estabelece que o contrato de trabalho somente está suspenso quando o empregado estiver "em gozo de auxílio doença" (art. 63 da Lei 8.213/91), ou, nos termos do art. 476 da CLT, "durante o prazo desse benefício", se este foi cessado pelo INSS e não há qualquer decisão judicial determinando o restabelecimento desse benefício. Portanto, com a cessação do benefício previdenciário, nos termos do artigo 476 da CLT, o contrato de trabalho voltou a gerar os seus efeitos, cabendo à empresa viabilizar o retorno do autor a uma atividade condizente com a sua nova realidade física, de acordo com o que dispõe o artigo 89 da Lei 8.213/91, através de sua readaptação. A conclusão a que se pode chegar é a de que o contrato de trabalho não esteve mais suspenso no período compreendido entre 21/07/2014 a 08/03/2015, de modo que a empregadora, como obrigação, deveria ter retomado o dever de pagar os salários do obreiro, zelando e acompanhando a efetiva resposta do encaminhamento dirigido ao órgão previdenciário. Em razão de a reclamada ter ficado ciente da alta previdenciária do reclamante, verifica-se que é da empresa o ônus de provar que o reclamante tenha se negado a retornar às suas atividades laborais, ou mesmo se recusado a assumir função compatível com suas limitações físicas, diante do princípio da continuidade da relação empregatícia, que constitui presunção favorável ao reclamante. Assim, após a alta médica, era ônus da ré comprovar que o autor não se apresentou à empresa a fim de retornar ao trabalho, por se tratar de fato impeditivo do direito (artigo 818 da CLT e 373,II, do CPC). Ademais, os atestados médicos em dias esporádicos, utilizados como fundamento para justificar a reforma da sentença, não são suficientes para afastar a empresa do cumprimento da obrigação contratual de pagamento de salários e promoção de readaptação. Pelo exposto, reconhecida a continuidade do vínculo empregatício entre as parte as obrigações decorrentes, a jurisprudência desta Corte é no sentido de que a recusa do empregador em aceitar o retorno do empregado após a alta previdenciária, em razão de considerá-lo inapto ao trabalho, não afasta o dever de pagamento dos salários correspondentes, pois diante da presunção de veracidade do ato administrativo do INSS que atesta a aptidão do empregado para o labor, cessando o benefício previdenciário, cabe ao empregador receber o obreiro, realocando-o em atividades compatíveis com sua limitação funcional, até eventual revisão da decisão tomada pelo órgão previdenciário. Precedentes. Recurso de revista conhecido e provido.

2 - LIMBO PREVIDENCIÁRIO. DANO MORAL. Do reconhecimento do direito do reclamante ao pagamento do período de afastamento em razão do limbo previdenciário, decorre, *in re ipsa*, a conclusão de que houve danos de ordem moral para o trabalhador. A falta de pagamento de salários e a situação de incerteza causada pela inercia da empresa em promover a necessária readaptação do empregado ao trabalho após a alta previdenciária, sobretudo em um momento de maior vulnerabilidade do trabalhador, são razões suficientes para ensejar o pagamento de indenização. Desta forma, presentes os elementos necessários para a caracterização do dano moral, quais sejam, o dano, tendo em vista o constrangimento psíquico decorrente da frustração em ver a recorrente recusando-se a reabilitá-lo em outra função, sem a percepção dos devidos salários; a culpa, diante da inércia em promover a reabilitação do autor e o nexo de causalidade entre o dano e a ação patronal, a conduta da reclamada enseja reparação por danos morais. Ademais, ao obstar o retorno do autor ao trabalho, em função compatível com a sua debilidade, sujeitando-o ao desamparo trabalhista e previdenciário, fere a dignidade da pessoa humana (art. 1º, III, da Constituição Federal), configurou-se abuso de direito, o que e enseja o pagamento de indenização pelo ato ilícito perpetrado, nos termos do art. 5.º. V e X, da Constituição Federal. Recurso de revista conhecido e provido" (RR-1002150-86.2015.5.02.0241, 2ª Turma, Relatora Ministra Delaide Alves Miranda Arantes, DEJT 21/05/2021).

QUESTÃO 09

CESPE/CEBRASPE – Procurador do Distrito Federal (PGDF - 2022)

Felipe moveu ação trabalhista contra o seu empregador (Empresa X), pleiteando, em antecipação de tutela, a sua reintegração no emprego. Ao apreciar o pedido, o juízo determinou a notificação das partes para comparecimento à audiência inicial, bem como notificou a Empresa X para o cumprimento imediato da ordem de reintegração deferida.

Acerca da situação hipotética acima apresentada, na condição de advogado da Empresa X, responda, de maneira fundamentada, aos seguintes questionamentos.

1 - Qual é o instrumento processual hábil para buscar a reversão da antecipação de tutela deferida nos autos? (valor 6,50 pontos)

2 - Caso a antecipação de tutela tivesse sido concedida somente quando da prolação da sentença, que recurso deveria ser manejado pelo advogado da Empresa X? Nessa situação, caso fosse necessária a concessão de efeito suspensivo ao recurso interposto, que medida deveria ser tomada? (valor 7,0 pontos)

Suas respostas devem ser fundamentadas com base no entendimento do Tribunal Superior do Trabalho.

(30 Linhas)

QUESTÃO 09

(30 LINHAS)

▶ RESPOSTA DO AUTOR

No caso apresentado, Felipe ingressou com ação trabalhista pleiteando sua reintegração ao emprego por meio de antecipação de tutela, a qual foi deferida pelo juízo. Tendo em vista a incidência do princípio da irrecorribilidade de imediato das decisões interlocutórias proferidas na Justiça do Trabalho, para reverter a decisão, a Empresa X deve impetrar mandado de segurança perante o TRT, dada a inexistência de recurso específico para impugnar o ato decisório, nos termos da Súmula nº 414, II, do TST.

Por outro lado, caso a antecipação de tutela tivesse sido concedida apenas quando da prolação da sentença, a medida processual cabível seria o recurso ordinário, conforme dispõe o inciso I da mesma súmula. Neste cenário, cabe à Empresa X pleitear a concessão de efeito suspensivo ao recurso ordinário, mediante requerimento dirigido ao tribunal, ao relator, ao presidente ou vice-presidente do tribunal recorrido, tendo em vista a aplicação subsidiária do art. 1.029, § 5º, do CPC ao processo do trabalho, possibilitada pelo art. 769 da CLT, tendo em vista a ausência de disposição específica na CLT e a inexistência de incompatibilidade da norma do CPC com o processo trabalhista.

▶ CRITÉRIO DE CORREÇÃO DA BANCA

No caso da situação hipotética trazida aos autos, o instrumento processual a ser manejado é o mandado de segurança, isso porque, no processo do trabalho, a decisão interlocutória não comporta impugnação por recurso. Assim, nos termos da Súmula 414, inciso II, do Tribunal Superior do Trabalho, no caso de a tutela provisória ser concedida ou indeferida antes da sentença, cabe a impetração de mandado de segurança, em face da inexistência de recurso próprio.

No entanto, caso a tutela tivesse sido deferida em sentença, o recurso cabível seria o ordinário e, para obter efeito suspensivo, o advogado deveria formular requerimento dirigido ao tribunal, ao relator ou ao presidente ou ao vice-presidente do tribunal recorrido, conforme entendimento pacificado no Tribunal Superior do Trabalho, por intermédio da Súmula 414, inciso I.

QUESITOS AVALIADOS

1 - Domínio do conhecimento jurídico, articulação de raciocínio, capacidade de argumentação e de convencimento.

0 – Demonstrou conhecimento jurídico e articulação de raciocínio sofríveis, bem como demonstrou baixa capacidade de argumentação e de convencimento.

1 – Demonstrou conhecimento jurídico e articulação de raciocínio medianos, bem como demonstrou capacidade de argumentação e de convencimento medianos.

2 – Demonstrou conhecimento jurídico, articulação de raciocínio, capacidade de argumentação e de convencimento muito bons.

2 - Instrumento processual hábil para buscar a reversão da antecipação de tutela deferida nos autos.

0 – Não respondeu nada de forma correta e(ou) fugiu do tema.

1 – Acertou a medida (instrumento processual a ser manejado).

2 – Acertou a medida (instrumento processual a ser manejado) e justificou de forma correta.

3 – Acertou totalmente a questão, nos termos do entendimento adotado pelo TST.

3 - Recurso e medida.

0 – O candidato não respondeu nada de forma correta e / ou fugiu do tema.

1 – Acertou o recurso que deveria ser manejado – recurso ordinário.

2 – Acertou o recurso que deveria ser manejado e o requerimento dirigido ao tribunal, ao relator ou ao presidente ou ao vice-presidente do tribunal recorrido para obtenção do efeito suspensivo ao recurso.

3 – Acertou totalmente a questão nos termos do entendimento adotado pelo TST.

▸ JURISPRUDÊNCIA TEMÁTICA

TST

SÚMULA Nº 414 DO TST - MANDADO DE SEGURANÇA. TUTELA PROVISÓRIA CONCEDIDA ANTES OU NA SENTENÇA.

I – A tutela provisória concedida na sentença não comporta impugnação pela via do mandado de segurança, por ser impugnável mediante recurso ordinário. É admissível a obtenção de efeito suspensivo ao recurso ordinário mediante requerimento dirigido ao tribunal, ao relator ou ao presidente ou ao vice-presidente do tribunal recorrido, por aplicação subsidiária ao processo do trabalho do artigo 1.029, § 5º, do CPC de 2015.

II – No caso de a tutela provisória haver sido concedida ou indeferida antes da sentença, cabe mandado de segurança, em face da inexistência de recurso próprio.

III – A superveniência da sentença, nos autos originários, faz perder o objeto do mandado de segurança que impugnava a concessão ou o indeferimento da tutela provisória.

QUESTÕES OBJETIVAS RELACIONADAS AO TEMA

1. (CESPE / CEBRASPE - 2024 – PGE/PR - Procurador do Estado) No processo trabalhista, caso seja indeferida a tutela provisória antes da sentença, caberá.

a) mandado de segurança.

b) recurso ordinário.

c) agravo de petição.

d) agravo de instrumento.

e) recurso de revista.

Gabarito: Letra a

2. (CESPE / CEBRASPE - 2024 – PGM Mossoró - Procurador do Município) Reclamante ajuizou reclamação trabalhista individual contra município do interior do Rio Grande do Norte, tendo sido concedida a tutela provisória na própria sentença, que condenou o reclamado a pagar o valor de 50 salários mínimos, não tendo havido condenação em honorários.

Acerca dessa situação hipotética e de aspectos a ela pertinentes, julgue o item seguinte com base na legislação trabalhista e na jurisprudência do TST.

A tutela provisória concedida na sentença em apreço não comporta impugnação pela via do mandado de segurança.

( ) Certo

( ) Errado

Gabarito: certo

3. (CESPE / CEBRASPE - 2024 – PGE/RN - Procurador do Estado) Acerca de temas afetos ao direito processual do trabalho, julgue os itens a seguir.

I É admissível a obtenção de efeito suspensivo ao recurso ordinário mediante requerimento dirigido ao tribunal, ao relator ou ao presidente ou vice-presidente do tribunal recorrido, por aplicação subsidiária ao processo do trabalho de norma do Código de Processo Civil.

II A superveniência da sentença, nos autos originários, faz perder o objeto do mandado de segurança que impugnava a concessão ou o indeferimento da tutela provisória.

III No caso de a tutela provisória haver sido concedida ou indeferida antes da sentença, cabe mandado de segurança diante da inexistência de recurso próprio.

IV A tutela provisória concedida na sentença não comporta impugnação pela via do mandado de segurança, por ser impugnável mediante recurso ordinário.

Assinale a opção correta.

a) Apenas os itens I e II estão certos.

b) Apenas os itens I e IV estão certos.

c) Apenas os itens II e III estão certos.

d) Apenas os itens III e IV estão certos.

e) Todos os itens estão certos.

Gabarito: Letra E

4. (CESPE / CEBRASPE - 2023 – PGE/ES - Procurador do Estado) Em relação à jurisprudência do TST acerca do mandado de segurança no processo do trabalho, julgue os seguintes itens.

I Não cabe mandado de segurança para impugnar despacho que tenha indeferido liminar em outro mandado de segurança.

II A tutela provisória concedida na sentença comporta impugnação pela via do mandado de segurança.

III Ao TST não compete apreciar, originariamente, mandado de segurança impetrado contra decisão de TRT.

Assinale a opção correta.

a) Apenas o item I está certo.

b) Apenas o item II está certo.

c) Apenas o item III está certo.

d) Apenas os itens I e III estão certos.

e) Todos os itens estão certos.

Gabarito: Letra D

5. (CESPE / CEBRASPE - 2022 – PGE/RO - Procurador do Estado) A respeito do mandado de segurança no processo do trabalho, assinale a opção correta.

a) Compete ao Tribunal Superior do Trabalho apreciar, originariamente, o mandado de segurança impetrado contra decisão de tribunal regional do trabalho à qual não cabia qualquer tipo de recurso.

b) Uma tutela provisória concedida no corpo da sentença pode ser combatida por mandado de segurança, que deve ser impetrado diretamente em tribunal regional do trabalho.

c) É admissível a cumulação de mandado de segurança com embargos de terceiros visando à desconstituição de uma penhora efetuada em bem de quem não compõe a lide.

d) Fere direito líquido e certo da parte o prosseguimento da execução de valores que não foram especificados no agravo de petição.

e) Não há direito líquido e certo à execução definitiva quando existe recurso extraordinário pendente de julgamento ou agravo de instrumento que vise ao seu destrancamento.

Gabarito: Letra E

QUESTÃO 10

FCC – Procurador do Estado (PGE AM - 2022)

Tales, morador da cidade de Humaitá-AM, foi empregado da empresa Olho Vivo Vigilância e Segurança Ltda., cuja sede fica no Município de Coari-AM, e onde Tales assinou seu contrato de trabalho.

Referida empresa foi contratada do Estado do Amazonas para execução de serviços de escolta de presos, da cadeia pública de Manaus-AM, mediante procedimento licitatório, laborando de 05/08/2018 até 20/10/2021, oportunidade na qual recebeu suas verbas rescisórias e documentação para habilitação no seguro-desemprego e soerguimento do FGTS depositado.

Durante o contrato de trabalho, por duas oportunidades, Tales foi capturado por presos e mantido em cárcere privado por 15 dias, sob grave ameaça, tendo sido afastado após esses eventos para tratamento psicológico, tratamento que perdura até os dias de hoje.

Tales pretende ingressar com ação entendendo ser credor de verbas decorrentes do contrato de trabalho. Tales pretende processar não só a sua ex-empregadora Olho Vivo, mas também a Fazenda Pública do Estado do Amazonas.

Diante desses fatos, responda de forma justificada:

A - Qual o Juízo e foro competentes para processar e julgar a ação de Tales?

B - Na hipótese de pedido de responsabilidade da Fazenda Pública pelos créditos eventualmente inadimplidos, qual o limite da responsabilização, suas condições ensejadoras e, especificamente em relação a essas condições ensejadoras, de quem é o ônus da prova?

C - Na hipótese retratada vislumbra-se alguma possibilidade de condenação por dano moral? Em caso positivo, tal responsabilidade abrangeria também a Fazenda Pública e prescindiria de prova de conduta culposa do empregador?

(30 Linhas)

QUESTÃO 10

(30 LINHAS)

RESPOSTA DO AUTOR

A ação pretendida por Tales deve ser processada e julgada pela Justiça do Trabalho, conforme disposto no art. 114, I, da CF/88, uma vez que se trata de matéria trabalhista. Isso se mantém ainda que haja a inclusão da Fazenda Pública do Estado do Amazonas no polo passivo, uma vez que a fixação da competência se dará conforme a natureza da relação, não pela qualidade das partes, e a responsabilidade estatal decorrerá de sua posição como tomadora dos serviços prestados pela empregadora de Tales. Fixada a competência da Justiça do Trabalho, é preciso observar que a competência territorial desta leva em consideração o local da prestação dos serviços, nos termos do art. 651, "caput", da CLT, de modo que será competente uma das Varas do Trabalho de Manaus, cidade em que Tales desempenhava suas atividades, não se aplicando as exceções dos parágrafos 1º a 3º do mesmo artigo.

Quanto à eventual responsabilização da Fazenda Pública pelos créditos trabalhistas inadimplidos, sua responsabilidade é subsidiária e está condicionada à comprovação de falha na fiscalização do cumprimento das obrigações trabalhistas pela empresa contratada, nos termos do item V da Súmula 331 do TST, sendo do autor o ônus de provar a culpa "in vigilando" da Administração Pública, conforme entendimento do STF em sede de repercussão geral. Assim, deve o autor comprovar a efetiva existência de comportamento negligente ou nexo de causalidade entre o dano e a conduta comissiva ou omissiva do poder público, sendo uma forma de comportamento negligente quando a Administração permanecer inerte mesmo após o recebimento de notificação formal de que a empresa contratada está descumprindo suas obrigações trabalhistas, notificação essa que pode ser enviada pelo trabalhador ou por quem faça as vezes, como o sindicato, o Ministério do Trabalho, o Ministério Público do Trabalho ou a Defensoria Pública, por exemplo (Tema 1118 da Repercussão Geral).

Além disso, também em sede de repercussão geral o STF definiu que o simples inadimplemento das verbas devidas pela empregadora não transfere automaticamente ao Poder Público contratante a responsabilidade pelo seu pagamento, seja em caráter solidário ou subsidiário (Tema 246 da Repercussão Geral c/c art. 71, § 1º, da Lei nº 8.666/93 e art. 121, §§ 1º e 2º, da Lei nº 14.133/21), julgamento este que foi realizado tendo em vista o disposto no art. 71, § 1º, Lei nº 8.666/93, mas que se mantém válido com o previsto no art. 121, §§ 1º e 2º, da Lei nº 14.133/21, segundo a qual o Poder Público somente responde subsidiariamente pelos encargos trabalhistas se comprovada falha na fiscalização do cumprimento das obrigações do contratado. No mesmo sentido é o item V da Súmula nº 331 do TST. Adicionalmente, não se pode alegar culpa "in eligendo", pois a contratação ocorreu mediante procedimento licitatório regular.

No que se refere à possibilidade de condenação por dano moral, verifica-se que Tales sofreu episódios de cárcere privado e grave ameaça enquanto desempenhava suas atividades, circunstância que configura evidente abalo psicológico e enseja indenização. O fato de o trabalhador necessitar de acompanhamento psicológico contínuo reforça o nexo de causalidade entre o dano sofrido e a atividade exercida. A Fazenda Pública pode ser responsabilizada de forma subsidiária caso haja condenação, conforme previsão do item VI da Súmula 331 do TST. Ademais, considerando que a escolta de presos se trata de uma atividade de risco, aplica-se o art. 927, § 1º, do Código Civil, que admite a responsabilidade objetiva nesse contexto, afastando a necessidade de demonstração da existência de culpa do empregador.

CRITÉRIO DE CORREÇÃO DA BANCA

A - De acordo com o art. 114, I da CF de 1988, trata-se de ação a ser proposta perante a Justiça do Trabalho, ainda que a Fazenda Pública do Estado do Amazonas esteja presente no polo passivo, sua presença é motivada apenas por ser a tomadora dos serviços. Conforme art. 651 da CLT caput, a regra geral de competência para o processo perante a Justiça do Trabalho leva em conta o local da prestação dos serviços, portanto, no caso, a competência é de uma das Varas do Trabalho de Manaus. Não se cogite de aplicação das exceções dos parágrafos 1° e 3° do art. 651 da CLT, restritos às hipóteses lá descritas.

(2,50 pontos)

B - Com base na Súmula 331 do TST, V, seria possível o pedido de responsabilização subsidiária da Fazenda Pública Estadual na hipótese, desde que comprovada nos autos sua falha na fiscalização do cumprimento pela prestadora das obrigações contratuais e legais para com o empregado, eis que sua responsabilização não decorre do mero inadimplemento, como bem decidiu o STF em sede de ação com repercussão geral. Não cabe na hipótese a sustentação de culpa in eligendo, na medida em que a contratação pública se deu por meio de licitação, o que afasta essa modalidade de culpa, aplicável nas contratações privadas. Ônus da prova, na hipótese, é do autor da ação, com base na regra geral do art. 818 da CLT, mas, como o próprio artigo prevê, poderá o juiz deslocar o ônus à própria Administração Pública, por ter maior facilidade e aptidão para a prova.

Atualização do autor: em relação ao ônus da prova, o STF proferiu julgamento em sede de repercussão geral, no Tema 1118, em que foi fixada a tese segundo a qual é ônus do autor a comprovação da falha na fiscalização do contrato pelo Poder Público, falha essa que deve ser demonstrada pelo comportamento negligente quando a Administração Pública permanecer inerte após o recebimento de notificação formal de que a empresa contratada está descumprindo suas obrigações trabalhistas, notificação essa que pode ser feita pelo empregado ou por ente que o represente, seja um sindicato, o Ministério Público, a Defensoria Pública ou outro. Assim,

(3,50 pontos)

C - A hipótese da questão retrata dois eventos em que o autor Tales teria sofrido grave ameaça nas mãos de detentos que estariam sendo transportados, o que sem dúvida implica em ato passível de indenização por dano moral, visto que o texto relata que o autor ficou psicologicamente abalado, realizando tratamento até os dias de hoje. Nos termos do item VI da Súmula 331 do TST, se houver a condenação, é possível a responsabilidade subsidiária da Fazenda Pública. Com relação à questão da culpa, tratando-se a atividade de escolta de presos, incidiria na hipótese o art. 927, § 1° do Código Civil, aqui aplicado subsidiariamente, no sentido de ser implícita a atividade de risco e a possibilidade de danos dela decorrentes, sendo prescindível a comprovação de conduta culposa.

(4,0 pontos)

Total: 10 pontos.

▸ JURISPRUDÊNCIA TEMÁTICA

STF

TEMA Nº 246 DA REPERCUSSÃO GERAL: O inadimplemento dos encargos trabalhistas dos empregados do contratado não transfere automaticamente ao Poder Público contratante a responsabilidade pelo seu pagamento, seja em caráter solidário ou subsidiário, nos termos do art. 71, § 1º, da Lei nº 8.666/93.

TEMA Nº 1118 DA REPERCUSSÃO GERAL: 1. Não há responsabilidade subsidiária da Administração Pública por encargos trabalhistas gerados pelo inadimplemento de empresa prestadora de serviços contratada, se amparada exclusivamente na premissa da inversão do ônus da prova, remanescendo imprescindível a comprovação, pela parte autora, da efetiva existência de comportamento negligente ou nexo de causalidade entre o dano por ele invocado e a conduta comissiva ou omissiva do poder público.

2. Haverá comportamento negligente quando a Administração Pública permanecer inerte após o recebimento de notificação formal de que a empresa contratada está descumprindo suas obrigações trabalhistas, enviada pelo trabalhador, sindicato, Ministério do Trabalho, Ministério Público, Defensoria Pública ou outro meio idôneo.

3. Constitui responsabilidade da Administração Pública garantir as condições de segurança, higiene e salubridade dos trabalhadores, quando o trabalho for realizado em suas dependências ou local previamente convencionado em contrato, nos termos do art. 5º-A, § 3º, da Lei nº 6.019/1974.

4. Nos contratos de terceirização, a Administração Pública deverá: (i) exigir da contratada a comprovação de capital social integralizado compatível com o número de empregados, na forma do art. 4º-B da Lei nº 6.019/1974; e (ii) adotar medidas para assegurar o cumprimento das obrigações trabalhistas pela contratada, na forma do art. 121, § 3º, da Lei nº 14.133/2021, tais como condicionar o pagamento à comprovação de quitação das obrigações trabalhistas do mês anterior.

ADPF Nº 324: EMENTA: DIREITO DO TRABALHO. ARGUIÇÃO DE DESCUMPRIMENTO DE PRECEITO FUNDAMENTAL. TERCEIRIZAÇÃO DE ATIVIDADE-FIM E DE ATIVIDADE-MEIO. CONSTITUCIONALIDADE.

1. A Constituição não impõe a adoção de um modelo de produção específico, não impede o desenvolvimento de estratégias empresariais flexíveis, tampouco veda a terceirização. Todavia, a jurisprudência trabalhista sobre o tema tem sido oscilante e não estabelece critérios e condições claras e objetivas, que permitam sua adoção com segurança. O direito do trabalho e o sistema sindical precisam se adequar às transformações no mercado de trabalho e na sociedade.

2. A terceirização das atividades-meio ou das atividades-fim de uma empresa tem amparo nos princípios constitucionais da livre iniciativa e da livre concorrência, que asseguram aos agentes econômicos a liberdade de formular estratégias negociais indutoras de maior eficiência econômica e competitividade.

3. A terceirização não enseja, por si só, precarização do trabalho, violação da dignidade do trabalhador ou desrespeito a direitos previdenciários. É o exercício abusivo da sua contratação que pode produzir tais violações.

4. Para evitar tal exercício abusivo, os princípios que amparam a constitucionalidade da terceirização devem ser compatibilizados com as normas constitucionais de tutela do trabalhador, cabendo à contratante: i) verificar a idoneidade e a capacidade econômica da terceirizada; ii) responder subsidiariamente pelo descumprimento das normas trabalhistas, bem como por obrigações previdenciárias (art. 31 da Lei 8.212/1993).

5. A responsabilização subsidiária da tomadora dos serviços pressupõe a sua participação no processo judicial, bem como a sua inclusão no título executivo judicial.

6. Mesmo com a superveniência da Lei 13.467/2017, persiste o objeto da ação, entre outras razões porque, a despeito dela, não foi revogada ou alterada a Súmula 331 do TST, que consolidava o conjunto de decisões da Justiça do Trabalho sobre a matéria, a indicar que o tema continua a demandar a manifestação do Supremo Tribunal Federal a respeito dos aspectos constitucionais da terceirização. Além disso, a aprovação da lei ocorreu após o pedido de inclusão do feito em pauta.

7. Firmo a seguinte tese: "1. É lícita a terceirização de toda e qualquer atividade, meio ou fim, não se configurando relação de emprego entre a contratante e o empregado da contratada. 2. Na terceirização, compete à contratante: i) verificar a idoneidade e a capacidade econômica da terceirizada; ii) responder subsidiariamente pelo descumprimento das normas trabalhistas, bem como por obrigações previdenciárias, na forma do art. 31 da Lei 8.212/1993."

8. ADPF julgada procedente para assentar a licitude da terceirização de atividade-fim ou meio. Restou explicitado pela maioria que a decisão não afeta automaticamente decisões transitadas em julgado.

TST

SÚMULA Nº 331 DO TST: I - A contratação de trabalhadores por empresa interposta é ilegal, formando-se o vínculo diretamente com o tomador dos serviços, salvo no caso de trabalho temporário (Lei nº 6.019, de 03.01.1974). (item declarado inconstitucional na ADPF 324)

II - A contratação irregular de trabalhador, mediante empresa interposta, não gera vínculo de emprego com os órgãos da Administração Pública direta, indireta ou fundacional (art. 37, II, da CF/1988).

III - Não forma vínculo de emprego com o tomador a contratação de serviços de viglância (Lei nº 7.102, de 20.06.1983) e de conservação e limpeza, bem como a de serviços especializados ligados à atividade-meio do tomador, desde que inexistente a pessoalidade e a subordinação direta. (item declarado inconstitucional na ADPF 324)

IV - O inadimplemento das obrigações trabalhistas, por parte do empregador, implica a responsabilidade subsidiária do tomador dos serviços quanto àquelas obrigações, desde que haja participado da relação processual e conste também do título executivo judicial.

V - Os entes integrantes da Administração Pública direta e indireta respondem subsidiariamente, nas mesmas condições do item IV, caso evidenciada a sua conduta culposa no cumprimento das obrigações da Lei n.º 8.666, de 21.06.1993, especialmente na fiscalização do cumprimento das obrigações contratuais e legais da prestadora de serviço como empregadora. A aludida responsabilidade não decorre de mero inadimplemento das obrigações trabalhistas assumidas pela empresa regularmente contratada.

VI – A responsabilidade subsidiária do tomador de serviços abrange todas as verbas decorrentes da condenação referentes ao período da prestação laboral.

QUESTÕES OBJETIVAS RELACIONADAS AO TEMA

1. (FCC - 2021 – PGE/GO - Procurador do Estado) Minerva foi dispensada um dia após o término do contrato entre a gestão municipal e a sua empregadora, Thebas Serviços de Ensino, uma organização social que prestava serviços educacionais ao ente público. Ajuizou ação trabalhista postulando salários atrasados, depósitos no FGTS, verbas rescisórias e férias vencidas em dobro. Neste caso, nos termos de súmula do Tribunal Superior do Trabalho, a Justiça do Trabalho tem entendido que a responsabilidade pelo pagamento destas verbas é

a) na proporção de 50% entre a empresa Thebas e o município, porque houve terceirização de atividade educacional essencial do ente municipal, conforme previsão constitucional segundo a qual as pessoas de direito público responderão pelos danos que seus agentes causarem.

b) da empresa Thebas, com responsabilidade subsidiária do município se não houve fiscalização do cumprimento das obrigações contratuais e legais da prestadora de serviço como empregadora, em razão da conduta culposa do tomador dos serviços no cumprimento das obrigações da Lei nº 8.666/1993.

c) apenas da organização social que era a real empregadora de Minerva, sendo que o município somente responderia se não fosse formalizado contrato entre a gestão municipal e a empresa Thebas.

d) solidária entre a empresa Thebas e a municipalidade, visto que foi terceirizado um serviço essencial do município, que é a educação, conforme entendimento sumulado do TST e lei de terceirização.

e) apenas da empresa Thebas, em razão da previsão da lei que normatiza licitações e contratos (Lei nº 8.666/1993), segundo a qual a inadimplência do contratado não transfere ao ente público os encargos trabalhistas, independentemente de fiscalização ou não.

Gabarito: letra b

2. (CESPE / CEBRASPE – 2017 – DPU – Defensor Público Federal). A respeito da estabilidade no trabalho e da terceirização trabalhista, julgue o item a seguir, tendo como referência o entendimento dos tribunais superiores.

A administração pública tomadora de serviços terceirizados será automaticamente responsável pelo pagamento de verbas trabalhistas que não forem adimplidas pela empresa prestadora, em razão da culpa presumida *in vigilando* do órgão público: a falta de fiscalização da execução do contrato de prestação de serviços.

( ) Certo

( ) Errado

Gabarito: errado.

3. (FCC – 2016 – PGM Campinas – Procurador do Município). O Município de Jundiaí contrata, mediante licitação pública, os serviços privados de vigilantes. Após dois anos de vigência do contrato, os vigilantes que atuam no gabinete do Prefeito ajuízam reclamatória trabalhista postulando pagamento de dois meses de salários em atraso, horas extraordinárias com reflexos e indenização por ausência de depósitos do FGTS. A municipalidade não exerceu nenhum tipo de fiscalização do contrato junto à empresa privada de vigilantes. Conforme entendimento sumulado pelo Tribunal Superior do Trabalho sobre terceirização no serviço público, nessa situação:

a) o mero inadimplemento das obrigações trabalhistas assumidas pela empresa terceirizada regularmente contratada implica responsabilidade solidária da municipalidade pelos encargos trabalhistas inadimplidos pela prestadora de serviço.

b) apenas a empresa privada de vigilância responderá pelos débitos trabalhistas dos vigilantes, visto que não são empregados da prefeitura e houve regular processo licitatório.

c) a municipalidade responderá diretamente pelos encargos trabalhistas dos vigilantes, cabendo ação de regresso em face da empresa privada somente se verificar que houve fraude ou irregularidade no processo licitatório.

d) a municipalidade será responsável solidária somente em caso de falência da empresa terceirizada de vigilância visto que a contratação indireta de mão de obra ocorreu de forma regular.

e) os entes da Administração pública respondem subsidiariamente pelo inadimplemento das obrigações trabalhistas por parte da empresa regularmente contratada, caso evidenciada a conduta culposa na fiscalização do cumprimento das obrigações legais da prestadora de serviço como empregadora.

Gabarito: Letra e.

QUESTÃO 11

FCC – Procurador do Estado (PGE/GO– 2021)

Considere a seguinte situação hipotética, abstraindo da análise qualquer suspensão e/ou interrupção de prazos processuais decorrentes da pandemia de Covid-19:

Ptolomeu foi empregado da empresa de segurança Sempre Alerta Ltda., devidamente registrado em CTPS, tendo exercido a função de vigilante. Laborou por todo o período na recepção do Hospital Geral da cidade de Catalão-GO, equipamento público, vinculado à rede estadual pública de saúde, sendo que a referida empresa de segurança manteve contrato de prestação de serviços com o Estado de Goiás no período em que o trabalhador lhe prestou serviços, após ter sido vencedora de certame licitatório.

Foi contratado em 25/09/2018 e dispensado em 10/05/2019, com indenização do aviso prévio, ingressando com reclamação trabalhista em 07/06/2021. Colocou como réus no polo passivo da demanda a sua empregadora, Sempre Alerta Ltda., e também o Estado de Goiás, tomador dos serviços, pedindo a sua responsabilização subsidiária pelos créditos eventualmente deferidos.

Atribuiu a cada pedido elencado na petição inicial valores meramente estimados, sendo que dentre estes requereu adicional de insalubridade, por prestar serviços recepcionando pacientes, muitos deles portadores de doenças infectocontagiosas, bem como adicional de periculosidade, em virtude de laborar próximo a tanque de armazenamento de óleo diesel que abastecia os geradores.

Considerando as disposições constitucionais e da legislação federal vigente, incluindo-se a Lei nº 13.467 de 2017, comumente chamada de Lei da Reforma Trabalhista, além de entendimentos jurisprudenciais pacificados, Súmulas e Orientações Jurisprudenciais do TST, e teses adotadas pelo TST e STF:

A. Discorra sobre a possibilidade ou não de ver acolhida a arguição de prescrição total na sua defesa como Procurador do Estado na presente situação.

B. O que pode ser sustentado em contraposição ao pedido de responsabilização subsidiária do Estado de Goiás?

C. A atribuição de valores dos pedidos por mera estimativa poderia ser causa de extinção do processo sem resolução do mérito?

D. Discorra sobre a possibilidade ou não de cumulação de adicional de insalubridade e periculosidade na hipótese.

QUESTÃO 11

(30 LINHAS)

RESPOSTA DO AUTOR

A primeira questão a ser examinada diz respeito à prescrição. O art. 7º, XXIX, da Constituição Federal, combinado com o art. 11 da CLT, estabelece que o prazo para a propositura da reclamação trabalhista é de dois anos a contar da extinção do contrato de trabalho. No entanto, há um ponto relevante: a projeção do aviso prévio indenizado. O entendimento consolidado no âmbito do Tribunal Superior do Trabalho, conforme as OJs 82 e 83 da SDI-I, é de que o aviso prévio, ainda que indenizado, integra o tempo de serviço para todos os efeitos, inclusive para fins prescricionais. Assim, no caso em análise, Ptolomeu foi dispensado em 10/05/2019, mas com a projeção do aviso prévio indenizado de 30 dias a data final para o ajuizamento da ação seria 09/06/2021. Como a reclamação foi protocolada em 07/06/2021, conclui-se que não há prescrição a ser reconhecida.

Quanto à responsabilização subsidiária do Estado de Goiás, a tese fixada pelo Supremo Tribunal Federal em sede de repercussão geral (Tema 246) firmou o entendimento de que o mero inadimplemento das obrigações trabalhistas por parte da empresa contratada não transfere, automaticamente, a responsabilidade ao ente público. O fundamento desse posicionamento está no art. 71, §1º, da Lei nº 8.666/1993, cuja constitucionalidade foi reconhecida pelo STF. Para que haja condenação da Administração Pública, o reclamante deve demonstrar a falha na fiscalização da empresa terceirizada, ou seja, comprovar a culpa *in vigilando* do tomador dos serviços. A Súmula 331, V, do TST, embora reconheça a possibilidade de responsabilização subsidiária do ente público, exige prova inequívoca da omissão estatal, o que não ocorreu no presente caso. Dessa forma, na defesa do Estado, deve-se argumentar que a idoneidade da empresa foi aferida no processo licitatório e que não há presunção de culpa da Administração.

Outro ponto relevante é a exigência de que os pedidos na petição inicial sejam certos, determinados e acompanhados da indicação de seus valores, conforme o art. 840, §1º, da CLT, introduzido pela Reforma Trabalhista (Lei nº 13.467/2017). Em razão dessa modificação legislativa, surgiu o debate sobre a necessidade de liquidação prévia dos pedidos ou se bastaria a atribuição de valores por mera estimativa. O Tribunal Superior do Trabalho consolidou o entendimento de que a exigência legal pode ser atendida por valores estimados, sem necessidade de liquidação exata. Essa interpretação resguarda os princípios da simplicidade e informalidade do Processo do Trabalho, garantindo amplo acesso à Justiça. Assim, no caso concreto, a atribuição estimada dos valores na petição inicial não constitui motivo para a extinção do processo sem resolução do mérito.

Por fim, resta analisar a possibilidade de cumulação dos adicionais de insalubridade e periculosidade. O art. 193, §2º, da CLT determina que o empregado deve optar entre um dos adicionais quando houver direito a ambos. Com a Constituição Federal de 1988, que prevê no art. 7º, XXIII, o direito ao adicional de remuneração para atividades penosas, insalubres ou perigosas, surgiu o questionamento sobre a recepção desse dispositivo da CLT. O Tribunal Superior do Trabalho pacificou o entendimento de que o art. 193, §2º, da CLT foi recepcionado pela Constituição (IRR-239-55.2011.5.02.0319), mantendo-se a vedação à acumulação dos adicionais, ainda que decorram de fatos geradores distintos. Assim, no caso de Ptolomeu, que alegou laborar em condições insalubres e perigosas, deverá escolher entre um dos adicionais, não sendo possível a percepção simultânea de ambos.

CRITÉRIO DE CORREÇÃO DA BANCA

A. De acordo com a CF de 1988, art. 7º, XXIX, bem como art. 11 da CLT, a prescrição trabalhista se dá com o decurso do prazo de 2 anos da extinção do contrato de trabalho. Portanto, a questão gira em torno do que se entende por "extinção do contrato de trabalho", se seria ou não computado para esse efeito o período de aviso prévio indenizado.

Ainda que haja dissidência doutrinária e jurisprudencial, a tese que tem prevalecido no âmbito do TST é a de que o aviso prévio, ainda que indenizado, computa-se no tempo de serviço do empregado para todos os efeitos, incluindo-se aí para efeitos de prescrição. Tanto é assim, que a OJ 82 da SDI-I do TST orienta que a data de saída a ser anotada na CTPS deve corresponder à do término do aviso prévio, ainda que indenizado, e na mesma linha a OJ 83 da SDI-I do TST no sentido de que a prescrição começaria a fluir a partir do término do aviso prévio, sendo essa a interpretação a ser dada ao art. 487, par. 1° da CLT.

Portanto, segundo a jurisprudência dominante no TST, teria na hipótese Ptolomeu até 09/06/2021 para propor a reclamação trabalhista, considerando a projeção ficta no seu contrato de trabalho pela integração do aviso prévio indenizado de 30 dias.

(2,5 Pontos)

B. Sustentaria, na qualidade de Procurador do Estado, como contraposição ao pedido de responsabilidade subsidiária do Estado de Goiás, que o STF, em tese firmada de número 246, ao discutir a matéria, fixou entendimento de que o inadimplemento dos encargos trabalhistas dos empregados do contratado não transfere automaticamente ao Poder Público contratante a responsabilidade pelo seu pagamento, seja em caráter solidário ou subsidiário, nos termos do art. 71, § 1º, da Lei nº 8.666/1993.

Defenderia que nessa hipótese, em se tratando de contratação por meio de licitação pública, que a aferição da idoneidade e capacidade financeira e orçamentária da empresa contratada teria sido objeto de avaliação criteriosa durante o certame e eventual ausência de fiscalização da regularidade dos pagamentos de verbas contratuais trabalhistas pela contratada deveria ser comprovada pelo autor, havendo inversão do ônus da prova na hipótese.

Argumentaria que a conduta culposa a que se refere o item V da Súmula 331 do TST, para apoiar uma eventual condenação subsidiária do Poder Público, não seria presumida, devendo ser objeto de prova a ser produzida por quem sustenta a culpa in vigilando da Administração Pública, no caso o autor.

Na esteira da Lei nº 8666 de 1993, alegaria em defesa de que teria havido opção do legislador em não responsabilizar a Administração Pública por inadimplemento pela prestadora de serviços de verbas trabalhistas, caso contrário teria feito ressalva expressa, como fez em relação aos créditos previdenciários, no par. 2º do art. 71 da Lei nº 8.666 de 1993.

(3,5 Pontos)

C. De acordo com a nova redação do art. 840, par. 1º da CLT, introduzida pela Lei n° 13.467 de 2017, denominada de Reforma Trabalhista, "sendo escrita, a reclamação deverá conter a designação do juízo, a qualificação das partes, a breve exposição dos fatos de que resulte o dissídio, o pedido, que deverá ser certo, determinado e com indicação de seu valor, a data e a assinatura do reclamante ou de seu representante." E no seu parágrafo 3° prevê que o não atendimento ao disposto no parágrafo 1o poderia acarretar a extinção do pedido sem apreciação do mérito.

A partir daí passou-se a discutir na doutrina se essa alteração legislativa significava que o pedido deveria ser liquidado ou não. Se a palavra "valor" teria o alcance de significar expressão econômica do pedido ou não, aproximando o valor da causa no Processo do Trabalho ao disposto nos arts. 291 a 293 do CPC, para o qual o valor da causa teria equivalência na expressão econômica do pedido. A jurisprudência majoritária no TST, apoiada pela Instrução Normativa 41 daquela Corte, orienta no sentido de que a interpretação a ser considerada do novo art. 840, par. 1º da CLT seria de permitir valor da causa por estimativa.

Essa é a corrente que tem prevalecido, o que se coaduna com os princípios que norteiam o Processo do Trabalho, mormente os da informalidade e simplicidade, que o distanciaria, nesse ponto, do maior rigor do Processo Civil. Importante destacar que o reclamante, até por vezes poderá propor reclamação verbal e pela sua simplicidade e informalidade pode não dispor de meios suficientes de balizar o valor dos pedidos de forma adequada e condizente com a expressão econômica, e decisão contrária poderia lhe causar dificuldade de acesso à Justiça. Assim, pela corrente majoritária, na hipótese em questão não se poderia falar em extinção do processo sem resolução do mérito.

(1,5 Pontos)

D. Prevê o art. 193, par. 2º da CLT, ao cuidar do tema do adicional de periculosidade, que "o empregado poderá optar pelo adicional de insalubridade que porventura lhe seja devido". Esta previsão da CLT induz à conclusão de que há vedação para que se cumule a percepção de adicional de periculosidade e de insalubridade. Com o advento da CF de 1988, que no seu art. 7º, XXIII previu "adicional de remuneração para as atividades penosas, insalubres ou perigosas, na forma da lei" como direito dos trabalhadores, surgiu a controvérsia de ter ou não sido tacitamente revogado o art. 193, par. 2° da CLT.

O TST, de forma majoritária, fixou tese em sede de Incidente de Recurso Repetitivo em 2020, no processo TSTIRR-239-55.2011.5.02.0319 no sentido de que o art. 193, par. 2º da CLT teria sido recepcionado pela CF de 1988 de modo a que seja vedada a percepção cumulativa de adicional de insalubridade e periculosidade, ainda que amparadas por fatos geradores distintos, caso contrário deveria ter sido ressalvada a possibilidade, o que não ocorreu, prevalecendo, portanto, a proibição diante da necessidade de opção por um dos adicionais pelo empregado.

(2,5 Pontos)

Total 10 Pontos

▸ DOUTRINA TEMÁTICA

"Importante destacar que, tanto no caso do aviso trabalhado quanto no aviso-prévio indenizado, o tempo de serviço será projetado para todos os fins, na contagem de férias, no décimo terceiro salário e nos depósitos do FGTS. Ainda, embora o término seja imediato, a anotação na CTPS será realizada computando a data do período do aviso, e a prescrição somente se inicia com o término do aviso" (CORREIA, Henrique. *Curso de Direito do Trabalho*. 6 ed. Salvador: Juspodivm, 2021, p. 1199)

▸ JURISPRUDÊNCIA TEMÁTICA

STF

O inadimplemento dos encargos trabalhistas dos empregados do contratado não transfere automaticamente ao Poder Público contratante a responsabilidade pelo seu pagamento, seja em caráter solidário ou subsidiário, nos termos do art. 71, § 1º, da Lei 8.666/1993. (STF, 26/04/2017, RE 760.931)

TST

Incidente de Recursos de Revista Repetitivos. "Tema nº 0017 – Cumulação de adicionais de periculosidade e de insalubridade amparados em fatos geradores distintos e autônomos." A SBDI-I, em sua composição plena, por maioria, definiu a seguinte tese jurídica para o Tema Repetitivo nº 0017 – CUMULAÇÃO DE ADICIONAIS DE PERICULOSIDADE E DE INSALUBRIDADE AMPARADOS EM FATOS GERADORES DISTINTOS E AUTÔNOMOS: o art. 193, § 2º, da CLT foi recepcionado pela Constituição Federal e veda a cumulação dos adicionais de insalubridade e de periculosidade, ainda que decorrentes de fatos geradores distintos e autônomos. Vencidos os Ministros Luiz Philippe Vieira de Mello Filho, relator, Augusto César Leite de Carvalho, José Roberto Freire Pimenta, Hugo Carlos Scheuermann, Cláudio Mascarenhas Brandão e Lelio Bentes Corrêa. TST-IRR-239-55.2011.5.02.0319, SBDI-I, rel. Min. Luiz Philippe Vieira de Mello Filho, red. p/ acórdão Min. Alberto Luiz Bresciani de Fontan Pereira, 26.9.2019 (Informativo nº 206/TST)

OJ 82, SDI-I. AVISO PRÉVIO. BAIXA NA CTPS. A data de saída a ser anotada na CTPS deve corresponder à do término do prazo do aviso prévio, ainda que indenizado.

OJ 83, SDI-I. AVISO PRÉVIO. INDENIZADO. PRESCRIÇÃO. A prescrição começa a fluir no final da data do término do aviso prévio. Art. 487, § 1º, da CLT.

Controvérsia sobre vínculo de emprego. Prescrição. Termo inicial. Projeção do aviso-prévio. Incidência da Orientação Jurisprudencial nº 83 da SBDI-I. **A diretriz consagrada na Orientação Jurisprudencial nº 83 da SBDI-I, segundo a qual se computa a projeção do aviso-prévio na duração do contrato de emprego para efeito de contagem do prazo prescricional, se estende aos casos em que o vínculo empregatício ainda não foi espontaneamente reconhecido entre as partes ou judicialmente declarado.** Sob esse entendimento, a SBDI-I, por maioria, conheceu dos embargos, por divergência jurisprudencial, e, no mérito, negou-lhes provimento, mantendo, portanto, a decisão turmária que dera provimento ao recurso de revista para determinar o retorno dos autos à Vara de origem, a fim de que, afastada a prescrição bienal, prossiga no exame dos pedidos do reclamante como entender de direito. Na espécie, o TRT manteve a sentença que declarou a prescrição total do direito de ação para postular o reconhecimento da relação de emprego, sob o fundamento de que o ajuizamento da reclamação deu-se após dois anos da cessação da prestação de serviços pelo reclamante no exercício da atividade profissional de corretor de imóveis. Vencidos os Ministros João Oreste Dalazen, relator, Ives Gandra da Silva Martins Filho, Brito Pereira, Guilherme Augusto Caputo Bastos e Walmir Oliveira da Costa, os quais entendiam que a relação originalmente havida entre as partes, ainda que passível de modificação em juízo, não era de emprego, não permitindo, portanto, a dilação do termo inicial da contagem do prazo prescricional conforme preconizado pela Orientação Jurisprudencial nº 83 da SBDI-I. (TST-E-ED-RR-277-72.2012.5.01.0024, SBDI-I, rel. Min. João Oreste Dalazen, red. p/ o acórdão Ministro Augusto César Leite de Carvalho, 15.9.2016) (grifou-se)

"AGRAVO DE INSTRUMENTO. RECURSO DE REVISTA. PROCESSO SOB A ÉGIDE DA LEI 13.015/2014 E DA LEI 13.467/2017. LIMITAÇÃO DA CONDENAÇÃO AOS VALORES INDICADOS NA PETIÇÃO INICIAL. ART. 840, § 1º DA CLT. A presente controvérsia diz respeito à limitação da condenação nas hipóteses em que a parte autora atribui valores às parcelas pleiteadas judicialmente. No Processo do Trabalho, é apta a petição inicial que contém os requisitos do art. 840 da CLT, não se aplicando neste ramo especializado o rigor da lei processual civil (art. 319 do CPC/15), pois é a própria CLT quem disciplina a matéria, norteando-se pela simplicidade. Nessa linha, antes da vigência da Lei 13.467/2017, o pedido exordial deveria conter apenas a designação do juiz a quem fosse dirigida, a qualificação do reclamante e do reclamado, uma breve exposição dos fatos de que resultasse o dissídio, o pedido, a data e a assinatura do reclamante ou de seu representante. Com a nova redação do art. 840 da CLT, implementada pela Lei 13.467/2017, a petição inicial, no procedimento comum, passou a conter os seguintes requisitos: designação do juízo; qualificação das partes; breve exposição dos fatos de que resulte o dissídio; o pedido, que deverá ser certo, determinado e com indicação de seu valor; data; e assinatura do reclamante ou de seu representante. Contudo, com suporte nos princípios da finalidade social e da efetividade social do processo, assim como nos princípios da simplicidade e da informalidade, a leitura do § 1º do art. 840 da CLT deve se realizar para além dos aspectos gramatical e lógico-formal, buscando por uma interpretação sistemática e teleológica o verdadeiro sentido, finalidade e alcance do preceito normativo em comento, sob pena de, ao se entender pela exigência de um rigorismo aritmético na fixação dos valores dos pedidos (e, por consequência, do valor da causa), afrontarem-se os princípios da reparação integral do dano, da irrenunciabilidade dos direitos e, por fim, do acesso à Justiça. Isso porque as particularidades inerentes ao objeto de certos pedidos constantes na ação trabalhista exigem, para a apuração do real valor do crédito vindicado pelo obreiro, a verificação de documentos que se encontram na posse do empregador – além de produção de outras provas, inclusive pericial e testemunhal -, bem como a realização de cálculos complexos. A esse respeito, vale dizer que o contrato de trabalho acarreta diversificadas obrigações, o que conduz a pedidos também múltiplos e com causas de pedir distintas, de difícil ou impossível prévia quantificação. Inclusive há numerosas parcelas que geram

> efeitos monetários conexos em outras verbas pleiteadas, com repercussões financeiras intrincadas e de cálculo meticuloso. **Assim, a imposição do art. 840, § 1º, da CLT, após alterações da Lei 13.467/2017, deve ser interpretada como uma exigência somente de que a parte autora realize uma estimativa preliminar do crédito que entende ser devido e que será apurado de forma mais detalhada na fase de liquidação, conforme art. 879 da CLT**. De par com isso, a Instrução Normativa nº 41 do TST, no § 2º do art. 12, dispõe que: "Art. 12. Os arts. 840 e 844, §§ 2º, 3º e 5º, da CLT, com as redações dadas pela Lei nº 13.467, de 13 de julho de 2017, não retroagirão, aplicando-se, exclusivamente, às ações ajuizadas a partir de 11 de novembro de 2017. (...) § 2º **Para fim do que dispõe o art. 840, §§ 1º e 2º, da CLT, o valor da causa será estimado, observando-se, no que couber, o disposto nos arts. 291 a 293 do Código de Processo Civil.**" Logo, na medida em que os valores delimitados na petição inicial não vinculam, de forma absoluta, a condenação, revelando-se como mera estimativa dos créditos pretendidos pelo Autor, não há que se falar em limitação da liquidação aos valores indicados na peça exordial. Julgados desta Corte. Agravo de instrumento desprovido." (TST-AIRR-228-34.2018.5.09.0562, 3ª Turma, rel. Min. Mauricio Godinho Delgado, julgado em 22/6/2022) (grifou-se)

QUESTÕES OBJETIVAS RELACIONADAS AO TEMA

1. (CESPE / CEBRASPE – 2024 – Câmara de Maceió/AL - Procurador) Com base na jurisprudência do Tribunal Superior do Trabalho (TST), julgue o item seguinte.

A constatação da atividade insalubre por meio de laudo pericial é suficiente para que o empregado receba o respectivo adicional.

( ) Certo

( ) Errado

Gabarito: errado

2. (CESPE / CEBRASPE - 2024 – PGM Cachoeiro de Itapemirim - Procurador Municipal) A respeito da responsabilidade da administração pública em relação a verbas trabalhistas decorrentes de contratos de terceirização de trabalho, julgue o próximo item.

O inadimplemento dos encargos trabalhistas dos empregados da empresa contratada transfere, de forma automática, ao poder público contratante a responsabilidade pelo pagamento, em caráter subsidiário, dos referidos encargos.

( ) Certo

( ) Errado

Gabarito: errado

3. (CESPE / CEBRASPE – 2024 – PGM Camaçari – Procurador Municipal) Acerca de atividades insalubres e perigosas, assinale a opção correta.

a) eliminação ou a neutralização da insalubridade ocorrerá com a adoção de medidas que conservem o ambiente de trabalho dentro dos limites de tolerância ou com a utilização de EPI pelo trabalhador de forma a diminuir a intensidade do agente agressivo a limites de tolerância.

b) O exercício de trabalho em condição insalubre no grau máximo, acima dos limites de tolerância estabelecidos, assegura a percepção de adicional de 30% do salário-base do empregado.

c) O empregado que se mantiver no exercício de atividade perigosa ou insalubre por, pelo menos, três anos terá direito à incorporação do respectivo adicional ao seu salário, independentemente da eliminação do risco à sua saúde ou integridade física.

d) São consideradas atividades ou operações perigosas aquelas que, por sua natureza ou métodos de trabalho, impliquem risco acentuado em virtude de exposição permanente do trabalhador a agentes biológicos infeciosos.

e) O trabalho em condições de periculosidade assegura ao empregado um adicional de 30% sobre o salário mínimo da região, com os acréscimos resultantes de gratificações, prêmios ou participações nos lucros da empresa.

Gabarito: Letra a

4. (CESPE / CEBRASPE – 2023 – PGE/ES – Procurador do Estado) Acerca dos adicionais de insalubridade e periculosidade, assinale a opção correta.

a) Se a perícia constatar a prestação de serviços em condições nocivas à saúde, mas o agente insalubre for diverso do apontado no pedido ou na fundamentação, o adicional de insalubridade não deverá ser concedido.

b) A exposição eventual ou não permanente a condições perigosas não gera direito ao recebimento do adicional de periculosidade.

c) adicional de insalubridade pago ao empregado integra o salário para fins de cálculo de horas extras.

d) Mediante acordo coletivo de trabalho, é possível se estabelecer percentual de adicional de periculosidade inferior ao estabelecido em lei, observando-se a proporcionalidade ao tempo de exposição ao risco.

e) Em um processo judicial, basta a comprovação por meio de laudo pericial de que a atividade é insalubre para que o empregado tenha o direito ao recebimento do adicional correspondente.

Gabarito: Letra c

5. (CESPE / CEBRASPE - 2023 – PGM São Paulo - Procurador Municipal) Acerca da terceirização no serviço público, assinale a opção correta.

a) Na terceirização do serviço público, a empresa contratante transfere ao contratado, pessoa física ou jurídica prestadora de serviços, a execução de quaisquer de suas atividades.

b) Constatada irregularidade na contratação de trabalhador em terceirização trabalhista com ente da administração pública, será reconhecido o vínculo de emprego do obreiro com a tomadora de serviço.

c) Os empregados da pessoa jurídica prestadora de serviços terceirizados têm direito a atendimento médico ou ambulatorial existente nas dependências da contratante, sendo este um dos motivos que ensejam a proibição de subcontratação de outras empresas para a efetiva realização dos serviços da prestadora.

d) A administração pública e o contratado são responsáveis diretos e solidários pelos encargos trabalhistas e previdenciários resultantes da execução do contrato de prestação de serviços terceirizados, sendo que a inadimplência pode restringir o uso de obras e edificações.

e) Ao contratar serviços contínuos com regime de dedicação exclusiva de mão de obra, a administração pode dispor em edital que os valores destinados a verbas rescisórias dos empregados do contratado que participarem da execução dos serviços serão pagos pelo contratante ao contratado somente na ocorrência do fato gerador.

Gabarito: Letra e

6. (CESPE / CEBRASPE - 2023 - AGU – Advogado da União) Acerca da terceirização de serviços no âmbito da administração pública, de acordo com a jurisprudência majoritária do TST,

a) o inadimplemento das obrigações trabalhistas por parte do empregador implica responsabilidade solidária do tomador de serviços quanto àquelas obrigações, desde que este haja participado da relação processual e conste também no título executivo judicial.

b) a responsabilidade do tomador de serviços é subsidiária e não depende de conduta culposa da administração pública no cumprimento das obrigações previstas na Lei de Licitações, especialmente as de fiscalização do cumprimento das obrigações contratuais da prestadora de serviços como empregadora.

c) a terceirização irregular afasta o direito dos empregados terceirizados às mesmas verbas trabalhistas legais e normativas asseguradas àqueles contratados pelo tomador de serviços, mesmo quando presente a igualdade de funções.

d) a terceirização ilícita não gera vínculo de emprego com o ente da administração pública.

e) a reponsabilidade subsidiária da administração é objetiva e decorre do mero inadimplemento das obrigações trabalhistas assumidas pela empresa contratada.

Gabarito: Letra d

7. (CESPE / CEBRASPE – 2022 – PGDF – Procurador do Distrito Federal) Julgue o próximo item, relativos ao direito do trabalho.

Segundo entendimento pacificado na jurisprudência do TST, o pedido de pagamento de adicional de insalubridade por motivo diverso daquele existente e constatado em perícia judicial eximirá o empregador do pagamento do respectivo adicional pleiteado, em face da vinculação do direito ao pedido.

( ) Certo

( ) Errado

Gabarito: errado

8. (UFPR - 2019 – PGM Curitiba/PR – Procurador Municipal) Uma empresa prestadora de serviços de asseio e conservação que vinha claudicando financeiramente e atrasando o cumprimento de obrigações trabalhistas, tais como o fornecimento de vale-transporte e vale-refeição, e os depósitos do FGTS, depois de seis meses tornou-se inadimplente, deixando de pagar salários e verbas rescisórias a todos os seus empregados. Entre os tomadores de serviço/contratantes, estava um Município que fiscalizava o contrato por amostragem, que não detectou a situação crítica da contratada, a não ser quando ela "fechou suas portas". Levando em consideração os dados apresentados e o entendimento dominante do Tribunal Superior do Trabalho, assinale a alternativa correta.

a) O município responderá subsidiariamente pelas obrigações daqueles trabalhadores terceirizados que lhe prestaram serviços, pois tinha de ter fiscalizado com eficiência a execução do contrato.

b) O Município responderá subsidiariamente pelas obrigações daqueles trabalhadores terceirizados que lhe prestaram serviços, se houver uma cláusula contratual explícita com tal previsão.

c) O Município responderá subsidiariamente pelas obrigações daqueles trabalhadores terceirizados que lhe prestaram serviços, pelo mero inadimplemento das obrigações trabalhistas assumidas pela empresa regularmente contratada.

d) O município não responderá pelas obrigações daqueles trabalhadores terceirizados que lhe prestaram serviços, ante a regularidade da contratação, observadas as diretrizes da Lei nº 8.666/93.

e) O Município não responderá pelas obrigações dos trabalhadores terceirizados, pois fiscalizou a execução do contrato, ainda que por amostragem.

Gabarito: Letra a

9. (CESPE / CEBRASPE - 2019 - PGM Campo Grande/MS - Procurador Municipal) De acordo com a jurisprudência consolidada do Tribunal Superior do Trabalho, julgue o item subsequente.

O tomador de serviços somente poderá ser responsabilizado subsidiariamente pelo não cumprimento de obrigações trabalhistas por parte do empregador quando tiver participado da relação processual e constar também do título executivo judicial.

( ) Certo

( ) Errado

Gabarito: certo

QUESTÃO 12

FUNDATEC – Procurador do Estado (PGE/RS – 2021)

Para o empregado público, a instauração voluntária de relação jurídica previdenciária de caráter prestacional derivada de vínculo de empregado com a Administração Pública e com a atualização de tempo de contribuição decorrente acarreta efeitos no respectivo contrato de trabalho e na permanência no emprego.

Qual o fundamento constitucional da assertiva acima? Qual data revela-se relevante à consideração dos efeitos da aposentadoria?

A orientação da jurisprudência do Supremo Tribunal Federal sofreu alteração em razão do disposto na EC n° 103/2019? Explique.

QUESTÃO 12

(30 LINHAS)

▸ RESPOSTA DO AUTOR

A questão da aposentadoria dos empregados públicos sofreu significativa modificação com a promulgação da Emenda Constitucional nº 103/2019. Antes dessa alteração, vigorava o entendimento consolidado pelo STF de que a aposentadoria voluntária não implicava, de forma automática e instantânea, a extinção do vínculo empregatício, pois se entendia que a aposentadoria voluntária não constituía, por si só, causa de rescisão do contrato de trabalho.

Contudo, com a introdução do § 14 no art. 37 da CF pela EC 103/19, a Constituição passou a contar com previsão expressa de que a aposentadoria concedida com a utilização de tempo de contribuição decorrente de cargo, emprego ou função pública, ainda que pelo RGPS, acarreta o rompimento do vínculo que gerou tal tempo de contribuição. No entanto, nos termos do art. 6º da EC 103/19, a nova regra somente se aplica às aposentadorias concedidas pelo RGPS após a data da entrada em vigor da referida emenda, de modo que as que foram concedidas anteriormente não acarretaram o rompimento do vínculo empregatício.

Com base nessas alterações normativas, o STF fixou o entendimento, em sede de repercussão geral (Tema 606), no sentido de que a concessão de aposentadoria aos empregados públicos inviabiliza sua permanência no emprego, salvo no caso das aposentadorias concedidas pelo Regime Geral de Previdência Social antes da EC 103/19. Além disso, o STF também determinou que eventuais questionamentos sobre desligamentos com base nessas disposições devem ser ajuizados na Justiça Comum e não na Justiça do Trabalho, pois a demissão do empregado público nessa hipótese possui natureza constitucional-administrativa, e não trabalhista.

▸ CRITÉRIO DE CORREÇÃO DA BANCA

1 - A aposentadoria tornou-se causa extintiva do contrato de trabalho: De acordo com o § 14 do art. 37 da CF (acrescentado pela EC 103/2019), a "aposentadoria concedida com a utilização de tempo de contribuição decorrente de cargo, emprego ou função pública inclusive do Regime Geral de Previdência Social, acarretará o rompimento do vínculo que gerou o referido tempo de contribuição." (6,0 pontos)

Distribuição dos pontos:

6,0 – Abordou plenamente.

3,0 – Abordou parcialmente.

0,0 – Não abordou.

2 - Ressalva o art. 6º da EC 103/2019 que a norma supra "não se aplica a aposentadorias concedidas pelo Regime Geral de Previdência Social até a data de entrada em vigor desta Emenda Constitucional" (5,0 pontos)

Distribuição dos pontos:

5,0 – Abordou plenamente.

2,5 – Abordou parcialmente.

0,0 – Não abordou.

3 - Anteriormente à EC 103/2019, a jurisprudência do STF havia-se firmado no sentido de que "a aposentadoria voluntária do trabalhador não tem por efeito extinguir, instantânea e automaticamente, o vínculo de emprego" (ADI 1721; Rcl. 11568 AgR; ARE 931326 AgR; RE 487734 Agr; AI 653100 AgR) (6,0 pontos)

Distribuição dos pontos:

6,0 – Abordou plenamente.

3,0 – Abordou parcialmente.

0,0 – Não abordou.

4 - O STF fixou a tese (tema 606 da repercussão geral) "A natureza do ato de demissão de empregado público é constitucional administrativa e não trabalhista, o que atrai a competência da justiça comum para julgar a questão. A concessão de aposentadoria aos empregados públicos inviabiliza a permanência no emprego, nos termos do art. 37, § 14, da CRFB, salvo para as aposentadorias concedidas pelo Regime Geral de Previdência Social até a data de entrada em vigor da Emenda Constitucional nº 103/19, nos termos do que dispõe seu art. 6º" (4,0 pontos).

Distribuição dos pontos:

4,0 – Abordou plenamente.

2,0 – Abordou parcialmente.

0,0 – Não abordou.

5 - Coerência na construção da resposta e outros elementos ou informações relevantes à resposta (4,0 pontos).

Distribuição dos pontos:

4,0 – Atendeu plenamente.

2,0 – Atendeu parcialmente.

0,0 – Não atendeu.

Total: 25 Pontos.

▸ DOUTRINA TEMÁTICA

"O art. 40 da Constituição Federal garante que aos servidores titulares de cargos efetivos da União, dos Estados, do Distrito Federal e dos Municípios, incluídas suas autarquias e fundações, é assegurado regime de previdência de caráter contributivo e solidário, mediante contribuição do respectivo ente público, dos servidores ativos e inativos e dos pensionistas, observados critérios que preservem o equilíbrio financeiro e atuarial.

O artigo em questão se refere ao Regime Próprio de Previdência Social – RPPS, aplicável apenas aos titulares de cargos efetivos e gerido pelos respectivos entes federativos (União, estados, Distrito federal e municípios). Os demais servidores, tais como os ocupantes de cargos exclusivamente em comissão, temporários e empregados públicos, se vinculam ao Regime Geral da Previdência Social – RGPS, gerido por Autarquia federal, o Instituto Nacional da Seguridade Social – INSS. É o que determina o §13 do art. 40, CF:

Art. 40. Aos servidores titulares de cargos efetivos da União, dos Estados, do Distrito Federal e dos Municípios, incluídas suas autarquias e fundações, é assegurado regime de previdência de caráter contributivo e solidário, mediante contribuição do respectivo ente público, dos servidores ativos e inativos e dos pensionistas, observados critérios que preservem o equilíbrio financeiro e atuarial e o disposto neste artigo.

(...)

§ 13. Aplica-se ao agente público ocupante, exclusivamente, de cargo em comissão declarado em lei de livre nomeação e exoneração, de outro cargo temporário, inclusive mandato eletivo, ou de emprego público, o Regime Geral de Previdência Social. Redação dada pela Emenda Constitucional nº 103, de 2019.

(...)

Nos termos do art. 40, §1º da Constituição Federal, a aposentadoria no regime próprio poderá se dar:

a) por incapacidade permanente para o trabalho, no cargo em que estiver investido, quando insuscetível de readaptação, hipótese em que será obrigatória a realização de avaliações periódicas para verificação da continuidade das condições que ensejaram a concessão da aposentadoria, na forma de lei do respectivo ente federativo; (Redação dada pela Emenda Constitucional nº 103, de 2019)

b) compulsoriamente, com proventos proporcionais ao tempo de contribuição, aos 70anos de idade, ou aos 75 anos de idade, na forma de lei complementar.

c) no âmbito da União, aos 62 (sessenta e dois) anos de idade, se mulher, e aos 65 (sessenta e cinco) anos de idade, se homem, e, no âmbito dos Estados, do Distrito Federal e dos Municípios, na idade mínima estabelecida mediante emenda às respectivas Constituições e Leis Orgânicas, observados o tempo de contribuição e os demais requisitos estabelecidos em lei complementar do respectivo ente federativo. (Redação dada pela Emenda Constitucional nº 103, de 2019)

O mais importante é registrar que os empregados públicos não participarão do Regime Próprio de Previdência Social – RPPS, vinculando-se ao Regime Geral (o que advém da redação originária do texto constitucional), de modo que, conforme dito, terão suas aposentadorias pagas pelo Instituto Nacional de Seguridade Social – INSS, submetidos praticamente às mesmas regras dos empregados da iniciativa privada, vez que a Emenda Constitucional nº 103, de 2019 estabeleceu algumas regras diferenciadoras, como por exemplo, aquelas previstas no § 14 do art. 37 e no § 16 do art. 201 da Constituição Federal:

Art. 37, § 14. A aposentadoria concedida com a utilização de tempo de contribuição decorrente de cargo, emprego ou função pública, inclusive do Regime Geral de Previdência Social, acarretará o rompimento do vínculo que gerou o referido tempo de contribuição.

Art. 201, § 16. Os empregados dos consórcios públicos, das empresas públicas, das sociedades de economia mista e das suas subsidiárias serão aposentados compulsoriamente, observado o cumprimento do tempo mínimo de contribuição, ao atingir a idade máxima de que trata o inciso II do § 1º do art. 40, na forma estabelecida em lei" (grifou-se) (FERNANDES, FELIPE; ANDRADE, Gustavo; GOUVEIA, Raquel. *Direito e Processo do Trabalho para a Advocacia Pública*. 3 ed. Salvador: Juspodivm, 2022, pp. 262-263).

▸ JURISPRUDÊNCIA TEMÁTICA

STF

TEMA N.º 606 DA REPERCUSSÃO GERAL: A natureza do ato de demissão de empregado público é constitucional-administrativa e não trabalhista, o que atrai a competência da Justiça comum para julgar a questão. A concessão de aposentadoria aos empregados públicos inviabiliza a permanência no emprego, nos termos do art. 37, § 14, da CRFB, salvo para as aposentadorias concedidas pelo Regime Geral de Previdência Social até a data de entrada em vigor da Emenda Constitucional nº 103/19, nos termos do que dispõe seu art. 6º.

TST

RR-220-61.2021.5.06.0004: "RECURSO DE REVISTA. VIGÊNCIA DE LEI Nº 13.467/2017. EMPREGADO PÚBLICO APOSENTADO ANTERIORMENTE CUJO CONTRATO DE TRABALHO PERMANECIA ATIVO. APOSENTADORIA COMPULSÓRIA POR IDADE (75 ANOS). POSSIBILIDADE. EMENDA CONSTITUCIONAL Nº 103/2019 (REFORMA DA PREVIDÊNCIA). TRANSCENDÊNCIA JURÍDICA RECONHECIDA. 1. A jurisprudência desta Corte Superior, interpretando o art. 40, § 1º, inc. II, da Constituição Federal, firmou-se no sentido de que deve ser admitida a aplicação da aposentadoria compulsória ao empregado público. 2. Reforça esse entendimento o fato de que, a partir da Emenda Constitucional nº 103/2019 (Reforma da Previdência), o próprio texto constitucional (art. 201, § 16) passou a prever expressamente que "os empregados dos consórcios públicos, das empresas públicas, das sociedades de economia mista e das suas subsidiárias serão aposentados compulsoriamente, observado o cumprimento do tempo mínimo de contribuição, ao atingir a idade máxima de que trata o inciso II do § 1º do art. 40, na forma estabelecida em lei". 3. No caso, assentadas as premissas fáticas de que o autor é empregado de empresa pública federal e teve seu contrato de trabalho extinto em face da aposentadoria compulsória, quando já tinha idade superior a 75 anos, e em data posterior à vigência da Emenda Constitucional nº 103/2019, não se vislumbra qualquer ilegalidade ou discriminação no ato praticado pela ré. 4. Frise-se que o fato de que o autor ter se aposentado em 2007 e permanecido com o contrato de trabalho ativo não obsta a incidência da aposentadoria compulsória. Recurso de revista conhecido e provido." (TST-RR-220-61.2021.5.06.0004, 1ª Turma, rel. Min. Amaury Rodrigues Pinto Junior, julgado em 29/6/2022) (grifou-se)

Obs: o julgado em tela não trata dos efeitos da aposentadoria espontânea, mas da aplicação sua modalidade compulsória aos empregados públicos, tema que também se mostra bastante interessante para provas de procuradorias.

QUESTÕES OBJETIVAS RELACIONADAS AO TEMA

1. (CESPE / CEBRASPE - 2021 - TCDF - Procurador) Acerca de estabilidade dos empregados e formas de despedida e reintegração dos trabalhadores, julgue o item a seguir, à luz do entendimento jurisprudencial do STF.

A concessão de aposentadoria voluntária ao trabalhador não extingue, instantânea e automaticamente, o seu vínculo de emprego.

( ) Certo

( ) Errado

Gabarito: certo

QUESTÃO 13

FUNDATEC – Procurador do Estado (PGE RS - 2021)

"R.L.K", em 2019, então com 17 anos e já com o ensino médio completo, desempenhava serviços administrativos na "EMPRESA B.D.", do setor de serviços, cumprindo uma carga horária de 8 horas diárias e 44 horas semanais. "R.L.K" nunca desempenhou cargos de confiança ou chefia na "EMPRESA B.D.", que por sua vez não tinha plano de cargos e salários constituídos.

Ao longo de sua contratualidade, " R.L.K", estranhou algumas práticas de seu empregador, tais como:

a) A "EMPRESA B.D", descontou na folha do mês de março e repassou ao sindicato profissional da respectiva categoria, ao qual "R.L.K" não era associado, o valor correspondente à remuneração de um dia de trabalho, sob a rubrica "contribuição sindical" e, na folha do mês seguinte, cinquenta reais a título de " contribuição confederativa" (não havia oposição nem autorização a estas cobranças por parte do " R.L.K")

b) Em abril de 2019, vagou um posto de trabalho na "EMPRE B.D.", em setor hierarquicamente superior ao que "R.L.K." estava lotado. Convidado, "R.L.K" aceitou a promoção e passou a ocupar em definitivo cargo vago; no entanto, em que pese seu salário básico ter aumentado aproximadamente 5%, descobriu que o valor ainda era inferior ao salário básico que era pago ao seu antecessor.

c) Em agosto de 2019, " R.L.K" desempenhou, durante duas semanas, uma jornada de 9 horas diárias, nas segundas, quartas e sextas-feiras, formalizadas mediante acordo escrito, firmado com a "EMPRESA B.D", por conta de um evento do qual a empresa participara. "R.L.K" não recebeu adicional salarial pelas horas adicionais, mas as mesmas foram integralmente compensadas com folgas no mês seguinte.

d) Em dezembro de 2019, " R.L.K" novamente precisou compensar quatro horas de trabalho, mas, desta vez, em razão do seu próprio interesse. "R.L.K" prestou concurso vestibular para ingresso em Faculdade (no qual foi aprovado) e acordou verbalmente a compensação com a "EMPRESA B.D.", que ocorreu na própria semana (folgou uma segunda-feira e laborou uma hora a mais de terça à sexta).

Analise, individualmente e com a devida objetividade, as quatro situações estranhadas por "R.L.K", indicando, com base na legislação trabalhista e na jurisprudência já consolidada do Tribunal Superior do Trabalho, os procedimentos praticados pela "EMPRESA B.D." que estão corretos, bem como os que estão incorretos, justificando sua análise e apontando os dispositivos normativos ou súmulas que a embasam (não é necessário transcrever integralmente a redação do texto legal ou sumular, apenas apontá-lo).

(30 Linhas)

QUESTÃO 13

(30 LINHAS)

RESPOSTA DO AUTOR

Inicialmente, em relação ao desconto de contribuições sindical e confederativa sem autorização, a conduta da "EMPRESA B.D." foi irregular, pois os descontos realizados a título de contribuição sindical e confederativa sem a autorização expressa do empregado violam o disposto nos arts. 579 e 582 da CLT. Desde o advento da Reforma Trabalhista, através da Lei nº 13.467/17, a contribuição sindical tornou-se facultativa, exigindo consentimento expresso do empregado. Da mesma forma, a contribuição confederativa, embora prevista constitucionalmente para manutenção das entidades sindicais, só pode ser exigida dos empregados sindicalizados, conforme entendimento da Súmula Vinculante 40 do STF.

No caso da diferença salarial após promoção, a prática da empresa está de acordo com a jurisprudência consolidada do TST, segundo a qual o empregado promovido não tem direito automático ao mesmo salário que era pago ao seu antecessor, salvo previsão em regulamento interno ou plano de cargos e salários, o que não se verifica no caso, sendo regular a conduta da empregadora (Súmula n.º 159, II, do TST).

Quanto à jornada compensatória de menor de idade sem acordo coletivo, a empresa agiu em desacordo com o art. 413, I, da CLT, que estabelece que empregados menores de 18 anos só podem realizar jornada compensatória se houver previsão em acordo ou convenção coletiva de trabalho, pois a compensação foi pactuada apenas por meio de um acordo individual escrito.

Por fim, a exigência de compensação pela folga concedida para a realização de prova vestibular também foi irregular, uma vez que art. 473, VII, da CLT garante ao empregado o direito de se ausentar do serviço sem prejuízo salarial nos dias em que estiver realizando exames vestibulares.

CRITÉRIO DE CORREÇÃO DA BANCA

1 - a) A situação é irregular, nos termos dos arts. 579 e 582 da CLT e da Súmula vinculante 40 do STF. As contribuições sindical e confederativa pressupõem a autorização expressa do empregado (7,0 pontos).

Distribuição dos pontos:

7,0 – Abordou plenamente.

3,5 – Abordou parcialmente.

0,0 – Não abordou.

2 - b) A situação é regular, conforme Súmula 159, II, TST. O substituto, a priori, não tem direito ao mesmo salário que o substituído recebia, quanto mais, na medida em que a empresa não possuía plano de cargos e salários (6,0 pontos)

Distribuição dos pontos:

6,0 – Abordou plenamente.

3,0 – Abordou parcialmente.

0,0 – Não abordou.

3 - c) A situação é irregular, nos termos do art. 413, I, da CLT. Empregados menores de 18 anos somente podem realizar jornada compensatória mediante acordo ou convenção coletivos de trabalho (6,0 pontos)

Distribuição dos pontos:

6,0 – Abordou plenamente.

3,0 – Abordou parcialmente.

0,0 – Não abordou.

4 - d) A situação é irregular, conforme o art. 473, VII, da CLT. O empregado poderá deixar de comparecer ao serviço sem prejuízo do salário nos dias em que estiver comprovadamente realizando provas de exame vestibular para ingresso em estabelecimento de ensino superior. Ou seja, ele tem direito à folga, não havendo necessidade de compensar (6,0 pontos).

Distribuição dos pontos:

6,0 – Abordou plenamente.

3,0 – Abordou parcialmente.

0,0 – Não abordou.

Total: 25 Pontos.

▶ JURISPRUDÊNCIA TEMÁTICA

STF

SÚMULA VINCULANTE Nº 40 DO STF

A contribuição confederativa de que trata o art. 8º, IV, da Constituição Federal, só é exigível dos filiados ao sindicato respectivo.

TST

SÚMULA Nº 159, II, DO TST - SUBSTITUIÇÃO DE CARÁTER NÃO EVENTUAL E VACÂNCIA DO CARGO.

I - Enquanto perdurar a substituição que não tenha caráter meramente eventual, inclusive nas férias, o empregado substituto fará jus ao salário contratual do substituído.

II - Vago o cargo em definitivo, o empregado que passa a ocupá-lo não tem direito a salário igual ao do antecessor.

QUESTÃO 14

FUNDATEC – Procurador do Estado (PGE RS - 2021)

"A.C", graduado em administração de empresas, foi empregado da "EMPRESA D", em 2019, atuando na modalidade de teletrabalho, para desempenhas serviços administrativos em geral. Seu contrato iniciou em 4 de janeiro de 2019 e finalizou em 12 de dezembro do mesmo ano. No contrato de trabalho, firmado por escrito, ficou consignado que "A.C" utilizaria seus equipamentos eletrônicos pessoais para o desempenho da atividade, assumindo, portanto, o ônus pela utilização de materiais adequados às necessidades do serviço, bem como, pela sua manutenção (incluindo aquisição e atualização de softwares e aplicativos necessários ao desempenho das tarefas , mesmo que não gratuitos). A "EMPRESA D", por sua vez, ficou responsável pela adaptação do ambiente onde as atividades seriam desenvolvidas (mobiliário de escritório adequado), bem como, pelo ressarcimento do valor necessário para que "A.C" pudesse ampliar sua banda larga residencial para um pacote de 500 mega, exigido pela própria "EMPRESA D", ao menos enquanto perdurou a contratualidade. Como se tratava de trabalho remoto, não havia um horário de trabalho pré-estabelecido e "A.C." tinha liberdade para desempenhar suas tarefas diárias no horário e, nestes termos gerais, perdurou a contratualidade até que, em dezembro, a "EMPRESA D" decidiu pela mudança do regime remoto para o presencial; entretanto, diante da resistência de "A.C" o vínculo foi extinto.

"A.C" dois meses depois, procurou um advogado, que, ao analisar o contrato, aconselhou o questionamento judicial dos seguintes itens:

a) a 'EMPRESA D" deveria ter ressarcido integralmente os custos e instrumentos necessários para o desempenho do trabalho remoto, sendo ilegal o rateio de responsabilidades acordado contratualmente;

b) a "EMPRESA D" deveria pagar "A.C" um valor adicional de 20% sobre a remuneração acordada nos períodos em que, efetiva e comprovadamente, houve labor tarde da noite e de madrugada (a empresa nunca pagou tais adicionais);

c) o acordo escrito firmado entre a "EMPRESA D" e "A.C", sobre o pagamento da Participação nos Lucros e Resultados, estabelecendo o fracionamento desta verba em quatro parcelas, é nula por afrontar regulamentos da própria empresa que disciplinava o tema e estabelecia o pagamento em cota única, o que ensejaria um "plus" indenizatório de 50% (cinquenta por cento);

d) a "EMPRESA D" não poderia ter decido unilateralmente a alteração do regime remoto para o remoto para o presencial, havendo necessidade de acordo entre as partes para tanto.

Com base na legislação trabalhista e na jurisprudência consolidada do TST e do STF, analise, individualmente e com a devida objetividade, as quatro recomendações do advogado de "A.C" indicando as que estão corretas e as que estão incorretas, com a decida referência aos dispositivos normativos ou súmulas que embasam sua análise (não é necessário transcrever integralmente a redação do texto legal ou sumular, apenas indicá-las)

QUESTÃO 14

(60 LINHAS)

RESPOSTA DO AUTOR

O entendimento do advogado no que se refere ao ressarcimento integral dos custos e instrumentos necessários ao trabalho remoto está incorreto. De acordo com o art. 75-D da CLT, a responsabilidade pelos custos do trabalho remoto deve ser estabelecida por meio de acordo entre empregado e empregador. No caso em questão, as partes pactuaram que "A.C." utilizaria seus próprios equipamentos e arcaria com sua manutenção, enquanto a empresa ficaria responsável pelo mobiliário e pelo ressarcimento do aumento da banda larga. Como não há obrigatoriedade legal de que o empregador arque integralmente com esses custos, inexiste obrigação de ser feito o ressarcimento pretendido pelo empregado.

Em relação ao adicional de 20% sobre a remuneração por trabalho noturno e na madrugada, essa alegação também está incorreta. Conforme o art. 62, III, da CLT, os trabalhadores em regime de teletrabalho não estão sujeitos às regras de controle de jornada, salvo previsão contratual em sentido contrário. Como no contrato não há menção ao controle de jornada e "A.C." possuía liberdade para organizar seus horários, não há fundamento para a exigência do pagamento de adicional por trabalho noturno ou em horários específicos.

Quanto à nulidade do fracionamento da Participação nos Lucros e Resultados, o argumento do advogado também não procede. Nos termos dos artigos 444, parágrafo único, e 611-A, incisos VI e XV, da CLT, empregados que possuam maior qualificação e autonomia, como é o caso de "A.C.", podem negociar aspectos da remuneração, incluindo o fracionamento da PLR. Ademais, a legislação permite que o negociado prevaleça sobre o legislado, salvo em situações expressamente vedadas, o que não se verifica no caso. Dessa forma, o acordo estabelecido deve ser mantido.

Por fim, no que diz respeito à alteração unilateral do regime de trabalho remoto para presencial, mais uma vez, o entendimento do advogado está incorreto. De acordo com o art. 75-C, § 2º, da CLT, a conversão do trabalho remoto para o presencial pode ser determinada pelo empregador mediante comunicação ao empregado, dentro de um prazo razoável para a adaptação. Esse poder de alteração decorre do "jus variandi" do empregador, ou seja, a prerrogativa da empresa de definir as condições de trabalho dentro dos limites legais. Portanto, não há ilegalidade na decisão da empresa de encerrar o regime de teletrabalho e exigir o retorno ao presencial.

CRITÉRIO DE CORREÇÃO DA BANCA

1 - a) Errado o parecer do advogado, nos termos do art. 75-D, CLT. Os ônus pelos custos e instrumentos no trabalho remoto devem ser acordados pelas partes, portanto não há obrigação legal de a empresa efetuar o ressarcimento (7,0 pontos)

Distribuição dos pontos:

7,0 – Abordou plenamente.

3,5 – Abordou parcialmente.

0,0 – Não abordou.

2 - b) Errado o parecer do advogado, nos termos do art. 62, III, CLT. Aos trabalhadores remotos não se aplicam os dispositivos celetistas relativos à duração do trabalho, portanto não lhe é devido o adicional (25% da pontuação total da questão) (6,0 pontos)

Distribuição dos pontos:

6,0 – Abordou plenamente.

3,0 – Abordou parcialmente.

0,0 – Não abordou.

3 - c) Errado o parecer do advogado, nos termos dos arts. 444, parágrafo único, e 611-A, incisos VI e XV, da CLT. "A.C." pode ser considerado um empregado "hipovulnerável" e, portanto, pode negociar as regras relativas à Participação nos Lucros e Resultados e/ou regras estabelecidas em regulamentos de empresa (6,0 pontos)

Distribuição dos pontos:

6,0 – Abordou plenamente.

3,0 – Abordou parcialmente.

0,0 – Não abordou.

4 - d) Errado o parecer do advogado, nos termos do art. 75-C, §2º, da CLT. A conversão do trabalho remoto para o presencial pode ser realizada por meio do "jus variandi" patronal (6,0 pontos)

6,0 – Abordou plenamente.

3,0 – Abordou parcialmente.

0,0 – Não abordou.

Total: 25 Pontos.

QUESTÕES OBJETIVAS RELACIONADAS AO TEMA

1. (CESPE / CEBRASPE - 2024 - PGE/RN - Procurador do Estado) A respeito das características e alterações do contrato individual de trabalho, da responsabilidade solidária do grupo econômico, das atividades insalubres ou perigosas e das convenções e acordos coletivos de trabalho, assinale a opção correta.

a) A supressão ou redução de direitos relativos ao valor nominal do décimo terceiro salário, à remuneração do trabalho noturno superior à do diurno e ao repouso semanal remunerado constituem objeto ilícito de convenção coletiva ou de acordo coletivo de trabalho.

b) É considerado intermitente o contrato de trabalho no qual se estabelece a execução do trabalho com alternância de períodos de prestação de serviços e de inatividade e inexiste relação de subordinação entre empregado e empregador, sendo esse tipo de contrato inaplicável a aeronautas e empregados domésticos.

c) A empresa que estiver sob a direção de uma ou mais empresas será responsável subsidiariamente pelas obrigações decorrentes das relações de emprego estabelecidas entre empregado e empregador dessas empresas, por aplicação da teoria do empregador único.

d) A prestação de serviços na modalidade de teletrabalho pode decorrer tacitamente da relação individual de trabalho, sendo juridicamente possível a realização de alteração entre regime presencial e de teletrabalho independentemente de aditivo contratual, respeitado o prazo mínimo de transição de 30 dias entre um e outro regime.

e) Considera-se atividade ou operação perigosa aquela que, por sua natureza ou método de trabalho, implique risco acentuado em virtude de exposição eventual ou permanente do trabalhador de qualquer atividade profissional a colisões, atropelamentos ou outras espécies de acidentes ou violências

Gabarito: Letra a

2. (CESPE / CEBRASPE - 2023 - PGE/SE - Procurador do Estado) Com base no disposto na Consolidação das Leis do Trabalho (CLT), assinale a opção correta.

a) O comparecimento habitual do empregado às dependências do empregador para a realização de atividades específicas que exijam sua presença descaracteriza o regime de teletrabalho.

b) O regime de teletrabalho é limitado a 30% dos empregados por estabelecimento.

c) É vedada a adoção de regime de teletrabalho para estagiários.

d) Os valores pagos ao empregado em regime de teletrabalho para manutenção de equipamentos tecnológicos e infraestrutura adequada à prestação do trabalho integram a remuneração do empregado, ainda que previstos em contrato escrito.

e) O empregado submetido ao regime de teletrabalho poderá prestar serviços por jornada, por produção ou por tarefa.

Gabarito: Letra e

3. (CESPE / CEBRASPE - 2023 – PGM Natal - Procurador do Município) Acerca da representação sindical e dos instrumentos coletivos de trabalho, julgue os itens a seguir.

I A categoria profissional diferenciada é formada de empregados que exercem profissões ou funções diferenciadas por força de estatuto profissional especial ou em consequência de condições de vida singulares.

II É facultado aos sindicatos, em número mínimo de três, organizarem-se em federação.

III A convenção coletiva tem prevalência sobre a lei quando dispuser sobre teletrabalho.

Assinale a opção correta.

a) Apenas o item II está certo.

b) Apenas o item III está certo.

c) Apenas os itens I e II estão certos.

d) Apenas os itens I e III estão certos.

e) Todos os itens estão certos.

Gabarito: Letra d

4. (CESPE / CEBRASPE - 2023 – AGU – Advogado da União) Com referência à prestação de serviços pelo empregado em regime de teletrabalho, assinale a opção correta de acordo com a CLT.

a) O comparecimento do empregado, de modo habitual, às dependências do empregador para a realização de atividades específicas que exijam a presença do empregado no estabelecimento descaracteriza o regime de teletrabalho ou trabalho remoto.

b) O empregado submetido ao regime de teletrabalho ou trabalho remoto apenas poderá prestar serviços por produção ou tarefa.

c) Considera-se teletrabalho ou trabalho remoto a prestação de serviços fora das dependências do empregador, de maneira preponderante ou não, com a utilização de tecnologias de informação e de comunicação que, por sua natureza, não configure trabalho externo.

d) Na hipótese da prestação de serviços em regime de teletrabalho ou trabalho remoto por jornada, não se aplicará o disposto no capítulo que trata da duração do trabalho.

e) Não é permitido o regime de teletrabalho para estagiários e aprendizes.

Gabarito: Letra c

5. (CESPE / CEBRASPE - 2021 - PGE/CE - Procurador do Estado) De acordo com a CLT, cumpridas as demais formalidades, pode o empregador determinar a alteração do regime de teletrabalho para o presencial, respeitado o prazo de transição de.

a) dois dias.

b) cinco dias.

c) dez dias.

d) quinze dias.

Gabarito: Letra d

6. (CESPE / CEBRASPE - 2021 – PGE/MS - Procurador do Estado) À luz da Consolidação das Leis do Trabalho (CLT), assinale a opção correta, no tocante a doenças e acidentes do trabalho, teletrabalho e férias trabalhistas.

a) O empregador deverá instruir os empregados, de maneira discreta e oralmente, quanto às precauções a tomar a fim de evitar doenças e acidentes de trabalho.

b) Desde que haja concordância do empregado, as férias poderão ser usufruídas em até três períodos, a critério do empregador.

c) É permitido o início de férias no período de dois dias que antecedam feriado ou dia de repouso semanal remunerado.

d) Os meios telemáticos e informatizados de comando, controle e supervisão do trabalho alheio se equiparam, para fins de subordinação jurídica, aos meios pessoais e diretos de comando controle e supervisão do referido trabalho.

e) Considera-se teletrabalho a prestação de serviços exclusivamente fora das dependências do empregador, com a utilização de tecnologias de informação e de comunicação que, por sua natureza, não constituam trabalho externo.

Gabarito: Letra d

QUESTÃO 15

FUNDATEC – Procurador do Estado (PGE RS - 2021)

Leia o seguinte texto: "O direito processual do trabalho é autônomo, na medida em que conta com diplomas legais específicos (autonomia legislativa), doutrina própria (autonomia doutrinária), princípios e fins próprios (autonomia científica), objeto próprio (solução dos conflitos de interesses oriundos de relação de trabalho ou a ela conexos), e é aplicado por órgãos jurisdicionais especiais (autonomia jurisdicional)" (ALMEIDA, Cleber Lúcio de. Direito Processual do Trabalho. 2. ed. Belo Horizonte: Del Rey, 2008, p. 20).

"(...) poucos são os autores que duvidem da existência de princípios próprios do Direito Processual do Trabalho, mas a pesquisa das obras especializadas leva o estudioso à conclusão de que, nesse setor, a doutrina ainda não encontrou sedimentação. Como acontece com os princípios de Direito do Trabalho que coincidem. Alguns não são princípios (...) Muitos outros (...) são princípios de todo e qualquer processo" (GIGLIO, Wagner D; CORRÊA, Cláudia Giglio Veltri. Direito Processual do Trabalho. 16. ed. São Paulo: Saraiva, 2007, p. 82-83).

Em que pese a divergência doutrinária acima referida, é inegável, como bem observam os autores, que o Direito Processual do Trabalho possui postulados, características ou diretrizes gerais que o orientam e o particularizam, alguns em alguma medida compartilhados com as demais áreas processuais, outros não. Sejam ou não chamados de "princípios" – essa definição pode variar de autor para autor –, o fato é que a essência de alguns destes postulados ou diretrizes é recorrentemente citada nos cursos sobre a matéria, ou mesmo prevista em lei, formatando a autonomia científica do Direito Processual do Trabalho.

Considerando esses aspectos, discorra sobre os seguintes princípios do Direito Processual do Trabalho, abordando objetivamente os aspectos solicitados:

a) Princípio do jus postulandi: (a.1) definição e finalidade ou propósito; (a.2) limites; (a.3) fonte(s) normativas(s) e desdobramento(s) jurisprudêncial(is).

b) Princípio da normatização coletiva ou da jurisdição normativa: (b.1) definição, (b.2) limites, (b.) fonte(s) normativa(s) e desdobramento(s) jurisprudencial (is).

A resposta deverá abordar e referir aspectos consagrados na doutrina, na legislação, nas súmulas e na jurisprudência do Tribunal Superior do Trabalho (com indicação do dispositivo ou súmula, mas sem necessidade de transcrição integral).

(30 Linhas)

QUESTÃO 15

(30 LINHAS)

▸ RESPOSTA DO AUTOR

O "jus postulandi" é a prerrogativa concedida a empregados e empregadores para atuarem em juízo sem a necessidade de advogado, contando com previsão expressa no art. 791 da CLT. Esse princípio visa facilitar o acesso à Justiça, especialmente para trabalhadores hipossuficientes. No entanto, possui limitações traçadas pelo entendimento sumulado do TST (Súmula nº 425), segundo o qual somente se aplica o "jus postulandi" às Varas do Trabalho e aos Tribunais Regionais do Trabalho (recurso ordinário ao TRT), não abrangendo ações rescisórias, cautelares, mandados de segurança e recursos ao TST.

O princípio da normatização coletiva, por sua vez, permite que a Justiça do Trabalho edite sentenças normativas com força de norma coletiva, regulando condições gerais de trabalho para categorias em conflito, conforme autorizado pelo art. 114, § 2º, da CF. Esse poder jurisdicional deve respeitar a Constituição, normas trabalhistas de ordem pública e cláusulas preexistentes em acordos e convenções coletivas (art. 7º da CF e arts. 8º e 444 da CLT).

▸ CRITÉRIO DE CORREÇÃO DA BANCA

1 - (a.1) Definição: O jus postulandi é o direito de pedir em juízo, e quem o possui, em regra, é o advogado. Contudo, como uma peculiaridade do sistema processual do trabalho, perante o Poder Judiciário Trabalhista o jus postulandi não é privativo do advogado. É outorgado à parte diretamente, mas somente ao empregado e ao empregador. Sua finalidade é promover e facilitar o acesso à justiça por parte do sujeito vulnerável ou hipossuficiente (10,0 pontos)

Distribuição dos pontos:

10,0 – Abordou plenamente.

5,0 – Abordou parcialmente.

0,0 – Não abordou.

2 - (a.2) Limites: Segundo o TST, o jus postulandi das partes limita-se às Varas do Trabalho e aos Tribunais Regionais do Trabalho, não alcançando a ação rescisória, a ação cautelar, o mandado de segurança e os recursos de competência do Tribunal Superior do Trabalho (Súmula 425 do TST) (10,0 pontos)

Distribuição dos pontos:

10,0 – Abordou plenamente.

5,0 – Abordou parcialmente.

0,0 – Não abordou.

3 - (a.3) Fonte normativa: art. 791 da CLT (5,0 pontos)

Distribuição dos pontos:

5,0 – Abordou plenamente.

2,5 – Abordou parcialmente.

0,0 – Não abordou.

4 - (b.1) Definição: Consiste no poder de criar normas e condições gerais e abstratas (atividade típica do Poder Legislativo), proferindo sentença normativa (rectius, acórdão normativo) com eficácia ultra partes, cujos efeitos irradiarão para os contratos individuais dos trabalhadores integrantes da categoria profissional representada pelo sindicato que ajuizou o dissídio coletivo (10,0 pontos)

Distribuição dos pontos:

10,0 – Abordou plenamente.

5,0 – Abordou parcialmente.

0,0 – Não abordou.

5 - (b.2) Limites: O princípio da normatização coletiva não é absoluto, pois encontra limites, em linhas gerais, na Constituição, nas leis de ordem pública de proteção ao trabalhador (CF, art. 7º; CLT, arts. 8º e 444) e nas cláusulas (normas) anteriores previstas em convenções e acordos coletivos que disponham sobre condições mínimas de determinada categoria profissional (CF, art. 7º, XXVI) (10,0 pontos)

Distribuição dos pontos:

10,0 – Abordou plenamente.

5,0 – Abordou parcialmente.

0,0 – Não abordou.

6 - (b.3) Fonte normativa: Essa função especial (competência) conferida aos tribunais trabalhistas é autorizada pelo art. 114, § 2º, da CF (5,0 pontos)

Distribuição dos pontos:

5,0 – Abordou plenamente.

2,5 – Abordou parcialmente.

0,0 – Não abordou.

Total: 50 Pontos.

▶ JURISPRUDÊNCIA TEMÁTICA

TST

SÚMULA Nº 425 DO TST. JUS POSTULANDI NA JUSTIÇA DO TRABALHO. ALCANCE.

O jus postulandi das partes, estabelecido no art. 791 da CLT, limita-se às Varas do Trabalho e aos Tribunais Regionais do Trabalho, não alcançando a ação rescisória, a ação cautelar, o mandado de segurança e os recursos de competência do Tribunal Superior do Trabalho.

QUESTÕES OBJETIVAS RELACIONADAS AO TEMA

1. (CESPE / CEBRASPE - 2023 – PGE/ES – Procurador do Estado) Segundo o TST, o jus postulandi das partes, estabelecido na Consolidação das Leis Trabalhistas (CLT), limita-se às varas do trabalho e

a) à ação cautelar no TRT.

b) aos TRT, não alcançando a ação rescisória, a ação cautelar, o mandado de segurança e os recursos de competência do TST.

c) ao mandado de segurança no TRT.

d) ao mandado de segurança, além de à ação rescisória no TRT e no TST.

e) não alcança a ação rescisória, a ação cautelar, o mandado de segurança e os recursos de competência do TRT e do TST.

Gabarito: Letra b

2. (CESPE / CEBRASPE - 2022 - PGDF - Procurador do Distrito Federal) De acordo com o entendimento do TST, o jus postulandi abrange a atuação nas varas do trabalho e nos TRT, inclusive no que se refere a mandados de segurança.

( ) Certo

( ) Errado

Gabarito: errado

3. (CESPE / CEBRASPE - 2021 - PGE/AL - Procurador do Estado) Assinale a opção correta no que diz respeito ao jus postulandi na justiça do trabalho.

a) O jus postulandi é aplicável apenas na primeira instância, quando a parte move a reclamação trabalhista. Nas outras instâncias, é necessária a contratação de advogado.

b) Na justiça do trabalho, a parte poderá impetrar mandado de segurança sem a necessidade de contratação de um advogado.

c) Na justiça do trabalho, a parte poderá mover ação cautelar sem a necessidade de contratar advogado.

d) O jus postulandi não é aplicável quando se tratar de ação rescisória trabalhista.

Gabarito: Letra D

QUESTÃO 16

CESPE/CEBRASPE – Procurador do Estado (PGE MS - 2021)

Zilda, funcionária da Empresa Mato-Grossense de Tecnologia da Informação - MTI, empresa pública do estado do Mato Grosso, foi demitida quando estava com 25 semanas de gestação, após uma discussão com o diretor do setor onde estava lotada. Dois dias depois, foi em busca de orientações jurídicas e contratou um advogado. O procurador de Zilda a informou de que, por se tratar de empresa pública estatal, impetrara, em desfavor do estado do Mato Grosso e contra o referido diretor da empresa pública, por ter este agido com abuso de direito, mandado de segurança na vara da justiça do trabalho do local, requerendo a reintegração da reclamante ao emprego, por ser ela detentora de estabilidade provisória, e indenização por danos morais. Ao analisar a demanda, o juiz deferiu a liminar de reintegração e intimou o estado do Mato Grosso a apresentar sua defesa.

Com base nessa situação hipotética, responda, de modo fundamentado, aos seguintes questionamentos.

1 - O que procurador do Estado, por ocasião da defesa, deverá argumentar como itens principais em relação à demanda impetrada e a seu polo passivo? (4,0 Pontos)

2 - Que recurso é cabível contra a sentença e qual é o órgão competente para o julgamento desse recurso? (1,50 Ponto)

3 - É possível o pedido de cassação da ordem liminar de reintegração imediata de Zilda? Caso a resposta seja afirmativa, indique, com a devida fundamentação, o recurso cabível e o órgão competente para julgamento. Em caso de resposta negativa, justifique a possibilidade de cassação. (4,0 Pontos)

(30 Linhas)

QUESTÃO 16

(30 LINHAS)

RESPOSTA DO AUTOR

No caso apresentado, há equívocos tanto na via eleita para a defesa dos direitos da empregada quanto na constituição do polo passivo da ação. O advogado de Zilda impetrou mandado de segurança, o que não é adequado, pois o ato do diretor da empresa pública não configura ato de autoridade pública, mas sim ato de gestão comercial, conforme previsto no artigo 1º, § 2º, da Lei n.º 12.016/09. O correto seria o ajuizamento de uma reclamação trabalhista, na qual seria discutida a nulidade da dispensa e pleiteada a reintegração da empregada, com base na estabilidade provisória da gestante.

Diante disso, é possível ao procurador do Estado argumentar pela inadequação da via eleita e requerer a extinção do processo sem resolução de mérito ou o indeferimento da inicial. Além disso, o polo passivo está incorretamente composto, pois a ação deveria ser movida contra a própria Empresa Mato-Grossense de Tecnologia da Informação, que é a real empregadora de Zilda, e não contra o Estado do Mato Grosso e o diretor da empresa, uma vez que aquela é uma pessoa jurídica com personalidade própria e distinta do Estado.

Quanto ao recurso cabível contra a sentença, trata-se do recurso ordinário, nos termos do art. 895, I, da CLT, devendo ser interposto no prazo de oito dias e julgado pelo TRT da respectiva região.

No que se refere à liminar, em que pese ser o mandado de segurança a via inadequada para o pleito, é possível que ela seja cassada via recurso interposto pelo Estado, uma vez que a legislação prevê a possibilidade de interposição de agravo de instrumento contra decisão interlocutória em mandado de segurança, consoante o art. 7º, § 1º, da Lei nº 12.016/09. O agravo deve ser interposto junto à presidência do TRT.

CRITÉRIO DE CORREÇÃO DA BANCA

Questionamento 1

Em relação à demanda:

A demanda está errada. Não é cabível mandado de segurança porque o ato do diretor foi de simples empregador, e não de autoridade pública. O advogado deveria ter ajuizado reclamação trabalhista com pedido de reintegração ao emprego. O dirigente da empresa agiu como representante da empresa.

> Lei n.º 12.016/2009, Art. 1.º, § 2° - Não cabe mandado de segurança contra os atos de gestão comercial praticados pelos administradores de empresas públicas, de sociedade de economia mista e de concessionárias de serviço público.

A Lei n.º 12.016/2009 prevê que não cabe mandado de segurança: contra os atos de gestão comercial praticados pelos administradores de empresas públicas, de sociedade de economia mista e de concessionárias de serviço público (art. 1º, § 2º); contra ato do qual caiba recurso administrativo com efeito suspensivo, independentemente de caução (art. 5º, I); contra decisão judicial da qual caiba recurso com efeito suspensivo (art. 5º, II); e contra decisão judicial transitada em julgado (art. 5.º, III).

O procurador do Estado deverá pedir a extinção do processo ou o indeferimento da Inicial por inadequação da via eleita.

Em relação ao polo passivo:

Deverá constar do polo passivo a Empresa Mato-Grossense de Tecnologia da Informação, pois é a parte principal uma vez que é a real empregadora de Zilda.

Questionamento 2

Recurso cabível contra a sentença: recurso ordinário (RO)

Órgão competente para julgamento: TRT.

> CLT, art. 895 - Cabe recurso ordinário para a instância superior: I - das decisões definitivas ou terminativas das Varas e Juízos, no prazo de 8 (oito) dias.

Questionamento 3

Sim. É possível o pedido de cassação da ordem liminar no mandado de segurança.

Recurso cabível: agravo de instrumento, recurso previsto na Lei do Mandado de Segurança (Lei n.º 12.106 de 7 de agosto de 2009).

No caso de mandado de segurança de competência do juiz do trabalho, contra a decisão interlocutória que deferir ou indeferir o pedido de concessão de liminar, cabe agravo de instrumento – art. 7º, § 1º, da Lei n.º 12.016/2009.

> Art, 7º, § 1° Da decisão do juiz de primeiro grau que conceder ou denegar a liminar caberá agravo de instrumento, observado o disposto na Lei n.° 5.869, de 11 de janeiro de 1973 - Código de Processo Civil.

OBS: Lembrar que a demanda correta deveria ser reclamação trabalhista, e não mandado de segurança. Ademais, a lei prevê possibilidade de ajuizamento de agravo de instrumento, e a questão quer saber se o candidato tem conhecimento dessa possibilidade de recurso, em que pesem as Súmulas e OJ sobre o tema. Acrescenta-se que se trata de uma medida a ser promovida pelo procurador do Estado em face de uma liminar deferida em sede de mandado de segurança contra o ente federativo. Ou seja, a impetração foi incorreta, e maior prejuízo seria ao Estado entender ser uma decisão irrecorrível.

QUESITOS AVALIADOS

2.1

0 - Diz que a demanda está correta ou não afirma que está errada.

1 - Afirma que a demanda está errada porque não cabe mandado de segurança.

2 - Afirma que a demanda está errada porque não cabe mandado de segurança porque o gerente agiu como representante da empresa, ou ato de gestão comercial e indica a demanda correta (reclamação trabalhista).

3 - Afirma que a demanda está errada porque não cabe mandado de segurança já que o gerente agiu como representante da empresa, ou ato de gestão comercial e requer a inserção da empresa pública no polo passivo por ser a real empregadora de Zilda.

4 - Afirma que a demanda está errada porque não cabe mandado de segurança já que o gerente agiu como representante da empresa, ou ato de gestão comercial e requer a inserção da empresa pública no polo passivo e requer a extinção do processo ou indeferimento da Inicial.

2.2

0 - Indicação do recurso errado.

1 - Indica recurso ordinário e não indica o tribunal competente para julgamento.

2 - Indica recurso ordinário e erra o órgão competente para julgamento (TRT).

3 - Indica recurso ordinário e órgão competente para julgamento (TRT).

2.3

0 - Não responde ou diz que não é possível o pedido de cassação.

1 - Diz que é possível o pedido de cassação, mas não indica o recurso cabível, ou erra a indicação do recurso.

2 - Diz que é passível de agravo de instrumento, mas não indica tribunal correto.

3 - Diz que é passível de agravo de instrumento e indica TRT como o responsável pelo julgamento.

▶ JURISPRUDÊNCIA TEMÁTICA

TST

SÚMULA Nº 201 DO TST- RECURSO ORDINÁRIO EM MANDADO DE SEGURANÇA. Da decisão de Tribunal Regional do Trabalho em mandado de segurança cabe recurso ordinário, no prazo de 8 (oito) dias, para o Tribunal Superior do Trabalho, e igual dilação para o recorrido e interessados apresentarem razões de contrariedade.

OJ Nº 92 DA SDI-II DO TST - MANDADO DE SEGURANÇA. EXISTÊNCIA DE RECURSO PRÓPRIO. Não cabe mandado de segurança contra decisão judicial passível de reforma mediante recurso próprio, ainda que com efeito diferido.

SÚMULA Nº 414 DO TST- MANDADO DE SEGURANÇA. TUTELA PROVISÓRIA CONCEDIDA ANTES OU NA SENTENÇA . I – A tutela provisória concedida na sentença não comporta impugnação pela via do mandado de segurança, por ser impugnável mediante recurso ordinário. É admissível a obtenção de efeito suspensivo ao recurso ordinário mediante requerimento dirigido ao tribunal, ao relator ou ao presidente ou ao vice-presidente do tribunal recorrido, por aplicação subsidiária ao processo do trabalho do artigo 1.029, § 5.º, do CPC de 2015. II - No caso de a tutela provisória haver sido concedida ou indeferida antes da sentença, cabe mandado de segurança, em face da inexistência de recurso próprio. III - A superveniência da sentença, nos autos originários, faz perder o objeto do mandado de segurança que impugnava a concessão ou o indeferimento da tutela provisória.

OJ Nº 142 DA SDI-II DO TST -. MANDADO DE SEGURANÇA. REINTEGRAÇÃO LIMINARMENTE CONCEDIDA (DJ 04.05.2004) Inexiste direito líquido e certo a ser oposto contra ato de Juiz que, antecipando a tutela jurisdicional, determina a reintegração do empregado até a decisão final do processo, quando demonstrada a razoabilidade do direito subjetivo material como nos casos de anistiado pela Lei nº 8.878/1994, aposentado, integrante de comissão de fábrica, dirigente sindical, portador de doença profissional, portador de vírus HIV ou detentor de estabilidade provisória prevista em norma coletiva.

OJ Nº 140 DA SDI-II DO TST - MANDADO DE SEGURANÇA CONTRA LIMINAR, CONCEDIDA OU DENEGADA EM OUTRA SEGURANÇA. INCABÍVEL. (ART. 8.º DA LEI N.º 1.533/1951) - DJ 04.05.2004 Não cabe mandado de segurança para impugnar despacho que acolheu ou indeferiu liminar em outro mandado de segurança.

OJ Nº 142 DA SDI-II DO TST - MANDADO DE SEGURANÇA. REINTEGRAÇÃO LIMINARMENTE CONCEDIDA (DJ 04.05.2004) Inexiste direito líquido e certo a ser oposto contra ato de Juiz que, antecipando a tutela jurisdicional, determina a reintegração do empregado até a decisão final do processo, quando demonstrada a razoabilidade do direito subjetivo material, como nos casos de anistiado pela Lei n.º 8.878/1994, aposentado, integrante de comissão de fábrica, dirigente sindical, portador de doença profissional, portador de vírus HIV ou detentor de estabilidade provisória prevista em norma coletiva.

QUESTÕES OBJETIVAS RELACIONADAS AO TEMA

1. (CESPE / CEBRASPE - 2021 - PGE/CE - Procurador do Estado) Assinale a opção correta a respeito do mandado de segurança no processo do trabalho.

a) Há direito líquido e certo à execução definitiva nos casos em que o recurso extraordinário foi trancado, mas a parte interpôs agravo de instrumento visando o destrancamento.

b) Cabe ao TST analisar, originariamente, mandado de segurança impetrado contra decisão de TRT.

c) Nos casos de tutelas provisórias concedidas ou indeferidas antes da sentença, não é cabível o mandado de segurança, pois há recurso próprio para tal.

d) Das decisões proferidas pelos TRTs em mandado de segurança, é cabível recurso ordinário, no prazo de oito dias, para o TST.

Gabarito: Letra d

2. (CESPE / CEBRASPE - 2021 - PGE/ES - Procurador do Estado) Contra decisão de TRT em mandado de segurança, cabe à fazenda pública interpor recurso

a) de revista, no prazo de 8 dias, dirigido ao TST.

b) de revista, no prazo de 16 dias, dirigido ao TST.

c) ordinário, no prazo de 8 dias, dirigido ao TST.

d) ordinário, no prazo de 8 dias, dirigido ao pleno do respectivo TRT.

e) ordinário, no prazo de 16 dias, dirigido ao TST.

Gabarito: Letra e

3. (CESPE / CEBRASPE - 2020 - PGE/RO - Procurador do Estado) A respeito do mandado de segurança no processo do trabalho, assinale a opção correta.

a) Compete ao Tribunal Superior do Trabalho apreciar, originariamente, o mandado de segurança impetrado contra decisão de tribunal regional do trabalho à qual não cabia qualquer tipo de recurso.

b) Uma tutela provisória concedida no corpo da sentença pode ser combatida por mandado de segurança, que deve ser impetrado diretamente em tribunal regional do trabalho.

c) É admissível a cumulação de mandado de segurança com embargos de terceiros visando à desconstituição de uma penhora efetuada em bem de quem não compõe a lide.

d) Fere direito líquido e certo da parte o prosseguimento da execução de valores que não foram especificados no agravo de petição.

e) Não há direito líquido e certo à execução definitiva quando existe recurso extraordinário pendente de julgamento ou agravo de instrumento que vise ao seu destrancamento.

Gabarito: Letra e

QUESTÃO 17

CESPE/CEBRASPE – Procurador do Estado (PGE AL - 2021)

Um empregado moveu reclamação trabalhista contra uma empresa formulando pedido de condenação em horas extras e reflexos. A empresa foi citada de forma regular e tomou conhecimento da audiência de conciliação marcada. No dia da audiência, o preposto que havia sido designado sofreu um acidente e fraturou a perna, não podendo comparecer. Contudo, estava presente à audiência o advogado da empresa, com procuração específica e regular, munido de defesa e documentos.

Com referência a essa situação hipotética, responda, de modo fundamentado, aos seguintes questionamentos.

1 - A presença do advogado supre a ausência do preposto? (valor: 2,00 pontos)

2 - Que providência a empresa deverá tomar para que sua defesa seja aceita? (valor: 7,00 pontos)

3 - Caso a empresa não tome a providência necessária para que sua defesa seja aceita, quais serão as consequências? (valor: 5,00 pontos)

(20 Linhas)

QUESTÃO 17

(30 LINHAS)

▶ RESPOSTA DO AUTOR

Em que pese haver entendimento sumulado do TST (Súmula nº 122 do TST) no sentido de que a ausência da parte na audiência, ainda que com a presença do advogado, resulta na decretação de revelia, salvo comprovação expressa da impossibilidade de locomoção do preposto por meio de atestado médico, é preciso observar que, com a Reforma Trabalhista de 2017 (Lei nº 13.467/2017), o § 5º do artigo 844 da CLT passou a permitir que, mesmo na ausência do reclamado, a defesa e os documentos apresentados pelo advogado sejam aceitos. Assim, a presença do advogado em audiência, munido de procuração, é apta a suprir a ausência do preposto, não sendo necessária a comprovação de força maior para afastar a revelia.

Dessa forma, para que a defesa da empresa seja aceita, não há mais a necessidade de apresentação de atestado médico que declare expressamente a impossibilidade de locomoção do preposto. A legislação vigente autoriza a aceitação da contestação e dos documentos apresentados pelo advogado regularmente constituído, mesmo diante da ausência do preposto, afastando a decretação de revelia nos casos em que a defesa for apresentada tempestivamente.

▶ CRITÉRIO DE CORREÇÃO DA BANCA

Comentário do autor: o espelho da questão foi objeto de impugnação, uma vez que considerava apenas a redação da Súmula 112 do TST, já superada à época da aplicação da prova. Após provimento do recurso, foram consideradas corretas tanto as respostas que se baseavam na aplicação da Súmula nº 112 do TST como aquelas que consideraram essa súmula superada pela aplicação do art. 844, § 5º, da CLT (Reforma Trabalhista).

CRITÉRIOS PRÉ IMPUGNAÇÃO:

De acordo com a Súmula n.º 122 do TST, a presença do advogado munido de procuração e defesa não supre a ausência do preposto da empresa:

A reclamada, ausente à audiência em que deveria apresentar defesa, é revel, ainda que presente seu advogado munido de procuração, podendo ser ilidida a revelia mediante a apresentação de atestado médico, que deverá declarar, expressamente, a impossibilidade de locomoção do empregador ou do seu preposto no dia da audiência. (primeira parte - ex-OJ nº 74 da SBDI-1 - inserida em 25.11.1996; segunda parte - ex Súmula nº 122 - alterada pela Res. 121/2003, DJ 21.11.2003).

Na situação em questão, a empresa deverá apresentar atestado médico que contenha declaração expressa da impossibilidade de locomoção do preposto no dia da audiência. O simples atestado sem a declaração de impossibilidade de locomoção não é suficiente para afastar a revelia da empresa.

Caso a empresa não apresente atestado médico com a declaração expressa da impossibilidade de locomoção do preposto, ela será considerada revel, e sua defesa e seus documentos não serão aceitos pelo julgador.

QUESITOS AVALIADOS

2.1

0 – Não abordou o quesito ou respondeu que a presença do advogado supre a ausência do preposto.

1 – Respondeu que a presença do advogado não supre a ausência do preposto, mas não fundamentou adequadamente sua resposta.

2 – Respondeu que a presença do advogado não supre a ausência do preposto, fundamentando adequadamente sua resposta.

2.2

0 – Não abordou o quesito ou forneceu resposta completamente incorreta.

1 – Limitou-se a informar que a empresa deverá apresentar atestado médico, sem especificar a necessidade de declaração expressa da impossibilidade de locomoção do preposto.

2 – Informou que a empresa deverá apresentar atestado médico com declaração expressa da impossibilidade de locomoção do preposto.

2.3

0 – Não abordou nenhuma das consequências (revelia da empresa e o fato de que sua defesa e seus documentos não serão aceitos pelo julgador) ou forneceu resposta completamente incorreta.

1 – Abordou somente uma das consequências.

2 – Abordou todas as consequências.

CRITÉRIOS PÓS IMPUGNAÇÃO:

Após deferir recursos, a Banca acrescentou ao espelho:

A situação hipotética não faz menção à data de ajuizamento da ação, motivo pelo qual deve-se observar as disposições da Lei nº 13.467/2017 e a não aplicabilidade da Súmula 122 do TST.

Neste sentido, dispõe o art. 844, § 5º: "§ 5º Ainda que ausente o reclamado, presente o advogado na audiência, serão aceitos a contestação e os documentos eventualmente apresentados".

Assim, diante do novo dispositivo, deduz-se que a primeira parte da redação da Súmula n.º 122 do TST estaria colidindo com o que expõe o §5º do art. 844 da CLT, razão que levaria o candidato a interpretar que a referida súmula pudesse ter sido (ou poderá ser) revogada ou cancelada.

Desde modo, deve-se considerar também como aceita a resposta do candidato que, ao fundamentar no novo artigo da CLT, afirmar que:

1 - A presença do advogado na audiência munido de procuração supre a ausência do preposto;

2 - A defesa da empresa deverá ser aceita juntamente com os documentos apresentados, logo, a empresa não precisa apresentar atestado médico;

3 - Não se aplica os efeitos da revelia.

▸ DOUTRINA TEMÁTICA

> "A novidade na área trabalhista está no § 5º do art. 844 da CLT, pois, de forma correta, prestigia o réu que, mesmo ausente, contratou advogado que compareceu à assentada portando defesa com documentos. A nova regra modifica o conceito de revelia no processo do trabalho, pois deixa de ser não comparecimento do réu para passar a ser a ausência de defesa, tal como no processo civil. Por outro lado, diferencia o réu ausente que sequer contrata advogado, despreocupado com sua defesa, para prestigiar aquele que se preparou para a audiência, contratando o procurador.
>
> De qualquer forma, a confissão será aplicada ao réu ausente, limitada aos fatos controvertidos, isto é, devem ser observados os documentos e superados ou julgados os requerimentos contidos na contestação" (Voglia Bomfim Cassar. CLT Comparada e Atualizada com a Reforma Trabalhista. ed. Método: São Paulo, 2017, p. 492).
>
> "o dispositivo contraria a Súmula 122, do C. TST. Isto porque a presença do advogado munido da contestação demonstra o animus de defesa, de modo que estará afastada a revelia (...). Além disso, os documentos apresentados na audiência com a contestação serão considerados para afastar a confissão, vez que esta gera mera presunção relativa de

veracidade dos fatos" (CORREIA, Henrique; MIESSA, Elisson. Súmulas e OJs do TST comentadas e organizadas por assunto. 8ª ed. Salvador: Editora Juspodivm, 2018. p. 1581-1582). **À DIAGRAMAÇÃO: Excluir texto repetido, por gentileza.**

"A partir da Lei no 13.467/17 (Reforma Trabalhista), ainda que ausente o reclamado, mas desde que presente o advogado na audiência, serão aceitos a contestação e os documentos eventualmente apresentados (CLT, art. 844, § 5º), superando entendimento jurisprudencial prevalecente, constante da Súmula 122 do TST" (FILHO, Ives Gandra da Silva M. Manual esquemático de direito e processo do trabalho. 27ª ed. São Paulo: Saraiva, 2018, p. 304-305).

"Enganam-se aqueles que imaginam que o direito de defesa assenta-se apenas sobre a negativa dos fatos. Na verdade não são poucas as demandas no foro em geral em que inexiste qualquer controvérsia sobre os fatos, embora não deixe de existir amplo dissenso quanto à consequência jurídica daqueles mesmos fatos. Desse modo, mesmo revel, dada a ausência de controvérsia quanto aos fatos, parece acertada a opção do legislador que conduz a, necessariamente, ser recebida a defesa, ainda que, no tocante aos aspectos fáticos, esteja absolutamente prejudicada. Isso porque a insurgência quanto a aspectos exclusivamente jurídicos não fica prejudicada pela aplicação da pena de confissão ao reclamado, constituindo-se em matérias desvinculadas" (PAMPLONA FILHO, Rodolfo Pamplona; SOUZA, Tercio Roberto Peixoto. Curso de Direito Processual do Trabalho. São Paulo: Saraiva, 2019, p. 522-525).

QUESTÕES OBJETIVAS RELACIONADAS AO TEMA

1. (CESPE / CEBRASPE - 2024 – Câmara de Maceió - Procurador) Na justiça do trabalho, não é necessário que o preposto seja empregado da parte reclamada, bastando que ele tenha conhecimento do fato.

( ) Certo

( ) Errado

Gabarito: certo

2. (CESPE / CEBRASPE - 2024 – Câmara de Maceió - Procurador) Um empregado celetista ajuizou reclamação trabalhista com pedido de pagamento da diferença de adicional de periculosidade, por trabalhar em ambiente com exposição permanente a risco acentuado. Na ação, ele alegou que a empresa lhe pagava o citado adicional no percentual de 10%, mas que o correto seria 30%. Na audiência inaugural, o advogado da empregadora, embora sem procuração, apresentou contestação. Ainda, requereu gratuidade da justiça, sob a alegação de que a demandada não dispunha de recursos para custear o processo. Registrou-se em ata a presença do advogado e do preposto da empresa, este sem vínculo empregatício com ela. O advogado da empresa requereu a realização de perícia técnica, a dispensa do pagamento dos honorários periciais e a responsabilidade da União pelo pagamento desses honorários. O juiz aplicou revelia por ausência de instrumento de mandato, mas, mesmo assim, deferiu, de ofício, os pedidos de realização da perícia, de gratuidade da justiça e de pagamento dos honorários periciais pela União.

Considerando essa situação hipotética, julgue o item a seguir com base na Consolidação das Leis do Trabalho (CLT) e na jurisprudência do TST.

O juiz equivocou-se ao decretar a revelia, porquanto a consignação da presença do advogado da demandada em ata demonstra a existência de mandato tácito e, portanto, torna dispensável a apresentação de procuração.

( ) Certo

( ) Errado

Gabarito: certo

QUESTÃO 18

VUNESP – Procurador do Estado (PGE/SP – 2018)

Sobre o *jus variandi*, responda aos seguintes quesitos:

a) O que é o *jus variandi?*

b) Qual é o seu fundamento entre os poderes do empregador?

c) O exercício do *jus variandi* pode acarretar, licitamente, a supressão do pagamento de adicional ou gratificação ao empregado? Em caso afirmativo, exemplificar.

d) Existe relação entre o *jus variandi* e o *jus resistentiae*? Em caso afirmativo, qual é essa relação?

QUESTÃO 18

(MÁXIMO 30 LINHAS)

▶ RESPOSTA DO AUTOR

O "jus variandi" é o poder do empregador de modificar unilateralmente certas condições do contrato de trabalho, desde que dentro dos limites da lei e sem causar prejuízo injustificado ao empregado. Esse poder decorre do princípio da subordinação, característica essencial do contrato de trabalho, que confere ao empregador a prerrogativa de organizar, dirigir e fiscalizar a prestação dos serviços. No entanto, o jus variandi deve ser exercido de forma razoável, respeitando os direitos fundamentais do trabalhador e evitando mudanças que tornem o contrato excessivamente oneroso ou causem prejuízo indevido.

O fundamento do "jus variandi" encontra-se no poder diretivo do empregador, que inclui a organização da empresa e a adaptação das atividades dos empregados às necessidades do negócio. Esse poder não é absoluto e deve observar limites estabelecidos pela legislação trabalhista, pela boa-fé e pelo princípio da dignidade do trabalhador. O art. 468 da CLT estabelece que qualquer alteração contratual que resulte em prejuízo ao empregado é ilícita, salvo se houver mútuo consentimento e ausência de danos.

Quanto à possibilidade de o exercício do jus variandi acarretar a supressão do pagamento de adicionais ou gratificações, a resposta é afirmativa, mas depende do caráter da verba recebida. Se um adicional ou gratificação for pago exclusivamente em razão da execução de determinada atividade ou da prestação de serviços em condições específicas (como o adicional de periculosidade ou o adicional noturno), a alteração lícita das funções ou do horário do empregado pode levar à supressão desse pagamento. Por exemplo, se um trabalhador que recebe adicional de insalubridade for transferido para uma função sem exposição a agentes nocivos, ele deixará de receber tal adicional, pois a nova função não gera mais o direito ao benefício.

Existe uma relação entre o jus variandi e o "jus Resistentiae", que é o direito do empregado de recusar alterações contratuais que sejam abusivas ou lesivas. Enquanto o jus variandi representa o poder do empregador de modificar certos aspectos do contrato dentro dos limites legais, o "jus Resistentiae" garante ao trabalhador a possibilidade de se opor a mudanças arbitrárias que violem seus direitos. Assim, se um empregador impuser uma alteração prejudicial sem justificativa razoável ou sem observar as normas trabalhistas, o empregado pode exercer seu "jus resistentiae", recusando-se a aceitar a modificação e, eventualmente, pleiteando seus direitos na Justiça do Trabalho.

▶ DOUTRINA TEMÁTICA

> "O contrato de trabalho possui normas de caráter imperativo que não comportam transação entre as partes. Limita-se, assim, a autonomia da vontade, para garantir o mínimo de dignidade ao empregado. Devem-se respeitar os princípios da inalterabilidade contratual lesiva e da condição mais benéfica. Esse último assegura ao empregado as vantagens conquistadas durante o contrato de trabalho, que não poderão ser alteradas para pior.
>
> (...)
>
> Com fundamento no poder diretivo, art. 2º da CLT, cabe ao empregador efetuar algumas alterações para melhor organizar a atividade empresarial. Aliás, como é o empregador que assume os riscos da atividade econômica, nada mais justo que exerça algumas modificações no contrato de trabalho. Essas alterações promovidas pelo empregador são chamadas de *jus variandi*.
>
> O *jus variandi* representa modificação unilateral do contrato. Há corrente doutrinária que divide o *jus variandi* em ordinário e extraordinário. Entende-se por *jus variandi* ordinário a alteração unilateral do contrato de trabalho realizada no dia a dia da empresa como forma de organizar a prestação de serviços independentemente de autorização legal ou jurisprudencial.

(...)

Por outro lado, o *jus variandi* extraordinário representa alteração unilateral excepcional que exige a previsão em lei ou jurisprudência. É o caso da transferência do período noturno para diurno, permitida expressamente pela jurisprudência do TST. Nessa modalidade admite-se, inclusive, alteração prejudicial ao empregado como, por exemplo, a reversão ao cargo efetivo do empregado que exercia função de confiança (art. 468, parágrafo único, CLT).

O poder de modificar o contrato de trabalho, *jus variandi*, deverá ser exercido dentro dos limites impostos por lei, sob pena de configurar alteração abusiva. Nesse caso, o empregado tem o direito de não cumprir a determinação imposta pelo empregador, e ainda poderá pleitear a rescisão indireta, com fundamento no art. 483 da CLT" (CORREIA, 2017, p. 430-431).

Cite-se ainda:

"Ao conceituar empregado, a CLT informa que o trabalhador presta serviços sob a dependência do empregador. Por sua vez, nos termos do art. 2º da CLT é o empregador quem dirige a prestação de serviços, pois assume os riscos da atividade econômica que explora.

Como é o empregador aquele que investe seu capital no empreendimento, que escolhe os rumos do negócio, o momento para mudar o ramo e investir em novas ou antigas diretrizes da atividade, correndo todos os riscos dos desacertos ou dos lucros da vitória, também pode intervir na relação de emprego, pois tem o poder de comando que lhe faculta modificar algumas cláusulas contratuais nos limites da lei. Este poder se chama *jus variandi*. Sua utilização é necessária para que o contrato se desenvolva de acordo com os fins perseguidos pela empresa. Desta forma, cabe ao empregador determinar as condições em que o trabalho deve se desenvolver, dirigindo a prestação dos serviços.

Nestes termos, pode-se afirmar que não há limites ou regras precisas para o exercício do *jus variandi*, pois as hipóteses que facultam a variação dependem de cada caso. O poder de variar está estritamente vinculado ao poder que tem o empregador de alterar as cláusulas contratuais e as condições de trabalho.

(...)

Apesar dos contornos imprecisos, o limite do poder de variar é restrito e esbarra em dois pontos fundamentais: não pode contrariar a lei, não pode ser abusiva e não pode ocasionar prejuízo para o empregado, salvo quando a lei assim permitir.

Assim, toda vez que o patrão exceder os limites do poder de variar, abusando deste direito, pode o empregado resistir ao ato arbitrário, protegendo-se. Exsurge daí o *jus resistentiae*". *(CASSAR, Vólia Bomfim. Direito do Trabalho. 17 ed. São Paulo: Método, 2020, p. 1007)*

▶ JURISPRUDÊNCIA TEMÁTICA

TST

RR-77600-92.2009.5.04.0019: RECURSO DE REVISTA INTERPOSTO PELO AUTOR. PEDIDO DE DIFERENÇAS DE PRÊMIOS. ALTERAÇÃO MENSAL DAS METAS DE VENDAS UNILATERALMENTE. CRITÉRIO ALEATÓRIO. INVALIDADE. No caso, consta da fundamentação do julgado recorrido que, nos termos do contrato de trabalho, os empregados receberiam percentual variável sobre o salário básico, em razão das vendas liquidadas e faturadas, conforme as metas estabelecidas em tabela. Assentou-se, ainda, a existência de cláusula contratual autorizando o reajuste mensal das metas pelo empregador, com base nas oscilações de mercado. Registrou o Regional que "A cláusula 3.3 do contrato prevê, ainda, que 'A EMPREGADORA fica desde já autorizada a reajustar mensalmente as cotas estabelecidas no

Plano de Metas". Além disso, consignou que "a variação nas metas atende à sazonalidade das vendas e às oscilações no mercado consumidor, não sendo possível afirmar que tais alterações causavam prejuízos aos empregados". Nesse contexto, o *Tribunal a quo concluiu que a alteração unilateral de metas de vendas pela empregadora, com base nas oscilações de mercado, decorre do princípio do jus variandi*, nos termos do artigo 444 da CLT, motivo pelo qual considerou indevidas as diferenças de comissões pretendidas pelo autor. Contudo o artigo 444 da CLT assegura a liberdade das partes para estipular as cláusulas contratuais, desde que respeitados os direitos mínimos e irrenunciáveis do trabalhador. No caso dos autos, o reajustamento de metas pela empregadora não atendia a critérios objetivos, uma vez que estava sujeito à sazonalidade das vendas e às oscilações do mercado consumidor. *Ou seja, a alteração unilateral de metas pela empregadora, com base em critério puramente imprevisível, como a sazonalidade das vendas, evidencia que o reajustamento se dava de forma completamente aleatória, impossibilitando qualquer controle por parte do empregado.* Ademais, salienta-se que, em que pese tenha sido consignada, no acórdão recorrido, a ausência de prejuízos ao trabalhador, *o fato é que a conduta da empregadora em vincular as metas para pagamento de comissões às oscilações de mercado importa em verdadeira transferência dos riscos do negócio ao trabalhador, em afronta ao artigo 2º da CLT*. Desse modo, inválida a cláusula contratual que autorizou a alteração unilateral das metas a serem cumpridas para pagamento de comissões aos empregados, porquanto consiste em alteração contratual lesiva, em razão do seu caráter aleatório e desprovido de qualquer razoabilidade, em desacordo com o artigo 468 da CLT. Precedente. Recurso de revisa conhecido e provido. (...) (TST, RR-77600-92.2009.5.04.0019, 2ª Turma, Relator Ministro José Roberto Freire Pimenta, DEJT 01/07/2016). (grifos nossos)

AIRR-1001137-39.2017.5.02.0255: AGRAVO DE INSTRUMENTO EM RECURSO DE REVISTA. 1. NULIDADE DO ACÓRDÃO REGIONAL POR NEGATIVA DE PRESTAÇÃO JURISDICIONAL. Não se divisa nulidade do acórdão proferido pelo Regional, por negativa de prestação jurisdicional, haja vista que o julgador se manifestou, com fundamentos jurídicos pertinentes, a respeito das questões postas ao seu crivo. Ilesos, portanto, os artigos 93, IX, da CF, 832 da CLT e 489 do CPC. 2. GRATIFICAÇÃO DE FUNÇÃO PERCEBIDA POR MAIS DE DEZ ANOS. SUPRESSÃO. IMPOSSIBILIDADE. SÚMULA N° 372, I, DO TST. O Regional assentou ser incontroverso que o reclamante exerceu a função gratificada por mais de dez anos consecutivos, com a percepção de contraprestação correspondente. Por essa razão, concluiu que a reversão ao cargo efetivo, com supressão da gratificação percebida por mais de dez anos de forma ininterrupta, configura ofensa ao princípio da estabilidade. Em tal contexto, constata-se harmonia entre o que ficou decidido e o disposto na Súmula nº 372, I, do TST. Incidência da Súmula nº 333 desta Corte e do art. 896, § 7º, da CLT. Agravo de instrumento conhecido e não provido" (TST, AIRR-1001137-39.2017.5.02.0255, 8ª Turma, Relatora Ministra Dora Maria da Costa, DEJT 25/10/2019).

RR-16652-02.2014.5.16.0012: AGRAVO DE INSTRUMENTO EM RECURSO DE REVISTA. GRATIFICAÇÃO DE FUNÇÃO. EXERCÍCIO POR MAIS DE DEZ ANOS. ALTERAÇÃO POR INICIATIVA DO PRÓPRIO EMPREGADO. INCORPORAÇÃO. IMPOSSIBILIDADE. Constatada a contrariedade à Súmula nº 372, I, do TST impõe-se prover o agravo de instrumento para determinar o processamento do recurso de revista. Agravo de instrumento conhecido e provido. B) RECURSO DE REVISTA. GRATIFICAÇÃO DE FUNÇÃO. EXERCÍCIO POR MAIS DE DEZ ANOS. ALTERAÇÃO POR INICIATIVA DO PRÓPRIO EMPREGADO. INCORPORAÇÃO. IMPOSSIBILIDADE. O Tribunal Regional entendeu ser devida ao reclamante a incorporação da função exercida por mais de 10 anos, mesmo tendo reconhecido que a alteração da função tenha se dado por iniciativa do obreiro. Ocorre que, nos termos da Súmula nº 372, I, desta Corte, para a incorporação da gratificação de função é necessário sejam preenchidos conjuntamente dois requisitos, quais sejam que o empregado tenha percebido a gratificação de função por dez ou mais anos e que a supressão do seu pagamento seja decorrente da reversão do empregado a seu cargo efetivo sem justo motivo, hipótese esta não verificada no caso. Recurso de revista conhecido e provido" (TST, RR-16652-02.2014.5.16.0012, 8ª Turma, Relatora Ministra Dora Maria da Costa, DEJT 25/10/2019).

SÚMULA N.º 372 DO TST. GRATIFICAÇÃO DE FUNÇÃO. SUPRESSÃO OU REDUÇÃO. LIMITES.

I – Percebida a gratificação de função por dez ou mais anos pelo empregado, se o empregador, sem justo motivo, revertê-lo a seu cargo efetivo, não poderá retirar-lhe a gratificação tendo em vista o princípio da estabilidade financeira.

II – Mantido o empregado no exercício da função comissionada, não pode o empregador reduzir o valor da gratificação.

RR-1234-15.2013.5.03.0014: "[...] RECURSO DE REVISTA DO RECLAMADO. APELO INTERPOSTO SOB A ÉGIDE DA LEI N° 13.015/2014. GRATIFICAÇÃO DE FUNÇÃO. SUPRESSÃO. PERCEPÇÃO POR MAIS DE 10 (DEZ) ANOS. PERÍODO ANTERIOR À ENTRADA EM VIGOR DA LEI DA REFORMA TRABALHISTA. SITUAÇÃO CONSOLIDADA NA VIGÊNCIA DA SÚMULA Nº 372. INCORPORAÇÃO DEVIDA. PRINCÍPIO DA SEGURANÇA JURÍDICA E DA PROTEÇÃO DA CONFIANÇA LEGÍTIMA. IMPOSSIBILIDADE DE APLICAÇÃO RETROATIVA DA NOVA REDAÇÃO DO ARTIGO 468 DA CLT. NÃO CONHECIMENTO. Discute-se nos autos o direito à incorporação da gratificação de função exercida pelo empregado por mais de 10 (dez) anos. Como é sabido, com a entrada em vigor da Lei nº 13.467/2017, foi inserido o § 2º ao artigo 468 da CLT, por meio do qual o legislador cuidou de fixar, expressamente, a ausência do direito à incorporação de função, independentemente do tempo de seu exercício, bem como do motivo que levou o empregador a realizar a reversão do empregado ao cargo efetivo. Antes da vigência da mencionada lei, a jurisprudência que se firmou no âmbito desta egrégia Corte Superior Trabalhista foi de que, em observância ao princípio da estabilidade financeira, a reversão do empregado ao cargo efetivo, sem a apresentação de justo motivo pelo empregador, gerava ao trabalhador o direito à incorporação da gratificação de função quando percebida por 10 (dez) ou mais anos. Esse entendimento restou, inclusive, sufragado no item I da Súmula nº 372, em 2005, e, desde então, passou a orientar os julgamentos dos litígios que envolvessem a análise da referida questão. (...). Essa é exatamente a hipótese dos autos, em que se mostra incontroverso no feito que, quando da entrada em vigor da lei da reforma trabalhista e, por conseguinte, da inclusão do § 2º do artigo 468 da CLT, o reclamante já havia exercido a função de confiança pelo prazo dos 10 (dez) anos previsto na Súmula nº 372. É sabido que não há falar em direito adquirido quando a origem do direito postulado decorre de entendimento jurisprudencial, tal como se verifica em relação à incorporação da gratificação de função prevista na aludida súmula. De qualquer maneira, não se pode olvidar que, não obstante as súmulas não ostentem status de lei, não se mostrando, portanto, de aplicação obrigatória por parte dos julgadores, a sua edição decorre da análise prévia da matéria sumulada à luz de todos os dispositivos de lei que a regem no ordenamento jurídico pátrio. Por essa razão é que, a princípio, revela-se inconcebível a ideia de uma determinada súmula poder ser editada contra legem, ou seja, contrariamente ao ordenamento jurídico. (...). Para essas situações específicas, não se pode perder de vista que os jurisdicionados, diante da legítima expectativa de obterem a incorporação da gratificação de função percebida, contavam com o respaldo de um entendimento jurisprudencial sumulado, que, ao longo de muitos anos, a eles assegurava o direito pretendido. É o que se chama de "proteção da confiança legítima", que, na visão do referido autor, nada mais é senão a aplicação "subjetivada" da segurança jurídica. (...). Para o caso, o Tribunal Regional entendeu que, em face do princípio da estabilidade financeira, o empregado não poderia ter sua gratificação suprimida, exceto se o empregador comprovasse o justo motivo, na forma da Súmula nº 372, I, encargo do qual o reclamado não se desincumbiu. Com isso, reconheceu o direito do reclamante ao pagamento das diferenças decorrentes da supressão da gratificação de função ocupada por mais de dez anos, calculada pela média dos valores recebidos de forma continuada durante o período. **A referida decisão, como visto, encontra-se em harmonia com o entendimento pacificado pela SBDI-1, segundo a qual, uma vez preenchidas as condições estabelecidas pela Súmula nº 372, I (10 anos de exercício na função) antes da vigência da Lei nº 13.467/2017, o empregado tem direito ao recebimento da gratificação de função, sendo inaplicável ao caso os termos do artigo 468, § 2°, da CLT**. Desse modo, estando o acórdão regional em conformidade com a jurisprudência deste Tribunal Superior, o conhecimento do recurso de revista encontra óbice na Súmula nº 333 e no artigo 896,§ 7°, da CLT. [...]" (TST-RR-1234-15.2013.5.03.0014, 4ª Turma, rel. Min. Guilherme Augusto Caputo Bastos, julgado em 21/9/2021.) (destacou-se)

SÚMULA Nº 265 DO TST: A transferência para o período diurno de trabalho implica a perda do direito ao adicional noturno.

QUESTÕES OBJETIVAS RELACIONADAS AO TEMA

1. (CESPE /CEBRASPE- 2024 – PGM Cachoeiro do Itapemirim – Procurador Municipal) Em relação à jornada de trabalho, julgue o item que se segue, conforme a jurisprudência consolidada do Tribunal Superior do Trabalho.

Em regra, nos contratos individuais de trabalho, só é lícita a alteração das respectivas condições por mútuo consentimento, desde que não resulte, direta ou indiretamente, em prejuízos ao empregado, sob pena de nulidade da cláusula infringente dessa garantia; todavia, o retorno do servidor público (da administração direta, autárquica e fundacional) à jornada de trabalho inicialmente contratada não se insere nas referidas vedações, sendo a sua jornada definida em lei e no contrato de trabalho firmado entre as partes.

( ) Certo

( ) Errado

Gabarito: certo.

2. (CESPE /CEBRASPE- 2022 – PGM Recife – Procurador Municipal) Em relação à jornada de trabalho, julgue o item que se segue, conforme a jurisprudência consolidada do Tribunal Superior do Trabalho.

Em virtude de problemas econômicos, um dos setores da empresa XY Ltda. foi extinto. Por essa razão, a sociedade determinou a realocação de todos os empregados do setor, oferecendo capacitação e adaptação conforme suas capacidades de trabalho, com manutenção dos salários. O novo setor se localiza no mesmo endereço do extinto, porém um dos empregados se negou, injustificadamente, a mudar para o espaço designado, motivo por que recebeu advertência e, posteriormente, foi suspenso.

Com base na situação hipotética apresentada, assinale a opção correta.

a) O empregado não poderia ter sido advertido ou suspenso em razão da negativa de ir para o novo espaço, porquanto a alteração de seu contrato de trabalho somente poderia ter sido feita com mútuo consentimento.

b) Conforme a Consolidação das Leis do Trabalho (CLT), em virtude da transferência, os empregados que mudaram de setor terão direito a acréscimo salarial de 25%.

c) A alteração de setor somente poderia ter sido realizada após negociação coletiva com participação do Ministério Público.

d) A alteração do contrato pela empresa foi ilícita e arbitrária, sendo passível de gerar pedido pelo empregado advertido de indenização por danos morais.

e) **Diante da negativa do empregado e da gradação de penalidades demonstrada, o empregado poderá ser demitido por justa causa.**

Gabarito: Letra e.

3. (CESPE /CEBRASPE- 2021 - TC/DF – Procurador) A empresa A e a empresa B formam um grupo econômico para fins trabalhistas. A empresa A administra e controla a empresa B e contratou João para prestar serviço empregatício às duas empresas durante a mesma jornada de trabalho. O documento de formalização dessa contratação contém cláusula prevendo que a prestação de serviços às empresas do grupo não caracteriza mais de um contrato de trabalho.

No decorrer da execução do contrato de trabalho, João passou a chegar atrasado no serviço de forma reiterada, sem apresentar justificativa. Seu chefe direto passou, então, a exigir de João a execução de atividades alheias ao contrato laboral e incompatíveis com a sua qualificação profissional, o que causava constrangimentos ao empregado.

Considerando essa situação hipotética bem como a legislação pertinente e o entendimento jurisprudencial do Tribunal Superior do Trabalho, julgue o item seguinte.

O ato do empregador de exigir de João a realização de atividades distintas e incompatíveis com sua qualificação profissional caracteriza o jus variandi.

( ) Certo

( ) Errado

Gabarito: errado

2. (CESPE / CEBRASPE – PGDF – Procurador – 2013). Julgue os seguintes itens, com base na legislação e no entendimento jurisprudencial dominante do TST.

O *jus variandi* é poder do empregador intimamente ligado ao poder diretivo e voltado a situações em que unilateralmente este possa proceder a pequenas alterações no contrato de trabalho, como, por exemplo, o fornecimento e a exigência do uso de equipamento de proteção individual pelo empregado após um ano de labor, uma vez constatado ser insalubre a atividade exercida pelo empregado.

( ) Certo

( ) Errado

Gabarito: certo

3. (CESPE / CEBRASPE – 2013 – Telebras – Especialista em Gestão de Telecomunicações – Advogado). Considere a situação hipotética na qual um obreiro com vínculo laboral de dez meses percebeu o piso remuneratório legal. Referido obreiro tinha jornada semanal de vinte e uma horas, com intervalo legal para tal jornada, e folga aos finais de semana. Acerca do exposto e de acordo com o que estabelece a Consolidação das Leis do Trabalho (CLT) e o Tribunal Superior do Trabalho (TST), julgue os itens subsecutivos.

O empregador não poderá alterar sua remuneração para o piso da categoria, no caso de fixação deste, pois isso representaria alteração unilateral do contrato de trabalho.

( ) Certo

( ) Errado

Gabarito: errado

QUESTÃO 19

CESPE/CEBRASPE – Advogado da União (AGU – 2016)

Determinada categoria profissional específica filiada ao sindicato dos servidores públicos do município Z pretende constituir, no mesmo município, um sindicato próprio e específico para representá-la exclusivamente. Para pôr em prática sua pretensão, realizou pedido administrativo de registro sindical, o qual foi negado pelo Ministério do Trabalho, que entendeu ser o pleito inconstitucional. Considerando a situação hipotética apresentada, redija um texto dissertativo que atenda às seguintes determinações. 1. Discorra sobre as hipóteses de fracionamento sindical que resultam na criação de sindicatos. [valor: 3,50 pontos] 2. Avalie a decisão do Ministério do Trabalho de ter negado pedido administrativo de registro sindical. [valor: 3,00 pontos] 3. Indique o juízo competente para julgar eventual ação ajuizada contra a União pelo autor do pedido administrativo para requerer tanto a nulidade do ato que indeferiu seu pedido quanto o registro sindical, considerando o entendimento do STJ sobre a matéria. [valor: 3,00 pontos].

QUESTÃO 19

(30 LINHAS)

▸ RESPOSTA DO AUTOR

No Brasil, a organização sindical é regida pelo princípio da unicidade sindical, conforme estabelecido no art. 8º, II, da CF. Esse princípio impede a criação de mais de um sindicato para representar a mesma categoria profissional ou econômica dentro de uma mesma base territorial, que não pode ser inferior a um município. No entanto, o ordenamento jurídico permite o fracionamento sindical em determinadas circunstâncias, desde que observados critérios específicos.

O fracionamento sindical pode ocorrer de duas formas principais: territorial e por categoria. O primeiro caso envolve a subdivisão de um sindicato de abrangência mais ampla, como estadual ou nacional, resultando em novas entidades menores que respeitem o limite territorial mínimo exigido. Já o fracionamento por categoria ocorre quando um sindicato que representa diversas atividades ou profissões é desmembrado, possibilitando a formação de sindicatos distintos para cada segmento específico. Essa possibilidade é respaldada pelo artigo 571 da CLT, que prevê que determinada profissão ou atividade pode se desvincular de um sindicato preexistente e constituir um novo, desde que tenha viabilidade de funcionamento e atuação sindical eficaz, aspecto avaliado pela Comissão de Enquadramento Sindical.

Diante disso, a negativa do Ministério do Trabalho ao pedido de registro sindical, sob o argumento de inconstitucionalidade, parece inadequada. O caso apresentado envolve uma situação de fracionamento sindical que encontra respaldo na legislação vigente, sendo, portanto, uma pretensão juridicamente viável. O órgão responsável pelo registro sindical deve se ater à verificação do cumprimento dos requisitos legais e formais, sem realizar juízo de conveniência sobre o desmembramento.

Por fim, caso o sindicato interessado decida contestar judicialmente a decisão administrativa que indeferiu seu registro, a competência para julgar a demanda será da Justiça Federal. O Superior Tribunal de Justiça já firmou entendimento de que tais controvérsias não se enquadram como típicas de direito do trabalho, pois não envolvem relações empregatícias ou disputas sindicais no âmbito trabalhista. Dessa forma, a ação deverá ser proposta perante a Justiça Federal, em conformidade com o artigo 109, inciso I, da Constituição Federal.

▸ CRITÉRIO DE CORREÇÃO DA BANCA

1. O fracionamento sindical pode ser territorial (também chamado de objetivo, geográfico ou desmembramento em sentido estrito) ou por categoria (também chamado de subjetivo, por especificidade ou dissociação em sentido estrito). O fracionamento territorial consiste na divisão de um sindicato já constituído, de base territorial maior (sindicato nacional, estadual, intermunicipal, como uma região metropolitana, por exemplo), em vários sindicatos da mesma categoria, até o limite territorial de um município. Assim, um novo sindicato é criado em uma esfera territorial menos ampla, destacando-se da maior, para representar a mesma categoria, mas na base menor, sem prejuízo da continuidade da representação do sindicato preexistente nas demais bases. O fracionamento por categoria surge à medida que as categorias similares ou conexas de empregados e empregadores vão se especializando. É a cisão de um sindicato que representa mais de uma atividade ou profissão, em que uma delas se destaca para constituir um sindicato específico para aquela atividade ou profissão específica. Nesse caso, pode ser criado o novo sindicato no âmbito do município sede do sindicato anterior. O art. 571 da CLT prevê essa hipótese de dissociação. O fracionamento por categoria não é inconstitucional, pois não atenta contra o princípio da unicidade sindical.

2. Dado o exposto, é correto concluir que a administração equivocou-se ao indeferir o pedido de registro sindical. A situação prevista na questão está inserida em uma das hipóteses de fracionamento sindical, o que não fere a Constituição Federal no que se refere à unicidade sindical (art. 8.º, II, CF).

3. O juízo competente para processar e julgar pedido de registro sindical de servidores públicos perante órgão federal é a justiça federal. O STJ, adotando a corrente reducionista, firmou entendimento de que, quando a discussão trata da obtenção de registro sindical cujo pedido fora indeferido administrativamente, não envolve demanda inerente à relação de trabalho ou representação sindical ou entre sindicatos, o que afasta o caráter trabalhista da demanda e a competência da justiça do trabalho (art. 114, I, da CF).

FONTE: José Cláudio Monteiro Brito Filho. Direito Sindical. São Paulo: LTr, 2007, p. 117-23. Gustavo Filipe Barbosa Garcia. Curso de Direito do Trabalho. Rio de Janeiro: Forense, 2009, p. 1172-3. Gustavo Filipe Barbosa Garcia. Curso de Direito Processual do Trabalho. Rio de Janeiro: Forense, 2014, p. 183-4. Maurício Godinho Delgado. Direito do Trabalho. São Paulo: LTr, 2014, p. 1392-7. Sérgio Pinto Martins. Comentários à CLT. São Paulo: Saraiva, 2015, p. 600-1. Pedro Paulo Teixeira Manus e Carla Teresa Martins Romar. Consolidação das Leis do Trabalho – Com Interpretação Jurisprudencial. São Paulo: RT, 2013, p. 549-50. Reinaldo Melhado. Competência da Justiça do Trabalho. In: Luciano Athayde Chaves (Org.). Curso Direito Processual do Trabalho. São Paulo: LTr, 2009, p. 212-3. Amauri Mascaro Nascimento. Compêndio de Direito Sindical. São Paulo: LTr, 2008, p. 287-90. Amauri Mascaro Nascimento. Direito Sindical. São Paulo: Saraiva, 1989, p. 238-39. Eduardo Gabriel Saad et al. CLT Comentada. São Paulo: LTr, 2015, p. 803-4. STF: a) fracionamento por categoria (RE 241.935-AgR; RE 402.831-AgR); b) fracionamento territorial (RE 433.195-AgR; RE 608.304-AgR; RE 154.250-AgR; e RE 573.533-AgR). STJ: CC 144122, relator ministro Mauro Campbell Marques, Data da Publicação 10/2/2016; CC 126372/PA, CONFLITO DE COMPETÊNCIA 2013/0004302-3, ministro Humberto Martins, Primeira Seção, DJe 21/3/2013; Precedente no mesmo sentido: AgRg no CC 30953/AM, rel. min. Humberto Martins, rel. p/ Acórdão min. Teori Albino Zavascki, Primeira Seção, julgado em 11/10/2006, DJ 4/12/2006. TST: RR-438046-1999; RR-1682-58.2010.5.02.0066; RR-1789-72.2010.5.02.0076; Ag-AIRR-1646-8.2012.5.02.0075; RR310-84.2011.5.01.0028.

▶ DOUTRINA TEMÁTICA

> "O modelo de organização sindical definido na Constituição de 1988 é estruturado em torno de quatro características fundamentais, quais sejam: a liberdade sindical, organização por categoria, quadro territorial e unicidade sindical. Tais características encontram-se definidas no art. 8º da Constituição.
>
> A liberdade sindical corresponde à liberdade para a coletividade constituir-se e organizar-se em torno de entidades sindicais, também subsistindo no sentido de que os membros da coletividade não sejam obrigados a se filiar ou se desfiliar de sindicatos. Vale lembrar que, conforme já sedimentado jurisprudencialmente, a referida liberdade não é incompatível com a necessidade de registro da entidade sindical no Ministério do Trabalho, enquanto condição para a aquisição de personalidade sindical, sendo que o referido ato administrativo possui natureza vinculada, tendo o sentido de controle da unicidade sindical e verificação dos demais requisitos para a constituição da entidade. Porém, para efeito de atuação como substituto processual, o STF conta com precedente admitindo a atuação do sindicato, independente de registro no Ministério do Trabalho.
>
> Se por um lado o texto constitucional estabelece a noção de liberdade sindical, por outro, a restringe por meio das três outras características.
>
> Assim, a imposição de organização por categoria consiste numa primeira restrição à liberdade sindical.
>
> O conceito de categoria consiste em coletividade reconhecida pelo Direito do Trabalho, a qual é definida a partir de determinado critério legal de agregação de interesses.
>
> (...)
>
> O quadro territorial, uma segunda restrição à liberdade sindical plena, envolve a imposição de que seja definida base territorial de atuação, por parte da entidade sindical, a qual deve corresponder à área de no mínimo um município.

A terceira limitação, qual seja, unicidade sindical, consiste na ideia de que, considerando certa categoria, em uma determinada base territorial, somente pode haver uma entidade sindical representativa da coletividade" (NEIVA, 2015, p. 98-99).

"(...) os estatutos sindicais, no Brasil, devem ser registrados no correspondente Cartório de Registro Civil das Pessoas Jurídicas, como qualquer outra entidade associativa.

Contudo, o mesmo dispositivo constitucional faz referência normativa algo enigmática em seu interior. De fato, ao proibir à lei que fizesse exigência de autorização do Estado para funcionamento do sindicato, observou: *ressalvado o registro no órgão competente* (art. 8º, I, CF/88).

As primeiras interpretações acerca de tal registro, consideravam-no já atendido pela inscrição dos estatutos sindicais no respectivo Cartório. O próprio Ministério do Trabalho chegou a editar Portaria nessa direção, isentando-se de acolher qualquer novo estatuto sindical em seus arquivos (Portaria 3.301, de novembro de 1988, posteriormente revogada).

Algumas dificuldades práticas surgiram, no período, em especial com respeito ao controle da unicidade sindical, que fora mantida pelo texto da mesma Constituição (art. 8º, II). Nesse quadro de incertezas, o Supremo Tribunal Federal pacificou a matéria, definindo que os estatutos sindicais independentemente da inscrição no Cartório de Pessoas Jurídicas, teriam de ser levados a depósito no órgão correspondente do Ministério do Trabalho, para fins essencialmente cadastrais e de verificação da unicidade sindical (STF – Pleno – MI 144-8-SP. DJU I, 28.5.1993, p. 10381; posteriormente, Súmula 677, STF). É evidente que caberia, contra qualquer ato ou omissão do órgão administrativo, medida eficaz perante o Judiciário" (DELGADO, Mauricio Godinho. Curso de Direito do Trabalho. 17 ed. São Paulo: LTr, 2018, pp. 1595-1596)

▸ JURISPRUDÊNCIA TEMÁTICA

TST

AGRAVO DE INSTRUMENTO. RECURSO DE REVISTA. PROCESSO SOB A ÉGIDE DA LEI 13.015/2014 E ANTERIOR À LEI 13.467/2017. DESMEMBRAMENTO SINDICAL. CRITÉRIO (OU PRINCÍPIO) DA ESPECIALIDADE. Demonstrado no agravo de instrumento que o recurso de revista preenchia os requisitos do art. 896 da CLT, dá-se provimento ao agravo de instrumento, para melhor análise da arguição de violação do art. 8º, caput, da CF, suscitada no recurso de revista. Agravo de instrumento provido. RECURSO DE REVISTA. PROCESSO SOB A ÉGIDE DA LEI Nº 13.015/2014 E ANTERIOR À LEI Nº 13.467/2017. DESMEMBRAMENTO SINDICAL. CRITÉRIO (OU PRINCÍPIO) DA ESPECIALIDADE. *A jurisprudência desta Corte entende que o critério da especificidade não fere a Constituição Federal e que é válido o desmembramento de determinado sindicato para formação de outro que englobe categoria mais específica, desde que resguardada a unicidade sindical, em face do disposto no art. 8º, I e II, da CF.* Entretanto, embora seja possível a dissociação/desmembramento de sindicato para criação de nova entidade sindical, há de se observar alguns critérios normativos para tal. Sabe-se que a categoria profissional é identificada pela "similitude de condições de vida oriunda da profissão ou trabalho em comum, em situação de emprego na mesma atividade econômica ou em atividades econômicas similares ou conexas" (art. 511, § 2º, CLT). Não obstante a vinculação a certo tipo de empregador seja o critério principal de identificação do vínculo social básico da categoria profissional, essa agregação pode ser percebida também a partir do critério de reunião dos trabalhadores com profissões similares ou conexas em que se pode reconhecer uma homogeneidade de condições de vida e trabalho dentro de uma mesma atividade econômica. Nesse sentido, veja-se o disposto no art. 570 da CLT, que prevê a identificação desse vínculo social básico entre categorias não idênticas, mas similares ou conexas (ou que tenham um número reduzido de trabalhadores), as quais poder ser reunidas em torno de um mesmo sindicato. *Tal diretriz parte da compreensão de que sindicatos com representação mais abrangente, reunindo categorias profissionais diferentes, mas conexas ou similares (exemplo: sindicato de trabalhadores da construção civil), podem se desmembrar para formarem sindicatos de categorias mais específicas (exemplo: sindicato de empregados pedreiros, pintores, etc.). A possibilidade de desmembramento sindical é disposta no art. 571 da CLT, o qual, referindo-se ao parágrafo único do art. 570, dispõe que "qualquer das atividades ou profissões concentradas na forma do parágrafo único do artigo anterior poderá dissociar-se do sindicato principal, formando um sindicato específico (...)".* A par desse contexto normativo, vê-se que o fracionamento da categoria profissional não pode ser realizado sem criterioso cuidado, exigindo, a ordem jurídica, que a criação da nova entidade sindical fundamente-se sobre notável e incontestável especificidade das atividades e das condições de vida e de trabalho dos trabalhadores abrangidos pelo novo sindicato. Além disso, é claro, deve-se respeitar o sistema da unicidade sindical. No caso concreto, o Sindicato Intermunicipal dos Trabalhadores no Comércio Hoteleiro e Gastronomia no Estado do Ceará (Sindicato Autor) ajuizou reclamação trabalhista na busca de impedir o desmembramento sindical intentado pelos Réus (Comissão Pró-Fundação do Sindicato dos Trabalhadores nas Empresas de Refeições Rápidas de Fortaleza/CE e outro) para a criação de sindicato mais novo e específico – Sindicato dos Trabalhadores nas Empresas de Refeições Rápidas (fast food) de Fortaleza/CE. Em hipóteses análogas à destes autos, a jurisprudência desta Corte tem considerado que as condições de vida oriundas do trabalho no ramo econômico de refeições rápidas (fast food) reúnem particularidades, em relação ao ramo hoteleiro e gastronômico em geral, capazes de permitir a criação de um sindicato específico. Nesse contexto, não prospera a pretensão do Sindicato Autor. Ressalva de entendimento deste Relator, que aplicaria o critério da agregação. Merece reforma, portanto, o acórdão do TRT, a fim de que seja julgada improcedente a reclamação trabalhista. Recurso de revista conhecido e provido. (TST, RR-382-15.2015.5.07.0012, 3ª Turma, Relator Ministro Mauricio Godinho Delgado, DEJT 16/08/2019). Grifei

STJ

CONFLITO DE COMPETÊNCIA Nº 179720 - DF (2021/0153421-7) DECISÃO Vistos. Trata-se de conflito de competência suscitado pelo Juízo Federal da Décima Terceira Vara de Brasília/DF em face do Juízo da Vigésima do Trabalho de Brasília/DF, nos autos da Ação n. 1014273-49.2021.401.3400 p**roposta pelo Sindicato dos Agentes Penitenciários do Estado do Rio de Janeiro em face da União, objetivando o registro sindical perante o Ministério da Economia para regularizar sua atividade e passar a representar os agentes penitenciários do Estado do Rio de Janeiro**. Ajuizada perante o Juízo do Trabalho, o qual declinou da competência, por entender que a ação foi ajuizada contra a União Federal e abarca a pretensão pertinente ao processo administrativo, com o escopo de se obter registro sindical. Afirma que, tratando-se de ação em que se busca a propulsão de procedimento administrativo, com vista à obtenção de registro sindical, falece de competência a Justiça obreira para processar e julgar o presente feito, visto que não se trata de demanda inerente à relação de trabalho ou representação sindical, entre sindicatos, entre sindicatos e trabalhadores, e entre sindicatos e empregadores, na forma do que disciplina o art. 114, III da Constituição Federal. Com fulcro no artigo 109, I, da Carta Magna, remeteu o feito ao Juízo federal (fls. 06/09e). O Juízo federal suscitou o conflito negativo, aos fundamentos de que a discussão da causa envolverá matéria intimamente ligada ao princípio da unidade sindical, disposto no art. 8º, inc. II, da Carta Magna. Portanto, o julgamento da lide seria da competência da Justiça do Trabalho, nos termos do art. 114, III, da Constituição da Republica (fls.03/05e). Designei o Juízo suscitante, para resolver, em caráter provisório, acerca de eventuais medidas urgentes, nos termos do art. 955 do Código de Processo Civil, solicitei informações e determinei vista dos autos ao Ministério Público

Federal (fl. 21e). As informações foram prestadas (fls. 25/37e). (...). **A controvérsia da ação originária diz respeito à competência para julgamento de ato de indeferimento de registro sindical, matéria não essencialmente trabalhista.** É fato que ante o panorama normativo constitucional surgido com a edição da Emenda Constitucional n. 45, é da justiça laboral a competência para processar e julgar os feitos atinentes à representação sindical, em face do art. 114, III, da Constituição da República: "Compete à Justiça do Trabalho processar e julgar: (...) III - as ações sobre representação sindical, entre sindicatos e trabalhadores, e entre sindicatos e empregadores". **Ocorre que tal entendimento é inaplicável, porquanto o tema trata-se de registro sindical, questão que não envolve litígio entre sindicatos, trabalhadores e empregadores.** Sobre o tema específico, a Primeira Seção desta Corte Superior já decidiu conflito idêntico, oriundo de Mandado de Segurança, em que se discute a concessão de registro sindical, ocasião em que se determinou a competência da Justiça Federal, ao argumento de que "afastado o caráter trabalhista da demanda e a competência da Justiça do Trabalho, tal como desenhada no art. 114, inciso I, da CF, com redação dada pela EC n. 45/2004, deve ser declarada a competência da Justiça Federal, ex vi do art. 109, inciso I, da Constituição Federal". Nesse sentido: CONFLITO DE COMPETÊNCIA. JUSTIÇA DO TRABALHO E JUSTIÇA FEDERAL. AÇÃO PROPOSTA POR SINDICATO CONTRA A UNIÃO. REGISTRO SINDICAL. COMPETÊNCIA DA JUSTIÇA FEDERAL. ART. 109, I, DA CONSTITUIÇÃO FEDERAL. 1. Cuida-se de conflito negativo de competência instaurado entre o Juízo da 2ª Vara do Trabalho de Belém - PA e o Juízo Federal da 5ª Vara da SJ/PA, nos autos de ação proposta pelo Sindicato dos Servidores Fazendários do Estado do Pará - SINDFEPA, contra a União. 2. A discussão envolve a obtenção de registro sindical, o qual fora indeferido administrativamente; **não se trata de demanda inerente a relação de trabalho ou representação sindical, entre sindicatos, entre sindicatos e trabalhadores, e entre sindicatos e empregadores. 3. Afastado o caráter trabalhista da demanda e a competência da Justiça do Trabalho, tal como desenhada no art. 114, inciso I, da CF, com redação dada pela EC n. 45/2004, deve ser declarada a competência da Justiça Federal**, ex vi do art. 109, inciso I, da Constituição da República Federativa do Brasil. Precedente no mesmo sentido: AgRg no CC 30953/AM, Rel. Min. Humberto Martins, Rel. p/ Acórdão Min. Teori Albino Zavascki, Primeira Seção, julgado em 11.10.2006, DJ 4.12.2006. Conflito conhecido, para declarar competente o Juízo Federal da 5ª Vara da SJ/PA. (CC 126.372/PA, Rel. Ministro HUMBERTO MARTINS, PRIMEIRA SEÇÃO, julgado em 13/03/2013, DJe 21/03/2013) Posto isso, nos termos do art. 955, parágrafo único, I, do Código de Processo Civil, conheço do conflito para declarar competente o juízo suscitante, o Juízo Federal da Décima Terceira Vara de Brasília/DF. Após as providências cabíveis, arquivem-se os autos. Publique-se. Intime-se. Comunique-se. Brasília, 25 de agosto de 2021. REGINA HELENA COSTA Relatora (STJ - CC: 179720 DF 2021/0153421-7, Relator: Ministra REGINA HELENA COSTA, Data de Publicação: DJ 27/08/2021) (grifou-se)

QUESTÃO 20

PUC/PR – Procurador do Estado (PGE/PR – 2015)

Em março de 2010, após regular processo licitatório, a empresa ABC Ltda. passou a prestar serviços de portaria e limpeza para um Estado-membro. Com o término do contrato administrativo em fevereiro de 2012, os serviços passaram a ser prestados de forma regular e legal pela empresa Bolhas de Sabão Limpeza e Portaria Ltda. No dia 25 de novembro de 2015, Tício ingressou com uma ação trabalhista perante a 10ª Vara do Trabalho da Capital. Afirmou, em sua peça inicial, que prestou serviços de portaria na sede do Poder Executivo no período de 1º de março de 2010 até 31 de outubro 2015, quando o contrato foi extinto por iniciativa do empregador. Alegou, ainda, que trabalhava de segunda-feira a sábado, das 8:00 às 17:00 horas, com intervalo legal para refeição e descanso. Diante de tais fatos e da sucessão de empregadores, postulou judicialmente: a) a unicidade dos contratos de trabalho firmadas com a primeira e segunda empresa prestadora de serviços; b) o pagamento de horas extras a partir da sexta hora de trabalho diário, sob a alegação de que os serviços de portaria 24 horas configuram turnos ininterruptos de revezamento; c) a responsabilidade subsidiária da Administração Pública pelos créditos trabalhistas. Após o devido processo legal, a reclamação trabalhista foi julgada totalmente procedente. Em sede recursal, a sentença foi confirmada pelo Tribunal. Com o retorno dos autos ao juízo de origem, sem que houvesse intimação ou mesmo requerimento das Partes, o juiz do trabalho determinou o início da execução *ex officio*. Diante do problema apresentado, responda fundamentadamente: a) Considerando que Tício prestou serviços durante mais de 5 (cinco) anos, na mesma função e local, apesar de existirem contratos de trabalho distintos com cada uma das empresas empregadoras e contratos distintos de prestação de serviços com o Poder Público, procede a postulação judicial de unicidade contratual? b) Os serviços prestados pelo ex-empregado configuram turnos ininterruptos de revezamento? c) Pode o juiz do trabalho determinar a execução *ex officio*?

QUESTÃO 20

(45 LINHAS)

RESPOSTA DO AUTOR

De acordo com o art. 10 da CLT, qualquer alteração na estrutura jurídica da empresa não afetará os direitos adquiridos por seus empregados. Em complemento, o art. 448 da CLT estabelece que a mudança na propriedade ou na estrutura jurídica da empresa não afetará os contratos de trabalho dos respectivos empregados, garantindo a continuidade da relação empregatícia. Assim, nos casos de sucessão empresarial, os contratos de trabalho permanecem íntegros, sendo transferidos do empregador sucedido para o sucessor.

No entanto, a situação apresentada não configura hipótese de sucessão empresarial. Tício não era empregado da Administração Pública, mas sim de empresas prestadoras de serviço contratadas por meio de processos licitatórios distintos, conforme previsto no art. 37, XXI, da CF. Como as empresas que o contrataram não foram objeto de fusão, incorporação ou cisão, não há como reconhecer a sucessão de empregadores. Dessa forma, o argumento de unicidade contratual não se sustenta, pois o contrato de trabalho de Tício estava vinculado a empregadores distintos, sem qualquer transferência de estabelecimento ou sub-rogação de direitos e obrigações trabalhistas.

No que tange à configuração dos turnos ininterruptos de revezamento, o art. 7º, XIV, da CF assegura jornada de seis horas para trabalhadores submetidos a esse regime, salvo negociação coletiva em sentido contrário. Esse regime se caracteriza pela alternância de turnos dos empregados, de forma que a atividade da empresa seja mantida de maneira contínua. O TST já consolidou o entendimento sumulado de que o caráter ininterrupto se refere à atividade empresarial e não ao empregado individualmente, de modo que a concessão de intervalos intrajornada não descaracteriza esse regime.

No caso de Tício, contudo, não se verifica o cumprimento de jornada em turnos ininterruptos de revezamento, pois ele trabalhava em horário fixo, das 8h às 17h, de segunda-feira a sábado. Sendo assim, sua jornada se submete ao regime geral previsto no art. 7º, XIII, da CF, que estabelece um limite de oito horas diárias e quarenta e quatro horas semanais, não havendo fundamento para o pagamento de horas extras.

Por fim, quanto à execução ex officio, a Reforma Trabalhista (Lei nº 13.467/17) alterou o art. 878 da CLT, determinando que a execução deve ser promovida pelas partes, salvo nos casos em que estas não estejam representadas por advogado. Assim, o juiz do trabalho só poderia dar início à execução de ofício se Tício estivesse desassistido por advogado, o que não é o caso na situação apresentada.

▶ CRITÉRIO DE CORREÇÃO DA BANCA

1) Apresentação e estrutura textual; 2) aspectos gramaticais e formais; 3) capacidade de interpretação, desenvolvimento e exposição do tema; 4) conteúdo jurídico: 4.1) quanto ao item 'a': tópicos a serem analisados: 4.1.1) princípios protetor, da continuidade da relação de emprego e da primazia da realidade; 4.1.2) sucessão de empregadores (arts. 10 e 448 da CLT); 4.1.3) unicidade contratual (art. 453 da CLT); 4.1.4) obstáculo à sucessão de empregadores e à unicidade contratual: processo licitatório (art. 37, XXI, da CF); 4.2) quanto ao item 'b': tópicos a serem analisados: 4.2.1) caracterização dos turnos ininterruptos – alternância de turnos (art. 7º, XIII, da CF); 4.2.2) a concessão de intervalos não descaracteriza os turnos ininterruptos de revezamento (Súm. 360, TST); 4.3) quanto ao item 'c': análise do art. 878 da CLT.

▶ DOUTRINA TEMÁTICA

> "Algumas empresas trabalham 24 horas todo dia da semana, exemplo ocorre em algumas usinas de açúcar e álcool e siderúrgicas. Como, nessas empresas, o desligamento das máquinas poderá acarretar grandes prejuízos, há necessidade de trabalhadores durante 24 horas, ou durante grande parte desse período. Nessa situação, poderá ocorrer turno ininterrupto de revezamento, ou seja, a alternância de horários dos empregados. Exemplo: trabalhador presta serviços no horário diurno durante os primeiros 15 dias do mês de abril. Nos outros 15 dias, ele é transferido para o período noturno. Veja que não há obrigatoriedade de esse empregado laborar em todos os períodos disponíveis na empresa; a mera alternância – noturno e diurno – já caracteriza o turno ininterrupto.
>
> (...)
>
> Os empregados submetidos ao turno ininterrupto de revezamento têm desgaste biológico maior. Ademais, o convívio social e familiar fica diretamente prejudicado, em razão dessa alternância no horário. Diante disso, para esses trabalhadores há jornada reduzida de 6 horas, conforme previsto no art. 7º, XIV, da Constituição Federal" (CORREIA, 2017, p. 480-481).
>
> "É certo que o referido regime de trabalho é mais em indústrias e siderúrgicas. No entanto, independentemente do ramo da atividade do empregador, se o empregado tem de prestar serviços em turnos de revezamento, ou seja, nos períodos da manhã, tarde e noite (ou mesmo de dia e de noite), os quais são alternados após certo período (como semanalmente, quinzenalmente, mensalmente), passando ao turno seguinte, de forma alternada, tem-se a incidência da regra em questão" (GARCIA, 2007, p. 565).
>
> "Diante da importância da terceirização no âmbito do setor público e das sucessivas substituições das empresas prestadoras de serviços, surgiu na doutrina e na jurisprudência nova discussão a respeito dos direitos dos trabalhadores terceirizados que permanecem prestando serviço junto ao ente público por longo período de tempo, mas com a troca constante de seus empregadores. Exemplo: vigilante presta serviços na Vara do Trabalho há mais de 10 anos. Nesse período já passaram inúmeras empresas terceirizadas de

vigilância. Todas elas sempre contratam esse mesmo profissional, já 'acostumado' à rotina dos serviços no judiciário trabalhista.

Nesse sentido, surge a discussão da possibilidade de admitir no ordenamento jurídico brasileiro o fenômeno da sucessão nessas hipóteses de terceirização na Administração Pública. Nesses casos, o empregado é contratado pela empresa prestadora como empregado, mas presta seus serviços no órgão público. Ocorre que, após o término do prazo estabelecido para o contrato civil realizado entre prestadora e órgão público, ou ainda diante do inadimplemento contratual da empresa prestadora, é realizado novo processo licitatório para contratação da nova empresa prestadora, como é o caso do setor de limpeza e vigilância.

Muitas vezes, a nova empresa vencedora do certame mantém os mesmos empregados e a mesma estrutura da empresa prestadora anterior. Assim, em que pese a mudança nas empresas que contratam com a Administração Pública, continuam os mesmos empregados terceirizados prestando os mesmos serviços para o Poder Público durante anos. Contudo, é comum que, na mudança de uma empresa para outra, haja redução do salário ou a retirada de benefício dos empregados.

A jurisprudência majoritária do TST defende que, diante da ausência de transferência da unidade produtiva de uma empresa para outra e pela manutenção dos postos de emprego dos terceirizados, não se configura a sucessão trabalhista (...)". (grifou-se) (CORREIA, Henrique. *Curso de Direito do Trabalho*. 6 ed. Salvador: Juspodivm, 2021, pp. 319-320)

▸ JURISPRUDÊNCIA TEMÁTICA

STF

SÚMULA Nº 675 DO STF: Os intervalos fixados para descanso e alimentação durante a jornada de seis horas não descaracterizam o sistema de turnos ininterruptos de revezamento para o efeito do art. 7º, XIV, da Constituição.

TST

SÚMULA N.º 360 DO TST - TURNOS ININTERRUPTOS DE REVEZAMENTO. INTERVALOS INTRAJORNADA E SEMANAL: A interrupção do trabalho destinada a repouso e alimentação, dentro de cada turno, ou o intervalo para repouso semanal, não descaracteriza o turno de revezamento com jornada de 6 (seis) horas previsto no art. 7º, XIV, da CF/1988.

OJ N.º 360 DA SDI-I DO TST - TURNO ININTERRUPTO DE REVEZAMENTO. DOIS TURNOS. HORÁRIO DIURNO E NOTURNO. CARACTERIZAÇÃO: Faz jus à jornada especial prevista no art. 7º, XIV, da CF/1988 o trabalhador que exerce suas atividades em sistema de alternância de turnos, ainda que em dois turnos de trabalho, que compreendam, no todo ou em parte, o horário diurno e o noturno, pois submetido à alternância de horário prejudicial à saúde, sendo irrelevante que a atividade da empresa se desenvolva de forma ininterrupta.

OJ N.º 275 DA SDI-I DO TST - TURNO ININTERRUPTO DE REVEZAMENTO. HORISTA. HORAS EXTRAS E ADICIONAL. DEVIDOS: Inexistindo instrumento coletivo fixando jornada diversa, o empregado horista submetido a turno ininterrupto de revezamento faz jus ao pagamento das horas extraordinárias laboradas além da 6ª, bem como ao respectivo adicional.

RR-267800-43.2003.5.02.0465: RECURSO DE REVISTA DO RECLAMANTE. PROCESSO SOB A ÉGIDE DA LEI 13.015/2014 E ANTERIOR À LEI 13.467/2017. 1. TEMPO À DISPOSIÇÃO DO EMPREGADOR. PERÍODO DE DESLOCAMENTO ENTRE A PORTARIA E O LOCAL DE TRABALHO. SÚMULA 429/TST. A jurisprudência desta Corte posiciona-se no sentido de que o tempo necessário despendido pelo obreiro entre a portaria da empresa e o seu efetivo local de trabalho caracteriza tempo à disposição do empregador. Tal entendimento foi sedimentado na Súmula 429 desta Corte, no sentido de que: "Considera-se à disposição do empregador, na forma do art. 4º da CLT, o tempo necessário ao deslocamento do trabalhador entre a portaria da empresa e o local de trabalho, desde que supere o limite de 10 minutos diários". Recurso de revista conhecido e provido. 2. HORAS EXTRAS. ALTERNÂNCIA DE TURNOS. HORÁRIO DIURNO E NOTURNO. CONFIGURAÇÃO DE TURNOS ININTERRUPTOS DE REVEZAMENTO. Nos termos da OJ 360/SBDI-1 do TST, faz jus à jornada especial prevista no art. 7º, XIV, da CF o trabalhador que exerce suas atividades em sistema de alternância de turnos, ainda que em dois turnos de trabalho, que compreendam, no todo ou em parte, o horário diurno e o noturno, pois submetido à alternância de horário prejudicial à saúde, sendo irrelevante que a atividade da empresa se desenvolva de forma ininterrupta. Enquadra-se no tipo legal em exame o sistema de trabalho que coloque o empregado, alternativamente, em cada semana, quinzena, mês ou período relativamente superior (alternâncias bimestrais, trimestrais e similares de horários também podem atender ao tipo jurídico constitucional, por provocarem intenso desgaste físico, psicológico, familiar e social ao trabalhador), em contato com as diversas fases do dia e da noite, cobrindo as horas integrantes da composição dia/noite ou, pelo menos, parte importante das fases diurnas e noturnas. Essas alternâncias de turnos geram claro impacto no relógio biológico do empregado e provoca intenso desgaste físico, psicológico, familiar e social ao trabalhador. Registre-se ainda que, segundo a jurisprudência desta Corte, a alternância de turnos com periodicidade bimestral, trimestral, quadrimestral ou até mesmo semestral, não descaracteriza, por si só, a existência de turnos ininterruptos de revezamento. Recurso de revista conhecido e provido. 3. HORAS EXTRAS. MINUTOS RESIDUAIS. SÚMULA 366/TST. Nos termos da Súmula 366/TST, "não serão descontadas nem computadas como jornada extraordinária as variações de horário do registro de ponto não excedentes de cinco minutos, observado o limite máximo de dez minutos diários. Se ultrapassado esse limite, será considerada como extra a totalidade do tempo que exceder a jornada normal, pois configurado tempo à disposição do empregador, não importando as atividades desenvolvidas pelo empregado ao longo do tempo residual (troca de uniforme, lanche, higiene pessoal, etc.)". Recurso de revista conhecido e provido. (...) (TST, RR-267800-43.2003.5.02.0465, 3ª Turma, Relator Ministro Mauricio Godinho Delgado, DEJT 18/10/2019).

OJ N.º 395 DA SDI-I DO TST - TURNO ININTERRUPTO DE REVEZAMENTO. HORA NOTURNA REDUZIDA. INCIDÊNCIA: O trabalho em regime de turnos ininterruptos de revezamento não retira o direito à hora noturna reduzida, não havendo incompatibilidade entre as disposições contidas nos arts. 73, § 1º, da CLT e 7º, XIV, da Constituição Federal.

OJ N.º 420 da SDI-I DO TST - TURNOS ININTERRUPTOS DE REVEZAMENTO. ELASTECIMENTO DA JORNADA DE TRABALHO. NORMA COLETIVA COM EFICÁCIA RETROATIVA. INVALIDADE: É inválido o instrumento normativo que, regularizando situações pretéritas, estabelece jornada de oito horas para o trabalho em turnos ininterruptos de revezamento.

SÚMULA N.º 423 DO TST - TURNO ININTERRUPTO DE REVEZAMENTO. FIXAÇÃO DE JORNADA DE TRABALHO MEDIANTE NEGOCIAÇÃO COLETIVA. VALIDADE: Estabelecida jornada superior a seis horas e limitada a oito horas por meio de regular negociação coletiva, os empregados submetidos a turnos ininterruptos de revezamento não têm direito ao pagamento da 7ª e 8ª horas como extras.

RR 65200-65.2007.5.03.0012: RECURSO DE REVISTA. EMPRESAS PRESTADORAS DE SERVIÇOS. LICITAÇÃO. SUCESSÃO TRABALHISTA. UNICIDADE CONTRATUAL. Os elementos de fato consignados pelo TRT de origem corroboram a conclusão daquela Corte de que, **no caso dos autos, não houve alteração na propriedade ou na estrutura jurídica da**

primeira empregadora, que configurasse a sucessão trabalhista entre as empresas prestadoras de serviços. Apenas ocorreu o fim do contrato firmado pela primeira empregadora com o tomador dos serviços, por ter sido perdedora na licitação, com posterior contratação dos trabalhadores pela empresa vencedora. Essa situação, além de não encontrar óbice na legislação trabalhista, é vantajosa para os trabalhadores, que mantêm os seus postos de trabalho, não havendo como se reconhecer a ocorrência de fraude. Intactos os arts. 9.º, 10 e 448 da CLT. Recurso de revista de que não se conhece. TERCEIRIZAÇÃO DE SERVIÇOS LÍCITA. ISONOMIA SALARIAL COM OS EMPREGADOS DO TOMADOR DOS SERVIÇOS. NÃO CABIMENTO . Esta Corte entende ser cabível a aplicação analógica do art. 12, a , da Lei nº 6.019, de 3.1.1974, em caso de contratação irregular de trabalhador por empresa interposta pela Administração Pública, desde que haja a igualdade de funções, conforme a Orientação Jurisprudencial 383 da SBDI-1 do TST. No caso dos autos, entretanto, o TRT afirma que não foi alegada a irregularidade na contratação por empresa interposta, e não foi reconhecida a igualdade de funções entre a reclamante (recepcionista) e os empregados do tomador dos serviços (aliás, a própria reclamante, em seu recurso de revista, admite a licitude da terceirização dos serviços, e que não desenvolvia atividades típicas dos bancários). Recurso de revista de que não se conhece. MULTA DO FGTS. REDUÇÃO POR NORMA COLETIVA . Os arts. 1.º, IV, e 170 da Constituição Federal e 18, § 1.º, da Lei n.º 8.036/90 nada dispõem sobre a questão suscitada pela recorrente (impossibilidade de redução da multa do FGTS por norma coletiva). Violação da lei e da Constituição Federal não configurada. Recurso de revista de que não se conhece. EMBARGOS DE DECLARAÇÃO. MULTA . A alegação formulada pela reclamante quando da oposição de embargos de declaração (nulidade da cláusula que previu a redução da multa do FGTS para 20% por falta do -acordo tripartite- nela prevista) constituiu inovação. Desse modo, a conclusão do TRT acerca do caráter protelatório dos embargos de declaração não afrontou o art. 538 do CPC. Recurso de revista de que não se conhece. (grifou-se) (TST – RR 65200-65.2007.5.03.0012, Relator: Kátia Magalhães Arruda, Data de Julgamento: 23/11/2011, 5ª Turma, Data de Publicação: DEJT 02/12/2011)

QUESTÕES OBJETIVAS RELACIONADAS AO TEMA

1. (Unesc – 2021 – PGM Criciúma– Procurador do Município) "As razões para a limitação da duração do trabalho são de ordem biológica, social, econômica, religiosa e familiar" (LEITE, 2021, p. 275). Visam o bem estar e a satisfação do trabalhador e de sua família, proporcionando-lhe um período de descanso para recomposição física e mental, evitando doenças, além de promover uma convivência familiar fora do ambiente de trabalho e, do empregador que busca a sua satisfação através do lucro. "A duração do trabalho é o tempo de labor legalmente outorgado ou contratualmente oferecido a um empregado e que se identifica a partir da constatação da jornada e da carga semanal exigíveis" (MARTINEZ, 2021, p. 245). Em relação a jornada de trabalho, assinale a única alternativa que não condiz com a previsão da norma laboral:

a) O limite máximo da duração do trabalho normal diário, para os empregados em qualquer atividade privada, é até 8 horas e semanal até 44 horas, facultada a compensação de horários e a redução da jornada, mediante acordo ou convenção coletiva de trabalho. O trabalho exercido após a duração do trabalho normal é considerado extraordinário, surgindo para o trabalhador, em regra, o recebimento do adicional de hora extra de, no mínimo, 50% sobre o valor da hora normal, não sendo considerado trabalho extraordinário as variações de horário no registro de ponto não excedentes de cinco minutos, observado o limite máximo de dez minutos diários. Com a finalidade de controle de jornada, fica permitida entre os formas, a utilização de registro de ponto por exceção à jornada regular de trabalho, mediante acordo individual escrito, convenção coletiva ou acordo coletivo de trabalho.

b) É facultado às partes, por acordo individual escrito, convenção coletiva ou acordo coletivo de trabalho, estabelecer jornada de trabalho 12 x 36 horas, observados ou indenizados os intervalos para repouso e alimentação. Nessa jornada a remuneração mensal pactuada abrange os pagamentos devidos pelo descanso semanal remunerado e pelo descanso em feriados, e serão considerados compensados os feriados e as prorrogações de trabalho noturno.

c) Aos trabalhadores urbanos e rurais é assegurado o direito à jornada de seis horas para o trabalho realizado em turnos ininterruptos de revezamento, salvo negociação coletiva. Nessa jornada ao trabalhador é obrigatório um intervalo de 15 (quinze) minutos, cujo período de descanso não é computado na duração do trabalho. O trabalho em regime de turnos ininterruptos de revezamento não retira o direito à hora noturna reduzida.

d) A jornada de trabalho noturno adotada aos trabalhadores urbanos é diferente daquela adotada aos trabalhadores rurais. Enquanto que para os trabalhadores urbanos é considerado noturno o trabalho executado entre as 22 horas de um dia e as 5 horas do dia seguinte; para os trabalhadores rurais, considera-se trabalho noturno o executado entre as 21 horas de um dia e as 5 horas do dia seguinte, na lavoura, e entre as 20 horas de um dia e as 4 horas do dia seguinte, na atividade pecuária. Trabalhador urbano terá um acréscimo de 20 %, pelo menos, sobre a hora diurna. Trabalhador rural será acrescido de 25% sobre a remuneração normal.

e) A jornada de trabalho em regime de tempo parcial é aquela cuja duração não exceda o limite de vinte seis horas a trinta horas semanais e sem a possibilidade de realização de horas suplementares. Nesse tipo de jornada, o salário a ser pago aos empregados sob o regime de tempo parcial será proporcional à sua jornada, em relação aos empregados que cumprem, nas mesmas funções, tempo integral.

Gabarito: Letra e

2. (Vunesp – 2018 – Câmara de Campo Limpo Paulista/SP– Procurador Jurídico). Em conformidade com a jurisprudência do Tribunal Superior do Trabalho (TST), é correto afirmar que:

a) em caso de criação de novo município, por desmembramento, cada uma das novas entidades responsabiliza-se pelos direitos trabalhistas do empregado no período em que figurarem como real empregador.

b) a despedida de empregados de empresa pública e de sociedade de economia mista, mesmo admitidos por concurso público, depende de ato motivado para sua validade.

c) a validade do ato de despedida do empregado da Empresa Brasileira de Correios e Telégrafos (ECT) não está condicionada à motivação, por não gozar a empresa do mesmo tratamento destinado à Fazenda Pública em relação à imunidade tributária e à execução por precatório, além das prerrogativas de foro, prazos e custas processuais.

d) não se convalidam os efeitos do contrato de trabalho que, considerado nulo por ausência de concurso público, quando celebrado originalmente com ente da Administração Pública Indireta, continua a existir após a sua privatização.

e) ainda que preenchidos os requisitos do art. 3º da CLT, não é legítimo o reconhecimento de relação de emprego entre policial militar e empresa privada, independentemente do eventual cabimento de penalidade disciplinar prevista no Estatuto do Policial Militar.

Gabarito: Letra a.

QUESTÃO 21

PGE/MS – Procurador do Estado (PGE/MS – 2015)

Em reclamação trabalhista ajuizada por ex-empregado público do Estado de Mato Grosso do Sul foi pleiteado, entre outros direitos, a indenização por dano existencial, sob a justificativa de que não gozou férias durante três períodos consecutivos. De acordo com a jurisprudência atual firmada pelo TST, responda: a) o que é dano existencial para o Direito do Trabalho? Quais seus elementos específicos? (1,0 ponto) b) é possível a cumulação de indenização por dano existencial com a indenização por dano moral? (0,5 pontos).

QUESTÃO 21

(15 LINHAS)

▸ RESPOSTA DO AUTOR

O dano existencial no Direito do Trabalho ocorre quando a conduta do empregador compromete significativamente a vida pessoal, social ou profissional do empregado, afetando suas relações interpessoais e sua realização pessoal. Esse dano se caracteriza por privar o trabalhador do direito ao convívio social, ao lazer ou ao desenvolvimento profissional, interferindo em sua dignidade. Os elementos específicos do dano existencial são: (i) conduta ilícita do empregador, que pode decorrer da imposição de jornadas exaustivas, supressão reiterada de direitos fundamentais ou exigências abusivas; (ii) prejuízo concreto à esfera social ou profissional do empregado, como a impossibilidade de usufruir de momentos de descanso e convívio familiar; e (iii) nexo causal entre a conduta do empregador e o prejuízo experimentado pelo trabalhador.

Por fim, é plenamente possível a cumulação do dano existencial com o dano moral, pois o primeiro compromete a forma como o empregado se relaciona socialmente, enquanto o segundo tem repercussões íntimas, como sofrimento emocional e angústia. Assim, a cumulação das indenizações visa garantir a reparação integral do dano sofrido.

▸ DOUTRINA TEMÁTICA

"Dano existencial: trata-se da lesão ao tempo razoável e proporcional de disponibilidade pessoal, familiar e social inerente a toda pessoa humana, inclusive o empregado, resultante da exacerbada e ilegal duração do trabalho no contrato empregatício, em limites gravemente acima dos permitidos pela ordem jurídica, praticada de maneira repetida, continua e por longo período. De fato, a exacerbação na prestação de horas extras, em intensidade desproporcional, atingindo patamares muito acima dos permitidos pelo Direito do Trabalho, de maneira a extenuar física e psiquicamente a pessoa humana, suprimindo-lhe, ademais, o tempo útil que se considera razoável para a disponibilidade pessoal, familiar e social do indivíduo – e desde que essa distorção, na prática contratual trabalhista, ocorra de modo renitente, contínuo e durante lapso temporal realmente significativo – tudo conduz ao denominado dano existencial, apto a ensejar a indenização prevista no art. 5º, V e X, da Constituição, e no art. 186 do Código Civil" (DELGADO, 2018, p. 776).

"Além dos elementos inerentes a qualquer forma de dano, como a existência de prejuízo, o ato ilícito do agressor e o nexo de causalidade entre as duas figuras, o conceito de dano à existência é integrado por dois elementos, quais sejam: a) o projeto de vida; e b) a vida de relações". (BOUCINHAS FILHO, Jorge Cavalcanti; ALVARENGA, Rúbia Zanotelli de. O dano existencial e o direito do trabalho. Revista eletrônica do Tribunal Regional do Trabalho do Paraná, Curitiba, v. 2, n. 22, p. 26-51, set. 2013)

"Conquanto sejam espécies do gênero dano de natureza extrapatrimonial, dano moral e dano existencial não devem ser confundidos. Não são expressões sinônimas, como se poderia equivocadamente acreditar. O dano moral consiste na lesão sofrida pela pessoa no tocante à sua personalidade. Envolve, portanto, um aspecto não econômico, não patrimonial, que atinge a pessoa no seu âmago. Para Mauricio Godinho Delgado, o dano moral lesiona a esfera subjetiva de um indivíduo, atingindo os valores personalíssimos inerentes a sua qualidade de pessoa humana, tal qual a honra, a imagem, a integridade física e psíquica, a saúde, etc., e provoca dor, angústia, sofrimento, vergonha. A reparação por dano moral visa, por conseguinte, 'compensar, ainda que por meio de prestação pecuniária, o desapreço psíquico representado pela violação do direito à honra, liberdade, integridade física, saúde, imagem, intimidade e vida privada'. O dano existencial, por sua vez, independe de repercussão financeira ou econômica, e não diz respeito à esfera íntima do ofendido (dor e sofrimento, características do dano moral). Trata-se de um dano que decorre de uma frustração ou de uma projeção que impedem a realização pessoal do trabalhador (com perda da qualidade de vida e, por conseguinte, modificação in pejus da personalidade). Nesse aspecto, o dano existencial impõe a reprogramação e obriga um relacionar-se de modo diferente no contexto social. O que o distingue do dano moral é que este tem repercussão íntima (padecimento da alma, dor, angústia, mágoa, sofrimento, etc.) e a sua dimensão é subjetiva e não exige prova; ao passo que o dano existencial é passível de constatação objetiva.

(...)

Desse modo, quando são afetadas as atividades realizadoras do trabalhador, em virtude do dano a sua saúde física ou mental, que se deu pelo excesso de trabalho, poderá haver a fixação de forma cumulada tanto do dano moral quanto do dano existencial. Essa cumulação acontece não só pelo prejuízo ocasionado aos prazeres de vida e ao desenvolvimento dos hábitos de vida diária do empregado – pessoal, social e profissional –, mas também pelo dano à sua saúde, mesmo que a sequela oriunda do acidente do trabalho não seja responsável pela redução da sua capacidade para o trabalho" (BOUCINHAS FILHO, Jorge Cavalcanti; ALVARENGA, Rúbia Zanotelli de. O dano existencial e o direito do trabalho. Revista eletrônica do Tribunal Regional do Trabalho do Paraná, Curitiba, v. 2, n. 22, p. 26-51, set. 2013)

JURISPRUDÊNCIA TEMÁTICA

TST

I – AGRAVO DE INSTRUMENTO EM RECURSO DE REVISTA INTERPOSTO NA VIGÊNCIA DA LEI 13.015/2014. INDENIZAÇÃO POR DANO MORAL. JORNADA EXCESSIVA. Demonstrada possível violação do art. 186 do Código Civil, impõe-se o provimento do agravo de instrumento para determinar o processamento do recurso de revista. Agravo de instrumento provido. II – RECURSO DE REVISTA INTERPOSTO NA VIGÊNCIA DA LEI 13.015/2014. 1 – INDENIZAÇÃO POR DANO MORAL. JORNADA EXCESSIVA. 1.1. No caso, o Tribunal Regional, apesar de reconhecer a jornada de trabalho excessiva do reclamante (4 horas extras/dia em três vezes na semana), adotou entendimento de que a jornada desgastante "não é capaz de configurar o abalo moral passível de indenização compensatória ". 1.2. *A submissão à jornada excessiva ocasiona dano existencial, em que a conduta da empresa limita a vida pessoal do empregado, inibindo-o do convívio social e familiar, além de impedir o investimento de seu tempo em reciclagem profissional e estudos. 1.3. Assim, uma vez vislumbrada a jornada exaustiva, como no caso destes autos, a reparação do dano não depende de comprovação dos transtornos sofridos pela parte, pois trata-se de dano "in re ipsa", ou seja, deriva da própria natureza do fato gravoso.* 1.4. Impõe-se o restabelecimento da sentença que condenou a reclamada ao pagamento de indenização no importe de 1/3 do valor bruto apurado a titulo de horas extras. Recurso de revista conhecido e provido. 2 – ADICIONAL DE INSALUBRIDADE. EFICÁCIA DOS EPI´S. Comprovada a utilização e fiscalização quanto aos Equipamentos de Proteção Individuais – EPIs, bem como a sua respectiva eficácia relativamente à neutralização dos agentes nocivos, indevida a percepção de adicional de insalubridade, nos termos do art. 194 da CLT. Incidência da Súmula 126 do TST. Recurso de revista não conhecido. (TST, RR-2461-17.2010.5.12.0007, 2ª Turma, Relatora Ministra Delaíde Miranda Arantes, DEJT 25/10/2019). Grifei

AGRAVO. RECURSO DE REVISTA. ACÓRDÃO PUBLICADO NA VIGÊNCIA DA LEI Nº 13.015/2014. *DANO EXISTENCIAL. JORNADA EXTENUANTE. AUSÊNCIA DE COMPROVAÇÃO DA IMPOSSIBILIDADE DE CONVÍVIO FAMILIAR E SOCIAL. Esta Corte tem firme jurisprudência no sentido de que a jornada de trabalho extensa, pela prestação de horas extras, por si só, não enseja a indenização por dano existencial. Há necessidade de demonstrar a efetiva impossibilidade de convívio familiar e social.* Precedentes. O quadro fático descrito no acórdão regional não consigna que a jornada tenha efetivamente comprometido as relações do reclamante, fato constitutivo do dano existencial, razão pela qual deve ser mantida a decisão agravada. Considerando a improcedência do recurso, aplica-se à parte agravante a multa prevista no art. 1.021, § 4º, do CPC. Agravo não provido, com aplicação de multa (TST, Ag-RR-1001097-51.2017.5.02.0063, 5ª Turma, Relator Ministro Breno Medeiros, DEJT 18/10/2019). (grifos nossos)

AGRAVO. AGRAVO DE INSTRUMENTO EM RECURSO DE REVISTA. PROCESSO SOB A ÉGIDE DA LEI 13.015/2014 E ANTERIOR À LEI 13.467/2017. INDENIZAÇÃO POR DANO MORAL. DANO EXISTENCIAL. PRESTAÇÃO EXCESSIVA, CONTÍNUA E DESARRAZOADA DE HORAS EXTRAS. MATÉRIA FÁTICA. SÚMULA 126/TST. *O excesso de jornada extraordinária, para muito além das duas horas previstas na Constituição e na CLT, cumprido de forma habitual e por longo período, tipifica, em tese, o dano existencial, por configurar manifesto comprometimento do tempo útil de disponibilidade que todo indivíduo livre, inclusive o empregado, ostenta para usufruir de suas atividades pessoais, familiares e sociais.* A esse respeito é preciso compreender o sentido da ordem jurídica criada no País em cinco de outubro de 1988 (CF/88). É que a Constituição da República determinou a instauração, no Brasil, de um Estado Democrático de Direito (art. 1º da CF), composto, segundo a doutrina, de um tripé conceitual: a pessoa humana, com sua dignidade; a sociedade política, necessariamente democrática e inclusiva; e a sociedade civil, também necessariamente democrática e inclusiva (Constituição da República e Direitos Fundamentais – dignidade da pessoa humana, justiça social e Direito do Trabalho. 3ª ed.

São Paulo: LTr, 2015, Capítulo II). Ora, a realização dos princípios constitucionais humanísticos e sociais (inviolabilidade física e psíquica do indivíduo; bem-estar individual e social; segurança das pessoas humanas, ao invés de apenas da propriedade e das empresas, como no passado; valorização do trabalho e do emprego; justiça social; subordinação da propriedade à sua função social, entre outros princípios) é instrumento importante de garantia e cumprimento da centralidade da pessoa humana na vida socioeconômica e na ordem jurídica, concretizando sua dignidade e o próprio princípio correlato da dignidade do ser humano. Essa realização tem de ocorrer também no plano das relações humanas, sociais e econômicas, inclusive no âmbito do sistema produtivo, dentro da dinâmica da economia capitalista, segundo a Constituição da República Federativa do Brasil. *Dessa maneira, uma gestão empregatícia que submeta o indivíduo a reiterada e contínua jornada extenuante, que se concretize muito acima dos limites legais, em dias sequenciais, agride todos os princípios constitucionais acima explicitados e a própria noção estruturante de Estado Democrático de Direito.* Se não bastasse, essa jornada gravemente excessiva reduz acentuadamente e de modo injustificável, por longo período, o direito à razoável disponibilidade temporal inerente a todo indivíduo, direito que é assegurado pelos princípios constitucionais mencionados e pelas regras constitucionais e legais regentes da jornada de trabalho. *Tal situação anômala deflagra, assim, o dano existencial, que consiste em lesão ao tempo razoável e proporcional, assegurado pela ordem jurídica, à pessoa humana do trabalhador, para que possa se dedicar às atividades individuais, familiares e sociais inerentes a todos os indivíduos, sem a sobrecarga horária desproporcional, desarrazoada e ilegal, de intensidade repetida e contínua, em decorrência do contrato de trabalho mantido com o empregador.* Na hipótese, o Tribunal Regional, atendendo aos fatos e às circunstâncias constantes dos autos, concluiu pela existência de jornada excessiva, a ponto de impedir o convívio familiar e social do Autor, deferindo-lhe o pleito reparatório. Logo, configurada essa situação no caso dos autos, mantém-se a indenização por dano existencial reconhecido pelo Tribunal Regional do Trabalho. De outra face, decidida a matéria com base no conjunto probatório produzido nos autos, o processamento do recurso de revista fica obstado, por depender do reexame de fatos e provas (Súmula 126/TST). Assim sendo, a decisão agravada foi proferida em estrita observância às normas processuais (art. 557, *caput*, do CPC/1973; arts. 14 e 932, IV, "a", do CPC/2015), razão pela qual é insuscetível de reforma ou reconsideração. Agravo desprovido. (TST, Ag-RR-1139-80.2017.5.17.0005, 3ª Turma, Relator Ministro Mauricio Godinho Delgado, DEJT 13/09/2019). (grifos nossos)

DANO MORAL. PRESTAÇÃO HABITUAL DE HORAS EXTRAS. PROSSEGUIMENTO NORMAL DA VIDA COTIDIANA DO EMPREGADO. JORNADA DE TRABALHO EXAUSTIVA E INCAPACITANTE NÃO CONFIGURADA. INDENIZAÇÃO INDEVIDA. No caso, trata-se de pedido de indenização por danos morais, fundado na prestação de jornada de trabalho exaustiva, em razão da habitualidade do labor extraordinário. Segundo o Regional, a prestação habitual de horas extras, por si só, não dá ensejo ao pagamento de indenização por danos morais, uma vez que o reclamante não ficou impossibilitado de dar prosseguimento normal às necessidades do seu cotidiano. **Esta Corte tem entendido que a submissão habitual dos trabalhadores à jornada excessiva de labor ocasiona dano existencial, modalidade de dano imaterial e extrapatrimonial em que os empregados sofrem limitações em sua vida pessoal por força de conduta ilícita praticada pelo empregador, importando em confisco irreversível de tempo que poderia legitimamente destinar-se a descanso, convívio familiar, lazer, estudos, reciclagem profissional e tantas outras atividades, para não falar em recomposição de suas forças físicas e mentais, naturalmente desgastadas por sua prestação de trabalho**. Todavia, considerando a premissa fática consignada no acórdão regional, de que a prestação habitual de horas extras não impediu que o reclamante tivesse uma vida normal, com liberdade para dar prosseguimento às necessidades do cotidiano, não há falar em indenização por danos morais. Incólume o artigo 5º, inciso V, da Constituição da Republica (precedentes).

Recurso de revista não conhecido. (...) (ARR - 1876800-43.2008.5.09.0008, Rel. Min. José Roberto Freire Pimenta, 2ª Turma, DEJT de 30/6/2017) (grifou-se)

EMBARGOS EM RECURSO DE REVISTA INTERPOSTO NA VIGÊNCIA DA LEI Nº 13.015/2014 - DANO EXISTENCIAL - JORNADA EXCESSIVA. 1. Discute-se nos autos se o trabalho em jornada excessiva constitui dano in re ipsa . 2. A Turma entendeu que a realização de jornada excessiva habitual, por si só, enseja o pagamento de indenização ao empregado . 3. O dano existencial não pode ser reconhecido à míngua de prova específica do efetivo prejuízo pessoal, social ou familiar. Nessa situação, é inviável a presunção de que o dano existencial tenha efetivamente acontecido, em face da ausência de provas nos autos. 4. Embora a possibilidade, abstratamente, exista, é necessária a constatação no caso concreto para que sobre o indivíduo recaia a reparação almejada. Demonstrado concretamente o prejuízo às relações sociais e a ruína do projeto de vida do trabalhador, tem-se como comprovados, in re ipsa , a dor e o dano à sua personalidade. 5. O que não se pode admitir é que, comprovada a prestação de horas extraordinárias, extraia-se daí automaticamente a consequência de que as relações sociais do trabalhador foram rompidas ou que seu projeto de vida foi suprimido do seu horizonte. Precedentes. Recurso de embargos conhecido e provido. (TST - E: 4026120145150030, Relator: Luiz Philippe Vieira De Mello Filho, Data de Julgamento: 29/10/2020, Subseção I Especializada em Dissídios Individuais, Data de Publicação: 27/11/2020)

TRT-2

DANO EXISTENCIAL. O dano existencial é espécie de dano imaterial, através do qual o trabalhador sofre dano e/ou limitações em relação à sua vida fora do ambiente de trabalho, em virtude de condutas ilícitas praticadas pelo empregador. São elementos do dano existencial, além do ato ilícito, o nexo de causalidade e o efetivo prejuízo, o dano à realização do projeto de vida e o prejuízo à vida de relações. Verificado nos autos estar o Reclamante submetido às extensivas jornadas de trabalho, caracterizado está o ilícito, sendo o prejuízo a vida social presumido (dano in re ipsa). (TRT-2 00036237820145020203 SP, Relator: FRANCISCO FERREIRA JORGE NETO, 14ª Turma - Cadeira 1, Data de Publicação: 30/07/2021)

QUESTÕES OBJETIVAS RELACIONADAS AO TEMA

1. (FGV – CODEBA – Analista Portuário – Advogado – 2016). Joana foi contratada para trabalhar como auxiliar de serviços gerais de 2ª a 6ª feira das 9 às 18 horas com pausa alimentar de uma hora e aos sábados das 10 às 14 horas, sem intervalo. Apesar de esta ser a jornada contratual, na prática, Joana se ativava de 2ª a 6ª feira, das 9 às 22 horas e 15 minutos, com intervalo de uma hora e, aos sábados, das 10 às 17 horas, sem intervalo.

Diante dessa situação, de acordo com a sistemática da CLT, acerca de intervalos e do entendimento consolidado do TST, assinale a afirmativa correta.

A) Joana terá direito, como extra ao intervalo *interjornada* de 11 horas violado.

B) Joana não tem direito à pausa alimentar, já que respeitada, tampouco ao intervalo *interjornada*, que se desrespeitado não gera direito a extraordinários.

C) Joana somente terá direito, como extra, à pausa de 15 minutos antes de iniciada a jornada extra, já que é do gênero feminino.

D) A exaustiva jornada imposta permite a concessão, como extra, de uma hora de 2ª feira a sábado, além de dano existencial, conforme previsto em Lei.

E) Joana poderá requerer, como extra, o intervalo *intrajornada* de uma hora aos sábados e *interjornada* de 15 minutos diários de 2ª à 6ª feira.

Resposta: Letra E

QUESTÃO 22

CESPE/CEBRASPE – Procurador do Distrito Federal (PGDF – 2013)

Supondo que o Tribunal Regional do Trabalho da 10ª Região tenha proferido, em ação rescisória, decisão que, embora desfavorável ao Distrito Federal, esteja em consonância com orientação jurisprudencial do Tribunal Superior do Trabalho (TST), discorra sobre o duplo grau de jurisdição obrigatório na justiça do trabalho (valor: 4,30 pontos), esclarecendo, com base no entendimento do TST, se ele é aplicável na hipótese descrita (valor: 5,00 pontos). Indique, ainda, o juízo originário competente para o julgamento da ação rescisória na justiça do trabalho (valor 5,00 pontos).

QUESTÃO 22

(30 LINHAS)

▸ RESPOSTA DO AUTOR

Nos termos do art. 1º, V, do Decreto-Lei nº 779/69, o duplo grau de jurisdição obrigatório aplica-se às decisões contrárias à União, Estados, Distrito Federal, Municípios e entidades da Administração Pública indireta que não explorem atividade econômica. Apesar de ser denominado "recurso ex officio", o reexame necessário não tem natureza recursal, mas sim de condição de eficácia da sentença, impedindo seu trânsito em julgado até que seja confirmada por instância superior.

De acordo com a jurisprudência consolidada do TST, a regra geral é que as decisões proferidas pelos Tribunais Regionais do Trabalho em ações rescisórias contra entes públicos estejam sujeitas ao reexame necessário. No entanto, há exceções, como no caso de decisões alinhadas a súmula ou orientação jurisprudencial do TST. Sendo assim, no caso apresentado, como a decisão do Tribunal Regional do Trabalho da 10ª Região está em conformidade com a jurisprudência do TST, não se aplica o duplo grau de jurisdição obrigatório.

Quanto à competência para julgamento da ação rescisória, nos termos do art. 678 da CLT, cabe originariamente ao Tribunal prolator da decisão transitada em julgado processar e julgar o pedido rescisório. Se a decisão de primeiro grau transitou em julgado sem substituição por acórdão, o TRT correspondente será o competente. Se houver recurso ao TST e este conhecer do mérito, a competência passa à Corte Superior. Caso o recurso não seja conhecido, mantém-se a competência no TRT.

▸ CRITÉRIO DE CORREÇÃO DA BANCA

1. Apresentação (legibilidade, respeito às margens e indicação de parágrafos) e estrutura textual (organização das ideias em texto estruturado) – 0,00 a 2,00; 2. desenvolvimento do tema: 2.1 duplo grau de jurisdição obrigatório – 0,00 a 4,30; 2.2 esclarecimento quanto à aplicabilidade do duplo grau de jurisdição ao caso concreto – 0,00 a 5,00; 2.3 juízo competente para julgar ação rescisória – 0,00 a 5,00.

▸ DOUTRINA TEMÁTICA

> "É necessária a interposição do recurso ordinário, para que as decisões proferidas pela Vara do Trabalho ou pelos Tribunais Regionais (em processo de competência originária) sejam alteradas pelo juízo *ad quem* (CLT, art. 895).
>
> No entanto, sendo pessoa jurídica de direito público que não explore atividade econômica, o ordenamento prevê a remessa necessária, consistente na obrigatoriedade de que as decisões, total ou parcialmente desfavoráveis a tais entes, sejam submetidas ao duplo grau de jurisdição, ainda que não haja provocação do ente público.
>
> A remessa necessária, no processo do trabalho, vem descrita no art. art. 1º, V, do Decreto-Lei nº 779/69, sendo aplicada aos seguintes entes: União, Estados, Distrito Federal, Municípios, e autarquias ou fundações de direito público federais, estaduais ou municipais que não explorem atividade econômica.
>
> Conquanto seja prevista no referido Decreto-Lei, sua regulamentação nesse dispositivo é incompleta, impondo a aplicação supletiva do art. 496 e parágrafos do CPC/2015 (TST-IN nº 39/2016, art. 3º, X).
>
> Ela também é chamada de reexame necessário, recurso obrigatório ou recurso *ex officio*. Embora utilizadas essas expressões, a remessa necessária não tem natureza de recurso,

porque não tem voluntariedade. Trata-se, na verdade, de condição de eficácia da sentença, impedindo o trânsito em julgado da decisão e sua produção de efeito até que seja realizado o duplo grau de jurisdição. (Súmula 423 do STF)" (MIESSA, 2019, p. 21-22).

"A competência para o julgamento da ação rescisória será sempre de um tribunal, ou seja, jamais será na vara do Trabalho. Trata-se de competência funcional e, portanto, de natureza absoluta.

A definição de qual tribunal irá processar e julgar a ação rescisória é encontrada pela decisão que se busca desconstituir. Como regra, é a decisão de mérito, proferida no processo originário, que vai delimitar a competência da ação rescisória.

Nesse contexto, define-se a competência para a ação rescisória da seguinte forma: Tribunal Regional do Trabalho tem competência para rescindir seus próprios julgamentos e competência para rescindir as decisões proferidas pelas varas do trabalho a ele vinculadas; Tribunal Superior do Trabalho tem competência para rescindir seus próprios julgamentos.

No caso de decisão proferida pelo Tribunal Superior do Trabalho, tratando-se de dissídios individuais, a competência ficará a cargo da SDI-II, seja para as decisões das Turmas, como para as decisões da própria SDI (art. 3º, I, 'a', da Lei nº 7.701/88). Por outro lado, sendo dissídio coletivo, a competência será da SDC (art. 2º, I, 'c', da Lei nº 7.701/88)" (MIESSA, 2017, p. 916-917).

▶ JURISPRUDÊNCIA TEMÁTICA

STF

SÚMULA Nº 423 DO STF. Não transita em julgado a sentença por haver omitido o recurso *ex officio*, que se considera interposto *ex lege*.

TST

SÚMULA Nº 303 DO TST. FAZENDA PÚBLICA. REEXAME NECESSÁRIO.I – Em dissídio individual, está sujeita ao reexame necessário, mesmo na vigência da Constituição Federal de 1988, decisão contrária à Fazenda Pública, salvo quando a condenação não ultrapassar o valor correspondente a: a) 1.000 (mil) salários mínimos para a União e as respectivas autarquias e fundações de direito público; b) 500 (quinhentos) salários mínimos para os Estados, o Distrito Federal, as respectivas autarquias e fundações de direito público e os Municípios que constituam capitais dos Estados; c) 100 (cem) salários mínimos para todos os demais Municípios e respectivas autarquias e fundações de direito público. *II – Também não se sujeita ao duplo grau de jurisdição a decisão fundada em: a) súmula ou orientação jurisprudencial do Tribunal Superior do Trabalho*; b) acórdão proferido pelo Supremo Tribunal Federal ou pelo Tribunal Superior do Trabalho em julgamento de recursos repetitivos;

c) entendimento firmado em incidente de resolução de demandas repetitivas ou de assunção de competência;

d) entendimento coincidente com orientação vinculante firmada no âmbito administrativo do próprio ente público, consolidada em manifestação, parecer ou súmula administrativa.

III – Em ação rescisória, a decisão proferida pelo Tribunal Regional do Trabalho está sujeita ao duplo grau de jurisdição obrigatório quando desfavorável ao ente público, exceto nas hipóteses dos incisos anteriores. (ex-OJ nº 71 da SBDI-1 – inserida em 03.06.1996)

IV – Em mandado de segurança, somente cabe reexame necessário se, na relação processual, figurar pessoa jurídica de direito público como parte prejudicada pela concessão da ordem. Tal situação não ocorre na hipótese de figurar no feito como impetrante e terceiro interessado pessoa de direito privado, ressalvada a hipótese de matéria administrativa. (ex-OJs nºs 72 e 73 da SBDI-1 – inseridas, respectivamente, em 25.11.1996 e 03.06.1996). (grifos nossos)

REMESSA NECESSÁRIA. AÇÃO RESCISÓRIA AJUIZADA SOB A ÉGIDE DO CPC DE 2015. NÃO CABIMENTO. DIREITO CONTROVERTIDO INFERIOR A 100 (CEM) SALÁRIOS MÍNIMOS. INCIDÊNCIA DA DIRETRIZ DA SÚMULA 303, I, "C", E III, DO TST.

1. Nos termos do artigo 496, § 3º, III, do CPC de 2015, de aplicação subsidiária ao processo do trabalho (CLT, artigo 769), não se sujeita ao duplo grau de jurisdição obrigatório a decisão proferida em desfavor do ente público quando a condenação ou o proveito econômico obtido na causa não exceder a 100 (cem) salários mínimos. Nesse sentido, aliás, a diretriz inserta nos itens I, "c", e III da Súmula 303 do TST.

2. No caso examinado, o direito controvertido é inferior a 100 (cem) salários mínimos, limite estabelecido legalmente para o conhecimento do reexame necessário. Consequentemente, não há falar em sujeição ao duplo grau de jurisdição obrigatório. Precedentes da SBDI-2 do TST. Remessa necessária não conhecida" (TST, ReeNec-69-65.2017.5.09.0000, Subseção II Especializada em Dissídios Individuais, Relator Ministro Douglas Alencar Rodrigues, DEJT 30/11/2018).

SÚMULA Nº 192 DO TST. AÇÃO RESCISÓRIA. COMPETÊNCIA

I - Se não houver o conhecimento de recurso de revista ou de embargos, a competência para julgar ação que vise a rescindir a decisão de mérito é do Tribunal Regional do Trabalho, ressalvado o disposto no item II.

II - Acórdão rescindendo do Tribunal Superior do Trabalho que não conhece de recurso de embargos ou de revista, analisando arguição de violação de dispositivo de lei material ou decidindo em consonância com súmula de direito material ou com iterativa, notória e atual jurisprudência de direito material da Seção de Dissídios Individuais (Súmula nº 333), examina o mérito da causa, cabendo ação rescisória da competência do Tribunal Superior do Trabalho.

III – Sob a égide do art. 512 do CPC de 1973, é juridicamente impossível o pedido explícito de desconstituição de sentença quando substituída por acórdão do Tribunal Regional ou superveniente sentença homologatória de acordo que puser fim ao litígio.

IV – Na vigência do CPC de 1973, é manifesta a impossibilidade jurídica do pedido de rescisão de julgado proferido em agravo de instrumento que, limitando-se a aferir o eventual desacerto do juízo negativo de admissibilidade do recurso de revista, não substitui o acórdão regional, na forma do art. 512 do CPC.

V- A decisão proferida pela SBDI, em agravo regimental, calcada na Súmula nº 333, substitui acórdão de Turma do TST, porque emite juízo de mérito, comportando, em tese, o corte rescisório.

SÚMULA Nº 406 DO TST. AÇÃO RESCISÓRIA. LITISCONSÓRCIO. NECESSÁRIO NO PÓLO PASSIVO E FACULTATIVO NO ATIVO. INEXISTENTE QUANTO AOS SUBSTITUÍDOS PELO SINDICATO

I - O litisconsórcio, na ação rescisória, é necessário em relação ao pólo passivo da demanda, porque supõe uma comunidade de direitos ou de obrigações que não admite solução díspar para os litisconsortes, em face da indivisibilidade do objeto. Já em relação ao pólo ativo, o litisconsórcio é facultativo, uma vez que a aglutinação de autores se faz por conveniência e não pela necessidade decorrente da natureza do litígio, pois não se pode condicionar o exercício do direito individual de um dos litigantes no processo originário à anuência dos demais para retomar a lide. (ex-OJ nº 82 da SBDI-2 - inserida em 13.03.2002)

II - O Sindicato, substituto processual e autor da reclamação trabalhista, em cujos autos fora proferida a decisão rescindenda, possui legitimidade para figurar como réu na ação rescisória, sendo descabida a exigência de citação de todos os empregados substituídos, porquanto inexistente litisconsórcio passivo necessário.

SÚMULA Nº 398 DO TST. AÇÃO RESCISÓRIA. AUSÊNCIA DE DEFESA. INAPLICÁVEIS OS EFEITOS DA REVELIA

Na ação rescisória, o que se ataca é a decisão, ato oficial do Estado, acobertado pelo manto da coisa julgada. Assim, e considerando que a coisa julgada envolve questão de ordem pública, a revelia não produz confissão na ação rescisória.

QUESTÕES OBJETIVAS RELACIONADAS AO TEMA

1. (VUNESP – 2021 – Prefeitura de Várzea Paulista – SP – Procurador Municipal) A ação rescisória na Justiça do Trabalho está sujeita ao depósito prévio de

a) 5% (cinco por cento) sobre o valor da causa, salvo se o autor for beneficiário da justiça gratuita.

b) 5% (cinco por cento) sobre o valor da causa, inclusive se o autor for beneficiário da justiça gratuita.

c) 10% (dez por cento) sobre o valor da causa, salvo prova de miserabilidade jurídica do autor.

d) 15% (quinze por cento) sobre o valor da causa, salvo prova de miserabilidade jurídica do autor.

e) 20% (vinte por cento) sobre o valor da causa, salvo prova de miserabilidade jurídica do autor.

Gabarito: letra e

2. (CESPE – EMAP – Analista Portuário – Área Jurídica – 2018). Com relação ao processo do trabalho, julgue o seguinte item.

Situação hipotética: Um tribunal regional do trabalho indeferiu mandado de segurança impetrado por uma sociedade de economia mista. Assertiva: Nessa situação, o processo deverá ser encaminhado ao Tribunal Superior do Trabalho para que este proceda ao reexame necessário do mandado.

( ) Certo

( ) Errado

Gabarito: errado.

3. (Quadrix – CFO-DF – Procurador Jurídico – 2017). A respeito do processo do trabalho e da jurisprudência do Tribunal Superior do Trabalho (TST), julgue o item que se segue.

Caberá reexame necessário em mandado de segurança quando o prejudicado pela ordem for pessoa jurídica de direito privado se a matéria decidida for de natureza administrativa.

( ) Certo

( ) Errado

Gabarito: certo.

4. (CESPE – PGE-AM – Procurador do Estado – 2016). Julgue o seguinte item, relativos aos procedimentos adotados em dissídios individuais da justiça do trabalho.

Conforme entendimento do TST, caso um estado da Federação seja condenado em dissídio individual trabalhista, a decisão condenatória não estará sujeita a reexame necessário se a condenação não ultrapassar o valor correspondente a quinhentos salários mínimos.

( ) Certo

( ) Errado

Gabarito: certo.

QUESTÃO 23

PGE/PA – Procurador do Estado (PGE/PA – 2012)

Disserte sobre o direito de greve no setor público, abordando, com amparo na melhor doutrina e jurisprudência dominante dos Tribunais Superiores, no que for pertinente, os seguintes aspectos fundamentais: a) normas constitucionais e infraconstitucionais que disciplinam a matéria, contextualizadas a partir de preceitos construídos pela jurisprudência do Supremo Tribunal federal em sede de ação constitucional de efeitos concretos, destacando o(s) caso(s) paradigmático(s) (*leading case(s)*) na configuração do direito sob questão; b) definição de serviços públicos essenciais à luz de norma Infraconstitucional e jurisprudência dominante dos Tribunais Superiores, com reflexo na limitação do exercício do direito de greve, considerando a peculiaridade da judicialização dessa garantia na hipótese tratada; c) conceito e configuração de abusividade e ilicitude no exercício do direito de greve no setor público e indicação das medidas judiciais asseguradas ao Estado (*lato sensu*) para coibir atos dessa natureza; d) medidas administrativas cabíveis para responsabilizar servidores públicos por atos abusivos e/ou ilícitos praticados no exercício do direito de greve e também para salvaguardar o interesse público, destacando controvérsia jurisprudencial que cerca o tema.

QUESTÃO 23

1	
2	
3	
4	
5	
6	
7	
8	
9	
10	
11	
12	
13	
14	
15	
16	
17	
18	
19	
20	
21	
22	
23	
24	
25	
26	
27	
28	
29	
30	

(30 LINHAS)

RESPOSTA DO AUTOR

O direito de greve no setor público é assegurado pela Constituição Federal nos termos do artigo 37, inciso VII, que remete à regulamentação por lei específica. No entanto, essa lei específica jamais foi editada. Diante da omissão legislativa, o STF consolidou entendimento no sentido da aplicação subsidiária da Lei nº 7.783/89, que disciplina a greve na iniciativa privada. Esse entendimento evoluiu a partir do julgamento de diversos mandados de injunção, nos quais a Suprema Corte passou da mera declaração da mora legislativa para a adoção da teoria concretista geral, determinando a observância da legislação infraconstitucional aplicável ao setor privado até que sobreviesse regulamentação específica.

A Lei nº 7.783/89 estabelece, em seus artigos 10 e seguintes, um rol não exaustivo de serviços públicos considerados essenciais, os quais, embora não estejam imunes à realização de greve, possuem restrições que garantem a continuidade da prestação dos serviços indispensáveis à comunidade. O STF e o TST têm reiterado que, em atividades essenciais, a paralisação deve respeitar a manutenção dos serviços mínimos para evitar prejuízos irreparáveis à população. Em razão do princípio da continuidade do serviço público, há setores em que a greve é vedada, como os policiais civis e os militares, consoante jurisprudência consolidada da Suprema Corte.

No tocante à abusividade e ilicitude da greve no serviço público, a doutrina distingue greve ilegal, que é aquela realizada sem observância dos requisitos normativos, e greve abusiva, que ocorre quando há abuso no exercício do direito, com a extrapolação dos limites legais. Essa diferenciação, contudo, nem sempre é clara, e muitos doutrinadores utilizam o conceito de greve abusiva tanto para movimentos ilegais quanto para aqueles que, embora inicialmente legítimos, tornaram-se excessivos. Para coibir abusos e ilegalidades, o Estado pode valer-se de diversas medidas judiciais, tais como ação declaratória de ilegalidade ou abusividade da greve, com pedido de tutela antecipada, medidas cautelares, interditos possessórios e dissídios coletivos de greve.

Um dos aspectos mais controversos na jurisprudência do STF diz respeito ao desconto dos dias paralisados em razão da greve. Após intensos debates, o Tribunal fixou entendimento no sentido de que a Administração Pública deve proceder ao desconto dos dias não trabalhados, salvo se houver acordo para compensação ou se a greve for motivada por conduta ilícita do Poder Público. O Superior Tribunal de Justiça, por sua vez, modulou essa diretriz ao vedar o desconto integral em parcela única, estabelecendo limites razoáveis para a reposição dos valores. Ademais, o STF já decidiu que a participação de servidores em estágio probatório em movimentos grevistas não constitui, por si só, fundamento para exoneração.

Por fim, em casos de greve no serviço público, a Administração pode adotar medidas administrativas para garantir a continuidade dos serviços essenciais, como a contratação temporária excepcional, conforme previsto no artigo 37, inciso IX, da CF. A jurisprudência do STF autoriza tais contratações quando imprescindíveis para evitar a descontinuidade dos serviços.

CRITÉRIO DE CORREÇÃO DA BANCA

a) Arts. 9º e 37, VII, da CF/88. Lei Federal 7.783/89. Aplicação dos dispositivos constitucionais e infraconstitucionais no contexto da jurisprudência evoluída do STF nos Mandados de Injunção 20-4/DF, 670-9/ES, 708-0/DF e 712-8/PA, com as modulações pertinentes. Evolução desde a declaração da mora legislativa até a aplicação da teoria concretista geral.

b) Definição de serviços públicos essenciais à luz de dispositivos da Lei 7.783/89 (arts. 10 e ss.), não exaustivos em razão da judicialização que norteia o instituto da greve no setor público. Discorrer sobre serviços públicos essenciais prestados exclusivamente pelo Estado. Atuação constante do Judiciário.

Limitações impostas pela lei e moduladas especialmente nas decisões do MI 708-0/DF e MI 712-8/PA. Abordar a questão à luz do princípio da continuidade do serviço público. Invocar a jurisprudência dominante dos Tribunais Superiores, além da construída pelos Mandados de Injunção, a exemplo da OJ38-SDC/TST.

c) Conceito de licitude ou ilicitude da greve: a que atende ou não as previsões e determinações impostas em lei. Configuração. Conceito de abusividade ou não da greve: movimento em que se cometem ou não abusos, excessos, inda além ou não da previsão legal. Configuração. Medidas judiciais para coibir abusividade e ilegalidade. O candidato deveria abordar as variadas hipóteses de ilegalidade e abusividade e os meios judiciais de que dispõe o Estado para enquadrá-las. Ex.: ação declaratória de ilegalidade ou abusividade de greve com pedido de tutela antecipada, conforme o caso; medidas cautelares diversas; interditos possessórios; dissídio coletivo de greve etc. Competências definidas a partir do MI 708-0/DF.

d) Desconto dos dias parados e controvérsia jurisprudencial no SIT e STF. Desconto integral dos dias parados X compensação de horas X faltas justificadas X desconto até o limite de 10% (art. 46, § 1º, da Lei 8.112/90 - ex: STJ, AgRg/MS 13505/DF). Repercussão Geral reconhecida pelo STF nos autos do AI 853275. Apuração de aros individuais excessivos e/ou abusivos que possam caracterizar falta funcional, por meio de sindicância ou PAD, em que garantida a ampla defesa e contraditório. Ressalva da Súmula 316/STF e controvérsia jurisprudencial sobre a situação de servidor em estágio probatório, p. ex. possibilidade de contratações pela Administração para garantir serviços públicos essenciais. Contratações temporárias. Contratações de serviços de terceiros. Cessão de servidores. Controvérsia jurisprudencial sobre esse tema.

▸ DOUTRINA TEMÁTICA

"Greve em serviços essenciais. É obrigatório que sejam atendidos os serviços inadiáveis à população. Os serviços inadiáveis são ligados à saúde, segurança e sobrevivência. Esse limite mínimo de atendimento não é fixado em lei, mas estipulado por comum acordo entre empregadores, empregados e sindicatos.

Caso não seja garantido o mínimo de atendimento à população, a greve será considerada abusiva, conforme posicionamento do TST na OJ nº 38 da SDC. Não há previsão legal de manter ou permanecer 30% dos atendimentos, tão falada na imprensa. As partes deverão verificar o caso concreto. Exemplo: em caso de greve no hospital, há necessidade de permanência de 100% dos atendimentos na UTI e cirurgia de emergência, mas não há necessidade de garantir esse percentual em outras repartições da mesma instituição. (...)

Além disso, a comunicação, ao empregador e aos usuários, deverá ocorrer em 72 horas de antecedência à paralisação, conforme previsto no art. 13 da Lei de Greve. Nas atividades que são consideradas essenciais, esse aviso deve ser realizado com antecedência mínima de 48 horas.

Por fim, no caso de lesão a interesse público, o art. 114, § 3º, da CF/88 legitima o ajuizamento de dissídio coletivo de greve pelo Ministério Público do Trabalho. Ressalte-se que a legitimidade do MPT está restrita somente às greves em serviços essenciais" (CORREIA, 2017, p. 1062).

▸ JURISPRUDÊNCIA TEMÁTICA

STF

RE 846854: CONSTITUCIONAL. DIREITOS SOCIAIS. COMPETÊNCIA PARA O JULGAMENTO DA LEGALIDADE DE GREVE DE SERVIDORES PÚBLICOS CELETISTAS. JUSTIÇA COMUM. FIXAÇÃO DE TESE DE REPERCUSSÃO GERAL. 1. **É competência da justiça comum, federal ou estadual, conforme o caso, o julgamento de dissídio de greve promovida por servidores públicos**, na linha do precedente firmado no MI 670 (Rel. Min. Maurício Corrêa,

Rel. p/ acórdão Min. Gilmar Mendes, Tribunal Pleno, DJe de 30/10/2008). 2. As Guardas Municipais executam atividade de segurança pública (art. 144, § 8º, da CF), essencial ao atendimento de necessidades inadiáveis da comunidade (art. 9º, § 1º, CF), pelo que se submetem às restrições firmadas pelo Supremo Tribunal Federal no julgamento do ARE 654.432 (Rel. Min. Edson Fachin, redator para acórdão Min. Alexandre de Moraes, Tribunal Pleno, julgado em 5/4/2017). 3. A essencialidade das atividades desempenhadas pelos servidores públicos conduz à aplicação da regra de competência firmada pelo Supremo Tribunal Federal no MI 670, mesmo em se tratando de servidores contratados pelo Estado sob o regime celetista. 4. Negado provimento ao recurso extraordinário e fixada a seguinte tese de repercussão geral: "A Justiça Comum Federal ou Estadual é competente para julgar a abusividade de greve de servidores públicos celetistas da administração direta, autarquias e fundações de direito público". (STF, RE 846854, Relator(a): Min. Luiz Fux, Relator(a) p/ Acórdão: Min. Alexandre de Moraes, Tribunal Pleno, julgado em 01/08/2017, Acórdão Eletrônico DJe-022 DIVULG 06-02-2018 Public 07-02-2018)

RE 693456/RJ: A administração pública deve proceder ao desconto dos dias de paralisação decorrentes do exercício do direito de greve pelos servidores públicos, em virtude da suspensão do vínculo funcional que dela decorre. É permitida a compensação em caso de acordo. O desconto será, contudo, incabível se ficar demonstrado que a greve foi provocada por conduta ilícita do Poder Público. (STF. Plenário. RE 693456/RJ, Rel. Min Dias Toffoli, Informativo nº 845)

Reclamação nº 6.568-SP: Servidores públicos que exercem atividades relacionadas à manutenção da ordem pública e à segurança pública, à administração da Justiça – aí os integrados nas chamadas carreiras de Estado, que exercem atividades indelegáveis, inclusive as de exação tributária – e à saúde pública. A conservação do bem comum exige que certas categorias de servidores públicos sejam privadas do exercício do direito de greve. Defesa dessa conservação e efetiva proteção de outros direitos igualmente salvaguardados pela Constituição do Brasil. (Rcl N. 6.568-SP, RELATOR: MIN. EROS GRAU, Informativo nº 560)

O exercício do direito de greve, sob qualquer forma ou modalidade, é vedado aos policiais civis e a todos os servidores públicos que atuem diretamente na área de segurança pública. (STF. Plenário. ARE 654432/GO, Rel. orig. Min. Edson Fachin, red. p/ o ac. Min. Alexandre de Moraes, Informativo nº 860).

ADI 1335/BA: O Plenário, por maioria, julgou improcedente pedido formulado em ações diretas de inconstitucionalidade ajuizadas contra o Decreto 4.264/1995, da Bahia, que dispõe sobre as providências a serem adotadas em caso de paralisação de servidores públicos estaduais a título de greve.

A norma impugnada determina aos secretários e dirigentes da Administração Pública direta: i) a convocação dos grevistas a reassumirem seus cargos; ii) a instauração de processo administrativo disciplinar; iii) o desconto em folha de pagamento dos dias de greve; e iv) a contratação temporária de servidores. Prevê, ainda, a exoneração dos ocupantes de cargo de provimento temporário e de função gratificada que participarem da greve.

Alegava-se ofensa aos artigos 9º; 22, I e 37, VII, da Constituição Federal (CF).

O Tribunal considerou tratar-se de decreto de caráter autônomo, que disciplina, nos termos da competência reservada ao chefe do Poder Executivo pelo art. 84, IV (4), da CF, as consequências – estritamente administrativas – do ato de greve dos servidores públicos e as providências a serem adotadas pelos agentes públicos no sentido de dar continuidade aos serviços públicos.

Observou que o decreto não cuida especificamente do direito de greve do servidor público, não regulamenta seu exercício e, ainda que o fizesse, essa matéria não está incluída entre aquelas tidas como de Direito do Trabalho, pois o vínculo do servidor com a Administração Pública não é de natureza trabalhista, mas estatutária.

A norma impugnada apenas prevê a instauração de processo administrativo para se apurar a participação do servidor na greve e as condições em que ela se deu, bem como o não pagamento dos dias de paralisação, o que está em consonância com a orientação fixada pela Corte no julgamento do MI 708. Nele, o Plenário determinou, até a edição da legislação específica a que se refere o art. 37, VII, da CF, a aplicação das Leis 7.701/1988 e 7.783/1989 aos conflitos e às ações judiciais que envolvam a interpretação do direito de greve dos servidores públicos civis.

No que se refere à possibilidade de contratação temporária excepcional [CF, art. 37, IX] prevista no decreto, concluiu que **o Poder Público baiano tem o dever constitucional de prestar serviços essenciais que não podem ser interrompidos, e que a contratação, no caso, foi limitada ao período de duração da greve e apenas para garantir a continuidade dos serviços. Ademais, a jurisprudência do STF reconhece a inconstitucionalidade da contratação temporária excepcional para admissão de servidores para funções burocráticas ordinárias e permanentes** (ADI 2.987 e ADI 3.430). (ADI 1335/BA, rel. Min. Cármen Lúcia, julgamento em 13.6.2017)

STJ

RMS 49339-SP: Não se mostra razoável a possibilidade de desconto em parcela única sobre a remuneração do servidor público dos dias parados e não compensados provenientes do exercício do direito de greve. (STJ. 2ª Turma. RMS 49339-SP, Rel. Min. Francisco Falcão, Informativo nº 592)

TST

ReeNeceRO-6371-79.2016.5.15.0000: REEXAME NECESSÁRIO E RECURSOS ORDINÁRIOS – DISSÍDIO COLETIVO DE GREVE EM QUE SE DISCUTE A ABUSIVIDADE DO MOVIMENTO PAREDISTA ENVOLVENDO SERVIDORES CELETISTAS DE AUTARQUIA ESTADUAL – INCOMPETÊNCIA ABSOLUTA DA JUSTIÇA DO TRABALHO – OBSERVÂNCIA DO TEMA 544 DA TABELA DE TEMAS DE REPERCUSSÃO GERAL DO STF – INEXISTÊNCIA DE MODULAÇÃO – EFEITO *EX TUNC* – ACOLHIMENTO DA PRELIMINAR – REMESSA DOS AUTOS À JUSTIÇA COMUM ESTADUAL. 1. O Supremo Tribunal Federal fixou a tese de repercussão geral relativa ao Tema 544, no sentido de que "a Justiça Comum Federal ou Estadual é competente para julgar a abusividade da greve de servidores públicos celetistas da administração direta, autarquias e fundações de direito público" (STF-RE-846.854/SP, Redator Min. Alexandre de Moraes, DJE de 07/02/18). 2. *In casu*, trata-se de dissídio coletivo de greve em que se discute a abusividade do movimento paredista envolvendo servidores celetistas do Hospital das Clínicas da Faculdade de Medicina de Ribeirão Preto da Universidade de São Paulo, que é Autarquia Estadual criada pela Lei 3.274/55, do Estado de São Paulo. 3. Assiste razão ao Sindicato Obreiro que suscitou a preliminar de incompetência absoluta da Justiça do Trabalho, pois: a) a incompetência absoluta pode ser alegada em qualquer tempo e grau de jurisdição ordinária, como é a situação do processo em tela, e deve ser declarada de ofício, a teor do art. 64, § 1º, do CPC e da Súmula 153 do TST, daí porque, apesar de não ter sido discutida até então no presente feito, pode ser arguida da tribuna pelo patrono do Sindicato, como ocorreu in casu, razão pela qual não há de se cogitar na ocorrência da preclusão; b) não há de se falar na suposta violação do princípio do contraditório, uma vez que este Relator, logo após a sustentação oral do patrono do Sindicato obreiro e o pedido de vista regimental requerido pela Exma. Min. Kátia Magalhães Arruda, determinou a oitiva do Ministério Público do Trabalho e da Autarquia Estadual, a fim de evitar possível decisão surpresa, à luz do art. 10 do CPC, o que restou atendido com a manifestação expressa de ambas as Partes; c) a decisão da Suprema Corte proferida em sede de repercussão geral, relativa ao Tema 544, transitou em julgado sem nenhuma modulação dos efeitos, por isso operado o efeito *ex tunc* na presente hipótese, de modo a alcançar a decisão regional proferida em 10/05/17, anteriormente à publicação do referido acórdão do STF, em 07/02/18, daí porque não prospera a alegação de afronta ao art. 927, caput e parágrafos, do CPC. 4. Assim, merece ser acolhida a preliminar de incompetência absoluta da Justiça do Trabalho, com a devida remessa dos autos ao juízo competente, nos termos do art. 64, § 3º, do CPC. Preliminar de incompetência absoluta da Justiça do Trabalho acolhida para determinar a remessa dos autos à Justiça Comum Estadual. (TST, ReeNece-RO-6371-79.2016.5.15.0000, Seção Especializada em Dissídios Coletivos, Relator Ministro Ives Gandra Martins Filho, DEJT 29/08/2019)

RO-1000427-08.2017.5.02.0000: REEXAME NECESSÁRIO. RECURSO ORDINÁRIO. DISSÍDIO COLETIVO DE GREVE. CONVÊNIO FIRMADO ENTRE O MUNICÍPIO DE SÃO VICENTE E ENTIDADE BENEFICENTE. ILEGITIMIDADE PASSIVA DA ENTIDADE PÚBLICA. AFASTADA A RESPONSABILIDADE SOLIDÁRIA. Na esteira da Convenção nº 151 da OIT (aprovada pelo Congresso Nacional por meio do Decreto Legislativo nº 205/2010 e promulgada pelo Decreto nº 7.944/2013) e consoante diretriz consubstanciada na Orientação Jurisprudencial nº 5 da SDC do TST, é cabível o ajuizamento de dissídio coletivo contra ente público que mantenha empregados com contratos regidos pela CLT, apenas para a apreciação de reivindicações de ordem social. Em caso de greve de servidores públicos com vínculo de emprego regido pela CLT também é admitido o ajuizamento de dissídio coletivo, para dirimir as controvérsias quanto à abusividade ou não do movimento, ao pagamento dos dias de paralisação e, ainda, no que toca às reivindicações de ordem social. No caso, o recorrente – Município de São Vicente – figura neste dissídio coletivo de greve não na qualidade de empregador, mas, por força de convênio celebrado com primeira suscitada, na condição de eventual responsável solidário por verbas trabalhistas não adimplidas. Nessa circunstância, prevalece na SDC do TST o entendimento de que o ente público não tem legitimidade para figurar no polo passivo do dissídio coletivo, por não ser a entidade empregadora. É irrelevante o fato de que, por força do convênio, o município disponibilize mensalmente recursos financeiros, que são utilizados pela outra entidade convenente, para o pagamento dos trabalhadores a ela vinculados. Reexame Necessário e recurso ordinário providos, para declarar a falta de legitimidade passiva ad causam do Município de São Vicente e extinguir o processo, sem resolução de mérito, em relação a esse suscitado, com amparo no art. 485, VI, do CPC de 2015. (TST, RO-1000427-08.2017.5.02.0000, Seção Especializada em Dissídios Coletivos, Relatora Ministra Kátia Magalhães Arruda, DEJT 17/12/2018).

DCG-1000418-66.2018.5.00.0000: É abusivo o movimento grevista deflagrado pela categoria profissional contra a privatização das empresas que compõem o sistema Eletrobras, pois não se verifica dissídio trabalhista, ou seja, conflito entre empresa e trabalhadores. A política de privatização do setor elétrico não é de autoria da Eletrobras, nem das empresas estatais, mas do poder público, de modo que as reivindicações dos trabalhadores não podem ser negociadas pelas empresas. (TST-DCG-1000418-66.2018.5.00.0000, SDC, rel. Min. Mauricio Godinho Delgado, red. p/ acórdão Min. Ives Gandra da Silva Martins Filho, 11.2.2019)

RO-51534-84.2012.5.02.0000: Embora a Constituição da República, em seu art. 9º, assegure o direito de greve de forma ampla, os interesses suscetíveis de serem defendidos por meio do movimento paredista dizem respeito a condições próprias de trabalho profissional ou de normas de higiene, saúde e segurança no ambiente de trabalho. No caso em exame, professores e auxiliares administrativos da Pontifícia Universidade Católica de São Paulo - PUC se utilizaram da greve como meio de protesto pela não nomeação, para o cargo de reitor, do candidato que figurou no topo da lista tríplice, embora admitam que a escolha da candidata menos votada observou as normas regulamentares. Portanto, a greve não teve por objeto a criação de normas ou condições contratuais ou ambientais de trabalho, mas se tratou de movimento de protesto, com caráter claramente político, extrapolando o âmbito laboral e denotando a abusividade material da paralisação, tornando-se irrelevante analisar os aspectos formais da greve. Com esse entendimento, a SDC, por unanimidade, conheceu do recurso ordinário, e, no mérito, por maioria, deu-lhe parcial provimento para declarar a abusividade material da greve e determinar a compensação de 100% dos dias não trabalhados em relação aos empregados auxiliares de administração escolar. Vencidos os Ministros Mauricio Godinho Delgado, Maria de Assis Calsing e Kátia Magalhães Arruda, que negavam provimento ao recurso. (TST-RO-51534-84.2012.5.02.0000, SDC, rel. Min. Walmir Oliveira da Costa, 9.6.2014)

OJ N.º 38 DA SDC DO TST. GREVE. SERVIÇOS ESSENCIAIS. GARANTIA DAS NECESSIDADES INADIÁVEIS DA POPULAÇÃO USUÁRIA. FATOR DETERMINANTE DA QUALIFICAÇÃO JURÍDICA DO MOVIMENTO.

É abusiva a greve que se realiza em setores que a lei define como sendo essenciais à comunidade, se não é assegurado o atendimento básico das necessidades inadiáveis dos usuários do serviço, na forma prevista na Lei nº 7.783/89.

OJ N.º 11 DA SDC DO TST. GREVE. IMPRESCINDIBILIDADE DE TENTATIVA DIRETA E PACÍFICA DA SOLUÇÃO DO CONFLITO. ETAPA NEGOCIAL PRÉVIA.

É abusiva a greve levada a efeito sem que as partes hajam tentado, direta e pacificamente, solucionar o conflito que lhe constitui o objeto.

OJ N.º 10 DA SDC DO TST.

É incompatível com a declaração de abusividade de movimento grevista o estabelecimento de quaisquer vantagens ou garantias a seus partícipes, que assumiram os riscos inerentes à utilização do instrumento de pressão máximo.

QUESTÕES OBJETIVAS RELACIONADAS AO TEMA

1. (CESPE - PGE-ES - Procurador do Estado - 2008). O direito de greve no serviço público está previsto na Constituição brasileira, podendo ser exercido nos termos e limites de lei específica. Acerca da interpretação desse dispositivo constitucional pelo STF, julgue o item abaixo. A greve no serviço público só é reconhecida como um direito para o empregado público nos termos da Lei de Greve existente para a iniciativa privada; os servidores públicos estatutários não podem exercê-la até que lei específica seja aprovada.

( ) Certo

( ) Errado

Gabarito: errado.

2. (TRT 21ª Região (RN) - Juiz do Trabalho Substituto - 2015). "A greve é um instituto de complexa definição, porque um de seus caracteres substanciais - a natureza jurídica - depende de múltiplas perspectivas, notadamente da visão que lhe é atribuída pelo sistema jurídico de cada país" (MARTINEZ, Luciano. *Curso de Direito do Trabalho*. São Paulo: Saraiva, 2012, p. 755). Quanto ao exercício do direito de greve no Brasil, aponte a alternativa *correta* à luz do posicionamento legal e jurisprudencial predominante:

a) De acordo com a legislação vigente, são considerados serviços ou atividades essenciais, a guarda, uso e controle de substâncias radioativas, devendo, em caso de paralisação em tal setor, ser assegurado, pela categoria, atendimento das necessidades inadiáveis da comunidade. Em caso de inobservância da obrigação pela categoria, o Poder Público deverá assegurar a prestação dos serviços.

b) A Justiça do Trabalho é competente para processar e julgar ação possessória ajuizada em decorrência do exercício do direito de toda e qualquer greve.

c) O direito de greve no serviço público está previsto na Constituição brasileira, podendo ser exercido nos termos e limites estabelecidos por lei complementar.

d) A greve no serviço público só é reconhecida como um direito para o empregado público, nos termos da Lei de Greve existente para a iniciativa privada. Os servidores públicos estatutários não podem exercê-lo, até que lei seja aprovada para tal fim.

e) É compatível com a declaração de abusividade de movimento grevista o estabelecimento vantagens e garantias a seus partícipes, mesmo tendo assumido os riscos inerentes à utilização do instrumento de pressão máximo.

Gabarito: Letra a.

3. (CESPE / CEBRASPE – 2021 – TC-DF – Procurador) Acerca do direito de greve e de serviços essenciais, julgue o item a seguir, de acordo com o entendimento jurisprudencial do STF.

É vedado o exercício do direito de greve a todos os servidores públicos que atuem diretamente na área de segurança pública.

( ) Certo

( ) Errado

Gabarito: certo

4. (CESPE / CEBRASPE - 2021 - TC-DF – Procurador) Acerca do direito de greve e de serviços essenciais, julgue o item a seguir, de acordo com o entendimento jurisprudencial do STF.

A vedação ao enriquecimento ilícito de servidor público civil autoriza a administração pública a descontar-lhe os dias de paralização relativos ao exercício do direito de greve, ainda que este tenha sido invocado em decorrência de conduta ilícita do poder público.

( ) Certo

( ) Errado

Gabarito: errado

5. (CESPE / CEBRASPE - 2021 - PGE-MS - Procurador do Estado) O governador de determinado estado da Federação, diante da paralisação de algumas categorias de servidores públicos desse estado, decidiu editar decreto determinando que, em caso de paralisação de servidores, a título de greve, os secretários e dirigentes de órgãos da administração direta, das autarquias e fundações públicas terão de promover a imediata adoção das seguintes medidas: a) convocação dos grevistas a reassumirem imediatamente o exercício dos respectivos cargos; b) instauração de processo administrativo disciplinar para apuração do fato e aplicação das penalidades cabíveis, na forma da lei, caso persista o afastamento; c) desconto, em folha de pagamento, do valor correspondente aos vencimentos e vantagens dos dias de falta ao serviço; d) contratação de pessoal, por tempo determinado, configurada a necessidade temporária de excepcional interesse público, gerada pela paralisação dos serviços considerados essenciais, na forma prevista na Constituição Federal e na legislação. Estabeleceu, ainda, que, além das medidas já citadas, terão de ser adotadas outras que se fizerem necessárias à regularização dos serviços.

Nessa situação hipotética, à luz da jurisprudência STF sobre o exercício do poder normativo, também chamado de regulamentar, o decreto editado pelo governador

A) exorbitou do poder regulamentar do chefe do Poder Executivo, uma vez que é de competência privativa da União legislar sobre direito do trabalho, no qual se inclui o direito de greve.

B) exorbitou do poder regulamentar do chefe do Poder Executivo, uma vez que é de competência privativa da União legislar sobre o direito de greve dos servidores, o qual será exercido nos termos e nos limites definidos em lei complementar.

C) não exorbitou do poder regulamentar do chefe do Poder Executivo, na medida em que regulamenta o exercício do direito de greve apenas no âmbito estadual, não invadindo a competência da União em legislar sobre a matéria.

D) exorbitou do poder regulamentar do chefe do Poder Executivo, uma vez que é de competência privativa da União legislar sobre o tema, na forma de lei complementar, permitindo o STF, na ausência da citada lei, apenas o emprego da lei aplicável à iniciativa privada, não podendo o governador dispor sobre o assunto por decreto.

E) não exorbitou do poder regulamentar do chefe do Poder Executivo, na medida em que disciplina as consequências eminentemente administrativas do ato de greve dos servidores públicos, versando sobre a organização e o regular funcionamento do serviço público.

Gabarito: Letra e

6. (CESPE / CEBRASPE - 2022 – PGM Recife - Procurador do Município) Assinale a opção correta em relação ao direito de greve.

A) A declaração de abusividade do movimento grevista não impede o estabelecimento de vantagens e garantias aos participantes da greve.

B) Nos termos da legislação, é proibida a greve de trabalhadores que laborem em atividades consideradas essenciais.

C) A manutenção da paralisação após a celebração de acordo é causa para rescisão do contrato laboral e contratação de trabalhadores substitutos.

D) Constitui abuso ao exercício do direito de greve a paralisação que tenha por objeto exigir o cumprimento de cláusula durante a vigência de sentença normativa.

E) É abusiva a suspensão do contrato de trabalho do empregado em virtude de sua participação em greve.

Gabarito: Letra c

7. (CESPE / CEBRASPE - 2023 - PGE-ES - Procurador do Estado) A respeito do direito coletivo do trabalho e do direito de greve, assinale a opção correta.

A) A greve considerada abusiva não gera qualquer vantagem ou garantia a seus partícipes.

B) A empresa não está obrigada a dar acesso a dirigentes sindicais às suas dependências, sendo assegurado, contudo, o acesso às partes externas ou contíguas da empresa.

C) O acordo coletivo celebrado extrajudicialmente deve ser homologado na justiça do trabalho para que tenha efeitos.

D) Decisão judicial poderá definir uma categoria como diferenciada.

E) A greve pode ser declarada abusiva pelo Ministério do Trabalho, se não assegurar o atendimento aos serviços elencados na lei como essenciais.

Gabarito: Letra a

CAPÍTULO 5

DIREITO CIVIL

Laura Macedo Diniz Marques Pereira

QUESTÃO 1

(CESPE - PGE/PR - PROCURADOR DO ESTADO - 2024)

Com fundamento no Código Civil, discorra sobre a fiança, abordando seu conceito e suas características relativamente à responsabilidade do credor e à outorga uxória.

QUESTÃO 1

ESPAÇO PARA RESPOSTA (30 LINHAS)

▸ RESPOSTA DO AUTOR

A fiança é uma espécie de contrato celebrado entre o fiador e o credor, por meio do qual o fiador se obriga a pagar a dívida do devedor principal caso este não a cumpra. É um contrato marcado pela acessoriedade, pois sua existência depende de uma obrigação principal, é pessoal, posto que o patrimônio do fiador pode ser demandado para o cumprimento da obrigação e, em regra, é gratuito, já que o fiador não recebe remuneração. Também é um contrato típico por possuir previsão no CC, art. 818 – "pelo contrato de fiança, uma pessoa garante satisfazer ao credor uma obrigação assumida pelo devedor, caso este não a cumpra". Por fim, é um contrato unilateral, visto que apresenta obrigações apenas para uma das partes, o fiador.

Quanto à outorga uxória, essa consiste na autorização do cônjuge para que o outro seja fiador. Ressalta-se que a outorga uxória é a autorização da mulher, enquanto que a outorga marital é a autorização conferida pelo marido. Nesse sentido, o CC no art. 1.647, inc. III exige a outorga conjugal para que a fiança seja prestada, caso contrário, haverá nulidade desse contrato acessório. Cumpre destacar que o STJ editou afirmando que a fiança prestada sem autorização de um dos cônjuges implica a ineficácia total da garantia. É oportuno acrescer que há uma exceção quanto à necessidade dessa outorga: quando os cônjuges forem casados pelo regime de separação absoluta de bens, conforme o art. 1.647, *caput*, do CC.

▸ PADRÃO DE RESPOSTA DA BANCA

A fiança é uma espécie de contrato, previsto no Código Civil, celebrado entre o fiador e o credor, na qual aquele assume a responsabilidade pelo cumprimento de determinada obrigação caso esta não seja cumprida por terceiro, sendo exemplo a fiança prestada nos contratos de locação de imóveis. Trata-se de uma garantia pessoal, uma vez que o patrimônio do fiador pode ser acionado para cumprimento da obrigação. Segundo o art. 818 do Código Civil, "Pelo contrato de fiança, uma pessoa garante satisfazer ao credor uma obrigação assumida pelo devedor, caso este não a cumpra".

Em regra, é necessária a autorização do cônjuge para prestação da fiança, exceto quando casados no regime de separação absoluta de bens. Conforme previsto no art. 1.647, inciso III, do Código Civil, "Ressalvado o disposto no art. 1.648, nenhum dos cônjuges pode, sem autorização do outro, exceto no regime da separação absoluta: III – prestar fiança ou aval".

▸ DOUTRINA TEMÁTICA

"A fiança, também denominada caução fidejussória, é o contrato pelo qual alguém, o fiador, garante satisfazer ao credor uma obrigação assumida pelo devedor, caso este não a cumpra. O contrato é celebrado entre o fiador e o credor, assumindo o primeiro uma responsabilidade sem existir um débito propriamente dito ("Haftung ohne Schuld" ou, ainda, "obligatio sem debitum"). A fiança constitui uma garantia pessoal, em que todo o patrimônio do fiador responde pela dívida, não se confundindo com as garantias reais, caso do penhor, da hipoteca e da anticrese.

(...) Notadamente no seu campo estrutural, esse contrato traz duas relações jurídicas: uma interna, entre fiador e credor; e outra externa, entre fiador e devedor. A primeira relação é considerada como essencial ao contrato. Tanto isso é verdade, que o art. 820 do CC enuncia que a fiança pode ser estipulada ainda que sem o consentimento do devedor, ou até mesmo contra a sua vontade.

A fiança é um contrato complexo, especial, sui generis. Isso diante da sua natureza jurídica especial, o que faz que a fiança tenha características próprias, não encontradas em qualquer outro negócio. Vejamos essas características.

De início, trata-se de um contrato unilateral, pois gera obrigação apenas para o fiador que se obriga em relação ao credor com quem mantém o contrato. Em regra, trata-se de um contrato gratuito, pois o fiador não recebe qualquer remuneração. Entretanto, em alguns casos, a fiança é onerosa, recebendo o fiador uma remuneração em decorrência da prestação de garantia à dívida. Isso ocorre em fianças prestadas por instituições bancárias, que são remuneradas pelo devedor para garantirem dívidas frente a determinados credores. Para essas fianças prestadas por instituições bancárias, pode ser aplicado o CDC, se o interessando for destinatário final desse serviço de garantia.

O contrato de fiança exige a forma escrita, conforme enuncia o art. 819 do CC (contrato formal). Entretanto, o contrato é não solene, pois não se exige escritura pública. Não se admite a fiança verbal, ainda que provada com testemunhas, pois a fiança não se presume. Essa instrumentalização pode ser realizada no próprio corpo do contrato principal, ou em separado.

Pelo mesmo dispositivo, a fiança não admite interpretação extensiva, regra que tem importantes consequências práticas. Isso porque a fiança será interpretada restritivamente, uma vez que se trata de um contrato benéfico que não traz qualquer vantagem ao fiador, que responde por aquilo que expressamente constou do instrumento do negócio. Surgindo alguma dúvida, deve-se interpretar a QUESTÃO favoravelmente ao fiador, parte vulnerável, em regra.

Como último tema introdutório a respeito do contrato de fiança, o art. 1.647, inc. III, do CC exige a outorga conjugal (marital – do marido; uxória – da mulher) para que a fiança seja prestada. Segundo o art. 1.649 do mesmo diploma legal, não havendo outorga conjugal, a fiança é anulável, desde que proposta a correspondente ação anulatória pelo cônjuge do fiador, no prazo decadencial de dois anos, contados da dissolução da sociedade conjugal. A ação também cabe aos herdeiros do fiador, em igual prazo (art. 1.650 do CC). Há possibilidade, contudo, de a outorga ser suprida por juiz (art. 1.648 do CC).

Sobre o tema, a Súmula n. 332 do Superior Tribunal de Justiça prevê que "a fiança prestada sem autorização de um dos cônjuges implica a ineficácia total da garantia". A ementa é passível de críticas, uma vez que faz referência à ineficácia total da garantia, e não à invalidade. Tecnicamente, o certo seria falar em invalidade e não em ineficácia, diante do tratamento do vigente Código Civil. Entretanto, pode-se sustentar ser melhor a expressão que consta na súmula.

Isso porque se a fiança foi prestada sem a outorga, na vigência do CC/1916, será nula (arts. 235, 242 e 252); se for prestada a fiança sem a outorga, na vigência do CC/2002, será anulável (arts. 1.647 e 1.649). Essa conclusão é aplicação direta do art. 2.035, caput, do CC/2002, analisado em outros trechos deste livro. Para afastar dúvidas a respeito da invalidade absoluta ou relativa da fiança, pode-se justificar o termo "ineficácia", eis que o ato inválido, em regra, não gera efeitos.

Em julgado do ano de 2020, a Corte Superior acabou por concluir que é necessária a outorga conjugal para fiança em favor de sociedade cooperativa (STJ, REsp 1.351.058/SP, 4.ª Turma, Rel. Min. Luis Felipe Salomão, j. 26.11.2019, DJe 04.02.2020, v.u.). Como se retira da publicação do acórdão, "em se tratando de dívida de sociedade cooperativa – a qual nem à luz do Código Comercial ou do Código Civil de 2002 ostenta a condição de comerciante ou de sociedade empresária –, não há falar em fiança mercantil, caindo por terra o fundamento exarado pelas instâncias ordinárias para afastar a exigência da outorga conjugal encartada nos artigos 235, inciso III, do Código Civil de 1916 e 1.647, inciso III, do Código Civil de 2002". Por isso, a conclusão foi pela incidência da citada sumular em casos tais.

Existe profundo debate se essa exigência para a fiança alcança também a união estável, ou seja, se há necessidade da autorização do companheiro ou convivente para que a parte seja fiadora. Sempre respondi negativamente, pois o art. 1.647 do CC/2002 é norma de exceção que, como tal, não admite analogia ou interpretação extensiva. Em 2014, importante julgado do Superior Tribunal de Justiça seguiu essa forma de pensar o Direito Civil, conforme acórdão publicado no seu Informativo n. 535:

"Ainda que a união estável esteja formalizada por meio de escritura pública, é válida a fiança prestada por um dos conviventes sem a autorização do outro. Isso porque o entendimento de que a 'fiança prestada sem autorização de um dos cônjuges implica a ineficácia total da garantia' (Súmula 332 do STJ), conquanto seja aplicável ao casamento, não tem aplicabilidade em relação à união estável. De fato, o casamento representa, por um lado, uma entidade familiar protegida pela CF e, por outro lado, um ato jurídico formal e solene do qual decorre uma relação jurídica com efeitos tipificados pelo ordenamento jurídico. A união estável, por sua vez, embora também represente uma entidade familiar amparada pela CF – uma vez que não há, sob o atual regime constitucional, famílias estigmatizadas como de 'segunda classe' –, difere-se do casamento no tocante à concepção deste como um ato jurídico formal e solene. Aliás, nunca se afirmou a completa e inexorável coincidência entre os institutos da união estável e do casamento, mas apenas a inexistência de predileção constitucional ou de superioridade familiar do casamento em relação à outra espécie de entidade familiar. Sendo assim, apenas o casamento (e não a união estável) representa ato jurídico cartorário e solene que gera presunção de publicidade do estado civil dos contratantes, atributo que parece ser a forma de assegurar a terceiros interessados ciência quanto a regime de bens, estatuto pessoal, patrimônio sucessório etc. Nesse contexto, como a outorga uxória para a prestação de fiança demanda absoluta certeza por parte dos interessados quanto à disciplina dos bens vigente, e como essa segurança só é obtida por meio de ato solene e público (como no caso do casamento), deve-se concluir que o entendimento presente na Súmula 332 do STJ – segundo a qual a 'fiança prestada sem autorização de um dos cônjuges implica a ineficácia total da garantia' –, conquanto seja aplicável ao casamento, não tem aplicabilidade em relação à união estável. Além disso, essa conclusão não é afastada diante da celebração de escritura pública entre os consortes, haja vista que a escritura pública serve apenas como prova relativa de uma união fática, que não se sabe ao certo quando começa nem quando termina, não sendo ela própria o ato constitutivo da união estável. Ademais, por não alterar o estado civil dos conviventes, para que dele o contratante tivesse conhecimento, ele teria que percorrer todos os cartórios de notas do Brasil, o que seria inviável e inexigível" (STJ, REsp 1.299.866/DF, Rel. Min. Luis Felipe Salomão, j. 25.02.2014).

(TARTUCE, 2024, p. 842 - 845)

"A fiança é, evidentemente, um contrato típico e nominado, pois se encontra previamente definida na lei civil, com nomenclatura consagrada e ampla utilização em relações civis, comerciais e consumeristas.

Dentre suas características, podemos enumerar algumas bem marcantes:

A primeira delas é a unilateralidade, pois, uma vez celebrado o contrato de fiança, impõe-se obrigação apenas para uma das partes, no caso, o fiador. Em função disso, é inaplicável a classificação dos contratos em comutativos ou aleatórios.

Outra característica importante é a acessoriedade, uma vez que sempre acompanha um contrato principal, criador da obrigação principal que é garantida. Imaginemos, por exemplo, um contrato de locação firmado com fiança locatícia: a locação é o contrato principal; a fiança, o contrato acessório.

Não é, porém, um contrato preliminar, mas, sim, definitivo, em relação às partes aqui contratantes (fiador e afiançado), mesmo tendo a sua produção de efeitos condicionada ao (des)cumprimento da obrigação do contrato principal. Note-se, neste diapasão, que os contratos preliminares (ou pactum de contrahendo) são exceção em nosso ordenamento jurídico, já que nada mais são do que negócios jurídicos que têm por finalidade justamente a celebração de um contrato definitivo, pelas próprias partes, o que inexiste na fiança.

Outro traço peculiar é a gratuidade, no sentido de que apenas traz benefício para uma das partes (credor), sem que se lhe imponha contraprestação alguma.

Vale lembrar que a interpretação dos contratos gratuitos deve ser sempre mais restrita do que os negócios jurídicos onerosos, uma vez que, por envolver uma liberalidade, a legislação considerou razoável que o contratante não onerado tivesse uma proteção menor do que o pactuante devedor.

Justamente por essa característica de não onerosidade, é inaplicável à fiança a classificação em contrato evolutivo.

Excepcionalmente, todavia, a fiança poderá ser onerosa, caso o fiador seja remunerado. Tal retribuição, dada a natureza sui generis deste contrato, ausente a característica geral do sinalagma, há de ser efetuada pelo próprio afiançado, ou seja, quem se onera não é o credor — parte do contrato de fiança — mas o devedor afiançado. Trata-se de uma onerosidade especial, sem dúvida, a exemplo do que ocorre na fiança bancária, pois o onerado não é parte do próprio contrato". (STOLZE e PAMPLONA, 2024, p. 619)

"A característica de unilateralidade do contrato de fiança, por sua vez, decorre do fato de a obrigação de garantia do fiador ter alta significação jurídica, quase se confundindo com a causa do próprio contrato.

Todavia, ainda assim, é possível falar, no que diz respeito ao credor, de um dever geral de respeitar o benefício de ordem, caso seja este aplicável, conforme visto no tópico anterior, em uma espécie de "dever geral de abstenção".

Da mesma forma, o credor só poderá exigir a fiança no termo fixado para a obrigação principal.

Mas, ainda assim, entendemos que tais "deveres" não são tão substanciais a ponto de descaracterizar a unilateralidade do contrato.

Por outro lado, tem o credor o direito de exigir, no momento próprio (observado, portanto, o termo da obrigação e, se for o caso, o mencionado benefício), o cumprimento da prestação pelo fiador, no caso de descumprimento pelo devedor.

Ao fiador, porém, é reservada uma disciplina muito mais minuciosa de deveres.

A obrigação fundamental do fiador é, sem qualquer dúvida, responder pela dívida na ausência do devedor.

Tal obrigação, embora estabelecida em função da pessoa do fiador, transmite-se aos seus herdeiros, na forma do art. 836 do CC/2002, limitando-se a responsabilidade até a morte do fiador, bem assim cingindo-se até as forças da herança.

No que se refere ao quantum, entendemos, com base no mencionado art. 822, que a responsabilidade do fiador se estende aos juros de mora a partir da interpelação e às despesas judiciais a partir da citação.

Pagando a dívida, outrossim, por medida de justiça e respeito ao princípio da vedação ao enriquecimento indevido, terá o fiador direito de regresso contra o devedor, podendo reclamar não somente o valor histórico da dívida, mas, também, todos os acessórios, como correção monetária, juros, despesas com o desembolso e perdas e danos, sub-rogando-se nos direitos do credor, em aplicação da regra do art. 346, III, do CC/2002". (STOLZE e PAMPLONA, 2024, p. 629)

"Exige-se, para a validade da fiança prestada por fiador casado, nos termos do art. 1.647 do CC/2002, outorga uxória (autorização conjugal) do seu consorte:

> "Art. 1.647. Ressalvado o disposto no art. 1.648, nenhum dos cônjuges pode, sem autorização do outro, exceto no regime da separação absoluta:
>
> I — alienar ou gravar de ônus real os bens imóveis;
>
> II — pleitear, como autor ou réu, acerca desses bens ou direitos;
>
> III — prestar fiança ou aval;
>
> IV — fazer doação, não sendo remuneratória, de bens comuns, ou dos que possam integrar futura meação.
>
> Parágrafo único. São válidas as doações nupciais feitas aos filhos quando casarem ou estabelecerem economia separada".

Exceto, portanto, no regime da separação absoluta, exige-se a autorização do outro cônjuge, caso se pretenda realizar qualquer dos atos elencados neste dispositivo.

Cumpre-nos esclarecer que "separação absoluta" a que se refere o caput do dispositivo sob comento é a separação convencional de bens (arts. 1.687 e 1.688 do CC/2002), escolhida no pacto antenupcial, e não a separação legal ou obrigatória (art. 1.641 do CC/2002), pois, como se sabe, nesta última modalidade de regime admite-se a constituição de patrimônio comum, nos termos da Súmula 377 do STF, não sendo razoável, portanto, em defesa desta massa de bens adquirida pelo esforço comum, dispensar-se a outorga.

No entanto, em se tratando de separação convencional, em virtude de ambos os cônjuges terem total autonomia patrimonial, a vênia conjugal, consequentemente, é dispensável.

Nesse sentido, com absoluta propriedade, NELSON NERY JUNIOR e ROSA MARIA DE ANDRADE NERY:

"Quando a doutrina se refere ao regime da separação absoluta de bens, em regra, quer referir-se ao que foi assim firmado contratualmente, por meio de pacto antenupcial. A utilização desta terminologia consagrada pela doutrina no texto do CC 1.647 caput in fine, autoriza o intérprete a dizer que em caso de o casamento ter-se celebrado sob o regime da separação obrigatória de bens não incide a exceção à regra. No regime da separação obrigatória de bens exige-se a autorização do outro cônjuge para a realização dos atos elencados nos incisos que se lhe seguem".

Outra importante observação para a adequada intelecção da norma diz respeito ao novo regime de participação final nos aquestos.

Adotado este regime (arts. 1.672 a 1.686 do CC/2002), dispensa-se a outorga para a alienação de imóveis, a teor do art. 1.656 do CC/2002, caso os cônjuges, no pacto antenupcial, tenham feito expressa ressalva:

"Art. 1.656. No pacto antenupcial, que adotar o regime de participação final nos aquestos, poder-se-á convencionar a livre disposição dos bens imóveis, desde que particulares".

A exigência da outorga para a fiança, no entanto, não poderá ser afastada.

Em síntese, temos que apenas se adotado o regime da separação convencional de bens é dispensada a outorga uxória para todos os atos previstos no art. 1.647 do CC/2002, inclusive a fiança.

Nada impede, todavia, que o juiz supra a outorga, nos termos do art. 1.648 do CC/2002, quando um dos cônjuges a denegue sem motivo justo, ou lhe seja impossível concedê-la (estando hospitalizado, p. ex.).

A falta de autorização, não suprida pelo juiz, quando necessária (art. 1.649 do CC/2002), tornará anulável o ato praticado, podendo o outro cônjuge ou os seus herdeiros (art. 1.650 do CC/2002) pleitear-lhe a anulação, até dois anos depois de terminada a sociedade conjugal. Admite-se, todavia, a ratificação do ato celebrado, desde que feita por instrumento público, ou particular, devidamente autenticado.

Finalmente, cumpre-nos destacar que o Superior Tribunal de Justiça pacificou acesa polêmica existente no que tange à prestação de fiança sem a devida autorização conjugal.

Discutia-se se a falta da outorga implicaria a invalidade ou ineficácia de todo o ato ou apenas não surtiria efeitos em face do cônjuge prejudicado, permitindo-se, assim, nesta última hipótese, que o credor pudesse excutir a garantia sobre a meação do fiador ou o seu patrimônio pessoal.

Prevaleceu a primeira corrente, no sentido de se invalidar toda a garantia.

Em nosso sentir, claro está que a parte legitimada para arguir a anulação da fiança é o cônjuge que não consentiu, e não o fiador, pois isso seria arguir em juízo a própria torpeza." (STOLZE e PAMPLONA, 2024, p. 634 - 635)

▶ JURISPRUDÊNCIA TEMÁTICA

Súmula 656-STJ: É válida a cláusula de prorrogação automática de fiança na renovação do contrato principal. A exoneração do fiador depende da notificação prevista no art. 835 do Código Civil.

DIREITO CIVIL. RECURSO ESPECIAL. FIANÇA. NECESSIDADE DE OUTORGA CONJUGAL. FIADOR EMPRESÁRIO OU COMERCIANTE. IRRELEVÂNCIA. SEGURANÇA ECONÔMICA FAMILIAR. NULIDADE DO CONTRATO DE FIANÇA.

1. O art. 1.647, III, do CC/2002 exige a outorga conjugal para prestar fiança, exceto no regime de separação absoluta de bens. 2. O art. 1.642, I, por seu turno, autoriza o marido ou a mulher, independentemente de autorização do outro cônjuge, a praticar todos os atos de disposição e de administração necessários ao desempenho de sua profissão, exceto alienar ou gravar de ônus reais os imóveis. Contudo, o art. 1.642, IV, do mesmo diploma legal possibilita ao cônjuge, sem anuência nem consentimento do outro, pleitear a nulidade da fiança prestada sem outorga conjugal. 3. A melhor exegese é aquela que mantém a exigência geral de outorga conjugal para prestar fiança, sendo indiferente o fato de o fiador prestá-la na condição de comerciante ou empresário, considerando a necessidade de proteção da segurança econômica familiar. 4. A fiança prestada sem outorga conjugal conduz à nulidade do contrato. Incidência da Súmula n. 332 do STJ. 5. Recurso especial a que se nega provimento. (STJ. 4ª Turma. REsp 1525638-SP, Rel. Min. Antonio Carlos Ferreira, julgado em 14/06/2022)

RECURSO ESPECIAL. EMBARGOS À EXECUÇÃO POR QUANTIA CERTA. CONFISSÃO DE DÍVIDA FIRMADA POR COOPERATIVA. FIANÇA. OUTORGA CONJUGAL. NECESSIDADE.

1. Em se tratando de dívida de sociedade cooperativa - a qual nem à luz do Código Comercial ou do Código Civil de 2002 ostenta a condição de comerciante ou de sociedade empresária -, não há falar em fiança mercantil, caindo por terra o fundamento exarado pelas instâncias ordinárias para afastar a exigência da outorga conjugal encartada nos artigos 235, inciso III, do Código Civil de 1916 e 1.647, inciso III, do Código Civil de 2002.

2. Nesse quadro, inexistindo o consentimento da esposa para a prestação da fiança (civil) pelo marido (para garantia do pagamento de dívida contraída pela cooperativa), sobressai a ineficácia do contrato acessório, por força da incidência das supracitadas normas jurídicas. Inteligência da Súmula 332/STJ.

3. Recurso especial provido. (STJ. 4ª Turma. REsp 1351058-SP, Rel. Min. Luis Felipe Salomão, julgado em 26/11/2019 (Info 664).

Explicação: ou seja, é necessária a outorga conjugal para fiança em favor de sociedade cooperativa.

RECURSO ESPECIAL. CONTRATO DE LOCAÇÃO. RESPONSABILIDADE SOLIDÁRIA ENTRE LOCATÁRIA E FIADORES. PROPOSITURA DE EXECUÇÃO APENAS EM RELAÇÃO AOS FIADORES. CITAÇÃO. INTERRUPÇÃO DA PRESCRIÇÃO QUE NÃO PREJUDICA O DEVEDOR PRINCIPAL. EXCEÇÃO DO § 3° DO ART. 204 CC/02. IMPOSSIBILIDADE DE EXTENSÃO EM SENTIDO INVERSO.

1. O Código Civil, em seu art. 204, caput, prevê, como regra, o caráter pessoal do ato interruptivo da prescrição, haja vista que somente aproveitará a quem o promover ou prejudicará aquele contra quem for dirigido (persona ad personam non fit interruptio).

2. Entre as exceções, previu o normativo que, interrompida a prescrição contra o devedor afiançado, ipso facto, estará interrompida a pretensão acessória contra o garante fidejussório (princípio da gravitação jurídica), nos termos do art. 204, § 4°, do CC.

3. A interrupção operada contra o fiador não prejudica o devedor afiançado (a recíproca não é verdadeira), haja vista que o principal não acompanha o destino do acessório e, por conseguinte, a prescrição continua correndo em favor deste.

4. Como disposição excepcional, a referida norma deve ser interpretada restritivamente, e, como o legislador previu, de forma específica, apenas a interrupção em uma direção - a interrupção produzida contra o principal devedor prejudica o fiador -, não seria de boa hermenêutica estender a exceção em seu caminho inverso.

5. No entanto, a interrupção em face do fiador poderá, sim, excepcionalmente, acabar prejudicando o devedor principal, nas hipóteses em que a referida relação for reconhecida como de devedores solidários, ou seja, caso renuncie ao benefício ou se obrigue como principal pagador ou devedor solidário, a sua obrigação, que era subsidiária, passará a

ser solidária, e, a partir de então, deverá ser norteada por essa sistemática (CC, arts. 204, § 1°, e 275 a 285). 6. Na hipótese, o credor, num primeiro momento, ajuizou execução tão somente em face dos fiadores e, em razão da limitação da responsabilidade destes, num segundo momento, intentou nova execução contra a devedora principal para a execução do saldo restante. Dessarte, a interrupção da prescrição efetivada em relação aos fiadores não pode vir a prejudicar a principal devedora, sendo que a análise de eventual renúncia à fiança ou da obrigação solidária dos fiadores como devedores solidários demandaria a interpretação de cláusula contratual e o revolvimento fático-probatório, o que é vedado no âmbito desta Corte, pela incidência das Súmulas 5 e 7 do STJ.

7. Recurso especial não provido.

(REsp 1276778/MS, Rel. Ministro LUIS FELIPE SALOMÃO, QUARTA TURMA, julgado em 28/03/2017, DJe 28/04/2017)

FIANÇA. RECURSO ESPECIAL. PRORROGAÇÃO DE FIANÇA EM CONTRATO BANCÁRIO. JULGAMENTO AFETADO À SEGUNDA SEÇÃO PARA PACIFICAÇÃO DA MATÉRIA NO ÂMBITO DO STJ. CONTRATO BANCÁRIO. CARACTERIZA-SE POR SER, EM REGRA, CATIVO E DE LONGA DURAÇÃO, PRORROGANDO-SE SUCESSIVAMENTE. FIANÇA PREVENDO CLARAMENTE SUA PRORROGAÇÃO, CASO OCORRA A DA AVENÇA PRINCIPAL. INTERPRETAÇÃO EXTENSIVA. INEXISTÊNCIA. APLICAÇÃO DA MESMA EXEGESE PACIFICADA NO ÂMBITO DO STJ - ANTES MESMO DA NOVA REDAÇÃO CONFERIDA AO ART. 39 DA LEI DO INQUILINATO PELA LEI N. 12.112/2009 - NO TOCANTE À ADMISSÃO DA PRORROGAÇÃO DA FIANÇA EM CONTRATO DE LOCAÇÃO, QUANDO EXPRESSAMENTE PREVISTA NA PACTUAÇÃO ACESSÓRIA.

FIADORES QUE, DURANTE O PRAZO DE PRORROGAÇÃO CONTRATUAL, NÃO PROMOVERAM NOTIFICAÇÃO RESILITÓRIA, NOS MOLDES DO DISPOSTO NO ART.

835 DO CC. PRETENSÃO DE EXONERAÇÃO DA FIANÇA. INVIABILIDADE.

1. A fiança foi pactuada para garantia fidejussória de dívida de sociedade empresária da qual eram sócios os recorrentes, previamente definido o montante e a possibilidade de prorrogação da avença principal e da acessória, constando da sentença que a presente ação de exoneração da fiança somente foi proposta após o ajuizamento anterior, pelo Banco, da ação de execução em face da devedora principal e dos fiadores.

2. A prorrogação do contrato principal, a par de ser circunstância prevista em cláusula contratual - previsível no panorama contratual -, comporta ser solucionada adotando-se a mesma diretriz conferida para fiança em contrato de locação - antes mesmo da nova redação do art. 39 da Lei do Inquilinato pela Lei n. 12.112/2009 -, pois é a mesma matéria disciplinada pelo Código Civil.

3. A interpretação extensiva da fiança constitui em utilizar analogia para ampliar as obrigações do fiador ou a duração do contrato acessório, não o sendo a observância àquilo que foi expressamente pactuado, sendo certo que as causas específicas legais de extinção da fiança são taxativas.

4. Com efeito, não há falar em nulidade da disposição contratual que prevê prorrogação da fiança, pois não admitir interpretação extensiva significa tão somente que o fiador responde, precisamente, por aquilo que declarou no instrumento da fiança.

5. Porém, independentemente das disposições contratuais, é reconhecida a faculdade do fiador de, no período de prorrogação contratual, promover notificação resilitória, nos moldes do disposto no art. 835 do Código Civil.

6. Recurso especial não provido.

(REsp 1253411/CE, Rel. Ministro LUIS FELIPE SALOMÃO, SEGUNDA SEÇÃO, julgado em 24/06/2015, DJe 04/08/2015)

QUESTÕES DE CONCURSO RELACIONADAS

1. (FGV - 2024 - Prefeitura de Macaé - RJ - Procurador) Paulo Henrique, casado com Lúcia pelo regime da comunhão parcial de bens, prestou fiança em um contrato de locação comercial de José Carlos, seu amigo de infância, em 2015.

O contrato tinha cláusula de vigência de 3 anos e, também, cláusula expressa responsabilizando o fiador até a efetiva entrega das chaves, sem renúncia ao benefício de ordem ou fixação de solidariedade. Findo o prazo de 3 anos, José Carlos continuou a ocupar o imóvel sem oposição do locador, prorrogando o contrato por tempo indeterminado.

Em 2020, Paulo Henrique envia uma notificação extrajudicial ao locador, informando que, a partir daquela data, estava se exonerando da fiança. Três meses depois, José Carlos deixou de pagar os aluguéis, e o locador ingressou com ação de cobrança contra o locatário e o fiador. De pronto, Paulo Henrique alegou que estava exonerado da fiança, conforme notificação extrajudicial encaminhada. Já o locador responde que nunca recebeu qualquer notificação e Paulo Henrique descobre que, de fato, a notificação havia sido extraviada em razão dele ter indicado o endereço errado.

Diante da situação hipotética narrada e com base na legislação vigente e no entendimento do Superior Tribunal de Justiça, analise as afirmativas a seguir.

I. Paulo Henrique está exonerado da fiança, pois enviou notificação extrajudicial ao credor e, também, porque a sua responsabilidade só perdura por sessenta dias após a notificação, independentemente do efetivo recebimento da notificação pelo do credor.

II. Paulo Henrique não está exonerado da fiança, pois o credor não recebeu a notificação, mas pode exigir, até a contestação da lide, que sejam primeiro executados os bens do devedor.

III. Paulo Henrique não está exonerado da fiança, pois o credor não recebeu a notificação, mas não será obrigado a pagar, pois a falta de outorga implica a ineficácia total da garantia.

Está correto o que se afirma em

A) I, apenas.

B) I e II, apenas.

C) I e III, apenas.

D) II e III, apenas.

E) I, II e III.

Gabarito: C.

2. (Avança SP - 2024 - Câmara de Americana - SP - Procurador Jurídico) A respeito do contrato de fiança, é CORRETO o que se afirma em:

A) Poderá ser estipulado na forma verbal.

B) Admite interpretação extensiva.

C) Poderá ser estipulado ainda que sem consentimento do devedor ou contra a sua vontade.

D) Não poderá ser de valor inferior ao da obrigação principal.

E) As dívidas futuras não poderão ser objeto de fiança.

Gabarito: C.

3. (Instituto Consulplan - 2024 - Câmara de Maria da Fé - MG - Procurador Legislativo – adaptada)
A fiança é um instrumento de garantia creditícia autônoma, típica dos títulos de crédito, a qual não comporta cláusulas de limitação ou de condições.

Gabarito: Errado.

4. (VUNESP - 2024 - TJ-SP - Juiz Substituto)

Em relação ao contrato de fiança, assinale a alternativa correta.

A) O fiador pode compensar a sua dívida com a de seu credor ao afiançado.

B) Dívidas futuras não admitem fiança.

C) A constituição da fiança depende do consentimento do devedor.

D) A fiança conjuntamente prestada a um só débito por mais de uma pessoa importa o benefício da divisão, exceto se prevista solidariedade.

Gabarito: A.

5. (CESPE / CEBRASPE - 2023 - TCE-RJ - Procurador do Ministério Público)

Acerca dos aspectos atinentes às espécies de contratos previstas no Código Civil, julgue o item seguinte, à luz da jurisprudência do Superior Tribunal de Justiça.

No contrato de fiança, caso esta seja prestada sem o assentimento de um dos cônjuges, haverá ineficácia total da garantia.

Gabarito: Certo.

6. (VUNESP - 2023 - TJ-SP - Juiz Substituto)

Basílio emprestou R$ 30.000,00 para Marcela. Exigiu garantia fidejussória. O contrato foi assinado por Marcela e pelo fiador Joaquim. Marcela não pagou a dívida. Basílio ingressou com ação em face da devedora principal e do fiador. Considerando que Joaquim, no momento da contratação, omitiu que era casado com Maria, assinale a alternativa correta sobre o contrato de fiança, segundo a jurisprudência dominante e atual do Superior Tribunal de Justiça.

A) A fiança sem autorização do companheiro em união estável implica a ineficácia parcial da garantia. Não há, nesse caso, diferença de tratamento entre casamento e união estável.

B) A responsabilidade do fiador pode exceder a dívida principal atribuída ao afiançado e ser contraída em condições mais onerosas. E, não sendo limitada, compreenderá todos os acessórios da dívida principal, inclusive as despesas judiciais, desde a citação do devedor.

C) O fiador pode exonerar-se da fiança que tiver assinado sem limitação de tempo, sempre que lhe convier, ficando obrigado por todos os efeitos da sentença, durante 60 (sessenta) dias após a notificação do credor. Assim, dispensa-se o processo judicial, exigindo-se apenas a notificação. Essa regra do Código Civil se aplica igualmente às locações residenciais e não residenciais de imóveis urbanos, inclusive no que tange ao prazo para a exoneração da fiança.

D) A fiança prestada sem autorização de um dos cônjuges implica a ineficácia total da garantia, salvo se o fiador emitir declaração falsa para ocultar seu estado civil de casado.

Gabarito: D.

7. (Avança SP - 2021 - Câmara de Ribeirão Pires - SP - Procurador)

No que se refere à fiança prevista no Código Civil, analise os itens a seguir e, ao final, assinale a alternativa correta:

I – O terceiro que se compromete perante o credor se chama "fiador". II – Admite-se a fiança solidária. III – Trata-se de garantia pessoal, pois a garantia real ocorre quando um bem determinado é vinculado ao cumprimento da obrigação (penhor, hipoteca etc.).

Alternativas

A) Apenas o item I é verdadeiro.

B) Apenas o item II é verdadeiro.

C) Apenas o item III é verdadeiro.

D) Apenas os itens I e II são verdadeiros.

E) Todos os itens são verdadeiros.

Gabarito: E.

8. (INSTITUTO MAIS - 2021 - Prefeitura de Mairinque - SP - Procurador Jurídico do Município)

Sobre o contrato de fiança, de acordo com o Código Civil, assinale a alternativa correta.

A) É vedado estipular fiança sem consentimento do devedor ou contra a sua vontade.

B) Não sendo limitada, a fiança compreenderá todos os acessórios da dívida principal, inclusive as despesas judiciais, desde a citação do fiador.

C) O fiador poderá exonerar-se da fiança que tiver assinado sem limitação de tempo, ficando obrigado por todos os efeitos da fiança, durante noventa dias, após a notificação do credor.

D) A fiança dar-se-á por escrito, admitindo-se a interpretação extensiva, e as dívidas futuras não podem ser objeto de fiança.

Gabarito: B.

QUESTÃO 2

(BANCA PRÓPRIA - PGE/SP - PROCURADOR DO ESTADO - 2024)

O Estado da Federação X, após regular processo administrativo de contratação direta, iniciou os procedimentos necessários para a compra do imóvel objeto da matrícula no XXX, de propriedade de Caio. Este estava fora do Brasil, razão pela qual quem se apresentou para subscrever a escritura pública de venda do imóvel objeto da matrícula no XXX foi Tício, como representante convencional de Caio. Tício apresentou um instrumento de mandato, por prazo indeterminado, formalizado por meio de escritura pública lavrada há 20 (vinte) anos que o autorizava a alienar todos os bens imóveis de Caio. Considerando que o contrato de mandato firmado entre Caio e Tício atendia, na época em que firmado, a todos os requisitos de existência, validade e eficácia, indaga-se:

a) **O instrumento de mandato (procuração), para o caso hipotético, tem prazo máximo de vigência? O Código Civil prevê caso(s) em que a procuração tem prazo máximo de vigência? Justifique de forma fundamentada.**

b) **Conceitue e diferencie os denominados "poderes expressos" e os "poderes especiais" de um mandato. A procuração apresentada no caso hipotético descrito poderia ser aceita para a compra do imóvel, tendo em vista o entendimento atual do Superior Tribunal de Justiça? Justifique de forma fundamentada.**

QUESTÃO 2

✐ ESPAÇO PARA RESPOSTA (30 LINHAS)

▶ RESPOSTA DO AUTOR

O CC, em seu art. 682, prevê diferentes hipóteses de extinção do mandato, especificamente no inciso IV, afirma que esse terá vigência até o seu exaurimento, ou seja, até o esgotamento de seu objeto. Além disso, informa também que são causas de extinção do mandato a revogação, a renúncia, morte ou interdição das partes, mudança de estado que inabilite o mandante ou o mandatário e o término do prazo. Apesar dessa previsão, excepcionalmente, é possível que, de forma expressa e através de Lei, seja estipulado um prazo máximo de validade da procuração. É o que ocorre no próprio CC, no art. 1.542, § 3º, o qual pronuncia que o mandato tem validade máxima de 90 dias (noventa) nos casos de casamento.

Os poderes outorgados através de mandato, em regra, são os poderes de administração, conforme art. 661, caput. A definição de poderes gerais decorre da exclusão do conceito trazido no art. 661, §1º, portanto, são aqueles que não exorbitem da administração ordinária. Quanto aos poderes específicos, previstos no §1º, são a possibilidade de alienar, hipotecar, transigir, ou praticar outros atos que exorbitem da administração ordinária, os quais dependem de procuração de poderes especiais e expressos. Ressalta-se que os poderes expressos são aqueles que indicam de forma explícita os poderes que serão outorgados, enquanto que os poderes especiais particularizam e individualizam o negócio jurídico.

Na situação narrada, a procuração constitui instrumento para alienar todos os bens imóveis de Caio. Por se tratar de alienação de bem imóvel, deveria conter os poderes especiais e expressos, havendo a indicação específica do objeto do negócio. Nesse caso, o STJ entende que a procuração deve atender ao requisito da especialidade, decorrente do art. 661, §1º, do CC, sendo que a previsão de outorga de poderes de alienação de quaisquer imóveis em todo o território nacional não supre tal requisito, uma vez que se exige a referência e determinação dos bens concretamente mencionados na procuração. Desse modo, a procuração apresentada por Tício não poderia ter sido aceita para a compra do imóvel.

▶ PADRÃO DE RESPOSTA DA BANCA

a) O mandato, outorgado por prazo indeterminado, tem vigência até o esgotamento do seu objeto (artigo 682, I, do Código Civil) ou em razão da ocorrência de alguma das causas de revogação previstas no artigo 682 do Código Civil). Entretanto, a legislação poderá, de forma expressa, estipular o prazo máximo de validade da procuração. Para o casamento, o Código Civil, no artigo 1.542, § 3º , prevê que o mandato tem validade máxima de 90 (noventa) dias.

b) O § 1º do art. 661 do Código Civil, in fine, menciona os poderes especiais e expressos. Os poderes expressos identificam, de forma explícita (não implícita ou tácita), exatamente qual o poder conferido (por exemplo, o poder de vender). Já os poderes serão especiais quando determinados, particularizados, individualizados os negócios para os quais se faz a outorga (por exemplo, o poder de vender tal ou qual imóvel). Segundo entendimento do Superior Tribunal de Justiça, o mandato que tenha por objeto a venda de todos os imóveis do mandante não atende ao requisito da especialidade. Conforme decidiu o Superior Tribunal de Justiça "a outorga de poderes de alienação de 'quaisquer imóveis em todo o território nacional' não supre o requisito de especialidade exigido por lei que, como anteriormente referido, exige referência e determinação dos bens concretamente mencionados na procuração"

▶ DOUTRINA TEMÁTICA

> "De acordo com este dispositivo, opera-se ou se constitui o mandato quando alguém, denominado mandatário, recebe de outrem, denominado mandante, poderes para, em nome deste, praticar atos ou administrar interesses. O mandante transfere poderes ao

mandatário, cujo contrato poderá ostentar objeto extremamente amplo ("praticar atos ou administrar interesses").

O mandatário, em regra, de acordo com esse dispositivo, age em nome e no interesse do mandante. Portanto, o mandato geralmente retrata e materializa representação (atuação jurídica em nome de outrem), embora seja possível o contrato de mandato sem que haja representação e até a representação fora do âmbito do contrato de mandato. Em regra, até por conta da definição de mandato dada pelo art. 653 do CC, o mandato é associado à representação." (CARNACCHIONI, 2024, p. 865)

"De acordo com o art. 660 do CC, o mandato pode ser especial a um ou mais negócios "determinadamente", ou seja, a um ou vários negócios devidamente especificados e, por isso, os poderes são limitados.

O mandato geral ou em termos gerais, por seu turno, apenas confere poderes gerais de administração. Não há possibilidade de disposição de direitos em nome do mandante, mas apenas a gestão dos negócios e interesses deste. O mandato geral é restrito a atos de administração. O art. 661, caput, dispõe que "o mandato em termos gerais só confere poderes de administração".

Tepedino define "atos de mera administração" como sendo aqueles atos "necessários e suficientes a conservar determinados bens ou patrimônio, sem implicar a alteração de sua medida ou substância". Portanto, os poderes gerais de administração correspondem, tão somente, aos poderes de administração ordinária, de conservação de direitos e interesses, sem que haja qualquer individualização ou especialização.

Se o mandatário for praticar qualquer ato ou negócio que esteja fora do âmbito da simples administração de interesses, deverá ter poderes especiais para tanto. Nesse sentido é o § 1º do art. 661: "Para alienar, hipotecar, transigir, ou praticar outros quaisquer atos que exorbitem da administração ordinária, depende a procuração de poderes especiais e expressos"." (CARNACCHIONI, 2024, p. 868)

"VI) Quanto aos poderes conferidos:

a) Mandato geral – há outorga de todos os direitos que tem o mandante. Prevê o art. 661, caput, do CC que o mandato em termos gerais só confere poderes para a prática de atos de administração.

b) Mandato especial – engloba determinados direitos, estando, por isso, restrito aos atos ou negócios especificados expressamente no mandato. Para alienar, hipotecar, transigir ou praticar outros atos que exorbitem a administração ordinária, há necessidade de procuração com poderes especiais e expressos (art. 661, § 1.º, do CC). Quanto ao poder de transigir, este não implica o poder de firmar compromisso de arbitragem (art. 661, § 2.º, do CC). Preconiza o Enunciado n. 183 do CJF/STJ, da III Jornada de Direito Civil, que, "para os casos em que o parágrafo primeiro do art. 661 exige poderes especiais, a procuração deve conter a identificação do objeto". Ilustrando a aplicação do dispositivo e do enunciado doutrinário, no caso de doação, a jurisprudência do Superior Tribunal de Justiça entende que, "diante da solenidade que a doação impõe, em razão da disposição de patrimônio que acarreta, somente o mandatário munido de poderes especiais para o ato é que pode representar o titular do bem a ser doado. Assinale-se que a doutrina e a jurisprudência brasileiras têm admitido a doação por procuração, desde que o doador cuide de especificar o objeto da doação e o beneficiário do ato (donatário). A propósito, o STJ já exarou o entendimento de que o animus donandi materializa-se pela indicação expressa do bem e do beneficiário da liberalidade, razão por que é insuficiente a cláusula que confere poderes genéricos para a doação (REsp 503.675/SP, Terceira Turma, DJ 27/6/2005)" (STJ, REsp 1.575.048/SP, Rel. Min. Marco Buzzi, j. 23.02.2016, DJe 26.02.2016)." (TARTUCE, 2024, p. 776)

"• Art. 682, inciso IV (pelo término do prazo ou pela conclusão do negócio)

Por fim, se o mandato for por prazo determinado, o término do prazo levará à extinção do mandato. Por outro lado, seja por prazo determinado ou indeterminado, se o mandato é celebrado com o objetivo e a finalidade de realização de negócio específico, celebrado e concretizado o negócio objeto do mandato, este contrato também será extinto." (CARNACCHIONI, 2024, p. 875)

"Quanto ao tempo, trata-se de um contrato de duração, que se cumpre por meio de atos reiterados. Tal duração pode ser determinada ou indeterminada, na medida em que haja ou não previsão expressa de termo final ou condição resolutiva a limitar a eficácia do contrato." (GAGLIANO e PAMPLONA, 2024, p. 540)

"O mandato é um contrato tipicamente de duração, cuja possibilidade de resilição unilateral é prerrogativa inerente a qualquer das partes.

A resilição unilateral, quando de iniciativa do mandatário, é chamada de renúncia, uma vez que importa em abdicar dos poderes outorgados pelo mandante.

Quando a resilição unilateral parte do mandante, fala-se em revogação do mandato, o que, como visto, é o exercício de uma prerrogativa própria da relação contratual.

Assim, a revogabilidade é a regra, e apenas por exceção é estabelecida e admitida a irrevogabilidade do mandato." (GAGLIANO e PAMPLONA, 2024, p. 553)

▸ JURISPRUDÊNCIA TEMÁTICA

DIREITO CIVIL. RECURSO ESPECIAL. AÇÃO DECLARATÓRIA DE NULIDADE DE ESCRITURA PÚBLICA DE COMPRA E VENDA DE IMÓVEL. PROCURAÇÃO. OUTORGA DE PODERES EXPRESSOS PARA ALIENAÇÃO DE TODOS OS BENS DO OUTORGANTE. NECESSIDADE DE OUTORGA DE PODERES ESPECIAIS.

1. Ação declaratória de nulidade de escritura pública de compra e venda de imóvel cumulada com cancelamento de registro, tendo em vista suposta extrapolação de poderes por parte do mandatário.

2. Ação ajuizada em 16/07/2013. Recurso especial concluso ao gabinete em 10/09/2019. Julgamento: CPC/2015.

3. O propósito recursal é definir se a procuração que estabeleceu ao causídico poderes "amplos, gerais e ilimitados (...) para 'vender, permutar, doar, hipotecar ou por qualquer forma alienar o(s) bens do(a)(s) outorgante(s)'" atende aos requisitos do art. 661, § 1º, do CC/02, que exige poderes especiais e expressos para tal desiderato.

4. Nos termos do art. 661, § 1º, do CC/02, para alienar, hipotecar, transigir, ou praticar quaisquer atos que exorbitem da administração ordinária, depende a procuração de poderes especiais e expressos.

5. Os poderes expressos identificam, de forma explícita (não implícita ou tácita), exatamente qual o poder conferido (por exemplo, o poder de vender). Já os poderes serão especiais quando determinados, particularizados, individualizados os negócios para os quais se faz a outorga (por exemplo, o poder de vender tal ou qual imóvel).

6. No particular, de acordo com o delineamento fático feito pela instância de origem, embora expresso o mandato – quanto aos poderes de alienar os bens do outorgante – não se conferiu ao mandatário poderes especiais para alienar aquele determinado imóvel.

7. A outorga de poderes de alienação de todos os bens do outorgante não supre o requisito de especialidade exigido por lei que prevê referência e determinação dos bens concretamente mencionados na procuração.

8. Recurso especial conhecido e provido.

(RECURSO ESPECIAL Nº 1.836.584 - MG (2019/0266544-2) de 13/02/2020), Ministra Relatora Nancy Andrighi)

DIREITO CIVIL. RECURSO ESPECIAL. AÇÃO DECLARATÓRIA. PREQUESTIONAMENTO. AUSÊNCIA. SÚMULA 282/STF. PROCURAÇÃO. OUTORGA DE PODERES EXPRESSOS PARA ALIENAÇÃO DE QUAISQUER IMÓVEIS EM TODO O TERRITÓRIO NACIONAL. NECESSIDADE DE OUTORGA DE PODERES ESPECIAIS.

1. Ação declaratória, por meio da qual se objetiva a declaração de nulidade de procuração pública outorgada ao recorrido e, via de consequência, da alienação de imóvel realizado pelo causídico com sufrágio neste mandato.

2. Ação ajuizada em 16/04/2007. Recurso especial concluso ao gabinete em 13/11/2017. Julgamento: CPC/2015.

3. O propósito recursal é definir se a procuração que estabeleceu ao causídico poderes para alienar "quaisquer imóveis localizados em todo o território nacional" atende aos requisitos do art. 661, § 1º, do CC/02, que exige poderes especiais e expressos para tal desiderato.

4. Nos termos do art. 661, § 1º, do CC/02, para alienar, hipotecar, transigir, ou praticar quaisquer atos que exorbitem da administração ordinária, depende a procuração de poderes especiais e expressos.

5. Os poderes expressos identificam, de forma explícita (não implícita ou tácita), exatamente qual o poder conferido (por exemplo, o poder de vender). Já os poderes serão especiais quando determinados, particularizados, individualizados os negócios para os quais se faz a outorga (por exemplo, o poder de vender tal ou qual imóvel).

6. No particular, de acordo com o delineamento fático feito pela instância de origem, embora expresso o mandato - quanto aos poderes de alienar quaisquer imóveis localizados em todo território nacional - não se conferiu ao mandatário poderes especiais para alienar aquele determinado imóvel.

7. A outorga de poderes de alienação de "quaisquer imóveis em todo o território nacional' não supre o requisito de especialidade exigido por lei que, como anteriormente referido, exige referência e determinação dos bens concretamente mencionados na procuração.

8. Recurso especial parcialmente conhecido e, nessa extensão, provido.

(REsp 1814643/SP, Rel. Ministra NANCY ANDRIGHI, TERCEIRA TURMA, julgado em 22/10/2019, DJe 28/10/2019)

QUESTÕES DE CONCURSO RELACIONADAS

1. (FCC, 2024, TRF 3ª REGIÃO, Analista Judiciário - Área Judiciária) De acordo com o Código Civil, o mandato

A) presume-se oneroso sempre que as partes não estipularem retribuição.

B) outorgado por instrumento público não pode ser substabelecido por instrumento particular, mas o contrário é permitido.

C) não poderá ser aceito tacitamente, exceto para evitar ao mandante dano grave.

D) pode ser verbal, exceto quando o ato deva ser celebrado por escrito.

E) em termos gerais não confere poderes de administração, que dependem de previsão expressa.

Gabarito: D.

2. (Avança SP - 2024 - Prefeitura de Guarulhos - SP - Procurador(a) do Município) Com relação ao mandato, assinale a opção correta:

A) conferido o mandato com a cláusula "em causa própria", a sua revogação unilateral terá eficácia e se dará a sua extinção pela morte de qualquer das partes.

B) procuração e mandato são institutos de naturezas jurídicas diversas: a procuração é negócio jurídico unilateral; o mandato, contrato que é, apresenta-se como negócio jurídico bilateral.

C) a procuração em causa própria pode ser considerada título translativo de propriedade.

D) o mandato em termos gerais confere poderes de administração, podendo alienar, hipotecar, transigir, ou praticar quaisquer outros atos da administração ordinária, independe de procuração de poderes especiais e expressos. O poder de transigir não importa o de firmar compromisso.

E) quando o código civil diz que a procuração é o instrumento do mandato, indica que a procuração é a forma substancial do mandato, evidenciando que a procuração e o mandato devem necessariamente conter os mesmos poderes, sob pena de nulidade de ambos.

Gabarito: B.

3. (FGV - 2024 - Câmara dos Deputados - Analista Legislativo Consultoria - Consultor Legislativo - Área V (Reaplicação)) Atílio, despachante na pequena cidade de Rio das Flores, foi contratado por Rui, residente na capital, para resolver com urgência uma pendência administrativa que o estava impedindo de alienar terras que detinha naquela região. Pelo contrato, em troca da remuneração de R$ 5.000,00, Atílio deveria comparecer à Prefeitura para levar a documentação comprobatória da inexistência de débitos municipais relativos ao imóvel e assim obter, em até três dias, a esperada certidão negativa que faltava para a alienação do imóvel. Atílio incumbiu seu assistente, Josimar, de executar a tarefa, embora nem o contrato firmado entre Rui e Atílio, nem a procuração dada por aquele a este, fizesse qualquer menção à possibilidade de substabelecimento. Ocorre que Josimar foi assaltado no trajeto para a Prefeitura, tendo-lhe sido roubada a pasta que continha os documentos, o que inviabilizou a obtenção da certidão no prazo pretendido.

Diante disso,

A) Atílio e Josimar serão responsáveis solidariamente perante Rui, pois o substabelecimento, na falta de autorização, deve ser reputado ineficaz.

B) Atílio e Josimar serão responsáveis perante Rui, porque o substabelecimento não autorizado os torna responsáveis até mesmo por caso fortuito.

C) Josimar será diretamente responsável perante Rui, se houve culpa da sua parte, enquanto Atílio somente seria responsável se tivesse agido com culpa própria na escolha de Josimar ou nas instruções que deu a ele.

D) Atílio será responsável perante Rui pelos prejuízos sofridos se Josimar tiver agido com culpa por ocasião do assalto.

E) não há responsabilidade de Atílio nem de Josimar, pois o assalto configura força maior e risco da atividade contratada por Rui.

Gabarito: D.

QUESTÃO 3

(BANCA PRÓPRIA - PGE/SP - PROCURADOR DO ESTADO - 2024)

Houve uma invasão, por movimentos sociais de trabalhadores sem terra, de extensa área ocupada por produtores rurais.

Estes ajuizaram ação possessória contra os invasores. O Estado da Federação X interveio no processo, apresentando oposição sob o fundamento de que a área era de domínio público estadual, conforme decisões judiciais proferidas em ações discriminatórias e demarcatórias, transitadas em julgado, registradas em cartório de registro de imóveis, constando das matrículas da área a propriedade do Estado da Federação X.

Acerca do caso apresentado:

a) **Conceitue e diferencie o denominado *ius possidendi* do *ius possessionis*.**

b) **Conceitue a denominada *exceptio dominii*, bem como discorra sobre sua disciplina legal e entendimento jurisprudencial.**

Explique se, em razão do entendimento do Superior Tribunal de Justiça, seria cabível a intervenção do Estado numa ação possessória ajuizada entre particulares sob o fundamento de ser o proprietário da área.

QUESTÃO 3

ESPAÇO PARA RESPOSTA (30 LINHAS)

▸ RESPOSTA DO AUTOR

O ius possidendi significa direito à posse que decorre da propriedade, ou seja, a base dessa posse é a propriedade e confere ao proprietário o direito à posse de um bem que é objeto de seu domínio. É também considerado pela doutrina como direito à posse. Por outro lado, o ius possessionis é um direito que decorre da posse, unicamente, não se vinculando à propriedade, sendo tratado pela doutrina como direito de posse ou posse natural. Assim, o possuidor pode exercer os direitos sobre a coisa, ou seja, é o poder sobre a coisa que confere a possibilidade de defesa através das ações possessórias.

A exceptio dominii, também chamada de exceção domínio ou exceptio proprietatis, é uma espécie de defesa na qual se alega domínio de um bem em uma ação possessória. A regra no ordenamento jurídico é pela proibição da alegação da exceptio dominii, conforme o art. 557 do CPC, o qual afirma que é vedado na pendência de uma ação possessória propor ação de reconhecimento do domínio, exceto se a pretensão for deduzida em face de terceira pessoa. Diante disso, infere-se que o CPC possui uma exceção à vedação, qual seja, a pessoa que não seja parte na ação possessória. Ademais, esse entendimento é excepcionado também pela súmula nº 637 do STJ, não se aplicando o art. 557, no tocante aos bens públicos. Nesse sentido, o ente público detém legitimidade e interesse para intervir na ação possessória entre particulares de forma incidental, podendo deduzir qualquer matéria defensiva, inclusive, se for o caso, o domínio.

▸ PADRÃO DE RESPOSTA DA BANCA

a) O denominado ius possidendi é o direito que o ordenamento jurídico confere ao proprietário de obter a posse do bem objeto do domínio. É o direito à posse em razão do direito de propriedade. O ius possidendi é o fundamento das pretensões a serem veiculadas mediante o ajuizamento de ações petitórias. Diferentemente, o ius possessionis é o direito que decorre da posse. O possuidor, independentemente da existência de eventual direito de real ou pessoal, pelo exercício da posse, possui direito de a manter e de a reaver. O ius possessionis é o fundamento das pretensões a serem veiculadas mediante o ajuizamento de ações possessórias.

b) A exceptio domini é a alegação de propriedade no âmbito de uma ação possessória. Trata-se de instituto que era previsto no Código Civil de 1916 e em Súmula do Supremo Tribunal Federal. A princípio, a exceptio domini foi vedada pelo atual ordenamento jurídico, prestigiando a autonomia da posse em relação à propriedade. Assim, não poderia, em regra, num juízo possessório, haver discussão sobre a propriedade da área. Entretanto, em relação aos bens públicos, o Superior Tribunal de Justiça tem o entendimento de que "a posse, pelo Estado, sobre bens públicos, notadamente quando se trata de bens dominicais, dá-se independentemente da demonstração do poder de fato sobre a coisa". Tal entendimento culminou na edição da Súmula no 637 cujo enunciado dispõe que "o ente público detém legitimidade e interesse para intervir, incidentalmente, na ação possessória entre particulares, podendo deduzir qualquer matéria defensiva, inclusive, se for o caso, o domínio." Assim, seria cabível a intervenção do Estado na causa.

▸ DOUTRINA TEMÁTICA

> "Mantendo relação com a última classificação, surgem os conceitos de ius possidendi e ius possessionis. A partir das lições de Washington de Barros Monteiro, o ius possidendi é o direito à posse que decorre de propriedade; enquanto o ius possessionis é o direito que decorre exclusivamente da posse. Fazendo o paralelo, pode-se dizer que no ius

possidendi há uma posse com título, estribada na propriedade. No ius possessionis, há uma posse sem título, que existe por si só. Ainda, é pertinente apontar que alguns autores falam em posse natural no caso de posse sem título e posse civil ou jurídica se ela estiver estribada em título determinado." (TARTUCE, 2024, p. 888).

Manteve-se, contudo, a regra geral de que não obsta à manutenção ou à reintegração de posse a alegação de propriedade ou de outro direito sobre a coisa, entre as partes, na linha do que consta do art. 1.210, § 2.º, do CC/2002. O novo dispositivo processual confirma, portanto, que a alegação de exceção de domínio (exceptio proprietatis) não basta para a improcedência da ação possessória.

Conservou-se também, nesse contexto, a inviabilidade da alegação de domínio, ou de propriedade, em sede de ação possessória, ou seja, há uma divisão entre os juízos possessório (em que se discute a posse) e petitório (em que se discute a propriedade). Cabe reafirmar, contudo, que, havendo pleitos em face de terceiros, caberá o debate relativo à propriedade dentro de uma ação possessória. A título de exemplo, pode ser mencionado o caso em que o imóvel objeto de uma reintegração de posse é invadido por um terceiro, podendo qualquer uma das partes dirigir um pedido petitório em face desse terceiro.

Nessa linha de raciocínio quanto à regra geral, o Enunciado n. 78, aprovado na I Jornada de Direito Civil, já estabelecia que, "tendo em vista a não recepção, pelo novo Código Civil, da exceptio proprietatis (art. 1.210, § 2.º) em caso de ausência de prova suficiente para embasar decisão liminar ou sentença final ancorada exclusivamente no ius possessionis, deverá o pedido ser indeferido e julgado improcedente, não obstante eventual alegação e demonstração de direito real sobre o bem litigioso".

Mais do que isso arrematava o Enunciado n. 79, da mesma I Jornada: "a exceptio proprietatis, como defesa oponível às ações possessórias típicas, foi abolida pelo Código Civil de 2002, que estabeleceu a absoluta separação entre os juízos possessório e petitório". Em outras palavras, a ação possessória é a via adequada para a discussão da posse, enquanto a ação petitória é a via adequada para a discussão da propriedade e do domínio, não sendo possível embaralhar as duas vias. Conforme as lições de Paulo Lôbo, "posse é posse. Propriedade é propriedade. A primeira é relação de fato, a segunda, relação de direito".

Pode-se afirmar, em conclusão, que já se encontrava prejudicada, pelo menos em parte, a redação da Súmula 487 do STF, pela qual "será deferida a posse a quem, evidentemente, tiver o domínio, se com base neste for ela disputada". Ora, reafirme-se que não é possível debater a posse em ação de discussão do domínio. (TARTUCE, 2024, p. 899).

"Nesse contexto, indagamos: o que se entende por exceção de domínio?

"A doutrina e a legislação", ensina CARLOS ROBERTO GONÇALVES, "têm buscado, ao longo dos anos, a separação entre o possessório e o petitório. A teor dessa concepção, no juízo possessório não adianta alegar o domínio porque só se discute posse. Por outro lado, no juízo petitório a discussão versa sobre o domínio, sendo secundária a QUESTÃO daquela. Atualmente, o art. 557 do Código de Processo Civil de 2015 tem a seguinte redação: 'Na pendência de ação possessória é vedado, tanto ao autor quanto ao réu, propor ação de reconhecimento do domínio, exceto se a pretensão for deduzida em face de terceira pessoa'. Explicita o legislador, na parte final do dispositivo, que a vedação só prevalece se houver identidade de partes nas duas ações; não, portanto, se a ação de reconhecimento do domínio for intentada em face de terceira pessoa. Com o advento do Código Civil de 2002 ficou evidenciada, de modo irrefragável, a extinção da exceção do domínio em nosso sistema, pois esse diploma não contempla a possibilidade de se arguir a exceptio proprietatis, limitando-se a proclamar, no art. 1.210, § 2º: 'Não obsta à manutenção ou reintegração na posse a alegação de propriedade, ou de outro direito sobre a coisa'".

O ilustre autor, todavia, complementa que, visando a evitar abusos, excepcionalmente se admite a exceção de domínio, quando a posse é disputada com base no próprio título de propriedade." (GAGLIANO e PAMPLONA, 2024, p. 777)

▸ JURISPRUDÊNCIA TEMÁTICA

"É cabível o ajuizamento de ações possessórias por parte de invasor de terra pública contra outros particulares. Inicialmente, salienta-se que não se desconhece a jurisprudência do STJ no sentido de que a ocupação de área pública sem autorização expressa e legítima do titular do domínio constitui mera detenção (REsp 998.409DF, Terceira Turma, DJe 03.11.2009). Contudo, vislumbra-se que, na verdade, isso revela QUESTÃO relacionada à posse. Nessa ordem de ideias, ressalta-se o previsto no art. 1.198 do CC, in verbis: 'Considera-se detentor aquele que, achando-se em relação de dependência para com outro, conserva a posse em nome deste e em cumprimento de ordens ou instruções suas'. Como se vê, para que se possa admitir a relação de dependência, a posse deve ser exercida em nome de outrem que ostente o jus possidendi ou o jus possessionis. Ora, aquele que invade terras públicas e nela constrói sua moradia jamais exercerá a posse em nome alheio, de modo que não há entre ele e o ente público uma relação de dependência ou de subordinação e, por isso, não há que se falar em mera detenção. De fato, o animus domni é evidente, a despeito de ele ser juridicamente infrutífero. Inclusive, o fato de as terras serem públicas e, dessa maneira, não serem passíveis de aquisição por usucapião, não altera esse quadro. Com frequência, o invasor sequer conhece essa característica do imóvel. Portanto, os interditos possessórios são adequados à discussão da melhor posse entre particulares, ainda que ela esteja relacionada a terras públicas" (STJ, REsp 1.484.304/DF, Rel. Min. Moura Ribeiro, j. 10.03.2016, DJe 15.03.2016).

DIREITO CIVIL E PROCESSUAL CIVIL. RECURSO ESPECIAL. NEGATIVA DE PRESTAÇÃO JURISDICIONAL. INOCORRÊNCIA. AÇÃO DE MANUTENÇÃO DE POSSE DE IMÓVEL. PENDÊNCIA. AJUIZAMENTO DE AÇÃO DE IMISSÃO NA POSSE PELO PROPRIETÁRIO. INADMISSIBILIDADE. NATUREZA PETITÓRIA. ART. 557 DO CPC/15. EXTINÇÃO SEM RESOLUÇÃO DO MÉRITO. PEDIDO POSSESSÓRIO. APLICAÇÃO DO DIREITO À ESPÉCIE. REQUISITOS. COMPROVAÇÃO. PROCEDÊNCIA.

1. Ação de manutenção de posse ajuizada em 12/01/2018 e ação de imissão na posse ajuizada em 05/03/2018. Recurso especial interposto em 25/10/2019 e concluso ao Gabinete em 22/10/2020. Julgamento:

Aplicação do CPC/2015.

2. O propósito recursal consiste em dizer, para além da negativa de prestação jurisdicional, acerca da viabilidade de ajuizamento de ação de imissão na posse de imóvel, na pendência de ação possessória envolvendo o mesmo bem.

3. Não ocorre violação dos arts. 489 e 1.022 do CPC/15 na hipótese em que o Tribunal de origem, aplicando o direito que entende cabível à hipótese, soluciona integralmente a controvérsia submetida à sua apreciação, ainda que de forma diversa daquela pretendida pela parte.

4. Nos termos do art. 557 do CPC/15, "na pendência de ação possessória é vedado, tanto ao autor quanto ao réu, propor ação de reconhecimento do domínio, exceto se a pretensão for deduzida em face de terceira pessoa".

5. A proibição do ajuizamento de ação petitória enquanto pendente ação possessória não limita o exercício dos direitos constitucionais de propriedade e de ação, mas vem ao propósito da garantia constitucional e legal de que a propriedade deve cumprir a sua função social, representando uma mera condição suspensiva do exercício do direito de ação fundada na propriedade.

6. Apesar de seu nomen iuris, a ação de imissão na posse é ação do domínio, por meio da qual o proprietário, ou o titular de outro direito real sobre a coisa, pretende obter a posse nunca exercida.

Semelhantemente à ação reivindicatória, a ação de imissão funda-se no direito à posse que decorre da propriedade ou de outro direito real (jus possidendi), e não na posse em si mesmo considerada, como uma situação de fato a ser protegida juridicamente contra atentados praticados por terceiros (jus possessionis).

7. A ação petitória ajuizada na pendência da lide possessória deve ser extinta sem resolução do mérito, por lhe faltar pressuposto negativo de constituição e de desenvolvimento válido do processo.

8. Demonstrados os requisitos do art. 561 do CPC/2015, é de rigor a procedência do pedido de manutenção de posse. Aplicação do direito à espécie, na forma do art. 255, 5º, do RISTJ.

9. Recurso especial conhecido e provido.

Súmula 619-STJ: A ocupação indevida de bem público configura mera detenção, de natureza precária, insuscetível de retenção ou indenização por acessões e benfeitorias.

Súmula 637-STJ: O ente público detém legitimidade e interesse para intervir, incidentalmente, na ação possessória entre particulares, podendo deduzir qualquer matéria defensiva, inclusive, se for o caso, o domínio.

QUESTÕES DE CONCURSO RELACIONADAS

1. (CESPE / CEBRASPE - 2024 - TC-DF - Procurador) A respeito da pessoa jurídica, dos direitos reais, da posse e dos atos unilaterais, julgue o item subsequente, considerando o Código Civil e, no que couber, o entendimento jurisprudencial dos tribunais superiores.

O particular que, ao ocupar área pública, houver nela realizado benfeitorias úteis faz jus à indenização por tais benfeitorias se as tiver empreendido em boa-fé.

Gabarito: Errado.

2. (FGV - 2024 - Câmara Municipal de São Paulo - SP - Procurador Legislativo) Alice Maravilha e Tom Coelho disputam judicialmente a posse de um terreno em ação de reintegração de posse proposta por Alice. O município onde se localiza o referido imóvel ingressou incidentalmente na ação, alegando que o imóvel é de propriedade do município.

A respeito da situação hipotética narrada, assinale a afirmativa correta.

A) O ente municipal não tem legitimidade e interesse para intervir, pois se trata de ação possessória entre particulares, devendo propor ação autônoma.

B) Na pendência de ação possessória é vedado a qualquer interessado propor ação de reconhecimento do domínio.

C) O ente municipal tem legitimidade e interesse para intervir, incidentalmente, na ação possessória entre particulares, podendo deduzir qualquer matéria defensiva, exceto o domínio, por se tratar de ação em que se discute a posse.

D) Será deferida a posse a quem, evidentemente, tiver o domínio, se com base neste for ela disputada.

E) O ente municipal tem legitimidade e interesse para intervir, incidentalmente, na ação possessória entre particulares, podendo deduzir qualquer matéria defensiva, inclusive, se for o caso, o domínio.

Gabarito: E.

QUESTÃO 4

(FCC - PGE/GO - Procurador do Estado - 2024)

A Lei de Introdução às Normas do Direito Brasileiro (Decreto-lei nº 4.657, de 04/12/1942) dispõe:

"Art. 6º A Lei em vigor terá efeito imediato e geral, respeitados o ato jurídico perfeito, o direito adquirido e a coisa julgada. (Redação dada pela Lei n° 3.238, de 1957)

[...]

§ 2º Consideram-se adquiridos assim os direitos que o seu titular, ou alguém por ele, possa exercer, como aqueles cujo começo do exercício tenha termo pré-fixo, ou condição pré-estabelecida inalterável, a arbítrio de outrem. (Incluído pela Lei n° 3.238, de 1957)

Art. 9º Para qualificar e reger as obrigações, aplicar-se-á a lei do país em que se constituírem.

[...]

§ 2º A obrigação resultante do contrato reputa-se constituída no lugar em que residir o proponente."

O Código Civil (Lei nº 10.406, de 10/01/2002) dispõe:

***Art. 121. Considera-se condição a cláusula que, derivando exclusivamente da vontade das partes, subordina o efeito do negócio jurídico a evento futuro e incerto."**

***Art. 125. Subordinando-se a eficácia do negócio jurídico à condição suspensiva, enquanto esta se não verificar, não se terá adquirido o direito, a que ele visa.**

"Art. 435. Reputar-se-á celebrado o contrato no lugar em que foi proposto."

Há contradição entre as disposições legais acima transcritas, respectivamente, da Lei de Introdução às Normas do Direito Brasileiro e do Código Civil? Fundamente a resposta e esclareça se houve revogação tácita daquelas disposições legais mais antigas pelas mais recentes.

QUESTÃO 4

ESPAÇO PARA RESPOSTA (30 LINHAS)

RESPOSTA DO AUTOR

Não há contradição entre as disposições da LINDB e o Código Civil, posto que ambas as normas coexistem no ordenamento de modo harmônico e complementar, além de que regulam situações distintas. A LINDB estabelece normas gerais para aplicação do Direito, sendo tratada pela doutrina como norma de sobredireito, uma vez que objetiva regulamentar outras normas, chamada também de leis sobre leis. Por outro lado, o Código Civil organiza e detalha as relações jurídicas no plano privado.

Também não há que se falar em revogação tácita. Segundo a LINDB, em seu art. 2º, a lei posterior revoga a anterior quando expressamente o declare, quando seja com ela incompatível ou quando regule inteiramente a matéria de que tratava a lei anterior, não sendo o caso entre o CC e a LINDB.

Em relação à condição, esta opera de forma retroativa. A condição suspensiva, enquanto elemento acidental do negócio jurídico, subordina a aquisição do direito à ocorrência de um evento futuro e incerto, de forma que, enquanto a condição suspensiva não se verificar, o direito pretendido não será adquirido, nos termos do art. 125 do CC. Porém, uma vez verificada a condição, os efeitos do negócio jurídico retroagem à data de sua celebração.

Por fim, o § 2º do artigo 9º da LINDB dispõe que "a obrigação resultante do contrato reputa-se constituída no lugar em que residir o proponente", ao passo que o CC estabelece no art. 435 que o contrato se reputa celebrado o contrato no lugar em que foi proposto. A expressão "residir" prevista na LINDB deve ser interpretada como um conceito distinto de moradia ou domicílio, sendo correta a atribuição ao sentido de "estar". Portanto, o lugar em que estava o proponente ou, onde foi feita a proposta é a interpretação que deve ser atribuída ao verbo "residir". Assim, a disposição da LINDB alinha-se ao CC não havendo contradição.

PADRÃO DE RESPOSTA DA BANCA

Não há contradição entre as normas legais referidas.

Não houve revogação tácita, por inexistir incompatibilidade, nem houve lei superveniente abarcando toda a matéria de que tratava a lei anterior.

A solução, no que diz respeito à condição, está em considerar que a condição opera retroativamente.

No § 2º do artigo 9º, a expressão residir significa estar e não tem o sentido comum de moradia. Assim, residir significa o mesmo que o lugar onde estava o proponente ou onde foi feita a proposta.

Será, também, parcialmente aceita a distinção segundo o âmbito nacional ou internacional do ajuste.

DOUTRINA TEMÁTICA

> "O art. 6º da LINDB retrata e reproduz esses pressupostos ao dispor que a lei em vigor (vigência) terá efeito imediato e geral, respeitados o ato jurídico perfeito, o direito adquirido e a coisa julgada. As situações jurídicas já consolidadas sob a vigência da lei antiga devem ser preservadas pela nova legislação. O ato jurídico perfeito é aquele já inteiramente consumado sob a vigência da lei ao tempo em que se concretizou.
>
> De acordo com o § 2º do art. 6º, consideram-se adquiridos assim os direitos que o seu titular, ou alguém por ele, possa exercer, como aqueles cujo começo do exercício tenha termo pré-fixo, ou condição preestabelecida inalterável, a arbítrio de outrem. (CARNACCHIONI, 2024, p. 4)

"O art. 6.º da Lei de Introdução, além de trazer regra semelhante pela qual "a lei nova terá efeito imediato e geral respeitados o ato jurídico perfeito, o direito adquirido e a coisa julgada", procura conceituar as categorias acima, da seguinte forma:

a) Direito adquirido: é o direito material ou imaterial incorporado no patrimônio de uma pessoa natural, jurídica ou ente despersonalizado. Pela previsão do § 2.º do art. 6.º da Lei de Introdução, "consideram-se adquiridos assim os direitos que o seu titular, ou alguém por ela, possa exercer, como aqueles cujo começo do exercício tenha tempo prefixo, ou condição preestabelecida inalterável, a arbítrio de outrem". Como exemplo pode ser citado um benefício previdenciário desfrutado por alguém.

b) Ato jurídico perfeito: é a manifestação de vontade lícita, emanada por quem esteja em livre disposição, e aperfeiçoada. De acordo com o que consta do texto legal (art. 6.º, § 1.º, Lei de Introdução), o ato jurídico perfeito é aquele consumado de acordo com lei vigente ao tempo em que se efetuou. Exemplo: um contrato anterior já celebrado e que esteja gerando efeitos.

c) Coisa julgada: é a decisão judicial prolatada, da qual não cabe mais recurso (art. 6.º, § 3.º, Lei de Introdução).

A partir desses conceitos, pode-se afirmar que o direito adquirido é o mais amplo de todos, englobando os demais, uma vez que tanto no ato jurídico perfeito quanto na coisa julgada existiriam direitos dessa natureza, já consolidados. Em complemento, a coisa julgada também deve ser considerada um ato jurídico perfeito, sendo o conceito mais restrito." (TARTUCE, 2024, p. 19)

Ao tratar das obrigações na Lei de Introdução há consagração da regra locus regit actum, aplicando-se as leis do local em que foram constituídas (art. 9.º). Dessa forma, exemplificando, para incidir a lei brasileira a um determinado negócio obrigacional, basta a sua celebração no território nacional. Os seus parágrafos trazem duas exceções. Inicialmente, tendo sido o contrato celebrado no exterior e destinando-se a produzir efeitos em nosso País, dependente de forma essencial prevista em lei nacional, deverá esta ser observada, admitidas as peculiaridades da lei estrangeira quanto aos fatores externos, requisitos extrínsecos, do ato (§ 1.º). Como segunda exceção, de acordo com o art. 9.º, § 2.º, da Lei de Introdução, "A obrigação resultante do contrato reputa-se constituída no lugar em que residir o proponente". O dispositivo está em conflito parcial com o art. 435 do CC/2002, pelo qual se reputa celebrado o contrato no lugar em que foi proposto. Ora, o local da proposta não necessariamente é o da residência daquele que a formulou. Para resolver a suposta antinomia, aplicando-se a especialidade, deve-se entender que a regra do art. 435 do CC serve para os contratos nacionais; enquanto o dispositivo da Lei de Introdução é aplicado aos contratos internacionais." (TARTUCE, 2024, p. 25)

"a) Condição

A condição é o elemento acidental do negócio jurídico, que, derivando exclusivamente da vontade das partes, faz este depender de um evento futuro e incerto (art. 121 do CC). Vicente Ráo conceitua a condição como "a modalidade voluntária dos atos jurídicos que lhes subordina o começo ou o fim dos respectivos efeitos à verificação, ou não verificação, de um evento futuro e incerto". Destaque-se que, na hipótese em que o efeito do negócio estiver subordinado a evento futuro e certo, o elemento será o termo, e não a condição.

(...)

Quanto aos efeitos da condição:

Condições suspensivas – são aquelas que, enquanto não se verificarem, impedem que o negócio jurídico gere efeitos (art. 125 do CC). Exemplo ocorre na venda a contento, principalmente de vinhos, cujo aperfeiçoamento somente ocorre com a aprovação ad gustum do comprador. Enquanto essa aprovação não ocorre, a venda está suspensa. De acordo com o art. 126 do CC/2002, se alguém dispuser de alguma coisa sob condição suspensiva, e, pendente esta, fizer quanto àquelas novas disposições, estas últimas não terão valor, caso ocorra o implemento do evento futuro e incerto, sendo a condição incompatível com essas novas disposições. Tal regra impede que uma nova condição se sobreponha a uma anterior, caso sejam elas incompatíveis entre si. Como demonstrado, as condições suspensivas física ou juridicamente impossíveis geram a nulidade absoluta do negócio jurídico (art. 123, inc. I, do CC)." (TARTUCE, 2024, p. 242 - 243)

"Para terminar o estudo desta fase, anote-se que, segundo o art. 435 da atual codificação material, "reputar-se-á celebrado o contrato no lugar em que foi proposto". Eventualmente, e por uma QUESTÃO lógica, caso haja contraproposta, o local do contrato deve ser reputado onde essa última foi formulada. Repise-se que a norma vale para os contratos nacionais, pois para os contratos internacionais, determina o art. 9º, § 2º, da Lei de Introdução que "a obrigação resultante do contrato reputa-se constituída no lugar em que residir o proponente"." (TARTUCE, 2024, p. 616)

▸ JURISPRUDÊNCIA TEMÁTICA

Processo civil. Investigação de paternidade. Repetição de ação anteriormente ajuizada, que teve seu pedido julgado improcedente por falta de provas. Coisa julgada. Mitigação. Doutrina. Precedentes. Direito de família. Evolução. Recurso acolhido. I – Não excluída expressamente a paternidade do investigado na primitiva ação de investigação de paternidade, diante da precariedade da prova e da ausência de indícios suficientes a caracterizar tanto a paternidade como a sua negativa, e considerando que, quando do ajuizamento da primeira ação, o exame pelo DNA ainda não era disponível e nem havia notoriedade a seu respeito, admite-se o ajuizamento de ação investigatória, ainda que tenha sido aforada uma anterior com sentença julgando improcedente o pedido. II – Nos termos da orientação da Turma, 'sempre recomendável a realização de perícia para investigação genética (HLA e DNA), porque permite ao julgador um juízo de fortíssima probabilidade, senão de certeza' na composição do conflito. Ademais, o progresso da ciência jurídica, em matéria de prova, está na substituição da verdade ficta pela verdade real. III – A coisa julgada, em se tratando de ações de estado, como no caso de investigação de paternidade, deve ser interpretada modus in rebus. Nas palavras de respeitável e avançada doutrina, quando estudiosos hoje se aprofundam no reestudo do instituto, na busca, sobretudo, da realização do processo justo, 'a coisa julgada existe como criação necessária à segurança prática das relações jurídicas e as dificuldades que se opõem à sua ruptura se explicam pela mesmíssima razão. Não se pode olvidar, todavia, que numa sociedade de homens livres, a Justiça tem de estar acima da segurança, porque sem Justiça não há liberdade'. IV – Este Tribunal tem buscado, em sua jurisprudência, firmar posições que atendam aos fins sociais do processo e às exigências do bem comum" (STJ, REsp 226.436/PR (199900714989), 414113, Data da decisão: 28.06.2001, 4.ª Turma, Rel. Min. Sálvio de Figueiredo Teixeira, DJ 04.02.2002, p. 370, RBDF 11/73, RDR 23/354, RSTJ 154/403).

QUESTÕES DE CONCURSO RELACIONADAS

1. (CEBRASPE - 2024 - PGE-PR - Procurador do Estado) De acordo com a Lei de Introdução às Normas do Direito Brasileiro, a obrigação resultante de contrato reputa-se constituída no lugar onde

A) residir o aceitante.

B) residir o proponente.

C) foi proposta.

D) foi firmada.

E) tiver que ser cumprida.

Gabarito: B.

2. (CEBRASPE - 2024 - Câmara de Maceió - AL - Procurador) A interpretação sistemática é aquela segundo a qual se considera que a lei não existe isoladamente, de forma que o seu sentido deve ser alcançado em consonância com as demais normas que inspiram o mesmo ramo do direito.

Gabarito: Correto.

3. (FGV - 2024 - AL-PR - Procurador) Sociedade Divino Ltda. celebrou contrato com André e Bernardo, sócios de Gala Restaurante Ltda. pelo qual se comprometeu a, dali a um ano, adquirir todas as cotas sociais daquele restaurante, desde que nenhum restaurante do mesmo gênero alimentício fosse inaugurado no complexo empresarial onde o Gala funciona nesse período.

Dali a dois meses, contudo, os sócios da Sociedade Divino se arrependeram do negócio celebrado, não desejando mais adquirir o Gala Restaurante, por terem encontrado oportunidade muito mais lucrativa. Por isso, pouco antes do final do prazo, os sócios da Sociedade Divino abriram um pequeno restaurante do mesmo gênero alimentício, no próprio complexo empresarial do Gala, inviabilizando, assim, a compra do restaurante.

Diante disso, é possível afirmar que a condição presente no caso deve ser considerada

A) anulável.

B) inexistente.

C) nula.

D) verificada.

E) pendente.

Gabarito: D.

4. (VUNESP - 2024 - PGE-SP - Procurador do Estado) A cláusula "se constituíres sociedade empresarial com João, dar-te-ei a quantia de R$ 1.000.000,00 (um milhão de reais)" pode ser classificada como uma condição

A) puramente potestativa.

B) promíscua.

C) mista.

D) simplesmente potestativa.

E) perplexa.

Gabarito: C.

5. (VUNESP - 2023 - Prefeitura de São José do Rio Preto - SP - Procurador do Município) São inexistentes as condições

A) impossíveis, quando resolutivas.

B) físicas ou juridicamente impossíveis, quando suspensivas.

C) ilícitas, ou de fazer coisa ilícita.

D) incompreensíveis ou contraditórias.

E) puramente potestativas.

Gabarito: A.

6. (CEBRASPE - 2024 - Prefeitura de Cuiabá - MT - Procurador Substituto do Município - ADAPTADA) Na formação dos contratos, a proposta de contrato obriga o oblato, se o contrário não resultar dos termos dela, da natureza do negócio ou das circunstâncias do caso.

Gabarito: Errado.

QUESTÃO 5

(BANCA PRÓPRIA - PGE/PA - PROCURADOR DO ESTADO - 2023)

O imóvel objeto de um contrato de empreitada mista a preço global para a construção de uma grande edificação apresentou, alguns meses após a entrega, defeitos decorrentes da obra que, embora não necessariamente comprometessem a solidez e a segurança, geraram prejuízo considerável de ordem material ao tomador.

Considerando a situação hipotética acima, faça o que se pede a seguir, de maneira justificada e fundamentada, com base na sistemática de direito civil.

1 - Conceitue contrato de empreitada e identifique sua natureza jurídica. [valor: 0,50 ponto]

2 - Explique a diferença entre empreitada marché à forfait e marché sur dévis, bem como a diferença entre a empreitada sob administração, de lavor e mista. [valor: 0,50 ponto]

3 - Esclareça qual é o prazo para o exercício da pretensão de responsabilidade civil pelos danos materiais na situação apresentada, de acordo com a atual jurisprudência do STJ. [valor: 0,90 ponto]

QUESTÃO 5

ESPAÇO PARA RESPOSTA (90 LINHAS)

▸ RESPOSTA DO AUTOR

O contrato de empreitada é um negócio jurídico por meio do qual o empreiteiro se compromete a realizar determinada obra a favor do tomador, também chamado de dono da obra, mediante o recebimento de remuneração pelo serviço prestado. Ressalta-se que apesar de haver a prestação de um serviço, é um contrato diferente deste.

O contrato de empreitada é bilateral, por haver estabelecimento de direitos e obrigações para ambas as partes; oneroso, pois há prestação com conteúdo patrimonial; comutativo, posto que no momento da celebração do contrato as partes já têm ciência de suas obrigações; consensual, uma vez que se perfaz com a simples declaração de vontade e não solene, por não necessitar de forma específica.

A empreitada "marché à forfait" e a "marché sur dévis" relacionam-se ao pagamento do preço. A "marché à forfait" é aquela na qual se estipula o preço global, ou seja, considera-se a obra inteira, abrangendo a totalidade da obra desenvolvida, não levando em consideração partes da atividade executada pelo empreiteiro ou o resultado dela. Além disso, o preço é fixado desde o início da obra. De outro lado, tem-se a empreitada chamada de "marché sur dévis", também denominada por preço unitário ou por preço progressivo, segundo a qual o pagamento ocorrerá na proporção da obra executada, ou seja, por preço certo de unidades determinadas.

Quanto à forma de execução, a empreitada pode ocorrer de três formas: sob administração, de lavor e mista. Relativamente à primeira, o dono da obra fornece os materiais, enquanto o empreiteiro somente administra as pessoas contratadas por aquele. Já a empreitada de lavor, também denominada de mão de obra, o empreiteiro fornece a mão de obra, ao passo que o dono da obra fornece os materiais. Na última modalidade, a empreitada mista ou de materiais, o empreiteiro fornece a mão de obra além dos materiais, comprometendo-se a executar a obra em sua inteireza. Ressalta-se que, nessa última empreitada, a obrigação do empreiteiro torna-se de resultado.

Relativamente ao prazo para o exercício da pretensão de responsabilidade civil pelos danos materiais, o STJ possui jurisprudência no sentido de que o prazo para o pedido de indenização por danos materiais é de 10 (dez) anos, conforme o art. 205 do CC, não se aplicando o prazo trienal do art. art. 206 § 3.º, V do mesmo dispositivo. Frisa-se que, na situação narrada, estamos diante de responsabilidade contratual, exatamente por essa razão não será aplicado o art. 206 § 3.º, V, CC, uma vez que ele apenas aplica-se aos casos de responsabilidade civil extracontratual, também denominada aquiliana.

No caso narrado, o dano material é decorrência de má execução, sendo assim, entende-se que o dever de indenizar é acessório à obrigação principal, qual seja, as obrigações assumidas no contrato referentes à obra. Nesse sentido, enquanto não prescrita a pretensão principal do contrato, não há que se falar em prescrição das obrigações acessórias relativas às perdas e danos. Acrescenta-se que o contrato de empreitada não possui prazo específico para exigência de seu cumprimento, por isso utiliza-se o prazo do art. 205 do CC "A prescrição ocorre em dez anos, quando a lei não lhe haja fixado prazo menor". No mesmo sentido, temos a súmula nº 194 do STJ, a qual afirma que prescreve em vinte anos a ação para obter, do construtor, indenização por defeitos da obra, porém esse prazo de vinte anos era o prazo genérico referente à regra do CC de 1916, que não foi alterado pelo CC/2002, o qual prevê, atualmente, o prazo geral de 10 (dez) anos.

▸ PADRÃO DE RESPOSTA DA BANCA

Empreitada é o contrato por meio do qual uma pessoa (dono da obra) ajusta com outra (empreiteiro) a realização de uma obra, conforme as condições e preço que avençarem.

O contrato de empreitada é bilateral, oneroso, comutativo, consensual e informal.

Quanto ao modo pelo qual o preço é fixado, a empreitada marché à forfait, ou empreitada a preço global, é aquela em que a contratação da obra ou do serviço se dá por preço fixo, ajustado entre as partes, e global. Já a empreitada *marché sur dévis*, também chamada de por preço unitário ou por preço progressivo, é aquela em que a contratação é realizada por preço certo de unidades determinadas.

Em relação à forma de execução e de acordo com o art. 610 do Código Civil, "empreiteiro de uma obra pode contribuir para ela só com seu trabalho ou com ele e os materiais". A norma, portanto, admite três modalidades de empreitada: a) empreitada sob administração, em que o tomador fornece o material e a mão de obra e o empreiteiro apenas administra; b) empreitada de mão de obra ou de lavor, em que o dono da obra fornece os materiais e o empreiteiro assume a responsabilidade da contratação da mão de obra; e c) a empreitada mista ou de lavor e materiais, em que o empreiteiro assume a obrigação de fornecer o material e a mão de obra, bem como de executar a obra inteira.

De acordo com a atual jurisprudência do STJ (REsp 1.281.594), o prazo para o pedido de indenização pelos danos materiais é o de 10 (dez) anos previsto no art. 205 da CC, e não a do art. 206 § 3.º, V, do Código Civil. O candidato deve identificar que a situação hipotética trata de responsabilidade contratual e que o art. 206 §3.º, V, do CC, é aplicável às hipóteses de responsabilidade extracontratual ou aquiliana. Isso porque o dever de indenizar o dano material decorrente da má execução do contrato é acessório ao dever de cumprimento das obrigações assumidas e, por isso, enquanto não prescrita a pretensão central referente ao cumprimento do contrato, não pode estar prescrito o provimento acessório referente às perdas e danos. Assim, como o prazo para exigir o cumprimento do contrato de empreitada não tem previsão específica, deve ser usado o prazo genérico do art. 205 do CC, aplicável, por consequência, à pretensão de reparação dos danos materiais. Deve, por fim, referir que o enunciado n.º 194 da Súmula do STJ indica prazo vintenário porque era o prazo prescricional subsidiário do Código Civil de 1916, que corresponde atualmente ao prazo de 10 (dez) anos (REsp 1.534.831).

▶ DOUTRINA TEMÁTICA

> "O contrato de empreitada sempre foi visualizado como uma forma especial ou espécie de prestação de serviço. Por meio desse negócio jurídico, uma das partes – empreiteiro ou prestador – obriga-se a fazer ou a mandar fazer determinada obra, mediante uma determinada remuneração, a favor de outrem – dono de obra ou tomador. Mesmo sendo espécie de prestação de serviço, com esse contrato a empreitada não se confunde, principalmente no tocante aos seus efeitos, conforme poderá ser percebido a partir de então.
>
> A partir do que há de melhor na doutrina, três são as modalidades de empreitada, retiradas do art. 610 do CC:
>
> a) Empreitada sob administração: é aquela em que o empreiteiro apenas administra as pessoas contratadas pelo dono da obra, que também fornece os materiais.
>
> b) Empreitada de mão de obra ou de lavor: é aquela em que o empreiteiro fornece a mão de obra, contratando as pessoas que irão executar a obra. Os materiais, contudo, são fornecidos pelo dono da obra.
>
> c) Empreitada mista ou de lavor e materiais: é aquela em que o empreiteiro fornece tanto a mão de obra quanto os materiais, comprometendo-se a executar a obra inteira. Nesse caso, o empreiteiro assume obrigação de resultado perante o dono da obra. Conforme § 1.º do art. 610 do CC, a obrigação de fornecer materiais não pode ser presumida, resultando da lei ou da vontade das partes.
>
> A respeito da natureza jurídica do negócio em questão, trata-se de um contrato bilateral (sinalagmático), oneroso, comutativo, consensual e informal. Como se nota, as características são as mesmas da prestação de serviço, diante da grande similaridade entre os dois negócios jurídicos.

(...)

Relativamente ao pagamento da remuneração, mais bem denominado como preço, expressa o art. 614 da codificação material que, "se a obra constar de partes distintas, ou for de natureza das que se determinam por medida, o empreiteiro terá direito a que também se verifique por medida, ou segundo as partes em que se dividir, podendo exigir o pagamento na proporção da obra executada". Essa é a empreitada por medida (ad mensuram) ou marché sur devis, em que a execução do serviço é pactuada pelo empreiteiro e pelo dono da obra em partes.

O preço da empreitada pode ser ainda estipulado para a obra inteira, ou seja, por preço global, não se levando em conta o fracionamento da atividade desenvolvida pelo empreiteiro ou o resultado dela. Em casos tais, está presente a empreitada marché à forfait" (TARTUCE, 2024, p. 758-760).

▶ JURISPRUDÊNCIA TEMÁTICA

"RECURSO ESPECIAL. PROCESSUAL CIVIL. CIVIL. AUSÊNCIA DE VIOLAÇÃO DO ART. 535 DO CPC/1973. PRESCRIÇÃO. PRETENSÃO FUNDADA EM RESPONSABILIDADE CIVIL CONTRATUAL. PRAZO TRIENAL. UNIFICAÇÃO DO PRAZO PRESCRICIONAL PARA A REPARAÇÃO CIVIL ADVINDA DE RESPONSABILIDADE CONTRATUAL E EXTRACONTRATUAL. TERMO INICIAL. PRETENSÕES INDENIZATÓRIAS DECORRENTES DO MESMO FATO GERADOR: RESCISÃO UNILATERAL DO CONTRATO. DATA CONSIDERADA PARA FINS DE CONTAGEM DO LAPSO PRESCRICIONAL TRIENAL. RECURSO IMPROVIDO.

1. Decidida integralmente a lide posta em juízo, com expressa e coerente indicação dos fundamentos em que se firmou a formação do livre convencimento motivado, não se cogita violação do art. 535 do CPC/1973, ainda que rejeitados os embargos de declaração opostos.

2. O termo "reparação civil", constante do art. 206, § 3º, V, do CC/2002, deve ser interpretado de maneira ampla, alcançando tanto a responsabilidade contratual (arts. 389 a 405) como a extracontratual (arts. 927 a 954), ainda que decorrente de dano exclusivamente moral (art. 186, parte final), e o abuso de direito (art. 187). Assim, a prescrição das pretensões dessa natureza originadas sob a égide do novo paradigma do Código Civil de 2002 deve observar o prazo comum de três anos. Ficam ressalvadas as pretensões cujos prazos prescricionais estão estabelecidos em disposições legais especiais.

3. Na V Jornada de Direito Civil, do Conselho da Justiça Federal e do Superior Tribunal de Justiça, realizada em novembro de 2011, foi editado o Enunciado n. 419, segundo o qual "o prazo prescricional de três anos para a pretensão de reparação civil aplica-se tanto à responsabilidade contratual quanto à responsabilidade extracontratual".

4. Decorrendo todos os pedidos indenizatórios formulados na petição inicial da rescisão unilateral do contrato celebrado entre as partes, é da data desta rescisão que deve ser iniciada a contagem do prazo prescricional trienal.

5. Recurso especial improvido."

(EMBARGOS DE DIVERGÊNCIA EM RESP Nº 1.281.594 - SP 2011/0211890-7)

DIREITO CIVIL E DO CONSUMIDOR. RECURSO ESPECIAL. AÇÃO DE INDENIZAÇÃO POR DANOS MATERIAIS. PROMESSA DE COMPRA E VENDA DE IMÓVEL. EMBARGOS DE DECLARAÇÃO. OMISSÃO, CONTRADIÇÃO OU OBSCURIDADE. AUSÊNCIA. ACÓRDÃO RECORRIDO. FUNDAMENTAÇÃO ADEQUADA. DEFEITOS APARENTES DA OBRA. METRAGEM A MENOR. PRAZO DECADENCIAL. INAPLICABILIDADE. PRETENSÃO INDENIZATÓRIA. SUJEIÇÃO À PRESCRIÇÃO. PRAZO DECENAL. ART. 205 DO CÓDIGO CIVIL. 1. O propósito recursal, para além da negativa de prestação jurisdicional, é o afastamento da prejudicial de decadência em relação à pretensão de indenização por vícios de qualidade e quantidade no imóvel adquirido pela consumidora. 2. Ausentes os vícios de omissão, contradição ou obscuridade, é de rigor a rejeição dos embargos de declaração. 3. Devidamente analisadas e discutidas as questões de mérito, e fundamentado corretamente o acórdão recorrido, de modo a esgotar a prestação jurisdicional, não há que se falar em violação do art. 458 do CPC/73. 4. É de 90 (noventa) dias o prazo para o consumidor reclamar por vícios aparentes ou de fácil constatação no imóvel por si adquirido, contado a partir da efetiva entrega do bem (art. 26, II e § 1º, do CDC). 5. No referido prazo decadencial, pode o consumidor exigir qualquer das alternativas previstas no art. 20 do CDC, a saber: a reexecução dos serviços, a restituição imediata da quantia paga ou o abatimento proporcional do preço. Cuida-se de verdadeiro direito potestativo do consumidor, cuja tutela se dá mediante as denominadas ações constitutivas, positivas ou negativas. 6. Quando, porém, a pretensão do consumidor é de natureza indenizatória (isto é, de ser ressarcido pelo prejuízo decorrente dos vícios do imóvel) não há incidência de prazo decadencial. A ação, tipicamente condenatória, sujeita-se a prazo de prescrição. 7. À falta de prazo específico no CDC que regule a pretensão de indenização por inadimplemento contratual, deve incidir o prazo geral decenal previsto no art. 205 do CC/02, o qual corresponde ao prazo vintenário de que trata a Súmula 194/STJ, aprovada ainda na vigência do Código Civil de 1916 ("Prescreve em vinte anos a ação para obter, do construtor, indenização por defeitos na obra").

Súmula nº 194, STJ: Prescreve em vinte anos a ação para obter, do construtor, indenização por defeitos da obra.

QUESTÕES DE CONCURSO RELACIONADAS

1. (FEPESE - Prefeitura de Mafra - Advogado - 2024) Assinale a alternativa correta a respeito dos contratos típicos, com base na legislação civil brasileira.

A) No mandato, o negócio entabulado poderá ser expresso ou tácito, mas será sempre escrito.

B) Na doação, o doador não poderá estipular que os bens doados retornem ao seu patrimônio, na hipótese de sobreviver ao donatário

C) Na locação, o locatário é obrigado a garantir ao locador, durante o tempo do contrato, o uso pacífico da coisa.

D) No comodato, tem-se o ajuste de um empréstimo gratuito de coisas fungíveis, que se perfaz com a tradição do objeto.

E) Na empreitada, o empreiteiro é obrigado a pagar pelos materiais que recebeu, quando por imperícia ou negligência os inutilizar.

Gabarito: letra E.

2. (FUNDATEC - Prefeitura de Criciúma - Advogado - 2024) Sobre o contrato de empreitada, conforme o Código Civil, assinale a alternativa correta.

A) O contrato para elaboração de um projeto implica a obrigação de fiscalizar-lhe a execução.

B) Nos contratos de empreitada de edifícios ou outras construções consideráveis, o empreiteiro de materiais e execução responderá, durante o prazo irredutível de três anos, pela solidez e segurança do trabalho, assim em razão dos materiais, como do solo.

C) O que se mediu presume-se verificado se, em trinta dias, a contar da medição, não forem denunciados os vícios ou defeitos pelo dono da obra ou por quem estiver incumbido da sua fiscalização.

D) Salvo estipulação em contrário, o empreiteiro que se incumbir de executar uma obra, segundo plano aceito por quem a encomendou, terá direito a exigir acréscimo no preço, ainda que sejam introduzidas modificações no projeto, a não ser que estas resultem de instruções escritas do dono da obra.

E) O contrato de empreitada se extingue pela morte de qualquer das partes.

Gabarito: letra C.

3. (CESGRANRIO - Transpetro - Advogado - 2024) Uma mulher contratou um empreiteiro para construir uma edícula nos fundos de seu imóvel. Ao analisar o projeto executivo, o empreiteiro apresentou uma lista de todo o material necessário para a realização, que foi adquirido pela contratante e recebido pelo empreiteiro. Já com 85% da obra medida e paga, o empreiteiro apresentou uma nova lista de material, uma vez que uma parte pereceu em razão de uma enxurrada inesperada.

O custeio da nova lista de material deverá ser suportado pelo(a)

A) empreiteiro, visto que se tornou dono do material após a tradição.

B) empreiteiro, tendo em vista que a empreitada é de lavor e material.

C) empreiteiro, pois, apesar de a contratante ser a dona do material, ele responde objetivamente por eventual perda.

D) contratante, em razão de responder pelo prejuízo do perecimento do material sem culpa do empreiteiro.

E) contratante, já que a empreitada é de lavor e material.

Gabarito: letra D.

4. (Oral - Cebraspe - AGU - Advogado da União - 2023) Qual é a orientação contemporânea do Superior Tribunal de Justiça sobre o prazo prescricional para as pretensões fundadas na violação de deveres decorrentes da responsabilidade contratual e da responsabilidade delitual?

Gabarito: A jurisprudência da Segunda Seção e da Corte Especial do STJ estabilizou-se no sentido de que "o prazo trienal do artigo 206, § 3.º, inciso V, do Código Civil de 2002 adstringe-se às pretensões de indenização decorrentes de responsabilidade civil extracontratual — inobservância do dever geral de não lesar —, não alcançando as pretensões reparatórias derivadas do inadimplemento de obrigações contratuais (EREsp 1.280.825/RJ, relatora ministra Nancy Andrighi, Segunda Seção, julgado em 27/6/2018, DJe 2/8/2018; e EREsp 1.281.594/SP, relator ministro Benedito Gonçalves, relator para acórdão ministro Felix Fischer, Corte Especial, julgado em 15/5/2019, DJe 23/5/2019)" (STJ. REsp n. 1.303.374/ES, relator ministro Luis Felipe Salomão, Segunda Seção, julgado em 30/11/2021, DJe de 16/12/2021). Com isso, ressalvados casos especiais, de acordo com o STJ, o prazo prescricional para a responsabilidade contratual é de 10 anos e o prazo prescricional para as pretensões decorrentes da responsabilidade delitual é de 3 anos.

QUESTÃO 6

(CEBRASPE - PGF - PROCURADOR FEDERAL - 2023)

No aniversário de 70 anos de Marlene (viúva e órfã de ambos os pais), sua filha, Adriana, soube que sua mãe estava acometida pelo mal de Alzheimer, doença mental crônica degenerativa progressiva, em alto grau, irreversível, de modo que, desde o surgimento da doença, Marlene estava sem o discernimento necessário para gerir sua vida ou praticar atos na esfera civil.

Mesmo no estado de incapacidade em que sua mãe se encontrava, Adriana obteve dela procuração, com firma reconhecida no cartório competente, com poderes específicos de representação perante o Instituto Nacional do Seguro Social (INSS), em especial para fins de prova de vida da sua mãe.

Como é sabido, a prova de vida deve ser feita uma vez por ano na instituição bancária em que o aposentado e(ou) pensionista recebe o benefício, e a não comprovação no prazo estipulado pode acarretar ao beneficiário o bloqueio, a suspensão e até mesmo a cessação do benefício, tratando-se, portanto, de procedimento obrigatório, cujo principal objetivo é evitar fraudes e pagamento indevidos.

De acordo com o art. 1.º, inciso IV, da Portaria n.º 412/2020 do INSS, com redação dada pela Portaria n.º 810/2020, os agentes bancários são autorizados a realizar pagamento de benefícios e prova de vida por meio de procurador ou representante legal, sem o prévio cadastramento junto ao INSS, quando se tratar de beneficiário com idade igual ou superior a 60 anos.

Sabendo disso, Adriana, munida da procuração outorgada por sua genitora, compareceu à agência da Caixa Econômica Federal (CEF) pela qual é feito o pagamento do benefício à sua mãe, a fim de fazer a prova de vida.

Considerando a situação hipotética apresentada, discorra, com base na legislação vigente e no entendimento jurisprudencial pertinente, acerca da validade da prova de vida feita por Adriana em lugar de sua mãe. Em seu texto, atenda ao que se pede a seguir.

1 - Discorra acerca dos requisitos do negócio jurídico que foram atendidos e dos que não foram atendidos no caso, à luz da teoria das nulidades e do Código Civil vigente. Ainda, indique a forma de eventualmente impedir que o negócio jurídico celebrado continue a produzir efeitos.

2 - Esclareça, de forma justificada, à luz da jurisprudência do Superior Tribunal de Justiça, se a pessoa idosa com mal de Alzheimer tem incapacidade relativa ou absoluta.

QUESTÃO 6

ESPAÇO PARA RESPOSTA (30 LINHAS)

▸ RESPOSTA DO AUTOR

O art. 654 do CC traz como requisito para a validade da procuração a capacidade do agente, ou seja, pessoas que não se enquadrem nos art. 3º ou 4º do CC. Conforme a redação do primeiro dispositivo citado, "todas as pessoas capazes são aptas para dar procuração mediante instrumento particular, que valerá desde que tenha a assinatura do outorgante".

Em relação ao mal de Alzheimer, deve-se verificar, caso a caso, se há ou não a incapacidade, a depender do grau da doença. No caso narrado, Marlene possui alto grau e irreversível, portanto, não é considerada capaz para assinar o instrumento e conferir a procuração. Nos termos do art. 4º, inciso III, CC, Marlene será considerada relativamente incapaz devido à causa permanente que a impede de exprimir sua vontade.

No sentido acima apresentado, acerca da validade do negócio jurídico, enuncia o art. 104 do CC que um negócio jurídico será válido se possuir agente capaz; objeto lícito, possível, determinado ou determinável; e forma prescrita ou não defesa em lei. Diante do alegado, a procuração utilizada por Adriana possui vício que macula a plena manifestação de vontade, acarretando a nulidade do ato praticado. Assim dizendo, o instrumento de mandato não atendeu o requisito de validade diante da falta de agente capaz para a prática do ato.

Ainda sobre a incapacidade do agente no caso narrado, agora sob a perspectiva da teoria das nulidades, ocorreu uma hipótese de nulidade relativa, com base no art. 171 do CC, segundo o qual é anulável o negócio jurídico por incapacidade relativa do agente. Assim, o negócio jurídico, apesar do vício, pode produzir efeitos caso não seja declarada a nulidade. Para que tal negócio jurídico não produza efeito é necessária a declaração de nulidade através da propositura da ação declaratória de nulidade relativa, nos termos do art. 19, inciso I, do CPC.

Quanto ao entendimento do STJ, após a Lei n.º 13.146/2015 que instituiu o Estatuto da Pessoa com Deficiência e alterou os artigos 3º e 4º do CC, a incapacidade absoluta para exercer pessoalmente os atos da vida civil se restringe aos menores de 16 (dezesseis) anos de idade, passando as hipóteses de deficiência mental ou intelectual para a classificação de relativamente incapazes. Nesse sentido, a pessoa com mal de Alzheimer é relativamente incapaz.

▸ PADRÃO DE RESPOSTA DA BANCA

Adriana não poderia representar sua mãe por instrumento de procuração, porque, de acordo com o art. 654 do Código Civil, todas as pessoas capazes são aptas a dar procuração mediante instrumento particular, que valerá desde que tenha a assinatura do outorgante.

Em regra, nem toda pessoa com mal de Alzheimer pode ser tida como incapaz. Uma demência em grau leve, como a simples dificuldade de se lembrar do nome de pessoas, sem que haja comprometimento em saber quem elas são, por exemplo, não impede a prática dos atos da vida civil. Todavia, no caso apresentado, dado o elevado grau da doença, Marlene não poderia praticar regularmente os atos da vida civil, por lhe faltar o discernimento necessário para gerir sua vida ou praticar atos na esfera civil, sendo relativamente incapaz (art. 4.º, inciso III, do Código Civil).

Dessa forma, haja vista a procuração outorgada por Marlene, acometida de doença crônica degenerativa progressiva em alto grau, lídimo se concluir que não havia capacidade plena da outorgante no momento da realização do contrato de mandato. Isto é, inexistia manifestação consciente plena de vontade no momento da realização do ato de outorga do mandato, o que pode acarretar a nulidade dos atos jurídicos praticados por Adriana (outorgada) por meio de tal instrumento.

No âmbito do plano de validade do negócio jurídico, nos termos do art. 104 do Código Civil, a validade do negócio requer: (i) agente capaz; (ii) objeto lícito, possível, determinado ou determinável; e (iii) forma prescrita ou não defesa em lei. Assim, o instrumento de mandato não atendeu ao requisito de validade consubstanciado na falta de agente capaz, embora os demais requisitos tenham sido preenchidos.

Por outro lado, considerada a teoria das nulidades, é possível afirmar que o negócio jurídico padece de nulidade relativa, por ter sido celebrado por pessoa que, por causa transitória ou permanente, no momento da celebração, não possuía capacidade de exprimir sua vontade (art. 4.º, inciso III, do Código Civil). Nesse caso, apesar de haver um vício em razão da incapacidade relativa, o negócio poderá produzir efeitos caso essa incapacidade não seja invocada por quem de direito possa fazê-lo. Assim, caberia, no caso, a propositura de ação declaratória de nulidade (relativa) de negócio jurídico, conforme art. 19, inciso I, do Código de Processo Civil, por ter sido o negócio jurídico celebrado por pessoa relativamente incapaz (art. 4.º, inciso III, do Código Civil).

Por fim, de acordo com o entendimento firmado pelo STJ na ocasião do julgamento do REsp 1.927.423/SP, concluiu-se que, com o advento da Lei n.º 13.146/2015, que instituiu o Estatuto da Pessoa com Deficiência, a incapacidade absoluta para exercer pessoalmente os atos da vida civil se restringe aos menores de 16 anos de idade, ou seja, o critério passou a ser apenas etário, tendo sido eliminadas as hipóteses de deficiência mental ou intelectual anteriormente previstas no Código Civil. Nessa perspectiva, entende-se que a pessoa com mal de Alzheimer é relativamente incapaz.

▶ DOUTRINA TEMÁTICA

A QUESTÃO abordou algumas temáticas, comecemos pelo instituto da incapacidade:

> "Todavia, se o surdo-mudo pudesse exprimir sua vontade, seria considerado relativamente incapaz ou até plenamente capaz, dependendo do grau de possibilidade de sua expressão. (...) Porém, o surdo, pessoa com deficiência, deve ser tido, em regra, como capaz. Eventualmente, caso não possa exprimir sua vontade, será relativamente incapaz. Não caberá mais o seu enquadramento como absolutamente incapaz, em hipótese alguma. (...)
>
> Valem os comentários que fizemos anteriormente sobre esse novo enquadramento, especialmente quanto à pessoa surda que não puder se expressar, ao idoso com mal de Alzheimer e à pessoa com coma, que agora passam a ser relativamente incapazes dentro do sistema." (TARTUCE, 2024, p. 74-78)

Passada a incapacidade, vejamos sobre os negócios jurídicos e a teoria das nulidades.

> "O estudo dos elementos essenciais, naturais e acidentais do negócio jurídico é um dos pontos mais importantes e controvertidos da Parte Geral do Código Civil. É fundamental estudar a concepção desses elementos a partir da teoria criada pelo grande jurista Pontes de Miranda, que concebeu uma estrutura única para explicar tais elementos.
>
> Trata-se do que se denomina Escada Ponteana ou "Escada Pontiana". É importante ressaltar que os nossos estudos quanto ao tema surgiram a partir dos ensinamentos transmitidos pela Professora Giselda Maria Fernandes Novaes Hironaka, Titular em Direito Civil da Faculdade de Direito da USP. A partir dessa genial construção, o negócio jurídico tem três planos, a seguir demonstrados:
>
> –plano da existência;
>
> –plano da validade;
>
> –plano da eficácia.
>
> Sobre os três planos, ensina Pontes de Miranda que "existir, valer e ser eficaz são conceitos tão inconfundíveis que o fato jurídico pode ser, valer e não ser eficaz, ou ser, não valer

e ser eficaz. As próprias normas jurídicas podem ser, valer e não ter eficácia (H. Kelsen, Hauptprobleme, 14). O que se não pode dar é valer e ser eficaz, ou valer, ou ser eficaz, sem ser; porque não há validade, ou eficácia do que não é". (TARTUCE, 2024, p. 226)

"a) Partes capazes ou capacidade do agente

Como todo negócio jurídico traz como conteúdo uma declaração de vontade – o elemento volitivo que caracteriza o ato jurígeno –, a capacidade das partes é indispensável para a sua validade. Quanto à pessoa física ou natural, aqui figura a grande importância dos arts. 3.º e 4.º do CC, que apresentam as relações das pessoas absoluta ou relativamente incapazes, respectivamente.

Enquanto os absolutamente incapazes devem ser representados por seus pais ou tutores; os relativamente incapazes devem ser assistidos pelas pessoas que a lei determinar. Todavia, pode o relativamente incapaz celebrar determinados negócios, como fazer testamento, aceitar mandato ad negotia e ser testemunha. O negócio praticado pelo absolutamente incapaz sem a devida representação é nulo, por regra (art. 166, inc. I, do CC). O realizado por relativamente incapaz sem a correspondente assistência é anulável (art. 171, inc. I, do CC).

No tocante à incapacidade relativa de uma parte, enuncia o art. 105 do CC que esta não pode ser invocada pela outra em benefício próprio, também não aproveitando aos cointeressados capazes, salvo se, neste caso, foi indivisível o objeto do direito ou da obrigação comum a todos. Desse modo, não poderão os credores ou os devedores solidários ser privilegiados por suas alegações. Isso porque, como se sabe, a alegação de incapacidade constitui uma exceção pessoal, uma defesa que somente pode ser alegada por determinada pessoa". (TARTUCE, 2024, p. 229)

"A nulidade relativa envolve preceitos de ordem privada, de interesse das partes, o que altera totalmente o seu tratamento legal, se confrontada com a nulidade absoluta, antes estudada. As hipóteses de nulidade relativa ou anulabilidade constam do art. 171 da codificação material em vigor, a saber:

a) Quando o negócio for celebrado por relativamente incapaz, sem a devida assistência, conforme rol que consta do art. 4.º do CC.

b) Diante da existência de vício a acometer o negócio jurídico, como o erro, o dolo, a coação moral ou psicológica, a lesão, o estado de perigo ou a fraude contra credores. Lembre-se que a coação física e a simulação são vícios do negócio jurídico que geram a sua nulidade absoluta, não a nulidade relativa.

c) Nos casos especificados de anulabilidade. Exemplifica-se com as previsões dos arts. 1.647 e 1.649 do atual Código. Para determinados atos, elencados no primeiro dispositivo, como no caso da venda de bem imóvel, a norma exige a outorga uxória (mulher) ou marital (marido). Desrespeitado esse dispositivo, caberá ação anulatória a ser promovida pelo cônjuge, no prazo decadencial de dois anos, contados do fim da sociedade conjugal (art. 1.649). Destaque-se ainda, para ilustrar, a previsão do art. 496 do CC, segundo o qual é anulável a venda de ascendente a descendente não havendo autorização dos demais descendentes e do cônjuge do alienante."

(TARTUCE, 2024, p. 286)

▸ JURISPRUDÊNCIA TEMÁTICA

RECURSO ESPECIAL. FAMÍLIA. CURATELA. IDOSO. INCAPACIDADE TOTAL E PERMANENTE PARA EXERCER PESSOALMENTE OS ATOS DA VIDA CIVIL. PERÍCIA JUDICIAL CONCLUSIVA. DECRETADA A INCAPACIDADE ABSOLUTA. IMPOSSIBILIDADE. REFORMA LEGISLATIVA. ESTATUTO DA PESSOA COM DEFICIÊNCIA. INCAPACIDADE ABSOLUTA RESTRITA AOS

MENORES DE 16 (DEZESSEIS) ANOS, NOS TERMOS DOS ARTS. 3° E 4° DO CÓDIGO CIVIL. RECURSO ESPECIAL PROVIDO.

1. A QUESTÃO discutida no presente feito consiste em definir se, à luz das alterações promovidas pela Lei n. 13.146/2015, quanto ao regime das incapacidades reguladas pelos arts. 3º e 4º do Código Civil, é possível declarar como absolutamente incapaz adulto que, em razão de enfermidade permanente, encontra-se inapto para gerir sua pessoa e administrar seus bens de modo voluntário e consciente.

2. A Lei n. 13.146/2015, que instituiu o Estatuto da Pessoa com Deficiência, tem por objetivo assegurar e promover a inclusão social das pessoas com deficiência física ou psíquica e garantir o exercício de sua capacidade em igualdade de condições com as demais pessoas.

3. A partir da entrada em vigor da referida lei, a incapacidade absoluta para exercer pessoalmente os atos da vida civil se restringe aos menores de 16 (dezesseis) anos, ou seja, o critério passou a ser apenas etário, tendo sido eliminadas as hipóteses de deficiência mental ou intelectual anteriormente previstas no Código Civil.

4. Sob essa perspectiva, o art. 84, § 3º, da Lei n. 13.146/2015 estabelece que o instituto da curatela pode ser excepcionalmente aplicado às pessoas portadoras de deficiência, ainda que agora sejam consideradas relativamente capazes, devendo, contudo, ser proporcional às necessidades e às circunstâncias de cada caso concreto.

5. Recurso especial provido.

(REsp 1.927.423/SP, relator Ministro Marco Aurélio Bellizze, Terceira Turma, julgado em 27/4/2021, DJe de 4/5/2021)

QUESTÕES DE CONCURSO RELACIONADAS

1. (2ª fase - FGV - AGE/MG - Procurador do Estado - 2023 - ADAPTADA) O Estado de Minas Gerais propôs, em janeiro de 2015, ação de execução fiscal em face de Jorge Silva (36 anos), a fim de obter o pagamento do débito fiscal de IPVA dos exercícios de 2011, 2012 e 2013. Devidamente citado, por Oficial de Justiça, para pagar o débito inscrito na Certidão de Dívida Ativa, o mandado retornou positivo, sem qualquer observação, juntado aos autos em 20/08/2015, mas o executado não apresentou defesa.

A Fazenda Pública, intimada, requereu a penhora dos bens do executado, mas a penhora on-line restou frustrada pela ausência de saldo nas contas do executado, assim como não foram encontrados bens imóveis ou móveis em nome do devedor.

Após o retorno do último mandado negativo de penhora, em 01/03/2016, os autos ficam paralisados até dezembro de 2022, sem que a exequente tenha sido intimada do retorno do mandado, circunstância na qual a Secretaria fez os autos conclusos à magistrada, que proferiu sentença de extinção do processo, com resolução do mérito, em razão da prescrição intercorrente.

A Fazenda Pública, em 24 de janeiro de 2023, interpôs recurso de apelação requerendo a reforma da sentença. Intimada, a parte executada ofereceu contrarrazões arguindo a nulidade da citação, porque o executado é absolutamente incapaz (pessoa com transtorno bipolar tipo I, com diagnóstico fechado), mesmo sem nunca ter sido interditado ou sujeito à curatela, além de defender a tese da prescrição intercorrente.

a) Jorge Silva pode ser considerado absolutamente incapaz? Justifique.

Gabarito: Não, pois o Código Civil prevê como única hipótese de incapacidade civil absoluta as pessoas menores de 16 anos.

O executado é pessoa capaz, não sujeita a qualquer tipo de incapacidade civil (art. 3º e 4º do Código Civil), assim como não é interditado ou sujeito à curatela.

2. (2ª fase - Cebraspe - PGE/MS - Procurador do Estado - 2021) Um fato jurídico pode existir, valer e não ser eficaz, ou pode existir, ser eficaz e não valer. Por outro lado, só é válido e eficaz aquilo que existe. Assim, considerando que são distintos os planos de existência, validade e eficácia dos negócios jurídicos, redija um texto atendendo ao que se pede a seguir.

1 Aborde os conceitos fundamentais de cada um desses planos.

2 Apresente os requisitos para a existência, a validade e a eficácia do negócio jurídico.

3 Aborde os efeitos da ausência dos requisitos de validade do negócio jurídico.

4 Discorra acerca de cada um dos elementos acidentais da eficácia.

Gabarito: O plano da existência aponta para o atendimento dos requisitos mínimos do negócio, sem os quais se torna inexistente o negócio jurídico, pois tais requisitos constituem os pressupostos de existência. São eles: os agentes, o objeto, a forma e a manifestação da vontade das partes.

O plano da validade é o conjunto de características de cada um dos pressupostos de existência. Nesse sentido, os agentes devem ser capazes; o objeto deve ser lícito e possível, ser determinado ou determinável; a forma deve ser prescrita em lei ou não defesa em lei; e a vontade deve ser livre, consciente e voluntária.

A falta dos requisitos do plano de validade tornará o negócio nulo ou anulável.

Quanto ao plano da eficácia, constitui a verificação de presença dos elementos acidentais de condição, termo ou encargo. Tais elementos estabelecem a suspensão e(ou) resolução de direitos e deveres das partes envolvidas.

A condição, que deriva da vontade das partes, faz que o negócio jurídico dependa de um evento futuro e incerto. Ela se classifica em suspensiva e resolutiva. A primeira não gera efeitos jurídicos até sua implementação, ao passo que a segunda é aquela em que os efeitos existirão até que o evento a interrompa.

O termo condiciona o negócio jurídico a um evento futuro e certo, podendo ser inicial ou final. No termo inicial, tem-se o início dos efeitos negociais, suspendendo-se o exercício do direito, mas não sua aquisição. No termo final, predefine-se o momento em que o direito se extinguirá.

O encargo constitui um ônus que pode ser posto ao beneficiado por um ato gratuito.

3. (FCC - 2023 - TRT - 21ª Região (RN) - Analista Judiciário - Área Judiciária) De acordo com o Código Civil, o mandato

A) outorgado por instrumento público não poderá ser substabelecido por instrumento particular.

B) pode ser aceito de forma tácita.

C) pode ser outorgado por instrumento particular, mesmo que a lei exija instrumento público para o ato a ser praticado.

D) poderá ser verbal, mesmo quando o ato deva ser celebrado por escrito, se assim for o costume do local.

E) confere, em termos gerais, poderes para alienar, hipotecar, transigir ou praticar outros quaisquer atos que exorbitem da administração ordinária.

Gabarito: B.

4. (PGR - 2022 - PGR - Procurador da República) Assinale a alternativa correta no tocante à capacidade das pessoas naturais:

A) A pessoa idosa portadora da doença de Alzheimer em grau avançado, impossibilitada de gerir sua pessoa e seus bens e interesses, pode ser submetida à curatela em razão da incapacidade absoluta.

B) Nos casos de deficiência mental ou intelectual, pode o Ministério Público promover o processo que define os termos da curatela.

C) É desnecessária a intervenção do Ministério Público no processo de tomada de decisão apoiada, previsto no art. 1.783-A do Código Civil, uma vez que o próprio interessado, autor da demanda, está no gozo de sua capacidade.

D) No atual sistema da capacidade civil, o absolutamente incapaz sujeita-se apenas à curatela.

Gabarito: B.

5. (VUNESP - 2018 - Prefeitura de Pereira Barreto/SP - Procurador do Município) O conceito de mandato pode ser encontrado no artigo 653 do vigente Código Civil: "Opera-se o mandato quando alguém recebe de outrem poderes para, em seu nome, praticar atos ou administrar interesses. A procuração é o instrumento do mandato". Assim, através do mandato, uma pessoa, chamada mandatário, recebe poderes de outra, chamada mandante, para, em nome desta última, praticar atos ou administrar interesses. Diante deste enunciado, em relação ao mandato, pode-se afirmar corretamente:

A) a outorga do mandato está sujeita à forma exigida por lei para o ato a ser praticado. Admite-se, porém, o mandato verbal ainda quando o ato deva ser celebrado por escrito.

B) o mandato não admite aceitação tácita, devendo ser escrito para obrigar o mandante em relação aos atos praticados com aquele a quem o mandatário contratou.

C) para alienar, hipotecar, transigir, ou praticar outros quaisquer atos que exorbitem da administração ordinária, o mandato deve conferir poderes em termos gerais.

D) o maior de dezesseis e menor de dezoito anos não emancipado pode ser mandatário, devendo aplicar toda sua diligência à execução do mandato, e a indenizar qualquer prejuízo causado por culpa sua, salvo se for descendente do mandante, quando não terá lugar a indenização.

E) sempre que o mandatário estipular negócios expressamente em nome do mandante, será este o único responsável; ficará, porém, o mandatário pessoalmente obrigado, se agir no seu próprio nome, ainda que o negócio seja de conta do mandante.

Gabarito: E.

6. (TRF - 3ª REGIÃO - 2022 - TRF - 3ª REGIÃO - Juiz Substituto) Assinale a assertiva CORRETA:

A) O mandato é contrato de acordo com o qual uma pessoa capaz ou incapaz recebe de outrem poderes para, em seu nome, praticar atos ou administrar interesses.

B) O mandato é o instrumento da procuração.

C) O mandato pode se dar por instrumento particular e deve conter a indicação do lugar no qual foi passado, a qualificação do outorgante, a data e objetivo da outorga com a designação e a extensão dos poderes conferidos.

D) terceiro com quem o mandatário tratar não poderá exigir que a procuração traga a firma reconhecida, por ser formalidade que a lei não exige.

Gabarito: C.

QUESTÃO 7

(CEBRASPE - PGE/ES - PROCURADOR DO ESTADO - 2023)

Determinada sociedade de economia mista do estado do Espírito Santo ingressou com ação de cobrança contra duas empresas, pessoas jurídicas de direito privado.

A primeira demandada figurava na ação por haver firmado contrato no qual se obrigava a prestar certo serviço à autora, cuja obrigação era de natureza personalíssima, e a segunda demandada figurava na ação por haver assumido, de forma expressa, no contrato firmado entre as partes, a condição de responsável solidária.

Esta última obrigou-se a responder pecuniariamente pela cláusula penal compensatória, independentemente da causa, origem ou natureza do fato que pudesse ocasionar o inadimplemento da obrigação contratual.

Quando do ajuizamento da ação, havia ocorrido o inadimplemento absoluto da obrigação contratualmente pactuada, sendo a culpa atribuída, única e exclusivamente, à empresa contratada (primeira demandada).

A relação contratual foi paritária, inexistindo assimetria entre as partes contratantes.

Acerca dessa situação hipotética, redija um texto dissertativo respondendo, de modo justificado, aos seguintes questionamentos, com base no Código Civil e na jurisprudência do Superior Tribunal de Justiça (STJ).

1 - A devedora solidária deve ser responsabilizada por perdas e danos? (valor: 2,25 pontos)

2 - A devedora solidária deve ser responsabilizada pelo pagamento da cláusula penal compensatória, ou, para tal, ela deveria ter contribuído culposamente para o resultado danoso? (valor: 2,50 pontos)

QUESTÃO 7

1	
2	
3	
4	
5	
6	
7	
8	
9	
10	

ESPAÇO PARA RESPOSTA (10 LINHAS)

▶ RESPOSTA DO AUTOR

Inicialmente, cumpre salientar que o Código Civil afirma que a solidariedade não é presumida, ela deriva da lei ou da vontade das partes, conforme o art. 265 do CC. No caso apresentado, a vontade das partes foi externada por contrato. A devedora solidária não pode ser responsabilizada por perdas e danos, conforme art. 279 do CC, segundo o qual a solidariedade subsiste para a obrigação de pagar o equivalente da prestação que foi tornada impossibilitada, porém somente o culpado é o responsável pelas perdas e danos.

No mesmo sentido, o STJ possui julgados reafirmando o exposto pelo Código Civil, entendendo que compete ao devedor solidário pagar o equivalente à prestação pela qual se obrigou e que se tornou impossível, mas não é responsável pelo pagamento das perdas e dos danos, quando não tiver dado causa ao descumprimento.

Quanto a cláusula penal compensatória, a jurisprudência do STJ não admite a cumulação das perdas e dos danos com cláusula penal compensatória, cujo objetivo é prefixar os prejuízos decorrentes do descumprimento do contrato. Assenta o Tribunal que o devedor solidário, apesar de não arcar com as perdas e danos, será responsabilizado pelo pagamento da cláusula penal compensatória, uma vez que assumiu tal ônus, ainda que não tenha agido com culpa e(ou) dolo, por se tratar de uma relação contratual na qual deve ser respeitada a autonomia da vontade e a força obrigatória dos contratos.

▶ PADRÃO DE RESPOSTA DA BANCA

A devedora solidária não pode ser responsabilizada por perdas e danos, por não haver dado causa ao descumprimento contratual. O art. 279 do Código Civil dispõe que, por perdas e danos, só responde o culpado. A jurisprudência do STJ (Terceira Turma, REsp. nº 1.867.551/RJ (2019/0302921-6), Rel. Min.

Ricardo Villas Bôas Cueva, j. em 05/10/2021, DJe 13/10/2021) também atesta que cabe ao devedor solidário pagar o equivalente à prestação pela qual se obrigou e que se tornou impossível, mas não é responsável pelo pagamento das perdas e dos danos, quando não tiver dado causa ao descumprimento. Frise-se que, nos termos do art. 265 do Código Civil, a solidariedade decorre da lei ou do contrato e, no caso em análise, decorreu da vontade das partes externada no contrato firmado.

Sobre o tema, Gustavo Tepedino e Anderson Schreiber (Fundamentos do Direito Civil: Obrigações. v.2. Disponível em: Minha Biblioteca, (3rd edição). Grupo GEN, 2022. p. 137):

> "A impossibilidade superveniente da obrigação, seja de dar, fazer ou não fazer, por culpa do devedor, deflagra o dever de ressarcir o credor, pagando-lhe o equivalente pecuniário à prestação. Subsiste no que tange ao ressarcimento a solidariedade, podendo cada um dos codevedores solidários ser chamado a arcar integralmente com este valor, porque cada um deles é responsável pela dívida toda, a qual o seu equivalente pecuniário vem substituir. Não há agravamento da situação dos codevedores pela conversão do cumprimento em seu equivalente monetário. Com efeito, 'a substituição da prestação desaparecida não lhes aumentará o encargo, não lhes tornará a obrigação mais gravosa, não lhes trará diminuição outra de patrimônio, visto que deviam totalmente a prestação total. Respondendo pelo equivalente, nenhum gravame sofrem e nem se lhes grandeia o peso dos encargos'. Já as perdas e danos devidas por conta da impossibilidade culposa da prestação não podem ser indistintamente imputadas a todos os devedores. Isso porque se trata de verba devida em função da culpa, que é pessoal e exclusiva de um ou de alguns devedores, em particular. Como explica a doutrina, o ressarcimento das perdas e danos não tem 'causa imediata na obrigação contraída, e sim no fato culposo ou na mora dos que deram lugar à perda da coisa, e, pois, derivando tal obrigação de um fato posterior à obrigação assumida, é justo que ele grave somente os que, com sua culpa, ou mora, contribuíram para a perda da coisa devida'. Por tal motivo, ficam isentos dos seus efeitos os demais codevedores, em atenção ao princípio geral de que condições pessoais não podem resultar em ônus adicional aos consortes. Desse modo, se o fabricante de artigos de computação assume solidariamente com a companhia transportadora a obrigação de entregar peças de alta tecnologia, e tais peças chegam ao seu destino já danificadas pelo descuido no transporte, tanto o fabricante quanto a companhia transportadora são solidariamente responsáveis frente ao credor pelo equivalente, mas somente a transportadora arcará com as perdas e danos. Note-se que a previsão do art. 279 do Código Civil é dispositiva, não impedindo que as partes, solidariamente vinculadas, estabeleçam cláusula penal compensatória. Se a impossibilidade da prestação se der, ao contrário, por caso fortuito, força maior ou qualquer outra causa não imputável a qualquer devedor solidário, todos ficarão exonerados da obrigação, a não ser que expressamente tenham se responsabilizado por ela. Este também é o princípio geral que se extrai das regras atinentes às modalidades de obrigações.".

Além do que, a jurisprudência do STJ não admite a cumulação das perdas e dos danos com cláusula penal compensatória (STJ, Terceira Turma, AgInt no AREsp. nº 1.426.568/SC (2019/0008384-5), Rel. Min. Ricardo Villas Bôas Cueva, j. em 31/08/2020, DJe 03/09/2020).

Por fim, de acordo com o entendimento do STJ (Terceira Turma, REsp. nº 1.867.551/RJ (2019/0302921-6), Rel. Min. Ricardo Villas Bôas Cueva, j. em 05/10/2021, DJe 13/10/2021), o devedor solidário assumiu a responsabilidade pelo pagamento da cláusula penal compensatória independentemente de causa, origem ou natureza do fato que gerasse o inadimplemento contratual, sendo, portanto, obrigado ao seu pagamento, ainda que não tenha agido com culpa e(ou) dolo, por se tratar de uma relação paritária na qual deve ser respeitada a autonomia da vontade e a força obrigatória dos contratos.

▶ DOUTRINA TEMÁTICA

> "5.ª Regra – Impossibilitando-se a prestação por culpa de um dos devedores solidários, subsiste para todos o encargo de pagar o equivalente; mas pelas perdas e danos só responde o culpado. Vejamos um exemplo concreto (art. 279 do CC):
>
> Caso um imóvel que seja locado a dois devedores tenha um débito de aluguéis em aberto de R$10.000,00, o locador poderá cobrá-lo de qualquer um, de acordo com a sua vontade (Locatário 1 ou Locatário 2). Mas se um dos locatários causou um incêndio no imóvel, gerando prejuízo de R$ 30.000,00, apenas este responderá perante o sujeito ativo da obrigação, além do valor da dívida, por lógico (Locatário 1 responde por R$ 40.000,00). A dívida locatícia em aberto continua podendo ser cobrada de qualquer um dos devedores solidários.
>
> Ainda sobre o art. 279 do Código Civil, o Superior Tribunal de Justiça, em 2021, concluiu, pelas peculiaridades do que foi avençado entre as partes, que o devedor solidário responde pelo pagamento da cláusula penal compensatória, ainda que não incorra em culpa. Vejamos este acórdão:
>
> "A parte não se obrigou pela entrega da embarcação (obrigação que se tornou impossível), mas pelas obrigações pecuniárias decorrentes do contrato. No entanto, é oportuno assinalar que a cláusula penal compensatória tem como objetivo prefixar os prejuízos decorrentes do descumprimento do contrato, evitando que o credor tenha que promover a liquidação dos danos. Assim, a cláusula penal se traduz em um valor considerado suficiente pelas partes para indenizar o eventual descumprimento do contrato. Tem, portanto, caráter nitidamente pecuniário. Diante disso, como a parte se obrigou conjuntamente com outra empresa pelas obrigações pecuniárias decorrentes do contrato independente de causa, origem ou natureza jurídica, está obrigada ao pagamento do valor relativo à multa penal compensatória, cuja incidência estava expressamente prevista no ajuste" (STJ, REsp 1.867.551/RJ, 3.ª Turma, Rel. Min. Ricardo Villas Bôas Cueva, j. 05.10.2021, DJe 13.10.2021)". (TARTUCE, 2024, p. 362-363)

No mesmo sentido, Pablo Stolze:

> "Quanto à responsabilidade dos devedores solidários, se a prestação se impossibilitar por dolo ou culpa de um dos devedores, todos permanecerão solidariamente obrigados ao pagamento do valor equivalente. Entretanto, pelas perdas e danos só responderá o culpado (art. 279 do CC/2002). Vale dizer, se A, B e C, devedores solidários, obrigaram-se a entregar ao credor D uma saca de café, e esta é destruída pela desídia de A, que a deixou próxima de uma fornalha, todos os devedores permanecerão solidariamente adstritos ao pagamento do valor da saca de café. Entretanto, os prejuízos resultantes do fato (perdas e danos), experimentados pelo credor (que não pôde, na data fixada, repassar o café ao seu consumidor), serão compensados exclusivamente pelo devedor culpado (A)." (GAGLIANO e PAMPLONA, 2024, p. 194).

Seguem importantes considerações acerca da cláusula penal que complementam o conhecimento acerca do tema. Vejamos:

> "A cláusula penal pode ser conceituada como a penalidade, de natureza civil, imposta pela inexecução parcial ou total de um dever patrimonial assumido. Pela sua previsão no Código Civil, sua concepção está relacionada e é estudada como tema condizente ao inadimplemento obrigacional, entre os arts. 408 a 416.
>
> A cláusula penal é pactuada pelas partes no caso de violação da obrigação, mantendo relação direta com o princípio da autonomia privada, motivo pelo qual é também

denominada multa contratual ou pena convencional. Trata-se de uma obrigação acessória que visa garantir o cumprimento da obrigação principal, bem como fixar, antecipadamente, o valor das perdas e danos em caso de descumprimento.

Por ser acessória, aplica-se o princípio pelo qual a obrigação acessória deve seguir a principal (princípio da gravitação jurídica), fazendo com que no caso de nulidade do contrato principal a multa também seja declarada nula." (TARTUCE, 2024, p. 436)

"Na esteira da melhor doutrina e jurisprudência, apenas a multa compensatória tem a função de antecipar as perdas e danos. Conforme se extrai de julgamento anterior do Superior Tribunal de Justiça, "enquanto a cláusula penal compensatória funciona como prefixação das perdas e danos, a cláusula penal moratória, cominação contratual de uma multa para o caso de mora, serve apenas como punição pelo retardamento no cumprimento da obrigação. A cláusula penal moratória, portanto, não compensa o inadimplemento, nem substitui o adimplemento, não interferindo na responsabilidade civil correlata, que é decorrência natural da prática de ato lesivo ao interesse ou direito de outrem. Assim, não há óbice a que se exija a cláusula penal moratória juntamente com o valor referente aos lucros cessantes" (STJ, REsp 1.355.554/RJ, Rel. Min. Sidnei Beneti, j. 06.12.2012, publicado no seu Informativo n. 513)." (TARTUCE, 2024, p. 441)

"Da análise dessas normas, podemos identificar as seguintes espécies de cláusula penal:

a) cláusula penal compensatória (estipulada para o caso de descumprimento da obrigação principal);

b) cláusula penal moratória (estipulada para o caso de haver infringência de qualquer das cláusulas do contrato, ou inadimplemento relativo — mora).

Analisemos, a seguir, essas duas espécies.

A cláusula penal compensatória, como vimos, é estipulada para o caso de haver descumprimento culposo da própria obrigação.

Quando se estipular a cláusula penal para o caso de descumprimento da obrigação, o credor poderá, a seu critério, nos termos do art. 410 do CC/2002, exigi-la, a título das perdas e danos sofridos, no valor pactuado, ou, se for possível faticamente e do seu interesse, executar o contrato, forçando o cumprimento da obrigação principal, por meio da imposição de multa cominatória, se a natureza da prestação pactuada o permitir." (GAGLIANO e PAMPLONA, 2024, p. 302)

▸ JURISPRUDÊNCIA TEMÁTICA

RECURSO ESPECIAL. CIVIL. EMPRESARIAL. CONTRATO DE AFRETAMENTO. INADIMPLEMENTO ABSOLUTO. CLÁUSULA PENAL COMPENSATÓRIA. SOLIDARIEDADE. RECONHECIMENTO. REDUÇÃO. MULTA. EXCESSIVIDADE NÃO DEMONSTRADA. DECISÃO SURPRESA. PREQUESTIONAMENTO. AUSÊNCIA.

1. Recurso especial interposto contra acórdão publicado na vigência do Código de Processo Civil de 2015 (Enunciados Administrativos nºs 2 e 3/STJ).

2. Cinge-se a controvérsia a definir se (i) houve falha na prestação jurisdicional, (ii) constitui obrigação solidária o pagamento da cláusula penal compensatória, (iii) houve decisão surpresa e (iv) é o caso de redução da multa.

3. Não há falar em falha na prestação jurisdicional se o Tribunal de origem motiva adequadamente sua decisão, solucionando a controvérsia com a aplicação do direito que entende cabível, ainda que em desacordo com a expectativa da parte.

4. Na hipótese, a solidariedade decorre da vontade das partes externada no contrato firmado, tendo a recorrente se obrigado ao pagamento das obrigações pecuniárias decorrentes do ajuste independentemente de causa, origem ou natureza jurídica.

5. A cláusula penal compensatória tem como objetivo prefixar os prejuízos decorrentes do descumprimento do contrato, o que denota sua natureza de obrigação pecuniária.

6. A falta de prequestionamento da matéria suscitada no recurso especial impede seu conhecimento, a teor da Súmula nº 282/STF.

7. No caso, a cláusula penal está inserida em contrato empresarial firmado entre empresas de grande porte, tendo como objeto valores milionários, inexistindo assimetria entre os contratantes que justifique a intervenção em seus termos, devendo prevalecer a autonomia da vontade e a força obrigatória dos contratos.

8. Não demonstrada a existência de causa para sua redução, a cláusula penal deve ser mantida no percentual estabelecido no contrato.

9. Recurso especial parcialmente conhecido e, nessa parte, não provido. (REsp 1867551/RJ, Rel. Ministro RICARDO VILLAS BÔAS CUEVA, TERCEIRA TURMA, julgado em 05/10/2021, DJe 13/10/2021)

AGRAVO INTERNO NOS EMBARGOS DE DECLARAÇÃO NO AGRAVO EM RECURSO ESPECIAL. TEMPESTIVIDADE DO RECURSO ESPECIAL RECONHECIDA. DECISÃO RECONSIDERADA. EMBARGOS À EXECUÇÃO. CLÁUSULA PENAL. REDUÇÃO. CABIMENTO. AGRAVO INTERNO PROVIDO. AGRAVO CONHECIDO PARA NEGAR PROVIMENTO AO RECURSO ESPECIAL.

(...)

2. A jurisprudência desta Corte é firme no sentido de que "é facultado ao órgão julgador, de ofício, reduzir o valor da cláusula penal caso evidenciado o seu manifesto excesso, inclusive em sede de cumprimento de sentença, desde que o título executivo não se tenha pronunciado sobre o tema" (AgInt no AREsp 681.409/SP, Rel. Ministro RAUL ARAÚJO, QUARTA TURMA, julgado em 07/02/2019, DJe de 20/02/2019).

3. Agravo interno provido. Decisão reconsiderada. Agravo conhecido para negar provimento ao recurso especial.

(AgInt nos EDcl no AREsp n. 1.939.211/GO, relator Ministro Raul Araújo, Quarta Turma, julgado em 13/12/2021, DJe de 17/12/2021.)

QUESTÕES DE CONCURSO RELACIONADAS

1. (FGV - 2024 - Prefeitura de Vitória - ES - Procurador) Pedro, João e Caio são amigos de infância e decidem abrir um negócio juntos. Para isso, eles contraem um empréstimo no banco para investir no empreendimento. Durante a operação, os três assinam um contrato de mútuo solidário, assumindo a responsabilidade pelo pagamento da dívida de forma conjunta e indivisível. Em que pese todos os esforços e dedicação dos amigos, em razão de uma série de adversidades ao longo do tempo, especialmente em razão de grave problema de saúde de Caio, o negócio enfrenta dificuldades financeiras e acaba não sendo bem-sucedido, acarretando, inclusive o inadimplemento de algumas obrigações contratuais como o empréstimo.

Diante da situação hipotética narrada, é correto afirmar que,

A) se o banco exigir que João, individualmente, pague a dívida e aceitar pagamento parcial, não mais poderá exigir o pagamento de João e de Caio.

B) como trata-se de obrigação divisível, o banco só pode exigir de cada um dos devedores, a quota parte equivalente que, no caso, corresponde a terça parte da dívida.

C) o banco pode remitir a dívida de Caio e exigir que Pedro e João paguem a integralidade da dívida de forma solidária, sendo cada um responsável pelo pagamento de metade do débito.

D) o banco pode exigir que João pague a dívida integral, cabendo a João, se desejar, exigir a quota parte de Pedro e Caio.

E) considerando o estado de saúde de Caio, o banco poderá exonerá-lo da solidariedade, o que aproveitará aos demais, de sorte que João e Pedro passarão a ser devedores de apenas um terço da dívida cada.

Gabarito: D.

2. (Avança SP - 2024 - Câmara Municipal de Itapecerica da Serra - SP - Procurador) A respeito das obrigações solidárias, considere as seguintes assertivas:

I – A solidariedade não se presume, resulta da lei ou da vontade das partes.

II – Os devedores solidários poderão estipular qualquer cláusula, condição ou obrigação adicional com o credor, a qual obrigará os demais devedores, ainda que sem o consentimento destes.

III - Impossibilitando-se a prestação por culpa de um dos devedores solidários, subsiste para todos o encargo de pagar o equivalente, acrescido das perdas e danos.

IV - O credor pode renunciar à solidariedade em favor de um, de alguns ou de todos os devedores e, se exonerar da solidariedade um ou mais devedores, subsistirá a dos demais.

Está CORRETO o que se afirma em:

A) I, III e IV.

B) III e IV, apenas.

C) I, II e IV, apenas.

D) I, II, III e IV.

E) I e IV, apenas.

Gabarito: E.

3. (FGV - 2023 - AL-MA - Advogado) As amigas Gabriela, Ana Terra e Quitéria são proprietárias de uma casa localizada no bairro de Renascença, São Luís, MA. Em janeiro deste ano, venderam o imóvel para Marília, que pagou integralmente o preço avençado na escritura pública, sendo que a entrega do bem deveria ocorrer seis meses após a celebração do contrato. Dois dias antes da entrega do bem, por culpa exclusiva de Ana Terra, o imóvel foi totalmente destruído por causa de um incêndio. Destaca-se que o contrato é omisso a respeito da solidariedade das vendedoras. A respeito da situação hipotética narrada, assinale a afirmativa correta.

A) Impossibilitando-se a prestação por culpa de um dos devedores solidários, subsiste para todos o encargo de pagar o equivalente; mas pelas perdas e danos só responde o culpado.

B) Em virtude do perecimento do bem, as três amigas responderão conjuntamente pelo equivalente mais as perdas e danos.

C) O perecimento da casa sempre conduz à resolução da obrigação.

D) Como a solidariedade se presume, as três amigas serão solidárias pelas perdas e danos por causa do perecimento do bem.

E) Perde a qualidade de indivisível a obrigação que se resolver em perdas e danos; assim, as três amigas irão responder pelo equivalente em partes iguais, sendo que as perdas e danos só poderão ser exigidas de Ana Terra, culpada do perecimento.

Gabarito: E.

4. (VUNESP - 2023 - Prefeitura de Piracicaba - SP - Procurador Jurídico) Acerca das obrigações solidárias, assinale a alternativa correta.

A) A obrigação solidária pode ser pura e simples para um dos co-credores ou co-devedores, e condicional, ou a prazo, ou pagável em lugar diferente, para o outro.

B) Convertendo-se a prestação em perdas e danos, cessa, para todos os efeitos, a solidariedade.

C) Importa em renúncia da solidariedade a propositura de ação pelo credor contra apenas um dos devedores.

D) Impossibilitando-se a prestação por culpa de um dos devedores solidários, todos responderão pelas perdas e danos, sendo cabível ação de regresso contra o devedor culpado.

E) O devedor demandado pode opor ao credor as exceções que lhe forem pessoais e as comuns a todos, aproveitando as exceções pessoais a outro co-devedor.

Gabarito: A.

QUESTÃO 8

(CEBRASPE, PGE/RO, PROCURADOR DO ESTADO, 2022)

A criação de uma pessoa jurídica garante ao empreendedor uma enorme proteção patrimonial decorrente da separação patrimonial do empreendedor e da pessoa jurídica. Essa proteção garante, em caso de uma derrocada do negócio, que o prejuízo se limite ao valor investido e não alcance os bens pessoais do empreendedor. E isso é muito importante para quem vai empreender, pois os riscos são inerentes ao negócio. Sem essa garantia, certamente os empreendedores seriam mais comedidos em seus projetos empresariais. No entanto, em situações excepcionais, essa proteção é afastada, o que se denomina desconsideração da personalidade jurídica.

Considerando que o texto anterior tem caráter exclusivamente motivador, redija um texto acerca da desconsideração da personalidade jurídica, abordando, necessariamente, os seguintes aspectos:

1 - o conceito de desconsideração da personalidade jurídica (valor: 1,50 pontos)

2 - os pressupostos legais autorizadores da aplicação da desconsideração da personalidade jurídica (valor: 2,00 pontos);

3 - a possibilidade legal da desconsideração inversa da personalidade jurídica (valor: 1,25 pontos).

QUESTÃO 8

1	
2	
3	
4	
5	
6	
7	
8	
9	
10	

ESPAÇO PARA RESPOSTA (10 LINHAS)

RESPOSTA DO AUTOR

A desconsideração da personalidade jurídica é uma sanção civil que afeta a autonomia patrimonial da pessoa jurídica, tendo por objetivo alcançar o patrimônio pessoal dos sócios ou administradores que se valeram da autonomia da pessoa jurídica para finalidades abusivas, caracterizadas pelo desvio de finalidade ou pela confusão patrimonial.

Possui previsão no art. 50 do CC e nos arts. 133 a 137 do CPC, que adotam a Teoria Maior, sendo exigidos como requisitos o abuso da personalidade jurídica, caracterizado pelo desvio de finalidade — entendido como a utilização da pessoa jurídica com o propósito de lesar credores e para a prática de atos ilícitos de qualquer natureza — ou pela confusão patrimonial — caracterizada pela ausência de separação de fato entre os patrimônios.

A desconsideração inversa da personalidade jurídica é prevista tanto no CC, quanto no CPC, afirmando que as regras da desconsideração também se aplicam à extensão das obrigações de sócios ou de administradores à pessoa jurídica.

PADRÃO DE RESPOSTA DA BANCA

A desconsideração da personalidade jurídica objetiva alcançar o patrimônio pessoal dos sócios ou administradores que se valeram do princípio da autonomia da pessoa jurídica para finalidades escusas, caracterizadas pelo desvio de finalidade, mediante utilização da pessoa jurídica com o propósito de lesar credores e para a prática de atos ilícitos, ou pela confusão patrimonial, ou seja, ausência de separação de fato entre os patrimônios.

A desconsideração inversa da personalidade jurídica está assegurada no Código Civil e no Código de Processo Civil, no sentido de que as disposições acerca da desconsideração da personalidade jurídica também se aplicam à extensão das obrigações de sócios ou de administradores à pessoa jurídica. Art. 50 do CC – "Em caso de abuso da personalidade jurídica, caracterizado pelo desvio de finalidade ou pela confusão patrimonial, pode o juiz, a requerimento da parte, ou do Ministério Público quando lhe couber intervir no processo, desconsiderá-la para que os efeitos de certas e determinadas relações de obrigações sejam estendidos aos bens particulares de administradores ou de sócios da pessoa jurídica beneficiados direta ou indiretamente pelo abuso".

▸ DOUTRINA TEMÁTICA

"Devido a essa possibilidade de exclusão da responsabilidade dos sócios ou administradores, a pessoa jurídica, por vezes, desviou-se de seus princípios e fins, cometendo fraudes e lesando sociedade ou terceiros, provocando reações na doutrina e na jurisprudência. Visando coibir tais abusos, surgiu a figura da teoria da desconsideração da personalidade jurídica, teoria do levantamento do véu ou teoria da penetração na pessoa física ("disregard of the legal entity"). Com isso se alcançam pessoas e bens que se escondem dentro de uma pessoa jurídica para fins ilícitos ou abusivos.

Tal instituto permite ao juiz não mais considerar os efeitos da personificação da sociedade para atingir e vincular responsabilidades dos sócios, com intuito de impedir a consumação de fraudes e abusos por eles cometidos, desde que causem prejuízos e danos a terceiros, principalmente a credores da empresa. Dessa forma, os bens particulares dos sócios podem responder pelos danos causados a terceiros.

Em suma, o véu ou escudo, no caso da pessoa jurídica, é retirado para atingir quem está atrás dele, o sócio ou administrador. Bens da empresa também poderão responder por dívidas dos sócios, por meio do que se denomina como desconsideração inversa ou invertida. O Código Civil Brasileiro acolheu tal possibilidade em seu art. 50." (TARTUCE, 2024, p. 171)

"a) Teoria maior – a desconsideração, para ser deferida, exige a presença de dois requisitos: o abuso da personalidade jurídica + o prejuízo ao credor. Essa teoria foi adotada pelo art. 50 do CC/2002.

b)Teoria menor – a desconsideração da personalidade jurídica exige um único elemento, qual seja o prejuízo ao credor. Essa teoria foi adotada pela Lei 9.605/1998 – para os danos ambientais – e, supostamente, pelo art. 28 do Código de Defesa do Consumidor." (TARTUCE, 2024, p. 175)

"Repisando e aprofundando, é possível, no caso de confusão patrimonial, responsabilizar a empresa por dívidas dos sócios (desconsideração inversa ou invertida). O exemplo típico é a situação em que o sócio, tendo conhecimento de divórcio, compra bens com capital próprio em nome da empresa (confusão patrimonial). Pela desconsideração, tais bens poderão ser alcançados pela ação de divórcio, fazendo com que o instituto seja aplicado no Direito de Família." (TARTUCE, 2024, p. 175)

"A desconsideração da personalidade da pessoa jurídica (PJ) é sanção civil (por violação da função social da PJ) que afeta o princípio da autonomia patrimonial (suspende-se, de modo temporal e pontual, apenas este efeito jurídico que decorre da personalização da PJ). A pessoa jurídica é sujeito de direito com autonomia, em especial patrimonial, com personalidade jurídica própria. Tal autonomia pode ser superada ou afastada episodicamente. Por afetar a principal causa de justificação histórica da existência da PJ (autonomia patrimonial), a desconsideração deve ser excepcional. A valorização da autonomia patrimonial, instrumento lícito de alocação de riscos, retratada no art. 49-A, parágrafo único, do CC, dispositivo introduzido pela declaração de direitos de liberdade econômica, restringe consideravelmente a possibilidade de desconsideração.

Quais são as causas do instituto? Nas relações civis, a desconsideração ocorrerá quando a personalidade da pessoa jurídica for utilizada (abuso de direito) como instrumento de fraude, o que se configurará por meio de desvio de finalidade institucional (teoria maior subjetiva – necessário demonstrar a intenção de manipulação da PJ) ou confusão patrimonial (teoria maior objetiva – basta a confusão de patrimônios da pessoa natural e jurídica). A perspectiva subjetiva do desvio de finalidade e objetiva da confusão patrimonial foi consolidada pela nova redação do art. 50 do CC." (CARNACCHIONI, 2024, p. 153)

"O objetivo e a finalidade da teoria maior é proteger a pessoa jurídica e sua personalidade. Ao contrário, a finalidade da teoria menor é tutelar interesses econômicos dos credores da pessoa jurídica. Por isso, o fundamento da teoria maior é o abuso de direito no exercício da personalidade da pessoa jurídica, e da teoria menor, a insolvência.

Na teoria maior exige-se prova da manipulação efetiva, de forma fraudulenta ou de modo abusivo, da personalidade da pessoa jurídica, cuja fraude ou abuso de direito tenha lesado interesses de terceiros. Tal concepção subjetiva foi adotada pela Lei n. 13.874/2019, em relação ao desvio de finalidade (ainda que tenha sido suprimida do texto a expressão "utilização dolosa"). A teoria maior retrata a própria teoria clássica da desconsideração de um dos efeitos da personalidade jurídica, tendo em vista que o objetivo do instituto é apenas e tão somente reprimir o uso indevido da personalidade jurídica, com valorização do princípio da autonomia patrimonial.

(...)

A denominada teoria menor em nada se assemelha à doutrina ou à teoria da desconsideração da personalidade da pessoa jurídica. Tal teoria despreza o princípio da autonomia patrimonial, pois admite a desconsideração em casos de mera insolvência, quando estiverem em jogo direitos do consumidor, danos ambientais, infração da ordem econômica, questões trabalhistas e, principalmente, matéria tributária.

Dessa forma, para a teoria menor, bastaria a mera insolvência da pessoa jurídica ou o encerramento de suas atividades, para que o credor pudesse invocar a doutrina da desconsideração, a fim de atingir o patrimônio de membros e administradores. É contrária à finalidade da Lei de Declaração e Direitos da liberdade Econômica, em especial a busca pela autonomia patrimonial retratada no art. 49-A do CC.

Em razão desta teoria menor, em qualquer relação de consumo, dano ambiental, infração da ordem econômica e débito trabalhista, simplesmente inexistirá um dos efeitos da personalidade da pessoa jurídica: a autonomia patrimonial. Nesses casos, independentemente de fraude ou de abuso de direito, o patrimônio das pessoas que compõem a pessoa jurídica, seja qual for a condição, será afetado, em caso de mera insolvência da pessoa jurídica." (CARNACCHIONI, 2024, p. 156-157)

▶ JURISPRUDÊNCIA TEMÁTICA

PROCESSUAL CIVIL E TRIBUTÁRIO. MANDADO DE SEGURANÇA. ITCMD. CONSTRIÇÃO DE PATRIMÔNIO DE EMPRESA. GARANTIA DE DÉBITO DE SÓCIO. ILEGALIDADE.

1. A impetração de mandado de segurança contra decisão judicial somente é admitida em casos de manifesta ilegalidade ou abuso de poder. Precedentes.

2. A personalidade e o patrimônio (direitos e obrigações) da pessoa jurídica não se confundem com a de seus sócios.

3. Hipótese em que se revela flagrantemente ilegal a decisão que, sem prévio pedido e instauração do incidente de desconsideração da personalidade jurídica inversa previsto no art. 133 e seguintes do CPC, determina a reserva de bens e a penhora de faturamento de empresa que não figura no processo de inventário para fins de garantir a quitação de débito de ITCMD devido por um de seus sócios.

4. Recurso ordinário provido.

(RMS n. 63.192/MG, relator Ministro Gurgel de Faria, Primeira Turma, julgado em 9/2/2021, DJe de 3/3/2021.)

RECURSO ESPECIAL. CIVIL E PROCESSUAL CIVIL. EXCEÇÃO DE PRÉ-EXECUTIVIDADE. EMPREENDIMENTO HABITACIONAL. SOCIEDADE COOPERATIVA. DESCONSIDERAÇÃO DA PERSONALIDADE JURÍDICA. TEORIA MENOR. ART. 28, § 5º, DO CDC. MEMBRO DE CONSELHO FISCAL. ATOS DE GESTÃO. PRÁTICA. COMPROVAÇÃO. AUSÊNCIA. INAPLICABILIDADE.

1. Para fins de aplicação da Teoria Menor da desconsideração da personalidade jurídica (art. 28, § 5º, do CDC), basta que o consumidor demonstre o estado de insolvência do fornecedor ou o fato de a personalidade jurídica representar um obstáculo ao ressarcimento dos prejuízos causados.

2. A despeito de não se exigir prova de abuso ou fraude para fins de aplicação da Teoria Menor da desconsideração da personalidade jurídica, tampouco de confusão patrimonial, o § 5º do art. 28 do CDC não dá margem para admitir a responsabilização pessoal de quem jamais atuou como gestor da empresa.

3. A desconsideração da personalidade jurídica de uma sociedade cooperativa, ainda que com fundamento no art. 28, § 5º, do CDC (Teoria Menor), não pode atingir o patrimônio pessoal de membros do Conselho Fiscal sem que que haja a mínima presença de indícios de que estes contribuíram, ao menos culposamente, e com desvio de função, para a prática de atos de administração.

4. Recurso especial provido.

(REsp 1766093/SP, Rel. Ministra NANCY ANDRIGHI, Rel. p/ Acórdão Ministro RICARDO VILLAS BÔAS CUEVA, TERCEIRA TURMA, julgado em 12/11/2019, DJe 28/11/2019)

RECURSO ESPECIAL. DESCONSIDERAÇÃO DA PERSONALIDADE JURÍDICA.

CPC/2015. PROCEDIMENTO PARA DECLARAÇÃO. REQUISITOS PARA A INSTAURAÇÃO. OBSERVÂNCIA DAS REGRAS DE DIREITO MATERIAL.

DESCONSIDERAÇÃO COM BASE NO ART. 50 DO CC/2002. ABUSO DA PERSONALIDADE JURÍDICA. DESVIO DE FINALIDADE. CONFUSÃO PATRIMONIAL.

INSOLVÊNCIA DO DEVEDOR. DESNECESSIDADE DE SUA COMPROVAÇÃO.

1. A desconsideração da personalidade jurídica não visa à sua anulação, mas somente objetiva desconsiderar, no caso concreto, dentro de seus limites, a pessoa jurídica, em relação às pessoas ou bens que atrás dela se escondem, com a declaração de sua ineficácia para determinados efeitos, prosseguindo, todavia, incólume para seus outros fins legítimos.

2. O CPC/2015 inovou no assunto prevendo e regulamentando procedimento próprio para a operacionalização do instituto de inquestionável relevância social e instrumental, que colabora com a recuperação de crédito, combate à fraude, fortalecendo a segurança

do mercado, em razão do acréscimo de garantias aos credores, apresentando como modalidade de intervenção de terceiros (arts. 133 a 137)

3. Nos termos do novo regramento, o pedido de desconsideração não inaugura ação autônoma, mas se instaura incidentalmente, podendo ter início nas fases de conhecimento, cumprimento de sentença e executiva, opção, inclusive, há muito admitida pela jurisprudência, tendo a normatização empreendida pelo novo diploma o mérito de revestir de segurança jurídica a questão.

4. Os pressupostos da desconsideração da personalidade jurídica continuam a ser estabelecidos por normas de direito material, cuidando o diploma processual tão somente da disciplina do procedimento. Assim, os requisitos da desconsideração variarão de acordo com a natureza da causa, seguindo-se, entretanto, em todos os casos, o rito procedimental proposto pelo diploma processual.

6. Nas causas em que a relação jurídica subjacente ao processo for cível-empresarial, a desconsideração da personalidade da pessoa jurídica será regulada pelo art. 50 do Código Civil, nos casos de abuso da personalidade jurídica, caracterizado pelo desvio de finalidade, ou pela confusão patrimonial.

7. A inexistência ou não localização de bens da pessoa jurídica não é condição para a instauração do procedimento que objetiva a desconsideração, por não ser sequer requisito para aquela declaração, já que imprescindível a demonstração específica da prática objetiva de desvio de finalidade ou de confusão patrimonial.

8. Recurso especial provido.

(REsp 1729554/SP, Rel. Ministro LUIS FELIPE SALOMÃO, QUARTA TURMA, julgado em 08/05/2018, DJe 06/06/2018)

QUESTÕES DE CONCURSO RELACIONADAS

1. (FGV - 2024 - Prefeitura de Vitória - ES - Procurador) O Código de Processo Civil estabelece como intervenção de terceiro o incidente de desconsideração da personalidade jurídica.

Acerca do tema, assinale a alternativa correta.

A) O incidente de desconsideração de personalidade jurídica é cabível em todas as fases do processo de conhecimento, inclusive no cumprimento de sentença, exceto na execução fundada em título executivo extrajudicial.

B) A instauração do incidente de desconsideração da personalidade jurídica, em qualquer hipótese, suspenderá o processo.

C) Instaurado o incidente, o sócio ou a pessoa jurídica será citado para manifestar-se e requerer as provas cabíveis no prazo de 15 (quinze) dias.

D) A decisão que resolve e põe fim ao incidente de desconsideração da personalidade jurídica desafia recurso de apelação.

E) O pedido de desconsideração da personalidade jurídica não pode ser realizado na petição inicial, sendo necessária a demonstração, no curso do processo, do preenchimento dos pressupostos legais específicos para desconsideração da personalidade jurídica.

Gabarito: C.

2. (CEBRASPE - 2024 - Prefeitura de Camaçari - BA - Procurador do Município) Domiciliada em São Paulo, a empresa Alfa, que tem por objeto social a construção civil, foi autuada pela Secretaria da Fazenda

Municipal de Camaçari, por deixar de recolher ISS, em um dado período de apuração, em relação a serviços prestados na municipalidade.

No auto de infração, a autoridade administrativa, de ofício, responsabilizou solidariamente os sócios gestores da empresa, também domiciliados em São Paulo, por ter constatado que eles haviam cometido infração à lei, após regular processo administrativo no qual lhes foi assegurado o contraditório.

Ao término do processo administrativo, os autos foram encaminhados à Procuradoria do Município de Camaçari, que procedeu à inscrição da empresa Alfa em dívida ativa e ajuizou execução fiscal, atribuindo à causa o valor de 300 salários mínimos, correspondente ao valor atualizado do débito. Por fim, requereu a citação da referida empresa e dos seus sócios gestores, para pagarem a dívida.

Acerca dessa situação hipotética, assinale a opção correta.

A) A execução fiscal deve ser proposta necessariamente no foro de domicílio dos réus.

B) Os advogados da empresa e dos sócios só poderão acessar os autos da execução fiscal se apresentarem procuração com poderes gerais para o foro.

C) Na situação em apreço, será dispensada a instauração do incidente de desconsideração da personalidade jurídica para responsabilização dos sócios pelo débito da empresa.

D) Caso sejam oferecidos embargos à execução fiscal e estes sejam julgados procedentes, a remessa necessária estará dispensada.

E) A situação hipotética em QUESTÃO retrata exemplo de litisconsórcio passivo unitário.

Gabarito: C.

3. (CEBRASPE - 2023 - PGE-ES - Procurador do Estado) O incidente de desconsideração da personalidade jurídica inversa tem por objetivo

A) identificar quotas societárias que a pessoa jurídica devedora detenha em outra sociedade e permitir que a execução recaia sobre elas.

B) permitir a expropriação do patrimônio das pessoas jurídicas de direito privado pelas dívidas contraídas por seus sócios.

C) perseguir, nas ações propostas contra os entes públicos, o patrimônio do gestor público que tenha ocasionado dano ao erário.

D) identificar os bens do devedor que se encontrem em nome de terceiros e permitir que a execução recaia sobre eles.

E) promover a expropriação do patrimônio do cônjuge do devedor.

Gabarito: B.

4. (FGV - 2023 - PGM - Niterói - Procurador do Município) João ajuizou ação pleiteando a condenação de uma pessoa jurídica ao pagamento de verbas pecuniárias, tendo também requerido, em sua petição inicial, a desconsideração da personalidade jurídica da empresa demandada, a fim de que os bens particulares de seus sócios fossem diretamente submetidos a uma futura constrição. Sem suspender o processo, o juiz da causa determinou a citação da pessoa jurídica e dos sócios. Após concluída a fase instrutória, foi proferida sentença em que se acolheu a pretensão autoral em face da pessoa jurídica, indeferindo-se, todavia, a desconsideração da personalidade jurídica pretendida. Nesse cenário, é correto afirmar que:

A) o autor poderá interpor agravo de instrumento tendo por alvo o pronunciamento que resolveu o incidente de desconsideração da personalidade jurídica;

B) o autor poderá interpor apelação para se insurgir contra o pronunciamento que indeferiu a desconsideração da personalidade jurídica;

C) o autor poderá interpor apelação, arguindo error in procedendo, uma vez que não foi adequadamente instaurado o incidente de desconsideração da personalidade jurídica;

D) a empresa demandada poderá interpor apelação, arguindo error in procedendo, uma vez que não houve a suspensão do processo após a instauração do incidente;

E) a empresa demandada poderá ajuizar ação rescisória, após o trânsito em julgado, uma vez que a não suspensão do processo violou manifestamente a norma jurídica aplicável.

Gabarito: B.

QUESTÃO 9

(FCC - PGE/AM - Procurador do Estado - 2022)

O artigo 6º, §2º, da Lei de Introdução às Normas do Direito Brasileiro dispõe:

Consideram-se adquiridos assim os direitos que o seu titular, ou alguém por ele, possa exercer, como aqueles cujo começo do exercício tenha termo pré-fixo, ou condição pré-estabelecida inalterável, a arbítrio de outrem.

A esse respeito, responda fundamentadamente às seguintes questões:

A - A primeira parte de tal conceito é correta ou nem todo direito que "pode ser exercido" deve ser considerado "adquirido"?

B - A segunda parte do conceito nega vigência ao artigo 125 do Código Civil, segundo o qual "subordinando-se a eficácia do negócio jurídico à condição suspensiva, enquanto esta se não verificar, não se terá adquirido o direito, a que ele visa"?

QUESTÃO 9

(MÁXIMO 30 LINHAS)

▸ RESPOSTA DO AUTOR

É incorreto adotar a literalidade do art. 6º, §2º, do CC, para considerar "adquiridos assim os direitos que o seu titular, ou alguém por ele, possa exercer". Isso ocorre, pois, nem todo direito que pode ser exercido é considerado direito adquirido. Para tanto, direitos adquiridos são aqueles definitivamente incorporados ao patrimônio do seu titular, assim como aqueles cujo começo do exercício tenha termo pré-fixo, ou condição pré-estabelecida inalterável, a arbítrio de outrem. Diferente do direito adquirido, as faculdades jurídicas são os poderes, a possibilidade de agir, através de um permissivo para a prática de um ato, não se constituindo um direito consolidado.

A segunda parte do conceito do art. 6º, §2º, da LINDB não nega vigência ao artigo 125 do CC, posto que não são dispositivos incompatíveis entre si, mas que tratam sobre diferentes perspectivas de forma complementar. O CC amplia o conceito de direito adquirido para fins de direito intertemporal, além de que o art. 125 do CC, ao mencionar que a eficácia do negócio jurídico subordinada à condição suspensiva depende da implementação dessa condição, resta por tratar do direito das partes.

Já o art. 6º, §2º, da LINDB apresenta um enfoque na estabilidade das relações jurídicas, no sentido de que o direito adquirido deve ser protegido ainda na superveniência de uma nova lei. Ressalta-se que, o implemento da condição suspensiva na vigência de lei nova, possui efeitos retroativos, ou seja, a regulação será feita pela lei vigente ao tempo da realização do negócio jurídico, e não pela vigente ao tempo do implemento da condição.

▸ PADRÃO DE RESPOSTA DA BANCA

A - A primeira parte do conceito não é correta, pois nem todo ato que "se pode exercer" deve ser considerado direito "adquirido". Além dos direitos a termo e sob condição suspensiva, só se consideram "adquiridos" os direitos já integrados ao patrimônio de seu titular. Não é o caso, por exemplo, das faculdades jurídicas, que se caracterizam pela mera capacidade de praticar um ato jurídico, pertencendo ao direito objetivo.

B - A segunda parte do conceito não nega vigência ao artigo 125 do Código Civil, que apenas amplia o conceito de direito adquirido para fins de direito intertemporal. O artigo 125 do Código Civil tem em vista o direito das partes, enquanto o artigo 6°, § 2°, da Lei de Introdução às Normas do Direito Brasileiro tem em vista a estabilidade das relações jurídicas. Além disto, o implemento da condição suspensiva, sob a vigência da lei nova, possui efeito retroativo, regulando-se, pois, pela lei vigente ao tempo da concreção do negócio condicionado.

▸ DOUTRINA TEMÁTICA

> "De acordo com o § 2º do art. 6º, consideram-se adquiridos assim os direitos que o seu titular, ou alguém por ele, possa exercer, como aqueles cujo começo do exercício tenha termo pré-fixo, ou condição preestabelecida inalterável, a arbítrio de outrem. O STF faz referência ao direito adquirido em várias decisões (RE 114.282, RE 364.317, AI 410.946 e RE 602.029). Não há direito adquirido em face do poder constituinte originário, quando se institui nova ordem jurídica. Em relação ao poder constituinte derivado, deve-se respeitar os direitos adquiridos. De acordo com Caio Mário, "abrange os direitos que o seu titular ou alguém por ele possa exercer, como aqueles cujo começo de exercício tenha termo prefixado ou condição preestabelecida, inalterável ao arbítrio de outrem. São os direitos definitivamente incorporados ao patrimônio do seu titular, sejam os já realizados, sejam

os que simplesmente dependem de um prazo para o seu exercício, sejam ainda os subordinados a uma condição inalterável ao arbítrio de outrem".

A distinção entre ato jurídico perfeito e direito adquirido é que este resulta diretamente da lei e o ato perfeito decorre da vontade, que a exterioriza de acordo com a lei. O exemplo de ato jurídico perfeito é o contrato que, formado e consolidado sob a vigência de uma lei, também quanto aos efeitos, não se expõe ao domínio normativo de leis supervenientes. A Súmula Vinculante 1 do STF faz referência ao respeito a termo de adesão, como ato jurídico perfeito." (CARNACCHIONI, 2024, p. 4)

"Direito adquirido e expectativa de direito. A relação jurídica constitui-se quando praticados os atos ou realizados os fatos exigidos pelo ordenamento jurídico para que se forme, passando do mundo dos fatos para o mundo do direito. Satisfeitas as exigências legais concernentes à sua formação, verifica-se a aquisição dos direitos correspondentes. Há, então, direitos adquiridos.

Mas, a aquisição de um direito nem sempre se dá em consequência de fato jurídico que a provoque instantaneamente. Há direitos que só se adquirem por formação progressiva, isto é, através da sequência de elementos constitutivos, de sorte que sua aquisição faz-se gradativamente. Antes do concurso desses elementos, separados entre si por uma relação de tempo, o direito está em formação, podendo o processo constitutivo concluir-se, ou não. Forma-se quando o último elemento advém.

Se já ocorreram fatos idôneos a sua aquisição, que entretanto depende de outros que ainda não aconteceram, configura-se uma situação jurídica preliminar, um estado de pendência, que justifica, no interessado, a legítima expectativa de vir a adquirir o direito em formação. A essa situação denomina-se expectativa do direito, em razão do estado psicológico de quem nela se encontra. É, por exemplo, a situação do herdeiro-fideicomissário, a quem deve ser devolvida a herança por morte do fiduciário, erigida em condição para a aquisição eventual do direito do fideicomissário. Enquanto o fiduciário vivo for, o fideicomissário tem mera expectativa de direito, expectativa que poderá ser frustrada, se ele vier a falecer antes daquele. A expectativa atribuída ao favorecido constitui efeito preliminar, prodrômico ou antecipado da situação jurídica que se formará com a ocorrência do fato que completará os anteriores.18 Há, portanto, expectativa de direito quando ainda não se perfizeram os requisitos necessários ao seu advento.

Quem tem simples expectativa não é titular do direito em formação, mas o ordenamento jurídico, reconhecendo que há um direito in fieri, atribui a seu futuro titular a faculdade de praticar atos destinados à sua conservação. Nessas condições, a situação preliminar num direito que se forma progressivamente é relevante para o fim de se lhe atribuírem efeitos limitados.

A legítima expectativa não constitui direito. A conservação, que é automática, somente se dá quando se completam os elementos necessários ao nascimento da situação jurídica definitiva.

O fato final, cuja ocorrência determina a aquisição do direito, fazendo cessar o estado de pendência, pode consistir num acontecimento natural, num ato do próprio interessado, ou num ato de terceiro." (GOMES, 2019, p. 91)

"A condição suspensiva está definida no art. 125 do CC: "Subordinando-se a eficácia do negócio jurídico à condição suspensiva, enquanto esta não se verificar, não se terá adquirido o direito, a que ele visa".

A condição suspensiva subordina a eficácia do negócio jurídico à concretização de um evento futuro e incerto. Enquanto não for implementada a condição, o negócio jurídico, embora existente e válido, não produz efeitos, ou seja, não é eficaz. Assim, a eficácia desse negócio depende da realização da condição, necessariamente um acontecimento futuro e incerto.

Na pendência de condição suspensiva, por ocasião da formação do negócio jurídico, não é adquirido o direito subjetivo pelo titular. Na condição suspensiva, o direito ainda não será incorporado ao patrimônio da pessoa enquanto a condição não for realizada. O nascimento e a aquisição do direito subjetivo ficam condicionados a um evento futuro e incerto.

A condição suspensiva faz depender do acontecimento condicional e subordinante a própria aquisição do direito a que o negócio visa." (CARNACCHIONI, 2024, p. 271)

▶ JURISPRUDÊNCIA TEMÁTICA

É válida a condição suspensiva que subordina a eficácia do ato jurídico à vontade do credor, em função de um interesse juridicamente relevante no resultado de uma determinada ação judicial.

Informações do Inteiro Teor

Os negócios jurídicos em geral podem ter sua eficácia subordinada a certos acontecimentos, por determinação da vontade do agente ou das partes, acontecimentos esses tradicionalmente classificados como "condições", "termos" e "modo/encargos".

Condições, de forma sintética, são as disposições acessórias estabelecidas voluntariamente pelas partes para subordinar total ou parcialmente a eficácia do ato/negócio jurídico a um acontecimento futuro e incerto. A condição é considerada potestativa quando depende da vontade de uma das partes, mas não exclusivamente do seu arbítrio.

O art. 115 do CC/1916, assim como o art. 122 do CC/2002 afirmam ser ilícita a condição que sujeita a eficácia do negócio jurídico ao puro arbítrio de uma das partes, interditando como defesas, em suma, as condições puramente potestativas.

Na leitura desses dispositivos legais, deve-se entender que o adjetivo "puro", inserido de forma expressa pelo legislador de 2002 ressalta que nem todas as condições potestativas são defesas, somente aquelas que sujeitarem o negócio jurídico ao "puro arbítrio de uma das partes".

Nesse sentido, a doutrina assinala que nem todas as condições potestativas são ilícitas. Somente aquelas cuja eficácia do negócio fique exclusivamente sob arbítrio de uma das partes, sem interferência de qualquer fator externo. Necessário, assim, identificar corretamente as condições puramente potestativas proibidas pelos arts. 115 e 122 do CPC/2015.

Elas podem ser identificadas, pelo uso de expressões como: "se eu quiser", "caso seja do interesse deste declarante", "se na data avençada, este declarante considerar-se em condições de prestar", etc. As condições puramente potestativas destacam-se pelo uso da cláusula si voluero que significa "se me aprouver", "se eu quiser".

Todas essas expressões, conforme se pode observar, fazem referência, de alguma forma, ao arbítrio do devedor, e não do credor. Todas elas, pelo seu próprio conteúdo semântico, põem em evidência uma falta de seriedade da obrigação assumida pelo devedor.

Somente quando o próprio devedor se reserva o direito de caprichosamente descumprir a obrigação assumida é que sobressai, de fato, o arbítrio da parte como elemento exclusivo para subordinar a eficácia do ato/negócio.

Isso só ocorre, porém, quando referida cláusula aproveitar ao devedor, pois quando aproveitar ao credor, todos os elementos necessários à configuração do negócio jurídico estarão presentes, sendo descabido falar em nulidade, inclusive em respeito ao princípio da boa-fé objetiva.

Uma coisa é o proprietário de determinado bem dizer a outrem - "vendo-lhe esse bem quando eu assim desejar". Outra coisa, bastante diversa é ele dizer: - "vendo-lhe esse bem quando você assim desejar". Existe uma diferença substancial quando alguém fala: - "eu faço quando eu quiser" e - "eu faço quando você pedir".

Na segunda situação, verifica-se apenas o estabelecimento de um termo incerto ou indeterminado, para referido cumprimento. Nesta hipótese, já estará firmado o liame obrigacional, não se podendo dispensar o devedor da prestação assumida por ele sem ofensa ao princípio da boa-fé objetiva. Afinal, se devedor concorda em oferecer a prestação se e no momento mais oportuno para o credor, não há motivo para censurar o ajuste entabulado apontando algum tipo de nulidade.

Ademais, não se pode considerar como puramente potestativa a condição que sujeita a eficácia do negócio à simples vontade da parte, mas em função de um interesse juridicamente relevante.

Assim, seja porque a condição suspensiva subordina a eficácia do negócio a uma manifestação de vontade do credor, seja, ainda, porque possivelmente faz-se isso em função de um interesse juridicamente relevante, não há motivo para considerá-la inválida.

(REsp 1.990.221-SC, Rel. Min. Moura Ribeiro, Terceira Turma, por unanimidade, julgado em 03/05/2022, DJe 13/05/2022)

QUESTÕES DE CONCURSO RELACIONADAS

1. (CEBRASPE - 2022 - TCE-SC - Auditor Fiscal de Controle Externo - Direito) A lei em vigor terá efeito imediato e geral, respeitados o ato jurídico perfeito, o direito adquirido e a coisa julgada.

Gabarito: Certo.

2. (FCC - 2022 - PGE-AM - Procurador do Estado) O Decreto-Lei nº 4.657/1942, com a redação dada pela Lei nº 3.283/1957, dispõe: Art. 6º – a lei em vigor terá efeito imediato e geral, respeitados o ato jurídico perfeito, o direito adquirido e a coisa julgada. Esta regra:

A) é contraditória, devendo prevalecer apenas a segunda parte por força de disposição constitucional que assegura o respeito ao direito adquirido, ao ato jurídico perfeito e à coisa julgada.

B) não é contraditória, mas foi derrogada pela Constituição Federal de 1988 que apenas dispôs sobre o direito adquirido, o ato jurídico perfeito e a coisa julgada.

C) não é contraditória, porque dispõe, respectivamente, sobre as partes posteriores dos fatos pendentes e sobre a preservação dos direitos incorporados ao patrimônio do sujeito, antes da superveniência de outra lei sobre o mesmo objeto.

D) perdeu o suporte de validade em virtude da superveniência da Constituição Federal de 1988, que desacolheu o princípio do efeito imediato da lei.

E) regula o direito intertemporal diversamente do que veio a estabelecer a Constituição Federal de 1988 e foi tacitamente revogada, porque o texto constitucional regulou integralmente a matéria de que a regra infraconstitucional tratava.

Gabarito: C.

3. (FEPESE - 2024 - Prefeitura de Palhoça - SC - Guarda Municipal) De acordo com o Código Civil, assinale a alternativa que indica corretamente o negócio jurídico que consiste na cláusula que, derivando exclusivamente da vontade das partes, subordina o efeito do negócio jurídico a evento futuro e incerto.

A) dolo

B) termo

C) encargo

D) condição

E) representação

Gabarito: D.

4. (Avança SP - 2024 - Prefeitura de Caconde - SP - Advogado) "Derivando exclusivamente da vontade das partes, subordina a eficácia do negócio jurídico a evento futuro e incerto, resolvendo os seus efeitos já deflagrados".

À luz do Título do Código Civil relativo ao Negócio Jurídico (Título I, do Livro III), a assertiva acima corresponde ao conceito objetivo de:

A) encargo.

B) pacto de retrovenda.

C) termo.

D) condição suspensiva.

E) ondição resolutiva.

Gabarito: E.

QUESTÃO 10

(LEGALLE, CÂMARA MUNICIPAL DE PORTO ALEGRE/RS, PROCURADOR LEGISLATIVO, 2022)

A aplicação da desconsideração da personalidade jurídica deve ser excepcional, sendo a regra a preservação da autonomia patrimonial. A desconsideração da personalidade jurídica consiste no afastamento temporário, ocasional e excepcional da personalidade jurídica da sociedade empresarial, a fim de permitir, em caso de abuso ou de manipulação fraudulenta, que o credor lesado satisfaça, com o patrimônio pessoal dos sócios da empresa, a obrigação não cumprida.

[...] constatação da efetiva desenvoltura com que a pessoa jurídica produz a circulação de serviços ou de mercadorias por atividade lícita, cumprindo ou não o seu papel social, nos termos dos traços de sua personalidade jurídica. Se a pessoa jurídica se põe a praticar atos ilícitos ou incompatíveis com sua atividade autorizada, bem como se com sua atividade favorece o enriquecimento de seus sócios e sua derrocada administrativa e econômica, dá-se ocasião de o sistema de direito desconsiderar sua personalidade e alcançar o patrimônio das pessoas que se ocultam por detrás de sua existência jurídica.

NERY JUNIOR, Nelson; NERY, Rosa Maria de Andrade. Código Civil Comentado, 6º ed. Editora Revista dos Tribunais: 2008;

Acerca da desconsideração da personalidade jurídica, há duas teorias básicas para a responsabilização dos sócios: teoria maior e teoria menor. A teoria maior, por sua vez, subdivide-se em subjetiva e objetiva.

Sabendo que a legislação civil brasileira vigente adota a vertente maior, discorra sobre os aspectos da desconsideração da personalidade jurídica, indicando a incidência de elementos objetivos e subjetivos desta.

QUESTÃO 10

(MÁXIMO 15 LINHAS)

▸ RESPOSTA DO AUTOR

A desconsideração da personalidade jurídica consiste no afastamento temporário e excepcional da personalidade jurídica, afetando a autonomia patrimonial da pessoa jurídica que é utilizada com abuso, cujo objetivo é alcançar o patrimônio pessoal dos sócios para a satisfação da obrigação devida ao credor lesado.

Conforme o art. 50 do CC, para que haja a desconsideração, é necessário o abuso da personalidade jurídica, caracterizado pelo desvio de finalidade, representado pela utilização da pessoa jurídica com o propósito de lesar credores e para a prática de atos ilícitos de qualquer natureza, ou pela confusão patrimonial, assim exprimida pela ausência de separação de fato entre os patrimônios.

A teoria Maior é adotada pelo CC, uma vez que os requisitos acima listados são necessários para a desconsideração, não bastando o mero prejuízo do credor (Teoria Menor). Essa teoria se subdivide em subjetiva e objetiva. A primeira exige o propósito de utilizar a pessoa jurídica com intuito fraudulento, já para a segunda subdivisão, basta a configuração da confusão patrimonial.

▸ PADRÃO DE RESPOSTA DA BANCA

Espera-se que o(a) candidato(a) responda que a desconsideração da personalidade jurídica consiste em medida excepcional de afastamento da autonomia patrimonial da pessoa jurídica para atingir os bens dos sócios ou dos administradores com o intuito de satisfazer os credores da pessoa jurídica, sendo pela teoria maior, caso de desvirtuamento da personalidade jurídica tão somente. Também espera-se que o candidato disserte acerca da formulação subjetiva da teoria maior, através da qual a desconsideração requer o elemento fraude; enquanto que na formulação objetiva da teoria maior, é suficiente que seja demonstrada a confusão patrimonial existente.

▸ CRITÉRIO DE CORREÇÃO DA BANCA

0,0 - Dissertou sobre os aspectos da desconsideração da personalidade jurídica, mas não indicou a incidência correta dos elementos objetivos ou subjetivos desta.

10,0 - Dissertou sobre os aspectos da desconsideração da personalidade jurídica e indicou corretamente a incidência dos elementos objetivos ou subjetivos desta.

20,0 - Dissertou sobre os aspectos da desconsideração da personalidade jurídica e indicou corretamente a incidência dos elementos objetivos e subjetivos desta.

▸ DOUTRINA TEMÁTICA

> "O Código Civil, em seu art. 50, §§ 1º a 5º, acrescentados pela Lei n. 13.874/2019, inspirou-se na doutrina da "desconsideração" ao estatuir, no caput: "Em caso de abuso da personalidade jurídica, caracterizado pelo desvio de finalidade, ou pela confusão patrimonial, pode o juiz a requerimento da parte, ou do Ministério Público, quando lhe couber intervir no processo, desconsiderá-la para que os efeitos de certas e determinadas relações de obrigações sejam estendidos aos bens particulares de administradores ou sócios da pessoa jurídica beneficiados direta ou indiretamente pelo abuso".
>
> Portanto, o magistrado, segundo a disregard doctrine, poderá desconsiderar a autonomia jurídica da pessoa jurídica, quando utilizada abusivamente, para fins contrários à lei. Desviando-se dos fins determinantes de sua constituição, com o propósito de lesar credores e praticar ato ilícito ou quando houver confusão patrimonial (ou seja, cumprimento repetitivo pela sociedade de obrigações do sócio ou administrador; transferência de ativo ou passivo sem contraprestação; ato de descumprimento da autonomia patrimonial), em razão do abuso da personalidade jurídica." (DINIZ, 2025, p. 47)
>
> "(...) Considerando-se a maior elasticidade da disciplina da desconsideração da personalidade jurídica no âmbito das relações de consumo, em função da autonomia atribuída ao § 5º do art. 28, tem-se considerado que o CDC adotou a chamada teoria menor da desconsideração da personalidade jurídica, pela qual a insolvência patrimonial seria suficiente para autorizar a desconsideração. Em contrapartida, em virtude da necessidade de demonstração dos requisitos constantes no Código Civil para a quebra da autonomia patrimonial, reconhece-se a adoção, em relações paritárias, da chamada teoria maior da desconsideração da personalidade jurídica.
>
> De acordo com a teoria menor, com efeito, o magistrado se encontra livre para proceder à desconsideração da pessoa jurídica, bastando, para tanto, que se prove a inexistência de bens sociais suficientes para satisfazer a dívida e a solvência de qualquer um dos sócios. À teoria menor da desconsideração contrapõe-se a denominada teoria maior, de acordo com a qual somente nas hipóteses excepcionais de desvio de finalidade ou confusão patrimonial se admite a desconsideração da personalidade jurídica, que, portanto, não se

opera diante da mera insuficiência patrimonial da sociedade. Em decisão de sua 4ª Turma, o STJ concluiu pela inviabilidade de se conferir interpretação extensiva ao art. 28, § 5º, do Código de Defesa do Consumidor (CDC), de modo que nem sempre a desconsideração da personalidade jurídica atingirá o administrador não sócio." (TEPEDINO e OLIVA, 2024, p. 128 - 129)

"Nas relações civis, a desconsideração ocorrerá quando a personalidade da pessoa jurídica for utilizada (abuso de direito) como instrumento de fraude, o que se configurará por meio de desvio de finalidade institucional (teoria maior subjetiva – necessário demonstrar a intenção de manipulação da PJ) ou confusão patrimonial (teoria maior objetiva – basta a confusão de patrimônios da pessoa natural e jurídica). A perspectiva subjetiva do desvio de finalidade e objetiva da confusão patrimonial foi consolidada pela nova redação do art. 50 do CC. (CARNACCHIONI, 2024, p. 153)

▸ JURISPRUDÊNCIA TEMÁTICA

Responsabilidade civil e Direito do consumidor. Recurso especial. Shopping Center de Osasco-SP. Explosão. Consumidores. Danos materiais e morais. Ministério Público. Legitimidade ativa. Pessoa jurídica. Desconsideração. Teoria maior e teoria menor. Limite de responsabilização dos sócios. Código de Defesa do Consumidor. Requisitos. Obstáculo ao ressarcimento de prejuízos causados aos consumidores. Art. 28, § 5.º – Considerada a proteção do consumidor um dos pilares da ordem econômica, e incumbindo ao Ministério Público a defesa da ordem jurídica, do regime democrático e dos interesses sociais e individuais indisponíveis, possui o Órgão Ministerial legitimidade para atuar em defesa de interesses individuais homogêneos de consumidores, decorrentes de origem comum. A teoria maior da desconsideração, regra geral no sistema jurídico brasileiro, não pode ser aplicada com a mera demonstração de estar a pessoa jurídica insolvente para o cumprimento de suas obrigações. Exige-se, aqui, para além da prova de insolvência, ou a demonstração de desvio de finalidade (teoria subjetiva da desconsideração), ou a demonstração de confusão patrimonial (teoria objetiva da desconsideração). A teoria menor da desconsideração, acolhida em nosso ordenamento jurídico excepcionalmente no Direito do Consumidor e no Direito Ambiental, incide com a mera prova de insolvência da pessoa jurídica para o pagamento de suas obrigações, independentemente da existência de desvio de finalidade ou de confusão patrimonial. – Para a teoria menor, o risco empresarial normal às atividades econômicas não pode ser suportado pelo terceiro que contratou com a pessoa jurídica, mas pelos sócios e/ou administradores desta, ainda que estes demonstrem conduta administrativa proba, isto é, mesmo que não exista qualquer prova capaz de identificar conduta culposa ou dolosa por parte dos sócios e/ou administradores da pessoa jurídica. – A aplicação da teoria menor da desconsideração às relações de consumo está calcada na exegese autônoma do § 5.º do art. 28 do CDC, porquanto a incidência desse dispositivo não se subordina à demonstração dos requisitos previstos no caput do artigo indicado, mas apenas à prova de causar, a mera existência da pessoa jurídica, obstáculo ao ressarcimento de prejuízos causados aos consumidores. Recursos especiais não conhecidos" (STJ, REsp 279.273/SP, 3.ª Turma, Rel. Min. Ari Pargendler, Rel. p/ Acórdão Min. Nancy Andrighi, j. 04.12.2003, DJ 29.03.2004, p. 230).

QUESTÕES DE CONCURSO RELACIONADAS

1. (FAPEC - 2024 - MPE-MS - Promotor de Justiça Substituto) Sobre o incidente de desconsideração da personalidade jurídica e o amicus curiae, analise as seguintes afirmações:

I. O incidente de desconsideração da personalidade jurídica pode ser instaurado de ofício e por provocação da parte interessada ou, quando atue no processo, do Ministério Público.

II. O incidente de desconsideração da personalidade jurídica é cabível em qualquer fase do processo de conhecimento no cumprimento de sentença e na execução fundada em título executivo extrajudicial.

III. Instaurado o incidente de desconsideração da personalidade jurídica, suspende-se o processo, mesmo quando a desconsideração for requerida na petição inicial.

IV. A decisão que indefere e aquela que defere a intervenção do amicus curiae é recorrível, segundo o Código de Processo Civil.

V. O amicus curiae, possuindo a chamada representatividade adequada, pode intervir em qualquer tipo de processo, independentemente da relevância da matéria, do tema objeto da demanda ou da repercussão social da controvérsia.

Assinale a alternativa correta.

A) Apenas I, II e IV estão corretas.

B) Apenas IV está correta.

C) Apenas I e II estão corretas.

D) Apenas III e IV estão corretas.

E) Apenas II está correta.

Gabarito: E.

2. (FUNDATEC - 2024 - DPE-PR - Defensor Público - Substituto) Acerca do Incidente de Desconsideração da Personalidade Jurídica (IDPJ), assinale a alternativa correta.

A) O IDPJ é cabível na fase de cumprimento de sentença e na execução de título extrajudicial, não permitida a instauração durante o processo de conhecimento, já que não há formação de título definitivo transitado em julgado.

B) Instaurado o incidente, o sócio ou a pessoa jurídica será intimada para manifestar-se e requerer provas no prazo de 10 dias.

C) Concluída a instrução, é cabível recurso de apelação contra a decisão que resolveu o incidente de desconsideração da personalidade jurídica.

D) Acolhido o pedido de desconsideração da personalidade jurídica, a alienação ou oneração de bens, havida em fraude contra credores ou fraude à execução, acarretará a nulidade do ato.

E) Nos casos de desconsideração da personalidade jurídica, a fraude à execução verifica-se a partir da citação da parte cuja personalidade se pretende desconsiderar.

Gabarito: E.

3. (FGV - 2023 - TJ-GO - Juiz Substituto) Sobre o incidente de desconsideração da personalidade jurídica, é correto afirmar que:

A) não cabe instrução probatória no incidente de desconsideração da personalidade jurídica;

B) a instauração do incidente de desconsideração da personalidade jurídica, seja na petição inicial ou em qualquer fase do processo, não enseja a suspensão do processo;

C) instaurado o incidente de desconsideração da personalidade jurídica, o sócio ou a pessoa jurídica será intimado para manifestar-se e requerer as provas cabíveis no prazo de quinze dias;

D) é cabível em todas as fases do processo de conhecimento, no cumprimento de sentença e na execução fundada em título executivo extrajudicial;

E) acolhido o pedido de desconsideração da personalidade jurídica, a alienação ou a oneração de bens, havida em fraude de execução, deverá ser objeto de ação própria para ser declarada ineficaz em relação ao requerente.

Gabarito: D.

QUESTÃO 11

(FCC, PGE/GO, PROCURADOR DO ESTADO, 2021)

A Súmula 619 do Superior Tribunal de Justiça dispõe que "a ocupação indevida de bem público configura mera detenção, de natureza precária, insuscetível de retenção ou indenização por acessões e benfeitorias". Há, no entanto, doutrina segundo a qual, para o direito de retenção, "basta a mera detenção da coisa pelo credor", ressalvado o fato de que esta "não pode ser injusta, isto é, adquirida e conservada por meio de um ato ilícito [...]." (FONSECA, Arnoldo Medeiros da. Direito de retenção. 2. ed. rev. e aum. Rio de Janeiro: Revista Forense, 1944. p. 195)

Responda:

A. Como se caracteriza a posse, nas teorias subjetiva e objetiva, de Savigny e Ihering? Indique qual delas foi adotada pelo Código Civil.

B. O que é detenção, para as teorias subjetiva e objetiva, de Savigny e Ihering? Como é tratada pelo Código Civil?

C. O que é o direito de retenção? O direito de retenção exige a existência de posse? Fundamente.

D. A ocupação clandestina de área pública autoriza o direito de retenção? Analise a QUESTÃO à vista da Súmula 619 do Superior Tribunal de Justiça e do excerto doutrinário retro citado.

QUESTÃO 11

(MÁXIMO 25 LINHAS)

RESPOSTA DO AUTOR

Para a Teoria de Savigny, também chamada de subjetiva, a posse é o poder direto de dispor fisicamente de um bem com a intenção de tê-lo para si. Esse conceito traz dois requisitos: o *corpus* – o elemento material, sendo o poder sobre a coisa – e o *animus domini* – o elemento subjetivo, é a intenção de ter a coisa para si. Já para a Teoria de Ihering, também chamada de objetiva, traz como único requisito para a posse o *corpus*, bastando, portanto, que ocorra a exteriorização de um dos poderes da propriedade. A Teoria adotada pelo CC, segundo o art. 1.196, é a objetiva, uma vez que considera possuidor aquele que tem de fato o exercício de algum dos poderes inerentes à propriedade.

A detenção, para a teoria subjetiva, consiste na ausência de *animus domini*, não há intenção de ter a coisa para si. Já para Ihering, o que diferencia a posse de detenção é a lei, posto que os institutos possuem os mesmos elementos. O art. 1.198 conceitua detentor aquele que, achando-se em relação de dependência para com outro, conserva a posse em nome deste e em cumprimento de ordens ou instruções suas.

Quanto ao direito de retenção, consiste na prerrogativa do possuidor de boa fé de manter consigo, ou seja, reter a coisa, como meio de defesa, até que seja indenizado pelas benfeitorias necessárias e úteis. Tal instituto possui previsão no art. 1.219 do CC, o qual afirma que o possuidor, apenas o de boa fé, tem direito à indenização das benfeitorias necessárias e úteis, assim como às voluptuárias que não lhes sejam pagas. Frisa-se que o possuidor de boa fé é aquele que ignora o vício ou o obstáculo que impede a aquisição da coisa. Nesses casos, poderá o possuidor exercer o direito de retenção pelo valor dessas benfeitorias necessárias e úteis.

A ocupação clandestina de área pública não autoriza o direito de retenção, posto que o STJ, na súmula nº 619, entende que esse caso configura mera detenção, de natureza precária, o que impede o direito de retenção. Para o Superior Tribunal, não há como reconhecer a posse a quem não possa ser proprietário ou não possa gozar de qualquer dos poderes inerentes à propriedade, por uma proibição legal.

PADRÃO DE RESPOSTA DA BANCA

A. De acordo com a teoria subjetiva, de Savigny, a posse exige a existência de corpus e animus domini. Para referida teoria, corpus constitui o poder sobre a coisa. Animus domini, por sua vez, é a intenção de ter a coisa para si. De acordo com a teoria objetiva, de Ihering, a configuração da posse não demanda o animus domini, caracterizando-se como tal pelo comportamento do possuidor, que exterioriza um dos poderes da propriedade, agindo como dono. O Código Civil adota a teoria objetiva, dispondo, no artigo n° 1.196, considerar-se possuidor todo aquele que tem de fato o exercício, pleno ou não, de algum dos poderes inerentes à propriedade.

B. Para a teoria subjetiva, de Savigny, a detenção se caracteriza pela ausência de animus domini. Faltando a vontade de ser dono, haveria, para a teoria subjetiva, mera detenção. Para a teoria objetiva, de Ihering, posse e detenção possuem os mesmos elementos mas se diferenciam em virtude de lei. A detenção é tratada pelo Código Civil segundo o disposto no seu artigo n° 1.198, que define como detentor aquele que, achando-se em relação de dependência para com outro, conserva a posse em nome deste e em cumprimento de ordens ou instruções suas.

C. Retenção é o direito de deter a coisa consigo até que seja satisfeita obrigação correlata. Quanto à necessidade de posse, são possíveis duas respostas e ambas serão consideradas corretas desde que devidamente fundamentadas. De um lado, é possível argumentar que a retenção não demanda a existência de posse, tendo em vista que o retentor detém para devolver, depois de cumprida a contraprestação, e não para conservar a coisa como se dono fosse. Por outro lado, é possível argumentar em sentido contrário, afirmando-se que o art. nº 1.219 do Código Civil confere direito de retenção apenas ao possuidor de boa-fé.

D. A ocupação clandestina de área pública não autoriza o direito de retenção, seja à luz da Súmula 619 do Superior Tribunal de Justiça como do excerto doutrinário. De acordo com o entendimento sumulado, a ocupação clandestina de área pública configura mera detenção e esta tem natureza precária, não fazendo exsurgir direito de retenção. De acordo com o entendimento doutrinário citado, a mera detenção dá azo a direito de retenção, mas isto não ocorre no caso proposto pois excepciona, o doutrinador, a detenção "injusta, isto é, adquirida e conservada por meio de um ato ilícito".

▸ DOUTRINA TEMÁTICA

"1.ª – Teoria subjetiva ou subjetivista – Seu principal idealizador foi Friedrich Carl von Savigny, entendendo a posse como o poder direto que a pessoa tem de dispor fisicamente de um bem com a intenção de tê-lo para si e de defendê-lo contra a intervenção ou agressão de quem quer que seja. A posse, para essa teoria, possui dois elementos: a) o corpus – elemento material ou objetivo da posse, constituído pelo poder físico ou de disponibilidade sobre a coisa; b) animus domini, elemento subjetivo, caracterizado pela intenção de ter a coisa para si, de exercer sobre ela o direito de propriedade. Diante do segundo elemento, para essa teoria, o locatário, o comodatário, o depositário, entre outros, não são possuidores, pois não há qualquer intenção de tornarem-se proprietários. Em regra, essa teoria não foi adotada pelo CC/2002 até porque as pessoas elencadas por último são consideradas possuidores. A teoria subjetiva da posse somente ganha relevância na usucapião, como se verá adiante.

2.ª – Teoria objetiva, objetivista ou simplificada – Teve como principal expoente Rudolf von Ihering, sendo certo que para a constituição da posse basta que a pessoa disponha fisicamente da coisa, ou que tenha a mera possibilidade de exercer esse contato. Esta corrente dispensa a intenção de ser dono, tendo a posse apenas um elemento, o corpus, como elemento material e único fator visível e suscetível de comprovação. O corpus é formado pela atitude externa do possuidor em relação à coisa, agindo este com o intuito de explorá-la economicamente. Para esta teoria, dentro do conceito de corpus está uma intenção, não o animus de ser proprietário, mas de explorar a coisa com fins econômicos. A teoria de Ihering acabou por prevalecer sobre a de Savigny na Alemanha, estabelecendo o § 854 do BGB Alemão que a posse de uma coisa adquire-se mediante a obtenção do poder de fato sobre ela." (TARTUCE, 2024, p. 877)

"A posse, para Savigny, pode ser resumida no poder fático de dispor materialmente da coisa, com a intenção de tê-la para si e defendê-la contra a intervenção de outrem. É o poder físico associado ao domínio material ou corporal sobre o bem. Para Savigny, posse é contato com a intenção de ter a coisa para si.

Em seu Tratado da posse, Savigny agrega os elementos corpus e animus para explicar o fenômeno possessório. Para que haja posse, não basta o contato físico e a existência de um poder de fato, material, sobre uma coisa, sendo essencial que a pessoa tenha a intenção de a ter para si. O elemento subjetivo, animus, justifica a denominação da teoria do mestre Savigny em teoria subjetiva da posse. Em resumo, na concepção de Savigny, temos:

Corpus: Poder de fato e controle material da pessoa sobre a coisa. Caracteriza-se como a faculdade real e imediata de dispor fisicamente da coisa; o corpus não é a coisa em si, mas o poder físico da pessoa sobre a coisa.

Animus: É o elemento subjetivo da posse, consistente na intenção do possuidor de exercer o direito como se fosse o real e verdadeiro dono. É a vontade de ter a coisa para si, como se fosse dono – animus domini. Não é suficiente a atuação como dono, como na teoria objetiva, mas a efetiva vontade de possuir a coisa com ânimo de dono. Esse é o ponto central da teoria subjetiva. O possuidor tem a plena convicção e o sentimento de ser o dono da coisa com a qual mantém contato.

A posse, para Savigny, é o resultado da junção do corpus e do animus. A forma como Savigny caracterizou os referidos elementos que integram a posse dificultou a análise e a resolução de muitas situações fáticas que, à luz da referida teoria, não poderiam ser consideradas como posse.

O estudo da posse, na teoria objetiva, pressupõe a conexão deste fato social com a propriedade. O entendimento básico da concepção de posse para Ihering era justamente vinculá-la a um direito maior, ou seja, a propriedade. Para Ihering, o fundamento da posse é justificado pela defesa da propriedade e somente pode ser possuidor quem procede quanto à coisa como agiria o proprietário. A teoria objetiva parte da propriedade para explicar a posse.

Por isso, a posse não é considerada autônoma na lógica da teoria objetiva, pois sem propriedade não há posse ou, na melhor das hipóteses, o estudo da posse parte da análise da propriedade. A posse é essencial para a defesa da propriedade. Com essa concepção conferida à posse pela teoria objetiva, Ihering vinculou o fenômeno possessório à propriedade e, com isso, se afastou da ideologia da teoria subjetiva, que confere à posse autonomia em relação à propriedade.

Embora a teoria objetiva tenha retrocedido ao atrelar a posse à propriedade, com o que retirou a autonomia tão exaltada pela teoria subjetiva, a forma como Ihering caracterizou os elementos da posse, corpus e animus, ampliou a dimensão econômica da posse, pois pessoas que não tinham tutela possessória, por serem consideradas detentoras na perspectiva da teoria subjetiva, passaram à condição de possuidoras na teoria objetiva.

Isso ocorreu em razão da forma como Ihering concebeu a posse, também ancorado nos elementos corpus e animus.

A teoria objetiva incorporou o animus ao corpus, ao contrário da teoria subjetiva, que dissocia estes dois elementos e os analisa em separado. Nesta concepção objetiva, a posse é corpus, mas sem necessidade de contato corporal ou físico com a coisa (como defende a teoria subjetiva). O corpus se caracteriza pelo modo como o sujeito se comportará no que se refere à coisa. Não é necessário o contato direto (disposição material e física) sobre e com a coisa para que o sujeito exerça poderes de fato. É possível caracterizar a posse na teoria objetiva ainda que o sujeito esteja distante da coisa (posse à distância). A teoria objetiva parte da premissa de que o possuidor exerce poderes de fato e ostensivos sobre a coisa possuída, poderes estes inerentes à propriedade (art. 1.196 do CC). No entanto, para ter corpus e ser considerado possuidor, não é necessário o domínio material ou corporal sobre o bem. É possível exercer poderes ostensivos e de fato sobre a coisa mesmo à distância.

O corpus consiste em uma conduta, um procedimento ou determinado comportamento do sujeito perante a coisa. Tal conduta ou comportamento pode ocorrer de forma imediata (contato físico e disposição material) ou mediata (a distância). Para ser possuidor basta se comportar em relação à coisa como normalmente o proprietário agiria. Como a posse é fundada na propriedade, o possuidor é aquele que pratica atos de proprietário, como se fosse o dono da coisa.

Nesse sentido, não há necessidade de o sujeito pretender ter a coisa para si (agir com ânimo de dono, como na teoria subjetiva), mas apenas ter a vontade de proceder como normalmente e habitualmente o faria o proprietário.

O animus, na teoria objetiva, integra o corpus e consiste na vontade de agir no que diz respeito à coisa como o proprietário, mas sem a pesquisa do elemento psicológico ou da intenção, como ocorre na teoria subjetiva. A dispensa da intenção de dono justifica o tratamento desta teoria como objetiva. Para esta teoria, é suficiente que o sujeito exteriorize atos de proprietário. É a visibilidade de domínio que caracteriza o possuidor." (CARNACCHIONI, 2024, p. 932 - 934)

"O Código Civil de 2002, na linha da teoria objetiva de Ihering, diferencia posse de detenção a partir da norma jurídica. É a lei que qualificará se o exercício de poderes de fato sobre coisa determinada é posse ou detenção. Como posse é fato, apenas diante da análise da situação concreta e fática será possível definir o poder com posse ou detenção. É do fato para a norma e não o contrário.

Para a teoria subjetiva de Savigny, a diferença entre posse e detenção está alocada no elemento subjetivo da posse, animus (intenção de ter a coisa para si ou ânimo de dono). Se o possuidor exerce poder de fato sobre a coisa com ânimo de dono, estará caracterizada a posse, mas se o contato material com a coisa for sem ânimo de dono, detenção. É o elemento subjetivo que diferencia a posse da detenção na teoria subjetiva. Na falta desse elemento interior ou psíquico haverá mera detenção.

O elemento psíquico da detenção é o animus detinendi, a vontade de possuir em nome alheio. Em resumo, para a teoria subjetiva é o animus que distingue o possuidor do simples detentor. O corpus mais a affectio tenendi gera apenas detenção.

Por outro lado, de acordo com a teoria objetiva, a norma jurídica define detenção. O ordenamento jurídico terá a pretensão de vedar que determinado sujeito, ao exercer poderes de fato sobre a coisa, seja qualificado como possuidor. Nessa toada, em coerência com a teoria objetiva, adotada expressamente no art. 1.196, a atual legislação disciplina hipóteses em que o sujeito, mesmo exercendo poderes sobre a coisa, não será possuidor e sim mero detentor.

Para a teoria objetiva, o corpus aliado à affectio tenendi é suficiente para gerar posse, que se desclassifica ou desqualifica para detenção caso a situação fática se amolde à norma jurídica que define detenção, como ocorre no atual Código Civil, nos arts. 1.198 e 1.208. Portanto, é a lei que definirá se a situação de fato é posse ou detenção. A lei cria obstáculos objetivos para impedir que, embora o sujeito exerça poder de fato sobre a coisa, tenha a condição de possuidor." (CARNACCHIONI, 2024, p. 952)

"O direito de retenção é um meio de defesa, exceção, que pode ser oposto nas ações possessórias, pelo possuidor de boa-fé, que tem o direito de ser indenizado pelas benfeitorias necessárias e úteis. É uma prerrogativa do possuidor de boa-fé e não uma obrigação. Se optar por não reter a coisa consigo até ser indenizado, o possuidor de boa-fé poderá, normalmente, em ação própria ou autônoma, exercer o seu direito de crédito pelo valor das benfeitorias." (CARNACCHIONI, 2024, p. 985)

▸ JURISPRUDÊNCIA TEMÁTICA

Súmula 619-STJ: A ocupação indevida de bem público configura mera detenção, de natureza precária, insuscetível de retenção ou indenização por acessões e benfeitorias.

RECURSO ESPECIAL. POSSE. DIREITO CIVIL E PROCESSUAL CIVIL. BEM PÚBLICO DOMINICAL. LITÍGIO ENTRE PARTICULARES. INTERDITO POSSESSÓRIO. POSSIBILIDADE. FUNÇÃO SOCIAL. OCORRÊNCIA.

1. Na ocupação de bem público, duas situações devem ter tratamentos distintos: i) aquela em que o particular invade imóvel público e almeja proteção possessória ou indenização/retenção em face do ente estatal e ii) as contendas possessórias entre particulares no tocante a imóvel situado em terras públicas.

2. A posse deve ser protegida como um fim em si mesma, exercendo o particular o poder fático sobre a res e garantindo sua função social, sendo que o critério para aferir se há posse ou detenção não é o estrutural e sim o funcional. É a afetação do bem a uma finalidade pública que dirá se pode ou não ser objeto de atos possessórias por um particular.

3. A jurisprudência do STJ é sedimentada no sentido de que o particular tem apenas detenção em relação ao Poder Público, não se cogitando de proteção possessória.

4. É possível o manejo de interditos possessórios em litígio entre particulares sobre bem público dominical, pois entre ambos a disputa será relativa à posse.

5. À luz do texto constitucional e da inteligência do novo Código Civil, a função social é base normativa para a solução dos conflitos atinentes à posse, dando-se efetividade ao bem comum, com escopo nos princípios da igualdade e da dignidade da pessoa humana.

6. Nos bens do patrimônio disponível do Estado (dominicais), despojados de destinação pública, permite-se a proteção possessória pelos ocupantes da terra pública que venham a lhe dar função social.

7. A ocupação por particular de um bem público abandonado/desafetado - isto é, sem destinação ao uso público em geral ou a uma atividade administrativa -, confere justamente a função social da qual o bem está carente em sua essência.

8. A exegese que reconhece a posse nos bens dominicais deve ser conciliada com a regra que veda o reconhecimento da usucapião nos bens públicos (STF, Súm 340; CF, arts. 183, § 3°; e 192; CC, art. 102); um dos efeitos jurídicos da posse - a usucapião - será limitado, devendo ser mantido, no entanto, a possibilidade de invocação dos interditos possessórios pelo particular.

(REsp 1296964/DF, Rel. Ministro LUIS FELIPE SALOMÃO, QUARTA TURMA, julgado em 18/10/2016, DJe 07/12/2016)

QUESTÕES DE CONCURSO RELACIONADAS

1. (VUNESP - 2024 - Prefeitura de Sorocaba - SP - Procurador) A antiga sede da Procuradoria do Município de Sorocaba foi desativada, restando o imóvel, de propriedade do Município, desativado sem nenhuma destinação pública. Miguel, que havia perdido seu imóvel em uma enchente, decidiu ocupar a antiga sede da Procuradoria para lá fixar sua nova residência, realizando, para tanto, diversas benfeitorias. Passados

seis anos, Marcelo, desempregado e sem ter onde morar, ameaça invadir o imóvel em que Miguel fixou residência. O Município de Sorocaba, verificando a confusão em seu imóvel, decide requerer a desocupação de Miguel. Diante da situação hipotética, de acordo com o atual entendimento do Superior Tribunal de Justiça, é correto afirmar que Miguel

A) terá direito à indenização, pelo Município, em razão das benfeitorias realizadas.

B) tem direito à proteção possessória apenas em face do Município, uma vez que ele exerce a detenção de um bem dominical.

C) tem direito à proteção possessória apenas em face de Marcelo, uma vez que entre eles a disputa será relativa à posse.

D) apenas teria direito à proteção possessória em relação ao Município, caso se tratasse de bem de uso comum do povo.

E) tem direito à proteção possessória tanto em relação ao Município quanto a Marcelo.

Gabarito: C.

2. (FUNDATEC - 2024 - Câmara de Venâncio Aires - RS - Procurador) Determinada família passou a ocupar, sem qualquer autorização, um terreno que é de propriedade do Município de Venâncio Aires, com área de 300 metros quadrados, tendo nele construído uma casa na qual reside há mais de cinco anos e instalado um pequeno comércio. O Município ingressou com ação de reintegração de posse em relação à referida área. Sobre a situação apresentada, é correto afirmar que:

A) A ação será julgada improcedente, pois os ocupantes do imóvel já adquiriram o direito de propriedade da área pela ocorrência da usucapião.

B) Não é admitido o reconhecimento de usucapião do imóvel aos ocupantes, mas há o direito de indenização pelas benfeitorias necessárias e úteis.

C) Somente assiste aos ocupantes o direito de indenização pelas benfeitorias úteis referentes à construção do imóvel que serve de moradia; o gasto com a instalação da atividade comercial não é indenizável.

D) Serão indenizadas todas as benfeitorias realizadas no local, sejam necessárias, úteis ou voluptuárias.

E) A ocupação indevida de bem público configura mera detenção, de natureza precária, insuscetível de retenção ou indenização por acessões e benfeitorias.

Gabarito: E.

3. (CEBRASPE - 2023 - MPE-SC - Promotor de Justiça Substituto) Quando um motorista particular de uma pessoa mantém-se na posse do veículo do patrão, essa situação qualifica-o como detentor.

Gabarito: Certo.

REFERÊNCIAS BIBLIOGRÁFICAS

TARTUCE, Flávio. Manual de Direito Civil - Vol. Único - 14ª Edição 2024. 14. ed. Rio de Janeiro: Método, 2024. E-book. p.143. ISBN 9786559649884. Disponível em: https://app.minhabiblioteca.com.br/reader/books/9786559649884/.

GAGLIANO, Pablo S.; PAMPLONA, Rodolfo. Manual de Direito Civil Vol.Único - 8ª Edição 2024. 8. ed. Rio de Janeiro: Saraiva Jur, 2024. E-book. p.5. ISBN 9788553620210. Disponível em: https://app.minhabiblioteca.com.br/reader/books/9788553620210/.

CARNACCHIONI, Daniel Eduardo B. Manual de Direito Civil - 1ª Edição 2024. Rio de Janeiro: Saraiva Jur, 2024. E-book. p.65. ISBN 9788553620241. Disponível em: https://app.minhabiblioteca.com.br/reader/books/9788553620241/.

FILHO, José dos Santos C. Manual de Direito Administrativo - 38ª Edição 2024. 38. ed. Rio de Janeiro: Atlas, 2024. E-book. p.796. ISBN 9786559776078. Disponível em: https://app.minhabiblioteca.com.br/reader/books/9786559776078/.

DINIZ, Maria H. Manual de Direito Civil - 5ª Edição 2025. 5. ed. Rio de Janeiro: SRV, 2024. E-book. p.47. ISBN 9788553625345. Disponível em: https://app.minhabiblioteca.com.br/reader/books/9788553625345/.

TEPEDINO, Gustavo; OLIVA, Milena D. Fundamentos de Direito Civil - Vol. 1 - Teoria Geral do Direito Civil - 5ª Edição 2024. 5. ed. Rio de Janeiro: Forense, 2024. E-book. p.128. ISBN 9788530994471. Disponível em: https://app.minhabiblioteca.com.br/reader/books/9788530994471/.

GOMES, Orlando. Introdução ao Direito Civil - 22ª Edição 2019. 22. ed. Rio de Janeiro: Forense, 2019. E-book. p.91. ISBN 9788530986810. Disponível em: https://app.minhabiblioteca.com.br/reader/books/9788530986810/.

CAPÍTULO 6

DIREITO FINANCEIRO

Leonardo Leão Lamb

QUESTÃO 1

(PGE/PA – Procurador do Estado – CEBRASPE – 2023)

No relatório de gestão fiscal (RGF) do 1.º quadrimestre do último ano do mandato do governador de determinado estado, restou demonstrado que o Poder Executivo estadual comprometia, naquela ocasião, 97% de seu limite com gastos em despesas com pessoal, o que totalizava o custo de R$ 4,75 bilhões acumulados no período. Por sua vez, o RGF do 3.º quadrimestre também do último ano do mandato do governador sinalizou aumento nominal dos gastos com pessoal, que subiu para R$ 5 bilhões no período coberto pelo relatório, a despeito da manutenção do percentual de comprometimento ter remanescido em 97%, uma vez que foi identificado aumento na receita corrente líquida no período. O aumento nominal dos gastos com pessoal teve como causa a concessão da revisão geral anual da remuneração dos servidores públicos estaduais naquele ano. A lei revisora foi sancionada em setembro do último ano do mandato do governador, mesmo mês em que ele encaminhou o projeto de lei que continha a devida estimativa do impacto orçamentário-financeiro no próprio exercício e nos dois subsequentes, bem como declaração do ordenador da despesa de que o projeto tinha perfeita adequação orçamentária e financeira com a lei orçamentária anual e compatibilidade com o plano plurianual e com a lei de diretrizes orçamentárias. O projeto de lei ainda mencionava que a revisão geral seria compensada com o aumento permanente da receita projetada no futuro.

Além disso, os relatórios resumidos da execução orçamentária (RREO) do último ano do mandato do governador do estado demonstraram que, a partir do quinto bimestre, passou a ser constatada nítida rota de descumprimento da meta de superávit primário, que acabou por se confirmar ao fim do exercício financeiro, quando o balanço geral do estado apontou déficit primário na ordem de R$ 2 bilhões. Verificou-se, ademais, que todo o déficit primário decorria da abertura de créditos suplementares cuja fonte era o superávit financeiro que havia sido apurado no balanço patrimonial do exercício anterior e que tinha como objetivo financiar obras de infraestrutura.

Considerando a situação hipotética precedente, discorra, fundamentadamente, sobre os seguintes aspectos:

1 - a situação do Poder Executivo estadual no que se refere aos limites de seus gastos com despesas de pessoal; [valor: 0,60 ponto]

2 - existência ou não de ofensa à Lei de Responsabilidade Fiscal (LRF) em razão da citada concessão de revisão geral anual; [valor: 0,70 ponto]

3 - o grau de cogência das metas fiscais e as possíveis consequências jurídicas advindas de um eventual descumprimento delas, esclarecendo se era necessário tomar algum tipo de medida fiscal; [valor: 0,30 ponto]

4 - o conceito de crédito suplementar e o rol de suas fontes de recursos possíveis. [valor: 0,30 ponto]

(2,00 Pontos)

(90 Linhas)

QUESTÃO 1

63	
64	
65	
66	
67	
68	
69	
70	
71	
72	
73	
74	
75	
76	
77	
78	
79	
80	
81	
82	
83	
84	
85	
86	
87	
88	
89	
90	

(90 LINHAS)

RESPOSTA DO AUTOR

1) Nos termos do art. 19, II, da Lei Complementar n.º 101/2000, Lei de Responsabilidade Fiscal – LRF, as despesas com pessoal em cada período de apuração nos Estados não podem exceder a 60% da receita corrente líquida. Por sua vez, de acordo com o art. 22 da LRF, o Poder Executivo Estadual descumpriu o limite prudencial de despesas com pessoal, pois atingiu mais do que 95% do limite permitido com essa espécie de despesa. Dessa forma, impõe-se a aplicação das vedações contidas no art. 22, parágrafo único, da LRF, que são as seguintes:

a) concessão de vantagem, aumento, reajuste ou adequação de remuneração a qualquer título, salvo os derivados de sentença judicial ou de determinação legal ou contratual, ressalvada a revisão geral prevista no inciso X do art. 37 da Constituição Federal – CF/88;

b) criação de cargo, emprego ou função;

c) alteração da estrutura de carreira que implique aumento de despesa;

d) provimento de cargo público, admissão ou contratação de pessoal a qualquer título, ressalvada a reposição decorrente de aposentadoria ou falecimento de servidores das áreas de educação, saúde e segurança;

e) contratação de hora extra, salvo no caso do disposto no inciso II do § 6º do art. 57 da CF/88 e as situações previstas na lei de diretrizes orçamentárias – LDO.

2) A concessão revisão geral anual, prevista no art. 37, X, da CF/88, não ofendeu a LRF, pois há ressalva expressa no art. 22, parágrafo único, I, da LRF no sentido de que a revisão geral anual não é vedada, mesmo que tenha sido superado o limite prudencial de 95% de gastos com pessoal.

Conquanto a lei que previu a revisão geral anual tenha sido editada nos últimos 180 dias de mandato do governador, não há violação ao art. 21, II, da LRF. Isso porque a doutrina majoritária adota a corrente proporcionalista, em detrimento da corrente nominalista. Com efeito, prepondera o entendimento de que o aumento meramente nominal não basta para configurar aumento de despesa com pessoal efetivo, já que o que importa é o aumento do percentual dos gastos com pessoal.

Além disso, a concessão da revisão geral anual foi acompanhada das estimativas e declarações exigidas pela LRF para a criação de despesas obrigatórias de caráter continuado, na forma dos arts. 16, I e 17, § 1º, da LRF.

Por fim, ao tempo de aprovação da revisão geral anual, não havia a indicação de que haveria descumprimento da meta de resultado primário, de modo que não há violação ao art. 9º da LRF.

3) Os arts. 52 e 53 da LRF regulamentam a elaboração do Relatório Resumido da Execução Orçamentária – RREO, elaborado após o encerramento de cada bimestre, no qual será incluso, entre outros dados, demonstrativos relativos aos resultados nominal e primário (art. 53, III, da LRF).

De acordo com o art. 9º da LRF, é obrigatório ao Poder Público buscar o cumprimento das metas de resultado nominal e primário. Se, ao final de um bimestre, a realização da receita não comportar o cumprimento das metas de resultado primário ou nominal estabelecidas, torna-se necessário aos Poderes a ao Ministério Público, nos 30 (trinta) dias subsequentes, limitar o empenho e a movimentação financeira, conforme critérios fixados na LDO.

De outro giro, conforme art. 15 da LRF, o descumprimento das metas de resultado primário ou nominal pode tornar as despesas não autorizadas, irregulares ou lesivas ao patrimônio público.

4) De acordo com o art. 41 da Lei n.º 4.320/64, os créditos adicionais suplementares são os destinados a reforço de dotações orçamentárias. O art. 43, § 1º, da referida Lei prevê como fontes de recursos

para abertura de créditos adicionais, incluídos os suplementares: a) o superávit financeiro apurado em balanço patrimonial do exercício anterior; b) o excesso de arrecadação; c) a anulação parcial ou total de dotações orçamentárias ou de créditos adicionais; c) o produto de operações de créditos autorizadas.

Importante mencionar também o art. 166, § 8º, da CF/88, que autoriza a utilização de recursos sem despesas correspondentes em virtude de veto, emenda ou rejeição de projeto de lei orçamentária anual como fonte de créditos suplementares ou especiais. Por fim, o art. 91 do Decreto-Lei n.º 200/67 autoriza a utilização de recursos da Reserva de Contingência para abertura de créditos adicionais.

▸ CRITÉRIO DE CORREÇÃO DA BANCA

ITEM 1

O Poder Executivo estadual ultrapassou o limite prudencial de 95%, o que demandava a tomada de medidas de economia capituladas no parágrafo único do artigo 22 da LRF, que consistem na proibição de:

I - concessão de vantagem, aumento, reajuste ou adequação de remuneração a qualquer título, salvo os derivados de sentença judicial ou de determinação legal ou contratual, ressalvada a revisão prevista no inciso X do art. 37 da Constituição Federal de 1988;

II - criação de cargo, emprego ou função;

III - alteração de estrutura de carreira que implique aumento de despesa;

IV - provimento de cargo público, admissão ou contratação de pessoal a qualquer título, ressalvada a reposição decorrente de aposentadoria ou falecimento de servidores das áreas de educação, saúde e segurança;

V - contratação de hora extra, salvo no caso do disposto no inciso II do § 6.º do art. 57 da Constituição Federal de 1988 e as situações previstas na lei de diretrizes orçamentárias.

ITEM 2

A concessão de revisão geral anual não ofendeu o art. 21, II, da LRF, uma vez que, além de ela ser possível mesmo na circunstância do limite prudencial ter sido atingido (art. 22, parágrafo único, I, da LRF), é importante assinalar que, embora tenha sido editada a lei durante os últimos 180 dias do mandato do governador, ela não importou em aumento de despesa com pessoal, uma vez que prepondera na doutrina a ideia de que o aumento meramente nominal (corrente nominalista) não basta para configurar aumento de despesa com pessoal efetivo, já que o que importa seria o aumento do percentual dos gastos com pessoal. Prevalece, atualmente, o pensamento proporcionalista, de modo que, como foi mantido o percentual de 97% de uso do limite das despesas com pessoal, não houve infração às cláusulas de restrição fiscal em final de mandato.

Além disso, o projeto de lei que encaminhou a revisão geral anual esteve devidamente acompanhado das estimativas e declarações exigidas pela LRF concernentes à criação de despesa obrigatória de caráter continuado, e, na ocasião de sua aprovação, ainda não havia sinalização de descumprimento da meta de resultado primário (art. 16, I e art. 17, da LRF). Atualmente, após a edição da Emenda à Constituição n.º 95/2016, conforme entendimento do Supremo Tribunal Federal, é obrigatório que a proposição legislativa criadora de despesa obrigatória seja acompanhada de estimativa de impacto financeiro e orçamentário (art. 113 do Ato das Disposições Constitucionais Transitórias - ADCT).

ITEM 3

O artigo 9.º da LRF prevê a obrigatoriedade em se perseguir o cumprimento das metas de resultado primário e nominal, e que, caso verificada rota de descumprimento, é necessária a expedição de ato que limite empenhos e movimentações financeiras. O descumprimento das metas de resultado primário ou nominal pode ensejar o que dispõe o artigo 15 da LRF, isto é, serem as despesas consideradas não autorizadas, irregulares e lesivas ao patrimônio público.

ITEM 4

Créditos suplementares são espécies de créditos adicionais e têm como objetivo reforçar dotações orçamentárias já existentes. (art. 41 da Lei n.º 4.320/1964). Os créditos suplementares podem ter como fonte recursos advindos: I – do superávit financeiro apurado em balanço patrimonial do exercício anterior; II – de excesso de arrecadação; III – de anulação parcial ou total de dotações orçamentárias ou de créditos adicionais autorizados em lei; IV – do produto de operações de crédito autorizadas, em forma que juridicamente possibilite ao Poder Executivo realizá-las, conforme prevê o artigo 43, §1º, da Lei 4.320/1964. Além disso, é fonte possível, também, aquelas previstas no §8º do art. 166 da Constituição Federal, isto é, as fontes decorrentes de recursos que, em decorrência de veto, emenda ou rejeição do PLOA, ficarão sem despesas correspondentes.

▶ QUESITOS AVALIADOS

Quesito 1

Conceito 0 – Produziu texto com desvios gramaticais variados que impossibilitaram a compreensão das ideias em geral.

Conceito 1 – Produziu texto com desvios gramaticais pontuais que prejudicaram o entendimento de parte das ideias.

Conceito 2 – Produziu texto sem desvios gramaticais significativos.

Quesito 2

Conceito 0 – Produziu texto totalmente sem clareza na exposição das ideias.

Conceito 1 – Produziu texto em que alguns trechos carecem de clareza na exposição das ideias.

Conceito 2 – Produziu texto totalmente claro quanto às ideias.

Quesito 3

Conceito 0 – Produziu texto totalmente sem sequência lógica de raciocínio.

Conceito 1 – Produziu texto com alguma(s) falha(s) na sequência lógica de raciocínio, sem prejuízo do entendimento das ideias em geral.

Conceito 2 – Produziu texto sem nenhuma falha na sequência lógica de raciocínio.

Quesito 4

Conceito 0 – Produziu texto totalmente sem argumentos.

Conceito 1 – Produziu texto com argumentos insuficientes e(ou) inconsistentes.

Conceito 2 – Produziu texto totalmente com argumentos válidos.

Quesito 5.1

Conceito 0 – Não identificou que o Poder Executivo estava no limite prudencial, ou o fez incorretamente.

Conceito 1 – Identificou que o Poder Executivo estava no limite prudencial, mas não indicou todas as medidas de economia que seriam necessárias, segundo a LRF.

Conceito 2 – Identificou que o Poder Executivo estava no limite prudencial e indicou todas as medidas de economia que seriam necessárias, segundo a LRF.

Quesito 5.2

Conceito 0 – Não respondeu ou respondeu que a concessão da revisão geral anual ofendeu a LRF, justificando que havia vedação do aumento em razão do Poder Executivo estar no limite prudencial e(ou) que a revisão foi concedida nos últimos 180 dias de mandato.

Conceito 1 – Respondeu que a concessão da revisão geral anual ofendeu a LRF, justificando que, embora haja possibilidade da concessão de revisão geral anual mesmo na circunstância de atingido o limite prudencial, teria havido irregularidade em razão da concessão ter sido realizada nos últimos 180 dias de mandato.

Conceito 2 – Respondeu que a revisão geral anual não ofendeu a LRF, justificando que ela é permitida mesmo durante a circunstância de atingimento do limite prudencial, porém se omitiu sobre a questão do aumento ter se dado nos últimos 180 dias do final do mandato.

Conceito 3 – Respondeu que a revisão geral anual não ofendeu a LRF, justificando que ela é permitida mesmo durante a circunstância de limite prudencial e que, além disso, não teria havido aumento de despesa com pessoal no final de mandato, já que o percentual se manteve o mesmo.

Conceito 4 – Respondeu que a revisão geral anual não ofendeu a LRF, justificando que ela é permitida mesmo durante a circunstância de limite prudencial e que, além disso, não teria havido aumento de despesa com pessoal no final de mandato, já que o percentual se manteve o mesmo, fazendo menção expressa à controvérsia doutrinária entre a tese nominalista (a de que o mero aumento nominal já faria por incidir a vedação) e a tese proporcionalista (que só entende configurado o aumento se houver acréscimo no percentual da razão receita corrente líquida e gastos com pessoal).

Quesito 5.3

Conceito 0 – Afirmou que as metas fiscais não possuem qualquer cogência jurídica, mostrando-se como meramente figurativas.

Conceito 1 – Afirmou que apenas as metas fiscais de resultado primário e nominal são cogentes, consoante o artigo 9.º da LRF, mas não identificou as medidas fiscais que devem ser tomadas quando presente rota de descumprimento delas.

Conceito 2 – Afirmou que apenas as metas fiscais de resultado primário e nominal são cogentes, consoante o artigo 9.º da LRF, e identificou, por ocasião de possível descumprimento, a necessidade de limitar empenho e movimentação financeira (contingenciamento de despesa).

Quesito 5.4

Conceito 0 – Não conceituou crédito suplementar.

Conceito 1 – Afirmou que créditos suplementares são espécies de créditos adicionais e têm como objetivo reforçar dotações orçamentárias já existentes, mas não elencou suas fontes possíveis.

Conceito 2 – Afirmou que créditos suplementares são espécies de créditos adicionais e têm como objetivo reforçar dotações orçamentárias já existentes, e elencou, corretamente, suas fontes corriqueiras previstas no art. 43, §1º, da Lei nº 4.320/64.

Conceito 3 – Afirmou que créditos suplementares são espécies de créditos adicionais e têm como objetivo reforçar dotações orçamentárias já existentes, e elencou, corretamente, suas fontes corriqueiras previstas no art. 43, §1º, da Lei nº 4.320/64, e, também, a fonte oriunda de recurso que, em razão de veto, emenda ou rejeição do PLOA, ficou sem despesa correspondente, e, em razão disso, poderá ser utilizado como fonte de crédito suplementar, a teor do §8 do art. 166 da Constituição Federal.

▶ JURISPRUDÊNCIA TEMÁTICA

CONSTITUCIONAL. TRIBUTÁRIO. IMUNIDADE DE IGREJAS E TEMPLOS DE QUALQUER CRENÇA. ICMS. TRIBUTAÇÃO INDIRETA. GUERRA FISCAL. CONCESSÃO DE BENEFÍCIO FISCAL E ANÁLISE DE IMPACTO ORÇAMENTÁRIO. ART. 113 DO ADCT (REDAÇÃO DA EC 95/2016). EXTENSÃO A TODOS OS ENTES FEDERATIVOS. INCONSTITUCIONALIDADE. 1. A imunidade de templos não afasta a incidência de tributos sobre operações em que as entidades imunes figurem como contribuintes de fato. Precedentes. 2. A norma estadual, ao pretender ampliar o alcance da imunidade prevista na Constituição, veiculou benefício fiscal em matéria de ICMS, providência que, embora não viole o

art. 155, § 2º, XII, "g", da CF – à luz do precedente da CORTE que afastou a caracterização de guerra fiscal nessa hipótese (ADI 3421, Rel. Min. MARCO AURÉLIO, Tribunal Pleno, julgado em 5/5/2010, DJ de 58/5/2010) –, exige a apresentação da estimativa de impacto orçamentário e financeiro no curso do processo legislativo para a sua aprovação. 3. A Emenda Constitucional 95/2016, por meio da nova redação do art. 113 do ADCT, estabeleceu requisito adicional para a validade formal de leis que criem despesa ou concedam benefícios fiscais, requisitos esse que, por expressar medida indispensável para o equilíbrio da atividade financeira do Estado, dirigiu-se a todos os níveis federativos. 4. Medida cautelar confirmada e Ação Direta julgada procedente. (ADI 5816, Relator(a): ALEXANDRE DE MORAES, Tribunal Pleno, julgado em 05-11-2019, PROCESSO ELETRÔNICO DJe-257 DIVULG 25-11-2019 PUBLIC 26-11-2019) – *g.n.*

▸ DOUTRINA TEMÁTICA

11. Esta Corte de Contas já teve oportunidade de enfrentar a questão por mais de uma vez e consolidou entendimento no sentido de que a regra do artigo 21, parágrafo único, da LRF possui exceção. No Processo nº 1570/2013, que analisou a Prestação de Contas do Município de Chupinguaia, exercício de 2012, o brilhante Voto proferido pelo eminente Conselheiro Relator, Dr. Paulo Curi Neto, apresentou substancial fundamentação sobre a questão, cujos argumentos foram acolhidos à unanimidade por ocasião do julgamento das contas9. Assim, destaca-se o seguinte trecho do referido Voto:

[...]

De início, cabe relembrar que o intérprete não pode se prender apenas ao aspecto gramatical da norma jurídica, devendo se lançar ao exame do contexto em que está inserida e dos fins que tenciona atingir. Do contrário, as conclusões extraídas padecerão de fragilidade por resultar de análise que perscrutou apenas um dos aspectos da teoria dos signos.

Tais aspectos não serão olvidados neste momento e sua aplicação propiciará o deslinde de algumas divergências instaladas na doutrina.

[...]

Na dicção de Maria Sylvia Zanella di Pietro:

[...] o dispositivo não proíbe os atos de investidura ou os reajustes de vencimentos ou qualquer outro tipo de ato que acarrete aumento de despesa, mas veda que haja aumento de despesa com pessoal no período assinalado. Assim, nada impede que atos de investidura sejam praticados ou vantagens pecuniárias sejam outorgadas, desde que haja aumento da receita que permita manter o órgão ou Poder no limite estabelecido no art. 20 ou desde que o aumento da despesa seja compensado com atos de vacância ou outras formas de diminuição da despesa com pessoal. As proibições de atos de provimento em período eleitoral costumam constar de leis eleitorais, matéria que escapa aos objetivos da Lei de Responsabilidade Fiscal, a intenção do legislador com a norma do parágrafo único foi impedir que, em fim de mandato, o governante pratique atos que aumentem o total de despesa com pessoal, comprometendo o orçamento subsequente ou até mesmo superando o limite imposto pela lei, deixando para o sucessor o ônus de adotar as medidas cabíveis para alcançar o ajuste.

Instalaram-se na doutrina duas correntes: de um lado, os que sustentam que o incremento de gasto com pessoal deve ser aferido tendo como referência proporção (percentual) da receita corrente líquida - RCL; de outro, os que afirmam que o paradigma é em valores absolutos, são os nominalistas.

Tal testilha tem desdobramentos que superam o mero academicismo.

Para os proporcionalistas, novas despesas com pessoal podem ser realizadas nos últimos 180 dias do mandato, desde que o percentual de referência não seja superado. Tal hipótese é possível tanto com a redução em valores absolutos da despesa com pessoal, de modo a compensar os novos gastos, quanto com o aumento da receita corrente líquida, sendo possível, neste caso, o incremento da despesa com pessoal em números correntes, sem que se materialize inobservância do indigitado parágrafo único.

[...]

Para os nominalistas, ainda que ocorra aumento na receita corrente líquida, novos gastos com pessoal no período sob restrição somente são lícitos se forem precedidos de redução, no mesmo quantitativo, dos gastos com pessoal em números correntes. (TCE/RO. Consulta n.º 3410/16. Rel. Cons. Francisco Carvalho da Silva)

▸ QUESTÕES OBJETIVAS RELACIONADAS AO TEMA

(Prefeitura de Mossoró/RN – Analista de Procuradoria – Especialidade: Direito – CEBRASPE – 2024)

À luz da Lei de Responsabilidade Fiscal (Lei Complementar n.º 101/2000), julgue o item que se segue.

A despesa com pessoal é regida por normas específicas próprias, a ela não se aplicando as regras para criação de despesa obrigatória de caráter continuado.

Gabarito: Errado.

(PGM/Campo Grande – Procurador – CEBRASPE – 2019)

Tendo como referência a Lei de Responsabilidade Fiscal (LRF), julgue o item seguinte.

Segundo a LRF, em todo município brasileiro, tomando-se como referência o total da receita corrente líquida em cada período de apuração, deverá ser observado o limite de 60% para gastos com pessoal.

Gabarito: Certo.

(TCE/AC – Analista Administrativo: Direito – CEBRASPE – 2024)

Julgue o item a seguir, no que concerne a crédito público, despesa pública e fiscalização financeira e orçamentária, com base na jurisprudência do STF e no disposto na Lei n.º 4.320/1964.

A abertura dos créditos suplementares e especiais depende da existência de recursos disponíveis, os quais poderão advir do excesso de arrecadação ou de superávit financeiro, desde que estes sejam apurados no mesmo exercício em que formalizada a abertura daqueles créditos.

Gabarito: Errado

(Câmara dos Deputados – Consultor Legislativo: Área IV – FGV – 2024)

É possível que, durante a execução do orçamento, os créditos possam ser insuficientes para, por exemplo, se realizar um programa de trabalho.

Nesse caso,

A) o referido programa deve ser cancelado por ausência de dotação.

B) a lei orçamentária não poderá ser alterada para viabilizar o referido programa, mas pode-se buscar financiamento externo para sua execução.

C) a lei orçamentária poderá ser alterada no decorrer de sua execução por meio dos denominados "créditos adicionais".

D) a despesa com o referido programa de trabalho deve ser feita e registrada como "Restos a Pagar".

E) a despesa com o referido programa de trabalho deve ser feita e registrada como "Despesas de Exercícios Anteriores".

Gabarito: C

QUESTÃO 2

[PGE/GO – PROCURADOR DO ESTADO – FCC – 2024]

Considere que o Estado esteja passando por uma situação de constrição fiscal, decorrente da queda da atividade econômica e, consequentemente, da arrecadação de impostos estaduais, o mesmo ocorrendo no âmbito federal.

Diante de tal situação, o Governador do Estado decidiu adotar algumas medidas, a fim de obter determinados resultados com base no que entendeu ser o embasamento legal e as justificativas para tanto:

a. Alienação de ações representativas do controle de empresas estatais e medidas para obtenção de superávit do orçamento corrente, para fins de aumentar a receita corrente liquida e, consequentemente, a base sobre a qual é aferido o limite de comprometimento de despesas com pessoal e custeio em geral estabelecido pela LRF - Lei de Responsabilidade Fiscal.

b. Utilização das seguintes receitas, que considera como de natureza originária: (i) fluxo da arrecadação tributária estadual, (ii) participação do Estado no produto de impostos federais (parcela do Fundo de Participação dos Estados - FPE) e (iii) royalties pela exploração de petróleo e gás em seu território para fins de:

- cobertura das despesas com pagamento de pessoal ativo e inativo e

- de garantia em operações de crédito celebradas com instituições financeiras privadas e de contragarantias em operações de crédito garantidas pela União.

c. Limitação de empenho, nos percentuais estabelecidos na Lei de Diretrizes Orçamentária - LDO, em razão do não atingimento das metas fiscais e retenção, nos mesmos percentuais, dos repasses do produto da arrecadação de impostos ao Fundo de Participação dos Municípios.

Considerando as disposições constitucionais e legais aplicáveis, analise a juridicidade das medidas e dos efeitos pretendidos, bem como das justificativas e embasamentos apresentados pelo Chefe do Executivo.

(30 Linhas)

(10 pontos)

QUESTÃO 2

1	
2	
3	
4	
5	
6	
7	
8	
9	
10	
11	
12	
13	
14	
15	
16	
17	
18	
19	
20	
21	
22	
23	
24	
25	
26	
27	
28	
29	
30	

(30 LINHAS)

▸ RESPOSTA DO AUTOR

a) A alienação de ativos não causa impacto sobre o cálculo da receita corrente líquida (RCL), pois as receitas oriundas dessa operação enquadram-se como receitas de capital, conforme classificação econômica das receitas disposta no artigo 11 da Lei n.º 4.320/64 e a composição legal da RCL, nos termos do artigo 2º, IV, da Lei Complementar n.º 101/2000 – Lei de Responsabilidade Fiscal (LRF).

Explicação:

A noção de receita corrente líquida (RCL) é de imprescindível conhecimento pelo candidato a concursos públicos de procuradorias, sobretudo porque esse conceito é utilizado pelo legislador para a fixação de diversos parâmetros relacionados a normas de direito financeiro.

Por força do próprio nome, a noção de RCL passa necessariamente pelo conhecimento do que são receitas correntes, e a sua diferenciação para as receitas de capital.

De acordo com a doutrina, as receitas se classificam, de acordo com critério econômico, em receitas correntes e em receitas de capital.

Receitas Correntes são identificadas como aquelas que aumentam a disponibilidade financeira do Estado e se caracterizam pela continuidade no tempo, isto é, não arrecadadas pelo Estado de forma corrente, cotidiana, rotineiramente. Segundo a Lei n.º 4.320/64, são receitas correntes (art. 11, § 1º): *i)* tributárias; *ii)* de contribuições; *ii)* patrimoniais; *iv)* agropecuárias; *v)* industriais; *vi)* de serviços; *vii)* transferências correntes; *viii*) outras receitas destinadas a atender despesas correntes.

Por sua vez, **Receitas de Capital** são identificadas como aquelas que promovem alterações compensatórias no ativo e no passivo das finanças estatais, normalmente arrecadadas de forma esporádica. Não aumentam a disponibilidade financeira do Estado porque decorrem da transformação de um patrimônio em outro. De acordo com a Lei n.º 4.320/64 e a doutrina, são receitas de capital (art. 11, § 2º): *i)* operações de crédito; *ii)* alienações; *iii)* amortização de empréstimos; *iv)* transferências de capital; *v)* outras receitas destinadas a atender despesas de capital.

O entendimento da composição das duas espécies de receitas acima examinadas é de suma importância para saber que as receitas de capital <u>não compõem a RCL</u>, justamente por o conceito de RCL depender da própria noção de receitas correntes.

O primeiro item da questão trata de alienação de ações, ou seja, de alienação de ativos do Estado, o que, como visto, gerará uma receita de capital. Dessa forma, a alienação de ativos pelo Estado não tem o condão de aumentar a receita corrente líquida, pois se trata de uma receita de capital e, como tal, não se inclui na formação do cálculo da RCL, de acordo com a LRF, abaixo transcrito:

> Art. 2º Para os efeitos desta Lei Complementar, entende-se como:
>
> IV - receita corrente líquida: somatório das receitas tributárias, de contribuições, patrimoniais, industriais, agropecuárias, de serviços, transferências correntes e outras receitas também correntes, deduzidos:
>
> a) na União, os valores transferidos aos Estados e Municípios por determinação constitucional ou legal, e as contribuições mencionadas na alínea a do inciso I e no inciso II do art. 195, e no art. 239 da Constituição;
>
> b) nos Estados, as parcelas entregues aos Municípios por determinação constitucional;

c) na União, nos Estados e nos Municípios, a contribuição dos servidores para o custeio do seu sistema de previdência e assistência social e as receitas provenientes da compensação financeira citada no § 9º do art. 201 da Constituição.

Veja-se, também, que o superávit do ano corrente não compõe o cálculo da receita corrente líquida, pois, de acordo com a literalidade do art. 11, § 2º, da Lei n.º 4.320/64, o superávit do ano corrente é considerado uma receita de capital.

A despeito disso, como já estudado na questão anterior, de fato, o limite das despesas com pessoal se submete a um percentual da RCL, o qual, nos Estados, é de 60% da RCL (art. 19, II, da LRF).

Cuidado para um ponto pouco discutido na doutrina e em materiais em geral. Todo o estudo acima relacionado ao conceito de RCL se aplica à limitação das despesas com pessoal, como exigido pela CF/88 e regulamentado pela LRF. No entanto, há uma outra composição de RCL prevista expressamente no art. 100, § 18, da CF/88, cujo objetivo é aferir mensalmente o comprometimento da RCL do ente federativo com o pagamento de precatórios e de obrigações de pequeno valor (RPVs). Vejamos:

> Art. 100 [...] § 17. A União, os Estados, o Distrito Federal e os Municípios aferirão mensalmente, em base anual, o comprometimento de suas respectivas receitas correntes líquidas com o pagamento de precatórios e obrigações de pequeno valor. (Incluído pela Emenda Constitucional nº 94, de 2016)
>
> § 18. Entende-se como receita corrente líquida, para os fins de que trata o § 17, o somatório das receitas tributárias, patrimoniais, industriais, agropecuárias, de contribuições e de serviços, de transferências correntes e outras receitas correntes, incluindo as oriundas do § 1º do art. 20 da Constituição Federal, verificado no período compreendido pelo segundo mês imediatamente anterior ao de referência e os 11 (onze) meses precedentes, excluídas as duplicidades, e deduzidas: (Incluído pela Emenda Constitucional nº 94, de 2016)
>
> I - na União, as parcelas entregues aos Estados, ao Distrito Federal e aos Municípios por determinação constitucional; (Incluído pela Emenda Constitucional nº 94, de 2016)
>
> II - nos Estados, as parcelas entregues aos Municípios por determinação constitucional; (Incluído pela Emenda Constitucional nº 94, de 2016)
>
> III - na União, nos Estados, no Distrito Federal e nos Municípios, a contribuição dos servidores para custeio de seu sistema de previdência e assistência social e as receitas provenientes da compensação financeira referida no § 9º do art. 201 da Constituição Federal. (Incluído pela Emenda Constitucional nº 94, de 2016)

b) Houve um equívoco na classificação de parte das receitas quanto à sua origem. Isso porque as receitas tributárias e o produto da participação no FPE são considerados receitas derivadas, enquanto os royalties são receitas originárias. As receitas tributárias e do FPE podem ser utilizadas para a satisfação de despesas correntes ou de capital. Os royalties, por sua vez, têm previsão específica em lei quanto à sua destinação. O fluxo de arrecadação tributária do ente não poderá ser utilizado como garantia em operações com instituições privadas, mas pode ser utilizado como garantia ou contragarantia à União. De outro giro, o produto do FPE e os royalties podem ser dados em garantia a instituições privadas.

Explicação:

Para responder ao segundo item, é preciso que o candidato conheça a classificação das receitas segundo a sua origem. De acordo com essa classificação, as receitas são separadas em originárias e derivadas.

Receitas Originárias são as receitas resultantes da atuação do Estado como agente particular, enquanto submetido a regras de direito privado. Normalmente decorrem da exploração do próprio patrimônio do Estado, como os preços públicos (não as taxas) cobrados na prestação de serviços públicos, os lucros de estatais, bem como as compensações financeiras asseguradas aos entes da federação pela exploração de recursos minerais nos respectivos territórios (chamados *royalties*) (art. 20, § 1º, da CF/88).

Receitas Derivadas decorrem, ao contrário, da atuação do Estado no exercício do seu poder de império, numa relação de supremacia ou de subordinação em relação aos particulares, os quais se veem obrigados a entregar receitas ao ente. Cite-se como principais exemplos os tributos e as multas.

No caso em análise, o Governador do Estado classificou, incorretamente, como receitas originárias, as receitas relacionadas ao fluxo da arrecadação tributária estadual e as de participação na arrecadação de impostos federais, os quais são transmitidos aos Estados por meio de fundo de participação estadual (FPE), constitucionalmente regulamentado.

Por sua vez, de fato, os *royalties* de petróleo classificam-se como receitas originárias, eis que decorrentes da exploração do próprio patrimônio do Estado.

Não há qualquer vedação à utilização das receitas classificadas como derivadas para a satisfação de despesas correntes ou de capital, razão pela qual podem ser utilizadas para a cobertura das despesas com pagamento de pessoal ativo e inativo.

Em relação ao fluxo da arrecadação tributária estadual, como regra, não se permite a sua vinculação a quaisquer atividades, ressalvadas as exceções constitucionalmente previstas (art. 167, IV e § 4º, da CF/88). Entre as ressalvas, permite-se que o fluxo de arrecadação dos tributos estaduais seja utilizado para o pagamento de débitos com a União e para prestar-lhe garantia ou contragarantia, não se permitindo que sirvam de garantias para operações de crédito contratadas junto a instituições financeiras privadas. Da mesma forma, os recursos oriundos do FPE e de royalties de petróleo e gás podem ser utilizados como garantia ou contragarantia, por não haver vedação nesse sentido.

Em relação aos *royalties* de petróleo e gás, observa-se ainda que possuem regulamentação específica que dispõe sobre a sua utilização.

c) A limitação de empenho atende a norma cogente da LRF nesse sentido (art. 9º). Por sua vez, a retenção do FPM é inconstitucional, por violar o art. 160 da CF/88, de forma que somente é possível limitar o repasse nas hipóteses constitucionalmente previstas. O desatendimento a essas regras pode sujeitar o Estado à intervenção federal (art. 34, V, "b", da CF/88).

Explicação:

Primeiramente, o terceiro item da questão trata da limitação de empenho, regulamentada pelo art. 9º da LRF. De acordo com esse dispositivo, uma vez verificado, ao final de um bimestre, que a realização da receita poderá não comportar o cumprimento das metas de resultado primário ou nominal estabelecidas no Anexo de Metas Fiscais, os Poderes e o Ministério Público promoverão, por ato próprio e nos montantes necessários, nos trinta dias subsequentes, limitação de empenho e movimentação financeira, segundo os critérios fixados pela lei de diretrizes orçamentárias. Portanto, não há vícios jurídicos na atuação do Governador quanto a esse ponto.

Por sua vez, quanto à retenção dos repasses do produto da arrecadação de impostos ao Fundo de Participação dos Municípios, há vício jurídico na atuação do Governador. Com efeito, o art. 34, V, "b", da CF/88 prevê como hipótese de intervenção federal para fins de reorganização das finanças do Estado a falta de entrega aos Municípios das receitas tributárias fixadas na Constituição, conforme prazos estabelecidos em lei. Além disso, o art. 160 da CF/88 prevê, como regra, a vedação à retenção ou qualquer restrição à entrega e ao emprego dos recursos atribuídos aos Estados, ao Distrito Federal e aos Municípios relacionados à repartição de receitas tributárias.

▶ CRITÉRIO DE CORREÇÃO DA BANCA

Na avaliação das Provas Discursivas serão considerados o acerto das respostas dadas, o grau de conhecimento do tema demonstrado pelo(a) candidato(a), a fluência e a coerência da exposição e a correção (gramatical e jurídica) da linguagem.

a. Embora esteja correta a afirmação de que o limite de despesas com pessoal tem como base a receita corrente líquida, a alienação de ativos não traz o efeito pretendido, eis que se trata de receita de capital que não compõe a receita corrente líquida. Também o superávit do orçamento corrente não entra no cálculo da RCL. [3,00]

b. A receita tributária e o produto da participação no FPE são receitas derivadas e não originárias. Já os royalties são receitas originárias. As primeiras podem ser utilizadas tanto para despesas de custeio como de capital. Os royalties possuem destinação específica. O produto de imposto do próprio ente não pode ser dado em garantia para instituições privadas, porém para a União há autorização na CF. Já o produto do FPE e os royalties podem ser dados em garantia. [4,00]

c. A limitação de empenho é medida obrigatória, prevista na LRF. Já a retenção do FPM é inconstitucional e só pode ser feita nas hipóteses expressas na CF, sujeitando o Estado a intervenção federal. [3,00]

▸ JURISPRUDÊNCIA TEMÁTICA

AÇÃO DIRETA DE INCONSTITUCIONALIDADE. LEI COMPLEMENTAR 101/2000. LEI DE RESPONSABILIDADE FISCAL (LRF). IMPUGNAÇÃO PRINCIPAL COM BASE NO PRINCÍPIO FEDERATIVO (artigos 4º, § 2º, II, parte final, e § 4º; 11, parágrafo único; 14, inciso II; 17, §§ 1º a 7º; 24; 35, 51 e 60 da LRF). IMPUGNACÃO PRINCIPAL COM BASE NOS PRINCÍPIOS FEDERATIVO E DA SEPARAÇÃO DE PODERES (artigos 9, § 3º; 20; 56, caput e § 2º; 57; 59, caput e § 1º, IV, da LRF). IMPUGNAÇÃO PRINCIPAL COM BASE EM PRINCÍPIOS E REGRAS DE RESPONSABILIDADE FISCAL (artigos 7º, § 1º; 12, § 2º; 18, caput e § 1º; 21, II; 23, §§ 1º e 2º; 26, § 1º; 28, § 2º; 29, inciso I e § 2º ; 39; 68, caput, da LRF). 1. ARTIGOS 7º, §§ 2º E 3º, E 15 DA LRF, ARTIGO 3º, II, E 4º DA MP 1980-18/2000. REEDIÇÃO DA NORMA IMPUGNADA. AUSÊNCIA DE ADITAMENTO DA INICIAL. AUSÊNCIA DE IMPUGNAÇÃO DE TODO ÂMBITO NORMATIVO. NORMAS CONSTTITUCIONAIS PARADIGMAS EXCLUSIVOS PARA CONTROLE DE CONSTITUCIONALIDADE. NÃO CONHECIMENTO. 1.1. No sistema constitucional brasileiro, somente as normas constitucionais positivadas podem ser utilizadas como paradigma para a análise da constitucionalidade de leis ou atos normativos estatais. 1.2. Fica prejudicada a análise da norma impugnada, quando esta é reeditada, sem que as novas edições houvessem sido acompanhadas de pedido de aditamento da petição inicial. 1.3. É inepto o pedido, por insuficiência do seu âmbito de impugnação, que não abrange todo o complexo normativo necessário. 2. ARTIGOS 30, I, E 72 DA LRF. EXAURIMENTO DA NORMA. PREJUDICIALIDADE. 2.1. Fica prejudicada a análise da norma impugnada quando já exaurida sua eficácia. 3. PRINCÍPIOS FEDERATIVO E DA SEPARAÇÃO DOS PODERES. COMPATIBILIDADE. ESTRITA E ADEQUADA OBSERVÂNCIA DE PADRÕES DE PRUDÊNCIA FISCAL. MECANISMOS DE IMPOSIÇÃO DE SOLIDARIEDADE FEDERATIVA FISCAL. ARTIGOS 4º, § 2º, II, E § 4º; 7º, CAPUT, E § 1º; 11, PARÁGRAFO ÚNICO; 14, II; 17, §§ 1º A 7º; 18, § 1º; 20; 24; 26, § 1º; 28, § 2º; 29, I, E § 2º; 39; 59, § 1º, IV; 60 E 68, CAPUT, DA LRF. AÇÃO JULGADA IMPROCEDENTE COM DECLARAÇÃO DE CONSTITUCIONALIDADE DOS DISPOSITIVOS. 3.1. A exigibilidade (art. 4º, § 2º, II), em relação aos Entes subnacionais, de demonstração de sincronia entre diretrizes orçamentárias e metas e previsões fiscais macroeconômicas definidas pela União não esvazia a autonomia daqueles, exigindo que sejam estabelecidas de acordo com a realidade de indicadores econômicos. 3.2. O art. 4º, § 4º, da LRF estipula exigência adicional do processo legislativo orçamentário, não significando qualquer risco de descumprimento do art. 165, § 2º, da CF. 3.3. A consignação do resultado negativo do Banco Central do Brasil (BCB) como obrigação do Tesouro Nacional, na forma do art. 7º, § 1º, da LRF, não constitui crédito orçamentário, ainda menos ilimitado, veiculando regra de programação orçamentária, que é indispensável à garantia das competências privativas da Autarquia especial (art. 164 da CF). 3.4. A mensagem normativa do parágrafo único do art. 11 da LRF, de instigação ao exercício pleno das competências impositivas fiscais tributárias dos Entes locais, não conflita com a Constituição Federal, traduzindo-se como fundamento de subsidiariedade, congruente com o Princípio Federativo, e desincentivando dependência de transferências voluntárias. 3.5. O art. 14 da LRF se destina a organizar estratégia, dentro do processo legislativo, de tal modo que os impactos fiscais de projetos de concessão de benefícios tributários sejam melhor quantificados, avaliados e assimilados em termos orçamentários. A democratização do processo de criação de gastos tributários pelo incremento da transparência constitui forma de reforço do papel de Estados e Municípios e da cidadania fiscal. 3.6. Os arts. 17 e 24 representam atenção ao Equilíbrio Fiscal. A rigidez e a permanência das despesas obrigatórias de caráter continuado as tornam fenômeno financeiro público diferenciado, devendo ser consideradas de modo destacado pelos instrumentos de planejamento estatal. 3.7. A internalização de medidas compensatórias, conforme enunciadas pelo art. 17 e 24 da LRF, no processo legislativo é parte de projeto de amadurecimento fiscal do Estado, de superação da cultura do desaviso e da inconsequência fiscal, administrativa e gerencial. A prudência fiscal é um objetivo expressamente consagrado pelo art. 165, § 2º, da Constituição Federal. 3.8. Ao se a referir a contratos de terceirização de mão de obra, o art. 18, § 1º, da LRF não sugere qualquer burla aos postulados da Licitação e do Concurso Público. Impede apenas expedientes de substituição de servidores via contratação terceirizada em contorno ao teto de gastos com pessoal. 3.9. A definição de um teto de gastos particularizado, segundo os respectivos poderes ou órgãos afetados (art. 20 da LRF), não representa intromissão na autonomia financeira dos Entes subnacionais. Reforça, antes, a autoridade jurídica da norma do art. 169 da CF, no propósito, federativamente legítimo, de afastar dinâmicas de relacionamento predatório entre os Entes componentes da Federação. 3.10. Só a fixação de consequências individualizadas para os desvios perpetrados por cada instância pode tornar o compromisso fiscal efetivo. A LRF estabeleceu modelo de corresponsabilidade entre os Poderes. Ao positivar esse modelo, a LRF violou qualquer disposição constitucional, mas sim prestigiou a prudência fiscal, valor chancelado constitucionalmente. 3.11. Eventual dissonância entre o conteúdo dos conceitos de dívida pública presentes na legislação, se existente, haveria de ser resolvida pelos critérios ordinários de hermenêutica jurídica, nada comprometida a legitimidade constitucional da LRF. 3.12. Eventual dissonância existente entre o conceito de dívida consolidada previsto no art. 29, I, da LRF e definições hospedadas em outras leis, se existente, haverá de ser resolvida pelos critérios ordinários de hermenêutica jurídica. 3.13. A possibilidade de fixação por Estados e Municípios de limites de endividamento abaixo daqueles nacionalmente exigíveis não compromete competências do Senado Federal, materializando, ao contrário, prerrogativa que decorre naturalmente da autonomia política e financeira de cada Ente federado. 3.14. O art. 250 da Constituição Federal não exige que a criação do fundo por ele mencionado seja necessariamente veiculada em lei ordinária, nem impede que os recursos constitutivos sejam provenientes de imposição tributária. 4. ARTIGOS 9, § 3º, 23, § 2º, 56, CAPUT, 57, CAPUT. AÇÃO JULGADA PROCEDENTE COM DECLARAÇÃO DE INCONSTITUCIONALIDADE DOS DISPOSITIVOS. 4.1. **A norma estabelecida no § 3º do referido art. 9º da LRF, entretanto, não guardou pertinência com o modelo de freios e contrapesos estabelecido constitucionalmente para assegurar o exercício responsável da autonomia financeira por parte dos Poderes Legislativo, Judiciário e da Instituição do Ministério Público, ao estabelecer inconstitucional hierarquização subserviente em relação ao Executivo, permitindo que, unilateralmente, limitasse os valores financeiros segundo os critérios fixados pela lei de diretrizes orçamentárias no caso daqueles poderes e instituição não promoverem a limitação no prazo estabelecido no caput. A defesa de um Estado Democrático de Direito exige o afastamento de normas legais que repudiam o sistema de organização liberal, em especial na presente hipótese, o desrespeito à separação das funções do poder e suas autonomias constitucionais, em especial quando há expressa previsão constitucional de autonomia financeira**. Doutrina. 4.2. Em relação ao parágrafo 2º do artigo 23 da LRF, é entendimento iterativo do STF considerar a irredutibilidade do estipêndio funcional como garantia constitucional voltada a qualificar prerrogativa de caráter jurídico-social instituída em favor dos agentes públicos. 4.3. Em relação ao artigo 56, caput, da LRF, a emissão de diferentes pareceres prévios respectivamente às contas dos Poderes Legislativo, Judiciário e Ministério Público transmite ambiguidade a respeito de qual deveria ser o teor da análise a ser efetuada pelos Tribunais de Contas, se juízo opinativo, tal como o do art. 71, I, da CF, ou se conclusivo, com valor de julgamento. Confirmação da liminar, declarando-se a inconstitucionalidade do dispositivo. 4.4. O mesmo se aplica ao art. 57, caput, da LRF, cuja leitura sugere que a emissão de parecer prévio por Tribunais de Contas poderia ter por objeto contas de outras autoridades que não a do Chefe do Poder Executivo. Confirmação da liminar, declarando-se a inconstitucionalidade do dispositivo. 5. ARTIGOS 12, §2º E 21, II. AÇÃO JULGADA PARCIALMENTE PROCEDENTE PARA DAR INTERPRETAÇÃO CONFORME. 5.1. Ao prever limite textualmente diverso da regra do art. 167, III, da CF, o art. 12, § 2º, da LRF enseja interpretações distorcidas do teto a ser aplicado às receitas decorrentes de operações de crédito, pelo que a ação deve ser parcialmente provida, nesse ponto, para dar interpretação conforme ao dispositivo para o fim de explicitar que a proibição não abrange operações de crédito autorizadas mediante créditos suplementares ou especiais com finalidade precisa, aprovados pelo Poder Legislativo por maioria absoluta. 5.2. Ao prever sanção para o descumprimento de um limite específico de despesas considerados os servidores inativos, o art. 21, II, da LRF propicia ofensa ao art. 169, caput, da CF, uma vez que este remete à legislação complementar a definição de limites de despesa com pessoal ativo e inativo, pelo que a ação deve ser parcialmente provida, nesse ponto, para dar interpretação conforme ao dispositivo no sentido de que se entenda como limite legal o previsto em lei complementar. 6. ARTIGO 23, § 1º, PROCEDENTE PARA DECLARAR A INCONSTITUCIONALIDADE PARCIAL, SEM REDUÇÃO DE TEXTO. 6.1. Irredutibilidade do estipêndio funcional como garantia constitucional voltada a qualificar prerrogativa de caráter jurídico-social instituída em favor dos agentes públicos. Procedência ao pedido tão somente para declarar parcialmente a inconstitucionalidade sem redução de texto do art. 23, §1º, da LRF, de modo a obstar interpretação segundo a qual é possível reduzir valores de função ou cargo que estiver provido. 6.2. A irredutibilidade de vencimentos dos servidores também alcança àqueles que não possuem vínculo efetivo com a Administração Pública. 7. Ação Direta de Inconstitucionalidade NÃO CONHECIDA quanto aos arts. 7º, §§ 2º e 3º, e 15 da LRF, e aos arts. 3º, II, e 4º da MP 1980-18/2000; JULGADA PREJUDICADA quanto aos arts. 30, I, e 72 da LRF; JULGADA IMPROCEDENTE quanto ao art. 4º, § 2º, II, e § 4º; art. 7º, caput e § 1º; art. 11, parágrafo único; 14, II; art. 17, §§ 1º a 7º; art. 18, § 1º; art. 20; art. 24; art. 26, § 1º; art. 28, § 2º; art. 29, I, e § 2º; art. 39; art. 59, § 1º, IV; art. 60 e art. 68, caput, da LRF; JULGADA PROCEDENTE com relação ao art. 9º, § 3º; art. 23, §2º, art. 56, caput; art. 57, caput; JULGADA PARCIALMENTE PROCEDENTE, para dar interpretação conforme, com relação art. 12, § 2º, e art. 21, II; e JULGADA PROCEDENTE PARA DECLARAR A INCONSTITUCIONALIDADE PARCIAL, sem redução de texto, do artigo 23, § 1º, da LRF. (ADI 2238, Relator(a): ALEXANDRE DE MORAES, Tribunal Pleno, julgado em 24-06-2020, PROCESSO ELETRÔNICO DJe-218 DIVULG 31-08-2020 PUBLIC 01-09-2020 REPUBLICAÇÃO: DJe-228 DIVULG 14-09-2020 PUBLIC 15-09-2020) – *g.n.*

Tema n.º 1.172/STF: Recurso extraordinário. Repercussão geral. Tema 1.172. 2. Direito Tributário. Repartição de receitas tributárias. 3. Programas FOMENTAR e PRODUZIR, do Estado de Goiás. Concessão de benefício fiscal de postergação/diferimento do pagamento do Imposto sobre Circulação de Mercadorias e Serviços (ICMS). 4. Inaplicabilidade do tema 42 (RE 572.762). Ausência de ingresso efetivo da parcela incentivada nos cofres públicos estaduais. Impossibilidade de exigência de repasse aos Municípios. Observância do conceito técnico de arrecadação firmado no julgamento do tema 653 (RE 705.423). Ausência de violação ao art. 158, IV, da Constituição Federal. 5. Fixação da tese: "**Os programas de diferimento ou postergação de pagamento de ICMS – a exemplo do FOMENTAR e do PRODUZIR, do Estado de Goiás – não violam o sistema constitucional de repartição**

de receitas tributárias previsto no art. 158, IV, da Constituição Federal, desde que seja preservado o repasse da parcela pertencente aos Municípios quando do efetivo ingresso do tributo nos cofres públicos estaduais." 6. Recurso extraordinário a que se nega provimento. (RE 1288634, Relator(a): GILMAR MENDES, Tribunal Pleno, julgado em 17-12-2022, PROCESSO ELETRÔNICO REPERCUSSÃO GERAL - MÉRITO DJe-s/n DIVULG 08-02-2023 PUBLIC 09-02-2023) – *g.n.*

AÇÃO DIRETA DE INCONSTITUCIONALIDADE. DIREITO TRIBUTÁRIO E FINANCEIRO. ART. 4º, § 1º, DA LEI COMPLEMENTAR FEDERAL N. 63, DE 11 DE JANEIRO DE 1990. IMPOSTO SOBRE CIRCULAÇÃO DE MERCADORIAS E SERVIÇOS (ICMS). COMPENSAÇÃO OU TRANSAÇÃO. DEPÓSITO OU REMESSA DE 25% (VINTE E CINCO POR CENTO) DO VALOR DECORRENTE DOS CRÉDITOS EXTINTOS AO FUNDO DE PARTICIPAÇÃO DOS MUNICÍPIOS. CONSTITUCIONALIDADE. REPARTIÇÃO DE RECEITAS. ART. 158, IV, "A", DA CONSTITUIÇÃO FEDERAL. PRODUTO DA ARRECADAÇÃO. CONCEITO. DISPONIBILIDADE DE RECEITA PÚBLICA. DESNECESSIDADE DE EFETIVO RECOLHIMENTO. 1. De acordo com o art. 158, IV, "a", da Constituição Federal, pertencem aos Municípios 25% (vinte e cinto por cento) do produto da arrecadação do ICMS. 2. **É constitucional a concessão de incentivos, benefícios e isenções fiscais pelos Estados, a impactar, inclusive, a formação do Fundo de Participação dos Municípios (FPM), cabendo identificar a obrigatoriedade de repasse a partir do "produto da arrecadação", previsto no art. 158 da Constituição Federal**. Reparte-se o que convertido em receita pública, **não havendo direito subjetivo dos Municípios a mera expectativa de valores**. Tema n. 653/RG (RE 705.423, Tribunal Pleno, ministro Edson Fachin, DJe de 5 de fevereiro de 2018). 3. **O Estado não pode reter, limitar ou condicionar a transferência da parcela do ICMS arrecadada e destinada aos Municípios, sob pena de indevida interferência no sistema de repartição de receitas tributárias. Tema n. 42/RG (RE 572.762, Tribunal Pleno, ministro Ricardo Lewandowski, DJe de 5 de setembro de 2008)**. 4. A extinção do crédito tributário por compensação ou transação implica aumento da disponibilidade de receita e impõe ao Estado o dever de entregar a respectiva quota aos Municípios, porque receita pública é fenômeno anterior ao recolhimento do imposto. A quitação ocorre, contabilmente, mediante supressão de passivo, sem ingresso de valores ao erário, havendo comutatividade entre o benefício obtido e o implemento do contribuinte. 5. Pedido julgado improcedente. (ADI 3837, Relator(a): NUNES MARQUES, Tribunal Pleno, julgado em 23-09-2024, PROCESSO ELETRÔNICO DJe-s/n DIVULG 02-10-2024 PUBLIC 03-10-2024) – *g.n.*

▸ QUESTÕES DE CONCURSO RELACIONADAS

[PGM/Teresina-PI – Procurador do Município – FCC – 2022]

A Lei nº 4.320, de 17 de março de 1964, que estatui normas gerais de Direito Financeiro define:

A) Imposto é uma receita originária que têm como fato gerador o exercício regular do poder de polícia, ou a utilização, efetiva ou potencial, de serviço público específico e divisível, prestado ao contribuinte ou posto à sua disposição.

B) São classificadas como Despesas de Custeio as dotações para manutenção de serviços anteriormente criados, inclusive as destinadas a atender a obras de conservação e adaptação de bens imóveis.

C) A Lei do Orçamento conterá a discriminação da receita e despesa de forma a evidenciar a política econômica financeira e o programa de trabalho do Governo, obedecidos os princípios da progressividade, da legalidade, das anterioridades anual e nonagesimal, da retroatividade e do bis in idem.

D) Tributo é toda prestação pecuniária compulsória, em moeda ou cujo valor nela se possa exprimir, compreendendo atos lícitos e ilícitos, relacionados com o fato gerador, instituída em lei ou decreto e cobrada mediante atividade administrativa discricionária.

E) A dívida fundada compreende os compromissos de exigibilidade superior a seis meses, contraídos para atender o desequilíbrio orçamentário ou financeiro de obras e serviços públicos.

Gabarito: B

[DPE/RS – Analista (Área de Apoio Especializada: Contabilidade) – FGV – 2023]

Durante o ciclo de execução orçamentária, para que um ente possa acionar o mecanismo de limitação de empenho e movimentação financeira previsto na Lei de Responsabilidade Fiscal e cujos critérios são definidos na Lei de Diretrizes Orçamentárias, é necessário que se verifique:

A) a frustração na arrecadação ao final do exercício financeiro;

B) que a despesa total com pessoal tenha ultrapassado o limite de alerta;

C) que o ente esteja inadimplente com o serviço da dívida no período de referência;

D) o recebimento de notificação expressa do respectivo tribunal de contas;

E) o risco de não cumprimento das metas de resultado primário ou nominal.

Gabarito: E

[PGE/RR – Procurador do Estado Substituto – Cebraspe – 2023]

Julgue o item a seguir, a respeito da gestão responsável dos entes federados, à luz da Lei Complementar n.º 101/2000 — Lei de Responsabilidade Fiscal (LRF) —, da Constituição Federal de 1988 (CF) e da jurisprudência dos tribunais superiores.

O Poder Executivo, na condição de quem estabelece a programação financeira e o cronograma de execução mensal do orçamento, pode, unilateralmente, caso seja verificado que a realização da receita, ao final de um bimestre, não atenderá às metas de resultado primário estabelecida na LDO, promover limitação de empenho e de movimentação financeira do próprio Poder Executivo e, até mesmo, do Poder Legislativo e do Poder Judiciário, se estes não o fizerem por ato próprio no prazo legal.

Gabarito: Errado

QUESTÃO 3

[PGE/AL - PROCURADOR DO ESTADO - CEBRASPE – 2021]

O princípio da anualidade, no âmbito do direito financeiro, possui peculiaridades referentes a esse ramo do conhecimento.

Considerando esse assunto, redija um texto, com a devida fundamentação, a respeito do princípio da anualidade financeira. Ao elaborar seu texto, atenda, necessariamente, ao que se pede a seguir.

1. **Aborde o conceito do princípio da anualidade financeira. [valor: 3,00 pontos]**
2. **Discorra sobre a diferença entre esse princípio e os conceitos de anterioridade tributária e anualidade tributária. [valor: 4,00 pontos]**
3. **Responda se esse princípio se aplica às despesas incluídas em restos a pagar, ao plano plurianual e à lei de diretrizes orçamentárias. [valor: 7,00 pontos]**

QUESTÃO 3

(20 LINHAS)

▸ RESPOSTA DO AUTOR

1) De acordo com o princípio da anualidade, o orçamento público, documento em que se preveem receitas e se fixam despesas, deve ser elaborado para um intervalo de tempo de um ano. Trata-se de princípio consagrado expressamente na Lei n.º 4.320/64, em seu art. 2º, bem como implicitamente na Constituição Federal de 1988 – CF/88, ao prever a edição de lei orçamentária anual (art. 165, § 5º, da CF/88). Ainda, no Brasil, entende-se que o intervalo de um ano, correspondente ao exercício financeiro para o qual será elaborado o orçamento, é equivalente ao ano civil (art. 34 da Lei n.º 4.320/64).

2) O princípio da anualidade do orçamento não se confunde com a anualidade tributária, princípio esse que não tem aplicação desde a promulgação da CF/88. Pela anualidade tributária, para que um tributo pudesse ser exigido, deveria haver a sua prévia autorização no orçamento público, sob pena de ser inválida a cobrança. Atualmente, encontra-se superado o enunciado de Súmula n.º 66 do Supremo Tribunal Federal[1].

De outro giro, o princípio da anterioridade tributária encontra-se expressamente previsto na CF/88, em seu art. 150, III, "b" e "c". De acordo com esse princípio, é vedada a exigência de tributos no mesmo exercício financeiro em que haja sido publicada a lei que os instituiu ou aumentou, bem como antes de decorridos 90 dias da data da publicação da referida lei.

3) O plano plurianual (PPA) e a lei de diretrizes orçamentárias (LDO) são compatíveis com o princípio da anualidade. Essas duas leis têm por objetivo traçar planejamentos e normas que, ao final, refletirão na própria elaboração do orçamento público, aprovado no regime jurídico brasileiro por meio da lei orçamentária anual (LOA). De acordo com o art. 165, §§ 1º e 2º, da CF/88, o PPA e a LDO adotam também o exercício financeiro como parâmetros, de forma que são compatíveis com a anualidade do orçamento, conquanto esse princípio se aplique predominantemente à LOA, conforme previsão do art. 2º da Lei n.º 4.320/64.

Conforme art. 36 da Lei n.º 4.320/64, restos a pagar são despesas empenhadas, mas não pagas até o dia 31 de dezembro, distinguindo-se as processadas das não processadas. Assim, o próprio conceito de restos a pagar pressupõe a aplicação do princípio da anualidade, na medida em que se trata de despesas que foram fixadas no orçamento anual, empenhadas, liquidadas ou não (diferença entre os processados e os não processados), mas não houve o pagamento dentro do exercício financeiro. Por meio do regime jurídico dos restos a pagar, busca-se não comprometer créditos do orçamento anual subsequente com o pagamento de despesas do exercício anterior (ABRAHAM, Marcus. Curso de Direito Financeiro Brasileiro. 7. Ed. Rio de Janeiro: Forense, 2023. p. 220).

▸ CRITÉRIO DE CORREÇÃO DA BANCA

O princípio da anualidade tributária dispõe que o orçamento público é coincidente com o exercício civil, conforme Lei n.º 4.320/1964. Esse princípio é materializado pela lei orçamentária anual, que executa ano a ano os planos e as diretrizes fixados pelo plano plurianual e pela lei de diretrizes orçamentárias.

O referido princípio não se confunde com a anterioridade tributária, que diz respeito à necessidade de lei prévia para a exação de tributo, nem com a anualidade tributária, que não mais existe no sistema jurídico brasileiro. É conceito próprio do direito financeiro.

O plano plurianual e a lei de diretrizes orçamentárias não ferem o princípio da anualidade financeira, visto que essas leis convergem e dialogam com a lei orçamentária anual, podendo a LOA prever despesas para exercícios seguintes, com a especificação dos investimentos plurianuais, conforme CF, art. 165, § 14. Os restos a pagar consistem em forma de execução orçamentária fora do exercício, mas, também, encontram limitações decorrentes da anualidade, já que a inscrição de restos a pagar relativa às despesas não processadas terá validade até 31 de dezembro do ano subsequente. Há decretos federais que prorrogaram ainda mais esse prazo.

Referência doutrinária:

> "Trata-se de princípio de simples definição: o orçamento é ânuo. Ou seja, o intervalo de tempo em que se estimam as receitas e se fixam as despesas é de um ano, coincidente com o exercício civil, conforme redação do art. 34 da Lei n. 4.320/64:
>
> Art. 34. O exercício financeiro coincidirá com o ano civil. Seu sentido advém da própria conceituação do orçamento público, chamado de Lei Orçamentária Anual (art. 165, § 5º,

1 Súmula/STF n.º 66: É legítima a cobrança do tributo que houver sido aumentado após o orçamento, mas antes do início do respectivo exercício financeiro.

da CF). Portanto, é princípio aplicável à Lei Orçamentária Anual, e não às demais leis orçamentárias, como o plano plurianual e a Lei de Diretrizes Orçamentárias. Quanto ao plano plurianual, basta a sua nomenclatura para afirmar tratar-se de lei cuja vigência extrapola um exercício financeiro, restando nítida a sua plurianualidade. Isso, contudo, não fere a anualidade, pois as metas e os programas previstos no plano plurianual, bem como as diretrizes previstas na Lei de Diretrizes Orçamentárias, são sempre executados ano a ano através do orçamento anual. A operacionalidade dos gastos ocorre através da lei anual, em conformidade com o princípio que lhe rege." (Harrison Leite. Manual de Direito Financeiro. 9. ed. Salvador: Juspodivm, 2020, p. 144, com adaptações).

"(...) pelo princípio da anualidade, se uma despesa não é empenhada até o final do exercício, ela perde a sua autorização para ser executada e precisa novamente ser fixada no orçamento do ano seguinte, caso haja interesse na sua realização." (Harrison Leite. Manual de Direito Financeiro. 9. ed. Salvador: Juspodivm, 2020, p. 439).

QUESITOS AVALIADOS

2.1 e 2.3

0 – Não abordou o aspecto ou forneceu resposta completamente incorreta.

1 – Mencionou o aspecto, mas não o desenvolveu.

2 – Desenvolveu o aspecto, mas apresentou justificativa insuficiente.

3 – Desenvolveu o aspecto e apresentou justificativa adequada.

2.2

0 – Não abordou o aspecto ou forneceu resposta completamente incorreta.

1 – Mencionou o aspecto, mas não o desenvolveu.

2 – Desenvolveu o aspecto, mas apresentou justificativa apenas para um dos tópicos (anterioridade tributária ou anualidade tributária).

3 – Desenvolveu o aspecto, abordou ambos os tópicos, mas apresentou justificativa insuficiente.

4 – Desenvolveu o aspecto e apresentou justificativa adequada quanto a ambos os tópicos.

▸ DOUTRINA TEMÁTICA

Princípio da Anualidade: "[...] Ocorre que, paralelamente ao orçamento anual, deverá ser elaborado um plano plurianual (de quatro anos), para estabelecer, de forma regionalizada, as diretrizes, os objetivos e as metas da Administração Pública para as despesas de capital e outras delas decorrentes e para as relativas aos programas de duração continuada (art. 165, I). Em face do instituto, importante referir o princípio da anualidade apenas à lei orçamentária anual e à lei de diretrizes orçamentárias, ou, então, devemos dar-lhe uma interpretação não literal, englobando no seu conceito a plurianualidade e o valor democrático que representa pela necessidade periódica de revisão do plano de gestão do governo e a necessária aprovação pelo Poder Legislativo. Todavia, entende Regis Fernandes de Oliveira que 'tal princípio hoje está ultrapassado, porque, ao lado do orçamento anual, há o plurianual'.

Verifica-se que, a partir da Emenda Constitucional nº 102/2019, que inseriu o novo § 14 ao art. 165 da Constituição, a manutenção do princípio da anualidade orçamentária tornou-se ainda mais discutível, já que o referido dispositivo autoriza a previsão de despesas de investimentos para anos subsequentes na própria Lei Orçamentária Anual. E, na mesma linha, o § 12 do artigo 165 passou a prever que integrará à lei de diretrizes orçamentárias, para o exercício a que se refere e, pelo menos, para os 2 (dois) exercícios subsequentes, anexo com previsão de agregados fiscais e a proporção dos recursos para investimentos que serão alocados na lei orçamentária anual para a continuidade daqueles em andamento.

Portanto, diante dos ideais de continuidade e de planejamento orçamentário que foram reforçados pela referida emenda constitucional, identificamos três motivos para reconsiderar o princípio da anualidade orçamentária: i) pela vigência de 4 anos da lei de plano plurianual (PPA); ii) pela lei de diretrizes orçamentárias contemplar anexo para 2 anos subsequentes; iii) pela lei orçamentária anual não mais contemplar apenas previsões exclusivamente vinculadas ao período do exercício fiscal para o qual foi criada.

Apesar de tudo, não podemos deixar de encarar, ainda nos dias de hoje, o princípio da anualidade orçamentária como representação temporal de um período determinado e limitado de vigência de um ano tanto para a LDO como para a LOA, como também a indicação da necessidade de reavaliação anual das prioridades estabelecidas para os gastos públicos." (ABRAHAM, Marcus. Curso de Direito Financeiro Brasileiro. 7. Ed. Rio de Janeiro: Forense, 2023. p. 302-303)

Restos a pagar: "Como antes destacado, a realização de uma despesa pública é um ato administrativo complexo que contempla três etapas: empenho (registro formal do ato), liquidação (verificação do cumprimento da obrigação) e pagamento (efetivo desembolso financeiro).

Mas nem sempre é possível à Administração Pública quitar todas as despesas no próprio ano, sobretudo por questões operacionais que inviabilizam o pagamento tempestivo. Assim, o não pagamento de despesa pública no mesmo ano em que empenhada e liquidada é uma circunstância reconhecida e disciplinada pela Lei nº 4.320, de 1964, ao prever, em seu art. 36, que se consideram Restos a Pagar as despesas empenhadas, mas não pagas, até o dia 31 de dezembro.

Tratamos da hipótese de despesas empenhadas e processadas (liquidadas), em que é confirmado que o fornecedor de bens ou de serviços cumpriu com a sua obrigação e a Administração Pública, de maneira sinalagmática, não poderá deixar de pagá-lo, não sendo possível, neste caso, o cancelamento da obrigação contida na conta de restos a pagar. Diversamente ocorre com a despesa empenhada, mas não processada, em que não se concluiu a prestação do serviço ou a entrega do bem pelo fornecedor, e o pagamento dependerá da sua efetiva liquidação, do contrário poderá ser cancelada total ou parcialmente.

Na prática regular e adequada, mesmo que não paga no mesmo exercício fiscal, a despesa intitulada "restos a pagar" deverá sempre possuir um crédito financeiro suficiente e próprio para o seu pagamento, que necessitará estar disponível no momento da quitação extemporânea da obrigação, não podendo comprometer os recursos financeiros arrecadados no ano seguinte, sob pena de violação às boas práticas orçamentárias e, sobretudo, à gestão fiscal responsável que busca garantir o necessário equilíbrio fiscal." (ABRAHAM, Marcus. Curso de Direito Financeiro Brasileiro. 7. Ed. Rio de Janeiro: Forense, 2023. p. 219-220)

QUESTÕES OBJETIVAS RELACIONADAS AO TEMA

1. [PGM/Campo Grande – Procurador – Cebraspe – 2019]

Vige no ordenamento jurídico brasileiro o princípio da anualidade orçamentária: nenhum tributo será cobrado no exercício financeiro sem prévia autorização orçamentária.

Gabarito: Errado

2. [Prefeitura/Mossoró – Auditor Fiscal de Tributos Municipais – Cebraspe – 2024]

Considerando o disposto na Lei n.º 4.320/1964, o orçamento adotado no Brasil, as disposições da Lei de Responsabilidade Fiscal (LRF) e a receita pública, julgue o item que se segue.

Na estrutura orçamentária adotada no Brasil, para se evitarem múltiplos orçamentos, em observância ao princípio orçamentário da unidade, a previsão de receita e a fixação da despesa de todos os entes federados, em cada exercício financeiro, integram um único documento legalmente formalizado pela pessoa política que detém o poder central — a União —, denominado lei orçamentária anual, conforme preconiza a Constituição Federal de 1988.

Gabarito: *Errado*

3. [PGM/Cuiabá – Procurador Substituto do Município – Cebraspe – 2024]

São absolutos, ou seja, não admitem exceções, os princípios orçamentários

a) da exclusividade e da anualidade.

b) do orçamento bruto e da exclusividade.

c) da unidade de caixa e do equilíbrio.

d) do orçamento bruto e da unidade orçamentária.

e) da anualidade e da universalidade.

Gabarito: *D*

4. [TCE/CE – Procurador de Contas – FCC – 2015]

Considerando a anualidade orçamentária e a anterioridade tributária, é correto afirmar:

a) Nada impede a arrecadação de tributo instituído ou majorado no mesmo exercício financeiro em que foi publicada a lei, enquanto exceção à anterioridade tributária, mesmo que não haja previsão expressa desta receita no orçamento.

b) Na hipótese de surgir receita não prevista no orçamento anual a mesma deverá ser contabilizada como excesso de contingência.

c) A receita arrecadada deverá ser inserida na dotação orçamentária reservada para despesas imprevistas ou imprevisíveis que possam surgir no decorrer do exercício e que venham a ser suportadas a partir de créditos adicionais.

d) Não se admite a cobrança de um tributo no mesmo exercício financeiro em que foi publicada a lei instituidora ou majoradora, mesmo que exceção à regra da anterioridade tributária, uma vez que não há previsão orçamentária para arrecadação desta receita.

e) A Lei de Responsabilidade Fiscal exige que toda receita seja previamente revista na Lei Orçamentária Anual, razão pela qual restabeleceu tacitamente a regra da anualidade tributária.

Gabarito: *A*

QUESTÃO 4

(PGM/João Pessoa – Procurador do Município – CEBRASPE – 2018)

O prefeito de determinado município encaminhou ao Poder Legislativo local o projeto de lei orçamentária anual (LOA) relativo ao exercício financeiro de 2019. Nesse projeto, foram apresentados, entre outros, dois artigos: um tratava dos limites do perímetro urbano do município, outro autorizava a contratação de operações de crédito. Esses dois dispositivos geraram a discussão sobre a constitucionalidade do projeto de LOA no âmbito da câmara municipal, tendo alguns parlamentares alegado a existência de violação a um princípio orçamentário.

Com base nessa situação hipotética, redija um texto respondendo, de forma justificada, aos questionamentos a seguir.

1 Qual o princípio orçamentário constitucional violado pelo projeto de LOA? Há alguma exceção para a aplicação desse princípio?

[valor: 2,25 pontos]

2 Dos dois artigos mencionados, qual(is) violou(aram) o princípio orçamentário constitucional? [valor: 2,50 pontos]

QUESTÃO 4

1	
2	
3	
4	
5	
6	
7	
8	
9	
10	

(10 LINHAS)

▸ RESPOSTA DO AUTOR

Houve violação ao princípio orçamentário da exclusividade, previsto no art. 165, § 8º, da Constituição Federal de 1988 – CF/88. De acordo com o princípio, veda-se a inclusão na Lei Orçamentária Anual (LOA) de dispositivo estranho à previsão de receita e à fixação de despesa. Busca-se evitar, com isso, os chamados orçamentos rabilongos ou caudas orçamentárias.

O dispositivo constitucional em estudo, entretanto, prevê uma exceção, referente à possibilidade de autorização na LOA para a abertura de créditos adicionais suplementares e contratação de operações de crédito, ainda que por antecipação de receita, nos termos da lei.

No caso concreto, houve violação ao princípio da exclusividade em relação ao dispositivo que trata dos limites do perímetro urbano do município.

▸ CRITÉRIO DE CORREÇÃO DA BANCA

O prefeito violou o princípio da exclusividade – previsto no art. 165, § 8.º, da Constituição Federal de 1988 – ao incluir o artigo que tratava dos limites do perímetro urbano do município:

> Art. 165 (.....)
>
> § 8.º A lei orçamentária anual não conterá dispositivo estranho à previsão da receita e à fixação da despesa, não se incluindo na proibição a autorização para abertura de créditos suplementares e contratação de operações de crédito, ainda que por antecipação de receita, nos termos da lei.

O princípio da exclusividade tem o objetivo de impedir que sejam incluídas matérias que não sejam relacionadas à previsão de receitas e fixação de despesas (as chamadas caudas orçamentárias).

O dispositivo constitucional prevê algumas exceções quando da aplicação desse princípio: a abertura de créditos suplementares e a contratação de operações de crédito, ainda que por antecipação de receita. Assim, é possível concluir que o artigo que tratava dos limites do perímetro urbano não está entre as exceções admitidas pela Constituição Federal de 1988, sendo, portanto, inconstitucional.

O artigo que autoriza a contratação de operações de crédito não viola a Constituição Federal de 1988, por representar uma exceção à aplicabilidade do referido princípio, expressamente admitida no § 8.° do art. 165 da Constituição Federal de 1988.

QUESITOS AVALIADOS

Quesito 2.1 – Indicar qual princípio orçamentário foi violado pelo projeto de LOA e quais as exceções à aplicabilidade desse princípio

0 – Não respondeu qual princípio orçamentário constitucional foi violado pelo projeto de LOA e quais as exceções à aplicabilidade desse princípio.

1 – Respondeu qual princípio orçamentário constitucional foi violado pelo projeto de LOA, mas sem citar o art. 165, § 8.º, da Constituição Federal de 1988, e não respondeu quais as exceções à aplicabilidade desse princípio.

2 – Respondeu qual princípio orçamentário constitucional foi violado pelo projeto de LOA, citando o art. 165, § 8.º, da Constituição Federal de 1988, mas não respondeu quais as exceções à aplicabilidade desse princípio.

3 – Respondeu qual princípio orçamentário constitucional foi violado pelo projeto de LOA, citando o art. 165, § 8.º, da Constituição Federal de 1988, e respondeu quais as exceções à aplicabilidade desse princípio.

Quesito 2.2 – Artigos incluídos no projeto de LOA que violaram ou não princípio orçamentário constitucional

0 – Não respondeu sobre a violação de princípio orçamentário constitucional pelos artigos incluídos no projeto de LOA.

1 – Respondeu corretamente sobre a existência ou não de violação a princípio orçamentário constitucional por um dos artigos incluídos no projeto de LOA.

2 – Respondeu corretamente sobre a existência ou não de violação a princípio orçamentário constitucional pelos dois artigos incluídos no projeto de LOA.

▸ DOUTRINA TEMÁTICA

> "O princípio orçamentário da exclusividade veda que a lei orçamentária trate de qualquer outra matéria que não seja referente a receitas e despesas. Diz o § 8º do art. 165 da Constituição que 'a lei orçamentária anual não conterá dispositivo estranho à previsão da receita e à fixação da despesa, não se incluindo na proibição a autorização para abertura de créditos suplementares e contratação de operações de crédito, ainda que por antecipação de receita, nos termos da lei.'
>
> Assim, a lei do orçamento anual deverá se prestar, apenas e exclusivamente, para prever as receitas e autorizar as despesas do Estado.
>
> A função desse princípio é meramente pragmática, no sentido de se impossibilitar a inclusão na lei orçamentária de matérias estranhas às receitas e despesas, que muitas vezes acabavam sendo inseridas por manobras políticas para se implementarem práticas populistas ou para atender a pressões do poder. A inclusão desses assuntos estranhos no orçamento,

prática que não era exclusivamente brasileira, era comumente conhecida por 'caudas orçamentárias' ou, na expressão usada por Rui Barbosa, 'orçamentos rabilongos'". (ABRAHAM, Marcus. Curso de Direito Financeiro Brasileiro. 7. Ed. Rio de Janeiro: Forense, 2023. p. 304)

QUESTÕES OBJETIVAS RELACIONADAS AO TEMA

1. [PGM/Fortaleza – Procurador– Cebraspe – 2016]

Decorre do princípio da unidade do orçamento a vedação à inclusão, no orçamento, de qualquer dispositivo de lei material que não verse sobre previsão de receita ou autorização de despesa.

Gabarito: Errado

2. [PGE/AM – Procurador – Cebraspe – 2016]

Dado o modo como está constitucionalmente enunciado, o princípio da exclusividade não impede que a lei orçamentária anual do Estado contenha autorização para que o Poder Executivo realize operações de crédito.

Gabarito: Certo

QUESTÃO 5

[Autoral]

"Embora ainda haja controvérsias, atualmente podemos afirmar que o orçamento público no Brasil possui natureza eminentemente impositiva, com algumas exceções que permitem afastar o caráter de cumprimento obrigatório das despesas planejadas (parte autorizativa).

Assim, a nosso ver, restam superados os entendimentos que generalizavam e afirmavam ser meramente autorizativo o orçamento público no Brasil.

O seu caráter de orçamento impositivo já vinha se firmando em razão da parcela cada vez maior de despesas obrigatórias não contingenciáveis previstas na Constituição e nas leis.

Todavia, uma série de emendas constitucionais alteraram o panorama jurídico sobre a impositividade orçamentária." (ABRAHAM, Marcus. *Curso de Direito Financeiro Brasileiro*. 7. Ed. Rio de Janeiro: Forense, 2023. p. 337)

Considerado o texto acima, elabore texto dissertativo que aborde os seguintes pontos:

A) **O que é orçamento impositivo? [1,50 ponto]**

B) **Cite pelo menos 03 mudanças introduzidas ao texto original da Constituição que reforçam a posição do autor do texto informativo. [2,0 pontos]**

C) **De acordo com a jurisprudência do Supremo Tribunal Federal, é constitucional norma de Constituição Estadual que prevê orçamento impositivo sem previsão na Constituição Federal? [1,50 ponto)**

QUESTÃO 5

1	
2	
3	
4	
5	
6	
7	
8	
9	
10	
11	
12	
13	
14	
15	
16	
17	
18	
19	
20	
21	
22	
23	
24	
25	
26	
27	
28	
29	
30	

(30 LINHAS)

RESPOSTA DO AUTOR

Considera-se orçamento impositivo a parte do orçamento cujas programações orçamentárias devem ser obrigatoriamente cumpridas pela Administração Pública, ou seja, há um dever de executá-las. Não se trata de simples autorização para gastar, mas de uma obrigação de realizar a despesa necessária ao cumprimento da programação orçamentária.

Inicialmente, a Emenda à Constituição n.º 86/2015 trouxe a impositividade parcial do orçamento, ao prever as chamadas emendas parlamentares individuais, cuja execução financeira e orçamentária se tornou obrigatória.

Em 2019, houve a edição da Emenda à Constituição n.º 100/2019, que trouxe o caráter impositivo também para as emendas de bancadas de parlamentares dos Estados ou do Distrito Federal.

A Emenda à Constituição n.º 100/2019 também previu, a partir da alteração no art. 165, § 10, da Constituição Federal de 1988 – CF/88, que a Administração Pública tem o dever de executar as programações orçamentárias, com a adoção de meios e medidas necessários, a fim de garantir a efetiva entrega de bens e serviços à sociedade, observados os parâmetros estabelecidos no § 11 do mesmo artigo, alterado pela Emenda à Constituição n.º 102/2019.

A Emenda à Constituição n.º 105/2019 passou a prever que as emendas individuais impositivas poderiam destinar recursos diretamente a Estados, ao DF e aos Municípios, a partir da regulamentação das transferências especiais e das transferências com finalidade definida.

Recentemente, os percentuais destinados às emendas parlamentares individuais foram majorados pela Emenda à Constituição n.º 126/2022, que passou a destinar a elas o total de 2% da receita corrente líquida da União, cabendo 1,55% às emendas de Deputados Federais e 0,45% às emendas de Senadores da República.

Por fim, de acordo com o Supremo Tribunal Federal, é inconstitucional norma da Constituição Estadual que prevejam emendas individuais ou de bancadas parlamentares, com caráter impositivo, antes da sua introdução na Constituição Federal pelas Emendas à Constituição n.º 86/2015 e n.º 100/2019, respectivamente.

De acordo com a Suprema Corte, há vício formal de constitucionalidade, na medida em que cabe à União legislar sobre normas gerais de direito financeiro (art. 24, I, da CF/88). Antes das emendas à Constituição referidas, não havia sido introduzida no plano federal as figuras das emendas impositivas, de modo que a legislação estadual não poderia dispor sobre a matéria em sentido contrário às normas gerais federais então existentes sobre o tema.

CRITÉRIO DE CORREÇÃO DA BANCA

Por se tratar de questão autoral, não há critérios de correção da banca específicos para a presente questão.

QUESITOS AVALIADOS

Quesito A – Conceituar orçamento impositivo corretamente, diferenciando autorização para gastar e obrigação de realizar despesas

0 – Não respondeu o que é orçamento impositivo e nem diferenciou a autorização para gastar e a obrigação de realizar despesas.

1 – Conceituou corretamente orçamento impositivo, mas deixou de diferenciar autorização e obrigação de gastos públicos.

2 – Respondeu integralmente a questão de forma correta.

Quesito B – Apontar pelo menos 3 mudanças no texto constitucional que privilegiam o orçamento impositivo.

0 – Não apontou mudanças na CF/88.

1 – Apontou pelo menos 1 mudança corretamente.

2 – Apontou pelo menos 2 mudanças corretamente.

3 – Apontou pelo menos 3 mudanças corretamente.

Quesito C – Informar o entendimento do Supremo Tribunal Federal quanto à inconstitucionalidade da previsão de orçamento impositivo em Constituições Estaduais antes da sua previsão na CF/88, indicar se tratar de vício formal de constitucionalidade (violação ao art. 24, I, da CF/88), por competir à União legislar sobre normas gerais de Direito Financeiro.

0 – Respondeu de forma incorreta à questão.

1 – Informou o posicionamento do Supremo Tribunal Federal quanto à inconstitucionalidade da previsão, mas não fundamentou corretamente o posicionamento.

2 – Informou o posicionamento do Supremo Tribunal Federal quanto à inconstitucionalidade da previsão, e indicou se tratar de vício formal de constitucionalidade (art. 24, I, da CF/88) OU indicou que competia à União legislar sobre normas gerais de Direito Financeiro.

3 - Informou o posicionamento do Supremo Tribunal Federal quanto à inconstitucionalidade da previsão, e indicou se tratar de vício formal de constitucionalidade (art. 24, I, da CF/88) E indicou que competia à União legislar sobre normas gerais de Direito Financeiro.

▶ DOUTRINA TEMÁTICA

"Quanto à *execução do conteúdo* do orçamento público, temos: a) o **orçamento impositivo**, que impõe ao Poder Público a obrigação de realizar todos os programas e despesas previstas no seu texto, criando direitos subjetivos para o cidadão e deveres para o Estado; b) o **orçamento autorizativo** é a peça que contém a previsão de receitas e a mera autorização das despesas, estando o Poder Público autorizado a executá-las, sem a obrigação do seu cumprimento na integralidade, ficando a cargo do gesto público a avaliação do interesse e da conveniência.

Esta última espécie foi, por muito tempo, considerada pela doutrina e pela jurisprudência como adotada no Brasil. Mas, atualmente, entendemos que o orçamento público brasileiro ganhou inequivocamente um perfil impositivo, salvo em situações específicas constitucionalmente previstas. Tal feição decorre, principalmente, da regra geral contida no art. 165, § 10, da Constituição (incluído pela EC nº 100/2019), que estabelece o dever de a Administração cumprir as programações orçamentárias, adotando-se os meios e as medidas necessários para garantir a efetiva entrega de bens e serviços à sociedade (ainda que sejam admitidas exceções, sobretudo de natureza legal, técnica ou financeira). Para tanto, a EC nº 102/2019 introduziu o novo § 11 ao art. 165, para discriminar a impositividade orçamentária nos termos da lei de diretrizes orçamentárias (LDO), condicionando que esta: I – subordina-se ao cumprimento de dispositivos constitucionais e legais que estabeleçam metas fiscais ou limites de despesas e não impede o cancelamento necessário à abertura de créditos adicionais; II – não se aplica nos casos de impedimentos de ordem técnica devidamente justificados; III – aplica-se exclusivamente às despesas primárias discricionárias. Já o novo § 13 do art. 165 ressalva que a regra aplica-se exclusivamente aos orçamentos fiscal e da seguridade social (e não ao orçamento de investimento das empresas que seja controladora).". (ABRAHAM, Marcus. Curso de Direito Financeiro Brasileiro. 7. Ed. Rio de Janeiro: Forense, 2023. p. 277)

▸ JURISPRUDÊNCIA TEMÁTICA

Direito constitucional e financeiro. Ação direta de inconstitucionalidade. Normas estaduais que tratam de emendas parlamentares impositivas em matéria orçamentária. 1. Ação direta de inconstitucionalidade contra dispositivos da Constituição do Estado de Roraima, da Lei de Diretrizes Orçamentárias e da Lei Orçamentária Anual (para o exercício de 2020) desse mesmo ente federado. As normas impugnadas estabelecem, em síntese, limites para aprovação de emendas parlamentares impositivas em patamar diferente do imposto pelo art. 166, §§ 9º e 12, da CF/1988, com a redação dada pelas Emendas Constitucionais nº 86/2015 e nº 100/2019, e pelo art. 2º da EC nº 100/2019. 2. **Competência da União para editar normas gerais de direito financeiro (art. 24, I, e § 1º, da CF/1988).** Reserva de lei complementar federal para a edição de normas gerais sobre elaboração da lei orçamentária anual, gestão financeira e critérios para execução das programações de caráter obrigatório (art. 165, § 9º, da CF/1988). 3. **A figura das emendas parlamentares impositivas em matéria de orçamento público, tanto individuais como coletivas, foi introduzida no Estado de Roraima antes de sua previsão no plano federal, que só ocorreu com as ECs nº 86/2015 e 100/2019. Legislação estadual que dispôs em sentido contrário às normas gerais federais então existentes sobre o tema, o que não é admitido na seara das competências concorrentes. Inexistência de constitucionalidade superveniente no Direito brasileiro. 4. Não bastasse isso, apesar de a Constituição Federal ter passado a prever as emendas parlamentares impositivas em matéria orçamentária, fixou limites diferentes daqueles que haviam sido adotados pelo Estado de Roraima. As normas da CF/1988 sobre o processo legislativo das leis orçamentárias são de reprodução obrigatória pelo constituinte estadual. Aplicabilidade do princípio da simetria na espécie.** Precedentes. 5. Ação parcialmente conhecida e, nessa parte, pedidos julgados procedentes, para declarar a inconstitucionalidade do art. 113, §§ 3º, 3º-A, 4º, 6º, 7º, 8º e 9º, da Constituição do Estado de Roraima, acrescidos pelas Emendas Constitucionais nº 41/2014 e nº 61/2019, e, por arrastamento, do art. 24, §§ 1º, 2º, 4º, 5º e 6º, da Lei nº 1.327/2019 (Lei de Diretrizes Orçamentárias) e do art. 8º da Lei nº 1.371/2020 (Lei Orçamentária Anual para o exercício de 2020), ambas do Estado de Roraima, mantidos os efeitos da cautelar no período em que vigeu. (ADI 6308, Relator(a): ROBERTO BARROSO, Tribunal Pleno, julgado em 06-06-2022, PROCESSO ELETRÔNICO DJe-116 DIVULG 14-06-2022 PUBLIC 15-06-2022) – *g.n.*

Referendo de medida cautelar parcialmente deferida. Ação direta de inconstitucionalidade. Constituição Estadual do Mato Grosso. Aumento do percentual das emendas parlamentares impositivas de 1% para 2% da corrente líquida realizada no exercício financeiro anterior. Princípio das simetria. Sistema de repartição de competências legislativas e administrativas das unidades políticas para legislar sobre direito financeiro e orçamento público. Percentuais e destinações estabelecidos para as emendas impositivas. Aplicação obrigatória na área da saúde. Interpretação conforme à Constituição Federal. 1. Trata-se de ação direta de inconstitucionalidade ajuizada contra o art. 164, § 15, da Constituição do Estado de Mato Grosso, com a redação conferida pela Emenda Constitucional nº 111, de 21 de setembro de 2023, que aumentou o percentual das emendas de execução obrigatória de 1% para 2% da receita corrente líquida realizada no exercício anterior no âmbito do projeto de lei orçamentária anual. 2. A Constituição Federal prevê, nos arts. 21 a 24, o sistema de repartição de competências legislativas e administrativas das unidades políticas. Nesse sentido, o art. 24, incisos I e II, da CF estabelece a competência legislativa concorrente entre a União, os estados e o Distrito Federal para dispor sobre direito financeiro e orçamento público, cabendo à União a edição das normas gerais sobre a matéria, de modo a fixar, no interesse nacional, as diretrizes que devem ser observadas pelas demais unidades federativas. 3. Inconstitucionalidades formais: rejeitadas. - A proposta inicial da emenda constitucional atende ao requisito do quórum mínimo de 1/3 (um terço) dos deputados estaduais previsto no art. 60, inciso I, da Constituição Federal, cuja determinação é reproduzida pelo art. 38, inciso I, da Carta Estadual. - No que toca à suscitada ausência do intervalo mínimo de 15 (quinze) dias entre os dois turnos de votação, conforme previsão regimental, não se constata ofensa ao art. 60, § 2º, da Constituição Federal, porquanto o procedimento ostenta natureza estritamente regimental e não encontra espelhamento na Carta da República, a qual apenas estabelece 2 (dois) turnos de votação e o quórum de votos dos membros das casas legislativas para a aprovação de emendas constitucionais. Trata-se, portanto, de matéria interna corporis, não sindicável pelo controle jurisdicional, conforme precedentes da Suprema Corte. 4. Inconstitucionalidade material: procedência parcial. - No caso em tela, a publicação da Emenda Constitucional nº 111/23 ocorreu em 21 de setembro de 2023, ou seja, antes do prazo previsto constitucionalmente para o envio do projeto de lei orçamentária ao Poder Legislativo, ex vi do art. 164, § 6º, inciso III, da Constituição do Estado de Mato Grosso, não se vislumbrando, prima facie, ofensa ao princípio do planejamento orçamentário. - **Atende ao requisito do fumus boni iuris o pedido de interpretação do art. 164, § 15, da Constituição do Estado de Mato Grosso conforme ao art. 166, §§ 9º e 10, da Constituição Federal, sendo imperioso que, do percentual de 2% (dois por cento) da receita corrente líquida do exercício anterior ao do encaminhamento do projeto pelo Poder Executivo, seja reservada a metade para ações e serviços públicos de saúde**, vale dizer: **o preceito vergastado só se compatibilizará com o modelo federal se for destinada a reserva de 50% desse montante para a área da saúde, devendo-se considerar que o exercício é o anterior ao do encaminhamento do projeto pelo Poder Executivo**. 5. Dispositivo: Fica referendado o deferimento parcial da medida cautelar, para se conferir ao art. 164, § 15, da Constituição do Estado de Mato Grosso, na redação conferida pela Emenda Constitucional nº 111, de 21 de setembro de 2023, **interpretação conforme à Constituição Federal e assentar que as emendas individuais ao projeto de lei orçamentária, de execução obrigatória, serão aprovadas no limite de 2% (dois por cento) da receita corrente líquida do exercício anterior ao do encaminhamento do projeto pelo Poder Executivo, observando-se que a metade desse percentual será destinada a ações e serviços públicos de saúde.** (ADI 7493 MC-Ref, Relator(a): DIAS TOFFOLI, Tribunal Pleno, julgado em 21-02-2024, PROCESSO ELETRÔNICO DJe-s/n DIVULG 29-02-2024 PUBLIC 01-03-2024) – *g.n.*

DIREITO CONSTITUCIONAL. AÇÃO DIRETA DE INCONSTITUCIONALIDADE. ART 166-A, INCISO I E PARÁGRAFOS DA CONSTITUIÇÃO. DISPOSITIVOS QUE TRATAM DAS TRANSFERÊNCIAS ESPECIAIS CONHECIDAS COMO "EMENDAS PIX". INADEQUAÇÃO DOS MECANISMOS DE TRANSPARÊNCIA E RASTREABILIDADE DAS TRANSFERÊNCIAS ESPECIAIS. RISCO DE GRAVE DANO AO ERÁRIO. CAUTELAR DEFERIDA EM PARTE. 1. **A transparência requer a ampla divulgação sobre a origem e o destino dos recursos públicos, conforme decidido pelo STF na ADPF 854. Imperativo assegurar o controle institucional e social sobre o orçamento público. A probabilidade do direito está demonstrada mediante dados que apontam para a inexistência dos instrumentos de planejamento, bem como para a inadequação de mecanismos de controle quanto às transferências especiais ("emendas PIX")**. 2. Há risco de dano ao erário e à ordem constitucional caso a realização das transferências especiais ("emendas PIX"), previstas no art. 166-A da Constituição, continue a ocorrer sem mecanismos que assegurem a transparência e a rastreabilidade dos dados (art. 163-A da Constituição). 3. Decisão liminar obriga a existência prévia de planos de trabalho, com o registro em plataforma eletrônica sobre a destinação e aplicação de parcela muito expressiva do Orçamento da União. No mesmo sentido de obediência à Constituição Federal, a decisão liminar dispõe sobre a incidência plena dos controles externo e interno constantes dos artigos 70, 71 e 74 da Carta Magna. 4. Tutela liminar deferida não é impeditiva de realização de transferências especiais ("emendas PIX"), desde que observados os trilhos constantes da Constituição Federal. 5. Medida cautelar referendada. (ADI 7688 MC-Ref, Relator(a): FLÁVIO DINO, Tribunal Pleno, julgado em 19-08-2024, PROCESSO ELETRÔNICO DJe-s/n DIVULG 15-10-2024 PUBLIC 16-10-2024) – *g.n.*

QUESTÕES OBJETIVAS RELACIONADAS AO TEMA

1. [Prefeitura/Campinas – Agente Administrativo– Vunesp – 2023]

A Emenda Constitucional nº 100/2019 inseriu ao artigo 165 da Constituição Federal brasileira de 1988 o § 10, no qual consta a seguinte redação: "A administração tem o dever de executar as programações orçamentárias, adotando os meios e as medidas necessários, com o propósito de garantir a efetiva entrega de bens e serviços à sociedade".

Em que pesem as devidas exceções existentes a esse parágrafo, tal dispositivo constitucional diz respeito ao princípio orçamentário

a) do orçamento impositivo.

b) da exatidão ou realismo.

c) da proibição do estorno.

d) do equilíbrio.

e) da não vinculação ou não afetação das receitas.

Gabarito: A

2. [Prefeitura/Mossoró – Analista de Procuradoria – Especialidade: Direito – Cebraspe – 2024]

Julgue o seguinte item, conforme as normas constitucionais sobre orçamento, princípios orçamentários, despesa pública e fiscalização e controle.

Na lei orçamentária anual da União, a obrigação de a administração executar as programações orçamentárias aplica-se às despesas primárias discricionárias.

Gabarito: Certo

3. [PCAL – Perito Criminal – Especialidade: Direito – Cebraspe – 2023]

Com referência ao direito financeiro e às definições legais aplicáveis, julgue o item seguinte.

Viola o princípio da transparência da gestão dos recursos públicos o regime de execução de despesas públicas decorrentes de emendas do relator-geral do projeto de lei orçamentária anual, que impede a identificação do autor da emenda e do beneficiário da despesa decorrente da emenda.

Gabarito: Certo

QUESTÃO 6

[AGU/PGFN - Procurador da Fazenda Nacional - Cebraspe - 2023]

Em junho de 2010, Gonzáles Carneiro Seguros e Capitalização S.A. buscou consultoria jurídica para repetição de indébito de valores recolhidos a título de contribuições sociais. As diretoras executivas Lélia e Sueli, atentas ao art. 76 do Ato das Disposições Constitucionais Transitórias (ADCT), questionaram os advogados Luísa Mahin e Luís Gama sobre a legitimidade da desvinculação da arrecadação de contribuições sociais da União.

A instituição financeira buscava a devolução dos valores para investimentos diretos em programa suplementar de alimentação e assistência à saúde de crianças carentes, por intermédio de entidade privada sem fins lucrativos denominada Fundação Carolina de Jesus.

Ainda em 2010, os advogados ajuizaram ação anulatória na justiça federal, com pedido de repetição de indébito. Pediram a declaração de nulidade dos lançamentos e a repetição de valores de contribuições sociais recolhidos nos últimos cinco anos, com fundamento na inconstitucionalidade da desvinculação de receitas da União (DRU).

Para a parte autora, a Lei Orçamentária Anual federal de 2010 não previa rubricas nem dotações suficientes para as despesas necessárias com saúde de educandos de baixa renda.

Considerando essa situação hipotética, redija um texto atendendo, de forma justificada, com base na legislação intertemporal aplicável e na jurisprudência do Supremo Tribunal Federal (STF), ao que se pede a seguir.

1 - **Trate dos gastos fundamentais com saúde de educandos de baixa renda na Lei Orçamentária Anual de 2010, abordando o conceito de regra de ouro da responsabilidade fiscal [valor: 1,00 ponto], a DRU estabelecida pela EC n.º 59/2009 [valor: 1,00 ponto] e a correlação entre esses dois aspectos [valor: 1,80 ponto].**

2 - **Responda se há direito à repetição de indébito proporcional às desvinculações das receitas de contribuições sociais recolhidas por Gonzáles Carneiro Seguros e Capitalização S.A., analisando a declaração pretendida sob os aspectos da constitucionalidade [valor: 2,00 pontos] e do cabimento do pedido [valor: 1,80 ponto].**

QUESTÃO 6

(30 LINHAS)

▶ RESPOSTA DO AUTOR

1) A Constituição Federal de 1988 – CF/88 privilegia as políticas públicas na área da educação, pois prevê que, no mínimo, 18% da receita resultante de impostos serão aplicados pela União na manutenção e no desenvolvimento do ensino (art. 212 da CF/88). Prevê-se, ainda, a criação de programas suplementares de alimentação e de assistência à saúde dos educandos financiados por meio de contribuições e de outros recursos orçamentários (art. 212, § 4º, da CF/88). Por fim, o art. 212, § 5º, da CF/88 prevê o fundamento constitucional da contribuição social salário-educação, utilizada para o financiamento da educação básica.

O instituto da desvinculação de receitas da União (DRU) permite uma flexibilização das despesas realizadas com receitas de destinação vinculada, como as receitas oriundas de alguns tributos e contribuições sociais, como no caso do art. 212 da CF/88.

De outro giro, a regra de ouro encontra-se prevista no art. 167, III, da CF/88, que veda a realização de operações de crédito que excedam o montante das despesas de capital, ressalvadas as autorizações medidante créditos suplementares ou especiais com finalidade precisa, aprovados por maioria absoluta no Poder Legislativo. Não há vedação na contratação de operações de crédito para realização de despesas correntes, mas deve ser obedecido o comando constitucional analisado, para que se evite endividamento excessivo para pagamento de despesas correntes, conforme art. 12, § 2º, da Lei Complementar n.º 101/2000 – Lei de Responsabilidade Fiscal (LRF).

A DRU, ao permitir o aporte de receitas vinculadas a outras finalidades, como as contribuições sociais, favorece o respeito à regra de ouro da responsabilidade fiscal.

Explicação:

Para responder ao primeiro item da questão, o candidato precisa ter um conhecimento sistemático e aprofundado de diversos dispositivos da Constituição Federal de 1988 – CF/88 e do Ato das Disposições Constitucionais Transitórias – ADCT que tratam sobre matérias de direito financeiro, e que muitas vezes passam despercebidos.

Os arts. 205 a 214 da CF/88 tratam das políticas públicas constitucionalmente previstas para a área da educação, e, no art. 208, são elencados deveres do Estado nessa área, com previsão de garantia, entre outras, de "atendimento ao educando, em todas as etapas da educação básica, por meio de programas suplementares de material didático escolar, transporte, alimentação e assistência à saúde" (art. 208, VII, da CF/88).

Para financiar os gastos com educação, a CF/88 prevê, em seu art. 212, a aplicação, pela União, de nunca menos do que 18% da receita resultante de impostos na manutenção e no desenvolvimento do ensino. Além disso, o § 4º do dispositivo prevê que programas suplementares de alimentação e de assistência à saúde previstos no art. 208, VII, da CF/88 serão financiados com recursos de contribuições e de outros recursos orçamentários. Por sua vez, § 5º prevê o fundamento constitucional da contribuição social salário-educação, utilizada para o financiamento da educação básica.

Perceba-se, portanto, que os referidos dispositivos criam vinculações ao uso de determinadas receitas arrecadas pelo Estado. Parte da doutrina entende que isso também se trata de uma manifestação do chamado "orçamento impositivo". No entanto, diversas emendas à Constituição previram uma desvinculação das verbas previstas pelo art. 212 da CF/88, para que fossem utilizadas em outras áreas. Nesse sentido, o art. 76, § 3º, do ADCT, com redação dada pela Emenda à Constituição n.º 59/2009 (não mais em vigor), previa, para o ano de 2010, uma desvinculação de 5% dessas verbas, as quais poderiam ser alocadas, na Lei Orçamentária Anual (LOA) daquele ano em outras áreas. Vejamos:

> Art. 76. É desvinculado de órgão, fundo ou despesa, até 31 de dezembro de 2011, 20% (vinte por cento) da arrecadação da União de impostos, contribuições sociais e de intervenção no domínio econômico, já instituídos ou que vierem a ser criados até a referida data, seus adicionais e respectivos acréscimos legais. (Redação dada pela Emenda Constitucional nº 56, de 2007)
>
> [...]
>
> § 3º Para efeito do cálculo dos recursos para manutenção e desenvolvimento do ensino de que trata o art. 212 da Constituição, o percentual referido no caput deste artigo será de 12,5 % (doze inteiros e cinco décimos por cento) no exercício de 2009, 5% (cinco por cento) no exercício de 2010, e nulo no exercício de 2011. (Incluído pela Emenda Constitucional nº 59, de 2009)

A questão trata ainda do instituto da Desvinculação de Receitas da União (DRU), instituto previsto no ADCT que permite à União utilizar de receitas derivadas das contribuições sociais (tributos com destinações específicas) em outras áreas que não as previstas constitucionalmente para essas receitas (ex.: as contribuições sociais previstas no art. 195 da CF/88 deveriam ser integralmente alocadas em áreas da seguridade social, mas a DRU permite a utilização de um percentual dessas receitas em outras áreas).

Perceba-se que o art. 76 do ADCT foi alterado em diversas oportunidades, com alteração do percentual e da forma de utilização da DRU. Interessa-nos, para responder à questão, a DRU prevista pela EC n.º 59/2009, cujo dispositivo já foi transcrito acima.

A partir da DRU, permite-se que receitas que seriam obrigatoriamente alocadas no orçamento da seguridade social, por exemplo, sejam alocadas pela LOA no orçamento fiscal. Dentro do orçamento fiscal, inserem-se despesas relacionadas ao serviço da dívida, isto é, despesas para amortização de operações de créditos e de juros.

A CF/88, preocupada com a responsabilidade fiscal dos gestores públicos, previu a regra de ouro nas finanças públicas em seu art. 167, III, ao dizer que a realização de operações de crédito não deve exceder, como regra, o montante das despesas de capital. Busca-se evitar que o Estado se endivide para realizar o pagamento de despesas correntes, a exemplo da manutenção e custeio dos serviços públicos ou as despesas com pessoal (art. 12, § 2º, da Lei Complementar n.º 101/2000 – LRF).

Dessa forma, ao permitir que sejam utilizados recursos da DRU para pagamento de, entre outros, despesas decorrentes das operações de crédito contratadas pelo Estado (por meio da alocação das receitas no orçamento fiscal), a DRU favorece a responsabilidade fiscal e privilegia o cumprimento da regra de ouro.

2) De acordo com a jurisprudência do Supremo Tribunal Federal – STF, a DRU é constitucional, pois a vinculação das receitas desvinculadas pela DRU não é listada como cláusula pétrea (art. 60, § 4º, da CF/88), bem como não há criação de impostos inominados ou residuais, na forma do art. 154, I, da CF/88.

Ainda que houvesse inconstitucionalidade da DRU, não é possível concluir que haveria direito à repetição de indébito pretendida pelo contribuinte em relação ao percentual desvinculado. Somente nos casos em que a tributação fosse considerada indevida, por inconstitucionalidade ou ilegalidade, seria possível falar em repetição de indébito tributário ou em inexistência de relação jurídico-tributária (art. 165 do Código Tributário Nacional – CTN).

Explicação:

As contribuições em geral possuem como característica a vinculação das receitas arrecadadas. Como exemplo, citamos as contribuições para a seguridade social, previstas pelo art. 195 da CF/88, destinadas ao custeio da seguridade social (áreas de previdência, saúde e assistência social). No entanto, a DRU promove a desvinculação de parte dessas receitas, a fim de que sejam utilizadas em outras áreas de atuação do Estado, como estudado no item 1.

A previsão da DRU fez surgir a tese de que, na verdade, teria sido criado um novo imposto, inominado, já que, em Direito Tributário, o tributo que, por excelência, não possui destinação vinculada, é o imposto. No entanto, essa tese foi expressamente rechaçada pelo Supremo Tribunal Federal - STF, no julgamento do Recurso Extraordinário n.º 537610 (para a elaboração da resposta da questão, não se deve citar o número do julgamento, apenas afirmar que é entendimento do STF). Assim, não se confunde a regulamentação da DRU com a criação de imposto decorrente da competência residual da União (art. 154, I, da CF/88).

Além disso, para o STF, a norma que determina a vinculação do produto da arrecadação das contribuições a áreas de alocação específicas não constitui cláusula pétrea (art. 60, § 4º, da CF/88) e, portanto, poderia ser regulamentada por meio de emenda à Constituição.

Considerado o exposto, tendo em vista a constitucionalidade da DRU, não há falar em possibilidade de repetição de indébito, pois o pagamento dos tributos pela parte autora eram devidos, ou seja, não há fundamento legal previsto pelo art. 165 do Código Tributário Nacional - CTN a justificar a repetição de indébito.

▶ CRITÉRIO DE CORREÇÃO DA BANCA

Os §§ 4.º e 5.º do art. 212 da Constituição Federal de 1988 (CF) operam como garantias de financiamento mínimo de atendimento ao educando, previsto no artigo 208, VII, da Carta Máxima, Contudo, a EC n.º 59/2009, ao incluir o § 3.º ao artigo 76 do ADCT, estabeleceu a desvinculação de 5% dos tributos previstos no artigo 212 da CF para a Lei Orçamentária Anual de 2010. A desvinculação de receitas da União (DRU) é um mecanismo que permite ao governo federal usar livremente alguns tributos federais vinculados a fundos ou despesas específicas, como é o caso do artigo 212 da CF//88. Tal desvinculação de receitas flexibiliza os gastos fundamentais previstos constitucionalmente.

Segundo o art. 167, inciso III, da CF, é vedada a realização de operações de crédito que excedam o montante das despesas de capital, ressalvadas as autorizadas mediante créditos suplementares ou especiais com finalidade precisa, aprovados pelo Poder Legislativo, por maioria absoluta. Tal princípio, denominado regra de ouro das finanças públicas, veda a realização de operações de crédito que excedam o montante das despesas de capital.

A regra de ouro não veda a utilização de receitas oriundas de operações de crédito para a realização de despesas correntes, mas determina que o montante das operações de crédito não pode exceder o montante das despesas de capital. A regra de ouro da responsabilidade fiscal visa evitar que os governos se endividem para pagamento de despesas correntes conforme o artigo 12, §2º, da Lei de Responsabilidade Fiscal (LRF).

A DRU permite a transferência de contribuições sociais para o aporte de despesas do orçamento fiscal — em especial, com o serviço da dívida pública. Nesse sentido, a DRU trazida pela EC n.º 59/2009 favoreceu o respeito à regra de ouro da responsabilidade fiscal no exercício de 2010.

A premissa de que a DRU teria criado imposto inominado e inconstitucional, ao transformar contribuições sociais em tributos sem vinculação específica, foi afastada pelo STF (RE 537610).

A jurisprudência do STF entende a constitucionalidade da DRU instituída pelo art. 76 do ADCT, seja em sua redação original, seja naquela resultante das Emendas Constitucionais n.º 27/2000, n.º 42/2003, n.º 56/2007, n.º 59/2009 e n.º 68/2011.

A DRU não está contemplada no artigo 60, § 4.º, da CF, portanto não há violação à cláusula pétrea.

Para o STF, não se confunde a DRU com criação de impostos inominados ou residuais, previstos no art. 154, I, da Lei Maior.

Em relação ao cabimento do pedido, não é possível concluir que da eventual inconstitucionalidade da desvinculação parcial da receita das contribuições sociais decorreria a devolução ao contribuinte do montante correspondente ao percentual desvinculado. A tributação não seria inconstitucional ou ilegal, únicas hipóteses em que se autorizaria a repetição do indébito tributário ou o reconhecimento de inexistência de relação jurídico-tributária.

Atenção: diversos quesitos e trechos de quesitos foram anulados pela banca, mas, na nossa resposta, de forma didática, abordamos todos os pontos cobrados pela questão original, como forma de proporcionar uma maior expansão do conhecimento da matéria. Abaixo, tachamos os trechos que foram anulados e desconsiderados na correção.

Quesito 2.1

Conceito 0 – Não abordou que os gastos fundamentais com a saúde de educandos de baixa renda foram flexibilizados pelo conceito de DRU previsto no artigo 76 do ADCT, como um mecanismo que permite ao governo federal usar livremente a arrecadação de tributos com destinações constitucionais específicas.

Conceito 1 – Abordou que gastos fundamentais foram flexibilizados pelo conceito de DRU previsto no artigo 76 do ADCT. mas não desenvolveu o direito intertemporal nos termos do § 3.º incluído no mesmo artigo 76 pela EC n.º 59/2009.

Conceito 2 – Abordou que gastos fundamentais foram flexibilizados pelo conceito de DRU previsto no artigo 76 do ADCT, desenvolveu o direito intertemporal nos termos do § 3.º incluído no mesmo artigo 76 pela EC n.º 59/2009, mas não mencionou a possibilidade de o governo federal usar livremente, na Lei Orçamentária Anual de 2010, 5% de contribuições sociais vinculadas ao custeio de manutenção e desenvolvimento do ensino, prevista no artigo 212 da CF.

Conceito 3 – Abordou que gastos fundamentais foram flexibilizados pelo conceito de DRU previsto no artigo 76 do ADCT, desenvolveu o direito intertemporal nos termos do § 3.º incluído no mesmo artigo 76 pela EC n.º 59/2009 e mencionou a possibilidade de o governo federal usar livremente, na Lei Orçamentária Anual de 2010, 5% de contribuições sociais vinculadas ao custeio de manutenção e desenvolvimento do ensino, prevista no artigo 212 da CF.

Anulado o conceito 2 e o conceito 3 do item 2.1, e redistribuída a pontuação em 2 itens.

Quesito 2.2

Conceito 0 – Não abordou o conceito de regra de ouro da responsabilidade fiscal previsto no artigo 167, III, da CF.

Conceito 1 – Abordou o conceito de regra de ouro da responsabilidade fiscal previsto no artigo 167, III, da CF, mas não desenvolveu nos termos do artigo 12, § 2.º da Lei de Responsabilidade Fiscal.

Conceito 2 – Abordou o conceito de regra de ouro da responsabilidade fiscal previsto no artigo 167, III, da CF, desenvolveu nos termos do artigo 12, § 2.º da Lei de Responsabilidade Fiscal. mas não mencionou o artigo 32, §3.º, da Lei de Responsabilidade Fiscal, que traz formalidades de atribuição do Ministério da Fazenda que dificultam que os governos se endividem para realização de despesas correntes.

Conceito 3 – Abordou o conceito de regra de ouro da responsabilidade fiscal previsto no artigo 167, III da CF, desenvolveu nos termos do artigo 12, § 2.º da Lei de Responsabilidade Fiscal e mencionou o artigo 32 da Lei de Responsabilidade Fiscal, com formalidades de atribuição do Ministério da Fazenda que dificultam que os governos se endividem para realização de despesas correntes.

Anulado o conceito 3 do item 2.2, e redistribuída a pontuação.

Quesito 2.3

Conceito 0 – Não abordou que a DRU permitiria à União a desafetação da arrecadação vinculada a despesas específicas pela CF, realocando receitas para alcançar equilíbrio fiscal.

Conceito 1 – Abordou que a DRU permitiria à União a desafetação da arrecadação vinculada a despesas específicas pela CF, realocando receitas para alcançar equilíbrio fiscal. mas não abordou a redução de eventual necessidade de operações de crédito para financiamento de outras despesas correntes.

Conceito 2 – Abordou que a DRU permitiria à União a desafetação da arrecadação, abordou a redução de eventual necessidade de operações de crédito para financiamento de outras despesas correntes, mas não concluiu que a DRU permite a transferência da arrecadação de contribuições sociais para o aporte de despesas do orçamento fiscal. como o serviço da dívida pública, favorecendo superávit fiscal.

Conceito 3 – Abordou que a DRU permitiria à União a desafetação da arrecadação, abordou a redução de eventual necessidade de operações de crédito para financiamento de outras despesas correntes e concluiu que a DRU permite a transferência da arrecadação de contribuições sociais para o aporte de despesas do orçamento fiscal. como o serviço da dívida pública, favorecendo superávit fiscal.

Quesito 2.4

Conceito 0 – Não abordou que o STF entende pela constitucionalidade da DRU instituída pelo art. 76 do ADCT, seja em sua redação original, seja na resultante das emendas constitucionais.

Conceito 1 – Abordou que o STF entende pela constitucionalidade da DRU, mas não mencionou o argumento de que a DRU não teria criado imposto residual ao transformar contribuições sociais em tributos sem vinculação específica.

Conceito 2 – Abordou que o STF entende pela constitucionalidade da DRU e mencionou o argumento de que a DRU não teria criado imposto residual ao transformar contribuições sociais em tributos sem vinculação específica. mas não mencionou o argumento de que o constituinte derivado não violou a cláusula pétrea do federalismo fiscal.

Conceito 3 – Abordou que o STF entende pela constitucionalidade da DRU, mencionou o argumento de que a DRU não teria criado imposto residual ao transformar contribuições sociais em tributos sem vinculação específica e, ainda, mencionou o argumento de que o constituinte derivado não violou cláusula pétrea do federalismo fiscal

Anulado o conceito 3 do item 2.4, e redistribuída a pontuação.

Quesito 2.5

Conceito 0 – Não abordou que da eventual inconstitucionalidade de DRU das contribuições sociais não decorreria a devolução ao contribuinte.

Conceito 1 – Abordou que da eventual inconstitucionalidade de DRU das contribuições sociais não decorreria a devolução ao contribuinte, mas não desenvolveu que a tributação não seria inconstitucional ou ilegal, únicas hipóteses em que se autorizaria a repetição do indébito tributário.

Conceito 2 – Abordou que da eventual inconstitucionalidade de DRU das contribuições sociais não decorreria a devolução ao contribuinte e desenvolveu que a tributação não seria inconstitucional ou ilegal, únicas hipóteses em que se autorizaria a repetição do indébito tributário. mas não mencionou a ilegitimidade ativa, pela postulação de direito alheio em nome próprio

Conceito 3 – Abordou que da eventual inconstitucionalidade de DRU das contribuições sociais não decorreria a devolução ao contribuinte, desenvolveu que a tributação não seria inconstitucional ou ilegal, únicas hipóteses em que se autorizaria a repetição do indébito tributário e mencionou a ilegitimidade ativa, pela postulação de direito alheio em nome próprio.

Anulado o conceito 3 do item 2.5, e redistribuída a pontuação.

▶ DOUTRINA TEMÁTICA

"O mecanismo constitucional da Desvinculação de Receitas da União (DRU) foi instituído – no art. 76 do ADCT (originalmente pela EC nº 27/2000) – para permitir de 20% (vinte por cento) das receitas vinculadas da União fossem destinadas de maneira livre e flexível pelo Governo, com a justificativa de propiciar uma alocação mais adequada de recursos orçamentários, além de não permitir que determinadas despesas restassem com excesso de receitas vinculadas, enquanto outras áreas apresentassem carência de recursos, possibilitando, ao final, o financiamento de despesas 'incomprimíveis' sem endividamento adicional.

A partir da EC nº 93/2016, o mecanismo da desvinculação das receitas aplica-se não só à União (DRU), mas também aos Estados, ao Distrito Federal e aos Municípios (DRE e DRM), desvinculando 30% de suas receitas até o final do ano de 2023 (art. 76-A e 76-B, ADCT) e, no caso da União, com prazo até o final de 2024* (art. 76, *caput*, redação dada pela EC nº 126/2022)." (ABRAHAM, Marcus. Curso de Direito Financeiro Brasileiro. 7. Ed. Rio de Janeiro: Forense, 2023. p. 143)

***Observação:** transcrevemos a literalidade da obra, no entanto, atente-se para o fato de que, em 2024, entrou em vigor a EC n.º 135/2024, com previsão de DRU de 30%, válida até 31/12/2032.

▸ JURISPRUDÊNCIA TEMÁTICA

Direito Constitucional e Tributário. Ação Cível Originária. Desvinculação de 20% da Cofins e da CSSL. Alteração da base de cálculo do Fundo de Participação dos Estados. Impossibilidade. Precedentes. 1. **Nos termos da jurisprudência do Supremo Tribunal Federal, a desvinculação parcial da receita da União, constante do art. 76 do ADCT, não transforma as contribuições sociais em impostos, inexistindo alteração para a apuração do Fundo de Participação dos Estados.** 2. Ação improcedente. (ACO 724, Relator(a): RICARDO LEWANDOWSKI, Relator(a) p/ Acórdão: ROBERTO BARROSO, Tribunal Pleno, julgado em 27-04-2021, PROCESSO ELETRÔNICO DJe-164 DIVULG 17-08-2021 PUBLIC 18-08-2021) – *g.n.*

QUESTÕES OBJETIVAS RELACIONADAS AO TEMA

1. [TCE/ES – Conselheiro Substituto – FGV – 2023]

A Desvinculação de Receitas da União (DRU) é um mecanismo que permite ao governo federal usar livremente um percentual de todos os tributos federais vinculados por lei a fundos ou despesas. Criada em 1994 com o nome de Fundo Social de Emergência (FSE), essa desvinculação foi instituída para estabilizar a economia logo após o Plano Real. No ano 2000, o nome foi trocado para Desvinculação de Receitas da União. Atualmente, o percentual e os tributos que NÃO podem ser desvinculados, são:

Fonte: Agência Senado

a) percentual de 30% e contribuições para a Seguridade Social e salário-educação;

b) percentual de 20% e contribuições para a Previdência Social e taxas;

c) percentual de 30% e contribuições de Intervenção no Domínio Econômico e contribuições para a Seguridade Social;

d) percentual de 20% e impostos e contribuições de Intervenção no Domínio Econômico;

e) percentual de 30% e contribuição sobre o Lucro Líquido e taxas.

Gabarito: A

Atenção: Nova redação do art. 76 do ADCT:

> *Art. 76. São desvinculados de órgão, fundo ou despesa, até 31 de dezembro de 2032, 30% (trinta por cento) da arrecadação da União relativa às contribuições sociais, sem prejuízo do pagamento das despesas do Regime Geral de Previdência Social, às contribuições de intervenção no domínio econômico, às taxas e às receitas patrimoniais, já instituídas ou que vierem a ser criadas até a referida data. (Redação dada pela Emenda Constitucional nº 135, de 2024)*

§ 1º (Revogado). (Redação dada pela Emenda constitucional nº 93, de 2016)

§ 2º Excetua-se da desvinculação de que trata o caput a arrecadação da contribuição social do salário-educação a que se refere o § 5º do art. 212 da Constituição Federal. (Redação dada pela Emenda Constitucional nº 68, de 2011).

§ 3º (Revogado). (Redação dada pela Emenda constitucional nº 93, de 2016)

§ 4º A desvinculação de que trata o caput não se aplica às receitas das contribuições sociais destinadas ao custeio da seguridade social. (Incluído pela Emenda Constitucional nº 103, de 2019)

§ 5º A desvinculação de que trata o caput deste artigo não opera efeitos sobre recursos que, por expressa disposição em norma constitucional ou legal, devam ser transferidos a Estados, ao Distrito Federal e a Municípios. (Incluído pela Emenda Constitucional nº 135, de 2024)

§ 6º A desvinculação de que trata o caput deste artigo não se aplica às receitas destinadas ao fundo criado pelo art. 47 da Lei nº 12.351, de 22 de dezembro de 2010, e aos recursos a que se refere o art. 2º da Lei nº 12.858, de 9 de setembro de 2013. (Incluído pela Emenda Constitucional nº 135, de 2024)

2. [AL/CE – Analista Legislativo – Direito – Cebraspe – 2021]

Com referência ao mecanismo constitucional da desvinculação de receitas, assinale a opção correta relativa à sua aplicação aos estados.

a) O mecanismo aplica-se somente à União, não incidindo nos estados.

b) São desvinculados de órgão, fundo ou despesa, até 31 de dezembro de 2023, 20% das receitas relativas a impostos, taxas, multas e outras receitas correntes, excetuados os recursos expressamente indicados na CF.

c) São desvinculados de órgão, fundo ou despesa, até 31 de dezembro de 2023, 30% das receitas relativas a impostos, taxas, multas e outras receitas correntes, sem exceções.

d) São desvinculados de órgão, fundo ou despesa, até 31 de dezembro de 2023, 20% das receitas relativas a impostos, taxas, multas e outras receitas correntes, sem exceções.

e) São desvinculados de órgão, fundo ou despesa, até 31 de dezembro de 2023, 30% das receitas relativas a impostos, taxas, multas e outras receitas correntes, excetuados os recursos expressamente indicados na CF.

Gabarito: C

Atenção: Nova redação do art. 76-A do ADCT:

Art. 76-A. São desvinculados de órgão, fundo ou despesa, até 31 de dezembro de 2032, 30% (trinta por cento) das receitas dos Estados e do Distrito Federal relativas a impostos, taxas e multas já instituídos ou que vierem a ser criados até a referida data, seus adicionais e respectivos acréscimos legais, e outras receitas correntes. (Redação dada pela Emenda Constitucional nº 132, de 2023)

Parágrafo único. Excetuam-se da desvinculação de que trata o caput: (Incluído dada pela Emenda constitucional nº 93, de 2016)

I - recursos destinados ao financiamento das ações e serviços públicos de saúde e à manutenção e desenvolvimento do ensino de que tratam, respectivamente, os incisos II e III do § 2º do art. 198 e o art. 212 da Constituição Federal; (Incluído dada pela Emenda constitucional nº 93, de 2016)

II - receitas que pertencem aos Municípios decorrentes de transferências previstas na Constituição Federal; (Incluído dada pela Emenda constitucional nº 93, de 2016)

III - receitas de contribuições previdenciárias e de assistência à saúde dos servidores; (Incluído dada pela Emenda constitucional nº 93, de 2016)

IV - demais transferências obrigatórias e voluntárias entre entes da Federação com destinação especificada em lei; (Incluído dada pela Emenda constitucional nº 93, de 2016)

V - fundos instituídos pelo Poder Judiciário, pelos Tribunais de Contas, pelo Ministério Público, pelas Defensorias Públicas e pelas Procuradorias-Gerais dos Estados e do Distrito Federal. (Incluído dada pela Emenda constitucional nº 93, de 2016)

Art. 76-B. São desvinculados de órgão, fundo ou despesa, até 31 de dezembro de 2032, 30% (trinta por cento) das receitas dos Municípios relativas a impostos, taxas e multas, já instituídos ou que vierem a ser criados até a referida data, seus adicionais e respectivos acréscimos legais, e outras receitas correntes. (Redação dada pela Emenda Constitucional nº 132, de 2023)

Parágrafo único. Excetuam-se da desvinculação de que trata o caput: (Incluído dada pela Emenda constitucional nº 93, de 2016)

I - recursos destinados ao financiamento das ações e serviços públicos de saúde e à manutenção e desenvolvimento do ensino de que tratam, respectivamente, os incisos II e III do § 2º do art. 198 e o art. 212 da Constituição Federal; (Incluído dada pela Emenda constitucional nº 93, de 2016)

II - receitas de contribuições previdenciárias e de assistência à saúde dos servidores; (Incluído dada pela Emenda constitucional nº 93, de 2016)

III - transferências obrigatórias e voluntárias entre entes da Federação com destinação especificada em lei; (Incluído dada pela Emenda constitucional nº 93, de 2016)

IV - fundos instituídos pelo Tribunal de Contas do Município. (Incluído dada pela Emenda constitucional nº 93, de 2016)

CAPÍTULO 7

DIREITO AMBIENTAL

Bianca Cabral Ventura

1. PRINCÍPIOS AMBIENTAIS

QUESTÃO 1

(PGE/RO – Procurador do Estado – 2021 – CEBRASPE)

Uma empresa do ramo de celulose adquiriu uma extensa gleba para o plantio de eucalipto. Sabendo que a economia do setor tem crescido acima de 30% nos últimos 5 anos, a empresa tem a expectativa de ganhos comerciais e desenvolvimento da economia local. No entanto, a área adquirida pela empresa de celulose engloba terras de dois municípios limítrofes, e não só pastagem já degradada; 50% da gleba são áreas de várzea preservada, inundadas sazonalmente pelos rios e igarapés que correm a propriedade, com diversas vegetações típicas e comunidades ribeirinhas tradicionais que dependem do extrativismo.

Considerando a situação hipotética anterior, responda, de forma fundamentada, aos seguintes questionamentos.

1 Como os princípios da ordem econômica constitucional se correlacionam com a exploração dos recursos naturais? [valor: 2,25 pontos]

2 Que princípios legitimam a possibilidade de amplitude da responsabilidade civil ambiental, de modo a se evitarem possíveis danos irreparáveis ao meio ambiente? [valor: 2,50 pontos]

QUESTÃO 1

1	
2	
3	
4	
5	
6	
7	
8	
9	
10	

(30 LINHAS)

▸ RESPOSTA DO AUTOR

Os princípios da ordem econômica constitucional, como a função social da propriedade e a sustentabilidade, pautados nos artigos 170, VI, 186, II, e 225 da CRFB/88, se correlacionam com a exploração dos recursos naturais ao exigir que a atividade econômica respeite o meio ambiente e beneficie a coletividade. A propriedade, embora tenha finalidade econômica, deve ser utilizada de maneira que atenda ao bem-estar social. Além disso, o princípio da sustentabilidade exige que a exploração dos recursos naturais seja feita de forma a não comprometer a capacidade das futuras gerações.

A amplitude da responsabilidade civil ambiental é legitimada pelos princípios da precaução e da prevenção, que visam evitar danos irreversíveis ao meio ambiente. A precaução exige medidas mesmo diante de riscos incertos, enquanto a prevenção lida com danos já conhecidos e deve ser adotada para impedir danos futuros. O princípio da função social da propriedade também reforça a responsabilidade do proprietário em utilizar seus recursos de forma sustentável. Tais princípios asseguram que o poder público e a coletividade devem tomar medidas preventivas para evitar a degradação ambiental, conforme a Carta Magna.

▸ PADRÃO DE RESPOSTA DA BANCA

A defesa dos direitos socioambientais está assegurada na Constituição Federal de 1988 (CF), especialmente quando esta estabelece que a ordem econômica, fundada na valorização do trabalho humano e na livre iniciativa, tem por fim assegurar a todos a existência digna, conforme os ditames da justiça social, desde que se observe o princípio do meio ambiente equilibrado, inclusive mediante tratamento diferenciado, conforme o impacto ambiental dos produtos e serviços e de seus processos de elaboração e prestação (art. 170, VI). Essa é a baliza adequada para o crescimento econômico sustentável da nação.

Conforme o art. 225 da CF, todos têm direito ao meio ambiente ecologicamente equilibrado, bem de uso comum do povo e essencial à sadia qualidade de vida, impondo-se ao poder público e à coletividade o dever de defendê-lo e preservá-lo para as presentes e futuras gerações. Ainda, a correlação funda-se no princípio da função social da propriedade, que deverá ser utilizada de forma adequada para preservar os recursos naturais disponíveis e do meio ambiente (art. 186, II, da CF).

Obs. Além do princípio do meio ambiente ecologicamente equilibrado, os princípios da ordem econômica constitucional se correlacionam e convivem harmoniosamente com o princípio da responsabilidade/solidariedade intergeracional ambiental, do pacto entre gerações ou mesmo do princípio do equilíbrio ou da equidade.

O direito econômico ambiental compatibiliza a livre iniciativa, a propriedade privada e a proteção socioambiental. A ordem econômica, conforme emoldurada no art. 170, funda-se nos objetivos constitucionais elencados no art. 3.º da CF, invocando, juntos, o princípio da sustentabilidade e do crescimento econômico sustentável. O Sistema Nacional do Meio Ambiente, alçado ao nível constitucional pelo art. 225, resguarda o direito ao meio ambiente diversificado e equilibrado. Esse equilíbrio reclama a responsabilidade civil na prevenção de danos futuros e prováveis.

Obs. Poderão ser aceitos como princípios, para ampliar a responsabilidade civil, outros princípios relacionados ao tema, como o princípio do desenvolvimento sustentável, da responsabilidade social, da reparação integral do dano ambiental e do poluidor-pagador.

Na abordagem do segundo aspecto, o candidato deve trazer a lume essencialmente os princípios da prevenção e da precaução. O primeiro trata de riscos ou impactos já conhecidos pela ciência. A prevenção trabalha com o risco certo, ao perigo concreto. Em caso de certeza do dano ambiental, este deve ser prevenido. Por outro lado, o princípio da precaução trata de gerir riscos ou impactos desconhecidos. A precaução se aprofunda preocupando-se com o risco incerto. Envolve perigo abstrato. Em caso de dúvida ou incerteza, também se deve agir prevenindo. A relação dos dois princípios reclama a responsabilidade civil na prevenção e na precaução contra danos futuros e prováveis.

O art. 225 impõe ao poder público o dever de defender e preservar o meio ambiente ecologicamente equilibrado, exigir estudo de impacto ambiental e proibir práticas potencialmente poluidoras, que causem degradação ambiental ou que possam colocar em risco as espécies. Especialmente quanto à prevenção e à precaução, é importante ressaltar a amplitude da responsabilidade civil ambiental, de modo a se evitar o dano e posterior mitigação de possível lesão ao meio ambiente, especialmente quando diante do risco de uma possível irreparabilidade.

Quanto à aplicação dos dois princípios, a CF dispõe que, para assegurar a efetividade do direito disposto no art. 225, caput, incumbe ao poder público preservar e restaurar os processos ecológicos essenciais e prover o manejo ecológico das espécies e dos ecossistemas. Ainda, o inc. IV do § 1.º do art. 225 da CF dispõe que incumbe ao poder público exigir, na forma da lei, estudo prévio de impacto ambiental, para instalação de obra ou atividade potencialmente causadora de significativa degradação do meio ambiente.

QUESITOS AVALIADOS

2.1

0 – Não apresentou a correlação dos princípios e das normativas da ordem econômica e da proteção socioambiental (princípio do meio ambiente equilibrado).

1 – Apresentou uma correlação dos princípios e das normativas da ordem econômica e da proteção socioambiental, mas de forma insuficiente ou inconsistente OU apenas indicou dos princípios e das normativas da ordem econômica sem indicar a proteção socioambiental.

2 – Apresentou, de forma adequada, a correlação dos princípios e das normativas da ordem econômica e da proteção socioambiental (princípio do meio ambiente equilibrado).

2.2

0 – Não identificou os princípios da prevenção e da precaução/ou outros relacionados.

1 – Identificou apenas um dos princípios.

2 – Identificou dois princípios, sendo que um deles, necessariamente, o princípio da prevenção ou da precaução.

3 – Identificou corretamente os princípios da prevenção e da precaução.

DOUTRINA TEMÁTICA

"Portanto, verifica-se que é inata ao ser humano a ideia de desenvolver-se, aumentar e expandir-se, seja no aspecto social, econômico, filosófico ou moral etc. Bem por isso, a ONU não hesitou em determinar, na *Declaração sobre o Desenvolvimento*, que:

"1. O direito do desenvolvimento é um inalienável direito humano, em virtude do qual toda pessoa humana e todos os povos têm reconhecido seu direito de participar do desenvolvimento econômico, social, cultural e político, a ele contribuir e dele desfrutar; e no qual todos os direitos humanos e liberdades fundamentais possam ser plenamente realizados. 2. O direito humano ao desenvolvimento também implica a plena realização do direito dos povos à autodeterminação, que inclui o exercício de seu direito inalienável de soberania plena sobre todas as suas riquezas e recursos naturais."

Mais especificamente no que se refere ao desenvolvimento como crescimento econômico e tecnológico, ninguém duvida ser verdadeiramente impossível nele falarmos sem que pensemos na utilização e na transformação dos elementos que compõem o meio ambiente.

Afinal, se desenvolvimento significa expansão econômica, é certo que ele pressupõe a produção de bens que têm como matéria-prima, direta ou indiretamente, os recursos naturais.

O grande problema é que os bens a serem explorados ou transformados são escassos. E, mais ainda, são eles responsáveis pela manutenção da vida, com qualidade, em todas as suas formas.

Não é difícil, assim, supor ou antever que, dependendo da maneira como se dê esse desenvolvimento, é bem possível que num futuro próximo não exista matéria-prima capaz de alimentar o crescimento econômico e, é claro, capaz de dar abrigo a todas as formas de vida.

Melhor dizendo, o mesmo bem que é ingrediente do desenvolvimento é também peça essencial à sadia qualidade de vida. Por isso mesmo, de que adianta um desenvolvimento desregrado, despreocupado com a conservação do bem ambiental, desvinculado da manutenção da qualidade de vida? Certamente que de nada adiantará!

É aqui que entra a ideia de *sustentabilidade*, formando a expressão "desenvolvimento sustentável". O vocábulo é oriundo do verbo sustentar, que, por sua vez, significa "conservar, manter, impedir a ruína ou a queda, proteger, equilibrar-se etc.".201

Juntando-se o sentido de cada um dos vocábulos, teremos o conceito ditado pela Comissão Mundial sobre o Meio Ambiente e Desenvolvimento, no sentido de que desenvolvimento sustentável é:

"O desenvolvimento que procura satisfazer as necessidades da geração atual, sem comprometer a capacidade das gerações futuras de satisfazerem as suas próprias necessidades".202

Dentro da visão ambiental, o desenvolvimento sustentado está diretamente relacionado com o direito à manutenção da qualidade de vida por meio da conservação dos bens ambientais existentes no nosso planeta. Exatamente por isso, o texto maior estabelece a regra de que o direito a um meio ambiente ecologicamente equilibrado não é apenas dos habitantes atuais, mas também dos futuros e potenciais, enfim, das próximas gerações (CF, art. 225, *caput*).

As gerações humanas passam, mas os recursos ambientais devem ficar. Se cada geração utilizar o meio ambiente de modo desregrado, as gerações vindouras não terão a mesma quantidade ou qualidade dos bens ambientais e, por isso, será comprometida a sua qualidade de vida.

Não é, aliás, apenas sob o ponto de vista ambiental que o desenvolvimento sustentável foi abraçado como postulado principiológico na nossa constituição. Basta a singela leitura do art. 170, VI, da CF/88 para se notar que a defesa do meio ambiente é princípio da ordem econômica.

Neste passo, o legislador brasileiro entendeu que também o progresso depende da conservação do meio ambiente. Em última análise, deve ser ínsita a qualquer ideia de desenvolvimento a sua perspectiva de sustentabilidade. (RODRIGUES, Marcelo Abelha. **Direito Ambiental**. 11. ed. São Paulo: Saraivajur, 2024. p. 324-326)

▶ JURISPRUDÊNCIA TEMÁTICA

"É constitucional — uma vez observadas as regras do sistema de repartição competências e a importância do princípio do desenvolvimento sustentável como justo equilíbrio entre a atividade econômica e a proteção do meio ambiente — norma estadual que proíbe a atividade de pesca exercida mediante toda e qualquer rede de arrasto tracionada por embarcações motorizadas na faixa marítima da zona costeira de seu território.

STF. Plenário. ADI 6.218/RS, Rel. Min. Nunes Marques, redatora do acórdão Min. Rosa Weber, julgado em 01/07/2023 (Info 1102).

Em sua dimensão coletiva, a jurisprudência desta Corte superior entende que a pretensão de reparação do dano ambiental não é atingida pela prescrição, em função da essencialidade do meio ambiente.

STJ. 3ª Turma. REsp 1641167/RS, Rel. Min. Nancy Andrighi, julgado em 13/03/2018."

"É imprescritível a pretensão de reparação civil de dano ambiental. STF. Plenário. RE 654833, Rel. Alexandre de Moraes, julgado em 20/04/2020 (Repercussão Geral – Tema 999) (Info 983)"

"É inconstitucional — por invadir a competência legislativa geral da União (art. 24, VI, §§ 1º e 2º, da CF/88) e violar o direito ao meio ambiente ecologicamente equilibrado (art. 225, § 1º, IV, da CF/88) — norma estadual que cria dispensa do licenciamento ambiental para atividade potencialmente causadora de significativa degradação do meio ambiente.

STF. Plenário. ADI 4529/MT, Rel. Min. Rosa Weber, julgado em 21/11/2022 (Info 1076)."

"É dever do Poder Público elaborar e implementar plano para o enfrentamento da pandemia COVID-19 nas comunidades quilombolas.

STF. Plenário. ADPF 742/DF, Rel. Min. Marco Aurélio, redator do acórdão Min. Edson Fachin, julgado em 24/2/2021 (Info 1006)."

"Os danos ambientais interinos (também chamados de intercorrentes, transitórios, temporários, provisórios ou intermediários) não se confundem com os danos ambientais definitivos (residuais, perenes ou permanentes). Os danos definitivos somente se verificam, e são indenizáveis em pecúnia, se a reparação integral da área degradada não for possível em tempo razoável, após o cumprimento das obrigações de fazer. Seu marco inicial, portanto, é o término das ações de restauração do meio ambiente. O marco inicial do dano intercorrente, por sua vez, é a própria lesão ambiental. Seu marco final é o da reparação da área, seja por restauração in natura, seja por compensação indenizatória do dano residual, se a restauração não for viável.

O dano residual compensa a natureza pela impossibilidade de retorná-la ao estado anterior à lesão.

O dano intercorrente compensa a natureza pelos prejuízos causados entre o ato degradante e sua reparação.

O poluidor deve não só devolver a natureza a seu estado anterior, mas reparar os prejuízos experimentados no interregno, pela indisponibilidade dos serviços e recursos ambientais nesse período. STJ. 2ª Turma. REsp 1845200-SC, Rel. Min. Og Fernandes, julgado em 16/8/2022 (Info Especial 8)."

"É constitucional norma estadual que, ao instituir o Código de Proteção aos Animais, proíbe a prática de rinha de galos e fixa multas a todos os participantes envolvidos no evento, independentemente da responsabilidade civil e penal individualmente imputável a cada um, — pois respeita as regras de repartição de competência e concretiza a proteção referente à vedação, em cláusula genérica, a qualquer forma de submissão de animais a atos de crueldade (art. 225, § 1º, VII, CF/88) — STF. Plenário. ADI 7.056/SC, Rel. Min. Dias Toffoli, julgado em 30/09/2024 (Info 1152)."

"Não há estado de coisas inconstitucional na política de proteção ambiental da Amazônia e do Pantanal.

Contudo, para o efetivo cumprimento do direito constitucional ao meio ambiente ecologicamente equilibrado e do respectivo dever do Poder Público em defendê-lo e preservá-lo para as presentes e futuras gerações (art. 225, CF/88), é necessária a adoção de algumas providências.

STF. Plenário. ADPF 743/DF, ADPF 746/DF e ADPF 857/MS, Rel. Min. André Mendonça, redator do acórdão Min. Flávio Dino, julgado em 21/03/2024 (Info 1129)."

QUESTÕES DE CONCURSO RELACIONADAS

1- (AL/AP – Analista Legislativo – Assessor Jurídico – 2020 - FCC): No tocante à proteção constitucional do meio ambiente, considere:

I. Aquele que explorar recursos minerais fica obrigado a recuperar o meio ambiente degradado, de acordo com solução técnica exigida pelo órgão público competente, na forma da lei.

II. As condutas e atividades consideradas lesivas ao meio ambiente sujeitarão os infratores, pessoas físicas ou jurídicas, a sanções penais e administrativas, independentemente da obrigação de reparar os danos causados.

III. São disponíveis as terras devolutas ou arrecadadas pelos Estados, por meio de ações discriminatórias, necessárias à proteção dos ecossistemas naturais.

IV. As usinas que operem com reator nuclear deverão ter sua localização definida em lei federal, sem o que só poderão ser instaladas por autorização excepcional dos Estados membros em que se encontrem.

V. Para assegurar a efetividade do direito ao meio ambiente ecologicamente equilibrado, incumbe ao Poder Público, entre outros deveres, preservar a diversidade e a integridade do patrimônio genético do País e fiscalizar as entidades dedicadas à pesquisa e manipulação de material genético.

Está correto o que se afirma APENAS em

a) I, II e III.

b) III, IV e V.

c) II, IV e V.

d) I, III e IV.

e) I, II e V.

Resposta: E

2- (JUIZ TJDFT – 2023 - CEBRASPE): Em determinado empreendimento imobiliário, a pessoa física responsável pelo imóvel causou danos ao meio ambiente, o que deu origem a processos administrativo e judicial.

Nessa situação hipotética, eventual aplicação de multa administrativa será

a) imprescritível, não se aplicando a teoria do fato consumado e não sendo cumulável eventual condenação judicial de obrigações de fazer e de indenizar.

b) imprescritível, sendo prescritível a reparação dos danos ambientais, podendo eventual condenação judicial de obrigação de fazer ser cumulada com a de indenizar.

c) prescritível, aplicando-se a teoria do fato consumado, havendo prazo em dobro da prescrição para a reparação dos danos ambientais.

d) prescritível, sendo imprescritível a reparação dos danos ambientais, podendo eventual condenação judicial de obrigação de fazer ser cumulada com a de indenizar.

e) imprescritível, tal qual a reparação dos danos ambientais, não sendo cumulável eventual condenação judicial de obrigações de fazer e de indenizar

Resposta: D

3- (PGE-AP - Procurador do Estado – FCC - 2018): Uma companhia de transporte fluvial, que trabalhava na estrita legalidade, com as licenças ambientais em dia, sofreu a colisão de outra embarcação desgovernada, no momento em que realizava o abastecimento dos produtos químicos destinados a uma indústria têxtil. A embarcação que causou o acidente navegava de forma irregular e sem qualquer licença ambiental. Na ocasião, houve vazamento dos produtos carregados e uma explosão de grande dimensão, gerando contaminação dos corpos hídricos da região, além de danos aos pescadores, eis que por um período de 3 meses a associação de pescadores locais, composta por 100 pescadores, ficou impossibilitada de exercer a sua atividade econômica. O vazamento causou ainda a morte de diversas espécies de pássaros e peixes, e foi responsável pela interdição de vários balneários.

Diante da situação hipotética acima e considerando os princípios de direito ambiental e a doutrina da responsabilidade civil por dano ambiental

A) o princípio de direito ambiental que determina o dever da empresa de transporte de arcar com as consequências econômicas da atividade descrita é o princípio do usuário pagador.

B) para exonerar-se da responsabilidade de arcar com os danos ambientais, o poluidor poderá alegar em sua defesa que o acidente ocorreu por fato de terceiro, o que exclui o dever de indenizar.

C) tratando-se de atividade sujeita ao licenciamento ambiental, se o Poder Público não exerceu o seu poder de fiscalização, ainda que a empresa possuísse a devida licença, responderão objetivamente pelos danos causados, tanto o empresário como o Estado.

D) poder-se-á falar em reparação do dano material sofrido pelos pescadores, o que abrange o prejuízo apurável e exclui os ganhos futuros, por tratar-se de atividade incerta.

E) o causador do dano deverá ser condenado à reparação pecuniária do dano e, subsidiariamente, à obrigação de recompor o meio ambiente lesado para restituição do status quo ante.

Resposta: B

4- (MPC/SC – 2022 - CEBRASPE): Acerca dos princípios ambientais, das competências em matéria ambiental e do direito ambiental constitucional, julgue o item a seguir.

O princípio constitucional do desenvolvimento sustentável deve ser observado pelos cidadãos, pelo poder público e nas atividades econômicas com vistas a promover a defesa e a proteção do meio ambiente em solidariedade com as gerações atual e futura.

Resposta: Certo

2. PODER DE POLÍCIA E LICENCIAMENTO AMBIENTAL

QUESTÃO 1

(PGE/RN – Procurador do Estado – CEBRASPE - 2023)

No desenvolvimento de atividade licenciada pelo Estado, o licenciado causou dano ao meio ambiente, o que levou o Ministério Público a ajuizar ação, pedindo que, cautelarmente, fosse decretada a interdição temporária da atividade.

Considerando a situação hipotética apresentada, redija um texto dissertativo, esclarecendo, de forma fundamentada e com base em entendimento do STJ, se, em se tratando de atividade licenciada pelo Estado e considerado o poder de polícia da administração, é lícito ao Poder Judiciário aplicar a sanção pleiteada de forma cautelar, uma vez que, mesmo não havendo processo administrativo em curso, não se trata de reparação ambiental e a medida não está contemplada na lei que dispõe sobre a Política Nacional do Meio Ambiente. [valor: 0,76 ponto]

QUESTÃO 1

1	
2	
3	
4	
5	
6	
7	
8	
9	
10	
11	
12	
13	
14	
15	
16	
17	
18	
19	
20	

(30 LINHAS)

▸ RESPOSTA DO AUTOR

O artigo 225 da Constituição Federal estabelece que todos têm direito a um meio ambiente ecologicamente equilibrado, e que o poder público tem o dever de protegê-lo para as presentes e futuras gerações. Nesse contexto, a Política Nacional do Meio Ambiente (Lei nº 6.938/1981) confere ao Estado a responsabilidade de licenciar atividades e controlar seus impactos ambientais, por meio do poder de polícia administrativa.

No direito brasileiro, as esferas administrativa, cível e criminal são autônomas, permitindo que o Judiciário adote medidas cautelares em qualquer uma dessas esferas, inclusive na prevenção e reparação de danos ambientais, ainda que não expressamente previstas na Lei nº 6.938/1981. A Política Nacional do Meio Ambiente, embora não contemple a interdição cautelar diretamente, autoriza medidas de correção, mitigação e restauração ambiental, podendo o Judiciário determinar a interdição temporária como forma de evitar agravamento dos danos, em consonância com os princípios da precaução e da prevenção, que buscam evitar danos irreparáveis.

Dessa maneira, conforme entendimento consolidado pelo Superior Tribunal de Justiça, é lícito ao Poder Judiciário aplicar a sanção pleiteada de interdição cautelar temporária de uma atividade licenciada pelo Estado, mesmo na ausência de processo administrativo em curso.

▸ PADRÃO DE RESPOSTA DA BANCA

Deverá o candidato apontar que, de acordo com o STJ, ao Poder Judiciário é lícito aplicar a sanção pleiteada, haja vista que o poder de polícia do órgão ambiental não impede ou não tolhe a intervenção judicial, seja quando a administração pública extrapola, seja quando se omite, total ou parcialmente, na aplicação de incumbências preceituadas, máxime as de licenciamento, fiscalização e repressão de ilícitos, uma vez que, no direito brasileiro, as esferas administrativa, cível e criminal são autônomas.

De acordo com o STJ, ainda que se trate de atividade licenciada, as medidas judiciais de prevenção e reparação de dano ambiental são prescritas de maneira exemplificativa pelo legislador, em numerus apertus, apresentando em comum o desiderato de correção, mitigação e restauração ecológica in situ, de compensação financeira e de dissuasão de agravos futuros.

> Lei n.º 6.938/81:
>
> Art. 14 - Sem prejuízo das penalidades definidas pela legislação federal, estadual e municipal, o não cumprimento das medidas necessárias à preservação ou correção dos inconvenientes e danos causados pela degradação da qualidade ambiental sujeitará os transgressores:
>
> I - à multa simples ou diária, nos valores correspondentes, no mínimo, a 10 (dez) e, no máximo, a 1.000 (mil) Obrigações Reajustáveis do Tesouro Nacional - ORTNs, agravada em casos de reincidência específica, conforme dispuser o regulamento, vedada a sua cobrança pela União se já tiver sido aplicada pelo Estado, Distrito Federal, Territórios ou pelos Municípios.
>
> II - à perda ou restrição de incentivos e benefícios fiscais concedidos pelo Poder Público;
>
> III - à perda ou suspensão de participação em linhas de financiamento em estabelecimentos oficiais de crédito;
>
> IV - à suspensão de sua atividade.

"O poder de polícia do órgão ambiental não impede ou não tolhe a intervenção judicial, seja quando a Administração Pública extrapola, seja quando se omite, total ou parcialmente, na aplicação de incumbências preceituadas, máxime as de licenciamento, fiscalização e repressão de ilícitos. No Direito brasileiro, as esferas administrativa, cível e criminal são autônomas, de modo que um mesmo comando de prevenção, reparação ou repressão pode ser estatuído e implementado igualmente em cada um e em mais de um desses domínios, inclusive cautelarmente (interdição da atividade, p. ex.).

Recaindo sobre projetos, atividades e empreendimentos licenciados ou não, as medidas judiciais de prevenção e reparação de dano ambiental são prescritas de maneira exemplificativa pelo legislador, em numerus apertus, apresentando em comum o desiderato de correção, mitigação e restauração ecológica in situ, de compensação financeira e de dissuasão de agravos futuros." (REsp n. 1.745.033/RS, relator Ministro Herman Benjamin, Segunda Turma, julgado em 20/10/2020, DJe de 17/12/2021.)

QUESITOS AVALIADOS

QUESITO 2.1 Poder de polícia; atuação Poder Judiciário

Conceito 0 – Não abordou o aspecto ou afirmou que a sanção pleiteada de forma cautelar não está de acordo com o STJ.

Conceito 1 – Apontou que a sanção pleiteada de forma cautelar está de acordo com o STJ, sendo lícito ao Poder Judiciário aplicá-la, visto que o poder de polícia do órgão ambiental não impede ou não tolhe a intervenção judicial.

Conceito 2 – Apontou que a sanção pleiteada de forma cautelar está de acordo com o STJ, sendo lícito ao Poder Judiciário aplicá-la, visto que o poder de polícia do órgão ambiental não impede ou não tolhe a intervenção judicial, seja quando a administração pública extrapola, seja quando se omite, total ou parcialmente, na aplicação de incumbências preceituadas, máxime as de licenciamento, fiscalização e repressão de ilícitos.

Conceito 3 – Apontou que a sanção pleiteada de forma cautelar está de acordo com o STJ, sendo lícito ao Poder Judiciário aplica-la, visto que o poder de polícia do órgão ambiental não impede ou não tolhe a intervenção judicial, seja quando a administração pública extrapola, seja quando se omite, total ou parcialmente, na aplicação de incumbências preceituadas, máxime as de licenciamento, fiscalização e repressão de ilícitos, uma vez que, no direito brasileiro, as esferas administrativa, cível e criminal são autônomas.

QUESITO 2.2 Medidas prescritas de forma exemplificativa

Conceito 0 – Não abordou o aspecto ou o fez de forma totalmente equivocada.

Conceito 1 – Apontou que, de acordo com o STJ, ainda que se trate de atividade licenciada, as medidas judiciais de prevenção e reparação de dano ambiental são prescritas de maneira exemplificativa pelo legislador, em numerus apertus.

Conceito 2 – Apontou que, de acordo com o STJ, ainda que se trate de atividade licenciada, as medidas judiciais de prevenção e reparação de dano ambiental são prescritas de maneira exemplificativa pelo legislador, em numerus apertus, apresentando em comum o desiderato de correção, mitigação e restauração ecológica in situ.

Conceito 3 – Apontou que, de acordo com o STJ, ainda que se trate de atividade licenciada, as medidas judiciais de prevenção e reparação de dano ambiental são prescritas de maneira exemplificativa pelo legislador, em numerus apertus, apresentando em comum o desiderato de correção, mitigação e restauração ecológica in situ, assim como de compensação financeira e de dissuasão de agravos futuros.

▸ DOUTRINA TEMÁTICA

"A questão de saber se a natureza do licenciamento ambiental é de processo ou de simples procedimento administrativo tem sabor muito mais acadêmico do que prático. Em nada interfere na atuação concreta dos operadores do direito ambiental.

Seja visto como processo ou como procedimento, a verdade é que a sequência de atos interligados entre si que culminam na concessão ou na rejeição da licença ambiental deve se pautar pelo devido processo legal e pelos princípios constitucionais regentes da atuação da administração pública, seja sob a perspectiva formal ou material.

Isso significa que este método ou técnica deve ser público, conter decisões fundamentadas, desenvolver-se com contraditório e ampla defesa, ser processado e julgado com imparcialidade etc.

Particularmente, entendemos que a obtenção (ou rejeição) da licença ambiental é angariada num processo administrativo informado por princípios constitucionais, com sujeitos que nele se inserem e desenvolvem suas pretensões, criando situações jurídicas diversas e complexas, num ritual dialético e participativo, marcas próprias de um contraditório.

É, portanto, uma relação jurídica que se forma entre o Estado/administração e o administrado, animada por um contraditório e totalmente permeada e delimitada pelo devido processo legal." (RODRIGUES, Marcelo Abelha, 2024, p. 681)

"Diferentemente da função jurisdicional, a Administração Pública tem por escopo realizar diretamente os objetivos do Estado, enquanto ente catalisador dos diversos interesses dispersos na sociedade. Por outras palavras, não atua apenas por provocação, vez que pode por si mesma buscar cumprir os desígnios que a lei lhe impõe." (RODRIGUES, Marcelo Abelha, 2024, p. 671)

"Incumbe ao poder público, através dos órgãos ambientais competentes e dos seus agentes, investigar as supostas infrações ambientais e aplicar as respectivas sanções administrativas, utilizando-se do seu poder de polícia ambiental, cujas características principais são a autoexecutoriedade e a coercibilidade. A aplicação das sanções administrativas ambientais independe de manifestação judicial (diferentemente das sanções civis e penais), podendo ser efetivada pela própria Administração Pública. A infração ambiental é fundada na violação das normas de proteção do meio ambiente, ou seja, deve haver conduta que contrarie as normas ambientais para que reste configurada infração administrativa ambiental. Determinada conduta, mesmo que causadora de dano ambiental, caso não esteja tipificada nas normas de proteção do meio ambiente, não ensejará responsabilidade administrativa ao poluidor (o que não impede que nesse caso o agente responda civilmente pelos danos causados). A sanção administrativa incidirá, portanto, apenas nos casos de exato enquadramento legal da conduta imputada ao agente, em respeito ao princípio da legalidade estrita. a sanção administrativa só incidirá caso haja o enquadramento legal da conduta imputada ao agente. Cabe aqui ressaltar que determinada conduta pode estar tipificada tanto como crime quanto como infração administrativa ambiental. Entretanto, determinada conduta que esteja tipificada somente como crime ambiental também pode ser sancionada administrativamente, pois nesse caso houve inequívoca violação de uma "regra jurídica de uso, gozo, promoção, proteção e recuperação do meio ambiente". (ROMEU THOMÉ, 582-584, 2016).

▸ JURISPRUDÊNCIA TEMÁTICA

"A prevalência do auto de infração lavrado pelo órgão originalmente competente para o licenciamento ou autorização ambiental não exclui a atuação supletiva de outro ente federado, desde que comprovada omissão ou insuficiência na tutela fiscalizatória.

No exercício da cooperação administrativa cabe atuação suplementar — ainda que não conflitiva — da União com a dos órgãos estadual e municipal.

STF. Plenário. ADI 4757/DF, Rel. Min. Rosa Weber, julgado em 12/12/2022 (Info 1079)."

"É constitucional norma estadual que cria modelo simplificado de licenciamento ambiental para regularização de atividades ou empreendimentos em instalação ou funcionamento, e para atividades de baixo e médio potencial poluidor. Essa norma não viola o princípio do pacto federativo e as regras do sistema de repartição de competências.

STF. Plenário. ADI 5.014/BA, Rel. Min. Dias Toffoli, julgado em 10/11/2023 (Info 1116)."

"É inconstitucional — por invadir a competência legislativa geral da União (art. 24, VI, §§ 1º e 2º, da CF/88) e violar o direito ao meio ambiente ecologicamente equilibrado (art. 225, § 1º, IV, da CF/88) — norma estadual que cria dispensa do licenciamento ambiental para atividade potencialmente causadora de significativa degradação do meio ambiente. STF. Plenário. ADI 4529/MT, Rel. Min. Rosa Weber, julgado em 21/11/2022 (Info 1076)."

"Os danos ambientais são regidos pela teoria do risco integral. A pessoa que explora a atividade econômica ocupa a posição de garantidor da preservação ambiental, sendo sempre considerado responsável pelos danos vinculados à atividade. Logo, não se pode admitir a exclusão da responsabilidade pelo fato exclusivo de terceiro ou força maior. No caso concreto, a construção de um posto de gasolina causou danos em área ambiental protegida. Mesmo tendo havido a concessão de licença ambiental – que se mostrou equivocada – isso não é causa excludente da responsabilidade do proprietário do estabelecimento. Mesmo que se considere que a instalação do posto de combustível somente tenha ocorrido em razão de erro na concessão da licença ambiental, é o exercício dessa atividade, de responsabilidade do empreendedor, que gera o risco concretizado no dano ambiental, razão pela qual não há possibilidade de eximir-se da obrigação de reparar a lesão verificada.

STJ. 3ª Turma. REsp 1612887-PR, Rel. Min. Nancy Andrighi, julgado em 28/04/2020 (Info 671)."

"O poder de polícia do órgão ambiental não impede ou não tolhe a intervenção judicial, seja quando a Administração Pública extrapola, seja quando se omite, total ou parcialmente, na aplicação de incumbências preceituadas, máxime as de licenciamento, fiscalização e repressão de ilícitos. No Direito brasileiro, as esferas administrativa, cível e criminal são autônomas, de modo que um mesmo comando de prevenção, reparação ou repressão pode ser estatuído e implementado igualmente em cada um e em mais de um desses domínios, inclusive cautelarmente (interdição da atividade, p. ex.).

Recaindo sobre projetos, atividades e empreendimentos licenciados ou não, as medidas judiciais de prevenção e reparação de dano ambiental são prescritas de maneira exemplificativa pelo legislador, em numerus apertus, apresentando em comum o desiderato de correção, mitigação e restauração ecológica in situ, de compensação financeira e de dissuasão de agravos futuros." (REsp n. 1.745.033/RS, relator Ministro Herman Benjamin, Segunda Turma, julgado em 20/10/2020, DJe de 17/12/2021.)"

"A apreensão do instrumento utilizado na infração ambiental, fundada no § 5º do art. 25 da Lei nº 9.605/98, independe do uso específico, exclusivo ou habitual para a empreitada infracional. Os arts. 25 e 72, IV, da Lei nº 9.605/98 estabelecem como efeito imediato da infração a apreensão dos bens e instrumentos utilizados na prática do ilícito ambiental.

A exigência de que o bem/instrumento fosse utilizado de forma específica, exclusiva ou habitual para a prática de infrações não é um requisito que esteja expressamente previsto na legislação. Tal exigência compromete a eficácia dissuasória inerente à medida, consistindo em incentivo, sob a perspectiva da teoria econômica do crime, às condutas lesivas ao meio ambiente. STJ. 1ª Seção. REsp 1814944-RN, Rel. Min. Mauro Campbell Marques, julgado em 10/02/2021 (Recurso Repetitivo – Tema 1036) (Info 685)."

QUESTÕES DE CONCURSO RELACIONADAS

1- (Prefeitura de Novo Hamburgo - RS – Procurador – 2022 - AOCP) Considerando a temática do direito ambiental, assinale a alternativa correta de acordo com o entendimento dos Tribunais Superiores.

a) Quanto ao dano ambiental, é vedada a condenação do réu à obrigação de fazer ou à de não fazer cumulada com a de indenizar.

b) A inversão do ônus da prova aplica-se às ações de degradação ambiental.

c) É prescritível a pretensão de reparação civil de dano ambiental.

d) É constitucional a legislação municipal que, flexibilizando exigência legal para o desenvolvimento de atividade potencialmente poluidora, cria modalidade mais simplificada de licenciamento ambiental.

e) A responsabilidade administrativa ambiental apresenta caráter objetivo, dispensando a comprovação de dolo ou culpa para sua configuração.

Resposta: Letra B

2- (MPE-RJ - 2022 - MPE-RJ - Promotor de Justiça Substituto - Concurso XXXVI): Considere que João requereu ao órgão competente a licença ambiental necessária para construir um posto de gasolina na cidade do Rio de Janeiro. Como a licença foi concedida, ele construiu o empreendimento e, para isso, precisou desmatar uma área de Mata Atlântica. Em face do dano ocasionado ao meio ambiente, foi imposta administrativamente multa à João. Com base na situação hipotética e no entendimento do Superior Tribunal de Justiça, é correto afirmar que

a) em face da responsabilidade ser objetiva em matéria ambiental, a multa deve ser repartida entre João e o agente público que concedeu a licença para construção.

b) em função da natureza do risco, João pode alegar administrativamente qualquer uma das causas excludentes de responsabilidade e será eximido de sua responsabilidade.

c) como a licença foi concedida regularmente, houve exclusão da responsabilidade pelo rompimento do nexo causal por fato de terceiro.

d) a multa foi corretamente aplicada à João, tendo em vista que em matéria ambiental aplica-se a teoria do risco integral.

e) a multa deve ser imposta exclusivamente ao agente público responsável pela concessão da licença, em virtude do *erro grosseiro* ao permitir a construção de posto de gasolina em região de Mata Atlântica.

Resposta: C

3- (MPE/PA – 2023 - CEBRASPE): Na ausência de regra específica que regule o prazo para a cobrança de multa aplicada por infração administrativa ao meio ambiente, tal prazo será de

A. 2 anos.

B. 5 anos.

C. 7 anos.

D. 10 anos.

E. 15 anos.

Resposta: B

4- (PGE/SP – 2024 - VUNESP): Lavrado Auto de Infração Ambiental pela Polícia Militar Ambiental, impondo-se a penalidade de multa ao infrator em razão de supressão de vegetação em área protegida e não tendo sido interpostos recursos administrativos, a Secretaria de Meio Ambiente, Infraestrutura e Logística encaminhou o processo administrativo à Procuradoria Geral do Estado para a adoção das medidas judiciais cabíveis. Considerando a legislação e jurisprudência acerca da responsabilidade administrativa, civil e criminal do poluidor, assinale a alternativa correta.

A. Constatada pelo Auto de Infração Ambiental lavrado a construção de edificação na área em que a vegetação foi indevidamente suprimida, caberá pedido de demolição na ação judicial a ser ajuizada, uma vez que não se aplica a teoria do fato consumado na seara ambiental.

B. A pretensão de cobrança de eventual multa cominada em razão da infração ambiental cometida é imprescritível em razão da natureza de direito fundamental que ostenta o direito a um meio ambiente saudável.

C. Apesar do princípio da reparação integral do dano ambiental, eventual ação a ser ajuizada não pode cumular os pedidos de reparação do dano in natura, do dano ambiental intermitente e do dano moral à coletividade.

D. A aplicação de penalidades administrativas como decorrência da prática de infrações administrativas ambientais pelos poluidores é tarefa dos órgãos ambientais que integram o SISNAMA que, contudo, não detém o poder de polícia ambiental.

E. O Procurador do Estado que receber o processo administrativo deverá ajuizar ação civil pública visando à reparação de dano ambiental apenas contra o proprietário da área à época da infração.

Resposta: A.

QUESTÃO 2

(PGM - Procurador do Município – 2018 - CEBRASPE) Um comerciante foi flagrado e autuado pela polícia ambiental por transportar carvão vegetal sem a prévia licença da autoridade competente. Por essa conduta, respondeu a um processo administrativo, referente à multa que fora intimado a pagar no momento da autuação, e um processo judicial, no qual foi condenado ao pagamento de outra multa.

Considerando a situação apresentada, redija um texto respondendo aos seguintes questionamentos, à luz da jurisprudência do Superior Tribunal de Justiça.

1 **Qual a natureza jurídica da conduta do comerciante? [valor: 1,25 ponto]**

2 **Em caso de inadimplência do comerciante, qual(is) órgão(s) é(são) competente(s) para promover a cobrança judicial da multa arbitrada judicialmente e da multa administrativa imposta pela polícia ambiental? [valor: 1,00 ponto]**

3 **Qual o instrumento processual apto para perseguir a cobrança das multas no âmbito judicial? [valor: 1,00 ponto]**

4 **Quando começa o termo inicial do prazo prescricional para a cobrança judicial da multa administrativa determinada pela polícia ambiental? [valor: 1,50 ponto]**

QUESTÃO 2

(30 LINHAS)

▶ RESPOSTA DO AUTOR

A conduta do comerciante, ao transportar carvão vegetal sem a devida autorização legal, configura duas infrações distintas: uma de natureza penal e outra administrativa. O ato caracteriza crime ambiental, previsto no artigo 46, parágrafo único, da Lei nº 9.605/98, que trata dos Crimes Ambientais, devido ao transporte ilegal de carvão vegetal. Em paralelo, a mesma conduta se qualifica como infração administrativa, pois viola normas administrativas de controle ambiental, conforme o artigo 70 da Lei nº 9.605/98. Assim, a natureza jurídica da conduta do comerciante abrange tanto o campo penal quanto o administrativo, com sanções distintas, mas complementares.

Em caso de inadimplência do comerciante, a competência para promover a cobrança judicial da multa administrativa e da multa penal, aplicadas pela polícia ambiental e pelo Judiciário, respectivamente, é da Procuradoria da Fazenda Pública. De acordo com a jurisprudência consolidada pelo Superior Tribunal de Justiça, a Procuradoria Geral do Estado ou a Procuradoria da Fazenda Nacional, dependendo do órgão que aplicou a multa, é responsável pela cobrança das multas ambientais e das multas determinadas por sentença penal transitada em julgado.

O instrumento processual adequado para a cobrança judicial das multas ambientais e das multas impostas por sentença penal é a execução fiscal. Este é o procedimento utilizado pela Fazenda Pública para cobrar créditos tributários ou não tributários, como é o caso das multas. A execução fiscal está prevista na Lei nº 6.830/80 (Lei de Execução Fiscal) e no Decreto nº 20.910/32, e tem como objetivo garantir o cumprimento da obrigação do inadimplente, seja por meio de penhora de bens ou outras medidas coercitivas.

De acordo com a jurisprudência do Superior Tribunal de Justiça, o prazo para a prescrição da cobrança judicial da multa administrativa imposta pela polícia ambiental é de cinco anos. O termo inicial desse prazo é o encerramento do processo administrativo que resultou na imposição da multa, ou seja, a prescrição começa a contar a partir da conclusão do processo administrativo que culminou na aplicação da penalidade. O prazo de cinco anos é fixado para garantir a estabilidade das relações jurídicas e a segurança jurídica para o administrado.

▶ PADRÃO DE RESPOSTA DA BANCA

A conduta do comerciante configura, ao mesmo tempo, infração administrativa ambiental e crime ambiental — a cumulação é permitida por decorrerem da mesma conduta.

Nos termos de entendimento sumulado do STJ, compete à procuradoria da fazenda pública propor ação de execução fiscal para a cobrança judicial de ambas as multas e o termo inicial da prescrição da multa por infração administrativa será o término do processo administrativo.

Súmula n.º 521 do STJ: A legitimidade para a execução fiscal de multa pendente de pagamento imposta em sentença condenatória é exclusiva da procuradoria da fazenda pública.

Súmula n.º 467 do STJ: Prescreve em cinco anos, contados do término do processo administrativo, a pretensão da Administração Pública de promover a execução por multa por infração ambiental.

Obs.: não é necessário indicar o número das súmulas, mas descrever seu conteúdo/ideia central.

AMBIENTAL. INFRAÇÃO ADMINISTRATIVA. TRANSPORTE DE CARVÃO VEGETAL SEM LICENÇA. MULTA. PODER DE POLÍCIA COM RESPALDO LEGAL. CAMPO DE APLICAÇÃO DA LEI N.º 9.605/1998. 1. Cuidam os autos de ação ordinária movida com o fito de afastar autuação consubstanciada em transporte irregular de 415 m3 de carvão vegetal e, consequentemente, a multa aplicada. O juízo de 1.º grau julgou improcedente o pedido, porém o tribunal regional reformou a sentença e declarou nulo o auto de infração. 2. No campo das infrações administrativas, exige-se do legislador ordinário apenas que estabeleça as condutas genéricas (ou tipo genérico) consideradas ilegais, bem como o rol e limites das sanções previstas, deixando o detalhamento daquelas e destas para a regulamentação por meio de decreto. 3. Sanção administrativa, como a própria expressão já o indica, deve ser imposta pela administração, e não pelo Poder Judiciário, porquanto difere dos crimes e contravenções. 4. A multa decorrente do auto de infração lavrado contra transporte irregular de carvão vegetal é autônoma e distinta das sanções criminais cominadas à mesma conduta, estando respaldada no poder de polícia ambiental. 5. A Lei n.º 9.605/1998, embora conhecida popular e imprecisamente por Lei dos Crimes contra o Meio Ambiente, a rigor trata, de maneira simultânea e em partes diferentes do seu texto, de infrações penais e infrações administrativas. 6. De forma legalmente adequada e não conceitual, o art. 70 da Lei n.º 9.605/1998 prevê, como infração administrativa ambiental, "toda ação ou omissão que viole as regras jurídicas de uso, gozo, promoção, proteção e recuperação do meio ambiente". 7. O transporte de carvão vegetal sem prévia licença da autoridade competente caracteriza, a um só tempo, crime ambiental (art. 46 da Lei n.º 9.605/1998) e infração administrativa, nos termos do art. 70 da Lei 9.605/1998 c/c o art. 32, parágrafo único, do Decreto n.º 3.179/1999, revogado pelo Decreto n.º 6.514/2008, que contém dispositivo semelhante. 8. Recurso Especial provido.

Quesito 2.1

0 – Não respondeu qual é a natureza jurídica da conduta do comerciante (infração administrativa ambiental e crime ambiental).

1 – Indicou que a conduta do comerciante tem apenas uma natureza jurídica: infração administrativa ambiental OU crime ambiental.

2 – Indica a dupla natureza jurídica da conduta do comerciante: infração administrativa ambiental E crime ambiental.

Quesito 2.2

0 – Não respondeu qual(is) o(s) órgão(s) competente(s) para promover a cobrança judicial das multas em caso de inadimplemento ou indicou órgãos que não sejam o Ministério Público.

1 – Indicou como órgão competente algum órgão pertinente à fiscalização ambiental, como o Ministério Público (que não tem competência para tanto) OU fez distinção entre os órgãos competentes para a cobrança de cada uma das multas, indicando o Ministério Público para pelo menos uma delas.

2 – Indicou que a Procuradoria da Fazenda Pública possui competência exclusiva para a execução fiscal das referidas multas pendentes de pagamento, em alusão à Súmula n.º 467 do STJ: "prescreve em cinco anos, contados do término do processo administrativo, a pretensão da Administração Pública de promover a execução por multa por infração ambiental." ou problematizou diretamente a referida súmula com o julgamento da ADI 3.150 pelo STF realizado em 13/12/2018, no qual foi assentada a legitimidade do Ministério Público para propor a cobrança de multa com a possibilidade de cobrança subsidiária pela Fazenda Pública.

Quesito 2.3

0 – Não respondeu ao questionamento OU indicou o instrumento processual errado.

1 – Indicou que o instrumento processual adequado ao caso é a execução fiscal, ainda que a multa não tenha natureza tributária, por ainda assim constituir dívida ativa.

Quesito 2.4

0 – Não respondeu qual é o termo inicial do prazo prescricional para cobrança da multa administrativa.

1 – Indicou que o termo se inicia com o lançamento, vencimento da multa, ou outro marco relativo ao processo administrativo ou à dívida ativa, mas não justificou.

2 – Indicou que o termo se inicia com o término do processo administrativo de infração administrativa, fazendo alusão a Súmula do STJ.

▶ DOUTRINA TEMÁTICA

"É largamente difundido o conceito legal do poder de polícia dado pelo artigo 78, do CTN, como sendo a atividade da administração pública que, limitando ou disciplinando direito, interesse ou liberdade, regula a prática de ato ou abstenção de fato, em razão de interesse público concernente à segurança, à higiene, à ordem, aos costumes, à disciplina da produção e do mercado, ao exercício de atividades econômicas dependentes de concessão ou autorização do Poder Público, à tranquilidade pública ou ao respeito à propriedade e aos direitos individuais ou coletivos. Trata-se de definição de aplicação geral, não restrita ao Direito Tributário. Deveras, o poder de polícia decorre da necessidade pública de limitar o abuso no exercício dos direitos individuais, a fim de conformá-los ao interesse público, uma vez que inexiste direito absoluto, devendo o exercício desse poder se pautar nos lindes do adequado, necessário e proporcional em sentido estrito (Princípio da Proporcionalidade)." (FREDERICO AMADO, p. 99. 2020).

"(...) para exercer o poder de polícia na realização de atos materiais (licenciamento, fiscalização, sanções administrativas, etc.), todos os entes políticos possuem abstratamente competência (comum) para atuar. (...) A ideia do legislador constituinte, ao estatuir a competência comum, foi evitar que a tutela jurídica do meio ambiente fosse prestada de modo deficiente. Como dissemos anteriormente, em se tratando de proteção do entorno, melhor pecar por excesso. Não bastasse a regra do art. 23 e da Lei Complementar 140, o art. 225, caput e § 1º reforçam a competência para implementar comum de todos os entes da federação. É exatamente nesse sentido que já decidiu o Superior Tribunal de Justiça que qualquer dos entes integrantes do Sisnama pode atuar para fiscalizar um dado empreendimento. Aliás, na ocasião, afirmou claramente que, ainda que tenha sido o órgão estadual o responsável pelo licenciamento, pode o IBAMA — órgão federal — exercer seu poder de polícia administrativa. (...) (RODRIGUES, Marcelo Abelha. *Direito Ambiental Esquematizado*. 5. ed. São Paulo: Saraiva Educação, 2018. p. 114-115)

"Importante que fique claro que o fato de ser comum a competência não significa, de forma alguma, que se admita o bis in idem ou a superposição de atuações dos diversos entes à mesma hipótese de incidência. O problema existirá, então, caso haja um conflito positivo de atribuições, ou seja, quando mais de um ente da federação pretender, indevidamente, atuar na mesma situação concreta, aplicando a mesma hipótese de incidência. Nesses casos, então, ganha importância o princípio da predominância do interesse: sendo nacional o interesse, nos moldes que colocamos anteriormente, cabe à União aplicar a sanção; sendo regional, mas restrita aos limites do Estado, a competência pertence ao Estado; sendo de interesse local, cabe ao Município. É claro que, se o Município, por exemplo, já houver aplicado a multa, já tendo sido essa cumprida, não poderia a União ou o Estado aplicar novamente a mesma sanção, ainda que o interesse seja regional ou nacional. Uma vez já realizado o licenciamento ambiental pelo órgão responsável pelo licenciamento, este é que será o competente para lavrar o eventual auto de infração ambiental e instaurar processo administrativo para a apuração de infrações à legislação ambiental cometidas pelo empreendimento ou atividade licenciada ou autorizada. Há um vínculo lógico entre a infração ambiental cometida e a competência do órgão licenciador para processar e julgar os processos administrativos das sanções impostas. (art. da Lei Complementar n. 140). Isso em nada afeta a regra de que qualquer pessoa legalmente identificada, ao constatar infração ambiental decorrente de empreendimento ou atividade utilizadores de recursos ambientais, efetiva ou potencialmente poluidores, possa dirigir representação ao referido órgão licenciador competente para efeito do exercício de seu poder de polícia." (RODRIGUES, Marcelo Abelha, 2018, p. 117)

"O advento da Lei 9.605/1998, que elencou os crimes contra o meio ambiente, e do Decreto 3.179/1999 – posteriormente revogado pelo Decreto 6.514/2008, que regulamentou o regime de sanções administrativas aplicáveis às infrações contra o meio ambiente –, trouxeram ao cenário jurídico instrumentos mais contundentes para a repressão das práticas lesivas à natureza, em paralelo com a responsabilidade civil de reparação de danos causados ao meio ambiente. Neste cenário de tríplice responsabilização, considerando-se as esferas civil, penal e administrativa. Temos, portanto, que as afrontas aos mandamentos ambientais são passíveis de sanções cumulativas, independentes entre si, em que a aplicação de uma pena pelo Poder Judiciário não inibe a imposição de multa administrativa pelos órgãos ambientais, nem o cumprimento dessas exclui a responsabilidade civil de reparar o dano causado ao meio ambiente. O Superior Tribunal de Justiça inclusive, em sua Tese 5, explicita claramente o entendimento de independência de esferas sancionatórias, uma vez que a sanção administrativa não se confunde com a sanção penal; e, ainda que um fato configure infração penal e administrativa, ao órgão ambiental é vedado aplicar a sanção penal, sendo tal sanção de competência do Poder Judiciário. Ademais, como as esferas de responsabilização podem gerar a aplicação de sanções cumulativas e não alternativas, a imposição de uma sanção pecuniária imposta pela administração em razão do descumprimento de uma obrigação de não fazer não exime o autuado da reparação do equilíbrio ambiental prejudicado por sua ação ou omissão. Uma tem o objetivo de recuperar o status quo ante, traduzindo-se em uma garantia para a coletividade. A outra tem o objetivo de coibir ações ou omissões que possam vir a provocar a quebra desse equilíbrio. Uma é reparatória, outra é sancionatória. Para Edis Milaré, a multa administrativa "não é restauração do direito alheio, individual ou coletivo, mas é pena pela violação de um dever imposto pelo ordenamento administrativo" (TALDEN, Direito Ambiental Brasileiro, 2021).

▶ JURISPRUDÊNCIA TEMÁTICA

"5. Na esfera da competência de implementação comum (art. 23, parágrafo único, da Constituição de 1988) e legitimados sob o manto do federalismo cooperativo ambiental e de políticas de descentralização (art. 4º da Lei Complementar 140/2011), a União, os Estados e os Municípios podem e devem colaborar, de forma a evitarem conflitos entre si e ampliarem a eficácia e a eficiência de suas ações administrativas. Contudo, eventuais delegação, convênio, consórcio público ou acordo entre essas entidades não atribuem a órgão estadual ou municipal autoridade para, sponte sua, no âmbito de licenciamento e fiscalização ambientais, a qualquer título dispor, direta ou indiretamente, de áreas de domínio federal (...)" **(STJ. REsp 1.410.732/RN, Rel. Ministro Herman Benjamin, Segunda Turma, julgado em 17-10-2013, DJe 13-12-2016).**

TESE 2 – STJ – DIREITO AMBIENTAL: "É vedado ao Instituto Brasileiro do Meio Ambiente e dos Recursos Naturai sRenováveis - IBAMA impor sanções administrativas sem expressa previsão legal".

TESE 5 – STJ – DIREITO AMBIENTAL: "É defeso ao IBAMA impor penalidade decorrente de ato tipificado como crime ou contravenção, cabendo ao Poder Judiciário referida medida.

"Os arts. 46, parágrafo único, 50, 50-A e 70, da Lei n. 9.605/1998 tipificam simultaneamente como crime e infração administrativa o transporte ou a guarda de madeira, lenha, carvão ou outros produtos de origem vegetal, assim como a atividade de desmatar, explorar economicamente ou degradar floresta, plantada ou nativa, sem a devida licença por parte da autoridade competente. Os arts. 25 e 72, IV, do referido normativo, por sua vez, disciplinam a apreensão dos produtos e instrumentos utilizados na prática da infração ambiental. Reduzir a apreensão de madeira ao quantitativo de carga efetivamente excedente ao indicado na respectiva guia de transporte, além de caracterizar medida não prevista na legislação de regência, traduz-se em providência contrária aos objetivos das leis de proteção ao meio ambiente. A medida de apreensão da totalidade da carga transportada consiste em importante mecanismo para a tutela do meio ambiente, em razão do efeito dissuasório imediato que produz sobre o infrator ou aquele que contribuiu para a prática da conduta ilícita. Isso porque a apreensão de bens gera, ainda que provisoriamente, a descapitalização da parte envolvida no ilícito, evita a reiteração da prática, facilita a recuperação do dano e, ainda, contribui para a garantia do resultado prático do processo administrativo. Ademais, tratando-se da infração ambiental, a aplicação da técnica de ponderação deve ter como premissa a especial proteção jurídica conferida pela Constituição Federal ao tema, a exemplo do direito ao meio ambiente ecologicamente equilibrado, assim como a conscientização de que o fundamento da livre iniciativa, previsto no art. 170 da Carta Magna, tem por finalidade assegurar a todos uma existência digna, e também deve obediência ao princípio de defesa do meio ambiente. Na situação em debate, tem-se, de um lado, a proteção do patrimônio daquele flagrado com quantidade de madeira em descompasso com a autorizada e, de outro, a magnitude dos direitos e interesses difusos em matéria ambiental, bem como a própria efetividade da legislação de proteção ao meio ambiente. Diante desse cenário, não há dúvida de que eventual interesse na liberação da quantidade de madeira autorizada na guia de transporte deve ceder em função da gravidade da lesão consistente no desrespeito aos limites previamente estipulados pela autoridade competente. **STJ. 2ª Turma. REsp 1784755-MT, Rel. Min. Og Fernandes, julgado em 17/09/2019 (Info 658)."**

"A responsabilidade administrativa ambiental é de natureza subjetiva. No caso analisado foi imposta multa por dano ambiental sob o fundamento da responsabilidade objetiva decorrente da propriedade da carga transportada por outrem, que efetivamente teve participação direta no acidente que causou a degradação ambiental. Ocorre que a jurisprudência desta Corte, em casos análogos, assentou que a responsabilidade administrativa ambiental é de natureza subjetiva. A aplicação de penalidades administrativas não obedece à lógica da responsabilidade objetiva da esfera cível (para reparação dos danos causados), mas deve obedecer à sistemática da teoria da culpabilidade, ou seja, a conduta deve ser cometida pelo alegado transgressor, com demonstração de seu elemento subjetivo, e com demonstração do nexo causal entre a conduta e o dano. A diferença entre os dois âmbitos (cível e administrativo) de punição e suas consequências fica bem estampada da leitura do art. 14, caput e § 1º, da Lei n. 6.938/1981. Em resumo: a aplicação e a execução das penas limitam-se aos transgressores; a reparação ambiental, de cunho civil, a seu turno, pode abranger todos os poluidores, a quem a própria legislação define como "a pessoa física ou jurídica, de direito público ou privado, responsável, direta ou indiretamente, por atividade causadora de degradação ambiental" (art. 3º, inc. V, do mesmo diploma normativo). Assim, o uso do vocábulo "transgressores" no caput do art. 14, comparado à utilização da palavra "poluidor" no § 1º do mesmo dispositivo, deixa a entender aquilo que já se podia inferir da vigência do princípio da intranscendência das penas: a responsabilidade civil por dano ambiental é subjetivamente mais abrangente do que as responsabilidades administrativa e penal, não admitindo estas últimas que terceiros respondam a título objetivo por ofensas ambientais praticadas por outrem.**(STJ. EREsp 1.318.051-RJ, Rel. Min. Mauro Campbell Marques, Primeira Seção, por unanimidade, julgado em 08/05/2019, DJe 12/06/2019)."**

"PROCESSUAL CIVIL. EXECUÇÃO FISCAL. MULTA POR INFRAÇÕES AMBIENTAIS. RESPONSABILIDADE DOS HERDEIROS AFASTADA. NÃO COMPROVAÇÃO DO NEXO CAUSAL. REVISÃO. IMPOSSIBILIDADE. PRETENSÃO DE REEXAME FÁTICO-PROBATÓRIO. SÚMULA N. 7 DO STJ.

I - Na origem, o presente feito decorre de embargos opostos à execução fiscal movida pelo Ibama para cobrança de multa por infrações administrativas. Por sentença, os embargos foram julgados procedentes, para declarar nulas as execuções fiscais diante da inexistência de responsabilidade dos herdeiros. No Tribunal a quo, a sentença foi mantida.

II - Quanto à matéria relacionada aos dispositivos legais apontados pelo recorrente, o Tribunal a quo afastou a responsabilidade dos herdeiros assentando que não foi comprovado o nexo causal entre as condutas destes e os fatos que justificaram a autuação pelo Ibama.

III - Verifica-se que a Corte de origem analisou a controvérsia dos autos levando em consideração os fatos e provas relacionados à matéria. Assim, para se chegar à conclusão diversa seria necessário o reexame fático-probatório, o que é vedado pelo enunciado n. 7 da Súmula do STJ, segundo o qual "A pretensão de simples reexame de provas não enseja recurso especial".

IV - O acórdão objeto do recurso especial, além disso, tem mais de um fundamento, cada qual suficiente e autônomo para mantê-lo.

Consoante a Jurisprudência desta Corte, é inadmissível o recurso especial quando o acórdão recorrido assenta em mais de um fundamento suficiente e o recurso não abrange todos eles. Nesse sentido: AgInt no REsp 1.389.204/MG, relator Ministro Og Fernandes, Segunda Turma, julgado em 29/6/2020, DJe 3/8/2020; EDcl no AgInt no REsp 1.838.532/CE, relator Mauro Campbell Marques, Segunda Turma, julgado em 24/8/2020, DJe 27/8/2020; AgInt no AREsp 1.623.926/MG, relator Ministro Herman Benjamin, Segunda Turma, julgado em 4/8/2020, DJe 26/8/2020.

V - Recurso especial não conhecido.

(STJ. REsp 1898941/PR. Ministro FRANCISCO FALCÃO. 2ª Turma. Data do Julgamento: 08/02/2022. Data da Publicação/Fonte: DJe 10/02/2022)."

"PROCESSUAL CIVIL E ADMINISTRATIVO. AÇÃO RESCISÓRIA. EXECUÇÃO FISCAL.MULTA (INFRAÇÃO AMBIENTAL). PRAZO PRESCRICIONAL. INÍCIO DO CÔMPUTO. CONSTITUIÇÃO DEFINITIVA DO CRÉDITO.

1. A Primeira Seção desta Corte, sob a sistemática dos recursos repetitivos, no julgamento do REsp 1.112.577/SP (julgado em 09/12/2009, DJe 08/02/2010) e do REsp 1.115.078/RS (julgado em 24/03/2010, DJe 06/04/2010), ambos da relatoria do em. Ministro Castro Meira, firmou, entre outras, as seguintes teses: a) "Prescreve em cinco anos, contados do término do processo administrativo, a pretensão da Administração Pública de promover a execução da multa por infração ambiental." e b) "O termo inicial do prazo prescricional para o ajuizamento da ação executória 'é a constituição definitiva do crédito, que se dá com o término do processo administrativo de apuração da infração e constituição da dívida'."

2. No caso, com espeque no art. 485, V, do CPC/1973, o IBAMA propôs ação rescisória em que questiona o transcurso do prazo prescricional para a cobrança de multa por infração ambiental, ao argumento de que seu início se dá a partir "da data da constituição definitiva do crédito não tributário e não da data da notificação do débito do devedor", tendo sido violados os arts. 1º e 1º-A da Lei n. 9.873/1999.

3. A decisão rescindenda assentou que "é de cinco anos o prazo prescricional para o ajuizamento de execução fiscal de cobrança de multa de natureza administrativa, contado do momento em que se torna exigível o crédito (artigo 1º do Decreto nº 20.910/1932)", sendo que o Regional contou o prazo inicial da prescrição da data em que o autuado foi cientificado do indeferimento do primeiro dos dois recursos administrativos apresentados, em 08/03/1999, ambos dotados de efeito suspensivo, a teor dos arts. 128, § 2º, e 130, § 3º, do Decreto n. 6.514/2008.

4. Havendo o processo administrativo se ultimado em 17/02/2000 (de cuja decisão final o infrator, ora réu, teve ciência em 03/03/2000) e tendo sido o autuado notificado para pagar o valor da multa até 01/04/2000 - data após a qual a dívida poderia ser cobrada judicialmente -, não há que se falar em prescrição, porquanto proposto o executivo fiscal em 20/08/2004.

5. Pedido procedente.

(STJ. AR4928/RS. AÇÃORESCISÓRIA2012/0044321-5, RelatorMinistro GURGEL DE FARIA. RevisorMinistro FRANCISCO FALCÃO. Órgão JulgadorPRIMEIRA SEÇÃO**. Data do Julgamento25/09/2019. Data da Publicação/FonteDJe 25/10/2019).**"

QUESTÕES DE CONCURSO RELACIONADAS

1- (2021 - PGE-AL - Procurador do Estado - CESPE / CEBRASPE): Considerando o tripé constitucional da responsabilidade ambiental (administrativa, civil e penal), assinale a opção correta.

a) Compete privativamente à União legislar sobre caça, pesca e fauna.

b) Apenas a responsabilidade administrativa admite atuação legislativa concorrente dos demais entes federativos para suplementar a legislação federal na matéria.

c) Crimes ambientais ocorridos em determinado estado-membro poderão ser julgados com base no arcabouço normativo penal estadual.

d) Compete privativamente à União a proteção de áreas ameaçadas de degradação e dos atos que afetem desfavoravelmente a biota.

e) A competência para legislar sobre proteção ao patrimônio histórico, cultural, artístico, turístico e paisagístico é privativa dos estados.

Resposta: B

2- (AGU/Advogado da União – 2023 - CEBRASPE): Considerando que determinado fiscal ambiental federal tenha flagrado um proprietário desmatando, a corte raso, 1O hectares de floresta em área de preservação permanente, julgue os seguintes itens.

I O fiscal ambiental deverá lavrar um auto de infração ambiental, aplicando-lhe multa, além de embargar a propriedade, para fins de responsabilização civil ambiental.

II O infrator, ao pagar a multa ambiental, estará isento da reparação civil do dano ambiental causado.

III O desmatamento em questão constitui crime passível de punição com pena de detenção de um a três anos.

Assinale a opção correta.

A. Apenas o item II está certo.

B. Apenas o item III está certo.

C. Apenas os itens I e II estão certos.

D. Apenas os itens I e III estão certos.

E. Todos os itens estão certos.

Resposta: B

3- (PGE/RR – 2023 - CEBRASPE): A responsabilidade administrativa ambiental tem caráter subjetivo, razão pela qual, para a sua configuração, são exigidos o dolo ou a culpa, bem como o nexo causal entre a conduta e o dano.

Resposta: Certo.

QUESTÃO 3

(PGM - Procurador do Município – 2018 - CEBRASPE) A empresa Delícias Francesas Ltda. pretende construir, em 2018, em uma área de vegetação caatinga do município de João Pessoa, um complexo industrial para a fabricação de conservas a base de pato. Escolheu, então, uma área com altitude de 2.000 metros e vegetação intocada, dada a necessidade de um clima mais ameno para os animais. Nesse mesmo local, ao lado da área de confinamento dos patos, pretende construir uma área de abatedouro, além de uma indústria de beneficiamento e fabricação de produtos alimentares, com espaço frigorífico e local para a fabricação das conservas. Para tanto, solicitou o licenciamento ambiental deste empreendimento — abatedouro, frigorífico e indústria — à Secretaria do Meio Ambiente de João Pessoa (SEMAM), a qual, após avaliar o pedido, decidiu que essa atividade não era passível de licenciamento ambiental, porque as normas do Conselho Nacional do Meio Ambiente (CONAMA) não se aplicam aos municípios.

A propósito dessa situação hipotética, redija um texto respondendo, de forma justificada, aos seguintes questionamentos.

1 Qual é o fundamento jurídico da exigência de licenciamento ambiental para o funcionamento da atividade descrita? [valor: 1,25 ponto]

2 O pedido de licenciamento ambiental requerido pela referida empresa deveria ser indeferido pela SEMAM? [valor: 1,50 ponto]

3 A justificativa apresentada na decisão da SEMAM está correta ou ela deve ser anulada, considerando-se a composição do SISNAMA e a competência normativa do CONAMA sobre licenciamento ambiental? [valor: 2,00 pontos]

QUESTÃO 3

(30 LINHAS)

▸ RESPOSTA DO AUTOR

O fundamento jurídico para a exigência do licenciamento ambiental encontra respaldo na Constituição Federal de 1988, especialmente no artigo 225, que garante o direito ao meio ambiente ecologicamente equilibrado. Esse direito impõe ao Poder Público a obrigação de controlar a poluição e de prevenir danos ao meio ambiente. A Lei nº 6.938/1981, que institui a Política Nacional do Meio Ambiente, reforça essa obrigação, especialmente no artigo 9º, inciso IV, e no artigo 10, ao determinar que o licenciamento ambiental seja exigido para atividades que possam causar impactos ambientais. A Resolução nº 237/97 do Conselho Nacional do Meio Ambiente (CONAMA) define o licenciamento ambiental no artigo 1º, inciso I, e no artigo 2º, § 1º, lista as atividades que devem ser submetidas ao processo de licenciamento, como abatedouros, frigoríficos e fábricas de conservas, que são exatamente as atividades do empreendimento da empresa Delícias Francesas Ltda. Assim, a exigência do licenciamento para o projeto é obrigatória.

O Código Florestal (Lei nº 12.651/2012), no artigo 4º, inciso X, define como Área de Preservação Permanente (APP) qualquer área com altitude superior a 1.800 metros, independentemente da vegetação. Como a área escolhida pela empresa está a 2.000 metros de altitude, ela é considerada uma APP, o que implica que qualquer intervenção nessa área deve observar as restrições impostas pela legislação. De acordo com o artigo 8º do Código Florestal, a intervenção em APPs só é permitida em casos de utilidade pública, interesse público ou atividades de baixo impacto ambiental. A atividade proposta pela empresa não se enquadra em nenhuma dessas exceções, o que torna inviável o licenciamento ambiental na área escolhida.

A Política Nacional do Meio Ambiente, em seu artigo 6º, caput, estabelece a composição do Sistema Nacional do Meio Ambiente (SISNAMA), que integra órgãos da União, Estados, Distrito Federal, Territórios e Municípios. A Secretaria Municipal do Meio Ambiente de João Pessoa (SEMAM) é um órgão local do SISNAMA, conforme o artigo 6º, inciso IV, da PNMA. Entretanto, a justificativa da SEMAM de que as normas do CONAMA não se aplicam aos municípios é equivocada. O CONAMA, conforme o artigo 8º, inciso I, da PNMA, é o órgão consultivo e deliberativo do SISNAMA e tem a competência para estabelecer as diretrizes para o licenciamento ambiental, cujas normas são vinculantes para todos os órgãos do sistema, incluindo a SEMAM. Assim, a decisão da SEMAM, ao afirmar que as normas do CONAMA não se aplicam ao município, deve ser revista, pois contraria a legislação vigente.

▸ PADRÃO DE RESPOSTA DA BANCA

1- A Resolução CONAMA n.º 237/1997 é uma norma nacional que estabeleceu, no § 1.º do art. 2.º, que estão sujeitos ao licenciamento ambiental os empreendimentos e as atividades relacionadas no Anexo 1.

Nesse sentido, a empresa Delícias Francesas Ltda. pretende desenvolver atividades constantes do anexo 1 como a atividade de "abatedouro de origem animal", "beneficiamento e fabricação de produtos alimentares", "frigoríficos" e a "fabricação de conservas".

2- O pedido de licenciamento ambiental deverá ser indeferido porque as áreas em altitude superior a 1.800 metros são áreas de preservação permanente (APP), independentemente do bioma, conforme art. 4.º, inciso X, da Lei n.º 12.651/2012. Conforme o artigo 8.º do Código Florestal brasileiro, as intervenções em APP somente serão permitidas nas hipóteses de utilidade pública, de interesse social ou de baixo impacto ambiental, o que não se aplica às atividades pretendidas pela empresa Delícias Francesas Ltda. Destaca-se que a proteção dada às áreas em altitude superior a 1.800 metros, como a pretendida pelo empreendimento, independe da vegetação do local.

3 A justificativa da SEMAM está equivocada, pois os municípios integram o SISNAMA e devem obediência às suas normas. Conforme o art. 6.º, VI, da Lei n.º 6.938/1981, os órgãos locais integram o SISNAMA. São eles "os órgãos ou entidades municipais, responsáveis pelo controle e fiscalização dessas atividades, nas suas respectivas jurisdições". Conforme o art. 8.º, I, da Lei n.º 6.938/1981, o CONAMA é o órgão consultivo e deliberativo do SISNAMA e, no âmbito de sua competência, inclui-se o estabelecimento de normas e critérios para o licenciamento de atividades efetiva ou potencialmente poluidoras. Em razão dessa atribuição, as Resoluções n.º 1/1986 e n.º 237/1997 regulamentam as questões gerais sobre o EIA/RIMA e o licenciamento ambiental, devendo ser obedecidas pela SEMAM. A decisão da SEMAM de que a atividade não era passível de licenciamento ambiental por entender que as normas do CONAMA não se aplicariam ao município deve, portanto, ser anulada, para ser proferida nova decisão indeferindo o pedido de licença ambiental pelas razões apresentadas no quesito anterior.

Quesito 2.1 – Fundamento jurídico para que a atividade descrita exija licenciamento ambiental e o fundamento.

0 - Não abordou o aspecto OU indicou que a atividade não precisa de licenciamento ambiental.

1 - Posicionou-se pela necessidade de licenciamento ambiental, mas não fundamentou com base na legislação do CONAMA.

2 - Posicionou-se pela necessidade de licenciamento ambiental E fundamentou com base na legislação do CONAMA.

Quesito 2.2 Razões legais para que o pedido de licenciamento ambiental requerido seja indeferido

0 - Não abordou o aspecto OU indicou que o licenciamento ambiental deveria ser deferido.

1 - Posicionou-se pelo indeferimento do pedido porque as áreas acima da altitude de 1.800 metros são APPs, mas não mencionou que essa limitação legal independe do tipo de vegetação.

2 - Posicionou-se pelo indeferimento do pedido porque as áreas acima da altitude de 1.800 metros são APPs E mencionou que isso independe do tipo de vegetação.

Quesito 2.3 Discussão da justificativa apresentada na decisão da SEMAM considerando-se a composição do SISNAMA e a competência normativa do CONAMA sobre licenciamento ambiental.

0 - Não abordou o aspecto OU indicou que a decisão da SEMAN está correta.

1 - Mencionou que a justificativa do órgão está equivocada, mas não indicou que a SEMAM deve obedecer às normas do CONAMA.

2 - Mencionou que a justificativa do órgão está equivocada E indicou que a SEMAM faz parte do SISNAMA e por isso deve obedecer às normas do CONAMA.

▶ DOUTRINA TEMÁTICA

"Inicialmente, vale relembrar que todas as entidades políticas, diretamente ou através de seus entes integrantes da Administração Pública Indireta, possuem o dever constitucional de exercer o poder de polícia ambiental, por se tratar de competência material comum a proteção ao meio ambiente e o combate a poluição em qualquer de suas formas, ex vi do artigo 23, VI, da CRFB." (FREDERICO AMADO, p. 99. 2020).

"O licenciamento ambiental e a sua revisão é um dos instrumentos da política nacional do meio ambiente previsto no art. 9-, IV, da Lei n. 6.938/81. É um importante instrumento de gerenciamento dos recursos ambientais e de controle preventivo. A Lei Complementar n. 140/2011 deve fortalecer os municípios, respeitando, assim, a sua autonomia prevista no art. 18 da CF." (SIRVINSKAS, p. 326. 2020).

"Licença e licenciamento não são exatamente a mesma coisa, embora exista uma ligação visceral entre eles. É que a licença ambiental é o ato resultante do processo de licenciamento. Só se obtém uma licença ambiental após o desenvolvimento válido e regular de uma sequência de atos administrativos em contraditório que culminam num ato final, que é a concessão ou denegação do pedido de licença ambiental. Esse ato final resultante desse processo é a licença ambiental. Já o processo ou procedimento em si mesmo, englobando todos os atos e a forma como se desenvolve, é o licenciamento ambiental. Tanto um como o outro, licença e licenciamento, foram definidos na Resolução CONAMA n. 237/97." (RODRIGUES, Marcelo Abelha, 2018, p. 558)

"Temos em nosso país um genuíno Sistema Nacional do Meio Ambiente (SISNAMA), instituído pela Política Nacional do Meio Ambiente (PNAMA — Lei n. 6.938/81), cuja estrutura é bastante ampla, conforme deixa claro o art. 6º daquela lei.195

Dentre todos os órgãos que compõem dita estrutura, o maior destaque vai, sem dúvida, para o Conselho Nacional do Meio Ambiente (CONAMA). Sua função, dentro do SISNAMA, está assim definida pelo art. 6º, II, da PNAMA:

"II — órgão consultivo e deliberativo: o Conselho Nacional do Meio Ambiente — CONAMA, com a finalidade de assessorar, estudar e propor ao Conselho de Governo, diretrizes de políticas governamentais para o meio ambiente e os recursos naturais e deliberar, no âmbito de sua competência, sobre normas e padrões compatíveis com o meio ambiente ecologicamente equilibrado e essencial à sadia qualidade de vida;"

Conquanto tenha um grande espectro de competências definidas pelo art. 8º da PNMA, o fato é que a marca característica do CONAMA é a sua função deliberativa (normativa), que resulta em uma série de Resoluções, visando regulamentar aspectos diversos da proteção ambiental.

A grande vantagem da utilização de instrumentos administrativos para normatizar tais aspectos está em conferir mais mobilidade e adaptabilidade às regras relacionadas ao licenciamento, aos padrões e critérios ambientais etc. Assim, podem se manter adequadas à realidade, que, tratando-se de meio ambiente, está sempre sujeita a mutações de toda ordem.

Não é por acaso, aliás, que a composição do CONAMA mereceu tratamento destacado pelos arts. 4º, 5º, 6º, 6º-A e 6º-B do Decreto n. 99.274/90. Na leitura de tais dispositivos, o que salta aos olhos é o fato de que essa composição é extremamente eclética e eminentemente técnica, o que permite um amplo, rico e competente debate no exercício da competência deliberativa." (RODRIGUES, Marcelo Abelha, 2024, p. 290)

"Comecemos pelo inciso I do art. 9º da Lei n. 6.938/81, que prescreve que "o estabelecimento de padrões de qualidade ambiental" constitui instrumento da política nacional do meio ambiente.

Tais "padrões de qualidade ambiental" são fixados pelo CONAMA, que, no exercício de sua função deliberativa (normativa), é o órgão que detém competência legal e técnica para tanto, conforme indica o art. 8º, VI e VII, da mesma lei:

Art. 8º Compete ao CONAMA: (...)

VI — estabelecer, privativamente, normas e padrões nacionais de controle da poluição por veículos automotores, aeronaves e embarcações, mediante audiência dos Ministérios competentes;

VII — estabelecer normas, critérios e padrões relativos ao controle e à manutenção da qualidade do meio ambiente com vistas ao uso racional dos recursos ambientais, principalmente os hídricos.

Trata-se de instrumentos de extrema importância para a gestão do meio ambiente, tanto sob a perspectiva da população quanto sob o viés da própria administração pública.

Afinal, se por um lado são parâmetros para que a Administração fixe condicionantes e metas em processos de licenciamento, por outro servem para que a própria população possa controlar quais atividades obedecem, ou não, aos limites saudáveis de degradação. Dão, assim, atuação ao princípio da educação." (RODRIGUES, Marcelo Abelha, 2024, p. 673)

▶ JURISPRUDÊNCIA TEMÁTICA

"AMBIENTAL E PROCESSUAL CIVIL. RECURSO ESPECIAL. ÁREA DE PRESERVAÇÃO PERMANENTE. INEXISTÊNCIA DE VIOLAÇÃO DO ART. 1.022 DO CÓDIGO FUX. DISSÍDIO JURISPRUDENCIAL NÃO DEMONSTRADO. FALTA DE INDICAÇÃO DO DISPOSITIVO LEGAL DE INTERPRETAÇÃO CONTROVERTIDA NOS TRIBUNAIS. SÚMULA 284/STF. NO MÉRITO, O ACÓRDÃO IMPUGNADO CONDENOU A PARTE RECORRIDA À APRESENTAÇÃO DE PROJETO DE RECUPERAÇÃO DA ÁREA PERANTE O ÓRGÃO AMBIENTAL - E CONTRA ISTO NÃO SE INSURGE O PARQUET. AUTORIZAÇÃO PARA QUE, NESTA ETAPA, A PARTE RECORRIDA BUSQUE O LICENCIAMENTO DE SUAS EDIFICAÇÕES NA APP. POSSIBILIDADE. INEXISTÊNCIA DE PREJUÍZO À QUALIDADE AMBIENTAL, POIS EVENTUAL LICENCIAMENTO (BEM COMO AS MEDIDAS COMPENSATÓRIAS) SERÁ ANALISADO PELO ÓRGÃO INTEGRANTE DO SISNAMA. RECURSO ESPECIAL DO PRESENTANTE MINISTERIAL PARCIALMENTE CONHECIDO E, NESTA EXTENSÃO, DESPROVIDO.

1. O presente Recurso atrai a incidência do Enunciado Administrativo 3 do STJ, segundo o qual, aos recursos interpostos com fundamento no Código Fux (relativos a decisões publicadas a partir de 18 de março de 2016), serão exigidos os requisitos de admissibilidade recursal na forma do novo Código.

2. O acórdão ora impugnado reconheceu que a parte recorrida realizou construções na APP do Rio Pardo, dentro da faixa de 100 metros de sua margem. Por essa razão, confirmou a condenação da parte recorrida a apresentar, perante o órgão ambiental, projeto de recuperação da área.

3. Todavia, vislumbrando a possibilidade de incidência do art. 61-A da Lei 12.651/2012 (que trata da consolidação de ocupação em APP), a Corte de origem permitiu à parte recorrida que buscasse junto ao órgão ambiental, ao definir a forma de recomposição do meio ambiente, o licenciamento de suas intervenções na APP. O controle judicial do procedimento, por sua vez, será realizado na fase de liquidação da sentença.

4. Inexiste a alegada violação do art. 1.022 do Código Fux, pois a prestação jurisdicional foi dada na medida da pretensão deduzida, conforme se depreende da análise do acórdão recorrido. O Tribunal de origem apreciou fundamentadamente a controvérsia, não padecendo o acórdão recorrido de qualquer omissão, contradição ou obscuridade. Observe-se, ademais, que julgamento diverso do pretendido, como na espécie, não implica ofensa à norma ora invocada.

5. Não pode ser conhecido o dissídio jurisprudencial suscitado pela parte recorrente, pois esta não indicou qual seria o dispositivo legal de interpretação controvertida nos Tribunais, o que atrai a incidência da Súmula 284/STF.

6. A condenação da parte recorrida, tanto na sentença (fls. 418) como no acórdão (fls. 507/508), foi para apresentar projeto de recuperação ao órgão ambiental - e contra isto não se insurge o Parquet.

7. Ou seja: a específica forma de recuperação da APP será definida pelo particular em conjunto com o órgão ambiental estadual, que analisará e chancelará (ou não) o projeto por ele apresentado. Como bem dito pelo Juiz sentenciante, a eventual necessidade de intervenção judicial na propriedade será aferida em fase de liquidação de sentença e se

comprovada a renitência do requerido no cumprimento das obrigações determinadas (fls. 418).

8. Diante disso, o acórdão recorrido apenas introduziu um parâmetro a ser levado em consideração, pelo órgão ambiental, na análise do projeto de recuperação da APP, qual seja: a possibilidade de incidência do art. 61-A da Lei 12.651/2012 - inclusive, se for o caso, com as medidas compensatórias previstas no dispositivo, bem como no art. 66 (fls. 508).

9. Não se pode transformar o Poder Judiciário em uma espécie de balcão do órgão ambiental, imputando-lhe a responsabilidade por analisar, originariamente, os pleitos de licenciamento de ocupações ou realização de medidas compensatórias. O exame de tais assuntos cabe, em verdade, aos órgãos integrantes do SISNAMA, na forma da vasta Legislação sobre o tema.

10. Por conseguinte, a determinação do acórdão recorrido compatibiliza de maneira adequada os interesses à tutela do meio ambiente e à eficácia prática do processo. Afinal, a parte recorrida foi condenada à recuperação do meio ambiente degradado - e quanto a isto não há qualquer dúvida; a forma específica de recuperação é que será definida pelo órgão ambiental, ao examinar o projeto apresentado pelo particular.
11. A atuação do ente do SISNAMA concorrerá, justamente, para evitar qualquer prejuízo à qualidade ambiental, verificando se a parte recorrida faz jus, ou não, ao licenciamento de suas obras, bem como a necessidade de eventuais medidas de compensação. Outrossim, consoante destacou a sentença (em trecho mantido pelo acórdão recorrido), poderá o Parquet provocar a intervenção judicial, na fase de liquidação, caso se verifique ilicitude na conduta da parte recorrida.

12. Ante o exposto, conhece-se parcialmente e, na parte conhecida, nega-se provimento ao Recurso Especial do Presentante Ministerial. É o voto.

(STJ. Processo REsp 1807851 / SP. RECURSO ESPECIAL 2019/0097068-6. Relator Ministro NAPOLEÃO NUNES MAIA FILHO. Órgão Julgador PRIMEIRA TURMA. Data do Julgamento 03/12/2019. Data da Publicação/Fonte DJe 09/12/2019)."

"ADMINISTRATIVO E AMBIENTAL. ATIVIDADE PESQUEIRA. LEI 11.959/2009. LICENCIAMENTO AMBIENTAL. ART. 10, CAPUT, DA LEI 6.938/1981. AUSÊNCIA DE LICENÇA DE OPERAÇÃO. ARTS. 60 E 70 DA LEI 9.605/1998 C/C O ART. 66 DO DECRETO 6.514/2008. PODER DE POLÍCIA AMBIENTAL. LEI COMPLEMENTAR 140/2011. SISNAMA - SISTEMA NACIONAL DO MEIO AMBIENTE. RESOLUÇÃO CONAMA 237/1997. EFEITOS DO ATO DE PROTOCOLO E DA TRAMITAÇÃO DE PEDIDO DE LICENÇA OU AUTORIZAÇÃO AMBIENTAL. OMISSÃO OU INEFICÁCIA DOS ÓRGÃOS LOCAIS. COMPETÊNCIA SUPLETIVA DO IBAMA.

1. Trata-se, na origem, de Ação Anulatória de auto de infração lavrado pelo Ibama contra "Norte Pesca SA", por exercício de atividade econômica pesqueira sem Licença de Operação válida, em desrespeito ao art. 10, caput, da Lei 6.938/1981, à Lei 9.605/1998 e ao Decreto Federal 6.514/2008. O ilícito vem confessado pela empresa, embora alegue, em defesa, que teria requerido, e ainda dependia de deferimento, renovação de licença anterior.

2. A empresa autuada exerce, inequivocamente, atividade pesqueira, nos termos da Lei 11.959/2009. Irrefutável a competência federal para apreciar a matéria, sobretudo porque, no nosso ordenamento contemporâneo, a fauna ictiológica, a fauna malacológica, a carcinofauna, corais e outros seres vivos aquáticos não integram o domínio privado, e sim o domínio público, nele avultada a conexão com a União: são bens públicos o meio hídrico e os seres vivos que naturalmente (naturalis libertas) nele se encontrem.

3. Sob o ângulo técnico-jurídico, licenciamento ambiental designa procedimento administrativo formal, ínsito ao poder de polícia da União, Estados, Distrito Federal e Municípios, de controle do uso dos recursos naturais e da degradação do meio ambiente.

Constitui gênero do qual derivam (como espécies de ato final) licença e autorização ambiental. Ou seja, falar de licenciamento ambiental é falar de autorização e licença, o que importa dizer que, em regra, os mecanismos de garantia da sociedade e das gerações futuras aplicáveis na expedição de licença ambiental se impõem simetricamente na autorização. COMPETÊNCIAS AMBIENTAIS DO ESTADO 4. Na arquitetura constitucional, divide-se, em duas famílias, a competência do Estado, em sentido amplo, no domínio do Direito Ambiental. De um lado, a competência legislativa ambiental; do outro, a competência de implementação ambiental (= atribuição para administrar, também chamada de material). Ao manejar essas modalidades de competência ambiental, o legislador, o administrador e o juiz empenham-se intensamente em evitar centralização cega que, de cima para baixo, fulmine o princípio federativo, e descentralização cega que o aniquile ao reverso, de baixo para cima.

5. Distinguem-se competência de licenciamento e competência de fiscalização e repressão, inexistindo correlação automática e absoluta entre os seus regimes jurídicos. Segundo a jurisprudência do STJ, atividades licenciadas ou autorizadas (irrelevante por quem) - bem como as não licenciadas ou autorizadas e as não licenciáveis ou autorizáveis - podem ser, simultaneamente, fiscalizadas e reprimidas por qualquer órgão ambiental, cabendo-lhe alçadas de autuação, além de outras, daí decorrentes, como interdição e punição: "havendo omissão do órgão estadual na fiscalização, mesmo que outorgante da licença ambiental, o IBAMA pode exercer o seu poder de polícia administrativa, porque não se pode confundir competência para licenciar com competência para fiscalizar" (AgInt no REsp 1.484.933/CE, Relatora Min. Regina Helena Costa, Primeira Turma, DJe de 29/3/2017, grifo acrescentado). No mesmo sentido: AgRg no REsp 711.405/PR, Rel. Min. Humberto Martins, Segunda Turma, DJe de 15/5/2009; REsp 1.560.916/AL, Rel. Ministro Francisco Falcão, Segunda Turma, DJe de 9/12/2016; AgInt no REsp 1.532.643/SC, Rel. Ministra Assusete Magalhães, Segunda Turma, DJe de 23/10/2017. Cf.

também: "o poder de polícia ambiental pode ser exercido por qualquer dos entes da federação atingidos pela atividade danosa ao meio ambiente" (AgInt no AREsp 1.148.748/RJ, Rel. Min. Mauro Campbell Marques, Segunda Turma, DJe de 24/5/2018, grifo acrescentado).

6. O princípio da unicidade do licenciamento ambiental significa que o procedimento correrá, formalmente, perante apenas um dos entes federativos, evitando-se, assim, duplicidade ou triplicidade capazes de ocasionar ações paralelas, desconexas ou não, que poderiam angariar incerteza e desperdício de recursos humanos, técnicos e financeiros, em prejuízo da eficiência e da segurança jurídica.

7. A unicidade é apenas procedimental, o que se encaixa perfeitamente no federalismo cooperativo, em si nada de anômalo, exceto se trouxer, em contrabando, tentativa de retirar, debilitar ou esvaziar poderes constitucionalmente atribuídos, ou seja, calar participação útil da União, Estados, Distrito Federal e Municípios, como afazeres próprios do exercício de sua autonomia e competência comum (CF, arts. 18, caput, e 23, VI e VII). Unicidade não implica monopólio ou menosprezo, nem transmutação do comum em exclusividade. PROTOCOLO DE PEDIDO DE LICENÇA OU AUTORIZAÇÃO 8. Insustentável o argumento da recorrente de que a ação fiscalizadora e repressiva do Ibama seria indevida porque no momento da autuação tramitava requerimento de renovação de licença ambiental. Quanto a isso o Tribunal de origem consignou: "a licença ainda não havia sido expedida, dadas as diversas exigências não cumpridas pela empresa".

9. Ao contrário do que afirma a autuada (estaria ela "amparada por tramitação de licença perante o órgão municipal", grifei), lídimo amparo legal só possui aquele que age sob a égide de prévio e válido licenciamento ambiental. Evidentemente, quem requer à Administração, enquanto aguarda não passa de requerente, status postulatório que se mantém

até a concessão efetiva do ato pretendido. Daí inconcebível que o interessado se sinta ou se comporte como se já fosse titular de direito administrativamente reconhecido, pois, no máximo, estampa mera expectativa de outorga. Tal qual sucede com a Carteira Nacional de Habilitação (CNH), mero protocolo ou tramitação de pedido de autorização ou licença, original ou em renovação, nada legitima, nada garante, nada promete, nada insinua, nada adianta. Tampouco exime de responsabilidade administrativa, civil e penal aquele que, por sua conta e risco, avança com empreendimento ou atividade ao arrepio da lei, na marra mesmo, substituindo-se, sem título ou mandato, ao Estado, em processo de apropriação individual de função pública (poder de polícia) indelegável e não privatizável.

10. Recurso Especial parcialmente conhecido e, nessa parte, não provido.

(STJ. REsp 1802031 / PE. RECURSO ESPECIAL2019/0064624-3. RelatorMinistro HERMAN BENJAMIN. Órgão JulgadorSEGUNDA TURMA. **Data do Julgamento 07/11/2019. Data da Publicação/FonteDJe 11/09/2020)."**

"É inconstitucional a legislação estadual que, flexibilizando exigência legal para o desenvolvimento de atividade potencialmente poluidora, cria modalidade mais simplificada de licenciamento ambiental. É inconstitucional lei estadual que regulamenta aspectos da atividade garimpeira, nomeadamente, ao estabelecer conceitos a ela relacionados, delimitar áreas para seu exercício e autorizar o uso de azougue (mercúrio) em determinadas condições.

STF. Plenário. ADI 6672/RR, Rel. Min. Alexandre de Moraes, julgado em 14/9/2021 (Info 1029)."

"É inconstitucional norma estadual que estabelece hipóteses de dispensa e simplificação do licenciamento ambiental para atividades de lavra a céu aberto por invadir a competência legislativa da União para editar normas gerais sobre proteção do meio ambiente, nos termos previstos no art. 24, §§ 1º e 2º, da Constituição Federal. Vale ressaltar também que o estabelecimento de procedimento de licenciamento ambiental estadual que torne menos eficiente a proteção do meio ambiente equilibrado quanto às atividades de mineração afronta o caput do art. 225 da Constituição por inobservar o princípio da prevenção.

STF. Plenário. ADI 6650/SC, Rel. Min. Cármen Lúcia, julgado em 26/4/2021 (Info 1014)."

QUESTÕES DE CONCURSO RELACIONADAS

1- (PGE/SE – 2023 - CEBRASPE): Considere-se que, no âmbito do licenciamento ambiental, determinado ato de órgão ambiental competente aprove, na fase preliminar do planejamento de um empreendimento, sua localização e concepção, atestando sua viabilidade ambiental e estabelecendo os requisitos básicos e as condicionantes a serem atendidos nas próximas fases de sua implementação. O ato descrito na hipótese precedente é denominado

A. autorização.

B. licença prévia.

C. homologação.

D. licença de instalação.

E. licença de operação.

Resposta: B

2- (PGE-AL - Procurador do Estado – 2021 - CESPE / CEBRASPE): Compete ao Instituto Brasileiro do Meio Ambiente e dos Recursos Naturais Renováveis (IBAMA) o licenciamento ambiental localizado em

a) mais de um município ou em unidades de conservação de domínio estadual ou do Distrito Federal.

b) floresta de vegetação natural de preservação permanente.

c) área cujo impacto ambiental direto ultrapasse os limites territoriais de um ou mais municípios.

d) área delegada pela União por convênio aos estados ou ao Distrito Federal.

e) zona econômica exclusiva ou desenvolvido em parceria com país limítrofe.

Resposta: E

3- (PGE-GO - Procurador do Estado Substituto – 2021 - FCC):Foram submetidos ao licenciamento ambiental conduzido pelo Estado de Goiás cinco empreendimentos com absoluta sinergia entre eles e que serão instalados em áreas limítrofes. Neste cenário, o órgão licenciador

a) poderá realizar um único licenciamento, desde que haja a instituição de uma Sociedade de Propósito Específico (SPE) para garantir o cumprimento das obrigações ambientais.

b) deverá conduzir um licenciamento para cada empreendimento e, ao final, emitir uma única licença para todos os empreendimentos com a instituição de solidariedade em relação às obrigações ambientais.

c) poderá conduzir um único licenciamento considerando o conjunto de empreendimentos.

d) está obrigado a abrir um processo de licenciamento para cada empreendimento isoladamente considerado, ainda que haja sinergia entre eles.

e) está obrigado a abrir um processo de licenciamento para cada empreendimento, mas deverá considerar a sinergia existente entre eles.

Resposta: C

4- (TJ-AP - Juiz de Direito Substituto – 2022 - FGV):A sociedade Alfa Ltda., após obter licença ambiental para construção de estacionamento em área inserida em Estação Ecológica, é processada em ação civil pública, em razão do dano ambiental causado. O autor da ação comprova erro na concessão da licença, tendo em vista que é vedada a construção dentro da referida Unidade de Conservação. Em defesa, a sociedade Alfa Ltda. alega que realizou a construção amparada em licença ambiental presumidamente válida.

Sobre o caso, é correto afirmar que a ação deve ser:

a) rejeitada e a licença ambiental mantida, em respeito ao princípio da segurança jurídica e da proteção da confiança;

b) rejeitada e a licença ambiental mantida, com a imputação de responsabilidade integral à autoridade que concedeu a licença indevidamente;

c) acolhida em parte, para que a licença seja concedida, mas limitada temporalmente, até que o réu possa ser ressarcido dos investimentos efetivamente realizados;

d) acolhida para a anulação da licença ambiental, mas não para a reparação da lesão ambiental, tendo em vista que o dano foi causado por fato de terceiro, no caso, a concessão da licença de forma errada;

e) acolhida, tendo em vista que os danos ambientais são regidos pelo modelo da responsabilidade objetiva e pela teoria do risco integral.

Resposta: E

5- (AGU – 2023 - CEBRASPE): Considerando o art. 225 da Constituição Federal de 1988 (CF) e a jurisprudência do STF pertinente à possibilidade de licenciamento ambiental para atividade potencialmente poluidora, julgue os itens seguintes.

I A dispensa estadual do licenciamento de atividade impactante viola o direito fundamental ao meio ambiente ecologicamente equilibrado e configura inobservância dos princípios da proibição de retrocesso em matéria socioambiental, da prevenção e da precaução.

II A definição das atividades passíveis de licenciamento ambiental está prevista resolução do Conselho Nacional do Meio Ambiente (CONAMA).

III A Constituição Federal de 1988 exige que seja realizado estudo prévio de impacto ambiental para a instalação de uma atividade potencialmente causadora de significativa degradação do meio ambiente, a exemplo da mineração.

Assinale a opção correta.

A. Apenas o item II está certo.

B. Apenas o item III está certo.

C. Apenas os itens I e II estão certos.

D. Apenas os itens I e III estão certos.

E. Todos os itens estão certos.

Resposta: E

3. CÓDIGO FLORESTAL

QUESTÃO 1

(PREF MOSSÓRÓ/RN – Procurador do Município – 2024 – CEBRASPE)

No corrente ano, determinado município ajuizou ação própria contra o proprietário de uma pousada, em razão da intervenção em área de preservação permanente (APP), fruto de edificação de chalés de alvenaria sem autorização ambiental. Na ação, foi requerida a demolição das construções que avançaram sobre a APP. Em sua defesa, o proprietário do empreendimento do ramo de hotelaria alegou a existência de interesse social na utilização da APP e que, na ausência de laudo pericial que constatasse o alegado dano ambiental, somente deveriam ser adotadas medidas mitigadoras distintas da pretendida demolição.

Considerando essa situação hipotética, analise as alegações apresentadas pelo proprietário do empreendimento, respondendo, com fundamento no Código Florestal e no entendimento jurisprudencial do Superior Tribunal de Justiça, aos seguintes questionamentos.

1 Qual é a previsão legal e jurisprudencial acerca de edificação sobre APP para fins de exploração econômica? [valor: 3,50 pontos]

2 É necessário laudo pericial que ateste a ocorrência de danos ambientais causados pelo empreendimento? [valor: 3,00 pontos]

3 Quais medidas devem ser adotadas pelo poder público no caso relatado? [valor: 3,00 pontos]

QUESTÃO 1

(30 LINHAS)

▶ RESPOSTA DO AUTOR

A edificação em Áreas de Preservação Permanente (APP) para fins de exploração econômica é, em regra, proibida pelo Código Florestal (Lei nº 12.651/2012). O artigo 8º da referida lei estabelece que a intervenção em APP, incluindo a edificação, só é permitida nas hipóteses de utilidade pública, interesse social ou atividades de baixo impacto ambiental, desde que cumpram os requisitos do licenciamento ambiental, o qual deve ser rigoroso.

Nos termos da jurisprudência, a Corte Cidadã tem se posicionado no sentido de que a ocupação de APP sem a devida autorização ambiental constitui infração, sujeitando o responsável a medidas de reparação, incluindo a demolição da obra. O STJ afirma que mesmo havendo alegações de interesse social, a ocupação sem a devida autorização legal não pode ser considerada regular.

Quanto à necessidade de laudo pericial, esse é dispensável para atestar danos ambientais causados pela intervenção em APP quando a ocupação foi realizada sem a devida autorização ambiental. Nos termos do Código Florestal e do STJ, a ocupação de APP sem autorização já constitui violação das normas ambientais, independentemente da comprovação de danos ambientais imediatos. Assim, o fato de o imóvel ter sido edificado em APP sem a devida autorização já é suficiente para caracterizar a infração, sendo permitida a demolição da obra mesmo que não haja laudo pericial.

No presente caso, deve o poder público adotar determinadas medidas, como a demolição das construções irregulares, seguida da recuperação da área degradada, nos termos do artigo 8º, §4º, da Lei n.º 12.651/2012. Além disso, o responsável pela intervenção ilegal poderá ser responsabilizado civilmente pela recomposição da área afetada, conforme o artigo 14, §1º, da Lei nº 6.938/1981, sendo cabível pleito indenizatório.

▶ PADRÃO DE RESPOSTA DA BANCA

A área de preservação permanente (APP) é caracterizada como faixa de terreno onde é vedada a construção, cuja exploração econômica direta, desmatamento ou ocupação humana se dão de forma totalmente excepcional e em numerus clausus, somente nas hipóteses de utilidade pública, de interesse social ou de baixo impacto ambiental previstas no Código Florestal (Lei n.º 12.651/2012), mediante rigoroso procedimento de licenciamento ambiental.

> Lei n.º 12.651/2012
>
> Art. 8.º A intervenção ou a supressão de vegetação nativa em Área de Preservação Permanente somente ocorrerá nas hipóteses de utilidade pública, de interesse social ou de baixo impacto ambiental previstas nesta Lei.
>
> 3. A APP é caracterizada como faixa de terreno onde é vedada a construção, cuja exploração econômica direta, desmatamento ou ocupação humana se dão de forma totalmente excepcional e em numerus clausus, somente nas hipóteses de utilidade pública, de interesse social ou de baixo impacto ambiental previstas nesta Lei, mediante rigoroso procedimento de licenciamento administrativo. (AgInt nos EDcl no AREsp 1.769.681/MS, relator ministro Sérgio Kukina, Primeira Turma, julgado em 11/9/2023, DJe de 14/9/2023).

É prescindível a constatação pericial dos danos ambientais causados, bastando a constatação, já existente nos autos, de que o imóvel em questão foi edificado em APP e sem autorização ambiental válida expedida pelo órgão ambiental competente.

> (...) prescinde da constatação pericial dos danos ambientais causados às margens do Rio Ivinhema, bastando a constatação, já existente nos autos, de que o imóvel em questão foi edificado em Área de Preservação Permanente e sem autorização ambiental válida expedida pelo órgão ambiental competente. (REsp 1.245.149/MS, relator ministro Herman Benjamin, Segunda Turma, julgado em 9/10/2012, DJe de 13/6/2013).

No ordenamento jurídico brasileiro, aquele que causar dano ambiental deverá ser civilmente responsabilizado (artigo 225, §3º, da CF/88), além de ser responsabilizado na esfera penal e administrativa. Revela-se legítima a demolição da construção, de acordo com o §4.º do artigo 8.º da Lei n.º 12.651/2012 (Código Florestal), haja vista a impossibilidade de regularização da área objeto de intervenção. Ademais, a hipótese de intervenção relatada enseja o cabimento de pleito indenizatório e a determinação da recomposição da área afetada pela prática de dano ambiental (artigo 14, §1º, da Lei 6.938/1981).

QUESITOS AVALIADOS

QUESITO 2.1

Conceito 0 – Não respondeu ou respondeu de forma totalmente equivocada.

Conceito 1 – Respondeu apenas que é vedada a construção em APP.

Conceito 2 – Respondeu que é vedada a construção em APP e acrescentou, corretamente, apenas um dos seguintes aspectos: (i) exploração econômica direta, desmatamento ou ocupação humana se dão de forma totalmente excepcional e em numerus clausus; (ii) permissão de construção nas hipóteses de utilidade pública, de interesse social ou de baixo impacto ambiental previstas no Código Florestal; e (iii) exigência de rigoroso procedimento de licenciamento administrativo.

Conceito 3 – Respondeu que é vedada a construção em APP e acrescentou, corretamente, dois dos aspectos citados.

Conceito 4 – Respondeu que é vedada a construção em APP e acrescentou, corretamente, os três aspectos citados.

QUESITO 2.2

Conceito 0 – Não respondeu ou respondeu que é imprescindível laudo pericial que demonstre o dano ambiental.

Conceito 1 – Respondeu apenas que é prescindível laudo pericial.

Conceito 2 – Respondeu que é prescindível laudo pericial e acrescentou, corretamente, apenas um dos seguintes aspectos: (i) bastante a constatação, nos autos, de que o imóvel foi edificado em APP; e (ii) ausência de autorização ambiental válida expedida pelo órgão ambiental competente.

Conceito 3 – Respondeu que é prescindível laudo pericial e acrescentou, corretamente, os dois aspectos citados.

QUESITO 2.3

Conceito 0 – Não respondeu ou respondeu de forma totalmente equivocada.

Conceito 1 – Mencionou, corretamente, apenas uma das medidas a serem adotadas pelo poder público: (i) pleito indenizatório; (ii) demolição do empreendimento; e (iii) recomposição da área afetada por dano ambiental.

Conceito 2 – Mencionou, corretamente, apenas duas das medidas a serem adotadas pelo poder público.

Conceito 3 – Mencionou, corretamente, as três medidas a serem adotadas pelo poder público.

▸ DOUTRINA TEMÁTICA

"A vegetação situada em Área de Preservação Permanente deverá ser mantida pelo proprietário da área, possuidor ou ocupante a qualquer título, pessoa física ou jurídica, de direito público ou privado. Tendo ocorrido supressão de vegetação situada em Área de Preservação Permanente, o proprietário da área, possuidor ou ocupante a qualquer título é obrigado a promover a recomposição da vegetação, ressalvados os usos autorizados previstos na Lei n. 12.651/2012. A obrigação prevista no § 1º do art. 7º da citada lei tem natureza real e é transmitida ao sucessor no caso de transferência de domínio ou posse do imóvel rural. No caso de supressão não autorizada de vegetação realizada após 22 de julho de 2008, é vedada a concessão de novas autorizações de supressão de vegetação enquanto não cumpridas às obrigações previstas no § 1º (art. 7º da Lei n. 12.651/2012).

A intervenção ou a supressão de vegetação nativa em Área de Preservação Permanente somente ocorrerá nas hipóteses de utilidade pública, de interesse social ou de baixo impacto ambiental previstas na Lei n. 12.651/2012. A supressão de vegetação nativa protetora de nascentes, dunas e restingas somente poderá ser autorizada em caso de utilidade pública. A intervenção ou a supressão de vegetação nativa em Área de Preservação Permanente de que tratam os incisos VI e VII do caput do art. 4º da referida lei poderá ser autorizada, excepcionalmente, em locais onde a função ecológica do manguezal esteja comprometida, para execução de obras habitacionais e de urbanização, inseridas em projetos de regularização fundiária de interesse social, em áreas urbanas consolidadas ocupadas por população de baixa renda. É dispensada a autorização do órgão ambiental competente para a execução, em caráter de urgência, de atividades de segurança nacional e obras de interesse da defesa civil destinadas à prevenção e mitigação de acidentes em áreas urbanas. Não haverá, em qualquer hipótese, direito à regularização de futuras intervenções ou supressões de vegetação nativa, além das previstas no novo Código Florestal (art. 8º da Lei n. 12.651/2012)." (LÚIS PAULO SIRVINSKAS, p. 606, 2022)

"Como é sabido, a teoria do fato consumado em matéria ambiental sempre foi utilizada como forma de defesa pelos proprietários e reiteradamente repudiada pelo Poder Judiciário de todo o país.

Há muito que os jusambientalistas criticam esta teoria, sem sombra de dúvidas, prejudicial ao meio ambiente. Em outras palavras, acolher esta teoria seria permitir a consolidação do direito de poluir. Não é de outra forma o pensamento de Herman Benjamim, Ministro do STJ, a "teoria do fato consumado em matéria ambiental equivale a perpetuar, a perenizar suposto direito de poluir, que vai de encontro, no entanto, ao postulado do meio ambiente equilibrado como bem de uso comum do povo essencial à sadia qualidade de vida" (AgInt nos EDcl no REsp n. 1.447.071).

Com advento da Súmula 613 do STJ, aprovada pela 1ª Seção e publicada no dia 1º de junho de 2018, p. 9227, do DOU, não se admitirá mais a alegação da teoria do fato consumado por parte dos proprietários de imóveis localizados em Área de Preservação Permanente — AAP, como defesa em seus arrazoados, para se eximir da responsabilidade de reparar o dano ou desfazer a construção irregular. O STJ, com base em vários precedentes, optou em baixar a Súmula 613, com o seguinte verbete: Não se admite a aplicação da teoria do fato consumado em tema de Direito Ambiental.

Segue abaixo uma decisão pela qual o STJ fundamentou a criação da citada Súmula.

"Administrativo. Ambiental. Processual civil. Agravo regimental no Recurso Especial. Ação Civil Pública. Edificação em Área de Proteção Permanente. Proximidade a leito de rio. Constatação de atividade causadora de impacto ambiental. Casas de veraneio. Impossibilidade de alegação de fato consumado em matéria ambiental. Inexistência de aquisição de direito de poluir. Jurisprudência do STJ. Provimento do Recurso Especial. Suposta violação ao art. 557 do CPC. Controvérsia idêntica a outras julgadas colegiadamente pela Turma. Alegação de incidência superveniente da nova codificação florestal. Falta de prequestionamento. Preclusão do direito. Ausência de apresentação de contrarrazões em Recurso Especial.

1. O art. 557, caput, do CPC, autoriza o julgamento monocrático de recurso na hipótese de confronto com jurisprudência de Tribunal Superior, o caso concreto amoldando-se com perfeição a esse normativo por tratar de demanda símile a outras sobre a edificação em área de proteção ambiental no Estado do Mato Grosso do Sul (Ivinhema). 2. A invocação da revogação do antigo Código Florestal pela Lei 12.651/2012 e da eventual influência na resolução da controvérsia constitui tese não prequestionada na origem, tampouco aludida a tempo e modo próprios pelo agravante, que deixou transcorrer in albis o prazo para as contrarrazões de recurso especial. 3. Agravo regimental não provido" (AgRg no REsp 1.497.346/MS, rel. Min. Mauro Campbell Marques, Segunda Turma, julgado em 19-11-2015, DJe 27-11-2015).

Tal decisão facilitará a atuação do MP, que poderá realizar acordos com mais intensidade e frequência com os proprietários irregulares." (LÚIS PAULO SIRVINSKAS, p. 610, 2022)

▸ JURISPRUDÊNCIA TEMÁTICA

"Os arts. 2º, III; 3º, II, "c"; e 17, da Lei nº 20.922/2013, do Estado de Minas Gerais, ampliaram os casos de ocupação antrópica em áreas de preservação permanente previstos na norma federal vigente à época (no caso, a Lei nº 11.977/2009, revogada pela Lei nº 13.465/2017).

Com isso, essa lei estadual, além de estar em descompasso com o conjunto normativo elaborado pela União, flexibilizou a proteção ao meio ambiente local, tornando-o mais propenso a sofrer danos.

A legislação mineira, ao flexibilizar os casos de ocupação antrópica em áreas de Preservação Permanente, invadiu a competência da União, que já havia editado norma que tratava da regularização e ocupação fundiária em APPs.

STF. Plenário. ADI 5675/MG, Rel. Min. Ricardo Lewandowski, julgado em 17/12/2021 (Info 1042)."

"É inconstitucional lei estadual prevendo que é possível a supressão de vegetal em Área de Preservação Permanente (APP) para a realização de "pequenas construções com área máxima de 190 metros quadrados, utilizadas exclusivamente para lazer".

Essa lei possui vícios de inconstitucionalidade formal e material. Há inconstitucionalidade formal porque o Código Florestal (lei federal que prevê as normas gerais sobre o tema, nos termos do art. 24, § 1º, da CF/88) não permite a instalação em APP de qualquer tipo de edificação com finalidade meramente recreativa.

Existe também inconstitucionalidade material porque houve um excesso e abuso da lei estadual ao relativizar a proteção constitucional ao meio ambiente ecologicamente equilibrado, cujo titular é a coletividade, em face do direito de lazer individual.

STF. Plenário. ADI 4988/TO, Rel. Min. Alexandre de Moraes, julgado em 19/9/2018 (Info 916)."

"Administrativo. Ambiental. Processual civil. Agravo regimental no Recurso Especial. Ação Civil Pública. Edificação em Área de Proteção Permanente. Proximidade a leito de rio. Constatação de atividade causadora de impacto ambiental. Casas de veraneio. Impossibilidade de alegação de fato consumado em matéria ambiental. Inexistência de aquisição de direito de poluir. Jurisprudência do STJ. Provimento do Recurso Especial. Suposta violação ao art. 557 do CPC. Controvérsia idêntica a outras julgadas colegiadamente pela Turma. Alegação de incidência superveniente da nova codificação florestal. Falta de prequestionamento. Preclusão do direito. Ausência de apresentação de contrarrazões em Recurso Especial.

1. O art. 557, caput, do CPC, autoriza o julgamento monocrático de recurso na hipótese de confronto com jurisprudência de Tribunal Superior, o caso concreto amoldando-se com perfeição a esse normativo por tratar de demanda símile a outras sobre a edificação em área de proteção ambiental no Estado do Mato Grosso do Sul (Ivinhema). 2. A invocação da revogação do antigo Código Florestal pela Lei 12.651/2012 e da eventual influência na resolução da controvérsia constitui tese não prequestionada na origem, tampouco aludida a tempo e modo próprios pelo agravante, que deixou transcorrer in albis o prazo para as contrarrazões de recurso especial. 3. Agravo regimental não provido"

(AgRg no REsp 1.497.346/MS, rel. Min. Mauro Campbell Marques, Segunda Turma, julgado em 19-11-2015, DJe 27-11-2015)."

"A antropização consolidada de área degradada não autoriza a permanência de construções irregulares, erigidas à revelia do poder público, inexistindo direito adquirido de degradar o meio ambiente. Isso porque não existe direito adquirido a poluir. Vale ressaltar, ainda, que é irrelevante o fato de a área já ter sido degradada anteriormente por outra empresa que era a antiga proprietária do imóvel. Isso porque a obrigação de recuperar o meio ambiente é de natureza propter rem, nos termos do art. 2º, § 2º, do atual Código Florestal e da Súmula 623 do STJ. STJ. 2ª Turma.REsp 1.877.192-PR, Rel. Min. Francisco Falcão, julgado em 9/11/2023 (Info 17 – Edição Extraordinária)."

"A ausência de prova técnica para a comprovação do efetivo dano ambiental não inviabiliza o reconhecimento do dever de reparação ambiental, no caso de despejo irregular de esgoto. STJ. 2ª Turma. REsp 2.065.347-PE, Rel. Min. Francisco Falcão, julgado em 27/2/2024 (Info 805)"

QUESTÕES DE CONCURSO RELACIONADAS

1- (PGE-PI 2014/PROCURADOR DO ESTADO/CESPE): Acerca das áreas de proteção permanente (APPs), assinale a opção correta

A incidência de limitações administrativas sobre áreas localizadas em APPs ensejam, via de regra, indenização por desapropriação indireta.

Certo ( ) Errado ( )

Resposta: Errado

2) (PGM Manaus 2018): Compete ao poder público definir espaços territoriais ambientalmente protegidos, sendo a sua supressão permitida somente através de lei.

Resposta: Certo

3) (AGU – Procurador Federal – 2023 - CEBRASPE): Acerca do regime de proteção das áreas de preservação permanente (APP), assinale a opção correta.

a) A supressão de vegetação nativa em APP, quando protetora de nascentes, dunas e restingas, poderá ser autorizada nos casos de utilidade pública ou interesse social.

b) Uma vez ocorrida a supressão de vegetação em APP, o seu proprietário, possuidor ou ocupante a qualquer título é obrigado a promover a recomposição da vegetação, ressalvados os usos autorizados legalmente.

c) A vegetação situada em APP deverá ser mantida pelo proprietário da área, possuidor ou ocupante a qualquer título, desde que ele seja pessoa fisica ou juridica de direito privado, estando dispensado dessa obrigação o titular do imóvel que seja pessoa jurídica de direito público.

d) Por ser de caráter pessoal, a obrigação de recomposição da APP cuja vegetação tenha sido suprimida não pode ser transmitida ao sucessor, no caso de transferência do domínio ou da posse do imóvel rural.

e) O acesso de pessoas à APP para obtenção de água é permitido mediante autorização, a ser concedida em caráter de urgência pelo órgão ambiental competente.

Resposta: B

4) (PGM/Maringá - 2022 - CEBRASPE): Acerca da proteção florestal e das áreas de preservação permanente, assinale a opção correta.

A. A delimitação das áreas de preservação permanente depende de estudos ambientais que subsidiem a respectiva proposta de criação, a ser formalizada por ato legal instituído pelo poder público federal, estadual, distrital ou municipal.

B. A supressão de vegetação nativa para uso alternativo do solo, tanto de domínio público como de domínio privado, é competência do órgão ambiental municipal, quando existente.

C. Desde que haja aprovação por lei municipal, em hipóteses de declaração de utilidade pública ou de interesse social pelo Poder Executivo municipal, é possível reduzir em até 50% a reserva legal do imóvel urbano ou do imóvel rural.

D. É de competência exclusiva do município a criação de políticas de preservação e restauração de vegetação nativa em áreas urbanas.

E. Em áreas de preservação permanente localizadas em áreas urbanas, é dispensada a autorização do órgão ambiental competente para a execução, em caráter de urgência, de atividades de segurança nacional e de obras de interesse da defesa civil destinadas à prevenção e mitigação de acidentes.

Resposta: E

QUESTÃO 2

(PGE/SE – Procurador do Estado – 2023 – CEBRASPE)

O processo de urbanização do Brasil começou pelo litoral, de forma que as cidades litorâneas, via de regra, se desenvolveram nas proximidades dos cursos d'água, sendo comum, inclusive, que as edificações fossem construídas com os fundos voltados para os rios, nos quais eram lançados os dejetos de seus moradores. Esse modelo de urbanização, herdado dos colonizadores portugueses, impõe desafios no que tange à ordenação territorial das cidades brasileiras, o que se intensificou com o advento do novo Código Florestal, promulgado em 2012.

Haja vista a necessidade de se implantarem áreas de proteção permanente (APP) em solo urbano, discorra de maneira fundamentada acerca da forma como são instituídas as APP [valor: 5,00 pontos] e a importância de sua instituição em áreas urbanas [valor: 6,40 pontos].

QUESTÃO 2

(15 LINHAS)

▸ RESPOSTA DO AUTOR

As Áreas de Preservação Permanente (APP) são espaços especialmente protegidos em razão da relevante importância para a preservação ambiental e sua criação está regulamentada, principalmente, pelo Código Florestal (Lei nº 12.651/2012).

Nos termos do artigo 3º, II, da referida lei, essas áreas são faixas de terrenos legalmente protegidas com o objetivo de preservar os recursos naturais, manter a qualidade ambiental e garantir a funcionalidade ecológica em diferentes ecossistemas, sendo instituídas por lei ou por ato do Poder público.

Por força da legislação, são consideradas APP's as que se localizam em regiões como as margens de rios, nascentes, topos de morros, encostas com declividade superior a 45 graus, restingas, áreas de preservação de dunas, manguezais, entre outras, de acordo com o artigo 4º do Código Florestal, cujas criações ocorrem automaticamente.

Por outro lado, pode o Poder Público criar APP's por meio de ato administrativo, com base no interesse social ou para o cumprimento de objetivos ambientais, como a proteção de fauna e flora ameaçadas de extinção ou a defesa de patrimônio histórico ou cultural, na forma trazida pelo artigo 6º.

Sua instituição está alinhada com o artigo 225 da Constituição Federal, que assegura o direito ao meio ambiente equilibrado e a função social da propriedade. A criação e a preservação dessa área não apenas atendem a uma exigência legal, mas também contribuem para o desenvolvimento sustentável das cidades, garantindo que o crescimento urbano ocorra de forma equilibrada e responsável.

Considerando os desafios impostos pelo processo de urbanização, especialmente nas cidades litorâneas, a APP se destaca pela proteção dos recursos hídricos e pela garantia da qualidade da vida urbana. A cobertura vegetal é fundamental na manutenção da qualidade das águas, na preservação dos corredores ecológicos, essenciais para a fauna e a flora, bem como na promoção da educação ambiental e da convivência social.

Da mesma forma, a criação e a manutenção da APP contribuem para a prevenção de desastres naturais, uma vez que a vegetação protegida estabiliza o solo, prevenindo a erosão e diminuindo os riscos de deslizamentos e enxurradas, promovendo maior segurança para as populações que vivem nas proximidades dessas áreas de risco.

▶ PADRÃO DE RESPOSTA DA BANCA

As APP são áreas protegidas pelo só efeito da lei, ou seja, sem a necessidade de qualquer ato do Poder Executivo para serem instituídas, e se situam, de modo geral, ao longo de qualquer curso d'água, ao redor de lagoas, lagos, reservatórios naturais ou artificiais, nascentes e olhos d'água, no topo de morros, montes, montanhas e serras, nas encostas com declividade superior a 45 graus, nas restingas, como fixadoras de dunas ou estabilizadoras de mangues, nas bordas dos tabuleiros ou chapadas, e em terrenos com altitude superior a 1.800 (mil e oitocentos) metros.

Além dessas áreas, também podem ser transformadas em APP — desta vez por ato do Poder Público — as florestas e demais formas de vegetação natural destinadas a atenuar a erosão das terras, a fixar as dunas, a formar faixas de proteção ao longo de rodovias e ferrovias, a auxiliar a defesa do território nacional a critério das autoridades militares, a proteger sítios de excepcional beleza ou de valor científico ou histórico, a asilar exemplares da fauna ou flora ameaçados de extinção, a manter o ambiente necessário à vida das populações silvícolas e a assegurar condições de bem-estar público.

Não se pode esquecer que as APP promovem o direito a cidades sustentáveis, para as presentes e futuras gerações e que a manutenção e a preservação de áreas verdes e demais áreas de proteção em solo urbano têm a importância de promover o zoneamento e o planejamento sustentável da cidade. Ressalte-se, também, a importância das APP sob o ponto de vista constitucional (art. 225 da CF), em seu papel relacionado ao desenvolvimento intergeracional, sadia qualidade de vida para os povos atuais e futuros, com isso, garantindo a dignidade da pessoa humana e o direito fundamental ao meio ambiente, previsto no art. 225 da Constituição Federal. Portanto, pede-se que seja acrescentado mais um aspecto (pertinente) com relação à importância das APP nas áreas urbanas no quesito 2.2, para constar a proteção do direito humano (fundamental) - de terceira dimensão - ao meio ambiente, previsto no art. 225 da Constituição Federal.

As APP protegem as matas ciliares, os manguezais e os corredores ecológicos, sendo, portanto, essenciais para a conservação dos recursos hídricos, já que a proteção do solo exercida pela cobertura vegetal ao longo das margens dos corpos d'água impede a erosão e o processo de assoreamento, além de contribuir para evitar a poluição das águas e manter a sua qualidade e quantidade. As APP contribuem para a preservação de corredores ecológicos, que facilitam o fluxo gênico da flora e da fauna entre áreas verdes situadas no perímetro urbano ou nas suas proximidades. As APP adquirem ainda maior relevância diante das mudanças climáticas observadas atualmente, pois propiciam o conforto térmico dos espaços urbanos, em especial nas grandes metrópoles, onde é comum a formação de ilhas de calor. De fato, as APP serão cada dia mais vitais para a regulação térmica dos espaços urbanos.

Outro ponto que não pode ser esquecido, no âmbito urbano, é de que as APP proporcionam infiltração e drenagem pluvial, contribuindo para a recarga dos aquíferos e diminuindo a ação das águas na dinâmica natural, o que evita enxurradas, inundações e enchentes. As APP destinadas a proteger a estabilidade geológica e o solo previnem a ocorrência de deslizamentos de terra e contribuem para a segurança das populações urbanas. Elas são importantes para impedir a erosão e o consequente processo de assoreamento, decorrentes da erosão pluvial. De fato, a chuva é um dos principais agentes erosivos.

Desse modo, devem ser considerados outros aspectos de importância das APP como proteção dos cursos d'água, especialmente de poluição decorrente de lançamento de dejetos, proteção da fauna, das nascentes, dentre outros. Portanto, em razão da amplitude da pergunta do enunciado e da limitação dos aspectos do padrão de resposta, requer-se que também sejam considerados outros exemplos de importância das APP nas áreas urbanas, como os citados acima.

Devem ser consideradas, também, as finalidades sociais que podem permear a criação dessas áreas no espaço urbano, tendo em vista a função social da cidade, do desenvolvimento de cidades sustentáveis, do ordenamento territorial e urbano. Além disso, a APP é essencial para combater o crescimento urbano descontrolado, assegurar a preservação ambiental e a função social e ecológica da propriedade. Contudo, nenhum desses aspectos foi considerado no padrão de resposta preliminar, em que pese sua extrema relevância. Nesse sentido, pode-se citar a importância da criação de APP em áreas urbanas para a criação de áreas verdes, logradouros públicos, proteção de áreas contra deslizamentos ou inundações bruscas, preservação de patrimônio histórico, cultural, para execução de projetos de urbanização e escoamento de água pluvial, dentre outros. Pode-se citar, ainda, a criação de áreas para execução de operações urbanas consorciadas, melhoria urbano-ambiental, oferta de serviços públicos, obras públicas de melhoramento de tráfego e mobilidade urbana, bem como a criação de unidades de conservação da natureza, áreas de lazer e cultura, infraestrutura urbana. Cite-se, ainda, a criação de áreas de habitação social para populações de baixa renda e zonas de interesse social, na concretização do direito às cidades sustentáveis e sua importância no controle do crescimento caótico e desordenado das cidades, protegendo, também, a qualidade de vida da população.

Quanto à sua criação, considere-se a possibilidade da medida provisória como forma de criação de APP, espaços territoriais especialmente protegidos, consoante entendimento do Supremo Tribunal Federal, extraído do disposto no art. 225, §1º, III, da CF/88. A saber: é inconstitucional a redução ou a supressão de espaços territoriais especialmente protegidos, como é o caso das unidades de conservação, por meio de medida provisória. Isso viola o art. 225, §1º, III, da CF/88. Assim, a redução ou a supressão de unidade de conservação somente é permitida mediante lei em sentido formal. A medida provisória possui força de lei, mas o art. 225, §1º, III, da CF/88 exige lei em sentido estrito. A proteção ao meio ambiente é um limite material implícito à edição de medida provisória, ainda que não conste expressamente no elenco das limitações previstas no art. 62, §1º, da CF/88.

É importante mencionar que as APP são instituídas por lei ou por ato do Poder Público, como quando o Chefe do Executivo considera o interesse social. Destaque-se que as APP possuem relevância também na preservação das paisagens e dos recursos hídricos, na promoção do desenvolvimento sustentável, no fluxo gênico de fauna e flora, na proteção do solo, na promoção do bem-estar da população, na compatibilização da ordenação territorial urbana com a proteção ao meio ambiente, dentre outros inúmeros aspectos de relevâncias.

QUESITOS AVALIADOS

QUESITO 1

Conceito 0 – Não respondeu ou o fez de forma totalmente equivocada.

Conceito 1 – Respondeu que as APP são instituídas por lei, mas não mencionou a possibilidade de o serem por ato Poder Público.

Conceito 2 – Respondeu que as APP são instituídas por lei ou por ato Poder Público, exemplificando ambos os casos.

QUESITO 2

Conceito 0 – Não respondeu ou o fez de forma totalmente equivocada.

Conceito 1 – Respondeu mencionando um dos aspectos de importância das APP nas áreas urbanas: (i) atuar como uma espécie de barramento de resíduos; (ii) prevenir a ocorrência de deslizamentos de terra, quando destinadas a proteger a estabilidade geológica e o solo; (iii) preservar as matas ciliares; (iv) preservar os corredores ecológicos; (v) proporcionar a infiltração e a drenagem pluvial; (vi) garantir o direito ao meio ambiente equilibrado; (vii) garantir o direito a cidades sustentáveis; (viii) proteger a fauna e a flora.

Conceito 2 – Respondeu mencionando dois dos aspectos de importância das APP nas áreas urbanas.

Conceito 3 – Respondeu mencionando três dos aspectos de importância das APP nas áreas urbanas.

Conceito 4 – Respondeu mencionando quatro ou mais aspectos de importância das APP nas áreas urbanas.

▸ DOUTRINA TEMÁTICA

"As Áreas de preservação permanente [APP], nos termos da Lei 12.651/2012 podem ser de duas espécies: as (1) que decorrem de lei [por força de lei] e as (2) dependentes de ato do poder público.

(...)

A APP, conforme o artigo 3º, II, da Lei 12.651/2012 é uma área protegida, coberta ou não por vegetação nativa, com a função ambiental de preservar os recursos hídricos, a paisagem, a estabilidade geológica16 e a biodiversidade, facilitar o fluxo gênico de fauna e flora, proteger o solo e assegurar o bem-estar das populações humanas. O conceito é uma modificação do conceito original previsto na Lei 4.771/1965 que considerava as florestas e demais formas de vegetação natural como de preservação permanente (artigo 2º). A preservação, como conceito normativo é o "conjunto de métodos, procedimentos e políticas que visem a proteção a longo prazo das espécies, habitats e ecossistemas, além da manutenção dos processos ecológicos, prevenindo a simplificação dos sistemas naturais"17. Assim, as APP são espaços territoriais cuja finalidade básica é a proteção de espécies e ecossistemas a longo prazo. Para tal, as APPs devem possuir função ecológica, conceito que não é de fácil definição, dada a sua natureza central, ubíqua e polissêmica (NUNES-NETO, CARMO e EL-HANI, 2013). A ideia é que tais espaços, cobertos ou não por vegetação, possam servir de base para a proteção da diversidade biológica. No caso dos espaços não cobertos por vegetação, há que se observar que a ideia subjacente à norma é que possa haver recuperação da vegetação18. É, portanto, uma área livre, um descampado. De forma rasa, poderíamos definir a função ecológica como um conjunto de condições que permitem a vida natural e a sua reprodução.

É amplo o conceito de APP incluindo, por exemplo, a proteção das paisagens19 que, infelizmente, tem sido pouco lembradas por nosso direito ambiental, muito embora as belezas naturais já merecessem proteção desde a Constituição de 193420. A função ecológica, em sentido amplo, somente desaparece nas áreas edificadas e com forte presença humana. Do ponto de vista jurídico, as APP, por força de lei, se caracterizam por dois fatores essenciais (1) a presença da função ecológica e o (2) preenchimento dos requisitos constantes do artigo 4º da Lei de proteção à vegetação nativa." (ANTUNES, Paulo de Bessa. **Direito Ambiental**. 23. ed. Rio de Janeiro: Atlas, 2023. p.303)

"A Lei 14.285/2021 acrescentou o § 10 ao artigo 4º da Lei 12.651/2012, mediante o qual deu novo tratamento às chamadas APPs urbanas. Conforme o disposto no § 10, em áreas urbanas consolidadas, ouvidos os conselhos estaduais, municipais ou distrital de meio ambiente, lei municipal ou distrital poderá definir faixas marginais distintas daquelas estabelecidas no inciso I do caput do artigo 4º, com regras que estabeleçam: a (1) não ocupação de áreas com risco de desastres; a (2) observância das diretrizes do plano de recursos hídricos, do plano de bacia, do plano de drenagem ou do plano de saneamento básico, se houver; e a (3) previsão de que as atividades ou os empreendimentos a serem instalados nas áreas de preservação permanente urbanas devem observar os casos de utilidade pública, de interesse social ou de baixo impacto ambiental fixados na Lei. É importante ressaltar que o § 10 do artigo 4º deve ser interpretado como uma faculdade outorgada ao legislador municipal para que, observados os padrões nacionais, possa estabelecer regras locais que sejam capazes de oferecer proteção maior às suas comunidades." (ANTUNES, Paulo de Bessa, 2023 p. 304)

"A finalidade do estabelecimento de flora de preservação permanente nos locais acima mencionados é evitar a erosão dos terrenos e a destruição dos solos, preservando a integridade dos acidentes geográficos. Evitam-se, igualmente, as enchentes e inundações nos terrenos mais baixos, uma vez que a vegetação ajuda a fixar a água da chuva no solo e funciona como uma verdadeira barreira natural.

O simples efeito da vigência da Lei 12.651/2012 elevou as restingas, sempre que fixadoras de dunas ou estabilizadoras de mangue, à condição de vegetação de preservação permanente. Restinga é depósito arenoso paralelo à linha da costa, de forma geralmente alongada, produzido por processos de sedimentação, onde se encontram diferentes comunidades que recebem influência marinha, com cobertura vegetal em mosaico, encontrada em praias, cordões arenosos, dunas e depressões, apresentando, de acordo com o estágio sucessional, estrato herbáceo, arbustivo e arbóreo, este último mais interiorizado. Nos termos do artigo 3º, XIII da Lei 12.651/2012, manguezal é o [e]cossistema litorâneo que ocorre em terrenos baixos, sujeitos à ação das marés, formado por vasas lodosas recentes ou arenosas, às quais se associa, predominantemente, a vegetação natural conhecida como mangue, com influência fluviomarinha, típica de solos limosos de regiões estuarinas e com dispersão descontínua ao longo da costa brasileira, entre os Estados do Amapá e de Santa Catarina.

A definição das restingas como APPs é fundamental, pois os manguezais são essenciais à formação da vida marinha e se constituem em abrigo e fonte de alimentação para os seres marinhos (ODUM, 1988).

(...)

O artigo 6º da Lei 12.651/2012 estabelece que o Chefe do poder Executivo, qualquer que seja o nível federativo, poderá declarar áreas de interesse social para os fins de proteção ambiental de: (1) conter a erosão do solo e mitigar riscos de enchentes e deslizamentos de terra e de rocha; (2) proteger as restingas ou veredas; (3) proteger várzeas; (4) abrigar exemplares da fauna ou da flora ameaçados de extinção; (5) proteger sítios de excepcional beleza ou de valor científico, cultural ou histórico; (6) formar faixas de proteção ao longo de rodovias e ferrovias; (7) assegurar condições de bem-estar público; (8) auxiliar a defesa do território nacional, a critério das autoridades militares; 9) proteger áreas úmidas, especialmente as de importância internacional." (ANTUNES, Paulo de Bessa, 2023 p. 307)

▸ JURISPRUDÊNCIA TEMÁTICA

"EMENTA: MANDADO DE SEGURANÇA. MEIO AMBIENTE. DEFESA. ATRIBUIÇÃO CONFERIDA AO PODER PÚBLICO. ARTIGO 225, § 1º, III, CB/88. DELIMITAÇÃO DOS ESPAÇOS TERRITORIAIS PROTEGIDOS. VALIDADE DO DECRETO. SEGURANÇA DENEGADA. 1. A Constituição do Brasil atribui ao Poder Público e à coletividade o dever de defender um meio ambiente ecologicamente equilibrado. [CB/88, art. 225, §1º, III]. 2. A delimitação dos espaços territoriais protegidos pode ser feita por decreto ou por lei, sendo esta imprescindível apenas quando se trate de alteração ou supressão desses espaços. Precedentes. Segurança denegada para manter os efeitos do decreto do Presidente da República, de 23 de março de 2006. (MS 26064/DF)"

"O STF analisou a constitucionalidade do Código Florestal (Lei nº 12.651/2012) e decidiu:

1) declarar a inconstitucionalidade das expressões "gestão de resíduos" e "instalações necessárias à realização de competições esportivas estaduais, nacionais ou internacionais", contidas no art. 3º, VIII, b, da Lei nº 12.651/2012;

2) dar interpretação conforme a Constituição ao art. 3º, VIII e IX, da Lei, de modo a se condicionar a intervenção excepcional em APP, por interesse social ou utilidade pública, à inexistência de alternativa técnica e/ou locacional à atividade proposta;

3) deve-se dar interpretação conforme a Constituição ao art. 3º, XVII e ao art. 4º, IV, para fixar a interpretação de que os entornos das nascentes e dos olhos d´água intermitentes configuram área de preservação permanente;

4) declarar a inconstitucionalidade das expressões "demarcadas" e "tituladas", contidas no art. 3º, parágrafo único;

5) deve-se dar interpretação conforme a Constituição ao art. 48, § 2º, para permitir compensação apenas entre áreas com identidade ecológica;

6) deve-se dar interpretação conforme a Constituição ao art. 59, §§ 4º e 5º, de modo a afastar, no decurso da execução dos termos de compromissos subscritos nos programas de regularização ambiental, o risco de decadência ou prescrição, seja dos ilícitos ambientais praticados antes de 22.7.2008, seja das sanções deles decorrentes, aplicando-se extensivamente o disposto no § 1º do art. 60 da Lei 12.651/2012, segundo o qual "a prescrição ficará interrompida durante o período de suspensão da pretensão punitiva".

Todos os demais dispositivos da Lei foram considerados constitucionais.

STF. Plenário. ADC 42/DF, ADI 4901/DF, ADI 4902/DF, ADI 4903/DF e ADI 4937/DF, Rel. Min. Luiz Fux, julgados em 28/2/2018 (Info 892)."

"A legislação municipal não pode reduzir o patamar mínimo de proteção marginal dos cursos d'água, em toda sua extensão, fixado pelo Código Florestal.

A norma federal conferiu uma proteção mínima, cabendo à legislação municipal apenas intensificar o grau de proteção às margens dos cursos d'água, ou quando muito, manter o patamar de proteção (jamais reduzir a proteção ambiental).

STJ. 2ª Turma. AREsp 1312435-RJ, Rel. Min. Og Fernandes, julgado em 07/02/2019 (Info 643)."

QUESTÕES DE CONCURSO RELACIONADAS

1- (PGR-2012/PROCURADOR DA REPÚBLICA): Assinale o item verdadeiro

a) De acordo com a legislação ambiental, o regime de preservação permanente pode incidir em áreas públicas ou particulares, rurais ou urbanas.

b) O regime de preservação permanente não pode afetar áreas existentes em espaços já submetidos a outro regime de proteção, sob pena de superposição de limitações administrativas.

c) De acordo com a jurisprudência do Superior Tribunal de Justiça, nos processos de desapropriação de bens imóveis, a vegetação sujeita a regime de preservação permanente ali existente pode ser computada para efeito de indenização, independentemente de ser, ou não, suscetivel de exploração econômica.

d) Tendo em vista a competência concorrente em matéria de proteção da flora. Estados e Distrito Federal podem reduzir, em caráter suplementar, as áreas de preservação permanente instituidas por legislação federal, desde que o façam por intermédio de decreto do Chefe do Poder Executivo.

Resposta: A

2- (MPE-RS/PROMOTOR DE JUSTIÇA/2014): Considere as seguintes afirmações relativas à Área de Preservação Permanente (APP), em conformidade com o Novo Código Florestal, Lei n.º 12.651/12, com as alterações da Lei n.º 12.727/12

a) A APP pode estar coberta por vegetação nativa ou por vegetação exótica.

b) Independentemente do tipo de APP, descabe indenização ao proprietário rural que deva ter em seu imóvel tal área protegida.

c) O novo Código Florestal ocupa-se da APP em zonas rurais, não da existente nas zonas urbanas.

d) Áreas já desmatadas perdem sua característica de Área de Preservação Permanente.

e) A APP tem a função de facilitar o fluxo gênico de fauna e flora, constituindo-se tal transmissão genética exclusiva dessa área protegida.

Resposta: A

3) (PGM/Recife – 2023 - CEBRASPE): De acordo com o Código Florestal, são consideradas áreas de preservação permanente, quando declaradas de interesse social por ato do chefe do Poder Executivo, as áreas cobertas com florestas ou outras formas de vegetação destinadas, entre outras finalidades, a

a) conter a erosão do solo, eliminando riscos de enchentes e deslizamentos de terra e de rochas nas regiões de restingas ou veredas que abriguem espécies da fauna e flora nativas usadas como meio de subsistência pelas populações autóctones.

b) proteger várzeas contidas ou contíguas às zonas de desenvolvimento econômico que abriguem exemplares da fauna ou da flora com potencial para o ecoturismo e o turismo rural.

c) formar faixas de proteção ao longo de rodovias, ferrovias e hidrovias, especialmente as de importância nacional.

d) proteger sítios de excepcional beleza ou de valor científico, cultural ou histórico.

e) auxiliar a defesa do território nacional contra ameaças não-tradicionais, a critério das autoridades militares brasileiras em ações conjuntas com as forças de paz da Organização das Nações Unidas.

Resposta: D

4. CONCESSÃO FLORESTAL

QUESTÃO 1

(PGM – Campo Grande/MS – Procurador do Município – Aplicação 2019 – CEBRASPE) A concessão florestal, instrumento de gestão ambiental regulamentado pela Lei n.º 11.284/2006, é delegação onerosa, feita pelo poder concedente, do direito de praticar manejo florestal sustentável para exploração de produtos e serviços em uma unidade de manejo. Mediante licitação, faz-se essa concessão a determinada pessoa jurídica, em consórcio ou não, que atenda às exigências do respectivo edital de licitação e demonstre capacidade para desempenho, por sua conta e risco e por prazo determinado, das ações que lhe competem.

Tendo como referência o texto apresentado e considerando a situação de extinção do contrato de concessão florestal, redija um texto que, com fundamento na Lei n.º 11.284/2006, atenda às determinações e aos questionamentos a seguir.

1 Cite quatro das causas possíveis para a extinção do contrato de concessão florestal. [valor: 1,75 ponto]

2 Explique o que ocorre com os bens reversíveis, direitos e privilégios transferidos ao concessionário. [valor: 1,00 ponto]

3 É possível a ocupação da área pelo poder concedente e a utilização dos bens reversíveis? [valor: 1,00 ponto]

4 Há eventual direito à indenização e(ou) retenção dos bens reversíveis pelo concessionário? [valor: 1,00 ponto]

QUESTÃO 1

(30 LINHAS)

▶ RESPOSTA DO AUTOR

A extinção do contrato de concessão florestal, conforme a Lei nº 11.284/2006, pode ocorrer por diversas causas. Entre elas, destaca-se o esgotamento do prazo contratual, o que leva ao término da concessão de forma natural. Outra causa possível é a rescisão do contrato, que pode ser feita tanto pelo Poder Público quanto pelo concessionário, desde que sejam cumpridos os requisitos legais, como o cumprimento das obrigações do concessionário e a anuência do poder concedente em caso de transferência do contrato. Também pode ocorrer a anulação do contrato, sendo determinada por ilegalidades ou irregularidades identificadas durante sua execução. Além disso, a falência ou extinção do concessionário ou o falecimento de seu titular, caso se trate de empresa individual, pode ensejar a extinção do contrato.

Com a extinção da concessão, surgem questões relacionadas aos bens reversíveis, considerados essenciais à execução da concessão e que devem ser devolvidos ao poder concedente. De acordo com o art. 44, §1º, da Lei nº 11.284/2006, os bens reversíveis não são passíveis de indenização ao concessionário, sendo devolvidos ao poder concedente no estado em que foram recebidos, considerando a depreciação natural. Exemplos de bens reversíveis incluem infraestruturas como cercas, aceiros e infraestrutura de acesso.

Ademais, o poder concedente pode ocupar a área e utilizar os bens reversíveis, conforme o §2º do art. 44 da mesma lei, para garantir a continuidade da gestão e preservação ambiental. Esse uso deve ser feito sem a necessidade de notificação prévia, uma vez que os bens retornam automaticamente ao Estado após o fim da concessão.

Após a extinção da concessão, os bens reversíveis serão devolvidos ao titular da floresta pública, sem que haja qualquer direito à indenização. Dessa forma, a devolução das áreas não acarretará custos para o poder concedente, nem conferirá ao concessionário o direito de ser indenizado pelos bens reversíveis, que se tornarão propriedade do Estado. A concessão florestal pode ser rescindida unilateralmente pelo Poder Público caso surja um evento superveniente de grande relevância para o interesse público, o que justificaria a rescisão, desde que haja uma lei autorizando essa medida. Contudo, nesse caso, o concessionário terá direito a ser indenizado pelas parcelas de investimento ainda não amortizadas, relacionadas aos bens reversíveis.

Em qualquer situação de extinção da concessão, o concessionário será responsável, exclusivamente, pela remoção dos bens e equipamentos que não sejam reversíveis e terá a obrigação de reparar ou indenizar os danos gerados por suas atividades. Além disso, deverá cumprir as exigências de recuperação ambiental estabelecidas pelos órgãos competentes.

▶ PADRÃO DE RESPOSTA DA BANCA

1 Quatro possíveis causas para a extinção do contrato de concessão florestal São causas de extinção da concessão florestal: o esgotamento do prazo contratual; a rescisão; a anulação; a falência ou a extinção do concessionário; e o falecimento ou a incapacidade do titular, no caso de empresa individual, ou a desistência e a devolução, por opção do concessionário, do objeto da concessão.

2 Situação dos bens reversíveis, direitos e privilégios transferidos ao concessionário. Os bens reversíveis, direitos e privilégios transferidos ao concessionário, uma vez extinta a concessão, retornam ao titular da floresta pública, conforme previsto no edital e estabelecido em contrato.

3 Possibilidade de ocupação de área pelo poder concedente e utilização dos bens reversíveis A extinção da concessão autoriza o concedente a, independentemente de notificação prévia, ocupar as instalações e utilizar todos os bens reversíveis.

4 Eventual direito à indenização ou retenção dos bens reversíveis pelo concessionário

A devolução da área não implicará ônus ao poder concedente, nem conferirá ao concessionário nenhum direito de indenização pelos bens reversíveis, que passarão à propriedade do poder concedente. Para a situação de rescisão do contrato, caso existam parcelas de investimento ainda não amortizadas, vinculadas aos bens reversíveis, estas deverão ser indenizadas.

Fundamentação:

> Art. 44 da Lei n.º 11.284/2006 especifica as causas de extinção da concessão florestal, a situação dos bens reversíveis, a possibilidade de ocupação e a possibilidade ou não de indenização.
>
> Art. 44. Extingue-se a concessão florestal por qualquer das seguintes causas:
>
> I - esgotamento do prazo contratual;
>
> II - rescisão;
>
> III - anulação;
>
> IV - falência ou extinção do concessionário e falecimento ou incapacidade do titular, no caso de empresa individual;
>
> V - desistência e devolução, por opção do concessionário, do objeto da concessão.
>
> § 1.º Extinta a concessão, retornam ao titular da floresta pública todos os bens reversíveis, direitos e privilégios transferidos ao concessionário, conforme previsto no edital e estabelecido em contrato.
>
> § 2.º A extinção da concessão autoriza, independentemente de notificação prévia, a ocupação das instalações e a utilização, pelo titular da floresta pública, de todos os bens reversíveis.
>
> § 3.º A extinção da concessão pelas causas previstas nos incisos II, IV e V do caput deste artigo autoriza o poder concedente a executar as garantias contratuais, sem prejuízo da responsabilidade civil por danos ambientais prevista na Lei no 6.938, de 31 de agosto de 1981.
>
> § 4.º A devolução de áreas não implicará ônus para o poder concedente, nem conferirá ao concessionário qualquer direito de indenização pelos bens reversíveis, os quais passarão à propriedade do poder concedente.
>
> § 5º Em qualquer caso de extinção da concessão, o concessionário fará, por sua conta exclusiva, a remoção dos equipamentos e bens que não sejam objeto de reversão e ficará obrigado a reparar ou indenizar os danos decorrentes de suas atividades e a praticar os atos de recuperação determinados pelos órgãos competentes. (Redação dada pela Lei nº 14.590, de 2023)
>
> § 6º Extinta a concessão pelas causas previstas nos incisos II, III, IV e V do caput deste artigo no prazo de 10 (dez) anos após a assinatura do contrato, fica o poder concedente autorizado a convocar os licitantes remanescentes, na ordem de classificação, para assinar o termo de contrato pelo prazo remanescente do contrato extinto, mediante as seguintes condições, em conformidade com o ato convocatório: (Incluído pela Lei nº 14.590, de 2023)
>
> I – aceitar os termos contratuais vigentes assumidos pelo concessionário anterior, inclusive quanto aos preços e à proposta técnica atualizados; (Incluído pela Lei nº 14.590, de 2023)
>
> II – manter os bens reversíveis existentes; (Incluído pela Lei nº 14.590, de 2023)
>
> III – dar continuidade ao ciclo de produção florestal iniciado.

Art. 45. A inexecução total ou parcial do contrato acarretará, a critério do poder concedente, a rescisão da concessão, a aplicação das sanções contratuais e a execução das garantias, sem prejuízo da responsabilidade civil por danos ambientais prevista na Lei no 6.938, de 31 de agosto de 1981, e das devidas sanções nas esferas administrativa e penal.

§ 1º A rescisão da concessão poderá ser efetuada unilateralmente pelo poder concedente, quando:

IX - ocorrer fato superveniente de relevante interesse público que justifique a rescisão, mediante lei autorizativa específica, com indenização das parcelas de investimento ainda não amortizadas vinculadas aos bens reversíveis que tenham sido realizados;

Quesito 2.1

0 – Não abordou o aspecto.

1 – Indicou apenas uma causa de extinção do contrato de concessão florestal.

2 – Indicou duas causas de extinção do contrato de concessão florestal.

3 – Indicou três causas de extinção do contrato de concessão florestal.

4 – Indicou quatro causas de extinção do contrato de concessão florestal.

Quesito 2.2

0 – Não abordou o aspecto.

1 – Mencionou o aspecto, mas não o desenvolveu.

2 – Mencionou e desenvolveu o aspecto.

Quesito 2.3

0 – Não abordou o aspecto.

1 – Mencionou o aspecto, mas não o desenvolveu.

2 – Mencionou e desenvolveu o aspecto.

Quesito 2.4

0 – Não abordou o aspecto.

1 – Mencionou o aspecto, mas não o desenvolveu a hipótese da possibilidade de indenização.

2 – Mencionou e desenvolveu o aspecto.

▸ DOUTRINA TEMÁTICA

"Já a concessão florestal é definida pela Lei n. 11.284/2006, a saber:

"Art. 3º Para os fins do disposto nesta Lei, consideram-se: (...)

VII - concessão florestal: delegação onerosa, feita pelo poder concedente, do direito de praticar atividades de manejo florestal sustentável, de restauração florestal e de exploração de produtos e serviços em unidade de manejo, conforme especificado no objeto do contrato de concessão, mediante licitação, à pessoa jurídica, em consórcio ou não, que atenda às exigências do respectivo edital de licitação e demonstre capacidade para seu desempenho, por sua conta e risco e por prazo determinado; (Redação dada pela Lei nº 14.590, de 2023)

Foi ela criada pelo legislador como uma alternativa inteligente de preservação e uso sustentável das florestas públicas brasileiras que, pela ineficiência do Estado, eram depredadas, exploradas e dilapidadas sem qualquer benefício à coletividade, antes o contrário.

Claro que outros aspectos existentes na referida lei são objetos de questionamentos — como o acesso de pessoas estrangeiras à nossa biodiversidade —, mas a ideia da "concessão florestal" é um retrato de que o Estado reconhece a sua insuficiência e a sua ineficiência na proteção à incolumidade do patrimônio florestal brasileiro." (RODRIGUES, Marcelo Abelha, 2024, p. 722)

"*Concessão florestal* é a delegação onerosa, feita pelo poder concedente, do direito de praticar manejo florestal sustentável para exploração de produtos e serviços numa unidade de manejo, mediante licitação, à pessoa jurídica, em consórcio ou não, que atenda às exigências do respectivo edital de licitação e demonstre capacidade para seu desempenho, por sua conta e risco e por prazo determinado (art. 3º, VII, da Lei n. 11.284/2006).

Essa concessão terá como objeto a exploração de produtos e serviços florestais, contratualmente especificados, em unidade de manejo de floresta pública, com perímetro georreferenciado, registrada no respectivo cadastro de florestas públicas e incluída no lote de concessão florestal (art. 14 da citada lei).

Os produtos florestais são madeireiros e não madeireiros, gerados pelo manejo florestal sustentável (art. 3º, II, da citada lei). Já os serviços florestais referem-se ao turismo e outras ações ou benefícios decorrentes do manejo e conservação da floresta, não caracterizados como produtos florestais (art. 3º, IV).

Em outras palavras, a concessão de uso de bem público, para exploração desses recursos, será autorizada por ato do poder concedente, mediante a realização de processo licitatório." (SIRVINSKAS, Luís Paulo. **Manual de Direito Ambiental**. 20. ed. São Paulo: Saraivajur, 2022. p.582)

"no final de 2002, o governo brasileiro, por intermédio do Ministério do Meio Ambiente, e tendo em vista a situação periclitante de desmatamento das florestas públicas, apresentou exposição de motivos de uma futura lei que teria por alvo a regulamentação da concessão das florestas nacionais. E, nessa esteira, em outubro de 2004, o Ministério do Meio Ambiente formou uma comissão mista, envolvendo diversos setores da sociedade civil, que culminou com a formação do Projeto de Lei n. 4.776/2005, cujo desiderato era permitir a exploração particular das florestas nacionais, segundo um regime de concessão florestal com manejo sustentável e controlado. Tal projeto resultou justamente na Lei n. 11.284/2006. A lei tem alguns pontos marcantes, que ressaltamos desde logo: ■ implementou a regulação da gestão das florestas públicas para a Produção Sustentável de produtos madeireiros, não madeireiros e de serviços relacionados à natureza; ■ criou, na estrutura do Ministério do Meio Ambiente, o Serviço Florestal Brasileiro (SFB); ■ criou, igualmente, o Fundo Nacional de Desenvolvimento Florestal (FNDF)." (RODRIGUES, Marcelo Abelha, 2018. p. 159).

"A concessão não transferirá a titularidade imobiliária ou direito de preferência na aquisição, o acesso ao patrimônio genético, o uso dos recursos hídricos e minerais, a exploração da fauna e a comercialização de créditos decorrentes da emissão evitada de carbono em florestas naturais" (AMADO, Frederico. *Direito Ambiental Coleção Sinopses para Concursos*. 5. ed: Jus Podivm, 2017. p. 91).

▸ JURISPRUDÊNCIA TEMÁTICA

"AGRAVO INTERNO. PEDIDO DE SUSPENSÃO. CONCESSÃO FLORESTAL. AÇÃO CIVIL PÚBLICA. PARALISAÇÃO ATÉ A ELABORAÇÃO DE ESTUDO ANTROPOLÓGICO COMPLEMENTAR. DEFINIÇÃO DAS CARACTERÍSTICAS DOS POVOS INSERIDOS NA FLONA CREPORI. INEXISTÊNCIA DE GRAVE LESÃO À ORDEM E À ECONOMIA PÚBLICAS. CONTRACAUTELA INDEFERIDA. AGRAVO INTERNO DESPROVIDO. 1. O pedido de suspensão visa à preservação do interesse público e supõe a existência de grave lesão à ordem, à saúde, à segurança ou à economia públicas, sendo, em princípio, seu respectivo cabimento alheio ao mérito da causa. É uma prerrogativa da pessoa jurídica de direito público ou do Ministério Público decorrente da supremacia do interesse público sobre o particular, cujo titular é a coletividade, cabendo ao postulante a efetiva demonstração da alegada ofensa grave a um daqueles valores. 2. Espécie em que o Ministério Público Federal - sob a alegação de que há impropriedades no plano de manejo ao desconsiderar a presença humana no interior da Floresta Nacional Crepori - ajuizou ações civis públicas. Determinação de sobrestamento dos contratos de concessão e da concorrência pública até a realização do estudo antropológico complementar. 3. **A alegação de evolução do desmatamento das florestas nacionais não autoriza o prosseguimento das concessões à revelia do procedimento legal previsto, que dispõe sobre as diligências necessárias para a preservação das comunidades tradicionais.** 4. O Poder Público tem meios para impedir o avanço dos garimpos ilegais, inclusive com o uso da força, se for necessário. É a sua função preservar o meio ambiente, com o monitoramento das florestas. 5. É imprescindível a cabal demonstração de que a manutenção da decisão atacada tem o condão de obstaculizar o exercício da atividade pública ou mesmo de causar prejuízos financeiros que impossibilitem a prestação dos serviços de sua titularidade - situação essa não identificada na análise dos autos. 6. Sob o pretexto de potencialidade lesiva à ordem e à economia públicas, pretende-se entabular discussão acerca da legalidade do plano de manejo florestal e das conclusões do estudo antropológico complementar realizado pelo ICMBio (Notas Técnicas n.os 49/2016/GECOF/SFB/MMA e 53/2016/GECOF/SFB/MMA), argumentos que transcendem os limites estreitos do pedido de suspensão. 7. Agravo interno desprovido." (STJ: AgInt na SLS 2266/PA. AGRAVO INTERNO NA SUSPENSÃO DE LIMINAR E DE SENTENÇA 2017/0096735-0, Rel. Min. Laurita Vaz, julgado em 19/12/2017)"**.**

"A decisão impugnada suspendeu o processo de concessão da Floresta Nacional do Jamari-RO até que o Serviço Florestal Brasileiro obtenha autorização prévia do Congresso Nacional. Conforme demonstrou a Advocacia-Geral da União, 'quando a concorrência (processo licitatório) objetivar a concessão de florestas públicas (exploração de produtos e serviços de uma unidade de manejo), não se mostra indispensável a submissão prévia ao Parlamento Nacional (como previsto no artigo 49, XVII, da Constituição) para a aprovação ou não de tal certame' (fl. 13). Parece razoável, também, o argumento de que 'não se pode confundir a concessão florestal com a concessão dominial (ou concessão de terras públicas)'. Segundo bem descreve a AGU, 'a primeira (concessão florestal), nos termos da Constituição da República e da Lei 11.284/2006, não implica a transferência da posse da terra pública, mas sim a delegação onerosa, feita pelo poder concedente, do direito de praticar manejo florestal sustentável para exploração de produtos e serviços numa unidade de manejo, mediante licitação, à pessoa jurídica, em consórcio ou não, que atenda às exigências do respectivo edital de licitação e demonstre capacidade para seu desempenho, por sua conta e risco e por prazo determinado' (fl. 15). O processo de licitação para a concessão florestal está disciplinado pela Lei 11.284, de 2 de março de 2006, a qual não exige a submissão do Plano Anual de Outorga Florestal – PAOF à prévia aprovação do Congresso Nacional. Ao contrário, conforme descreve a União, o § 4.º do artigo 10, 'que determinava a submissão prévia do PAOF à apreciação do Congresso Nacional (nas hipóteses de concessões de florestas públicas com área superior a 2.500 hectares), foi vetado pelo Presidente da República, sob a justificativa de que 'o texto aprovado pelo Congresso Nacional se contrapõe ao princípio apontado no inciso VIII do artigo 2.º – que diz: 'a garantia de condições estáveis e seguras que estimulem investimentos de longo prazo no manejo, na conservação e na recuperação das florestas'; uma vez que determina sistemática de submeter o Plano Anual de Outorga Florestal ao Congresso Nacional, o que vincula sua aprovação, inclusive, a contingências políticas de curto prazo, além de criar novos processos administrativos para a tramitação da matéria'. Ressalte-se que a questão relacionada à eventual inconstitucionalidade da referida lei em relação ao artigo 49, inciso

VII, da Constituição da República, é objeto da ADI 3.989/DF, Rel. Min. Eros Grau, e deverá ser apreciada, no momento oportuno, por esta Corte. Ademais, também está presente a probabilidade de concretização do denominado 'efeito multiplicador' (SS 1.836-AgR/RJ, rel. Min. Carlos Velloso, Plenário, unânime, DJ 11.10.2001), ante a possibilidade de multiplicação de medidas liminares em demandas que contenham o mesmo objeto. Ante o exposto, defiro o pedido para suspender a execução da decisão proferida pela Des. Selene Maria de Almeida, do Tribunal Regional Federal da 1ª Região – TRF da 1ª Região, nos autos do Agravo de Instrumento n° 2008.01.00.004474-1/RO".

"**A concessão florestal** não constitui propriamente uma concessão ou alienação de terras públicas, razão pela qual não necessita da autorização prévia do Congresso Nacional (art. 49, XVII, da CF/88), isto é, do controle político sobre os atos do Poder Executivo. Na concessão florestal **não existe transferência do domínio de terras públicas**. A sua finalidade é outorgar a um particular, a título oneroso e mediante licitação, o direito de praticar o manejo florestal sustentável em determinada parcela de uma floresta pública, por meio da exploração de produtos e serviços para fins de obtenção de benefícios econômicos, sociais e ambientais. Uma das etapas do procedimento legal que antecede a possível concessão é a sua inclusão no Plano Plurianual de Outorga Florestal (PPAOF). Contudo, ela não obriga o Poder Público a efetivar a outorga à iniciativa privada, pois, além de diversos outros procedimentos administrativos prévios previstos na Lei nº 11.284/2006, o poder concedente possui discricionariedade para decidir, sob os critérios de conveniência e oportunidade. Assim, a implementação de uma concessão florestal configura proteção adicional às florestas públicas, em face do reforço da presença e da atuação estatais nessas áreas para fiscalizar e acompanhar os contratos firmados com o propósito de sustentabilidade ambiental. Essa medida resulta na diminuição dos conflitos relacionados ao uso e à ocupação dessas terras e no controle do desmatamento, da grilagem de terras, da mineração ilegal e de outras atividades prejudiciais ao meio ambiente. STF. Plenário.ADI 3.989/DF, Rel. Min. Dias Toffoli, julgado em 26/04/2024 (Info 1134)."

QUESTÕES DE CONCURSO RELACIONADAS

1- (MPE-AL - Analista do Ministério Público - Área Jurídica 2018 - FGV): Leia o fragmento a seguir. "A concessão florestal será autorizada por __________, ficando __________ a outorga da exploração de recursos pesqueiros, sendo elegíveis ara fins de concessão as __________." Assinale a opção cujos termos completam corretamente as lacunas do fragmento acima.

A) ato do poder concedente - temporalmente limitada - unidades de manejo das Reservas de Desenvolvimento Sustentável públicas.

B) lei específica - temporalmente limitada - unidades de conservação públicas inseridas em Reserva Extrativista.

C) lei específica - autorizada - unidades de manejo de Reservas de Desenvolvimento Sustentável públicas.

D) ato do poder concedente - vedada - unidades de manejo previstas no Plano Anual de Outorga Florestal.

E) lei específica - vedada - Áreas de Proteção Ambiental constituídas por terras públicas.

Resposta: D

2- (PC-PE - Delegado de Polícia – 2016 - CESPE): A concessão florestal, prevista na Lei n.º 11.284/2006, é

A) uma delegação, a pessoas físicas ou jurídicas, do direito de praticar manejo florestal sustentável.

B) um instrumento da Política Nacional do Meio Ambiente.

C) uma delegação onerosa que dispensa licitação.

D) vedada a pessoas jurídicas de pequeno porte.

E) uma delegação gratuita formalizada mediante contrato.

Resposta: B

3- (PGE/ES – 2023 - CEBRASPE): Na gestão das florestas públicas, são cláusulas essenciais do contrato de concessão as que digam respeito

A) às ações voltadas à relocação das comunidades tradicionais locais assumidas pelo concessionário e às medidas necessárias a sua subsistência no meio urbano, bem como às penalidades contratuais e administrativas a que se sujeitará o concessionário e à forma de aplicação destas.

B) aos critérios máximos e mínimos de aproveitamento dos recursos florestais, às ações de melhoria e recuperação ambiental na área da concessão e seu entorno assumidas pelo concessionário e aos preços e aos critérios e procedimentos para a exportação dos ativos florestais, faunísticos e genéticos da biodiversidade local.

C) ao objeto, com a descrição dos produtos e dos serviços a serem explorados e da unidade de manejo, ao prazo da concessão e ao modo, à forma, às condições e aos prazos da realização das auditorias florestais e dos leilões de recursos edáficos de alto rendimento econômico.

D) ao modo, à forma e às condições de exploração de serviços e prática do manejo agroflorestal das áreas produtivas inseridas nas unidades de proteção integral, bem como aos critérios, aos indicadores, às fórmulas e aos parâmetros definidores da qualidade do meio ambiente.

E) à obrigatoriedade, à forma e à periodicidade da prestação de contas do concessionário ao poder concedente, aos critérios de bonificação para o concessionário que atingir melhores índices de desempenho socioambiental que os previstos no contrato e ao foro e ao modo amigável de solução das divergências contratuais.

Resposta: E

4- (PGE/RO – 2022 - CEBRASPE): A respeito da concessão florestal, o Plano Anual de Outorga Florestal (PAOF) deverá considerar, entre outros,

A) a inclusão das terras indígenas, das áreas ocupadas por comunidades locais e das áreas de interesse para a criação de unidades de conservação de proteção integral.

B) a exclusão das áreas de convergência com as concessões de outros setores, conforme regulamento das políticas públicas dos estados, dos municípios e do Distrito Federal.

C) as políticas públicas de âmbito exclusivamente nacional, bem como o zoneamento ecológico-econômico (ZEE) nacional e demais instrumentos que disciplinam o uso, a ocupação e a exploração dos recursos ambientais.

D) a inclusão das unidades de conservação de proteção integral, das reservas de desenvolvimento sustentável, das reservas extrativistas, das reservas de fauna e das áreas de relevante interesse ecológico, salvo quanto a atividades expressamente admitidas no plano de manejo da unidade de conservação.

E) as políticas e o planejamento para o setor florestal, a reforma agrária, a regularização fundiária, a agricultura, o meio ambiente, os recursos hídricos, o ordenamento territorial e o desenvolvimento regional.

Resposta: E

5- (PGE/RN – 2024 - CEBRASPE): Segundo a Lei n.º 11.284/2006, que dispõe sobre a gestão de florestas públicas para a produção sustentável, a concessão florestal

A) é permitida para a prática de atividade de restauração florestal.

B) ocorrerá por delegação gratuita ou onerosa.

C) exige licitação e deverá ser feita necessariamente por meio de consórcio público.

D) poderá ser concedida a pessoa física ou jurídica.

E) exclui a prática de exploração de produtos em unidade de manejo.

Resposta: A

5. RECURSOS HÍDRICOS

QUESTÃO 1

(PGM Natal/RN – Procurador do Município -2023- CEBRASPE)

São múltiplos os usos da água, e a garantia de acesso equitativo aos recursos hídricos empregados no desenvolvimento das atividades humanas é uma preocupação dos governantes, que se reveste de especial importância quando se trata de garantir o fornecimento e a potabilidade das águas necessárias à dessedentação humana e animal. O abastecimento de água deve, portanto, ser suficiente para atender às necessidades da população e ter qualidade satisfatória para garantir e efetivar o direito fundamental à vida sadia, sem o qual a dignidade da pessoa humana é ultrajada.

A água é um recurso natural limitado, essencial à vida e dotado de valor econômico, e, mesmo sendo um recurso a princípio renovável, se não forem respeitadas as condições necessárias para que o seu ciclo se complete, poderá ocorrer escassez de água potável, o que será motivo de inúmeros conflitos e guerras.

Considerando o tema tratado no texto precedente, discorra sobre a Política Nacional de Recursos Hídricos (PNRH), abordando os aspectos a seguir:

1 dois instrumentos e duas diretrizes gerais de ação necessários à implementação da PNRH; [valor: 3,00 pontos]

2 conceito e finalidade dos planos de recursos hídricos; [valor: 2,30 pontos]

3 duas competências das agências de água, no âmbito de sua área de atuação, em face da escassez hídrica e dos conflitos dela decorrentes. [valor: 2,30 pontos]

QUESTÃO 1

(20 LINHAS)

RESPOSTA DO AUTOR

A Política Nacional de Recursos Hídricos (PNRH), regulamentada pela lei nº 9.433/1997, visa garantir a gestão integrada e sustentável da água no Brasil, reconhecendo-a como um bem público, finito e essencial à vida. Com o objetivo de assegurar o acesso equitativo à água para diversos usos, incluindo o consumo humano e animal, e considerando os riscos de escassez hídrica, a PNRH adota instrumentos e diretrizes de ação que buscam prevenir a degradação e promover o uso racional da água.

Para implementar a política, dois instrumentos fundamentais são o Plano de Recursos Hídricos, que define diretrizes para o uso e gestão da água em bacias hidrográficas, e a outorga de direito de uso dos recursos hídricos, que regula o uso equilibrado da água entre os diversos setores.

Dentre as diretrizes da PNRH, destacam-se a gestão integrada dos recursos hídricos, que considera tanto a quantidade quanto a qualidade da água, e a utilização sustentável dos recursos, visando atender às necessidades atuais sem comprometer o futuro.

Os Planos de Recursos Hídricos (PRH) são instrumentos essenciais de gestão, que orientam o uso e a preservação da água, garantindo o abastecimento e a sustentabilidade dos ecossistemas. Além disso, eles buscam mitigar conflitos entre os usuários e promover uma distribuição equilibrada da água.

As agências de água têm, entre suas competências e diante da escassez de recursos hídricos e conflitos decorrentes, a regulação e a fiscalização do uso da água, controlando o cumprimento das normas e prevenindo o uso excessivo. Também mediam conflitos entre os usuários, buscando soluções equitativas e sustentáveis, essenciais para a preservação hídrica e a equidade no acesso à água.

▸ PADRÃO DE RESPOSTA DA BANCA

O candidato deverá considerar a Lei n.º 9.433/1997, que institui a Política Nacional de Recursos Hídricos (PNRH), mais especificamente em seu art. 5.º, e discorrer sobre os instrumentos nele previstos, apontando que o plano de recursos hídricos (PRH) é um desses instrumentos, e discorrer sobre como ele pode ser aplicado para lidar com a escassez de recursos hídricos e os conflitos dela decorrentes. Observe-se que a prova é sem consulta, portanto, não se exige do candidato que atenda ao solicitado na questão transcrevendo o enunciado da Lei, mas espera-se que o candidato demonstre conhecer o que se pede, expressando esse conhecimento de forma clara e precisa, com suas próprias palavras.

> Art. 5.º São instrumentos da Política Nacional de Recursos Hídricos:
>
> I - os Planos de Recursos Hídricos;
>
> II - o enquadramento dos corpos de água em classes, segundo os usos preponderantes da água;
>
> III - a outorga dos direitos de uso de recursos hídricos;
>
> IV - a cobrança pelo uso de recursos hídricos;
>
> V - a compensação a municípios;
>
> VI - o Sistema de Informações sobre Recursos Hídricos.

O candidato deverá, também, considerar as diretrizes de ação previstas no art. 3º e discorrer sobre sua aplicação ao problema suscitado.

> DAS DIRETRIZES GERAIS DE AÇÃO
>
> Art. 3.º Constituem diretrizes gerais de ação para implementação da Política Nacional de Recursos Hídricos:
>
> I - a gestão sistemática dos recursos hídricos, sem dissociação dos aspectos de quantidade e qualidade;
>
> II - a adequação da gestão de recursos hídricos às diversidades físicas, bióticas, demográficas, econômicas, sociais e culturais das diversas regiões do País;
>
> III - a integração da gestão de recursos hídricos com a gestão ambiental;
>
> IV - a articulação do planejamento de recursos hídricos com o dos setores usuários e com os planejamentos regional, estadual e nacional;

> V - a articulação da gestão de recursos hídricos com a do uso do solo;
>
> VI - a integração da gestão das bacias hidrográficas com a dos sistemas estuarinos e zonas costeiras.
>
> Art. 4.º A União articular-se-á com os Estados tendo em vista o gerenciamento dos recursos hídricos de interesse comum.

Em seguida, o candidato deverá considerar os artigos 6.º e 7.º da lei mencionada, e definir que PRH são planos diretores que fundamentam e orientam a PNRH e o gerenciamento dos recursos hídricos, frisando que os PRH são planos de longo prazo e que devem ter um conteúdo mínimo, tal como prevê o art. 7.º da lei, veja-se:

> Art. 6.º Os Planos de Recursos Hídricos são planos diretores que visam a fundamentar e orientar a implementação da Política Nacional de Recursos Hídricos e o gerenciamento dos recursos hídricos.

Por fim, o candidato deverá discorrer sobre duas competências das agências de água frente ao problema levantado: escassez de recursos hídricos e conflitos decorrentes. Para tanto, deverá considerar os seguintes artigos da lei em tela:

> Art. 44. Compete às Agências de Água, no âmbito de sua área de atuação:
>
> I - manter balanço atualizado da disponibilidade de recursos hídricos em sua área de atuação;
>
> II - manter o cadastro de usuários de recursos hídricos;
>
> III - efetuar, mediante delegação do outorgante, a cobrança pelo uso de recursos hídricos;
>
> IV - analisar e emitir pareceres sobre os projetos e obras a serem financiados com recursos gerados pela cobrança pelo uso de Recursos Hídricos e encaminhá-los à instituição financeira responsável pela administração desses recursos;
>
> V - acompanhar a administração financeira dos recursos arrecadados com a cobrança pelo uso de recursos hídricos em sua área de atuação;
>
> VI - gerir o Sistema de Informações sobre Recursos Hídricos em sua área de atuação;
>
> VII - celebrar convênios e contratar financiamentos e serviços para a execução de suas competências;
>
> VIII - elaborar a sua proposta orçamentária e submetê-la à apreciação do respectivo ou respectivos Comitês de Bacia Hidrográfica;
>
> IX - promover os estudos necessários para a gestão dos recursos hídricos em sua área de atuação;
>
> X - elaborar o Plano de Recursos Hídricos para apreciação do respectivo Comitê de Bacia Hidrográfica;
>
> XI - propor ao respectivo ou respectivos Comitês de Bacia Hidrográfica:
>
> a) o enquadramento dos corpos de água nas classes de uso, para encaminhamento ao respectivo Conselho Nacional ou Conselhos Estaduais de Recursos Hídricos, de acordo com o domínio destes;
>
> b) os valores a serem cobrados pelo uso de recursos hídricos;
>
> c) o plano de aplicação dos recursos arrecadados com a cobrança pelo uso de recursos hídricos;
>
> d) o rateio de custo das obras de uso múltiplo, de interesse comum ou coletivo.

QUESITOS AVALIADOS

Quesito 2.1 – Dois instrumentos e duas diretrizes gerais de ação necessários à implementação da PNRH

Conceito 0 – Não mencionou nenhum instrumento nem nenhuma diretriz, ou mencionou instrumento e diretriz equivocados.

Conceito 1 – Mencionou corretamente apenas um instrumento ou uma diretriz de ação previstos no art. 5.º da PNRH.

Conceito 2 – Mencionou corretamente apenas dois instrumentos ou apenas duas diretrizes de ação previstos no art. 5.º da PNRH ou vice-versa.

Conceito 3 – Mencionou corretamente dois instrumentos e apenas uma diretriz de ação previstos no art. 5.º da PNRH.

Conceito 4 – Mencionou corretamente dois instrumentos e duas diretrizes de ação previstos no art. 5.º da PNRH.

Quesito 2.2 – Conceito e finalidade dos PRH

Conceito 0 – Não apresentou o conceito de PRH nem mencionou sua finalidade ou o fez de forma totalmente equivocada.

Conceito 1 – Apresentou corretamente apenas o conceito de PRH ou apenas a sua finalidade; ou apenas indicou que o plano deve integrar as bacias hidrográficas.

Conceito 2 – Apresentou o conceito de PRH e sua finalidade, ou apenas indicou que o plano deve integrar as bacias hidrográficas.

Conceito 3 – Apresentou corretamente tanto o conceito de PRH quanto sua finalidade, indicando que o plano deve integrar as bacias hidrográficas.

Quesito 2.3– Duas competências das agências de água, no âmbito de sua área de atuação, em face da escassez hídrica

Conceito 0 – Não mencionou nenhuma competência das agências de água ou o fez de forma totalmente equivocada e não estabeleceu relação com a escassez de água e com os conflitos dela decorrentes.

Conceito 1 – Mencionou apenas uma competência das agências de água e não estabeleceu relação com a escassez de água e com os conflitos dela decorrentes.

Conceito 2 – Mencionou uma competência das agências de água e estabeleceu relação com a escassez de água e com os conflitos dela decorrentes.

Conceito 3 – Mencionou mais de uma das competências das agências de água e estabeleceu relação com a escassez de água e os conflitos dela decorrentes.

▸ DOUTRINA TEMÁTICA

"A PNRH foi instituída pela Lei 9.433/1997 e está apoiada nos seguintes princípios: (1) a água é um bem de domínio público; (2) a água é um recurso natural limitado, dotado de valor econômico; (3) em situações de escassez, o uso prioritário dos recursos hídricos é o consumo humano e a dessedentação dos animais; (4) a gestão dos recursos hídricos deve proporcionar o uso múltiplo das águas; (5) a bacia hidrográfica é a unidade territorial para implementação da PNRH e atuação do Sistema Nacional de Gerenciamento dos Recursos Hídricos; (6) a gestão dos recursos hídricos deve ser descentralizada e contar com a participação do Poder Público, dos usuários e das comunidades.

Como objetivos, a PNRH, arrola: (1) assegurar à atual e às futuras gerações a necessária disponibilidade de água, em padrões de qualidade adequados aos respectivos usos; (2)

a utilização racional e integrada dos recursos hídricos, incluindo o transporte aquaviário, com vistas ao desenvolvimento sustentável; (3) a prevenção e a defesa contra eventos hidrológicos críticos de origem natural ou decorrentes do uso inadequado dos recursos naturais; e d) incentivar e promover a captação, a preservação e o aproveitamento de águas pluviais. Os seus instrumentos são: (1) os planos de recursos hídricos; (2) o enquadramento dos corpos de água em classes, segundo os usos preponderantes da água; (3) a outorga de direitos de uso de recursos hídricos; (4) a cobrança pelo uso dos recursos hídricos; (5) a compensação a municípios; (6) o sistema de informação sobre os recursos hídricos.

Os Planos de Recursos Hídricos são planos diretores para fundamentar e orientar a implantação da PNRH, bem como o gerenciamento dos recursos hídricos. Eles são panos de longo prazo que devem observar o seguinte conteúdo mínimo: (1) diagnóstico da situação atual dos recursos hídricos; (b) análise das alternativas de crescimento demográfico, de evolução das atividades produtivas e da modificação dos padrões de ocupação do solo; (3) balanço entre disponibilidades e demandas futuras dos recursos hídricos, em quantidade e qualidade, com identificação de conflitos potenciais; (4) metas de racionalização de uso, aumento da quantidade e melhoria da qualidade dos recursos hídricos disponíveis; (5) medidas a serem tomadas, programas a serem desenvolvidos e projetos a serem implantados para o atendimento de metas previstas; (6) prioridades para outorga de direitos de uso de recursos hídricos; (7) diretrizes e critérios para a cobrança pelo uso dos recursos hídricos; (8) propostas para a criação de áreas sujeitas à restrição de uso com vistas à proteção dos recursos hídricos. Os planos podem ser de nível local, regional ou nacional. O enquadramento dos corpos de água em classes objetiva (1) assegurar às águas qualidade compatível com os usos mais exigentes a que forem destinadas; (2) diminuir os custos do combate à poluição das águas, mediante ações preventivas permanentes." (ANTUNES, Paulo de Bessa, 2023 p. 475-476)

"O Sistema Nacional de Gerenciamento de Recursos Hídricos é constituído por um conjunto de órgãos e instituições que atuam na gestão dos recursos hídricos na esfera federal, estadual e municipal. As instituições, como já vimos, compreendem o Poder Executivo, o Poder Legislativo e o Poder Judiciário, bem como o Ministério Público.

Compete, assim, aos órgãos públicos integrantes do Sistema Nacional de Gerenciamento de Recursos Hídricos a responsabilidade de conscientizar a população da importância desse recurso e dos riscos que podem causar as águas contaminadas, bem como estabelecer programas sociais de inclusão social de acesso a esse recurso essencial. A população não tem consciência da necessidade de proteção desse recurso. "Normalmente, a água só é notícia quando falta ou quando há enchentes", diz a jornalista Neide Duarte597.

O acesso à água tratada e de qualidade é um direito de todo cidadão. Compete, assim, ao Estado, mediante seus órgãos e instituições competentes, garantir água tratada à população. O acesso à água para todos promove novas formas de integração social e de cidadania, levando-se em conta a saúde humana e a qualidade e expectativa de vida. Já é de conhecimento geral a redução da mortalidade infantil proporcionada pelo acesso à água tratada e de qualidade. Nos centros urbanos, sobretudo nos países em desenvolvimento ou emergentes, a população da área central recebe água que o setor público distribui às residências, escolas, indústrias, clubes ou associações e comércio.

A população situada nas periferias não tem acesso a água encanada e, portanto, depende da água distribuída por companhias privadas, em carros-pipa, tendo de pagar mais caro por água de pior qualidade. A população da zona central das cidades, em muitos países, gasta 1% do salário com água, enquanto a população da zona periférica gasta 15%. Igualmente exclusiva é a distribuição de águas à população rural, a qual, além de não ter acesso a água adequada, depende do uso de cacimbas ou poços sem águas tratadas, de qualidade baixa ou, às vezes, contaminadas por resíduos de fossas, pocilgas ou estábulos com grande concentração de animais.

Assim, todos os projetos e iniciativas que promovam a chegada de água de qualidade para as zonas periféricas e rurais, sobretudo para as populações de baixa renda, representam políticas públicas de inclusão social e de equidade entre os cidadãos." (SIRVINSKAS, Luís Paulo, 2022, p. 452)

"Este bem ambiental é tão precioso que a Organização das Nações Unidas (ONU), no dia 22 de março de 1992, instituiu dez princípios direcionados a toda humanidade, além de criar o "Dia Mundial da Água":

"1. A água faz parte do patrimônio do planeta. Cada continente, cada povo, cada nação, cada região, cada cidade, cada cidadão é plenamente responsável aos olhos de todos.

2. A água é a seiva de nosso planeta. Ela é condição essencial de vida de todo vegetal, animal ou ser humano. Sem ela não poderíamos conceber como são a atmosfera, o clima, a vegetação, a cultura ou a agricultura.

3. Os recursos naturais de transformação da água potável são lentos, frágeis e muito limitados. Assim, a água deve ser manipulada com racionalidade, precaução e parcimônia.

4. O equilíbrio e o futuro de nosso planeta dependem da preservação da água e de seus ciclos. Estes devem permanecer intactos e funcionando normalmente para garantir a continuidade da vida sobre a Terra. Este equilíbrio depende, em particular, da preservação dos mares e oceanos, por onde os ciclos começam.

5. A água não é somente herança de nossos predecessores; ela é, sobretudo, um empréstimo aos nossos sucessores. Sua proteção constitui uma necessidade vital, assim como a obrigação moral do homem para com as gerações presentes e futuras.

6. A água não é uma doação gratuita da natureza; ela tem um valor econômico; precisa-se saber que ela é, algumas vezes, rara e dispendiosa e que pode muito bem escassear em qualquer região do mundo.

7. A água não deve ser desperdiçada, nem poluída, nem envenenada. De maneira geral, sua utilização deve ser feita com consciência e discernimento para que não se chegue a uma situação de esgotamento ou de deterioração da qualidade das reservas atualmente disponíveis.

8. A utilização da água implica em respeito à lei. Sua proteção constitui uma obrigação jurídica para todo homem ou grupo social que a utiliza. Esta questão não deve ser ignorada nem pelo homem nem pelo Estado.

9. A gestão da água impõe um equilíbrio entre os imperativos de sua proteção e as necessidades de ordem econômica, sanitária e social.

10. O planejamento da gestão da água deve levar em conta a solidariedade e o consenso em razão de sua distribuição desigual sobre a Terra". (SIRVINSKAS, Luís Paulo, 2022, p. 420)

▶ JURISPRUDÊNCIA TEMÁTICA

"A Lei nº 9.433/97 (Lei da Política Nacional de Recursos Hídricos) e a Lei nº 11.445/2007 (Lei do Saneamento Básico) preveem, de forma expressa, categórica e inafastável que é proibida a captação de água subterrânea para uso de núcleos residenciais, sem que haja prévia outorga e autorização ambiental do Poder Público.

As normas locais devem respeitar essa regra geral fixada pela legislação federal, sob pena de serem inconstitucionais.

STJ. 1ª Seção. EREsp 1335535-RJ, Rel. Min. Herman Benjamin, julgado em 26/09/2018 (Info 678)."

"É indispensável a autorização federal para a utilização de água mineral obtida diretamente do solo como insumo em processo industrial, mesmo que não destinada ao envase e consumo humano**.** STJ. 1ª Turma. REsp 1.490.603-PR, Rel. Min. Paulo Sérgio Domingues, julgado em 20/2/2024 (Info 801)."

QUESTÕES DE CONCURSO RELACIONADAS

1- (PGE/AM - 2016 - CESPE): No que diz respeito à PNRH, à proteção da vegetação nativa (Lei n. 12.651/2012) e à gestão de florestas públicas (Lei n. 11.284/2006), julgue o item que se segue.

Conforme os fundamentos da PNRH, a gestão de tais recursos deve sempre proporcionar o uso múltiplo das águas.

Resposta: Certo

2- (PGM/FORTALEZA - 2017 - CESPE): Julgue o item a seguir.

De acordo com a Lei n. 9.433/1997, a unidade territorial para a implementação da Política Nacional de Recursos Hídricos é a bacia hidrográfica, cuja gestão é centralizada e de responsabilidade dos entes da Federação por ela abrangidos.

Resposta: Errado

3- (PGE/PA – 2023 - CEBRASPE): A Política Nacional de Recursos Hídricos (Lei n.º 9.433/1997) fundamenta-se na premissa de que a água é um recurso natural limitado, dotado de valor econômico. Essa premissa fundamenta a utilização de diversos instrumentos, entre os quais se inclui a cobrança pelo uso de recursos hídricos. Acerca desse instrumento, assinale a opção correta.

a. O referido instrumento tem natureza sancionatória, uma vez que visa reparar os danos pelo consumo da água.

b. Serão pagas tarifas sociais pelo uso de recursos hídricos para derivações, captações, lançamentos e acumulações considerados insignificantes.

c. Os recursos obtidos com a cobrança pelo uso da água serão empregados na bacia hidrográfica em que foram gerados, para fins de implementação da política nacional de saneamento básico.

d. Os núcleos populacionais de até vinte mil habitantes são dispensados de outorga e pagamento pelo uso de recursos hídricos, para incentivar a universalização do saneamento básico em seu território.

e. A fixação dos valores pelo uso da água deve levar em consideração, nas extrações de água, o volume retirado e o seu regime de variação e, nos lançamentos, além dos dois primeiros critérios citados, o volume lançado e as características físico-químicas, biológicas e de toxidade do afluente.

Resposta: E

4- (PGM/Natal – 2023 - CEBRASPE): Em relação à cobrança pelo uso dos recursos hídricos e à outorga de direitos de uso desses recursos, assinale a opção correta.

a. A água é um recurso finito e limitado que precisa ser precificada pelas regras do mercado, tributada pela União e demais entes federativos, devendo seu uso ser controlado pelo Estado para garantir sua disponibilidade para as gerações futuras.

b. A dessedentação humana e animal só pode ser assegurada por meio de medidas coercitivas que impeçam a fruição voluptuária dos recursos hídricos em empreendimentos privados tais como clubes e *resorts*.

c. O regime de outorga de direitos de uso de recursos hídricos objetiva a preservação integral da biota, a manutenção dos padrões climáticos e o combate aos efeitos do superaquecimento global, sendo a cobrança antecipada ao uso desses recursos a regra a ser observada, só havendo exceção ou dispensa não onerosa em caso de comprovada hipossuficiência.

d. As unidades habitacionais individuais devem ser tributadas pelo número de sanitários, sendo admitidos, no máximo, dois por unidade ocupada por núcleo familiar igual ou superior a seis membros.

e. A cobrança pelo uso de recursos hídricos objetiva incentivar a racionalização do uso da água, e a outorga de direitos de uso busca assegurar o controle qualitativo dos usos da água, bem como o efetivo direito de acesso à água.

Resposta: E

6. RESPONSABILIDADE AMBIENTAL E TUTELA PROCESSUAL CIVIL DO MEIO AMBIENTE

QUESTÃO 1

(PGE/AM – Procurador do Estado - 2016 – CESPE)

No interior do estado do Amazonas, uma embarcação de determinada empresa derramou acidentalmente milhares de litros de óleo em um rio que banha exclusivamente dois municípios do estado, o que causou a morte de grande quantidade de peixes da região e, consequentemente, a quebra da cadeia alimentar do ecossistema fluvial local. Com isso, pescadores que viviam da pesca na região não têm como prover o sustento próprio e familiar. Diante dos fatos, o Ministério Público estadual propôs ação civil pública contra a empresa, por dano material e moral, além de outros pedidos. Em sua defesa, a empresa alegou excludentes da responsabilidade.

Considerando a lei que disciplina a ação civil pública e o entendimento do STJ sobre a matéria, redija um texto dissertativo sobre a responsabilidade civil ambiental da referida empresa pelos danos causados no meio ambiente. Em seu texto, aborde

1 a possibilidade de ajuizamento de ação de responsabilidade por danos morais e cumulação desses danos com danos materiais pelo mesmo fato; [valor: 5,25 pontos]

2 o tipo de responsabilização pelos danos causados ao meio ambiente na situação; [valor: 3,00 pontos]

3 a teoria que embasa a responsabilidade civil por dano causado ao meio ambiente e o cabimento de excludentes da responsabilidade. [valor: 6,00 pontos]

QUESTÃO 1

(30 LINHAS)

▸ RESPOSTA DO AUTOR

A responsabilidade civil ambiental da empresa envolvida no derramamento de óleo no rio que afeta dois municípios no estado do Amazonas deve ser analisada à luz da legislação pertinente e do entendimento consolidado pelo Superior Tribunal de Justiça (STJ). Primeiramente, é possível a cumulação de pedidos de responsabilidade por danos materiais e morais, conforme disposto no art. 1º da lei nº 7.347/1985 e na súmula nº 37 do STJ. No caso em questão, o derramamento causou prejuízos materiais aos pescadores locais, que perderam seu sustento devido à morte de peixes, bem como danos morais, uma vez que o ocorrido afeta a qualidade de vida e a dignidade dos moradores da região.

A responsabilidade da empresa é objetiva, ou seja, independe de se perquirir a culpa "lato sensu". A lei nº 6.938/1981, que trata da Política Nacional do Meio Ambiente, estabelece em seus artigos 4°, VII, e 14, § 1º que o poluidor é responsável por reparar os danos causados ao meio ambiente e a terceiros afetados por sua atividade, independentemente de dolo ou culpa. Dessa forma, a empresa deve responder pelos danos ambientais causados, não sendo necessária a comprovação de negligência, imprudência ou imperícia no ato do derramamento.

Além disso, a teoria da responsabilidade ambiental objetiva se dá na modalidade do risco integral a qual, segundo a jurisprudência e o ordenamento jurídico brasileiro, implica ao poluidor o dever de arcar com as consequências de sua atividade sem a possibilidade de excludentes da responsabilidade, como o caso fortuito ou a força maior. Isso significa que a empresa não pode se eximir de sua obrigação de reparação, mesmo que tenha adotado medidas preventivas. Portanto, a empresa deverá reparar integralmente os danos materiais e morais causados ao ecossistema fluvial e à comunidade afetada.

▸ PADRÃO DE RESPOSTA DA BANCA

1. O art. 1.º da Lei n.º 7.347/1985 expressamente prevê a possibilidade de ações de responsabilidade por danos morais e patrimoniais causados ao meio ambiente: "Art. 1. º Regem-se pelas disposições desta Lei, sem prejuízo da ação popular, as ações de responsabilidade por danos morais e patrimoniais causados: I – ao meio ambiente". Ademais, a Súmula n.º 37 do STJ dispõe que são cumuláveis as indenizações por dano material e moral oriundos do mesmo fato.

2 A Política Nacional do Meio Ambiente (Lei n.º 6.938/1981) prevê a responsabilidade civil objetiva por danos causados ao meio ambiente: "Art. 14 (...) § 1.º – Sem obstar a aplicação das penalidades previstas neste artigo, é o poluidor obrigado, independentemente da existência de culpa, a indenizar ou reparar os danos causados ao meio ambiente e a terceiros, afetados por sua atividade. O Ministério Público da União e dos estados terá legitimidade para propor ação de responsabilidade civil e criminal, por danos causados ao meio ambiente". Em relação às responsabilidades administrativa e penal, estas seriam cabíveis, desde que houvesse comprovação de culpa, sendo, nesses casos, hipótese de responsabilidade subjetiva.

3 A teoria que informa a responsabilidade civil por danos causados ao meio ambiente é a teoria integral, sendo descabida a invocação, pelo responsável pelo dano ambiental, de excludentes de responsabilidade civil para afastar sua obrigação de indenizar, conforme entendimento do próprio STJ, no Recurso Repetitivo (RESP 1.374.284/MG. Rel. Ministro Luis Felipe Salomão, DJE 5/9/2014).

▸ DOUTRINA TEMÁTICA

> "entende-se por dano toda lesão a um bem jurídico e por dano ambiental: [...] toda agressão contra o meio ambiente causada por atividade econômica potencialmente poluidora ou

por ato comissivo ou omissivo praticada por qualquer pessoa. Esse dano, por seu turno, pode ser economicamente reparado ou ressarcido. Aquele decorre da obrigação de reparar a lesão causada a terceiro, procurando recuperar ou recompor o bem danificado. Como nem todo bem é recuperável, nesse caso, será fixado um valor indenizatório pelo dano causado ao bem (p. 101-102)". Ainda para Sirvinskas (2003, p. 102), "[...] questão de difícil solução é a quantificação do dano ambiental ou difuso. Isso, contudo, não impede a indenização pelos danos causados ao meio ambiente" (SIRVINSKAS, Luís Paulo. 2003. p. 101/102).

"[...]dano é o prejuízo causado a alguém por um terceiro que se vê obrigado ao ressarcimento. É juridicamente irrelevante o prejuízo que tenha por origem um ato ou omissão imputável ao próprio prejudicado. A ação ou omissão de um terceiro é essencial. Decorre daí que dano implica em alteração de uma situação jurídica, material ou moral, cuja titularidade não possa ser atribuída àquele que, voluntária ou involuntariamente, tenha dado origem à mencionada situação. Desnecessário dizer que, no conceito, somente se incluem as alterações negativas, pois não há dano se as condições foram alteradas para melhor. É a variação, moral ou material, negativa que deverá ser, na medida do possível, mensurada de forma que se possa efetivar o ressarcimento". (ANTUNES, 2000. p. 156.). Continua Antunes, "dano ambiental é dano ao meio ambiente [...] O meio ambiente é um bem jurídico autônomo e unitário, que não se confunde com os diversos bens jurídicos que o integram". (ANTUNES, Paulo de Bessa, 2000. p. 156-157).

"Havia grande dificuldade em se provar a culpa do causador do dano ambiental pela teoria subjetiva, tendo-se em vista a importância do bem tutelado no direito ambiental, a doutrina e, posteriormente, a legislação passou a adotar a teoria objetiva" (SIRVINSKAS, Luís Paulo, 2003. p. 104).

"A licença ambiental não libera o empreendedor licenciado de seu dever de reparar o dano ambiental. Essa licença, se integralmente regular, retira o caráter de ilicitude administrativa do ato, mas não afasta a responsabilidade civil de reparar. A ausência de ilicitude administrativa irá impedir a própria Administração Pública de sancionar o prejuízo ambiental; mas nem por isso haverá irresponsabilidade civil" (LEME MACHADO, Paulo Affonso, 2003, p. 343).

"Quando se trata de responsabilidade civil por danos ambientais, é a adoção do postulado da reparação específica in situ: sempre que possível, a medida a ser imposta ao poluidor deve ser a recuperação do bem ambiental lesado no local onde houve a agressão do meio ambiente.

Não basta, assim, o mero ressarcimento financeiro. É preciso recuperar a área degradada, tentando recolocá-la na mesma situação em que se encontrava antes da ocorrência do dano. A expressão "bem de uso comum" do art. 225, caput, da CF/88 também impõe a precedência e prevalência da reparação in natura e in situ sobre a reparação pecuniária. Apenas a primeira forma de reparação se aproxima da ideia altruísta e democrática de uso comum do bem ambiental.

A reparação in natura não somente traz ínsita a ideia de proteção e preservação dos recursos ambientais, coaduna-se também com a ideia de que o poluidor deve ser educado com as medidas reparatórias, coisa que não ocorre quando estamos diante de uma reparação pecuniária.

Portanto, a reparação em pecúnia (ressarcimento) é exceção no sistema da responsabilização ambiental: só deve ser feita quando se mostrar impossível, total ou parcialmente, a reparação específica.

Inclusive, o Superior Tribunal de Justiça já reconheceu que a prioridade da reparação in natura é princípio que rege a responsabilidade civil ambiental." (RODRIGUES, Marcelo Abelha, 2024, p.430)

▶ JURISPRUDÊNCIA TEMÁTICA

"A Segunda Seção, ao apreciar o REsp sob o rito do art. 543-C do CPC e Res. n. 8/2008-STJ, manteve a condenação da Petróleo Brasileiro S/A Petrobrás, ora recorrente, ao pagamento de indenização por danos morais e materiais causados ao recorrido, pescador profissional, em razão de acidente ambiental. (. . .) Em relação às hipóteses de excludentes do nexo de causalidade levantadas pela defesa, afirmou-se estar diante do caso de responsabilidade objetiva do transportador de carga perigosa, na modalidade "risco integral", em que não se admite qualquer causa de excludente de responsabilidade. (. ..) Reafirmou-se o entendimento do enunciado da Súm. n. 54 deste Tribunal Superior, no sentido de que, tratando-se de responsabilidade extracontratual, os juros de mora incidirão a partir do evento danoso (...). STJ: REsp 1. 1 1 4.398-PR, Rel. Min. Sidnei Beneti, julgado em 8/2/2012."

"As empresas adquirentes da carga transportada pelo navio Vicuña no momento de sua explosão, no Porto de Paranaguá/PR, em 15/11/2004, não respondem pela reparação dos danos alegadamente suportados por pescadores da região atingida, haja vista a ausência de nexo causal a ligar tais prejuízos (decorrentes da proibição temporária da pesca) à conduta por elas perpetrada (mera aquisição pretérita do metanol transportado). STJ. 2ª Seção. REsp 1.602.106-PR, Rel. Min. Ricardo Villas Bôas Cueva, julgado em 25/10/2017 (Info 615)."

"Os danos ambientais são regidos pela teoria do risco integral. A pessoa que explora a atividade econômica ocupa a posição de garantidor da preservação ambiental, sendo sempre considerado responsável pelos danos vinculados à atividade. Logo, **não se pode admitir a exclusão da responsabilidade pelo fato exclusivo de terceiro ou força maior**.

No caso concreto, a construção de um posto de gasolina causou danos em área ambiental protegida. Mesmo tendo havido a concessão de licença ambiental – que se mostrou equivocada – isso não é causa excludente da responsabilidade do proprietário do estabelecimento.

Mesmo que se considere que a instalação do posto de combustível somente tenha ocorrido em razão de **erro na concessão da licença ambiental**, é o exercício dessa atividade, de responsabilidade do empreendedor, que gera o risco concretizado no dano ambiental, razão pela qual **não há possibilidade de eximir-se da obrigação de reparar a lesão verificada.**

STJ. 3ª Turma. REsp 1612887-PR, Rel. Min. Nancy Andrighi, julgado em 28/04/2020 (Info 671)."

"A omissão na fiscalização e mitigação dos danos ambientais enseja a imposição judicial de obrigações positivas para o Município a fim de solucionar o problema cuja extensão temporal e quantitativa revela afronta à dimensão ecológica da dignidade humana. STJ. 2ª Turma. AREsp 2.024.982-SP, Rel. Min. Og Fernandes, julgado em 14/06/2022 (Info 742)."

"A responsabilidade civil por dano ambiental é objetiva e solidária. E, nos casos em que o Poder Público concorre para o prejuízo por omissão, a sua responsabilidade solidária é **de execução subsidiária (ou com ordem de preferência).** STJ. 2ª Turma. AREsp 1.756.656-SP, Rel. Min. Francisco Falcão, julgado em 18/10/2022 (Info 758)."

"As razões que fundamentam a Súmula 652/STJ ("A responsabilidade civil da Administração Pública por danos ao meio ambiente, decorrente de sua omissão no dever de fiscalização, é de caráter solidário, mas de execução subsidiária") **são aplicáveis à tutela do patrimônio cultural.** STJ. 2ª Turma. REsp 1.991.456-SC, Rel. Min. Assusete Magalhães, julgado em 8/8/2023 (Info 783)"

"Caso adaptado: após uma denúncia anônima, agentes ambientais foram fiscalizar uma propriedade rural denominada Fazenda Florestal, ocasião em que constataram que o proprietário, João, desmatou extensa área de floresta nativa do Bioma Amazônico sem autorização ou licença do órgão ambiental competente. Foi lavrado auto de infração.

O Ministério Público ingressou com ação civil pública contra João pedindo que ele fosse condenado: 1) em obrigação de não fazer, consistente em não mais desmatar as áreas de floresta nativa do seu imóvel; 2) em obrigação de fazer, consistente em restaurar o meio ambiente de todos os danos causados; 3) a pagar danos morais em favor da coletividade.

Constatando-se que, por meio de desmatamento não autorizado, causaram-se danos à qualidade do meio ambiente ecologicamente equilibrado, não tem pertinência, para a solução da causa, o chamado princípio da tolerabilidade.

Trata-se de entendimento consolidado que, ao amparo do art. 225, § 3º, da Constituição Federal e do art. 14, § 1º, da Lei nº 6.938/81, reconhece a **necessidade de reparação integral da lesão causada ao meio ambiente, permitindo a cumulação das obrigações de fazer, não fazer e de indenizar, inclusive quanto aos danos morais coletivos.**

STJ. 2ª Turma. REsp 1.989.778-MT, Rel. Min. Assusete Magalhães, julgado em 19/9/2023 (Info 14 – Edição Extraordinária)."

QUESTÕES DE CONCURSO RELACIONADAS

1- (Procurador do Município - Prefeitura de Ribeirão Preto - SP – 2019 - VUNESP): Em relação às Súmulas dos Tribunais Superiores, em matéria ambiental, afirma-se que

A) as obrigações ambientais possuem natureza propter rem, sendo admissível cobrá-las do proprietário ou detentor, à escolha do IBAMA.

B) quanto ao dano ambiental, é admitida a condenação do réu à obrigação de fazer ou à de não fazer cumulada com a de indenizar.

C) admite-se a aplicação da teoria do fato consumado em tema de Direito Ambiental.

D) a inversão do ônus da prova não se aplica às ações de degradação ambiental.

E) prescreve em 2 anos, contados do término do processo administrativo, a pretensão da Administração Pública de promover a execução da multa por infração ambiental.

Resposta: Letra B

2- (Procurador do Município - Prefeitura de Ribeirão Preto - SP – 2019 - VUNESP): Para atender ao princípio da responsabilização integral na seara ambiental, a imposição de responsabilidade pelo dano ao meio ambiente abrange, de forma concomitante, tanto a área civil quanto a administrativa e a penal. Acerca do tema, é correto afirmar que

A) o empreendedor que licenciou a obra e observa os padrões de qualidade ambiental não poderá ser responsabilizado civilmente por dano ambiental.

B) as pessoas jurídicas serão responsabilizadas penalmente, nos casos em que a infração seja cometida por ato exclusivo de seu representante contratual ou comum, em benefício próprio e da entidade.

C) a natureza da responsabilidade administrativa ambiental é subjetiva, segundo atual entendimento consolidado no STJ.

D) atualmente, tanto o STF como o STJ consideram a necessidade de dupla imputação, tanto da pessoa física, que praticou o ato, como da pessoa jurídica, em crimes ambientais praticados por pessoas jurídicas.

E) a responsabilidade civil ambiental é subjetiva, integral e solidária, pois todos aqueles que concorrem para o dano, de forma direta ou indireta, são responsáveis pela reparação.

Resposta: Letra C

3- (MPE-PI - Promotor de Justiça Substituto – 2019 - CESPE): Por ordem exclusiva do representante legal de uma empresa madeireira, foram extraídas e vendidas pela empresa diversas toras de madeira de uma estação ecológica que havia sido criada por decreto federal. Em razão disso, foi proposta ação penal contra a pessoa jurídica e a pessoa física. Durante o curso da ação, a segunda foi excluída da lide. Nessa situação hipotética, a ação penal

A) não poderá prosseguir sem a presença da pessoa física, sendo da justiça federal a competência para o julgamento.

B) poderá prosseguir sem a presença da pessoa física, sendo da justiça federal a competência para o julgamento.

C) prosseguirá, desde que a pessoa física seja novamente incluída no polo passivo, independentemente do foro.

D) poderá prosseguir sem a presença da pessoa física, sendo da justiça comum a competência para o julgamento.

E) não poderá prosseguir sem a presença da pessoa física, sendo da justiça comum a competência para o julgamento.

Resposta: Letra B

4- (TJ-SP – Juiz de Direito Substituto – 2021 - VUNESP): No que se refere à reparação do dano ambiental, é reconhecido que?

A) não se autoriza a apreensão de instrumento utilizado para a prática de infração ambiental, salvo na hipótese de uso específico, exclusivo e habitual para a prática ilícita.

B) as multas não podem ter sua exigibilidade suspensa pelo fato de o infrator se obrigar a realizar medidas para fazer cessar ou corrigir a degradação do meio ambiente.

C) o dano moral coletivo se confunde com o somatório das lesões extrapatrimoniais singulares, por isso se submete ao princípio da reparação integral.

D) a reparação ambiental deve ser feita da forma mais completa possível, de modo que a condenação a recuperar a área lesionada não exclui o dever de indenizar, sobretudo, pelo dano que permanece entre a ocorrência e o restabelecimento do meio ambiente lesado, bem como, quando o caso, pelo dano moral coletivo e pelo dano residual.

Resposta: Letra D

5- (AGU/Procurador Federal – 2023 - CEBRASPE): Segundo a jurisprudência do STJ, por eventuais danos ambientais decorrentes da omissão do dever de controlar e fiscalizar, a União, os estados, o Distrito Federal e os municípios terão responsabilidade

A) subjetiva, subsidiária e de execução solidária.

B) objetiva, não solidária e de execução subsidiária.

C) objetiva, subsidiária e de execução solidária.

D) subjetiva, solidária e de execução subsidiária.

E) objetiva, solidária e de execução subsidiária.

Resposta: E

QUESTÃO 2

(AGU – Advogado da União - 2022 – CEBRASPE)

A exploração minerária, atividade de enorme relevância na economia brasileira, depende do preenchimento de requisitos legais, de autorizações de pesquisa e de lavra, assim como do devido licenciamento ambiental para sua efetivação regular, sem prejuízo do recolhimento de compensação financeira pela exploração mineral (CFEM) pelo minerador. Sem embargo, verifica-se, em inúmeros casos, a exploração mineral ilícita, com sérios danos ambientais e, em alguns casos, com graves violações dos direitos humanos.

Considerando os bens da União elencados no art. 20 da Constituição Federal de 1988 (CF), o dever do poder público e da sociedade quanto à proteção ao meio ambiente ecologicamente equilibrado, previsto no art. 225 da CF, a legislação federal ambiental e os recentes entendimentos da jurisprudência na matéria, discorra a respeito da atuação da Advocacia-Geral da União (AGU) com fins de coibir e reparar os danos ao patrimônio público, ao meio ambiente e aos direitos humanos em decorrência da usurpação mineral ilícita. Em seu texto, atenda ao que se pede a seguir.

1 **Apresente o remédio jurídico-processual que pode ser utilizado, pela AGU, para combater, ao mesmo tempo, a exploração ilegal de minérios (usurpação mineral) e o dano ambiental. Explique se é possível a cumulação de pedidos ou se são necessárias medidas judiciais distintas. Esclareça se há prazo para o ajuizamento e, em caso positivo, qual é esse prazo. [valor: 3,00 pontos]**

2 **Explique de que forma a AGU deve atuar mesmo quando a exploração mineral é lícita, porém a atividade causa dano ambiental não autorizado nem compensado nos termos do licenciamento ambiental, abordando as consequências jurídicas dessa atuação. Explique se a atuação de outros atores no processo impede a atuação da AGU. Esclareça, ainda, se a atuação da AGU se limita à defesa dos seus bens e se, nesse caso, haveria prazo para o ajuizamento da demanda. [valor: 3,00 pontos]**

3 **Responda, justificadamente, se a competência federal para o licenciamento ambiental prevista na Lei Complementar n.º 140 limita a atuação da AGU na reparação do dano ambiental em juízo e se é possível a celebração de acordos em matéria ambiental. [valor: 1,60 ponto]**

QUESTÃO 2

(30 LINHAS)

▶ RESPOSTA DO AUTOR

Tendo em vista o meio ambiente ser considerado direito fundamental de terceira geração, bem jurídico de "per si", para combater a exploração ilegal de minérios e o dano ambiental correspondente, a AGU pode utilizar a Ação Civil Pública (art. 1º da lei nº 7.347/85) enquanto remédio jurídico-processual cabível. Isso ocorre uma vez que os recursos minerais, inclusive do subsolo, são bens da União (art. 20, IX, da CRFB/88), competindo a ela o exercício de controle, fiscalização e licenciamento dos empreendimentos de exploração minerária.

A responsabilidade civil ambiental é objetiva e solidária e, em razão do princípio do poluidor-pagador (arts. 4º, VII, e 14, §1º, da lei nº 6.938/81), é possível a cumulação de pedidos de indenização juntamente com cumprimento de obrigação de fazer, de acordo com o art. 3º da lei nº 7.347/85 e com a jurisprudência sumulada do STJ. Ademais, o STF consolidou o entendimento de que o dano ambiental, e sua consequente responsabilização, é imprescritível (art. 37, §5º, da CRFB/88), contudo, a administração pública deve observar o prazo prescricional de cinco anos retroativamente para o pagamento da indenização correspondente.

O art. 225, §§2º, e 3º, da CRFB/88, não só instituiu o preceito do poluidor-pagador, mas também estabeleceu a responsabilização de forma integral, a fim de que tanto as condutas comissivas e omissivas ilícitas, quanto a exploração lícita, sujeitem o obrigado a recuperar o meio ambiente. Assim, a AGU também deverá agir quando o dano ambiental provenha de atividade lícita, uma vez que não há direito adquirido a desmatar.

Sua atuação processual deriva do fato de que a União detém legitimidade extraordinária processual para a defesa do meio ambiente ecologicamente equilibrado, pertinência temática absoluta e representatividade adequada, nos termos do art. 5º, III, da lei nº 7.347/85, sob interpretação do STF. Inclusive, tratando-se de legitimação concorrente e disjuntiva para ações ambientais, a atuação de outros atores, como o Ministério Público (art. 129, III, §1º, da CRFB/88), não impede o ajuizamento da ação pela AGU.

Com efeito, essa legitimidade extraordinária não se confunde com a competência administrativa pelo licenciamento ambiental, de maneira que é possível a atuação supletiva dos demais entes quando o órgão competente permanecer inerte, de acordo com os arts. 15, e 17, §3º, da LC nº 140/11 e com a jurisprudência da Suprema Corte. De toda sorte, é possível a celebração de acordos em matéria ambiental com força de título executivo extrajudicial, nos termos do art. 79-A da lei nº 9.605/98 e do art. 5º, §6º, da lei nº 7.347/85.

▶ PADRÃO DE RESPOSTA DA BANCA

O remédio jurídico processual que pode ser utilizado pela Advocacia-Geral da União (AGU) para combater a usurpação mineral e o dano ambiental é a ação civil pública, cumulando-se pedido de ressarcimento ao erário pela usurpação mineral (recursos minerais, inclusive do subsolo, são bens da União nos termos do art. 20, IX, e do art. 176 da Constituição Federal de 1988 — CF) e a reparação do dano ambiental, por meio da efetiva reparação, da compensação ambiental ou do pagamento de indenização. Não há prazo para seu ajuizamento, consoante entendimento firmado pelo STF no RE nº 1352874, interposto pela AGU após acórdão do Tribunal Regional Federal da 4.ª Região (TRF-4) entender que a União não poderia buscar o ressarcimento dos danos no âmbito de uma ação por ter decorrido mais de cinco anos após o ilícito. No caso, o TRF-4 aplicou a tese de que seria prescritível a ação de reparação de danos à fazenda pública decorrente de ilícito civil. Contudo, no STF, a AGU sustentou que, ao contrário do entendimento do TRF-4, deveria ser aplicada no caso outra tese, uma vez que a extração irregular de minérios não é mero ilícito civil, restrito a apenas uma questão patrimonial, mas representa, também, danos ao meio ambiente e, consequentemente, a toda a coletividade. A extração irregular de minérios afronta não apenas normas de direito público, como também consiste em ilícito penal (conforme tipificação constante no art. 2.º da Lei nº 8.176/1991). Pela aplicação do Tema n.º 999 de Repercussão Geral, sedimentado pelo julgamento paradigmático do RE nº 654.833-AC, de relatoria do Ministro Alexandre de Moraes, o STF pacificou o entendimento de que "é imprescritível a pretensão de reparação civil de dano ambiental".

Da mesma forma, a Súmula nº 629 do STJ dispõe que, "quanto ao dano ambiental, é admitida a condenação do réu à obrigação de fazer ou à de não fazer cumulada com a de indenizar", sendo também a imprescritibilidade reconhecida pelo STJ.

Quem polui, ainda que licitamente, tem o dever de reparar, compensar ou indenizar o dano ambiental, pelo princípio do poluidor pagador. O poluidor deve pagar, mesmo quando exerce legitimamente atividade causadora de impacto ambiental, seja pelas condicionantes do licenciamento, seja pela responsabilização judicial por danos não previstos. Neste caso (atividade lícita, porém poluição não prevista), a AGU tem o dever de atuar. Sua atuação não se restringe aos seus bens (legitimidade ordinária) e pode envolver o direito difuso ao meio ambiente ecologicamente equilibrado (legitimação extraordinária).

Ademais, pela teoria do risco integral, aplicada na seara ambiental, o causador do dano deve ser responsabilizado. Corolário dessa teoria no âmbito da exploração minerária é o art. 225, §2º, da Constituição: "Aquele que explorar recursos minerais fica obrigado a recuperar o meio ambiente degradado, de acordo com solução técnica exigida pelo órgão público competente, na forma da lei".

A União terá legitimação ordinária para defender seus bens, em especial os elencados no art. 20 da CF, tais quais as praias, os terrenos de marinha e acrescidos, do mar territorial, dos rios da União, dos minérios no subsolo, pois, assim, defende direito próprio em nome próprio. Assim, o dano ambiental ocorrido nesses bens da União poderá ser atacado diretamente pela AGU. Não obstante, a União terá legitimação processual extraordinária para atuar em qualquer caso de dano ambiental, outorgada pela Lei de Ação Civil Pública (LACP, Lei n.º 7.347/1985, artigos 1º, I, c/c 5º, III, na redação da Lei nº 11.448/2007) combinada com o microssistema processual do Código de Defesa do Consumidor — CDC (Lei nº 8.078/1990). Destaque-se que a lei processual não limita a atuação dos entes públicos na defesa judicial do meio ambiente ecologicamente equilibrado nem mesmo às hipóteses de licenciamento ambiental. Também, por força do entendimento consolidado no Tema 999 de Repercussão Geral no STF, é imprescritível a pretensão de reparação civil de dano ambiental.

Com efeito, a competência administrativa para o licenciamento ambiental não se confunde com a legitimidade extraordinária da União e dos demais entes públicos para a defesa judicial do meio ambiente.

Com efeito, é competência constitucional comum dos entes federados a proteção do meio ambiente (art. 23, VI e VII, da CF), sendo este também um fundamento para a não limitação da atuação da AGU em razão da competência para o licenciamento ambiental.

A legitimidade para a propositura de ACP em matéria ambiental é concorrente e disjuntiva, na clássica lição da doutrina, já que a lei permite ao poder público se habilitar como litisconsorte de quaisquer das partes (§ 2.º do art. 5.º da LACP) e até mesmo assumir o polo ativo em caso de desistência infundada ou abandono da ação por associação legitimada (§ 3.º do art. 5.º da LACP). Em outras palavras, todos os legitimados concorrem entre si para a propositura da ação e podem se substituir no curso do processo.

É possível celebrar acordos em matéria ambiental. Do ponto de vista processual, o § 6.º do art. 5.º da LACP, incluído pelo CDC, permite que os órgãos públicos legitimados tomem "dos interessados compromisso de ajustamento de sua conduta às exigências legais, mediante cominações, que terá eficácia de título executivo extrajudicial".

Do ponto de vista do direito material ambiental, questiona-se, com frequência se, sendo indisponível o direito ao meio ambiente, é possível transacionar a seu respeito e se a União, os estados e os municípios podem colher termos de ajustamento de conduta (TAC) na matéria.

A esparsa doutrina no Brasil sobre essa questão específica tem respondido afirmativamente, o que não tem sido negado pela jurisprudência. Segundo essa doutrina, questões ambientais são essencialmente negociáveis, considerados os termos da Resolução n.º 237/1997 do Conselho Nacional do Meio Ambiente, pois toda intervenção no meio ambiente implica opções entre possibilidades diversas, privilegiando-se um ou outro aspecto, conforme uma tomada de decisão, em grande parte discricionária.

Ora, se a decisão é em grande parte discricionária, nada mais legítimo que União, estados e municípios possam assinar acordo em matéria ambiental.

Na doutrina, ainda são citadas, como exemplos da disponibilidade do direito ao meio ambiente, a alteração e a supressão (ainda que autorizada por lei) das unidades de conservação, prevista no art. 225 da CF, a possibilidade de supressão de áreas de preservação permanente e o próprio licenciamento ambiental.

Demonstrando que essa tese encontra amparo na jurisprudência, a doutrina cita o RESP 299400, a Apelação Cível 427003 da 6.ª Turma Especializada do TRF-2 e a Apelação Cível 415974 do TRF-2, relatado pelo desembargador federal Reis Friede.

Admite-se a menção ao art. 4º, II, da Lei Complementa nº 140/2011, por meio do qual os entes federativos podem valer-se, entre outros, dos seguintes instrumentos de cooperação institucional: convênios, acordos de cooperação técnica e outros instrumentos similares com órgãos e entidades do Poder Público, respeitado o art. 241 da Constituição Federal. No entanto, para integralidade da correção da resposta, é preciso mencionar a possibilidade de acordos dos entes públicos com os particulares em caso de dano ambiental, visto que as perguntas foram feitas em alusão ao caso hipotético do enunciado.

Entende-se que a intervenção do MPF, embora possível, é desnecessária na elaboração do TAC, de forma que sua ausência não enseja a nulidade do TAC, uma vez que não há imposição legal para tanto.

Parte da doutrina, de forma contraditória, chega a sustentar que o TAC deve ser homologado judicialmente. Ora, a homologação judicial de um TAC, caso inexistente ACP, é desarrazoada, pois não faria sentido um documento válido como título executivo extrajudicial ser levado a juízo para a homologação e, por essa via, ser transformado em título executivo judicial. A LACP não coloca nenhum dos legitimados para a celebração do TAC em posição superior aos demais.

Conquanto a transação tenha o condão de extinguir o processo, promover a paz social e autorizar o ingresso de recursos imediatamente ao erário, o acordo não pode, jamais, ser um prêmio a quem praticou o ilícito, sob pena de punição indireta aos administrados que observam a lei e, especificamente no setor da economia de que se cuida, operam com observância das normas relativas à exploração mineral. O poluidor haverá de reparar ou compensar o dano ambiental, de forma a dar concretude ao princípio do poluidor pagador, albergado em diversos tratados internacionais ambientais.

A AGU ajuizou a primeira ACP contra empresas em virtude dos danos causados pelo rompimento da barragem de rejeitos de minério de Fundão, em Mariana – MG; da mesma forma, a AGU participou decisivamente do acordo que encerrou a fase de conhecimento do processo. No caso das ações minerárias, a AGU frequentemente celebra acordo com os mineradores, tanto pela usurpação minerária quanto no concernente aos aspectos ambientais.

CONCEITOS/QUESITOS

Quesito 2.1

Conceito 0 – Não respondeu nenhum dos questionamentos ou apresentou resposta integralmente incorreta.

Conceito 1 – Abordou, de forma correta e fundamentada, apenas um dos seguintes aspectos:

(i) ação civil pública como remédio jurídico-processual;

(ii) recursos do subsolo como bens da União (artigo 20, inciso IX, e art. 176 da CF);

(iii) possibilidade de cumulação dos pedidos de ressarcimento ao erário pela usurpação mineral e reparação ambiental;

(iv) imprescritibilidade do prazo para reparação do dano ambiental, não havendo prazo para ajuizamento, conforme Tema n.º 999 do STF e/ou jurisprudência do STJ.

Conceito 2 – Abordou, de forma correta e fundamentada, apenas dois dos aspectos supracitados.

Conceito 3 – Abordou, de forma correta e fundamentada, apenas três dos aspectos supracitados.

Conceito 4 – Abordou, de forma correta e fundamentada, todos os aspectos supracitados.

Quesito 2.2

Conceito 0 – Não respondeu nenhum dos questionamentos ou apresentou resposta integralmente incorreta.

Conceito 1 – Abordou, de forma correta e fundamentada, apenas um dos seguintes aspectos:

(i) quem polui, ainda que licitamente, tem o dever de reparar, compensar ou indenizar o dano, conforme o princípio do poluidor pagador e a teoria do risco integral no Direito Ambiental;

(ii) a União tem legitimidade extraordinária para a defesa do meio ambiente ecologicamente equilibrado, enquanto direito difuso, logo a atuação da AGU não se limita à defesa dos seus bens;

(iii) a atuação da AGU não é impedida pelos demais atores processuais, já que a legitimação para as ações ambientais é concorrente e disjuntiva.

Conceito 2 – Abordou, de forma correta e fundamentada, apenas dois dos aspectos supracitados.

Conceito 3 – Abordou, de forma correta e fundamentada, todos os aspectos supracitados.

Quesito 2.3

Conceito 0 – Não respondeu nenhum dos questionamentos ou apresentou resposta integralmente incorreta.

Conceito 1 – Abordou, de forma correta e fundamentada, apenas um dos seguintes aspectos:

(i) a competência administrativa para o licenciamento ambiental não se confunde com a legitimidade extraordinária processual da AGU para a defesa do meio ambiente ecologicamente equilibrado pela União;

(ii) é possível a celebração de acordos em matéria ambiental.

Conceito 2 – Abordou, de forma correta e fundamentada, todos os aspectos supracitados.

▶ DOUTRINA TEMÁTICA

"De plano, lembramos que a poluição é uma alteração adversa do meio ambiente causada por um poluidor, responsável por um desequilíbrio ecológico. Inversamente, o equilíbrio ecológico é o bem juridicamente tutelado pelo direito ambiental (art. 225 da CF/88).

Disso, pode-se inferir que toda poluição é uma afronta ao bem jurídico tutelado pelo direito ambiental e, logo, é um dano ambiental.

Nessa medida (sob o enfoque da reparação civil), a expressão poluidor-pagador é perfeita, já que: se há poluidor, é porque houve poluição; e, se houve poluição, há dano ambiental a ser reparado. Sendo o dano um dos alicerces da responsabilidade civil, é claro que "não pode haver responsabilidade sem a existência de um dano, e é verdadeiro truísmo sustentar esse princípio, porque, resultando a responsabilidade civil em obrigação de ressarcir, logicamente não pode concretizar-se onde nada há que reparar".8

Tendo em vista que o dano é uma lesão a um bem jurídico, podemos dizer que existe o dano ambiental quando há lesão ao equilíbrio ecológico (bem jurídico ambiental) decorrente de afetação adversa dos componentes ambientais.

Essa lesão pode gerar um desequilíbrio ao ecossistema social ou natural, mas sempre a partir da lesão ao equilíbrio ecológico, que é o bem jurídico tutelado pelo Direito Ambiental.

Exatamente porque o meio ambiente (e seus componentes e fatores) constitui um bem jurídico autônomo, imaterial, difuso, incindível, de uso comum de todos, a lesão que o atinge será, ipso facto, uma lesão difusa e indivisível, cuja reparação será, igualmente, erga omnes.

Ao adotarmos esse conceito, estamos entendendo que os danos ao meio ambiente são autônomos e diversos dos danos pessoalmente sofridos pelas pessoas. Obviamente que o fato causador da lesão ao bem ambiental e seus componentes poderá gerar, além da lesão ao meio ambiente (difusamente considerado), outros danos sofridos individualmente por particulares e cuja reparação só trará benefícios a pessoas determinadas." (RODRIGUES, Marcelo Abelha, p. 438, 2024)

"Do modo como dispõe o art. 5º, é possível extrair algumas características da legitimação na ação civil pública: concorrente (ou coletiva): atribuída a diversos legitimados; disjuntiva (ou exclusiva/não complexa): um legitimado não necessita da anuência dos outros para ajuizar a ação civil pública; taxativa: tão somente os entes arrolados na lei podem ajuizar, como representantes adequados, a demanda coletiva.

Discute-se, ainda, se a legitimidade ali prevista seria do tipo ordinária ou do tipo extraordinária.

Majoritariamente, entende-se ser do tipo extraordinária a legitimação conferida àquelas entidades, uma vez que, segundo se entende, não coincidem aquele que figurará em juízo (legitimado) e o titular do interesse protegido (sociedade, grupo determinado ou indivíduos, conforme a espécie de direito coletivo)." (RODRIGUES, Marcelo Abelha, p. 532, 2024)

"Assim, é possível transacionar com bens difusos? Hugo Nigro Mazzilli diz que, "na defesa de interesses difusos, coletivos e individuais homogêneos, os colegitimados ativos à ação coletiva não agem em busca de direito próprio, ou, pelo menos, não são os titulares únicos do direito lesado; estamos aqui em face de interesses metaindividuais, cujos verdadeiros titulares estão dispersos na coletividade. Ainda que alguns dos colegitimados possam também estar defendendo interesse próprio ou institucional — como as associações civis, em busca de fins estatutários, ou o Ministério Público, em defesa de interesses gerais —, o objeto do litígio coletivo será sempre a reparação de interesses metaindividuais". Com exceção do Ministério Público e dos órgãos públicos legitimados (União, Estados e Municípios), os demais colegitimados não poderão transigir sobre direitos dos quais não são titulares. Transigir não significa necessariamente abrir mão de direitos da coletividade, mas fazer observar certos requisitos legais no intuito de cessar a demanda (o inquérito civil ou a ação civil pública). Por exemplo: a transação penal só será proposta pelo Ministério Público se houver a prévia composição do dano, salvo em caso de comprovada impossibilidade (art. 27 da Lei n. 9.605/98)." (SIRVINSKAS, Luís Paulo. P. 980, 2022)

JURISPRUDÊNCIA TEMÁTICA

"AGRAVO INTERNO. RECURSO EXTRAORDINÁRIO. AÇÃO CIVIL PÚBLICA. EXTRAÇÃO IRREGULAR DE RECURSO MINERAL. PRETENSÃO DE RESSARCIMENTO AO ERÁRIO. DANO AMBIENTAL. IMPRESCRITIBILIDADE. INAPLICABILIDADE DO TEMA 666 DA REPERCUSSÃO GERAL. INCIDÊNCIA DO TEMA 999.

1. **A extração clandestina de recursos minerais do leito de rio (sem a adequada autorização da autoridade pública competente) importa não apenas dano patrimonial, mas, principalmente, dano ao meio ambiente.**

2. A extração desordenada de recursos minerais impacta diretamente no ecossistema, trazendo consequências muitas vezes irreversíveis ao meio ambiente.

3. **Não se trata, portanto, de mero ilícito civil**, de forma que inaplicável, à hipótese destes autos, o entendimento firmado no RE 669.069-RG, Tema 666 da repercussão geral (É prescritível a ação de reparação de danos à Fazenda Pública decorrente de ilícito civil).

4. O presente caso visa à reparação por dano ambiental (por extração clandestina de recursos minerais), de modo que é perfeitamente aplicável a tese fixada no RE 654.833-RG Tema 999, em que esta CORTE fixou tese no sentido de que "É imprescritível a pretensão de reparação civil de dano ambiental".

5. O acórdão recorrido divergiu desse entendimento. 6. Provimento ao RECURSO EXTRAORDINÁRIO, para afastar a prescrição e determinar que o Juízo de origem prossiga no exame da causa. (AG. REG. RE 1.352.874 RS, Relator(a): LUIZ FUX, Primeira Turma, julgado em 15/05/2023)"

"(...) 4. O meio ambiente deve ser considerado patrimônio comum de toda humanidade, para a garantia de sua integral proteção, especialmente em relação às gerações futuras. Todas as condutas do Poder Público estatal devem ser direcionadas no sentido de integral proteção legislativa interna e de adesão aos pactos e tratados internacionais protetivos desse direito humano fundamental de 3a geração, para evitar prejuízo da coletividade em face de uma afetação de certo bem (recurso natural) a uma finalidade individual. 5. A **reparação do dano ao meio ambiente é direito fundamental indisponível, sendo imperativo o reconhecimento da imprescritibilidade no que toca à recomposição dos danos ambientais. (...) Afirmação de tese segundo a qual. É imprescritível a pretensão de reparação civil de dano ambiental.** (RE 654.833, Relator(a): ALEXANDRE DE MORAES, Tribunal Pleno, julgado em 20/04/2020, PROCESSO ELETRÔNICO DJe-157 DIVULG 23-06-2020 PUBLIC 24-06-2020)"

"A **empresa que efetua irregularmente a lavra de minério**, **enriquecendo-se ilicitamente, não pode pretender o ressarcimento dos custos operacionais dessa atividade contra legem**, sob o argumento de que a não remuneração ensejaria o locupletamento sem causa da União. STJ. 1ª Turma.REsp 1860239-SC, Rel. Min. Sérgio Kukina, julgado em 09/08/2022 (Info 746)."

QUESTÕES DE CONCURSO RELACIONADAS

1) (JUIZ TJDFT – 2023 - CEBRASPE): Em determinado empreendimento imobiliário, a pessoa física responsável pelo imóvel causou danos ao meio ambiente, o que deu origem a processos administrativo e judicial.

Nessa situação hipotética, eventual aplicação de multa administrativa será

a) imprescritível, não se aplicando a teoria do fato consumado e não sendo cumulável eventual condenação judicial de obrigações de fazer e de indenizar.

b) imprescritível, sendo prescritível a reparação dos danos ambientais, podendo eventual condenação judicial de obrigação de fazer ser cumulada com a de indenizar.

c) prescritível, aplicando-se a teoria do fato consumado, havendo prazo em dobro da prescrição para a reparação dos danos ambientais.

d) prescritível, sendo imprescritível a reparação dos danos ambientais, podendo eventual condenação judicial de obrigação de fazer ser cumulada com a de indenizar.

e) imprescritível, tal qual a reparação dos danos ambientais, não sendo cumulável eventual condenação judicial de obrigações de fazer e de indenizar

Resposta: D

2- (AL/AP – Analista Legislativo – Assessor Jurídico – 2020 - FCC): No tocante à proteção constitucional do meio ambiente, considere:

I. Aquele que explorar recursos minerais fica obrigado a recuperar o meio ambiente degradado, de acordo com solução técnica exigida pelo órgão público competente, na forma da lei.

II. As condutas e atividades consideradas lesivas ao meio ambiente sujeitarão os infratores, pessoas físicas ou jurídicas, a sanções penais e administrativas, independentemente da obrigação de reparar os danos causados.

III. São disponíveis as terras devolutas ou arrecadadas pelos Estados, por meio de ações discriminatórias, necessárias à proteção dos ecossistemas naturais.

IV. As usinas que operem com reator nuclear deverão ter sua localização definida em lei federal, sem o que só poderão ser instaladas por autorização excepcional dos Estados membros em que se encontrem.

V. Para assegurar a efetividade do direito ao meio ambiente ecologicamente equilibrado, incumbe ao Poder Público, entre outros deveres, preservar a diversidade e a integridade do patrimônio genético do País e fiscalizar as entidades dedicadas à pesquisa e manipulação de material genético.

Está correto o que se afirma APENAS em

a) I, II e III.

b) III, IV e V.

c) II, IV e V.

d) I, III e IV.

e) I, II e V.

Resposta: E

3- (MPE/TO – 2022 - CEBRASPE): No que concerne à disciplina da responsabilidade civil por dano ambiental, assinale a opção correta conforme a jurisprudência do Superior Tribunal de Justiça e do Supremo Tribunal Federal.

A. A obrigação de reparar o dano ambiental tem natureza *propter rem*, de modo que o adquirente de imóvel com área degradada se obriga a repará-la, mesmo que não tenha sido o responsável pelo dano.

B. Admite-se a aplicação do princípio da insignificância aos atos que provoquem danos ambientais, tanto na esfera civil quanto na penal.

C. Na hipótese de supressão de vegetação nativa em área de preservação permanente, o autor do ato ilícito pode vir a ser condenado à reparação da área ou à indenização pelo dano moral coletivo, desde que de forma não cumulativa.

D. O dano ambiental decorrente de parcelamento irregular do solo urbano é imputável ao particular que promoveu o loteamento e ao município, desde que se comprove a inércia do ente municipal, hipótese em que a responsabilidade será solidária.

E. A responsabilidade civil por danos ambientais, seja por lesão ao meio ambiente propriamente dito, seja por ofensa a direitos individuais, é objetiva, fundada na teoria do risco integral, podendo ser afastada apenas no caso de culpa da vítima, caso fortuito ou força maior.

Resposta: A

4- (AGU/Advogado da União – 2023 - CEBRASPE): A indústria X, licenciada pelo estado Y, causou um derramamento de óleo em um rio do município Z. O Ministério Público solicitou que a União e o estado Y cumprissem seu dever de fiscalização ambiental, de modo a conter o dano em andamento, no entanto, não tomaram qualquer providência. O município Z não teve ciência do problema ambiental. Nessa situação hipotética, assinale a opção correta, acerca da responsabilidade civil ambiental da administração pública conforme jurisprudência do Superior Tribunal de Justiça (STJ).

A. Apenas a indústria X e o estado Y, que licenciou o empreendimento, deverão responder solidariamente pelo dano ambiental.

B. Apenas a indústria X deverá responder pelo dano ambiental.

C. A União, a indústria X, o estado Y e o município Z deverão responder solidariamente pelo dano ambiental.

D. Apenas a União e a indústria X, que causou o derramamento de óleo, deverão responder solidariamente pelo dano ambiental.

E. A União, a indústria X e o estado Y deverão responder solidariamente pelo dano ambiental.

Resposta: E

CAPÍTULO 8

DIREITO PROCESSUAL CIVIL

Igor Coelho Antunes Ribeiro

QUESTÃO 1

(CESPE - CEBRASPE - PGE/MS - 2021)

Em 22/5/2015, Maria ajuizou ação de reparação de danos materiais e morais contra o estado do Mato Grosso do Sul. Após o regular processamento da causa, prevaleceu a decisão do tribunal de justiça, que condenou o requerido ao pagamento das quantias de R$ 250.000,00, a título de dano material, e de R$ 230.000,00, a título de dano moral.

Transitada em julgado a decisão, Maria propôs o cumprimento da sentença em 17/11/2021. A procuradoria do estado, devidamente intimada do pedido formulado por Maria, constatou que o cálculo de liquidação apresentado pela exequente não atendia aos padrões delineados pela decisão exequenda, visto que a sua pretensão, de R$ 578.350,00, excedia exponencialmente o limite da obrigação.

Diante dessa situação hipotética, redija um texto indicando, de forma justificada, as providências jurídicas cabíveis capazes de impedir eventual dano material ao erário.

QUESTÃO 1

30 LINHAS

▶ RESPOSTA DO AUTOR

Diante da situação narrada, para evitar eventual dano material ao erário, cabe à Procuradoria Geral do Estado do Mato Grosso do Sul apresentar impugnação ao cumprimento de sentença, nos termos art. 535 do Código de Processo Civil (CPC). A impugnação deve se fundamentar no excesso de execução (art. 535, IV, do CPC), uma vez que o valor executado pela exequente (R$ 578.350,00) excede consideravelmente os montantes estabelecidos na condenação transitada em julgado (R$ 250.000,00 por danos materiais e R$ 230.000,00 por danos morais). Além disso, é essencial que, na peça impugnativa, a Fazenda Pública indique o valor que entende correto, sob pena de não conhecimento da impugnação, conforme exigência do art. 535, § 2.º, do CPC.

Em se tratando de cumprimento de sentença contra a Fazenda Pública, não é admitida a expropriação de bens para satisfação da obrigação pecuniária. Isso se deve à inalienabilidade e impenhorabilidade dos bens públicos, nos termos do art. 833, I, do CPC e do art. 100 da Constituição Federal.

O pagamento da dívida reconhecida judicialmente deverá ocorrer por meio de requisição de pequeno valor (RPV), caso o montante devido se enquadre no limite legal, ou, no caso em tela, mediante precatório, visto que o valor da condenação ultrapassa o teto das RPVs.

Considerando o valor da execução, a quitação da dívida deverá seguir o rito do art. 100 da Constituição Federal, sendo necessário que o Tribunal de Justiça do Estado de Mato Grosso do Sul requisite a inclusão do valor no orçamento do Estado por meio de precatório (art. 100, § 6.º, da CF, c/c art. 535, § 3.º, I, do CPC), devendo o pagamento ser realizado na ordem cronológica de apresentação, em obediência às previsões constitucionais.

Por fim, cabe ressaltar que na fase de cumprimento de sentença contra a Fazenda Pública os honorários advocatícios só serão devidos caso haja impugnação, conforme previsão do art. 85, § 7.º, do CPC. Se não houver impugnação, não haverá incidência de honorários sucumbenciais. Porém, se houver impugnação e esta for julgada procedente, o Estado não será condenado ao pagamento de honorários advocatícios sucumbenciais. Caso a impugnação seja parcialmente provida, por fim, pode haver incidência de honorários advocatícios sobre a diferença entre o valor pleiteado pelo exequente e o montante efetivamente devido, a favor do Estado.

▶ CRITÉRIO DE CORREÇÃO DA BANCA

QUESITO 1

0 – Não indicou o instrumento jurídico adequado capaz de promover a defesa do Estado nem o elemento indispensável para o conhecimento dessa defesa.

1 – Indicou o instrumento jurídico adequado (impugnação), mas não indicou o elemento indispensável para o conhecimento dessa defesa; ou indicou o elemento indispensável para o conhecimento dessa defesa, mas não indicou o instrumento jurídico adequado (impugnação).

2 – Indicou o instrumento jurídico adequado (impugnação) e também o elemento indispensável para o conhecimento dessa defesa.

QUESITO 2

0 – Não abordou a impossibilidade de expropriação de bens nas execuções contra a fazenda pública.

1 – Abordou a impossibilidade de expropriação de bens nas execuções contra a fazenda pública, mas o fez de forma imprecisa ou inconsistente.

2 – Abordou a impossibilidade de expropriação de bens nas execuções contra a fazenda pública, e o fez de forma precisa e consistente.

QUESITO 3

0 – Não abordou o tema de arbitramento de honorários advocatícios sucumbenciais aplicável à fazenda pública na fase de cumprimento de sentença.

1 – Abordou o tema de arbitramento de honorários advocatícios sucumbenciais aplicável à fazenda pública na fase de cumprimento de sentença, mas o fez de forma imprecisa ou inconsistente.

2 – Abordou o tema de arbitramento de honorários advocatícios sucumbenciais aplicável à fazenda pública na fase de cumprimento de sentença, e o fez de forma precisa e consistente, ou seja, julgada procedente a impugnação, não serão devidos honorários sucumbenciais por parte do estado.

▶ DOUTRINA TEMÁTICA

A execução por quantia certa contra devedor solvente tem por finalidade específica satisfazer o credor, normalmente valendo-se para tanto da técnica da expropriação de bens do devedor. Quando a Fazenda Pública é o devedor, as regras gerais de expropriação não têm aplicação, porque os bens públicos são impenhoráveis e inalienáveis.

(...)

Sendo o executado a Fazenda Pública, não se aplicam as regras próprias da execução por quantia certa, não havendo a adoção de medidas expropriatórias para a satisfação do crédito. Os pagamentos feitos pela Fazenda Pública são despendidos pelo erário, merecendo tratamento específico a execução intentada contra as pessoas jurídicas de direito público, a fim de adaptar as regras pertinentes à sistemática do precatório. Não há, enfim, expropriação na execução intentada contra a Fazenda Pública, devendo o pagamento submeter-se ao regime jurídico do precatório (ou da Requisição de Pequeno Valor, se o valor for inferior aos limites legais, conforme será examinado mais adiante).

E, para que se possa garantir o pagamento dos créditos inscritos em precatório ou constantes de requisições de pequeno valor, a "União, os Estados, o Distrito Federal e os Municípios aferirão mensalmente, em base anual, o comprometimento de suas respectivas receitas correntes líquidas com o pagamento de precatórios e obrigações de pequeno valor" (CF, art.100, § 17, incluído pela EC nº 94/2016).

A execução contra a Fazenda Pública rege-se por regras próprias, que decorrem do art. 100 da Constituição Federal e em regras do Ato das Disposições Constitucionais Transitórias.

(...)

Já se viu que, no cumprimento de sentença contra a Fazenda Pública, esta é intimada para, em 30 (trinta) dias, apresentar impugnação. No cumprimento de sentença, a Fazenda Pública defende-se por impugnação, e não por embargos. Os embargos constituem o meio de defesa que a Fazenda Pública apresenta na execução fundada em título extrajudicial.

A impugnação é uma defesa, não ostentando a natureza de ação ou demanda judicial.

O cumprimento de sentença contra a Fazenda Pública pode ser promovido em litisconsórcio ativo. Nos termos do§ 1º do art. 534, cada litisconsorte deve requerer seu cumprimento de sentença, apresentando sua correspondente memória de cálculo. Se houver uma grande quantidade de litisconsortes que comprometa o cumprimento da sentença ou dificulte a defesa da Fazenda Pública na impugnação a ser apresentada, o juiz pode limitar a presença dos litisconsortes, aplicando-se o disposto nos §§ 1 º e 2º do art. 113 do CPC. A Fazenda Pública pode, antes de impugnar, pedir a limitação ao juiz. Tal pedido interrompe o prazo para impugnação, que será integralmente devolvido à Fazenda Pública a partir da intimação da decisão que acolhê-lo ou rejeitá-lo (CPC, art. 113, § 2º).

A Fazenda Pública é intimada para apresentar impugnação no prazo de trinta dias. A intimação da Fazenda Pública é pessoal (CPC, art. 183), podendo ser feita por carga, remessa ou meio eletrônico (CPC, art. 183, § 1 º).

Quando a intimação for feita por carga, considera-se dia do começo do prazo o dia da carga (CPC, art. 231, VIII). Sendo a intimação feita por remessa dos autos, a contagem do prazo, segundo entendimento já firmado no âmbito da jurisprudência do STJ, "... inicia-se no dia da remessa dos autos com vista, ou, se as datas não coincidirem, do recebimento destes por servidor do órgão, e não a partir do dia em que o representante ministerial manifesta, por escrito, sua ciência do teor da decisão. Quando a intimação se realizar por meio eletrônico, considera-se dia do começo do prazo o dia útil seguinte à consulta ao teor da intimação ou ao término do prazo para que a consulta se dê (CPC, art. 231, V).

O prazo de trinta dias para impugnar é específico, sendo próprio para a Fazenda Pública. Logo, não deve ser computado em dobro (CPC, art. 183, § 2º). O prazo para impugnar é de trinta dias, computando-se apenas, na sua contagem, os dias úteis (CPC, art. 219).

A impugnação apresentada pela Fazenda Pública no cumprimento da sentença é dotada de efeito suspensivo.

O§ 6º do art. 525 do CPC não se aplica ao cumprimento de sentença proposto contra a Fazenda Pública, pelos seguintes motivos: (a) o efeito suspensivo depende de penhora, depósito ou caução. A Fazenda Pública não se sujeita a penhora, depósito nem caução, não precisando garantir o juízo; (b) a expedição de precatório ou requisição de pequeno valor depende do prévio trânsito em julgado (CF /88, art. 100, §§ 3º e 5º), de sorte que somente pode ser determinado o pagamento, se não houver mais qualquer discussão quanto ao valor executado.

Em outras palavras, o precatório ou a RPV somente se expede depois de não haver mais qualquer discussão quanto ao valor executado, valendo dizer que tal expedição depende do trânsito em julgado da decisão que julgar a impugnação. Por essa razão, a impugnação apresentada pela Fazenda Pública deve, forçosamente, ser recebida no efeito suspensivo, pois, enquanto não se tornar incontroverso ou definitivo o valor cobrado, não há como se expedir o precatório ou a RPV.

O trânsito em julgado a que se referem os§§ 3º e 5º do art.100 da Constituição Federal é o da sentença que julgar a impugnação ao cumprimento da sentença ou os embargos à execução fundada em título extrajudicial.

E isso porque o valor a ser incluído no orçamento deve ser definitivo, não pendendo qualquer discussão a seu respeito. Observe-se que toda lei orçamentária que é aprovada estabelece, em um de seus dispositivos, que somente incluirá dotações para o pagamento de precatórios cujos processos contenham certidão de trânsito em julgado da decisão exequenda e, igualmente, certidão de trânsito em julgado dos embargos à execução ou, em seu lugar, certidão de que não tenham sido opostos embargos ou qualquer impugnação aos respectivos cálculos. Ora, se o precatório somente pode ser expedido quando já definitivo o valor, não havendo mais discussão a seu respeito - o que se pode comprovar por certidão de trânsito em julgado dos embargos à execução ou da impugnação ao cumprimento da sentença -, é evidente que a impugnação deve, necessariamente, ser recebida com efeito suspensivo. A simples apresentação da impugnação acarreta a suspensão do cumprimento da sentença.

Quando a impugnação for parcial, a parte não questionada, nos termos do§ 4º do art. 535, será, desde logo, objeto de cumprimento, expedindo-se o precatório ou a RPV. Isso porque a parte questionada acarreta a suspensão imediata do cumprimento da sentença.

Nesse caso, não incide a vedação do § 8º do art. 100 da CF /88, pois não se trata de intenção do exequente de repartir o valor para receber uma parte por RPV e outra, por precatório.

Apresentada a impugnação, o juiz poderá rejeitá-la liminarmente, quando intempestiva ou quando verse sobre matéria não prevista no art. 535 do CPC, caso em que deve ser considerada manifestamente protelatória.

Não há previsão para essa rejeição liminar, mas constitui uma decorrência lógica da previsão de prazo para seu ajuizamento e, igualmente, da regra inscrita no aludido art. 535. Ora, se há um prazo para ajuizamento da impugnação, é óbvio que deve ser rejeitada quando sua apresentação for intempestiva. De igual modo, se a impugnação somente pode versar sobre determinadas matérias (CPC, art. 535), revela-se incabível quando não tratar de qualquer uma delas, impondo-se sua rejeição liminar.

Também pode haver rejeição liminar quando o executado alegar excesso de execução, mas não declarar, em sua impugnação, o valor que entende correto. Essa hipótese de rejeição liminar está, expressamente, prevista no § 2º do art. 535 do CPC (DIDIER, 2017, p. 675).

▶ JURISPRUDÊNCIA TEMÁTICA

STF:

RECURSO EXTRAORDINÁRIO COM REPERCUSSÃO GERAL. DIREITO CONSTITUCIONAL FINANCEIRO. SISTEMÁTICA DOS PRECATÓRIOS (ART. 100, CF/88). EXECUÇÃO PROVISÓRIA DE DÉBITOS DA FAZENDA PÚBLICA. OBRIGAÇÃO DE FAZER. SENTENÇA COM TRÂNSITO EM JULGADO. EMENDA CONSTITUCIONAL 30/2000. 1. Fixação da seguinte tese ao Tema 45 da sistemática da repercussão geral: "A execução provisória de obrigação de fazer em face da Fazenda Pública não atrai o regime constitucional dos precatórios." 2. A jurisprudência do STF firmou-se no sentido da inaplicabilidade ao Poder Público do regime jurídico da execução provisória de prestação de pagar quantia certa, após o advento da Emenda Constitucional 30/2000. Precedentes. 3. A sistemática constitucional dos precatórios não se aplica às obrigações de fato positivo ou negativo, dado a excepcionalidade do regime de pagamento de débitos pela Fazenda Pública, cuja interpretação deve ser restrita. Por consequência, a situação rege-se pela regra regal de que toda decisão não autossuficiente pode ser cumprida de maneira imediata, na pendência de recursos não recebidos com efeito suspensivo. 4. Não se encontra parâmetro constitucional ou legal que obste a pretensão de execução provisória de sentença condenatória de obrigação de fazer relativa à implantação de pensão de militar, antes do trânsito em julgado dos embargos do devedor opostos pela Fazenda Pública. 5. Há compatibilidade material entre o regime de cumprimento integral de decisão provisória e a sistemática dos precatórios, haja vista que este apenas se refere às obrigações de pagar quantia certa. 6. Recurso extraordinário a que se nega provimento (STF - RE: 573872 RS, Relator: EDSON FACHIN, Data de Julgamento: 24/05/2017, Tribunal Pleno, Data de Publicação: 11/09/2017).

AÇÃO DIRETA DE INCONSTITUCIONALIDADE. DIREITO CONSTITUCIONAL. ARTIGOS 1º E 2º DA LEI 15.945/2013 DO ESTADO DE SANTA CATARINA. REDUÇÃO DO TETO DAS OBRIGAÇÕES DE PEQUENO VALOR PARA 10 (DEZ) SALÁRIOS MÍNIMOS. A VIGÊNCIA DO REGIME ESPECIAL DE PAGAMENTO DE PRECATÓRIOS PREVISTO NO ARTIGO 97 DO ADCT NÃO SUSPENDEU A COMPETÊNCIA DOS ENTES FEDERADOS PARA ALTERAR O TETO DAS REQUISIÇÕES DE PEQUENO VALOR. POSSIBILIDADE DE FIXAÇÃO DE VALOR INFERIOR AO DO ARTIGO 87 DO ADCT PARA AS OBRIGAÇÕES DE PEQUENO VALOR, SEGUNDO A CAPACIDADE ECONÔMICA DOS ENTES FEDERADOS. JUÍZO POLÍTICO. AUSÊNCIA DE DEMONSTRAÇÃO

DE IRRAZOABILIDADE. APLICAÇÃO DA REDUÇÃO DO TETO DAS REQUISIÇÕES DE PEQUENO VALOR ÀS CONDENAÇÕES JUDICIAIS JÁ TRANSITADAS EM JULGADO. IMPOSSIBILIDADE. OFENSA À SEGURANÇA JURÍDICA. AÇÃO DIRETA DE INCONSTITUCIONALIDADE CONHECIDA E JULGADO PARCIALMENTE PROCEDENTE O PEDIDO. 1. As Requisições de Pequeno Valor - RPV consubstanciam exceção à regra de pagamento de débitos judiciais pela Fazenda Pública na ordem cronológica de apresentação dos precatórios e à conta dos créditos respectivos, permitindo a satisfação dos créditos de forma imediata. 2. Os entes federados são competentes para estabelecer, por meio de leis próprias e segundo a sua capacidade econômica, o valor máximo das respectivas obrigações de pequeno valor, não podendo tal valor ser inferior àquele do maior benefício do regime geral de previdência social (artigo 100, §§ 3º e 4º, da Constituição Federal, na redação da Emenda Constitucional 62/2009). 3. O § 12 do artigo 97 do ADCT é regra transitória que não implicou vedação à modificação dos valores fixados para o limite das obrigações de pequeno valor, mas, tão-somente, evitou que eventual omissão dos entes federados em estabelecer limites próprios prejudicasse a implementação do regime especial de pagamento de precatórios. 4. As unidades federadas podem fixar os limites das respectivas requisições de pequeno valor em patamares inferiores aos previstos no artigo 87 do ADCT, desde que o façam em consonância com sua capacidade econômica. Precedente: ADI 2.868, Redator do acórdão Min. Joaquim Barbosa, Plenário, DJ de 12/11/2004. 5. A aferição da capacidade econômica do ente federado, para fins de delimitação do teto para o pagamento de seus débitos por meio de requisição de pequeno valor, não se esgota na verificação do quantum da receita do Estado, mercê de esta quantia não refletir, por si só, os graus de endividamento e de litigiosidade do ente federado. (STF - ADI: 5100 SC, Relator: LUIZ FUX, Data de Julgamento: 27/04/2020, Tribunal Pleno, Data de Publicação: 14/05/2020)

STJ:

PROCESSUAL CIVIL. RECURSO ESPECIAL. CUMPRIMENTO DE SENTENÇA CONTRA A FAZENDA PÚBLICA. ALEGAÇÃO DE EXCESSO. AUSÊNCIA DE PLANILHA DE CÁLCULOS. ART. 535, § 2º, DO CPC. CONCESSÃO DE PRAZO PARA O MUNICÍPIO. POSSIBILIDADE. RECURSO IMPROVIDO. 1. Em regra, a ausência de indicação do valor que a Fazenda Pública entende como devido na impugnação enseja o não conhecimento da arguição de excesso, por existência de previsão legal específica nesse sentido (art. 535, § 2º, do CPC). 2. No entanto, tal previsão legal não afasta o poder-dever de o magistrado averiguar a exatidão dos cálculos à luz do título judicial que lastreia o cumprimento de sentença, quando verificar a possibilidade de existência de excesso de execução. Precedentes. 3. Em que pese ao fundamento utilizado pelo acórdão para a concessão de prazo para a apresentação da planilha de cálculos ter sido a deficiência no corpo de servidores da respectiva procuradoria, a posição firmada no acórdão recorrido encontra-se dentro das atribuições do órgão julgador em prezar pela regularidade da execução. 4. Nesse sentido, se é cabível a remessa dos autos à contadoria do juízo para a verificação dos cálculos, é razoável a concessão de prazo para apresentação da respectiva planilha pela Fazenda Pública, documento que pode inclusive vir a facilitar o trabalho daquele órgão auxiliar em eventual necessidade de manifestação. Precedente (REsp 1726382/MT, Rel. Ministro HERMAN BENJAMIN, SEGUNDA TURMA, julgado em 17/04/2018, DJe 24/05/2018). 5. Recurso especial a que se nega provimento.

(STJ - REsp: 1887589 GO 2020/0067971-9, Relator: Ministro OG FERNANDES, Data de Julgamento: 06/04/2021, T2 - SEGUNDA TURMA, Data de Publicação: DJe 14/04/2021)

Súmula 519 - Na hipótese de rejeição da impugnação ao cumprimento de sentença, não são cabíveis honorários advocatícios.

QUESTÕES DE CONCURSOS RELACIONADAS

1. (CESPE - CEBRASPE - PGE-MS - Procurador do Estado - 2021)

Considere que João tenha requerido o cumprimento da sentença, com o objetivo de receber quantia certa imposta à fazenda pública estadual por sentença judicial transitada em julgado. Nessa situação, intimada do pedido formulado pelo exequente, a procuradoria da fazenda poderá

Alternativas

A) indicar bens à penhora e opor embargos à execução em autos próprios.

B) impugnar a execução nos próprios autos.

C) opor exceção de pré-executividade.

D) fazer prova do pagamento do percentual de 30% do valor da execução, e requerer o parcelamento da diferença em até seis vezes, acrescidos de correção monetária e juros.

E) fazer prova do cumprimento integral da obrigação, mediante pagamento em dinheiro.

Gabarito: alternativa B.

2. (FCC - PGE-TO - Procurador do Estado - 2018)

No tocante ao cumprimento de sentença que reconheça a exigibilidade de obrigação de pagar quantia certa pela Fazenda Pública, é correto afirmar:

Alternativas

A) Se não impugnada a execução, ou rejeitadas as arguições da executada, por ordem do juiz, dirigida à autoridade na pessoa de quem o ente público foi citado para o processo, o pagamento de obrigação de pequeno valor será realizado no prazo de dois meses contado da entrega da requisição, mediante depósito na agência de banco oficial mais próxima da residência do exequente.

B) O exequente apresentará demonstrativo discriminado e atualizado do crédito; se houver pluralidade de exequentes, cujo número poderá ser limitado em caso de litisconsórcio facultativo, deverá ser oferecido demonstrativo único em nome e benefício de todos eles.

C) Em sua impugnação, a Fazenda poderá arguir excesso de execução genericamente, sem declarar de imediato o valor que entende correto, por se tratar de ente público, sem que disso decorra o não conhecimento da arguição.

D) A impugnação fazendária poderá referir-se a qualquer causa modificativa ou extintiva da obrigação, como pagamento, novação, compensação, transação ou prescrição, supervenientes ou anteriores ao trânsito em julgado da sentença.

E) Tornado líquido e certo o débito, expedir-se-á, por intermédio do juiz da execução, precatório em favor do exequente, observadas as normas constitucionais pertinentes.

Gabarito: alternativa A.

QUESTÃO 2

(Banca Própria – Procuradoria Geral do Estado do Rio De Janeiro – 2021)

Na qualidade de Procurador do Estado, defenda, à luz das garantias constitucionais do processo, a limitação legal ao deferimento de medida liminar para a concessão de aumento ou extensão de vantagem ou pagamento de qualquer natureza a servidores públicos.

QUESTÃO 2

30 LINHAS

RESPOSTA DO AUTOR

Na qualidade de Procurador do Estado, é fundamental sustentar a constitucionalidade da limitação imposta pela Lei n.º 9.494/97 ao deferimento de medidas liminares que concedam aumentos, extensões de vantagens ou pagamentos a servidores públicos. Essa limitação encontra sólido respaldo nos princípios constitucionais e na jurisprudência do Supremo Tribunal Federal (STF), especialmente no julgamento da ADC n.º 4.

Em breve contextualização do tema, quando de sua edição, a Lei n.º 9.494/97 não raramente tinha sua aplicabilidade afastada por diversos juízos e Tribunais, ante a suposta inconstitucionalidade material pela violação às garantias processuais constitucionais, especialmente a inafastabilidade da jurisdição e o amplo acesso à Justiça (art. 5º, XXXV, CF/88). Esses argumentos, no entanto, não prevaleceram no âmbito do Supremo Tribunal Federal, que em, sede de controle concentrado de constitucionalidade, considerou constitucional a limitação à concessão de liminares em face da Fazenda Pública.

Segundo a Suprema Corte, as garantias processuais constitucionais, como o direito de ação e a inafastabilidade da jurisdição (art. 5º, XXXV, da CF/88), não possuem caráter absoluto, devendo ser interpretadas em harmonia com a supremacia do interesse público, princípio basilar do regime jurídico administrativo. A Fazenda Pública representa o patrimônio coletivo e o equilíbrio fiscal, sendo essencial evitar decisões liminares que comprometam a gestão pública antes do contraditório adequado.

No julgamento da ADC 4, o STF reconheceu a constitucionalidade das restrições impostas pela Lei 9.494/97, compreendendo que a proteção ao erário e ao interesse público prevalece sobre a possibilidade de concessão de vantagens financeiras por meio de decisões precárias. O Tribunal reforçou que a jurisdição não é absoluta e pode ser flexibilizada para assegurar a estabilidade das contas públicas.

Sobre a temática, importa ressaltar que o art. 2º da Lei n.º 8.437/92 prevê que, em ações coletivas como mandados de segurança e ações civis públicas, a concessão de liminar deve ser precedida da oitiva da pessoa jurídica de direito público, salvo em situações excepcionais. Tal dispositivo é essencial para garantir o contraditório prévio, permitindo que o Estado se manifeste antes da imposição de medidas que possam impactar suas finanças.

A vedação das liminares que concedem vantagens pecuniárias aos servidores também se justifica pelo risco de irreversibilidade da medida, mormente porque o pagamento de valores antecipadamente pode criar situações de difícil reparação, especialmente diante da divergência entre STJ e STF sobre a restituição de quantias pagas por força de decisão posteriormente revogada. Caso a liminar seja revogada, a devolução dos valores pagos aos servidores pode se tornar impraticável, causando inequívocos prejuízos ao erário.

Também não se pode deixar de considerar que a Constituição Federal, em seu art. 100, estabelece o regime de precatórios, impondo que o pagamento de créditos contra a Fazenda Pública ocorra segundo uma ordem cronológica e respeitando a isonomia entre os credores. O deferimento de liminares que concedam aumentos salariais ou outras vantagens viola essa exigência ao permitir pagamentos diretos e fora da ordem estabelecida, criando um tratamento desigual entre os credores do Estado.

CRITÉRIO DE CORREÇÃO DA BANCA

- Preponderância do interesse público em face das garantias processuais
- Julgamento STF, ADC 4, flexibilização das garantias
- contraditório prévio (oitiva prévia, e.g. art. 2o, Lei 8437)
- irreversibilidade da medida
- violação à exigência constitucional do Precatório

▶ DOUTRINA TEMÁTICA

A discussão a respeito do cabimento da tutela antecipada contra a Fazenda Pública, na realidade, perdeu muito de sua importância com as previsões legais que vedavam expressamente a tutela antecipada contra a Fazenda Pública, com destaque para a famigerada Lei 9.494/1997. Opinião corrente na doutrina é que só se proíbe pontualmente aquilo que é genericamente permitido. Apesar de discutível constitucionalidade às restrições legais infraconstitucionais, o Supremo Tribunal Federal em julgamento de ação declaratória de constitucionalidade declarou ser constitucional o art. 1.º da Lei 9.494/1997, de forma que a discussão se tornou inútil, considerando-se o direito do Supremo Tribunal Federal de errar por último.

O art. 1.º da Lei 9.494/1997 prevê a aplicação à tutela antecipada de uma série de restrições previstas para a concessão de medidas cautelares e liminares em mandado de segurança contra a Fazenda Pública. Assim, aplicava à tutela antecipada o art. 5.ºda Lei 4.348/1964, sendo vedada a reclassificação ou equiparação de servidores públicos, ou a concessão de aumentos ou extensão de vantagens; o art. 1.º e seu §4.º da Lei 5.021/1966, que vedava a tutela antecipada para pagamento de vencimentos e vantagens pecuniárias; e arts. 1.º, 3.º e 4.º da Lei 8.437/1992. O art. 1.º da Lei9.494/1997 prevê que não será cabível contra a Fazenda Pública liminar em procedimento cautelar ou de conhecimento, quando providência semelhante não puder ser concedida em ações de mandado de segurança, em virtude de vedação legal. Atualmente, encontram-se revogadas as Leis 4.348/1964 e 5.021/1966.

Por fim, o art. 1°, § 3.º da Lei 8.437/1992 prevê que não será cabível medida liminar que esgote, no todo ou em parte, o objeto da ação. A melhor doutrina vem interpretando que essa vedação já consta de forma ampla no regime da tutela antecipada, representada pelo § 3.º do art. 300 do Novo CPC. Ainda que se concorde com esse entendimento, também na tutela antecipada contra a Fazenda Pública não se pode imaginar que a irreversibilidade dessa tutela de urgência seja apta a proibir sua concessão, devendo-se aplicar a regra da proporcionalidade. Parece ser esse o entendimento do Superior Tribunal de Justiça, pacificado no sentido da concessão de tutela antecipada contra a Fazenda Pública em demanda na qual se busca sua condenação a entregar medicamento. (NEVES, 2023).

▶ JURISPRUDÊNCIA TEMÁTICA

STF

AÇÃO DECLARATÓRIA DE CONSTITUCIONALIDADE – PROCESSO OBJETIVO DE CONTROLE NORMATIVO ABSTRATO – NATUREZA DÚPLICE DESSE INSTRUMENTO DE FISCALIZAÇÃO CONCENTRADA DE CONSTITUCIONALIDADE – POSSIBILIDADE JURÍDICO-PROCESSUAL DE CONCESSÃO DE MEDIDA CAUTELAR EM SEDE DE AÇÃO DECLARATÓRIA DE CONSTITUCIONALIDADE – INERÊNCIA DO PODER GERAL DE CAUTELA EM RELAÇÃO À ATIVIDADE JURISDICIONAL – CARÁTER INSTRUMENTAL DO PROVIMENTO CAUTELAR CUJA FUNÇÃO BÁSICA CONSISTE EM CONFERIR UTILIDADE E ASSEGURAR EFETIVIDADE AO JULGAMENTO FINAL A SER ULTERIORMENTE PROFERIDO NO PROCESSO DE CONTROLE NORMATIVO ABSTRATO – IMPORTÂNCIA DO CONTROLE JURISDICIONAL DA RAZOABILIDADE DAS LEIS RESTRITIVAS DO PODER CAUTELAR DEFERIDO AOS JUÍZES E TRIBUNAIS – INOCORRÊNCIA DE QUALQUER OFENSA, POR PARTE DA LEI Nº 9.494/97 (ART. 1º), AOS POSTULADOS DA PROPORCIONALIDADE E DA RAZOABILIDADE – LEGITIMIDADE DAS RESTRIÇÕES ESTABELECIDAS EM REFERIDA NORMA LEGAL E JUSTIFICADAS POR RAZÕES DE INTERESSE PÚBLICO – AUSÊNCIA DE VULNERAÇÃO À PLENITUDE DA JURISDIÇÃO E À CLÁUSULA DE PROTEÇÃO JUDICIAL EFETIVA – GARANTIA DE PLENO ACESSO À JURISDIÇÃO DO ESTADO NÃO COMPROMETIDA PELA CLÁUSULA RESTRITIVA INSCRITA NO PRECEITO LEGAL

DISCIPLINADOR DA TUTELA ANTECIPATÓRIA EM PROCESSOS CONTRA A FAZENDA PÚBLICA – OUTORGA DE DEFINITIVIDADE AO PROVIMENTO CAUTELAR QUE SE DEFERIU, LIMINARMENTE, NA PRESENTE CAUSA – AÇÃO DECLARATÓRIA DE CONSTITUCIONALIDADE JULGADA PROCEDENTE PARA CONFIRMAR, COM EFEITO VINCULANTE E EFICÁCIA GERAL E "EX TUNC", A INTEIRA VALIDADE JURÍDICO-CONSTITUCIONAL DO ART. 1º DA LEI 9.494, DE 10/09/1997, QUE "DISCIPLINA A APLICAÇÃO DA TUTELA ANTECIPADA CONTRA A FAZENDA PÚBLICA". (STF - ADC: 04 DF, Relator: MIN. SYDNEY SANCHES, Data de Julgamento: 01/10/2008, Tribunal Pleno, Data de Publicação: 30/10/2014).

Direito Constitucional e Administrativo. Embargos de Declaração em Mandado de Segurança. Decisão do TCU que recusou registro ao ato concessivo de aposentadoria em razão de indevida incorporação aos proventos do percentual de 84,32%. Devolução de valores recebidos por ordem judicial revogada. 1. A jurisprudência do STF afirma a desnecessidade de restituição de parcelas recebidas por decisão judicial posteriormente revogada em razão de mudança da jurisprudência. A orientação ampara-se: (i) na confiança legítima que tinham os beneficiários de a pretensão ser acolhida; e (ii) no lapso temporal transcorrido entre o deferimento da liminar e a sua revogação. Precedentes. 2. No caso em análise, a liminar foi deferida em 09.07.2013, com fundamento em antiga jurisprudência que reconhecia a oponibilidade da coisa julgada ao TCU de decisão judicial que reconhecia o direito a incorporação de parcelas remuneratórias. A revogação da liminar ocorreu em 15.08.2017, em razão de mudança dessa jurisprudência desta Corte. Assim, os princípios da boa-fé e da segurança jurídica afastam o dever de restituição de parcelas recebidas por ordem liminar revogada. 3. Embargos de declaração providos para sanar omissão, sem efeitos modificativos. (STF - ED MS: 32185 DF - DISTRITO FEDERAL 9990045-26.2013.1.00.0000, Relator: Min. MARCO AURÉLIO, Data de Julgamento: 24/10/2017, Primeira Turma, Data de Publicação: DJe-169 05-08-2019).

Súmula 729-STF: A decisão ADC-4 não se aplica à antecipação de tutela em causa de natureza previdenciária.

STJ

ADMINISTRATIVO E PROCESSUAL CIVIL. AGRAVO EM RECURSO ESPECIAL. SERVIDORES PÚBLICOS FEDERAIS. VALORES RECEBIDOS POR FORÇA DE DECISÃO JUDICIAL PRECÁRIA, POSTERIORMENTE REFORMADA. RESTITUIÇÃO AO ERÁRIO. POSSIBILIDADE. ART. 46 DA LEI 8.112/90. PRECEDENTES DO STJ. AGRAVO EM RECURSO ESPECIAL CONHECIDO. RECURSO ESPECIAL PARCIALMENTE CONHECIDO, E, NESSA EXTENSÃO, PROVIDO. I. Recurso Especial interposto contra acórdão publicado na vigência do CPC/2015. II. Na origem, trata-se de Ação Coletiva, ajuizada pelo Sindicato dos Servidores das Justiças Federais no Estado do Rio de Janeiro - SISEJUFE-RJ, em desfavor da União, perante a Justiça Federal, objetivando "declarar a ilegalidade dos descontos em face da impossibilidade de se exigir a cobrança de valores percebidos e usufruídos, de boa-fé, pelos substituídos em razão da concessão da ordem no Mandado de Segurança nº 0017525-26.2012.5.01.0000" - no qual o TRT/1ª Região, em processo de competência originária, deferira liminar, confirmada por acórdão concessivo do writ, pela Corte Regional, para garantir, aos servidores ora substituídos, que exerciam o cargo em comissão de Chefe de Gabinete no aludido Tribunal, o pagamento, a partir do ajuizamento do mandamus, a título de VPNI, da diferença remuneratória entre o cargo em comissão CJ-1 e a função comissionada FC-5 -, tendo o TST, em acórdão transitado em julgado, dado provimento ao Recurso Ordinário da UNIÃO e denegado a segurança. Na presente Ação Coletiva requereu-se também a anulação do Ofício-Circular 358, de 05/12/2017, do Diretor-Geral do TRT/1ª Região, que intimou os servidores ora substituídos de que o seu recurso administrativo - interposto contra a determinação de devolução dos valores recebidos por força do Mandado de Segurança 0017525-26.2012.5.01.0000, que restou denegado pelo TST, com trânsito em julgado - fora improvido, e de que a reposição seria feita, mediante desconto em folha de pagamento, de forma parcelada, a partir de janeiro de 2012, nos termos do art. 46, § 1º, da Lei 8.112/90. III. O Juízo de 1º Grau julgou procedente o pedido, na presente Ação Coletiva, para "determinar à União que se abstenha de efetuar descontos ou qualquer outro tipo de cobrança dos valores relativos à reposição ao erário de parcelas de VPNI que foram pagas por força das decisões proferidas no Mandado de Segurança nº 0017525-26.2012.5.01.0000 e apensos (nº 0017948-83.2012.5.01.0000 e nº 0000050-23.2013.5.01.0000), com anulação do Ofício Circular nº 358/2017-SEP/CPPE (TRTPROAD 6072/2017)". O acórdão recorrido manteve a sentença, ao fundamento de que os valores foram recebidos, pelos servidores, de boa-fé, por força de liminar, confirmada em acórdão concessivo da segurança, pelo TRT/1ª Região, e de que a jurisprudência do STJ consagra a irrepetibilidade dos créditos recebidos de boa-fé por servidores, em decorrência de interpretação errônea da lei, de erro ou equívoco da Administração. O presente Recurso Especial aponta violação aos arts. 46 e 114 da Lei 8.112/90, 53 da Lei 9.789/99 e 884 do Código Civil, bem como às Súmulas 473/STF e 235/TCU. (...) VI. O pedido formulado na inicial da presente Ação Coletiva é claro, no sentido de obstar a cobrança, pela Administração, de valores recebidos, pelos servidores ora substituídos, no anterior Mandado de Segurança 0017525-26.2012.5.01.0000, denegado pelo TST, que cassou a segurança deferida pelo TRT/1ª Região. O presente feito não envolve devolução de qualquer valor pago pela Administração sponte sua, mas apenas por força de decisão judicial precária, posteriormente cassada. VII. Nos termos da jurisprudência consolidada nesta Corte, "tendo a servidora recebido os referidos valores amparada por uma decisão judicial precária, não há como se admitir a existência de boa-fé, pois a Administração em momento nenhum gerou-lhe uma falsa expectativa de definitividade quanto ao direito pleiteado. A adoção de entendimento diverso importaria, dessa forma, no desvirtuamento do próprio instituto da antecipação dos efeitos da tutela, haja vista que um dos requisitos legais para sua concessão reside justamente na inexistência de perigo de irreversibilidade, a teor do art. 273, §§ 2º e 4º, do CPC" (STJ, EREsp 1.335.962/RS, Rel. Ministro ARNALDO ESTEVES LIMA, PRIMEIRA SEÇÃO, DJe de 02/08/2013). No mesmo sentido: STJ, EDcl no REsp 1.387.306/PB, Rel. Ministro BENEDITO GONÇALVES, PRIMEIRA TURMA, DJe de 27/03/2015; AgRg no REsp 1.474.964/RS, Rel. Ministro MAURO CAMPBELL MARQUES, SEGUNDA TURMA, DJe de 18/11/2014; AgRg no REsp 1.263.480/CE, Rel. Ministro HUMBERTO MARTINS, SEGUNDA TURMA, DJe de 09/09/2011. VIII. Tal entendimento vem sendo mantido, inclusive em acórdãos recentes do STJ. Com efeito, "é entendimento desta Corte que, 'tendo a servidora recebido os referidos valores amparada por uma decisão judicial precária, não há como se admitir a existência de boa-fé, pois a Administração em momento nenhum gerou-lhe uma falsa expectativa de definitividade quanto ao direito pleiteado' (EREsp 1.335.962/RS, Rel. Ministro Arnaldo Esteves Lima, Primeira Seção, DJe 2/8/2013). Não pode o servidor alegar boa-fé para não devolver valores recebidos por meio de liminar, em razão da própria precariedade da medida concessiva e, por conseguinte, da impossibilidade de presumir a definitividade do pagamento" (STJ, AgInt no AgInt no AREsp 1.609.657/MS, Rel. Ministro HERMAN BENJAMIN, SEGUNDA TURMA, DJe de 16/03/2021). Em igual sentido: STJ, AgInt no RMS 48.576/CE, Rel. Ministro OG FERNANDES, SEGUNDA TURMA, DJe de 09/09/2019; AgInt no RMS 56.628/CE, Rel. Ministro FRANCISCO FALCÃO, SEGUNDA TURMA, DJe de 29/04/2021. IX. A presente hipótese cuida de acórdão concessivo de segurança, proferido em sede de competência originária, pelo TRT/1ª Região, posteriormente cassado pelo Tribunal Superior do Trabalho, em Recurso Ordinário, com trânsito em julgado. Não há, portanto, que se falar em dupla conformidade, ou, ainda, em estabilização da primeira decisão, favorável aos servidores, conforme EREsp 1.086.154/RS, julgado pela Corte Especial do STJ (Rel. Ministra NANCY ANDRIGHI, DJe de 19/03/2014). X. Agravo conhecido, para conhecer, em parte, do Recurso Especial da União, e, nessa extensão, dar-lhe provimento. (STJ - AREsp: 1711065 RJ 2020/0134675-6, Data de Julgamento: 03/05/2022, T2 - SEGUNDA TURMA, Data de Publicação: DJe 05/05/2022)

PROCESSUAL CIVIL. ADMINISTRATIVO. RECURSO ESPECIAL. ADOÇÃO DE MEDIDA NECESSÁRIA À EFETIVAÇÃO DA TUTELA ESPECÍFICA OU À OBTENÇÃO DO RESULTADO PRÁTICO EQUIVALENTE. ART. 461, § 5o. DO CPC. BLOQUEIO DE VERBAS PÚBLICAS. POSSIBILIDADE CONFERIDA AO JULGADOR, DE OFÍCIO OU A REQUERIMENTO DA PARTE. RECURSO ESPECIAL PROVIDO. ACÓRDÃO SUBMETIDO AO RITO DO ART. 543-C DO CPC E DA RESOLUÇÃO 08/2008 DO STJ. 1. Tratando-se de fornecimento de medicamentos, cabe ao Juiz adotar medidas eficazes à efetivação de suas decisões, podendo, se necessário, determinar até mesmo, o sequestro de valores do devedor (bloqueio), segundo o seu prudente arbítrio, e sempre com adequada fundamentação. 2. Recurso Especial provido. Acórdão submetido ao regime do art. 543-C do CPC e da Resolução 08/2008 do STJ. (STJ - REsp: 1069810 RS 2008/0138928-4, Relator: Ministro NAPOLEÃO NUNES MAIA FILHO, Data de Julgamento: 23/10/2013, S1 - PRIMEIRA SEÇÃO, Data de Publicação: DJe 06/11/2013 RSTJ vol. 233 p. 40)

QUESTÕES DE CONCURSOS RELACIONADAS

1. (FUNDEP – Prefeitura de Contagem/MG – Procurador Municipal – 2019)

No tocante à tutela provisória requerida contra a Fazenda Pública e à suspensão de eficácia de decisões contrárias ao Poder Público, assinale a alternativa incorreta.

A) Não será cabível, no juízo de primeiro grau, medida cautelar inominada ou a sua liminar, quando impugnado ato de autoridade sujeita, na via de ação civil pública, à competência originária de tribunal.

B) Indeferido o pedido de suspensão de liminar em mandado de segurança formulado perante o presidente do TJMG, caberá novo pedido de suspensão ao presidente do tribunal competente para conhecer de eventual recurso especial ou extraordinário.

C) A eventual proibição, por interesse público, da antecipação da satisfação do direito material lesado ou ameaçado de lesão não implica necessária violação da garantia da inafastabilidade do controle jurisdicional.

D) Na ação civil pública, a liminar será concedida, quando juridicamente pertinente, após a audiência do representante judicial da pessoa jurídica de direito público, que deverá se pronunciar no prazo de setenta e duas horas.

Gabarito: alternativa A.

2. (CESPE - CEBRASPE – Campo Grande/MS – Procurador Municipal – 2019)

Em ação de natureza civil, o autor requereu que determinado estado da Federação fosse condenado ao fornecimento de medicamento de alto custo. O demandante, de forma incidental, fez pedido de tutela provisória antecipada, alegando que o seu direito é certo e que corre risco de morte caso não receba o medicamento com brevidade. Todos os fatos alegados pela parte autora foram exaustivamente comprovados por documentos idôneos, razão pela qual o juízo concedeu a referida tutela antecipada e determinou a intimação do requerido para que cumprisse a decisão.

Considerando essa situação hipotética, julgue o item que se segue, concernente à tutela provisória.

Caso o estado da Federação não interponha recurso contra a concessão da tutela antecipada, essa decisão se tornará estável, não podendo ser modificada ou revogada pelo Poder Judiciário.

Gabarito: alternativa incorreta.

QUESTÃO 3

(FMP Concursos - Procuradoria do Estado do Acre - 2017)

Disserte sobre o tema da distribuição dinâmica do ônus da prova no âmbito do Código de Processo Civil, esclarecendo seus fundamentos e características.

QUESTÃO 3

31	
32	
33	
34	
35	
36	
37	
38	
39	
40	

40 LINHAS

▸ RESPOSTA DO AUTOR

A distribuição do ônus da prova é um dos aspectos fundamentais do direito processual, pois estabelece a quem cabe demonstrar os fatos controvertidos no processo judicial. Tradicionalmente, a legislação brasileira adotava um modelo estático, prevendo a atribuição fixa do encargo probatório: ao autor, cabia provar os fatos constitutivos de seu direito, enquanto ao réu competia a prova dos fatos extintivos, modificativos ou impeditivos do direito do autor. Essa previsão, estabelecida originariamente no Código de Processo Civil de 1973, refletia a necessidade de regras gerais e previsíveis, mas nem sempre atendia aos princípios da justiça e da equidade, especialmente em situações de hipossuficiência ou dificuldade excessiva para uma das partes na produção de provas.

Diante desse cenário, a evolução doutrinária e jurisprudencial ampliou o reconhecimento da técnica da inversão do ônus da prova, especialmente em hipóteses de tutela de direitos ou interesses difusos e coletivos. Um marco importante nesse processo foi o Código de Defesa do Consumidor (Lei nº 8.078/1990), cujo artigo 6º, inciso VIII, prevê expressamente a inversão do ônus da prova em favor do consumidor quando houver hipossuficiência ou verossimilhança das alegações. Esse dispositivo introduziu um novo paradigma ao permitir que o juiz, analisando as circunstâncias do caso concreto, promovesse uma redistribuição do ônus probatório de forma a garantir maior equilíbrio processual.

Com a entrada em vigor do Código de Processo Civil de 2015 (Lei nº 13.105/2015), a distribuição dinâmica do ônus da prova foi incorporada expressamente ao ordenamento jurídico brasileiro. O artigo 373, § 1º, estabelece que o juiz poderá atribuir o ônus da prova de maneira diferente da regra geral quando considerar que uma das partes possui maior facilidade para produzir determinada prova, desde que essa redistribuição seja devidamente fundamentada. Essa abordagem busca concretizar o princípio da cooperação processual e assegurar uma distribuição mais justa do encargo probatório, evitando que uma parte sofra prejuízo por limitações técnicas, econômicas ou circunstanciais.

Apesar dessa inovação, a distribuição dinâmica do ônus da prova não pode ser confundida com a inversão do ônus da prova. Enquanto a inversão ocorre de maneira abstrata e geral, sendo fixada por lei como exceção à regra do artigo 373, caput, a distribuição dinâmica decorre da atividade jurisdicional e se aplica caso a caso, levando em consideração a facilidade de acesso à prova. Assim, enquanto a inversão do ônus da prova representa uma regra de direito material, a distribuição dinâmica configura uma técnica processual de equidade e adequação ao caso concreto.

Outro aspecto relevante é o momento da fixação do ônus da prova. O artigo 357, inciso III, prevê que a distribuição do ônus probatório deve ser definida na fase de saneamento do processo, permitindo que as partes tenham ciência prévia de suas responsabilidades e possam se preparar adequadamente ao enfrentamento da relação jurídica controversa. Esse dispositivo reforça a função subjetiva do ônus da prova, compreendido não apenas como uma regra de julgamento, mas como um instrumento de condução processual que garante às partes um julgamento justo e previsível.

Além disso, o novel diploma adjetivo reconheceu expressamente a possibilidade de convenção pelas partes sobre a distribuição do ônus da prova, conforme disposto nos §§ 3º e 4º do artigo 373. As partes, assim, podem pactuar sobre a atribuição do ônus probatório, desde que, porém, essa convenção não torne impossível ou excessivamente difícil o cumprimento da obrigação por uma das partes – a chamada "prova diabólica", proibida pelo § 2º do mesmo artigo. Com efeito, essa vedação busca impedir abusos processuais e garantir que o ônus da prova não se converta em um obstáculo intransponível à parte menos favorecida.

Em síntese, a distribuição dinâmica do ônus da prova representa um avanço no direito processual brasileiro, conferindo maior efetividade à busca pela verdade processual e equilibrando as relações jurídicas de modo a evitar desigualdades decorrentes de dificuldades probatórias. O CPC de 2015 reforça essa técnica ao permitir a redistribuição do encargo probatório pelo magistrado, respeitando os princípios do contraditório, da fundamentação das decisões judiciais e da cooperação processual, garantindo-se um processo mais justo e eficaz.

▸ CRITÉRIO DE CORREÇÃO DA BANCA

REQUISITOS DA RESPOSTA	PONTUAÇÃO
Indicação do fundamento legal da distribuição dinâmica do ônus da prova, com menção expressa ao art. 373, § 1º, do Código de Processo Civil.	Até 10.
Indicação dos antecedentes e fundamentos históricos da distribuição dinâmica do ônus da prova no direito brasileiro, devendo ocorrer menção aos seguintes elementos: 1. A expansão da técnica de inversão do ônus da prova para outras hipóteses de tutela e direitos ou interesses difusos ou coletivos. 2. A diferença da técnica de inversão de ônus da prova e distribuição dinâmica do ônus da prova. 3. A recepção da distribuição dinâmica do ônus da prova no âmbito do atual Código de Processo Civil: relação entre distribuição estática e distribuição dinâmica.	Até 10 para cada elemento (total 30).
Características da distribuição dinâmica do ônus da prova no Código de Processo Civil, devendo ocorrer menção aos seguintes elementos: 1. Momento da decisão sobre o tema, com indicação do art. 357, III, do Código de Processo Civil. Caracterização como regra de instrução/procedimento ou julgamento. 2. Possibilidade de distribuição do ônus da prova por convenção na forma do art. 373, §§ 3º e 4º, do Código de Processo Civil. 3. Vedação de distribuição de ônus que torne o cumprimento do encargo pela parte seja impossível ou excessivamente difícil ("prova diabólica"), na forma do art. 373, § 2º, do Código de Processo Civil.	Até 20 para cada elemento (total 60).
O emprego correto da língua portuguesa, bem como a adequação discursiva das respostas (coerência e concatenação das ideias) será considerado para efeitos de arredondamento ou decréscimo das notas técnicas, em valor não superior a 5% do grau atribuído para cada índice acima estipulado.	

▶ DOUTRINA TEMÁTICA

O Código de Processo Civil inova quanto ao sistema de distribuição dos ônus probatórios, atendendo corrente doutrinária que já vinha defendendo a chamada "distribuição dinâmica do ônus da prova". Na realidade, criou-se um sistema misto: existe abstratamente prevista em lei uma forma de distribuição, que poderá ser no caso concreto modificada pelo juiz. Diante da inércia do juiz, portanto, as regras de distribuição do ônus da prova no Código de Processo Civil continuarão a ser as mesmas do diploma processual revogado.

Mesmo antes da consagração legislativa, o Superior Tribunal de Justiça deu início à aplicação dessa forma dinâmica de distribuição do ônus da prova em ações civis por danos ambientais, e também na tutela do idoso, em respeito aos arts. 2.º, 3.º e 71 da Lei 10.741/2003 (Estatuto do Idoso), no que asseguram aos litigantes maiores de 60 anos facilidade na produção de provas e a efetivação concreta desse direito. No entanto, já existem decisões recentes que adotam a tese de forma mais ampla, ora valendo-se de interpretação sistemática da nossa legislação processual, inclusive em bases constitucionais, ora admitindo a flexibilização do sistema rígido de distribuição do ônus probatório diante da insuficiência da regra geral.

O Código de Processo Civil adota essa forma dinâmica de distribuição do ônus da prova. Conforme já mencionado, apesar de no art. 373 em seus dois incisos repetir as regras contidas no art. 333 do CPC/1973, em seu § 1.º permite que o juiz, nos casos previstos em lei ou diante de peculiaridades da causa, relacionadas à impossibilidade ou à excessiva dificuldade de cumprir o encargo ou à maior facilidade de obtenção da prova do fato contrário, atribua, em decisão fundamentada e com respeito ao princípio do contraditório, o ônus da prova de forma diversa. (NEVES, 2019, p. 718-719).

A redistribuição dinâmica do ônus da prova justifica-se como meio de equilibrar as forças das partes litigantes e possibilitar a cooperação entre elas e o juiz na formação da prestação jurisdicional justa. Se, no caso concreto, a observância da distribuição estática do art. 373 praticamente inviabilizaria a entrada nos autos de meios probatórios relevantes, por deficiência da parte que ordinariamente caberia produzi-los, o deslocamento se impõe, como medida de justiça e equidade. Com isso, ambas as partes assumem as mesmas possibilidades de convencer o julgador sobre a veracidade das alegações de fatos aduzidas, além de ser fomentada a solidariedade entre os sujeitos processuais, nos termos previstos no NCPC. (THEODORO JÚNIOR, 2020).

▶ JURISPRUDÊNCIA TEMÁTICA

STJ:

CIVIL. PROCESSUAL CIVIL. AÇÃO DE REPARAÇÃO DE DANOS MATERIAIS E MORAIS EM DECORRÊNCIA DE RELAÇÃO DE CONSUMO. ALEGAÇÃO DO RÉU DE QUE OS REQUISITOS PARA A INVERSÃO DO ÔNUS DA PROVA NÃO ESTÃO PRESENTES. RECORRIBILIDADE IMEDIATA COM BASE NO ART. 1.015, XI, DO CPC/15. POSSIBILIDADE. REGRA DE CABIMENTO DO AGRAVO DE INSTRUMENTO QUE SE INTERPRETA EM CONJUNTO COM O ART. 373, § 1º, DO CPC/15. AGRAVO DE INSTRUMENTO CABÍVEL NAS HIPÓTESES DE DISTRIBUIÇÃO DINÂMICA DO ÔNUS DA PROVA E DE INVERSÃO DO ÔNUS DA PROVA. INSTITUTOS DISTINTOS, MAS SEMELHANTES QUANTO À NATUREZA, JUSTIFICATIVA, MOMENTO DE APLICAÇÃO E EFEITOS. INDISPENSÁVEL NECESSIDADE DE PERMITIR À PARTE A DESINCUMBÊNCIA DO ÔNUS DE PROVAR QUE, POR DECISÃO JUDICIAL, FORA IMPOSTO NO CURSO DO PROCESSO. (...) 4- Para as situações faticamente complexas insuscetíveis de prévia catalogação pelo direito positivo, a lei, a doutrina e a jurisprudência passaram a excepcionar a distribuição estática do ônus da prova, criando e aplicando regras de distribuição diferentes daquelas estabelecidas em lei, contexto em que surge a regra de inversão do ônus da prova prevista no art. 6º, VIII, do CDC, e a teoria da distribuição dinâmica do ônus da prova, reiteradamente aplicada por esta Corte mesmo antes de ser integrada ao direito positivo, tendo ambas - inversão e distribuição dinâmica - a característica de permitir a modificação judicial do ônus da prova (modificação ope judicis). 5- As diferentes formas de se atribuir o ônus da prova às partes se reveste de acentuada relevância prática, na medida em que a interpretação conjunta dos arts. 1.015, XI, e 373, § 1º, do CPC/15, demonstra que nem todas as decisões interlocutórias que versem sobre o ônus da prova são recorríveis de imediato, mas, sim, apenas àquelas proferidas nos exatos moldes delineados pelo art. 373, § 1º, do CPC/15. 6- O art. 373, § 1º, do CPC/15, contempla duas regras jurídicas distintas, ambas criadas para excepcionar à regra geral, sendo que a primeira diz respeito à atribuição do ônus da prova, pelo juiz, em hipóteses previstas em lei, de que é exemplo a inversão do ônus da prova prevista no art. 6º, VIII, do CDC, e a segunda diz respeito à teoria da distribuição dinâmica do ônus da prova, incidente a partir de peculiaridades da causa que se relacionem com a impossibilidade ou com a excessiva dificuldade de se desvencilhar do ônus estaticamente distribuído ou, ainda, com a maior facilidade de obtenção da prova do fato contrário. 7- Embora ontologicamente distintas, a distribuição dinâmica e a inversão do ônus têm em comum o fato de excepcionarem a regra geral do art. 373, I e II, do CPC/15, de terem sido criadas para superar dificuldades de natureza econômica ou técnica e para buscar a maior justiça possível na decisão de mérito e de se tratarem de regras de instrução que devem ser implementadas antes da sentença, a fim de que não haja surpresa à parte que recebe o ônus no curso do processo e também para que possa a parte se desincumbir do ônus recebido. 8- Nesse cenário, é cabível a impugnação imediata da decisão interlocutória que verse sobre quaisquer das exceções mencionadas no art. 373, § 1º, do CPC/15, pois somente assim haverá a oportunidade de a parte que recebe o ônus da prova no curso do processo dele se desvencilhar, seja pela possibilidade de provar, seja ainda para demonstrar que não pode ou que não deve provar, como, por exemplo, nas hipóteses de prova diabólica reversa ou de prova duplamente diabólica. 9- Recurso especial conhecido e provido. (STJ - REsp: 1729110 CE 2018/0054397-0, Relator: Ministra NANCY ANDRIGHI, Data de Julgamento: 02/04/2019, T3 - TERCEIRA TURMA, Data de Publicação: DJe 04/04/2019)

ADMINISTRATIVO E PROCESSUAL CIVIL. AGRAVO INTERNO NO AGRAVO RECURSO ESPECIAL. RESPONSABILIDADE CIVIL DO ESTADO. ERRO MÉDICO. SEQUELAS NEUROLÓGICAS EM RECÉM-NASCIDO. FALECIMENTO DO MENOR NO CURSO DO PROCESSO. DANOS MORAIS. IMPOSSIBILIDADE DA APRECIAÇÃO DE AFRONTA A DISPOSITIVOS CONSTITUCIONAIS, EM SEDE DE RECURSO ESPECIAL. RAZÕES DO AGRAVO QUE NÃO IMPUGNAM, ESPECIFICAMENTE, A DECISÃO AGRAVADA. SÚMULA 182/STJ. TEORIA DA DISTRIBUIÇÃO DINÂMICA DO ÔNUS DA PROVA. HIPOSSUFICIÊNCIA DA VÍTIMA. APLICABILIDADE. JURISPRUDÊNCIA DOMINANTE DO STJ. AGRAVO INTERNO IMPROVIDO. (...) IV. Na forma da jurisprudência do STJ, "embora não tenha sido expressamente contemplada no CPC, uma interpretação sistemática da nossa legislação processual, inclusive em bases constitucionais, confere ampla legitimidade à aplicação da teoria da distribuição dinâmica do ônus da prova, segundo a qual esse ônus recai sobre quem tiver melhores condições de produzir a prova, conforme as circunstâncias fáticas de cada caso" (STJ, REsp 1.286.704/SP, Rel. Ministra NANCY ANDRIGHI, TERCEIRA TURMA, DJe de 28/10/2013). Em igual sentido, ao julgar caso análogo: "Embora não tenha sido expressamente contemplada no CPC, uma interpretação sistemática da legislação, inclusive do Código de Defesa do Consumidor (art. 6º, VIII) e da Constituição Federal, confere ampla legitimidade à aplicação da teoria da distribuição dinâmica do ônus da prova, segundo a qual esse ônus recai sobre quem tiver melhores condições de produzir a prova, conforme as circunstâncias fáticas de cada caso, tudo nos termos de consolidado entendimento do STJ (...). A inversão do ônus da prova não é regra estática de julgamento, mas regra dinâmica de procedimento/instrução (EREsp 422.778/SP, Rel. Ministro João Otávio de Noronha, Rel. p/ acórdão Ministra Maria Isabel Gallotti, Segunda Seção, DJe 21.6.2012)" (STJ, REsp 1.667.776/SP, Rel. Ministro HERMAN BENJAMIN, SEGUNDA TURMA, DJe de 01/08/2017). Assim, estando o acórdão recorrido em consonância com a jurisprudência sedimentada nesta Corte, merece ser mantida a decisão ora agravada, em face do disposto no enunciado da Súmula 568 do STJ. V. Agravo interno improvido (STJ - AgInt no AREsp: 1292086 RJ 2018/0111283-2, Relator: Ministra ASSUSETE MAGALHÃES, Data de Julgamento: 06/09/2018, T2 - SEGUNDA TURMA, Data de Publicação: DJe 13/09/2018).

Súmula 618 - A inversão do ônus da prova aplica-se às ações de degradação ambiental.

QUESTÕES DE CONCURSO RELACIONADAS

1. (IADES – CRN 3ª Região – Advogado – 2019):

A distribuição diversa do ônus da prova também pode ocorrer por convenção das partes, no caso de recair sobre direito indisponível da parte.

Gabarito: assertiva errada.

2. (FGV – Prefeitura de Paulínia/SP – Procurador – 2016):

A distribuição do ônus da prova pode ocorrer por convenção das partes, salvo quando recair sobre direito indisponível da parte ou tornar excessivamente difícil a uma parte o exercício do direito.

Gabarito: assertiva correta.

QUESTÃO 4

(CESPE – CEBRASPE – PGM Fortaleza – 2017)

A respeito do julgamento de casos repetitivos, conforme previsto no Código de Processo Civil, atenda às determinações a seguir.

1. **Identifique as técnicas ou os institutos processuais legalmente previstos para formar decisões que serão consideradas como julgamento de casos repetitivos.**
2. **Diferencie os sistemas de causa-piloto e de procedimento-modelo e os relacione com as técnicas ou os institutos processuais mencionados no tópico anterior.**
3. **Discorra sobre a possibilidade de utilização do instituto da reclamação no caso de decisão judicial que desrespeite entendimento formado em julgamento de casos repetitivos.**

QUESTÃO 4

30 LINHAS

▸ RESPOSTA DO AUTOR

1. O Código de Processo Civil (CPC), com o objetivo de garantir segurança jurídica e isonomia na resolução de demandas que envolvem grande volume de processos com o mesmo fundamento jurídico, estabeleceu no art. 928 instrumentos para julgamento de casos repetitivos, sendo eles os precedentes firmados em razão de Recursos especial ou extraordinário repetitivos, quando há uma idêntica questão de direito sendo debatida, bem como aqueles firmados em Incidente de Resolução de Demandas Repetitivas (IRDR), que busca solucionar controvérsias sobre questão unicamente de direito de maneira uniforme e vinculante.

2. Os sistemas utilizados para formação de precedentes nos julgamentos de casos repetitivos podem seguir duas abordagens: o sistema de causa piloto, em que o órgão jurisdicional seleciona um processo concreto e, no julgamento deste, fixa um precedente (tese jurídica) aplicável aos demais casos sobrestados; e o sistema de procedimento-modelo ou causa-modelo, na qual não há um caso concreto envolvido, ou seja, o incidente é instaurado exclusivamente para fixação da tese jurídica, sem o julgamento concomitante de um processo específico. Quanto à adoção dos sistemas no modelo jurídico-processual brasileiro, ainda persistem divergências na doutrina. O modelo ou sistema de causa-piloto se aplica ao julgamento de recursos repetitivos (art. 1.036, CPC), em que se escolhem recursos representativos da controvérsia para formar um entendimento uniforme. No entanto, quanto ao sistema causa-modelo, a doutrina debate se o IRDR segue esse modelo, pois o art. 978, parágrafo único, do CPC menciona que o órgão que fixa a tese também julga o recurso, remessa ou ação originária, sem esclarecer se isso deve ocorrer simultaneamente ou não. A divergência doutrinária reside no fato de que alguns entendem que o IRDR demanda a existência de um caso concreto, enquanto outros sustentam que ele pode ser instaurado independentemente de um processo em trâmite no tribunal.

3. Considerando a natureza jurídica do precedente no ordenamento jurídico brasileiro, o CPC estabelece a obrigatoriedade de observância da tese fixada no julgamento de casos repetitivos. Caso uma decisão judicial desrespeite o entendimento consolidado, há previsão legal de cabimento da reclamação. Para o IRDR, segundo os arts. 985 e 988, IV, do CPC, caso uma decisão descumpra a tese fixada no IRDR, caberá imediata reclamação ao tribunal que julgou o incidente, garantindo a aplicação uniforme do entendimento. Já no tocante aos Recursos Especial ou Extraordinário Repetitivos, a reclamação não será admitida se não forem esgotadas as instâncias ordinárias (art. 988, § 5º, II, CPC), sendo certo que, antes de recorrer por meio da reclamação, a parte interessada deve utilizar os recursos cabíveis, como o agravo interno contra decisão do presidente ou vice-presidente do tribunal. Portanto, o instituto da reclamação se apresenta como um mecanismo de controle da aplicação dos precedentes obrigatórios, garantindo a uniformização da jurisprudência e a observância das decisões vinculantes nos casos repetitivos.

▸ CRITÉRIO DE CORREÇÃO DA BANCA

ITEM	REQUISITOS DA RESPOSTA	PONTUAÇÃO
1	O CPC, em seu art. 928, considera como julgamento de casos repetitivos o precedente decorrente da decisão firmada em (i) recursos especial ou extraordinário repetitivos, com fundamento em idêntica questão de direito e (ii) incidente de resolução de demandas repetitivas (IRDR). O julgamento tem por objeto questão de direito material ou processual. Art. 928. Para os fins deste Código, considera-se julgamento de casos repetitivos a decisão proferida em: I – incidente de resolução de demandas repetitivas; II – recursos especial e extraordinário repetitivos. Parágrafo único. O julgamento de casos repetitivos tem por objeto questão de direito material ou processual.	**5,00 pontos**

2	No sistema de causa-piloto, o órgão jurisdicional seleciona um caso para julgar e, no exame do caso concreto, fixa o precedente (tese) a ser seguido nos demais. Logo, os recursos repetitivos são processados como causa-piloto (art. 1.036, CPC) e, uma vez julgado o recurso-paradigma (piloto), fixa-se a tese (precedente) para os casos sobrestados. No sistema do procedimento-modelo (causa-modelo), por sua vez, instaura-se um incidente apenas para exame de tese ou questão jurídica que formará o precedente. No caso do IRDR, o CPC, em seu art. 978, parágrafo único, afirma que o órgão que julga o incidente e fixa a tese examina também o recurso, a remessa ou a ação originária. A lei não deixa claro se o julgamento do caso é concomitante ao da tese ou não. Atualmente, existe divergência na doutrina sobre qual o modelo adotado no Brasil.	**4,00 pontos**
3	O CPC estabelece que a tese aplicada no IRDR deve ser observada em todos os processos pendentes e futuros que versem sobre idêntica questão de direito. Ainda segundo a lei processual, se não observada a tese adotada no incidente, caberá imediata reclamação para o tribunal que julgou o IRDR (vide CPC, arts. 985 e 988, IV). Quanto ao julgamento de recursos extraordinário ou especial repetitivos, estabelece o CPC que seria inadmissível reclamação se não esgotadas as instâncias ordinárias (art. 988, § 5.º, II). Portanto, caso seja possível ainda a interposição de algum recurso, como, por exemplo, agravo interno contra decisão do presidente ou vice-presidente de tribunal, não caberá reclamação.	**5,25 pontos**

▸ DOUTRINA TEMÁTICA

O Incidente de Resolução de Demandas Repetitivas (IRDR) é um método que permite o julgamento de várias causas que versem sobre a mesma matéria, no qual se escolherá um processo piloto representativo da tese jurídica a ser debatida, cuja decisão será aplicada a todos os feitos que tratem do mesmo tema, inclusive os que ainda serão instaurados, desde que se insiram na área de jurisdição do tribunal.

Desse modo, o Incidente de Resolução de Demandas Repetitivas é uma técnica a ser introduzida no ordenamento jurídico pátrio direcionado à litigiosidade de massa, através da cisão funcional da cognição judicial através de um "procedimento-modelo" ou "procedimento-piloto".

Nesses, são apreciadas pelo tribunal somente as questões comuns a casos seriados, de modo que a resolução de cada demanda em concreto seja feita pelo juízo do caso originário, que aplicará a tese firmada de acordo com o contexto fático-probatório da lide, conforme estabelece o art. 985 do Novo CPC (CARVALHO, 2015, p. 289-313).

O texto legal prevê o cabimento de reclamação para garantir a observância do precedente vinculante, mas uma necessária interpretação do dispositivo permite a conclusão do cabimento também na hipótese de indevida aplicação da tese jurídica fixada em tais precedentes.

Por "esgotamento das instâncias ordinárias" o legislador aparentemente pretendeu afastar o cabimento de reclamação constitucional contra sentença que desrespeita precedente fixado em julgamento de recurso especial e extraordinário repetitivo. Dessa forma, se um acórdão desrespeitar o precedente criado em julgamento de recurso especial e extraordinário repetitivo, e em julgamento de recurso extraordinário com repercussão geral, ainda que não repetitivo, caberá reclamação para o tribunal de superposição. Mas no caso de sentença proferida em tais moldes caberá a apelação. O mesmo se diga no caso de decisão monocrática proferida em segundo grau, que sendo recorrível por agravo interno (art. 1.021, caput, do CPC), não poderá ser objeto de reclamação constitucional. (NEVES, 2019, p 1528-1529)

▸ JURISPRUDÊNCIA TEMÁTICA

STJ

RECLAMAÇÃO CONSTITUCIONAL. SUCEDÂNEO RECURSAL. INVIABILIDADE. INSTÂNCIAS ORDINÁRIAS. ESGOTAMENTO. NECESSIDADE. 1. Nos termos do art. 105, I, f, da Constituição Federal, c/c o art. 988 do CPC/2015, e do art. 187 do RISTJ, cabe reclamação da parte interessada para preservar a competência do Tribunal, garantir a autoridade das suas decisões, a observância de enunciado de súmula vinculante e de decisão do STF em controle concentrado de constitucionalidade e a observância de acórdão proferido em julgamento de incidente de resolução de demandas repetitivas ou de incidente de assunção de competência. 2. É inviável o ajuizamento da reclamação quando não esgotadas as instâncias ordinárias, a teor do disposto no § 5º, do art. 988, do CPC/2015, "seja no caso em que ao juízo de primeiro grau descumpriu a orientação do STJ firmada no julgamento de recurso especial repetitivo, seja no caso em que não houve a observância de decisão que determinou o sobrestamento do feito" (AgInt na Rcl 33676/PE, Relator Ministro OG FERNANDES, Órgão Julgador S1 - PRIMEIRA SEÇÃO, DJe 31/08/2017). 3. Agravo interno desprovido (STJ - AgInt na Rcl: 33674 PE 2017/0058459-4, Relator: Ministro GURGEL DE FARIA, Data de Julgamento: 27/09/2017, S1 - PRIMEIRA SEÇÃO, Data de Publicação: DJe 27/11/2017).

PROCESSUAL CIVIL E ADMINISTRATIVO. RECURSO ESPECIAL. INCIDENTE DE RESOLUÇÃO DE DEMANDAS REPETITIVAS - IRDR. SERVIDORES ESTADUAIS. ADICIONAL DE INSALUBRIDADE. NORMA DE EFICÁCIA LIMITADA. OMISSÃO LEGISLATIVA. APLICAÇÃO DE LEI DE SERVIDORES DE UNIVERSIDADE ESTADUAL. ADOÇÃO PELA CORTE DE ORIGEM DO SISTEMA DA CAUSA-MODELO. CONHECIMENTO DO RECURSO ESPECIAL. DISTINGUIGHING EM RELAÇÃO AO RESP 1.798.374/DF, JULGADO PELA CORTE ESPECIAL. ADOÇÃO, PELO CPC, EM REGRA, DA SISTEMÁTICA DA CAUSA-PILOTO. EXIGÊNCIA DO PRINCÍPIO DO CONTRADITÓRIO. ART. 978, PARÁGRAFO ÚNICO, DO CPC. APRECIAÇÃO DO IRDR SEM JULGAMENTO CONCOMITANTE DE CAUSA PENDENTE. NÃO CABIMENTO. NULIDADE. Na sistemática da causa-piloto há a seleção de uma lide concreta (um processo judicial, com partes determinadas) para que sirva de referência na delimitação da controvérsia que está se repetindo. Esse processo específico será utilizado como "piloto" para que o Tribunal fixe uma tese genérica que, posteriormente, vai ser aplicada a todos os casos com controvérsias idênticas. Na sistemática do procedimento-modelo (ou causa-modelo) fixa-se uma tese abstrata sem uma causa-piloto que lhe subsidie. O CPC estabeleceu, como regra, a sistemática da causa-piloto para o julgamento do IRDR. Isso significa que o incidente deve ser instaurado em um processo já em curso no Tribunal. O Tribunal de origem não é livre para julgar o IRDR apenas com base em uma causa-modelo. Somente se admite a sistemática da causa-modelo em duas hipóteses: a) quando houver desistência das partes que tiveram seus processos selecionados como representativos da controvérsia multitudinária, nos termos do art. 976, § 1º, do CPC. b) quando se tratar de pedido de revisão da tese jurídica fixada no IRDR (art. 986 do CPC). STJ. 2ª Turma. REsp 2.023.892-AP, Rel. Min. Herman Benjamin, julgado em 5/3/2024 (Info 803).

TJ's

RECLAMAÇÃO. INADMISSÍVEL. NÃO ESGOTADAS AS INSTÂNCIAS ORDINÁRIAS. AUSÊNCIA DE INSTAURAÇÃO DO INCIDENTE DE UNIFORMIZAÇÃO DE JURISPRUDÊNCIA. Consoante disposição expressa do artigo 988, § 5º, inciso II, do Código de Processo Civil, é inadmissível o ajuizamento de reclamação quando não esgotadas as instâncias ordinárias. Hipótese em que a parte autora não esgotou as instâncias ordinárias, por não apresentar incidente de uniformização de jurisprudência, impondo-se a extinção da reclamação, sem resolução do mérito. Outrossim, a questão debatida, referente ao dano moral no envio de cartão de crédito solicitado, encontra entendimentos dissonantes no próprio STJ, sendo manifestamente incabível a presente ação. RECLAMAÇÃO EXTINTA SEM RESOLUÇÃO DO MÉRITO. (Reclamação Nº 70072863871, Câmara da Função Delegada dos Tribunais Superiores, Tribunal de Justiça do RS, Relator: Paulo Roberto Lessa Franz, Julgado em 14/11/2017) (TJ-RS - RCL: 70072863871 RS, Relator: Paulo Roberto Lessa Franz, Data de Julgamento: 14/11/2017, Câmara da Função Delegada dos Tribunais Superiores, Data de Publicação: Diário da Justiça do dia 20/11/2017).

QUESTÕES DE CONCURSO RELACIONADAS

1. (FUNRIO – AL/RR – Procurador–2018)

De acordo com o Código de Processo Civil, é cabível a instauração do incidente de resolução de demandas repetitivas quando houver simultaneamente, a efetiva repetição de processos que contenham controvérsia sobre a mesma questão unicamente de direito e risco de ofensa à isonomia e à segurança jurídica.

Gabarito: alternativa correta.

2. (FAU – Prefeitura de Piraquara/PR – FAU – 2016)

O julgamento de casos repetitivos tem por objeto questão de direito material ou processual.

Gabarito: alternativa correta.

3. (UPENET/IAUPE – Advogado–2019)

É admissível quando o julgamento de recurso, de remessa necessária ou de processo de competência originária envolver relevante questão de fato ou de direito, com grande repercussão social, sem repetição em múltiplos processos.

Gabarito: assertiva errada.

QUESTÃO 5

(FMP Concursos – Procuradoria Geral do Estado do Acre – Procurador – 2014)

Defina o efeito devolutivo dos recursos e apresente sua configuração do ponto de vista da extensão e da profundidade.

QUESTÃO 5

30 LINHAS

RESPOSTA DO AUTOR

O efeito devolutivo dos recursos consiste na possibilidade de transferir a matéria decidida para reanálise por outro órgão julgador ou pelo mesmo órgão que a julgou inicialmente. Esse efeito está diretamente relacionado aos princípios dispositivo e da voluntariedade. O princípio dispositivo, previsto no art. 2º do CPC, estabelece que o juiz está adstrito ao pedido das partes, ou seja, ele só pode atuar mediante provocação. Já o princípio da voluntariedade determina que os recursos são meios de impugnação voluntária de decisões judiciais, de modo que o Tribunal apenas pode examinar o que foi combatido pela parte recorrente. Isso significa que não cabe ao juízo ad quem apreciar matérias não recorridas, conforme os artigos 141 e 1.002 do CPC.

O princípio ora analisado pode ser abordado em diferentes perspectivas. Quanto à sua extensão, seu estudo parte de uma premissa horizontal, estando relacionada ao alcance da matéria a ser reexaminada. Isso porque, a devolutividade está limitada pelo recorrente, pois o tribunal apenas poderá apreciar aquilo que foi expressamente impugnado. Tal perspectiva está consagrada na máxima romana "tantum devolutum quantum appellatum", expressamente reconhecida no art. 1.013 do CPC. Por outro lado, quanto à sua profundidade, o efeito devolutivo se refere à perspectiva vertical do reexame da matéria, ou seja, define o material com que o órgão ad quem irá trabalhar. Uma vez delimitada a extensão da impugnação (dimensão horizontal), o juízo recursal pode reexaminar todas as questões suscitadas e discutidas no processo, ainda que não tenham sido solucionadas na decisão recorrida, desde que sejam relativas ao capítulo impugnado. É o que prevê o art. 1.013, caput e § 1º do CPC. A profundidade do efeito devolutivo é ilimitada dentro dos limites da extensão fixada pelo recorrente. Para alguns autores, essa amplitude inclui o efeito translativo, que permite ao tribunal conhecer de ofício matérias de ordem pública, mesmo que não tenham sido levantadas pelas partes.

No caso de recursos contra sentença, a teoria dos capítulos de sentença é essencial para a definição da extensão da devolutividade. Nesse sentido, cada capítulo da sentença pode ser impugnado separadamente, de modo que apenas os capítulos recorridos serão objeto da análise do tribunal. Essa segmentação gera discussões doutrinárias, pois há divergências quanto à autonomia dos capítulos e à possibilidade de reexame de matérias conexas.

Portanto, o efeito devolutivo dos recursos possui duas dimensões complementares: a extensão (horizontal), que delimita os capítulos da sentença impugnados pelo recorrente, e a profundidade (vertical), que define até que ponto o tribunal pode revisitar e decidir as questões dentro desses limites. Além disso, a interposição do recurso impede a formação da coisa julgada, pois gera o efeito obstativo, afastando a preclusão da decisão recorrida.

CRITÉRIO DE CORREÇÃO DA BANCA

REQUISITOS DA RESPOSTA	PONTUAÇÃO
Definição do efeito devolutivo: Deve conter sua significação, em relação aos princípios dispositivo e da voluntariedade, e, considerando-se tratar de efeito do recurso que atribui ao juízo recursal o exame da matéria analisada pelo órgão jurisdicional recorrido, deve conter sua consequência, ou seja, o impedimento da formação da coisa julgada.	30
Caracterização de sua extensão: Deve conter referência à norma geral de direito recursal em extensão – art. 515 do CPC (art. 1.013 CPC/15) – *tantum devolutum quantum appellatum* – bem como a referência de que a extensão do efeito devolutivo se refere à perspectiva horizontal de sua manifestação e que abrangência da extensão é delimitada pelo recorrente em seu recurso.	30

Caracterização de sua profundidade: Deve conter a referência de que a profundidade do efeito devolutivo se refere à perspectiva vertical de sua manifestação, definindo o material com que irá trabalhar o órgão apreciador do recurso e que a abrangência da profundidade é ilimitada dentro dos limites da extensão definida pelo recorrente em seu recurso, o que, para alguns autores, inclui o efeito translativo.	**30**
Referência e explicação à luz da teoria dos capítulos da sentença, bem como divergências a respeito.	**05**

▶ DOUTRINA TEMÁTICA

Por efeito devolutivo entende-se a transferência ao órgão ad quem do conhecimento de matérias que já tenham sido objeto de decisão no juízo a quo. O conceito de efeito devolutivo já é suficiente para demonstrar que o nome dado a tal efeito não merece elogios, considerando-se que não há nos recursos uma genuína devolução, mas uma simples transferência do órgão prolator da decisão impugnada para o órgão julgador. Somente se devolve matéria a determinado órgão jurisdicional se anteriormente esse órgão já teve competência para analisa-la, não sendo exatamente isso o que ocorre com o chamado "efeito devolutivo". Para salvar o nome, já tradicional e arraigado em nossa cultura jurídica, pode-se falar em devolução para o próprio Poder Judiciário, ainda que entre órgãos diferentes.

Essa, inclusive, é outra questão interessante: o efeito devolutivo somente existe em recursos nos quais a competência é de órgão jurisdicional diferente daquele que proferiu a decisão? Em outras palavras, sendo o recurso julgado pelo mesmo órgão prolator da decisão (por exemplo, embargos de declaração), haverá efeito devolutivo? Apesar de importante corrente doutrinária entender que somente haverá efeito devolutivo em recursos dirigidos a outro órgão jurisdicional, diferente daquele que prolatou a decisão, não parece ser tal requisito exigido para a configuração do efeito devolutivo. O essencial desse efeito é tão somente a transferência de matéria decidida para que seja novamente analisada e decidia, pouco importando qual o órgão jurisdicional que fará tal reexame.

Dessa forma, é correta a conclusão de que todo recurso gera efeito devolutivo, variando-se somente sua extensão e profundidade. A dimensão horizontal da devolução é entendida pela melhor doutrina como a extensão da devolução, estabelecida pela matéria em relação à qual uma nova decisão é pedida, ou seja, pela extensão o recorrente determina o que pretende devolver ao tribunal, com a fixação derivando da concreta impugnação da matéria que é devolvida. Na dimensão vertical, entendida como sendo a profundidade da devolução, estabelece-se a devolução automática ao tribunal, dentro dos limites fixados pela extensão, de todas as alegações, fundamentos e questões referentes à matéria devolvida. Trata-se do material com o qual o órgão competente para o julgamento do recurso irá trabalhar para decidi-lo. (NEVES, 2019, p. 1562-1563).

Em decorrência do princípio da voluntariedade não se admite que o juiz, em qualquer hipótese, interponha recurso de ofício, sendo mais um argumento irrefutável para se afastar o reexame necessário do âmbito recursal. Mesmo na hipótese de o juiz perceber que se equivocou em sua decisão e a parte for hipossuficiente, não poderá recorrer de ofício, sem a expressa manifestação da vontade da parte sucumbente. Prestigia-se com o princípio ora analisado o princípio dispositivo, vinculando-se a existência de recurso à vontade da parte sucumbente.

A única forma de a parte expressar sua vontade de recorrer é interpondo o recurso, o que poderia levar à enganosa conclusão de que a única forma de a parte expressar seu desejo de não recorrer seria não interpondo recurso. Na verdade, além da não interposição do recurso, a parte também demonstra sua vontade de não recorrer pela prática de um ato que demonstre concordância com a decisão proferida – aquiescência – ou ainda por meio da renúncia ao direito de recorrer. (NEVES, 2019, p. 1587).

Segundo autorizada doutrina, os capítulos de sentença são conceituados como as partes em que ideologicamente se decompõe o decisório de uma decisão judicial, cada uma delas contendo o julgamento de uma pretensão distinta. Essa cisão ideológica da decisão judicial pode ser feita de diversas formas (...). Havendo cumulação de pedidos, para cada um deles haverá um capítulo na decisão, o mesmo ocorrendo com o julgamento conjunto da ação principal com ações incidentais, tais como a reconvenção e ação declaratória incidental. Nesses casos, fala-se em sentença complexa. Havendo somente um pedido, mas sendo esse decomponível, ou seja, versar sobre coisas suscetíveis de quantificação (contagem, medição, pesagem), sempre que o pedido for parcialmente acolhido, haverá dois capítulos de mérito, referentes à parcela do pedido acolhido e a parcela rejeitada. (NEVES, 2019, p. 837-838).

▶ JURISPRUDÊNCIA TEMÁTICA

STJ:

RECURSO ESPECIAL. PROCESSUAL CIVIL. CPC/2015. ART. 1.013. APELAÇÃO. EFEITO DEVOLUTIVO. EXTENSÃO DA DEVOLUTIVIDADE DETERMINADA PELO PEDIDO RECURSAL. CAPÍTULO NÃO IMPUGNADO. TRÂNSITO EM JULGADO. PROIBIÇÃO DE REFORMATIO IN PEJUS. CONTRADITÓRIO. INDISPENSABILIDADE. NÃO ACEITAÇÃO PELO ORDENAMENTO JURÍDICO BRASILEIRO DA "DECISÃO-SURPRESA". 1. A apelação é interposta contra sentença, podendo compreender todos ou apenas alguns capítulos da decisão judicial recorrida, a depender da delimitação apresentada pelo recorrente em sua petição, que vincula a atuação do órgão ad quem na solução do mérito recursal.

2. O efeito devolutivo da apelação define o que deverá ser analisado pelo órgão recursal. O "tamanho" dessa devolução se definirá por duas variáveis: sua extensão e sua profundidade. A extensão do efeito devolutivo é exatamente a medida daquilo que se submete, por força do recurso, ao julgamento do órgão ad quem.

3. No âmbito da devolução, o tribunal poderá apreciar todas as questões suscitadas e discutidas no processo, ainda que não tenham sido solucionadas pela sentença recorrida, mas a extensão do que será analisado é definida pelo pedido do recorrente. Em seu julgamento, o acórdão deverá limitar-se a acolher ou rejeitar o que lhe for requerido pelo apelante, para que não haja ofensa aos princípios da disponibilidade da tutela jurisdicional e o da adstrição do julgamento ao pedido.

4. O diploma processual civil de 2015 é suficientemente claro ao estabelecer que "a apelação devolverá ao tribunal o conhecimento da matéria impugnada", cabendo ao órgão ad quem apreciar e julgar "todas as questões suscitadas e discutidas no processo, ainda que não tenham sido solucionadas, desde que relativas ao capítulo impugnado" (§ 1º do art. 1.013 do CPC/2015). 5. Sobre o capítulo não impugnado pelo adversário do apelante, podendo a reforma eventualmente significar prejuízo ao recorrente, incide a coisa julgada. Assim, não há pensar-se em reformatio in pejus, já que qualquer providência dessa natureza esbarraria na res iudicata.

6. Ao tribunal será permitido julgar o recurso, decidindo, desde logo, o mérito da causa, sem necessidade de requisitar ao juízo de primeiro grau manifestação acerca das questões. Considera-se o processo em condições de imediato julgamento apenas se ambas as

partes tiveram oportunidade adequada de debater a questão de mérito que será analisada pelo tribunal.

7. A utilização pelo juiz de elementos estranhos ao que se debateu no processo produz o que a doutrina e os tribunais, especialmente os europeus, chamam de "decisão-surpresa", considerada inadmissível, tendo em conta a compreensão atual do contraditório.

8. Recurso especial provido (STJ. 4ª Turma. REsp 1.909.451-SP, Rel. Min. Luis Felipe Salomão, julgado em 23/03/2021).

ADMINISTRATIVO. PROCESSUAL CIVIL. RECURSO ESPECIAL. ENUNCIADO ADMINISTRATIVO 3/STJ. INTERVENÇÃO DO ESTADO NA PROPRIEDADE. DESAPROPRIAÇÃO POR UTILIDADE PÚBLICA. TRÂNSITO EM JULGADO. CUMPRIMENTO DE SENTENÇA. ALTERAÇÃO DOS JUROS COMPENSATÓRIOS E MORATÓRIOS. IMPOSSIBILIDADE. OFENSA À COISA JULGADA. VIOLAÇÃO A NORMATIVOS FEDERAIS. JUROS MORATÓRIOS. NÃO OBSERVÂNCIA DA DEVOLUTIVIDADE RECURSAL. MATÉRIA NÃO IMPUGNADA PELOS DESAPROPRIADOS. JUROS COMPENSATÓRIOS. AMPLIAÇÃO DA BASE DE CÁLCULO. EXCLUSÃO DE DEPÓSITO COMPLEMENTAR. VIOLAÇÃO À COISA JULGADA. 1. O mero julgamento da causa em sentido contrário aos interesses e à pretensão de uma das partes não caracteriza a ausência de prestação jurisdicional tampouco viola o art. 1.022 do CPC/2015. Jurisprudência do Superior Tribunal de Justiça. 2. Não observa os limites da devolutividade recursal o acórdão que estipula o cabimento de juros moratórios os quais não constituíam a causa de pedir nem o pedido deduzido na minuta de agravo de instrumento. 3. Se estipulada a base de cálculo dos juros compensatórios de acordo com a diferença entre a indenização e a oferta inicial, nesta incluso o depósito complementar, ofende a coisa julgada o acórdão que modifica o conteúdo do título executivo. 4. Recurso especial provido (STJ - REsp: 1743142 SP 2018/0088842-6, Relator: Ministro MAURO CAMPBELL MARQUES, Data de Julgamento: 19/06/2018, T2 - SEGUNDA TURMA, Data de Publicação: DJe 27/06/2018).

ADMINISTRATIVO. PROCESSUAL CIVIL. RECURSO ESPECIAL. DESAPROPRIAÇÃO. INTERESSE SOCIAL. REFORMA AGRÁRIA. REGULARIZAÇÃO FUNDIÁRIA. RECONHECIMENTO. FAIXA DE TERRA. FRONTEIRA. DOMÍNIO FEDERAL. DECLARAÇÃO. NULIDADE. TITULAÇÃO. PARTICULAR. AUSÊNCIA. APELAÇÃO. RECURSO. ESTADO DO PARANÁ. DECLARAÇÃO. ILEGITIMIDADE "AD CAUSAM". REFORMA "EX OFFICIO". SENTENÇA. CONDENAÇÃO. INDENIZAÇÃO. JUROS MORATÓRIOS. JUROS COMPENSATÓRIOS. NULIDADE. VIOLAÇÃO. PRINCÍPIO. DISPOSITIVO. DESBORDAMENTO. DEVOLUTIVIDADE RECURSAL. INADMISSÃO. DEFESA. DIREITO DE TERCEIRO. 1. O mero julgamento da causa em sentido contrário aos interesses e à pretensão de uma das partes não caracteriza a ausência de prestação jurisdicional tampouco viola o art. 535 do CPC. Jurisprudência do Superior Tribunal de Justiça. 2. A ação de regularização fundiária promovida pelo Instituto Nacional de Colonização e Reforma Agrária - INCRA foi sentenciada de modo favorável aos interesses federais, com o fim de tornar nulo de pleno direito o título de propriedade do particular e de definir a inexistência de direito indenizatório. 3. A única apelação havida nos autos foi interposta pelo Estado do Paraná e resultou no acolhimento do seu pedido principal de reconhecimento da falta de legitimidade "ad causam". 4. Desse modo, é absolutamente nulo o acórdão no capítulo em que procede «exofficio» à reforma da sentença para beneficiar o particular e condenar o INCRA a pagar-lhe indenização, visto que não constituía o espectro de devolutividade da apelação do Estado do Paraná, que tampouco podia arvorar-se a defender em nome próprio direito de terceiro. 5. 5. Recurso especial do INCRA parcialmente provido e prejudicado o recurso especial do Ministério Público Federal, (STJ – REsp: 1426467 PR 2013/0414708-5, Relator: Ministro MAURO CAMPBELL MARQUES, Data de Julgamento: 05/05/2015, T2 – SEGUNDA TURMA, Data de Publicação: DJe 12/05/2015).

QUESTÃO DE CONCURSO RELACIONADA

1. (IBFC – EBSERH – Advogado – 2016)

Os recursos impedem a eficácia da decisão, salvo disposição legal ou decisão judicial em sentido diverso.

Gabarito: alternativa errada.

2. (IDHTEC – CRQ 19ª Região – Advogado – 2018)

Os recursos, por sua natureza devolutiva, impedem a eficácia da decisão, salvo disposição legal ou decisão judicial em sentido diverso.

Gabarito: alternativa errada.

QUESTÃO 6

(Banca própria - Procuradoria Geral do Estado do Mato Grosso do Sul - Procurador - 2015)

O Estado de Mato Grosso do Sul formula pedido de suspensão dirigido ao Presidente do Tribunal de Justiça local, tendo por objeto liminar deferida em ação civil pública movida pelo Ministério Público Estadual em seu desfavor. Na hipótese de o pedido de suspensão ser rejeitado pelo Presidente do Tribunal, pergunta-se: a) admite-se qual recurso? b) Se após a interposição do recurso a decisão denegatória for mantida, cabe a adoção de alguma medida judicial pela Fazenda Pública? (1,0)

QUESTÃO 6

30 LINHAS

RESPOSTA DO AUTOR

a) Caso o pedido de suspensão dirigido ao Presidente do Tribunal de Justiça do Estado de Mato Grosso do Sul seja rejeitado, é cabível a interposição de agravo interno, conforme previsão do art. 12, § 1º, da Lei 7.347/85 e do art. 4º, § 3º, da Lei 8.437/92. Esse recurso deve ser submetido ao Plenário ou ao Órgão Especial do Tribunal. Ressalte-se, por oportuno, que em que pese os dispositivos legais supratranscritos mencionem um prazo de 5 dias para a interposição do agravo interno, aplica-se a norma do art. 1.070 do CPC, que unificou o prazo para 15 dias para qualquer recurso de agravo previsto em lei ou em regimento interno de tribunal.

b) Caso a decisão denegatória seja mantida após a interposição do agravo interno, não cabe a interposição de novo recurso perante os Tribunais Superiores, sendo cabível, porém, o ajuizamento de um novo pedido de suspensão, que deverá ser dirigido ao Presidente do Superior Tribunal de Justiça (STJ) ou ao Supremo Tribunal Federal (STF), dependendo da fundamentação jurídica da controvérsia. Essa possibilidade está expressamente prevista no art. 4º, § 4º, da Lei 8.437/92. Recentemente, porém, o STJ reconheceu a possibilidade de cabimento de RESP contra decisões proferidas no âmbito do pedido de suspensão se estiverem em jogo aspectos elementares da dignidade da pessoa humana. Além disso, a Fazenda Pública também pode interpor agravo de instrumento contra a decisão que deferiu a liminar. Caso esse agravo de instrumento seja denegado, há ainda a possibilidade de ajuizamento de um pedido de suspensão dirigido ao STJ ou STF, conforme dispõe o art. 4º, §§ 5º e 6º, da Lei 8.437/92. Por derradeiro, é importante ressaltar que o Superior Tribunal de Justiça já consolidou o entendimento de que não cabe ação rescisória contra decisão de Presidente de Tribunal que tenha negado o pedido de suspensão de liminar.

DOUTRINA TEMÁTICA

> Há dois meios de combater as liminares nas ações civis públicas: o recurso e o pedido de suspensão da execução das liminares. Vejamos suas particularidades no que diz respeito à ação coletiva.
>
> Contra as liminares pode ser interposto o agravo de instrumento, aplicando-se, salvo as peculiaridades a seguir especificadas, as regras do CPC (LACP, arts. 12 e 19; CPC/1973, art. 522; novo CPC, art. 1.015, I).
>
> (...)
>
> A norma trata de instituto conhecido como "suspensão de segurança", em função de haver surgido no mandado de segurança. A locução acabou consagrada para referir-se não apenas à medida quando decretada no mandamus como também em outros processos, inclusive na ação civil pública. Por vezes, tal instrumento também é chamado de "suspensão de liminar".
>
> (...)
>
> O pedido de suspensão da execução da liminar, ou suspensão de segurança de segurança, não tem natureza jurídica de recurso. Com efeito, trata-se de um incidente processual, dirigido ao Presidente do Tribunal a que competir julgar o recurso contra a liminar, não se confundindo nem com esse recurso nem com o requerimento para que tal recurso seja recebido no efeito suspensivo. Por isso, a interposição do agravo de instrumento contra liminar concedida nas ações movidas contra o Poder Público e seus agentes não prejudica

nem condiciona o julgamento do pedido de suspensão da execução da liminar (Lei 8.437, art. 4º, § 6º).

As diferenças entre a suspensão de segurança e um recurso contra a liminar são nítidas:

a) O objeto da suspensão de segurança é a suspensão da exequibilidade da decisão impugnada, ao passo que o do recurso é a reforma dessa decisão. No acatamento daquela, a decisão contestada continua a existir como era, embora não possa ser executada; no acolhimento deste, a decisão guerreada é modificada ou cassada;

b) Não há prazo para requerer a suspensão de segurança (enquanto estiverem presentes seus pressupostos, o pedido é admissível), ao passo que para o recurso há prazo definido em lei;

c) A suspensão de segurança somente pode ser deduzida pelo Ministério Público (não como autor, mas apenas como fiscal da lei) ou pela pessoa jurídica de direito público interessada, ao passo que o recurso pode ser interposto por qualquer ente ou pessoa que tenha capacidade judiciária e interesse jurídico;

d) O pleito de suspensão de segurança deve ser dirigido ao Presidente do Tribunal a que couber conhecer o recurso contra a mesma decisão impugnada, ao passo que o recurso é decidido, em regra, por uma determinada câmara ou turma do Tribunal competente.

(ANDRADE, Adriano; ANDRADE, Landolfo; MASSON, Cleber. Interesses difusos e coletivos esquematizado. 5 ed. Rio de Janeiro: Forense; São Paulo: Método, 2015, p. 215-217).

▸ JURISPRUDÊNCIA TEMÁTICA

STJ:

PROCESSUAL CIVIL. AÇÃO RESCISÓRIA. SERVIDOR PÚBLICO. SUSPENSÃO DOS EFEITOS DE ANTECIPAÇÃO DE TUTELA CONTRA FAZENDA PÚBLICA. IMUTABILIDADE DA CONTROVÉRSIA NA AÇÃO PRINCIPAL. NÃO OCORRÊNCIA. INEXISTÊNCIA DE COISA JULGADA MATERIAL. AÇÃO RESCISÓRIA NÃO CONHECIDA.

1. A decisão do Min. Presidente do STJ que determina a suspensão dos efeitos da antecipação de tutela contra a Fazenda Pública, mesmo quando transitada em julgado, não se sujeita a ação rescisória. Isso por não induzir coisa julgada material e nem impedir a rediscussão do objeto controvertido na ação principal.

2. Ação rescisória não conhecida. (STJ. AR 5.857/MA, Rel. Ministro MAURO CAMPBELL MARQUES, CORTE ESPECIAL, julgado em 07/08/2019, DJe 15/08/2019).

AGRAVO INTERNO NA SUSPENSÃO DE LIMINAR E DE SENTENÇA. LEGISLAÇÃO DE REGÊNCIA QUE NÃO PREVÊ REQUISITOS FORMAIS NA MEDIDA DE CONTRACAUTELA. EXIGÊNCIA TÃO SOMENTE DE REQUERIMENTO DO PODER PÚBLICO, FORMALIZADO EM SIMPLES PETIÇÃO DIRIGIDA AO PRESIDENTE DO TRIBUNAL COMPETENTE. PRÉDIO OCUPADO PELO TRIBUNAL DE JUSTIÇA DO ESTADO DE MINAS GERAIS. IMISSÃO NA POSSE DO IMÓVEL CONSOLIDADA DESDE 13/12/2013. SITUAÇÃO CUJA DESCONSTITUIÇÃO OCASIONARIA GRAVE VIOLAÇÃO DA ORDEM PÚBLICA. OBSTÁCULO À FUNÇÃO CONSTITUCIONAL DE JULGAR. SIGNIFICATIVO PREJUÍZO AOS COFRES DO ESTADO DE MINAS GERAIS QUE JUSTIFICA O DEFERIMENTO DO PEDIDO SUSPENSIVO, PARA IMPEDIR ACENTUADA LESÃO À ECONOMIA PÚBLICA. DISCUSSÃO DE QUESTÕES REFERENTES AO MÉRITO DA CAUSA PRINCIPAL. IMPOSSIBILIDADE. VIA VOCACIONADA A TUTELAR APENAS A ORDEM, A ECONOMIA, A SEGURANÇA E A SAÚDE PÚBLICAS. AGRAVO INTERNO DESPROVIDO.

1. A legislação não prevê requisitos formais no pedido de contracautela. Para sua análise, exige-se tão somente requerimento da pessoa jurídica que exerce munus público,

formalizado em simples petição dirigida ao presidente do tribunal ao qual couber o conhecimento do respectivo recurso na causa principal. Doutrina.

2. A imissão do Poder Público na posse de imóvel que hoje sedia a administração superior e áreas estratégicas do Tribunal de Justiça do Estado de Minas Gerais ocorreu em 13/12/2013. Desconstituir situação consolidada em data tão distante violaria gravemente a ordem pública, notadamente diante da possibilidade concreta de obstaculizar a função constitucional de julgar da referida Corte.

3. O substancial prejuízo que a decisão impugnada pode ocasionar ao Estado de Minas Gerais - que pagou significativa indenização pelo prédio desapropriado, de R$ 210.000.000,00 (duzentos dez milhões de reais), e gastou mais R$ 100.000.000,00 (cem milhões) de reais em reformas para a instalação do TJMG no imóvel - justifica o deferimento do pedido suspensivo, para impedir acentuada lesão à economia pública.

4. O incidente suspensivo, por sua estreiteza, é vocacionado a tutelar tão somente a ordem, a economia, a segurança e a saúde públicas, razão pela qual não pode ser manejado como se fosse sucedâneo recursal, para que se examinem questões relativas ao mérito da causa principal.

5. Agravo interno desprovido (STJ. AgInt no AgInt na SLS 2.116/MG, Rel. Ministra LAURITA VAZ, CORTE ESPECIAL, julgado em 07/11/2018, DJe 26/02/2019).

Em regra, o STJ afirma que não cabe recurso especial contra decisões proferidas no âmbito do pedido de suspensão. O recurso especial se destina a combater argumentos que digam respeito a exame de legalidade, ao passo que o pedido de suspensão ostentaria juízo político. Caso excepcional no qual o STJ admitiu o recurso especial: juiz concedeu liminar determinando que o Estado de SP fornecesse banho quente aos presos; Presidente do TJ/SP suspendeu a liminar; contra esta decisão foi interposto agravo; a Corte Especial do TJ manteve a suspensão da liminar; o STJ admitiu recurso especial contra esta decisão tendo em vista que estavam em jogo aspectos elementares da dignidade da pessoa humana (STJ. 2ª Turma. REsp 1.537.530-SP, Rel. Min. Herman Benjamin, julgado em 27/04/2017).

AGRAVO INTERNO. PEDIDO DE SUSPENSÃO. AÇÃO ORDINÁRIA. REPASSE INTEGRAL DA COTA DE PARTICIPAÇÃO NA ARRECADAÇÃO DO ICMS. TUTELA PROVISÓRIA. PENHORA ON-LINE EM CONTAS PÚBLICAS. CAUSA DE PEDIR COM FUNDAMENTO CONSTITUCIONAL. AGRAVO INTERNO DESPROVIDO.

1. A competência do Superior Tribunal de Justiça para deliberar acerca de pedidos de suspensão de liminar está vinculada à fundamentação de natureza infraconstitucional, com conteúdo materialmente federal, da causa de pedir.

2. Hipótese em que a causa (possibilidade de bloqueio de verbas públicas) tem, também, status constitucional (art. 100 da Constituição da República). Âmbito de discussão estranho à competência desta Corte para examinar o pleito suspensivo, nos termos do art. 25, caput, da Lei n.º 8.038/1990.

3. Agravo interno desprovido (STJ. AgInt na SLS 2.249/GO, Rel. Ministra LAURITA VAZ, CORTE ESPECIAL, julgado em 29/03/2017, DJe 25/04/2017).

Não é cabível ação rescisória contra decisão do Presidente do STJ proferida em Suspensão de Liminar e de Sentença, mesmo que transitada em julgado (STJ. Corte Especial. AR 5.857-MA, Rel. Min. Mauro Campbell Marques, julgado em 07/08/2019).

QUESTÕES DE CONCURSO RELACIONADAS

1. (IESES – 2017 – CEGÁS – Analista de Gestão – Advogado).

Contra decisão proferida pelo relator caberá agravo interno para o respectivo órgão colegiado, observadas, quanto ao processamento, as regras do regimento interno do tribunal respectivo. Podemos afirmar: O agravo será dirigido ao relator, que intimará o agravado para manifestar-se sobre o recurso no prazo de 15 (quinze) dias, ao final do qual, não havendo retratação, o relator levá-lo-á a julgamento pelo órgão colegiado, com inclusão em pauta.

Gabarito: assertiva correta.

2. (FGV – 2017 – ALERJ – Procurador)

Diante da disciplina recursal estabelecida na Lei nº 13.105/2015, é correto afirmar que: é cabível a sustentação oral no julgamento de agravo interno interposto contra a decisão monocrática do relator que indefere a petição inicial de ação rescisória.

Gabarito: assertiva correta.

QUESTÃO 7

(CESPE - CEBRASPE - Advocacia Geral da União - Advogado da União - 2016)

Determinado estado-membro ajuizou, perante o juízo de primeiro grau, ação contra a União questionando índice de atualização monetária previsto em convênio celebrado com o ente central. O magistrado determinou a citação da União para que esta apresentasse resposta.

Considerando a competência originária do Supremo Tribunal Federal (STF) para processar e julgar causas e conflitos entre a União e os estados, redija um texto dissertativo acerca do eventual cabimento de reclamação constitucional na situação apresentada. Em seu texto:

1. **Cite as hipóteses em que é cabível reclamação constitucional;**
2. **Discorra sobre a interpretação do STF a respeito da competência originária para julgar conflitos entre a União e os estados;**
3. **Aborde a jurisprudência do STF relativa ao cabimento da reclamação em situações como a apresentada.**

QUESTÃO 7

30 LINHAS

RESPOSTA DO AUTOR

A reclamação constitucional, prevista no artigo 102, inciso I, alínea "l" da Constituição Federal de 1988, constitui um importante instrumento jurídico destinado a dois objetivos principais: (i) preservar a competência do Supremo Tribunal Federal (STF) para processar e julgar determinados feitos e (ii) garantir a autoridade das decisões proferidas pela Suprema Corte. Com a entrada em vigor do Novo Código de Processo Civil (CPC/2015), suas hipóteses de cabimento foram ampliadas, permitindo seu processamento perante qualquer tribunal integrante do Poder Judiciário nacional, visando à uniformidade da jurisprudência e à salvaguarda das competências dos tribunais superiores.

No contexto da competência originária do STF, a Constituição estabelece no artigo 102, inciso I, alínea "f", que cabe à Corte Suprema processar e julgar, de forma originária, as causas e os conflitos entre a União e os Estados, bem como entre a União e o Distrito Federal. Entretanto, a interpretação conferida pelo próprio STF tem mitigado a literalidade desse dispositivo, restringindo sua competência a casos em que o litígio apresente efetiva ameaça ao pacto federativo – princípio fundamental da organização do Estado brasileiro.

Diante desse entendimento, o STF diferencia o conflito entre entes federados, que se refere a um litígio de natureza patrimonial sem impacto significativo na estrutura federativa, do conflito federativo, que possui relevância política e institucional capaz de abalar o equilíbrio entre os entes federados. Apenas nessa última hipótese se justifica o deslocamento da competência para a Suprema Corte.

Na situação fática ora analisada, um estado-membro ajuizou ação contra a União questionando o índice de atualização monetária previsto em convênio celebrado entre ambos. O objeto da demanda, portanto, possui natureza patrimonial e não apresenta potencialidade ofensiva capaz de comprometer o pacto federativo. Nesse cenário, o STF tem consolidado o entendimento de que a simples presença da União e de um estado-membro em polos opostos de uma relação processual não é suficiente para caracterizar sua competência originária, sendo imprescindível a demonstração de um conflito federativo propriamente dito. Com efeito, a reclamação constitucional não se revela medida cabível, mormente porque diante de um litígio patrimonial, devendo a ação ser ajuizada perante o juízo de primeiro grau.

CRITÉRIO DE CORREÇÃO DA BANCA

ITEM	REQUISITOS DA RESPOSTA	PONTUAÇÃO
1	Quanto ao primeiro ponto, o candidato deve discorrer sobre o tratamento dado pelo legislador constituinte originário à reclamação enquanto ação constitucional cabível em duas hipóteses: a) para a preservação da competência do Supremo Tribunal Federal (STF) para processar e julgar feitos; b) para garantir a autoridade das decisões proferidas pelo STF. As hipóteses de cabimento estão taxativamente previstas no art. 102, I, l, da CF.	**12,00 pontos**

2	No tocante ao segundo ponto, o candidato deve desenvolver a interpretação atribuída pelo STF ao art. 102, I, alínea f, da Constituição Federal de 1988 (CF). No referido dispositivo, está estabelecida a competência do STF para processar e julgar originariamente as causas e os conflitos entre a União e os estados, a União e o Distrito Federal, ou entre uns e outros, incluindo-se as respectivas entidades da administração indireta. Porém, segundo o entendimento firmado no âmbito do STF, nem toda ação envolvendo a União e o estado-membro desencadeia automaticamente sua competência originária. Para a Corte, o alcance da regra prevista no art. 102, I, f, da CF restringe-se aos litígios com potencialidade ofensiva apta a vulnerar os valores que informam o princípio do pacto da Federação, ou seja, exige-se efetivo risco de abalo ao pacto federativo. As hipóteses de competência originária da Corte devem ser interpretadas restritivamente, sob pena de se convolar a jurisdição excepcional em jurisdição ordinária, razão por que sua competência deve ficar limitada àquelas controvérsias, entre unidades federadas expressamente citadas, que gerem conflito federativo. Nesses casos, cabe ao STF dirimir a controvérsia, cumprindo seu dever de velar pela intangibilidade do vínculo federativo e de zelar pelo equilíbrio harmônico das relações políticas entre os entes federativos. Todavia, quando se está diante de causa que encerra controvérsia de natureza meramente patrimonial, desprovida de caráter político ou institucional, não há conflito federativo a ensejar a competência da Corte. Para o STF, não basta a presença da União e do estado em polos distintos na relação jurídica processual para a configuração de sua competência originária; é imprescindível que exista também conflito federativo, isto é, aquele capaz de gerar abalo no pacto federativo. Partindo de tal premissa, o STF entende que a causa em que se discute tema de índole meramente patrimonial não encerra conflito federativo capaz de justificar a sua competência. Há uma verdadeira redução do alcance literal da alínea mencionada, fundada em interpretação teleológica e sistemática da CF. Ainda sobre o segundo ponto, é necessário discorrer sobre a distinção apresentada pelo STF entre conflito entre entes federados e conflito federativo. O primeiro é interpretado pelo prisma subjetivo e se funda na existência de litígio entre entes da Federação. O segundo, em que também participam tais entes, importa potencial desestabilização do próprio pacto federativo. A competência originária do STF fica, dessa forma, adstrita à segunda hipótese.	**40,00 pontos**
3	No que se refere ao terceiro ponto, o candidato deve abordar os aspectos referentes à subsunção da situação hipotética apresentada ao entendimento da Corte. A interpretação de cláusula de convênio celebrado entre entes federados, relativa à forma de atualização monetária dos valores recebidos por força do ajuste, tem natureza patrimonial, sem potencialidade ofensiva apta a vulnerar os valores que informam o pacto da Federação. Assim, como não há configuração da competência originária do STF quando o conflito instaurado entre os entes da Federação se restringe a tema de natureza patrimonial, não se revela cabível, na situação descrita, a reclamação constitucional para a preservação da competência originária do STF. Em outros termos, não seria cabível o ajuizamento de reclamação constitucional por usurpação da competência originária do STF, já que a demanda cogitada envolve interpretação de cláusula de convênio destituída de potencialidade ofensiva ao pacto federativo. Conforme entendimento pacificado pelo STF, essa controvérsia patrimonial é incapaz de ensejar a competência originária da Corte e, por conseguinte, o cabimento de reclamação.	**14,50 pontos**

▸ DOUTRINA TEMÁTICA

A terceira espécie de competência funcional configura-se na competência por graus de jurisdição, que poderá ser recursal ou originária. Na competência funcional recursal, em razão da natureza do processo ou de seu procedimento, a lei escalona determinados órgãos jurisdicionais em diferentes graus de jurisdição para conhecer e julgar a demanda. Na competência originária, há indicação expressa da lei de supressão do primeiro grau jurisdicional, sendo o Tribunal competente em caráter originário. (NEVES, 2019, p. 249-250).

A definição da competência se faz por meio de normas constitucionais, de leis processuais e de organização judiciária.

Os critérios legais levam em conta a soberania nacional, o espaço territorial, a hierarquia de órgãos jurisdicionais, a natureza ou o valor das causas, as pessoas envolvidas no litígio.

Na Constituição Federal encontra-se o arcabouço de toda a estrutura do Poder Judiciário nacional. Ali se definem as atribuições do Supremo Tribunal Federal (art. 102), do Superior Tribunal de Justiça (art. 105) e da Justiça Federal (arts. 108 e 109), bem como das justiças especiais (Eleitoral, Militar e Trabalhista) (arts. 114, 121 e 124). (THEODORO JÚNIOR, 2015).

A reclamação constitucional encontra-se positivada nos arts. 102, I, l,1 103-A, § 3.º,2 e 105, I, f,3 todos da CF/1988. Trata-se de um instituto genuinamente brasileiro. Seu surgimento foi essencialmente jurisprudencial. O nascimento da reclamação constitucional se deu no STF, como fruto da aplicação da teoria dos poderes implícitos, desenvolvida no direito norte-americano.

A doutrina registra quatro fases históricas da reclamação constitucional:5 (a) a primeira teve início com o seu surgimento no STF e vai até 1957; (b) a segunda foi de 1957, com a sua positivação no RISTF, até 1967; (c) a terceira iniciou-se com a sua inserção na Constituição Federal de 1967, e, por fim, (d) a quarta fase, teve início com a Constituição Federal de 1988, com a positivação da reclamação em seus artigos, que preveem expressamente a competência originária do STF e STJ para julgá-la.

Com a Constituição de 1988, a reclamação passou a constar expressamente no texto constitucional, prevista no art. 102, I, l, bem como no art. 105, I, f, com dupla finalidade: "preservação da competência e garantia da autoridade" das decisões do STF e do STJ. Com isso, superou-se a discussão inicial a respeito da constitucionalidade da reclamação e legitimou-se outros Tribunais, além do STF e STJ, a disporem em seus regimentos a respeito da reclamação.

A expansão da utilização atual da reclamação constitucional se deve à EC 45/2004, a chamada reforma do Poder Judiciário, através da inserção do novo art. 103-A, § 3.º, da CF/1988, que prevê o instituto da súmula com efeito vinculante em relação aos demais órgãos do Poder Judiciário e à Administração Pública direta e indireta.

A partir desta nova função (garantia da autoridade da súmula vinculante), o cabimento da reclamação passou a ocorrer de forma independente e autônoma em relação à existência de qualquer outro processo judicial - como ocorre nas hipóteses em que a autoridade administrativa contraria ou aplica equivocadamente a súmula vinculante.

A função da reclamação constitucional é, pois, (a) preservar a competência do STF e do STJ, (b) assegurar a autoridade dos respectivos julgados e (c) o respeito à súmula vinculante. (VEIGA, 2013).

▸ JURISPRUDÊNCIA TEMÁTICA

STF:

AÇÃO CÍVEL ORIGINÁRIA. DEMANDA EM QUE SE DISCUTE INTERPRETAÇÃO DE CLÁUSULA DE CONVÊNIO CELEBRADO ENTRE O ESTADO DE SANTA CATARINA E A UNIÃO RELATIVA À FORMA DE ATUALIZAÇÃO MONETÁRIA DOS VALORES RECEBIDOS A SEREM RESTITUÍDOS À FAZENDA PÚBLICA FEDERAL. COMPETÊNCIA ORIGINÁRIA DO STF. ARTIGO 102, INCISO I, ALÍNEA F, DA CF. NÃO OCORRÊNCIA. INEXISTÊNCIA DE CONFLITO FEDERATIVO. CAUSA DE NATUREZA MERAMENTE PATRIMONIAL. AUSÊNCIA DE POTENCIALIDADE OFENSIVA AO PACTO FEDERATIVO. PRECEDENTES. AGRAVO REGIMENTAL NÃO PROVIDO. 1 Nos termos da jurisprudência do STF, o alcance da regra de competência originária do STF prevista no art. 102, inciso I, alínea f, da CF, possui caráter de absoluta excepcionalidade, restringindo-se aos litígios com potencialidadeofensiva "apta a vulnerar os valores que informam o princípio fundamental que rege, em nosso ordenamento jurídico, o pacto da Federação". ACO n.º 1.048–QO, relator ministro Celso de Mello, Tribunal Pleno, DJ de 31/10/2007. 2 Distinção entre "conflito entre entes federativos" e "conflito federativo". A jurisprudência da Corte firmou-se no sentido de que a simples presença da União e de estado federado em polos distintos da ação não é suficiente para instaurar automaticamente a competência originária do STF inserta no art. 102, I, f, da CF. 3 Inexistência de conflito federativo. Demanda versante sobre interpretação de cláusula de convênio celebrado entre entes federados (no caso, entre o Estado de Santa Catarina e a União), relativa, tão somente, à forma de atualização monetária dos valores recebidos por força do ajuste, tem natureza patrimonial, sem potencialidade ofensiva apta a vulnerar os valores que informam o pacto da Federação. Incompetência do STF para processar e julgar o feito. Precedentes. [...] (STF - ACO 2101 AgR, Relator: Ministro DIAS TOFFOLI, Data de Publicação: DJe 12/2/2016.)

SEGUNDO AGRAVO REGIMENTAL NA AÇÃO CÍVEL ORIGINÁRIA. DIREITO CONSTITUCIONAL E PROCESSUAL CIVIL. CONFLITO DE NATUREZA MERAMENTE PATRIMONIAL. NÃO INCIDÊNCIA DO DISPOSTO NO ART. 102, I, f, DA CF. DISCUSSÃO QUE DIZ RESPEITO APENAS AO QUANTUM DE REPASSE. INCAPACIDADE DE VULNERAÇÃO AO PRINCÍPIO FEDERATIVO. CAUSA QUE NÃO SE REVESTE DE DENSIDADE SUFICIENTE A JUSTIFICAR A COMPETÊNCIA ORIGINÁRIA DESTA CORTE. PRECEDENTES. AGRAVO REGIMENTAL A QUE SE NEGA PROVIMENTO. 1 A competência constitucional originária do STF para a ação prevista no art. 102, I, f, da CF demanda a existência de situação de conflito capaz de abalar o pacto federativo. Precedentes: ACO 1.364, rel. min. Celso de Mello, Pleno, DJe de 6/8/2010; ACO 1.140, rel. min. Gilmar Mendes, DJe de 26/5/2010; ACO 1.295–AgR, rel. min. Dias Toffoli, Pleno, DJe de 2/12/2010; ACO 1.480 QO, rel. min. Cármen Lúcia, DJe de 20/8/2010; Rcl 3.152, rel. min. Cármen Lúcia, DJe de 13/3/2009; RE 512.468 AgR, rel. min. Eros Grau, DJe de 6/6/2008. 2 Incasu, verifica-se que o objeto do pedido revela interesse eminentemente patrimonial, dissociado de qualquer questão capaz de por em risco o princípio federativo, não se justificando a competência originária do STF. 3 Agravo regimental DESPROVIDO. (STF - ACO AgR n.º 570, Ministro LUIZ FUX, Data de Publicação: DJe 26/2/2016.)

QUESTÕES DE CONCURSO RELACIONADAS

1. (FCC – PGE/MT – Procurador do Estado –2016)

Segundo o novo Código de Processo Civil, a reclamação é cabível para garantir a observância de precedente proferido em julgamentos de casos repetitivos, a fim de dar correta aplicação da tese jurídica.

Gabarito: assertiva correta.

2. (FCC – Prefeitura de Campinas – Procurador–2016)

Caberá reclamação perante o Supremo Tribunal Federal em face ato administrativo, de instância final, praticado com base em lei declarada previamente inconstitucional em sede de ação direta de inconstitucionalidade pelo próprio STF.

Gabarito: assertiva correta.

QUESTÃO 8

(ESAF - Advocacia Geral da União - Procurador da Fazenda Nacional - 2015)

A BD Participações Ltda., empresa de considerável patrimônio e que tem entre seus objetos sociais o de administração de bens, adquiriu de terceiros um apartamento, realizando o devido registro imobiliário. Em seguida, o cedeu gratuitamente a seus empresários, um casal sem bens imóveis, que passaram a utilizá-lo como residência. A penhora desse bem em execução movida contra a empresa BD pode ser afastada pelo casal alegando que o apartamento serve de residência para a família e que a compra na verdade se deu integralmente com recursos dos cônjuges? Por quê?

QUESTÃO 8

30 LINHAS

RESPOSTA DO AUTOR

Na situação fática ora analisada, a penhora do imóvel em execução movida contra a empresa BD Participações Ltda. não pode ser afastada com o argumento de que o apartamento serve de residência para a família e de que a compra teria sido realizada integralmente com recursos próprios dos cônjuges.

Isso porque, primeiramente, a proteção da impenhorabilidade do bem de família se aplica apenas a pessoas naturais (art. 1º da Lei nº 8.009/90 e Súmula 364/STJ). Como o imóvel pertence à empresa BD Participações Ltda., que o adquiriu de terceiros e o registrou em seu nome, o benefício não pode ser estendido ao casal, pois o patrimônio da pessoa jurídica não se confunde com o das pessoas naturais que a compõem. Não se desconhece da exceção já reconhecida pelo STJ pela impenhorabilidade de imóvel pertencente a empresas familiares quando o local de funcionamento da empresa se confunde com a própria moradia. No entanto, a BD Participações Ltda. é descrita como uma empresa de "considerável patrimônio", afastando, por conseguinte, tal mitigação jurisprudencial.

Ademais, a alegação de que a compra se deu com recursos do casal também não pode prosperar. O imóvel pertence formalmente à empresa BD, que o adquiriu e registrou em seu nome, cedendo-o gratuitamente aos empresários. Para que essa tese fosse admitida, seria necessário reconhecer um negócio jurídico dissimulado (ou seja, que a compra foi realizada realmente pelos cônjuges, e não pela empresa), o que é vedado pelo art. 167 do Código Civil, pois negócios simulados não podem gerar benefícios às partes envolvidas na simulação.

Aplica-se, ainda, a Teoria dos Atos Próprios ao presente caso, uma vez que os beneficiários não podem, em momento posterior, adotar uma conduta contraditória àquela inicialmente assumida. Se aceitaram a cessão gratuita do bem como um ativo da empresa, não podem, depois, alegar que o adquiriram com recursos próprios apenas para afastar a penhora. Esse tipo de comportamento viola o princípio da boa-fé objetiva e da vedação ao comportamento contraditório, tutelado pelo art. 1º e art. 5º, ambos do Código de Processo Civil.

Com efeito, a penhora do imóvel deve ser mantida, pois ele pertence à empresa BD Participações Ltda., não sendo os argumentos apresentados pelo casal suficientes para afastar a execução.

CRITÉRIO DE CORREÇÃO DA BANCA

REQUISITOS DA RESPOSTA	PONTUAÇÃO
Não. A garantia protege, em regra, apenas as pessoas naturais que destinam seus imóveis a residências suas ou a de suas famílias (art. 1° da Lei n° 8.009/90 e Súmula 364/STJ). Portanto, como o patrimônio das pessoas naturais não se confunde com o das pessoas jurídicas por elas titularizadas, o benefício não alcança o casal.	4
Para o STJ, a penhora sobre imóvel de empresa pode ser afastada em favor do sócio que nele reside mas apenas quando envolve "empresas com conotação familiar em que, muitas vezes, o local de funcionamento confunde-se com a própria moradia" (vide, p.ex., REsp n° 470.893/RS e 621.399/RS), hipótese, portanto, diversa da tratada na questão, observado o porte indicado da empresa.	1,5
No caso da pergunta, o bem pertence à pessoa jurídica, que o adquiriu de terceiros e os emprestou aos empresários. Para se admitir a propriedade do imóvel como sendo realmente do casal, ter-se-ia de atribuir validade a negócio dissimulado (a compra do bem pelo casal), o que não poderia resultar em benefícios aos participantes do conluio.	1,0
Ainda, de acordo com a teoria dos atos próprios, "a ninguém é lícito fazer valer um direito em contradição com a sua conduta anterior ou posterior interpretada objetivamente, segundo a lei, os bons costumes e a boa fé" (REsp n° 1.192.678/PR).	0,5

▶ DOUTRINA TEMÁTICA

Legal ou convencional, o intuito do bem de família se resume em colocar a salvo de execuções patrimoniais o imóvel residencial, urbano ou rural, destinado ao domicílio familiar; ou, conforme ilação de Maria Berenice Dias, Vice-Presidente Nacional do Instituto Brasileiro de Direito de Família – IBDFAM, o bem de família trata-se de uma qualidade que se agrega a um bem imóvel e seus móveis com o fito de imunizá-los em relação a credores e assim proteger a família que nele reside.

(...)

Conforme o disposto no artigo 1º da Lei 8.009 de 1990, que regula a figura do bem de família legal, o imóvel utilizado como moradia permanente pelo casal ou entidade familiar deve ser considerado impenhorável de modo a não responder por qualquer tipo de dívida civil, comercial, fiscal, previdenciária ou de outra natureza, contraída pelos cônjuges ou pelos pais ou filhos que sejam seus proprietários e nele residam. Para fins elucidativos, imóvel residencial é aquele onde há o estabelecimento de uma família; é nele que se centralizam as atividades desta. Enfim, é propriamente o domicílio familiar, ou seja, o local em que a família reside com ânimo de permanecer, em caráter definitivo.

Para Azevedo, a Lei 8.009 de 1990 confere proteção mais ampla à família do que a prevista no Código Civil, pois instituído o bem de família legal, torna-se ineficaz, quanto ao mesmo bem, a execução de dívidas do instituidor mesmo que anteriores à Lei, ao contrário do previsto na Lei Civil, em que a isenção se opera relativamente a dívidas posteriores à instituição. (MIRANDA, 2019, p. 85-100)

▶ JURISPRUDÊNCIA TEMÁTICA

STJ:

SÚMULA 205: A Lei 8.009/90 aplica-se à penhora realizada antes de sua vigência.

SÚMULA 364: O conceito de impenhorabilidade de bem de família abrange também o imóvel pertencente a pessoas solteiras, separadas e viúvas.

SÚMULA 449: A vaga de garagem que possui matrícula própria no registro de imóveis não constitui bem de família para efeito de penhora.

SÚMULA 486: É impenhorável o único imóvel residencial do devedor que esteja locado a terceiros, desde que a renda obtida com a locação seja revertida para a subsistência ou a moradia da sua família.

SÚMULA 549: É legítima a penhora de apontado bem de família pertencente a fiador de contrato de locação, ante o que dispõe o art. 3º, inciso VII, da Lei n. 8.009/1990.

PROCESSO CIVIL. EMBARGOS DE DECLARAÇÃO. VIOLAÇÃO DO ART. 535, II, DO CPC. INEXISTÊNCIA. EMBARGOS À ARREMATAÇÃO. FORMALIDADES DA PENHORA. IMPENHORABILIDADE ABSOLUTA. BEM DE FAMÍLIA. LEI N. 8.009/90. PESSOA JURÍDICA. REDUÇÃO DA PENHORA. SÚMULA N. 7/STJ. DISSÍDIO PRETORIANO. AUSÊNCIA DE SIMILITUDE FÁTICA. NÃO-CONHECIMENTO. 1. Não há por que falar em violação do art. 535, II, do CPC nas hipóteses em que o acórdão recorrido, integrado pelo julgado proferido nos embargos de declaração, dirime, de forma expressa, as questões suscitadas nas razões recursais. 2. Prestam-se os embargos à arrematação ao exame de irregularidades na penhora levadas a efeito na ação executiva quando aquelas digam respeito à impenhorabilidade absoluta, tal qual nos casos da impenhorabilidade do bem de família. 3. A impenhorabilidade prevista na Lei n. 8.009/90 pode ter como destinatário pessoa jurídica caracterizada como pequena empresa com conotação familiar. 4. O recurso especial não é sede própria para o exame de questão atinente à possibilidade de decretar-se a penhora apenas sobre parte de imóvel constrito se, para tanto, faz-se necessário o reexame de elementos fático-probatórios considerados para o deslinde da controvérsia. Inteligência da Súmula n. 7/STJ. 5. Não se conhece de divergência jurisprudencial quando os julgados dissidentes cuidam de situações fáticas diversas. 6. Recurso especial parcialmente conhecido e, nessa parte, não-provido (STJ - REsp: 470893 RS 2002/0127157-4, Relator: Ministro JOÃO OTÁVIO DE NORONHA, Data de Julgamento: 01/06/2006, T2 - SEGUNDA TURMA, Data de Publicação: DJ 02/08/2006 p. 246).

RECURSO ESPECIAL. DIREITO CAMBIÁRIO. AÇÃO DECLARATÓRIA DE NULIDADEDE TÍTULO DE CRÉDITO. NOTA PROMISSÓRIA. ASSINATURA ESCANEADA.DESCABIMENTO. INVOCAÇÃO DO VÍCIO POR QUEM O DEU CAUSA. OFENSA AOPRINCÍPIO DA BOA-FÉ OBJETIVA. APLICAÇÃO DA TEORIA DOS ATOS PRÓPRIOSSINTETIZADA NOS BROCARDOS LATINOS 'TU QUOQUE' E 'VENIRE CONTRAFACTUM PROPRIUM'. 1. A assinatura de próprio punho do emitente é requisito de existência e validade de nota promissória. 2. Possibilidade de criação, mediante lei, de outras formas de assinatura, conforme ressalva do Brasil à Lei Uniforme de Genébra. 3. Inexistência de lei dispondo sobre a validade da assinatura escaneada no Direito brasileiro. 4. Caso concreto, porém, em que a assinatura irregular escaneada foi aposta pelo próprio emitente. 5. Vício que não pode ser invocado por quem lhe deu causa. 6. Aplicação da 'teoria dos atos próprios', como concreção do princípio da boa-fé objetiva, sintetizada nos brocardos latinos 'tuquoque' e 'venire contra factumproprium', segundo a qual ninguém é lícito fazer valer um direito em contradição com a sua conduta anterior ou posterior interpretada objetivamente, segundo a lei, os bons costumes e a boa-fé 7. Doutrina e jurisprudência acerca do tema.8. RECURSO ESPECIAL DESPROVIDO (STJ - REsp: 1192678 PR 2010/0083602-0, Relator: Ministro PAULO DE TARSO SANSEVERINO, Data de Julgamento: 13/11/2012, T3 - TERCEIRA TURMA, Data de Publicação: DJe 26/11/2012).

QUESTÃO 9

(FCC – Procuradoria-Geral do Estado de Goiás – Procurador – 2024)

O Estado de Goiás, por meio da Secretaria competente, e a Concessionária X, firmaram, em 1º de março de 1995, contrato de concessão comum de rodovia estadual, no qual não constava cláusula compromissória de submissão dos litígios à arbitragem. Com a aproximação do termo contratual de 30 (trinta) anos, dissentiram as partes sobre o montante da indenização das parcelas dos investimentos vinculados a bens reversíveis, ainda não amortizados ou depreciados, a serem pagos à concessionária conforme preceitua o art. 36 da Lei nº 8.987/1995.

Para o poder concedente, a indenização deveria ser no montante de R$ 20 milhões, enquanto para a concessionária, o valor correto seria R$ 30 milhões.

Instalado o conflito, as partes decidem firmar compromisso arbitral, para sua resolução. No compromisso firmado entre as partes, foi estabelecida cláusula pela qual o pagamento do valor controverso, uma vez fixado de forma definitiva pelo juízo arbitral, dar-se-á sem a submissão ao regime de execução por precatório.

Levando em consideração a situação acima relatada, responda, de forma fundamentada:

a. O estabelecimento de compromisso arbitral é juridicamente admissível, na hipótese?

b. Supondo-se que tal compromisso seja juridicamente admissível, é válida a cláusula que afasta o pagamento do montante controverso do regime de execução por precatório?

QUESTÃO 9

30 LINHAS

RESPOSTA DO AUTOR

Na hipótese fática ora apresentada, o estabelecimento do compromisso arbitral para a resolução do litígio no âmbito da concessão de serviço público é juridicamente válida. O artigo 23-A da Lei nº 8.987/1995 autoriza expressamente o emprego de mecanismos privados para a resolução de disputas decorrentes da contratação, mesmo que o contrato original não contenha cláusula compromissória. No âmbito estadual, o § 2º do artigo 27 da Lei Complementar estadual nº 144/2018 reforça essa possibilidade.

No caso em análise, o litígio envolve direitos de natureza patrimonial disponível decorrentes do contrato de concessão, o que se enquadra na previsão do artigo 1º, § 1º, da Lei nº 9.307/1996 (Lei de Arbitragem), permitindo que a arbitragem seja utilizada como meio de solução de controvérsias. Assim, a submissão do conflito à arbitragem é plenamente válida.

Por outro lado, a cláusula que afasta a submissão do pagamento do montante controverso ao regime constitucional de precatórios é juridicamente inválida. Isso porque, caso o litígio fosse submetido à apreciação do Poder Judiciário, o pagamento da indenização à concessionária deveria seguir o rito estabelecido no artigo 100 da Constituição Federal de 1988, que disciplina o regime de precatórios para débitos da Fazenda Pública.

Permitir que a sentença arbitral imponha pagamento sem a submissão ao regime constitucional de precatórios criaria uma situação de precedência indevida aos créditos decorrentes de sentença arbitral. Tal medida poderia ensejar a quebra da ordem cronológica de pagamentos e justificar o sequestro de valores em favor de credores preteridos, a teor do § 6º do artigo 100 da CF/88.

Além disso, nos termos do artigo 515, VII, do Código de Processo Civil (CPC) e do artigo 31 da Lei nº 9.307/1996, a sentença arbitral é equiparada a um título executivo judicial, devendo-se, pois, seguir as mesmas regras aplicáveis às sentenças judiciais, incluindo a sujeição ao regime de precatórios quando proferida contra a Fazenda Pública, nos termos dos artigos 534 e seguintes do CPC e do artigo 535, § 3º, I, do CPC.

CRITÉRIO DE CORREÇÃO DA BANCA

REQUISITOS DA RESPOSTA	PONTUAÇÃO
a. Espera-se, nesse tópico, que o candidato corretamente conclua pela validade jurídica do estabelecimento de compromisso arbitral para resolução do litígio no âmbito da concessão de serviço público, à luz do que dispõe o artigo 23-A da Lei no 8.987/1995 e do que dispõe o § 2o do artigo 27 da Lei Complementar estadual no 144/2018. Observa-se que o litígio diz respeito a direitos de natureza patrimonial disponível decorrentes do contrato, nos termos do art. 1o, § 1o da Lei no 9.307/1996.	5,00
b. Nesse tópico, espera-se que o candidato conclua pela invalidade da cláusula, visto que afasta o regime constitucional do precatório (art. 100 da CF/88) que seria aplicável, caso o litígio fosse submetido à apreciação judicial. Concluir-se diversamente, importaria dar precedência aos débitos decorrentes de sentença arbitral, em desprestígio aos decorrentes de sentença judicial stricto sensu, com possível alegação de quebra de ordem, a justificar o sequestro em favor dos credores preteridos, na forma do § 6o do art. 100 da CF/88.	5,00

DOUTRINA TEMÁTICA

Importante pontuar que a sentença arbitral constitui título executivo judicial, passível de cumprimento no Poder Judiciário (artigo 515, inciso VII, do Código de Processo Civil de 2015 e artigo 31, da Lei da Arbitragem), também sujeito a impugnação, nos termos do artigo 525 e seguintes do Código de Processo Civil de 2015, conforme prevê o artigo 33, parágrafo 3o, da Lei de Arbitragem. Em outras palavras, aplica-se ao cumprimento da sentença arbitral o mesmo regime jurídico da sentença judicial. Por isso, quando se trata de sentença arbitral proferida contra a Fazenda Pública, como acontece nos títulos judiciais, é aplicável o regime específico do artigo 534 e seguintes do Código de Processo Civil de 2015, que culmina na expedição de precatório, tal como preveem os artigos 100 da Constituição e 535, parágrafo 3o, do Código de Processo Civil. Portanto, o regime é idêntico para cumprimento da sentença arbitral e judicial. (ALVES FERREIRA, Olavo Augusto Vianna, 2024).

A reforma legislativa de 2015 refletiu o entendimento doutrinário predominante sobre o assunto e ocorreu em um contexto no qual a própria arbitragem já se consolidava na cultura jurídica nacional. Atualmente não faz mais sentindo discutir-se a possibilidade de a Administração utilizar a arbitragem para solucionar conflitos relativos a direitos patrimoniais disponíveis. Como recentemente reconheceu o Superior Tribunal de Justiça, "no atual estágio legislativo, não restam dúvidas acerca da possibilidade da adoção da arbitragem pela Administração Pública, direta e indireta".

Contudo, da assertiva de que a arbitragem é juridicamente possível não decorre logicamente que o seu uso vantajoso para a Administração Pública. Superada toda a celeuma relacionada à possibilidade jurídica, há diversas questões que devem ser levadas em consideração para aferir se a opção pela arbitragem seria uma estratégia positiva para o gestor público. Dessa forma, o debate atual deve envolver em um primeiro momento a análise dos desafios operacionais da utilização da arbitragem pelos entes públicos.

(...)

O que não parece ser possível é afastar pura e simplesmente o regime de precatórios para pagamento das eventuais condenações. Em princípio, como o sistema de precatórios encontra assento constitucional no art. 10038, não há motivação jurídica hábil para permitir que o pagamento se dê fora dele. Embora existam autores39 que sustentem a possibilidade de dispensa dos precatórios com base na possibilidade de recomposição do equilíbrio econômico-financeiro dos contratos administrativos, trata-se de posição minoritária e até o momento sem amparo dos órgãos de controle. (BOEING, Ana Paula Sabettzki e KLEIN, Vinícius, 2021).

▶ JURISPRUDÊNCIA TEMÁTICA

STJ:

SÚMULA 485: A Lei de Arbitragem aplica-se aos contratos que contenham cláusula arbitral, ainda que celebrados antes da sua edição.

RECURSO ESPECIAL. PROCESSUAL CIVIL. ARBITRAGEM. INSTAURAÇÃO. PRAZO PRESCRICIONAL. INTERRUPÇÃO. LEI Nº 13.129/2015. FATOS ANTERIORES. IRRELEVÂNCIA.

1. A controvérsia dos autos resume-se a saber se a anterior instauração de procedimento arbitral constitui causa de interrupção do prazo prescricional, mesmo antes do advento da Lei nº 13.129/2015.

2. Nos exatos termos do art. 31 da Lei nº 9.307/1996, a sentença arbitral produz, entre as partes e seus sucessores, os mesmos efeitos da sentença proferida pelos órgãos do Poder Judiciário. A instauração do procedimento arbitral, entre outros efeitos, implica a interrupção do prazo prescricional.

3. A inequívoca iniciativa da parte em buscar a tutela dos seus direitos por um dos meios que lhes são disponibilizados, ainda que sem a intervenção estatal, é suficiente para derruir o estado de inércia sem o qual não é possível falar na perda do direito de ação pelo seu não exercício em prazo razoável. Modificação perpetrada pela Lei nº 13.129/2015 que veio somente para consolidar a orientação que já era adotada pela doutrina majoritária.

4. Uma vez interrompido o prazo prescricional pela instituição da arbitragem, volta ele a fluir a partir da data do ato que o interrompeu, ou do último ato do processo para o interromper, nos termos do parágrafo único do art. 202 do Código Civil, inteiramente aplicável à espécie, com as necessárias adaptações.

5. Hipótese em que o prazo prescricional da pretensão de cobrar aluguéis e demais consectários da locação foi interrompido com a instauração da primeira arbitragem, voltando a fluir com o trânsito em julgado de ação declaratória de nulidade da sentença arbitral.

6. Recurso especial não provido. (STJ. 3ª Turma. REsp 1.981.715-GO, Rel. Min. Ricardo Villas Bôas Cueva, julgado em 17/9/2024).

CIVIL E PROCESSUAL CIVIL. RECURSO ESPECIAL. AGRAVO DE INSTRUMENTO. EMBARGOS À EXECUÇÃO. TÍTULO EXTRAJUDICIAL. CONTRATO. CLÁUSULA DE ARBITRAGEM. JUÍZO ESTATAL. FORÇA COERCITIVA. HIGIDEZ DO TÍTULO. JURISDIÇÃO ARBITRAL.

1. A jurisprudência do STJ sedimentou o entendimento de que é possível a execução, no Poder Judiciário, de contrato que contenha cláusula de arbitragem, pois o juízo arbitral é desprovido de poderes coercitivos. Precedentes.

2. Nos embargos à execução de contrato com cláusula compromissória, a cognição do juízo estatal está limitada aos temas relativos ao processo executivo em si, sendo que as questões relativas à higidez do título devem ser submetidas à arbitragem, na linha do que dispõe o art. 8º, parágrafo único, da Lei nº 9.307/1996. Precedente.

3. Havendo necessidade de instauração do procedimento arbitral, o executado poderá pleitear a suspensão do feito executivo, nos termos do art. 919, § 1º, do Código de Processo Civil.

4. Recurso Especial não provido (STJ. 3ª Turma. REsp 2.032.426-DF, Rel. Min. Moura Ribeiro, Rel. para acórdão Min. Ricardo Villas Bôas Cueva, julgado em 11/4/2023)

QUESTÕES DE CONCURSO RELACIONADAS

1. (CESPE – CEBRASPE – PGE/MS – Procurador do Estado – 2021)

Após o procedimento licitatório, o governo de determinado estado da Federação firmou contrato com a empresa Silva & Silva Ltda., com o objetivo de construir obras de infraestrutura. As partes contratantes firmaram cláusula compromissória arbitral. No curso da obra, ocorreu divergência entre os contratantes acerca de conteúdo da obra e valores, de modo que foi instituído o procedimento arbitral para solucionar a controvérsia. Após o regular procedimento, o árbitro proferiu sentença condenando o poder público a pagar o valor equivalente a um milhão e meio de reais à empresa contratada. Tendo essa situação hipotética como referência inicial, assinale a opção correta.

A) A sentença arbitral que julgar parcialmente procedente ou improcedente o pedido poderá ser impugnada mediante recurso endereçado ao tribunal arbitral a que estiver vinculado o árbitro sentenciante.

B) Em decorrência do valor da condenação, a sentença arbitral proferida deve ser obrigatoriamente submetida à revisão necessária junto ao respectivo tribunal de justiça do estado condenado.

C) Compete ao árbitro ou tribunal arbitral executar as sentenças condenatórias por eles proferidas.

D) A competência para processar um eventual pedido de nulidade da sentença arbitral é do tribunal arbitral a que estiver vinculado o árbitro sentenciante.

E) Não cabe recurso contra a sentença arbitral, mas havendo causa que provoque a sua nulidade, qualquer das partes envolvidas no conflito poderá requerer a sua declaração junto ao Poder Judiciário.

Gabarito: Alternativa E

QUESTÃO 10

(FCC – Procuradoria-Geral do Estado de Goiás – Procurador – 2024)

Considere o texto introdutório a seguir e responda as questões adiante indicadas:

"Às variadas espécies de situações regidas pelo direito material corresponde simétrica variedade de meios processuais adequados a dar-lhes solução efetiva em caso de insatisfação sempre mediante imposição das regras jurídico-substanciais pertinentes. Como instrumento do direito material o processo deve dar a quem tem razão precisamente aquilo que segundo o direito ele tem o direito de obter (bem da vida materiais ou imateriais).

A variedade de meios processuais constitui assim, espelho da variedade das soluções ditadas no direito substancial. Constitui também espelho da maior ou menor urgência para a obtenção dessas soluções (tutelas jurisdicionais diferenciadas medidas cautelares ou antecipatórias da tutela, cognição sumária etc.)" (DINAMARCO, Candido Rangel. Instituições de direito processual civil. 9.ed. São Paulo: Malheiros, 2017. v. I. p. 241)

No que consiste o julgamento antecipado parcial de mérito? Indique suas hipóteses de cabimento e a natureza jurídica do pronunciamento judicial respectivo.

O julgamento antecipado parcial de mérito equivale à tutela de evidência? Indique as semelhanças ou diferenças entre tais figuras, com relação ao grau de cognição exercido (no eixo vertical) pelo juiz, a necessidade de posterior ratificação da decisão pela sentença e a possibilidade de formação de coisa julgada material.

Havendo o julgamento antecipado parcial de mérito, a parte sucumbente pode optar por recorrer da decisão somente ao final, como preliminar de apelação? Por quê?

QUESTÃO 10

30 LINHAS

▶ RESPOSTA DO AUTOR

O julgamento antecipado parcial de mérito consiste em técnica de aceleração procedimental que permite ao juiz decidir antecipadamente sobre um ou alguns dos pedidos cumulados, bem como sobre parte de um pedido único passível de fracionamento, desde que não haja necessidade de produção de outras provas.

O julgamento antecipado parcial de mérito é cabível quando houver pluralidade de pedidos cumulados, sendo possível julgar um ou mais deles sem necessidade de produção de outras provas ou quando o pedido único for decomponível e parte dele puder ser julgada antecipadamente e, por fim, quando não houver necessidade de outras provas para o julgamento, possibilitando a resolução imediata da questão.

O pronunciamento judicial proferido no julgamento antecipado parcial de mérito tem natureza de decisão interlocutória, continuando o processo em trâmite para julgamento do restante da demanda, não se confundindo, portanto, com a sentença, que exige aptidão para extinguir o processo.

O julgamento antecipado parcial de mérito e a tutela de evidência são instrumentos processuais que buscam conferir maior efetividade à prestação jurisdicional, permitindo decisões antecipadas em determinadas circunstâncias. No entanto, embora ambos tenham esse objetivo comum, suas naturezas e consequências jurídicas são distintas, especialmente no que se refere ao grau de cognição do juiz, à necessidade de posterior ratificação da decisão e à possibilidade de formação de coisa julgada material.

A técnica processual de julgamento antecipado parcial de mérito tem caráter definitivo sobre a parte do mérito que foi decidida e, portanto, gera coisa julgada material. Além disso, trata-se de uma decisão interlocutória, o que significa que o processo não se encerra, prosseguindo para a solução das demais questões ainda pendentes.

Por outro lado, a tutela de evidência é uma espécie de tutela provisória, vale dizer, um mecanismo processual que antecipa os efeitos da decisão final com base na evidência dos fatos e na alta probabilidade de que a pretensão do autor seja acolhida ao final do processo. Considerando que sua concessão ocorre sem necessidade de demonstração de perigo de dano ou risco ao resultado útil do processo, bastando que haja probabilidade clara do direito invocado, sua decisão não tem caráter definitivo, podendo ser revista ou modificada no curso do processo, não gerando, por conseguinte, coisa julgada material, mormente porque sua estabilização depende da posterior confirmação na sentença final.

Além disso, a distinção entre as duas figuras pode ser observada pelo grau de cognição exercido pelo magistrado. No julgamento antecipado parcial de mérito, há uma cognição exauriente, isto é, uma análise aprofundada dos fatos e do direito aplicável, garantindo a definitividade da decisão. Já na tutela de evidência, a cognição é sumária, superficial e baseada em mero juízo de probabilidade, o que reforça sua natureza provisória.

Outro ponto relevante é a necessidade de posterior ratificação. O julgamento antecipado parcial de mérito não depende de confirmação posterior pela sentença, pois já corresponde a uma decisão definitiva sobre a parte julgada. Em contrapartida, a tutela de evidência necessita ser ratificada na sentença final, sob pena de perder sua eficácia.

Por fim, não é possível à parte sucumbente optar por recorrer da decisão somente ao final, como preliminar de apelação. Isso ocorre porque o julgamento antecipado parcial de mérito é uma decisão interlocutória agravável, conforme o artigo 1.015, II, do CPC. Referido dispositivo determina que o recurso cabível contra tal decisão é o agravo de instrumento, o qual deve ser interposto imediatamente, sob pena de preclusão.

▸ CRITÉRIO DE CORREÇÃO DA BANCA

REQUISITOS DA RESPOSTA	PONTUAÇÃO
a. Trata-se de técnica de aceleração procedimental que conduz a decisão de mérito apta à formação de coisa julgada material, cabível sempre que o juiz constatar a possibilidade de acolhimento ou rejeição de um (ou alguns) dos pedidos cumulados ou, se formulado pedido único, desde que este seja suscetível de decomposição, nos casos em que não haja necessidade de produção de outras provas para julgamento, ainda que parcial, da demanda. Esse pronunciamento judicial tem natureza de decisão interlocutória, uma vez que o processo, necessariamente, prosseguirá, não se tratando, portanto, de sentença, cujo conceito pressupõe a aptidão para extinguir o processo.	3,00
b. Embora tratem de instrumentos ligados à efetividade do processo, as duas figuras não são equivalentes. A tutela de evidência é espécie de tutela provisória e, por isso, fundada em cognição sumária, ao contrário do julgamento parcial, baseado em cognição exauriente. Este não depende de posterior ratificação pela sentença, correspondendo ao julgamento (ainda que parcial) do próprio mérito; já a tutela de evidência, porque provisória, depende de posterior ratificação pela sentença. Apenas o julgamento antecipado parcial, pela sua própria natureza, enseja a formação de coisa julgada material.	4,00
c. Pela sistemática de recorribilidade das decisões interlocutórias, nas hipóteses em que cabível o agravo de instrumento, este deve ser utilizado desde logo, sob pena de preclusão. O julgamento antecipado parcial de mérito é realizado por decisão interlocutória agravável, na forma do artigo 1.015, II, do CPC, razão pela qual não é possível à parte sucumbente optar por recorrer da decisão somente ao final, como preliminar de apelação.	3,00

▸ DOUTRINA TEMÁTICA

Como é injusto – do ponto de vista da tempestividade da tutela jurisdicional – obrigar a parte a esperar pela resolução de determinada parcela do litígio que não depende qualquer ato processual posterior para ser elucidada, o art. 356, CPC, permite o julgamento imediato da parcela do mérito que já se encontra madura. Vale dizer: que é incontroversa – e por isso independe de prova (art. 374, III, CPC) – ou que não depende de prova outra para sua elucidação do que aquelas já constantes dos autos. Com a previsão da possibilidade de julgamento imediato parcial do mérito, o legislador busca densificar o direito fundamental à tutela jurisdicional tempestiva (arts. 5.º, LXXVIII, CF, e 4.º, CPC). Trata-se de julgamento fundado em cognição exauriente e cuja ausência de recurso gera coisa julgada (art. 356, § 3.º, CPC). A decisão que julga imediatamente parcela do mérito é irrevogável pelo juiz (art. 494, CPC). Em sendo o caso, a decisão que julga parcialmente o mérito pode reconhecer a existência de obrigação líquida ou ilíquida (art. 356, § 1.º, CPC). Ao prever a possibilidade de julgamento imediato de parcela do mérito, o Código atual quebrou com o dogma da unidade e da unicidade do julgamento da causa – que se encontrava à base da estruturação do procedimento comum do direito anterior. Com isso, viabiliza não só a tutela definitiva da parcela incontroversa da demanda como efetivo julgamento da causa, mas também amplia a possibilidade de cisão do julgamento do mérito para todas as hipóteses em que não seja necessária prova diversa daquela já colhida para elucidação de parte do mérito.

(...)

O legislador procurou caracterizar a evidência do direito postulado em juízo capaz de justificar a prestação de "tutela provisória" a partir das quatro situações arroladas no art. 311, CPC. O denominador comum capaz de amalgamá-las é a noção de defesa inconsistente. A tutela pode ser antecipada porque a defesa articulada pelo réu é inconsistente ou provavelmente o será. A tutela da evidência é fundada em cognição sumária e sua decisão não é suscetível de coisa julgada.

(...)

Como regra, a concessão da tutela da evidência depende do cotejo entre as posições jurídicas do autor e do réu no processo: é dessa comparação que será oriunda a noção de evidência. Isso porque a base da tutela da evidência está ligada ao oferecimento de defesa inconsistente – que normalmente pressupõe o seu exercício. Ocorre que em algumas situações o legislador desde logo presume que a defesa será inconsistente (art. 311, II e III, CPC). Nesses casos, em que a defesa provavelmente será inconsistente, o legislador permite a concessão de tutela da evidência liminarmente (art. 311, parágrafo único, CPC). Nos demais casos a concessão de tutela da evidência só pode ocorrer depois da contestação (MARINONI; ARENHART; MITIDIERO, 2023)

▶ JURISPRUDÊNCIA TEMÁTICA

STJ:

CIVIL E PROCESSUAL CIVIL. RECURSO ESPECIAL. AÇÃO DE COMPENSAÇÃO POR DANOS MATERIAIS, MORAIS E ESTÉTICOS. ACIDENTE DE TRÂNSITO. JULGAMENTO ANTECIPADO PARCIAL DO MÉRITO PELOS TRIBUNAIS. POSSIBILIDADE. CAUSA EXCLUSIVA DA VÍTIMA OU CONCORRÊNCIA DE CAUSAS. REEXAME DE PROVAS. IMPOSSIBILIDADE. VALOR DA INDENIZAÇÃO. EXCESSIVIDADE NÃO CONSTATADA. JUROS DE MORA. RESPONSABILIDADE EXTRACONTRATUAL. EVENTO DANOSO. COMPLEMENTAÇÃO DE PROVAS PELO TRIBUNAL. VIABILIDADE. REDIMENSIONAMENTO DA SUCUMBÊNCIA. SÚMULA 7. HONORÁRIOS ADVOCATÍCIOS NA DECISÃO PARCIAL DE MÉRITO. CABIMENTO. JULGAMENTO: CPC/2015.

(...)

3. O art. 356 do CPC/2015 prevê, de forma clara, as situações em que o juiz deverá proceder ao julgamento antecipado parcial do mérito. Esse preceito legal representa, portanto, o abandono do dogma da unicidade da sentença. Na prática, significa dizer que o mérito da causa poderá ser cindido e examinado em duas ou mais decisões prolatadas no curso do processo. Não há dúvidas de que a decisão interlocutória que julga parcialmente o mérito da demanda é proferida com base em cognição exauriente e ao transitar em julgado, produz coisa julgada material (art. 356, § 3º, do CPC/2015).

4. No entanto, o julgador apenas poderá valer-se dessa técnica, caso haja cumulação de pedidos e estes sejam autônomos e independentes ou, tendo sido deduzido um único pedido, esse seja decomponível. Além disso, é imprescindível que se esteja diante de uma das situações descritas no art. 356 do CPC/2015. Presentes tais requisitos, não há óbice para que os tribunais apliquem a técnica do julgamento antecipado parcial do mérito. Tal possibilidade encontra alicerce na teoria da causa madura, no fato de que a anulação dos atos processuais é a ultima ratio, no confinamento da nulidade (art. 281 do CPC/2015, segunda parte) e em princípios que orientam o processo civil, nomeadamente, da razoável duração do processo, da eficiência e da economia processual. (...)

11. Recurso especial de Nobre Seguradora do Brasil S/A conhecido e desprovido e recurso especial de Expresso Maringá Ltda parcialmente conhecido e, nessa extensão, desprovido (REsp 1845542/PR, Rel. Ministra NANCY ANDRIGHI, TERCEIRA TURMA, julgado em 11/05/2021, DJe 14/05/2021).

STF:

CONSTITUCIONAL E PROCESSO CIVIL. AÇÃO DIRETA DE INCONSTITUCIONALIDADE. ARTS. 9º, PARÁGRAFO ÚNICO, II; 15; 46, § 5º; 52, PARÁGRAFO ÚNICO; 242, § 3º; 311, PARÁGRAFO

ÚNICO; 535, § 3°, II; 840, I; 985, § 2º; 1.035, § 3º, III, e 1.040, IV, DO CÓDIGO DE PROCESSO CIVIL. CONCESSÃO DE TUTELA DE EVIDÊNCIA SEM OITIVA DO RÉU. APLICAÇÃO SUBSIDIÁRIA DAS NORMAS DO CPC AOS PROCESSOS ADMINISTRATIVOS. CITAÇÃO DA UNIÃO, DE ESTADOS, DO DISTRITO FEDERAL E DE MUNÍPIOS PERANTE ÓRGÃO DE ADVOCACIA PÚBLICA. DEPÓSITOS JUDICIAIS EM BANCOS OFICIAIS. RECURSO EXTRAORDINÁRIA COM REPERCUSSÃO GERAL PRESUMIDA EM CASO DE LEI FEDERAL DECLARADA INCONSTITUCIONAL. COMUNICAÇÃO AO ÓRGÃO PÚBLICO RESPONSÁVEL POR FISCALIZAÇÃO DE SERVIÇO PÚBLICO OBJETO DE DECISÃO EM CASOS REPETITIVOS. CONSTITUCIONALIDADE. COMPETÊNCIA DO FORO DO DOMICÍLIO DO AUTOR QUANDO DEMANDADO FOR ESTADO OU DISTRITO FEDERAL. INCONSTITUCIONALIDADE. INTERPRETRAÇÃO CONFORME. LIMITAÇÃO TERRITORIAL.

(...)

4. É constitucional norma legal que, sem prévia citação do réu, admite concessão de tutela de evidência, quando os fatos alegados possam ser demonstrados documentalmente e a tese jurídica estiver consolidada em julgamento de casos repetitivos ou em súmula vinculante. Ocorre, na hipótese, postergação do contraditório a fim de assegurar acesso à justiça em consonância com os preceitos constitucionais da duração razoável do processo e do devido processo legal (STF. Plenário. ADI 5.737/DF, Rel. Min. Dias Toffoli, redator do acórdão Min. Roberto Barroso, julgado em 25/4/2023)

QUESTÕES DE CONCURSO RELACIONADAS

1. (FUMARC – Assembleia Legislativa de Minas Gerais – Procurador – 2023)

Em relação à Tutela Provisória, afigura-se CORRETO afirmar:

A) A decisão que concede tutela antecipada requerida em caráter antecedente se estabiliza e transita em julgado, caso não seja interposto o recurso próprio.

B) A tutela de evidência será concedida quando houver elementos que demonstrem o perigo de dano ou o risco ao resultado útil do processo.

C) No procedimento da tutela cautelar requerida em caráter antecedente, a causa de pedir poderá ser aditada no momento da formulação do pedido principal.

D) No procedimento da tutela cautelar requerida em caráter antecedente, o réu será citado para, no prazo de 15 (quinze) dias, contestar o pedido e indicar as provas que pretende produzir.

Gabarito: Alternativa C

2. (FCC – Procuradoria Geral do Estado de Amazonas – Procurador – 2022)

Em ação movida por cidadão contra o Estado foi realizada cumulação simples de pedidos condenatórios. O juízo profere decisão que acolhe o pedido relativo à indenização por danos emergentes, por considerá-lo incontroverso, mas determina o prosseguimento do processo, com ingresso em sua fase instrutória, para o segundo pedido, que se fundamenta na ainda controversa alegação de ocorrência de lucros cessantes. Nesse caso, especificamente em relação ao pedido antecipadamente acolhido,

A) o recurso a ser interposto pelo requerido será o de apelação, mas contra a própria decisão que acolheu parte do pedido, sem prejuízo do cabimento de nova apelação quando julgado o segundo pedido.

B) tem-se que é descabida tal antecipação em face da Fazenda Pública, em razão das normas legais que limitam a concessão de tutela provisória nos processos de que ela participe.

C) o recurso a ser interposto pelo requerido será o de agravo de instrumento, contra a própria decisão que acolheu o pedido, sendo certo que a obrigação reconhecida por este poderá ser objeto de cumprimento de sentença, mas desde que prestada caução pelo particular.

D) o recurso a ser interposto pelo requerido será o de apelação, mas apenas quando efetivamente proferida sentença analisando também a outra parte do pedido que confirmará ou modificará esse pedido.

E) o recurso a ser interposto pelo requerido será o de agravo de instrumento, contra a própria decisão que acolheu parte do pedido, sendo certo que a obrigação reconhecida por este poderá ser objeto de cumprimento de sentença, independentemente de caução.

Gabarito: Alternativa E

QUESTÃO 11

(CESPE - CEBRASPE - Procuradoria-Geral do Estado do Rio Grande do Norte - Procurador - 2023)

Um dos problemas enfrentados no processo civil diz respeito à garantia de efetividade dos julgados, notadamente em relação às ações cujo objeto seja o pagamento de uma prestação pecuniária.

Nesse contexto, parte dos doutrinadores contemporâneos têm defendido o uso de medidas atípicas como meio de garantir o resultado prático do processo.

Considerando que o texto acima tem caráter unicamente motivador, redija um texto dissertativo acerca das medidas executórias atípicas no âmbito da execução por quantia certa, atendendo ao que se pede a seguir.

1 - **Explique o que são as medidas executórias atípicas, indicando seu fundamento legal. [valor: 0,30 ponto]**
2 - **Apresente dois exemplos dessas medidas. [valor: 0,16 ponto]**
3 - **Explique a atual posição do Supremo Tribunal Federal (STF) e do Superior Tribunal de Justiça (STJ) acerca do instituto. [valor: 0,30 ponto]**

QUESTÃO 11

20 LINHAS

▶ RESPOSTA DO AUTOR

As medidas executórias atípicas consistem em providências coercitivas previstas no art. 139, IV, do Código de Processo Civil (CPC), que permitem ao juiz determinar medidas necessárias para garantir o cumprimento das decisões judiciais, inclusive com a adoção de meios indutivos, coercitivos, mandamentais ou sub-rogatórios. Essas medidas são alternativas às formas clássicas de execução, pois não atingem diretamente o patrimônio do devedor, mas buscam constrangê-lo a adimplir sua obrigação, incentivando sua colaboração no processo.

Por sua natureza aberta, as medidas executórias atípicas não estão listadas diretamente no CPC, surgindo da prática judicial. Dentre os exemplos dessas medidas, é possível destacar a apreensão do passaporte, impedindo que o devedor viaje para o exterior até que satisfaça sua dívida, e a suspensão da Carteira Nacional de Habilitação (CNH), restringindo sua capacidade de dirigir até que regularize sua situação financeira. Outras medidas também podem ser apontadas, como a suspensão de cartões de crédito, a proibição de participar de licitações e concursos públicos, entre outras.

Como essas medidas não possuem previsão expressa na legislação processual, sua aplicação gerou questionamentos perante os tribunais superiores, não se tratando de tema livre de polêmicas. As suas principais críticas envolvem a alegada falta de proporcionalidade, a necessidade de verificar se há comportamento desleal por parte do devedor, a adequação da medida ao caso concreto e até a observância ao princípio da menor onerosidade para o devedor.

No âmbito do Supremo Tribunal Federal (STF), a constitucionalidade das medidas executórias atípicas já foi reconhecida em sede de controle objetivo de constitucionalidade. Para a Suprema Corte, não se pode concluir pela inconstitucionalidade de toda e qualquer hipótese de aplicação dos meios atípicos, o que inviabilizaria a atuação jurisdicional e o cumprimento efetivo das decisões, porém, tais medidas devem respeitar os princípios da proporcionalidade, razoabilidade e devido processo legal.

No âmbito do Superior Tribunal de Justiça (STJ), o tema tem sido analisado em diversos precedentes, com decisões não uniformes. Em geral, tem se reconhecido a legalidade das medidas atípicas, desde que observados os princípios processuais fundamentais e a adequação ao caso concreto. Para o STJ, tais medidas devem ser utilizadas como última razão, após a comprovação de que o devedor possui meios para quitar a dívida, mas se recusa a fazê-lo de maneira injustificada. Além disso, já reconheceu a referida Corte pela impossibilidade da utilização de meios atípicos nas execuções fiscais propostas pela Fazenda Pública.

Com efeito, a jurisprudência caminha para a aceitação das medidas executórias atípicas, desde que aplicadas de forma criteriosa e proporcional, garantindo o direito do credor sem causar um prejuízo excessivo ao devedor.

▶ CRITÉRIO DE CORREÇÃO DA BANCA

QUESITO 2.1

Conceito 0 – Não explicou o que são medidas executórias atípicas.

Conceito 1 – Acertou apenas um dos elementos essenciais da questão (indicação do inciso IV do art. 139 do Código de Processo Civil; explicação a respeito dos meios típicos de execução previstos no CPC para a execução por quantia certa; explicação sobre o que seriam os meios atípicos de execução, diferenciando-os dos meios típicos; esclarecimento que se trata de uma medida coercitiva (indutiva ou sub-rogatória) que busca conseguir que o devedor coopere com o processo), ou apresentou uma resposta com mais elementos, mas superficial.

Conceito 2 – Apresentou uma resposta que demonstra compreensão sobre como funciona a execução por quantia certa e no que as medidas executórias atípicas se distinguem dessas medidas. Porém, deixou de apresentar um ou mais elementos essenciais da resposta, ou apresentou uma resposta com equívocos ou com fundamentação insuficiente.

Conceito 3 – Apresentou uma resposta completa, bem fundamentada, sem equívocos, abrangendo todos os elementos essenciais listados.

OBS. 1: será considerada como correta a resposta que, mesmo sem apresentar uma explicação a respeito dos meios de execução típicos do CPC, consiga demonstrar a correta compreensão acerca do conceito dos meios atípicos de execução. Para isso, a resposta deverá apresentar um conceito apropriado e uma explicação adequada, devidamente fundamentada com argumentos técnicos e jurídicos.

OBS. 2: a menção exclusiva ao art. 301 do CPC não é suficiente para justificar a fundamentação legal solicitada, uma vez que esse dispositivo se refere especificamente à tutela de urgência de natureza cautelar, enquanto a questão indagava sobre medidas executórias. Contudo, se o dispositivo for mencionado como reforço argumentativo ao previsto no art. 139, IV, do CPC, o quesito será considerado como correto.

A mesma posição será adotada em relação aos dispositivos que tratem de obrigação de fazer ou de não fazer, como é o caso do art. 536 do CPC, uma vez que a questão foi expressamente delimitada para a execução por quantia certa. Outros dispositivos normativos poderão ser considerados, a depender da fundamentação jurídica apresentada pela resposta.

QUESITO 2.2

Conceito 0 – Não apresentou nenhum exemplo correto.

Conceito 1 – Apresentou apenas um exemplo correto.

Conceito 2 – Apresentou dois exemplos corretos.

QUESITO 2.3

Conceito 0 – Não respondeu ou respondeu equivocamente sobre a posição dos tribunais superiores.

Conceito 1 – Limitou-se a apresentar a controvérsia jurídica, sem explicar a posição dos tribunais superiores.

Conceito 2 – Acertou apenas a posição de um dos tribunais superiores (STJ ou STF), porém apresentou desenvolvimento incompleto ou com fundamentação insuficiente/inconsistente.

Conceito 3 – Acertou, totalmente, a posição de um dos tribunais superiores (STJ ou STF), apresentando desenvolvimento completo e com fundamentação suficiente.

Conceito 4 – Acertou totalmente a posição dos dois tribunais superiores (STJ e STF), com uma resposta completa e bem fundamentada.

OBS. 3: será considerada como correta a resposta que indicar que a posição majoritária do STJ, no momento atual, é favorável à adoção das medidas atípicas. Contudo, não será aceita como integralmente correta a resposta que caracterizar a posição do STJ como consolidada e pacificada, pois a questão não foi pacificada nas turmas de Direito Público (1ª e 2ª Turma).

De fato, a tese ainda aguarda o julgamento na forma do artigo 1.037, inciso II, do CPC. Vide: Tema Repetitivo 1137 e Controvérsia 205/STJ. Inclusive, há precedente do STJ inadmitindo a adoção de medidas atípicas em sede de execução fiscal (STJ, 1ª Turma. HC 453.870-PR, Rel. Min. Napoleão Nunes Maia Filho, j. 25/06/2019 – Info 654).

Embora não seja exigido do candidato indicar a controvérsia específica acerca da execução fiscal, será exigido que o candidato saiba que a matéria ainda está em debate no STJ, notadamente na sua aplicação no âmbito do Direito Público.

▸ DOUTRINA TEMÁTICA

O inc. IV do art. 139 do CPC/2015 consagra o princípio da atipicidade das medidas executivas. Esse princípio já vinha, cada vez com mais veemência, ocupando o espaço do princípio que lhe é oposto, o da tipicidade das medidas executivas. Como o Código estabelece um método típico para o cumprimento das decisões judiciais, nota-se que, com o inc. IV do art. 139 do CPC/2015, tal sistema é temperado pelo sistema atípico. Coerentemente com esse modo de pensar, assim se decidiu, a respeito: "O CPC de 2015, em homenagem ao princípio do resultado na execução, inovou o ordenamento jurídico com a previsão, em seu art. 139, IV, de medidas executivas atípicas, tendentes à satisfação da obrigação exequenda, inclusive as de pagar quantia certa. As modernas regras de processo, no entanto, ainda respaldadas pela busca da efetividade jurisdicional, em nenhuma circunstância, poderão se distanciar dos ditames constitucionais, apenas sendo possível a implementação de comandos não discricionários ou que restrinjam direitos individuais de forma razoável. Assim, no caso concreto, após esgotados todos os meios típicos de satisfação da dívida, para assegurar o cumprimento de ordem judicial, deve o magistrado eleger medida que seja necessária, lógica e proporcional. Não sendo adequada e necessária, ainda que sob o escudo da busca pela efetivação das decisões judiciais, será contrária à ordem jurídica. Nesse sentido, para que o julgador se utilize de meios executivos atípicos, a decisão deve ser fundamentada e sujeita ao contraditório, demonstrando-se a excepcionalidade da medida adotada em razão da ineficácia dos meios executivos típicos, sob pena de configurar-se como sanção processual. A adoção de medidas de incursão na esfera de direitos do executado, notadamente direitos fundamentais, carecerá de legitimidade e configurar-se-á coação reprovável, sempre que vazia de respaldo constitucional ou previsão legal e à medida em que não se justificar em defesa de outro direito fundamental. A liberdade de locomoção é a primeira de todas as liberdades, sendo condição de quase todas as demais. Consiste em poder o indivíduo deslocar-se de um lugar para outro, ou permanecer cá ou lá, segundo lhe convenha ou bem lhe pareça, compreendendo todas as possíveis manifestações da liberdade de ir e vir. Revela-se ilegal e arbitrária a medida coercitiva de suspensão do passaporte proferida no bojo de execução por título extrajudicial (duplicata de prestação de serviço), por restringir direito fundamental de ir e vir de forma desproporcional e não razoável. Não tendo sido demonstrado o esgotamento dos meios tradicionais de satisfação, a medida não se comprova necessária. O reconhecimento da ilegalidade da medida consistente na apreensão do passaporte do paciente, na hipótese em apreço, não tem qualquer pretensão em afirmar a impossibilidade dessa providência coercitiva em outros casos e de maneira genérica. A medida poderá eventualmente ser utilizada, desde que obedecido o contraditório e fundamentada e adequada a decisão, verificada também a proporcionalidade da providência. A jurisprudência desta Corte Superior é no sentido de que a suspensão da Carteira Nacional de Habilitação não configura ameaça ao direito de ir e vir do titular, sendo, assim, inadequada a utilização do habeas corpus, impedindo seu conhecimento. É fato que a retenção desse documento tem potencial para causar embaraços consideráveis a qualquer pessoa e, a alguns determinados grupos, ainda de forma mais drástica, caso de profissionais, que tem na condução de veículos, a fonte de sustento. É fato também que, se detectada esta condição particular, no entanto, a possibilidade de impugnação da decisão é certa, todavia por via diversa do habeas corpus, porque sua razão não será a coação ilegal ou arbitrária ao direito de locomoção, mas inadequação de outra natureza" (STJ, RHC 97.876/SP, rel. Min. Luis Felipe Salomão, 4ª T., j. 05/06/2018). Semelhantemente, assim decidiu a 3.ª Turma do STJ: "A adoção de meios executivos atípicos é cabível desde que, verificando-se a existência de indícios de que o devedor possua patrimônio expropriável, tais medidas sejam adotadas de modo subsidiário, por meio de decisão que contenha fundamentação adequada às especificidades da hipótese concreta, com observância do contraditório substancial e do postulado da proporcionalidade" (STJ, REsp 1.782.418/RJ, rel. Min. Nancy Andrighi, 3.T., j. 23/04/2019; no mesmo sentido, STJ, HC 597.069/SC, rel. Min. Paulo de Tarso Sanseverino, 3.T., j. 22/09/2020). Sobre as condições para que incidam medidas executivas atípicas em modelo típico de medidas executivas, cf. comentário ao art. 771 do CPC/2015 (MEDINA, 2022).

▶ JURISPRUDÊNCIA TEMÁTICA

STF:

EMENTA: AÇÃO DIRETA DE INCONSTITUCIONALIDADE. OS ARTIGOS 139, IV; 380, PARÁGRAFO ÚNICO; 400, PARÁGRAFO ÚNICO; 403, PARÁGRAFO ÚNICO; 536, CAPUT E §1º E 773, TODOS DO CÓDIGO DE PROCESSO CIVIL. MEDIDAS COERCITIVAS, INDUTIVAS OU

SUB-ROGATÓRIAS. ATIPICIDADE DOS MEIOS EXECUTIVOS. PEDIDO DE DECLARAÇÃO DE INCONSTITUCIONALIDADE, SEM REDUÇÃO DE TEXTO, PARA AFASTAR, EM QUALQUER HIPÓTESE, A POSSIBILIDADE DE IMPOSIÇÃO JUDICIAL DE MEDIDAS COERCITIVAS, INDUTIVAS OU SUB-ROGATÓRIAS CONSISTENTES EM SUSPENSÃO DO DIREITO DE DIRIGIR, APREENSÃO DE PASSAPORTE E PROIBIÇÃO DE PARTICIPAÇÃO EM CONCURSOS PÚBLICOS OU EM LICITAÇÕES. AUSÊNCIA DE VIOLAÇÃO À PROPORCIONALIDADE. MEDIDAS QUE VISAM A TUTELAR AS GARANTIAS DE ACESSO À JUSTIÇA E DE EFETIVIDADE E RAZOÁVEL DURAÇÃO DO PROCESSO. INEXISTÊNCIA DE VIOLAÇÃO ABSTRATA E APRIORÍSTICA DA DIGNIDADE DO DEVEDOR. AÇÃO CONHECIDA E JULGADA IMPROCEDENTE.

1. O acesso à justiça reclama tutela judicial tempestiva, específica e efetiva sob o ângulo da sua realização prática. 2. A morosidade e inefetividade das decisões judiciais são lesivas à toda a sociedade, porquanto, para além dos efeitos diretos sobre as partes do processo, são repartidos pela coletividade os custos decorrentes da manutenção da estrutura institucional do Poder Judiciário, da movimentação da sua máquina e da prestação de assistência jurídica integral e gratuita aos que comprovarem insuficiência de recursos. 3. A efetividade e celeridade das decisões judiciais constitui uma das linhas mestras do processo civil contemporâneo, como se infere da inclusão, no texto constitucional, da garantia expressa da razoável duração do processo (artigo 5º, LXXVIII, após a Emenda Constitucional nº 45/2004) e da positivação, pelo Novo Código de Processo Civil, do direito das partes "de obter em prazo razoável a solução integral do mérito, incluída a atividade satisfativa" (grifei). 4. A execução ou satisfação daquilo que devido representa verdadeiro gargalo na prestação jurisdicional brasileira, mercê de os estímulos gerados pela legislação não terem logrado suplantar o cenário prevalente, marcado pela desconformidade geral e pela busca por medidas protelatórias e subterfúgios que permitem ao devedor se evadir de suas obrigações. 5. Os poderes do juiz no processo, por conseguinte, incluem "determinar todas as medidas indutivas, coercitivas, mandamentais ou sub-rogatórias necessárias para assegurar o cumprimento de ordem judicial, inclusive nas ações que tenham por objeto prestação pecuniária" (artigo 139, IV), obedecidos o devido processo legal, a proporcionalidade, a eficiência, e, notadamente, a sistemática positivada no próprio NCPC, cuja leitura deve ser contextualizada e razoável à luz do texto legal. 6. A amplitude semântica das cláusulas gerais permite ao intérprete/aplicador maior liberdade na concretização da fattispecie – o que, evidentemente, não o isenta do dever de motivação e de observar os direitos fundamentais e as demais normas do ordenamento jurídico e, em especial, o princípio da proporcionalidade. 7. A significação de um mandamento normativo é alcançada quando se agrega, à filtragem constitucional, a interpretação sistemática da legislação infraconstitucional – do contrário, de nada aproveitaria a edição de códigos, microssistemas, leis interpretativas, meta-normas e cláusulas gerais. Essa assertiva assume ainda maior relevância diante do Direito codificado: o intérprete não pode permanecer indiferente ao esforço sistematizador inerente à elaboração de um código, mercê de se exigir do Legislador a repetição, ad nauseam, de preceitos normativos já explanados em títulos, capítulos e seções anteriores. 8. A correção da proporcionalidade das medidas executivas impostas pelo Poder Judiciário reside no sistema recursal consagrado pelo NCPC. 9. A flexibilização da tipicidade dos meios executivos visa a dar concreção à dimensão dialética do processo, porquanto o dever de buscar efetividade e razoável duração do processo é imputável não apenas ao Estado-juiz, mas, igualmente, às partes. 10. O Poder Judiciário deve gozar de instrumentos de enforcement e accountability do comportamento esperado das partes, evitando que situações antijurídicas sejam perpetuadas a despeito da existência de ordens judiciais e em razão da violação dos deveres de cooperação e boa-fé das partes – o que não se confunde com a punição a devedores que não detêm meios de adimplir suas obrigações. 11. A variabilidade e dinamicidade dos cenários com os quais as Cortes podem se deparar (e.g. tutelas ao meio ambiente, à probidade administrativa, à dignidade do credor que demanda prestação essencial à sua

subsistência, ao erário e patrimônio públicos), torna impossível dizer, a priori, qual o valor jurídico a ter precedência, de modo que se impõe estabelecer o emprego do raciocínio ponderativo para verificar, no caso concreto, o escopo e a proporcionalidade da medida executiva, vis-à-vis a liberdade e autonomia da parte devedora. 12. In casu, o argumento da eventual possibilidade teórica de restrição irrazoável da liberdade do cidadão, por meio da aplicação das medidas de apreensão de carteira nacional de habilitação e/ou suspensão do direito de dirigir, apreensão de passaporte, proibição de participação em concurso público e proibição de participação em licitação pública, é imprestável a sustentar, só por si, a inconstitucionalidade desses meios executivos, máxime porque a sua adequação, necessidade e proporcionalidade em sentido estrito apenas ficará clara à luz das peculiaridades e provas existentes nos autos. 13. A excessiva demora e ineficiência do cumprimento das decisões judiciais, sob a perspectiva da análise econômica do direito, é um dos fatores integrantes do processo decisório de escolha racional realizado pelo agente quando deparado com os incentivos atinentes à propositura de uma ação, à interposição de um recurso, à celebração de um acordo e à resistência a uma execução. Num cenário de inefetividade generalizada das decisões judiciais, é possível que o devedor não tenha incentivos para colaborar na relação processual, mas, ao contrário, seja motivado a adotar medidas protelatórias, contexto em que, longe de apresentar estímulos para a atuação proba, célere e cooperativa das partes no processo, a legislação (e sua respectiva aplicação pelos julgadores) estará promovendo incentivos perversos, com maiores payoffs apontando para o descumprimento das determinações exaradas pelo Poder Judiciário. 14. A efetividade no cumprimento das ordens judiciais, destarte, não serve apenas para beneficiar o credor que logra obter seu pagamento ao fim do processo, mas incentiva, adicionalmente, uma postura cooperativa dos litigantes durante todas as fases processuais, contribuindo, inclusive, para a redução da quantidade e duração dos litígios. 15. In casu, não se pode concluir pela inconstitucionalidade de toda e qualquer hipótese de aplicação dos meios atípicos indicados na inicial, mercê de este entendimento, levado ao extremo, rechaçar quaisquer espaços de discricionariedade judicial e inviabilizar, inclusive, o exercício da jurisdição, enquanto atividade eminentemente criativa que é. Inviável, pois, pretender, apriorística e abstratamente, retirar determinadas medidas do leque de ferramentas disponíveis ao magistrado para fazer valer o provimento jurisdicional. 16. Ação direta de inconstitucionalidade conhecida e, no mérito, julgada improcedente.

STJ:

CIVIL E PROCESSUAL CIVIL. AGRAVO INTERNO NO AGRAVO EM RECURSO ESPECIAL. AGRAVO DE INSTRUMENTO. EXECUÇÃO DE TÍTULO EXTRAJUDICIAL. MEDIDAS CAUTELARES ATÍPICAS. DESPROPORCIONALIDADE. NECESSIDADE DE REEXAME FÁTICO-PROBATÓRIO. SÚMULA N. 7/STJ. DIVERGÊNCIA JURISPRUDENCIAL PREJUDICADA.

1. Cuida-se, na origem, de agravo de instrumento interposto contra decisão proferida nos autos de ação de execução de título extrajudicial, que deferiu o pedido de suspensão da Carteira Nacional de Habilitação, retenção do passaporte e bloqueio dos cartões de crédito do executado.

2. É firme o entendimento desta Corte no sentido de que a adoção de medidas cautelares atípicas deve ter caráter excepcional, sendo o seu deferimento condicionado à observância dos princípios da proporcionalidade, da razoabilidade e do contraditório. 3. A modificação do acórdão recorrido, que reformou a decisão agravada e indeferiu o pedido de suspensão da CNH, retenção do passaporte e bloqueio dos cartões de crédito do executado, por entender que seriam medidas extremamente severas e desproporcionais, dependeria do reexame de todo o contexto fático-probatório dos autos, o que é defeso a esta Corte, conforme a Súmula n. 7/STJ.

4. Fica prejudicado o exame da divergência jurisprudencial quando a tese recursal já foi afastada na análise do recurso especial pela alínea "a" em razão da incidência do óbice da Súmula n. 7/STJ. Agravo interno improvido. (STJ. AgInt no AREsp 2690944 / GO AGRAVO INTERNO NO AGRAVO EM RECURSO ESPECIAL 2024/0255924-4. DJEN 13/02/2025)

Enunciado 12 do FPPC: A aplicação das medidas atípicas sub-rogatórias e coercitivas é cabível em qualquer obrigação no cumprimento de sentença ou execução de título executivo extrajudicial. Essas medidas, contudo, serão aplicadas de forma subsidiária às medidas tipificadas, com observação do contraditório, ainda que diferido, e por meio de decisão à luz do art. 489, § 1º, I e II.

Enunciado 396 do FPPC: As medidas do inciso IV do art. 139 podem ser determinadas de ofício, observado o art. 8º.

QUESTÕES DE CONCURSO RELACIONADAS

1. (FCC – PGE/TO – Procurador do Estado – 2018)

Em relação aos poderes, deveres e à responsabilidade do juiz, é correto afirmar:

A) Quando houver lacuna ou obscuridade no ordenamento jurídico, caberá ao juiz remeter as partes ao juízo arbitral, de ofício ou a requerimento da parte.

B) Não é possível ao juiz diminuir ou dilatar os prazos processuais, que são peremptórios.

C) Cabe ao juiz determinar todas as medidas indutivas, coercitivas, mandamentais ou sub-rogatórias necessárias para assegurar o cumprimento de ordem judicial, inclusive nas ações que tenham por objeto prestação pecuniária.

D) O julgamento por equidade, no atual ordenamento processual civil, tornou-se regra geral, em busca da melhor realização da justiça.

E) Mesmo quando a lei exigir iniciativa das partes, deverá o juiz conhecer de quaisquer questões, ainda que não suscitadas por elas, em razão do princípio publicístico do processo.

Gabarito: Alternativa C

QUESTÃO 12

(CESPE - CEBRASPE - Banca própria - Procuradoria-Geral do Estado do Pará - 2023)

Um sindicato de trabalhadores em educação pública de um município do estado do Pará ajuizou, em face do ente municipal, mandado de segurança coletivo devido à omissão do prefeito diante da violação de lei municipal por não ter sido concedida a promoção horizontal na carreira a nenhum dos profissionais da educação do município. Os profissionais em educação substituídos por seu órgão de classe eram todos os servidores públicos municipais concursados para o cargo de professor.

O juízo a quo julgou improcedente o pleito, fundamentando sua decisão, entre outros fundamentos, em ADIN que se referia à progressão vertical, e não à horizontal, pleiteada pelo sindicato. O Tribunal de Justiça do Estado do Pará, em sede de apelação, reformou a sentença e reconheceu direito líquido e certo dos servidores, concedendo a segurança para que o município procedesse à devida promoção horizontal dos servidores em educação daquela cidade, observando os requisitos da lei municipal aplicável. O acórdão transitou em julgado.

Diante da situação hipotética apresentada, discorra, de forma justificada, com base na legislação vigente e no entendimento jurisprudencial pertinente, acerca da execução invertida no cumprimento de sentença contra a fazenda pública.

Em seu texto, posicione-se claramente sobre o tema e responda aos seguintes questionamentos.

1 - Qual é o conceito de execução invertida? Em quais princípios e legislação a execução invertida se baseia? Qual é o entendimento do STF sobre o tema e o(s) respectivo(s) rito(s) de aplicação? [valor: 0,50 ponto]

2 - No caso de execução invertida na execução contra a fazenda pública, serão devidos honorários advocatícios? [valor: 0,50 ponto]

3 - Como é a sistemática da execução invertida de sentença coletiva contra a fazenda pública? Há possibilidade de autocomposição coletiva? Qual é a abordagem da jurisprudência do STJ sobre o tema? [valor: 0,90 ponto]

QUESTÃO 12

30 LINHAS

▶ RESPOSTA DO AUTOR

A execução invertida configura-se como uma modalidade processual na qual o devedor, de maneira espontânea, antecipa-se ao credor na fase de cumprimento de sentença, apresentando os cálculos do débito devido e promovendo o pagamento sem necessidade de intimação judicial prévia. No caso da Fazenda Pública, essa prática se justifica pela existência de regimes específicos para pagamento de dívidas judiciais, seja por meio de precatórios ou por requisições de pequeno valor (RPV), evitando, assim, a instauração desnecessária de um processo executivo.

A execução invertida fundamenta-se em diversos princípios constitucionais e processuais, como os princípios da legalidade, moralidade, eficiência administrativa e inafastabilidade da tutela jurisdicional, sendo essencial para garantir o acesso à justiça e a razoável duração do processo. Além disso, o princípio da cooperação, previsto no artigo 6º do CPC, também orienta essa prática ao incentivar uma postura colaborativa entre as partes no processo judicial. Legalmente, a execução invertida é fundada no artigo 526 do CPC, no qual estabelece que o devedor pode comparecer em juízo antes de ser intimado para cumprimento de sentença e oferecer o pagamento do valor que entender devido, mediante apresentação da memória discriminada de cálculo. No âmbito da Fazenda Pública, essa prerrogativa permite que a administração se antecipe ao credor, apresentando os valores devidos e permitindo um procedimento mais célere e eficiente.

O Supremo Tribunal Federal consolidou o entendimento de que a execução invertida é compatível com os procedimentos dos Juizados Especiais da Fazenda Pública, garantindo maior efetividade à tutela jurisdicional. Embora a decisão tenha se concentrado no procedimento especial dos juizados, não há impedimento para a aplicação da técnica em processos comuns, pois a inversão do ônus da apresentação de contas pelo devedor confere simplicidade, economia processual e celeridade ao cumprimento das decisões judiciais. Assim, o devedor passa a ser responsável por apresentar os elementos de cálculo, e o credor pode concordar com os valores ou impugnar a quantia indicada, promovendo o pagamento da parcela incontroversa e discutindo judicialmente eventuais valores remanescentes.

No que tange aos honorários advocatícios, a execução contra a Fazenda Pública segue regras específicas. Se houver embargos por parte da Fazenda Pública e estes forem rejeitados, serão devidos honorários. No entanto, se não houver embargos, a Fazenda Pública não será condenada ao pagamento dessa verba, conforme o artigo 1º-D da Lei 9.494/1997 e o artigo 85, § 7º do CPC. No caso das RPVs, quando adotada a execução invertida, o reconhecimento espontâneo da dívida pela Fazenda Pública afasta a imposição de honorários, uma vez que não há, no caso, contencioso a justificar a condenação. Esse entendimento foi pacificado pelo STJ, reconhecendo que o cumprimento voluntário da obrigação impede a condenação em honorários.

A execução invertida também se mostra um mecanismo relevante para a eficácia na execução de sentenças coletivas contra a Fazenda Pública. Essa prática permite que o ente público apresente espontaneamente os cálculos na fase de liquidação de sentenças coletivas, evitando a pulverização de execuções individuais e promovendo uma gestão mais eficiente dos passivos judiciais. Assim, o devedor elabora uma lista oficial de possíveis credores e cálculos e propõe um modelo de pagamento administrativo, podendo ser concretizado por meio de negociações coletivas, inclusive com possibilidade de mediação ou de formulação de negócio jurídico processual entre os jurisdicionados.

Em suma, a execução invertida representa avanço significativo ao direito processual, garantindo celeridade e eficiência, especialmente nos feitos que tramitam com a Fazenda Pública como parte, mormente pela redução do custo operacional do Estado, minimização da litigiosidade e favorecimento de soluções consensuais.

▶ CRITÉRIO DE CORREÇÃO DA BANCA

QUESITO 1

Conceito 0 – Produziu texto com desvios gramaticais variados que impossibilitaram a compreensão das ideias em geral.

Conceito 1 – Produziu texto com desvios gramaticais pontuais que prejudicaram o entendimento de parte das ideias.

Conceito 2 – Produziu texto sem desvios gramaticais significativos.

QUESITO 2

Conceito 0 – Produziu texto totalmente sem clareza na exposição das ideias.

Conceito 1 – Produziu texto em que alguns trechos carecem de clareza na exposição das ideias.

Conceito 2 – Produziu texto totalmente claro quanto às ideias.

QUESITO 3

Conceito 0 – Produziu texto totalmente sem sequência lógica de raciocínio.

Conceito 1 – Produziu texto com alguma(s) falha(s) na sequência lógica de raciocínio, sem prejuízo do entendimento das ideias em geral.

Conceito 2 – Produziu texto sem nenhuma falha na sequência lógica de raciocínio.

QUESITO 4

Conceito 0 – Produziu texto totalmente sem argumentos.

Conceito 1 – Produziu texto com argumentos insuficientes e(ou) inconsistentes.

Conceito 2 – Produziu texto totalmente com argumentos válidos.

QUESITO 5.1

Conceito 0 – Não abordou corretamente nenhum dos seguintes aspectos: (i) conceito de execução invertida; (ii) princípios fundamentadores; (iii) fundamentação legal; (iv) entendimento do STF sobre o tema; (v) ritos de aplicação.

Conceito 1 – Abordou, corretamente, apenas um dos aspectos citados.

Conceito 2 – Abordou, corretamente, apenas dois dos aspectos citados.

Conceito 3 – Abordou, corretamente, apenas três dos aspectos citados.

Conceito 4 – Abordou, corretamente, apenas quatro dos aspectos citados.

Conceito 5 – Abordou, corretamente, todos os cinco aspectos citados.

QUESITO 5.2

Conceito 0 – Não abordou o aspecto ou o fez de forma totalmente equivocada.

Conceito 1 – Abordou, corretamente, com fundamentação legal, a questão dos honorários envolvendo apenas um tipo de execução, ou a de precatórios ou de RPV, sem mencionar honorários na execução invertida.

Conceito 2 – Abordou, corretamente, apenas a questão dos honorários na execução invertida, com a devida fundamentação jurisprudencial do STJ, sem mencionar honorários envolvendo os dois tipos de execução, precatórios e RPV.

Conceito 3 – Abordou, corretamente, com fundamentação legal, a questão dos honorários envolvendo os dois tipos de execução, precatórios e RPV, sem mencionar honorários na execução invertida.

Conceito 4 – Abordou, corretamente, com fundamentação legal, a questão dos honorários envolvendo os dois tipos de execução, precatórios e RPV, e abordou corretamente sobre os honorários na execução invertida com a devida fundamentação jurisprudencial do STJ.

QUESITO 5.3

Conceito 0 – Não abordou corretamente nenhum dos seguintes aspectos: (i) execução invertida de sentença coletiva; (ii) possibilidade de autocomposição; (iii) posição do STJ sobre o tema.

Conceito 1 – Abordou, corretamente, apenas um dos aspectos citados.

Conceito 2 – Abordou, corretamente, apenas dois dos aspectos citados.

Conceito 3 – Abordou, corretamente, os três aspectos citados.

▶ DOUTRINA TEMÁTICA

Pode o réu antecipar-se ao início do cumprimento da sentença, depositando em juízo o valor que considera devido. O art. 570 do CPC/1973 (dispositivo posteriormente revogado pela Lei 11.232/2005), admitia que o devedor tomasse a iniciativa em relação ao pagamento ("O devedor pode requerer ao juiz que mande citar o credor a receber em juízo o que lhe cabe conforme o título executivo judicial; neste caso, o devedor assume, no processo, posição idêntica à do exequente"). No caso previsto no art. 526 do CPC/2015 há apenas a sujeição do réu ao que consta da sentença, com o fito de evitar a incidência da multa, e não de demandar contra o autor (inadequado falar, p. ex., em cumprimento forçado do devedor contra o credor, ou em "execução invertida", embora essa expressão seja empregada com frequência, na praxe forense, certamente em virtude do que dispunha o art. 570 do Código revogado, consoante se noticiou retro). Não se trata de consignação em pagamento, no sentido previsto nos arts. 539 e ss. do CPC/2015 (desnecessário se demonstrar haver mora creditoris, p. ex.), embora tal pagamento produza o mesmo efeito liberatório (cf. § 3.º do art. 526 e 546, caput, 1.ª parte). Como não há recusa do autor em receber o valor da condenação, mas antecipação do réu à possível execução, não há que se falar em condenação daquele ao pagamento de honorários em favor deste (tal como ocorreria, p. ex., no caso de consignação em pagamento, cf. art. 546, caput, 2.ª parte do CPC/2015). Para evitar a incidência da multa prevista no art. 523 do CPC/2015 o valor deve ser oferecido a título de pagamento, e não, p. ex., de caução com o intuito de se imprimir efeito suspensivo à impugnação (nesse sentido, em relação ao art. 475-J do CPC/1973, cf. STJ, REsp 1.175.763/RS, Rel. Min. Marco Buzzi, 4.ª T., j. 21.06.2012). Sobre o não cabimento de honorários contra o devedor que se antecipa e cumpre a decisão, assim vem se manifestando o STJ: "Esta Corte firmou entendimento no sentido de que o cumprimento espontâneo da obrigação de pequeno valor, pelo ente público devedor – na chamada execução invertida – afasta a condenação em honorários de advogado" (STJ, AgRg no REsp 1.579.310/RS, rel. Min. Mauro Campbell Marques, 2.ª T., j. 07.04.2016). Dispõe o § 2.º do art. 526 do CPC/2015 que, "concluindo o juiz pela insuficiência do depósito, sobre a diferença incidirão multa de dez por cento e honorários advocatícios, também fixados em dez por cento, seguindo-se a execução com penhora e atos subsequentes". Esse dispositivo deve ser compreendido em consonância com o que prevê o art. 523 do CPC/2015, ou seja: concluindo-se pela insuficiência do depósito, sobre a diferença incidirão a multa e os honorários advocatícios, desde que, intimado para realizar o pagamento dessa diferença, o réu não o faça (MEDINA, 2024)

▶ JURISPRUDÊNCIA TEMÁTICA

STF:

JUIZADOS ESPECIAIS – EXECUÇÃO – CÁLCULOS. A interpretação teleológico-sistemática da ordem jurídica, calcada na Constituição Federal como documento maior da República, conduz a placitar-se a óptica segundo a qual incumbe ao órgão da Administração Pública acionado, à pessoa jurídica de direito público, apresentar os cálculos indispensáveis à solução rápida e definitiva da controvérsia, prevalecendo o interesse primário – da sociedade – e não o secundário – o econômico da Fazenda Pública. Os interesses secundários não são atendíveis senão quando coincidirem com os primários, únicos que podem ser perseguidos por quem axiomaticamente os encara e representa. Não ofende a ordem constitucional determinação judicial de que a União proceda aos cálculos e apresente os documentos relativos à execução nos processos em tramitação nos juizados especiais cíveis federais, ressalvada a possibilidade de o exequente postular a nomeação de perito (STF. Plenário. ADPF 219/DF, Rel. Min. Marco Aurélio, julgado em 20/5/2021)

STJ:

PROCESSUAL CIVIL. CONFLITO DE COMPETÊNCIA. AÇÃO MONITÓRIA. INTERVENCÃO ANÔMALA DA UNIÃO. IMPOSSIBILIDADE DE DESLOCAMENTO DA COMPETÊNCIA.

I - Deve ser conhecido o conflito por tratar-se de controvérsia instaurada entre juízos vinculados a Tribunais distintos, a teor do que preceitua o art. 105, I, d da Constituição Federal.

II - A jurisprudência desta Corte tem entendido que a intervenção anômala da União não é causa de deslocamento da competência para a justiça federal (AgRg no REsp 1.118.367/SC, Rel. Ministro NAPOLEÃO NUNES MAIA FILHO, PRIMEIRA TURMA, julgado em 14/5/2013, DJe 22/5/2013)

PROCESSUAL CIVIL. VIOLAÇÃO DO ART. 535 DO CPC. DEFICIÊNCIA NA FUNDAMENTAÇÃO. SÚMULA 284/STF. EXECUÇÃO INVERTIDA. IMPOSSIBILIDADE DE FIXAÇÃO DE HONORÁRIOS ADVOCATÍCIOS. 1. Não se conhece do Recurso Especial em relação à ofensa ao art. 535 do CPC quando a parte não aponta, de forma clara, o vício em que teria incorrido o acórdão impugnado. Aplicação, por analogia, da Súmula 284/STF. 2. Hipótese de "execução invertida" em que a Fazenda Pública condenada em obrigação de pagar quantia certa, mediante RPV, antecipa-se ao credor cumprindo espontaneamente a obrigação e apresentando os cálculos da quantia devida, sem oposição da parte contrária. 3. A jurisprudência do Superior Tribunal de Justiça entende que não cabe a fixação de verba honorária quando o executado apresenta os cálculos do benefício para, no caso de concordância do credor, expedir-se a correspondente requisição de pequeno valor. 4. Recurso Especial parcialmente conhecido e, nessa parte, provido (STJ. RESP 1593408, de 02/09/2016).

QUESTÕES DE CONCURSO RELACIONADAS

1. (CESPE – CEBRASPE – PGE/RN – Procurador do Estado – 2024)

Assinale a opção correta a respeito da execução, do cumprimento de sentença e dos precatórios.

A) É prescindível a intimação do réu revel na fase de cumprimento de sentença.

B) Na impugnação parcial ao cumprimento de sentença, é direito da parte exequente prosseguir com os atos executórios sobre a parte incontroversa da dívida, salvo nos atos constritivos, como a realização de penhora.

C) No cumprimento de sentença em procedimento comum, admite-se a determinação judicial à fazenda pública da execução invertida.

D) Na execução de dívida de natureza não alimentar, não se admite a penhora de salário, ainda que este exceda o montante de 50 salários mínimos.

E) O rol dos débitos de natureza alimentar elencados no texto constitucional não é taxativo, pois a definição da natureza do débito se vincula à destinação precípua de subsistência do credor e de sua família.

Gabarito: Alternativa E

2. (CESPE - CEBRASPE - AGU - Advogado da União - 2023)

No que se refere ao cumprimento de sentença, tendo em vista que a fazenda pública possui rito diferenciado para o cumprimento de suas obrigações de pagamento decorrentes de título judicial transitado em julgado e considerando o entendimento dos Tribunais Superiores, assinale a opção correta.

A) São devidos honorários advocatícios nos procedimentos individuais de cumprimento de sentença decorrente de ação, ainda que não impugnados e promovidos em litisconsórcio.

B) Considerando que, para a expedição de precatório, é necessário o trânsito em julgado, não é possível o pagamento de valores incontroversos enquanto houver impugnação de parte do valor executado.

C) É possível, via expedição de precatório, o pagamento voluntário por parte da fazenda púbica.

D) Sabe-se que o mandado de segurança concede uma ordem mandamental e por esse motivo, o pagamento de valores entre a impetração e a efetiva implementação da ordem não precisa observar o regime de precatórios.

E) De acordo com o Superior Tribunal de Justiça (STJ), não cabe a fixação de honorários advocatícios na hipótese em que o devedor apresenta os cálculos para expedição da correspondente requisição de pequeno valor ou precatório, caso o credor concorde com o valor apresentado.

Gabarito: Alternativa E

QUESTÃO 13

(FGV – Procuradoria-Geral do Município de Niterói/RJ – 2023)

Luiz Guilherme impetrou mandado de segurança em face do Prefeito do Município X, pleiteando a dispensa de exame psicotécnico para a sua habilitação a cargo público municipal, tendo em vista que a exigência se encontra prevista em Decreto. Para tanto, o impetrante apresentou farta prova documental anexa à petição inicial. Ao receber a petição inicial, o magistrado proferiu decisão interlocutória na qual deferiu, fundamentadamente, o pleito autoral de concessão de tutela provisória inaudita altera parte, determinando a dispensa da realização de exame psicotécnico pelo impetrante.

Responda fundamentadamente:

a) **Qual a espécie de tutela provisória concedida pelo magistrado no caso narrado no enunciado? Por quê?**

b) **É cabível a concessão de tutela provisória inaudita altera parte conforme deferido pelo magistrado no caso narrado no enunciado? Por quê?**

QUESTÃO 13

20 LINHAS

▸ RESPOSTA DO AUTOR

a) Na situação fática ora examinada, a tutela provisória deferida pelo magistrado é a tutela da evidência, concedida nos termos do artigo 311, inciso II, do CPC. Isso porque, conforme descrito, o impetrante apresentou "farta prova documental" para embasar o seu pedido, indicando que os fatos alegados podem ser prontamente comprovados por documentos, atendendo-se, portanto, ao requisito do inciso II do artigo 311 do CPC/2015.

Ademais, a súmula vinculante 44 do STF estabelece que "só por lei se pode sujeitar a exame psicotécnico a habilitação de candidato a cargo público", o que torna ilegítima a exigência do exame prevista em Decreto Municipal.

Por fim, não havendo menção à existência de perigo de dano ou risco ao resultado útil do processo, exigências necessárias para a concessão da tutela de urgência, resta caracterizado o cabimento da tutela da evidência, que independe desses requisitos.

b) Também é possível concluir pelo cabimento da concessão de tutela provisória inaudita altera parte no caso narrado. Isso se dá em razão de o parágrafo único do artigo 311 do CPC/2015 permitir expressamente a concessão da tutela da evidência sem a prévia oitiva da parte contrária quando o pleito estiver baseado em prova documental suficiente e houver tese firmada em súmula vinculante, situação exatamente verificada no caso concreto.

Ademais, não há qualquer óbice à concessão de tutela provisória inaudita altera parte contra a Fazenda Pública nessa hipótese. O Supremo Tribunal Federal, apreciando o artigo 22, §2º, da Lei 12.016/2009, declarou a inconstitucionalidade do referido dispositivo legal apenas para afastar a concessão de tutela provisória inaudita altera parte em mandados de segurança coletivos, reforçando o entendimento de que a concessão da tutela provisória inaudita altera parte em mandado de segurança individual, como no caso em análise, é plenamente viável.

Assim, resta demonstrado que a decisão do magistrado encontra amparo legal e jurisprudencial, sendo correta a concessão da tutela provisória da evidência inaudita altera parte.

▶ CRITÉRIO DE CORREÇÃO DA BANCA

REQUISITOS DA RESPOSTA	PONTUAÇÃO
Identificar que se discute, na questão, o cabimento de tutela provisória da evidência, diante da ausência de alegação de perigo de dano ou de risco ao resultado útil do processo (periculum in mora), na forma do caput do artigo 311, inciso II, do CPC/2015, ou seja, as alegações de fato podem ser comprovadas documentalmente e há tese firmada em súmula vinculante, notadamente a Súmula Vinculante 44 do Supremo Tribunal Federal, segundo a qual "Só por lei se pode sujeitar a exame psicotécnico a habilitação de candidato a cargo público". De se consignar que o enunciado da questão menciona expressamente que o pleito autoral foi lastreado em "farta prova documental".	15,00
Identificar que o artigo 311, parágrafo único, do CPC/2015 autoriza a concessão de tutela da evidência inaudita altera parte precisamente na hipótese do inciso II do mesmo dispositivo legal, ou seja, quando o pleito autoral se coadunar com Súmula vinculante e os fatos estiverem comprovados por prova documental. Não há óbice à concessão de tutela provisória inaudita altera parte contra a Fazenda Pública na hipótese, especialmente em razão de o STF, na ADI 4296, ter declarado a inconstitucionalidade do artigo 22, §2º, da Lei 12.016/2009, que vedava a concessão de tutela provisória inaudita altera parte em caso de mandado de segurança coletivo, o que apenas ratifica o cabimento in casu, que trata de mandado de segurança individual. De se consignar que o Enunciado 35 do Fórum Permanente de Processualistas Civis corrobora o cabimento da tutela provisória na hipótese, ao prever que "As vedações à concessão de tutela provisória contra a Fazenda Pública limitam-se às tutelas de urgência".	15,00

▶ DOUTRINA TEMÁTICA

A tutela da evidência seria, em essência, a tutela do direito evidente que a parte ostenta. A expressão direito evidente, conforme Luiz Fux, "...vincula-se àquelas pretensões deduzidas em juízo nas quais o direito da parte revela-se evidente, tal como o direito líquido e certo que autoriza a concessão do mandamus ou o direito documentado do exequente".

A tutela da evidência, nesse sentido, tem pertinência, assim, em situações definidas pela lei nas quais se considera que a probabilidade de êxito do litigante é muito alta, o que faz com que se lhe permita usufruir antecipadamente daquilo que pretende obter ao final.

Nesse caso, porém, não há necessidade de se alegar urgência. O alto grau de probabilidade de êxito daquilo que foi pleiteado justifica que o legislador tenha dispensado o requisito da urgência. Como bem lembra João Batista Lopes, a simples morosidade normal do processo provoca o chamado dano marginal. A tutela da evidência, desse modo, busca evitar que o litigante que muito provavelmente tem razão tenha que esperar todos os demorados trâmites burocráticos para ter alguma proteção.

Aliás, não é de hoje que a doutrina clama por uma distribuição mais equitativa do ônus da demora do processo. Luiz Guilherme Marinoni, de modo especial, assim se posicionava: "se o processo deve continuar, não obstante a evidência de um direito, a falta de disposição de tutela antecipatória, evitando a postergação da satisfação desse direito, estaria em desacordo com a necessidade, cada vez mais premente, de tempestividade da tutela jurisdicional".

A lição de Marinoni, anteriormente referida, ajuda a compreender melhor a natureza da tutela da evidência. Para garantir a tempestividade da tutela jurisdicional, o direito evidente deve merecer satisfação antecipada. Em outras palavras, estamos falando em tutela antecipada, mas com a característica adicional de não ser fundada na urgência.

(...)

O questionamento a respeito da concessão liminar da tutela da evidência é natural, considerando-se que não há qualquer urgência a justificar a antecipação. Normalmente, a medida antecipatória justifica-se quer pelo periculum in mora, quer pelo risco de que a parte contrária frustre a medida. Não havendo nenhuma dessas duas situações, em princípio, não haveria razões para se antecipar a tutela final.

O Código de Processo Civil de 2015 previu essa possibilidade naquelas hipóteses em que, além da prova documental, existir contrato de depósito (art. 311, III) ou tese firmada em julgamento de casos repetitivos ou súmula vinculante (art. 311, II). Nessas situações, por uma escolha legislativa, parte-se do pressuposto que a defesa será frágil e por isso se autoriza a antecipação em caráter liminar, inaudita altera parte. Entende-se que o legislador erigiu duas situações em que a defesa do réu será potencialmente inconsistente.

Mas, a previsão legal da concessão antes de se oportunizar o contraditório (art. 311, parágrafo único) tem recebido críticas. Segundo Luiz Guilherme Marinoni, trata-se de uma peça que não foi feita para o jogo ou que não cabe no tabuleiro. Isso porque toda a construção em torno da tutela da evidência parte da premissa de que o direito se mostrou provável após terem sido analisados os argumentos de ambas as partes. É o que se verifica, por exemplo, com o référé-provision do sistema francês, o qual lhe serviu de inspiração.

Seguindo essa linha de raciocínio, grande parte da doutrina sustenta a inconstitucionalidade da liminar na tutela da evidência. Conclui-se que, sem uma urgência a debelar não se legitima a postergação do contraditório constitucionalmente assegurado. A postecipação do contraditório soa, nesse caso, desnecessária e inadequada. Carlos Alberto Alvaro de Oliveira, por exemplo, criticava a concessão liminar pois quando não houvesse um perigo a prevenir, a postergação do contraditório não estaria autorizada.

Mas, a questão ainda é bastante polêmica. Diversos outros autores admitem o cabimento de liminares inaudita altera parte na tutela da evidência (ARRUDA ALVIM, 2021).

▸ JURISPRUDÊNCIA TEMÁTICA

STF:

CONSTITUCIONAL E PROCESSO CIVIL. AÇÃO DIRETA DE INCONSTITUCIONALIDADE. ARTS. 9º, PARÁGRAFO ÚNICO, II; 15; 46, § 5º; 52, PARÁGRAFO ÚNICO; 242, § 3º; 311, PARÁGRAFO ÚNICO; 535, § 3°, II; 840, I; 985, § 2º; 1.035, § 3º, III, e 1.040, IV, DO CÓDIGO DE PROCESSO CIVIL. CONCESSÃO DE TUTELA DE EVIDÊNCIA SEM OITIVA DO RÉU. APLICAÇÃO SUBSIDIÁRIA DAS NORMAS DO CPC AOS PROCESSOS ADMINISTRATIVOS. CITAÇÃO DA UNIÃO, DE ESTADOS, DO DISTRITO FEDERAL E DE MUNÍPIOS PERANTE ÓRGÃO DE ADVOCACIA PÚBLICA. DEPÓSITOS JUDICIAIS EM BANCOS OFICIAIS. RECURSO EXTRAORDINÁRIA COM REPERCUSSÃO GERAL PRESUMIDA EM CASO DE LEI FEDERAL DECLARADA INCONSTITUCIONAL. COMUNICAÇÃO AO ÓRGÃO PÚBLICO RESPONSÁVEL POR FISCALIZAÇÃO DE SERVIÇO PÚBLICO OBJETO DE DECISÃO EM CASOS REPETITIVOS. CONSTITUCIONALIDADE. COMPETÊNCIA DO FORO DO DOMICÍLIO DO AUTOR QUANDO DEMANDADO FOR ESTADO OU DISTRITO FEDERAL. INCONSTITUCIONALIDADE. INTERPRETRAÇÃO CONFORME. LIMITAÇÃO TERRITORIAL.

(...)

4. É constitucional norma legal que, sem prévia citação do réu, admite concessão de tutela de evidência, quando os fatos alegados possam ser demonstrados documentalmente e a tese jurídica estiver consolidada em julgamento de casos repetitivos ou em súmula vinculante. Ocorre, na hipótese, postergação do contraditório a fim de assegurar acesso à justiça em consonância com os preceitos constitucionais da duração razoável do processo e do devido processo legal (STF. Plenário. ADI 5.737/DF, Rel. Min. Dias Toffoli, redator do acórdão Min. Roberto Barroso, julgado em 25/4/2023)

Enunciado 35 do Fórum Permanente de Processualistas Civis: as vedações à concessão de tutela antecipada contra a Fazenda Pública não se aplicam aos casos de tutela de evidencia

QUESTÕES DE CONCURSO RELACIONADAS

1. (VUNESP – Prefeitura de Santos/SP – Procurador do Município – 2021)

O juiz da causa poderá, no despacho inicial, decidir liminarmente sobre a concessão da tutela de evidência, quando

A) se tratar de pedido reipersecutório fundado em prova documental adequada do contrato de depósito, caso em que será decretada a ordem de entrega do objeto custodiado, sob cominação de multa.

B) ficar caracterizado o abuso do direito de defesa.

C) restar demonstrado o manifesto propósito protelatório da parte.

D) as alegações de direito puderem ser comprovadas apenas documentalmente e houver tese firmada em Súmula do Tribunal de Justiça.

E) a petição inicial for instruída com prova documental suficiente dos fatos constitutivos do direito do autor, a que o réu não oponha prova capaz de gerar dúvida razoável.

Gabarito: Alternativa A

QUESTÃO 14

(FGV – Procuradoria-Geral do Município de Niterói/RJ - 2023)

A centralização de processos repetitivos a que alude o art. 69, §2º, inciso VI, do CPC se insere no microssistema de gestão e julgamento de casos repetitivos?

De acordo com a natureza jurídica do novel instituto, cite, explique e contextualize ao menos dois pontos de semelhança e dois de distinção em relação ao Incidente de Resolução de Demandas Repetitivas (IRDR).

QUESTÃO 14

30 LINHAS

RESPOSTA DO AUTOR

A centralização de processos repetitivos prevista no art. 69, §2º, inciso VI, do CPC não se insere no microssistema de gestão e julgamento de casos repetitivos. Isso porque, conforme estabelecido pelo art. 928, caput, incisos I e II, do CPC, apenas o Incidente de Resolução de Demandas Repetitivas (IRDR) e os recursos especial e extraordinário repetitivos integram esse microssistema, cujo escopo é a solução uniforme de questões de direito, garantindo a segurança jurídica e a isonomia.

A centralização de processos repetitivos possui natureza jurídica peculiar, sendo uma modalidade exemplificativa dos denominados atos concertados entre juízos. Esses atos têm como finalidade o estabelecimento de um procedimento atípico, flexível e casuístico, inserindo-se no contexto do modelo de cooperação judiciária nacional previsto no CPC. Desse modo, os arts. 69, inciso IV, e 69, §2º, inciso VI, do CPC, demonstram que a centralização de processos repetitivos não segue as regras gerais do microssistema de casos repetitivos, mas sim um regime próprio, cuja fundamentação é extraída da cooperação entre magistrados.

Dentre as distinções entre a centralização de processos repetitivos e o IRDR, destaca-se que a primeira é utilizada nos casos em que os mecanismos do microssistema de gestão de casos repetitivos não podem ser empregados, como nas hipóteses de repetição de questão de fato ou quando o risco à isonomia e à segurança jurídica é apenas potencial. Além disso, pode consistir em meio mais conveniente quando a repetição ocorre em demandas urgentes. Ademais, o objeto da centralização de processos repetitivos cinge-se à solução de questões de fato, ao passo que o IRDR se destina exclusivamente à uniformização de questões de direito, conforme, aliás, prevê expressamente o art. 928, parágrafo único, do CPC.

Por outro lado, existem pontos de aproximação entre os dois institutos. Tanto o IRDR quanto a centralização de processos repetitivos se baseiam na resolução de questões comuns, e não diretamente na resolução de processos individuais. Essa caracterização revela um propósito comum: permitir uma gestão mais eficiente das demandas repetitivas, sejam elas fundadas em questões de fato ou de direito. Além disso, ambos os institutos estão alinhados ao princípio da eficiência processual, previsto no art. 8º do CPC, que busca a aplicação de técnicas de agilização e uniformização da chancela jurisdicional do Estado.

Por derradeiro, ambos os institutos são instrumentos que buscam concretizar o princípio da duração razoável do processo, conforme previsto no art. 5º, inciso LXXVIII, da CF e no art. 4º do CPC, sendo certo que, a despeito de não integrarem o mesmo microssistema, mostram-se fundamentais para a gestão eficiente do contencioso de massa, garantindo celeridade e racionalidade ao trâmite processual.

CRITÉRIO DE CORREÇÃO DA BANCA

REQUISITOS DA RESPOSTA	PONTUAÇÃO
Inserção no microssistema de gestão e julgamento dos casos repetitivos- Não. De acordo com o art. 928, caput, incisos I e II do CPC, apenas as hipóteses de incidente de resolução de demandas repetitivas e recursos especial e extraordinário repetitivos compõem o microssistema de gestão e julgamento de casos repetitivos	5,00
Natureza Jurídica da centralização de processos repetitivos- A centralização de processos repetitivos, novidade trazida pelo CPC/15, encerra modalidade exemplificativa inserida nos denominados atos concertados entre juízos cooperantes (que tencionam o estabelecimento de um procedimento atípico, flexível e casuístico), os quais, por seu turno, perfazem espécie do novel desenho normativo da cooperação judiciária nacional, tudo na forma dos artigos 69, inciso IV e 69, §2º, inciso VI, ambos do CPC.	5,00

Distinções entre centralização de processos repetitivos e IRDR- A centralização de processos repetitivos tem lugar justamente nas situações em que os mecanismos do microssistema de gestão e julgamento de casos repetitivos não forem passíveis de utilização (no caso de repetição de questão de fato ou quando o risco à isonomia e à segurança jurídica for potencial, e não concreto) ou quando forem eles inconvenientes em razão das especificidades dos seus procedimentos (como na hipótese de repetição de questão em demandas urgentes). Nessa linha de raciocínio, a centralização de processos repetitivos por meio de concerto (atos concertados) entre juízes se perfaz, normativamente, em mecanismo idôneo a resolver repetição de questões de fato. Tal constatação, diga-se de passagem, representa a principal distinção de objetos entre a centralização de processos repetitivos e o incidente de resolução de demandas repetitivas. Acerca da temática, o art. 928, parágrafo único, CPC é de inconteste clareza ao estabelecer que o julgamento de casos repetitivos tem por objeto questão de direito material ou processual. Portanto, o objeto da centralização de processos repetitivos cinge-se a questões de fato repetitivas, ao passo que o objeto do incidente de resolução de demandas repetitivas restringe-se a questões de direito, seja material ou processual. Ainda em relação às distinções entre os institutos, imperioso apontar que as regras gerais do microssistema de gestão e julgamento de casos repetitivos não se comunicam à centralização de processos repetitivos.	10,00
Aproximações entre centralização de processos repetitivos e IRDR- Lado outro, no que pertine aos pontos de contato entre o IRDR e a centralização de processos repetitivos, fundamental assentar que o IRDR e a centralização de processos repetitivos se transmudam como sendo técnicas que se apoiam na resolução de questões (e não de demandas como se infere da pia batismal IRDR ou de processos conforme poderia se supor a partir da leitura açodada do texto normativo inscrito no art. 69, §2º, inciso VI, do CPC). Ademais, não se pode olvidar que ambos os institutos tencionam possibilitar ao Poder Judiciário uma gestão mais eficiente dos processos que envolvam questões repetitivas, sejam elas de fato ou de direito. O princípio da eficiência processual (do qual a plasticidade e flexibilidade procedimental são corolários), tal como plasmado no art. 8º, do CPC, afigura-se, portanto, em pedra de toque a informar e permear ambos os institutos. Por fim, cada qual a seu modo, o IRDR e a centralização de processos repetitivos se perfazem em importantes instrumentos de concretização do princípio da duração razoável do processo (art. 5º, LXXVIII, da CR/88 e art. 4º, do CPC).	10,00

▶ DOUTRINA TEMÁTICA

A centralização dos processos repetitivos por meio de atos concertados busca atender os princípios da colaboração previsto no art. 6º do CPC, da duração razoável do processo previsto no art. 5º, LXXVIII, da Constituição da República e no art. 4º do CPC, e o da eficiência previsto no art. 37 da Constituição e no art. 8º do CPC. A crise de eficiência do judiciário evidenciada pelo descontrole da distribuição de demandas, associada à incapacidade de resposta pela limitação da estrutura de pessoal e administrativa, vem sendo demonstrada anualmente na obra divulgada pelo Conselho Nacional de Justiça denominada Justiça em Números. Essa crise gerou a necessidade de se buscar mecanismos de coletivização das demandas que fincou com a introdução dos artigos 543 A, B e C, instituindo os Recursos Especial e Extraordinário repetitivos. O novo Código de Processo estabeleceu um microssistema de julgamento de demandas repetitivas, com o fim de se fixar padrões decisórios. Todavia, os institutos criados, não alcançam os processos repetitivos com fundamento em matéria de fato, e por dependerem de atuação dos tribunais e gerarem, na maioria das vezes, a paralização das demandas, põe dúvidas no atendimento aos princípios acima mencionados (BAPTISTA FILHO, 2022).

▶ JURISPRUDÊNCIA TEMÁTICA

STJ:

PROCESSUAL CIVIL E ADMINISTRATIVO. RECURSO ESPECIAL. INCIDENTE DE RESOLUÇÃO DE DEMANDAS REPETITIVAS - IRDR. SERVIDORES ESTADUAIS. ADICIONAL DE

INSALUBRIDADE. NORMA DE EFICÁCIA LIMITADA. OMISSÃO LEGISLATIVA. APLICAÇÃO DE LEI DE SERVIDORES DE UNIVERSIDADE ESTADUAL. ADOÇÃO PELA CORTE DE ORIGEM DO SISTEMA DA CAUSA-MODELO. CONHECIMENTO DO RECURSO ESPECIAL. DISTINGUIGHING EM RELAÇÃO AO RESP 1.798.374/DF, JULGADO PELA CORTE ESPECIAL. ADOÇÃO, PELO CPC, EM REGRA, DA SISTEMÁTICA DA CAUSA-PILOTO. EXIGÊNCIA DO PRINCÍPIO DO CONTRADITÓRIO. ART. 978, PARÁGRAFO ÚNICO, DO CPC. APRECIAÇÃO DO IRDR SEM JULGAMENTO CONCOMITANTE DE CAUSA PENDENTE. NÃO CABIMENTO. NULIDADE.

1. O acórdão recorrido foi proferido em IRDR instaurado no Tribunal de origem como procedimento-modelo, ou seja, sem que houvesse uma causa-piloto que lhe subsidiasse. Portanto, houve a fixação de tese abstrata sem o julgamento concomitante de um caso concreto.
2. Não se desconhece que a Corte Especial do Superior Tribunal de Justiça, no julgamento do REsp n. 1.798.374/DF, de relatoria do Ministro Mauro Campbell, decidiu que "não cabe recurso especial contra acórdão proferido pelo Tribunal de origem que fixa tese jurídica em abstrato em julgamento do IRDR, por ausência do requisito constitucional de cabimento de 'causa decidida', mas apenas naquele que aplica a tese fixada, que resolve a lide, desde que observados os demais requisitos constitucionais do art. 105, III, da Constituição Federal e dos dispositivos do Código de Processo Civil que regem o tema".

3. Na ocasião, todavia, a Corte Especial analisou a admissibilidade de um Recurso Especial da Defensoria Pública do Distrito Federal contra acórdão fundado em pedido de revisão de tese em IRDR, onde, nas palavras do em. Ministro Mauro Campbell Marques, "sequer existe parte contrária e, consequentemente, qualquer espécie de contraditório".
4. O Superior Tribunal de Justiça, então, concluiu que "a tese jurídica fixada em abstrato no julgamento do IRDR, ainda que no âmbito da interpretação de norma infraconstitucional federal, não pode ser considerada como causa decidida sob a ótica constitucional, o que somente ocorreria com a aplicação da referida tese jurídica ao caso selecionado para o julgamento ou na aplicação nas causas em andamento/sobrestadas (caso concreto) que versem sobre o tema repetitivo julgado no referido incidente".

5. Consignou-se, ainda, que o não cabimento do Apelo Especial em tais casos não prejudicaria o acesso da questão federal ao STJ, "pois a tese jurídica será aplicada aos demais casos idênticos e sobrestados que aguardavam a resolução do incidente e tratavam da mesma questão jurídica, o que, ao menos em linha de princípio, viabilizaria a interposição do recurso especial".

6. No entanto, no presente caso, a questão posta em debate no Recurso em exame, não diz respeito à tese abstratamente fixada na origem, mas à aplicação, em concreto, das próprias regras processuais que envolvem o instituto do IRDR.

(...)

10. A adoção da sistemática da causa-modelo não é de livre escolha do Tribunal. Pelo contrário, o Código de Processo Civil a permite em apenas duas hipóteses: quando houver desistência das partes que tiveram seus processos selecionados como representativos da controvérsia multitudinária, nos termos do art. 976, § 1º, do CPC; e quando se tratar de "pedido de revisão da tese jurídica fixada no IRDR, o qual equivaleria ao pedido de instauração do incidente (art. 986 do CPC), [caso em que] o Órgão Julgador apenas analisa a manutenção das teses jurídicas fixadas em abstrato, sem qualquer vinculação a qualquer caso concreto" (REsp 1.798.374/DF, Rel. Min. Mauro Campbell Marques, Corte Especial, DJe de 21.6.2022). A peculiaridade deste caso é que nenhuma dessas duas hipóteses se fez presente, mas mesmo assim a Corte local decidiu julgar uma causa-modelo.

11. No Incidente de Resolução de Demandas Repetitivas, a regra é a participação das partes dos Recursos selecionados como representativos da controvérsia, que constitui núcleo duro do princípio do contraditório, na perspectiva da representatividade adequada. O CPC/2015, sem prejuízo da participação dos amici curiae e MP no incidente, imputou

> à parte da causa-piloto a condição de representante dos eventuais afetados pela decisão, pois versa sobre juízo em nome de todos e em razão da identidade de interesses, de modo que a Corte a quo tem o dever de garantir que tal representação seja efetivamente exercida de forma adequada.
>
> (...)
>
> 17. Ao adotar o sistema da causa-piloto, a tese repetitiva, da qual surtirão os efeitos externos (erga omnes), deve ser apreciada conjuntamente com o caso concreto, do qual surtirão os efeitos internos (inter partes), como se depreende do parágrafo único do art. 978 do CPC: "O órgão colegiado incumbido de julgar o incidente e de fixar a tese jurídica julgará igualmente o recurso, a remessa necessária ou o processo de competência originária de onde se originou o incidente". (STJ. REsp 2023892 / RECURSO ESPECIAL 2022/0274389-8. Julgamento: 05/03/2024).

QUESTÕES DE CONCURSO RELACIONADAS

1. (FGV – Prefeitura de Vitória/ES – Procurador do Município – 2024)

Maria ajuizou ação de obrigação de fazer em face do Município X. Observando que se tratava de demanda contendo controvérsia sobre questão de direito, que havia diversos processos ajuizados no mesmo mês sobre o tema, e que julgamentos distintos ocasionariam risco de ofensa à isonomia e à segurança jurídica, o Município X peticionou ao Presidente do tribunal, requerendo a instauração de incidente de resolução de demandas repetitivas. O incidente foi admitido pelo órgão competente do Tribunal, oportunidade em que foi determinada a suspensão dos processos pendentes que tramitavam no Estado, o que incluía o processo de Maria. À luz do que dispõe o Código de Processo Civil acerca do Incidente de Resolução de Demandas Repetitivas, assinale a alternativa incorreta.

A) Se, após a instauração do incidente, o Município X abandonar o processo, tal fato não impedirá o exame do mérito, devendo o Ministério Público intervir no feito, assumindo a sua titularidade.

B) Uma vez firmada a tese jurídica, caso ela não seja observada no bojo do processo movido por Maria em face do Município X, caberá reclamação.

C) O Município X poderá pedir ao Tribunal que julgou o incidente, a revisão da tese jurídica que for firmada.

D) Durante a suspensão, se Maria necessitar de alguma tutela de urgência em seu processo, deverá dirigir seu pedido ao juízo em que tramita o seu processo suspenso.

E) Julgado o incidente, a tese jurídica será aplicada, inclusive, aos processos coletivos que versem sobre idêntica questão de direito e que tramitem na área de jurisdição do tribunal.

Gabarito: Alternativa C

2. (FCC – PGE-GO – Procurador – 2024)

A respeito do Incidente de Resolução de Demandas Repetitivas (IRDR), de acordo com a legislação processual e a jurisprudência dos Tribunais Superiores, é correto afirmar:

A) O procedimento de revisão de tese fixada em IRDR somente poderá ocorrer por acórdão dotado de fundamentação com densidade adequada, que aborde de maneira específica os argumentos desenvolvidos pelos interessados, em atenção aos princípios da isonomia e da segurança jurídica, sendo cabível a modulação dos efeitos da revisão.

B) A suspensão de processos pendentes que tramitam no Estado, em razão da admissibilidade de IRDR, mantém-se automaticamente, mesmo se superado o prazo de um ano para julgamento deste, salvo decisão fundamentada do relator autorizando a retomada do andamento dos processos.

C) A afetação de processos pelo Superior Tribunal de Justiça, para julgamento da matéria conforme sistemática dos recursos repetitivos, não impede a instauração de IRDR perante Tribunal local.

D) A concessão de efeito suspensivo a recurso extraordinário ou especial interposto contra acórdão proferido no julgamento de IRDR depende da presença dos requisitos autorizadores e de requerimento do recorrente.

E) Apresentado o IRDR e distribuído ao relator designado, este realizará o juízo de admissibilidade do incidente e determinará a adoção das providências iniciais de seu processamento.

Gabarito: Alternativa A

QUESTÃO 15

(CESPE – CEBRASPE – Procuradoria-Geral do Estado de Roraima – 2023)

Uma universidade pública estadual publicou ato administrativo que prevê a cobrança de taxa de matrícula para o ingresso dos alunos no curso de graduação.

Considerando a situação hipotética apresentada e o entendimento do Supremo Tribunal Federal (STF) expresso na Súmula Vinculante n.º 12, segundo a qual a cobrança de taxa de matrícula nas universidades públicas viola a Constituição Federal de 1988 (CF), responda, de forma fundamentada, aos seguintes questionamentos.

1 - **Que medida(s) processual(is) seria(m) cabível(is) para o questionamento do ato administrativo publicado pela universidade estadual? [valor: 3,00 pontos]**

2 - **Caso a referida cobrança fosse autorizada por decisão judicial, e não por ato administrativo, qual seria a medida processual adequada**

QUESTÃO 15

15 LINHAS

▶ RESPOSTA DO AUTOR

A Constituição Federal de 1988 garante a gratuidade do ensino superior público, e a Súmula Vinculante n.º 12 do Supremo Tribunal Federal reforça essa diretriz ao vedar a cobrança de taxa de matrícula por universidades públicas. Diante dessa determinação, qualquer ato administrativo que estabeleça tal cobrança se mostra inconstitucional e pode ser impugnado por meio de diversas medidas processuais.

Uma das medidas cabíveis é a reclamação constitucional, prevista no artigo 103-A, § 3.º, da Constituição Federal e regulamentada pela Lei n.º 11.417/2006. Essa ferramenta jurídica assegura a observância das súmulas vinculantes e garante a autoridade do STF sobre o tema. Entretanto, antes da interposição da reclamação, é necessário que sejam esgotadas as instâncias administrativas.

Além disso, é possível a utilização de outras ações para questionar o ato administrativo, como a ação popular, que permite que qualquer cidadão atue para anular um ato lesivo ao patrimônio público e à moralidade administrativa, conforme disposto no artigo 5.º, inciso LXXIII, da Constituição. Outra possibilidade é o mandado de segurança, seja individual ou coletivo, adequado para proteger direito líquido e certo contra a cobrança indevida da taxa de matrícula, sendo impetrado por alunos ou entidades representativas. Ainda, a ação civil pública pode ser proposta pelo Ministério Público ou outras entidades legitimadas para tutelar interesses coletivos, garantindo o acesso gratuito ao ensino superior.

No caso de uma decisão judicial que autorize a cobrança, a medida processual adequada para impugná-la seria a reclamação constitucional ao STF. Esse instrumento processual, com previsão no artigo 102, inciso I, alínea "l", da Constituição, visa garantir a competência do Supremo Tribunal Federal e preservar a autoridade de suas decisões. A reclamação pode ser utilizada quando há descumprimento de uma súmula vinculante ou desrespeito a decisões do STF, consolidando a uniformidade da interpretação constitucional.

Com efeito, tanto em face de um ato administrativo quanto de uma decisão judicial que contrarie a Súmula Vinculante n.º 12, a reclamação constitucional surge como meio adequado para impugnação. Além disso, a Constituição e a legislação processual vigente oferecem outras vias processuais, como a ação popular, o mandado de segurança e a ação civil pública, permitindo a defesa do direito fundamental à gratuidade do ensino superior público no Brasil.

▸ CRITÉRIO DE CORREÇÃO DA BANCA

QUESITO 1 – Medida(s) processual(is) cabível(is) para o questionamento do ato administrativo publicado pela universidade estadual

Conceito 0 – Não respondeu ao questionamento ou o fez de forma totalmente equivocada.

Conceito 1 – Abordou corretamente um dos seguintes aspectos: (a) cabimento de reclamação constitucional contra ato administrativo contrário a súmula vinculante, (b) possibilidade de outras vias processuais para questionar o ato administrativo (como mandado de segurança, ação civil pública etc.) e (c) necessidade de esgotamento da via administrativa, no caso de reclamação.

Conceito 2 –Abordou corretamente dois dos aspectos indicados no conceito 1.

Conceito 3 – Abordou corretamente os três aspectos indicados no conceito 1.

QUESITO 2 – Medida processual adequada para o questionamento da decisão caso a referida cobrança fosse autorizada por decisão judicial

Conceito 0 – Não respondeu ao questionamento ou o fez de forma totalmente equivocada.

Conceito 1 – Respondeu corretamente ser cabível reclamação constitucional contra decisão judicial contrária à súmula vinculante.

QUESITO 3 – Hipóteses de cabimento dessa medida, segundo a CF

Conceito 0 – Não respondeu ao questionamento ou o fez de forma totalmente equivocada.

Conceito 1 – Respondeu corretamente ser cabível reclamação constitucional para preservar a competência do STF.

▸ DOUTRINA TEMÁTICA

> O cabimento de reclamação contra ato administrativo, além de ter sido admitido pelo STF a partir da Rcl 501 (que, portanto, superou o entendimento consagrado na Rcl 831), é, como também já se demonstrou, uma decorrência mediata da forma como positivado o efeito vinculante no art. 102, § 2.º, da CF/1988 estando, ainda, explicitado no § 3.º do art. 103-A, da mesma Constituição (referente à súmula vinculante).
>
> Se pode veicular impugnação a decisão administrativa, não tem a reclamação, ela mesma, caráter de medida administrativa. É pouco mais do que evidente que um órgão do Judiciário (ainda que o STF) não tem poder para anular, administrativamente, ato de outro

poder. A anulação, pelo Judiciário, de atos administrativos editados por outro Poder apenas se pode dar na via judicial.

Na verdade, esta conclusão está embutida na diferenciação, sedimentada ao longo do tempo, entre a reclamação e a correição parcial; embora as medidas estivessem ligadas em sua origem, foram claramente apartadas pela jurisprudência do Supremo e pelo Direito positivo.

Por outro lado, a mesma característica (possibilidade de impugnação de atos administrativos), hoje já bastante clara especialmente à luz dos citados arts. 102, § 2.º, e 103-A, da CF/1988, é que impede que se classifique a reclamação como incidente processual (como pretendeu o Prof. Egas Moniz de Aragão) ou como recurso (como o fez o Min. Amaral Santos, relator da Rcl 831). Para que fosse incidente ou recurso, seria necessária a existência de "relação processual em curso" (a expressão é de Amaral Santos), o que, evidentemente, não acontece quando se impugna ato administrativo.

Em outras palavras, apenas seria de cogitar do caráter recursal do instituto, ou de qualificá-lo como incidente, se a única possibilidade existente na ordem jurídica fosse a impugnação de ato judicial por meio da reclamação (MITIDIERO, 2016)

▸ JURISPRUDÊNCIA TEMÁTICA

STF:

Súmula 734: Não cabe reclamação quando já houver transitado em julgado o ato judicial que se alega tenha desrespeitado decisão do Supremo Tribunal Federal.

Súmula 368: Não há embargos infringentes no processo de reclamação

AGRAVO REGIMENTAL EM RECLAMAÇÃO. MATÉRIA PENAL. ALEGAÇÃO DE DESRESPEITO À AUTORIDADE DE DECISÃO PROFERIDA POR ESTA SUPREMA CORTE NA ADI 5508. ATOS QUESTIONADOS QUE SÃO ANTERIORES AO JULGAMENTO PARADIGMA. INVIABILIDADE. RECURSO DESPROVIDO. 1. No caso de reclamação calcada no descumprimento de decisão emanada desta Suprema Corte, exige-se que o ato alvo de controle seja posterior ao paradigma, na medida em que não é viável cogitar-se de afronta à precedente sequer existente à época em que proferidos os atos impugnados. 2. Hipótese concreta em que as instâncias ordinárias, em momento anterior ao julgamento da ADI 5508, ato apontado como paradigma, não homologaram acordo de colaboração premiada celebrado entre a ora agravante e a autoridade policial. 3. Eventual desacerto da não homologação operada em momento anterior ao paradigma, inclusive sob a perspectiva da alegação de retroatividade da lei penal benéfica, não se insere na destinação constitucional da reclamação, que não se presta à tutela do direito objetivo ou à uniformização da jurisprudência. 4. Agravo regimental desprovido (Rcl 32655 AgR, Relator(a): Min. EDSON FACHIN, Segunda Turma, julgado em 23/04/2019, PROCESSO ELETRÔNICO DJe-051 DIVULG 09-03-2020 PUBLIC 10-03-2020)

STJ:

RECLAMAÇÃO. RECURSO ESPECIAL AO QUAL O TRIBUNAL DE ORIGEM NEGOU SEGUIMENTO, COM FUNDAMENTO NA CONFORMIDADE ENTRE O ACÓRDÃO RECORRIDO E A ORIENTAÇÃO FIRMADA PELO STJ EM RECURSO ESPECIAL REPETITIVO (RESP 1.301.989/RS - TEMA 658). INTERPOSIÇÃO DE AGRAVO INTERNO NO TRIBUNAL LOCAL. DESPROVIMENTO. RECLAMAÇÃO QUE SUSTENTA

A INDEVIDA APLICAÇÃO DA TESE, POR SE TRATAR DE HIPÓTESE FÁTICA DISTINTA. DESCABIMENTO. PETIÇÃO INICIAL. INDEFERIMENTO. EXTINÇÃO DO PROCESSO SEM RESOLUÇÃO DO MÉRITO.

2. Em sua redação original, o art. 988, IV, do CPC/2015 previa o cabimento de reclamação para garantir a observância de precedente proferido em julgamento de casos repetitivos, os quais, conforme o disposto no art. 928 do Código, abrangem o incidente de resolução de demandas repetitivas (IRDR) e os recursos especial e extraordinário repetitivos.

3. Todavia, ainda no período de vacatio legis do CPC/15, o art. 988, IV, foi modificado pela Lei 13.256/2016: a anterior previsão de reclamação para garantir a observância de precedente oriundo de casos repetitivos; foi excluída, passando a constar, nas hipóteses de cabimento, apenas o precedente oriundo de IRDR, que é espécie daquele.

4. Houve, portanto, a supressão do cabimento da reclamação para a observância de acórdão proferido em recursos especial e extraordinário repetitivos, em que pese a mesma Lei 13.256/2016, paradoxalmente, tenha acrescentado um pressuposto de admissibilidade - consistente no esgotamento das instâncias ordinárias - à hipótese que acabara de excluir.

5. Sob um aspecto topológico, à luz do disposto no art. 11 da LC 95/98, não há coerência e lógica em se afirmar que o parágrafo 5º, II, do art. 988 do CPC, com a redação dada pela Lei 13.256/2016, veicularia uma nova hipótese de cabimento da reclamação. Estas hipóteses foram elencadas pelos incisos do caput, sendo que, por outro lado, o parágrafo se inicia, ele próprio, anunciando que trataria de situações de inadmissibilidade da reclamação.

6. De outro turno, a investigação do contexto jurídico-político em que editada a Lei 13.256/2016 revela que, dentre outras questões, a norma efetivamente visou ao fim da reclamação dirigida ao STJ e ao STF para o controle da aplicação dos acórdãos sobre questões repetitivas, tratando-se de opção de política judiciária para desafogar os trabalhos nas Cortes de superposição.

7. Outrossim, a admissão da reclamação na hipótese em comento atenta contra a finalidade da instituição do regime dos recursos especiais repetitivos, que surgiu como mecanismo de racionalização da prestação jurisdicional do STJ, perante o fenômeno social da massificação dos litígios.

8. Nesse regime, o STJ se desincumbe de seu múnus constitucional definindo, por uma vez, mediante julgamento por amostragem, a interpretação da Lei federal que deve ser obrigatoriamente observada pelas instâncias ordinárias. Uma vez uniformizado o direito, é dos juízes e Tribunais locais a incumbência de aplicação individualizada da tese jurídica em cada caso concreto.

9. Em tal sistemática, a aplicação em concreto do precedente não está imune à revisão, que se dá na via recursal ordinária, até eventualmente culminar no julgamento, no âmbito do Tribunal local, do agravo interno de que trata o art. 1.030, § 2º, do CPC/15.

10. Petição inicial da reclamação indeferida, com a extinção do processo sem resolução do mérito (Rcl 36.476/SP, Rel. Ministra NANCY ANDRIGHI, CORTE ESPECIAL, julgado em 05/02/2020, DJe 06/03/2020)

QUESTÕES DE CONCURSO RELACIONADAS

1. (FCC – PGE/GO – Procurador do Estado – 2024)

A respeito da reclamação, é correto afirmar que

A) é cabível contra decisão que sobrestou indevidamente recurso ou ação da parte, para aguardar o julgamento definitivo de Incidente de Resolução de Demandas Repetitivas (IRDR) pelo mesmo Tribunal.

B) não é cabível contra decisão do Tribunal de segundo grau que, com base em precedente produzido sob a sistemática da repercussão geral, negue a admissão de recurso extraordinário.

C) não admite a concessão de tutela provisória.

D) é prevista, no Código de Processo Civil, como recurso.

E) seu procedimento não contempla a possibilidade de apresentação de impugnação ao pedido por terceiro interessado.

Gabarito: Alternativa B

2. (FGV – AGE/MG – Procurador do Estado – 2022)

O juiz de primeiro grau, no curso do cumprimento de uma sentença condenatória transitada em julgado, tomou conhecimento da propositura de uma ação rescisória tendo por objeto o mesmo título judicial. Antes mesmo que a petição inicial da ação impugnativa autônoma fosse despachada, o magistrado de primeira instância determinou a suspensão do processamento da fase executiva. Nesse cenário, é correto afirmar que a decisão de suspensão é impugnável por

A) reclamação.

B) recurso especial.

C) agravo interno.

D) ação rescisória.

E) apelação.

Gabarito: Alternativa A

3. (CESPE – CEBRASPE – PGE/CE – Procurador do Estado – 2021)

De acordo com o CPC, a reclamação constitucional pode ter por finalidade

A) garantir a autoridade das decisões do tribunal.

B) substituir decisão contrária a acordão proferido em incidente de assunção de competência.

C) reformar decisão contrária à súmula vinculante.

D) anular decisão contrária a acórdão proferido em julgamento de incidente de resolução de demandas repetitivas.

Gabarito: Alternativa A

QUESTÃO 16

(CESPE – CEBRASPE – Procuradoria-Geral do Município de São Paulo – 2023)

A empresa X, prestadora de serviços, impetrou mandado de segurança questionando a cobrança do imposto sobre serviços de qualquer natureza (ISS) em relação a determinado serviço e obteve pronunciamento favorável do tribunal de justiça estadual, o qual, por meio de sentença, assentou a inconstitucionalidade da lei municipal Y, que previa a incidência daquele imposto sobre o serviço em questão. Cinco anos após o trânsito em julgado dessa decisão, o Supremo Tribunal Federal (STF), em sede de repercussão geral, declarou a constitucionalidade da lei municipal Y.

Com base na Constituição Federal de 1988 e na jurisprudência do STF, responda, justificadamente, se é possível ao fisco municipal, à luz da decisão do STF retratada na situação hipotética, retomar a cobrança do ISS em relação ao serviço citado, em detrimento da empresa X, que continua em atividade regular e ainda presta os serviços de mesma natureza. [valor: 0,25 ponto]

Em sua resposta, aborde os seguintes aspectos:

1 - **efeitos da coisa julgada ante a decisão proferida, em sede de repercussão geral, pelo STF; [valor: 0,93 ponto]**
2 - **(in)existência de ofensa à coisa julgada; [valor: 0,93 ponto]**
3 - **princípios constitucionais e tributários que devem ser observados no contexto apresentado. [valor: 0,93 ponto]**

QUESTÃO 16

15 LINHAS

▶ RESPOSTA DO AUTOR

1 - A decisão transitada em julgado no tribunal de justiça estadual reconheceu a inconstitucionalidade da lei municipal Y, afastando a incidência do ISS para a empresa X. No entanto, posteriormente, o STF, em sede de repercussão geral, declarou a constitucionalidade da referida lei municipal, alterando os pressupostos jurídicos que fundamentavam a coisa julgada anteriormente formada.

Conforme entendimento do STF, a decisão proferida em sede de repercussão geral tem o condão de modificar a base jurídica sobre a qual se assentava a coisa julgada anterior, cessando automaticamente seus efeitos prospectivos em relações jurídicas de trato sucessivo, como é o caso das obrigações tributárias periódicas. Portanto, a decisão do STF não revoga a coisa julgada retroativamente, mas impede que seus efeitos se perpetuem no tempo.

2 - A retomada da cobrança do ISS pela municipalidade não configura ofensa à coisa julgada, mas sim sua harmonização com princípios constitucionais, conforme entendimento consolidado pelo STF. A coisa julgada em matéria tributária não pode gerar efeitos eternos quando se trata de tributo sujeito a lançamentos periódicos, uma vez que novas interpretações jurídicas podem modificar o entendimento anteriormente consolidado.

A decisão do STF em repercussão geral não invalida a decisão judicial anterior, mas cessa seus efeitos futuros, resguardando a segurança jurídica quanto ao período anterior ao novo entendimento. Dessa forma, a empresa X não será cobrada retroativamente, mas deverá, a partir da nova decisão do STF, cumprir sua obrigação tributária nos mesmos termos aplicáveis às demais empresas prestadoras de serviço sujeitas à incidência do ISS.

3 - A retomada da cobrança do ISS deve observar os princípios constitucionais da isonomia e da livre concorrência. A empresa X, ao continuar isenta do tributo após a decisão do STF, estaria em vantagem competitiva em relação às suas concorrentes, o que comprometeria o equilíbrio concorrencial no setor. Assim, a nova decisão do STF reestabelece a igualdade de tratamento entre os contribuintes.

Além disso, a tributação deve respeitar os princípios da irretroatividade, anterioridade anual e nonagesimal (art. 150, III, "a" e "b", da Constituição Federal). O fisco municipal, portanto, poderá exigir o ISS somente para fatos geradores ocorridos após a observância do prazo de anterioridade, contados a partir da decisão do STF que reconheceu a constitucionalidade da lei municipal Y.

▶ CRITÉRIO DE CORREÇÃO DA BANCA

QUESITO 1

Conceito 0 – Não respondeu ou respondeu não ser possível ao fisco municipal retomar a cobrança do ISS na forma da lei municipal Y.

Conceito 1 – Respondeu ser possível ao fisco municipal retomar a cobrança do ISS na forma da lei municipal Y.

QUESITO 2

Conceito 0 – Não abordou nenhum dos aspectos (i) e (ii) destacados no padrão de resposta.

Conceito 1 – Abordou corretamente apenas o aspecto (i) ou (ii) destacado no padrão de resposta.

Conceito 2 – Abordou corretamente ambos os aspectos (i) e (ii) destacados no padrão de resposta.

QUESITO 3

Conceito 0 – Não abordou nenhum dos aspectos (iii), (iv) e (v) destacados no padrão de resposta.

Conceito 1 – Abordou corretamente apenas um dos aspectos (iii), (iv) ou (v) destacados no padrão de resposta.

Conceito 2 – Abordou corretamente apenas dois dos aspectos (iii), (iv) ou (v) destacados no padrão de resposta.

Conceito 3 – Abordou corretamente todos os aspectos (iii), (iv) e (v) destacados no padrão de resposta.

QUESITO 4

Conceito 0 – Não abordou nenhum dos aspectos (vi) , (vii), (viii) ou (ix) destacados no padrão de resposta.

Conceito 1 – Abordou corretamente apenas um dos aspectos (vi), vii), (viii) ou (ix) destacados no padrão de resposta.

Conceito 2 – Abordou corretamente apenas dois dos aspectos (vi), , (vii), (viii) ou (ix) destacados no padrão de resposta.

Conceito 3 – Abordou corretamente três dos aspectos (vi) , (vii), (viii) ou (ix) destacados no padrão de resposta.

Conceito 4 – Abordou corretamente os quatro aspectos (vi), (vii), (viii) e (ix) destacados no padrão de resposta.

▸ DOUTRINA TEMÁTICA

A coisa julgada obviamente não é mera regra de processo. Ademais, embora certamente protegida pela Constituição, ela é muito mais do que um princípio constitucional. Trata-se de uma regra indispensável à existência do discurso jurídico e, por conseguinte, ao exercício da própria jurisdição.

A decisão judicial é o elemento final do discurso jurídico, realizado para que o Estado possa exercer a sua função de tutelar os direitos e, por consequência, as pessoas. Todo discurso, como é sabido, necessita de regras para poder se desenvolver de maneira adequada. É assim que o processo, para permitir a formação do convencimento do juiz e o desenvolvimento do discurso judicial, exige regras relativas ao tempo e ao modo da participação das partes e do juiz. Tais regras dizem respeito ao conteúdo do discurso e estão preocupadas com a sua legitimidade, imprescindível para a legitimação da jurisdição.

Porém, todo discurso, para valer enquanto discurso, precisa terminar. O recrudescimento da decisão judicial, ápice do discurso jurídico, é imprescindível para que o próprio discurso tenha razão de ser e, assim, realmente exista enquanto discurso jurídico.

A coisa julgada, portanto, não é uma regra preocupada com o conteúdo do discurso, mas uma condição para que o discurso seja um discurso institucional limitado no tempo e, dessa forma, um discurso jurídico propriamente dito. Na verdade, se a discussão jurídica não tiver um termo a partir do qual a decisão não possa ser questionada, não haverá sentido em falar em discurso jurídico nem muito menos em realizá-lo. Ora, um discurso jurídico incapaz de se estabilizar é uma contradição em termos, já que o poder, fundamento do discurso jurídico, imprescinde do recrudescimento. É por isso que um discurso aberto à eterna discussão jamais será um discurso jurídico ou um discurso do poder estatal, mas tão somente um discurso prático-geral.1

Quer dizer que a coisa julgada, antes de ser uma regra destinada a legitimar o conteúdo do discurso, é uma regra imprescindível à sua própria existência. Uma interpretação judicial que não tem condições de se tornar estável não tem propósito. Assim, a admissibilidade da retroatividade da decisão de inconstitucionalidade sobre a coisa julgada, além de contradizer o poder jurisdicional de controle difuso da constitucionalidade, nega a própria essência do discurso jurídico, que somente existe enquanto capaz de produzir uma decisão definitiva.

Frise-se que, ao se aceitar a retroatividade da decisão de inconstitucionalidade sobre a coisa julgada, cria-se um discurso sob uma condição negativa imprevisível e temporalmente insuscetível de dimensionamento. Esta condição negativa é a não declaração da inconstitucionalidade da lei aplicada, a qual, obviamente, é imprevisível, além de poder ocorrer em qualquer momento posterior ao trânsito em julgado da sentença.

Sendo assim, a retroatividade da declaração de inconstitucionalidade sobre a coisa julgada é um verdadeiro atentado contra a existência de discurso jurídico. A coisa julgada é uma regra formal do discurso jurídico, cuja fundamentação é pragmático-transcendental, apresentando-se, assim, como uma condição de possibilidade do discurso jurídico e da própria existência do processo (MARINONI, 2024).

▸ JURISPRUDÊNCIA TEMÁTICA

STF:

Direito constitucional e tributário. Recurso Extraordinário com Repercussão Geral. Contribuição Social sobre Lucro Líquido (CSLL). Obrigação de trato sucessivo. Hipóteses de cessação dos efeitos da coisa julgada diante de decisão superveniente do STF. 1. Recurso extraordinário com repercussão geral reconhecida, a fim de decidir se e como as decisões desta Corte em sede de controle concentrado fazem cessar os efeitos futuros da coisa julgada em matéria tributária, nas relações de trato sucessivo, quando a decisão estiver baseada na constitucionalidade ou inconstitucionalidade do tributo. 2. Em 1992, o contribuinte obteve decisão judicial com trânsito em julgado que o exonerava do pagamento da CSLL. O acórdão do Tribunal Regional Federal da 5ª Região considerou que a lei instituidora da contribuição (Lei nº 7.869/1988) possuía vício de inconstitucionalidade formal, por se tratar de lei ordinária em matéria que exigiria lei complementar. 3. A questão debatida no presente recurso diz respeito à subsistência ou não da coisa julgada que se formou, diante de pronunciamentos supervenientes deste Supremo Tribunal Federal em sentido diverso. 4. O tema da cessação da eficácia da coisa julgada, embora complexo, já se encontra razoavelmente bem equacionado na doutrina, na legislação e na jurisprudência desta Corte. Nas obrigações de trato sucessivo, a força vinculante da decisão, mesmo que transitada em julgado, somente permanece enquanto se mantiverem inalterados os seus pressupostos fáticos e jurídicos (RE 596.663, Red. p/ o acórdão Min. Teori Zavascki, j. em 24.09.2014). 5. As decisões em controle incidental de constitucionalidade, anteriormente à instituição do regime de repercussão geral, não tinham natureza objetiva nem eficácia vinculante. Consequentemente, não possuíam o condão de desconstituir automaticamente a coisa julgada que houvesse se formado, mesmo que em relação jurídica tributária de trato sucessivo. 6. Em 2007, este Supremo Tribunal Federal, em ação direta de inconstitucionalidade julgada improcedente, declarou a constitucionalidade da referida Lei nº 7.869/1988 (ADI 15, Rel. Min. Sepúlveda Pertence, julgamento em 14.06.2007). A partir daí, houve modificação substantiva na situação jurídica subjacente à decisão transitada em julgado, em favor do contribuinte. Tratando-se de relação de trato sucessivo, sujeita-se, prospectivamente, à incidência da nova norma jurídica, produto da decisão desta Corte. 7. Na parte subjetiva desta decisão referente ao caso concreto, verifica-se que a Fazenda Nacional pretendeu cobrar a CSLL relativa a fatos geradores posteriores à decisão deste Tribunal na ADI 15. Como consequência, dá-se provimento ao recurso extraordinário interposto pela Fazenda Nacional. 8. Já a tese objetiva que se extrai do presente julgado, para fins de repercussão geral, pode ser assim enunciada: "1. As decisões do STF em controle incidental de constitucionalidade, anteriores à instituição do regime de repercussão geral, não impactam automaticamente a coisa julgada que se tenha formado, mesmo nas relações jurídicas tributárias de trato sucessivo. 2. Já as decisões proferidas em ação direta ou em sede de repercussão geral interrompem automaticamente os efeitos temporais das decisões transitadas em julgado nas referidas relações, respeitadas a irretroatividade, a anterioridade anual e a noventena ou a anterioridade nonagesimal, conforme a natureza do tributo" (STF, RE 949297, Relator(a): EDSON FACHIN, Relator(a) p/ Acórdão: ROBERTO BARROSO, Tribunal Pleno, julgado em 08/02/2023, PROCESSO ELETRÔNICO DJe-s/n DIVULG 28-04-2023 PUBLIC 02-05-2023).

Direito constitucional e tributário. Recurso Extraordinário com Repercussão Geral. Contribuição Social sobre Lucro Líquido (CSLL). Obrigação de trato sucessivo. Hipóteses de cessação dos efeitos da coisa julgada diante de decisão superveniente do STF. 1. Recurso extraordinário com repercussão geral reconhecida, a fim de decidir se e como as decisões desta Corte em sede de controle difuso fazem cessar os efeitos futuros da coisa julgada em matéria tributária, nas relações de trato sucessivo, quando a decisão estiver baseada na constitucionalidade ou inconstitucionalidade do tributo. 2. Em 1992, o contribuinte obteve decisão judicial que o exonerava do pagamento da CSLL. O acórdão do Tribunal Regional Federal da 1ª Região considerou que a lei instituidora da contribuição (Lei nº 7.869/1988) possuía vício de inconstitucionalidade formal, por se tratar de lei ordinária em matéria que exigiria lei complementar. A decisão transitou em julgado. 3. A questão debatida no presente recurso diz respeito à subsistência ou não da coisa julgada que se formou, diante de pronunciamentos supervenientes deste Supremo Tribunal Federal em sentido diverso. 4. O tema da cessação da eficácia da coisa julgada, embora complexo, já se encontra razoavelmente bem equacionado na doutrina, na legislação e na jurisprudência desta Corte. Nas obrigações de trato sucessivo, a força vinculante da decisão, mesmo que transitada em julgado, somente permanece enquanto se mantiverem inalterados os seus pressupostos fáticos e jurídicos (RE 596.663, Red. p/ o acórdão Min. Teori Zavascki, j. em 24.09.2014). 5. As decisões em controle incidental de constitucionalidade, anteriormente à instituição do regime de repercussão geral, não tinham natureza objetiva nem eficácia vinculante. Consequentemente, não possuíam o condão de desconstituir automaticamente a coisa julgada que houvesse se formado, mesmo que em relação jurídica tributária de trato sucessivo. 6. Em 2007, este Supremo Tribunal Federal, em ação direta de inconstitucionalidade julgada improcedente, declarou a constitucionalidade da referida Lei nº 7.869/1988 (ADI 15, Rel. Min. Sepúlveda Pertence, julgamento em 14.06.2007). A partir daí, houve modificação substantiva na situação jurídica subjacente à decisão transitada em julgado, em favor do contribuinte. Tratando-se de relação de trato sucessivo, sujeita-se, prospectivamente, à incidência da nova norma jurídica, produto da decisão desta Corte. 7. Na parte subjetiva desta decisão referente ao caso concreto, verifica-se que, em 2006, a Fazenda Nacional pretendeu cobrar a CSLL concernente aos anos de 2001 a 2003. Sendo assim, por se tratar de autuação relativa a fatos geradores anteriores à decisão deste Tribunal na ADI 15, prevalece a coisa julgada em favor do contribuinte. Como consequência, nega-se provimento ao recurso extraordinário interposto pela Fazenda Nacional. 8. Já a tese objetiva que se extrai do presente julgado, para fins de repercussão geral, pode ser assim enunciada: "1. As decisões do STF em controle incidental de constitucionalidade, anteriores à instituição do regime de repercussão geral, não impactam automaticamente a coisa julgada que se tenha formado, mesmo nas relações jurídicas tributárias de trato sucessivo. 2. Já as decisões proferidas em ação direta ou em sede de repercussão geral interrompem automaticamente os efeitos temporais das decisões transitadas em julgado nas referidas relações, respeitadas a irretroatividade, a anterioridade anual e a noventena ou a anterioridade nonagesimal, conforme a natureza do tributo" (STF, RE 955227, Relator(a): ROBERTO BARROSO, Tribunal Pleno, julgado em 08/02/2023, PROCESSO ELETRÔNICO DJe-s/n DIVULG 28-04-2023 PUBLIC 02-05-2023).

QUESTÕES DE CONCURSO RELACIONADAS

1. (CESPE – CEBRASPE – PGE/RN – Procurador do Estado – 2024)

I Não se admite o manejo de ação rescisória em face de decisão transitada em julgado que não seja de mérito.

II Não cabe ação rescisória por violação à norma jurídica se a norma em que tiver se baseado a decisão rescindenda for de interpretação controvertida no âmbito dos tribunais, exceto se esse debate a respeito daquela norma for de ordem constitucional.

III Sobrevindo pronunciamento do STF, sob o regime de repercussão geral, em sentido contrário a decisão transitada em julgado no âmbito dos juizados especiais da justiça comum estadual, será admitida a desconstituição dos efeitos da coisa julgada por meio de simples petição, a ser apresentada em prazo equivalente ao da ação rescisória.

Assinale a opção correta.

A) Apenas o item II está certo.

B) Apenas o item III está certo.

C) Apenas os itens I e II estão certos.

D) Apenas os itens I e III estão certos.

E) Todos os itens estão certos.

Gabarito: Alternativa B

QUESTÃO 17

(CESPE – CEBRASPE – Procuradoria-Geral do Município de São Paulo – 2023)

A concessionária de serviço público ALFA e o município de São Paulo celebraram contrato de concessão que previa a sujeição das partes à arbitragem em caso de desavenças. Por ter constatado o descumprimento de algumas das obrigações previstas no contrato, o município de São Paulo multou a empresa ALFA, que manifestou intenção de dar início ao procedimento arbitral. No entanto, o município recusou-se a assinar o compromisso arbitral.

Considerando a situação hipotética precedente, responda, justificadamente, de acordo com a legislação aplicável e a jurisprudência do Superior Tribunal de Justiça (STJ), aos seguintes questionamentos.

1 - **Qual é a diferença entre cláusula compromissória e compromisso arbitral? Como esses conceitos se aplicam à situação hipotética apresentada?**

2 - **Qual seria a medida judicial adequada para impor o procedimento de arbitragem ao poder concedente?**

3 - **Na hipótese de a concessionária ter justificado o descumprimento de certa obrigação pelo fato de o município tê-la determinado de forma unilateral no curso do contrato, tal questão poderá ser objeto de arbitragem?**

QUESTÃO 17

1	
2	
3	
4	
5	
6	
7	
8	
9	
10	
11	
12	
13	
14	
15	

15 LINHAS

▸ RESPOSTA DO AUTOR

1 - A cláusula compromissória e o compromisso arbitral são elementos da convenção de arbitragem, mas possuem naturezas distintas. A cláusula compromissória, prevista no artigo 4.º da Lei n.º 9.307/1996, é o acordo pelo qual as partes, previamente à ocorrência de qualquer litígio, convencionam submeter eventuais disputas à arbitragem. Já o compromisso arbitral, conforme o artigo 9.º da referida lei, é firmado após o surgimento do conflito e contém regras específicas para o procedimento arbitral, incluindo a definição dos árbitros, normas aplicáveis e demais elementos formais do processo arbitral.

No caso apresentado, a cláusula compromissória constante do contrato de concessão obriga as partes à arbitragem. Assim, a recusa do Município em assinar o compromisso arbitral não afasta a obrigatoriedade da submissão da controvérsia ao juízo arbitral, podendo a concessionária ALFA buscar a intervenção do Poder Judiciário para viabilizar o procedimento.

2 - Diante da negativa do Município em firmar o compromisso arbitral, a concessionária ALFA poderá ingressar com uma ação de execução da cláusula compromissória, conforme disposto no artigo 7.º da Lei n.º 9.307/1996. Caso o Município persista na recusa, o juízo competente poderá determinar a lavratura do compromisso arbitral, garantindo a instauração do procedimento. A jurisprudência do STJ corrobora

esse entendimento, considerando que ao Judiciário compete garantir a observância da convenção de arbitragem, uma vez que o juízo arbitral não possui poder coercitivo para obrigar uma parte a participar do procedimento.

3 - No contexto das concessões públicas, a arbitragem é frequentemente utilizada para discutir o reequilíbrio econômico-financeiro do contrato, dirimindo litígios relativos a direitos patrimoniais disponíveis, a teor do artigo 1º da Lei n.º 9.307/1996. No caso apresentado, se a concessionária justificar o descumprimento de uma obrigação em razão de uma determinação unilateral do Município, a questão poderá ser objeto de arbitragem quando envolver a recomposição do equilíbrio econômico-financeiro do contrato. No entanto, a arbitragem não poderá ser utilizada para questionar a legalidade ou a viabilidade jurídica da imposição unilateral de obrigações pelo Município, pois tal análise recai sobre o exercício das prerrogativas do poder concedente.

▶ CRITÉRIO DE CORREÇÃO DA BANCA

QUESITO 1

Conceito 0 – Não diferenciou a cláusula compromissória do compromisso arbitral ou o fez de forma totalmente equivocada.

Conceito 1 – Diferenciou a cláusula compromissória do compromisso arbitral, fundamentando sua resposta de maneira parcial ou insatisfatória, e não conectou os conceitos com a situação-problema.

Conceito 2 – Diferenciou a cláusula compromissória do compromisso arbitral, fundamentando sua resposta de maneira completa e satisfatória, e não conectou os conceitos com a situação-problema.

Conceito 3 – Diferenciou a cláusula compromissória do compromisso arbitral, fundamentando sua resposta de maneira completa e satisfatória, e conectou os conceitos com a situação-problema.

QUESITO 2

Conceito 0 – Não respondeu ou respondeu de forma totalmente equivocada acerca da medida judicial adequada.

Conceito 1 – Respondeu corretamente acerca da medida judicial adequada (ação de execução da cláusula compromissória*) e mencionou apenas um dos seguintes aspectos: (i) o juízo arbitral é desprovido de poderes coercitivos, razão pela qual a medida judicial é necessária**; (ii) jurisprudência do STJ; (iii) previsão na lei de arbitragem.

Conceito 2 – Respondeu corretamente acerca da medida judicial adequada (ação de execução da cláusula compromissória*) e mencionou apenas dois aspectos citados.

Conceito 3 – Respondeu corretamente acerca da medida judicial adequada (ação de execução da cláusula compromissória*) e mencionou todos os aspectos citados.

* Serão consideradas corretas também as seguintes expressões: (i) ação de execução; (ii) execução do contrato; (iii) ação de execução da cláusula compromissória; (iv) execução judicial; (v) processo de execução (fundado em título extrajudicial); ou (v) expressão similar, que indique a compreensão do rito processual adequado, de natureza executória. Não será considerada correta a indicação de ação ordinária ou em rito especial diverso da execução. Também será considerada como correta a resposta de que o Poder Judiciário pode rever a cláusula compromissória nos casos de cláusula patológica (STJ, CC 184495/SP).

** Será considerada como correta a resposta que diferenciar a cláusula compromissária vazia da cheia, indicando que a medida judicial somente é necessária se a cláusula compromissória for vazia.

QUESITO 3

Conceito 0 - Não tratou da possibilidade de submissão à arbitragem apenas de direitos patrimoniais disponíveis, prevista no art. 1.º da Lei n.º 9.307/1996.

Conceito 1 - Referiu-se à previsão do art. 1.º da Lei n.º 9.307/1996, mas não desenvolveu o tema ou o relacionou com a imposição de obrigações unilateralmente pela administração pública, e não abordou a viabilidade de poderem ser discutidas em arbitragem as repercussões econômico-financeiras da imposição da obrigação OU tratou apenas da possibilidade de discussão em arbitragem das repercussões econômico-financeiras da imposição da obrigação.

Conceito 2 - Tratou da previsão do art. 1.º da Lei n.º 9.307/1996 e a relacionou à questão da viabilidade de imposição unilateral de obrigações pela administração pública, mas não tratou das prerrogativas legais do concedente ou da mutabilidade das concessões, nem fez referência à viabilidade da discussão do equilíbrio econômico-financeiro.

Conceito 3 - Tratou da previsão do art. 1.º da Lei n.º 9.307/1996, relacionando-a com as prerrogativas legais do concedente de alteração contratual ou fez referência à mutabilidade das concessões; e abordou a viabilidade de discussão em arbitragem das repercussões econômicas da medida.

▸ DOUTRINA TEMÁTICA

A alteração legal promovida na Lei 9.307, de 1996, pela Lei 13.129, de 2015, pôs uma pá de cal na discussão outrora relevante sobre a possibilidade do uso da arbitragem para resolução de conflitos envolvendo a administração pública direta e indireta. A evolução da legislação tratada no capítulo anterior demonstra que antes da previsão expressa decorrente da alteração de 2015 a arbitragem já estava disseminada em legislações esparsas e vinha sendo inserida em diversos contratos.

Há que se questionar então a razão pela qual a lei foi modificada para prever expressamente algo que já era possível, mas que continha previsão legal expressa, porém esparsa. A jurisprudência dos Tribunais Superiores e o Tribunal de Contas da União, em que pese já contivesse à época da alteração legal diversos julgados confirmando o uso da arbitragem pela administração pública, eram titubeantes e não representavam segurança jurídica suficiente para que os gestores públicos inovassem e ampliassem o escopo de suas cláusulas e compromissos arbitrais.

A previsão legal decorrente da alteração de 2015 representa a consolidação de tendências já notadas em legislação esparsa e a sedimentação do entendimento jurisprudencial e doutrinário dominantes, abrindo caminho para a utilização da arbitragem de maneira geral pela administração pública e para discussões mais profundas sobre temas realmente relevantes ligados à arbitrabilidade objetiva e ao procedimento das arbitragens. A alteração legal representa, assim, um divisor de águas que possibilitou o aprofundamento de debates que almejavam a ampliação do escopo das convenções arbitrais envolvendo a administração pública (WALD, Arnoldo e LEMES, Selma Ferreira, 2022).

▸ JURISPRUDÊNCIA TEMÁTICA

STJ:

SÚMULA 485: A Lei de Arbitragem aplica-se aos contratos que contenham cláusula arbitral, ainda que celebrados antes da sua edição.

RECURSO ESPECIAL. PROCESSUAL CIVIL. ARBITRAGEM. INSTAURAÇÃO. PRAZO PRESCRICIONAL. INTERRUPÇÃO. LEI Nº 13.129/2015. FATOS ANTERIORES. IRRELEVÂNCIA.

1. A controvérsia dos autos resume-se a saber se a anterior instauração de procedimento arbitral constitui causa de interrupção do prazo prescricional, mesmo antes do advento da Lei nº 13.129/2015.

2. Nos exatos termos do art. 31 da Lei nº 9.307/1996, a sentença arbitral produz, entre as partes e seus sucessores, os mesmos efeitos da sentença proferida pelos órgãos do Poder Judiciário. A instauração do procedimento arbitral, entre outros efeitos, implica a interrupção do prazo prescricional.

3. A inequívoca iniciativa da parte em buscar a tutela dos seus direitos por um dos meios que lhes são disponibilizados, ainda que sem a intervenção estatal, é suficiente para derruir o estado de inércia sem o qual não é possível falar na perda do direito de ação pelo seu não exercício em prazo razoável. Modificação perpetrada pela Lei nº 13.129/2015 que veio somente para consolidar a orientação que já era adotada pela doutrina majoritária.

4. Uma vez interrompido o prazo prescricional pela instituição da arbitragem, volta ele a fluir a partir da data do ato que o interrompeu, ou do último ato do processo para o interromper, nos termos do parágrafo único do art. 202 do Código Civil, inteiramente aplicável à espécie, com as necessárias adaptações.

5. Hipótese em que o prazo prescricional da pretensão de cobrar aluguéis e demais consectários da locação foi interrompido com a instauração da primeira arbitragem, voltando a fluir com o trânsito em julgado de ação declaratória de nulidade da sentença arbitral.

6. Recurso especial não provido. (STJ. 3ª Turma. REsp 1.981.715-GO, Rel. Min. Ricardo Villas Bôas Cueva, julgado em 17/9/2024).

CIVIL E PROCESSUAL CIVIL. RECURSO ESPECIAL. AGRAVO DE INSTRUMENTO. EMBARGOS À EXECUÇÃO. TÍTULO EXTRAJUDICIAL. CONTRATO. CLÁUSULA DE ARBITRAGEM. JUÍZO ESTATAL. FORÇA COERCITIVA. HIGIDEZ DO TÍTULO. JURISDIÇÃO ARBITRAL.

1. A jurisprudência do STJ sedimentou o entendimento de que é possível a execução, no Poder Judiciário, de contrato que contenha cláusula de arbitragem, pois o juízo arbitral é desprovido de poderes coercitivos. Precedentes.

2. Nos embargos à execução de contrato com cláusula compromissória, a cognição do juízo estatal está limitada aos temas relativos ao processo executivo em si, sendo que as questões relativas à higidez do título devem ser submetidas à arbitragem, na linha do que dispõe o art. 8º, parágrafo único, da Lei nº 9.307/1996. Precedente.

3. Havendo necessidade de instauração do procedimento arbitral, o executado poderá pleitear a suspensão do feito executivo, nos termos do art. 919, § 1º, do Código de Processo Civil.

4. Recurso Especial não provido (STJ. 3ª Turma. REsp 2.032.426-DF, Rel. Min. Moura Ribeiro, Rel. para acórdão Min. Ricardo Villas Bôas Cueva, julgado em 11/4/2023)

QUESTÕES DE CONCURSO RELACIONADAS

1. (CESPE – CEBRASPE – AGU – Advogado da União – 2023)

Considerando a teoria geral do processo, as fontes do direito processual, o sistema de justiça multiportas, os meios alternativos de solução de conflitos e a jurisdição, assinale a opção correta.

A) A União, os estados, o Distrito Federal e os municípios poderão criar câmaras de prevenção e resolução administrativa de conflitos entre entes públicos, vedada a admissibilidade dos pedidos de solução de conflitos entre entes públicos e particulares.

B) São consideradas fontes da norma processual, entre outras, os negócios jurídicos processuais.

C) O exercício das atividades jurisdicionais é exclusivo do Poder Judiciário.

D) Os conciliadores atuarão, preferencialmente, nos processos judiciais em que houver prévio vínculo com as partes, podendo sugerir soluções para o litígio.

E) O escopo político da jurisdição é a pacificação de sujeitos ou de grupos em litígio, mediante a solução de seus conflitos.

Gabarito: Alternativa B

2. (CESPE – CEBRASPE – PGE/MS – Procurador do Estado – 2021)

Após o procedimento licitatório, o governo de determinado estado da Federação firmou contrato com a empresa Silva & Silva Ltda., com o objetivo de construir obras de infraestrutura. As partes contratantes firmaram cláusula compromissória arbitral. No curso da obra, ocorreu divergência entre os contratantes acerca de conteúdo da obra e valores, de modo que foi instituído o procedimento arbitral para solucionar a controvérsia. Após o regular procedimento, o árbitro proferiu sentença condenando o poder público a pagar o valor equivalente a um milhão e meio de reais à empresa contratada. Tendo essa situação hipotética como referencia inicial, assinale a opção correta.

A) A sentença arbitral que julgar parcialmente procedente ou improcedente o pedido poderá ser impugnada mediante recurso endereçado ao tribunal arbitral a que estiver vinculado o árbitro sentenciante.

B) Em decorrência do valor da condenação, a sentença arbitral proferida deve ser obrigatoriamente submetida à revisão necessária junto ao respectivo tribunal de justiça do estado condenado.

C) Compete ao árbitro ou tribunal arbitral executar as sentenças condenatórias por eles proferidas.

D) A competência para processar um eventual pedido de nulidade da sentença arbitral é do tribunal arbitral a que estiver vinculado o árbitro sentenciante.

E) Não cabe recurso contra a sentença arbitral, mas havendo causa que provoque a sua nulidade, qualquer das partes envolvidas no conflito poderá requerer a sua declaração junto ao Poder Judiciário.

Gabarito: Alternativa E

QUESTÃO 18

(FUNDATEC – Procuradoria-Geral do Estado do Rio Grande do Sul – 2021)

Quais as funções das normas que distribuem o ônus da prova no processo civil? Quais as relações dessas normas com as normas fundamentais do Código de Processo Civil? Fundamente sua resposta.

QUESTÃO 18

15 LINHAS

▸ RESPOSTA DO AUTOR

As normas que distribuem o ônus da prova no processo civil possuem duas funções fundamentais: a de norma de conduta e a de norma de julgamento. Como norma de conduta, sua função é orientar as partes quanto à alocação dos riscos da ausência de prova, estabelecendo previamente quem deve provar quais fatos, de modo que cada parte tem conhecimento antecipado sobre quais elementos probatórios deve apresentar para sustentar sua pretensão ou defesa, garantindo-se previsibilidade e coerência ao processo judicial. Já como norma de julgamento, sua função é fornecer ao juiz um critério objetivo para decidir em situações em que os fatos permanecem incertos devido à insuficiência probatória, impedindo que o juiz deixe de proferir uma decisão e assegurando que nenhuma parte seja injustamente beneficiada ou prejudicada pela ausência de provas.

No que concerne à sua dimensão de norma de conduta, a distribuição do ônus da prova está diretamente relacionada a princípios fundamentais do processo civil, como a boa-fé e a colaboração. A boa-fé processual, entendida como a proteção da confiança das partes em relação à previsibilidade do processo, assegura que as partes tenham clareza sobre seus deveres probatórios e possam estruturar adequadamente suas estratégias processuais. Ademais, a colaboração entre as partes e o juiz reforça o dever de auxílio, especialmente nos casos em que se aplica a inversão ou dinamização do ônus da prova, possibilitando uma distribuição mais equitativa da carga probatória conforme as circunstâncias do caso concreto. Por fim, a vedação à surpresa assegura que as partes não sejam surpreendidas por decisões inesperadas quanto à responsabilidade probatória, promovendo um processo mais justo e transparente.

Por outro lado, enquanto norma de julgamento, a distribuição do ônus da prova guarda relação com o princípio da legalidade, na medida em que o juiz deve decidir com base em critérios objetivos previamente estabelecidos, impedindo soluções arbitrárias. Tal normatividade está prevista no artigo 373 do CPC, que estabelece a regra geral de distribuição do ônus da prova, bem como admite a sua redistribuição em casos específicos.

▸ CRITÉRIO DE CORREÇÃO DA BANCA

1 - Funções: norma de conduta e norma de julgamento. Como norma de conduta, visa a informar as partes a respeito da alocação dos riscos da ausência de prova. Como norma de julgamento, visa a fornecer ao juiz um critério objetivo para decidir em caso de inesclarecibilidade dos fatos (15,0 pontos)

Distribuição dos pontos:

15,0 – Abordou plenamente.

7,5 – Abordou parcialmente.

0,0 – Não abordou.

2 - Relação com as normas fundamentais: em relação à norma de conduta, está ligada à boa-fé como proteção da confiança, à colaboração como dever de auxílio (no caso de inversão ou dinamização) e vedação à surpresa. Em relação à norma de julgamento, está ligada à necessidade de legalidade (10,0 pontos)

Distribuição dos pontos:

10,0 – Abordou plenamente.

5,0 – Abordou parcialmente.

0,0 – Não abordou.

▸ DOUTRINA TEMÁTICA

> A norma que distribui o ônus da prova (art. 373, CPC) tem uma dupla finalidade no processo civil brasileiro contemporâneo. Serve como guia para as partes, funcionando, assim, como uma regra de instrução, com o que visa estimular as partes à prova de suas alegações e a adverti-las dos riscos que correm ao não as provar. Serve ainda como um guia para o juiz, no que aparece como uma regra de julgamento, a fim de que o órgão jurisdicional, diante de uma situação de dúvida invencível sobre as alegações de fato da causa, possa decidi-la sem arbitrariedade, formalizando o seu julgamento com a aplicação do art. 373, CPC.
>
> Como regra de instrução, o ônus da prova visa estimular as partes a bem desempenharem os seus encargos probatórios e adverti-las dos riscos inerentes à ausência de prova de suas alegações. Serve para a boa formação do material probatório da causa, condição para que se possa chegar a uma solução justa para o litígio. Partindo-se da perspectiva do ônus da prova como regra de instrução é que se pode falar em dinamização do ônus da prova e em inversão do ônus de provar.
>
> Como regra de instrução, o ônus da prova visa estimular as partes a bem desempenharem os seus encargos probatórios e adverti-las dos riscos inerentes à ausência de prova de suas alegações. Serve para a boa formação do material probatório da causa, condição para que se possa chegar a uma solução justa para o litígio. Partindo-se da perspectiva do

ônus da prova como regra de instrução é que se pode falar em dinamização do ônus da prova e em inversão do ônus de provar.

No plano da atribuição do ônus da prova, pode-se ter uma distribuição fixa do ônus da prova ou uma distribuição dinâmica. A atribuição fixa do ônus da prova ocorre quando a legislação desde logo afirma, a priori e abstratamente, a quem se imputa o prejuízo em razão da falta de prova sobre determinada espécie de alegação. É o que está no art. 373, caput, CPC. De outro lado, o ônus da prova pode ser atribuído de maneira dinâmica, a partir do caso concreto pelo juiz da causa, a fim de atender à paridade de armas entre os litigantes e às especificidades do direito material afirmado em juízo, tal como ocorre na previsão do art. 373, § 1.º, CPC. Não há nenhum óbice constitucional ou infraconstitucional à dinamização do ônus da prova no processo civil brasileiro. Muito pelo contrário. À vista de determinados casos concretos, pode se afigurar insuficiente, para promover o direito fundamental à tutela jurisdicional adequada e efetiva, uma regulação fixa do ônus da prova, em que se reparte prévia, abstrata e aprioristicamente o encargo de provar. Em semelhantes situações, tem o órgão jurisdicional, atento à circunstância de o direito fundamental ao processo justo implicar direito fundamental à prova, dinamizar o ônus da prova, atribuindo-o a quem se encontre em melhores condições de provar. Assim, cumprirá o órgão judicial com o seu dever de auxílio, inerente à colaboração. Providência desse corte visa superar a probatio diabolica, possibilitando um efetivo acesso à justiça. Nesse sentido, dentro de um processo civil organizado a partir da ideia de colaboração, deve o juiz, no cumprimento de seu dever de auxílio para com as partes, dinamizar o ônus da prova sempre que as suas condicionantes materiais e processuais se façam presentes, a fim de outorgar tutela jurisdicional adequada e efetiva mediante um processo justo. Não pode o juiz, em hipótese alguma, contudo, dinamizar o ônus da prova na ausência de quaisquer de suas condicionantes. A dinamização importa na atribuição do ônus de provar àquela parte que tem a maior facilidade probatória (MARINONI, 2023).

▶ JURISPRUDÊNCIA TEMÁTICA

STJ:

PROCESSUAL CIVIL E AMBIENTAL. RECONVENÇÃO. POSSIBILIDADE DE LITISCONSÓRCIO. FUNDAMENTO NÃO ATACADO. SÚMULA 283/STF. CONSTRUÇÃO DE HIDRELÉTRICA. DANO AMBIENTAL. ART. 373, § 1º, DO CÓDIGO DE PROCESSO CIVIL. INVERSÃO DO ÔNUS DA PROVA. POSSIBILIDADE. PROVA PERICIAL. RESPONSABILIDADE PELAS CUSTAS.

1. Cuida-se, na origem, de Ação de Reintegração de Posse movida pela recorrente contra os recorridos. Processada a demanda, houve ajuizamento de Reconvenção, cujo objeto é a reparação por danos materiais e morais decorrentes da ocupação da área em disputa, tendo havido decisão judicial de inversão do ônus da prova e determinação de que os honorários periciais recaiam sobre a empresa, ora recorrente.

2. Acerca da inversão do ônus da prova, nenhum reparo merece o acórdão recorrido. Em perfeita sintonia com a Constituição de 1988, o art. 373, § 1º, do Código de Processo Civil reproduz, na relação processual, a transição da isonomia formal para a isonomia material, mutação profunda do paradigma dos direitos retóricos para o paradigma dos direitos operativos, pilar do Estado Social de Direito. Não se trata, contudo, de prerrogativa judicial irrestrita, pois depende ora de previsão legal (direta ou indireta, p. ex., como consectário do princípio da precaução), ora, na sua falta, de peculiaridades da causa, associadas quer à impossibilidade ou a excessivo custo ou complexidade de cumprimento do encargo probante, quer à maior capacidade de obtenção da prova pela parte contrária. Naquela hipótese, em reação à natureza espinhosa da produção probatória, a inversão foca em dificuldade do beneficiário da inversão; nesta, prestigia a maior facilidade, para tanto, do detentor da prova do fato contrário. Qualquer elemento probatório, pontualmente - ou

todos eles conjuntamente -, pode ser objeto da decretação de inversão, desde que haja adequada fundamentação judicial.

3. A alteração ope legis ou ope judicis da sistemática probatória ordinária leva consigo o custeio da carga invertida, não como dever, mas como simples faculdade. Logo, não equivale a compelir a parte gravada a pagar ou a antecipar pagamento pelo que remanescer de ônus do beneficiário. Modificada a atribuição, desaparece a necessidade de a parte favorecida provar aquilo que, daí em diante, integrar o âmbito da inversão. Ilógico e supérfluo, portanto, requisitar produza o réu prova de seu exclusivo interesse disponível, já que a omissão em nada prejudicará o favorecido ou o andamento processual. Ou seja, a inversão não implica transferência ao réu de custas de perícia requerida pelo autor da demanda, pois de duas, uma: ou tal prova continua com o autor e somente a ele incumbe, ou a ele comumente cabia e foi deslocada para o réu, titular da opção de, por sua conta e risco, cumpri-la ou não. Claro, se o sujeito titular do ônus invertido preferir não antecipar honorários periciais referentes a seu encargo probatório, presumir-se-ão verdadeiras as alegações da outra parte.

5. Recurso Especial parcialmente conhecido e, nessa parte, não provido (REsp 1807831/RO, Rel. Ministro HERMAN BENJAMIN, SEGUNDA TURMA, julgado em 07/11/2019, DJe 14/09/2020).

CIVIL. PROCESSUAL CIVIL. AÇÃO DE REPARAÇÃO DE DANOS MATERIAIS E MORAIS EM DECORRÊNCIA DE RELAÇÃO DE CONSUMO. ALEGAÇÃO DO RÉU DE QUE OS REQUISITOS PARA A INVERSÃO DO ÔNUS DA PROVA NÃO ESTÃO PRESENTES. RECORRIBILIDADE IMEDIATA COM BASE NO ART. 1.015, XI, DO CPC/15. POSSIBILIDADE. REGRA DE CABIMENTO DO AGRAVO DE INSTRUMENTO QUE SE INTERPRETA EM CONJUNTO COM O ART. 373, §1º, DO CPC/15. AGRAVO DE INSTRUMENTO CABÍVEL NAS HIPÓTESES DE DISTRIBUIÇÃO DINÂMICA DO ÔNUS DA PROVA E DE INVERSÃO DO ÔNUS DA PROVA. INSTITUTOS DISTINTOS, MAS SEMELHANTES QUANTO À NATUREZA, JUSTIFICATIVA, MOMENTO DE APLICAÇÃO E EFEITOS. INDISPENSÁVEL NECESSIDADE DE PERMITIR À PARTE A DESINCUMBÊNCIA DO ÔNUS DE PROVAR QUE, POR DECISÃO JUDICIAL, FORA IMPOSTO NO CURSO DO PROCESSO.

1- Ação proposta em 20/08/2015. Recurso especial interposto em 21/09/2017 e atribuído à Relatora em 13/03/2018.

2- O propósito recursal é definir se cabe agravo de instrumento, com base nos arts. 1.015, XI e 373, §1º, do CPC/15, contra a decisão interlocutória que versa sobre a inversão do ônus da prova nas ações que tratam de relação de consumo.

3- No direito brasileiro, o ônus da prova é disciplinado a partir de uma regra geral prevista no art. 373, I e II, do CPC/15, denominada de distribuição estática do ônus da prova, segundo a qual cabe ao autor provar o fato constitutivo do direito e cabe ao réu provar o fato impeditivo, modificativo ou extintivo do direito do autor, admitindo-se, ainda, a existência de distribuição estática do ônus da prova de forma distinta da regra geral, caracterizada pelo fato de o próprio legislador estabelecer, previamente, a quem caberá o ônus de provar fatos específicos, como prevê, por exemplo, o art. 38 do CDC.

4- Para as situações faticamente complexas insuscetíveis de prévia catalogação pelo direito positivo, a lei, a doutrina e a jurisprudência passaram a excepcionar a distribuição estática do ônus da prova, criando e aplicando regras de distribuição diferentes daquelas estabelecidas em lei, contexto em que surge a regra de inversão do ônus da prova prevista no art. 6º, VIII, do CDC, e a teoria da distribuição dinâmica do ônus da prova, reiteradamente aplicada por esta Corte mesmo antes de ser integrada ao direito positivo, tendo ambas - inversão e distribuição dinâmica - a característica de permitir a modificação judicial do ônus da prova (modificação ope judicis).

5- As diferentes formas de se atribuir o ônus da prova às partes se reveste de acentuada relevância prática, na medida em que a interpretação conjunta dos arts. 1.015, XI, e 373, §1º, do CPC/15, demonstra que nem todas as decisões interlocutórias que versem sobre o ônus da prova são recorríveis de imediato, mas, sim, apenas àquelas proferidas nos exatos moldes delineados pelo art. 373, §1º, do CPC/15.

6- O art. 373, §1º, do CPC/15, contempla duas regras jurídicas distintas, ambas criadas para excepcionar à regra geral, sendo que a primeira diz respeito à atribuição do ônus da prova, pelo juiz, em hipóteses previstas em lei, de que é exemplo a inversão do ônus da prova prevista no art. 6º, VIII, do CDC, e a segunda diz respeito à teoria da distribuição dinâmica do ônus da prova, incidente a partir de peculiaridades da causa que se relacionem com a impossibilidade ou com a excessiva dificuldade de se desvencilhar do ônus estaticamente distribuído ou, ainda, com a maior facilidade de obtenção da prova do fato contrário.

7- Embora ontologicamente distintas, a distribuição dinâmica e a inversão do ônus têm em comum o fato de excepcionarem a regra geral do art. 373, I e II, do CPC/15, de terem sido criadas para superar dificuldades de natureza econômica ou técnica e para buscar a maior justiça possível na decisão de mérito e de se tratarem de regras de instrução que devem ser implementadas antes da sentença, a fim de que não haja surpresa à parte que recebe o ônus no curso do processo e também para que possa a parte se desincumbir do ônus recebido.

8- Nesse cenário, é cabível a impugnação imediata da decisão interlocutória que verse sobre quaisquer das exceções mencionadas no art. 373, §1º, do CPC/15, pois somente assim haverá a oportunidade de a parte que recebe o ônus da prova no curso do processo dele se desvencilhar, seja pela possibilidade de provar, seja ainda para demonstrar que não pode ou que não deve provar, como, por exemplo, nas hipóteses de prova diabólica reversa ou de prova duplamente diabólica.
9- Recurso especial conhecido e provido (REsp 1729110/CE, Rel. Ministra NANCY ANDRIGHI, TERCEIRA TURMA, julgado em 02/04/2019, DJe 04/04/2019).

QUESTÕES DE CONCURSO RELACIONADAS

1. (FCC – PGE/AP – Procurador do Estado – 2018)

Em relação às provas:

A) as provas no sistema processual civil pátrio obedecem a uma hierarquia de valores, tendo a confissão como a de maior valor e a prova testemunhal como a de menor valor.

B) caberá ao juiz, desde que requerido pelas partes, determinar as provas necessárias ao julgamento do mérito, indeferindo por despacho as diligências inúteis ou procrastinatórias.

C) a distribuição diversa do ônus da prova é possível, por acordo das partes, desde que tenha ocorrido durante o processo e não torne excessivamente difícil a uma parte o exercício do direito.

D) preservado o direito de não propor prova contra si própria, incumbe à parte comparecer em juízo, respondendo ao que lhe for perguntado; colaborar com o juízo na realização de inspeção judicial que for considerada necessária; e praticar o ato que lhe for determinado.

E) a produção antecipada da prova, na qual não se julga o mérito da causa, previne a competência do juízo para a ação que venha a ser proposta.

Gabarito: Alternativa D

2. (FMP Concursos – PGE/AC – Procurador do Estado – 2017)

Considere as seguintes afirmativas sobre o tema das provas no âmbito do Código de Processo Civil. Assinale a alternativa INCORRETA

A) Nos casos previstos em lei ou diante de peculiaridades da causa relacionadas à impossibilidade ou à excessiva dificuldade de cumprir o encargo nos termos do caput ou à maior facilidade de obtenção da prova do fato contrário, poderá o juiz atribuir o ônus da prova de modo diverso, desde que o faça por decisão fundamentada, caso em que deverá dar à parte a oportunidade de se desincumbir do ônus que lhe foi atribuído.

B) A carta precatória e a carta rogatória não devolvidas no prazo, ainda que concedidas sem efeito suspensivo, não poderão ser juntadas aos autos.

C) O juiz aplicará as regras de experiência comum subministradas pela observação do que ordinariamente acontece e, ainda, as regras de experiência técnica, ressalvado, quanto a estas, o exame pericial.

D) A parte que alegar direito municipal, estadual, estrangeiro ou consuetudinário provar-lhe-á o teor e a vigência, se assim o juiz determinar.

E) Ninguém se exime do dever de colaborar com o Poder Judiciário para o descobrimento da verdade.

Gabarito: Alternativa B

QUESTÃO 19

(FUNDATEC – Procuradoria-Geral do Estado do Rio Grande do Sul – 2021)

Disserte acerca do instituto da tutela inibitória, abordando a sua finalidade e a necessidade, ou não, de alegação de fato danoso para a obtenção de tutela de urgência. Fundamente sua resposta.

QUESTÃO 19

15 LINHAS

▶ RESPOSTA DO AUTOR

A tutela inibitória configura-se como uma modalidade de tutela jurisdicional diferenciada, com o objetivo de impedir a prática, a continuação ou a reiteração de um ato ilícito. Diferentemente da tutela cautelar, que visa garantir a efetividade do processo, e da tutela ressarcitória, que busca a reparação de danos, a tutela inibitória possui caráter preventivo e autônomo, fundamentando-se na necessidade de obstar condutas ilícitas antes mesmo da produção de eventuais danos.

Nos termos do artigo 497, parágrafo único, do CPC, a concessão da tutela inibitória independe da demonstração de culpa, dolo ou da ocorrência de prejuízo concreto, bastando a existência de um ato contrário ao direito. Assim, a tutela inibitória atua na esfera da prevenção e da cessação de ilícitos, dispensando a comprovação de dano efetivo. Essa característica se alinha ao princípio geral da prevenção, previsto no artigo 12 do CC/02, que autoriza o requerimento para que cesse a ameaça ou a lesão a um direito da personalidade.

Além disso, a tutela inibitória encontra respaldo constitucional, especialmente no artigo 5º, inciso XXXV, da CF, que assegura acesso ao Judiciário não apenas para reparar lesões a direitos, mas também para prevenir a sua consumação. O caput do mesmo artigo, combinado com o inciso X, reforça a necessidade de proteção contra violações a direitos fundamentais, como a honra, a imagem e a privacidade, permitindo a adoção de medidas inibitórias para impedir a perpetuação de atos ilícitos.

No que tange à concessão da tutela de urgência em sede de tutela inibitória, a interpretação sistemática dos artigos 300 e 497, parágrafo único, do CPC/2015, revela que a antecipação dos efeitos da tutela inibitória independe da demonstração de dano irreparável ou de difícil reparação. Para tanto, basta a comprovação do receio de ineficácia do provimento final, ou seja, a plausibilidade de que, caso a medida não seja concedida de imediato, o ilícito possa se perpetuar ou se tornar irreversível.

Diante do exposto, a tutela inibitória exerce um papel fundamental na proteção de direitos ao impedir a concretização ou a continuidade de atos ilícitos, sem que seja necessária a demonstração de um dano efetivo. Sua previsão no ordenamento jurídico reflete uma evolução no sentido da proteção preventiva, garantindo maior efetividade na tutela dos direitos e evitando que o ilícito se perpetue até que eventuais danos sejam causados e necessitem de posterior reparação.

▸ CRITÉRIO DE CORREÇÃO DA BANCA

1 - Finalidade da tutela inibitória: visa a inibir a prática, a continuação ou a reiteração de um ato ilícito. Com isso, a tutela inibitória é uma tutela preventiva contra o ilícito, que independe do fato danoso (10,0 pontos)

Distribuição dos pontos:

10,0 – Abordou plenamente.

5,0 – Abordou parcialmente.

0,0 – Não abordou.

2 - Tutela de urgência em tutela inibitória: em uma leitura sistemática dos arts. 300 e 497, parágrafo único, CPC, a tutela inibitória antecipada independe da demonstração de dano irreparável ou de difícil reparação. Basta a demonstração do receio de ineficácia do provimento ao final para inibir a prática, a continuação ou a reiteração do ato ilícito (15,0 pontos)

Distribuição dos pontos:

15,0 – Abordou plenamente.

7,5 – Abordou parcialmente.

0,0 – Não abordou.

▸ DOUTRINA TEMÁTICA

O art. 497, parágrafo único, CPC, menciona expressamente a existência do direito à tutela inibitória e o direito à tutela de remoção do ilícito, conformando desde logo o âmbito temático da causa de pedir, da defesa, da prova e da sentença nas ações que visam à tutela inibitória ou à tutela de remoção do ilícito. A tutela inibitória visa a inibir a prática, a repetição ou a continuação de um ilícito. É uma tutela genuinamente preventiva. Tem como pressuposto a probabilidade da prática, da repetição ou da continuação de ato contrário ao direito. Exemplos: a) inibição da divulgação de notícia lesiva à personalidade; b) inibição da repetição do uso de marca comercial; c) inibição da repetição da prática de atos de concorrência desleal; d) inibição da continuação de atividade poluidora do meio ambiente. A tutela de remoção do ilícito tem por finalidade eliminar uma situação de ilicitude ou remover os efeitos concretos derivados de uma ação ilícita. É uma tutela repressiva em relação ao ilícito. Tem como pressuposto a ocorrência de ilícito que deixou efeitos concretos continuados. Exemplos: a) remoção de cartazes publicitários que configuram concorrência desleal; b) busca e apreensão de produto exposto à venda cujo conteúdo contém composto proibido por norma de proteção à saúde; c) demolição de obra construída em local proibido pela legislação ambiental; d) remoção de lixo tóxico despejado em local não autorizado. Como a tutela inibitória e a tutela de remoção do ilícito são tutelas contra o ato ilícito, não participam da causa de pedir, da defesa, da prova e da sentença – vale dizer, não integram o debate processual, não compõem o mérito da causa – alegações concernentes ao fato danoso temido ou eventualmente ocorrido, bem como atinentes à existência de dolo ou culpa do demandado.

(...)

A tutela específica mediante prestações de fazer ou de não fazer pode ser prestada de maneira final ou antecipada. A sua prestação de forma antecipada é regida pelos arts. 294 a 311, CPC – porém, com as devidas adaptações derivadas do direito material, em grande parte ignoradas na disciplina das chamadas tutelas provisórias. A tutela inibitória antecipada, por exemplo, não tem como pressuposto "perigo de dano" (art. 300, CPC). Essa tutela tem como pressuposto um a demonstração do perigo na demora da prestação da tutela final, perigo evidenciado pela possibilidade de que o ato contrário ao direito seja praticado (ou que seja repetido ou continuado) antes da prolação da sentença. O perigo na demora não constitui perigo de dano, mas sim de que o ato contrário ao direito seja praticado ou possa prosseguir ou se repetir (MARINONI, 2023).

▸ JURISPRUDÊNCIA TEMÁTICA

STJ:

PROPRIEDADE INDUSTRIAL. AGRAVO INTERNO NO AGRAVO EM RECURSO ESPECIAL. AÇÃO COMINATÓRIA E INDENIZATÓRIA. ATOS DE CONCORRÊNCIA DESLEAL. ALEGADA UTILIZAÇÃO INDEVIDA DE CONJUNTO-IMAGEM (TRADE DRESS). RELAÇÃO DE TRATO CONTINUADO. PRETENSÃO INIBITÓRIA. PRESCRIÇÃO. INOCORRÊNCIA. DANO RENOVADO E CONTINUADO. AGRAVO INTERNO PROVIDO.

1. A utilização indevida de conjunto-imagem (trade dress), com embalagens semelhantes para produtos que exploram a mesma atividade econômica, configura ilícito continuado, que se renova periodicamente.

2. A prescrição, tanto para a tutela reparatória quanto para a inibitória, afeta apenas o período antecedente ao marco temporal prescricional, mas não as ocorrências registradas em período mais recente e, portanto, não alcançado pelo lapso prescricional.

3. A prescrição não tem o condão de tornar lícita uma atuação, que se repete no trato continuado, a qual a lei repudia.

4. Agravo interno provido para conhecer do agravo e dar provimento ao recurso especial (AgInt no AREsp n. 2.107.167/SP, relator Ministro João Otávio de Noronha, relator para acórdão Ministro Raul Araújo, Quarta Turma, julgado em 7/3/2023, DJe de 26/5/2023).

QUESTÕES DE CONCURSO RELACIONADAS

1. (FUNDATEC – PGE/RS – Procurador do Estado – 2021)

Sobre a tutela dos direitos, é INCORRETO afirmar que:

A) A tutela inibitória é uma tutela preventiva contra o ilícito, que exige, porém, a alegação e prova do fato danoso para a sua concessão de forma definitiva.

B) A tutela dos direitos promovida pelo processo envolve um duplo discurso: a prolação de uma decisão justa para o caso e a promoção da unidade do direito mediante precedentes.

C) A tutela de remoção do ilícito é uma tutela repressiva contra o ilícito, que independe de alegação de dolo, culpa ou dano para a sua concessão.

D) A tutela específica é aquela que entrega à parte aquilo, tudo aquilo e exatamente aquilo que ela tem direito no plano do direito material.

E) A tutela ressarcitória é uma tutela contra o fato danoso.

Gabarito: Alternativa A

QUESTÃO 20

(FUNDATEC – Procuradoria-Geral do Estado do Rio Grande do Sul – 2021)

O Código de Processo Civil de 2015, refletindo uma necessidade constitucional, consagra a figura do precedente judicial. Diante disso, disserte sobre (I) o seu campo de incidência; (II) seus objetivos; (III) a sua natureza; (IV) ratio decidendi e o obiter ductum; e (V) distinção e superação de precedentes.

QUESTÃO 20

30 LINHAS

▸ RESPOSTA DO AUTOR

O Código de Processo Civil de 2015 consagrou a figura dos precedentes judiciais como um mecanismo essencial para garantir a uniformidade, integridade e coerência da jurisprudência, refletindo a influência do sistema do sistema common law no direito brasileiro.

No que concerne ao seu campo de incidência, há divergências doutrinárias sobre sua amplitude. Para parte da doutrina, trata-se de norma ligada às fontes do direito e, portanto, aplicável ao ordenamento jurídico como um todo, independentemente de sua previsão expressa em lei. Assim, os precedentes não estariam restritos ao processo civil, mas se estenderiam a todas as esferas do direito. Em contrapartida, outra vertente defende que se trata de uma norma de caráter eminentemente processual, voltada à gestão de casos repetitivos e cuja autoridade somente se manifesta nos casos em que a legislação expressamente atribui efeito vinculante.

Os objetivos dos precedentes judiciais também são objeto de divergência doutrinária. Para uma parte da doutrina, a principal finalidade desse instituto é a promoção dos princípios da segurança jurídica, da liberdade e da igualdade, assegurando a unidade do direito e proporcionando previsibilidade às decisões judiciais. Por outro lado, há quem sustente que sua principal função está ligada à eficiência na gestão de casos repetitivos, permitindo uma maior racionalização da atividade jurisdicional.

A respeito da sua natureza, os precedentes podem ser compreendidos sob diferentes perspectivas. Para parte da doutrina, constituem normas jurídicas e fontes primárias do direito, especialmente aqueles oriundos das Cortes Supremas, sendo, portanto, obrigatórios ou vinculantes. Em outro entendimento, os precedentes configuram uma técnica processual voltada à eficiência da Justiça Civil, podendo ser provenientes tanto das Cortes Supremas quanto das Cortes de Justiça, sempre com caráter obrigatório ou vinculante.

Outro ponto essencial para a compreensão do instituto dos precedentes judiciais refere-se à distinção entre a ratio decidendi e obiter dictum. A ratio decidendi corresponde às razões necessárias e suficientes para a solução de uma determinada questão jurídica, sendo a parte vinculante da decisão. Esse conceito, também conhecido como holding, representa o núcleo normativo do precedente. Já o obiter dictum abrange as razões expendidas de maneira incidental na decisão, consistindo em comentários laterais que não integram a ratio decidendi e, por esse motivo, não possuem caráter vinculante.

Por fim, os precedentes podem ser objeto de distinção (distinguishing) ou superação (overruling). A distinção consiste em técnica que visa separar casos que não são idênticos ou suficientemente semelhantes para justificar a aplicação do mesmo precedente, retirando-os de sua incidência. Qualquer juiz ou tribunal pode realizar essa análise. A superação, por outro lado, permite o desenvolvimento do direito ao possibilitar a revogação, total ou parcial, de um precedente anterior. Diferentemente do distinguishing, o overruling somente pode ser realizado pela Corte que originou o precedente, garantindo a necessária segurança jurídica e a previsibilidade das decisões judiciais.

Com efeito, o CPC/2015 consolidou a importância dos precedentes judiciais no ordenamento jurídico brasileiro, promovendo maior estabilidade e coerência à jurisprudência, ao mesmo tempo em que admite mecanismos para sua revisão e evolução conforme as necessidades sociais e jurídicas.

▸ CRITÉRIO DE CORREÇÃO DA BANCA

1 - Campo de Incidência (I) Para parte da doutrina, trata-se de norma ligada às fontes do direito e, portanto, aplica-se ao direito como um todo. Não está restrito ao campo do processo civil e sua autoridade independe de positivação legal (5,0 pontos)

Distribuição dos pontos:

5,0 – Abordou plenamente.

2,5 – Abordou parcialmente.

0,0 – Não abordou.

2 - Campo de Incidência (II) Para outra parte, trata-se de norma restrita ao campo do processo civil, porque visa simplesmente à gestão de casos repetitivos. A sua autoridade está restrita aos casos em que a lei expressamente aponta o efeito vinculante (5,0 pontos)

Distribuição dos pontos:

5,0 – Abordou plenamente.

2,5 – Abordou parcialmente.

0,0 – Não abordou.

3 - Objetivos (I) Para parte da doutrina, promover os princípios da segurança jurídica, da liberdade e da igualdade, fomentando assim a unidade do direito (5,0 pontos)

Distribuição dos pontos:

5,0 – Abordou plenamente.

2,5 – Abordou parcialmente.

0,0 – Não abordou.

4 - Objetivos (II) Para outra parte, gestão de casos repetitivos (5,0 pontos)

Distribuição dos pontos:

5,0 – Abordou plenamente.

2,5 – Abordou parcialmente.

0,0 – Não abordou.

5 - Natureza (I) Para parte da doutrina, constitui norma jurídica, fonte primária do direito, oriundos das Cortes Supremas, caracterizando-os como obrigatórios ou vinculantes (5,0 pontos).

Distribuição dos pontos:

5,0 – Abordou plenamente.

2,5 – Abordou parcialmente.

0,0 – Não abordou.

6 - Natureza (II) Para outra parte, técnica processual voltada à eficiência da Justiça Civil, oriundos tanto das Cortes de Justiça como das Cortes Supremas, caracterizando-os como obrigatórios ou vinculantes (5,0 pontos)

Distribuição dos pontos:

5,0 – Abordou plenamente.

2,5 – Abordou parcialmente.

0,0 – Não abordou.

7 - *Ratio Decidendi* são as razões necessárias e suficientes para a solução de uma dada questão. É a parte vinculante das razões. Também é conhecida como holding (5,0 pontos)

Distribuição dos pontos:

5,0 – Abordou plenamente.

2,5 – Abordou parcialmente.

0,0 – Não abordou.

8 - *Obiter Dictum* são as razões expendidas de passagem, são os comentários laterais, que não compõem a *ratio decidendi* e, por essa razão, não são vinculantes (5,0 pontos)

Distribuição dos pontos:

5,0 – Abordou plenamente.

2,5 – Abordou parcialmente.

0,0 – Não abordou.

9 - Distinção é uma técnica que visa a separar casos que não são semelhantes ou idênticos a fim de retirá-los do âmbito de incidência de dado precedente. Qualquer juiz ou tribunal pode fazê-lo (5,0 pontos).

Distribuição dos pontos:

5,0 – Abordou plenamente.

2,5 – Abordou parcialmente.

0,0 – Não abordou.

10 - Superação é uma técnica que visa a viabilizar o desenvolvimento do direito, permitindo a revogação, no todo ou em parte, de um dado precedente. Apenas a Corte da qual emanou o precedente pode superá-lo (5,0 pontos)

Distribuição dos pontos:

5,0 – Abordou plenamente.

2,5 – Abordou parcialmente.

0,0 – Não abordou.

DOUTRINA TEMÁTICA

Precedentes são razões necessárias e suficientes para solução de uma questão devidamente precisada do ponto de vista fático-jurídico obtidas por força de reconstruções lógico-argumentativas empreendidas a partir do julgamento de casos pela unanimidade ou pela maioria de um colegiado integrante de uma Corte Suprema. Como resultam de interpretações de textos dotados de autoridade jurídica ou de elementos não textuais integrantes da ordem jurídica formuladas por cortes encarregadas de dar a última palavra sobre o significado do direito constitucional ou do direito federal, os precedentes são sempre obrigatórios, isto é, têm sempre força vinculante. Não têm a função de ilustração do direito e não têm a função de persuasão judicial a respeito da bondade da solução nele encerrada. Precedentes são razões jurídicas necessárias e suficientes que resultam da justificação das decisões prolatadas pelas Cortes Supremas a pretexto de solucionar casos concretos e que servem para vincular o comportamento de todas as instâncias administrativas e judiciais do Estado Constitucional e orientar juridicamente a conduta dos indivíduos e da sociedade civil.

Daí que o conceito de precedente é composto de aspectos qualitativo, material e funcional. Dele promana sempre eficácia vinculante.

Conta com um aspecto qualitativo, porque depende da qualidade das razões invocadas para a justificação da questão decidida – apenas as razões jurídicas, necessárias e suficientes podem ser qualificadas como precedentes. Daí por que também se costuma aludir ao precedente como a ratio decidendi da questão enfrentada pela Corte. As razões que não são necessárias e nem suficientes para a solução da questão são obiter dicta e não integram a parte vinculante do julgado. Pouco importa para a sua configuração ainda se um caso ou vários casos são julgados. Nessa linha, o conceito de precedente não é um conceito quantitativo.

Conta com um aspecto material, porque depende de um caso devidamente delineado, particularizado e analisado em seus aspectos fático-jurídicos – os precedentes operam sobre fatos que delimitam o contexto fático-jurídico a partir do qual surgiram. Em outras palavras, os precedentes são umbilicalmente dependentes da unidade fático-jurídica do caso. É por essa razão que normalmente se refere que os precedentes não operam sem referência a fatos.

Conta com um aspecto funcional, porque depende da função do órgão jurisdicional do qual promanam – os precedentes são oriundos de cortes institucionalmente encarregadas de dar a última palavra a respeito de como determinado desacordo interpretativo deve ser resolvido. Os precedentes decorrem da interpretação do Supremo Tribunal Federal ou do Superior Tribunal de Justiça empreendida pelo colegiado de forma unânime ou por maioria a respeito de determinada questão controvertida.

Por fim, o precedente tem sempre efeito vinculante, porque encarna a interpretação da Constituição ou da legislação federal em que se consubstancia a própria norma. Se a Constituição é a interpretação da Constituição e a lei federal é a interpretação da lei federal, então é evidente que qualquer dissociação entre norma e interpretação – dentro da administração da Justiça Civil – só pode ser vista como um subterfúgio para escapar da eficácia vinculante da própria Constituição ou da lei federal. Vale dizer: da eficácia vinculante da própria ordem jurídica (MITIDIERO, 2023).

O precedente, ao contrário da coisa julgada sobre questão, não proíbe a relitigação de questão já decidida. Afinal, o precedente opera mediante a técnica do distinguishing, meio mediante o qual a Corte pode ampliar ou restringir o alcance do precedente, adaptando-o às novas situações conflitivas concretas. Mediante o distinguishing a Corte tem oportunidade de incrementar o direito, regulando casos e questões que, até então, não eram especificamente disciplinados. Note-se que isso só é possível quando os casos não são os mesmos ou idênticos àquele já decidido. O distinguishing não pode ser visto como uma hipótese de não incidência. Quando um precedente simplesmente não se aplica, este é irrelevante para a tarefa de julgar o caso e desenvolver o direito. Nesse caso poderia haver, como adverte Joseph Raz, no máximo uma visão inocente (the tame view) do distinguishing. Para que possam ser regulados por precedentes, basta que os casos sejam racionalmente assimiláveis. O precedente é aplicável a todos os casos que, embora diferentes, racionalmente não podem (não têm razão para) ser solucionados de modo distinto (MARINONI, 2022).

▸ JURISPRUDÊNCIA TEMÁTICA

STJ:

CIVIL, PROCESSUAL CIVIL E CONSUMIDOR. SUSPENSÃO DO PROCESSO EM 1º GRAU EM RAZÃO DE INSTAURAÇÃO DE IRDR. DISPOSITIVOS LEGAIS NÃO ENFRENTADOS E IMPERTINENTES. SÚMULA 211/STJ. SÚMULA 284/STF. PROCEDIMENTO DE DISTINÇÃO (DISTINGUISHING) DO ART. 1.037, §§9º A 13, DO NOVO. APLICABILIDADE AO IRDR. POSSIBILIDADE. RECURSOS REPETITIVOS E IRDR. MICROSSISTEMA DE JULGAMENTO DE QUESTÕES REPETITIVAS. INTEGRAÇÃO, QUANDO POSSÍVEL, ENTRE AS TÉCNICAS DE FORMAÇÃO DE PRECEDENTES VINCULANTES. INEXISTÊNCIA DE VEDAÇÃO EXPRESSA NO CPC E INEXISTÊNCIA

DE OFENSA A ELEMENTO ESSENCIAL DA TÉCNICA. PROCEDIMENTO DE DISTINÇÃO. AUSÊNCIA DE DIFERENÇA ONTOLÓGICA OU JUSTIFICATIVA TEÓRICA QUE JUSTIFIQUE TRATAMENTO ASSIMÉTRICO ENTRE RECURSOS REPETITIVOS E IRDR. REQUERIMENTOS FORMULADOS APÓS ORDEM DE SUSPENSÃO. OBJETIVO IDÊNTICO, QUE É DEMONSTRAR A DISTINÇÃO ENTRE A QUESTÃO DEBATIDA NO PROCESSO E AQUELA SUBMETIDA AO JULGAMENTO PADRONIZADO. EQUALIZAÇÃO DA TENSÃO ENTRE OS PRINCÍPIOS DA ISONOMIA, SEGURANÇA JURÍDICA, CELERIDADE, ECONOMIA PROCESSUAL E RAZOÁVEL DURAÇÃO DO PROCESSO. DECISÃO INTERLOCUTÓRIA QUE RESOLVE O PEDIDO DE DISTINÇÃO EM IRDR. AGRAVO DE INSTRUMENTO CABÍVEL (ART. 1.037, §13, I, DO NOVO CPC), SOB PENA DE CRIAÇÃO DE DECISÃO IRRECORRÍVEL SEM AUTORIZAÇÃO LEGAL OU DE TORNAR ABSOLUTAMENTE INÚTIL O DEBATE ACERCA DA CORREÇÃO DA DECISÃO SUSPENSIVA APENAS EM APELAÇÃO OU EM CONTRARRAZÕES. IMPETRAÇÃO DE MANDADO DE SEGURANÇA CONTRA DECISÃO INTERLOCUTÓRIA. IMPOSSIBILIDADE. TEMA REPETITIVO 988. PROCEDIMENTO ESPECÍFICO E DETALHADO PARA REQUERIMENTO DE DISTINÇÃO. CINCO ETAPAS SUCESSIVAS.

(...)

4- O procedimento de alegação de distinção (distinguishing) entre a questão debatida no processo e a questão submetida ao julgamento sob o rito dos recursos repetitivos, previsto no art. 1.037, §§9º a 13, do novo CPC, aplica-se também ao incidente de resolução de demandas repetitivas - IRDR.

5- Embora situados em espaços topologicamente distintos e de ter havido previsão específica do procedimento de distinção em IRDR no PLC 8.046/2010, posteriormente retirada no Senado Federal, os recursos especiais e extraordinários repetitivos e o IRDR compõem, na forma do art. 928, I e II, do novo CPC, um microssistema de julgamento de questões repetitivas, devendo o intérprete promover, sempre que possível, a integração entre os dois mecanismos que pertencem ao mesmo sistema de formação de precedentes vinculantes.

6- Os vetores interpretativos que permitirão colmatar as lacunas existentes em cada um desses mecanismos e promover a integração dessas técnicas no microssistema são a inexistência de vedação expressa no texto do novo CPC que inviabilize a integração entre os instrumentos e a inexistência de ofensa a um elemento essencial do respectivo instituto.

7- Na hipótese, não há diferença ontológica e nem tampouco justificativa teórica para tratamento assimétrico entre a alegação de distinção formulada em virtude de afetação para julgamento sob o rito dos recursos repetitivos e em razão de instauração do incidente de resolução de demandas repetitivas, pois ambos os requerimentos são formulados após a ordem de suspensão emanada pelo Tribunal, tem por finalidade a retirada da ordem de suspensão de processo que verse sobre questão distinta daquela submetida ao julgamento padronizado e pretendem equalizar a tensão entre os princípios da isonomia e da segurança jurídica, de um lado, e dos princípios da celeridade, economia processual e razoável duração do processo, de outro lado (REsp 1846109/SP, Rel. Ministra NANCY ANDRIGHI, TERCEIRA TURMA, julgado em 10/12/2019, DJe 13/12/2019).

PROCESSUAL CIVIL. NEGATIVA DE PRESTAÇÃO JURISDICIONAL. INEXISTÊNCIA. PRECEDENTE. CONCEITO LIMITADO. NÃO-SURPRESA. OBSERVÂNCIA. IURA NOVIT CURIA. EMBARGOS DE DECLARAÇÃO. CARÁTER NÃO PROTELATÓRIO. MULTA. AFASTAMENTO. 1. A interpretação sistemática do Código de Processo Civil, notadamente a leitura do art. 927, que dialoga diretamente com o 489, evidencia que precedente abarca somente os casos julgados na forma qualificada pelo primeiro comando normativo citado, não tendo o termo abarcado de maneira generalizada qualquer decisão judicial. 2. A indicação de julgado simples e isolado não ostenta a natureza jurídica de súmula, jurisprudência ou precedente; para fins de aplicação do art. 489, §1º, VI, do CPC. 3. No caso, a parte interessada, antes da oposição de embargos de declaração, havia indicado um único acórdão do Tribunal de Justiça de Minas Gerais supostamente em confronto com a decisão recorrida, pelo que inaplicável o comando normativo mencionado no item anterior. 4. A proteção conferida pelo Código de Processo contra decisões-surpresa não pode inviabilizar que o juiz conheça do direito alegado e determine a exegese a ser aplicada ao caso. (...) 8. Agravo conhecido para dar parcial provimento ao recurso especial. (AREsp n. 1.267.283/MG, relator Ministro Gurgel de Faria, Primeira Turma, julgado em 27/9/2022, DJe de 26/10/2022.)

QUESTÕES DE CONCURSO RELACIONADAS

1. (CESPE – CEBRASPE – PGE/PA – Procurador do Estado – 2023)

Acerca do sistema de precedentes judiciais, assinale a opção correta.

A) Podem ser considerados precedentes qualificados, indicados no art. 927 do CPC, com efeito vinculativo, as decisões do STF em controle concentrado de constitucionalidade, os enunciados de súmulas vinculantes, os acórdãos em incidente de assunção de competência ou de resolução de demandas repetitivas e em julgamento de recursos extraordinários e especiais repetitivos, os enunciados das súmulas do STF, em matéria constitucional, e os do STJ, em matéria infraconstitucional, e a jurisprudência dominante dos tribunais.

B) Ao editar enunciados de súmulas, os tribunais devem ignorar as circunstâncias fáticas dos precedentes que motivaram sua criação, atendo-se apenas à questão jurídica discutida no presente.

C) A distinção (*overruling*), a superação (*distinguishing*) e a superação para a frente mediante modulação dos efeitos (*prospective distinguishing*) são técnicas de adequação do sistema de precedentes às alterações interpretativas da norma e às circunstâncias factuais postas sob exame dos juízes e dos tribunais.

D) Caberá reclamação contra decisão que contrarie acórdão proferido no julgamento de incidente de resolução de demandas repetitivas ou de incidente de assunção de competência para o tribunal cujo precedente foi desrespeitado, ainda que este não possua competência para julgar o recurso contra a decisão impugnada.

E) É admissível a assunção de competência quando o julgamento de recurso, de remessa necessária ou de processo de competência originária envolver relevante questão de fato e de direito, com grande repercussão social e sem repetição em múltiplos processos.

Gabarito: Alternativa D

2. (FUNDATEC – PGE/RS – Procurador do Estado – 2021)

A *ratio decidendi* de um julgado:

A) Constitui a parte não vinculante do precedente, também conhecida como holding da decisão.

B) Constitui as razões necessárias e suficientes para a solução de uma dada questão.

C) Confunde-se com o obiter dictum, sendo sempre condicionada por um conjunto de fatos.

D) Constitui a parte vinculante de uma decisão, que só pode ser afastada mediante uma técnica chamada de superação do precedente.

E) É sinônimo de precedente, súmula e tese.

Gabarito: Alternativa B

QUESTÃO 21

(FCC – Procuradoria-Geral do Estado de Goiás – 2021)

Em ação coletiva que tramitou segundo o procedimento ordinário em Vara da Fazenda Pública, o Estado de Goiás foi condenado, por sentença transitada em julgado, ao pagamento de adicional de insalubridade, incluindo verbas atrasadas, aos ocupantes de determinado cargo público. Posteriormente, dois servidores públicos ajuizaram, em litisconsórcio, ação de cumprimento dessa sentença, executando os respectivos créditos correspondentes às verbas atrasadas. Um dos exequentes possui crédito cujo valor se enquadra dentro do limite legal para pagamento por requisição de pequeno valor (RPV), ao passo que o outro, cujo crédito objeto de execução excede tal limite, não renunciou ao valor excedente. Considerando o caso, responda:

A. Como se classifica o litisconsórcio versado no caso acima segundo o momento de formação, posição dos litisconsortes na relação processual, obrigatoriedade e regime de tratamento (uniformidade da decisão)?

B. De acordo com a atual jurisprudência dominante do Supremo Tribunal Federal, o parágrafo 8º do art. 100 da Constituição Federal veda que um litisconsorte seja pago mediante requisição de pequeno valor (RPV) e o outro por precatório? Justifique, mencionando o principal fundamento da tese firmada pelo Supremo Tribunal Federal acerca desse tema.

C. De acordo com a atual jurisprudência dominante do Superior Tribunal de Justiça, os dois servidores poderiam, isoladamente ou em conjunto, propor essa ação de cumprimento de sentença perante o Juizado Especial da Fazenda Pública? Justifique, mencionando os principais fundamentos da tese firmada pelo Superior Tribunal de Justiça acerca desse tema.

QUESTÃO 21

30 LINHAS

▶ RESPOSTA DO AUTOR

A. Quanto ao momento de formação, no caso ora analisado, o litisconsórcio é classificado como inicial, uma vez que os servidores públicos ingressaram conjuntamente na fase de cumprimento de sentença. No que concerne à obrigatoriedade, trata-se de litisconsórcio facultativo, pois os exequentes não estavam obrigados a litigar conjuntamente, podendo fazê-lo separadamente. No que se refere à posição dos litisconsortes na relação processual, trata-se de litisconsórcio ativo, pois os dois servidores figuram como autores na ação de cumprimento de sentença. Finalmente, quanto ao regime de tratamento ou uniformidade da decisão, trata-se de litisconsórcio simples ou comum, pois a decisão pode produzir efeitos distintos para cada um dos litigantes, conforme suas situações individuais na execução.

B. Consoante tese firmada pelo Supremo Tribunal Federal, o parágrafo 8° do artigo 100 da Constituição Federal não impede que um dos exequentes receba seu crédito por meio de requisição de pequeno valor (RPV), enquanto o outro seja pago por precatório. Embora essa norma proíba a fracionamento da execução para que apenas uma parte seja paga via RPV, a jurisprudência do STF reconhece que, no caso de execução promovida por litisconsórcio facultativo simples, os litisconsortes são considerados litigantes autônomos em relação à parte executada. Dessa forma, a modalidade de pagamento será definida de forma individual, de acordo com o montante do crédito de cada exequente, sem que a existência de um litisconsorte com crédito superior ao limite de RPV interfira na forma de pagamento do outro exequente.

C. Conforme entendimento firmado pelo Superior Tribunal de Justiça, não é possível propor no Juizado Especial da Fazenda Pública o cumprimento de sentença oriunda de ação coletiva que tramitou pelo procedimento ordinário. O primeiro fundamento para essa vedação está no artigo 2°, § 1°, inciso I, da Lei n° 12.153/2009, que expressamente exclui da competência dos Juizados Especiais da Fazenda Pública as demandas que envolvam direitos ou interesses coletivos. Além disso, a Lei n° 9.099/1995, em seu artigo 3°, § 1°, inciso I, e a Lei n° 10.259/2001, em seu artigo 3°, caput, aplicáveis subsidiariamente à Lei n° 12.153/2009 (art. 27), estabelecem que os Juizados Especiais são competentes apenas para a execução de seus próprios julgados. Por fim, o artigo 516, inciso II, do CPC reforça essa restrição, determinando que o cumprimento de sentença deve ocorrer no juízo que proferiu a decisão condenatória. Dessa maneira, a execução individualizada da sentença coletiva deve tramitar no juízo de origem, e não no Juizado Especial da Fazenda Pública, ainda que os valores cobrados estejam dentro do limite legal.

▶ CRITÉRIO DE CORREÇÃO DA BANCA

REQUISITOS DA RESPOSTA	PONTUAÇÃO
A. Quanto ao momento de formação, trata-se de litisconsórcio inicial. Quanto à obrigatoriedade, é facultativo (ou voluntário). Quanto à posição dos litisconsortes na relação processual, cuida-se de litisconsórcio ativo. Quanto ao regime de tratamento ou uniformidade da decisão, trata-se de litisconsórcio simples (ou comum).	2,00
B. De acordo com a tese firmada pelo STF no julgamento do Tema no 148 da repercussão geral, o parágrafo 8° do art. 100 da Constituição Federal não obsta que um dos exequentes seja pago por RPV e o outro por precatório. Embora essa norma proíba que o valor da execução seja quebrado para que apenas parte dele seja paga por RPV, tratando-se de execução em litisconsorte facultativo simples, os litisconsortes são considerados litigantes autônomos em relação à parte executada. Assim, a forma de pagamento, por RPV ou precatório, dependerá apenas dos valores executados por cada exequente, isoladamente considerados.	4,00

C. Segundo a tese firmada pelo STJ no julgamento do Tema Repetitivo nº 1.029, não é possível propor no Juizado Especial da Fazenda Pública o cumprimento de sentença proferida em ação coletiva que tramitou sob o rito ordinário. Primeiro, porque o art. 2º, § 1º, I, da Lei nº 12.153/2009 exclui a competência para demandas sobre direitos ou interesses coletivos. Segundo, porque tanto a Lei no 9.099/1995 (Art. 3º, § 1º, I) quanto a Lei nº 10.259/2001 (Art. 3o, caput), ambas de aplicação subsidiária por força do art. 27 da Lei nº 12.153/2009, preveem que o Juizado é competente para promover a execução apenas dos seus próprios julgados. Terceiro, porque o art. 516, inciso II, do CPC, também de aplicação subsidiária, determina que o cumprimento de sentença deve ser processado perante o juízo que decidiu a causa.	4,00

▸ DOUTRINA TEMÁTICA

O fracionamento vedado pela norma constitucional toma por base a titularidade do crédito. Assim, um mesmo credor não pode ter seu crédito satisfeito por RPV e precatório, simultaneamente. Nada impede, todavia, que dois ou mais credores, incluídos no polo ativo da mesma execução, possam receber seus créditos por sistemas distintos (RPV ou precatório), de acordo com o valor que couber a cada qual. Sendo a execução promovida em regime de litisconsórcio ativo voluntário, a aferição do valor, para fins de submissão ao rito da RPV (CF 100 § 3.º), deve levar em conta o crédito individual de cada exequente. Precedentes de ambas as Turmas de Direito Público do STJ. Optando o advogado por executar os honorários nos próprios autos, haverá regime de litisconsórcio ativo facultativo (já que poderiam ser executados autonomamente) com o titular do crédito dito "principal". Assim, havendo litisconsórcio ativo voluntário entre o advogado e seu cliente, a aferição do valor, para fins de submissão ao rito da RPV, deve levar em conta o crédito individual de cada exequente, nos termos da jurisprudência pacífica do STJ. [...] Não há impedimento constitucional, ou mesmo legal, para que os honorários advocatícios, quando não excederem ao valor limite, possam ser executados mediante RPV, ainda que o crédito dito "principal" observe o regime dos precatórios. Esta é, sem dúvida, a melhor exegese para o CF 100 § 8.º (NERY JUNIOR, 2022).

▸ JURISPRUDÊNCIA TEMÁTICA

STF:

Direito constitucional e processual civil. Recurso extraordinário. Cumprimento de sentença de ação coletiva. Substituição processual. Inexistência de fracionamento de precatório. Reafirmação de jurisprudência. I. Caso em exame 1. Recurso extraordinário contra acórdão do Tribunal de Justiça de São Paulo que determinou o pagamento por precatório de diferenças remuneratórias reconhecidas em ação coletiva. Isso sob o fundamento de que o limite de requisição de pequeno valor não poderia considerar o valor de crédito de cada servidor/substituído, mas o valor total da condenação, já que o cumprimento de sentença foi requerido pelo sindicato autor. II. Questão em discussão 2. A questão em discussão consiste em saber se a vedação ao fracionamento de créditos judiciais devidos pela fazenda pública (CRFB/1988, art. 100, § 8º) alcança execuções individuais de pequeno valor promovidas por substituto processual, cujo valor global do crédito supera o limite para requisição de pequeno valor – RPV. III. Razões de decidir 3. O Supremo, no julgamento do RE 568.645 (Tema 148/RG), afirmou que não há fracionamento de precatório no pagamento de débitos judiciais decorrentes de individualização de créditos de litisconsortes facultativos. 4. A execução promovida por sindicato, na condição de substituto processual de beneficiários de título judicial coletivo, não altera a natureza individual e divisível do crédito exigido. A qualidade coletiva e/ou indivisível do direito não decorre das características do autor da ação ou da execução, mas da natureza jurídica dos interesses protegidos. Inexistência de fracionamento de precatório na execução de créditos individuais decorrentes de ação coletiva. IV. Dispositivo e tese 5. Recurso extraordinário com agravo conhecido e provido. Tese de julgamento: "A execução de créditos individuais e divisíveis decorrentes de título judicial coletivo, promovida por substituto processual, não caracteriza o fracionamento de precatório vedado pelo § 8º do art. 100 da Constituição" (ARE 1491569 RG, Relator(a): MINISTRO PRESIDENTE, Tribunal Pleno, julgado em 23-08-2024, PROCESSO ELETRÔNICO REPERCUSSÃO GERAL - MÉRITO DJe-222 DIVULG 26-08-2024 PUBLIC 27-08-2024).

REPERCUSSÃO GERAL. DIREITO CONSTITUCIONAL E PROCESSUAL CIVIL. VEDAÇÃO CONSTITUCIONAL DE FRACIONAMENTO DE EXECUÇÃO PARA FRAUDAR O PAGAMENTO POR PRECATÓRIO. ART. 100, § 8º (ORIGINARIAMENTE § 4º), DA CONSTITUIÇÃO DA REPÚBLICA. LITISCONSÓRCIO FACULTATIVO SIMPLES. CONSIDERAÇÃO INDIVIDUAL DOS LITISCONSORTES: CONSTITUCIONALIDADE. RECURSO EXTRAORDINÁRIO AO QUAL SE NEGA PROVIMENTO. 1. Ausência de prequestionamento quanto à alegação de inconstitucionalidade da Resolução n. 199/2005 do Tribunal de Justiça de São Paulo e quanto ao fracionamento dos honorários advocatícios. Incidência das Súmulas 282 e 356. 2. A execução ou o pagamento singularizado dos valores devidos a partes integrantes de litisconsórcio facultativo simples não contrariam o § 8º (originariamente § 4º) do art. 100 da Constituição da República. A forma de pagamento, por requisição de pequeno valor ou precatório, dependerá dos valores isoladamente considerados. 3. Recurso extraordinário ao qual se nega provimento (RE 568645, Relator(a): Min. CÁRMEN LÚCIA, Tribunal Pleno, julgado em 24/09/2014, ACÓRDÃO ELETRÔNICO REPERCUSSÃO GERAL - MÉRITO DJe-223 DIVULG 12-11-2014 PUBLIC 13-11-2014).

STJ:

PROCESSUAL CIVIL. RECURSOS ESPECIAIS REPRESENTATIVOS DA CONTROVÉRSIA. TEMA 1.029/STJ. RESP 1.804.186/SC E RESP 1.804.188/SC. AÇÃO COLETIVA. EXECUÇÃO. COMPETÊNCIA E RITO. JUIZADOS ESPECIAIS DA FAZENDA PÚBLICA. LEI 12.153/2009. IMPOSSIBILIDADE.

IDENTIFICAÇÃO DA CONTROVÉRSIA 1. O tema repetitivo ora controvertido (1.029/STJ) consiste em estabelecer a aplicabilidade do rito dos Juizados Especiais da Fazenda Pública (Lei 12.153/2009) ao Cumprimento de Sentença individual oriundo de Ação Coletiva que seguiu o procedimento ordinário em Vara da Fazenda Pública, independentemente de haver Juizado Especial instalado no foro competente. EXAME DO TEMA REPETITIVO 2. Na hipótese tratada no presente tema repetitivo, o Tribunal de origem assentou que, por ser absoluta a competência dos Juizados Especiais da Fazenda Pública (§ 4º do art. 2º da Lei 12.153/2009), o cumprimento de sentença oriundo de Ação Coletiva em que o valor da causa seja inferior a 60 (sessenta) salários mínimos deve seguir o rito sumaríssimo da Lei 12.153/2009, independentemente de haver Juizado Especial instalado na comarca competente. 3. Com relação à execução de sentenças coletivas, o STJ firmou a compreensão, sob o rito do art. 543-C do CPC/1973, de que a liquidação e a execução individual de sentença genérica proferida em ação civil coletiva pode ser ajuizada no foro do domicílio do beneficiário, porquanto os efeitos e a eficácia da sentença não estão circunscritos a lindes geográficos, mas aos limites objetivos e subjetivos do que foi decidido, levando-se em conta, para tanto, sempre a extensão do dano e a qualidade dos interesses metaindividuais postos em juízo (arts. 468, 472 e 474, CPC e 93 e 103, CDC.) (REsp 1.243.887/PR, Rel. Ministro Luis Felipe Salomão, Corte Especial, julgado em 19.10.2011, DJe de 12.12.2011). 4. Também está sedimentado na jurisprudência do STJ o entendimento de que, uma vez instalado Juizado Especial Federal ou da Fazenda Pública, conforme o caso, e se o valor da causa for inferior ao da alçada, a competência é absoluta. Apenas como exemplo: REsp

1.537.768/DF, Rel. Ministro Napoleão Nunes Maia Filho, Primeira Turma, julgado em 20.8.2019, DJe de 5.9.2019. 5. A questão que emerge do tema repetitivo é indagar se é possível ajuizar ação executiva no Juizado Especial da Fazenda Pública relativa a título judicial oriundo de Ação Coletiva, em que se seguiu rito próprio desse tipo de ação. 6. O art. 2º, § 1º, I, da Lei 12.153/2009 dispõe que não se incluem na competência do Juizado Especial da Fazenda Pública as demandas sobre direitos ou interesses difusos e coletivos, o que é argumento suficiente para excluir a competência executória de sentenças exaradas em Ações Coletivas. 7. Na mesma lei não há disposição expressa acerca da competência executória dos Juizados da Fazenda Pública, havendo apenas regramento (arts. 12 e 13) do rito da execução de seus próprios julgados. 8. O art. 27 da Lei 12.153/2009 fixa a aplicação subsidiária do CPC, da Lei 9.099/1995 e da Lei 10.259/2001, os quais se examinam a seguir. 9. A Lei 9.099/1995, no art. 3º, § 1º, delimita a competência dos Juizados Especiais Cíveis e, por aplicação subsidiária, dos Juizados Especiais da Fazenda Pública para promoverem a execução dos seus julgados e dos títulos executivos extrajudiciais, no valor de até quarenta vezes o salário mínimo. 10. Já o art. 3º, caput, da Lei 10.259/2001, também de aplicação subsidiária aos Juizados Especiais da Fazenda Pública, delimita a competência executória a executar as suas sentenças. 11. Por fim, a terceira lei de regramento de aplicação subsidiária, o CPC, estabelece (grifos acrescentados): Art. 516. O cumprimento da sentença efetuar-se-á perante: I - os tribunais, nas causas de sua competência originária; II - o juízo que decidiu a causa no primeiro grau de jurisdição; III - o juízo cível competente, quando se tratar de sentença penal condenatória, de sentença arbitral, de sentença estrangeira ou de acórdão proferido pelo Tribunal Marítimo. Parágrafo único. Nas hipóteses dos incisos II e III, o exequente poderá optar pelo juízo do atual domicílio do executado, pelo juízo do local onde se encontrem os bens sujeitos à execução ou pelo juízo do local onde deva ser executada a obrigação de fazer ou de não fazer, casos em que a remessa dos autos do processo será solicitada ao juízo de origem. 12. Vale resgatar a possibilidade, estipulada pelo STJ sob o rito dos recursos repetitivos (REsp 1.243.887/PR, Rel. Ministro Luis Felipe Salomão, Corte Especial, julgado em 19.10.2011, DJe de 12.12.2011), de a execução individual de sentença coletiva poder ser proposta no foro do domicílio do exequente, interpretação essa advinda da legislação de tutela dos direitos coletivos e difusos: A liquidação e a execução individual de sentença genérica proferida em ação civil coletiva pode ser ajuizada no foro do domicílio do beneficiário, porquanto os efeitos e a eficácia da sentença não estão circunscritos a lindes geográficos, mas aos limites objetivos e subjetivos do que foi decidido, levando-se em conta, para tanto, sempre a extensão do dano e a qualidade dos interesses metaindividuais postos em juízo. 13. Nota-se que a Lei 12.153/2009 e as respectivas normas de aplicação subsidiária determinam que os Juizados Especiais da Fazenda Pública têm competência para apreciar apenas as execuções de seus próprios julgados ou de títulos extrajudiciais. 14. Por derradeiro, o Código de Defesa do Consumidor, norma que rege a tutela coletiva não só no direito do consumidor, mas de forma subsidiária de todos os tipos de direitos, fixa a competência, para a execução, do juízo da liquidação da sentença ou da ação condenatória, no caso de execução individual, valendo aqui a regra do domicílio do exequente no caso de juízos com a mesma competência. 15. Na mesma linha de compreensão aqui traçada, cita-se precedente da Primeira Turma que examina a Lei 10.259/2001 (Juizado Especial Federal), aplicada subsidiariamente à Lei 12.153, ora em exame: Nos termos do art. 3º, caput, da Lei 10.259/2001, Compete ao Juizado Especial Federal Cível processar, conciliar e julgar causas de competência da Justiça Federal até o valor de sessenta salários mínimos, bem como executar as suas sentenças; Extrai-se do referido dispositivo legal que a fixação da competência do JEF, no que se refere às execuções, impõe a conjugação de duas condicionantes: (a) o valor da causa deve ser inferior a 60 (sessenta) salários mínimos; (b) o titulo executivo judicial deve ser oriundo do próprio JEF. Caso concreto em que, nada obstante o valor da causa seja inferior ao referido limite legal, a sentença exequenda foi prolatada nos autos da Ação Ordinária nº 2007.81.00.018120-3, que tramitou na 6ª

Vara Federal da Seção Judiciária do Ceará, o que afasta a competência do Juizado Especial Federal Cível para a respectiva execução (REsp 1.648.895/CE, Rel. Ministro Sérgio Kukina, Primeira Turma, julgado em 7.5.2019, DJe 13.5.2019; grifo acrescentado). 16. Assim, não é possível propor nos Juizados Especiais da Fazenda Pública a execução de título executivo formado em Ação Coletiva, muito menos impor o citado rito sumaríssimo ao juízo comum. 17. O Cumprimento da Sentença coletiva deve obedecer o rito previsto nos arts. 534 e seguintes do CPC/2015; e o fato de o valor da execução ser baixo pode apenas resultar, conforme a quantia, em Requisição de Pequeno Valor para o pagamento do débito (art. 535, § 3º, II, do CPC/2015). DEFINIÇÃO DA TESE REPETITIVA 18. Fixa-se a seguinte tese repetitiva para o Tema 1.029/STJ: Não é possível propor nos Juizados Especiais da Fazenda Pública a execução de título executivo formado em Ação Coletiva que tramitou sob o rito ordinário, assim como impor o rito sumaríssimo da Lei 12.153/2009 ao juízo comum da execução. RESOLUÇÃO DO CASO CONCRETO 19. A Ação Coletiva tramitou na Vara da Fazenda Pública da Comarca de Blumenau/SC e nela foi intentado o cumprimento de sentença sob o rito do art. 534 e seguintes do CPC/21015. 20. O Tribunal de origem assentou que o cumprimento de sentença oriundo de Ação Coletiva em que o valor da causa seja inferior a 60 (sessenta) salários mínimos deve seguir o rito sumaríssimo da Lei 12.153/2009, independentemente de haver Juizado Especial instalado na comarca competente. 21. Essa compreensão está dissonante da aqui estabelecida, devendo o cumprimento de sentença observar o rito dos arts. 534 e seguintes do CPC/2015 na Vara da Fazenda Pública. CONCLUSÃO 22. Recurso Especial provido, sob o rito dos arts. 1.036 e seguintes do CPC/2015 (REsp 1804186/SC, Rel. Ministro HERMAN BENJAMIN, PRIMEIRA SEÇÃO, julgado em 12/08/2020, DJe 11/09/2020).

QUESTÕES DE CONCURSO RELACIONADAS

1. (CESPE – CEBRASPE – PGE/PE – Procurador do Estado – 2018)

No que concerne à execução contra a fazenda pública, ao regime de pagamento por precatórios e RPVs, assinale a opção correta de acordo com a jurisprudência do STF.

A) Na execução contra a fazenda pública, incidem juros de mora no período compreendido entre a data de realização dos cálculos e a de expedição da requisição para pagamento.

B) Em mandado de segurança, o pagamento dos valores devidos entre as datas de impetração e de concessão da ordem não se submete ao regime de precatórios.

C) A execução de valores devidos por conselho de fiscalização se submete ao sistema de precatórios previsto na CF, dada a natureza autárquica desses entes.

D) É inconstitucional a execução individual, por meio de RPV, de sentença genérica que tenha condenado a fazenda pública em ação coletiva para a tutela de direitos individuais homogêneos.

E) Quando da impugnação parcial feita pela fazenda pública, deve-se aguardar o trânsito em julgado da discussão acerca da parcela controvertida para iniciar-se a execução da parcela incontroversa.

Gabarito: Alternativa A

EDITORA JusPODIVM
www.editorajuspodivm.com.br

RENOVA GRAF
www.renovagraf.com.br

JUS4516